BROCKHAUS · DIE BIBLIOTHEK

DIE WELTGESCHICHTE · BAND 5

BROCKHAUS

DIE BIBLIOTHEK

MENSCH · NATUR · TECHNIK

DIE WELTGESCHICHTE

KUNST UND KULTUR

LÄNDER UND STÄDTE

GRZIMEKS ENZYKLOPÄDIE
SÄUGETIERE

DIE WELTGESCHICHTE

DIE WELTGESCHICHTE · BAND 5

Aufbruch der Massen – Schrecken der Kriege

(1850–1945)

Herausgegeben von der Brockhaus-Redaktion

F.A. BROCKHAUS
Leipzig · Mannheim

Redaktionelle Leitung:
 Mathias Münter-Elfner

Redaktion:
 Sabine-Walburga Anders   Peter Kratzmaier M.A.
 Vera Buller   Ellen Kromphardt
 Ursula Butzek   Klaus M. Lange
 Dr. Olaf Dräger   Dr. Joachim Pöhls
 Ulrike Emrich M.A.   Beatrix Schneider-Nicolay
 Gabi Gumbel   Eleonore Zimmer
 Heinrich Kordecki M.A.

Typographische Beratung:
 Friedrich Forssman, Kassel,
 und Manfred Neussl, München

Die Deutsche Bibliothek – CIP-Einheitsaufnahme

Brockhaus · Die Bibliothek
 hrsg. von der Brockhaus-Redaktion.
 Leipzig; Mannheim: Brockhaus

Die Weltgeschichte
 [red. Leitung: Mathias Münter-Elfner].
 ISBN 3-7653-7400-8
 Bd. 5. Aufbruch der Massen – Schrecken der Kriege (1850–1945)
 [Red.: Sabine-Walburga Anders ...]. – 1999
 ISBN 3-7653-7441-5

Satz: Bibliographisches Institut & F. A. Brockhaus AG,
Mannheim (PageOne Siemens Nixdorf)
Papier: 120 g/m² holzfreies, alterungsbeständiges, chlorfrei gebleichtes
Offsetpapier der Papierfabrik Aconda Paper, Barcelona
Druck: ColorDruck GmbH, Leimen
Bindearbeit: Großbuchbinderei Lachenmaier, Reutlingen
Printed in Germany

ISBN für das Gesamtwerk: 3-7653-7400-8

ISBN für Band 5: 3-7653-7441-5

Inhalt

Die Autorinnen und Autoren
dieses Bandes

Prof. Dr. Peter Alter, Duisburg

Prof. Dr. Wolfgang Altgeld, Karlsruhe

Prof. Dr. Helmut Altrichter, Erlangen

Prof. Dr. Wolfgang Benz, Berlin

Prof. Dr. Dieter Brötel, Stuttgart

Dr. habil. Jürgen Elvert, Kiel

Dr. Michael Fröhlich, Bonn

Prof. Dr. Manfred Görtemaker, Potsdam

Prof. Dr. Helga Grebing, Göttingen

Prof. Dr. Horst Gründer, Münster

Prof. Dr. Jürgen Heideking, Köln

Prof. Dr. Gerhard Hirschfeld, Stuttgart

Prof. Dr. Karl Holl, Bremen

Prof. Dr. Edgar Hösch, München

Dr. Arnold Hottinger, Madrid/Lausanne

Prof. Dr. Hartmut Kaelble, Berlin

Prof. Dr. Helmut Konrad, Graz

Prof. Dr. Klaus Kreiser, Bamberg

Prof. Dr. Bernd Martin, Freiburg

Prof. Dr. Gottfried Niedhart, Mannheim

Prof. Dr. Hans-Werner Niemann, Oldenburg

Dr. Nachum Orland †, Berlin

Prof. Dr. Jürgen Osterhammel, Freiburg

Dr. Gert von Pistohlkors, Göttingen

Prof. Dr. Dietmar Rothermund, Heidelberg

Dr. habil. Michael Ruck, Mannheim

Prof. Dr. Peer Schmidt, Erfurt

Prof. Dr. Angelika Timm, Berlin

Prof. Dr. Bernd-Jürgen Wendt, Hamburg

Prof. Dr. Günter Wollstein, Köln

Industrielle Revolution und Arbeiterbewegung

Vertreter einer neuen Zeit – Der Unternehmer

Um wirtschaftliches Wachstum in Gang zu setzen, bedarf es einer Unternehmerpersönlichkeit, die die Produktionsfaktoren Kapital, Arbeitskräfte und technisches Wissen nach den Bedürfnissen des Marktes einsetzt und kombiniert. Dennoch war der Unternehmer stets eine umstrittene Figur, da die Ergebnisse seiner Tätigkeit die Gesellschaft nicht nur materiell in bis dahin unbekanntem Ausmaß bereicherten, sondern auch in einem dynamischen Prozess umgestalteten, der Gewinner und Verlierer hervorbrachte und für viele mit einer existenziellen Verunsicherung verbunden war.

Die Industrieanlage im Hintergrund weist den von einem deutschen Künstler namens Eckard 1843 Porträtierten als frühen und selbstbewussten britischen Großunternehmer aus (1843; Berlin, Deutsches Historisches Museum).

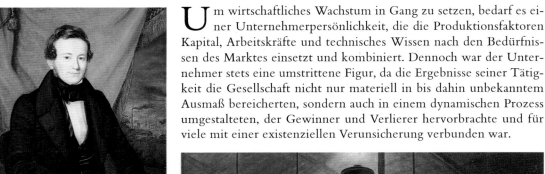

James Nasmyth hat seine Erfindung, einen Dampfhammer, bei dem der Hammerkopf senkrecht nach unten fällt, selbst im Bild festgehalten (1843; London, Science Museum).

Pionier, Erfinder, Organisator – Vom Handwerker als Unternehmer zur Aktiengesellschaft

Was ist eigentlich ein Unternehmer? Der österreichische Nationalökonom Joseph Alois Schumpeter wollte nur diejenigen als Unternehmer anerkannt sehen, die mit der »Durchsetzung neuer Kombinationen« hervortraten, sich also durch schöpferische

Neuerungen auszeichneten. Diese Definition erfasst vor allem den Aspekt der Gesamtleistung eines Unternehmers, der in der Phase der frühen Industrialisierung besonders zum Tragen kam, ist aber für die Unternehmer in den hoch bürokratisierten Großunternehmen seit den 1880er-Jahren kaum angemessen.

In der Frühzeit der Industrialisierung waren der Kapitalbedarf und die technischen Voraussetzungen für eine Unternehmensgründung so gering, dass der Typ des »Handwerker-Unternehmers« weit verbreitet war. Da die Struktur dieser frühen Unternehmungen noch wenig komplex war, konnte der handwerkliche Eigentümerunternehmer alle im Betrieb anfallenden Aufgaben wahrnehmen. Die Entwicklung einer Großproduktion indes erforderte schon bald solide kaufmännische und vielschichtige organisatorische Talente. Es genügte keineswegs, dass die Unternehmer mit den technischen Gegebenheiten vertraut waren. Sie konnten die Chancen, die der Markt für ein bestimmtes Produkt bot, nur wahrnehmen, wenn sie darüber hinaus die notwendigen betrieblichen Organisationsstrukturen schufen.

Zu Beginn der Industrialisierung bestand das größte Problem in der Kontrolle und Disziplinierung einer Arbeiterschaft, die industrielle Arbeit und ihre Erfordernisse nicht gewohnt und der besonders die Regelmäßigkeit und Intensität fabrikmäßiger Arbeit fremd war. Nur so sind die harten Fabrikordnungen jener frühen Jahre zu erklären, die drakonische Strafen schon für kleinste Versäumnisse und Vergehen vorsahen. Auch deshalb bevorzugten die frühen Unternehmer vielfach Frauen und Kinder; diese erhielten nicht nur niedrigere Löhne, sie waren vor allem auch einfacher zu kontrollieren und zu disziplinieren. Dabei genügte es nicht, dass der Unternehmer diese Arbeitermassen anwarb und beschäftigte. Er musste auch für deren Unterbringung, Versorgung und Schulbildung sorgen. Die Eisenindustriellen in Wales oder die Baumwollfabrikanten in Lancashire waren praktisch alleinige Oberherren ihrer Kommunen. Der soziale Abstand zwischen ihnen und ihren Arbeitern war unüberwindbar geworden.

Die Unternehmer der britischen Industrie kamen aus allen sozialen Schichten: Grafen beteiligten sich an der Entwicklung des Kohlenbergbaus ebenso wie der Bischof von Durham. Zugleich waren viele der ersten Maschinenbauer und Ingenieure wie Joseph Clement, Joseph Bramah und Henry Maudslay Nachkommen von Bauern oder Webern. In Großbritannien spielten Unternehmer aus religiös nonkonformistischen Gruppen eine wesentlich stärkere Rolle, als es ihrem Anteil an der Gesamtbevölkerung entsprochen hätte. Diese religiösen Gruppen zeichneten sich

Die industrielle Revolution bedeutete für die Belegschaften der neuen Unternehmen lange und oft äußerst schwere Arbeit (»Der Puddler«, Pastell von Constantin Meunier, 2. Hälfte des 19. Jahrhunderts; Dresden, Gemäldegalerie Neue Meister).

Der Londoner Konstrukteur Joseph Bramah zählt zu den frühesten Handwerker-Unternehmern (1784–1814). Fast alle frühen britischen Maschinenbauunternehmer nutzten direkt oder mittelbar seine Erfindungen und Verbesserungen, so Henry Maudslay, James Nasmyth, Richard Roberts, Joseph Clement und Joseph Withworth.

Alfred Krupp (um 1880, Gemälde von Julius Grün; Essen, Villa Hügel) war einer der Gründerunternehmer der deutschen Industrie, der für seine Stammbelegschaft soziale Einrichtungen schuf.

Aus der Fabrikordnung der Berliner Kattunfabrik von C. F. Oppen vom 1. Januar 1843:

1. Die Arbeitszeit in den Wochentagen soll vom 1. April bis zum 1. Oktober (als die Sommerzeit) des Morgens um 6 Uhr ihren Anfang nehmen und bis um 7 Uhr des Abends dauern. Vom 1. Oktober bis zum 1. April (als die Winterzeit) so früh und des Abends so spät, als es der Tag erlaubt, wo ein jeder hintereinander, ordentlich, ruhig und stille fortarbeitet ...
2. Am Schluss einer jeden Woche wird dem Drucker nur die ganz fertig gemachte und abgelieferte Ware bezahlt, – halb fertige bleibt, bis solche ganz fertig geliefert wird, unbezahlt ...
6. Das Zusammentreten an andere Tische in den Arbeitsstunden, sowie das Tabakrauchen, Saufereien, Singen, und andere dergleichen Gegenstände, welche Störung hervorbringen, und jedem ordnungsliebenden Mann zuwider sein müssen, wird durchaus nicht erlaubt: Wer dagegen handelt, wird als Ruhestörer der Arbeit sofort entlassen ...
8. Laut Abkommen findet die gesetzliche Kündigung nicht statt, als dass der Drucker verpflichtet ist, jede in Arbeit habende Ware fertig zu drucken und fehlerfrei abzuliefern ... dem Fabrikherren ... aber bleibt es unbenommen, wenn Ursache oder andere Gegenstände ihn veranlassen, den Drucker zu jeder Zeit und ohne weitere Entschädigung zu entlassen.

durch eine besondere Betonung von Werten wie persönliche Rechtschaffenheit, Sparsamkeit und Aufrichtigkeit aus und betrachteten Luxus und Müßiggang als Grundsünden des Menschen, die seine spätere Verdammnis nach sich ziehen würden. Die besondere Rolle dieser nonkonformistischen Gruppen in der britischen Unternehmerschaft gründete aber in erster Linie darin, dass sie vom öffentlichen Dienst und vom Militärdienst ausgeschlossen waren und ihre Söhne nicht die großen und prestigeträchtigen Universitäten in Oxford oder Cambridge besuchen durften.

In Deutschland stammten 61 Prozent der Unternehmer aus Arbeiterfamilien oder kleinbürgerlichen Handwerkerkreisen, 28 Prozent kamen aus dem Mittelstand, 11 Prozent aus Adel und Beamtentum. Sie waren überwiegend protestantisch. Adlige Unternehmer gab es vor allem in der oberschlesischen Montanindustrie. Nicht wenige der später führenden Industriellen wie Friedrich Krupp, Ernst Werner von Siemens oder Karl Freiherr von Stumm-Halberg stiegen aus bescheidenen gesellschaftlichen Verhältnissen auf. Die Gründerunternehmer der deutschen Industrie pflegten zumeist gegenüber ihren Arbeitern ein patriarchalisches Verhältnis, kümmerten sich um ihr Wohlergehen und führten selbst ein nüchternes Privatleben.

Nach 1850 entstanden vor allem in den kapital- und technikintensiven Branchen der Eisen- und Stahlindustrie, später auch in der Chemie- und Elektroindustrie expansive Großbetriebe. Die Tendenz zum Großbetrieb belegt das Beispiel der Firma Krupp. 1847 beschäftigte Krupp erst 76 Arbeiter, im Jahr darauf war die Lage des Kleinbetriebs so schlecht, dass Alfred Krupp das Familiensilber einschmelzen ließ, um damit die Arbeiter zu bezahlen. Erst als die Firma nach 1850 Radbereifungen aus Gussstahl für die Eisenbahn herstellte und sich einen Namen in der Kanonenherstellung zu machen begann, ging es mit ihr aufwärts. Zwanzig Jahre später hatte sich aus bescheidenen Anfängen ein Konzern mit vertikaler Struktur entwickelt, der seine eigenen Kohlen- und Eisenerzgruben besaß. Beim Tode Alfred Krupps 1887 betrug die Beschäftigtenzahl 20 000 Personen.

Je größer der Kapitalbedarf der Unternehmen wurde, um so wichtiger wurde die neue Rechtsform der Aktiengesellschaft. Auf diesem Gebiet ging Frankreich voran. Mit der *Société Anonyme* und der Kommanditgesellschaft, deren Teilnehmer nur bis zur Höhe ihrer Geldeinlagen hafteten, schuf das französische Julikönigtum die Voraussetzungen für den anfänglichen französischen (und belgischen) Vorsprung bei der Mechanisierung der Textilindustrie auf dem Kontinent. Nach der Überwindung der Gründerkrise von 1873 beteiligten sich die deutschen Banken stärker an der Gründung von Unternehmen und gewährten große Kredite. Ihre Vertreter zogen in die Verwaltungsräte der Aktiengesellschaften ein. Besonders im allgemeinen wirtschaftlichen Aufschwung der 1890er-Jahre weiteten die Banken ihre Aktivitäten aus.

Erhöhter Kapitalbedarf und Gewinnbeteiligung – Die kapitalgestützten Großunternehmen

Je aufwendiger und teurer die neuen Produktionstechniken in der Schwerindustrie, in der chemischen Industrie oder in der Elektroindustrie wurden, um so weniger war ein einzelner Unternehmer in diesen Bereichen in der Lage, das notwendige Kapital aufzubringen oder die Weiterentwicklung des Unternehmens mit Mitteln aus Gewinnen oder Rücklagen zu finanzieren. Mit der Verbreitung der Aktiengesellschaft trennten sich unternehmerische Leitungsfunktionen vom Besitztitel. Die Direktoren, Geschäftsführer oder die Vorstandsmitglieder der Aktiengesellschaften waren nicht notwendigerweise Eigentümer oder Miteigentümer des Unternehmens, sondern technische, kaufmännische oder juristische Experten. Mit zunehmender Betriebsgröße spaltete sich die Unternehmerfunktion in viele Unterfunktionen auf.

Die Rolle der französischen Industrie

In Frankreich war die kleine Gruppe des Wirtschafts- und Finanzbürgertums seit der Julirevolution von 1830 die einflussreichste Schicht. Sie setzte sich vor allem aus besonders aktiven protestantischen und jüdischen Gruppen, aber auch aus Angehörigen des in der Französischen Revolution enteigneten alten Adels sowie des napoleonischen Neuadels zusammen. Da die französische Wirtschaft seit Jahrhunderten staatlich geführt worden war, vertraute sich auch der französische Unternehmer in der Zeit der Hochindustrialisierung ganz der staatlichen Leitung an. Unter Napoleon III. setzte sich auch in Frankreich allmählich die mit größeren Gewinnmöglichkeiten verbundene Kapitalanlage in der Industrie gegenüber derjenigen in Grundbesitz durch, und so entstand allmählich eine neue Aristokratie aus Bankiers und Industriellen, aus deren Reihen in der Dritten Republik auch Minister hervorgingen.

Zum wirtschaftlichen Aufschwung leisteten die Brüder Jacob Émile und Isaac Péreire, Mitglieder der portugiesischen jüdischen Gemeinde Frankreichs, einen wesentlichen Beitrag. Sie waren beim Eisenbahnbau zu Reichtum und seit 1848 auch als Abgeordnete zu politischem Einfluss gelangt; 1852 gründeten sie verschiedene Banken, von denen besonders die *Société Générale du Crédit Mobilier* zu nennen ist. Die Gebrüder Péreire waren von den utopischen Ideen Claude Henri de Rouvroys, Graf von Saint-Simon, beeinflusst. Durch Nutzbarmachung der Rohstoffe der gesamten Erde wollten sie das Glück der Menschheit verwirklichen. Der *Crédit Mobilier* diente als Holdinggesellschaft für eine ganze Reihe von Unterneh-

Die Deutsche Bank in Berlin wurde am 10. März 1870 als Aktienbank konzessioniert, spezialisiert auf Kommunal- und Staatsanleihen. Die Radierung zeigt den Neubau von 1889/91.

Bankiers erhielten unter dem »Bürgerkönig« Louis Philippe Regierungsämter, so Jacques Laffitte, der 1830/31 Finanzminister und Ministerpräsident war, und dessen Nachfolger Casimir Périer (von links nach rechts: Lafitte, Périer, der Marquis de La Fayette, Graf Gerard).

mungen. Die Mittel der Bank wurden durch öffentlichen Verkauf von Schuldverschreibungen aufgebracht. Dem Publikum bot man ein einziges Wertpapier mit konstanten Zinsen an, wodurch das Risiko verteilt werden sollte. Die Gebrüder Péreire verschafften sich vier Milliarden Francs durch die Spareinlagen ihrer Kunden. Der Erfolg der ersten Geschäftsjahre war überwältigend. 1853 wurden 40 Prozent Dividende ausgezahlt. Zu den vom *Crédit Mobilier* kontrollierten französischen Unternehmungen gehörten zwei der insgesamt sechs großen Eisenbahngesellschaften, mehrere Gruben- und Hüttengesellschaften, die *Compagnie des Omnibus de Paris* und eine Immobiliengesellschaft. Die Gebrüder Péreire beteiligten sich darüber hinaus auch an ausländischen Unternehmungen. Der *Crédit Mobilier* spielte eine wichtige Rolle bei der Finanzierung des Eisenbahnbaus in Österreich-Ungarn, Russland sowie Spanien und wurde zum Vorbild für einen neuen, den Erfordernissen des Industriezeitalters angemessenen Bankentyp.

Großindustrie in den USA, in Japan und Russland

Die meisten der großen amerikanischen Unternehmer stammten aus England oder waren eingewanderte Iren oder Schotten. Aber auch französische Flüchtlinge fanden sich unter ihnen. An der Spitze der viel bewunderten und noch mehr bekämpften amerikani-

John Pierpont Morgan 1862, ein Jahr nach der Gründung seines äußerst erfolgreichen Bankhauses (links). Er übernahm 1901 das Aktienpaket von Andrew Carnegie. Seine Kunst- und Büchersammlungen wurden 1924 in die Stiftung der Pierpont Morgan Library in New York eingebracht. Andrew Carnegie (rechts) machte ein Vermögen mit Stahl und Bankspekulationen. Zwischen 1900 und 1919 brachte er etwa 350 Millionen Dollar in Stiftungen für Bildung und Wissenschaft ein.

Beim Aufbau ihrer inneren Struktur bedienten sich die **Unternehmen in Japan** der traditionellen Familienauffassung. Der Unternehmer (oder das Management) trat als »Vater« auf, dem sich die Arbeitnehmer als »Kinder« unterzuordnen hatten; dabei ließ der Unternehmer gegenüber seinen Arbeitnehmern Fürsorge walten, der Arbeitnehmer stellte seine treuen Dienste zur Verfügung; die Interessen des Einzelnen waren denen des Unternehmens untergeordnet. Zugleich sollte mit dieser Unternehmensauffassung den nach westlichem Muster aufkommenden Gewerkschaften entgegengewirkt werden.

schen Industriekapitäne stand John D. Rockefeller. Er vereinigte schließlich Förderung, Transport und Handel von Erdöl in seiner Hand. Sein 1887 gegründeter Standard Oil Trust war die umstrittenste Monopolgesellschaft des 19. Jahrhunderts. Rockefeller dehnte seinen Einfluss von der Wirtschaft auf die Politik aus. Seine Machtposition stieß auf entschiedene Opposition in der amerikanischen Öffentlichkeit. Trotz zweimaliger Auflösung der Dachgesellschaften des Konzerns im Rahmen der Antitrustgesetzgebung konnte der Rockefeller-Trust 1913 60 Prozent und 1922 gar 400 Prozent Dividende verteilen.

Wie in Europa so erhielten auch in den USA die Banken immer größeren Einfluss auf die Wirtschaft. Der Bedeutendste unter den Bankiers war John Pierpont Morgan. Er verfügte über Eisenbahn- und Schifffahrtsgesellschaften, kaufte die *United States Steel Corporation* auf und brachte viele Fusionen zustande. Die beiden gigantischen Wirtschaftskomplexe von Morgan und Rockefeller beherrschten im ersten Jahrzehnt des 20. Jahrhunderts weitgehend das Wirtschaftsleben der USA.

Vor allem in der öffentlichen Meinung Europas hatte der Unternehmer kein gutes Image. »Der Mann des Jahrhunderts« reibt sich auf der Karikatur von Albert Hahn (um 1890) die Hände, er lässt die Peitsche regieren.

In Japan hatte der Staat bis ins 19. Jahrhundert alle Wirtschaftsmacht monopolisiert. Nur einige Lehnsherren, die über gute Verbindungen zum Hof verfügten, konnten sich erfolgreich als Unternehmer betätigen. Der Familie Mitsui gelang es, ein riesiges Industrieimperium aufzubauen. Die Mitsubishi standen ihnen darin kaum nach. Seit den 1880er-Jahren zog sich der japanische Staat stärker aus der Wirtschaft zurück. An die Stelle der Staatsmonopole traten nun Familienkonzerne. Nach Machtkämpfen kristallisierte sich eine Monopolstellung von drei Familienunternehmen, den Mitsui, Mitsubishi und Okura, heraus. Sie beherrschten alle Fabriken, Banken, Verkehrs- und Handelsunternehmen von Bedeutung. Als Staat im Staate lenkten sie auch die Politik. Die japanischen Familienkonzerne waren wirtschaftlich und politisch ungleich mächtiger als die führenden Konzerne in der westlichen Welt – als die eines Rockefeller, Morgan oder Krupp zusammengenommen. Bedingt durch ihre adlige Herkunft, hatten diese Familien keine langwierigen und mühsamen Aufstiegs- und Konkurrenzkämpfe zu durchlaufen. Die autokratische Struktur der japanischen Gesellschaft ersparte ihnen darüber hinaus eine kritische öffentliche Meinung oder gar eine Antitrustgesetzgebung wie die in den USA.

In Russland waren es neben russischen Unternehmern baltische, britische, deutsche, französisch-hugenottische und skandinavische Unternehmer, die seit Mitte der 1880er-Jahre im Donezgebiet durch Gründung von Aktiengesellschaften mit insgesamt 40 Prozent ausländischem Kapital in kurzer Zeit ein wichtiges Gebiet der Schwerindustrie aufbauten. Die größten Verdienste um die russische Industrialisierung, die um 1900 schneller verlief als in Westeuropa oder den USA, erwarb sich der russische Verkehrs- und Finanzminister Sergej Julewitsch Witte. Er förderte nicht nur den Eisenbahnbau, sondern verschaffte seinem Land den Anschluss an die westeuropäischen Kapitalzentren.

Die Brüder Siemens fassten früh in Russland Fuß. 1855 wurde unter Carl Siemens in Sankt Petersburg die russische Zweigniederlassung der »Telegraphen Bau-Anstalt Siemens & Halske« zur Anlage und Verwaltung von Telegrafenlinien gegründet. Das abgebildete Kupferbergwerk Kedabek im Kaukasus erwarben sie 1864 (München, Siemens-Archiv).

Hans-Werner Niemann

Offene Grenzen? – Freihandel oder Schutzzoll

Adam Smith wies mit seinen Lehren der freien Marktwirtschaft den Weg. Das Porträt malte nach seinem Tod wohl Charles Hamilton Smith (um 1800; Edinburgh, Scottish National Portrait Gallery).

Die theoretische Grundlegung des Freihandels hatte der Brite Adam Smith bereits 1776 in seinem Epoche machenden Buch »Der Wohlstand der Nationen« geleistet. Smith begründete den Freihandel damit, dass nur ein Wirtschaftssystem, das die Preisbildung ohne jeden politischen Eingriff auf dem Markt ermögliche, für den Verbraucher die niedrigsten Preise garantiere und darüber hinaus zu einer optimalen Nutzung der wirtschaftlichen Ressourcen führe. Dies sollte sowohl für die nationale Volkswirtschaft als auch für die Weltwirtschaft gelten. »Der Konsum«, so argumentierte Smith gegen den Merkantilismus, »ist das einzige Ziel und der alleinige Zweck jeder Produktion.«

Aus liberaler Sicht hat der Freihandel folgende Vorteile: Grundsätzlich werden die vorhandenen wirtschaftlichen Ressourcen besser eingesetzt. Jedes Land kann sich auf die Produktionsbereiche konzentrieren, in denen es Wettbewerbsvorteile besitzt. Zudem wird kostengünstiger produziert, weil die Größe des Marktes zu größeren Produktserien und damit zu Kostenvorteilen führt. Überdies erzwingt der internationale Wettbewerb ständige Rationalisierung und Verbesserungen von Herstellungsverfahren und Produkten. Außerdem verfügen die Verbraucher über ein vielfältigeres Warenangebot.

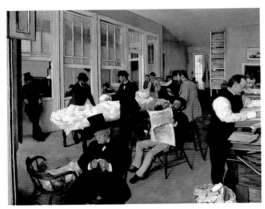

Baumwollbörse in New Orleans. Der Baumwollexport brachte den USA die für den Ausbau der Eisenbahnen und der Industrie nötigen Devisen (Gemälde von Edgar Degas, 1873; Pau, Musée des Beaux Arts). Immer neue Einwanderer besiedelten Amerika. Vom Missouri brachen viele Trecks nach Westen auf (William Henry Jackson, »Westport Landing« – der Ursprung von Kansas City; um 1850).

Vorreiter Großbritannien – Wirtschaft im Zeichen des Freihandels

Die Tatsache, dass sich nach der Unabhängigkeitserklärung der USA 1776 zwischen dem Mutterland und den USA eine wirtschaftliche Arbeitsteilung ohne jede politische Intervention eingestellt hatte, gab dem Freihandelsgedanken Auftrieb. Um 1836 ging ein Viertel aller britischen Exporte in die USA und vier Fünftel aller Baumwollimporte Lancashires kamen von dort. Allein die USA mit ihrer mechanisierten Baumwollproduktion und dem effektiven, auf Sklavenarbeit beruhenden Plantagensystem konnten die steigende Nachfrage Lancashires auf Dauer befriedigen. Eine zollpolitische Bevorzugung der Baumwolle aus den Ländern des britischen Weltreiches lag daher nicht im Interesse der Produzenten in Lancashire.

Die Kaufleute aus Lancashire und Schottland bemühten sich, in Ländern wie Brasilien und Argentinien, in Südostasien, an der afrikanischen Westküste und an der Westküste Mittel- und Südamerikas neue Märkte für ihre überquellende Produktion zu erschließen. Wollte man in diese nicht zum Britischen Empire gehörenden Regionen exportieren, musste man diesen Ländern die Möglichkeit geben, ihrerseits vermehrt Primärprodukte wie Holz, Kaffee, Kakao, Häute, Getreide, Wolle oder Zucker nach Großbritannien auszuführen, damit sie ihre Handelsbilanz ausgleichen konnten. Auf vielen dieser Produkte aber lastete zum Schutze der Landwirtschaft ein hoher Zoll, dessen Beibehaltung jedoch nicht im Interesse der britischen Industrie lag. Darüber hinaus gewannen die Märkte in den USA und in Nordeuropa für die britische Industrie zunehmend an Bedeutung. Hier bestand die Gefahr, dass die Regierungen dieser Länder gegen die britische Exportindustrie zollpolitische Maßnahmen ergriffen, wenn Großbritannien weiterhin Importe mit hohen Zöllen belegte.

Um 1840 begann der eigentliche Angriff auf das Schutzzollsystem, der von Wirtschaftskreisen aus Manchester und Liverpool ausging. 1846 schaffte die britische Regierung nach einer Kampagne der *Anti-Corn-Law-League* unter Führung der Industriellen Richard Cobden und John Bright das Kornzollgesetz von 1815 ab, jenen Eckpfeiler des britischen Protektionismus aus der ersten Jahrhunderthälfte. 1849 fiel auch die Navigationsakte aus dem 17. Jahrhundert, die seither der englischen Marine das Monopol im Verkehr mit den englischen Häfen gesichert hatte. 1853 und 1854 wurden schließlich die meisten Zölle aufgehoben.

Der Anstieg der britischen Nahrungsmittelimporte schuf im Ausland eine vermehrte Kaufkraft für britische Industrieprodukte. Der Hauptvorteil des Freihandels lag somit in der Steigerung des britischen Exports. Aber auch um die Versorgung mit industriellen Rohstoffen und Lebensmitteln zu gewährleisten, wurde Großbritannien von einem funktionierenden Freihandel immer abhängiger: 1913 kamen sieben Achtel der industriellen Rohstoffe – von Kohle abgesehen – und mehr als die Hälfte aller Nahrungsmittel aus dem Ausland. Der Freihandel bedeutete also eine wechselseitige Arbeitsteilung der Weltwirtschaft mit Großbritannien als Lieferanten industrieller Fertigwaren und den übrigen Ländern des Empire, zum Beispiel Indien und Australien, als Rohstofflieferanten.

1860 schloss **Napoleon III.** insgeheim einen **Handelsvertrag mit Großbritannien,** nach dem Frankreich die Zölle für britische Industrieprodukte, für Kohle und Textilien erheblich absenkte. Neben dem wirtschaftspolitischen Ziel, auf dem Wege einer liberalen Freihandelspolitik die Lebensverhältnisse der Arbeiterschaft zu heben, wünschte er außenpolitisch eine Annäherung an Großbritannien, das über den steigenden Einfluss Frankreichs im Mittelmeerraum beunruhigt war, und innenpolitisch einen stärkeren Rückhalt im liberalen Lager, nachdem die französische Italienpolitik die Katholiken und einen Teil der Unternehmer in die Opposition getrieben hatte.

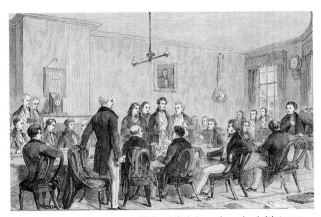

Richard Cobden, einer der Initiatoren der Anti-Corn-Law-League, bei Beratungen. Die Unternehmer aus Manchester und Liverpool wandten sich gegen das Kornzollgesetz von 1815 (Buchillustration für ein historisches Werk, um 1879).

Großbritannien regierte mithilfe des Freihandels den gesamten Welthandel. Es konnte dies tun, weil die britischen Industrieprodukte zunächst überlegen waren und weil es ein Kohleexportmonopol besaß, mit dem es die an Kohle armen Länder wie Frankreich oder Skandinavien sowie die Bunkerhäfen in der ganzen Welt beherrschte. Auf längere Sicht förderte der Freihandel aber auch die Industrie der kontinentaleuropäischen Staaten und der USA, da er auch ihren Produkten, sofern sie konkurrenzfähig waren, weite Absatzgebiete erschloss. Auf diese Weise entstand eine wirkliche Weltwirtschaft.

Die europäischen Kontinentalstaaten folgen Großbritanniens Beispiel

Die meisten Länder Europas schlossen in der Folgezeit untereinander Handelsverträge, die alle die Meistbegünstigungsklausel enthielten. Auf diese Weise entwickelte sich Europa zu einer Freihandelszone, in der die Zölle weitgehend weggefallen waren. Flankiert wurde diese Entwicklung durch den Abschluss zahlreicher internationaler Abkommen, die den Warenaustausch förderten: 1856 wurde

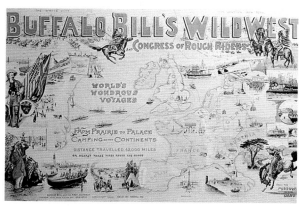

Viehzucht im Großen in den USA. Riesige Herden von Langhornrindern wurden zu den Eisenbahnstationen getrieben (Foto vom Ende des 19. Jahrhunderts; links). Die texanischen Cowboys wurden als Helden des »Wilden Westens« zur Legende. Davon profitierte auch Buffalo Bill, eigentlich William F. Cody, selbst ein erfahrener Jäger, mit seiner »Wild-West-Show« (Plakat der Londoner Vorstellungen 1903; rechts).

die Europäische Donaukommission gegründet und 1857 die Maut über den Sund durch Dänemark abgeschafft; 1865 entstand in Berlin die Telegraphenunion. Außerdem wurden zwischen 1850 und 1856 Maßnahmen getroffen, die die Freiheit der Meere sichern sollten sowie Schifffahrtsvorschriften und Schifffahrtssignale vereinheitlichten.

Vorbote Deutschland – Rückkehr zum Protektionismus

Der Konjunkturrückgang nach 1870 führte in den meisten europäischen Ländern mit Ausnahme Großbritanniens, Belgiens und der Niederlande zu einer Aufgabe des Freihandels und einer Rückkehr zum Protektionismus. Die um ihren Absatz fürchtenden Industriellen und die Agrarproduzenten, denen die Konkurrenz von billiger produzierenden neuen Wettbewerbern aus Übersee schwer zu schaffen machte, erwarteten von ihren Regierungen den Schutz ihrer Produktion. Das Deutsche Reich machte mit der Anhebung der Zölle den Anfang.

Die Unternehmer der Hüttenwerke in Schlesien und des Rheinisch-Westfälischen Industriegebietes forderten staatlichen Schutz gegen die britische Konkurrenz und organisierten sich 1874 im »Verein Deutscher Eisen- und Stahlindustrieller«. Bereits 1873 hatten die Textilunternehmer den »Verein Süddeutscher Baumwollindustrieller« gegründet. Diese Verbände schlossen sich 1876 zum »Centralverband Deutscher Industrieller zur Beförderung und Wahrung nationaler Arbeit« zusammen. Angesichts der Überschwemmung des deutschen Marktes mit amerikanischem und osteuropäischem Getreide riefen nun auch die Großgrundbesitzer nach staatlichem Schutz. Ab Mitte der 1870er-Jahre war die deutsche Landwirtschaft auf dem Weltmarkt nicht mehr konkurrenzfähig.

Entscheidend für die handelspolitische Wende war eine Neuformierung der innenpolitischen Fronten. Für den Kampf gegen die Sozialdemokratie brauchte Otto von Bismarck die Unterstützung der Konservativen und des Zentrums, die beide den Schutzzoll befürworteten. Nicht zuletzt versprachen erhöhte Zölle zusätzliche Einnahmen für den stark belasteten Reichshaushalt. Bismarck war sich aber auch bewusst, dass der Übergang zum Schutzzoll eine grundsätzlich neue Politik darstellte. Nach seiner Auffassung war es die Aufgabe der Wirtschaftspolitik, »die gesamte deutsche Produktion zu heben«. Das am 20. Juli 1879 beschlossene Schutzzollgesetz belegte Eisenerzeugnisse, Holz, Getreide und importiertes Fleisch mit hohen Zöllen. Hauptnutznießer des Schutzzolls war die deutsche Industrie. Das Gesetz hielt die unliebsame Konkurrenz vom Binnenmarkt fern. Zu Hause konnte die Industrie deshalb zu überhöhten Preisen verkaufen und gleichzeitig den Gewinn benutzen, um mithilfe von Dumpingpreisen ihre Ausfuhren in das übrige Europa, das noch den Prinzipien des Freihandels verpflichtet war, zu steigern. Auf diese Weise hat der Übergang zum Schutzzoll zum starken Wachstum der deutschen Wirtschaft nach 1880 beigetragen. Auch die Landwirtschaft profitierte, obwohl die tendenzielle Abwärtsbewegung der landwirtschaftlichen Preise nicht aufgehalten werden konnte. Die Kosten der Schutzzollpolitik trug der deutsche Verbraucher, da das inländische Preisniveau hinter der Schutzzollmauer sehr hoch war. Das für die Ernährung gerade der unteren Bevölkerungsschichten besonders wichtige Getreide kostete in Deutschland über 30 Prozent mehr als in den benachbarten Ländern.

Die Abkehr vom Freihandelsdenken in Frankreich und Großbritannien

Das übrige Europa ging erst um 1890 zum Schutzzoll über. Frankreich zeigte bereits unmittelbar nach dem Deutsch-Französischen Krieg von 1871 erste Tendenzen zu einer Abkehr vom

In einer Eingabe an Kaiser Wilhelm I. vom 12. Juli 1877 begründeten die deutschen Industriellen ihre Schutzzollforderung:

Fast unausgesetzt ist der vaterländische Gewerbefleiß in den letzten zwölf Monaten durch das Zusammentreffen widriger Umstände das Opfer zollpolitischer Experimente geworden, welche notwendigerweise die Stabilität der Verhältnisse erschüttern und den heimischen Markt dem ungewissen Erfolg einer völlig uneingeschränkten auswärtigen Konkurrenz preisgeben mussten. Die Industrie weiß den Vorzug einer internationalen Verkehrsfreiheit, welche die Kräfte der Völker anspornt und den Austausch der überschießenden Produkte ermöglicht, zu schätzen; allein ein einseitiges Vorgehen eines einzelnen Staates auf diesem Wege wird diesen Erfolg niemals zustande bringen.

Der deutschen Industrie hat es sicherlich niemals an Opferwilligkeit und Patriotismus gefehlt: Wenn aber dem allgemeinen Notstande nicht alsbald begegnet wird und wenn alle Hilfsquellen versiegen, aus welchen das Nationaleinkommen fließt, dann wird die Steuerverwaltung nicht mehr imstande sein, ohne unaufhörliche Vermehrung der Anleihen die Mittel zur Deckung des progressiv steigenden Staatshaushaltes zu beschaffen.

Von den großen amerikanischen Farmen drängte Getreide auf den Weltmarkt. Zentren der Getreideproduktion waren der Mittelwesten und der Norden Amerikas (Radierung nach einem Foto von einer Farm bei Fargo, North Dakota, 1878).

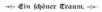

»Uncle Sam« symbolisiert den »schönen Traum« des deutschen Konsumenten vom Abbau der Schutzzölle im Deutschen Reich in der Zeit unmittelbar nach Bismarcks Rücktritt (Karikatur der sozialdemokratischen satirischen Zeitschrift »Der wahre Jakob«, Oktober 1898).

Liberalismus. Die hohe Kriegsentschädigung, die Deutschland den Franzosen auferlegt hatte, benutzte Frankreich als Argument, um die Zolltarife zwecks Einnahmesteigerung zu erhöhen. Einige Jahre später vollzog Premierminister Charles Louis de Saulces de Freycinet, der den Bau von Eisenbahnen und schwerindustriellen Anlagen einleitete, die endgültige Abkehr vom Liberalismus, als er die Ausdehnung des Kolonialreiches ankündigte. Die französische Industrie und Öffentlichkeit verlangten zunehmend nach einem staatlichen Schutz vor britischen Industrieprodukten und vor der politisch-wirtschaftlichen Bedrohung durch das deutsche Kaiserreich. Dabei spielten Revanchegedanken gegenüber Deutschland und das Streben nach wirtschaftlicher Autarkie im Kriegsfalle ebenfalls eine Rolle – genauso wie auf der anderen Seite beim deutschen Übergang zum Schutzzoll.

Zwischen 1884 und 1890 wurden die französischen Zölle für landwirtschaftliche Produkte stark heraufgesetzt. Den Interessen der französischen Industriellen war damit nicht Genüge getan. 1890 schlossen sich Industrielle und Bauern in der *Association de l'industrie et de l'agriculture française* zusammen, die Druck auf die Regierung ausüben sollte. 1892 setzte Landwirtschaftsminister Jules Méline ein protektionistisches Gesetz durch. Die französischen Schutzzölle bewirkten, dass die Handelsbilanz gegenüber Deutschland und den USA zwischen 1892 und 1910 Überschüsse aufwies. Die USA waren traditionell protektionistisch orientiert. Sogar in Großbritannien wurden die Freihandelslehren Cobdens ab 1880 infrage gestellt. Dies war ein deutliches Anzeichen dafür, dass die britische Wirtschaft gegenüber der amerikanischen, aber auch gegenüber der deutschen zurückgefallen war. 1910 betrug das britische Defizit im Handel mit den USA 50 Millionen britische Pfund und mit Kontinentaleuropa 45 Millionen. Die Schutzzölle in Deutschland, Frankreich und den USA, die sich gegen den britischen Handel richteten, ermöglichten diesen Ländern, ihren Außenhandel sehr viel schneller zu entwickeln.

Wirtschaftsnationalismus als Basis des Imperialismus

Verstärkte koloniale Bestrebungen der Industriemächte ergänzten den Wirtschaftsprotektionismus, der sich international immer mehr durchsetzte. Als Großbritannien seine Königin zur Kaiserin von Indien erhob, die Aktien des 1869 eröffneten Suezkanals aufkaufte und damit seine maritime Vorrangstellung ausbaute, Ägypten besetzte und sein Kolonialreich ausdehnte, bewegte es sich ganz auf der Linie dieser neuen Tendenzen. Dennoch wich Großbritannien vor dem Ersten Weltkrieg nicht vom Freihandel ab, da es immer noch auf den geschützten Markt seines Empire zurückgreifen konnte. Mit Kanada, Neuseeland, Südafrika und Australien verband Großbritannien ein System zollpolitischer Bevorzugung (Präferenzsystem).

Kristallpalast von Joseph Paxton für die erste Weltausstellung in London 1851. Der Ausstellungsbau aus Eisen und Glas wurde zum Symbol für einen freien Weltmarkt und für technischen Fortschritt (Stich von 1851).

Der Konjunkturrückgang nach 1870 zeigte, dass weltweit das industrielle Produktionspotenzial stark angewachsen war, was einen Verfall der Preise zur Folge hatte. In dieser gegenüber der Freihandelsphase vor 1870 völlig veränderten Situation verengter Märkte riefen die Produzenten nach dem Schutz des Staates. Zwischen dem Protektionismus und der Verschärfung des Nationalismus im Zeitalter des Imperialismus bestand ein enger Zusammenhang. Ab 1884 ergänzte die Kolonialpolitik in Deutschland das Schutzzollsystem. In den USA, die mit einer konsequenten imperialistischen Expansionspolitik bis 1913 die Vormachtstellung in der westlichen Welt erlangten, war dies seit dem Spanisch-Amerikanischen Krieg 1898 der Fall. Der Zollkrieg zwischen Frankreich und Italien ab 1887 und zwischen Frankreich und der Schweiz (1892–95) führten zu internationalen Konflikten. Frankreich und Großbritannien standen einander bei der Eroberung der Kolonialmärkte zunehmend feindlich gegenüber, und nach der Jahrhundertwende verschärften Deutschland und Italien den imperialistischen Wettlauf. Im 19. Jahrhundert stieg das Welthandelsvolumen in zuvor nie gekanntem Maße von 2,5 Milliarden Franken 1800 auf 27 Milliarden 1850 und auf 100 Milliarden 1900. Entsprechend dem jeweiligen Grad industriewirtschaftlicher Fortschrittlichkeit kam es sowohl in Europa als auch zwischen Europa und den übrigen Kontinenten zu einer internationalen Arbeitsteilung. Die industriell entwickelten Länder wie Großbritannien, Frankreich und Deutschland lieferten industrielle Fertigprodukte im Austausch gegen Lebensmittel und Rohstoffe. Dieses System der internationalen Arbeitsteilung verfestigte sich und akzentuierte die Entwicklungsunterschiede. – Zwischen 1850 und 1870 stand Europa ganz im Zeichen des Freihandels. Die Zollschranken fielen und das auf dem Goldstandard beruhende stabile internationale Währungssystem ermöglichte den reibungslosen Warenaustausch. Als nach 1870 ein Konjunkturrückgang einsetzte, dem von 1873 bis 1895 eine lang anhaltende Phase stark verminderten Wachstums und fallender Preise folgte, erwachte allerorten der Wirtschaftsnationalismus und ließ die meisten Länder zum Wirtschaftsprotektionismus zurückkehren.

Die Karikatur »Hochzeit in Kairo« verspottet die Werbestrategien für deutsche Produkte (aus »Jugend«, Jahrgang 1900).

HANS-WERNER NIEMANN

Die Entfesselung neuer Kräfte – Wissenschaft und Technik

Im Vergleich zu früheren Epochen der Menschheitsgeschichte nahm das Tempo des technischen Fortschritts zur Zeit der industriellen Revolution rasant zu. Noch bis in die 2. Hälfte des 19. Jahrhunderts wurde die technische Entwicklung entscheidend von den Erfindungen Einzelner und den manchmal unscheinbaren ständigen Verbesserungen von Praktikern in den Fabriken vorangetrieben, nicht selten auch von Außenseitern.

Synthese von Wissenschaft und Industrie – Das Beispiel Chemie

Seitdem schuf man verstärkt Einrichtungen, um Wissenschaft und Technik zu fördern und so Fortschritte in diesen Bereichen – auch mittels Systemforschung und »programmierter« Erfindung – bewusst herbeizuführen. Keimzelle einer nach wissenschaftlichen Gesichtspunkten betriebenen Technikforschung wurde die 1794 gegründete Pariser »École polytechnique«, nach deren Vorbild 1825 in Karlsruhe die erste polytechnische Hochschule eröffnet wurde.

Am deutlichsten wird die enge Verbindung von wissenschaftlicher Forschung und praktischer Umsetzung am Beispiel der chemischen Industrie. Die ersten chemischen Fabriken des 18. Jahrhunderts waren zunächst nichts anderes als Laboratorien im großen Maßstab gewesen, die Wissenschaft der Chemie war noch nicht so weit gediehen, dass sie der chemischen Industrie nennenswerte Hilfestellung hätte geben können. Unter diesen Umständen blieb die Herstellung großer Mengen von Chemikalien, wie sie in der sich rapide ausdehnenden Textilindustrie gebraucht wurden, eine Angelegenheit der praktischen Erfahrung.

Friedrich Wöhler gelang es 1828, einen organischen Stoff – den Harnstoff – aus anorganischen Stoffen herzustellen. Damit wurde es möglich, organische chemische Verbindungen auf synthetischem Wege zu gewinnen und die Natur zu manipulieren. Ähnliche Aussichten eröffneten Justus von Liebigs Arbeiten über die pflanzlichen Wachstumsbedingungen, die eine Revolution in der Landwirtschaft bewirkten. Liebig schuf vor allem einen ganz neuen Stil wissenschaftlichen Arbeitens. Das Chemielaboratorium, das er 1824 an der Universität Gießen einrichtete, wurde zu einer international renommierten Ausbildungsstätte. Manche seiner Schüler wurden selbst Professoren, andere gingen in die Wirtschaft. August Wilhelm Hoffmann, ein Assistent Liebigs, prägte mit seinen Arbeiten die Entwick-

Zum sechzigjährigen Regierungsjubiläum der Königin Viktoria erschien eine Sonderausgabe der »Illustrated London News«, die den Fortschritt rühmt. Auf dem Deckblatt wird die Situation von 1837 der von 1897 gegenübergestellt; im Rahmen oben links Charles Darwin, links Mitte Michael Faraday, gegenüber Isambard Kingdom Brunel.

lung der großindustriellen Herstellung synthetischer Farben ganz entscheidend. Einer seiner Schüler, William Henry Perkin, stellte 1856 den ersten künstlichen Farbstoff, das Mauvein, her. Allerdings war das Interesse der britischen Textilbetriebe und infolgedessen

Justus von Liebigs Labor im Neubau der Universität Gießen (links; um 1890 entstandener Holzstich; Gießen, Justus-Liebig-Museum). Rechts ein Foto des pharmazeutisch-wissenschaftlichen Labors der Bayer-Werke, Elberfeld (um 1900).

auch der chemischen Werke an den neuen Farben gering, weil Großbritannien natürliche pflanzliche Farbstoffe zu günstigen Preisen aus seinen Kolonien beziehen konnte. In Deutschland stieß die Herstellung synthetischer Farbstoffe dagegen auf weit größeres Interesse.

Um in dem sich verschärfenden Wettbewerb auf dem internationalen Markt mithalten zu können, gingen immer mehr der neu entstandenen chemischen Firmen dazu über, selbst einen Stab ausgebildeter Chemiker anzustellen. Hier lag die Keimzelle der industriellen Forschung, die im Gegensatz zur Universitätsforschung stärker auf praktische Ergebnisse ausgerichtet war. Besonders die deutsche chemische Industrie betrieb ihre eigene Forschung und begründete damit ihre internationale Spitzenstellung. Die Fortschritte in der Teerforschung ermöglichten es, fast alle Bestandteile des in den Kokereien anfallenden Teers nutzbringend zu verwenden. Heute werden aus Kohleteer Tausende von Produkten wie Farben, synthetische Fasern, fotochemische Produkte, Holzschutzmittel, Drogen, Schmerzmittel (Aspirin) und unzählige Kunststoffe hergestellt.

Ergebnisse systematischer Forschung waren auch die chemischen Großsynthesen. 1909 gelang es Fritz Hofmann von den Bayer-Werken, aus Isopren synthetischen Kautschuk herzustellen. Seine Forschungsergebnisse dienten als Grundlage der deutschen Bunafabrikation im Ersten Weltkrieg. 1908 war dem Chemiker Fritz Haber die direkte Vereinigung von Stickstoff und Wasserstoff zu Ammoniak gelungen. Der im Haber-Bosch-Verfahren billig gewonnene Ammoniak sicherte als Ausgangssubstanz für die Synthese von Stickstoffdünger im Ersten Weltkrieg die Stickstoffversorgung der Landwirtschaft, sodass auf die Einfuhr von Chilesalpeter und Guano verzichtet werden konnte.

Preußen führte 1872 die staatliche Schulaufsicht ein: wohl der aktuelle Anlass für Carl Hertels Bild »Jung-Deutschland in der Schule« (1874; Berlin, Nationalgalerie).

Der 1803 geborene **Justus von Liebig,** der auch an der »École polytechnique« in Paris studierte, wurde 1824 als außerordentlicher Professor der Philosophie an der Landesuniversität in Gießen eingestellt und ein Jahr später zum ordentlichen Professor für Chemie ernannt. 1852 nahm er einen Ruf an die Universität München an.
Neben Arbeiten zur technischen und zur analytischen Chemie sind besonders seine Forschungen auf dem Gebiet der organischen Chemie wichtig.
In den 1830er-Jahren beschäftigte er sich zunehmend intensiver mit Fragestellungen zum pflanzlichen und tierischen Stoffwechsel. Das von ihm formulierte Minimumgesetz besagt, dass derjenige Stoff die Geschwindigkeit des Wachstums und die Größe des Ertrages bei Kulturpflanzen bedingt, der von allen notwendigen in geringster aufnehmbarer Menge vorhanden ist. Daraus leitete er die Forderung ab, der Boden müsse mittels künstlichem Dünger wieder erhalten, was ihm genommen wurde. Diese Erkenntnisse revolutionierten die Landwirtschaft: Die wissenschaftliche Agrikulturchemie sowie die Kunstdüngerwirtschaft entstanden und ermöglichten eine ungeahnte Steigerung landwirtschaftlicher Erträge.

»Der Potsdamer Platz« von Carl Saltzmann (1884; Frankfurt am Main, Postmuseum) ist von Differenzialbogenlampen erleuchtet. Die Firma Siemens & Halske installierte diese erstmals 1881 in London und dann 1882 in Berlin.

Systematische Forschung spielte auch in der Elektroindustrie und der Nachrichtentechnik seit dem ausgehenden 19. Jahrhundert eine immer größere Rolle. Je mehr sich die internationale Konkurrenz durch das Auftreten neuer Industriestaaten verschärfte, desto größere Summen investierten Privatunternehmen und Regierungen in die naturwissenschaftlich-technische Forschung.

Die Rolle des Staates

Um die Mitte des 19. Jahrhunderts hatte Großbritannien als Mutterland der industriellen Revolution gegenüber allen anderen Nationen einen großen technischen Vorsprung. Die neuen zukunftsträchtigen Industrien aber wuchsen entweder gar nicht oder sehr langsam, da in Großbritannien keine ausreichenden Anstrengungen zur Entwicklung angewandter Forschung vorgenommen wurden. 1872 gab es in Cambridge nur zwölf Personen, die Naturwissenschaften hörten. Die meisten von ihnen wollten Ärzte werden. Je bedeutender die Rolle von Bildung und Wissenschaft für die wirtschaftliche Entwicklung wurde, um so nachteiliger wirkte sich aus, dass sich der britische Staat zu lange aus der Förderung des Erziehungswesens herausgehalten hatte. In Deutschland dagegen gab es ein effizientes einheitliches System staatlicher Erziehung von der Volksschule bis zur Universität.

Der Erste Weltkrieg führte weltweit zu einer Intensivierung industrieller Forschung. Für die Krieg führenden, aber auch für die neutralen Staaten war sie zu einer Überlebensfrage geworden, da viele herkömmliche Handelsrouten blockiert und viele Rohstoffe nicht mehr zugänglich waren. Die deutsche Regierung beauftragte in dieser Situation ihre Wissenschaftler, Ersatzprodukte für Gummi, Chilesalpeter und Erdöl zu finden. Aber auch in Frankreich, Großbritannien, Japan und anderen Ländern wurde die Forschung straffer organisiert und direkt vom Staat unterstützt.

Stahlerzeugung, Elektromotor und Verbrennungsmaschine – Großtechnik und Massenproduktion

Ungeachtet der zunehmenden Bedeutung der Wissenschaft kamen auch in der zweiten Hälfte des 19. Jahrhunderts wesentliche technische Innovationen immer noch aus der Praxis. Dies gilt zum Beispiel für grundlegende Verbesserungen der Stahlerzeugung. Der Bau der Eisenbahnlinien, der Schiffbau und der Brückenbau weckten ebenso wie die Rüstungstechnik im Zeitalter der weltweit miteinander rivalisierenden Nationalstaaten einen enormen Bedarf an gutem und billigem Stahl.

Eine Ausweitung der Stahlproduktion wurde ermöglicht durch die Entdeckung des Konverters, eines mit feuerfesten Steinen ausgekleideten, birnenförmigen Metallgefäßes. Henry Bessemer löste 1855 damit das Problem, Stahl aus Roheisen in großem Maßstab herzustellen. Die Vettern Sidney Gilchrist Thomas und Percy Carlyle Gilchrist entwickelten das Bessemerverfahren entscheidend weiter.

STAHL: NEUE ÖFEN – MODERNE VERFAHREN

Henry Bessemer ließ sich 1855 sein neues Verfahren zur Stahlgewinnung patentieren. Danach wurde flüssiges siliciumreiches Roheisen in ein birnenförmiges, kippbares Gefäß gefüllt und die Füllung durch Düsen am Boden mit Luft durchblasen (Windfrischverfahren).

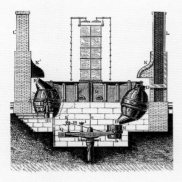

Dadurch verbrannten die Eisenbegleiter. Seit 1878 kleidete man die Birne mit Dolomitsteinen aus, wodurch Phosphor entfernt wurde. (Der Schnitt links zeigt eine Bessemeranlage um 1890.) Durch Puddeln konnten 5000 kg Roheisen in anderthalb Tagen in schmiedbares Eisen verwandelt werden, durch Bessemern in 20 Minuten.

Etwa gleichzeitig entwickelten die Brüder Friedrich und Wilhelm Siemens sowie der Franzose Pierre Martin eine weitere Methode zur Stahlgewinnung. Mit dem Siemens-Martin-Verfahren kann Stahlschrott wieder aufbereitet werden, wobei jede Tonne Schrott mehrere Tonnen Eisenerz ersetzt. 1864 hatten Martin und sein Vater die älteren Tiegel durch Flammenöfen aus überwölbten, mit Quarzmasse ausgekleideten Herden (Kammern) ersetzt. 1868 wurde in Deutschland der

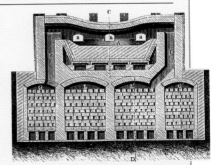

erste Siemens-Martin-Ofen angefahren. Die Ofencharge betrug 20 Jahre später bereits 50 Tonnen. (Der Schnitt oben zeigt einen mehrkammerigen Siemens-Martin-Ofen um 1900.)

Die Roheisenproduktion stieg von 1870 bis 1890 von 12 Millionen Tonnen auf 27,3 und bis 1901 auf 41,06 Millionen Tonnen.

Der Bessemerprozess und das von Siemens weiterentwickelte Martinverfahren beschleunigten den Aufbau großer Stahlindustrien in Lothringen, an der Saar und an der Ruhr. In Deutschland wuchs die Roheisenproduktion zwischen 1871 und 1913 von 1,4 auf 31,4 Millionen Tonnen an, in Großbritannien von 6 auf 10, in den USA von 1,6 auf 31,4 Millionen Tonnen.

Die sehr viel langsamere Ausdehnung der Eisenproduktion Großbritanniens, das in der 1. Hälfte des 19. Jahrhunderts die führende Rolle in der Welt gespielt hatte, ist zum Teil mit eben dieser Vorreiterrolle zu erklären: Die britische Eisenindustrie hatte umfangreiche Investitionen in Anlagen vorgenommen, die nun veraltet waren.

Die Nutzung der Elektrizität leitete eine neue Phase der industriellen Entwicklung ein. Dem Briten Michael Faraday war bereits 1832 das Prinzip des Generators, der mechanische Energie in elektrische verwandelt, bekannt. Seine erste praktische Anwendung fand der elektrische (Schwach-)Strom seit 1840 in der Telegrafie. 1866 gelang Werner Siemens die Konstruktion einer Dynamomaschine, die mechanische Arbeit in elektrischen Strom umwandelte. Es eröffnete sich nun eine völlig neue Perspektive der Krafterzeugung, deren Bedeutung ebenso revolutionär war wie die Entwicklung der Dampfmaschine vor mehr als 100 Jahren.

Seit 1873 stand der Elektromotor – seiner Funktion nach eine Umkehrung des Generators – zur Verfügung und fand 1879 seine

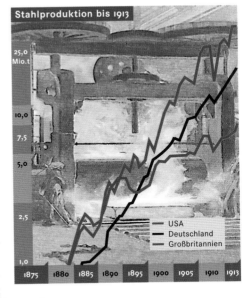

Stahlproduktion bis 1913

25,0 Mio. t
10,0
7,5
5,0
2,5
1,0

1875 1880 1885 1890 1895 1900 1905 1910 1913

— USA
— Deutschland
— Großbritannien

Die Aufnahme oben zeigt Gottlieb Daimler 1887 auf seiner ersten Fahrt im Fond seines Motorkutschwagens. Seinen Einzylindermotor hatte er 1885 in ein Zweirad, im folgenden Jahr in ein Boot und in einen Kutschwagen eingebaut. Seit 1913 lief in Detroit das Modell T (»Tin Lizzy«) vom Band, Henry Ford setzte beim Automobilbau auf Serienfertigung (Foto unten, 1913).

Anwendung als Antriebsmittel der elektrischen Straßenbahn in Berlin. Der Elektromotor war eine vielseitig einsetzbare, dezentrale und auch für den Handwerksbetrieb erschwingliche Antriebs- und Arbeitsmaschine. Nachdem Oskar von Miller den Transformator erfunden und damit das Problem der Spannungsumwandlung gelöst hatte und es Marcel Deprez gelungen war, Elektrizität mithilfe von Hochspannungsleitungen ohne große Stromverluste zu übertragen, konnte die Elektrizität in großem Stil zur Beleuchtung, zur Fernübertragung von Energie und zur Elektrifizierung von Verkehr und Industrie verwendet werden. In der Erzeugung von elektrischem Strom war Deutschland um die Jahrhundertwende führend. Die deutsche Elektroindustrie lieferte 1913 30 Prozent der Weltproduktion an elektrotechnischen Erzeugnissen.

Der Durchbruch der Elektrizität datiert in Europa in die 1890er-Jahre. Die Elektroindustrie trat in eine Periode rasanter Expansion ein. Der Elektromotor fand Verbreitung, die Elektrizität wurde zunehmend in der Großchemie eingesetzt, und man baute immer neue Kraftwerke, die man zu größeren Einheiten zusammenfasste, um sie rentabler zu machen.

Die Entwicklung der Verbrennungsmaschine als Alternative zur Dampfmaschine wurde zunächst von sozialpolitischen Überlegungen vorangetrieben. In der Konstruktion einer kleineren und billigeren Kraftmaschine sah man die Möglichkeit, dem Handwerker und kleinen Gewerbetreibenden, die durch die Industrialisierung und den Großbetrieb in Bedrängnis geraten waren, wirtschaftlich zu helfen und damit den Mittelstand zu stabilisieren. 1863 baute Jean Joseph Étienne Lenoir den ersten betriebsfähigen Gasmotor. Der Durchbruch des Verbrennungsmotors aber kam erst, als mit dem Petroleum ein billiger Treibstoff zur Verfügung stand. Angeregt von Lenoirs Maschine baute Nikolaus Otto seinen wegweisenden Viertaktmotor, der jedoch zunächst noch ortsfest und an eine Gasleitung angeschlossen war. Gottlieb Daimler entwickelte diesen Motor durch Verwendung eines Benzin-Luft-Gemisches anstelle des Gases und eines elektrischen Zündsystems so weiter, dass er für den Einsatz in Kraftwagen tauglich wurde.

1859 hatte man im Nordwesten Pennsylvanias mit Erdölbohrungen begonnen, die den Beginn einer neuen gigantischen Industrie markierten. 1871 wurden 150 Millionen Barrels nach Europa, Asien und Südamerika exportiert. Die Erdölproduktion der Welt wuchs von knapp 100 000 Tonnen 1860 auf 20,6 Millionen im Jahr 1900 an. Nach der Jahrhundertwende erfolgte, bedingt durch die zunehmende Verbreitung des Automobils, ein weiterer rasanter Anstieg.

Die europäische Autoindustrie hatte noch lange einen deutlichen technischen Vorsprung gegenüber den USA, wo man ab 1903 mit der Massenmotorisierung begann. In Europa dagegen blieb das Auto noch lange ein ausgesprochenes Luxusprodukt für exklusive Gesellschaftskreise. Zu Anfang des 20. Jahrhunderts musste man beim Kauf eines solchen Prestigeobjektes den Gegenwert eines Einfamilienhauses bezahlen.

Die Massenproduktion in Großserien

D ie industrielle Massenproduktion nahm ihren Ausgang von den USA. Günstige Marktchancen und Absatzmöglichkeiten regten dazu an, Massenprodukte aus genormten, typisierten und daher austauschbaren Teilen herzustellen. Auf diese Weise wurden in den USA zunächst Teile von Gewehrschlössern, dann auch Landmaschinen, Nähmaschinen, Schreibmaschinen und Fahrräder gefertigt. Die Massenproduktion in Großserien war ein erster Schritt auf dem Wege zur Rationalisierung. Mit diesem Begriff könnte man das Streben bezeichnen, durch technische oder organisatorische Verbesserungen die Leistung eines Betriebes zu erhöhen, die Kosten zu senken und damit die Produktivität und Wettbewerbsfähigkeit zu steigern. Der erhöhte Kapitaleinsatz führte zur Bildung großer Betriebseinheiten, die sich gegen das Kapitalrisiko durch Zusammenschlüsse in Kartellen, Syndikaten oder Trusts absicherten und bestrebt sein mussten, den Markt zu beherrschen. Henry Ford führte 1913 das Fließbandsystem in die Serienherstellung seiner Automobile ein. Das Fließband zwang den Arbeiter, einem vorgegebenen Arbeitstempo zu folgen und zerlegte den Herstellungsprozess in zahlreiche, immer gleichbleibende Einzeltätigkeiten. Der Arbeitsfluss wurde beschleunigt und verlief kontinuierlich. Die Arbeit des Einzelnen konnte stärker kontrolliert werden. Das Ausbildungsniveau der angelernten und ungelernten Arbeiter wurde nahezu bedeutungslos. Die Tätigkeit am Fließband wurde oft als monoton, physisch und psychisch zermürbend empfunden. Gleichzeitig aber ermöglichte das Fließband niedrigere Verkaufspreise. Fords legendäres Modell T konnte sich so immer größere Märkte erschließen, und Ford war in der Lage, seinen Arbeitern für die damalige Zeit hohe Löhne zu zahlen. Nach dem Ersten Weltkrieg fand die Fließbandarbeit auch in Europa Verbreitung. Durch das Auftreten neuer Industriemächte hatten sich die internationalen Märkte verengt. Das Welthandelsvolumen stagnierte und die Gewinne sanken, sodass die Unternehmen verstärkt Rationalisierungsmaßnahmen ergriffen, um international wettbewerbsfähig zu bleiben.

Blickt man auf die technische und wissenschaftliche Entwicklung im 19. Jahrhundert zurück, so erscheint zunächst das damit erreichte Produktionswachstum je Einwohner von durchschnittlich zwischen 1 und 1,5 Prozent pro Jahr als eher bescheiden. Es gilt aber zu bedenken, dass sich die Bevölkerung der Industriestaaten in diesem Jahrhundert in einem nie zuvor dagewesenen Ausmaß vermehrt hatte. Sie konnte nur dank der gewaltigen Fortschritte im Bereich von Wirtschaft, Technik und Wissenschaft überleben.

Hans-Werner Niemann

In seinem Buch »Emil Rathenau und das Werden der Großwirtschaft« von 1916 beschreibt Alois Riedler den Glauben der vergangenen Jahrzehnte an die Rationalität der Technik:

Alles Wesentliche wird Ingenieurarbeit: die vorbereitende Forschung, die Entdeckungen, die Neugestaltungen, die Patentverarbeitung, die allgemeinen Pläne, die Konstruktionen, welche den vielseitigen, neuen wechselseitigen Bedürfnissen und technischen Möglichkeiten folgen müssen, die Einzelausbildung für die Fabrikation und für den Betrieb, die Ordnung und der Verlauf der gegliederten Werkstättenausführung, dann der Zusammenbau ... die Aufstellung und Ingangsetzung der Maschinen am Betriebsorte ... Dann die Werbetätigkeit für das Geschaffene ...
Durch die Wirkung dieser Großorganisation werden die unendlich vielen Errungenschaften rasch ausgenutzt, auf andere Industrien übertragen.

Die 1535 Fuß lange Brooklyn Bridge verbindet seit 1883 Manhattan und Brooklyn. Die Konstruktion von Hängebrücken war durch den Einsatz von Stahl möglich geworden (Lithographie von 1881).

Schlüssel zur wirtschaftlichen Entwicklung – Der Eisenbahnbau

Eine industrielle Massenproduktion und eine Ausweitung des Handels wären ohne eine völlig neue Qualität und Dimension des Transport- und Verkehrswesens, dessen Leistungsfähigkeit seit Jahrhunderten nahezu unverändert geblieben war, nicht möglich gewesen. Die erste öffentliche Dampfeisenbahnlinie war in Großbritannien zwar schon 1825 zwischen Stockton-on-Tees und Darlington eingerichtet worden, aber sie blieb zunächst dem Güterverkehr vorbehalten, und größere Steigungen mussten noch mithilfe stationärer Dampfmaschinen überwunden werden; der Personenverkehr dagegen wurde hier bis 1833 noch ausschließlich mit von Pferden gezogenen Waggons bewältigt.

Rennen mit der Dampflok »Tom Thumb« auf der Baltimore and Ohio Railroad, 1830 (Radierung). Der Pferdeschienenbahn wirklich überlegen war erst die Dampflokomotive »Rocket« von Robert Stephenson.

Eine »Rakete« heizt ein – Eisenbahnbau und Industrialisierung

Der Durchbruch der Eisenbahn als Transportmittel für Güter und Personen ist mit dem Namen George Stephensons verbunden. Als Bremser, Dampfmaschinenwärter und Aufseher in den Kohlebergwerken von Killingworth war er mit den Problemen der Dampfmaschine und der damaligen Entwicklung der Eisenbahn bestens vertraut. Als es darum ging, mit den Städten Liverpool und Manchester zwei der wichtigsten Schwerpunkte des britischen Handels miteinander zu verbinden und dafür die beste technische Lösung zu finden, war Stephenson der Einzige, der für einen Lokomotivbetrieb eintrat. Allgemein galt die Pferdeeisenbahn bis dahin als die sicherste Betriebsform. Renommierte Ingenieure traten nun dafür ein, die Strecke in zehn Teile von je 2,4 km Länge einzuteilen und insgesamt 21 ortsfeste Dampfmaschinen zu installieren. Nur so sei eine vollständige Betriebssicherheit erreichbar. Stephenson aber behauptete, er könne eine Lokomotive bauen, die 20 Meilen (etwa 32 km) in der Stunde zurücklegen könne. Die Zeitschrift »Quarterly Review« mokierte sich: »Was kann wohl handgreiflich lächerlicher und alberner sein, als das Versprechen, eine Lokomotive für die doppelte Geschwindigkeit der Postkutsche zu bauen!«

Auf Betreiben Stephensons schrieb die Eisenbahngesellschaft Liverpool–Manchester schließlich einen Wettbewerb für Lokomoti-

---

Auf der 25-Jahr-Feier der Firma August Borsig, die die ersten Lokomotiven in Deutschland baute, verherrlichte Albert Borsig die Bedeutung der Lokomotive:

Die Lokomotive ist der feurige Vorläufer der Freiheit und Einheit in allen Ländern, sie bringt am leichtesten Bildung, Arbeit und Gesittung zu allen Nationen, sie rückt die Völker näher aneinander, vermittelt den Austausch der weltlichen und geistlichen Güter; sie saust über alle Vorurteile, Zopfwesen, Kleinstaaterei, Passschererei schon jetzt in Deutschland lustig hinweg – möge sie die Deutschen zu einer einigen Nation, ihre Industrie zur Großmacht gestalten ... Ihr Pfeifen sei Signal zur friedlichen Umwälzung des Staates, ja – sagen wir es deutlicher – zu einer friedlichen Revolution aller sozialen und politischen Verhältnisse.

ven aus, der die Aufmerksamkeit der ganzen Welt auf sich zog, handelte es sich doch hier um die erste Eisenbahnlinie außerhalb des engeren Bereichs des Bergbaus. Das Wettrennen fand am 6. Oktober 1829 bei Rainhill auf einem bereits fertig gestellten, vollkommen ebenen Teilstück der Strecke Liverpool–Manchester von über 3 km Länge statt, die die am Wettbewerb teilnehmenden Lokomotiven 20-mal durchlaufen sollten. Vor einer großen Zuschauerschar, zu der auch Fachleute aus Amerika gehörten, gewann die von Georg Stephensons Sohn Robert gebaute »Rocket« mit einer Durchschnittsgeschwindigkeit von 24 km/h und Höchstgeschwindigkeiten von um die 50 km/h das Rennen. Diese für damalige Verhältnisse sensationelle Geschwindigkeit wurde durch die Verwendung eines neuartigen Kessels mit zahlreichen dünnen Heizrohren ermöglicht, der eine höhere Heizleistung auf engem Raum erreichte. Der Kolben des Dampfzylinders war außerdem unmittelbar mit den Rädern verbunden, während man bis dahin häufig Zahnräder zur Kraftübertragung verwendet hatte.

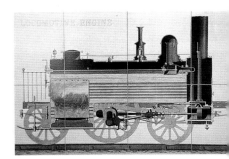

Robert Stephenson leitete bei seiner »Rocket« die durch die Feuerung erzeugte Hitze durch ein Röhrensystem des Wassertanks. Der entstehende Dampf trieb den Kolben vor den Vorderrädern an (Stich von John Emslie, 1848).

Auf der am 15. September 1830 eröffneten Strecke Liverpool–Manchester wurden nun erstmals sowohl im Personen- als auch im Güterverkehr ausschließlich Dampflokomotiven eingesetzt. Damit trat die Eisenbahn von Großbritannien aus, wo das Kanalsystem schon bald nicht mehr in der Lage war, das gewaltig anschwellende Transportvolumen zu bewältigen, ihren Siegeszug um die Welt an: Wie das Kanalsystem ermöglichte sie einen billigeren Transport von großvolumigen Massengütern. Daneben sorgte sie für die schnelle Beförderung von Spezialfrachten wie Warenproben oder Post und verbesserte auf diese Weise die für die Entstehung eines großen Marktes unerlässlichen Kontakte. Auch das Tempo des Verkehrs wurde revolutioniert: Das neue Verkehrsmittel übertraf die bisherigen Tagesstreckenleistungen von Pferd und Wagen oder Dampfschiff bei weitem.

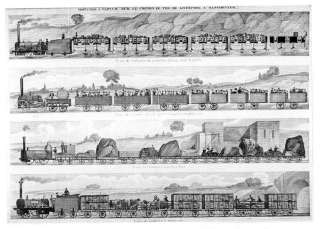

Personen- und Güterzüge auf der Liverpool-Manchester-Strecke. Die »Rocket« von Robert Stephenson zieht Waggons 1. Klasse, (darunter) offene Waggons 2. Klasse, für Fracht und Viehtransporte (1831; die Lithographie war in französischer und englischer Version verbreitet).

Die Eisenbahn stellte nicht nur einen ersten Höhepunkt der technisch-industriellen Revolution dar, sondern der Eisenbahnbau selbst wurde zu einem Leitsektor für die weitere Industrialisierung. Der Bau der Eisenbahnnetze setzte eine enorme Nachfrage nach Erzeugnissen der Bergbau-, Metall- und Maschinenindustrie frei: Ein einziger Schienenkilometer verschlang 200 t Eisen. Der Bedarf an Schienenmaterial, an Waggons und Lokomotiven führte wiederum zur Errichtung moderner Puddel- und Walzwerke und erhöhte die Nachfrage nach Steinkohle. Der Bau von Lokomotiven regte den gesamten Maschinenbau an. Steigende Eisenbahninvestitionen hatten somit stets einen Konjunkturaufschwung in der Schwerindustrie zur Folge. Man hat sogar nachgewiesen, dass die gesamte Konjunktur in Deutschland im Zeitraum von 1840 bis 1880 von den Investitionen in den Eisenbahnbau abhängig war, der in den Jahren 1850 bis 1890 die Hälfte der gesamten deutschen Eisenproduktion beanspruchte.

Die starke Verbilligung des Gütertransports hatte wegen damit einhergehender Preissenkungen eine Anhebung der Massenkaufkraft zur Folge. Durch die erhöhte Nachfrage wurde wiederum die Massenproduktion angeregt und deren überregionaler Absatz ermöglicht. Dadurch dass nun in einem vergrößerten Markt Ernteerträge und Bodenschätze mithilfe der Eisenbahn überall verfügbar wurden, konnten an neuen Orten Fabriken angesiedelt werden und sich neue industrielle Ballungsräume bilden, was wiederum die Entstehung großer städtischer Ballungszentren förderte. Die Verbilligung der Transportkosten hatte zudem eine starke Ausweitung des volkswirtschaftlichen Transportvolumens zur Folge. Die Verkehrsdienstleistungen wuchsen in Deutschland zwischen 1852 und 1913 fast dreimal so schnell wie das Sozialprodukt, während die Preise im Güterverkehr von 1840 bis 1913 auf ein Viertel

Die Eisenbahn geht in den Untergrund. Londoner U-Bahn-Station Baker Street (Lithographie von 1868; London, Science Museum).

sanken. Die Eisenbahn wurde damit zum entscheidenden Wachstumsfaktor von der Mitte der 1830er- bis in die 1870er-Jahre, der eine Fülle von direkten und indirekten Wachstumsimpulsen auslöste.

Schienen verbinden – Der Aufbau nationaler Eisenbahnnetze

Der erste regelrechte Eisenbahnboom setzte in Großbritannien um 1840 ein. Im Zeitraum von 1832 bis 1841 verdreifachte sich – nicht zuletzt durch die Nachfrage der Eisenbahnen – die britische Gesamtproduktion von Gusseisen. 1846 bis 1848 wurden fünf bis sieben Prozent des gesamten Nationaleinkommens und damit die Hälfte aller Investitionen für den Bau von Eisenbahnen verwandt. Um 1850 gab es in Großbritannien bereits ein Eisenbahnnetz von 8045 km Gesamtlänge. Die erzielten Geschwindigkeiten auf den großen Hauptlinien zwischen London, Liverpool, York, Bristol und der Südküste betrugen damals zwischen rund 50 und 64 km/h.

Auch andere Staaten erkannten sehr bald die große wirtschaftliche Bedeutung der Eisenbahn. Der Bau von Eisenbahnen wurde deshalb auf dem Kontinent von den Ländern, die ihren wirtschaftlichen Rückstand gegenüber Großbritannien aufholen wollten, bewusst gefördert.

Die erste deutsche Eisenbahnlinie zwischen Nürnberg und Fürth wurde 1835 eröffnet. Wirtschaftlich bedeutend war erst die rund 115 km lange Strecke zwischen Leipzig und Dresden, die das sächsische Industriegebiet mit der Elbe verband. Mit der Fertigstellung der Elbbrücken 1848 entstand zudem eine wirtschaftlich sehr wichtige Verbindung vom Ruhrgebiet nach Berlin. Damit wurde die Eisenbahn auch zu einem wesentlichen Faktor der nationalen Einigung.

Der Unternehmer Friedrich Harkort über die Bedeutung der Eisenbahn:

Die Eisenbahnen werden manche Revolutionen in der Handelswelt hervorbringen. Man verbinde Elberfeld, Köln und Duisburg mit Bremen oder Emden und Hollands Zölle sind nicht mehr. Die Rheinisch-Westindische Compagnie darf Elberfeld als einen Hafen betrachten, sobald der Zentner für 10 Silbergroschen binnen zwei Tagen an Bord des Seeschiffes in Bremen zu legen ist. Zu diesem Preise ist es für die Holländer unmöglich, selbst vermittels Dampfbooten, die Güter zu übernehmen. Wie glänzend würden die Gewerbe von Rheinland-Westfalen bei einer solchen Verbindung mit dem Meere sich gestalten! Möge auch im Vaterlande bald die Zeit kommen, wo der Triumphwagen des Gewerbefleißes mit rauchenden Kolossen bespannt ist und dem Gemeinsinne die Wege bahnet!

DER EISENBAHNBAU IN MITTELEUROPA
BIS 1866

Außer in Großbritannien und im wirtschaftlich ebenfalls fortschrittlichen Belgien gab es um 1850 in Europa noch kein zusammenhängendes Bahnnetz. Es bestand nur die Verbindung Paris–Brüssel–Köln–Berlin–Krakau mit Abzweigungen nach Hamburg, Kiel, Stettin, München, Wien und Prag.

Frankreich und Italien hinkten damals noch weit hinterher. Italien besaß 1860 erst ein Streckennetz von 1 750 km. Das französische Netz besaß um 1850 eine Länge von 3 000 km, bestand aber im Wesentlichen aus Stichbahnen, die von Paris aus ins Land gingen und lediglich nach Belgien einen Anschluss hatten. Mit dem finanziellen Engagement der 1852 gegründeten Bank *Crédit Mobilier* begann dann die allmähliche Beseitigung der technischen und personellen Vorherrschaft der Briten im französischen Eisenbahnbau.

Unter Napoleon III., der mit seiner Politik die Industrialisierung vorantreiben und die Arbeiterschaft für sich gewinnen wollte, wurde der Ausbau der Eisenbahnen in Frankreich beschleunigt. Seit 1852 wurden die Linien Paris–Orléans, Paris–Lyon–Mittelmeer, die Nord-, die Ost- und die Westbahn gebaut. 1870 waren die Hauptstrecken mit einer Länge von 17 500 km fertig gestellt. Nach Deutschland bestand eine Verbindung über Straßburg–Kehl, durch den Mont-Cenis-Tunnel seit 1871 auch eine solche nach Norditalien.

In Frankreich brachten einige große Finanzgruppen das Eisenbahnnetz in ihre Hände: Das Bankhaus Rothschild kontrollierte 1855 die *Compagnie du Nord,* die *Compagnie du Paris–Orléans,* die *Compa-*

In zehn Gemälden fing Claude Monet von 1876 bis 1877 Impressionen vom Pariser Kopfbahnhof für die Strecken nach Le Havre und Cherbourg ein (»La Gare Saint-Lazare«; Paris, Musée d'Orsay).

gnie du Lyon–Méditerranée und die Compagnie du Lyon–Genève; der Crédit Mobilier der Brüder Péreire die Compagnie du Midi, die Compagnie de l'Ouest und die Compagnie de l'Est. Beide Finanzgruppen bekämpften sich auch in Mitteleuropa und im Mittelmeerraum erbarmungslos.

In Deutschland waren die Hauptstrecken bis 1870 fertig gestellt. Zunächst waren die Strecken überwiegend durch private Gesellschaften errichtet worden. Reichskanzler Bismarck betrieb eine forcierte Verstaatlichungspolitik, um das Streckennetz zu vereinfachen, den Fahrbetrieb zu koordinieren, die Eisenbahn jederzeit für Truppentransporte nutzen zu können und vor Streiks immun zu sein. Mit der Verfügung über die Eisenbahn hatte der Staat zudem auch ein wirtschaftspolitisch sehr wichtiges Instrument in der Hand.

Chicagos Entwicklung spiegelt das Wirtschaftswachstum der USA. Um 1820 ein kleines Fort (Lithographie um 1857, links), nahm die Stadt nicht zuletzt dank des Ausbaus des Eisenbahnnetzes einen raschen Aufschwung und zählte um 1870 300 000 Einwohner. Ein dichtes, von Wolkenkratzern gesäumtes Straßennetz charakterisiert die Metropole um 1892 (Lithographie; Genua, Seefahrtsmuseum).

In den USA setzte ab 1828/30 ein lebhaftes Interesse für den Eisenbahnbau ein. Genau wie die ersten Kanäle wurden auch die ersten Eisenbahnen in Amerika als Verbindungen natürlicher Wasserstraßen untereinander gebaut, ehe man ihren eigenen Wert erkannte. Seit 1862 erhielten die Eisenbahngesellschaften westlich des Mississippi große Landsubventionen und erschlossen auf diese Weise den riesigen Siedlungsraum. Die Entstehung des nordamerikanischen Eisenbahnnetzes gehört wie die Entwicklung der Viehzucht im Westen, der Kühleinrichtungen für den Fleischtransport und die Entstehung von Fleischkonservenfabriken neben der Entwicklung der Erdöl- und der Stahlindustrie zu den großartigsten Beispielen für das rasante Wirtschaftswachstum der USA. Die mit britischem Kapital gebauten Eisenbahnlinien erschlossen den amerikanischen Weizengürtel und die Rinder- und Schweinezuchtgebiete im Hinterland Chicagos für den Weltmarkt, vor allem aber für den britischen Markt. Die Eisenbahnen hatten 1860 ein Schienennetz von 49 292 km, 1880 von 150 712 und 1890 von 165 000 km, das im Besitz einiger weniger Gesellschaften von »Eisenbahnkönigen« war. Große Bedeutung hatten die den Kontinent durchquerenden Linien: 1867/69 bauten die Union Pacific Railroad und die Central Pacific Railroad die ersten dieser transkontinentalen Linien.

Russland begann in den 1860er- und 1870er-Jahren mit einem verstärkten staatlichen Eisenbahnbau im Rahmen einer allgemeinen Industrialisierungspolitik. Als der ehemalige Stationsvorsteher der

Südwestbahn Sergej Juljewitsch Witte 1892 zum Finanzminister auf-
gestiegen war, beschleunigte er den Eisenbahnbau mithilfe von Aus-
landskapital so sehr, dass dieser schneller wuchs als der westeuropäische. 1896 gewann die 1891 begonnene Transsibirische Eisenbahn
Anschluss an die Ostchinesische Eisenbahn. Der Eisenbahnbau förderte die Industrialisierung des Donezbeckens. 1900 war Russland
mit sieben Prozent an der Weltroheisenerzeugung beteiligt.

Vierprozentige Obligationsanleihe der
russischen Rjasan-Uralsk-Eisenbahn-
gesellschaft von 1898.

Finanziers aus Großbritannien – Eisenbahn und Weltwirtschaft

M it den Eisenbahnen setzten sich auch neue Methoden der In-
dustriefinanzierung durch, da sie die Kapitalkraft eines einzelnen Unternehmers überstiegen. Aktiengesellschaften sammelten
nunmehr breit gestreutes Kapital. Auf diese Weise kam es bereits im
Vormärz, also den 1840er-Jahren, zu jener »Initialzündung, die über
den Eisenbahnbau die Kapitalinvestitionen und die Schwerindustrie
zusammenführte und damit die Entstehung einer modernen Industriegesellschaft anbahnte« (Reinhart Koselleck).

Für die britische Wirtschaft stellte die Eisenbahn einen wichtigen
Exportartikel dar. Mehr als 40 Prozent allen bis zum Ersten Weltkrieg investierten britischen Kapitals floss in den Bau von Eisenbahnen in anderen Ländern wie zum Beispiel in Kanada, Argentinien
und den USA. Mit der Zeit aber entstanden im Ausland in nachrückenden Industrieländern eigene Industrien, die mit
der britischen in Wettbewerb traten. Die mit britischem
Kapital finanzierten Eisenbahnen im Ausland, insbesondere diejenigen in den USA, ermöglichten erst den Transport riesiger Mengen von Rohstoffen und Nahrungsmitteln, die das Industrieland Großbritannien benötigte.

Ende der 1850er-Jahre begann der Eisenbahnbau der
Briten in Indien. Den Investoren wurden fünf Prozent
Verzinsung garantiert. Nach 1865 floss britisches Kapital
zum Eisenbahnbau nach Argentinien, nachdem dort eine
zuverlässige Regierung im Amt war, die die Sicherheit
der Investitionen garantieren konnte. Bis 1875 waren 23
Millionen Pfund Sterling in Argentinien investiert worden, bis 1890 175 Millionen. 1874 wurde mithilfe einer britischen Anleihe die erste japanische Eisenbahn zwischen Tokio und seinem Hafen Yokohama eröffnet. In Indien, China und Südamerika bewirkten
britische Anleihen für den Eisenbahnbau, dass das gesamte ruhende
und rollende Material in Großbritannien geordert wurde.

Zusammen mit dem sie ergänzenden Dampfschiff bildeten die
Eisenbahnen in aller Welt die Grundlage für die Entstehung einer
wirklichen Weltwirtschaft. Sie durchdrangen alle wirtschaftlich fortgeschrittenen Länder von ihren Häfen aus, sorgten für den billigen
Transport der Ausfuhrgüter und erschlossen koloniale Räume.

Die »Docks von Cardiff« malte Lionell
Walden 1894, als Cardiff einer der
größten Kohleexporthäfen der Welt
war. Die Kohle kam nicht mehr über den
1865 zugeschütteten Glamorganshire-
kanal, sondern per Eisenbahn aus
den Valleys im Norden und Westen
(Paris, Musée Quai d'Orsay).

Hans-Werner Niemann

Zum Leben zu wenig, zum Sterben zu viel – Ausbeutung und Massenelend

Mit der Durchsetzung des Fabriksystems in der 1. Hälfte des 19. Jahrhunderts in Großbritannien verlagerte sich die Arbeit zunehmend vom Lande in die Stadt. So war im Jahr 1851 nur jeder zweite Einwohner von Manchester, Glasgow oder Liverpool auch dort geboren. Die Zusammenballung der Bevölkerung in den Städten, ein Prozess, der sich durch das ganze 19. Jahrhundert zog, führte zu katastrophalen, gesundheitsschädlichen Wohnverhältnissen. Die Sterberaten lagen in den Städten Englands im Jahr 1851 erheblich über dem Landesdurchschnitt.

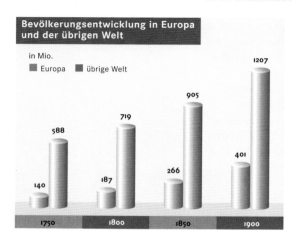

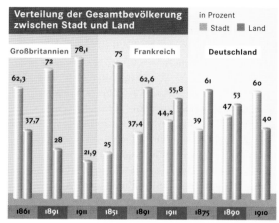

Ein Heer von Hungrigen – Die Massenarmut

Verschlimmert wurden diese Verhältnisse durch das allgemeine Überangebot an Arbeitskräften in der 1. Hälfte des 19. Jahrhunderts, als die Bevölkerung in Europa in bisher nicht bekanntem Maße zunahm. Die Einwohnerschaft Großbritanniens verdoppelte sich von 1800 bis 1850. In der 2. Hälfte des 19. Jahrhunderts erfolgte annähernd eine weitere Verdoppelung. Wegen des starken Überangebots an Arbeitskräften konnten die Arbeitgeber die Löhne auf ein Minimum senken. Unter diesen Verhältnissen war aber kein Familienvater in der Lage, mit seinem Arbeitslohn eine Familie zu ernähren. Die Mitarbeit von Frauen und Kindern in der Fabrik war daher unerlässlich. Sie drückte aber ihrerseits – da noch geringer entlohnt – auf die Löhne der männlichen Fabrikarbeiter, ein Teufelskreis.

Auch in Deutschland war die 1. Hälfte des 19. Jahrhunderts eine Zeit ausgeprägter Massenarmut. Es gab ein starkes Anwachsen der ländlichen Bevölkerung, Unterbeschäftigung, sinkende Einkommen und beispiellos lange Arbeitszeiten. Erst die Industrialisierung seit der Jahrhundertmitte konnte mit der Schaffung neuer Arbeitsplätze diese Tendenz wenden.

Kinder- und Frauenarbeit in Deutschland

In Deutschland denkt man im Zusammenhang mit den sozialen Problemen der Frühindustrialisierung zuerst an die Not der schlesischen Weber, die sich 1844 in den Weberdörfern Peterswaldau und Langenbielau aus Hunger und Verzweiflung erhoben, deren Aufstand aber von preußischem Militär blutig niedergeschlagen wurde. Für seine 16-stündige Arbeit unter Mithilfe von Frau und Kindern erhielt ein schlesischer Weber nur etwa 2 bis 3 Silbergroschen ausbezahlt, und so starben Tausende von Erwachsenen und Kindern in der Folge an Hungertyphus.

In anderen Gewerbegegenden sah es nicht viel anders aus. Der aus einer reichen Fabrikantenfamilie Barmens stammende spätere Mitstreiter von Karl Marx, Friedrich Engels, der die Verhältnisse in Elberfeld und Barmen aus eigener Anschauung kannte, schrieb über die dortigen Weber, dass unter ihnen Brustkrankheiten, Schwindsucht und Syphilis in Furcht erregender Weise verbreitet seien. Von 2500 schulpflichtigen Kindern in Elberfeld ließe man fast die Hälfte in Fabriken wohnen, essen und schlafen, sodass sie keinerlei Schulunterricht bekämen. Die Ergebnisse, die eine 1824 vom preußischen Kultusminister Karl Freiherr vom Stein zum Altenstein veranlasste Erhebung über die Kinderarbeit brachte, sprachen eine beredte Sprache. »Nachtarbeit der Kinder«, so heißt es in dem Bericht, »und bei Tage eine ununterbrochene Arbeitszeit von 6 Uhr früh bis 8 Uhr abends.« Es war die Sorge um gesunde Rekruten für die Armee, die schließlich 1839 zur ersten Arbeiterschutzmaßnahme in Deutschland führte. Es hatte sich nämlich seit längerem herausgestellt, dass die Fabrikgegenden wegen des schlechten Gesundheitszustands der Jugendlichen nicht ihr vollständiges Kontingent für die Armee stellen konnten. In einem Regulativ über Kinderarbeit wurde daher bestimmt, dass Kinder in Fabriken und Bergwerken nur regelmäßig beschäftigt werden sollten, wenn sie älter als 9 Jahre waren. Sonn- und Feiertags- sowie Nachtarbeit wurde ganz verboten und der Arbeitstag auf 10 Stunden begrenzt. In der Praxis konnte das Gesetz jedoch unterlaufen werden, da es keine staatliche Fabrikaufsicht gab.

Georg Büchner, der Verfasser des »Hessischen Landboten«, beklagte das traurige Schicksal der arbeitenden Kinder:

Ich komme vom Christkindelmarkt: überall Haufen zerlumpter, frierender Kinder, die mit aufgerissenen Augen und traurigen Gesichtern vor den Herrlichkeiten aus Wasser und Mehl, Dreck und Goldpapier standen. Der Gedanke, dass für die meisten Menschen auch die armseligsten Genüsse und Freuden unerreichbare Kostbarkeiten sind, macht mich sehr bitter.

Infolge der scharfen britischen Konkurrenz bei Leinen- und Baumwollerzeugnissen verfielen in Schlesien in den 1840er-Jahren die Textilpreise. Die Hausweber verloren ihr Auskommen (»Die schlesischen Weber« von Carl Wilhelm Hübner, 1846; Düsseldorf, Kunstmuseum).

Massenelend in England

In England waren die sozialen Verhältnisse in den 1830er- und 40er-Jahren am schlechtesten. Das waren die Jahre, in denen Karl Marx und Friedrich Engels das Material für ihre sozialrevolutionären Vorstellungen sammelten. Es macht allerdings wenig Sinn, die katastrophalen sozialen Zustände jenes »dunklen Zeitalters« allein von einem späteren Zeitpunkt aus zu bewerten oder schlicht der Industrie als solcher anzulasten. Man sollte sich vielmehr daran erinnern, dass im Jahr 1688, also in vorindustrieller Zeit, nach den zuverlässigen Angaben von Gregory King die halbe englische Nation aus Armen bestanden hatte, die auf Unterstützung angewiesen waren.

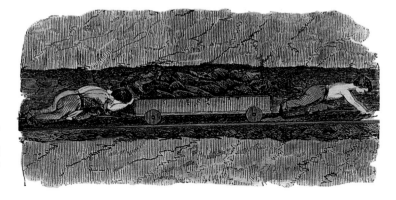

Jungen zerren einen mit Kohle beladenen Bergewagen durch einen niedrigen Stollen. Holzstich aus der Leipziger »Illustrirten Zeitung«, die sich am 5. Oktober 1844 mit Kinderarbeit in England befasste. In Deutschland stand es um diese trotz erster Schutzgesetze nur wenig besser.

In England gab es um 1850 die zahlenmäßig stärkste Arbeiterklasse, die etwa ein Viertel der Bevölkerung umfasste. Die Lebensverhältnisse waren sehr unterschiedlich. Eine Sondergruppe bildete die »industrielle Reservearmee« der 750 000 nach England, Wales und Schottland eingewanderten Iren, die alle harten Arbeiten für ein minimales Entgelt ausführten. An der Spitze der Arbeiterhierarchie standen die Facharbeiter im Maschinenbau; sie verdienten 5 bis 6 Schilling pro Tag. Es folgte die große Masse der übrigen Fabrikarbeiter, deren Arbeitszeit um 1850 zwischen 15 und 16 Stunden schwankte. Die Verdienstmöglichkeiten in der Baumwollindustrie, in der überwiegend Frauen und Kinder beschäftigt waren, betrugen nur 2 bis 4 Schilling. Am schlechtesten bezahlt aber waren die Heimarbeiter und Hilfsarbeiter, die die Eisenbahnen bauten oder in den Großstädten Erdarbeiten verrichteten.

In dieser Zeit des rapiden Städtewachstums in England wurde bei den Städteerweiterungen keinerlei Rücksicht auf Hygiene genommen. Es gab weder sauberes Trinkwasser noch eine Kanalisation. Müllhaufen und Kloaken prägten das Gesicht der Industriestädte.

Die Lage der Arbeiter in Frankreich

Massennotunterkunft für Londons Arme; Stich aus der Zeitung »Illustrated Times«, 1859.

In Frankreich waren die Verhältnisse um 1850 in mancherlei Hinsicht verschieden von denen in England oder in Deutschland. Auch nach der Bedeutungszunahme der großen Industriezentren unter Napoleon III. blieb die französische Industrie, vor allem die Textilindustrie, über weite Teile des Landes verstreut. Die Betriebe waren mit durchschnittlich weniger als fünf Arbeitern sehr klein, und der Produktionsprozess war insgesamt noch wenig mechanisiert.

Mit einem Tageslohn von 5 Francs verdiente ein französischer Kunsthandwerker um 1850 zwar weniger als ein englischer Facharbeiter, aber erheblich mehr als die meisten französischen Arbeiter. Die meisten Fabrikarbeiter verdienten nur 1 bis 1,5 Francs. Abhängigkeit und das Risiko der Arbeitslosigkeit prägten die Situation vieler Arbeiter. Während der Wirtschaftskrise von 1857 wurde die Hälfte aller französischen Arbeiter zeitweilig arbeitslos. Schnellten bei Missernten die Lebensmittelpreise in die Höhe, war die Existenz des Arbeiters gefährdet.

Die Zahl der französischen Landarbeiter, die bereit waren, in die Industrie abzuwandern, war im Vergleich zu England und Deutschland erheblich niedriger. Sie zeigten nur wenig Neigung, außerhalb ihrer Heimatdepartements im Bergbau oder in der Schwerindustrie zu arbeiten. Insbesondere im Hoch- und Tiefbau mussten daher ausländische, in erster Linie osteuropäische, aber auch spanische, belgische, italienische und marokkanische Arbeiter beschäftigt werden. Die Konkurrenz dieser anspruchslosen Arbeiter verschlechterte zeitweilig die Arbeitsbedingungen für französische Arbeiter erheblich.

Die soziale Lage in Russland und Japan

Am geringsten waren die Löhne in Russland. Die dortige zahlenmäßig noch recht kleine und auf wenige Industriezentren beschränkte Arbeiterschaft erhielt bei Arbeitszeiten zwischen 11 und 15 Stunden einen durchschnittlichen Jahreslohn von 200 Rubeln. Da die Not leidenden Bauern gezwungen waren, zu fast allen Bedingungen zusätzliche Arbeit zu suchen, waren sie der Willkür der Unternehmer ausgeliefert. Mit dem Durchbruch der Industrialisierung in den 1890er-Jahren in Russland war es üblich, dass der vom Lande stammende Fabrikarbeiter entweder Saisonarbeiter war oder aber für ein paar Jahre zum Geldverdienen in die Stadt ging, um danach wieder in die Dorfgemeinschaft zurückzukehren und sich auf seinen Landanteil zurückzuziehen. Kinder und Verwandte übernahmen seinen Arbeitsplatz in der Stadt. Das Dorf ersetzte auf diese Weise eine Armengesetzgebung oder Altersversorgung nach westlichem Muster.

»Wollt ihr weg von de Blume! Spielt mit'n Müllkasten.« Lithographie zu Armut und Wohnmisere in Berlin von Heinrich Zille.

Wenn es auch in Russland lange Arbeitszeiten und eine ausgeprägte Frauenarbeit gab, so war dies nicht in erster Linie ein Zeichen für eine schlechtere soziale Stellung des russischen gegenüber dem westeuropäischen Arbeiter, sondern Ausdruck der Fortdauer ländlich-familiärer Verhältnisse auch in der Industrie. Eine Sozialpolitik setzte in Russland in den 1880er-Jahren mit der Beschränkung der Kinderarbeit für Kinder zwischen 12 und 15 Jahren auf 8 Stunden und dem Arbeitsverbot für jüngere ein. Der große Streik von 1896/97 erzwang erstmals die Verkürzung der Arbeitszeit auf 11,5 Stunden. Seit 1912 gab es unter dem Druck des marxistischen Sozialismus eine Kranken- und Unfallversicherung.

Der Lebensstandard der japanischen Arbeiter stieg bis zum Ersten Weltkrieg trotz einer großen Produktions- und Exportsteigerung und einer Vermehrung des Volksvermögens um 25 Prozent von 1905 bis 1913 nicht an, da Japans Bevölkerung im gleichen Zeitraum zu stark wuchs. In den größeren Städten dürfte der Lebensstandard sogar noch gesunken sein.

Ein Silberstreif am Horizont – Die allmähliche Verbesserung der Lebensumstände

In der 2. Hälfte des 19. Jahrhunderts begann sich die materielle Lage der Industriearbeiterschaft allmählich zu bessern, sodass Karl Marx über die Verbürgerlichungstendenzen einer Arbeiteraristokratie spotten konnte. Um 1880 aßen manche englischen Arbeiter Weißbrot und tranken Tee, Kaffee und Schokolade. In den dreißig Jahren seit 1850 war es zu einem deutlichen Rückgang der Kinderarbeit gekommen, da kompliziertere Maschinen und Produktionstechniken in zunehmenden Maße Fachkräfte erforderten. Ebenso hatte sich die Arbeitszeit merklich verkürzt: Um 1870 betrug die effektive Arbeitszeit in der englischen Textilindustrie 10,5 Stunden am Tag und 60 Stunden wöchentlich bei freiem Samstagnachmittag. Um 1880 betrug die tägliche Arbeitszeit oft 10, manchmal auch nur 9 Stunden. Möglich geworden war diese Arbeitszeitverkürzung durch die gestiegene Produktivität der Arbeiter.

Die Verbesserung der sozialen Lage in Westeuropa

Vor allem die Löhne der Facharbeiter, die um 1870 etwa 30 Prozent der englischen Arbeiterklasse stellten, stiegen zwischen 1850 und 1865 real um etwa 15 Prozent an, während die Löhne für die meisten übrigen Arbeiter kaum stärker stiegen als die Lebenshaltungskosten. Nach 1865 allerdings kam es in England zu einem allgemeinen Anstieg der Reallöhne, die 1880 um etwa 10 Prozent höher lagen als 1850. Zwischen 1880 und 1914 stiegen die Geldlöhne in England um ein Drittel, im gesamten Zeitraum 1850 bis 1914 verdoppelten sie sich annähernd. Da die Preise von 1874 bis 1900 rückläufig waren, kann man davon ausgehen, dass die Reallöhne sich von 1860 bis 1900 um etwa 60 Prozent verbesserten.

Dennoch kam Charles Booth in seiner Untersuchung über Leben und Arbeit in London aus dem Jahre 1889 zu dem Urteil, dass 30 Prozent der Londoner Bevölkerung unter der Armutsgrenze lebten. Noch schockierender war die Erkenntnis, dass neben den 30 Prozent Armen weitere 22 Prozent gerade genug verdienten, um in normalen Zeiten über die Runden zu kommen, aber keine Vorsorge für Alter, Krankheit, Unfall oder Arbeitslosigkeit treffen konnten.

Ähnlich verlief auch die Entwicklung in Frankreich. Im Zweiten Kaiserreich wuchs der Reallohn nur geringfügig an. Nach 1870

Ein deutscher Arbeiter schildert um 1870 die Wohnverhältnisse, in denen er leben muss:

Mit der Zeit gefiel es mir nicht mehr in meinem Quartier, denn mein Wirt hatte während des Sommers noch zwei Kostgänger angenommen oder gar drei. Anfänglich hatte ich in einem Bett allein geschlafen, aber schließlich mussten wir in einem breiten Bett unter dem Dache drei Mann zusammen schlafen, und zeitweise kam noch ein Lehrling hinzu. Da graute einem bei der Hitze, wenn man zu Bett musste, ... und des Morgens war man noch viel froher, wenn man, ganz in Schweiß gebadet, wieder aus dem Bett konnte.

Kellerwohnung in London (aus Rowland Dobie, »History of the united parishes of Saint Giles in the fields and Saint George, London«, 1829; 1926 für eine Lithographie neu gezeichnet).

führte vor allem das Sinken der Preise zu einer stärkeren Erhöhung der Realeinkommen. Insgesamt wuchsen die Reallöhne von 1850 bis 1880 um etwa ein Drittel. Diese relative Lohnexplosion gefährdete die Rentabilität der Industrie nicht, da gleichzeitig die anfangs äußerst schwache Arbeitsproduktivität erheblich angestiegen war. Die durchschnittliche Arbeitszeit betrug nach 1880 noch immer 10 bis 11 Stunden. Sicherheit und Hygiene am Arbeitsplatz hatten sich gegenüber 1850 kaum verbessert, da jede gesetzliche Regelung fehlte. In den Fabrikzentren, die sich seit der Zeit Napoleons III. planlos entwickelt hatten, waren die Proletarier in verdreckten Vororten zusammengepfercht. Die Lage der französischen Arbeiter um 1880 war trotz deutlicher Verbesserungen gegenüber der Jahrhundertmitte gedrückter und beengter als jene der englischen oder deutschen Kollegen; das Lebensgefühl blieb stärker von Bitterkeit geprägt.

Arbeiterfamilie aus Kaub am Rhein (Foto 1889). Facharbeitern war es durchaus möglich, einen gewissen Lebensstandard zu erreichen. Anstrengungen und Disziplin zeichnen die Gesichter.

Die Entwicklung in Deutschland

In Deutschland ließ die in den 1850er-Jahren zum Durchbruch kommende Industrialisierung das Fabrikproletariat schnell anwachsen. 1880 gab es 5, 1900 dann sogar 8 Millionen Fabrikarbeiter, die sich hauptsächlich auf wenige Industrieregionen konzentrierten: Berlin, das rheinische Preußen von Düsseldorf bis Köln mit dem Ruhrgebiet, Schlesien, Westfalen, Sachsen, Aachen. In diese Industrieregionen waren die Menschen in großer Zahl aus den agrarischen Gebieten des Ostens eingewandert. Im Unterschied zu Frankreich, wo die Arbeiter häufig mit dem Land ihrer Vorfahren verbunden blieben, waren diese Menschen weitgehend entwurzelt.

Im Zeitraum 1850 bis 1860 betrug die tägliche Arbeitszeit in den Fabriken 16 Stunden. Die Arbeiterschaft setzte sich zusammen aus Kleinbauern, die ihr Land aufgegeben hatten, ruinierten Handwerkern, Frauen und auch Kindern unter 14 Jahren, die 10 Prozent aller Arbeitskräfte stellten. Der Arbeitstag betrug zwischen 1860 und 1870 noch 12 bis 13 Stunden, in den Achtzigerjahren nur noch 10 Stunden. Die für die damalige Zeit einzigartige Bismarck'sche Sozialgesetzgebung bot den Arbeitern einen gewissen Schutz gegen die Risiken Krankheit und Unfall. Mit Ausnahme Berlins wurden auch die Wohnverhältnisse besser. Man kann davon ausgehen, dass sich die Reallöhne der deutschen Arbeiterschaft um 1890 gegenüber denjenigen der 1820er-Jahre in etwa verdoppelt hatten. Das war angesichts des starken Bevölkerungsanstiegs im 19. Jahrhundert ein beachtliches Ergebnis. Dennoch waren die materiellen Lebensbedingungen der Arbeiterschaft auch um 1890 noch keineswegs günstig oder gar komfortabel.

Zu den eigentlichen Verlierern der Industrialisierung gehörten die Heimarbeiter, die Landarbeiter, die Kleinbauern und Häusler. Ausstellungsplakat für die Berliner Heimarbeit-Ausstellung 1906 von Käthe Kollwitz (Lithographie; Berlin, Deutsches Historisches Museum).

HANS-WERNER NIEMANN

Heraus aus dem Elend – Die Anfänge der Arbeiterbewegung

Die 1. Hälfte des 19. Jahrhunderts brachte in England die Durchsetzung des Fabriksystems und eine wachsende Verstädterung. Die in den Städten lebenden Arbeitermassen umfassten neben den eigentlichen Industriearbeitern auch Handwerker und Arbeiter in noch nicht oder erst wenig mechanisierten Wirtschaftsbereichen. Ein von seiner Interessenlage her homogenes Proletariat war dies noch nicht, aber die Volksmassen wurden sich doch zunehmend ihrer Situation bewusst und versuchten sich zu organisieren.

»Das Volk trägt die Staatslast«, eine Karikatur von George Cruikshank, die vor dem Hintergrund der Zerschlagung der englischen Bewegung für soziale Gerechtigkeit und demokratische Reformen 1819 entstand.

Zwischen Utopie und Aktion – Frühe Formen der Arbeiterbewegung

Die englischen Arbeiter reagierten zunächst mit nackter Gewalt auf die Auswirkungen der industriellen Revolution. Die Weber zerstörten um 1810 die neuen Webstühle, die sie für die Ursache ihrer Not hielten. In der Folgezeit verbanden die englischen Arbeiter den Kampf um mehr soziale Gerechtigkeit mit dem Kampf um demokratische Reformen. Sie schlossen sich in den Krisenjahren 1816 bis 1819 einer radikalen Bewegung an, deren Führer dem Mittelstand und dem Kleinbürgertum entstammten. Die Bewegung kämpfte für das allgemeine Wahlrecht, eine Parlamentsreform, die Aufhebung der die Lebenshaltung verteuernden Kornzölle und eine Festsetzung der Preise. Zu dem Erscheinungsbild der Bewegung gehörten Streiks und Protestmärsche von Arbeitslosen. 1819 sprengte ein Husarenregiment in Saint Peter's Fields bei Manchester eine Versammlung von 50000 Menschen. Das Versammlungsrecht und die Demonstrationsmöglichkeiten wurden eingeschränkt.

Die Krise von Landwirtschaft und Industrie in den Jahren 1825 bis 1832 und die Pariser Julirevolution von 1830 waren Antrieb für die politischen und wirtschaftlichen Aktivitäten der ab 1824 legalisierten gewerkschaftlichen Berufsverbände. 1829 schloss John Doherty alle Spinnereiarbeiter des Vereinigten Königreichs in einer Generalunion zusammen. Im folgenden Jahr vereinigte er 100000 Textil-, Metall- und Grubenarbeiter in einer »Nationalen Vereinigung zum Schutz der Arbeit«, die auch für eine kompromisslose Reform des Wahlrechts eintrat. Die Wahlrechtsreform von 1832 aber brachte den Arbeitern keinen nennenswerten Erfolg, da das Wahlrecht die Arbeiter überhaupt noch nicht erfasste. Die Hoffnung auf einen sozialen Wandel mithilfe demokratischer Institutionen erfüllte sich nicht.

Das Massaker von »Peterloo« 1819: Soldaten der Kavallerie attackieren friedlich demonstrierende Arbeiter, die sich auf Saint Peter's Fields bei Manchester versammelt haben, um den radikalen Redner Henry Hunt zu hören. Elf Personen werden getötet, Hunderte verletzt.

Der Genossenschaftssozialismus Robert Owens

Der aus einer Handwerkerfamilie stammende und zum reichen Textilunternehmer aufgestiegene Robert Owen zog aus der Ernüchterung die Konsequenz, die Arbeiter stärker auf die soziale

Revolution hinzulenken. Owen erhoffte sich von der industriellen Revolution ein Zeitalter des Überflusses für die gesamte Menschheit. Dazu bedurfte es seiner Meinung nach allerdings einer Abkehr von der kapitalistischen Gesellschaft, die auf der Ausbeutung von Arbeit beruhe.

In der Industrieniederlassung New Lanark, 1783 von David Dale und Richard Arkwright gegründet, errichtete Robert Owen die hinteren Spinnereigebäude und die Gartenanlage (Lithographie, 1825).

In seiner Fabrik in New Lanark (Strathclyde Region) verwirklichte Owen einen Teil seiner Vorstellungen. Der Gewinn der Fabrik floss zum Teil in Arbeitereinrichtungen wie Wohnungen, Speisesäle, Sparkassen und Schulen. Die Arbeitszeit für Erwachsene betrug 10 Stunden. Kinder unter 10 Jahren wurden nicht eingestellt. Um den Ertrag der Maschinen und der Arbeit für die Gemeinschaft zu sichern, entwickelte Owen den Gedanken der Produktionsgenossenschaft. Nach 1832 bemühte er sich, die *Trade Unions,* die Gewerkschaften, für seinen Gedanken des genossenschaftlichen Sozialismus zu gewinnen. Die Gewerkschaftszentrale Owens, die *Grand National Consolidated Union,* vereinigte 1834 etwa eine halbe Million Gewerkschafter und damit die Hälfte aller britischen Gewerkschaftsmitglieder. Aber noch im selben Jahr brach die Bewegung in sich zusammen, da die Arbeitgeber mit Einstellungsverweigerungen oder Entlassungen reagierten.

Die Chartistenbewegung in England

In den 1840er-Jahren kam es mit der Bewegung der Chartisten zu einer neuen Welle heftiger revolutionärer Unruhen. Noch einmal setzten die auf dem Felde der Wirtschafts- und Sozialreform gescheiterten Gewerkschaften ihre Hoffnung auf ein Zusammengehen mit dem radikalen Kleinbürgertum. Die Führer der Bewegung kamen aus den Reihen des freiberuflichen Bürgertums und der Gewerkschaftsführer. Die von ihnen 1838 ausgearbeitete *People's Charter,* die der Bewegung den Namen gab, drehte sich um Fragen der Wahlrechts- und Parlamentsreform. Das Verlangen der Arbeiterklasse nach sozialer Gerechtigkeit sollte mit den Mitteln der politischen Demokratie über eine reformierte Gesetzgebung verwirklicht werden. In Birmingham und in den Gruben Newports (Wales) entwickelten sich 1839 aus Streiks bewaffnete Aufstände. In Lancashire, Yorkshire und Staffordshire lähmte 1842 ein Generalstreik drei Wochen lang jede Arbeit.

Die Chartisten erhofften sich Erfolg durch friedliche Massendemonstrationen; nur gelegentlich kam es zu Übergriffen wie 1839 in Newport, einem Bergbauzentrum in Wales, wo die Chartisten das Westgate-Gefängnis erstürmten (zeitgenössischer Stich).

An erster Stelle der großen Petition von 1842 standen die sozialen Forderungen der Bewegung – sogar diejenige nach Sozialisierung der Produktionsmittel gehörte dazu. Zwischen Barrikaden und Petitionen schwankend, vermochte der Chartismus aber nicht, seine Forderungen in einem sinnvollen Programm vorzubringen. Vor allem scheiterte er an der Uneinigkeit der Arbeiterbewegung: Die »Aristokratie« der Facharbeiter mit sicherem Arbeitsplatz und besseren Arbeitsbedingungen bevorzugte den Weg der Selbsthilfe und bestimmte die Strategie der Gewerkschaften. Nach dem Zusammenbruch der Chartistenbewegung 1848 setzten sich neue berufsständische Gewerkschaften fortan pragmatische Ziele und verzichteten auf einen gesellschaftstheoretischen Überbau.

Für eine bessere Zukunft – Gesellschaftspolitische Utopien

Die 1830er- und 1840er-Jahre waren nicht nur in England, das damals die sozial härteste Zeit seiner Industriegeschichte durchmachte, sondern auch in anderen Ländern eine Zeit sozialer Unruhen. Die Organisationen der Handwerker wurden überall von den Regierungen unterdrückt. Als die Seidenarbeiter in Lyon und die Handarbeiter in Paris 1831 und 1834 soziale Reformen erzwingen wollten, reagierte der Staat mit harten Verboten. Die deutschen Regierungen verfolgten unnachsichtig die wandernden Handwerksgesellen, die aus ihrer Sicht ein schwer kontrollierbares revolutionäres Potenzial mit internationalen Verbindungen darstellten.

Paris sah 1839 den gescheiterten Aufstand einer sozialistischen Geheimgesellschaft um Auguste Blanqui und 1840 den ersten Generalstreik. 1842 kam es in Barcelona zu Arbeitsniederlegungen, 1845 in Berlin. Als die Agrarkrise – Getreidemissernten 1845/46 und in der Folge steigende Brotpreise – in den industriellen Ballungszentren spürbar wurde, sank die Existenzgrundlage von Millionen Menschen in Europa unter das Minimum. In einigen Ländern herrschte Hungersnot. Gleichzeitig führte eine Finanz- und Kreditkrise zu Bankrotten in Handel und Industrie. In Städten wie Lille oder Berlin war jeder vierte Einwohner unterstützungsbedürftig. Die soziale Krise auf dem Lande und jene in der Stadt schufen Ende der 1840er-Jahre eine revolutionäre Situation in Europa. Jener berühmte Satz aus dem »Kommunistischen Manifest« von Karl Marx und Friedrich Engels »Ein Gespenst geht um in Europa – das Gespenst des Kommunismus« traf im Kern einen wahren Sachverhalt.

Sozialistische Utopien

Sozialistische Utopien entstanden in Europa zuerst vor dem Hintergrund der sozialen Deklassierung bedrohter Handwerker und neuer handwerklicher Vereinigungsformen. François Babeuf wollte die Produktionsmittel in Gemeineigentum überführen. Privateigentum sollte lediglich an den von der Gemeinschaft zugeteilten Konsumgütern erlaubt sein. Die Gleichheit der Arbeit und der Erziehung waren weitere wesentliche Punkte seines Programms.

Als Begründer des französischen Sozialismus gilt Claude Henri de Rouvroy, Graf von Saint-Simon. Er setzte auf den Entwicklungsgedanken und war überzeugt, dass der Fortschritt der Wissenschaften zu einer technokratischen Gesellschaftsordnung führen werde, in der die Unternehmer und Wissenschaftler an die Stelle der Aristokratie und des Klerus treten würden. Von dieser neuen Gesellschaft erwartete er eine Vermehrung und gerechtere Verteilung des

Eine irische Mutter wühlt mit ihren Kindern in einem abgestorbenen Kartoffelacker. Eine Kartoffelfäule hatte 1846 die Ernte vernichtet; die britischen Händler bestanden dennoch auf vertragsgemäßen Lieferungen. Hunderttausende wanderten aus, Hunderttausende verhungerten.

Volkseinkommens. Dabei sollten Eigentum und Wettbewerb erhalten bleiben, lediglich die Ausbeutung fremder Arbeit abgeschafft werden.

Der Sozialphilosoph Charles Fourier wollte die neue Gesellschaftsordnung auf dem Wege von Produktions- und Konsumgenossenschaften der Arbeiter, so genannten Phalangen, erreichen, die den Arbeitern eine ihren Fähigkeiten entsprechende Tätigkeit, den vollen Ertrag ihrer Arbeit und das Existenzminimum gewährleisten sollten. Auch Philippe Buchez und Louis Blanc strebten die Überwindung der Trennung von Kapital und Arbeit durch Produktionsgenossenschaften an. Der christliche Sozialist Buchez setzte 1831 das Schlagwort der »Assoziation« in Umlauf. Es gewann eine ungeheure Popularität, da es dem allgemeinen Bedürfnis nach einer Neuordnung der Arbeit in einer sich auflösenden Gesellschaft entsprach.

Der »Sturm auf das Backhaus« am Breslauer Heumarkt im Frühjahr 1847 gehörte zu den unorganisierten Hungerrevolten in Deutschland zwischen 1844 und 1847 (Philipp Hoyoll, 1848; Regensburg, Museum Ostdeutsche Galerie).

In seinem Werk »Die Organisation der Arbeit« (1839) fordert der französische Sozialist Louis Blanc die Neuordnung von Arbeit durch den Staat (Foto undatiert).

Louis Blanc, der für kurze Zeit in der Revolution von 1848 in Paris eine Rolle spielte, verlangte vom Staat die Einrichtung von Produktionsgenossenschaften. Dieser Gedanke war insofern wegweisend, als er vom Staat die Lösung der sozialen Frage erwartete.

In völligem Gegensatz zu den Ideen Fouriers oder Blancs stand Pierre Joseph Proudhon, der als einer der intellektuellen Begründer des Anarchismus gilt. Er setzte nicht auf den Staat, sondern erwartete von kleinen Gruppen und der Familie die Lösung der sozialen Frage. Im Einkommen ohne eigene Arbeitsleistung, in Grundrente und Zins sah Proudhon Diebstahl.

Einen wichtigen Beitrag zur theoretischen Entwicklung des Sozialismus leistete das 1842 in Leipzig erschienene Buch »Der Socialismus und Communismus des heutigen Frankreichs« von Lorenz von Stein. Stein sah den Gegensatz von Kapital und Arbeit als das Kennzeichen der kapitalistischen Gesellschaft und den Klassenkampf als ein bestimmendes Entwicklungsmoment an. Die bürgerliche Gesellschaft war nach seiner Meinung dem Untergang geweiht, wenn der Staat nicht die nahende Revolution durch soziale Reformen abwende. Zur Programmschrift aller sozialistischen und kommunistischen Bewegungen wurde das 1847 von Karl Marx und Friedrich Engels verfasste »Kommunistische Manifest«.

Das Scheitern der sozialistischen Utopien 1848

Die Pariser Februarrevolution von 1848 führte zu einem ersten Aufflammen des Sozialismus. Der neuen provisorischen Regierung gehörten neben sozialkonservativen Republikanern auch Demokraten mit sozialistischen Tendenzen an, mit Louis Blanc sogar ein Arbeiter und sozialistischer Theoretiker. Unter dem Druck der Straße sah sich die Regierung veranlasst, »das Leben der Arbeiter durch die Arbeit« und »Arbeit für alle Bürger« zu garantieren.

Eine tief greifende Umgestaltung der Wirtschafts- und Gesellschaftsordnung, wie sie die sozialistischen Theoretiker gefordert hatten, schien Wirklichkeit zu werden. Doch am 17. März und 16. April wurden Unruhen in Paris von den Verfechtern der »Ordnung« unterdrückt. Die am 23. April nach dem allgemeinen Wahlrecht gewählte Verfassunggebende Versammlung mit 900 Abgeordneten wies lediglich 25 Arbeiter und Vorarbeiter auf. Demokraten und Sozialisten verfügten zusammen über nicht mehr als 100 Vertreter. Gerade die Furcht vor der sozialen Revolution hatte den Gemäßigten den Wahlsieg gesichert. Am 4. Mai schloss die Verfassunggebende Versammlung Louis Blanc aus der Exekutivkommission, die die provisorische Regierung ersetzen sollte, aus. Als die Exekutivkommission im Juni die Auflösung der kostspieligen und unproduktiven Nationalwerkstätten bekannt gab und die jugendlichen Arbeiter zur Armee einberief, erhoben sich die Handwerksgesellen, Fabrikarbeiter und Bahnarbeiter des Pariser Ostens gegen die Koalition der Besitzenden aus den führenden Schichten, dem Kleinbürgertum und den Bauern. Der von der Verfassunggebenden Versammlung daraufhin mit allen Vollmachten ausgestattete Kriegsminister Louis Eugène

Der französische Kriegsminister Cavaignac führte vom 24. bis 26. Juni 1848 den Auftrag der Exekutivkommission, die Aufstände von Pariser Arbeitern niederzuschlagen, mit äußerster Brutalität durch (Ernest Meissonier, »Die Barrikade«, 1848; Paris, Louvre).

Cavaignac schlug den revolutionären Aufstand nach dreitägigem Kampf nieder. Die Sieger hinterließen eine blutige Spur. Offiziell 3000 Aufständische – wahrscheinlich aber weit mehr – wurden niedergemacht. 25000 Aufständische wurden gefangen genommen. Die neue »starke« Regierung unter Cavaignac nahm Säuberungen, Verbote, Verurteilungen und Deportationen vor und machte alle Illusionen von einer Befreiung der Arbeiter zunichte. Die Errungenschaften der bürgerlichen Revolution beschränkten sich auf die republikanische Staatsform und das allgemeine Wahlrecht.

In Deutschland, das damals noch schwächer als Frankreich industrialisiert war, spielten die Arbeiter in der Revolution von 1848 eine noch geringere Rolle. Die Revolution wurde vielmehr getragen vom radikalliberalen Bildungs- und vom Wirtschaftsbürgertum. Der Aufstand, den die Republikaner Friedrich Hecker und Gustav von Struve schürten und der auf Initiative des deutschen demokratischen Klubs in Paris von einer Truppe deutscher und polnischer Arbeiter vom Elsass her unterstützt werden sollte, wurde niedergeworfen. Die soziale Frage hat danach den Gang der deutschen Revolution nur wenig beeinflusst.

Auf der Suche nach neuen Wegen

Die Arbeiterbewegung zog aus dem Scheitern der sozialistischen Utopien in der 1848er-Revolution ihre Folgerungen. In den 1860er-Jahren formierte sich die auf pragmatische Verbesserungen ausgerichtete Gewerkschaftsbewegung. Auch die Bildung der Ersten Internationale 1864 bedeutete eine Lösung von der Utopie. Der Gedanke zur Gründung der Internationale ging auf einige englische Gewerkschafter zurück, die durch die Unterstützung Streikender auf die Arbeitgeber aller Länder Druck ausüben wollten, sowie auf weiterblickende französische Emigranten, die die Befreiung der Arbeiter auf dem Weg der politischen Bildung anstrebten.

In Preußen wurde erst nach der Aufhebung des Koalitionsverbots in den 1860er-Jahren eine effektive Arbeiterbewegung möglich. Viktor Aimé Huber propagierte in Deutschland Genossenschaften der Arbeiter. Friedrich Wilhelm Raiffeisen griff diese Idee später mit größerem Erfolg für die Bauern und Hermann Schulze-Delitzsch für die Handwerker auf. Sowohl die genossenschaftlichen Reformer als auch die Sozialisten und Kommunisten stellten einstweilen aber nur kleine Minderheiten innerhalb der Arbeiterschaft dar.

Hans-Werner Niemann

Der Schriftsetzer Stephan Born, in Berlin Gründer einer der ersten Arbeitervereine, erhob in seiner Zeitung »Das Volk« am 10. Juni 1848 soziale Forderungen:

1. Bestimmung des Minimums des Arbeitslohns und der Arbeitszeit durch Kommissionen von Arbeitern und Meistern oder Arbeitgebern.
2. Verbindung der Arbeiter zur Aufrechterhaltung des festgesetzten Lohns.
3. Aufhebung der indirekten Steuer, Einführung progressiver Einkommensteuer mit Steuerfreiheit derjenigen, die nur das Nötigste zum Leben haben.
5. Unentgeltliche Volksbibliotheken …
11. Der Staat versorgt alle Hilflosen und also auch alle Invaliden der Arbeit.

»Arbeiter vor dem Stadtrat« von Johann Peter Hasenclever (1848/49; Solingen, Bergisches Museum). Wie hier in Düsseldorf im Herbst 1848 wählte die Arbeiterschaft häufig den Weg der Petitionen, um eine Verbesserung ihrer Lage zu erreichen.

Proletarier aller Länder, vereinigt euch! – Marx und Engels

Der Mann, der dem Industrieproletariat und der sozialistischen Bewegung eine wegweisende, mit wissenschaftlichem Anspruch auftretende Zukunftsvision von historischer Wirkungsmächtigkeit gab, gehörte selbst der gesellschaftlichen Oberschicht an. Der 1818 in Trier geborene Karl Marx war der Sohn eines angesehenen Rechtsanwalts und preußischen Justizrats. Mit 23 Jahren zum Doktor der Philosophie promoviert, redigierte Karl Marx zwei Jahre lang die

Stationen eines gemeinsamen Weges. Oben: »Karl Marx und Friedrich Engels schließen Freundschaft« – Engels (im Vordergrund) weilte im September 1844 zu Besuch in Paris.
Rechts: »Der 2. Kongress des Bundes der Kommunisten in London, 29. November bis 8. Dezember 1847«. – Hier wurden Marx und Engels mit der Abfassung des »Kommunistischen Manifests« beauftragt (Historienbilder von Hans Mocznay, 1953; Berlin, Deutsches Historisches Museum).

liberaldemokratische »Rheinische Zeitung« in Köln. Wenige Monate nach seiner Heirat 1843 zwangen ihn die Schikanen der Zensur zur Auswanderung. Die folgenden viereinhalb Jahre, die wissenschaftlich fruchtbarsten seines Lebens, verbrachte Karl Marx in Paris und Brüssel. In die 1840er-Jahre fällt der Beginn von Marx' Freundschaft mit dem so anders gearteten Friedrich Engels, dem 1820 geborenen Sohn eines reichen Industriellen aus Barmen. Der lebensfrohe Friedrich Engels, zeitlebens ein Freund der Damenwelt, Sportsmann und Weinkenner, war 1842 in das väterliche Zweiggeschäft in Manchester eingetreten und hatte dort enge Beziehungen zu den Chartisten und den Anhängern Owens geknüpft. Die 1845 erschienene, auch heute noch lesenswerte, wenn auch ein wenig einseitige Schrift über »Die Lage der arbeitenden Klasse in England« war der Niederschlag seiner Erfahrungen im industriellen Arbeitermilieu Englands. Im Winter 1847/48 verfassten Marx und Engels im Auftrag eines kleinen sozialistisch-kommunistischen Zirkels, des Bundes der Kommunisten, gemeinsam das »Manifest der Kommunistischen Partei« (Motto: »Proletarier aller Länder, vereinigt euch!«), das bereits die Kerngedanken des Marxismus enthielt. Marx kehrte nach dem Ausbruch der Märzrevolution 1848 nach Deutschland zurück, ohne dass es ihm gelungen wäre, Einfluss auf die politische Entwicklung zu nehmen. Die Gründung einer Zeitung führte zum Verlust seines Vermögens und desjenigen seiner Frau. Völlig verarmt musste die Familie die Flucht nach England antreten. In London lebte Marx unter erbärmlichen materiellen Verhältnissen von 1849 bis zu seinem Tode 1883. Die dauernde finanzielle Unterstützung durch Friedrich Engels bewahrte die Familie vor dem Schlimmsten und ermöglichte es Marx, an seinem Hauptwerk »Das Kapital, Krisen der politischen Ökonomie« zu arbeiten.

Die Revolution als historische Notwendigkeit – Grundzüge des Marxismus

Die materialistische Umkehr der Dialektik Hegels

Die philosophische Begrifflichkeit und insbesondere die dialektische Methode von Karl Marx beruhten auf der Philosophie Georg Wilhelm Friedrich Hegels. Für Hegel bestimmte der Geist, den er mit der Vernunft gleichsetzte, die Wirklichkeit und die historische Entwicklung. Alles Geschehen und alle Geschichte stellten für Hegel einen vernünftigen und damit zielgerichteten Prozess dar: Das Ziel sah er in dem »Fortschritt zum Bewusstsein des Geistes«. Um dieses Ziel zu erreichen, bediente sich nach Hegel der »Weltgeist« des dialektischen Kampfes. Jede historische Epoche war für Hegel durch eine Idee (These) bestimmt, die sich auch ihren Widerspruch (die Antithese) schafft. Die Auseinandersetzung von These und Antithese führt schließlich zu einem höheren Dritten, der Synthese, die in der Folge erneut zur These wird und damit den dialektischen Prozess am Leben erhält. Aus dieser Sicht ist jede Stufe der dialektischen Entwicklung notwendig und damit auch vernünftig: »Alles Wirkliche ist vernünftig, alles Vernünftige ist wirklich.« Marx übernahm diese dialektische Methode, stellte sie aber, »vom Kopf ... auf die Füße«. Für ihn waren nicht die Ideen die treibenden Kräfte des dialektischen Prozesses, sondern die Arbeits- und Produktionsverhältnisse, mithin die Materie.

Die Selbstentfremdung des Menschen durch die Lohnarbeit

Der Sinn dieser materialistischen Umkehr der Dialektik erhellt am besten aus Marx' Menschenbild. Danach unterscheidet sich der Mensch vom Tier vor allem durch seinen ihm eigenen Drang, die Natur zu gestalten. Die Arbeit wird damit zum Ausdruck des

Friedrich Engels beschreibt 1845 die Wohnverhältnisse der Arbeiter in den englischen Industriestädten:

Jede große Stadt hat ein oder mehrere »schlechte Viertel«, in denen sich die arbeitende Klasse zusammendrängt. Diese schlechten Viertel sind in England in allen Städten ziemlich egal eingerichtet – die schlechtesten Häuser in der schlechtesten Gegend der Stadt; meist zweistöckige oder einstöckige Ziegelgebäude in langen Reihen ... Diese Häuschen von drei bis vier Zimmern und einer Küche werden Cottages genannt und sind in ganz England – einige Teile von London ausgenommen – die allgemeinen Wohnungen der arbeitenden Klasse. Die Straßen selbst sind gewöhnlich ungepflastert, höckerig, schmutzig, voll vegetablischen und animalischen Abfalls, ohne Abzugskanäle oder Rinnsteine, dafür aber mit stehenden stinkenden Pfützen versehen.

Georg Wilhelm Friedrich Hegel (zeitgenössischer, später kolorierter Kupferstich). In Berlin nahm der Student Marx 1837 an den Diskussionen der Junghegelianer im »Doktor-Club« teil.

menschlichen Wesens. Das Produkt seiner Arbeit ist zugleich der entscheidende Ausdruck seines Menschseins. Nach Marx bedeutet die moderne industrielle Arbeitsteilung, dass der Mensch nicht mehr ungeteilt sein ganzes Wesen in das Produkt seiner Arbeit legen kann; durch die Lohnarbeit wird ihm die vollständige Verfügungsgewalt darüber genommen. Arbeitsteilung und Lohnarbeit führen damit zur Zerstörung seines wahren Menschseins. Marx verwendet dafür den Begriff »Entfremdung«.

Die äußerste »Selbstentfremdung«, »der völlige Verlust des Menschen« findet sich für Marx im Proletariat, dessen Arbeit Ware ist. (Auguste Trémont, »Puddler in der Eisengießerei Dudelange« 1916; Luxembourg, Musée d'Histoire et d'Art.)

Im Kapitalismus treibt nach Marx die Entfremdung des Menschen ihrem Höhepunkt entgegen. Verantwortlich dafür ist die dialektische Spannung zwischen den Produktivkräften und den Produktionsverhältnissen. Produktivkräfte sind Arbeitsgeräte und Maschinen, aber auch die Arbeitskraft des Menschen, sein Wissen und Können. Mit dem Begriff »Produktionsverhältnisse« bezeichnet Marx die gesellschaftlichen Beziehungen der produzierenden und konsumierenden Menschen untereinander. Diese sind in der geltenden Eigentumsordnung festgelegt und im Gegensatz zu den sich ständig wandelnden Produktivkräften über einen längeren Zeitraum hinweg statisch. Die Dynamik der Produktivkräfte und die Statik der gesellschaftlichen Produktionsverhältnisse führen immer wieder zu wachsenden dialektischen Spannungen, bis die gesellschaftlichen Produktionsverhältnisse durch die sich wandelnden Produktivkräfte umgestürzt werden. Dieses dialektische Spannungsverhältnis von Produktivkräften und Produktionsverhältnissen ist für Marx die Kraft, die die historische Entwicklung vorantreibt.

Die Klassenstruktur der Gesellschaft

Im »Kapital« zitiert Marx einen Bericht über Kinderarbeit in England, der auch besonders auf die Situation junger Mädchen eingeht:

Das größte Übel des Systems, welches junge Mädchen zu dieser Art Arbeit verwendet, besteht darin, dass es sie ... von Kindheit an für ihr ganzes spätres Leben an das verworfenste Gesindel festkettet. Sie werden rohe, bösmäulige Buben, bevor die Natur sie gelehrt hat, dass sie Weiber sind. Gekleidet in wenige schmutzige Lumpen, die Beine weit über das Knie entblößt, Haar und Gesicht mit Dreck beschmiert, lernen sie alle Gefühle der Sittsamkeit und der Scham mit Verachtung behandeln ... Ist ihr schweres Tagewerk endlich vollbracht, so ziehn sie bessre Kleider an und begleiten die Männer in Bierkneipen.

Für Marx blieben die Produktivkräfte und die Produktionsverhältnisse in ihrer dialektischen Spannung allerdings keine abstrakten philosophischen Kategorien, sondern er vermenschlichte sie gewissermaßen: die Klasse der Lohnarbeiter, der Proletarier, ist die Trägerin der »subjektiven Arbeit« und stellt die wichtigste Produktivkraft dar; die Kapitalisten, die Bourgeois, hingegen sind die Eigentümer der »objektiven Arbeit« und als solche an der Aufrechterhaltung der bestehenden gesellschaftlichen Produktionsverhältnisse interessiert. Bei alledem war Marx voll der Bewunderung für die historischen Leistungen der Kapitalistenklasse, der Bourgeoisie: »Die Bourgeoisie hat in ihrer kaum hundertjährigen Klassenherrschaft massenhaftere und kolossalere Produktionskräfte geschaffen als alle vergangenen Nationen zusammen.« Im Kampf gegen den Feudalismus sind Bürgertum und Proletariat nach Marx Bundesgenossen. Die einmal vollbrachte bürgerliche Revolution ist aber sodann zur proletarischen weiterzutreiben.

Die »Ware Arbeitskraft« und ihr Mehrwert

Um die dialektische Spannung zwischen Produktivkräften und Produktionsverhältnissen mit wissenschaftlichem Anspruch erklären zu können, musste Marx auf die Lehren der klassischen Nationalökonomie zurückgreifen. Von dem Volkswirtschaftler David Ricardo übernahm er die Lehre, dass der Preis jeder Ware im Mittel stets den Produktionskosten entsprechen müsse. Wie schon Ricardo wandte auch Marx diesen Satz auf die »Ware Arbeitskraft« an: »Die Produktionskosten der einfachen Arbeitskraft belaufen sich also auf die Existenz- und Fortpflanzungskosten des Arbeiters. Der Preis dieser Existenz- und Fortpflanzungskosten bildet den Arbeitslohn.« Nun ist aber der produktive Wert der Arbeitskraft höher als der so ermittelte Lohn. Die Differenz zwischen dem produktiven Wert der Arbeit und dem Lohn bezeichnete schon die klassische Nationalökonomie als Mehrwert. Diesen Mehrwert eignet sich der Kapitalist als Eigentümer der Produktionsmittel an.

In diesem Modell kann der erfolgreichste Kapitalist auch am meisten zusätzliche Arbeit kaufen und damit sein Kapital am stärksten vermehren. Marx prophezeite, am Ende könne dieser im Sinne eines Monopolkapitalismus alle seine Konkurrenten verdrängen. Eine kleine Gruppe von Monopolkapitalisten werde einem zahlenmäßig immer weiter anschwellenden Proletariat gegenüberstehen, dessen ökonomische Lage sich immer weiter verschlechtern werde (Verelendungstheorie), da die Arbeitsvorgänge mit fortschreitender Mechanisierung und Arbeitsteilung immer einfacher und die Kosten der Ware Arbeitskraft immer niedriger würden.

Marx war vom Entstehen des Monopolkapitalismus und dessen Sturz durch das verelendete Proletariat überzeugt. Hubert von Herkomer, »Im Streik« (1891; London, Royal Academy of Arts).

»Das Kapital« – Aktionäre und Banker. Marx attestierte der Bourgeoisie eine enorme Steigerung der Produktivkräfte, aber prognostizierte auch immer wiederkehrende Krisen des Kapitalismus. Hier die Wall Street in Manhattan am 13. Oktober 1857, dem New Yorker Börsenkrach (Stich von James Cafferty und Charles Rosenberg).

Die immer wiederkehrenden Krisen des Kapitalismus

Der Kapitalismus, so prophezeite Marx, werde in einer Kette von ihm selbst erzeugter ökonomischer Krisen zugrunde gehen. Die immer schärfere Spaltung der Gesellschaft in wenige Reiche und immer mehr Arme führe mit Notwendigkeit den Umsturz der Produktionsverhältnisse der kapitalistischen Eigentumsordnung herbei, da sich das Proletariat, das sich immer mehr mit der Gesamtheit der Gesellschaft decke, revolutionär der Produktionsmittel bemächtigen und die »Diktatur des Proletariats« verwirklichen werde. Nach der erfolgten Vergesellschaftung der Produktionsmittel und der Abschaffung der Kapitalistenklasse werde der Staat überflüssig und schließlich absterben. Ja, sogar die Geschichte werde zum Stillstand kommen, da der sie bis dahin antreibende dialektische Prozess zum Stillstand gekommen sei: An die Stelle der Entfremdung tritt nun nach Marx die Selbstverwirklichung des Menschen. Damit entsteht auch ein völlig neuer Mensch, der nicht mehr von Eigennutz und Gewinnstreben gekennzeichnet ist.

Theorie und Realität – Kritische Anmerkungen zum Marxismus

Das Gedankengebäude von Karl Marx enthielt an sich wenig Neues. Von Hegel entlehnt ist die dialektische Methode; bei Ricardo findet man bereits die Lohn- und Mehrwerttheorie und bei dem Zoologen und Naturphilosophen Ernst Haeckel den konsequenten naturwissenschaftlichen Materialismus. Der Kampf gegen das Privateigentum und die Vision einer Gesellschaft ohne staatlichen Zwang spielen bereits bei den Frühsozialisten eine zentrale Rolle. Marx verdichtete jedoch alle diese Elemente zu einem geschlossenen weltanschaulichen System. Die Annahme, dass sich die Geschichte nach objektiv feststellbaren Gesetzen, ja im Grunde nach einem einzigen Gesetz bewege, stellte eine Übertragung des naturwissenschaftlichen Glaubens der Zeit auf den Bereich der Gesellschaft dar. Dieses mit wissenschaftlichem Anspruch auftretende Denksystem schien geeignet, alle wirtschaftlichen, sozialen, politischen und kulturellen Entwicklungen der Vergangenheit und der Gegenwart zu erklären. Durchdrungen vom Fortschrittsglauben des aufklärerischen 18. Jahrhunderts, vermittelten die Lehren Marx' dem Proletariat eine Zukunftsvision und die Überzeugung, mit dem eigenen Emanzipationskampf zugleich eine welthistorische Mission zu erfüllen.

Entgegen der Erwartung von Marx sank der Mittelstand nicht ins Proletariat ab. Der Handwerksstand orientierte sich um, und die Angestelltengruppe in Großunternehmen entstand neu (Großbüro der Firma Boehringer, Mannheim, Foto um 1900).

Statt Polarisierung Differenzierung der Gesellschaft

Obwohl es überzeitliche universale Geltung beanspruchte, war das Theoriegebäude des Marxismus in hohem Maße zeitbedingt. Gegen Ende des Jahrhunderts war es offensichtlich, dass Marx' Theorie, der Arbeiter werde stets nur den zu seiner bloßen Reproduktion notwendigen Lohn erhalten, eben nicht zutraf. Diese Annahme war nur so lange gültig, wie der Staat, der eben keineswegs nur ein Instrument in den Händen der Kapitalistenklasse war, nicht mittels einer Sozialpolitik zugunsten der Arbeiterschaft regulierend in die gesellschaftlichen Verhältnisse eingriff.

Auch in anderen wesentlichen Punkten irrte Marx. So hatte er 1847/48 im »Kommunistischen Manifest« gemeint: »Die ganze Gesellschaft spaltet sich mehr und mehr in zwei große, feindliche Lager, in zwei große, einander direkt gegenüberstehende Klassen: Bourgeoisie und Proletariat.« Am Vorabend des Ersten Weltkriegs wich die Realität in einem hoch industrialisierten Land wie Deutschland in mehrfacher Hinsicht von dieser Prophezeiung ab: Das Bürgertum war keineswegs zu einer homogenen Großbourgeoisie geworden, sondern hatte sich im Gegenteil in eine ganze Reihe von gesellschaftlichen Gruppen mit höchst unterschiedlicher wirtschaftlich-sozialer Interessenlage und politischer Orientierung aufgespalten. An der Spitze war die Gruppe der Kapitalisten keineswegs kleiner geworden, sondern hatte sich zahlenmäßig durch die in den Groß-unternehmen, die in den letzten Jahrzehnten des 19. Jahrhunderts, der Phase der Hochindustrialisierung, entstanden waren, immer wichtiger werdenden leitenden Angestellten und Manager erweitert. Als größter Irrtum aber erwies sich Marx' Annahme, der Mittelstand werde ganz verschwinden und das Kleinbürgertum in die Schicht der Proletarier absinken. Die technische Entwicklung führte zwar zu einem Rückgang der Konsumgüterhandwerke (z. B. Schneider, Schuster), aber auch zu einem Anstieg der Produktionsgüterhandwerke (z. B. Elektromechaniker, Metallwerker). So konnte sich das Handwerk im 20. Jahrhundert behaupten und stabilisieren.

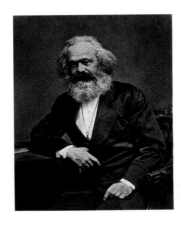

Karl Marx (Foto um 1880, koloriert). Von Krankheiten geplagt, pflegte er trotzdem von 9 bis 19 Uhr in der Bibliothek des Britischen Museums zu arbeiten, außerdem auch nachts ein paar Stunden.

Mit der Entstehung der Großunternehmen wuchs die neue Schicht der Angestellten immer schneller. Wenn auch die Mittelschichten zahlenmäßig noch immer weit hinter der Arbeiterschaft zurückstanden, so zeichnete sich bereits vor dem Ersten Weltkrieg die Tendenz ab, dass die Mittelschichten rascher anwuchsen als die Industriearbeiterschaft.

Aus der Warte des 20. Jahrhunderts gesehen, lässt sich Marx wohl vor allem dafür kritisieren, dass er bei seiner jahrzehntelangen Beschäftigung mit der Revolution vergaß, über Ziele des Sozialismus und Kommunismus nach der Eroberung der politischen Macht durch das Proletariat nachzudenken; außerdem sah er nicht die Gefahr, dass auch ein sozialistischer Staat trotz aller behaupteten Identität von Staats- und Proletariatsinteressen diktatorische Machtfülle und oligarchische Strukturen entwickeln könnte.

Titelblatt der Erstausgabe des ersten Bandes von »Das Kapital«, dem Hauptwerk von Karl Marx (Hamburg 1867). Der zweite und dritte Band wurde erst postum von Friedrich Engels 1885 bzw. 1894 herausgegeben.

Hans-Werner Niemann

Grenzenlose Freiheit – Die Anarchisten

Der Anarchismus zielte auf die Beseitigung jeder Autorität und jedes rechtlichen Zwangs. Er forderte das größte Ausmaß der persönlichen Freiheit in einem freien und jederzeit lösbaren Zusammenschluss von Individuen. Es kann unterschieden werden zwischen einem individualistischen und einem kollektivistisch-kommunistischen Anarchismus.

Für eine friedliche Revolution – Der individualistische Anarchismus

Die beiden Hauptvertreter des individualistischen Anarchismus waren der englische Dissidentenprediger William Godwin mit seiner »Untersuchung über politische Gerechtigkeit und ihren Einfluss auf Moral und Glückseligkeit« (1793) und der Franzose Pierre Joseph Proudhon mit seinem Buch »Was ist Eigentum?« (1840).

Godwin, Prediger und Moralist

Der englische Philosoph William Godwin (Radierung, Staatsbibliothek zu Berlin) war der Ansicht, dass jedwede Regierungsform den Menschen deformiere, und nur der Anarchismus gesellschaftliche Freiheit und Gleichheit ermögliche.

Im Zentrum von Godwins Denken steht die Gerechtigkeit. Er geht davon aus, dass es ein unveränderliches Vernunftgesetz gibt, das der Einzelne jedoch nur erkennen kann, wenn er sich ganz auf die eigene Erfahrung, die Autorität der eigenen Vernunft und des eigenen Gewissens verlässt. Jede Orientierung an institutionalisierten Autoritäten muss dazu führen, dass die Wahrheit verstellt und pervertiert wird. Godwin bejaht den gesellschaftlichen Zusammenschluss der Menschen, da er den selbstlosen Bedürfnissen des Menschen entgegenkomme, lehnt aber den Staat entschieden ab, da dieser lediglich den egoistischen Bedürfnissen Einzelner diene. Der Staat ist für ihn nur der institutionelle Ausdruck gesellschaftlicher Ungleichheit. Den Abbau von Herrschaft will Godwin durch eine gleichmäßige Verteilung des Bodens und durch gesellschaftliche Diskriminierung des Reichtums erreichen. Allein die individuelle Leistung für das Gemeinwohl dürfe die Quelle von Sozialprestige sein.

Proudhon, ein Vordenker des Sozialismus

»Das einzige Mittel, das Eigentum zu zerstören«; Karikatur auf Pierre Joseph Proudhon, mit dem doppeldeutigen Zusatz: »Wenn du so weiter machst, werden wir eine Republik ohne dich (ohne Dächer, französisches Wortspiel) bekommen« (Lithographie, Paris 24. Juni 1848).

Proudhon ist vor allem bekannt geworden durch seine provozierende Antwort auf die selbst gestellte Frage »Was ist das Eigentum?« – »Eigentum ist Diebstahl.« Freilich meinte Proudhon – insoweit ganz Kleinbürger – damit nicht das sauer erworbene Eigentum als Ergebnis eigener Arbeit, sondern das Eigentum als Verfügen über eine Sache. Ihm ging es nicht um eine Abschaffung des Eigentums, sondern um seine Bändigung.

Für derartige Thesen hatte Karl Marx, der in Proudhon zunächst einen Gefolgsmann gesehen und im Winter 1844/45 mit ihm in Paris in einem intensiven Gedankenaustausch gestanden hatte, nur Spott übrig. Unüberbrückbare Differenzen zwischen Marx und Proudhon bestanden vor allem hinsichtlich ihres jeweiligen Revolutionsbegriffs. In typisch anarchistischer Manier vertrat Proudhon den Vorrang der sozialen vor der politischen Revolution und lehnte jede revolutionäre Gewaltanwendung ab. Die Revolution muss für ihn »natürlich, friedlich und historisch begründet« sein. Proudhon will die ökonomische Gleichstellung aller Mitglieder der Gesellschaft, lehnt aber jede Form von Kollektivismus oder Kommunismus ab. Der zentrale Begriff seiner politischen Vorstellungswelt ist »Freiheit«. Nach seinen Vorstellungen soll die freie Assoziation von Gruppen und Verbänden staatliche Autorität überflüssig machen und »Ordnung mit Anarchie« verbinden. Im Zeichen der Herrschaftslosigkeit soll ein System freier Bündnisse die gesellschaftlichen Funktionen ohne staatliche Autorität verteilen.

Proudhon, dessen Ahnen Bauern gewesen waren, orientierte sich in seinen Vorstellungen ganz an der Lebensweise selbstständiger Bauern und Handwerker. Er lehnte jeden Zentralismus und jede Bürokratie ab. Übertrug man diese Vorstellungen auf die Industriegesellschaft, ergab sich daraus das anarchistische Programm, nach dem die Arbeiter ohne politische Oberinstanzen in den Werkstätten die Produktionsmittel selbst übernehmen sollten. Damit wurden die Gewerkschaften, die Syndikate, zu den Organen der revolutionären Bestrebungen der Arbeiterschaft. Dieser Gedanke des Syndikalismus fand vor allem in Südeuropa bald eine große Anhängerschaft.

Die Lust der Zerstörung – Der kollektivistisch-kommunistische Anarchismus

D er kollektivistisch-kommunistische Anarchismus erstrebte eine klassen- und staatenlose Kollektivordnung. Seine Grenzen zum Sozialismus und Kommunismus waren daher fließend. Als sein eigentlicher Begründer gilt der Russe Michail Aleksandrowitsch Bakunin.

Michail Aleksandrowitsch Bakunin; Porträtaufnahme von Nadar. Nach der Revolution 1849 in Sachsen zum Tod verurteilt und an Russland ausgeliefert, gelang Bakunin 1861 die Flucht aus der sibirischen Verbannung. Die langen Jahre der Festungshaft und der Verbannung haben ihn gezeichnet.

Bakunin, der Sozialrevolutionär

S elbst Personen, die sich mit seinen revolutionären Vorstellungen in keiner Weise identifizierten, waren von der kolossalen Statur Bakunins, der Dynamik und Ausstrahlungskraft seiner bizarren Persönlichkeit fasziniert. Er war in erster Linie impulsiver Agitator, weniger der kühle Analytiker. Es drängte ihn zur Aktion. Was Bakunin erreichen wollte, war nichts Geringes: »... ein neuer Himmel und eine neue Erde, eine jugendliche und herrliche Welt, in der alle gegenwärtigen Dissonanzen zur harmonischen Einheit sich auflösen werden«. Auf dem Wege dorthin verlieh Bakunin dem Mythos der Gewalt als Macht der Zerstörung neue Zugkraft: »Die Lust der Zerstörung ist zugleich eine schaffende Lust.« Es ging ihm um »die radikale und unerbittliche Zerstörung der gegenwärtigen sozialen Welt in ökonomischer wie in religiöser, metaphysischer, politischer, juridischer und bürgerlicher Hinsicht« in einem einzigen revolutionären Akt. Dieses Konzept war zutiefst unpolitisch, ja antipolitisch. Es schloss jede Form von Beteiligung der Arbeitermassen an den politischen Institutionen aus und setzte stattdessen auf die »große Verweigerung«, die revolutionäre Selbstbefreiung der Massen. Die Revolution bedurfte nach Bakunin einer internationalen hierarchischen und geheimen Kaderorganisation kompromissloser Revolutionäre, deren Aufgabe es sein sollte, den revolutionären Geist der Massen zu fördern und nach vollbrachter Revolution durch eine Diktatur die Entstehung neuer Autoritäten zu verhindern. In diesem Sinne wollte

Die Revolution von 1848/49 wurde von preußischen Truppen niedergeschlagen. Ein »Neuruppiner Bilderbogen« zeigt das erste anrückende preußische Bataillon auf dem Dresdner Neumarkt am 6. Mai 1849. Die Flucht von 1800 Revolutionären und der provisorischen Regierung am 9. Mai organisierte Michail Bakunin, der mit Otto Leonhard Heubner am 10. Mai in Chemnitz verhaftet wurde.

Bakunin in schärfstem Gegensatz zu Karl Marx die Internationale zu einer Art Generalstab ihm ergebener Männer ausbauen. Im Herbst 1868 gründete Bakunin die »Internationale Allianz der Sozialen Demokratie« und übernahm selbst die Leitung des Zentralbüros in Genf.

Sergej Netschajew, Lyriker und Nihilist

In Genf traf Bakunin 1869 seinen Landsmann Sergej Gennadijewitsch Netschajew, eine Begegnung, die seinem revolutionären Aktivismus einen terroristischen Einschlag verlieh. Netschajew trat für eine »Propaganda der Tat« und für die »Allzerstörung« ein. Gemeinsam mit Bakunin verfasste er einen revolutionären Katechismus, der die Revolution zum Selbstzweck erklärte. Mit pseudoreligiösen Anklängen heißt es dort: »Der Revolutionär ist ein geweihter Mensch. Er ist erbarmungslos gegen den Staat im Allgemeinen und für die gesamte zivilisierte Klasse der Gesellschaft, und er darf ebenso wenig Gnade für sich erwarten.«

Das Café Concert Excelsior in Den Haag, in dessen Saal der Kongress der Ersten Internationale vom 2. bis zum 7. September 1872 tagte. Hier wurde auf Betreiben von Karl Marx der an der Teilnahme verhinderte Bakunin ausgeschlossen (zeitgenössisches Foto).

Bakunin im Streit mit Marx um den »richtigen« Weg

Auf dem Kongress der Internationale von 1872 forderten die anarchistischen Gruppen die »völlige Vernichtung des Staates als der Verkörperung der politischen Macht« anstelle des politischen Kampfes der Arbeiterklasse um die Beteiligung an der politischen Macht. Dies führte zum Bruch mit Karl Marx und zum Ausschluss Bakunins aus der Internationale. Marx und Engels waren der Auffassung, das Proletariat müsse den bürgerlichen Staat erobern und zum Instrument seines Befreiungskampfs umfunktionieren. Für Bakunin dagegen hatte die Zerschlagung des Kapitalismus und diejenige des Staates in ein und derselben Revolution stattzufinden. In seinen letzten Lebensjahren hatte der physisch erschöpfte Bakunin den Glauben an die bevorstehende Revolution verloren. Am 15. Februar 1875, eineinhalb Jahre vor seinem Tod, schrieb er an den französischen Geographen Elisée Reclus: »Ich stimme mit Dir überein zu sagen, dass die Stunde der Revolution vorüber ist …, weil ich zu meiner großen Verzweiflung konstatiert habe und täglich von neuem konstatiere, dass der revolutionäre Gedanke, die revolutionäre Hoffnung und Leidenschaft in den Massen sich absolut nicht vorfinden.«

Im März 1881 verübten Mitglieder einer anarchistischen Vereinigung ein **Attentat auf den Zaren:** Sie warfen eine Bombe auf die Kutsche Alexanders II., als diese eine Brücke in Sankt Petersburg passierte. Getötet wurden ein Schlachterlehrling und ein Mitglied der berittenen Eskorte. Der Zar selbst blieb zunächst unverletzt. Er stieg aus der Kutsche aus, um zu den Verwundeten zu sprechen; als er jedoch seine Kutsche wieder besteigen wollte explodierte eine zweite Bombe, die ihm tödliche Verletzungen zufügte. Sein Nachfolger Alexander III. ließ fünf der Attentäter hängen, die übrigen ließ er nach Sibirien deportieren.

Vom Generalstreik bis zum Attentat – Aktionsformen des Anarchismus

Besondere Popularität erlangte der Anarchismus in seiner syndikalistischen und terroristischen Variante in Italien, wo er auf die Tradition der Geheimbünde zurückgreifen konnte. Ein Aufstandsversuch in Bologna Mitte der 1870er-Jahre, an dem Bakunin teilnahm, scheiterte zwar. Dennoch war der italienische Sozialismus noch für fast zwei Jahrzehnte stark vom Anarchismus geprägt.

In Spanien übte der Anarchismus noch bis in die Dreißigerjahre des 20. Jahrhunderts einen nachhaltigen Einfluss auf das ländliche und industrielle Proletariat aus. Hier kam es zu gewalttätigen Ausbrüchen wie in der *Semana Trágica* (Tragische Woche) im Juli 1909. Nach der Hinrichtung des Anarchisten Francisco Ferrer y Guardia wurden in einem spontanen Aufstand in Barcelona Kirchen und

Der Bombenanschlag auf den russischen Kaiser Alexander II. am 13. März 1881 (»Illustrated London News«).

Klöster in Brand gesetzt und zahlreiche Nonnen und Mönche ermordet. Im Spanischen Bürgerkrieg wurde die anarchistische Bewegung durch die Kommunisten schließlich blutig ausgeschaltet.

Der Anarchismus in Gestalt des Terrorismus

Eine nachhaltige Wirkung in Europa entfaltete vor allem in den 1880er- und 1890er-Jahren die terroristische Seite des Anarchismus. Sie äußerte sich in wahl- und ziellosen Bombenattacken auf

Cafés, Theater und andere symbolhafte Orte bourgeoiser Lebensweise, vor allem aber auch in Mordanschlägen auf Angehörige der europäischen Oberschicht. In rascher Folge wurden im Jahre 1878 Attentate versucht auf den deutschen Kaiser Wilhelm I., König Alfons XII. von Spanien und König Umberto I. von Italien. 1881 zerriss eine Bombe den russischen Kaiser Alexander II. Weitere Opfer anarchistischen Terrors um die Jahrhundertwende waren der französische Staatspräsident Marie François Sadi Carnot, Kaiserin Elisabeth von Österreich, König Umberto I. von Italien, König Karl I. von Portugal sowie die spanischen Ministerpräsidenten Antonio Cánovas del Castillo und José Canalejas y Méndez. Über das blanke Entsetzen in der europäischen Oberschicht hinaus hat der terroristische Anarchismus keine direkten tief greifenden Wirkungen auf die bestehenden Staats- und Gesellschaftssysteme entfaltet. Er war allerdings ein Symptom für die explosive Gärung innerhalb der europäischen Gesellschaft am Vorabend des Ersten Weltkrieges.

Streikkomitee des anarcho-syndikalistischen Flügels (geführt von Benoît Broutchoux und Frau Sorgues) beim Bergarbeiterstreik im Département Pas-de-Calais, der nach einem Grubenunglück in Courrière 1906 ausbrach und auf einen besseren Schutz und Rechte bei Gefahr zielte.

Der Anarchosyndikalismus in Frankreich

In Frankreich war der Anarchismus in Gestalt des Anarchosyndikalismus verbreitet. Besonders Proudhons Vorstellungen von den föderativen Zusammenschlüssen gewerkschaftlicher Organisationen als Modell einer künftigen herrschaftsfreien Gesellschaftsordnung waren lebendig geblieben. Die französische Gewerkschaftsbewegung war gespalten und wollte die Emanzipation der Arbeiterschaft erreichen teils mit den legalen Methoden des Arbeitskampfs, teils aber auch mit den syndikalistischen Methoden des Massen- und Generalstreiks. Der Syndikalismus ging von der Annahme aus, dass politische Aktionen sinnlos und die sozialistischen Politiker in keiner Weise besser als die bürgerlichen seien. Dieses Misstrauen gegenüber der Politik und der Glaube an die »direkte Aktion« verbanden den Syndikalismus mit dem Anarchismus. Mit Streiks, Sabotage, Boykott und, wenn nötig, dem Generalstreik sollte dem kapitalistischen Bürgertum die Macht entrissen werden. An die Stelle der kapitalistischen Wirtschaftsordnung sollte ein System von dezentralen Produktionseinheiten unter gewerkschaftlicher Leitung treten.

Der »Kult der Gewalt«

Die anarchistische Lehre von der »direkten Aktion«, die die bestehende Gesellschaftsordnung durch ständige kleine Stiche zerstören sollte, fand besonders bei der Arbeiterschaft der wirtschaftlich rückständigen Länder Europas wie Russland, Spanien und Italien zunächst weitaus größeren Widerhall als der viel zu abstrakte »wissenschaftliche Sozialismus« von Marx und Engels. Marx und Engels hatten den Sieg des Proletariats als Endergebnis eines langen wirtschaftlich-politischen Entwicklungsprozesses vorausgesagt. Das war nicht nur schwer zu verstehen, sondern lag auch in weiter Zukunft. Das anarchistische Modell einer dezentralisierten Gesellschaft mit selbstständigen landwirtschaftlichen und industriellen Genossenschaften entsprach der konservativen, ländlich oder handwerklich

In den USA gab es Ressentiments gegen politische Immigranten: Die Unterschrift der Karikatur von Grant E. Hamilton lautet: »Deutsche Sozialisten, russische Anarchisten, italienische Räuber und englische Sträflinge überschwemmen Amerika« (»Judge«, 28. März 1891).

geprägten Mentalität der Arbeiterschaft in jenen Ländern viel eher als die marxistische Zukunftsvision. In Spanien und Russland, wo die Lage der ländlichen und industriellen Arbeiterschaft besonders prekär war und ein langwieriger politischer Prozess jeder Hoffnung auf eine rasche und nachhaltige Besserung entgegengestanden hätte, war die anarchistische Botschaft besonders attraktiv. Die Arbeiterschaft in jenen Ländern war von einem tiefen Misstrauen gegen die Methoden parlamentarischer Politik erfüllt, an der sich die sozialistischen Parteien seit den 1870er-Jahren beteiligten. Es bedurfte allerdings erst der fragwürdigen Anstrengung von Intellektuellen wie beispielsweise Georges Sorel, um die syndikalistische Lehre zu einem »Kult der Gewalt« aufzuwerten. In seinen 1908 erschienenen »Überlegungen über die Gewalt« pries Sorel nicht nur den Mythos des Generalstreiks, sondern er sah darüber hinaus in der syndikalistischen Bewegung auch das richtige Mittel, die seiner Meinung nach dekadente rationalistische Kultur der bürgerlichen Gesellschaft zu zerschlagen und neuen, ursprünglichen Kräften zum Durchbruch zu verhelfen.

Ein Steckbrief aus der Fahndung nach den anarchistischen Tätern eines Bombenanschlags in der französischen Abgeordnetenkammer 1893 (Paris, Musée des Collections Historiques de la Préfecture de Police).

Die Anarchisten schürten den Mythos vom Generalstreik in der Hoffnung auf den völligen Zusammenbruch der bestehenden Ordnung.
Der Generalstreik 1893 in Belgien erzwang eine Verfassungsrevision, die das allgemeine Wahlrecht für Männer brachte (»Streikabend« von Eugène Laermans, 1893; Brüssel, Musées Royaux des Beaux-Arts de Belgique).

Nach dem Fehlschlag des großen Eisenbahnerstreiks von 1910 erlitt der Syndikalismus in Frankreich einen herben Rückschlag. Nur in den iberischen Ländern behielt er auch weiterhin seinen Einfluss. In Deutschland wie in ganz Mittel- und Westeuropa ging die Tendenz immer stärker dahin, sich auf die eigentlichen gewerkschaftlichen Aufgaben zu konzentrieren und nicht das Erreichte durch riskante politische Aktionen aufs Spiel zu setzen.

Hans-Werner Niemann

Brüder zur Sonne, zur Freiheit – Der Aufstieg der Arbeiterparteien

Zwei Strophen des von Georg Herwegh 1863 verfassten Bundeslieds des Allgemeinen Deutschen Arbeitervereins:

Mann der Arbeit aufgewacht!
Und erkenne deine Macht!
Alle Räder stehen still,
Wenn dein starker Arm es will.
Brecht das Doppeljoch entzwei!
Brecht das Joch der Sklaverei!
Brecht die Sklaverei der Not!
Brot ist Freiheit, Freiheit Brot!

Von einer klassenbewussten Arbeiterklasse konnte in Deutschland zu Beginn der 1860er-Jahre keine Rede sein; das liberale Bürgertum betrachtete das Arbeiterproblem zunächst als eine Bildungsfrage: Eine bessere Bildung sollte den Arbeiter in die Lage versetzen, auch seine wirtschaftliche und gesellschaftliche Stellung zu verbessern. Daher gründeten führende Liberale Arbeiterbildungsvereine.

Klassenkampf oder klassenbewusste Mitarbeit im Staat? – Die deutsche Sozialdemokratie

Als im Mai 1863 in Leipzig der Allgemeine Deutsche Arbeiterverein gegründet wurde, bedeutete dies den Beginn einer organisierten Arbeiterbewegung. Sein programmatischer Wegbereiter Ferdinand Lassalle hatte erklärt: »Der Arbeiterstand muss sich als selbstständige politische Partei konstituieren und das allgemeine, gleiche und direkte Wahlrecht zu dem prinzipiellen Losungswort und Banner dieser Partei machen. Die Vertretung des Arbeiterstandes in den gesetzgebenden Körpern Deutschlands – dies ist es allein, was in politischer Hinsicht seine legitimen Interessen befriedigen kann.« Lassalle war der Überzeugung, dass die Lage des Arbeiters nur verbessert werden könne durch die Überwindung des »ehernen und grauenvollen Lohngesetzes«, demgemäß der Durchschnittslohn eines Arbeiters nie über das konventionelle Existenzminimum steigen könne. Lassalle sah nur einen Weg, aus diesem Teufelskreis auszubrechen: Die Arbeiter sollten sich durch freiwillige Assoziationen, also durch Produktionsgenossenschaften, als ihre eigenen Unternehmer organisieren. Lassalle hielt es für die Pflicht des Staats, den Arbeitern die notwendigen Kredite und Kapitalien zur Verfügung zu stellen. Eine derartige Staatshilfe war allerdings nur möglich, wenn das damals in Preußen herrschende Dreiklassenwahlrecht, das die Besitzenden in krasser Weise begünstigte, überwunden und durch das allgemeine, gleiche Wahlrecht überwunden werden würde.

Die Fahne des 1863 in Leipzig gegründeten Allgemeinen Deutschen Arbeitervereins wurde zum Banner der Sozialdemokratie (Fahne der Breslauer Lassalleaner; Bonn, Friedrich-Ebert-Stiftung).

Neben Lasalles Organisation wurde von dem hessischen Intellektuellen Wilhelm Liebknecht und dem autodidaktischen Arbeiter August Bebel der Verband der deutschen Arbeitervereine ins Leben gerufen; dieser gab sich auf seinem Nürnberger Vereinstag 1868 ein sozialistisches Programm, das weitgehend mit dem von Karl Marx für die Internationale Arbeiter Association, die Erste Internationale, verfassten Programm übereinstimmte.

Vom Eisenacher zum Gothaer Programm

Im August 1869 wurde in Eisenach die Sozialdemokratische Arbeiterpartei gegründet, geführt von
August Bebel und Wilhelm Liebknecht. Das Parteiprogramm orientierte sich in wesentlichen
Punkten an den in Nürnberg verabschiedeten
Prinzipien. Im Mai 1875 konstituierte sich in Gotha die Sozialistische Arbeiterpartei Deutschlands,
deren Programm ein Kompromiss zwischen den
Vorstellungen der Eisenacher und der Lasalleaner
war: Einerseits wurde betont, dass die Arbeiterklasse
eine Verbesserung ihrer Lage nur durch die Überwindung
der bestehenden Gesellschaftsordnung erreichen könne. Andererseits wurde hervorgehoben, dass dieses Ziel nur mit gesetzlichen
Mitteln erkämpft werden solle. Die Forderung nach Einführung des
allgemeinen, gleichen, direkten und geheimen Wahlrechts bildete
den ersten Punkt des Parteiprogramms.

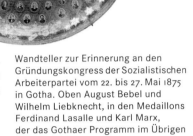

Wandteller zur Erinnerung an den
Gründungskongress der Sozialistischen
Arbeiterpartei vom 22. bis 27. Mai 1875
in Gotha. Oben August Bebel und
Wilhelm Liebknecht, in den Medaillons
Ferdinand Lasalle und Karl Marx,
der das Gothaer Programm im Übrigen
heftig kritisierte.

Die Unterdrückung der Sozialdemokratie

Die Gründung des Deutschen Reichs 1871 war ihrem Wesen
nach ein politischer Kompromiss zwischen der politisch tonangebenden preußischen Aristokratie und dem liberalen Bürgertum.
Dabei verzichtete das Bürgertum praktisch zugunsten des Adels auf
seine politische Mitbestimmung und tauschte dafür weitgehendes
Entgegenkommen für seine wirtschaftlichen und sozialen Interessen
ein. Dieser Staat ließ daher strukturell wenig Raum für die Forderungen der Arbeiterschaft nach politischer und wirtschaftlicher
Emanzipation. Die Unternehmer traten den Arbeitern überwiegend
mit dem »Herr-im-Hause-Standpunkt« gegenüber. Berüchtigt waren die »schwarzen Listen«, die alle Arbeiter erfassten, die sich an
Demonstrationen zum 1. Mai beteiligten oder Mitglied einer Gewerkschaft oder der Sozialdemokratischen Partei waren.

Mit ihren Forderungen nach dem gleichen und geheimen Wahlrecht, nach Vereins- und Pressefreiheit und nach tatsächlicher Kontrolle der Regierung durch das Parlament waren die Sozialdemokraten die einzige Partei, die eine grundsätzliche Kritik an den bestehenden politischen und sozialen Verhältnissen übte. Gerade dies
machte sie zur Zielscheibe des Reichskanzlers Otto von Bismarck.
Als 1878 zwei Attentate auf Kaiser Wilhelm I. von Tätern verübt
wurden, die nichts mit der Sozialdemokratischen Partei zu tun hatten, ergriff Bismarck diese Gelegenheit beim Schopfe und ließ das
»Gesetz gegen die gemeingefährlichen Bestrebungen der Sozialdemokratie« verabschieden. Dieses Gesetz ermächtigte die Regierung,
alle sozialistischen Organisationen, die die bestehende gesellschaftliche Ordnung bekämpften, sowie sozialdemokratische Zeitungen,
Schriften oder Versammlungen zu verbieten. Mit seinen hohen Strafen und Willkürakten brachte das bis 1890 geltende Sozialistengesetz
Unglück und Verfolgungen über viele Arbeiterfamilien, verhinderte

Ludwig Knaus: »Der Unzufriedene«;
durch Hund mit Maulkorb, Wahlaufruf,
die »Berliner Freie Presse« und
Wanderstab als Sozialdemokrat im
erschwerten Wahlkampf um einen
Sitz im Reichstag gekennzeichnet
(1877; Berlin, Deutsches Historisches
Museum).

Hans Hermann Freiherr von Berlepsch, 1889 Regierungspräsident in Düsseldorf, konstatiert in seinem Dienstbereich den völligen Fehlschlag des Sozialistengesetzes:

Wer aber Gelegenheit hatte, die Wirkung des Sozialistengesetzes an Ort und Stelle ... zu beobachten, kam bald zu anderer Überzeugung. Er fand, wie schwer die Unterdrückung, insbesondere die Ausweisungen, auf die Stimmung der Arbeiter, auf ihre Anschauungen von der Gerechtigkeit, von der Fürsorge des Staates für die Schwachen wirkten, wie die verpönten Lehren, statt in der Öffentlichkeit, heimlich verbreitet wurden von Mund zu Mund, von Werkstatt zu Werkstatt, im Wirtshaus und am heimischen Herd. Er fand, dass die Mittel der Gewalt vollständig fehlschlugen, dass sie zwar äußerliche Symptome treffen, aber nicht Gesinnung ausrotten konnten. Erreicht war schließlich nur eine hundertfach gesteigerte Erbitterung der Arbeiterkreise, der Glorienschein des Märtyrers um das Haupt der verfolgten Verführer und die hundertfach gefestigte Überzeugung von der Verwerflichkeit und Unhaltbarkeit der bestehenden staatlichen und gesellschaftlichen Zustände.

Transparent der Berliner Sozialdemokraten 1888 (Baumwolltuch; Berlin, Deutsches Historisches Museum).

aber nicht eine Verdreifachung des sozialdemokratischen Stimmenanteils bei den Reichstagswahlen bis 1890. Gleichzeitig mit dem Sozialistengesetz schuf Bismarck mit der Krankenversicherung 1883, der Unfallversicherung 1884 und der Alters- und Invalidenversicherung 1889 das damals modernste Sozialgesetzgebungswerk. Ziel dieser Maßnahmen war es, der Sozialdemokratie »die Wurzeln abzugraben«, die Arbeiter durch sozialpolitische Maßnahmen für den Obrigkeitsstaat zu gewinnen.

Das Erfurter Programm und der Revisionismus

Das nach den Erfahrungen mit der staatlichen Unterdrückung rein marxistische Erfurter Programm von 1891 erklärte die Aufhebung der Klassengegensätze durch Überwindung der bestehenden Produktionsverhältnisse zum vorrangigen Ziel der Partei. Im ersten Punkt des Programms wurde daher erneut die Forderung nach dem allgemeinen, gleichen, direkten und geheimen Wahlrecht erhoben. Bei aller marxistisch-revolutionären Programmatik und radikalen Rhetorik war die Partei bestrebt, positiv innerhalb des bestehenden Staates mitzuarbeiten. Zugleich wurde um die Jahrhundertwende immer deutlicher, dass die kapitalistische Wirtschaftsordnung keineswegs eine immer weiter gehende Verarmung der Arbeiterschaft mit sich gebracht, sondern im Gegenteil dank ihrer außerordentlichen Produktivitätsfortschritte unter dem gleichzeitigen Druck der Gewerkschaften eine unverkennbare Besserung der materiellen Situation der Arbeiter bewirkt hatte.

Es stellte sich nunmehr die Frage, ob tatsächlich erst der vollständige Umsturz der kapitalistischen Gesellschaftsordnung den Arbeitern einen Anteil am Mehrwert bringen konnte oder ob dieses Ziel nicht auch durch schrittweise Reformen im Rahmen der bestehenden Gesellschaftsordnung erreicht werden konnte. Der »Revisionismus« eines Eduard Bernstein zog die nahe liegenden Konsequenzen. Bernstein verwarf die marxistische Theorie vom bevorstehenden Zusammenbruch der kapitalistischen Ordnung und trat für die aktive Mitarbeit in den Volksvertretungen ein. Unter dem Einfluss von Bebel, Liebknecht und Kautsky lehnten die sozialdemokratischen Parteitage den Revisionismus allerdings mehrfach ab und bekannten sich stattdessen zu den Grundsätzen des Klassenkampfs. Beeinflusst von den pragmatischen Gewerkschaften, war die tatsächliche Politik der Sozialdemokratie allerdings zunehmend reformistisch. Die staatliche Sozialpolitik und der praktische Revisionismus von Partei und Gewerkschaften führten schließlich dazu, dass die Sozialdemokratie 1914 für die Kriegskredite stimmte, da sie nicht den »Ausbeuterstaat«, sondern das »Vaterland« in Gefahr sah.

Zerrissenheit und Spaltung – Die Arbeiterbewegung in Westeuropa, Russland und den USA

Zum Fanal und bis heute zum Mythos der sozialistischen Bewegung in Frankreich und darüber hinaus wurde der Aufstand der Pariser Kommune im März 1871. Die bewaffnete Bürgerwehr der Stadt Paris erhob sich spontan und ohne klares politisches Ziel gegen die eigene, vor dem deutschen Feind kapitulierende Regierung.

Im Verlauf des Aufstands der Pariser Kommune wurde am 16. Mai 1871 die Bronzestatue Napoleons I. von der Säule auf der Place Vendôme gestürzt.

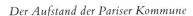

Der Aufstand der Pariser Kommune

Der von den Volksmassen getragene Verband der Nationalgardisten wollte die Waffen behalten, womöglich, um sich der Besetzung von Paris durch die Preußen zu erwehren. Die einzige wirtschaftliche Maßnahme, die man als sozialistisch bezeichnen könnte, bestand in der Registrierung aller von ihren Besitzern stillgelegten Fabriken und der Aufstellung eines Plans für ihre Wiederinbetriebsetzung durch Produktionsgenossenschaften der entlassenen Arbeiter. Die politischen Maßnahmen der Kommune, wie zum Beispiel die Einführung des allgemeinen Wahlrechts und die Abberufbarkeit der Mandatsträger durch die Wähler, waren da schon radikaler.

Die Sozialisten der Internationale nahmen in der zweiten Phase an der Bewegung teil, hatten aber im gewählten Rat keinerlei Mehrheit. Schon wenige Tage nach ihrer Niederschlagung im Mai 1871 wurde die Kommune zu einem Mythos, als Karl Marx sie eine »Regierung der Arbeiterklasse« nannte. Engels wollte in ihr 20 Jahre später sogar eine »Diktatur des Proletariats« erkennen. Tatsächlich

Der englische Maler Walter Crane engagierte sich mit Wort und Bild für die Sache der Arbeiter. In Holzschnitten war seine Grafik international verbreitet, zum Beispiel »Der Sozialismus bringt Hoffnung für das vom Vampir ausgesaugte Proletariat« (um 1890).

aber waren Handwerksmeister, Apotheker, Journalisten, Ingenieure, Fabrikanten, Kaufleute, Rechtsanwälte und einige wenige Handwerksgesellen Repräsentanten der Kommune; aber nicht ein einziger Handwerker oder Werkmeister aus einem Industriebetrieb, kein Arbeiter aus dem Druckereigewerbe oder der Bekleidungsindustrie war unter ihnen. Sie verstanden sich auch nicht als Beauftragte des kollektiven Klassenkampfes gegen das Kapital.

Politische Strömungen in der französischen Arbeiterbewegung

In der französischen Arbeiterbewegung gab es zunächst mindestens fünf Richtungen. Der 1879 gegründete *Parti Ouvrier Français* hatte nahe Verbindungen zu Marx und Engels und verfolgte die gleiche politische Linie wie die deutsche Sozialdemokratie. 1882 spaltete sich eine revisionistische Gruppe unter Paul Brousse ab, die so genannten Possibilisten. Eine linke syndikalistische Abspaltung von 1890 trat für gewaltsame Streikaktionen ein. 1901 und 1902 entstanden zwei Parteien: der reformistische, den Parlamentarismus bejahende *Parti Socialiste Français* um Jean Jaurès und der marxistische *Parti Socialiste de France* um Jules Guesde. 1905 kam es unter dem Druck der Zweiten Internationale zum Zusammenschluss der beiden rivalisierenden Parteien zur *Section Française de L'Internationale Ouvrière*. Damit hatte die marxistische Richtung über die reformistische gesiegt.

Reform ohne Klassenkampf in Großbritannien und den USA

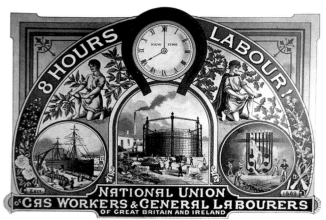

Mitgliedskarte der britischen Gasarbeitergewerkschaft aus dem Jahr 1889, die den Arbeitsprozess durch die Darstellung von Kohletransport, Extraktion und Speicherung des Gases sinnfällig macht. Die enthaltene Forderung nach dem Achtstundentag hatte große Symbolkraft; sie war im selben Jahr vom Gründungskongress der Zweiten Internationale in Paris, erhoben worden.

In Großbritannien organisierte sich die Arbeiterschaft nach dem Zusammenbruch des Chartismus vor allem in den *Trade Unions* und versuchte ihre politischen Ziele wie Demokratie und Sozialpolitik im Anschluss an die Liberale Partei zu erreichen. Seit den 1880er-Jahren zeigten wachsende Kreise des gebildeten Bürgertums und der organisierten Arbeiterschaft zunehmende Abneigung gegen den liberalen Unternehmerradikalismus. Gesellschaften und Vereine wie die *Christian Socialists,* die *Social Democratic Federation* und vor allem die von Marx beeinflusste, in ihren Zielen aber antimarxistische *Fabian Society* verlangten eine Bodenreform, eine Kontrolle des Reichtums, steuerpolitische Eingriffe in das Privatvermögen und in die freie Konkurrenz. Das Ziel der *Fabian Society* war die Schaffung eines Wohlfahrtsstaats. Die eigentliche Gründung der *Labour Party* als einer von den Liberalen unabhängige Arbeiterpartei fällt schließlich in das Jahr 1900.

In den USA fehlt eine selbstständige Arbeiterpartei bis zum heutigen Tag. Stattdessen versuchen dort die Gewerkschaftsführer Einfluss auf die alten Parteien, vor allem die Demokratische Partei auszuüben. Das Modell des Klassenkampfs entfaltete für die amerikanische Arbeiterschaft eine geringe Attraktivität. Die Geschichte ihres Landes erfüllte die amerikanischen Industriearbeiter mit dem Bewusstsein individueller gesellschaftlicher Freiheit und der Aufstiegsmöglichkeit des Einzelnen in einem großen, reichen Land. Ansätze eines Sozialismus europäischer Prägung gab es 1901 mit der Gründung der *Socialist Party.*

Richtungskämpfe in der russischen Sozialdemokratie

Der Kampf um die richtige Interpretation des Marxismus tobte besonders scharf in der russischen Sozialdemokratie. Georgij Walentinowitsch Plechanow, der eigentliche Begründer der russischen Sozialdemokratie, war der Meinung, eine proletarische Revolution könne erst nach dem Zusammenbruch des Kapitalismus in einer voll ausgebildeten industriellen Gesellschaft verwirklicht werden. Der jüngere Julij Martow vertrat gewerkschaftliche Auffassungen, seine Theorien deckten sich weitgehend mit jenen der westeuropäischen Reformisten.

Wladimir Iljitsch Uljanow, genannt Lenin, vertrat demgegenüber die Ansicht, die sozialistische Revolution müsse an der schwächsten Stelle des Weltkapitalismus erfolgen, und das sei Russland. Eine liberale Revolution sei deshalb sofort bis zur Diktatur des Proletariats weiterzutreiben. Dabei sollte mangels einer breiten klassenbewussten Arbeiterschaft eine streng hierarchisch organisierte Elite als »Avantgarde des Proletariats« die Führung übernehmen. Auf dem Parteitag 1903 in London schloss sich die Mehrheit der russischen Sozialdemokraten der Position Lenins an.

Die Schwäche der sozialistischen Arbeiterbewegung in Europa

Schon das »Kommunistische Manifest« hatte mit dem Ruf »Proletarier aller Länder, vereinigt euch!« den internationalen Charakter der Arbeiterbewegung betont. 1864 wurde unter aktiver Mitarbeit von Karl Marx in London die Erste Internationale gegründet, die jedoch durch die Spannung zwischen revolutionären Anarchisten und Marxisten zerrissen war, sich bereits 1872/73 spaltete und 1876 wieder auflöste. 1889 wurde die Zweite Internationale gegründet. Sie vermochte weder zu den Thesen des Reformismus eine eindeutige Position zu beziehen noch eine verbindliche Entscheidung darüber herbeizuführen, wie sich die nationalen Arbeiterparteien im Falle eines Kriegs verhalten sollten. Bei Ausbruch des Ersten Weltkriegs hatte sie damit praktisch zu bestehen aufgehört. Wahlerfolge wie diejenigen der deutschen Sozialdemokraten konnten nicht darüber hinwegtäuschen, dass die europäische sozialistische Arbeiterbewegung durch Richtungskämpfe um die Jahrhundertwende stark zerrissen war. Dort, wo die sozialistischen Parteien am erfolgreichsten waren, beteiligten sie sich wie in Deutschland in reformerischer Absicht an der alltäglichen parlamentarischen Praxis.

Hans-Werner Niemann

Die personifizierte Freiheit als Symbol der Zweiten Internationale in Paris (deutschsprachige Fassung des Plakats anlässlich der Gründung 1889; Berlin, Deutsches Historisches Museum).

Wenn dein starker Arm es will – Gewerkschaften

Vom Berufsverband zur Massengewerkschaft – Der Aufstieg der britischen Gewerkschaften

Die britischen Gewerkschaften waren zunächst Organisationen einzelner Berufsverbände – *Trade Councils.* Seit 1868 gab es mit dem *Trade Union Congress,* der jährlich zusammentrat, eine gemeinsame organisatorische Plattform. Obwohl die Gewerkschaften seit 1824 nicht mehr verboten waren, hatten sie doch bis zur gesetzlichen Verankerung des Streikrechts 1875 in dem Moment als illegal gegolten, wo sie den Unternehmern durch Streiks Arbeit vorenthielten. Nach der neuen Gesetzgebung konnten sie in solchen Fällen nun nicht mehr wegen Bruchs des Arbeitsvertrags und Beeinträchtigung des Wirtschaftslebens vor Gericht verklagt werden. Der wirtschaftliche Aufschwung der frühen 1870er-Jahre hatte die Verhandlungsposition der gelernten Arbeiter verbessert. Der gewerkschaftliche Einfluss nahm vor allen Dingen in den großen Produktionseinheiten zu – bei der Eisenbahn, in den Bergwerken, auf den Werften und in den Eisenhütten.

Das wirtschaftliche Krisenjahr 1879 erschütterte jedoch die britischen Gewerkschaften schwer. Viele Organisationen lösten sich auf, einige der sozialen Errungenschaften des vorausgegangenen Jahrzehnts wie höhere Löhne und verkürzte Arbeitszeiten gingen wieder verloren. Angesichts steigender Arbeitslosenzahlen, verengter Gewinnspannen und nachlassender Exporte waren viele Unternehmer in den 1880er-Jahren immer weniger zu lohnpolitischen Zugeständnissen bereit. Auf der anderen Seite drangen die Gewerkschaften nun in immer weitere Industriebereiche ein und radikalisierten sich zusehends. An die Stelle der alten Handwerkertradition trat nun eine sozialistische Tendenz. Die Bergarbeiter, die die Gewerkschaftsbewegung prägten, schreckten auch vor gewalttätigen Streiks nicht zurück. Der Streik der Londoner Hafenarbeiter von 1889 brachte schließlich auch die ungelernten Arbeiter in die Gewerkschaften.

Die britischen Gewerkschaften hatten ihren Ursprung in Berufsverbänden. Der Stich oben zeigt eine Ingenieursversammlung 1852 in London; unten eine gewerkschaftliche Massendemonstration in Manchester, wo 1868 der erste Gewerkschaftskongress stattfand.

Bis 1914 stieg die Zahl der Gewerkschaftsmitglieder auf 4 Millionen. Die Ausbreitung der Massengewerkschaften ging einher mit einer gesteigerten Gewaltbereitschaft. Die Streiks und Aussperrungen zogen sich immer länger hin. In Ebbw Vale bei Newport kam es 1893 zu einer 15-wöchigen Aussperrung von Bergarbeitern, in deren Verlauf unter den Arbeitern kriminelle Banden gebildet wurden. Der Zusammenschluss von Bergarbeitern, Dockarbeitern und Eisenbahnern zur *Triple-Alliance* von 1911 und 1913 führte zu gewalttätigen Auseinandersetzungen, wie sie Großbritannien seit den Tagen des Chartismus nicht mehr erlebt hatte.

Misstrauen gegenüber Staat und Politik – Gewerkschaften in Frankreich, Italien und Russland

In Frankreich hatte das Koalitionsverbot aus der Zeit der Französischen Revolution bis 1864 Bestand. Unter dem Namen von Krankenversicherungsvereinen gab es aber auch in jener Zeit Organisationen, die den Arbeitgebern Widerstand leisteten. Die Gewerkschaftsidee schien in Frankreich zunächst nur von denjenigen aufgegriffen zu werden, die dem Handwerk noch am nächsten standen und in kleinen Werkstätten arbeiteten. Ihre Verbände hingen nach wie vor dem Gedanken der Produktions- und Konsumgenossenschaft und des Kredits auf Gegenseitigkeit an.

In den Großbetrieben kam es gelegentlich zu harten und lang andauernden Streiks wie zum Beispiel 1864/65 bei den Bergleuten in Nordfrankreich und den Metallarbeitern von Lille. 1869/70 wurden Streiks durch den Einsatz von Truppen niedergeschlagen – so der Streik der Bergarbeiter von Saint-Étienne oder derjenige der Metallarbeiter von Le Creusot.

Die französische Gewerkschaftsbewegung organisierte sich erst nach 1886, als ein neues Gesetz den Gewerkschaften die volle Aktionsfreiheit garantierte. Den Kern der gewerkschaftlichen Tätigkeit bildeten dabei die Arbeiterbörsen, die *Bourses de Travail*. Dabei handelte es sich um parteiunabhängige Einrichtungen, die mit Unterstützung der kommunalen Behörden ihren Mitgliedern Arbeitsplätze vermittelten. Die Folge war eine starke Zersplitterung des französischen Gewerkschaftswesens. Im Jahr 1895 gab es 419 000 Gewerkschaftsmitglieder, die sich jedoch auf 2 163 Einzelgewerkschaften verteilten!

Der Streik der Hüttenarbeiter im französischen Le Creusot 1869/70 wurde niedergeschlagen, der von 1899 geschlichtet. Jules Adler malte den Menschenzug zur abschließenden Kundgebung (1899; Le Creusot, Écomusée).

Syndikalistische Tendenzen

Seit den Tagen der Pariser Kommune war die französische Gewerkschaftsbewegung von einem tiefen Misstrauen gegenüber staatlichen Instanzen und jeder Form von parlamentarischer Politik erfüllt. Auch wenn anarchistische Aktionen gegen den Staat abgelehnt wurden, so war dieses syndikalistische gewerkschaftliche System doch vom Mythos der Gewalt und der direkten Aktion geprägt. Die 1895 gegründete *Confédération Générale du Travail* (CGT), die Dachorganisation der französischen Gewerkschaften, betrachtete den Streik nicht mehr nur als Mittel zur Verbesserung der konkreten Arbeitsbedingungen, sondern darüber hinaus in der Form des Generalstreiks auch als revolutionäre politische Waffe. Allerdings lehnte die Mehrheit der Gewerkschaften einen solchen revolutionären Generalstreik ab.

In Italien stand die Gewerkschaftsbewegung zunächst wie in Frankreich stark unter dem Einfluss syndikalistischer Strömungen. Die 1906 gegründete *Confederazione Generale del Lavoro Italiano* trennte sich jedoch von der syndikalistischen Richtung. Damit siegte die gemäßigte Richtung und setzte das deutsche Modell einer Anlehnung der Gewerkschaften an die sozialistische Parteibewegung durch.

In Russland konnte sich eine Organisation der Arbeiter nur in der Illegalität entwickeln. Eine ganze Serie erbitterter Streiks blieb allerdings erfolglos, sodass sich die russische Gewerkschaftsbewegung von vornherein politisierte. Nach der revolutionären Streikwelle von 1905 erhielten die russischen Arbeiter das Recht, Koalitionen zu bilden. Jedoch blieb ihnen jede überörtliche Vereinigung untersagt.

Im Sog der Sozialdemokratie – Gewerkschaften in Deutschland

In Deutschland waren die Anfänge der Gewerkschaftsbewegung zunächst von den Handwerksmeistern und -gesellen der Revolutionszeit von 1848 geprägt. Auch in den Arbeiterbildungsvereinen und ersten Gewerkschaften der 1860er-Jahre waren nach wie vor die Handwerker bestimmend.

Anders als in Großbritannien kamen die Gewerkschaften in Deutschland erst im Sog der politischen Arbeiterbewegung zu Einfluss und Macht. Neben den in enger Verbindung zur Sozialdemokratie stehenden freien Gewerkschaften bildeten sich die liberalen Hirsch-Dunckerschen Gewerkvereine und die christlichen Gewerkschaften. Nach schweren Rückschlägen in der Zeit des Sozialistengesetzes gewannen die freien Gewerkschaften gegen Ende der 1880er-Jahre an Boden. Einen starken Anstoß zu dieser Entwicklung gaben erfolgreiche Massenstreiks wie der große Ruhrbergarbeiterstreik von 1889. Dieser Streik stieß in der Öffentlichkeit auf breites Verständnis; er wurde nicht zuletzt durch das vermittelnde Eingreifen der preußischen Regierung zu einem Teilerfolg der Gewerkschaften.

Seit 1890 verfügten die freien Gewerkschaften mit der Generalkommission der Gewerkschaften Deutschlands über eine schlagkräftige Zentralorganisation. 1904 umfasste sie über eine Million Mitglieder und 1913 bereits 2,5 Millionen. Im Alltag pragmatisch orientiert, setzten die freien Gewerkschaften ganz auf eine Politik schrittweiser Verbesserungen im Rahmen des bestehenden politischen Systems der konstitutionellen Monarchie. Gleichzeitig verbesserten sich auch die Bedingungen für die gewerkschaftliche Arbeit, da in den Boomjahren nach 1895 ein Rückgang der Arbeitslosigkeit einsetzte und bestimmte Arbeitergruppen in den neuen Großbetrieben aufgrund ihrer Erfahrung und ihres Fachwissens über eine relativ starke Verhandlungsmacht verfügten.

Mitgliedskarte der französischen Bauarbeitergewerkschaft für 1911; die Gewerkschaft gehörte zum 1895 gegründeten Dachverband Confédération Générale du Travail.

Aus dem in Leipzig am 16. April 1848 beschlossenen Forderungskatalog einer Versammlung von Dienstmädchen:

1. Erhöhung des Lohnes (ein Kindermädchen 8 bis 10 Taler, Stubenmädchen, Köchinnen usw. 20 Taler jährlich);
2. Nicht fünf Treppen hoch unterm Dach schlafen müssen;
3. Mindestens freitags und sonnabends, wo es viel angreifende Arbeit gäbe, eine kräftige und warme Suppe;
4. Um 10 Uhr abends, wenn nicht Krankheit oder andere ungewöhnliche Abhaltung dies unstatthaft mache, sich zu Bett legen dürfen;
5. Alle vier Wochen einmal Erlaubnis zum Ausgehen.

Die Politik reagierte auf die Forderungen von Gewerkschaften und politischer Arbeiterbewegung mit einer Mischung von Unterdrückung und teilweisen Zugeständnissen. Nach dem Thronwechsel zu Wilhelm II. 1888 und dem Streik der Ruhrbergarbeiter 1889 gab es neue Ansätze zu einer staatlichen Sozialpolitik, nicht aber wirklich durchgreifende Reformen im wirtschaftlichen Bereich. Das Tarifsystem konnte sich vor 1914 nur in bestimmten Branchen wie Druck, Bau und Brauereien durchsetzen, in denen die Arbeiter über eine günstige Verhandlungsposition verfügten.

Ähnlich wie in Großbritannien erreichten die Gewerkschaften auch in Deutschland den entscheidenden Durchbruch während des Ersten Weltkriegs. Bis dahin diskriminierte Außenseiter, reihten sich die Gewerkschaften nun mit dem »Burgfrieden« in die Erfordernisse der Kriegswirtschaft ein. Das Vaterländische Hilfsdienstgesetz von 1916/17 stellte die industriellen Beziehungen in Deutschland auf eine völlig veränderte Grundlage. Löhne und Arbeitsbedingungen wurden nun zu öffentlichen, zwischen Arbeitgebern und Arbeitnehmern paritätisch zu verhandelnden Angelegenheiten.

1911 wurde im Deutschen Reich die Reichsversicherungsordnung geschaffen (Karikatur in »Der wahre Jakob« von Maximilian Vanselow, 1911).

Streikkolonne in Crimmitschau, 1903. Der Zehnstundentag konnte nicht durchgesetzt werden (Postkarte; Crimmitschau, Historische Sammlung).

Die Spannungen verschärfen sich – Gewerkschaften im Visier von Staat und Unternehmen

Die kollektive Organisation der Arbeitnehmer führte zu ähnlichen Organisationen im Unternehmerlager. In Großbritannien entstand 1898 ein Gesamtverband aller britischen Unternehmerverbände, der den Zweck verfolgte, sich bei Streiks branchenübergreifend beizustehen. Als im Winter 1903/04 im sächsischen Crimmitschau die dortigen Textilfabriken bestreikt wurden, gründeten die deutschen Unternehmer den Centralverband deutscher Industrieller und verpflichteten sich, ihren bedrängten Kollegen bis zur endgültigen Beendigung des Streiks finanzielle Unterstützung zu leisten. Besonders die Großbetriebe erwiesen sich für die

Gewerkschaften als fast uneinnehmbare Bollwerke, da es den Unternehmern hier gelang, die Arbeiter durch den Bau von Werkswohnungen, die Gewährung von Kohledeputaten und zahlreichen Sozialleistungen an den Betrieb zu ketten.

Die Position der Gewerkschaften war um die Jahrhundertwende alles andere als dauerhaft gesichert. Die Zahl der verlorenen Streiks

Bernardo Bertolucci stellte in einer Szene seines Films »Neunzehnhundert« (1976) das Bild »Der vierte Stand« von Giuseppe Pellizza da Volpedo nach, das letzte einer Folge zu Streiks italienischer Landarbeiter 1895–98 und des Mailänder Streiks von 1898 (1901; Mailand, Galleria d'Arte Moderna).

Nach dem Erlass des Oktobermanifests in Russland wurden die vor allem von den Bolschewiki weitergeführten Unruhen niedergeschlagen (Deckblatt eines Agitationsblatts vom 4. Dezember 1905; Sankt Petersburg, Museum für die Geschichte Petersburgs).

mehrte sich. In Südwales streikten von April bis November 1898 90 000 Bergarbeiter. Der Hunger zwang sie schließlich zur Wiederaufnahme der Arbeit unter demütigenden Bedingungen. In Frankreich brach im gleichen Jahr ein Massenstreik der Eisenbahner und Bauarbeiter zusammen. Auch Russland sah in den letzten Jahren des Jahrhunderts eine Reihe von Massenstreiks. Obwohl dort zeitweise die gesamte Textilindustrie lahm gelegt war, blieb eine nachhaltige Verbesserung der sozialen Lage aus.

Überall gab es in den 1890er-Jahren Bestrebungen der Regierungen, das Streikrecht wieder einzugrenzen. Eine sehr harte Auslegung des Paragraphen 153 der Gewerbeordnung durch deutsche Gerichte bedrohte alle mit Gefängnisstrafe, die andere »durch Anwendung körperlichen Zwangs« veranlassen wollten, an Koalitionen teilzunehmen. Selbst harmlose Übergriffe von Streikposten wurden in der Folge hart bestraft. Tendenzen zur Verschärfung der rechtlichen Bestimmungen des Arbeitskampfs gab es auch in den Niederlanden und in der Schweiz. Noch schlimmer traf es die britischen Gewerkschaften. Dort stellte ein höchstrichterliches Urteil von 1901 fest, dass die Gewerkschaften für finanzielle Schäden, die durch Streiks verursacht wurden, haftbar gemacht werden könnten. 1906 wurde der alte Rechtszustand wiederhergestellt.

1905 kam es überall in Europa zu einer neuen Streikwelle. Am Bergarbeiterstreik im Ruhrgebiet im Januar 1905 beteiligten sich 190 000 der insgesamt 224 000 Arbeiter. In Sankt Petersburg brach fast gleichzeitig ein Massenstreik aus. Dort richteten Regierungstruppen ein furchtbares Blutbad unter den wehrlosen Demonstranten an. Die anschließenden Protestbewegungen im ganzen Land zwangen das Regime im Herbst zum Erlass des Oktobermanifests. 1911 gab es in Großbritannien einen großen Eisenbahnerstreik und

1912 einen Bergarbeiterstreik. Die britische Öffentlichkeit war bestürzt über die Macht und den Einfluss der großen Bergarbeiter-, Eisenbahner- und Transportarbeitergewerkschaften, die sich zu einem entscheidenden Faktor im politischen und wirtschaftlichen Leben Großbritanniens entwickelt hatten. Sie verstanden sich dabei als betont antimarxistisch und national.

In Deutschland erreichten die Streiks 1912 einen weiteren Höhepunkt, als fast eine halbe Million Menschen aus den unterschiedlichsten Industriezweigen in den Streik trat. Auch in Russland kam es zu einer neuerlichen, wiederum blutig unterdrückten Streikwelle. Die Klassengegensätze schienen in den letzten Jahren vor dem Ersten Weltkrieg schärfer denn je zu sein. Die Regierungen konnten sich unter diesem Druck weiteren sozialpolitischen Reformen nicht mehr verschließen. Frankreich begründete 1910 eine allgemeine Alters- und Invaliditätsversicherung. Großbritannien führte mit dem *National Insurance Act* von 1911 ein Sozialversicherungssystem ein, und Deutschland stellte mit der Reichsversicherungsordnung von 1911 sein System auf eine breitere Grundlage. Es war abzusehen, dass sich die europäischen Staaten unter dem Druck der Arbeiterschaft auf dem Wege zum Wohlfahrtsstaat befanden. Diese Tendenz setzte sich nach dem Kriege vollends durch.

Mit dem Alters- und Invaliditätsversicherungsgesetz 1889 begann im Deutschen Reich die staatliche Sozialpolitik. 1899 wurde das Gesetz novelliert. 1898 erschien im »Buch für alle« der »Illustrierten Familienblätter« der Holzschnitt »Rentenauszahlung, Hamburger Hauptpostamt« (von Karl Müller).

Gewerkschaftliche Sonderbedingungen in den USA

In den USA sahen sich die Gewerkschaften ganz anderen Ausgangsbedingungen gegenüber: Der amerikanische Industriearbeiter, besser bezahlt als seine europäischen Kollegen, entwickelte keine klassenkämpferische Einstellung, zumal er auch nicht den europäischen Traditionshintergrund einer Regelung des Wirtschaftslebens durch Staat und Zünfte hatte.

In der 2. Hälfte des 19. Jahrhunderts entstanden größere Arbeiterorganisationen. Aus einer Geheimorganisation zur Abwehr repressiver Maßnahmen der Arbeitgeber entstanden die *Knights of Labor.* Auf berufsständischer, locker gefügter Basis wurde 1886 von neunzig Facharbeiterorganisationen der Dachverband *American Federation of Labor* gegründet; erst 1937 bildete sich mit dem *Congress of Industrial Organizations* eine Arbeiterorganisation auf der Grundlage von Industrieverbänden. Die amerikanischen Gewerkschaften hatten zunächst mit erheblichen Rassengegensätzen zu kämpfen, da die Industrie die besser ausgebildeten weißen Einwanderer bevorzugte und die Gewerkschaften Farbigen lange die Aufnahme versagten oder für sie gesonderte Organisationen schufen. Erst der allgemeine Arbeitermangel während des Ersten Weltkriegs weichte diese Fronten auf.

Ausgelöst durch den Streik von Pittsburgh verwirklichte Robert Koehler mit dem Bild »Der Streik« lang gehegte Pläne (1886; Berlin, Deutsches Historisches Museum).
Der Schriftsteller Peter Weiss würdigte es in seinem Roman »Die Ästhetik des Widerstands« (1975–81).

Hans-Werner Niemann

Wirtschaftsliberalismus

Der klassische Liberalismus, der im 19. Jahrhundert die europäische Wirtschaft und Gesellschaft entscheidend prägte, hatte sowohl eine politische als auch eine wirtschaftliche Seite. Auf beiden Feldern stellte er das Individualprinzip oben an. Das Individuum wurde dabei in typisch aufklärerisch-optimistischer Art und Weise als vernünftiges Wesen begriffen, das einen naturrechtlich begründeten Anspruch darauf hatte, sich in allen menschlichen Lebensbereichen frei zu betätigen. Ihm wurde die Fähigkeit zugestanden, rationale politische Urteile zu fällen und wirtschaftliche Initiative zu entfalten. Die intellektuellen Wegbereiter des Liberalismus glaubten, dass die am wirtschaftlichen Eigennutz orientierten (utilitaristischen) Entscheidungen der Individuen automatisch zu der von ihrem göttlichen Schöpfer gewollten natürlichen Ordnung der Gesellschaft (François Quesnay) oder zur vollendeten sozialen Harmonie (Adam Smith) führen würden. Jeremy Bentham formulierte die Maximierung des Glücks möglichst aller Menschen als das oberste Ziel der menschlichen Entwicklung: *the greatest happiness of the greatest number.* Die liberalen Denker waren überzeugt, dass sich dieses Ziel am besten erreichen ließe, wenn jeder seine individuellen Interessen verfolge.

Das größte Glück der größten Zahl – Die reine Lehre

Ein aufklärerischer Kosmopolit, Bernhard de Mandeville, hatte 1705 seine »Bienenfabel« veröffentlicht. Der Titel dieser Schrift »Private Vices Made Public Benefits« (»Private Laster werden zu öffentlichen Tugenden«) enthielt bereits den Kerngedanken des wirtschaftlichen Liberalismus: Mandeville behauptete nämlich, dass nicht nur die Erfindungen und die Kapitalzirkulation, sondern auch der Luxus des Einzelnen die Gesellschaft als Ganzes voranbrächten. Diese behauptete Harmonie von individuellem Eigennutz und Gesamtinteresse der Gesellschaft schuf die Grundlage für die Lehren Adam Smiths.

Dem Merkantilismus war es um den Reichtum und damit um die – militärische – Macht des Staates gegangen, der weitgehend mit dem Fürsten oder Herrscher gleichgesetzt wurde. Adam Smith ging es dagegen in seinem 1776 erschienenen Buch »An Inquiry into the Nature and Causes of the Wealth of Nations« (»Eine Untersuchung des Wesens sowie der Ursachen des Volkswohlstandes«) nicht in erster Linie um eine Hebung des Reichtums der Staaten, sondern um eine allgemeine Hebung des Wohlstandes der Menschen. Nicht zuletzt in dieser Akzentverschiebung erweist sich der Liberalismus als die politische und ökonomische Konzeption des aufsteigenden Bürgertums, das sich als Speerspitze des gesamtgesellschaftlichen Fortschritts verstand.

Adam Smiths Epoche machendes Werk wurde zur Bibel des Liberalismus, sein Gedankengut innerhalb weniger Monate zur öffentlichen Macht. Nur auf der Grundlage freihändlerisch ausgerichteter Staaten, die den freien Austausch von Gütern ermöglichten und damit die jeweiligen nationalen Standort- und Kostenvorteile zur Entfaltung kommen ließen, konnte nach seiner festen Überzeugung der Wohlstand der gesamten Menschheit gehoben werden.

Karl Marx hatte recht, wenn er Adam Smith den »Luther der Nationalökonomie« nannte. Seine Wirtschaftsauffassung war auf dem Felde der Nationalökonomie in der Tat ähnlich revolutionär wie das Wirken des Reformators auf kirchlichem Gebiet: Wenn Smith den erwünschten materiellen, in Geld darstellbaren Wohlstand der Menschen in den Mittelpunkt rückte, so setzte er allen mittelalterlichen und merkantilistischen Gesellschafts- und Wirtschaftsauffassungen den materialistischen Individualismus entgegen. Für den klassischen Liberalismus bestand der Reichtum der Nationen nicht mehr in einem möglichst großen Vorrat an Geld oder Edelmetallen, wie ihn der Merkantilismus zum Ziel erhoben hatte, als Quelle des Wohlstandes galt nunmehr der Produktionsfaktor Arbeit. Der Ertrag der Arbeit sollte dabei durch eine möglichst weit gehende Arbeitsteilung erhöht werden. Die Arbeitsteilung galt als entscheidender Beweggrund, ja geradezu als Wurzel des gesellschaftlichen Zusammenschlusses der Menschen. Die gesellschaftliche Arbeitsteilung hebt demnach den archaischen biologischen Kampf aller gegen alle auf, in dem jedes einzelne Lebewesen der Konkurrent des anderen um die begrenzten Nahrungsvorräte ist. An seine Stelle tritt nun der gesellschaftliche Wettbewerb. Hier geht es nicht mehr um Leben und Tod, sondern darum, dass der Einzelne in einem zivilisierten Wettbewerb einen Platz in der gesellschaftlichen Ordnung erlangt. Wenn er dabei für die eigenen Interessen kämpft, dient er zugleich dem gemeinsamen Interesse aller am Bestand der gesellschaftlichen Ordnung und ihrer materiellen Höherentwicklung. Hier liegt ein zentraler Unterschied zu allen vor- oder antiliberalen Wirtschaftslehren wie beispielsweise dem Merkantilismus: Sie alle sahen und sehen im Profit des einen stets den Verlust des anderen, während der Liberalismus von der – langfristigen – Harmonie der individuellen Interessen mit denen der Gesamtheit ausgeht. Dabei liegt dem Liberalismus die Annahme zugrunde, dass sich das materielle Niveau der Gesellschaft in einem friedlichen Wettstreit innerhalb der Staaten und zwischen diesen stetig weiter fortentwickeln lässt. Nur innerhalb dieser optimistischen Grundannahme wird die Interessenharmonie von Individuum und Gesellschaft überhaupt denkbar. Das zentrale Prinzip des Liberalismus ist die arbeitsteilige Marktwirtschaft. Sie beruht auf dem Privatbesitz an den Produktionsmitteln. In ihr entscheiden nicht der Staat oder Zwangskorporationen der Wirtschaft wie zum Beispiel die mittelalterlichen Zünfte darüber, was in welchen Mengen und zu welchen Preisen hergestellt wird, sondern allein das Kaufen oder Nichtkaufen der Verbraucher auf dem Markt. Der unterschiedliche Erfolg auf dem Markt schlägt sich in der notwendigen Ungleichheit von Einkommen und Vermögen nieder. Der Profit hat dabei die Aufgabe, die Verfügung über die Produktionsmittel in die Hand jener Unternehmer zu legen, die die beste und billigste Versorgung der Verbraucher gewährleisten. Soll dieser Mechanismus auf Dauer funktionieren, darf der Staat keinesfalls den weniger leistungsfähigen Produzenten subventionieren oder ihn auf irgendeine Art und Weise vor dem Wettbewerb der erfolgreicheren schützen.

Der Nachtwächterstaat – Die Rolle des Staates

Der Liberalismus definierte vor diesem Hintergrund die Rolle des Staates auf eine neue Art und Weise. Dieser hat vor allem für die äußere und innere Sicherheit seiner Bürger zu sorgen, das Privateigentum als Triebfeder individualistischer Wirtschaftstätigkeit rechtlich zu garantieren und für den reibungslosen Ablauf des Wirtschaftslebens durch entsprechende rechtliche Gestaltung der Rahmenbedingungen zu sorgen. Er sollte sich damit weitgehend auf eine Rolle als »Nachtwächterstaat« beschränken, das heißt für die Freiheit und Sicherheit des politischen und wirtschaftlichen Lebens und einen funktionierenden wirtschaftlichen Wettbewerb sorgen.

Das liberale Grundprinzip war der freie Markt für Güter, Kapital und Arbeitskräfte. Der marktwirtschaftliche Wettbewerb sollte durch den Marktpreis reguliert werden. Dahinter stand die Annahme, dass marktwirtschaftliche Systeme, in denen sich die Preise für Waren, Kapital und Arbeit frei bilden konnten, bei jeder Störung automatisch wieder zum Gleichgewicht strebten (Stabilitäts- oder Harmonieprinzip). Nach dieser Vorstellung waren dauerhafte Störungen des wirtschaftlichen Gleichgewichts auf dem Arbeitsmarkt, dem Kapitalmarkt und dem Gütermarkt praktisch unmöglich. Es konnte nach diesem Modell auf dem Arbeitsmarkt weder Unter- noch Überbeschäftigung, auf dem Kapitalmarkt weder zu viel noch zu wenig Sparen und Investieren, auf dem Gütermarkt weder ein zu großes noch ein zu geringes Angebot an Gütern, weder eine zu große noch eine zu geringe Nachfrage nach denselben geben, da der Preismechanismus für diese Dinge sofort für einen Ausgleich sorgen würde. Der klassische Liberalismus lehnte daher auch die staatliche Sozialpolitik prinzipiell ab. So forderte etwa David Ricardo, dass eine Unterstützung der Armen auf ein Minimum beschränkt werden müsse. Eine öffentliche Unterstützung der Armen sollte allenfalls gegen eine harte Arbeitsleistung in einem Arbeitshaus gewährt werden.

Von der Mitte des 17. bis in die erste Hälfte des 19. Jahrhunderts bestimmten besondere Formen des Merkantilismus die wirtschaftlichen Außenbeziehungen Englands. Die staatliche Förderung von Handel, Schifffahrt und *Royal Navy* bildete den Lebensnerv eines merkantilistischen Außenwirtschaftssystems, das durch eine Aus- und Einfuhr-, Produktions- und Verkehrsgesetzgebung, durch Zölle, durch die Navigationsakte und durch das Verbot von Manufakturen und Schifffahrtsunternehmungen in den Kolonien ergänzt wurde. Dieses merkantilistische Exklusivsystem machte England zum Beherrscher der Weltmeere und zum Verbrauchsgüterlieferanten der Welt. Erst der Abfall der nordamerikanischen Kolonien im Jahre 1776 schlug eine Bresche in dieses ganz auf das Mutterland ausgerichtete Wirtschaftssystem. Anders sahen die innerenglischen Verhältnisse bereits seit dem 18. Jahrhundert aus: Hier bildeten England und Wales und bald auch Schottland den größten Raum freien Wirtschaftsverkehrs in Europa. So führte der venezianische Gesandte den bereits 1706 hohen Stand der englischen Gewerbe auf diesen freien Binnenverkehr zurück.

In der Mitte des 19. Jahrhunderts löste die liberale Wirtschaftsordnung allgemein die merkantilistische des 18. Jahrhunderts ab. Auf dem Wege dahin nahmen die europäischen Staaten je nach ihrer wirtschaftlichen Entwicklungsstufe in einem unterschiedlichen Zeithorizont eine Reihe von Maßnahmen zur Liberalisierung von Wirtschaft und Gesellschaft vor. Eine wesentliche Etappe auf diesem Wege hatte zunächst in der Aufhebung der ständisch-feudalen Abhängigkeitsverhältnisse auf dem Lande bestanden. Die Reformen der Agrarverfassung in der ersten Hälfte des 19. Jahrhunderts verliehen den Bauern die persönliche Freiheit, übertrugen ihnen einen Teil des von ihnen bewirtschafteten Bodens als Eigentum und hoben die Dienste und Abgaben auf. Durch diese Maßnahmen wurde die Produktivität erhöht und die Arbeitskraft freigesetzt. Die Überwindung des Zunftwesens und die Einführung der Gewerbefreiheit bildete ein weiteres liberales Reformziel. Hier ging es um die Aufhebung von Monopolen, Reglementierungen und Privilegien, die Einführung der uneingeschränkten Freizügigkeit, der Niederlassungsfreiheit, die freie Berufswahl.

Auf dem Gebiet von Handel und Verkehr wurden die mittelalterlichen Stapel-, Markt- und Straßenrechte und die Binnenzollschranken aufgehoben. Gleichzeitig baute der Staat zahlreiche »Regalien«, das heißt wirtschaftliche Hoheitsrechte des Staates ab, indem er öffentliche Unternehmen privatisierte. Das preußische Berggesetz von 1865 verzichtete zum Beispiel auf die bis dahin gültige zentrale staatliche Planung des Bergbaus. Die wirtschaftliche, technische und soziale Entwicklung dieses für die Industrialisierung so wichtigen Be-

reichs ging damit in die privatwirtschaftliche Initiative über.

Indem er die Gründung von Aktiengesellschaften von staatlichen Konzessionen unabhängig machte, ermöglichte der Staat die Herausbildung neuer Unternehmensformen und regte die unternehmerischen Kräfte an. Ergänzt wurde dies durch eine Liberalisierung der Handels- und Zollpolitik und eine Patentgesetzgebung zum Schutze geistigen Eigentums. Überall förderte der Staat die Entstehung freier Märkte, indem er sich weitgehend aus der Wirtschaft zurückzog. Er beschränkte sich darauf, das liberale System des Konkurrenzkapitalismus rechtlich und institutionell abzusichern. In England gelten die Jahre 1830 bis 1875 als das klassische Zeitalter einer freien Marktwirtschaft.

Die Idee verliert ihren Glanz – Abkehr von klassischen Postulaten

Seit dem letzten Drittel des 19. Jahrhunderts traten in den entwickelten Industrieländern jedoch Entwicklungen ein, die immer weiter vom liberalen Modell wegführten. In Deutschland war dies besonders ausgeprägt. Im Zuge eines allgemeinen wirtschaftlichen Konzentrationsprozesses, der mit der immer aufwendiger werdenden Technik und der Zunahme des weltwirtschaftlichen Wettbewerbs zusammenhing, entstanden Großunternehmen und Konzerne. In der Phase der »Großen Depression« (1873–95), einer Zeit verlangsamten Wachstums und weltweiten Preisverfalls, sicherten sich die Unternehmer durch Marktabsprachen, Kartelle und Syndikate gegen einen weiteren Verfall ihrer Unternehmensgewinne ab. Neue Massenproduktionsverfahren in der Stahl- und Eisenindustrie führten zum wachsenden Verlangen nach festeren Preisen. Das Zeitalter ungestörter Expansion in aufnahmefähigen Märkten war offenbar vorüber. Angesichts verlangsamten Wachstums, sinkender Preise und verstärkter internationaler Konkurrenz war vor allem die Schwerindustrie bestrebt, die Preise auf dem Binnenmarkt mithilfe entsprechender Absprachen und Organisationsformen hochzuhalten.

Auch in der englischen Wirtschaft entwickelten sich seit den 1880er-Jahren Kartelle, besonders in der Baumwollindustrie, die seit 20 Jahren unter niedrigen Preisen und nachlassenden Exporten gelitten hatte. Daneben kam es zu regelrechten betrieblichen Zusammenschlüssen von Firmen. Alles in allem gingen in den Jahren 1880 bis 1909 über 1600 britische Firmen durch Fusionen in größeren Unternehmenseinheiten auf. Die hundert größten britischen Unternehmen produzierten Anfang des 20. Jahrhunderts 15 % des gesamten Industrieproduktes. Die Bildung von marktregulierenden Kartellen und Syndikaten entsprach nicht mehr dem Idealmodell einer nach liberalen Gesetzen funktionierenden Marktwirtschaft. Immer mehr Unternehmerfunktionen gingen auf die zahlreichen Verbände über.

Weder Unternehmer noch Arbeitnehmer vertraten ihre wirtschaftlichen und sozialen Interessen in der Regel als Individuen. Immer mehr kollektive Zusammenschlüsse wie Gewerkschaften, Arbeitgeberverbände und sonstige Interessengruppen bildeten sich und handelten wirtschaftlich-gesellschaftliche Kompromisse aus. Vor allem aber griff der Staat nunmehr immer stärker in die wirtschaftliche und gesellschaftliche Sphäre ein. Er entwickelte sich dabei zum modernen Interventions- und schließlich Wohlfahrtsstaat. Die Verteilung der wirtschaftlichen und sozialen Chancen blieb nicht mehr dem freien Spiel der Kräfte überlassen.

Der deutsche Reichskanzler Otto von Bismarck erkannte, dass der Staat positive sozialpolitische Maßnahmen ergreifen musste, wenn nicht die Autorität der regierenden Kreise durch eine weitere Zunahme der wirtschaftlichen und sozialen Polarisierung gefährdet werden sollte. Aus dieser Sicht war es konsequent, wenn Bismarck die rigorose Bekämpfung der Arbeiterbewegung im Rahmen seines »Sozialistengesetzes« mit einem für die damalige Zeit wegweisenden Programm staatlicher Sozialversicherung verband.

Diese Abkehr von den zentralen Positionen des Wirtschaftsliberalismus blieb keineswegs auf Deutschland beschränkt. Unter dem Druck politischer und sozialer Protestbewegungen gegen die sozialen Auswirkungen der kapitalistisch-industriellen Produktionsweise hatten sich Liberale wie auch Konservative gegen Ende des 19. Jahrhunderts bequemen müssen, ihre traditionellen Vorstellungen von der Rolle des Staates zu überdenken. Der liberale englische Staatsmann William Harcourt bemerkte dazu: *We are all socialists now!*

Die sozialstaatliche Mindestversorgung, die in Deutschland in den 1880er-Jahren mit Bismarcks Sozialversicherungsgesetzen begann und noch vor dem Ersten Weltkrieg von anderen Ländern aufgegriffen wurde, entwickelte sich immer mehr zu einem umfassenden System sozialer Absicherung und staatlicher Umverteilung. Hatte der Staat in der Anfangszeit der Industrialisierung mit dem Bau von Kanälen und Eisenbahnen nur wenige infrastrukturelle Vorleistungen für die Wirtschaft bereitgestellt, so ging die Entwicklung in der Folgezeit über eine befristete Konjunkturpolitik bei schwerwiegenden Wirtschaftskrisen zu einer gesamtwirtschaftlichen Stabilisierungspolitik. Die vereinzelten und in ihrer Wirkung begrenzten Vorschriften der Frühindustrialisierung über Sicherheit am Arbeitsplatz, Hygiene oder Gesundheitsvorsorge entfalteten sich im 20. Jahrhundert immer weiter zu einem umfassenden Sicherheitssystem, an dessen vorläufigem Ende der staatliche Umweltschutz steht.

Die ständige Zunahme der Bedeutung des Staates für Wirtschaft und Gesellschaft seit dem letzten Drittel des 19. Jahrhunderts lässt sich an einigen Zahlen veranschaulichen. So nahm zum Beispiel in Deutschland die so genannte Ausgabenquote, das heißt der Anteil aller staatlichen Ausgaben am Sozialprodukt, von etwa 10 % im Jahre 1870, über 15 % zu Beginn des 20. Jahrhunderts auf 50 % im Jahre 1980 zu. Die Steuerquote – also der Anteil der Steuereinnahmen am Sozialprodukt – stieg im gleichen Zeitraum von 4 % auf 26 % an. In der Tendenz wurde mithin ein immer größerer Teil des Sozialproduktes vom Staat in Anspruch genommen und politisch umverteilt. Das liberalkapitalistische System veränderte sich damit immer stärker in Richtung auf ein öffentlich-privates Mischsystem.

International verflochten – Entwicklungstendenzen in der Weltwirtschaft

Trotz der erwähnten Abkehrtendenzen vom uneingeschränkten Liberalismus seit den 1870er- und 1880er-Jahren gab es bis zum Ersten Weltkrieg eine funktionierende internationale Arbeitsteilung mit einem relativ freien Warenaustausch, die im Begriff stand, sich zu einer internationalen Wirtschaftsordnung fortzuentwickeln. Zu ihr gehörte ganz wesentlich die Freiheit des Kapitalverkehrs. Die europäischen Volkswirtschaften waren gegen Ende des 19. Jahrhunderts untereinander und mit der übrigen Welt immer enger über die Kapitalströme verbunden.

So investierte Großbritannien jahrzehntelang zwischen 5 und 10 % seines Sozialprodukts im Ausland. Lediglich mit den Erträgen aus diesen Auslandsinvestitionen, die wertmäßig ein Drittel seiner gesamten Importe abdeckten, konnte es seine Zahlungsbilanz ausgleichen, obwohl es industriell von anderen Mächten wie den USA und Deutschland überholt worden war und sein Anteil am Welthandel schrumpfte. Vor allem Frankreich, das industriell im 19. Jahrhundert weit hinter England, schließlich auch hinter Deutschland und die USA zurückgefallen war, gewann mit seiner wachsenden Kapitalkraft bald Einfluss auf die politische und wirtschaftliche Entwicklung der Welt.

Zu den Ländern, deren Eisenbahnnetz und Industrie durch ausländisches Kapital aufgebaut wurden, gehörten Italien, Spanien, Portugal, Belgien, Holland, die Schweiz, Österreich-Ungarn, das Osmanische Reich, Russland, Schweden und zum Teil Dänemark. Im Jahre 1890 befand sich ein Drittel des Kapitals aller russischen Kapitalgesellschaften in ausländischer Hand, 1900 waren es schon 50 %. Ein Drittel allen ausländischen Kapitals in Russland entfiel auf französische Beteiligungen, ein Viertel auf englische, ein Fünftel auf deutsche und ein Siebtel auf belgische. Auch die Amerikaner wurden zunehmend auf dem internationalen Kapital- und Finanzmarkt aktiv.

Die Freisetzung der liberalen Marktkräfte im 19. Jahrhundert führte überall dazu, dass sich die Produktionsstätten an den günstigsten Standorten ansiedelten und riesige Ströme von Menschen in diese Industrieregionen einrückten. In Deutschland war es die Ost-West-Wanderung aus den agrarischen Gebieten des Ostens in die Industriegebiete des Westens; dem entsprach in Großbritannien eine Südwanderung und in Frankreich eine Nordwanderung. Auf diese Weise entstand an Nordsee und Atlantik ein relativ kleiner nordwesteuropäischer Kernraum von zentraler weltwirtschaftlicher Bedeutung.

Im Unterschied zu den westlichen Industrienationen setzte Japan mangels Privatinitiative und privaten Kapitals von vornherein nicht auf das liberale Entwicklungsmodell, sondern auf Staatsinitiative. Im Eisenbahn-, Straßen- und Kanalbau, in der Nachrichtenübermittlung, der Gas- und Elekt-

rizitätsversorgung nahm der japanische Staat von Anfang an eine Monopolstellung ein. Von dort dehnte sich der staatliche Einfluss durch Darlehen- und Privilegiengewährung oder Steuerbegünstigungen auf viele andere Wirtschaftszweige wie beispielsweise den Bergbau und die Textilindustrie aus. Am Vorabend des Ersten Weltkriegs war Japan unter der Führung des Staates zur expansivsten Industrie- und Handelsmacht auf der Erde geworden. Innerhalb eines halben Jahrhunderts seit der Öffnung des Landes war das japanische Handelsvolumen auf das Hundertfache gestiegen. Das Volksvermögen wuchs zwischen 1905 und 1913 um 25 %. Die gesamte Volkswirtschaft wurde nach industriepolitischen Gesichtspunkten gelenkt. Der Staat hielt die Agrarpreise niedrig und ermöglichte damit niedrige Industrielöhne und Produktionskosten, sodass die japanische Industrie immer neue Exportmärkte erschließen konnte. Japan entfaltete starke Expansionstendenzen in Rohstoffräume und Absatzmärkte sowie klimatisch günstige Siedlungsgebiete für seinen Bevölkerungsüberschuss. Formosa, Korea und die Mandschurei wurden ganz im Interesse der japanischen Wirtschaft industriell erschlossen.

Der freie Welthandel im 19. Jahrhundert führte zu langfristigen Verschiebungen. Europas Anteil an der Industrieproduktion der Welt nahm nach 1850 ab. Von diesem Zeitpunkt an machten die USA rapide wirtschaftliche Fortschritte. Während das deutsche Bruttoinlandsprodukt im Zeitraum 1870 bis 1913 um durchschnittlich 2,9 % pro Jahr wuchs, waren es im Falle der Vereinigten Staaten 4,3 %. Zwischen 1880 und 1900 überflügelten die USA die alte Industriemacht England. Die Europäer behielten allerdings einstweilen noch auf dem Kapitalmarkt und im Seeverkehr die Nase vorn. Mit den Erträgen aus ihren Investitionen in Nord- und Südamerika, im Vorderen Orient und in den Kolonien konnten England, Frankreich, Deutschland und Belgien ihre Zahlungsbilanz problemlos ausgleichen. Die enormen Kapitalinvestitionen Europas kamen nicht nur der eigenen wirtschaftlichen Entwicklung zugute, sondern eröffneten auch den Weg zu einer multilateralen weltwirtschaftlichen Zusammenarbeit, von der schließlich alle profitierten. Von 1890 bis zum Ersten Weltkrieg verdreifachte sich der Wert des gesamten Welthandels.

Zwiespältiges Urteil – Eine Bilanz

Versucht man eine Bilanz der Leistungen des Wirtschaftsliberalismus im 19. Jahrhundert, so muss man zunächst daran erinnern, dass das liberale Programm in keinem Land der Welt voll verwirklicht worden ist. Großbritannien, die USA und einige kleinere europäische Länder kamen dem Ideal in der zweiten Hälfte des 19. Jahrhunderts noch am nächsten. Frankreich und Deutschland hatten lediglich eine relativ kurze liberale Epoche zu verzeichnen. Außerhalb Westeuropas und der angelsächsisch geprägten Welt blieb der Liberalismus stets fremd.

Insgesamt muss die Bilanz zwiespältig ausfallen. Einerseits setzte der Liberalismus in den sich industrialisierenden Ländern eine nie zuvor da gewesene Produktivität der Wirtschaft frei und ermöglichte damit das Überleben einer Weltbevölkerung, die sich von 1800 bis 1900 von 728 auf 1608 Millionen mehr als verdoppelte, und einer europäischen Bevölkerung, die sich im gleichen Zeitraum von 140 auf 401 Millionen annähernd verdreifachte. Hier war ein grundsätzlich neues Konzept, ein qualitativer Sprung notwendig. Die Wachstumsschranken und Selbstblockierungen der alten gebundenen Wirtschaftsordnung mussten aufgehoben werden zugunsten eines Modells, das grundsätzlich von der Steigerungs- und Entwicklungsfähigkeit der materiellen Verhältnisse ausging und die eigennützigen Triebkräfte des Individuums im Interesse der Gesellschaft freisetzte. Der Liberalismus war insofern die historisch angemessene Wirtschaftstheorie für die drückenden materiellen und sozialen Probleme im Zeitalter der demographischen Revolution. In einer solchen Zeit war es zweitrangig, dass der Liberalismus die »Glückseligkeit« des Menschen vor allem materialistisch definierte.

Auf der anderen Seite schuf der Liberalismus aber auch zahlreiche neue Probleme. Die Freisetzung des Gewinnstrebens des wirtschaftenden Individuums hob zwar mittel- und langfristig den Lebensstandard auch der Arbeiter, vergrößerte aber dennoch die wirtschaftlichen und sozialen Unterschiede zwischen den Gesellschaftsklassen. Nirgendwo sonst auf der Welt war der größte Teil des Reichtums auf eine so kleine Oberschicht verteilt wie in den USA. Im Zeitalter eines extremen Liberalismus war ihre Machtentfaltung durch keinerlei Barrieren gehemmt worden. Die *Captains of Industry and Commerce* umfassten weniger als 10 % der Bevölkerung, verfügten aber über 90 % des Volksvermögens. Erst der Druck der Sozialisten, der Revolutionen in Europa und der Weltwirtschaftskrise ab 1929 setzten eine gewisse Neuverteilung des Volksvermögens in Gang.

Nimmt man die liberale Ablehnung jeder Form von Sondervergünstigung für die wirtschaftlich Schwachen zum Maßstab, so gibt es heute kaum einen Industriestaat, der sich liberal nennen dürfte. Seit den 1870er-Jahren ging die Entwicklung in Richtung auf Schutzzölle, wirtschaftspolitische Privilegierung oder direkte Subventionierung einzelner Produzentengruppen. Die freie Konkurrenz der Einzelproduzenten am Markt wurde durch Unternehmenszusammenschlüsse und Verbandsbildung vielfältig durchbrochen. Gefördert wurde diese Entwicklung zu einer Art Neomerkantilismus durch die Machtinteressen der imperialistischen Staaten, die mit dem Blick auf mögliche Kriege ihren Produktionsapparat vor der ausländischen Konkurrenz schützen wollten. Verbände der Industrie, der Landwirtschaft, der Kleingewerbetreibenden, des Einzelhandels kämpfen seither für das, was nach liberaler Vorstellung die Ursünde schlechthin darstellt: die Privilegierung ihrer eigennützigen Interessen. Entsprechendes gilt für die Verbände der Arbeitnehmer.

In Wissenschaft und Politik hat es nach dem Ersten Weltkrieg immer wieder Versuche zur Wiederbelebung des Wirtschaftsliberalismus gegeben, denen jedoch kein dauerhafter Erfolg beschieden war. Zwei Weltkriege, die Erfahrungen schwerster sozialer Erschütterungen zum Beispiel im Gefolge der Weltwirtschaftskrise zu Beginn der Dreißigerjahre dieses Jahrhunderts, immer wiederkehrende zyklische Krisen des Industriekapitalismus, die Verschärfung des Nord-Süd-Konfliktes zwischen den Industrie- und den Entwicklungsländern, aber auch ein wachsendes ökologisches Bewusstsein haben das optimistische liberale Vertrauen in die Selbstregulierungsfähigkeit des Marktes nachhaltig erschüttert und allen Vorstellungen einer Harmonie von Einzel- und Gesamtinteresse den Boden entzogen.

Hans-Werner Niemann

Nationale Fragen des 19. Jahrhunderts

»Noch ist Polen nicht verloren« – Nation ohne Staat

Die Polen hatten sich nach dem Untergang der Adelsrepublik am Ausgang des 18. Jahrhunderts mit dem Schicksal einer geteilten Nation abzufinden. Erst am Ende des Ersten Weltkriegs sollte es ihnen wieder vergönnt sein, die Mehrheit der polnischsprachigen Bevölkerung in einem souveränen Staat zusammenzuführen.

Freiheit und Einheit wieder zu gewinnen, wurde im heraufziehenden Zeitalter des Völkerfrühlings zum vorrangigen Ziel der Polen. Ihm hatten sich alle patriotischen Kräfte verschrieben. In seiner Hymne »Noch ist Polen nicht verloren, solange wir leben« fasste der Publizist Józef Wybicki 1797 die Freiheitssehnsucht in einprägsame Worte. Das Revolutionslied weckte mit seiner dem National-

Aus der westeuropäischen Perspektive erschien vor allem Russland als Zwingherr und Unterdrücker des polnischen Volks. Der französische Maler Horace Vernet stellte nach der gescheiterten Erhebung von 1830 den Zarenadler auf der Brust des gemeuchelten Polen dar (Paris, Polnische Gesellschaft für Geschichte und Literatur).

tanz Mazurka nachempfundenen Melodie in der Jugend Polens die Begeisterung für den heroischen Aktivismus der Vaterlandsverteidiger und wurde nach dem Ersten Weltkrieg von der neu gegründeten Republik Polen zur Nationalhymne erklärt.

Ergebnis der preußischen Niederlage – Das Herzogtum Warschau

Trotz herber Enttäuschungen über die zaghafte Polenpolitik Frankreichs blieb den Aktivisten in der polnischen Emigration unter den gegebenen machtpolitischen Verhältnissen in Europa keine andere Alternative als ein Zusammengehen mit Napoleon I.

Hoffnungen auf ein größeres Entgegenkommen weckte der militärische Konflikt zwischen Frankreich und Preußen im Jahre 1806. Der anschließende Friede von Tilsit 1807 trennte aus den preußischen Teilungsgebieten ein eigenständiges Herzogtum Warschau ab. Preußen behielt nur noch Westpreußen und das Ermland. Danzig wurde zur Freien Stadt, und der Bezirk von Białystok fiel an Russland. Mit Rücksicht auf seinen russischen Verhandlungspartner verzichtete Napoleon zwar für das neue Staatsgebilde auf den Namen

Polen, doch stellte er in der Person des zum Herzog bestimmten Friedrich August I. von Sachsen den unmittelbaren Rückbezug auf das alte Polen und auf die Maiverfassung des Jahres 1791 her.

Napoleon vermied tunlichst eine Wiederbelebung der polnischen Adelsrepublik. Er verordnete eine zentralistische Verfassung, die dem Monarchen eine nahezu unbeschränkte Machtbefugnis beließ und dem Zweikammerparlament aus Senat und *Sejm* nur ein geringes Mitspracherecht einräumte. Eine dem französischen Beispiel folgende Departementeinteilung und die Einführung des *Code*

Am 3. Mai 1791 beschloss der Vierjährige Reichstag für Polen die erste geschriebene Verfassung Europas. Sie verwandelte die alte Adelsrepublik in eine konstitutionelle Monarchie und machte Polen zu einem der modernsten Länder Europas, konnte den Untergang des Staats in den Teilungen von 1793 und 1795 jedoch nicht aufhalten. Der Historienmaler Kazimierz Wojniakowski schuf 1806 mit dem Bild der Proklamation sein Hauptwerk (Warschau, Nationalmuseum).

Napoléon verhinderten jegliche Erneuerung polnischer Staats- und Rechtstraditionen. Die Verpflichtung zur Rekrutengestellung und die finanziellen Auflagen, die mittels Steuer- und Abgabenerhöhungen finanziert werden mussten, stellten die Loyalität der etwa 2,6 Millionen Einwohner des Herzogtums zu ihrem französischen Gönner auf eine harte Probe. Der untertänigen bäuerlichen Bevölkerung bescherte Napoleon wohl die persönliche Freiheit, aber ohne ausreichende Landzuteilung lieferte er sie weitgehend schutzlos als billige Arbeitskräfte den adligen Grundbesitzern aus.

Noch enttäuschender endete der Russlandfeldzug Napoleons 1812. Der Reichstag in Warschau hatte ihn unter dem Präsidenten Adam Kazimierz Czartoryski als Auftakt zur Wiedergeburt Polens begrüßt. Annähernd 100000 polnische Soldaten kämpften in der *Grande Armée* und folgten Napoleon bis zum bitteren Untergang.

Die »4. Teilung« Polens

Am 8. Februar 1813 waren die nachrückenden russischen Truppen in Warschau eingezogen. Das Schicksal Polens lag nunmehr in der Hand des russischen Kaisers. Alexander I. hatte schon als Thronfolger die Bereitschaft zu einer großzügigen Lösung der Polenfrage erkennen lassen. Gemeinsam mit gleich gesinnten adligen Jugendfreunden hatte er Pläne für eine föderative Umgestaltung des Russi-

Der polnische Dichter Adam Mickiewicz sieht Polen als Christus der Völker, ausersehen, die Welt von der Despotie zu befreien:

Das polnische Volk ist nicht gestorben; sein Leib liegt im Grab, und seine Seele hat die Erde, das öffentliche Leben, verlassen, um hinabzusteigen zum Abgrund, das ist zum häuslichen Leben der Völker, die Knechtschaft leiden daheim und in der Ferne, um ihre Leiden zu sehen. Und am dritten Tage wird die Seele in den Leib zurückkehren, und das Volk wird auferstehen, und es wird alle Völker Europas aus der Knechtschaft befreien.

Fürst Adam Jerzy Czartoryski, der »ungekrönte König Polens«, stammte aus ältestem polnisch-litauischem Adel. Das Porträt hier geht auf ein 1799 entstandenes Gemälde des österreichischen Malers Joseph Abel zurück, der zeitweise zu seinem Gefolge gehörte (Warschau, Nationalmuseum).

schen Reichs geschmiedet. Mit Adam Jerzy Czartoryski, dem Abkömmling der einflussreichen polnischen Fürstenfamilie, der seit 1795 am russischen Hof weilte, verband ihn eine enge Freundschaft. Ihm vertraute er nach seiner Regierungsübernahme die Führung der außenpolitischen Geschäfte an. 1803 berief er ihn zum Kurator des Schulwesens in den russischen Westgebieten und eröffnete ihm die Möglichkeit, ein nationalpolnisches Kulturprogramm umzusetzen. Czartoryski blieb auch nach seiner Abberufung als Außenminister 1806 ein enger Berater Alexanders I. und wirkte nach der Besetzung des Herzogtums Warschau maßgeblich am Aufbau einer neuen Verwaltung mit. Auf dem Wiener Kongress 1814/15 wurde er zu den langwierigen und schwierigen Verhandlungen, in denen zwischen den Verbündeten um eine Lösung der polnischen Frage gerungen wurde, als Sachverständiger hinzugezogen.

Leidtragende der ausgehandelten Kompromisslösung waren in gleicher Weise die Polen und die Sachsen. Den polnischen Patrioten blieb nur der schwache Trost, dass sich die Teilungsmächte verpflichteten, eine Repräsentation und nationale polnische Institutionen in ihren Teilungsgebieten zuzulassen und den freien Warenverkehr über die Grenzen hinweg nicht zu behindern. Außerdem wurde für alle Polen, die im napoleonischen Heer gekämpft hatten, eine Generalamnestie erlassen. Eine Rücknahme der Teilungen war im Zeichen der Heiligen Allianz, zu der sich die Monarchen der Teilungsmächte zusammengeschlossen hatten, und der Gleichgewichtspolitik der europäischen Pentarchie nicht mehr zu erwarten. Abgesehen von der Auflösung des Freistaats Krakau 1846 sind die Grenzziehungen des Jahres 1815 bis zur Wiedererstehung des polnischen Nationalstaats im 20. Jahrhundert nicht mehr verändert worden. Die Wiener Beschlüsse werden von den Polen als »4. Teilung« ihres Landes gewertet.

In Personalunion mit Russland – Kongresspolen

Der Löwenanteil am Herzogtum Warschau mit 128 500 km² von rund 150 000 km² fiel an Kaiser Alexander I. Er ließ am 20. Juni 1815 ein Königreich Polen – auch Zartum Polen oder Kongresspolen genannt – in Personalunion mit Russland proklamieren. Am 27. November 1815 unterzeichnete er als der neue polnische König in Warschau eine Verfassung, in der er den Polen eigene politische Institutionen und die polnische Staatssprache zugestand, sich aber die volle Exekutivgewalt, die Gesetzgebungsinitiative und ein absolutes Vetorecht vorbehielt.

Unter den neuen Voraussetzungen fiel der weiterhin tonangebenden polnischen Adelsnation zwangsläufig die Aufgabe zu, die Belange der ganzen geteilten Nation mitzubedenken. Der adlige Patriotismus gab einen guten Nährboden für eine Nationalbewegung ab, die sich eine Wiederherstellung des polnischen Staats in den alten Grenzen zum Ziel setzte. Der Missmut der polnischen Bevölkerung über die russische Bevormundung äußerte sich zunächst vereinzelt auf den Reichstagen und mündete schließlich in geheimbündlerischen Aktivitäten unter den Offizieren und in der studentischen Jugend. Die Wortführer der nationalen Bewegung waren auch durch die günstigen wirtschaftlichen Entwicklungschancen, die der russische Markt perspektivisch bot, nicht mehr für einen evolutionären Weg und eine Aussöhnung mit dem russischen Zarismus zu gewinnen. Ungeachtet der erkennbaren Verbesserungen der wirtschaftlichen Infrastruktur und des Bildungsangebots – das Volksschulwesen wurde ausgebaut sowie die Universität in Warschau und die Hochschulen für Bergbau und Forstwirtschaft in Kielce wurden gegründet – gewannen die radikalen Kräfte die Oberhand. Sie entschieden sich für eine gewaltsame Lösung der polnischen Frage.

KONGRESSPOLEN

Der Novemberaufstand 1830/31

Der Aufstand in Warschau war nicht von langer Hand vorbereitet. Es fehlte von Anfang an eine Abstimmung der Einzelaktionen, und die beteiligten Gruppierungen verfolgten erheblich voneinander abweichende Ziele. Schon der Auftakt am 29. November 1830, der Anschlag einer jugendlichen Verschwörergruppe auf die Residenz des Großfürsten Konstantin Pawlowitsch im Schloss Belvedere, misslang. Der Statthalter des Zaren entschloss sich, Warschau vorerst den Aufständischen zu überlassen. In den weiteren Verlauf der Auseinandersetzungen schaltete sich die polnische Regierung unter Fürst Czartoryski vermittelnd ein, um eine Verhandlungslösung zu erreichen. Die Bemühungen scheiterten am Einspruch Kaiser Nikolaus' I. und am Widerstand der aufgeputschten Massen.

Der polnische Maler Marcin Zaleski stellte 1831 die Einnahme des Arsenals in Warschau am 29. November 1830 durch die aufständischen Polen dar (Warschau, Muzeum Narodowe).

Die radikalen demokratischen Kräfte setzten auf die völlige Unabhängigkeit Polens. Sie erzwangen am 25. Januar 1831 einen Reichstagsbeschluss, der der Dynastie der Romanows die polnischen Thronrechte aberkannte. Der brüskierte Kaiser verhängte den Kriegszustand und ließ unter Feldmarschall Johann Graf Diebitsch zahlenmäßig überlegene russische Truppen einmarschieren. Die neu gebildete Nationalregierung unter dem Präsidenten Czartoryski und dem Führer des bürgerlich-demokratischen Flügels, Joachim Lelewel, konnte die militärische Niederlage nicht mehr abwenden.

Nikolaus I. rechnete unnachsichtig mit den Rädelsführern des Aufstands ab. Sie wurden meist in Abwesenheit zum Tode verurteilt und verloren durch Güterkonfiskationen ihre wirtschaftliche Existenzgrundlage. Am 22. Februar 1832 löste das Organische Statut des Königreichs Polen die Verfassung von 1815 ab. Es nahm den Polen die noch verbliebenen Reste einer nationalen Eigenständigkeit und übertrug dem neuen Statthalter Iwan Fjodorowitsch Paskewitsch diktatorische Vollmachten. Seit März 1833 herrschte über zwei Jahrzehnte hinweg wegen der anhaltenden Partisanentätigkeit der Ausnahmezustand. Der Reichstag und das polnische Heer wurden aufgelöst und die Ressortminister zu Hauptdirektoren herabgestuft. Russische Beamte rückten in leitende Ämter ein. Sie beförderten eine Angleichung des gesamten Verwaltungssystems an russische Vorbilder und eine schleichende Russifizierung.

Noch rigoroser verfuhr der Kaiser in den westlichen Gouvernements. Er verschärfte den Russifizierungsdruck und verbot die Verwendung der polnischen Sprache bei Gericht und in den Schulen. Er ließ polnische Kleinadelsfamilien zwangsweise in den Kaukasus und nach Sibirien umsiedeln und verordnete die gewaltsame Rückführung der unierten polnischen Christen zur Orthodoxie.

Der aus preußischer Familie stammende Historiker Joachim Lelewel entwarf ein romantisches Bild der polnischen Geschichte als Entwicklung der »polnischen Freiheiten« und verlieh so dem Nationalbewusstsein wichtige Impulse. 1834 gründete er in Bern die Gesellschaft »Junges Polen« als Zweig der Bewegung »Junges Europa«.

Die »Große Emigration«

D ie Mehrheit der Aufständischen hatte sich durch die Flucht dem drohenden Strafgericht entzogen und im westlichen Europa Schutz und Hilfe gesucht. Im polnischen Emigrantenzentrum Paris sammelte sich die intellektuelle Elite der Patrioten aus den verschiedensten Parteiungen. In der französischen Hauptstadt wirkten unter anderen die nationalen Dichter und Verkünder des polnischen Messianismus Adam Mickiewicz, Juliusz Słowacki und Zygmunt Krasiński sowie der Komponist und Pianist Fryderyk Chopin. Als Führer der Demokraten, der »Roten«, setzte sich bis zu seiner Ausweisung nach Brüssel 1833 der frühere Wilnaer Professor Joachim

Teofil Kwiatkowskis »Ball im Hôtel Lambert in Paris« zeigt einen Kostümball in der Residenz der Czartoryski, bei dem der Komponist und Klaviervirtuose Fryderyk Chopin persönlich zur Polonaise aufspielt (rechts ein Porträt nach Ary Scheffer). Die historischen Trachten im Bild rufen große Erinnerungen wach: In den vorgeführten bizarren Flügelrüstungen hatten die polnischen Husaren einst vor Wien die Türken geschlagen (Gouache 1849–60; Posen, Nationalmuseum).

Lelewel für die nationale Sache ein. Haupt der aristokratischen Partei, der »Weißen«, war der alternde Fürst Adam Jerzy Czartoryski, der 1838 zum »König« gewählt wurde. Von seiner Residenz im Hôtel Lambert aus knüpfte er seine diplomatischen Fäden über ganz Europa.

Mit dem Auftritt polnischer Vertreter auf dem Hambacher Fest 1832 erlebte der polnische Novemberaufstand ein viel beachtetes öffentliches Nachspiel. Als Kronzeugen gegen das zaristische Polizeiregime genossen die polnischen Flüchtlinge eine große Publizität, und zahlreiche Polenlieder feierten ihren Heldenmut.

Nach der Niederschlagung des Novemberaufstands waren die österreichischen und preußischen Behörden um Schadensbegrenzung bemüht. Im Großherzogtum Posen wurde der polnische Statthalter Antoni Henryk Fürst Radziwiłł abberufen und unter dem Oberpräsidenten Eduard Heinrich von Flottwell 1830 bis 1841 eine Änderung der Polenpolitik eingeleitet. Sie richtete sich gegen Adel und Geistlichkeit und strebte langfristig eine Stärkung des deutschen Elements durch den Aufkauf verschuldeter polnischer Güter und eine Bevorzugung deutscher Besitzer und bäuerlicher Siedler an. Im »Mischehenstreit« schreckte man 1839 selbst vor einer vorübergehenden Inhaftierung des Erzbischofs von Gnesen-Posen nicht zurück. Erst unter dem neuen preußischen König Friedrich Wilhelm IV. setzte sich wieder ein versöhnlicherer Kurs durch.

Der König änderte diesen Kurs 1846, als im polenfreundlicheren Klima Posens erneut Pläne für einen Aufstand in allen Teilungsgebieten geschmiedet wurden. Der als Oberbefehlshaber vorgesehene Ludwik Mierosławski wurde am 12. Februar 1846 verhaftet und zusammen mit 254 Gesinnungsgenossen 1847 im »Polenprozess« vor dem Staatsgerichtshof in Berlin angeklagt und abgeurteilt. Einen Aufstandsversuch in der Republik Krakau erstickten einrückende österreichische Truppen im Keim. Nach dem gemeinsamen Beschluss der Teilungsmächte wurde die Republik Krakau aufgelöst und das Gebiet am 16. November 1846 dem österreichischen Kronland Galizien einverleibt.

Reform oder Kampf? – Der Januaraufstand 1863/64

D ie Polenfrage verschwand nach 1848 vorübergehend von der Tagesordnung der großen Politik. Es waren die Polen selbst, die sich ein Jahrzehnt später unüberhörbar zurückmeldeten. Als Wortführer des reformorientierten und kooperationsbereiten Adels trat besonders der Marquis Alexander Wielopolski hervor. Sein Reformprogramm sah unter anderem eine Ablösung der bäuerlichen Dienstleistungen an die Gutsherren durch Zinszahlungen und die Emanzipation der Juden vor. Entschiedene Gegner dieses evolutionären Weges waren die »Demokraten« oder »Roten«, die ihren Anhang unter der studentischen Jugend sowie in den Kreisen des verarmten Adels und des städtischen Kleinbürgertums hatten. Sie riefen zu nationalen Kundgebungen auf und riskierten gezielte Provokationen der Polizei.

Der deutsche Dichter August Graf von Platen-Hallermünde verfasste nach dem gescheiterten Novemberaufstand 1830/31 das Gedicht »Nächtlicher Weichselübergang der flüchtigen Polen bei Krakau«:

Die Lüfte wehn so schaurig,
Wir ziehn dahin so traurig
Nach ungewissem Ziel.
Kaum leuchten uns die Sterne:
Europa sieht von ferne
Das große Trauerspiel.
...
Wir ziehn von Weib und Kindern,
Vermögen nicht zu hindern
Des Vaterlands Ruin.
Schon lechzt nach unserm Blute
Die Petersburger Knute,
Die Fuchtel von Berlin.

Die Gefangenen des Posener Aufstands 1846 im Magdeburger Kerker. Der polnische Maler Polykarp Gumiński stellte sich selbst 1849 im Kreise der inhaftierten Patrioten dar (im weißen Hemd; Posen, Nationalmuseum).

Ihre Führung entschloss sich zum vorzeitigen Losschlagen, als Wielopolski im Januar 1863 Zwangsrekrutierungen anordnete. Für einen offenen Schlagabtausch mit der russischen Militärmacht waren die Aufständischen nur unzureichend gerüstet. Sie mussten sich auf eine lokal begrenzte Partisanentätigkeit beschränken. Die Intervention der Westmächte und Österreichs zugunsten der Polen ab April 1863 brachte nicht die erhoffte Wende. Preußen hatte auf Drängen seines Ministerpräsidenten Otto von Bismarck allen pol-

Jan Matejko wurde ab 1860 mit seinen Historienbildern zu einem geistigen Führer der polnischen Nation. Seine 1864 entstandene Allegorie des Aufstands von 1863 zeigt, wie die Personifikationen Polens und Weißrusslands in Ketten gelegt werden, diejenige Litauens ermordet am Boden liegt (Krakau, Nationalmuseum).

Die europaweite Sympathie für die Polen nützte beim Aufstand von 1863 nichts. Die Karikatur in der Pariser Zeitschrift »Le Charivari« verspottet die Vertreter Großbritanniens, Frankreichs und Österreichs: Nur mit diplomatischen Noten, Feder und Tinte ausgerüstet, eilen sie den Polen im Schildkrötentempo zu Hilfe.

nischen nationalen Ambitionen eine unmissverständliche Absage erteilt und sich schon am 8. Februar 1863 in der alvenslebenschen Konvention auf ein militärisches Zusammenwirken mit Russland verständigt.

Der gescheiterte Aufstandsversuch im russischen Teilungsgebiet hatte für die Polen fatale Folgen. Die Sieger übten harte Vergeltung. Sie verhängten Todesurteile und langjährige Zwangsarbeit, verfügten Deportationen und Güterkonfiskationen. Die Bodenreform vom 3. März 1864 zwang die adligen Grundbesitzer, ihren Bauern das Nutzungsland zum persönlichen Eigentum zu überlassen und auch landlose Instleute bei der Landzuteilung zu berücksichtigen. Eine konsequente Russifizierungspolitik raubte den Polen im Königreich die bisherigen zentralen Institutionen und Selbstverwaltungseinrichtungen. Selbst der Name Polen verschwand aus dem amtlichen Sprachgebrauch. Das Territorium des Königreichs Polen wurde zum »Weichselland« beziehungsweise zu den »Weichselgouvernements« umbenannt.

»Organische Arbeit«

Kaiser Alexander II. hatte schon 1856 anlässlich seines Besuchs in Warschau zu einer Abkehr von den romantischen Träumereien geraten. Nach der Niederschlagung des Januaraufstands war eine realistischere Einstellung zu den bestehenden machtpolitischen

Gegebenheiten gefragt. In der zweiten Jahrhunderthälfte meldeten sich in zunehmenden Maße Stimmen aus dem bürgerlichen Lager zu Wort. Der publizistische Verfechter des Warschauer Positivismus Aleksander Świętochowski predigte die Tugenden der »organischen Arbeit«, mithin einer Politik der kleinen Schritte. Seine Mitstreiter setzten auf eine langfristige Ausgleichspolitik und fanden sich zumindest vorläufig mit dem Verlust der Eigenstaatlichkeit ab. Die polnischen Unternehmer profitierten am meisten von den veränderten wirtschaftlichen Rahmenbedingungen. Sie drängten daher auf pragmatische Lösungen. Die Aufhebung der Zollschranken öffnete der polnischen Industrie seit 1870 den ungehinderten Zugang zum russischen Markt. Die sich bietenden neuen Absatzchancen nutzte insbesondere die um Lodz konzentrierte Tuchindustrie. Die Einwohnerzahl Kongresspolens verdoppelte sich innerhalb nur eines halben Jahrhunderts. Im gleichen Zeitraum erlebten die Industriestädte eine regelrechte Bevölkerungsexplosion.

Im preußischen Teilungsgebiet, der Provinz Posen/Westpreußen, setzte das Deutsche Reich unter dem Reichskanzler Bismarck auf Assimilation und Germanisierung. Die massenweise Aussiedlung von Polen und Juden aus den deutschen Grenzgebieten, die »Preußische Austreibung« von 1885/86, und das Ansiedlungsgesetz von 1886, das die Zuwanderung deutscher Siedler begünstigte, verschärften den lang andauernden Nationalitätenkampf.

Bessere Entfaltungsmöglichkeiten boten sich für die nationalkulturellen Bestrebungen der Polen im österreichischen Kronland Galizien. Die militärischen Niederlagen des Habsburgerreichs 1859 und 1866 hatten in der zweiten Jahrhunderthälfte den Weg für einen Ausgleich mit den nationalen Führungsschichten in den peripheren Kronländern geebnet. In Galizien erkaufte sich der Kaiser die Loyalität der Polen durch Zugeständnisse an die polnischen Grundbesitzer. Sie gingen einseitig zulasten der mehrheitlich ruthenischen Bauern. Agenor Romuald Graf von Goluchowski, der zwischen 1849 und 1875 mehrfach den Posten des Gouverneurs und Statthalters in Galizien bekleidete, arbeitete erfolgreich am Ausbau eines »polnischen Piemont«. Über ihre Präsenz im Reichsrat gewannen die galizischen Polen direkten Einfluss auf die Gesamtmonarchie. Sie stellten mehrmals Ressortminister und mit Alfred Graf Potocki 1870/71 und Kasimir Felix Graf Badeni 1895 bis 1897 sogar zweimal den Ministerpräsidenten.

Eine Wiedergewinnung der polnischen Eigenstaatlichkeit sollte erst in der Epoche der Revolutionen und des Ersten Weltkriegs zu Beginn des 20. Jahrhunderts wieder in greifbare Nähe rücken. Der amerikanische Präsident Woodrow Wilson hatte sich in seinen Vierzehn Punkten am 8. Januar 1918 auf ein unabhängiges Polen mit freiem Zugang zum Meer festgelegt. Nach der Novemberrevolution des Jahres 1918 in Deutschland nahmen die Polen ihr Schicksal wieder in die eigenen Hände.

EDGAR HÖSCH

Der **Deutsche Ostmarkenverein,** gegründet 1894 in Posen als Verein zur Förderung des Deutschtums in den Ostmarken, hatte sich die Stärkung des deutschen Bewusstseins, die Heranziehung deutscher Einwanderer und deren wirtschaftliche Kräftigung in den 1815 zu Preußen gekommenen polnischen Gebieten Posen und Westpreußen zum Ziel gesetzt. Die »Hakatisten« – so benannt nach den prominenten Mitgliedern Ferdinand von Hansemann, Hermann Kennemann und Heinrich von Tiedemann-Seeheim – drängten auch auf Enteignungen des polnischen Großgrundbesitzes, um dieses Ziel zu erreichen. Nach dem Ersten Weltkrieg forderte der Verein die Revision der Ostgrenze, 1933 ging er im Bund Deutscher Osten auf, bevor er schließlich 1934 verboten wurde.

Alfred Graf Potocki stammte aus einer der führenden polnischen Magnatenfamilien. Als Ministerpräsident in Wien 1870/71 setzte er sich für den Föderalismus im Habsburgerreich ein, später wurde er Statthalter von Galizien. Das Porträt von Jan Matejko entstand 1890, kurz nach dem Tode Potockis (Krakau, Nationalmuseum).

Auf der Suche nach der eigenen Identität – Finnen und Balten

Mit großem Selbstbewusstsein – Finnlands Weg zur Souveränität

Dieses Bild des Malers Edvard Istor wurde im späten 19. Jahrhundert tausendfach kopiert, obwohl die Russische Reichsregierung scharf gegen seine Verbreitung vorging: Der zaristische Wappenadler versucht, dem finnischen Volk, hier als Frauenfigur in den Landesfarben dargestellt, seine Rechte zu entreißen (Helsinki, Nationalmuseum).

Bis zum Ende des schwedisch-russischen Kriegs im Jahr 1808 war Finnland immer ein Teil, nicht etwa eine Provinz Schwedens gewesen. Nach dem Übergang zum Russischen Reich im Frieden von Hamina (schwedisch Fredrikshamn) im Jahr 1809 mussten sich die Bewohner Finnlands jedoch auf eine völlig neue Situation einstellen. Der Einfluss des etwa 17-prozentigen schwedischen Bevölkerungsteils ging drastisch zurück, stattdessen baute die finnische Bevölkerungsmehrheit ihre Stellung nach innen während des ganzen 19. Jahrhunderts erheblich aus. Am Ende dieser Entwicklung stand der Beginn der Eigenstaatlichkeit seit 1917. Suomi/Finland – so der offizielle Landesname – ist seitdem eine unabhängige Republik und hat die staatliche Souveränität trotz des Verlusts Kareliens im Winterkrieg 1939/40 und im Friedensschluss von 1944 mit der Sowjetunion behauptet.

Vergleicht man nun die Suche nach ethnischer Identität zwischen den Finnen und Schweden in Finnland einerseits sowie zwischen den Deutschen und den Esten und Letten in den drei zum Russischen Reich gehörenden Ostseeprovinzen andererseits, so kann zwar behauptet werden, dass die baltischen Städte Riga und Reval am Ende des 18. Jahrhunderts entwickelter und für den Welthandel wichtiger waren als etwa Helsinki (schwedisch Helsingfors) oder Wiborg. Von tiefer greifender Bedeutung aber war die Frage, ob die Landbevölkerung stets frei war wie in Finnland oder ob sie fast ohne Ausnahme seit dem 14. Jahrhundert den Weg in die Schollenpflichtigkeit antreten musste wie in den Ostseeprovinzen. Bis zu Beginn des 19. Jahrhunderts waren Esten und Letten sogar Leibeigene und konnten auf entsprechenden Märkten einzeln oder als Familien verkauft werden. So ist es nicht verwunderlich, dass die Entstehung Finnlands als gelungene Erfolgsgeschichte einer selbstbewussten, agrarisch geprägten Bevölkerung beschrieben wird, während die entsprechende Geschichte der Esten und Letten im 19. Jahrhundert im Wesentlichen als nahezu aussichtslose Kampfsituation gegen übermächtige, ständisch privilegierte deutsche Herren erlebt wurde, wobei erschwerend hinzukam, dass die Herren über ein hohes Ansehen in der Hauptstadt Sankt Petersburg verfügten.

Die Fennomanenbewegung

Die Vorherrschaft der schwedischen Minderheit in Finnland hatte vor der Eingliederung Finnlands ins Russische Reich weniger auf Landbesitz als auf einer überragenden Stellung in Finnlands Bürokratie beruht. Auch nach 1809 wurden die schwedischen Grundgesetze vom russischen Kaiser Alexander I. ausdrücklich anerkannt. Sie zielten auf einen Ausbau der Herrschaft der lokalen Bürokratie nach innen ab. Ein eigener Senat übte die Herrschaft im Interesse der vorherrschenden schwedischen Bürokratie aus. Die Zielrichtung der Politik änderte sich jedoch nachhaltig in der 2. Hälfte des 19. Jahrhunderts. Die Agrarwirtschaft blühte auf und stärkte auf genossenschaftlicher Basis mittlere Betriebe, die von wohlhabenden, zumeist finnischen Farmern geleitet wurden. Das Wachstum der Milchwirtschaft vervierfachte sich. Der schwedische Großgrundbesitzer und Großbauer hatte gegenüber der steigenden Zahl finnischer Mittelbauern kein Übergewicht mehr. Unter diesen Bedingungen waren gebildete Angehörige der schwedischen Minderheit unter Führung des Philosophen, Senators und Publizisten Johan Vilhelm Snellman durchaus bereit, ethnische Unterschiede abzubauen. Gebildete Schweden gingen bewusst auf den Gebrauch der finnischen Sprache über. Seit den 1860er-Jahren sah die radikal-finnische Bewegung der Fennomanen ihre eigentliche Aufgabe im Ausbau der regionalen Eigenständigkeit des Großfürstentums gegenüber Sankt Petersburg, ohne im Übrigen damit bei der russischen Führung Verdacht zu erregen. Die Fennomanenbewegung galt vielmehr als staatstragend, reichstreu und konservativ. Finnisch wurde zur dominierenden Verwaltungssprache im Lande. In den Schulen auf dem

Der deutsche Industrielle Werner von Siemens schildert seine Eindrücke während eines Besuchs in Sankt Petersburg im Jahr 1852:

Dass man die Sprache nicht versteht, ... gibt einem dabei ein Gefühl der Verlassenheit. Um so erwärmender wirkt dagegen der landsmännische Zusammenhang ... in der großen Fremdenkolonie Petersburg, ... namentlich der deutschen, der es sehr zustatten kommt, dass die Ostseeprovinzen Russlands ihre deutsche Nationalität vollständig bewahrt haben. Die höheren Verwaltungsstellen waren damals größenteils von Deutschen aus den Ostseeprovinzen besetzt.

Den nationalromantischen Stil der finnischen Musik begründete Jean Sibelius. Er griff in symphonischen Dichtungen Motive des Nationalepos Kalevala auf. Dieses Gemälde von 1894 zeigt ihn (rechts) zusammen mit dem Komponisten Robert Kajanus und dem Maler des Bildes, Akseli Gallen-Kallela (stehend; Helsinki, Ateneum).

Lande wurde – abgesehen von den wenigen überwiegend schwedischen Gebieten im Osten und Süden – auf Finnisch unterrichtet. Die einheitlich evangelisch-lutherisch geprägte Bevölkerung verband mit dem Gebrauch des Finnischen in Kirche und Schule also keine Befreiungsideologie gegen eine dominierende fremde Oberschicht, wie das in den Ostseeprovinzen der Fall war. Es entstand vielmehr allmählich eine überwiegend Finnisch sprechende Solidargemeinschaft, die bis zum Ende des 19. Jahrhunderts von Russland weitgehend unbehelligt blieb. Finnland erhielt eigene Gesetze, eine eigene Währung und eine Zollgrenze gegenüber Russland, eigenes Militär seit 1878, schließlich sogar eine eigene Post. Adel, lutherische Geist-

Auf ihrem Parteitag in Oulu (rechts) beschloss die finnische Sozialdemokratische Partei eine konstruktive Zusammenarbeit mit den bürgerlichen Kräften des Landes und eine Abgrenzung gegenüber der radikalen Linken. Die Bürgerlichen warben mit Parolen wie »Bürger, erfülle Deine Pflicht!« und »Stimme für nationale Freiheit und den Arbeitsfrieden!« – wie auf diesem Wahlplakat von 1917 (oben).

lichkeit, Stadtbürger und Vertreter der Bauern stellten je 25 Prozent der Abgeordneten im 1863 begründeten Landtag.

Das demokratischste System Europas

Als der russische Generalgouverneur Nikolaj Iwanowitsch Bobrikow 1899 das »Februarmanifest« von Kaiser Alexander III., das die finnische Selbstständigkeit beseitigte, durchsetzen wollte, war der Widerstand in Finnland durchschlagend. Schließlich wurde nach langen Auseinandersetzungen zwischen verschiedenen lutherischen, religiös-freikirchlichen, ländlichen und städtischen Gruppen und Parteien erreicht, dass unter dem Eindruck der russischen Revolution von 1905 bis 1907 und ihrem heftigen Widerhall in Finnland das demokratischste System auf dem ganzen europäischen Kontinent

im Großherzogtum Finnland eingerichtet wurde. Aus dem Landtag wurde ein Einkammersystem, basierend auf dem allgemeinen, gleichen, direkten und geheimen Wahlrecht für Frauen und Männer. Nach 1907 erhielten statt 126 000 Männern nunmehr 1 273 000 Wählerinnen und Wähler das aktive Wahlrecht. Im Ergebnis gewannen daraufhin die Sozialdemokraten im Jahr 1907 mit einem besonderen Rückhalt unter den Landarbeitern und in der städtischen Arbeiterschaft mehr als 33 Prozent aller Stimmen und 80 der 200 Sitze. Mit diesem Sieg der Sozialdemokraten verloren zwar schließlich die Fennomanen älterer Prägung ihre Vorherrschaft. Nunmehr dominierten im gemäßigten ländlichen und städtischen Bürgertum jedoch die so genannten Jungfinnen. Als 1917 nach dem Zusammenbruch des Russischen Reichs und der Ausrufung der Unabhängigkeit des finnischen Staates ein Machtvakuum entstand, versuchten im Januar 1918 radikale Sozialisten und Kommunisten eine Revolution zu entfachen. Den gemäßigten bürgerlichen Gruppen um die Jungfinnische

Bewegung und die verfassungsorientierten Sozialdemokraten gelang es, wenn auch nur mit Mühe, angesichts der gewaltsamen revolutionären Explosion dennoch die Oberhand zu behalten und Finnland auf der Grundlage einer gemäßigten Agrarideologie nach innen zu konsolidieren. Die Jungfinnen kamen der Linken entgegen und schlossen mit deren Wählern und Protagonisten, den städtischen Arbeitern, Frieden. Autoritäre und faschistische Gedanken erreichten zwar auch Finnland, fanden dort aber letztlich nach dem ersten Schlag gegen die Kommunisten keine durchschlagende Resonanz. Als 1939 der Winterkrieg von der Sowjetunion vom Zaune gebrochen wurde, hielt ein nach innen geeintes Finnland unter Einschluss der schwedischen Minderheit der militärischen Herausforderung durch eine erdrückende Übermacht erstaunlich lange stand.

Deutsch beherrscht und russisch regiert – Esten und Letten

Diese letztlich unangefochtene Stellung der Finnen im Verhältnis zu angrenzenden Nachbarn konnten die Bewohner der baltischen Provinzen Estland, Livland und Kurland – die Bezeichnung Baltikum sollte sich erst nach dem Ersten Weltkrieg auf die neu gegründeten Staaten Estland und Lettland und im weiteren Sinne auch auf Litauen erstrecken – im Verlauf des 18. und 19. Jahrhunderts nicht erringen. Die ursprüngliche Zugehörigkeit zum schwedischen Reich, das Estland und Livland jedoch nur als östliche Provinzen betrachtet hatte, endete bereits im Großen Nordischen Krieg zwischen 1700 und 1710 und endgültig mit dem Frieden von Nystad 1721. Pest und Krieg hatten damals in Stadt und Land zwischen Riga und Reval schlimmer gewütet als die verschiedenen Heere in Mitteleuropa in der Zeit des Dreißigjährigen Kriegs. Als die beiden Städte und die estländische sowie die livländische Ritterschaft völlig am Ende waren, sich von Schweden lösten und am 28. Oktober 1710 in den »Kapitulationen« den russischen Kaiser Peter den Großen auch als politischen Herrscher anerkennen mussten, stand kein Stein mehr auf dem anderen. Das ganze 18. Jahrhundert unter russischer Herrschaft diente dann vornehmlich dem Versuch, das wüste Land wieder aufzubauen, wobei die deutsche Oberschicht die estnische und lettische Bevölkerung in immer größere Abhängigkeit drückte. Erst am Ende des 18. Jahrhunderts entwickelte sich in Stadt und Land eine Tendenz zu ökonomischer Modernität im Zeichen eines europaweiten Warenhandels und der kommerzialisierten Landwirtschaft. Katharina II. von Russland legte seit ihrem Livlandbesuch im Jahr 1762 den Ritterschaften eine Reformpolitik nahe, die auf Verbesserung der Produktivität und damit der staatlichen Einkünfte durch Steuern abzielte. In den »deutschen Ostseeprovinzen Russlands« wurde die Landbevölkerung erst in den Jahren 1816 bis 1819 für persönlich frei erklärt. Die Entlassung aus der Leibeigenschaft bedeutete jedoch noch nicht, dass die »Dienste« auf den Rittergütern aufgegeben wurden. Vielmehr dauerte die drückende Erb- und Arbeitspacht in den Ostseeprovinzen noch bis zum Jahr 1856 in Estland, bis 1860 in

Schon im 19. Jahrhundert war Zweisprachigkeit in den Großstädten des finnischen Südens mit hohem schwedischem Bevölkerungsanteil als Ausdruck des gegenseitigen Respekts selbstverständlich. Hier ein Werbeplakat der Finnischen Gummifabrik AG von 1898.

Die baltischen Gebiete **Livland, Estland** und **Kurland** waren – nach wechselnden Herrschaften – seit dem Ende des Großen Nordischen Kriegs 1710/21, Kurland endgültig nach der 3. Polnischen Teilung 1795, als Ostseeprovinzen Teile des Russischen Reichs. Unter der Herrschaft des Deutschen Ordens vom 13. bis zum 16. Jahrhundert hatte sich eine deutsche Oberschicht eingerichtet, die von Burgen und Städten aus über eine einheimische Bauernbevölkerung herrschte. Peter I., der Große, hatte den auf diese Zeit zurückgehenden Ritterschaften und Städten zusammen mit der deutschen Verwaltungssprache ständische Selbstverwaltung und die lutherische Landeskirche bestätigt.

Livland und bis 1863 in Kurland. Danach wurde allerdings der Weg von der Arbeitspacht zur Geldpacht und zum Bauernlandverkauf mit großem Nachdruck eingeschlagen. Am Ende des 19. Jahrhunderts waren selbstständige estnische und lettische Bauern auf eigenen Höfen durchaus in der Lage, dem deutschen Großgrundbesitz Konkurrenz zu machen. Die große Zahl der Esten und Letten blieb aller-

Noch 1863 wurde in Riga ein neues Versammlungshaus der Livländischen Ritterschaft errichtet, das heute wie in der Zeit der lettischen Unabhängigkeit zwischen den Weltkriegen als Parlament genutzt wird.

dings landlos und wanderte im Zuge von Industrialisierung und Urbanisierung in die umliegenden großen Städte.

Bis in die 1860er-Jahre wurde die Vorherrschaft der deutschen Oberschicht in den Ostseeprovinzen Russlands von Regierungsvertretern und der Öffentlichkeit in Moskau und Sankt Petersburg im Allgemeinen anerkannt. Allerdings griffen russische Regierungsstellen und die Generalgouverneure in Riga sowie die Provinzgouverneure in Reval, Riga und Mitau fortgesetzt in die ritterschaftliche Reformgesetzgebung ein und suchten sie zu beschleunigen. In den Vierzigerjahren gelang es der russisch-orthodoxen Eparchie in Riga, durch Landversprechungen etwa 106 000 Esten und Letten zum Übertritt vom lutherischen zum »rechtmäßigen« Glauben zu bewegen. Von einer planmäßigen Russifizierung der Ostseeprovinzen, die von der deutschen Oberschicht ständig befürchtet wurde, kann jedoch bis in die späten 1880er-Jahre keine Rede sein.

Anfänge der nationalen Bewegungen

Im Rahmen der Aktionen der russisch-orthodoxen Kirche, die sich bemühte, Anhänger des evangelischen Glaubens zurückzugewinnen, wurde 1884 im Rigaer Dom dieses Glasfenster mit der Verkündigung der Glaubensfreiheit von 1525 umgesetzt. Die deutsche Oberschicht im Baltikum verband mit dem lutherischen Bekenntnis Selbstbewusstsein und Eigenständigkeit gegenüber der russischen Verwaltung.

Um die Mitte des 19. Jahrhunderts gehörte der baltische Raum zu den wenigen Gegenden in Europa, in denen sich trotz einer überwiegend agrarischen Bevölkerung die Bevölkerungskurve erheblich abflachte, eine Generation früher als in den angrenzenden Gebieten. Die Gründe liegen in einer starken Differenzierung der Landbevölkerung und im späten Heiraten. Nach dem Übergang zur Geldpacht und zum Bauernlandverkauf um 1870 bildete sich eine kleine Schicht von Kleingrundbesitzern heraus, der eine große Zahl von Landlosen gegenüberstand, die oft keine Familien gründen konnten und, wie in anderen Teilen Europas auch, zur Auswanderung gezwungen waren. Nach der allrussischen Volkszählung von 1897 erklärten sich im estnischen Siedlungsgebiet 90,6 Prozent der

Einwohner als Esten, 3,9 Prozent als Russen und nur 3,5 Prozent als
Deutsche. Zur gleichen Zeit wurden in Südlivland, Lettgallen und
Kurland 1 929 387 Einwohner gezählt, von denen die Letten nur
68 Prozent ausmachten. Unter den Minderheiten dominierten kulturell die Deutschen; seit 1845 waren Juden in Riga legal ansässig. Es
ist für den baltischen Raum charakteristisch, dass es trotz insgesamt
dünner Besiedlung keinen erheblichen russischen Zuzug gab. Vielmehr wurden die Städte der Bevölkerungszahl nach immer »estnischer« bzw. »lettischer«. Riga verfünffachte seine Bevölkerung
zwischen 1870 und 1913 von etwa 110 000 auf 550 000 Einwohner.
Zunächst waren Deutsche und Letten in Riga etwa gleich stark, um
1913 stellten die Letten hingegen fast doppelt so viele Einwohner.

Angesichts der Konzentration von Letten in Riga sowie von Esten
in Reval und Dorpat entwickelten sich in den Ostseeprovinzen die
nationalen Bewegungen der Letten und Esten seit den 1860er-Jahren
in Vereinen und mit eigenen Zeitungen. Die Estnische Nationale Bewegung stützte sich agitatorisch im Wesentlichen auf drei gemäßigte
Anliegen: Sie warb um die Unterstützung der »Alexanderschul-
bewegung« mit dem Ziel, in Dorpat ein estnisches Gymnasium
zu schaffen. Dafür wurde viel Geld gesammelt, ohne dass das Ziel

Seit den 1860er-Jahren wirkten in
Dorpat jüngere Intellektuelle und
Literaten aus den Ostseeprovinzen als
Aktivisten der nationalen Bewegungen.
Zu den wichtigsten gehörte Krišjānis
Valdemars (zweiter von links),
der zusammen mit Juris Alunāns das
lettische Theater begründete.

erreicht werden konnte. Außerdem wurde das estnische Vereins-
wesen im ganzen Land ausgebaut. An ihrer Spitze standen Vereinigungen estnischer Intellektueller in Dorpat und Reval. Überragende
Bedeutung gewann schließlich die Sängerbewegung. In der Hauptstadt Livlands, Riga, stand hingegen ein lettisches Abgrenzungspro-
gramm gegenüber der deutschen Oberschicht im Mittelpunkt der
Aktivitäten des Lettischen Vereins, gegründet 1868. Beide nationale
Bewegungen erlebten um 1880 einen deutlichen Aufschwung, als die
russische Reichsregierung in verschiedenen Regionen Russlands
»Senatorenrevisionen« durchführen ließ, um sich ein Bild von der
lokalen Selbstverwaltung zu machen. In Überschätzung ihrer Möglichkeiten hatten die Ritterschaften Livlands und Kurlands sogar um
eine solche Revision gebeten und mussten 1882/83 erleben, dass der

Diese Fahne des ersten lettischen Sängerfestes von 1873 spielt mit dem Bild eines heidnischen Priesters auf die damals aktuelle baltische Volkskunde und Frühgeschichte an. Andrejs Pumpurs ließ die Götterwelt der altlettischen Religion in dem Epos Lāčplēsis (Bärentöter) auferstehen, dessen Held gegen die Deutschen kämpft.

russische Senator Nikolaj Awksentjewitsch Manasein eng mit den estnischen und lettischen Vereinen zusammenarbeitete. Er nahm Zehntausende von Petitionen entgegen, die sich die regionale Entmachtung der Ritterschaften zum Ziel setzten. Die nationalen Esten und Letten kämpften zumindest um politische Gleichberechtigung mit den Deutschen. Am radikalsten war die Forderung, die Provinz Livland aufzuheben und stattdessen eine Grenzlinie zwischen dem estnischen und lettischen Siedlungsgebiet zu ziehen. Die Aufhebung der Provinz Livland durch eine derartige Grenzziehung hätte die sofortige Entmachtung des ritterschaftlichen Landtags zur Folge gehabt. Die Forderung wurde schließlich unter dem Eindruck des Ersten Weltkriegs im Jahr 1917 eingelöst. Damals entstanden, jedenfalls auf dem Papier, die Einheiten Estland und Lettland, die die Grundlage für die Staatsgründungen von 1918/19 bildeten.

Russifizierungsversuche

Im Zuge der deutschen Reichsgründung von 1870/71 wurde der russischen Öffentlichkeit immer bewusster, dass in den westlichen Randgebieten des Reichs, insbesondere im russischen Teilungsgebiet Polens um Warschau, in den litauischen Gouvernements und in den Ostseeprovinzen Russlands, nicht Russen, sondern Polen und Deutsche politisch und kulturell dominierten. Mit dem Regierungsantritt Kaiser Alexanders III. im Jahr 1881 kam die Partei reaktionärer russischer Nationalisten an die Macht, die 1888/89 Justiz und Verwaltung in den Ostseeprovinzen trennten und zu russifizieren suchten. Vor Gericht durfte nunmehr nur auf Russisch verhandelt werden. Deutsche Richter und Anwälte, die des Russischen nicht mächtig waren, verloren ihre Ämter und wurden durch Russen ersetzt, die wiederum das deutsche Recht nicht verstanden, das sie anwenden mussten. Sehr zum Kummer der nationalen Bewegungen wurde das gesamte Schulwesen in den Ostseeprovinzen seit 1887 russifiziert. Aller Unterricht musste mit Ausnahme des Fachs Religion auf Russisch erteilt werden. Estnisch und Lettisch wurden als Mundarten bezeichnet. Zahlreiche deutsche Lehrer verloren ihre Stellung und wanderten häufig hasserfüllt nach Deutschland aus. Ein Höhepunkt der Angleichungswelle wurde erreicht, als

Während der revolutionären Krise im Baltikum 1905 wurden zahlreiche Herrenhäuser deutscher Großgrundbesitzer zerstört. Das Bild zeigt das im Dezember ausgebrannte Schloss Nitau bei Riga, den Sitz der Grafen von Stenbock-Fermor.

die deutsch geprägte Universität Dorpat in Jurjew umbenannt und ebenfalls russifiziert wurde. Broschüren über das Unrecht, das im Namen eines russischen Nationalismus den baltischen Provinzen, zunehmend auch Finnland, angetan wurde, überschwemmten den deutschen Zeitungsmarkt zwischen 1890 und 1914. In der Kriegszieldiskussion des Ersten Weltkriegs hat diese »Baltikum-Publizistik« dann reife Früchte getragen.

Aus fiskalischen Gründen ließ die Russische Reichsregierung den deutschen Großgrundbesitz unangetastet. Die Ritterschaften hatten das flache Land aus Sankt Petersburger Sicht kostengünstig verwaltet und durch Selbstbesteuerung Krankenhäuser und Schulen finanziert. Es wurde übersehen, dass angesichts der Gegensätze von Arm und Reich gerade unter der Landbevölkerung ein revolutionäres Potenzial heranreifte, das sich mit der zahlenmäßig angewachsenen städtischen Arbeiterschaft im Krisenjahr 1905 zusammenfand und eine enorme revolutionäre Kraft entwickelte. Nirgendwo ist die revolutionäre Bewegung der Jahre 1905 und 1906 so stark gewesen wie im lettischen Siedlungsgebiet. Auf dem flachen Land in Südlivland und Kurland konnten sich zwischen Oktober und Dezember 1905 weder russisches Militär noch deutsche Bewohner halten. Etwa 80 Deutsche wurden ermordet. Die Rache der russischen Strafexpeditionen im Jahr 1906 war furchtbar. Tausende von Letten, weniger Esten, mussten emigrieren, wurden ausgebürgert oder verprügelt, nach Sibirien verbannt oder standrechtlich erschossen. Die Beziehungen zwischen Deutschen und Letten waren auf Jahre vergiftet, zumal als Rache für etwa 180 niedergebrannte Gutshäuser in den Ostseeprovinzen Hunderte von Bauernhäusern durch russisches Militär zerstört wurden. Zwischen 1906 und 1914 schienen die Spannungen unter den ethnischen Gruppen nachzulassen. Der Besuch des russischen Kaisers in Riga 1910 aus Anlass der 200-jährigen Zugehörigkeit Livlands zu Russland schien zu bestätigen, dass alle Irritationen zwischen Sankt Petersburg und den baltischen Provinzen behoben seien. Da brach im August 1914 der Erste Weltkrieg aus. Das lange besprochene »slawisch-germanische Duell« wurde für Esten, Letten, Deutsche, Russen, Finnen und Schweden gleichermaßen zu einer furchtbaren Erfahrung. Als unter dem Eindruck von Krieg, Hunger und Revolution 1917 die lettischen Soldaten überwiegend bolschewistisch wurden, lebte der wechselseitige Terror von 1905 nochmals verstärkt auf. Gerade in Lettland fand das Mehrheitsvolk der Letten auch nach dem Ende der Kämpfe um die Unabhängigkeit, an denen sich schließlich auch die Deutschbalten gegen die Bolschewiki beteiligt hatten, überwiegend keine positive Einstellung zur ehemaligen deutschen Oberschicht, die nunmehr zur nationalen Minderheit geworden war. In Estland hingegen kam es zwar auch zu radikalen gesetzlichen Enteignungen im Rahmen einer Agrarreform im Jahr 1919, doch konnte gleichzeitig ein friedliches Zusammenleben beginnen. Die Existenz der Minderheiten war und blieb in Estland stabiler als in Lettland.

Gert von Pistohlkors

Aus einer Eingabe der sechs größten Unternehmer- und Wirtschaftsverbände Deutschlands an den Reichskanzler Theobald von Bethmann Hollweg über die Kriegsziele im Mai 1915:

Für den Osten muss zunächst die eine Erwägung maßgebend sein, dass der im Westen zu erwartende große Machtzuwachs ein Gegengewicht durch ein gleichwertiges im Osten zu erwerbendes Landwirtschaftsgebiet finden muss ... Die Notwendigkeit, auch die gesunde landwirtschaftliche Grundlage unserer Volkswirtschaft zu stärken, eine groß angelegte deutsche ländliche Besiedelung sowie die Zurückführung der im Auslande, namentlich in Russland lebenden und jetzt entrechteten deutschen Bauern in das deutsche Reichs- und Wirtschaftsgebiet zu ermöglichen und unsere wehrkräftige Volkszahl stark zu erhöhen, fordert eine erhebliche Erweiterung der Reichs- und preußischen Grenzen gegen Osten durch Angliederung mindestens von Teilen der Ostseeprovinzen und der südlich davon liegenden Gebiete unter Berücksichtigung des Zieles, unsere östliche deutsche Grenze militärisch verteidigungsfähig zu gestalten.

Die lettischen Soldaten gingen 1917 weitgehend zur Fahne der Bolschewiki über. Das Bild zeigt eine Versammlung von Infanteristen in Petrograd 1918.

»Los von London« – Die irische Frage (bis 1922)

Die Entschiedenheit, mit der die englischen Regierungen seit dem ausgehenden Mittelalter an Irland festhielten, zeigt den hohen Stellenwert, den sie der Herrschaft über die Grüne Insel beimaßen. Sie bot der Krone nicht nur eine Einnahmequelle, die konfiszierten irischen Ländereien dienten zudem als Entlohnung regierungstreuer Angehöriger der *gentry* und *nobility* für geleistete Dienste. Dass die neuen Grundherren im Gegenzug für eine Festigung der

englischen Herrschaft und Sicherung der Westflanke Britanniens sorgen würden, wurde in London als selbstverständlich vorausgesetzt. Darüber hinaus taugte die Grüne Insel trefflich als Testgebiet zur Erprobung bestimmter kolonialer Vorgehensweisen.

Seit der Wende vom 16. zum 17. Jahrhundert geriet Irland öfter in das Blickfeld englandfeindlicher Mächte, die hofften, hier einen Hebel zur Beseitigung des lästigen Konkurrenten im Ringen um globalen Einfluss gefunden zu haben. 1798 konnten zwei von irischen Rebellen initiierte französische Landungsversuche abgewehrt werden.

Das Vereinigte Königreich

Allerdings hatte dieser Aufstand der britischen Regierung deutlich gezeigt, welchen Stellenwert eine endgültige Befriedung Irlands im Kontext der imperialen Politik besaß. Gerade angesichts des Abfalls der nordamerikanischen Kolonien erhielt der Verbleib Irlands im britischen Empire auch eine erhebliche symbolische Bedeutung. Die Verschmelzung des britischen mit dem irischen Königreich zu einer Union im Jahre 1801 war also primär ein Akt imperialer Räson, keine weitere Zwangsmaßnahme zur Unterdrückung irischer Unabhängigkeitsbestrebungen. Als Gegenleistung für die Zustimmung der irischen Katholiken hatte Premierminister William

Zur erfolgreichen Wahl in der Grafschaft Clare stellte Joseph Patrick Haverty 1828 eine von Daniel O'Connell geleitete Versammlung dar. Zusammenkünfte unter freiem Himmel mit angeblich Hunderttausenden von Teilnehmern führte der Politiker 1843–45 während seiner Kampagne gegen die irisch-britische Union durch (Dublin, National Gallery of Ireland).

Chronologie der irischen Frage

1541   Heinrich VIII. lässt sich zum König von Irland wählen. In der Folge zahlreiche gewaltsame Auseinandersetzungen zwischen Katholiken und Protestanten

1690   Sieg Wilhelms III. von Oranien über ein katholisches Heer unter Führung des gestürzten englischen Königs Jakob II. am Fluss Boyne

1801   Vereinigtes Königreich von Großbritannien und Irland

1867   Aufstand der Fenier

1916   Osteraufstand in Dublin

1919   Irische Abgeordnete des britischen Unterhauses bilden ein irisches Nationalparlament und rufen die Unabhängigkeit aus

1919-21   Blutige britisch-irische Auseinandersetzungen in ganz Irland

1921   Irischer Freistaat wird Dominion im britischen Weltreich

1922   Die Abtrennung der sechs mehrheitlich protestantischen Grafschaften der Provinz Ulster (Nordirland) löst Aufstände aufseiten der katholischen Vertragsgegner aus

1937   Im Rahmen einer Verfassungsreform gibt sich Irland den traditionellen Namen Eire

1949   Völlige Unabhängigkeit Irlands tritt in Kraft

Pitt der Jüngere ihnen die völlige Gleichberechtigung in Aussicht gestellt. Das bedeutete zugleich die Bereitschaft zur endgültigen Beseitigung der Zwangsgesetze, mit denen die protestantischen Statthalter in Irland seit Ende des 17. Jahrhunderts versucht hatten, den katholischen Widerstand gegen ihre Herrschaft zu brechen. Schon deshalb konnten sich viele irische Protestanten nur schwer mit dem Gedanken an die katholische Gleichberechtigung anfreunden. Ihre Sorgen waren zunächst unbegründet, denn König Georg III. weigerte sich trotz der Rücktrittsdrohung seines Premierministers, diese Gleichberechtigung umzusetzen. Seiner Meinung nach sollte jede Person, die ein Staatsamt anstrebe, Mitglied der Staatskirche sein.

Konstitutionell zum Erfolg – Die katholische Gleichberechtigung

Trotz dieses Wortbruchs kam es kaum zu Gewalttätigkeiten, da die Organisationsstruktur der irischen Aufständischen seit der Rebellion von 1798 zerschlagen war. Die irischen Katholiken strebten die Gleichberechtigung vielmehr auf dem konstitutionellen Wege an. Dass dieser Weg dann in der Tat fast vier Jahrzehnte lang beschritten wurde, ist das Verdienst Daniel O'Connells, eines der prominentesten Wortführer der irischen Katholiken in der 1. Hälfte des 19. Jahrhunderts. Durch die Gründung der *Catholic Association* 1823 gab es eine Interessenvertretung der irischen Katholiken, in der neben Grundbesitzern, wohlhabenden Bürgern und Handwerkern auch die zahlreichen unterprivilegierten Klein- und Kleinstpächter vertreten waren. Für den Zusammenhalt des Verbandes sorgte der katholische Klerus. So sammelten in der Regel die örtlichen Geistlichen im Rahmen der Gottesdienste die Mitgliedsbeiträge ein, die auch dazu dienten, katholische Landpächter vor Strafverfolgung zu schützen.

Bei den Parlamentswahlen 1826 hatte die Gesellschaft erstmals Empfehlungen für Kandidaten ausgesprochen, deren politische Ziele denen der irischen Katholiken nahe standen, anstatt wie bisher den Kandidaten des Grundherren zu wählen. Zwei Jahre später dann, als in der Grafschaft Clare Nachwahlen zum Unterhaus anstanden, kandidierte nach anfänglichem Zögern O'Connell selbst – schließlich existierte kein Gesetz, das die Kandidatur von Katholiken untersagt hätte. O'Connell ging als deutlicher Sieger aus den Wahlen hervor; die Grafschaft Clare hatte allerdings mit ihm einen Unterhausabgeordneten gewählt, der sein Mandat nicht wahrnehmen konnte, weil er als Katholik keinen Treueid auf die britische Krone ablegen durfte. Aber die Symbolkraft durfte die Londoner Regierung nicht übersehen. Die strikte konstitutionelle Politik O'Connells hatte sich ausgezahlt, seine Wahl bewirkte in London einen politischen Kurswechsel, an dessen Ende am 13. April 1829 der *Catholic Emancipation Act* in Kraft trat. Dieses Gesetz verschaffte den irischen Katholiken die lang ersehnte Gleichberechtigung, sieht man einmal davon ab, dass ihnen auch weiterhin die Vizekönigswürde sowie die britische und irische Lordkanzlerschaft verwehrt blieb.

Daniel O'Connell; Porträt von George Francis Mulvany (Dublin, National Gallery of Ireland).

Verdorbene Ernte – Die Große Hungersnot und ihre Folgen

Irland war um 1840 mit über 8 Millionen Einwohnern ungewöhnlich dicht besiedelt – vermutlich als Folge der relativ leichten Verfügbarkeit zweier grundlegender Überlebensvoraussetzungen: der problemlosen Wärmeerzeugung durch Torf und der Nutzung der

Während der Großen Hungersnot war die Furcht vor der Vertreibung von Haus und Hof durch die britischen Grundherren unter den irischen Pachtbauern besonders groß. Im 19. Jahrhundert wurden solche »Eviktionen« zum patriotischen Thema der irischen Malerei, wie in diesem Bild von Henry Jones Thaddeus (1889, Privatbesitz).

Die Kartoffelfäule, eine eingeschleppte Pilzerkrankung (Phythophthora infestans), vernichtete zwischen 1845 und 1849 die Ernten in Irland. Im Bild von Daniel MacDonald entdecken Bauern, dass die gesamte Kartoffelmiete befallen ist (Dublin, University College).

Kartoffel als Grund- und Hauptnahrungsmittel gerade der Klein- und Kleinstpächter. Etwa die Hälfte der irischen Bevölkerung lebte zu dieser Zeit am Rande des Existenzminimums – ein Ausfall der Kartoffelernte musste also gerade für sie verheerende Folgen haben.

Der Katastrophenfall trat im Herbst 1845 ein, als die Kartoffelernte ganz Irlands von der Kartoffelfäule befallen und vernichtet wurde. Das irische Fürsorgewesen erwies sich als ungeeignet zur Bewältigung einer solchen Krise, da es die direkte Versorgung der notleidenden Bevölkerung untersagte und lediglich die Finanzierung von Arbeitsbeschaffungsmaßnahmen erlaubte. Ein weiterer Ernteausfall im Folgejahr erzwang eine Änderung des Verfahrens zugunsten direkter Armenspeisung, deren Kosten von Kaufleuten und Grundherren getragen werden sollten. Doch diese dachten nicht daran, sich stärker als bisher an den Versorgungskosten zu beteiligen – zumal sie aufgrund ausgebliebener Pachtzahlungen in der Regel bereits erhebliche Einkommenseinbußen hinnehmen mussten. Viele zahlungsunfähige Pächter wurden in dieser Zeit in durchaus rechtskonformer Weise von ihrem Land vertrieben, wobei es mancherorts zu bewaffneten Auseinandersetzungen kam.

Eine erste Bilanz der Hungersnot der Jahre 1845 bis 1850 zeigte ein erschütterndes Ergebnis: Über eine Million Menschen war dem Hunger zum Opfer gefallen, eine Million Iren hatte das Land verlassen, und die Anzahl der Fürsorgeempfänger lag ebenfalls bei einer Million. Die Hungersnot hatte die Schwächen der traditionellen

Besitzverhältnisse schonungslos offen gelegt, sie hatte darüber hinaus den irischen Nationalisten reichlich Argumente gegen die angloirische Union geliefert, wenngleich diese Erkenntnis noch keinen Aufschluss darüber gibt, ob eine eigenverantwortlich handelnde Dubliner Regierung besser mit diesen Problemen fertig geworden wäre.

»Young Ireland« – Das Junge Irland

Zur Erlangung der Unabhängigkeit boten sich Anfang der Fünfzigerjahre drei Richtungen an – die strikt konstitutionelle nach dem Vorbild O'Connells, die gewaltbereite nach dem Vorbild der aufständischen *United Irishmen* von 1798 und die des *Young Ireland*. Diese Organisation hatte sich Anfang der Vierzigerjahre entwickelt; ihr Programm knüpfte an die Idee des Jungen Europa des italienischen Freiheitskämpfers Giuseppe Mazzini an. Ihre Anhänger definierten die irische Nation als eine Gemeinschaft, unabhängig von Herkunft, Klasse und Abstammung.

Nach den Erfahrungen der Hungerkatastrophe rief der Katholik Charles Gavan Duffy, der bereits 1842 mit dem Protestanten Thomas Davis die Zeitschrift »The Nation«, das Sprachrohr der *Young Irelanders,* gegründet hatte, 1850 mit der *Tenant Right League* eine Organisation ins Leben, die sich um eine Verbesserung der Rechtslage von Pächtern und Landarbeitern bemühte. Der *Tenant Right League* war jedoch kein großer Erfolg beschieden und sie löste sich 1859 wieder auf.

Nicht zuletzt unter dem Eindruck des Scheiterns der *Tenant Right League* hatten sich andere Anhänger des *Young Ireland* 1858 zur *Irish Republican Brotherhood* zusammengeschlossen – im selben Jahr, als sich in New York irische Emigranten als *Fenian Movement* konstituierten. Die republikanische Bruderschaft bekannte sich wie die Fenier zu der 1848 von Thomas Davis formulierten Doktrin, die besagte, dass Großbritannien Irland niemals die Unabhängigkeit gewähren würde, es sei denn, es würde durch militärische Gewalt dazu gezwungen. In den Sechzigerjahren bildeten sie ein engmaschiges Netz lokaler Gruppen, die als eidgebundene Geheimgesellschaften strukturiert waren. Um 1865 verfügte die Bruderschaft nicht nur über Tausende eingeschriebener Mitglieder in Irland, darüber hinaus hatten sich Partnerbünde in allen anderen Teilen des britischen Weltreiches gebildet. Durch gezielte Unterwanderung der Organisation war die britische Regierung aber bestens über den 1867 geplanten Aufstand der Bruderschaft informiert, dessen Anführer entweder verhaftet wurden oder ins Ausland flüchten mussten.

Premierminister Sir Robert Peel am 9. Mai 1843 über die von der Repeal Association, der Vorgängerorganisation der Young Irelanders, angestrebte Unabhängigkeit:

Es gibt keine Macht, weder die Prärogativrechte der Krone noch die Gesetzgebung des Parlaments, die nicht zum Zwecke der Erhaltung der Union ausgeübt wird. Deren Auflösung würde nicht nur die Aufhebung eines vom Parlament verabschiedeten Gesetzes bedeuten, sondern einer Amputation dieses großen Reiches gleichkommen … Ich lehne jede Form des Krieges entschieden ab, besonders den Bürgerkrieg, dennoch gibt es für mich nichts, was ich nicht einer Amputation dieses Reichs vorziehen würde.

Not und Hunger ließen die Einwohnerzahl Irlands zwischen 1841 und 1851 von 8,3 Millionen auf 4,3 Millionen sinken. Viele wanderten aus, vor allem in die Neue Welt. Das Gemälde von James Glen Wilson zeigt ein Auswandererschiff im Hafen von Belfast (1852; Belfast, Ulster Museum).

Home Rule – Der Weg zur nationalen Selbstverwaltung

Die ungelöste irische Frage beschäftigte seit 1868 auch den liberalen Premierminister William Gladstone. Um Irland »Gerechtigkeit und Frieden« zu bringen, war er bereit, die Strukturen der angloirischen Union auf Defizite zu überprüfen und sie gegebenenfalls zugunsten von *devolution,* also der Übertragung eines Bündels politischer Rechte an eine neu zu schaffende irische Exekutive und Legislative, aufzulösen.

Auf Initiative des wohl prominentesten irischen Rechtsanwalts der Zeit, des Protestanten und ehemaligen Unionisten Isaac Butt,

wurde im Jahre 1870 die *Home Government Association* als eine Art Widerlager der irlandpolitischen Zielsetzung Gladstones ins Leben gerufen. Vier Jahre später gewann die *Home Rule Party,* wie sie sich fortan nannte, bei den Unterhauswahlen mehr als die Hälfte aller irischen Unterhausmandate. Der Erwartungsdruck der Wählerschaft wuchs, ohne dass Butt aber nennenswerte Erfolge aufweisen konnte. 1877 musste er daher die Führung der Partei und der Parlamentsfraktion an Charles Stewart Parnell abgeben.

Eine zeitgenössische Karikatur zeigt, wie der britische Premierminister William Gladstone unter dem Druck der irischen Landliga nach mehreren misslungenen Anläufen 1881 das neue Landgesetz für Irland zu Papier bringt. Rechts ein Porträtfoto von Charles Stewart Parnell, dem Führer der irischen Nationalpartei, der in den Achtzigerjahren als der »ungekrönte König Irlands« galt.

Der neue Parteiführer entstammte einer protestantischen Grundbesitzerfamilie und zählte zum radikalen Flügel seiner Partei. Von vornherein verknüpfte er die Home-Rule-Frage mit der seit den Fünfzigerjahren überfälligen Landreform. Dazu übernahm er 1879

den Vorsitz der *Irish National Land League,* die auch ein Forum zur Erörterung von Fragen bieten wollte, die die irische Unabhängigkeit betrafen. Der Landliga gelang es binnen weniger Monate durch Boykottmaßnahmen gegen die Pächter, die Diskussion über eine Reform der Besitzverhältnisse anzuregen. 1881 kam es zur Verständigung: Gladstone versprach die zügige Durchführung der Reformen, Parnell garantierte als Gegenleistung die Verfassungskonformität der künftigen Ligaarbeit. 1886 legte Gladstone seinen ersten Home-Rule-Gesetzentwurf dem Parlament zur Abstimmung vor, der allerdings bereits im Unterhaus scheiterte. Die Landreform dagegen wurde 1903 mit dem Wyndham-Gesetz abgeschlossen. Die beiden letzten Jahrzehnte des 19. Jahrhunderts sind folglich von einer bemerkenswerten Ruhe und Stabilität geprägt.

Diese Phase schuf Raum für die Entstehung anderer Formen des irischen Nationalismus, die man heute unter dem Schlagwort *Gaelic Revival* zusammenfasst. Sie bezeichnet eine gesellschaftliche Bewegung, die sich in Kunst, Literatur oder Sport der Rückbesinnung auf die spezifisch keltisch-irischen Wurzeln und Traditionen verpflichtet fühlte und diese neu im Bewusstsein ihrer Landsleute verankern wollte. Ihre Kulturarbeit schuf die Grundlagen für jenes ausgeprägte irische Nationalbewusstsein, ohne das der Unabhängigkeitskampf des frühen 20. Jahrhunderts nicht erklärt werden kann.

Dieser entzündete sich letztlich am dritten Home-Rule-Entwurf, den die liberale Regierung Asquith 1912 dem Parlament zur Abstimmung vorlegte, denn vor dem Hintergrund der Home-Rule-Diskussion hatte sich in unionistischen Kreisen eine Oppositionsbewegung formiert. Nach der Annahme des Gesetzes rief der Vorsitzende des *Ulster Unionist Council,* Sir Edward Carson, zur Gründung einer bewaffneten paramilitärischen Truppe, der *Ulster Volunteer Force,* auf, um die Einführung der *Home Rule* notfalls mit Gewalt zu verhindern. Das wurde von den jahrzehntelang strikt konstitutionellen irischen Nationalisten als klare Kampfansage empfunden. Ihre *Irish Volunteer Force* war zunächst als Schutztruppe vor den *Ulster Volunteers* gedacht. Sie entwickelte sich indes rasch zum Kern einer Nationalbewegung, die sich nicht mehr mit einem national selbstverwalteten Irland als Dominion im britischen Weltreich zufrieden geben wollte, sondern sich der Schaffung einer völlig unabhängigen Republik Irland verpflichtet fühlte. Nach Ausbruch des Ersten Weltkriegs schien dieses Ziel greifbar nahe, denn ein Großteil der bislang auf irischem Boden stationierten königlichen Truppen kämpfte nun an den kontinentaleuropäischen Fronten. Wenn der Aufstand, der am Ostermontag des Jahres 1916 mit der Proklamation der Republik Irland auf den Stufen des Dubliner Hauptpostamts eingeleitet wurde, dennoch eher kläglich scheiterte, so ist das auf eine Reihe von Missverständnissen und Fehleinschätzungen bei der Vorbereitung und der Durchführung der Rebellion zurückzuführen. In der folgenden Zeit voller blutiger Auseinandersetzungen entwickelte sich die separatistische Partei Sinn Féin unter Eamon de Valera zur Trägerin der Unabhängigkeitsbewegung. Es sollte aber noch bis 1921 dauern, bis im Anglo-Irischen Vertrag immerhin 26 von 32 irischen Grafschaften als *Irish Free State* in die Teilunabhängigkeit eines Dominion im britischen Weltreich entlassen wurden, während die sechs unionistischen Grafschaften im irischen Nordosten das erhielten, wogegen sie sich seit 1912 so vehement ausgesprochen hatten – die *Home Rule,* und zwar als Provinz im Vereinigten Königreich von Großbritannien und Nordirland.

Jürgen Elvert

Mit dem **Boykott** hatte die **Landliga** ein ebenso einfaches wie wirksames Konzept zur Durchsetzung ihrer Ziele entwickelt: Sie empfahl ihren Mitgliedern die Aufnahme von Verhandlungen mit den jeweiligen Grundherren oder deren Verwaltern über die Reduzierung von Pachtzinsen. Falls solche Verhandlungen erfolglos blieben, wurde eine Totalverweigerung der Zahlungen und der ansonsten zu erbringenden Arbeits- und Dienstleistungen angeraten. Die betroffenen Grundherren und Verwalter waren letztlich hilflos. Zwar konnten sie säumige Pächter vertreiben lassen, doch fanden sie in der Regel niemanden, der das frei gewordene Land übernommen hätte. Der wegen seiner Härte berüchtigte Captain Charles Boycott, dessen Name seither als Synonym für diese Vorgehensweise steht, wurde von der Landliga sogar aus dem Land getrieben.

Waffenstillstand und Abschluss des Anglo-Irischen Vertrags 1921 brachten der Insel keine Ruhe. 1922 wurde der gemäßigte Michael Collins (links), ein Unterzeichner des Abkommens, von Gegnern des Vertrags ermordet. Der Sinn-Féin-Führer Eamon de Valera (rechts), seit 1919 Präsident der neu proklamierten Irischen Republik, trat aus Protest gegen die Annahme des Vertrags 1922 zurück und führte im folgenden Bürgerkrieg die Vertragsgegner gegen die gemäßigte Regierung des Freistaats an. 1937 schuf er die Grundlagen für die 1949 ausgerufene souveräne Republik Irland.

»Durch Eisen und Blut« – Die deutsche Einigung

Großdeutsch oder kleindeutsch? – Der preußisch-österreichische Dualismus

Nur wenige Tage nach seiner Ernennung zum preußischen Ministerpräsidenten trat Otto von Bismarck am 30. September 1862 vor die Budgetkommission des Abgeordnetenhauses, um seine politische Philosophie zu erklären: Nicht auf Preußens Liberalismus schaue Deutschland, sondern auf seine Macht. Nicht durch Reden und Majoritätsbeschlüsse würden die großen Fragen der Zeit entschieden, sondern »durch Eisen und Blut«.

Hintergrund der markigen Worte war eine Heeresverstärkung, die König Wilhelm I. mit Bismarcks Hilfe gegen das widerstrebende Parlament durchsetzen wollte. Der soldatisch erzogene Wilhelm – der inzwischen König gewordene »Kartätschen-Prinz«, der 1848/49 die Revolution blutig niedergeschlagen und damit die Macht der Krone gerettet hatte –, wollte Preußen auf diese Weise für den zu erwartenden Kampf um Deutschland rüsten. Niemand wusste zu diesem Zeitpunkt, wie ein einheitliches Reich entstehen könnte und wer darin das Sagen haben würde. Aber überall in Europa waren nationale Bewegungen auf dem Vormarsch. Und Deutschland bildete keine Ausnahme.

Die Pickelhaube war das Symbol preußischer Vormacht in Deutschland. Hier das Exemplar von Bismarcks Kürassieruniform nach dem Modell von 1867 (Berlin, Deutsches Historisches Museum).

Die nationale Frage

Seit der Französischen Revolution von 1789 und den Befreiungskriegen gegen Napoleon war das Bedürfnis nach einer Lösung der »nationalen Frage« gewachsen. Der auf dem Wiener Kongress 1815 geschaffene »Deutsche Bund« hatte die Hoffnungen nicht erfüllt: Er war nicht mehr als eine lose Konföderation ohne gemeinsames Oberhaupt und Regierung, ohne gesetzgebende Versammlung, ohne Gerichtshöfe und ohne gemeinsame innere Verfassung, lediglich schwach verbunden mit dem Ziel der »Erhaltung der äußeren und inneren Sicherheit Deutschlands und der Unabhängigkeit und Unverletzbarkeit der einzelnen deutschen Staaten«, wie es in der Bundesakte von 1815 hieß. Im einzigen Organ des Bundes, der Bundesversammlung – auch Bundestag genannt – mit Sitz in Frankfurt am Main, führte Österreich den Vorsitz, das kein Interesse an einem Zusammenschluss Deutschlands haben konnte, da eine Neuordnung der Mitte Europas nach nationalen Gesichtspunkten automatisch den habsburgischen Vielvölkerstaat infrage gestellt hätte.

Enttäuschte Anhänger der deutschen Nationalbewegung – zumeist auch Befürworter eines liberalen Verfassungsstaates – gaben sich damit jedoch nicht zufrieden. Noch 1815 wurde von Studenten in Jena die »Jenaische Burschenschaft« gegründet, die bald auch an anderen Universitäten Unterstützung und Anhänger fand. Gemeinsam suchte man die landsmannschaftliche Zersplitterung zu überwinden. Bereits im Oktober 1817 zogen 500 Abgesandte von zwölf deutschen Universitäten auf die Wartburg bei Eisenach, um hier nicht nur des Reformationsjahres 1517 und des 4. Jahrestages der Völkerschlacht bei Leipzig zu gedenken, sondern unter schwarz-rot-goldenen Fahnen auch ein einiges und freies Deutschland zu fordern. Eine weitere Demonstration – mit über 30 000 Teilnehmern – folgte im Mai 1832 auf der Maxburg, dem Hambacher Schloss.

Die Fürsten reagierten darauf mit einem Verbot der Burschenschaften, der Überwachung der Universitäten, der Wiedereinführung bzw. Verschärfung der Pressezensur und der Einsetzung einer Untersuchungskommission, um die »revolutionären Umtriebe und demagogischen Verbindungen« aufzuhellen. Vor allem die beiden deutschen Großmächte Österreich und Preußen wollten keinen Umsturz der bestehenden Ordnung zulassen. Gemeinsam setzten sie 1819 im Deutschen Bund die »Karlsbader Beschlüsse« und 1833 deren Erneuerung durch. Nationalisten, Liberale und Demokraten wurden überwacht und verfolgt, teilweise auch verhaftet und verurteilt wie »Turnvater« Friedrich Ludwig Jahn oder zur Flucht ins Ausland gezwungen wie der Publizist Joseph Görres.

Friedrich Ludwig Jahn eröffnete 1811 in Berlin den ersten Turnplatz. Er rief zur Volkserhebung gegen die napoleonische Herrschaft, zur Volksbewaffnung und Errichtung eines deutschen Nationalstaates auf (Porträt von Friedrich Ludwig Heine, 1820–22; Berlin, Deutsches Historisches Museum).

Der Deutsche Zollverein

Die Zusammenarbeit zwischen Österreich und Preußen hatte allerdings ihre Grenzen. Schon bei der Frage, ob nicht aus wirtschaftlichen Gründen wenigstens ein zollpolitischer Zusammenschluss Deutschlands erfolgen müsse, um die Industrialisierung zu erleichtern und den Rückstand gegenüber den westeuropäischen Ländern zu verringern, wurde die Konkurrenz sichtbar: Die Gründung des Deutschen Zollvereins, mit dem zur Jahreswende 1833/34 in großen Teilen Deutschlands die Zollschranken fielen, fand unter Ausschluss Österreichs statt. Der österreichische Haus-, Hof- und Staatskanzler Fürst von Metternich bemerkte deshalb in einem Bericht an Kaiser Franz I., beim Zollverein geschehe alles »unter preußischem Schutze und preußischer Präponderanz«. Denn Preußen ging es nicht nur um wirtschaftliche, sondern auch um politische Einigung, wie Finanzminister Friedrich von Motz bereits im Juni 1829 in einer Denkschrift an König Friedrich Wilhelm III. betont hatte: Es erscheine »ganz unnatürlich«, wenn Staaten in der Politik divergierende Ansichten verfolgten, deren Völker in einem »Kommerzialsystem« miteinander verbunden seien. Deutschland werde daher »unter dem Schutz und Schirm von Preußen erstehen und glücklich sein«.

Das in 39 Einzelstaaten geteilte Deutschland war auch wirtschaftlich zersplittert. Die Zollkontrollen an den Grenzen jedes Kleinstaates waren lästig, zeitraubend und kostspielig; hier eine Darstellung aus der Mitte des 19. Jahrhunderts. Erst der Zollverein schuf 1834 die Voraussetzungen für eine wirtschaftlich dynamische Entwicklung.

Kleindeutsche oder großdeutsche Lösung?

Auch innerhalb der deutschen Einheits- und Freiheitsbewegung konnte man sich schon bald keine andere Führungsmacht mehr vorstellen als Preußen. Im Streit zwischen Befürwortern einer

»großdeutschen Lösung« (einer Einigung Deutschlands unter Einschluss Österreichs) und Anhängern einer »kleindeutschen Lösung« (unter Ausschluss Österreichs) obsiegten die Kleindeutschen um Längen. Dies lag nicht nur an der Sogwirkung des Zollvereins, sondern ebenso sehr an der politischen Stagnation, die unter Metternich in Österreich herrschte. In Preußen dagegen kam die nationale Bewegung unter dem unsicheren und schwachen König Friedrich Wilhelm IV., der ab Juni 1840 regierte, immer besser zur Geltung. So verwunderte es nicht, dass nach der Revolution von 1848 die Frankfurter Nationalversammlung nach Abschluss ihrer Verfassungsberatungen am 28. März 1849 den preußischen König zum Deutschen Kaiser wählte und anschließend eine Deputation unter der Leitung ihres Präsidenten Eduard Simson nach Berlin entsandte, um Friedrich Wilhelm IV. die Krone anzubieten. Beim Empfang im Rittersaal seines Schlosses antwortete der König »freundlich, ja verbindlich«, »in flittergestickte Windeln gehüllt«, wie er selbst später sagte. Doch er dachte gar nicht daran, die Krone anzunehmen. Aus der Hand der Paulskirchen-Vertreter war sie für ihn ein »Hundehalsband«, mit dem man ihn an die Revolution ketten wollte. In Wirklichkeit, so ließ er die Deputation wissen, habe die Paulskirche gar keine Krone anzubieten – und er folglich keine auszuschlagen oder anzunehmen.

Bismarck vor dem Bundesrat, dem verfassungsrechtlich höchsten Organ im Deutschen Reich von 1871 bis 1918. Die Stimmen verteilten sich nicht nach der Volkszahl, sondern nach der Größe der Länder (Gemälde von Anton von Werner, 1888. Berlin, Reichstagsgebäude).

Preußische Konzeptionslosigkeit

Dies war die Situation, in der Otto von Bismarck 1851 als preußischer Bundestagsgesandter nach Frankfurt ging und dort alsbald mit dem Problem des preußisch-österreichischen Dualismus konfrontiert wurde. Doch es sollten noch weitere zehn Jahre vergehen, ehe Bismarck die Chance erhielt, das Problem zu lösen. In Frankfurt hatte er zwar rasch die Überzeugung gewonnen, dass Österreich eines Tages aus dem Deutschen Bund werde ausscheiden müssen, weil die Habsburger ein geeintes Deutschland unter preußischer Führung niemals akzeptieren würden und der österreichische Vielvölkerstaat für einen nationalstaatlichen deutschen Weg ohnehin gänzlich ungeeignet war. Dennoch wollten weder Friedrich Wilhelm IV. noch sein Nachfolger Wilhelm I. anfangs einen Bruch mit Österreich riskieren. Während des Krimkrieges (1853–1856) wirkte man in Berlin daher konzepts- und hilflos zwischen den europäischen Mächten, die ihre eigenen Interessen verfochten und Preußen in seiner Orientierungs- und Machtlosigkeit gar nicht wahrzunehmen schienen. Preußen neutralisierte sich somit selbst, was ihm die Verachtung des Westens und das Misstrauen Russlands eintrug. Auch Bismarck wurde vorübergehend ein Opfer dieser Unentschiedenheit: Nach Ausbruch des österreichisch-italienischen Krieges wurde er 1859 wegen seiner antiösterreichischen Haltung aus Frankfurt abberufen und nach Sankt Petersburg versetzt – »kaltgestellt«, wie er selbst meinte.

Bismarcks neue Strategie

Als Wilhelm ihn drei Jahre später zum Ministerpräsidenten berief, hatte sich das Blatt indessen gewendet: Im Konflikt zwischen König und Landtag um die Heeresverstärkung schien die preußische Monarchie am Ende. Wilhelm sah keinen Ausweg mehr und erwog bereits seine Abdankung. Der auf Vorschlag von Kriegsminister Albrecht Graf von Roon als »Retter« herbeigerufene Bismarck erhielt dadurch in einem Maße freie Hand, wie er es unter normalen Umständen kaum jemals hätte erwarten können. Seine Machtdemonstration vor der Budgetkommission des Abgeordnetenhauses am 30. September 1862 war jedoch nicht nur ein taktischer Trick, um widerspenstige Abgeordnete einzuschüchtern, damit sie die Heeresvorlage annahmen und halfen, die Lähmung der preußischen Innenpolitik zu überwinden, sondern sie kündete auch von einem neuen außenpolitischen Konzept und beträchtlichem Selbstbewusstsein.

Kaiser Wilhelm I. beschränkte seine Rolle im Wesentlichen darauf, Bismarck den Rücken zu stärken (Porträt um 1875; Berlin, Privatsammlung).

Angesichts der »mathematischen Logik der Tatsachen«, die ihn in Frankfurt zu der Überzeugung gebracht hatte, »dass Österreich nicht unser Freund sein kann und will« – wie er unter dem 28. April 1856 in einem Brief an Leopold von Gerlach geschrieben hatte –, fühlte sich Bismarck nun, da er die Macht besaß, zum Handeln verpflichtet. Die Trennung von Österreich entsprang dabei keinem Herzenswunsch. Sie war für ihn lediglich ein Gebot der Klugheit. Sogar die Einigung Deutschlands hätte der preußische Junker Bismarck gerne vermieden. Aber die europäische Entwicklung zur Herausbildung von Nationalstaaten ließ sich nicht einfach ignorieren. Sonst war nicht nur die deutsche, sondern auch die preußische Machtstellung gefährdet. Bereits am 4. Dezember 1862 teilte Bismarck dem österreichischen Botschafter in Berlin, Graf von Károlyi, seine Absichten ganz offen mit: Österreich werde jetzt mit Preußen »als europäische Großmacht zu thun bekommen«, und die Paragraphen des Deutschen Bundes würden nicht die Kraft haben, »die Entwicklung der deutschen Geschichte zu hemmen«.

Der mächtige Freund im Osten – Das preußisch-russische Einvernehmen

Als Anfang 1863 im russisch besetzten Kongresspolen ein Aufstand gegen die russischen Garnisonen ausbrach, bot sich die günstige Gelegenheit, einen mächtigen Verbündeten gegen Österreich zu gewinnen, indem Bismarck den Zaren bei der Niederschlagung der Erhebung unterstützte. Diese Gefälligkeit fiel ihm umso leichter, als er ein wie auch immer beschaffenes unabhängiges Polen als den Todfeind der preußischen Monarchie und des ostelbischen Landadels ansah. Die geteilte polnische Nation sollte seiner Mei-

Zar Alexander II. Nikolajewitsch hob nach seiner Thronbesteigung 1855 die bäuerliche Leibeigenschaft auf und setzte Reformen im Rechtswesen, in der Verwaltung und beim Heer durch. Zur Bekämpfung des polnischen Aufstandes 1863 verständigte er sich mit Preußen und leistete wichtige Rückendeckung bei der Reichseinigung. Das Gemälde von Franz Krüger entstand 1847 (Zarskoje Zelo, Staatliches Museum).

nung nach in einem solchen Zustand verbleiben, dass man mit ihr staatlich nicht mehr zu rechnen brauchte. Selbst eine nationale Autonomie im russischen Staatsverband, die vom Bruder des Zaren, Großfürst Konstantin, und Außenminister Aleksandr Fürst Gortschakow befürwortet wurde, kam für ihn nicht in Betracht. Schon als Gesandter in Sankt Petersburg hatte er deshalb stets vor zu vielen Zugeständnissen in der polnischen Frage gewarnt.

Die alvenslebensche Konvention

S ofort nach Beginn des Aufstandes entsandte Bismarck nun den Generaladjutanten des preußischen Königs, Gustav von Alvensleben, nach Russland, um monarchische Solidarität zu demonstrieren und gegen alle Kompromissabsichten in höfischen Kreisen Sankt Petersburgs anzukämpfen. Telegrafisch wurde Alvensleben zudem im Februar 1863 von Bismarck ermächtigt, eine Konvention abzuschließen, nach der die russischen und preußischen Truppenführer sich bei der Verfolgung von Aufständischen gegenseitig Beistand leisten durften. Wenn nötig, war ihren Soldaten dabei sogar gestattet, die jeweiligen Staatsgrenzen zu überschreiten.

Tatsächlich war die militärische Bedeutung dieser Übereinkunft gering – zumal die Konvention im beiderseitigen Einvernehmen der Regierungen in Berlin und Sankt Petersburg völkerrechtlich nie in Kraft gesetzt wurde. Aber ihre politische Wirkung war enorm. Zum einen wurde Bismarck deswegen im eigenen Lande von den Liberalen und vom deutschen Nationalverein heftig angegriffen, die ernsthafte, auch militärische Konflikte mit den Westmächten fürchteten. Zum anderen protestierten die öffentliche Meinung und die Regierungen in Frankreich und England massiv gegen die Unterdrückungsmaßnahmen des Zarismus in Polen – und damit indirekt ebenfalls gegen Bismarck. Sogar Österreich, obwohl selbst Unterdrücker Polens, forderte in einer Note an Russland die Gewähr für einen dauerhaften Frieden. Und auch deutsche Revolutionäre wie Karl Marx und Friedrich Engels traten rückhaltlos für einen freien, demokratischen Nationalstaat Polen ein und unterstützten Versuche, den polnischen Aufständischen durch die Aufstellung einer »deutschen Legion« zu helfen.

Eine Parade siegreicher russischer Kosaken in Warschau nach der Niederschlagung des polnischen Aufstandes 1863. Aufgrund der alvenslebenschen Konvention waren auch preußische Truppen in den Grenzgebieten bei der Verfolgung von Aufständischen eingesetzt (historische Fotografie).

Solche Kritik wog jedoch wenig im Vergleich zu den Vorteilen, die Bismarck aus seinem Schulterschluss mit dem Zaren zu ziehen vermochte. Dabei kam ihm zusätzlich der Umstand zu Hilfe, dass die Zusammenarbeit zwischen Russland und dem Frankreich Napoleons III., die nach dem Krimkrieg 1856 viel versprechend begonnen hatte, entgegen den Wünschen des russischen Außenministers Gortschakow zunehmend in eine Krise geriet. Denn der französische Kaiser ließ es zumindest zu, dass Mitglieder seines Hofes in Paris immer wieder gegen Russland intrigierten: einmal mit polnischen Emigranten aristokratischer Couleur, dann wieder auf katholischklerikaler Basis mit Österreich. Und als Napoleon III. 1863 gar den polnischen Aufstand für seine imperialen Zwecke zu nutzen suchte, war die Chance eines russisch-französischen Bündnisses für lange Zeit vertan.

Dagegen hatte Bismarck mit der alvenslebenschen Konvention Russlands politisch-moralische Isolierung durchbrochen und die politische Konstellation binnen kurzer Zeit grundlegend zugunsten Preußens verändert: England und Frankreich waren Russland entfremdet, Österreich hatte die konservativ-monarchische Solidarität mit dem Zaren unnötig gefährdet und geriet außerdem auf dem Balkan zunehmend in Konflikt mit dem Panslawismus, während die preußisch-russischen Beziehungen keine ernsthaften Gegensätze mehr aufwiesen, sodass schon bald offiziell von einer »Entente« gesprochen wurde. Zumindest konnte sich Bismarck bei den kommenden Auseinandersetzungen mit Österreich auf Russland verlassen, während Habsburg durch keine Großmacht mehr gestützt wurde.

Der Chef des Generalstabs Helmuth Graf von Moltke über die Entstehung des Deutschen Krieges (aus Tim Klein, Bismarck):

Der Krieg von 1866 ist nicht aus Notwehr gegen die Bedrohung der eigenen Existenz entsprungen; es war ein im Kabinett als notwendig erkannter, längst beabsichtigter und ruhig vorbereiteter Kampf nicht für Ländererwerb, Gebietsabtretung oder materiellen Gewinn, sondern für ein ideales Gut – für Machtstellung.

Der deutsch-dänische Krieg von 1864

1864 zogen Preußen und Österreich im Krieg gegen Dänemark allerdings noch gemeinsam ins Feld. Hintergrund war der Versuch des dänischen Königs vom 30. März 1863, die internationalen Spannungen nach dem Ausbruch des polnischen Aufstandes zu nutzen, um durch eine neue verfassungsrechtliche Verlautbarung für Holstein dessen besondere Verbindungen mit Schleswig abzuschneiden und die beiden Herzogtümer, denen in den Londoner Protokollen von 1850 und 1852 volle Autonomie zugesichert worden war, als dänische Provinzen der Gesamtmonarchie einzuverleiben. Jetzt war entschiedenes Handeln notwendig, wenn Schleswig und Holstein für Deutschland nicht endgültig verloren gehen sollten.

Zunächst reagierten die Betroffenen selbst: Fast alle holsteinischen Beamten versagten dem neuen König die Eidesleistung, und die schleswig-holsteinischen Soldaten in der dänischen Armee verweigerten den Gehorsam. Schleswig-Holstein-Vereine und -Komitees wurden gegründet und Volksversammlungen abgehalten, in denen zu Geldkollekten und zur Aufstellung von Freiwilligenverbänden aufgerufen wurde. Eine regelrechte »nationale Befreiungsbewegung« entstand, die mit patriotischer Begeisterung ein freies und unabhängiges Schleswig-Holstein forderte. Bismarck stand nun vor der Alternative, sich entweder an die Spitze der nationalen Bewegung zu stellen – und damit von ihrem liberalen Geist abhängig zu werden – oder eine »waffenmäßige Großmachtpolitik« zu treiben. Natürlich kam für ihn nur der zweite Weg in Betracht. Und dafür konnte er sogar den österreichischen Staatskanzler

Ein 1851 preisgekröntes Gemälde des Dänen Nikolaj François Habbe zeigt dänische Reservisten im ergebnislosen Krieg um die nationale Zugehörigkeit des Herzogtums Schleswig von 1848–50. Der deutsch-dänische Konflikt blieb auch für den Maler nach 1864 auf der Tagesordnung: Die abgebildete Fassung des patriotischen Gemäldes entstand 1870 (Berlin, Museum für Deutsche Geschichte).

Johann Graf von Rechberg gewinnen, indem er dessen »stete und aufgeregte Sorge vor revolutionären Umtrieben und Ausbrüchen« geschickt ausnutzte und sich außerdem Österreichs Hegemoniestreben dienstbar machte. Ungeachtet aller Gegensätze, die zwischen Wien und Berlin bestanden, gelang es Bismarck damit, seinen strategischen Hauptgegner als taktischen Verbündeten zu gewinnen – wohl wissend oder zumindest erwartend, »dass es später über Schleswig-Holstein zum Bruch mit Österreich kommen (werde), und dass wir dann auf dem einzig möglichen kriegerischen Wege die Suprematie Preußens über Deutschland herstellen«, wie er seinem Sohn Herbert gegenüber hinterher erklärte.

Der Sieg von Königgrätz

Die Erstürmung der Düppeler Schanzen durch preußische Truppen am 18. April 1864 war ein wichtiger Sieg im preußisch-österreichischen Krieg gegen Dänemark, das im Frieden von Wien Schleswig-Holstein und Lauenburg abtreten musste.

Tatsächlich nahmen die Spannungen nach dem Sieg über Dänemark und dem am 30. Oktober 1864 geschlossenen Frieden von Wien, in dem Dänemark Schleswig-Holstein und Lauenburg an Preußen und Österreich abtreten musste, bald zu. Der Vertrag von Gastein vom 14. August 1865, in dem die beiden deutschen Großmächte das gewonnene Gebiet unter sich aufteilten, schob den Krieg nur hinaus. Denn als Bismarck am 9. April 1866 im Frankfurter Bundestag eine Bundesreform beantragte, die Preußens Stellung im Deutschen Bund gestärkt und Österreich im Sinne der »kleindeutschen Lösung« praktisch hinausgedrängt hätte, forderte man in Wien im Gegenzug auch eine Bundesentscheidung über Schleswig-Holstein. Man brach also – nach preußischer Auffassung – den Vertrag von Gastein, was wiederum Preußen zur Besetzung Holsteins und danach Österreich zur Mobilisierung gegen Preußen veranlasste. Damit war der Krieg, der lange schon gedroht hatte, aber immer wieder vermieden worden war, nicht mehr abzuwenden. Preußen entschied den »Deutschen Krieg« nach wenigen Wochen mit der Schlacht bei Königgrätz am 3. Juli 1866 überraschend schnell

Mit dem Sieg der preußischen Truppen bei Königgrätz am 3. Juli 1866 wurde Österreich zum Ausscheiden aus dem Deutschen Bund gezwungen. Die um 1890 entstandene Farblithographie nach Richard Knötel zeigt die Erstürmung der strategisch wichtigen Festung Chlum durch die 1. preußische Gardedivision.

für sich. Die militärische Stärke Preußens, das alle mit Österreich verbündeten norddeutschen Staaten annektierte, wurde wieder zu einem gewichtigen Faktor in der europäischen Politik, und der Weg zur deutschen Einigung unter Preußens Führung war vorgezeichnet. Die ersehnte Einheit schien zum Greifen nahe.

Einheit vor Freiheit – Der Nationalliberalismus

Natürlich bewirkten diese Entwicklungen, die für viele in Deutschland die unvermittelte Erfüllung ihrer Hoffnungen und Träume bedeuteten, nicht nur einen Umschwung in der Beurteilung Bismarcks durch seine Zeitgenossen, sondern auch eine

Veränderung des politischen Klimas in Preußen. Plötzlich waren die innenpolitischen Streitigkeiten nur noch ein Randthema; alles konzentrierte sich nun auf die großen Aufgaben, die bevorstanden und gemeinsam bewältigt werden sollten.

Vor allem die Liberalen, die Bismarck seit den Auseinandersetzungen um die Heeresreform 1862 hart zusetzten, gerieten dadurch unter Druck. In der Wochenschrift des Nationalvereins, der politischen Vereinigung der deutschen Liberalen mit dem Programm eines deutschen Bundesstaates unter preußischer Führung, hatte es zunächst über Bismarck geheißen, mit der »Verwendung dieses Mannes« sei »der schärfste und letzte Bolzen der Reaktion von Gottes Gnaden« verschossen. Wenn er auch manches gelernt und verlernt haben möge, ein vollgültiger Staatsmann sei er keinesfalls, sondern nur »ein Abenteurer vom allergewöhnlichsten Schnitt«. Und der Historiker und Publizist Heinrich von Treitschke, in Sachsen geboren, aber ein glühender Verehrer Preußens und später langjähriger Herausgeber der Preußischen Jahrbücher, meinte gar am 29. September 1862 in einem Brief an Wilhelm Nokk, den Juristen und späteren liberalen Landtagsabgeordneten, Kultusminister und Ministerpräsidenten Badens: »Du weißt, wie leidenschaftlich ich Preußen liebe; höre ich aber einen so flachen Junker, wie diesen Bismarck, von dem »Eisen und Blut« prahlen, womit er Deutschland unterjochen will, so scheint mir die Gemeinheit nur noch durch die Lächerlichkeit überboten.«

Nach der Schlacht von Königgrätz änderte sich diese Beurteilung jedoch völlig, zumindest unter Konservativen und Liberalen. Treitschke meinte nun, Bismarck sei »augenblicklich der populärste Mann in Preußen«. Allerdings hatte er schon vorher, in einem Brief an Frau Luise Brockhaus vom 1. Oktober 1865, der den allmählichen Wandel seiner Einstellung zu Bismarck dokumentierte, bemerkt, die bismarcksche Politik erscheine ihm »nicht bloß verständlich, sondern auch sittlich«. Sie wolle, was Not tue: »einen Schritt vorwärts tun nach dem hohen Ziele der deutschen Einheit, und wer ein Mann ist, soll dazu helfen«.

Die Haltung der Liberalen

Die Liberalen taten sich dagegen erheblich schwerer als der konservative Treitschke, ihre schlechte Meinung über Bismarck zu revidieren. So bemerkte der Historiker und Publizist Hermann Baumgarten 1866 in seinem Buch *Der deutsche Liberalismus – Eine Selbstkritik*, er erinnere sich, 1859 und 1860 von vielen sehr liberalen Männern in Preußen oft genug das Geständnis gehört zu haben, wirklich weiterkommen werde man erst, »wenn einmal das preußische Schwert die widerspenstigen Könige zur Raison bringt und das Netz der österreichischen Intrigen durchhaut«. Wie lange habe man in liberalen Kreisen nach einem Mann geseufzt, der endlich Preußen kühn vorwärts führen werde! Nun, jetzt sei er nicht nur da, sondern stehe bereits an der richtigen Stelle – und habe schon ein gutes Stück Weges hinter sich gebracht. Und Baumgarten fuhr, leicht resigniert,

Als neuer Ministerpräsident versuchte Bismarck, die Macht der preußischen Monarchie gegen den aufkommenden Parlamentarismus zu behaupten. Die »Frankfurter Laterne« vom 30. 9. 1863 karikiert seine Haltung als einen regelrechten Eiertanz.

Aus der Konvention von Gastein zwischen Österreich und Preußen vom 14. August 1865:

Art. 1 Die Ausübung der von den hohen vertragschließenden Theilen durch den Art. III des Wiener Friedenstractates vom 30. October 1864 gemeinsam erworbenen Rechte wird, unbeschadet der Fortdauer dieser Rechte beider Mächte an der Gesammtheit beider Herzogthümer, in Bezug auf das Herzogthum Holstein auf seine Majestät den Kaiser von Österreich, in Bezug auf das Herzogthum Schleswig auf seine Majestät den König von Preußen übergehen.

Rudolf von Ihering wurde zum Wegbereiter der modernen Rechtslehre (Foto von 1877).

Der **preußische Verfassungskonflikt** von 1861 bis 1866 bezeichnet den Streit von Krone und Regierung mit dem Abgeordnetenhaus um die seit 1860 betriebene Heeresreform. Der Gesetzentwurf sah die Verstärkung der Friedenspräsenz bzw. die Erhöhung der jährlichen Rekrutenzahlen sowie eine teilweise Einbeziehung der Landwehr in das Heer vor. Das Abgeordnetenhaus stellte sich aber mehrheitlich gegen die Schwächung der Landwehr, die Erhöhung der Rekrutenzahlen sowie die dreijährige Dienstzeit und verlangte eine Stärkung seines Budgetrechts. Nach dem Wahlsieg der liberalen Opposition 1862 verweigerte das Abgeordnetenhaus dem Etat die Zustimmung. Auf dem Höhepunkt der Krise berief Wilhelm I. Bismarck zum Ministerpräsidenten, der schließlich bis 1866 ohne Haushaltsbeschluss regierte.

fort: »Wir würden diese Belehrung schwer akzeptieren, wenn sie mit unserem Unglück verknüpft wäre. Aber uns ist das fast Beispiellose widerfahren, dass unser Sieg unser Elend gewesen wäre, unsere Niederlage aber uns überschwängliches Heil gebracht hat.«

Der liberale Göttinger Rechtsprofessor Rudolf von Ihering, der sich beim Ausbruch des Krieges mit Österreich noch über die »empörende Schamlosigkeit« und »grauenhafte Frivolität« der bismarckschen Politik erregt hatte beugte sich nach der Entscheidung von Königgrätz vor dem »Genie eines Bismarck« und erklärte nun, er »gebe für einen solchen Mann der Tat... hundert Männer der machtlosen Ehrlichkeit«. Und selbst im Ausland kommentierte die Londoner Times in ihrer Ausgabe vom 3. Juli 1866, Bismarck sei »der einzige Mensch in Deutschland, der wusste, was er wollte«. Ohne ihn würden »bei dem sittlich-schüchternen Volk der Deutschen die Einheitsbestrebungen niemals Wirklichkeit geworden sein«.

Damit kündigte sich an, dass der Erfolg der bevorstehenden Reichsgründung die Schattenseiten der bismarckschen Politik – seine preußisch-konservative Gesinnung und antiliberale Grundhaltung – zu überdecken begann. Vor allem die Liberalen wurden dadurch vor eine schwere Wahl gestellt: entweder an ihren traditionellen Zielen festzuhalten und weiter gegen den immer populärer und unangreifbar werdenden Bismarck vorzugehen oder dessen Politik zu unterstützen und auf diese Weise an seinem Erfolg zu partizipieren.

Bismarck erhält die Zustimmung des Landtags

Viel Zeit zum Überlegen blieb nicht. Denn Bismarck nutzte die Gunst des Sieges, um seinen Frieden mit dem Landtag zu machen. Seit 1862 hatte er ohne Haushalt regiert und damit gegen das Gesetz verstoßen. Nun bot er in einer Sitzung des preußischen Abgeordnetenhauses am 1. September 1866 Vergessen, Vergebung und Frieden an – nicht weil er jetzt einsehe, er habe »unrecht gehandelt«, nicht weil er nun kampfunfähig sei in diesem inneren Kampf, sondern weil das Vaterland angesichts der bevorstehenden Herausforderungen den inneren Frieden brauche und weil er davon ausgehe, dass die Abgeordneten inzwischen eingesehen hätten, »dass die königliche Regierung den Aufgaben, welche auch Sie in Ihrer Mehrzahl erstreben, nicht so fern steht, wie Sie vielleicht vor Jahren gedacht haben«. Wenige Monate zuvor hätten diese – aus der Sicht des Parlaments – anmaßenden Worte noch einen Sturm der Entrüstung entfacht. Nun erntete Bismarck Bravorufe, wie das Protokoll der Sitzung vermerkt, und das Abgeordnetenhaus stimmte zwei Tage später, am 3. September 1866, einem Gesetzentwurf zu, der in vier knappen Artikeln die Haushalte der Jahre 1862 bis 1865 nachträglich billigte, den Haushalt für 1866 beschloss und der Regierung »Indemnität«, also Straffreiheit, erteilte. Bismarck hatte auf ganzer Länge gesiegt.

Das Parteileben verkümmert

U nter den liberalen Abgeordneten waren die Meinungen allerdings geteilt, ob Bismarcks außenpolitische Erfolge und die
hoffnungsvolle Perspektive einer baldigen Reichsgründung einen
solch rüden Umgang mit einem frei gewählten Parlament rechtfertigen könnten. Es kam zur Spaltung und am 12. Juni 1867 zur
Gründung der »Nationalliberalen Partei«, die sich die »Einigung des
ganzen Deutschlands unter einer und derselben Verfassung« als
»höchste Aufgabe der Gegenwart« auf die Fahnen schrieb. Praktisch
machte sie sich damit Bismarck dienstbar und schwächte zugleich die
liberale Bewegung in Deutschland, die von diesem Augenblick an als
maßgeblicher Faktor der nationalen Politik ausschied und das Feld
dem preußischen Konservatismus überließ. Deutschland beschritt
den Weg des Obrigkeitsstaates, in dem liberale und demokratische
Tugenden hinter der Staatsräson zurücktraten.

Bismarck indessen eilte von Erfolg zu Erfolg, wobei ihm die Parteien ziemlich gleichgültig waren – unwichtig, ob sie nun mit ihm
oder gegen ihn arbeiteten. Er ließ sich von keiner Gruppierung, auch
nicht von den Konservativen, jemals völlig vereinnahmen, sondern
benutzte sie oder spielte sie gegeneinander aus wie auf internatio-
nalem Parkett die Staaten und übertrug die außenpolitischen Gesetze
der Machtpolitik auf die Innenpolitik. Damit jedoch beschädigte er
die politische Kultur und die geistige Auseinandersetzung über
Inhalte und Ziele seiner Politik. Das Parteileben verödete und fiel

Bismarck bändigt das kuschende
Parlament. Die zeitgenössische
Karikatur zeigt die Macht des
Kanzlers, aber auch die mangelnde
Standhaftigkeit der Abgeordneten.

Der Düsseldorfer Emil Schwabe zeigt
in seinem Gemälde »Die ungelösten
Fragen« von 1887 einen Bürgerlichen,
einen Linken und einen Katholischen
beim müßigen Tischgespräch unter
dem Bildnis Bismarcks. Die Szene
symbolisiert den fruchtlosen politischen
Diskurs in Deutschland unter der
Herrschaft des Reichskanzlers
(1887; Düsseldorf, Kunstmuseum).

immer mehr den wirtschaftlichen Interessengruppen anheim. »Un-
politisches Spießertum« entstand, eine »kritiklose Loyalität der kleinbürgerlichen Massen« und »blinde Staatsgläubigkeit«, wie der Historiker Gerhard Ritter zu Recht festgestellt hat.

Dem entgingen auch die Nationalliberalen nicht, die bald ganz
im Fahrwasser Bismarcks schwammen und in ihrer »Heidelberger
Erklärung« vom 23. März 1884 schließlich nur noch »die auswärtige

Als Symbol des nationalen Einigungs-
strebens wurde mit starker preußischer
Unterstützung seit 1841 der Kölner Dom
fertig gebaut. Seine hochgotischen
Formen sah man als vermeintliches
Musterbeispiel deutscher Kunst aus der
Blütezeit des Reiches. Hier eine 1839
entstandene ideale Darstellung des
vollendeten Baus von Carl Georg Enslen
(Zürich, Schweizerisches
Landesmuseum).

Politik des Deutschen Reiches und die großen Erfolge der Friedens-
bestrebungen des Reichskanzlers« priesen, ohne eigene liberale Positionen zu markieren. Zwar gab es einzelne Abspaltungen, wie am
30. August 1880, als 25 nationalliberale Abgeordnete aus Protest
gegen Bismarcks Innenpolitik und die Haltung der eigenen Partei die
nationalliberalen Fraktionen des Reichstages und des preußischen
Abgeordnetenhauses verließen und sich als Liberale Vereinigung
1884 mit der Fortschrittspartei zur »Deutschen Freisinnigen Partei«
zusammenschlossen. Aber das waren Ausnahmen. Eine parlamen-
tarisch-demokratische Erneuerung des verkümmerten geistig-poli-
tischen Lebens in Deutschland ging von ihnen nicht aus. Zu sehr
dominierte Bismarck. Zu stark beherrschte das Staatsräson das politische Denken der »verspäteten Nation«.

Erbfeinde auf ewig? – Der preußisch-französische Gegensatz

Als das Deutsche Reich 1870/71 im Krieg gegen Frankreich errichtet wurde, hatte der größte Teil Europas sich längst mit der
Existenz eines einheitlichen Deutschlands abgefunden. Denn wer
konnte den Deutschen mit gutem Gewissen verwehren, was andere
seit langem besaßen? In jenen Fällen allerdings, in denen sich Widerstand zeigte, wurde er von Bismarck »mit Blut und Eisen« gebrochen – ganz so, wie er es 1862 angekündigt hatte.

Der Friede von Prag

So musste der österreichische Kaiser Franz Joseph nach Königgrätz am 23. August 1866 im Frieden von Prag »die Auflösung des
bisherigen Deutschen Bundes« anerkennen und seine »Zustimmung
zu einer neuen Gestaltung Deutschlands ohne Beteiligung des österreichischen Kaiserstaates« geben. Österreich zog sich aus der deutschen Politik zurück und akzeptierte
den staatlichen Gestaltungsanspruch
Preußens nördlich der Mainlinie in
einem neu zu schaffenden Norddeutschen Bund sowie die »nationale Verbindung« dieses Bundes mit
den süddeutschen Staaten, die sich in einem »Verein« zusammenschließen sollten.
Die im Prager Friedensvertrag ebenfalls enthaltene Formulierung, dass der Verein der
süddeutschen Staaten »eine internationale
unabhängige Existenz« haben werde, kam
auf Verlangen Frankreichs zustande. Napoleon III. wollte wenigstens die Selbstständigkeit Süddeutschlands gewahrt wissen, wenn
er schon die preußische Vorherrschaft in
Norddeutschland hinnehmen musste. Außerdem hoffte er damit die Schaffung eines
mächtigen deutschen Nationalstaates unter

Kgr. = Königreich
Grhzm. = Großherzogtum
Hzm. = Herzogtum
Fsm. = Fürstentum
S.-L. = Schaumburg-Lippe

**VOM NORDDEUTSCHEN BUND
ZUM DEUTSCHEN REICH**

Ostsee

■ Königreich Preußen 1866
▨ Reichsland Elsass-Lothringen 1871
– – – Südgrenze des
Norddeutschen Bundes 1867
━━ Grenze des
Deutschen Reiches 1871

preußischer Führung zu verhindern oder zu verzögern, der Frankreichs Stellung schwächen und Preußen zu gefährlicher Stärke verhelfen würde.

Widerstand Frankreichs

Der Widerstand Napoleons gegen Bismarcks Pläne hatte indessen nicht nur außenpolitische Gründe. Nach Fehlschlägen in der polnischen Frage, in Nordamerika und in Mexiko war der französische Kaiser auch innenpolitisch verwundbar geworden. Seine Popularität, die in den Fünfzigerjahren beträchtlich angestiegen war, schwand. Die Opposition gewann an Boden. Nach dem *Empire autoritaire* im vorangegangenen Jahrzehnt sprach man nun, in den Sechzigerjahren, bereits von einem *Empire libéral*. In dieser Situation wurde Königgrätz ebenso sehr als Frankreichs *défaite* wie als Niederlage Österreichs empfunden. Wenn es dem französischen Kaiser nicht gelang, einen preußisch dominierten deutschen Einheitsstaat zu verhindern, war nicht nur seine persönliche Herrschaft gefährdet, sondern auch das Zweite Kaiserreich, dem er vorstand, bedroht. Und Bismarck, der die Zusammenhänge natürlich kannte, ging darauf ein. Obwohl der Norddeutsche Bund und die vage Konstruktion seiner Beziehungen zum Verein der süddeutschen Staaten nur Übergangslösungen sein konnten, stimmte er der Formulierung über die Unabhängigkeit Süddeutschlands zu, um für den Augenblick keinen Konflikt zu riskieren. So kurz nach dem Waffengang gegen Österreich, mitten in den Verfassungsberatungen des Norddeutschen Bundes und angesichts der Ungewissheit über die künftige staatliche Struktur und militärische Beistandsfragen wäre ein Krieg gegen Frankreich ein schwer kalkulierbares Abenteuer mit ungewissem Ausgang gewesen. Außerdem hätte ein verfrühter Beitritt der süddeutschen Staaten im Falle eines Sieges den Liberalen und Demokraten Auftrieb gegeben, und diese hätten es vielleicht noch vermocht, das Verfassungswerk des Norddeutschen Bundes im liberal-parlamentarischen Sinne umzugestalten und damit die bismarckschen Absichten der inneren Machtverteilung zu durchkreuzen.

Bismarck spielte also auf Zeit. Als die Verfassung schließlich vorlag, war ein »Eintritt« Süddeutschlands »im Wege der Bundesgesetzgebung« jederzeit möglich. Bismarck selbst hielt eine Annäherung Nord- und Süddeutschlands nicht nur für möglich, sondern auch für wahrscheinlich – ungeachtet des französischen Widerstandes, den er zwar nicht unnötig provozieren wollte (etwa durch militärisches Überschreiten der Mainlinie), dessen Legitimität er aber bestritt, wenn die Deutschen sich auf friedlichem Wege zu vereinigen suchten. Frankreich konnte nicht für Deutschland sprechen, und wenn es dies doch tat, war die »Machtfrage« gestellt.

Frankreich verlangt Luxemburg

In Paris sah man dies freilich anders. Dort hielt man Bismarck für einen gefährlichen Intriganten, der sich nicht scheute, seine Partner zu betrügen, wenn es dazu diente, Preußens Macht zu vergrö-

Charles Louis Napoléon Bonaparte, ein Neffe Napoleons I., wurde nach einem Staatsstreich und anschließendem Plebiszit 1852 als Napoleon III. zum erblichen Kaiser der Franzosen ausgerufen. Das Porträt von Hippolyte Flandrin entstand 1863 (Versailles, Musée).

Aus einem Brief Bismarcks an seine Frau vom 9. Juli 1866, kurz nach der Schlacht von Königgrätz (aus Otto von Bismarck, Briefe an seine Braut und Gattin):

Wenn wir nicht übertrieben in unseren Ansprüchen sind und nicht glauben die Welt erobert zu haben, so werden wir auch einen Frieden erlangen, der der Mühe wert ist. Aber wir sind ebenso schnell berauscht wie verzagt, und ich habe die undankbare Aufgabe, Wasser in den brausenden Wein zu gießen und geltend zu machen, dass wir nicht allein in Europa leben, sondern mit noch 3 Mächten, die uns hassen und neiden.

ßern. Dadurch war nicht nur Frankreichs Sicherheit bedroht, sondern auch seine Ehre verletzt. Schon Königgrätz – das tschechische Sadová – wurde als Affront begriffen. Mit dem Schlachtruf *Revanche pour Sadowá* wurde deshalb nach 1866 in Paris Politik gemacht, und Napoleon III. verlangte nach Kompensation: Wenigstens Luxemburg sollte französisch werden. Bismarck hingegen diente der Konflikt auch als Test der öffentlichen Meinung in ganz Deutschland.

Das kleine Land von 200 000 Einwohnern hatte dem Deutschen Bund bis 1866 – also bis zu dessen Auflösung – angehört, und die Bundesfestung der Stadt Luxemburg beherbergte eine preußische Besatzung. Nach Überlassung des wallonischen Teils an Belgien im Jahre 1839 sprach der überwiegende Teil der Bevölkerung eine deutsche Mundart, und die Zeitungen schrieben hochdeutsch. Politisch war Luxemburg mit den Niederlanden in dynastischer Personalunion verbunden; der holländische König war zugleich Großherzog von Luxemburg. Die Amtssprache war jedoch Französisch. Ein verworrener Status also, mit dem die Bevölkerung aber ganz zufrieden schien und an dem sie eigentlich nichts ändern wollte, wie das populäre Lied mit dem Refrain »Mir wölle bleiwe wat mer sinn«, das damals entstand, zeigte.

Während Bismarck in der Reichstagsdebatte vom 1. April 1867 eingestand, »dass in Luxemburg eine entschiedene Abneigung gegen den Beitritt zum Norddeutschen Bund in allen Schichten der Bevölkerung festzustellen« sei, drängte der französische Gesandte Vincent Graf Benedetti dagegen in Berlin im Auftrag Napoleons immer wieder auf eine Entscheidung zugunsten Frankreichs. Und der deutsche Kanzler machte dem französischen Diplomaten in monatelangen Verhandlungen Hoffnungen, dass Preußen seine Garnison in Luxemburg räumen und dessen Angliederung an Frankreich wohlwollend ins Auge fassen werde. In Wirklichkeit wusste Bismarck jedoch längst, dass er die Gründung eines norddeutschen Bundesstaates nicht politisch und moralisch belasten durfte, indem er Frankreich ein Gebiet überließ, das unmittelbar an das preußisch-deutsche Rheinland grenzte. So hintertrieb Bismarck auch französisch-niederländische Verhandlungen über einen Verkauf Luxemburgs an Frankreich gegen eine ansehnliche Summe, mit der der holländische König und luxemburgische Großherzog Wilhelm durchaus einverstanden war. Am 3. April 1867 ließ Bismarck dazu in Den Haag erklären, wenn es zum Krieg käme, so werde die öffentliche Meinung in Deutschland »und wir mit ihr die Niederlande in erster Linie als verantwortlich dafür ansehen«. Gleichzeitig teilte Bismarck einer überraschten Öffentlichkeit mit, dass er bereits im August 1866 einzeln geheime »Schutz- und Trutzbündnisse« mit den süddeutschen Staaten abgeschlossen hatte. Der holländische König reagierte prompt und telegrafierte an Bismarck: »Abtretung Luxemburgs aufgegeben.«

Das Siegel des Norddeutschen Bundes zeigt die Wappen der 22 Bundesstaaten.

Streit um die spanische Thronfolge

Es war ein diplomatisches Verwirrspiel, das Frankreich düpierte und die Stimmung zum Krieg trieb. Doch Bismarck war noch nicht bereit. Er wollte erst Preußens Herrschaft im Norden Deutschlands festigen und die Wehrgesetzgebung und militärische Erziehung auf alle nicht altpreußischen Gebiete ausdehnen. Jedes Jahr Aufschub, so erklärte er dazu gegenüber Generalstabschef Helmuth Graf von Moltke, stärke das preußische Heer »um mehr als 100 000 gelernte Soldaten«. Außerdem hoffte Bismarck auf einen weiteren Autoritätsverfall Napoleons, sodass vielleicht sogar eine deutsche Einigung ohne Krieg möglich sein würde.

Auch die diplomatische Krise, die sich zwischen 1868 und 1870 um die Thronfolge in Spanien entwickelte, ist vor diesem Hintergrund zu sehen. Eine Revolution hatte dort 1868 die Herrschaft der Bourbonen beseitigt und Königin Isabella II. vertrieben. Die provisorische Regierung in Madrid bemühte sich um Prinz Leopold von Hohenzollern-Sigmaringen, den Gemahl einer der portugiesischen Prinzessinnen und entfernten Verwandten König Wilhelms I. von Preußen, als Nachfolger. Mit Rücksicht auf Frankreich zögerte Bismarck zunächst, die Kandidatur Leopolds zu forcieren. Nach einem Treffen mit dem spanischen Staatsrat Salazar in Berlin am 26. Februar 1870 nahm er deren taktische Möglichkeiten jedoch energisch wahr – zumal Napoleon III. im Mai 1870 für seine neue Verfassung des *Empire libéral* in einer Volksabstimmung einen großen Sieg errang und seine Position sich festigte, anstatt – wie Bismarck seit Jahren

Wie die 1870 in Frankreich entstandene »Lustige Karte Europas« zeigt, wurde vor dem deutsch-französischen Krieg vor allem Russland als Bedrohung empfunden (Holzschnitt von Paul Hadol, Neudruck 1914).

hoffte – weiter zu verfallen. Am 2. Juli 1870 wurde offiziell bekannt gegeben, dass Prinz Leopold von Hohenzollern-Sigmaringen die spanische Krone annehme.

Wieder war ganz Frankreich – wie von Bismarck vorausgesehen – außer sich. Erneut sah man sich durch den deutschen Kanzler gedemütigt. Der Krieg war mehr denn je zu einer Frage der Ehre geworden. Bereits am 6. Juli erklärte die französische Regierung, dass sie

DIE EMSER DEPESCHE

Auf der Kurpromenade von Bad Ems übermittelte der französische Botschafter Graf Benedetti dem König Wilhelm I. die Forderungen seiner Regierung (Bild unten).

Zunächst nahm Wilhelm eine hinhaltende Position ein, da er sich noch nicht ausreichend informiert fühlte: »Ich (Wilhelm I.) wies ihn zuletzt etwas ernst zurück, da man à tout jamais (auf alle Zeit) dergleichen Engagements nicht nehmen dürfe noch könne. Natürlich sagte ich ihm, dass ich noch nichts erhalten hätte und, da er über Paris und Madrid früher benachrichtigt sei als ich, er wohl einsähe, dass mein Gouvernement (meine Regierung) wiederum außer Spiel sei.‹ (...) Da S(eine) M(ajestät) dem Grafen Benedetti gesagt, dass er Nachricht vom Fürsten erwarte, hat Allerhöchstderselbe (...) beschlossen, den Grafen Benedetti nicht mehr zu empfangen, sondern ihm nur durch seinen Adjuta|nten sagen zu lassen, dass S. M. jetzt vom Fürsten die Bestätigung der Nachricht erhalten, die Benedetti aus Paris schon gehabt, und dem Botschafter nichts weiter zu sagen habe.«

Diese Mitteilung des Legationsrates Abeken liest sich in der von Bismarck stark verkürzten und in Umlauf gebrachten Depesche schärfer. Der Schlusssatz (Bild oben) lautet: Wilhelm I. habe es »abgelehnt, den französ(ischen) Botschafter nochmals zu empfangen, und demselben durch den Adjutanten vom Dienst sagen lassen, dass S. M. dem Botschafter nichts weiter mitzuteilen habe«.

---

ihre »Pflicht ohne Zaudern und ohne Schwäche tun« werde. Doch nun wich Leopold überraschend zurück: Im Einverständnis mit dem preußischen König widerrief er seine Kandidatur, um den Frieden zu retten. Bismarck, der bereits die Mobilmachung plante, war fassungslos und dachte an Rücktritt. Doch Frankreich verlangte eine offizielle Zusicherung, dass auch in Zukunft kein Mitglied der Hohenzollern für den spanischen Thron kandidieren werde. Dies wurde wiederum vom preußischen König abgelehnt, der es Bismarck in einem Telegramm überließ, das Ergebnis seiner Unterredung mit dem französischen Gesandten, Graf Benedetti, in Bad Ems der Öffentlichkeit mitzuteilen. Die bismarcksche Umformulierung dieser »Emser Depesche« wurde in Paris als glatte Beleidigung aufgefasst. Regierung und Öffentlichkeit in Frankreich waren mit ihrer Geduld am Ende; die Verhandlungsmöglichkeiten waren erschöpft. Am 19. Juli 1870 erklärte die französische Regierung Preußen den Krieg.

Diese Medaille zur Reichseinigung mit der Inschrift »Wir wollen sein ein einig Volk von Brüdern« wurde bereits 1870 geprägt. Sie zeigt auf der Vorderseite die Wappen der vier deutschen Königreiche Preußen, Bayern, Württemberg und Sachsen sowie des Großherzogtums Baden.

Der Deutsch-Französische Krieg von 1870/71

Darin schlossen sich die süddeutschen Staaten Preußen an und schickten ihre Truppen ebenfalls gegen Frankreich ins Feld, während Russland seine Armee entlang der Grenze zu Österreich-Ungarn konzentrierte und damit Österreich von einem Eingreifen aufseiten Frankreichs abhielt. Die preußische Rückendeckung für den Zaren bei der Niederschlagung des polnischen Aufstandes 1863 zahlte sich – wie schon im Konflikt zwischen Preußen und Österreich 1866 – erneut aus. Der Historiker Egmont Zechlin hat diese taktische Leistung Bismarcks deshalb im Titel seines 1930 erschienenen Buches zur bismarckschen Außenpolitik als »Grundlegung der deutschen Großmacht« bezeichnet.

Die Kämpfe zwischen den deutschen und französischen Truppen begannen Anfang August 1870. In ihnen erwiesen sich die französischen Armeen bald als unterlegen. Ihre Hauptkräfte unter Marschall Achille Bazaine und Marschall Marie Edme Patrice Maurice Graf von Mac-Mahon wurden in der Festung Metz und bei Sedan eingeschlossen. Sogar Napoleon III. geriet am 2. September 1870 bei Sedan in preußische Kriegsgefangenschaft und wurde nach Wilhelmshöhe bei Kassel – der ehemaligen Residenz seines Oheims Jérôme – gebracht, von wo er im März 1871 ins Exil nach England ging. Sein Regime brach zusammen. Am 4. September 1870 wurde Frankreich zur Republik erklärt. Metz kapitulierte im Oktober, für das seit September belagerte Paris wurde am 28. Januar 1871 ein Waffenstillstand vereinbart. Noch bevor es dazu kam, fand am 18. Januar 1871 im Spiegelsaal des Schlosses von Versailles die Proklamation des Königs von Preußen zum Deutschen Kaiser statt. Die Ortswahl war ein erneuter Schlag gegen die historische Sensibilität der Franzosen und ein Beweis für die kompromissfeindliche Unnachgiebigkeit im Verhältnis Preußens zu Frankreich, die sich auch in der Annexion Elsass-Lothringens durch das neue Deutsche Reich zeigte.

Bismarck in einem Tischgespräch am 11. August 1870 (aus Moritz Busch, Tagebuchblätter):

Die weite Verbreitung des Bieres ist zu beklagen. Es macht dumm, faul und impotent. Es ist schuld an der demokratischen Kannegießerei, zu der sie sich dabei zusammensetzen.

Die Proklamation Wilhelms I. zum Deutschen Kaiser am 18. Januar 1871 ausgerechnet im Spiegelsaal des französischen Königsschlosses von Versailles wurde in Frankreich als besondere Demütigung empfunden. Anton von Werner setzte den Staatsakt in seinem mehrfach wiederholten Historiengemälde im offiziellen Prunkstil der Gründerzeit in Szene (Baden-Baden, Neues Schloss).

Auf dem Weg zur Weltmacht – Das Deutsche Reich

Nachdem die deutsche Nationalbewegung mit der Reichsgründung ihr erstes großes Ziel erreicht hatte, lag es nahe, den Versuch zu unternehmen, die Basis deutscher Macht auch jenseits der Meere zu verbreitern. Getragen von der Woge nationaler

Der **Reichskanzler** und Vorsitzende des Bundesrates war regelmäßig auch preußischer Ministerpräsident und führte – allein dem Kaiser verantwortlich – als Vorgesetzter der von ihm ernannten Staatssekretäre die Regierung.

Der **Deutsche Kaiser** und König von Preußen vertrat völkerrechtlich das Reich und hatte den Oberbefehl über die Streitkräfte. Er ernannte den Reichskanzler und führte die Einberufung von Bundesrat und Reichstag und die Reichstagsauflösung durch.

Der **Bundesrat** hatte 58 Mitglieder und war das wichtigste Organ des Reiches mit Kontrollrechten und Gesetzesinitiative. Er konnte den Notstand ausrufen und Kriegserklärungen beschließen. Die preußischen Abgeordneten hatten Vetorecht.

Der **Reichstag** verabschiedete als Volksvertretung die Gesetze und den Etat. Er schöpfte seine parlamentarischen Befugnisse kaum aus.

Die **Bundesstaaten** waren weitgehend autonom, Bayern und Württemberg hatten Reservatrechte im Militär-, Post- und Steuerwesen, Preußen als größter Staat dominierte. Die Regierungen benannten die Mitglieder des Bundesrates.

Wahlberechtigte waren die über 25-jährigen männlichen Staatsbürger. Zunächst alle drei Jahre, seit 1888 alle fünf Jahre bestimmten sie in allgemeinen, freien, geheimen und direkten Wahlen den Reichstag.

Die Verfassung des Deutschen Reiches 1871–1918

Begeisterung, starteten Abenteurer, Händler und imperialistische Politiker zu einem Wettlauf um Macht und Einfluss in der Welt, um Deutschland jenen Rang zu verschaffen, den vor allem Großbritannien und Frankreich bereits besaßen. Nicht europäische Mittelmacht, sondern Weltmacht war das Ziel.

Nach der Reichsgründung setzten auch in Deutschland Bemühungen ein, Kolonialbesitz zu erwerben. Den Anfang machten vor allem Kaufleute wie hier Vertreter der Bremer Faktorei in Togo. Erst ab 1884 wurden die Niederlassungen unter den Schutz des Reiches gestellt.

Bei der Verteilung der Welt zu kurz gekommen

Aber Bismarck zog es vor, sich mit dem Erreichten zu begnügen, um die alten Mächte nicht unnötig zu provozieren. Kolonien, so erklärte er in einem Tischgespräch am 9. Februar 1871 noch in Versailles, seien »bloß zu Versorgungsposten gut«. Für die Deutschen wären sie »wie der seidne Zobelpelz in polnischen Adelsfamilien, die keine Hemden haben«. Der Reichskanzler blieb also vorsichtig – zumal die innere Stabilität des neuen Reiches noch keineswegs gesichert war. Polen und Elsässer waren nicht in die deutsche Gesellschaft integriert, die Arbeiterbewegung stand abseits, und mit dem politischen Katholizismus trug Bismarck mit Unterstützung der Liberalen den Kulturkampf in aller Härte aus.

Doch die imperialistische Bewegung, die zu dieser Zeit alle größeren europäischen Mächte erfasste und beispielsweise in der »Primrose League« in England ab 1883 und im »Comité de l'Afrique française« in Frankreich ab 1891 ihren Ausdruck fand, ging auch an Deutschland nicht vorbei. Nach geschäftlich motivierten, politisch unkoordinierten Unternehmungen vor allem hanseatischer Kaufleute in außereuropäischen Regionen machte sich mit der Gründung der »Gesellschaft für deutsche Kolonisation« am 28. März 1884 ein systematischer Kolonisierungsgeist breit. Die Gesellschaft setzte es sich zur Aufgabe, Kolonisationskapital zu beschaffen, geeignete Kolonisationsdistrikte aufzufinden und zu erwerben sowie die deutsche Auswanderung dorthin zu lenken. In einem von Carl Peters verfassten Aufruf appellierte sie im April 1884 an die Öffentlichkeit, »das Versäumnis von Jahrhunderten gutzumachen«. Der Kolonisierungsvorsprung der anderen europäischen Nationen sollte so schnell wie möglich aufgeholt werden.

Auch jetzt hielt Bismarck sich weiterhin vorsichtig zurück. Zwar stellte er Schutzbriefe aus, um private Investitionen abzuschirmen, wenn sie sich als erfolgreich erwiesen. Aber er wollte keine staatliche Kolonisierung betreiben und scheute ganz offenbar kostspielige oder politisch riskante Abenteuer – vom weltpolitischen Größenwahn späterer Jahre ganz zu schweigen. Prompt wurde er dafür von Heinrich von Treitschke, der stets ein Gespür für den Zeitgeist bewies, gerügt. In einer Vorlesung an der Berliner Universität erklärte Treitschke 1890, Deutschland sei bei der Verteilung der nichteuropäischen Welt unter die europäischen Mächte »bisher immer zu kurz gekommen«. Dabei handele es sich doch »um unser Dasein als Großstaat bei der Frage, ob wir auch jenseits der Meere eine Macht werden können«. Sonst eröffne sich die »grässliche Aussicht, dass England und Russland sich in die Welt teilen, und da weiß man wirklich nicht, was unsittlicher wäre, die russische Knute oder der englische Geldbeutel«.

BISMARCKS BÜNDNISGEOMETRIE

Dreikaiserbund 1872
Zweibund 1879
Dreibund 1882 (Beitritt Rumäniens 1883)
Rückversicherungsvertrag 1887
Mittelmeerabkommen 1887

Das Streben nach einem Weltreich

Gefördert durch die Begeisterung des jungen Kaisers Wilhelm II. für ein deutsches Streben nach Weltgeltung, wurde im April 1891 schließlich der »Allgemeine Deutsche Verband« gegründet, der 1894 in »Alldeutscher Verband« umbenannt wurde. Ziel des Verbandes war die »Pflege und Unterstützung deutsch-nationaler Bestrebungen in allen Ländern, wo Angehörige unseres Volkes um die Behauptung ihrer Eigenart zu kämpfen haben«. Hier ging es nicht mehr um Schutzbriefe für Kaufleute oder die Förderung privater Investitionen im Ausland, sondern um imperialistische Politik. Deutschland sollte aus seiner Begrenzung auf Europa befreit und in den Rang einer Weltmacht erhoben werden. Ein schärferer Kontrast zu Bismarcks zurückhaltender Politik lässt sich kaum denken.

Für Wilhelm II. war es indessen schon bald keine Frage mehr, ob dieses Ziel erreicht werden könnte. In einer Tischrede am 18. Januar 1896 erklärte er dazu: »Aus dem Deutschen Reiche ist ein Weltreich geworden. Überall in fernen Teilen der Erde wohnen Tausende

Bismarck lehnt am 5. Dezember 1888 in einem Gespräch die Bitte des Afrikareisenden Eugen Wolf, er möge sich des Schicksals eines in Ägypten verschollenen deutschen Forschers annehmen, entschieden ab:

Schicke ich einen preußischen Leutnant da hinein, so muss ich unter Umständen noch mehrere nachschicken, um ihn herauszuholen. Das führt uns zu weit. Die englische Interessensphäre geht bis zu den Quellen des Nil, und das Risiko ist mir zu groß. Ihre Karte von Afrika ist ja sehr schön, aber meine Karte von Afrika liegt in Europa.

unserer Landsleute. Deutsche Güter, deutsches Wissen, deutsche Betriebsamkeit gehen über den Ozean. Nach Tausenden von Millionen beziffern sich die Werte, die Deutschland auf der See fahren hat.«

Die Wirklichkeit nahm sich allerdings bescheidener aus: Die deutschen Kolonien waren dünn besiedelt, wirtschaftlich unergiebig und militärisch nicht zu verteidigen. Weniger als 30 000 Weiße – Nichtdeutsche bereits mitgezählt –, lebten in diesen Gebieten, und der Anteil der kolonialen Im- und Exporte am deutschen Außenhandel betrug nie mehr als 0,02 Prozent. Dennoch wurde besonders Wilhelm II. nicht müde, in immer neuen Reden seine Zuhörer davon zu überzeugen, »wie mächtig der Wellenschlag des Ozeans an unseres Volkes Tore klopft und es zwingt, als ein großes Volk seinen Platz in der Welt zu behaupten«. Bei der Taufe des Linienschiffes »Wittelsbach« am 3. Juli 1900 in Wilhelmshaven erklärte er gar, der Ozean sei »unentbehrlich für Deutschlands Größe« und beweise, »dass auf ihm in der Ferne, jenseits von ihm, ohne Deutschland und ohne den Deutschen Kaiser keine große Entscheidung mehr fallen darf«.

Beginn der Flottenrüstung

Die englische Satirezeitschrift »Punch« fasste den erzwungenen Rücktritt Bismarcks im März 1890 in das Bild des Lotsen, der an Land geschickt wird und das Staatsschiff steuerlos in der Hand des süffisant lächelnden, arroganten Wilhelm II. lassen muss.

Nicht zufällig bildete eine Schiffstaufe den Anlass für diese Worte. Denn neben der wirtschaftlichen Expansion und der Kolonialpolitik war es vor allem die Flottenrüstung, die seit den Neunzigerjahren die Weltmachtrolle Deutschlands begründen sollte. Ihr Motor: Admiral Alfred von Tirpitz. Als Tirpitz am 31. März 1897 zum Staatssekretär im Reichsmarineamt berufen wurde, verfügte Deutschland nur über sechs Hochseepanzerschiffe erster Klasse und stand damit unter den Seemächten erst an fünfter Stelle, obwohl es inzwischen zur zweitgrößten Handelsmacht der Welt aufgerückt war. Tirpitz war der Ansicht, »dass der wirtschaftliche Interessenstreit mit England im nächsten Jahrhundert immer größer werden« würde und dass man »auf alles gefasst« sein müsse. Gegen England als führende Seemacht der damaligen Zeit müsse die Marine rüsten, an England müsse sie sich messen, meinte er und traf damit nicht nur den Nerv des flottenbegeisterten Kaisers sondern auch den patriotischen Stolz der deutschen Öffentlichkeit. Die Flotte wurde zu einem umhegten Paradestück deutscher Macht und Größe, auch wenn sich die Vorstellung, man werde binnen weniger Jahre in der Lage sein, den britischen Vorsprung aufzuholen, bald als Illusion erwies.

Tatsächlich war der Gedanke, Englands Position zur See durch deutschen Flottenbau entscheidend schwächen zu können, ebenso verfehlt wie Deutschlands »Griff nach der Weltmacht« (Fritz Fischer)

»Wem wohl zuerst die Puste ausgeht?«
fragte das sozialdemokratische
Wochenblatt »Der wahre Jacob« 1908
angesichts des Wettrüstens zur See.

insgesamt. Nicht die britische, sondern die deutsche Flotte offenbarte – spätestens im Ersten Weltkrieg – ihre ganze Schwäche, als sie kaum in der Lage war, die sicheren Häfen zu verlassen. Aber schon die Absicht, die Tirpitz mit seinem Programm verband, weckte Misstrauen und provozierte Gegenmaßnahmen. So konnte man bereits am Beginn dieser Entwicklung, ein halbes Jahr nach Tirpitz' Berufung zum Staatssekretär im Reichsmarineamt, in einem Artikel der englischen Zeitung »Saturday Review« vom 11. September 1897 die Forderung lesen, Deutschland sei »auszulöschen«.

Aus Reichskanzler von Hohenlohes
Reichstagsrede zur Flottenvorlage am
6. Dezember 1897:

Die Vorlage zeigt Ihnen, dass wir nicht daran denken, mit den großen Seemächten zu rivalisieren, und für den, der Augen hat, zu sehen, zeigt sie, dass uns der Gedanke einer Politik der Abenteuer fern liegt... Wollen wir unsere weitere gedeihliche Entwicklung auf wirtschaftlichem Gebiet und unsere Stellung im Konzert der Mächte sichern, so müssen wir auch hier ein, wenn auch bescheidenes Wort, jedenfalls aber ein deutsches Wort mitzureden haben.

Großbritannien wandte sich nun Frankreich und wenig später auch Russland zu. Die Konstellation der Entente, der sich das Deutsche Reich bis zum Ersten Weltkrieg gegenübersehen sollte, formierte sich. Deutschlands Weg in die Isolation begann. Die Vorstellung eines »Kontinentalblocks« der Dreibundstaaten Deutschland, Österreich und Italien mit Russland und Frankreich gegen England, die Tirpitz hegte, war dagegen ein realitätsfernes, durch die Interessen der beteiligten Mächte nicht gedecktes Fantasiegebilde eines einseitig auf Großbritannien fixierten Marinestrategen ohne historische Erfahrung und mit geringem politischen Gespür. Die Selbstüberschätzung und politische Arroganz, die Deutschland schließlich in den Abgrund zweier Weltkriege stürzten, wurden in der Flottenrüstung besonders deutlich. Doch auch auf diplomatischer Ebene geriet Deutschland bereits um die Jahrhundertwende auf jene abschüssige Bahn, an deren Ende das Erbe Bismarcks bald ganz verspielt war.

»Alles eine Nummer zu groß!« – So sah es der Karikaturist Bruno Paul, der den Reichskanzler Bernhard Ernst Graf von Bülow im Jahre 1900 in der Galauniform Bismarcks zeigte (Berlin, Deutsches Historisches Museum).

Manfred Görtemaker

Krise unter dem Doppeladler – Nationale Fragen in der Donaumonarchie

Die Auflösung des Heiligen Römischen Reichs in der Zeit Napoleons hatte aus dem habsburgischen Herrschaftsgebiet einen neuen Staat gemacht. Die private Hauskrone der Habsburger wurde zur offiziellen Insignie des neuen Kaisertums (Wien, Kunsthistorisches Museum, Kunstkammer), der Doppeladler des untergegangenen Reichs mit dem Brustschild in den Farben Österreichs sein Wappentier (links oben als Schmuckstück, um 1550; München, Schatzkammer der Residenz).

Im Selbstverständnis der Zeit war »Nation« im Rahmen der Habsburgermonarchie des späten 19. Jahrhunderts »Sprachnation«. Weder die politischen Einheiten noch die religiösen Trennlinien erwiesen sich als nationbildend, und bis zur Gegenwart bezeichnet man als »Nationalitäten der Habsburgermonarchie« die Sprachgruppen. Der Kampf der Nationen um die Positionierungen innerhalb des Staatsverbands, um Schulen, Gerichtssprachen, soziale Durchlässigkeiten und kulturelle Identitäten, prägte die Jahrzehnte bis zum Ersten Weltkrieg. Es war kein Kampf gegen den Staat: Über die Monarchie hinaus dachten keine größeren Gruppen. Erst der Krieg selbst brachte hier den raschen Perspektivenwechsel.

Während sich in den großen Staaten Westeuropas der Modernisierungsprozess auch so vollzog, dass sich die Sprachgrenzen den Landesgrenzen anpassten, sich also die dominante Sprache flächendeckend als Verkehrssprache durchsetzte und praktisch nur sie die regionale und soziale Mobilität gewährleistete – obgleich das 20. Jahrhundert zeigt, dass dieser Prozess nicht irreversibel ist und auch nicht allzu tief ging –, war dies in der Habsburgermonarchie nicht möglich. Die beherrschende Sprache fehlte, Deutsch war zwar de facto eine Art Verkehrssprache, aber sowohl die Ausdehnung des Staates als auch die Größenordnungen zwischen den Sprachgruppen ließen eine Durchsetzung zur Staatssprache nicht zu. Das Übergewicht der deutschsprachigen Gruppe mit 23,4 Prozent der Gesamtbevölkerung um 1910 war zwar zahlenmäßig gegeben, und dies wurde machtpolitisch verstärkt, eine umfassende Dominanz erlangte sie aber nicht. Vor allem war auch diese Gruppe nach außen orientiert, an der Entwicklung im Deutschen Reich interessiert und damit tendenziell zentrifugal wie auch die Italiener, Polen, Rumänen, Ruthenen und Serben. Der größere Teil der Bewohner der Habsburgermonarchie hatte somit eine ethnisch-sprachliche größere Bezugsgruppe außerhalb der Grenzen des eigenen Staates. Nur die Kroaten, Magyaren, Slowaken, Slowenen und Tschechen lebten weitestgehend oder zur Gänze innerhalb dieser Grenzen, sie stellten zusammen aber nur etwa 40 Prozent der Bevölkerung.

Zwischen zwei Revolutionen – Österreich von 1848 bis 1918

Es ist geradezu erstaunlich, wie sehr die Monarchie in den sieben Jahrzehnten zwischen 1848 und 1918 dennoch eine Einheit war. Dabei wurde die große Chance eines entscheidenden Reformschrittes 1848/49 nicht genutzt. Der in der Revolutionsphase gewählte österreichische Reichsrat hatte einen Verfassungsentwurf ausgearbeitet, nach dem Bundesländer der einzelnen Nationalitäten geschaffen werden sollten, um die alten Kronländer zu ersetzen.

Dieser föderalistische, demokratische Vorschlag sollte die Revolution nicht überdauern, machte aber deutlich, dass Demokratisierung und der Gedanke der nationalen Chancengleichheit in engem Zusammenhang standen.

Am Beginn stand also eine Revolution, die niedergeschlagen wurde. Am Ende, sieben Jahrzehnte später, war die nächste Revolution erfolgreich, da sie von außen politische Rückendeckung hatte. Sie brachte das Ende des Vielvölkerstaates, in dem sie aus der Nahperspektive einen Völkerkerker zu erblicken meinte. Die Antwort darauf war die Zerschlagung, die aber neue Minoritäten schuf, da klar erkennbare ethnische Trennlinien nicht zu ziehen waren und neue Machtstrukturen sich durchsetzten.

Zwischen diesen beiden Revolutionen vollzog sich in Europa eine dynamische Entwicklung, in die auch die Habsburgermonarchie eingebunden war. Dieser Wandel beeinflusste die Entwicklung innerhalb der Nationalitäten, bewirkte regionale und soziale Mobilitäten und damit das Aufbrechen neuer Konfliktlinien; er veränderte aber vor allem auch den Nationalismus als eine der prägenden Ideologien des 19. Jahrhunderts. War dieser 1848 noch in Übereinstimmung mit dem Liberalismus Triebfeder der revolutionären Bewegungen in Mitteleuropa und gingen Demokratie und Nationalismus Hand in Hand, so brachten die Folgejahrzehnte ein dramatisches Auseinanderentwickeln. Der Nationalismus wurde als Abgrenzungsinstrument eingesetzt, dem Gedanken der Gleichheit und der Annäherung fremd waren, und schließlich wurde er noch biologistisch überhöht. Vom Partner des Liberalismus wandelte er sich bis zu Beginn des 20. Jahrhunderts in eine Ideologie, die scharf antiliberal und antidemokratisch geprägt war. Dabei taten sich jene Gruppen leichter, die auf eine historische Staatenbildung zurückgreifen konnten, die somit nicht »geschichtslos« waren.

Reform von oben – Neoabsolutismus und Nation

N ach der Revolution von 1848 wurde unter der Herrschaft des jungen Kaisers Franz Joseph im Neoabsolutismus der Versuch unternommen, den Staat von oben in einigen Bereichen zu modernisieren. Vor allem die Verwaltungsreform von Alexander Freiherr von Bach sollte zentralstaatliche Elemente durchsetzen. Das neue Beamtentum wurde rasch zu einer Stütze des Gesamtstaates. Die 1849 in der nachrevolutionären Verfassung festgeschriebene Gleichberechtigung der Nationen scheiterte jedoch an der Praxis. Besonders aber wurde die Schule zu einem Feld der Auseinandersetzung.

SPRACHGRUPPEN IM HABSBURGERREICH 1910

Die Größe der einzelnen Flächenkreise entspricht der Bevölkerungszahl der jeweiligen Reichsteile.

Deutsch	23,9%
Ungarisch	20,2%
Tschechisch u. Slowakisch	12,6%
Serbokroatisch	10,3%
Polnisch	10,0%
Ruthenisch (Ukrainisch)	7,9%
Slowenisch	2,6%
Italienisch	2,0%
Rumänisch	6,4%
Sonstige	4,1%

Aus einer Tagebuchaufzeichnung des Kardinals Friedrich Fürst zu Schwarzenberg, eines führenden österreichischen Kirchenpolitikers, vom April 1843:

Der Ungar, der Tscheche, der Galizier, der Kroate, der Lombarde können mit Herz und Kopf österreichisch fühlen und denken, das heißt: Sie können für das ›Haus Österreich‹ Leib und Leben, Gut und Blut einsetzen, weil sie sich unter dessen Regierung verbunden, geschirmt und beglückt fühlen; aber Österreicher werden sie darum ebenso wenig, wie ein Tiroler etwa ein Chinese oder ein Andalusier ein Marokkaner werden kann. Sie sind daher wohl österreichisch, aber darum doch keine Österreicher!

Die Unabhängigkeit von Staat und Kirche, die auch für die Universitäten galt, die schon 1847 erfolgte Gründung der Akademie der Wissenschaften, all das konnte auch als Instrument der deutschen Herrschaftssicherung verstanden werden. Deutsch war etwa die Unterrichtssprache an den Universitäten, die Praxis zeigte aber, dass das Bildungssystem dennoch national sehr durchlässig und die Sprachentscheidung eher eine pragmatische als eine ideologische war. Von den knapp 16 000 Volksschulen in der Monarchie waren 6 300 deutschsprachig, in etwa 3 000 wurde in tschechischer Sprache unterrichtet. Relativ gering waren die gemischtsprachigen Schulen vertreten, die weniger als 2 000 betrugen. Die nach 1848 im Neoabsolutismus festgelegte Struktur enthielt sowohl Elemente der Germanisierung als auch Möglichkeiten der nationalen Emanzipation.

Am 18. Februar 1853 entging Franz Joseph knapp einem Attentat des ungarischen Nationalisten János Libényi. Ein Votivgemälde desselben Jahres hält den Vorgang fest, bei dem der Kaiser verwundet wurde (Wien, Historisches Museum der Stadt).

Dualismus im Habsburgerreich – Der »Ausgleich« von 1867

Die Entwicklung zwischen der Revolution von 1848 und dem Ersten Weltkrieg verlief keinesfalls kontinuierlich, sondern war von inneren und äußeren Brüchen und Erschütterungen gekennzeichnet, die sich wechselseitig bedingten. Die Niederlage Österreichs in der Schlacht von Königgrätz gegen Preußen im Jahr 1866 beendete jede Möglichkeit der Dominanz Österreichs in dem sich herausbildenden Deutschen Reich und machte innere Reorganisationen notwendig. Dabei war das Oktoberdiplom von 1860, das versucht hatte, Österreich auf föderalistischer Grundlage neu zu gestalten, bereits ebenso gescheitert wie der Versuch einer neuen Gesamtstaatsverfassung und neuer Landesstatute für die deutsch-slawischen Kronländer im Februarpatent 1861. Der so genannte Ausgleich mit Ungarn schließlich verfestigte die duale Form der Habs-

Dem gestiegenen ungarischen Nationalbewusstsein verlieh das zwischen 1884 und 1904 von Imre von Steindl in neugotischen Formen erbaute, riesige Parlamentsgebäude in Budapest monumentalen Ausdruck. Seinerzeit war es das Gebäude mit dem größten Rauminhalt auf der Welt.

burgermonarchie und bestimmte nur noch einige gemeinsame Angelegenheiten (Auswärtiges, Heer, Finanzen). Die Grenze zwischen den beiden Teilen des Reiches war zwar schon seit 1526 Realität, der Ausgleich schrieb aber die Vorherrschaft der Deutschösterreicher im österreichischen Reichsteil Zisleithanien und der Magyaren im ungarischen Reichsteil Transleithanien fest. Beide Reichsteile erhielten eine Verfassung, die zwischen Zentralismus und Föderalismus zu vermitteln suchte. Jeder der beiden Staaten war unter dem gemeinsamen Staatsoberhaupt als konstitutionelle Monarchie organisiert.

Allerdings teilten sich viele der dort lebenden Nationalitäten auf beide Teile der Monarchie auf: Deutsche, Italiener, Kroaten, Rumänen, Ruthenen, Serben und Slowenen lebten sowohl diesseits als auch jenseits der Trennlinie. Dramatisch war aber, dass in der Folge die slawischen Bevölkerungsgruppen eine ähnliche Sonderstellung forderten. So legten die Tschechen 1868 dem böhmichen und mährischen Landtag Deklarationen mit der Forderung nach Eigenstaatlichkeit vor; den Polen wurde in Galizien im selben Jahr das Zugeständnis der polnischen Amtssprache gemacht. Die Slawen stellten, wenn auch weder sprachlich noch territorial eine homogene Einheit bildend, die knappe Hälfte der Gesamtbevölkerung, und sie sahen sich durch den österreichisch-ungarischen Dualismus in ihren Entwicklungsmöglichkeiten behindert.

> Seit dem Österreichisch-Ungarischen Ausgleich war im Titel der für beide Landesteile zuständigen Behörden die Abkürzung **k.u.k.** für »kaiserlich und königlich« üblich; die für Österreich zuständigen Institutionen trugen die Bezeichnung »kaiserlich-königlich« (k.k.), die für Ungarn die Bezeichnung »königlich« (k.).

Liberalnationales Erbe – Parteien im Habsburgerreich

In der österreichischen Reichshälfte bedeutete das Jahr 1867 auch den Beginn einer langsamen Demokratisierung, die mit den fünf liberalen Staatsgrundgesetzen vom Dezember ihren Anfang nahm, die den Österreichisch-Ungarischen Ausgleich ergänzten; diese Demokratisierung ermöglichte in den Folgejahrzehnten die Herausbildung einer differenzierten Parteienlandschaft. Auch diese Parteienlandschaft korrespondierte mit der nationalen Frage: Alle Parteien gingen aus dem Umfeld der liberalen Honoratioren hervor, die als junge Menschen 1848 die Revolution mitgetragen hatten und die nunmehr unterschiedliche Aspekte der Ideale aus jener Zeit zu bewahren versuchten.

Mit Ausnahme der Sozialdemokraten gab es nur Parteien, die ihr Wirken auf den jeweiligen Sprachraum beschränkten und die somit bewusst national waren. Konnte man das Linzer Programm der Deutschnationalen von 1882 noch in der klaren Ableitung von 1848 als ein umfassendes Parteiprogramm verstehen, vollzog sich kurze Zeit später der Wandel des Deutschnationalismus in eine antiliberale und betont antisemitische Denkart. Auch die Christlichsozialen, die im späten 19. Jahrhundert in der Wiener Kommunalpolitik erfolgreich und dominant geworden waren, setzten auf nationale Vorurteile und antisemitische Töne. Natürlich sprach dies auch Arbeiter an. Die Sozialdemokratie versuchte dennoch, ganz strikt auf einem nationenübergreifenden Kurs zu bleiben. Ausdruck dieser Bemühungen ist das von einer jüngeren Generation der Parteiführer konzipierte Brünner Programm von 1899, bei dem es weniger um eine gesamtpolitische Konzeption, sondern um das Verhältnis zum Staat ging. Dieses Programm forderte die Umwandlung Österreichs in einen »demokratischen Nationalitätenbundesstaat«, wobei an die Stelle der bisherigen Kronländer nationale Selbstverwaltungskörper

Der Abgeordnete Georg Ritter von Schönerer war seit 1879 einer der Führer der deutschnationalen Bewegung Österreichs und bestimmte maßgeblich das Linzer Programm. Wegen des gewaltsamen Überfalls auf die Redaktion des »Neuen Wiener Tagblatts« 1888 kam er in Kerkerhaft und verlor sein Mandat sowie seinen Adelstitel (Foto um 1880).

treten sollten. Damit betrat die österreichische Sozialdemokratie einen Sonderweg, der sie einerseits nah an den Staat heranführte (»k. k. Sozialdemokratie« war die von den Gegnern verwendete Bezeichnung) und sie neben Herrscherhaus, Bürokratie und Militär zur einzigen integrativen Kraft in der Monarchie machte, andererseits aber auch ihr spezielles Profil im internationalen Maßstab begründete. Ohne Vorbilder wurde sie letztlich im Austromarxismus bestimmend in der Theoriebildung zur nationalen Frage.

Alle Parteiführer, Georg Ritter von Schönerer vom deutschnationalen Lager, Karl Lueger von den Christlichsozialen und Victor Adler von den Sozialdemokraten, hatten für ihre politischen Gruppierungen Teilerbschaften aus dem liberalnationalen Politikverständnis übernommen.

Das Militär als Hort geschichtlicher Traditionen war eines der wichtigsten Leitbilder der Donaumonarchie. Im Bild paradiert das Infanterieregiment des Hoch- und Deutschmeisters, dessen Amt auf den Deutschen Ritterorden zurückgeht.

Erzherzog Franz Ferdinand sammelte führende Vertreter verschiedener Nationalitäten um sich, mit denen er Pläne für eine Reform der Donaumonarchie erarbeitete, um das Reich zu stabilisieren. Die Gruppe wurde nach dem Amtssitz des Thronfolgers »Belvederekreis« genannt.

Zentralismus oder Trialismus? – Theoretische Lösungsansätze

E s ist bezeichnend, dass bis zur Gegenwart alle Analysen der nationalen Problematik auf den Denkansätzen aufbauen, die um die Jahrhundertwende in der Donaumonarchie geleistet wurden. Nur hier existierte ein Kompositum aus verschiedensten ethnischen Bestandteilen als Resultat dynastischer Politik und als Ergebnis von Kriegen sowie diplomatischen Entscheidungen, das gleichzeitig versuchte, ein moderner Staat zu sein und im Konzert der neuen Großmächte mitzuspielen. Modernität und nationale Homogenität schienen aber damals untrennbar zusammenzugehören, zumindest im Sinn von einheitlicher Kommunikation, die politisch, ökonomisch und kulturell die Voraussetzung zum leichten Umgang miteinander und zur raschen Durchsetzung von Neuerungen war.

Die Habsburgermonarchie konnte auf ein hohes Bildungsniveau, niedrige Analphabetenraten, auf gute ökonomische Bedingungen und passable Infrastruktur, auf ein beachtliches Heer – trotz der Niederlagen – und auf kulturelle Meisterleistungen verweisen. Dennoch schien das Staatsgebilde ein Anachronismus zu sein. Seine Lebensfähigkeit wurde 1848 gründlich bezweifelt, aber kein Theoretiker der einzelnen Nationen dachte über den Rahmen der Monarchie hinaus.

Grob kann man bei der Defintion von Nation zwei Richtungen unterscheiden: Sprachgruppen, die ein Kronland dominierten, sich aber dort mit anderen Minoritäten konfrontiert sahen, setzten auf staatsrechtliche Argumente, also auf das Territorialprinzip, wie zum Beispiel die Tschechen. Bei Völkern, deren Angehörige zerstreut waren und die auf keine historisch-politische Tradition zurückgreifen konnten, überwog das Personalitätsprinzip, das nationale Rechte an das Individuum, nicht an das Territorium binden wollte, so besonders bei den Slowenen. Im letzteren Falle ist Nation eine ausschließlich kulturelle Kategorie, im ersteren ist sie zumindest auch politisch und ökonomisch zu fassen.

AUSTROMARXISMUS UND NATIONALITÄTENFRAGE

Seit 1904 hatte sich in Österreich mit dem »Austromarxismus« eine eigene Schule des Marxismus entwickelt. Bereits seit 1903 im Verein »Zukunft« zusammengeschlossen, stellten sich Otto Bauer, Max und Friedrich Adler, Rudolf Hilferding und Karl Renner die Aufgabe, die marxistischen Denkresultate mit den philosophischen und sozialwissenschaftlichen Arbeiten ihrer Zeit zu verknüpfen.

Die führenden Vertreter des Austromarxismus, Otto Bauer (linkes Bild) und Karl Renner (rechtes Bild), entwickelten auch Konzepte zur Lösung des österreichischen Nationalitätenproblems. Bauer sah Nation nicht nur als Sprachnation, sondern als »Gesamtheit der durch Schicksalsgemeinschaft zur Charaktergemeinschaft verknüpften Menschen«. Er stellte die Elemente Geschichte und Kommunikation in den Vordergrund. Staats- oder Sprachgrenzen und Religionsscheidelinien sind in dieser Theorie zwar wichtig, aber nicht mehr ausschließliche Bestimmungsmerkmale der Nation. Renner ging es im Gegensatz zu Bauer darum, praktische Lösungsvorschläge

für die Erhaltung der Habsburgermonarchie als Wirtschaftsraum und als politische Einheit zu liefern und stellte dabei die gewachsene Struktur nicht in Frage. Man müsse »ein doppeltes Netz in die Landkarte eintragen, ein ökonomisches und ein ethnisches, ... nationale und politische Geschäfte scheiden, die Bevölkerung zweimal organisieren, einmal national, das andere Mal staatlich«.

»Vereinigte Staaten von Groß-Österreich«

Ist diese Form des Nationalismus, auch wenn sie nur auf gleiche Rechte abzielt, stets eine, die die eigene Gruppe gegenüber den anderen auf- und damit die anderen abwertet, so gab es daneben auch Bemühungen, den Gesamtkomplex des Vielvölkerstaates zu analysieren, um daraus Schlüsse für sein besseres Funktionieren abzuleiten. Im konservativen Lager ist dabei vor allem Aurel Popovici zu nennen, der zum Kreis um den Thronfolger Franz Ferdinand gehörte. 1906 erschien sein Buch »Die vereinigten Staaten von Groß-Österreich«, mit dem er auf eine nationale Föderalisierung der Monarchie abzielte. Die Hauptstoßrichtung galt dem Zentralismus in Ungarn. Insgesamt sah er für Österreich 15 nationale Einheiten vor, die bundesstaatlich organisiert sein sollten. Im Kreis um Franz Ferdinand wurde aber auf den Trialismus gesetzt, der neben den Deutschen und den Magyaren später die Tschechen oder die Südslawen als dritte Gruppe privilegieren sollte. Unter anderem wurde diese Idee – wegen des serbischen Widerstandes – als Erklärung für das Attentat von Sarajevo, das den Ersten Weltkrieg auslöste, angesehen.

Analytisch schärfer waren die Konzepte der politischen Linken. Eine ganze Schule, der so genannte Austromarxismus, ist durch die Beschäftigung mit diesem Problemfeld entstanden.

Aus dem Staatsgrundgesetz vom 21. Dezember 1867 über die allgemeinen Rechte der Staatsbürger:

Artikel 1. Für alle Angehörigen der im Reichsrate vertretenen Königreiche und Länder besteht ein allgemeines österreichisches Staatsbürgerrecht ...
Artikel 2. Vor dem Gesetze sind alle Staatsbürger gleich.
Artikel 3. Die öffentlichen Ämter sind für alle Staatsbürger gleich zugänglich ...
Artikel 19. Alle Volksstämme des Staates sind gleichberechtigt, und jeder Volksstamm hat ein unverletzliches Recht auf Wahrung und Pflege seiner Nationalität und Sprache.

Staatssprache oder Landessprache? – Praktische Lösungsansätze

Die heftigsten nationalen Auseinandersetzungen zwischen 1867 und 1914 fanden ohne Frage in Böhmen und Mähren statt. 1871 wurde die Idee eines böhmischen Ausgleichs verworfen, und damit war eine Möglichkeit vertan, das Problem dauerhaft zu lösen. Die große deutschsprachige Minorität in Böhmen und Mähren stellte das Haupthindernis dar, den Tschechen Sonderrechte zu gewähren. 1880 wies die Regierung Taaffe die Behörden Böhmens und Mährens an, Amtshandlungen in jener Sprache abzuwickeln, in der die Eingabe erfolgt war. Somit war die Zweisprachigkeit im äußeren Dienstverkehr festgelegt, während die innere Amtssprache Deutsch blieb. Die Tschechen wehrten sich aber – erfolgreich – gegen die

Alte Mythen für den jungen Patriotismus: Libussa, die mythische böhmische Herrscherin, Prophetin und Gründerin Prags, setzte Karel Vitězslav Mašek 1893 als symbolhafte Jugendstilfigur ins Bild (links; Paris, Musée d'Orsay). Rechts: Die Musikszene der Donaumonarchie bot den Nährboden für die Entwicklung nationaler Traditionen. So suchten etwa Antonín Dvořák, Bedřich (Friedrich) Smetana und Leoš Janáček die Inspiration der slawischen, Franz von Liszt (Foto von 1869) die der ungarischen Volksmusik.

Anerkennung von Deutsch als »Staatssprache«, die Deutschen verhinderten Tschechisch als »Landessprache« in Böhmen. Die Sprachenfrage war zum Kampffeld geworden. 1882 wurde die älteste Universität der Habsburgermonarchie, die Alma Mater Carolina in Prag, in eine tschechische und eine deutsche Universität geteilt. Brünn erhielt eine tschechischsprachige Technische Hochschule, und eine eigenständige tschechische Akademie der Wissenschaften wurde gegründet. Sogar eine Teilung des Königreiches Böhmen wurde ernsthaft erwogen. Als aber 1891 die Jungtschechen mit einem betont nationalen Programm, das weitgehende Forderungen enthielt (tschechische Staatssprache in Böhmen, Krönung von Kaiser Franz Joseph als König von Böhmen), bei den Reichsratswahlen 49 Sitze erlangten, die um Verständigung bemühten Alttschechen hingegen nur noch 12, standen die Zeichen endgültig auf Sturm. Mit ihren Vereinen und Symbolen, mit ihren politischen Repräsentanten und Wertvorstellungen trugen beide Seiten zur Eskalation bei.

Wahlrechtsreform und der »Mährische Ausgleich«

Als der Kaiser den Statthalter von Galizien, Kasimir Graf Badeni, 1895 mit der Regierung betraute, schien der starke Mann gefunden, der den Flächenbrand eindämmen sollte. Er versuchte dies mit einer Wahlrechtsreform, die dazu führte, dass alle erwachsenen Männer über 24 Jahre, die zumindest sechs Monate im Wahlsprengel anwesend waren, in der fünften, der allgemeinen Kurie, wählen durften. Nun zogen auch die neuen Massenparteien ins Parlament, die nationale Frage wurde damit jedoch nicht gelöst. Als Konsequenz erließ Badeni im April 1897 zum Abbau der deutsch-tschechischen Spannungen Sprachenverordnungen für Böhmen und Mähren, die die Zweisprachigkeit im inneren und im äußeren Amtsverkehr garantieren sollten. Die deutsch-böhmischen Gemeinden protestierten scharf, überall, auch weit außerhalb der betroffenen Gebiete – wie in Graz oder Klagenfurt – gab es Demonstrationen. Die Universitäten Deutschlands schalteten sich ein, deutsche »Schutzvereine« wurden gegründet. Im Parlament brachte schließlich die deutschnationale Obstruktionspolitik die Regierung zu Fall. Der Kaiser musste Badeni entlassen, die Nachfolger nahmen die Verordnungen schrittweise zurück. Die schwerste innere Staatskrise endete somit mit einer Niederlage jener, die durch Zugeständnisse an die nichtdeutschen Nationen den Erhalt der Monarchie zu sichern trachteten.

Dass es auch anders ging, wurde kurze Zeit später unter Beweis gestellt. 1905 wurde ein gut ausgehandelter Kompromiss, der »Mährische Ausgleich«, vom Kaiser sanktioniert. Dieser sah für Mähren vor, dass alle Gemeinden die freie Wahl für eine der beiden Sprachen hatten. Lebten in einer Gemeinde zumindest 20 Prozent der jeweils anderen Sprachgruppe, so mussten Eingaben in beiden Sprachen behandelt werden. In der Wahl der Schule setzte sich das Personalitätsprinzip durch: Jeder hatte, unabhängig vom Wohnort, das Recht auf Unterricht in der Muttersprache. Und bei den Wahlen gab es getrennte Wählerkataster mit garantiertem Minderheitenschutz. Landtag und Landesschulrat waren zweigeteilt, Beamtenbesetzungen erfolgten nach der Bevölkerungsrelation. 1910 wurde, noch komplexer, ein Ausgleich in der viersprachigen Bukowina geschaffen. Die Monarchie bewies immerhin, dass sie in Theorie und Praxis Lösungswege aufzeigte, wenn es auch klar war, dass vor dem Ersten Weltkrieg das Problem keinesfalls als erledigt zu betrachten war.

Die Sprachenverordnung für Böhmen und Mähren führte 1897 zu wachsenden Spannungen und zur Polarisierung der politischen Kräfte. Am 26. November kam es im Wiener Abgeordnetenhaus zu einer Saalschlacht. Zwei Tage später musste ein Volksauflauf vor dem Parlament mit Gewalt aufgelöst werden.

Im Kaiser vereint – Trennende und verbindende Elemente

Die Industrialisierung, die Hebung des Bildungsniveaus, der Ausbau des Verkehrs, all dies hatte in der Habsburgermonarchie die regionale und soziale Mobilität deutlich erhöht, in der nationalen Frage die Konflikte aber tendenziell verschärft. Es war das neu entstandene Bildungsbürgertum, das den Kampf um nationale Identität, um die Anerkennung der nationalen Kultur und Geschichte, um die Repräsentanz im öffentlichen Raum führte. Ein Zusammenfall von nationaler und staatlicher Identität war nicht gegeben, und die erste Loyalität galt der Nation. Die Arbeiterschaft blieb länger von dieser Ideenwelt wenig berührt, gemeinsame Interessenlagen griffen über die Sprachgrenzen hinweg und schufen eher Klassensolidarität als nationale Gefühle. Aber dennoch gab es auch bei den Arbeitern nationalistische Tendenzen, die dadurch verstärkt wurden, dass in einer strengen sozialen Hierarchie bestimmte Berufsgruppen bestimmten Sprachgruppen vorbehalten waren. Industriearbeit war ein tschechisches und deutsches Phänomen ohne einheitliche Rangordnung zwischen diesen beiden Gruppen. In den Bergwerken der Steiermark waren dominant slowenische Arbeiter für die niedrigsten Arbeiten eingesetzt. Saisonarbeit bei kleinen Ziegelfabriken und beim Straßenbau war den Italienern vorbehalten, als Landarbeiter fand man überwiegend Slowaken. Die Baufirmen Wiens arbeiteten mit Tschechen, die Dienstboten und die Köchinnen kamen aus Mähren. Soziale und nationale Hierarchien waren oftmals deckungsgleich.

Unproblematisch erscheinen auf den ersten Blick die mehrsprachigen Ladenschilder am Geschäft eines gewerkschaftlich orientierten Konsumvereins um die Jahrhundertwende: Deutsch, Ungarisch und Slowakisch stehen nebeneinander.

Dennoch gab es verbindende Elemente: das Herrscherhaus, das Beamtentum, das äußere Erscheinungsbild der Monarchie mit seinen Schulen, Bahnhöfen und Kasernen, das Heer als großer gemeinsame Identität stiftender Faktor, die Sozialdemokratie mit ihrem zumindest in der Theorie übernationalen Anspruch und die katholische Kirche. Die Urbanisierung führte, ganz besonders in Wien, zu raschen Assimilationsprozessen, die städtische Durchlässigkeit war zumindest im Generationswechsel groß. In den Städten zweiter Ordnung, wie Brünn oder Graz, war die Situation allerdings dramatisch anders, hier wurde die zweite nationale Kultur ignoriert, ja sogar geleugnet. Und in Laibach war die Stadt Schauplatz eines erbitterten Ringens um die nationale Vorherrschaft. Das Bild ist insgesamt widersprüchlich, Zwangssituationen und Konflikte stehen neben pragmatischen Lösungen und kulturellen Bereicherungen.

Finis Austriae – Das Ende des Habsburgerreichs

Zuzug aus allen Teiles des Reichs ließ zwischen 1890 und 1900 die Bevölkerungszahl der Stadt Wien nahezu auf das Siebenfache steigen. Vor dem Hintergrund der Karlskirche eine Straßenszene, die unter dem Titel »Slowakische Industrie« die Emsigkeit der Neubürger karikiert (1870).

Die nationale Frage hing ganz wesentlich auch mit der Außenpolitik zusammen. Der Ausgleich von 1867 hatte die Möglichkeit geboten, sich nach der Kriegsniederlage von 1866 wieder dem Deutschen Reich zu nähern, was sich im Berliner Kongress von 1878 deutlich zeigte und im Zweibund von 1879 manifest wurde. Die Magyaren trugen diese Außenpolitik mit, die inhomogene Gruppe der Slawen aber war nicht notwendigerweise zufrieden. Das Verhältnis zu Russland, Verlockungen des Panslawismus, die krisenhafte Entwicklung auf dem Balkan, all dies führte zu einer engen Verknüpfung von Außenpolitik und nationalen Kämpfen im Inneren der Monarchie. Gerade Bosnien und die Herzegowina, 1878 okkupiert, hatten die südslawische Frage in den Mittelpunkt gestellt. Als

1908 die Annexion dieser Gebiete erfolgte, die den Frieden ernsthaft gefährdete, stand dahinter auch die Idee, den Südslawen dauerhaft unter kroatischer Dominanz eine trialistische Struktur anzubieten und Teile der österreichischen Reichshälfte, zumindest Dalmatien, mit Kroatien, Bosnien und der Herzegowina zu vereinigen.

Dass diese Ideen besonders in Serbien, das die Vereinigung der Südslawen unter serbischer Führung im Kampf gegen das Osmanische Reich und die Habsburgermonarchie plante, auf großes Misstrauen stießen, ist nicht weiter verwunderlich. Der österreichisch-serbische Gegensatz vertiefte sich. Die »Schwarze Hand«, eine serbische Geheimgruppe, operierte auf österreichischem Territorium. Als der vehementeste Vertreter einer trialistischen Reichsreform, Thronfolger Franz Ferdinand, zu einem Manöverbesuch nach Sarajevo aufbrach, war die Zeit zum Handeln gekommen. Dass dieser Besuch am 28. Juni – dem nationalen Trauertag der Serben, der an die verlorene Schlacht von 1389 gegen die Osmanen auf dem Amselfeld erinnerte – stattfand, war sicher nicht gerade eine geschickte

1898 malte der Wiener Akademieprofessor Julius von Blaas dieses Altersporträt des Kaisers Franz Joseph (Privatbesitz).

Die Geltung der Metropole Wien fand in der großzügigen Gestaltung der Ringstraße Ausdruck: Blick auf das neue Burgtheater (1874–88).

Terminwahl. Die Ermordung des Thronfolgers und seiner Gattin an diesem Tag des Jahres 1914 waren jedenfalls der Anlass, nach einem Ultimatum an Serbien, welches allerdings weitgehend erfüllt wurde, diesem Staat den Krieg zu erklären und damit den Startschuss für den Ersten Weltkrieg zu geben. Alle Völker des Reiches zogen 1914 mit in diesen Krieg. Die Jahre des Krieges aber brachten eine dramatische Wende. Je realistischer im Kriegsverlauf die Niederlage wurde, desto stärker wurden die zentrifugalen Kräfte. Und als 1916 Kaiser Franz Joseph nach 68 Herrscherjahren verstarb, wurde sein Begräbnis zum symbolischen Begräbnis des Vielvölkerstaates. Wohl versuchte der Nachfolger, Kaiser Karl, mit weit reichenden Zugeständnissen in seinem Manifest »An meine Völker« die Monarchie zu retten, aber der äußere Druck durch die Kriegsniederlage und die beschleunigte innere Entfremdung ließen ein anderes Resultat als den Zerfall des Reiches 1918 nicht mehr zu.

Helmut Konrad

Teure Heimat – Italien zwischen Cavour und Garibaldi

Anfang September 1849 waren die letzten Funken der italienischen Revolution ausgetreten worden. Die geflüchteten oder vertriebenen Fürsten kehrten unter dem Schutz österreichischer und französischer Truppen zurück. Beseitigt waren, mit nur einer Ausnahme, die kurz zuvor gegebenen oder errungenen Verfassungen. Regiert wurde nun fast überall unter Ausnahmerecht, wobei es am allerschlimmsten im Königreich beider Sizilien zuging. Aber auch anderswo sollte die wiederhergestellte Ordnung vornehmlich durch polizeiliche Repression und Militärgewalt gesichert werden, so im habsburgischen Königreich Lombardo-Venetien, wo Joseph Wenzel Graf Radetzky den bis 1854 aufrechterhaltenen Ausnahmezustand rigoros exekutierte. Standrechtliche Erschießungen, Todesurteile und elende Haft trafen jene Vorkämpfer Italiens, welche aus diesem Italien der Gegenrevolution nicht hatten entkommen können.

Zehntausende verloren ihre Heimat – Mailand oder Venedig, Rom oder Palermo: Umso entschiedener verbreiteten gerade diese Entwurzelten die Idee der größeren Heimat aller Italiener, die Idee Italiens. Dreißigtausend Flüchtlinge und Vertriebene fanden in den Fünfzigerjahren Asyl im Königreich Sardinien-Piemont. Allerdings war König Viktor Emanuel II. vorerst nicht bereit, republikanische Nationaldemokraten und gar Anhänger Giuseppe Mazzinis aufzunehmen. Sofern diese ihre Ideale nicht preisgeben wollten, blieb ihnen zunächst nur die Wahl zwischen einem Exil in Großbritannien und einer Zuflucht in Nord- oder Südamerika.

Der Gedanke der nationalen Bewegung lebte jedoch fort, tatsächlich großflächiger als vor der gescheiterten Revolution. Hunderttausenden war »Italien« in der Presse, in Versammlungen und Kundgebungen nahe gebracht worden: Danach war die Idee nationaler Freiheit und Einheit kein Elitenphänomen mehr, sondern Grund und Zweck fundamentaler Massenpolitisierung.

Die Begegnung zwischen Feldmarschall Radetzky (rechts) und dem jungen piemontesischen König Viktor Emanuel II. (links) am Tag nach der Abdankung von dessen Vater Karl Albert 1849 (Aquarell von Albrecht Adam; Paris, Bibliothèque Nationale).

Genährt wurden die Gluten von den Erinnerungen an die heroischen Augenblicke der Revolution – an die »fünf Tage« des Mailänder Aufstands gegen die österreichische Herrschaft und Besatzung, an die lange Verteidigung Venedigs und der Römischen Republik, an den »langen Marsch« Giuseppe Garibaldis mit viertausend Freiwilligen von Rom an die Adriaküste im Sommer 1849. Solche Ausfüllungen des abstrakten Begriffs Nation zwischen Geschichte und Legende trugen wesentlich zum Werden eines nationalen Erfahrungsraums bei. Die außerhalb Piemonts lastende Wirklichkeit der Unterdrückung, obendrein in den meisten Staaten die blanke Misswirtschaft, die wirtschaftliche Stagnation und kulturelle Rückständigkeit schürten diese nationalen Gluten erst recht. Solche Realitäten bedeuteten eine zweite, die gegensätzlichen Lager der Nationalbewegung im Negativen vereinende Erfahrungsebene, und das umso nachhaltiger, weil die fremde Macht Österreich als Verursacherin sämtlicher Missstände und jedweder Unterdrückung gesehen wurde. Folglich mussten auch alle noch so gemäßigten innerstaatlichen Reformbestrebungen antiösterreichisch und somit national werden.

Als Opfer der Repression durch das habsburgische Militär stellt das um 1860 entstandene Gemälde von Alessandro Lanfredini den Priester und Patrioten Ugo Bassi dar. Er war mit Garibaldi gezogen, wurde jedoch von den Österreichern gefangen genommen und standrechtlich erschossen (Florenz, Società Toscana del Risorgimento).

Revolution oder Diplomatie? – Mazzini und Cavour

Unter solchen Umständen gelang es Mazzini, dem Propheten eines republikanischen Nationalstaats und Gründer der Gesellschaft *Giovine Italia* 1831, schon bald, an seine alten nationalrevolutionären Konzepte anzuknüpfen. Aus dem Exil organisierte er neue Verschwörungen im Geiste seiner Losung, dass Italien sich selbst erschaffen könne und müsse, nämlich in der Aktion der Volksmassen, welche durch einen lokal erfolgreichen Aufstand ausgelöst werden würde. Einige dieser Vorbereitungen wurden im Keim erstickt, zwei Aufstände wurden rasch unterdrückt, gefolgt von neuerlichen Verfolgungswellen gegen wirkliche und vermeintliche Sympathisanten.

Das Scheitern Mazzinis

Die Leidenschaft und die Leidensfähigkeit Mazzinis, sein Leben für die eine große Idee Italien begeisterten zwar weiterhin viele Landsleute. Aber es distanzierten sich nun doch immer mehr demokratische Republikaner von seinem Aktionismus nicht nur in Anbetracht aktueller Fehlschläge, sondern wegen der 1848/49 gewonnenen Einsicht, dass Mazzinis Revolutionskonzept einen Irrweg schon deshalb bedeutete, weil es letztlich am übermächtigen Faktor Österreich scheitern müsse. Sie wollten nunmehr alle anderen Prin-

Das Porträt des etwa dreißigjährigen Viktor Emanuel II. von der Hand des Turiner Akademiedirektors Giovanni Battista Biscarra unterstreicht das weltmännische Auftreten des piemontesischen Königs.

Giuseppe Mazzini, der meist von London aus arbeitende, radikal republikanische Wortführer der nationalen Bewegung, blieb politisch weitgehend erfolglos. Seine Ideen fielen jedoch auf fruchtbaren Boden, sodass er zu den Gründervätern der Einheit Italiens zählt (Mailand, Museo del Risorgimento).

zipien zurückstellen, bis die nationale Einheit und Unabhängigkeit errungen seien. Dazu brauchte die Nationalbewegung unabdingbar die Führung des militärmächtigsten italienischen Staats, eben des Königreichs Sardinien-Piemont, das schon während der Revolution die eigenen machtpolitischen Zwecke mit der nationalen Idee verbunden hatte. 1857 fanden sich republikanische Demokraten, unter ihnen Daniele Manin und Giuseppe Garibaldi, mit Liberalen in einem Nationalverein, der *Società Nazionale Italiana,* zusammen, um einerseits überall Anhänger der piemontesischen Ausrichtung der Nationalbewegung zu sammeln, andererseits aber auch Sardinien-Piemont auf seinen italienischen Kurs festzulegen. Offiziell hatte die Turiner Regierung mit der *Società Nazionale* nichts zu tun, im Verborgenen aber empfing der Ministerpräsident Camillo Benso Graf Cavour deren Führer, und Giuseppe La Farina wurde sein Werkzeug zur Lenkung des Nationalvereins.

Cavour: liberale Reformen und Diplomatie

D ass die in den Machtverhältnissen Italiens begründeten propiemontesischen Tendenzen der Nationalbewegung realisiert und in »moralische Eroberungen« umgesetzt werden konnten, war jedoch ganz wesentlich Cavour zu danken. Er hatte etliche Jahre im westeuropäischen Ausland verbracht, dort die Prinzipien des Wirtschaftsliberalismus und eines liberal-parlamentarischen Regierungssystems kennen gelernt. 1847 übernahm er die Redaktion der Zeitung »Il Risorgimento« (Die Wiedererstehung), die die These von der italienischen Berufung Sardinien-Piemonts verfocht. 1852 wurde er von König Viktor Emanuel II. als Repräsentant einer Parlamentsmehrheit gemäßigter und linker Liberaler zum Ministerpräsidenten berufen, was dieser lange abgelehnt hatte. An die Spitze trug ihn sein Engagement nicht allein für den Erhalt des *Statuto Albertino,* der von Karl Albert 1848 gewährten und nach der Revolution von Konservativen und auch vom neuen König infrage gestellten Konstitution, sondern auch für die Grundlegung einer liberalen und parlamentarischen Verfassungswirklichkeit.

Für die Durchsetzung eines de facto parlamentarischen Regierungssystems in der konstitutionellen Monarchie wurden Cavours Berufung selbst und dann seine lange mehrheitsgestützte Ministerpräsidentschaft entscheidend. Seine Politik gestaltete das Königreich Viktor Emanuels zum Modell zukünftiger italienischer Nationalstaatlichkeit um – durch die Parlamentarisierung des politischen Systems, durch die genauso in den Traditionen des klassischen Liberalismus liegende Beschränkung politischer Beteiligung im aktiven und passiven Wahlrecht auf eine recht schmale soziale Elite. Aber auch die Auflösung des Ineinanders von Staat und Kirche und die Beschneidung gesellschaftlicher Macht des Klerus trugen zu dieser

Camillo Benso Graf Cavour nach einer um 1855 entstandenen Daguerrotypie.

Umgestaltung bei, ebenso die staatlichen Initiativen zur Modernisierung des Verkehrs- und Bankenwesens, der Landwirtschaft, zur Entwicklung moderner Industrie und der Übergang zum Freihandel.

Die nationale Idee war wohl eine Triebkraft in Cavours Politik, aber keinesfalls in jenem absoluten Sinne Mazzinis oder Garibaldis. Seine nationale Politik zielte dahin, die Gefährdungen und Hindernisse bürgerlichen Fortschritts zu beseitigen, wie er sie zum einen in den stagnierenden und repressiven Zuständen Italiens erkannte, zum anderen in der Kraft der nationalrevolutionären Bewegung fürchtete, welche aus Cavours Sichtweise gerade ein Resultat jener Zustände war. Diesem Ansatz entsprach, dass Cavour zunächst keineswegs an eine den ganzen geographischen Begriff Italiens umfassende Nationalstaatsgründung dachte, sondern nur jenen Raum anvisierte, in dem die Voraussetzungen für eine Übertragung des piemontesischen Modells gegeben waren, also Nord- und Mittelitalien. Dazu war Österreich aus Italien zu verdrängen, was zugleich der piemontesischen Machtpolitik und den Aversionen des Königs entsprach. Den Kampf gegen Österreich, das war eine der Lehren, die Cavour aus dem Jahr 1848/49 gezogen hatte, durfte Piemont allein nicht aufnehmen: Es brauchte den Rückhalt einer europäischen Großmacht.

Die zwiespältige Politik Cavours in einer zeitgenössischen Karikatur: »Du bist mein, ich lass dich los!«, sagt die Revolution (links). »Mein bist du, ich lass dich nicht im Stich!«, antwortet die Diplomatie (rechts). Cavour protestiert gegen diese Behandlung und meint: »Ich würde so gern, wenn es möglich wäre, euer beider Freund sein!«

Der Krieg in Oberitalien

Die große Chance eröffnete sich mit dem Krimkrieg: Im Frühjahr 1855 stellte sich Piemont an die Seite der Westmächte und nahm im Kreis der großen europäischen Mächte 1856 an den Friedensverhandlungen in Paris teil. Zu diesem Prestigegewinn gelang es Cavour, das Thema Italien in die Kongressdiskussion über friedensgefährdende europäische Unruheherde einzubringen, Piemont als Sprachrohr der Italiener und Österreich als Verursacher der italienischen Spannungen darzustellen. Wichtiger war die Auflockerung der internationalen Mächteverhältnisse durch die Niederlage der konservativen Vormacht Russland, durch die beide Seiten verprellende Unsicherheit der Wiener Außenpolitik während des Kriegs und durch die im Krieg gesteigerten Hegemonialambitionen Napoleons III. Wenn der Kaiser der Franzosen in der Situation Italiens und im Gegensatz zwischen Piemont und Österreich einen Ansatzpunkt zur Machtsteigerung Frankreichs sah, so erkannte Cavour in Napoleon den möglichen Verbündeten zur Durchsetzung Piemonts in Italien. Es entwickelte sich ein mehrjähriges geheimes Verhandlungsspiel. Währenddessen wurde die internationale Öffentlichkeit mit sorgfältig inszenierten Aufführungen beschäftigt – etwa mit dem rührseligen Abschiedsbrief des blutig gescheiterten und zum Tode verurteilten Napoleon-Attentäters Felice Orsini, der den Kaiser bat,

Cavour über seine Unterredung mit Napoleon III. vom 20. Juli 1858 in Plombières:

(Napoleon) sagte zunächst, er wäre bereit, Sardinien bei einem Kriege gegen Österreich ... zu unterstützen ... Im Auffinden dieser Kriegsursache lag die größte Schwierigkeit ... (Schließlich) verfielen wir ... auf Massa und Carrara ... Um den König von Neapel brauche man sich nicht zu kümmern ... Diese Antwort befriedigte den Kaiser, und wir gingen nun zur Hauptfrage über: Welchen Zweck sollte der Krieg haben? Der Kaiser nahm ohne weiteres an, man müsse die Österreicher ganz aus Italien vertreiben ... Nachdem das künftige Schicksal Italiens festgestellt war, fragte mich der Kaiser ... ob Eure Majestät (Viktor Emanuel) geneigt sei, Savoyen und Nizza abzutreten. Ich antwortete ... dass Savoyen mit Frankreich vereinigt werden müsse ... Was aber die Grafschaft Nizza beträfe, ... so stünde es damit anders ... Daraufhin liebkoste der Kaiser wiederholentlich seinen Schnurrbart und äußerte bloß, mit diesen für ihn völlig nebensächlichen Fragen könne man sich auch später beschäftigen.

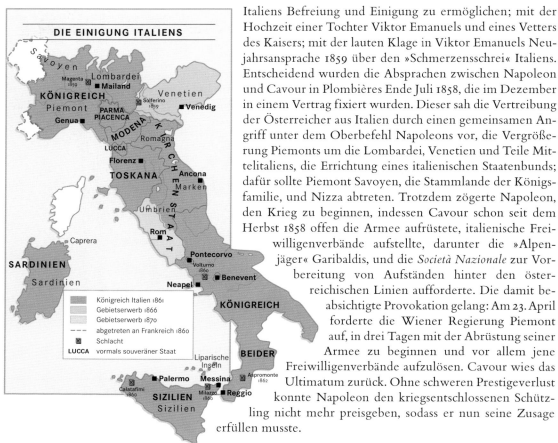

Italiens Befreiung und Einigung zu ermöglichen; mit der Hochzeit einer Tochter Viktor Emanuels und eines Vetters des Kaisers; mit der lauten Klage in Viktor Emanuels Neujahrsansprache 1859 über den »Schmerzensschrei« Italiens. Entscheidend wurden die Absprachen zwischen Napoleon und Cavour in Plombières Ende Juli 1858, die im Dezember in einem Vertrag fixiert wurden. Dieser sah die Vertreibung der Österreicher aus Italien durch einen gemeinsamen Angriff unter dem Oberbefehl Napoleons vor, die Vergrößerung Piemonts um die Lombardei, Venetien und Teile Mittelitaliens, die Errichtung eines italienischen Staatsbunds; dafür sollte Piemont Savoyen, die Stammlande der Königsfamilie, und Nizza abtreten. Trotzdem zögerte Napoleon, den Krieg zu beginnen, indessen Cavour schon seit dem Herbst 1858 offen die Armee aufrüstete, italienische Freiwilligenverbände aufstellte, darunter die »Alpenjäger« Garibaldis, und die *Società Nazionale* zur Vorbereitung von Aufständen hinter den österreichischen Linien aufforderte. Die damit beabsichtigte Provokation gelang: Am 23. April forderte die Wiener Regierung Piemont auf, in drei Tagen mit der Abrüstung seiner Armee zu beginnen und vor allem jene Freiwilligenverbände aufzulösen. Cavour wies das Ultimatum zurück. Ohne schweren Prestigeverlust konnte Napoleon den kriegsentschlossenen Schützling nicht mehr preisgeben, sodass er nun seine Zusage erfüllen musste.

Vorfriede von Villafranca

Z unächst drang die österreichische Italienarmee in Piemont ein, musste sich aber zurückziehen, als Anfang Mai die Armee Napoleons auf dem Kriegsschauplatz erschien. Nach etlichen Gefechten führte die erste »Monsterschlacht« des Feldzugs bei Magenta am 4. Juni zur Einnahme Mailands, die zweite bei Solferino am 24. Juni zum Einschluss der österreichischen Armee im Festungsviereck Mantua–Peschiera–Verona–Legnano. Wenige Tage später herrschte Waffenstillstand, und schon am 11. Juli schlossen Napoleon III. und Kaiser Franz Joseph den Vorfrieden von Villafranca, welcher Piemont nur die Lombardei bringen sollte. Viktor Emanuel blieb nichts übrig, als diesen Alleingang des Verbündeten hinzunehmen, den dieser mit Rücksicht auf die internationale Situation, aber auch in Anbetracht der unerwarteten Eigendynamik der italienischen Nationalbewegung unternommen hatte. In Mittelitalien wurden die regierenden Fürsten vertrieben, und provisorische Regierungen proklamierten den Anschluss an Piemont. Rückgängig machen ließ sich das nicht mehr, wohl aber durch den Vorfrieden aufhalten. Cavour erfuhr erst nachträglich von der Zustimmung des Königs und erklärte seinen Rücktritt. Ein halbes Jahr versuchte sich Viktor Emanuel an

DIE GRÜNDUNG DES ROTEN KREUZES

Die Idee zur Gründung des Roten Kreuzes entstand auf den Kriegsschauplätzen Oberitaliens. Der Genfer Bankier und Schriftsteller Henri Dunant (Foto) erlebte als Journalist persönlich die furchtbare Lage der Verwundeten nach der

Schlacht von Solferino und verfasste darüber einen erschütternden Bericht. Das Gemälde von Giovanni Fattori zeigt demgegenüber die Pflege der Verletzten bei Magenta in verklärendem Licht.

Auf Dunants Betreiben wurde 1863 das Internationale Komitee zur Unterstützung der Verwundeten gegründet. Eine internationale Konferenz erarbeitete die am 22. August 1864 von zwölf europäischen Staaten unterzeichnete Genfer Konvention. Sie verpflichtet Krieg führende Mächte dazu, Ambulanzen, Militärkrankenhäuser und deren Personal als neutral zu behandeln und zu schützen sowie verwundete oder kranke Heeressoldaten ungeachtet ihrer Nationalität zu versorgen. In der Folgezeit wurde die Konvention auch auf Verwundete der Marine, Kriegsge-

fangene und Zivilisten ausgedehnt. Das Rote Kreuz war geboren. Ein internationales Komitee koordiniert die Arbeit der jeweiligen nationalen Organisationen.

Hatte Dunant aus dem Geist christlicher Barmherzigkeit heraus ein Mindestmaß an Humanität im Krieg durchgesetzt, so forderten andere die Abschaffung des Krieges überhaupt. Die gemeinsame Verleihung des ersten Friedensnobelpreises an den greisen Dunant und den Gründer der pazifistischen Internationalen Friedensliga, Frédéric Passy, trug 1901 beiden Bewegungen Rechnung.

einer Art »persönlichem Regiment« mit schwachen Ministerpräsidenten, aber all die inneren und außenpolitischen Probleme bekam er nicht in den Griff, sodass er Cavour im Januar 1860 erneut berufen musste. Der übernahm zur Ministerpräsidentschaft nun auch Innen- und Außenministerium. Es gelang ihm recht bald, die mittelitalienischen Fragen im Zusammenspiel mit den dortigen liberalen Eliten zu lösen.

Zug der Tausend – Garibaldi und die Eroberung des Südens

Im Jahre 1807 wurde Garibaldi in Nizza geboren. 1833 trat er Mazzinis *Giovine Italia* bei und musste ein Jahr später nach einem Aufstandsversuch aus Piemont fliehen. 1835 wanderte Garibaldi nach Südamerika aus, wo sein zweites Leben begann, das eines Guerillaführers an der Spitze kleiner Verbände italienischer Emigranten im Dienst Uruguays gegen den übermächtigen argentinischen Nachbarn. Als er im Juni 1848 an der Spitze einer »italienischen Legion« in Nizza landete, war sein Name schon bekannt; seine Leistungen in Oberitalien im Sommer 1848 und bei der Verteidigung der Römischen Republik sowie der nachherige »lange Marsch« machten ihn berühmt und zu einem charismatischen Führer der Natio-

Im Vorfrieden von Villafranca 1859 hatten sich Franz Joseph I. von Österreich (rechts) und Napoleon III. von Frankreich (links) über die Köpfe der Italiener hinweg geeinigt (zeitgenössische Lithographie). Der folgende Anschluss von Modena, Parma, der Emilia-Romagna und der Toskana an Sardinien-Piemont durch Plebeszite im März 1860 verhinderte den ursprünglich vorgesehenen losen italienischen Staatenbund unter Ehrenvorsitz des Papstes.

nalbewegung. Jetzt und später blieb seine Kriegführung geprägt von jener Guerillaerfahrung, derzufolge im Kampf alles auf Risikobereitschaft, Offensivgeist und Improvisation ankäme. Er war Republikaner, insofern Demokrat, aber vor allem war er Nationalist, bereit, mit dem zusammenzugehen, der die Unabhängigkeit und Einheit der Nation über alles stellte, und nie bereit, wegen parteilicher Dogmen die Einheit der Nationalbewegung und der Nation selbst zu gefährden.

Politiker erschienen ihm grundsätzlich suspekt, insbesondere in Kriegszeiten, weshalb er in solchen Situationen eine Diktatur auf Zeit forderte. Das galt besonders für Cavour, als Garibaldi zu der Auffassung kam, dass der Ministerpräsident gar keine vollständige Einheit Italiens wollte, sondern nur ein Großpiemont, und dass er sich als Erfüllungspolitiker gegenüber Napoleon III. an Italien versündigte. Denn Cavour war bereit, die vereinbarte Abtretung Savoyens und Nizzas durchzusetzen, um die französische Zustimmung zum Anschluss der mittelitalienischen Staaten zu sichern. Garibaldi verursachte am 12. April 1860 im Turiner Parlament einen nichts mehr nützenden Aufruhr, um die Preisgabe Nizzas im letzten Augenblick zu verhindern. Danach war das Verhältnis heillos zerrüttet, und Garibaldi hielt sich für verpflichtet, die Sache Italiens durch einen Angriff auf das Königreich beider Sizilien von Süden her bis zur Einnahme Roms durchzufechten.

Zu Giuseppe Garibaldis Charisma als Volksheld gehörte auch seine Erscheinung mit üppigem Bart und lässiger Kleidung. In den Marmorbildnissen des 19. Jahrhunderts erscheint der feurige Revolutionär zur Ikone des Nationalhelden erstarrt (Berlin, Deutsches Historisches Museum).

Das Abenteuer begann in der Nacht vom 5. auf den 6. Mai mit der Kaperung zweier Dampfer im Hafen von Genua und mit der Einschiffung der »Tausend«, schlecht bewaffnet und fast ohne sonstige Mittel. Am 11. Mai gelang die Landung im äußersten Westen Siziliens. Vier Tage später schlugen sie eine überlegene Truppe bei Calatafimi und zwangen am 27. Mai den Kommandeur von Palermo zur Kapitulation. In den folgenden Wochen wuchs die Freischar auf 10 000 Mann an, die gegen Ostsizilien vorgingen und erneut den überlegenen Gegner bei Milazzo am 20. Juli schlugen. Garibaldi konnte am 19. August über die Straße von Messina setzen. In Kalabrien brachen Aufstände aus, und der weitere Vormarsch der zuletzt fast 50 000 Mann umfassenden Verbände Garibaldis glich mehr einem Triumph- als einem Feldzug. Am 7. September ritt er mit ein paar Begleitern in Neapel, der Hauptstadt des Königreichs, ein. Erst danach leistete die Armee Franz' II. ernsthaften Widerstand, aber in der Schlacht am Volturno bewiesen Garibaldi und seine Anhänger, dass sie auch große Schlachten gewinnen konnten. Indessen hatte sich Garibaldi zum Diktator Siziliens ernannt, die Diktatur dann auf Süditalien ausgedehnt. Ihr Zweck war, den nationalrevolutionären Krieg bis zur Eroberung Roms ungestört von Interventionen Cavours fortführen zu können.

Durch den siegreichen Übergang über den Fluss Volturno trieb Garibaldi das königliche Heer in die Seefestung Gaeta zurück und war Herr ganz Süditaliens. Als Symbol des gestürzten Bourbonenreiches Neapel ist der gefallene Soldat am Flussufer in dramatisches Licht getaucht (Gemälde von Francesco Mancini; Neapel, Museo Nazionale di San Martino).

Er beabsichtigte nie, im Süden eine demokratisch-republikanische Alternative zum piemontesischen Nationalstaatssystem zu entwickeln. Als Diktator, so sah er es selbst, vertrat er Viktor Emanuel, und so zögerte er nicht, am 26. Oktober die Macht dem König zu übergeben.

Die Vollendung des italienischen Nationalstaats

Als wirkliche Niederlage empfand Garibaldi die Beendigung seines Siegeszuges vor Erreichen des höchsten Zieles: Denn Cavour war zu einer Verständigung mit Napoleon gelangt, welche Piemont erlaubte, Umbrien und die Marken zu annektieren, aber den somit auf Latium verkleinerten päpstlichen Staat garantierte. Wie schmerzlich für Garibaldi dies blieb, bewiesen weitere Anläufe zur Eroberung Roms. Im Herbst 1867, in der Krise Italiens nach dem Krieg von 1866 gegen Österreich, in dem nur Garibaldis Truppe Erfolge, Italien schließlich aber durch den Sieg Preußens über die Österreicher gleichwohl den Gewinn des Veneto hatte verzeichnen können, führten dann neu aufgebotene Freischaren einen Kleinkrieg im Kirchenstaat. In einem Gefecht bei Mentana im November 1867 wurden die Garibaldiner von der französischen Schutztruppe schwer geschlagen. Mentana bedeutete das Ende der aktiven Rolle Garibaldis bei der italienischen Nationalstaatsgründung. Rom fiel 1870 im Zeichen der französischen Niederlage im Deutsch-Französischen Krieg fast widerstandslos an Italien.

Erst Garibaldis Aktion von 1860 hat die äußeren Konturen des italienischen Nationalstaats umrissen. Aber sie war nur möglich, weil Cavours Politik den fundamentalen Umbruch der italienischen Verhältnisse im Krieg von 1859 vorbereitet hatte. Insofern verbanden sich 1859/60 in einer weiteren Perspektive die beiden Richtungen der italienischen Nationalbewegung, die demokratisch-revolutionäre und die liberalreformistische Richtung. Zwar setzte sich Cavours Konzeption italienischer Nationalstaatlichkeit durch. Die Tradition der demokratischen Bewegung ließ sich nach Garibaldis Eroberung des Südens aus der italienischen Geschichte aber nicht mehr wegdenken. Daran erinnerte auch die Titulatur des vom ersten gesamtitalienischen Parlament im Februar 1861 zum König proklamierten Viktor Emanuel: Viktor Emanuel II. – was die piemontesische Kontinuität betonte – »König von Italien durch Gottes Gnade und durch den Willen des Volkes«. Cavour überlebte diesen letzten Triumph nur um wenige Monate. Er starb am 6. Juni 1861.

WOLFGANG ALTGELD

Aus einem Brief des Diplomaten Graf Vitzthum von Eckstädt vom 6. Mai 1860 aus London:

Die gestern hier eingetroffenen ... Meldungen des britischen Konsuls in Genua stellen die französische Nachricht von der Einschiffung Garibaldis außer Zweifel. Die sardinische Regierung hatte den Hafen gesperrt, um die Expedition zu verhindern. Garibaldi aber brachte seine ... Freischärler auf zwei außerhalb des Hafens liegende Dampfschiffe ... Garibaldi soll seine Entlassung aus dem sardinischen Kriegsdienst genommen haben. Die augenfällige Konnivenz der sardinischen Regierung wird durch den Umstand entschuldigt, dass Garibaldi, in Nizza geboren, aufgehört habe, Viktor Emanuels Untertan zu sein.

Das Bild von Carlo Ademollo zeigt den Durchbruch der italienischen Eliteeinheit der »Bersaglieri« am 20. September 1870 bei der Porta Pia in die Stadt Rom. Rom wurde zur neuen Hauptstadt, der Papst jedoch erkannte die gewaltsame Besetzung des Kirchenstaats nicht an, sodass das neue Königreich in ein feindseliges Verhältnis gerieten.

»Pulverfass Balkan« – Nationalitätenkonflikte in Südosteuropa

Das Londoner Blatt »Punch« verglich anlässlich der Balkankriege 1912/13 die Situation in Südosteuropa mit einem brodelnden Kessel, den die europäischen Mächte nur mühsam unter Kontrolle halten können.

D er Freiheitskampf der Balkanvölker gegen das verhasste Sultansregime endete zu Beginn des 20. Jahrhunderts in einem mörderischen Bruderkampf. Bei der Neuordnung der zwischenstaatlichen Beziehungen nach dem rapiden Zerfall des Osmanischen Reichs erwies sich der Ethnonationalismus als ein gefährlicher Sprengsatz. Die Balkanhalbinsel wurde zum sprichwörtlichen »Pulverfass«.

Föderationspläne sind nach der gescheiterten Revolution von 1848 in den verschiedensten Varianten wiederholt in Emigrantenkreisen geschmiedet worden. Der Wunschtraum von einer schlagkräftigen Allianz aller christlichen Balkanvölker im Türkenkampf wurde aber nie Wirklichkeit. Rivalitäten unter den Führungsschichten und nicht zuletzt die Irritationen, die von einer schwankenden Haltung der Großmächte in der Orientpolitik ausgingen, haben die wechselseitigen Beziehungen erheblich belastet.

Erste Anzeichen eines kommenden Unheils kündigten sich schon in der vornationalen Phase an im Zusammenhang mit der ungarischen Magnatenverschwörung von 1670/71 und seit 1678 in den so genannten Kuruzenkriegen unter Imre Graf Tököly sowie 1821 beim Ausbruch des griechischen Freiheitskampfes in der Protestbewegung rumänischer Bauern unter Tudor Vladimirescu in der Walachei.

Für die europäische Diplomatie blieb das Osmanische Reich bis zum Ersten Weltkrieg als Stabilitätsfaktor im Balkan wichtig. Im Bild ein Bankett in İzmir für die beiden Brüder des österreichischen Kaisers, Karl Ludwig und Maximilian, im Jahre 1850 (Triest, Schloss Miramare).

Grenzziehungen des Mittelalters? – Der Sieg des Ethnonationalismus

S pätestens im Revolutionsjahr 1848 zeigte sich, dass eine solidarische Lösung der orientalischen Frage in immer weitere Ferne gerückt war. Die Wortführer einer erwachenden Nationalbewegung beriefen sich auf das identitätsstiftende Argument der gemeinsamen Sprache und Herkunft. Ihre politischen Forderungen waren innerhalb der bestehenden Staatenordnung kaum mehr einvernehmlich einzulösen.

In Siebenbürgen musste die seit dem 15. Jahrhundert gültige staatsrechtliche Konstruktion Konfrontationen schüren. Sie gewährte den ständischen »Nationen« der Ungarn, Szekler und Sachsen weitgehende Vorrechte, verweigerte jedoch der Bevölkerungsmehrheit der rumänischen Bauern die Gleichberechtigung und erkannte ihrer orthodoxen Religion nur einen geduldeten Status zu. Unter den Bulgaren hatten sich aus ähnlichen Konstellationen schon längst Animositäten gegen die hochmütige griechische Hierarchie angehäuft.

Von interethnischen Spannungen blieb auch im Norden der Balkanhalbinsel das Königreich Ungarn im 19. Jahrhundert nicht verschont. Dem ständischen Widerstand des kroatischen Adels hatte sich seit den Dreißigerjahren die Patriotengruppe der Illyristen angeschlossen. Sie erhob Einspruch gegen die Einschränkungen der überkommenen Munizipalrechte und instrumentalisierte zur Abwehr der Magyarisierungsbestrebungen die verblassende Erinnerung an die frühmittelalterliche Eigenstaatlichkeit für ein nationalkulturelles Aktionsprogramm.

Die ungarische Revolutionsregierung hatte es 1848 versäumt, rechtzeitig den Wünschen und Erwartungen der Nationalitäten in den Ländern der ungarischen Krone entgegenzukommen. Im Herbst 1849 standen die Serben, Kroaten, Slowaken und Rumänen nahezu geschlossen im gegnerischen Lager und der kaisertreue Ban von

Während der Revolution von 1848 flackerten auch in Siebenbürgen von liberalen und nationalen Bewegungen ausgehende Unruhen auf. Das Bild zeigt eine Volksversammlung am 18. Mai auf dem »Freiheitsfeld« von Blaj, dem kulturellen und politischen Zentrum der siebenbürgischen Rumänen (Karlsburg, Museum).

Kroatien und Kommandant der Militärgrenze, der Feldmarschallleutnant Joseph Graf Jellačić von Bužim, beteiligte sich mit seinen Truppen aktiv an der Niederwerfung des Aufstandes.

Eine auf Expansion hin angelegte Außenpolitik, die sich an den fiktiven Grenzen mittelalterlicher Reichsgründungen orientierte, bedrohte vor allem jene Völker, die noch im osmanischen Machtbereich verblieben waren und die über keine eigenständigen staatlichen Organisationsstrukturen verfügten. Zwischen den überzogenen Raumvorstellungen der Griechen – die »Große Idee« – und der Serben, die Ilije Garašanin erstmals 1844 in seinem berühmten »Entwurf« *(Načertanije)* skizziert hatte, war kein Kompromiss denkbar.

Multinationaler Balkan – Staatsnationen versus Minderheiten

Die typische Gemengelage der Siedlungsräume auf der Balkanhalbinsel stand jedem wohl gemeinten Versuch, eine gerechte Aufteilung des vom Türkenjoch befreiten Territoriums nach dem ethnonationalen Prinzip zu versuchen, hindernd im Wege. Binnenwanderungen und der durch Kriegshandlungen erzwungene Exodus

Aus einem Aufruf des kroatischen Kulturpolitikers Ljudevit Gaj aus dem Jahre 1836:

Europa gleicht einem sitzenden Mädchen. Wenn man es so betrachtet, erkennt man alsbald, dass es, an seine Brust gestützt, eine dreieckige Lyra in seinen Händen hält ... Diese Lyra Europas heißt Illyrien mit seinen drei äußersten Punkten: Skutari, Varna und Villach. Die gelockerten Saiten auf dieser Lyra bedeuten: Kärnten, Görz, Istrien, Krain, die Steiermark, Kroatien, Slavonien, Dalmatien, Ragusa, Bosnien, Montenegro, die Herzegowina, Serbien, Bulgarien und Südungarn. Wonach können sich unsere Herzen ... stärker sehnen als nach einer Wiederherstellung des alten Wohlklangs dieser Saiten der europäischen Lyra ...? Brechen wir doch ... das einzelgängerische Spiel ab, vereinigen wir den Klang der Saiten zu einem harmonischen Zusammenspiel.

Eine jüdische Familie im Saloniki der Jahrhundertwende. Übliche Umgangssprache war hier das Judenspanisch (Ladino). Auch Griechen, Albaner und Türken schlossen an jüdischen Feiertagen ihre Geschäfte.

größerer Bevölkerungsgruppen hatten zu weit reichenden demographischen Umschichtungen geführt. Die habsburgische Militärgrenze, die sich von der Adriaküste bis nach Siebenbürgen hinzog, war seit dem 16. Jahrhundert zu einem Sammelbecken von Balkanflüchtlingen geworden. Die Siedlungsschwerpunkte der Serben hatten sich in osmanischer Zeit von Raszien – serbisch Raška –, dem Kerngebiet der mittelalterlichen Nemanjidenherrschaft an den Flüssen Piva, Tara, Lim und am Oberlauf der Drina und der westlichen Morava, in die nördlichen Waldgebiete der Schumadija an Donau und Save verlagert. Nach der »Großen Wanderung« des Jahres 1690 waren auf südungarischem Territorium in der Fruška gora – dem »Frankengebirge« – und um Karlowitz – dem serbischen Sremski Karlovci – in Sirmien serbische Ansiedlungen entstanden.

Die serbische Nordwanderung hatte den inzwischen großenteils islamisierten Albanern den Zugang in die entleerten altserbischen Gebiete geöffnet. Die entfernten Ausläufer dieser albanischen Siedlungsausbreitung, die schon im 14. Jahrhundert einsetzte, reichten über Makedonien bis in die zentralgriechischen Landschaften auf den Peloponnes hinein. Walachische Hirtennomaden, die auf ihren Wanderungen von den Sommerweiden zu den Winterplätzen oftmals eine lange Wegstrecke zu bewältigen hatten, lebten verstreut über ein weites Areal in den innerbalkanischen Hochregionen. Aromunische und armenische Kaufmannsfamilien hatten sich in den städtischen Siedlungen niedergelassen und kontrollierten weitgehend den Zwischen- und Außenhandel im Osmanischen Reich.

Die Balkanstädte waren seit alters fremdethnische Gebilde, die sich vom bäuerlichen Umland abgrenzten. Sie hatten im Donauraum einen mitteleuropäisch-deutschen, in der Adriazone einen italienischen Charakter angenommen. Die strategisch wichtigen Positionen im Inneren der Balkanhalbinsel hielten in osmanischer Zeit türkische Einwanderer besetzt. Nach dem Ende der *reconquista* in Spanien 1492 ließen sich sephardische (spaniolische) Juden, die im Osmanischen Reich Zuflucht gefunden hatten, in Istanbul und in den größeren Städten der südlichen Balkanhalbinsel nieder. Die Bevölkerung Salonikis war noch während des ganzen 19. Jahrhunderts mehrheitlich jüdisch. Die Griechen stellten erst nach den gewaltsamen ethnischen Säuberungen im 20. Jahrhundert und nach den Deportationen vieler Juden durch die Deutschen in die Vernichtungslager während des Zweiten Weltkriegs die Bevölkerungsmehrheit. Aschkenasische Juden waren in größerer Zahl vornehmlich seit dem 18. Jahrhundert nach Ungarn und in die Donaufürstentümer eingewandert. Einstreuungen islamisierter Bevölkerungsgruppen haben sich bis zur Gegenwart in einem christlichen Umfeld in Bulgarien – so genannte Pomaken –, in Makedonien und im Kosovo (Albaner) sowie in Bosnien-Herzegowina gehalten. Über Kleinasien waren seit dem 14. Jahrhundert die Roma nach Südosteuropa eingewandert. Sie erreichten vornehmlich in Ungarn und in Rumänien einen relativ hohen Bevölkerungsanteil.

Vor der gewaltsamen Vertreibung am Ende des Zweiten Weltkriegs lebten an der nördlichen Peripherie der Balkanhalbinsel noch die Nachkommen ehemaliger deutscher Kolonisten. Mit einer Gesamtzahl von annähernd 1,9 Millionen zählten die Deutschen in Südosteuropa bis zur Katastrophe des Zweiten Weltkriegs zu den größeren Minderheitengruppen in Ungarn, Jugoslawien und Rumänien.

Für die Umsetzung der nationalstaatlichen Idee bot das Selbstbestimmungsrecht keine dauerhafte Lösung. Exakte Grenzziehungen waren in einem multiethnischen Umfeld an der Wende zum 20. Jahrhundert nicht mehr konsensfähig. Eine revisionistische Außenpolitik stellte seither in Südosteuropa alle vertraglichen Regelungen grundsätzlich infrage.

Ein Schritt zur Unabhängigkeit – das Bulgarische Exarchat

D ie Reformvorhaben innerhalb des Osmanischen Reichs in der so genannten Tansimatperiode ab 1839 beziehungsweise 1856 nach dem Ende des Krimkriegs bis 1876 eröffneten der Eigeninitiative innerhalb der christlichen Bevölkerungsgruppen einen größeren

Sultan Abd ül-Hamid II. führte bei seiner Thronbesteigung 1876 eine Verfassung nach westlichem Vorbild ein, die er jedoch einige Jahre später zugunsten einer autoritären Politik wieder aufhob. Trotzdem vermochte die Hohe Pforte kaum mehr den Auflösungserscheinungen des Reichs entgegenzusteuern.

Die 1904–12 erbaute Kathedrale von Sofia verherrlicht den Dank Bulgariens an Russland für die Unterstützung im Kampf gegen die Türken. Das Gebäude im byzantinisch-klassizistischen Stil wurde unter russischer Leitung errichtet und trägt den Namen des russischen Herrschers und Heiligen Alexander Newskij.

Spielraum. Die Bulgaren forderten Mitspracherechte in ihren kirchlichen und schulischen Angelegenheiten und fanden Rückhalt bei den türkischen Behörden. Einzelne Gemeinden verweigerten den vom Patriarchen eingesetzten Bischöfen den kirchlichen Gehorsam, andere suchten die Annäherung an den Papst und die Union mit der römischen Kirche. Am 3./15. April 1860 – die zweite Datumsangabe orientiert sich an dem in vielen orthodoxen Ländern erst im 20. Jahrhundert eingeführten gregorianischen Kalender – kündigte während der Feier der Osterliturgie in der bulgarischen Kirche des heiligen Stephan in Istanbul der Titularbischof von Makariopolis, Ilarion Makariopolski, demonstrativ die Liturgiegemeinschaft mit dem Patriarchen auf. Den schwierigen Verhandlungen über die territoriale Abgrenzung einer autokephalen bulgarischen Kirche griff der Sultan mit dem Erlass vom 12. März/28. April 1870 vor. Aus dem Sprengel des Ökumenischen Patriarchates wurde das Bulgarische Exarchat abgetrennt. Der zum Exarchen bestellte Metropolit von Widin, Antim, der in Istanbul residierte, verkündete am 23. Mai 1872 in einem einseitigen Schritt die Unabhängigkeit der bulgarischen Kirche. Der Kirchenstreit zwischen den Patriarchisten und Exarchisten gewann eine neue theologisch-kanonistische Dimension, als die Patriarchatssynode den Kirchenbann über die bulgarischen Schismatiker aussprach. Die Kirchenspaltung sollte erst im Jahre 1945 wieder aufgehoben werden.

Auf dem Berliner Kongress regte der »ehrliche Makler« Bismarck einen Ausgleich der Balkaninteressen unter den Großmächten an. Der Hofmaler Anton von Werner stellte die Schlusssitzung in der Berliner Reichskanzlei am 13. Juli 1878 als Staatsakt in einer Atmosphäre gegenseitigen Respekts dar (Berlin, Deutsches Historisches Museum).

In Serbien wurde 1903 der gemäßigt österreichfreundliche König Alexander I. Obrenović durch eine Offiziersverschwörung ermordet. Mit Peter I. Karađorđević (Rundbild) kam eine neue Dynastie ans Ruder. Die Politik des Landes wurde nun von der großserbischen Idee beherrscht und lehnte sich eng an Russland an.

Bulgarische und griechische Expansion

Auf dem Berliner Kongress 1878 mussten die Bulgaren ihre Wunschträume von einem Großbulgarischen Reich in den territorialen Umrissen, die das russische Diktat im Vorfrieden von San Stefano dem Sultan aufgezwungen hatte, wieder begraben. Auch Griechenland fühlte sich von den Mächten verraten, die Großbritannien die Besetzung der von Griechen bewohnten Insel Zypern zugestanden, aber die Entscheidung über eine Erweiterung der griechischen Nordgrenze vertagten. Ein 1881 mit dem Sultan ausgehandelter Vertrag überließ den Griechen Thessalien und das Gebiet von Arta in Epirus, konnte aber den Verfechtern der »Großen Idee« nicht genügen. Die Bulgaren operierten erfolgreicher auf eigene Faust. 1885 verkündete Fürst Alexander von Battenberg einseitig die Vereinigung Ostrumeliens mit dem autonomen bulgarischen Fürstentum. Der brüskierte serbische König Milan I. Obrenović antwortete am 2./14. November 1885 mit einer Kriegserklärung und leitete einen Waffengang ein, der für Serbien mit einer militärischen Katastrophe endete. Der kurze serbisch-bulgarische Krieg von 1885 war der Auftakt zu einem blutigen Streit unter den christlichen Balkanstaaten um den Besitz Makedoniens, der sich über mehrere Jahrzehnte hinziehen sollte.

Vom geographischen Begriff zum Zankapfel – Die makedonische Frage

Makedonien war im 19. Jahrhundert nicht mehr als ein geographischer Begriff. Die äußeren Grenzen waren mit dem Balkangebirge (bulgarisch Stara planina) im Norden, dem Olymp und dem Pindos im Süden, dem Ohridsee im Westen und den Rhodopen im Osten nur sehr vage umschrieben. In der osmanischen Verwaltungseinteilung fand der Begriff »Makedonien« keine Entsprechung. Das fragliche Areal nahmen vornehmlich die Wilajets Saloniki, Monastir – das heutige Bitola – und Teile des Wilajets Kosovo und des Sandschaks Seres ein. Zur Bevölkerungsstatistik und zur zahlenmäßigen Stärke der einzelnen nationalen Gruppierungen unter den annähernd 2,5 Millionen Bewohnern liegen nur sehr ungenaue Angaben vor.

Griechenland reklamierte nahezu sämtliche christlichen Bevölkerungsgruppen für sich und rechnete die slawischen Bewohner Makedoniens den »slawophonen« Griechen zu. Als Griechen firmierten lange Zeit auch die Aromunen, die von den Griechen Kutzowalachen, den Serben Zinzaren und den Türken Tschobani genannt werden und die ein ostromanisches Idiom sprechen. Ihre führenden Händlerschichten aber waren als orthodoxe Christen ganz auf die hellenischen Schul- und Kulturtraditionen ausgerichtet.

Der sich verschärfende Sprachen- und Kulturkampf der Griechen und Bulgaren geriet seit den Achtzigerjahren immer mehr außer Kontrolle und leitete in eine terroristische Phase des Nationalitätenkonflikts in Makedonien über. Bei allen Beteiligten übernahm ein politisches Bandenwesen die Exekution vermeintlicher nationaler Ansprüche. Auf dem Höhepunkt der Krise kamen schließlich die illegalen revolutionären Schutztruppen, die so genannten *Komitadschi*, sowohl gegen die türkische Staatsgewalt wie im terroristischen Volkstumskampf unter den Balkanchristen zum Einsatz.

Die Innere Makedonische Revolutionäre Organisation

Trotz aller internen Zwistigkeiten in der Makedonienfrage blieb es das vorrangige Ziel der Balkanvölker, die Türkenherrschaft notfalls mit Waffengewalt zu beenden. Wiederholte Aufstandsversuche und Überfälle auf türkische Einrichtungen signalisierten eine zunehmende Gewaltbereitschaft. Um nicht zum willenlosen Opfer fremder Interessen zu werden, formierte sich innerhalb der makedonischen Bevölkerung ein geheimes Revolutionskomitee. Es war am 23. Oktober 1893 u. a. von Dame Gruev in Saloniki als »Makedoni-

Aus einem Bericht des deutschen Botschafters Adolf Freiherr Marschall von Bieberstein vom 20. April 1904:

Man muss wissen, dass das Meiste, was die europäische Presse über Mazedonien bringt, falsch ist, dass es dort keine »Mazedonier« gibt, sondern Türken, Albanesen, Serben, Griechen, Pomaken, Kutzowalachen, exarchistische und patriarchistische Bulgaren und dass der gegenseitige Hass der dortigen Christen verschiedener Nationalität ein weit stärkerer Faktor der Unordnung ist, als der Gegensatz zwischen Christentum und Islam.

LA RÉPRESSION DU BRIGANDAGE EN MACÉDOINE
Comitadjis bulgares conduits au supplice

Die bulgarische Niederlage im Zweiten Balkankrieg brachte auch das Ende der illegalen revolutionären Schutztruppen der Komitadschi. Die Pariser Zeitung »Le Petit Journal« berichtete am 24. August 1913 über die Unterdrückung des Bandenkrieges: Gefangene Komitadschi werden zur Hinrichtung geführt.

Ende April 1903 markierte ein Bombenanschlag bulgarischer Attentäter auf
die Filiale der Kaiserlich Osmanischen
Bank in Saloniki den Beginn der
makedonischen Unruhen. Der Druck
zeigt die Fassade des fast völlig
zerstörten Gebäudes.

Eine französische Karikatur von 1908
zeigt, wie Kaiser Franz Joseph
Bosnien-Herzegowina für das
Habsburgerreich annektiert und
Ferdinand I. sich die Zarenkrone des
unabhängigen Bulgarien aufsetzt.
Machtlos grollend muss der Sultan
hinnehmen, wie Stück für Stück vom
Teppich seines Reiches abgerissen
werden.

sche Revolutionäre Organisation«,
später bekannt als »Innere Makedonische Revolutionäre Organisation« (IMRO), begründet worden.
Seine Mitglieder verfolgten im Gegensatz zum nationalbulgarischen
»Oberen Makedonischen Komitee« in Sofia autonomistische Zielsetzungen und errichteten im
Untergrund ein weit verzweigtes
Netzwerk des militärischen Widerstands. Das Revolutionskomitee
verstand sich unter der ideologischen Führung Goce Delčevs als
eine antitürkische Kampforganisation aller Bewohner Makedoniens.
Sein Werk waren zahlreiche terroristische Anschläge und Einzelaktionen. Die IMRO zettelte schließlich auch den folgenschweren
Ilinden-Aufstand am 20. Juli/2. August 1903 – dem Tag des Propheten Elias – an, der in einem Blutbad bei den Auseinandersetzungen
zwischen den christlichen und den muslimischen Bewohnern endete.

Unter dem Eindruck der blutigen Ereignisse trafen Zar Nikolaus II. und Kaiser Franz Joseph Ende September 1903 im kaiserlichen Jagdschloss im steirischen Mürzsteg zusammen und verpflichteten den Sultan im Namen der Großmächte auf ein Reformprogramm zugunsten der christlichen Bewohner Makedoniens. Artikel 3 der Mürzsteger Beschlüsse sah eine künftige administrative Neugliederung vor, die mehr Rücksicht nehmen sollte auf die ethnographischen Gegebenheiten. Diese wohl gemeinten Vorschläge verschärften jedoch die interethnischen Spannungen. Sie spornten die Führer der militärischen Verbände an, in einer letzten Kraftanstrengung doch noch die bestehenden Demarkationslinien zwischen den einzelnen Volksgruppen zu korrigieren. Die Folge war eine Ausweitung des Bandenkriegs, an dem sich in gleicher Weise bulgarische, griechische, serbische, walachische und albanische Freischärler mit einem gnadenlosen Fanatismus beteiligten.

Die Verschwörung der »Jungtürken«

Der brodelnde Hexenkessel in Makedonien, den aufgeputschte nationale Leidenschaften unter den Balkanchristen immer wieder anheizten, wurde zu einer Bedrohung der türkischen Staatsmacht im Lande. Der dringende Wunsch, dem schleichenden Zerfall des Reichs Einhalt zu gebieten, verwischte die ererbten Feindbilder.

Die islamische Reichsbevölkerung wurde sich auf der Suche nach einer eigenen Identität ihrer nationalen Unterschiede bewusst. Emigranten in Paris und London träumten von einer türkischen Wiedergeburt. Osmanisten, Panturanisten und türkische Nationalisten meldeten sich zu Wort. Offiziere des dritten Armeekorps in Saloniki gaben am 23. Juli 1908 das Signal zum Aufstand gegen das Sultansregime. An der Offiziersverschwörung der »Jungtürken« waren unter anderem Mustafa Kemal Pascha und Enver Pascha, die Gründungsväter der modernen Türkei, maßgeblich beteiligt. Sie forderten in ultimativer Form die Rückkehr zu einer verfassungskonformen Regierungsweise und strebten eine brüderliche Versöhnung der verschiedenen Nationalitäten in einem gemeinsamen Reich an, das allen Staatsbürgern die gleichen Rechte einräumt.

Einig im Innern, bedrängt von außen – die albanische Frage

Die Begehrlichkeit der Nachbarn hat den Albanern geholfen, über alle innergesellschaftlichen sozialen und konfessionellen Trennungen hinweg den Gedanken einer nationalen Zusammengehörigkeit zu wecken. Ein geheimes »Zentralkomitee zur Verteidi-

Der gemeinsame Kampf gegen den osmanischen Feind bildete nur ein schwaches Band zwischen den Balkanvölkern. Foto einer gemeinsamen Siegesfeier von Griechen (vorn) und Serben (hinten) im Ersten Balkankrieg 1912.

gung der Rechte der albanischen Nation« organisierte seit 1878 mit Duldung des Sultans von Istanbul aus den Widerstand. Um bei den Grenzregelungen nach dem Berliner Kongress eine drohende Aufteilung ihres Siedlungsgebietes unter den Serben, Montenegrinern und Griechen abzuwenden, schlossen sich die konkurrierenden Stammesverbände noch 1878 in der »Albanischen Liga« von Prizren zu einem gemeinsamen Verteidigungsbündnis zusammen.

Die Autonomieforderungen der Albaner waren mit der zentralistischen Staatskonzeption der Jungtürken auf Dauer nicht zu vereinbaren. Die albanische Frage blieb ein Zankapfel in den zwischenstaatlichen Beziehungen. Während sich die christlichen Balkanstaaten zum letzten Waffengang gegen das Osmanische Reich rüsteten, drohten die Albaner zwischen allen Fronten zerrieben zu werden.

Als ein albanischer Nationalkongress in Vlorë (italienisch Valona) den Bruch mit dem Sultan absegnete und am 28. November 1912 einen selbstständigen albanischen Staat proklamierte, standen fremde Besatzungstruppen überall im Lande und hatten die wichtigsten Städte unter Kontrolle. Die Großmächte begnügten sich während der Balkankrise von 1912/13 mit der Sicherung der staatlichen Unabhängigkeit Albaniens unter einem deutschen Fürsten und mit der Wahrung des Gleichgewichts im östlichen Mittelmeerraum.

Die Balkankriege

Nicht ohne Mitwirkung der russischen diplomatischen Vertretungen vor Ort war in mühsamen bilateralen Verhandlungen seit 1908 eine offensive Balkanallianz geschmiedet worden. Mit der Kriegserklärung vom 8. Oktober 1912 eröffnete Montenegro, unterstützt von Bulgarien, Serbien und Griechenland, den Ersten Balkankrieg, der die Endphase der orientalischen Frage einleiten sollte. Der Sultan, an allen Fronten geschlagen, musste sich im Londoner Friedensvertrag vom 30. Mai 1913 dem Diktat der Sieger beugen. Sie gestanden ihm auf der Balkanhalbinsel nur noch einen schmalen Gebietsstreifen im unmittelbaren Vorfeld Istanbuls zu.

Der unerwartete Sieg der christlichen Balkanstaaten läutete gleichzeitig eine neue Runde im Nationalitätenkonflikt ein. Zusätzliche bulgarische Gebietsansprüche und Kompensationsforderungen Serbiens, das sich um den Zugang zur Adriaküste durch die Schaffung eines unabhängigen Albanien betrogen sah, ließen den Streit um die Aufteilung Makedoniens erneut aufleben. Bulgarien griff im Zweiten Balkankrieg am 29. Juni 1913 Serbien und Griechenland an, die von der Türkei und Rumänien unterstützt wurden. Bulgarien wurde geschlagen. Im Frieden von Bukarest vom 10. August 1913 behauptete Bulgarien mit dem Piringebiet nur noch ein Zehntel des makedonischen Territoriums. Der Löwenanteil – das Wardargebiet mit den Städten Ohrid, Skopje und Bitola – fiel an Serbien und vor allem an Griechenland, das die gesamte Küstenzone und mit Kavala und Saloniki die beiden wichtigsten Ausfuhrhäfen an der ägäischen Küste Makedoniens hinzugewann.

»So finden die serbischen Truppen die von den Bulgaren verlassenen Dörfer vor« betitelt am 3. August 1913 die in Paris erschienene Zeitung »Le Petit Journal« diese Illustration der Gräuel im Zweiten Balkankrieg. Am Vorabend des Ersten Weltkriegs nahm Frankreich für Serbien Partei.

Selbstbestimmungsrecht der Völker? – Das »Neue Europa«

Nach den visionären Vorstellungen des späteren tschechoslowakischen Staatspräsidenten Tomáš Garrigue Masaryk sollte das »Neue Europa« den bislang unterdrückten kleinen Völkern gehören, die jahrhundertelang unter der Bevormundung fremder Herren hatten leben müssen und nun nach staatlicher Eigenständigkeit verlangten. Die Vierzehn Punkte des amerikanischen Präsidenten Wilson vom Januar 1918 räumten bei der anstehenden Neuordnung der europäischen Staatenwelt dem Selbstbestimmungsrecht den Vorrang ein. Seine strikte Anwendung führte am Ausgang des Ersten Weltkriegs zur Auflösung der Donaumonarchie. Der militärische Zusammenbruch der Balkanfront im Sommer 1918 beschleunigte den rapiden Zerfall der alten Ordnungen. Die Völker der Monarchie begehrten auf und besannen sich auf ihre eigenen Interessen. In den Brennpunkten nationalistischer Agitation konstituierten sich Nationalräte. Sie kündigten dem Kaiserhaus in Wien die Treue auf und schalteten sich in die organisatorischen Vorbereitungen der nationalen Staatsgründungen ein. Die notwendigen neuen Grenzziehungen sind im Auftrag der Siegermächte von Expertenkommissionen ausgehandelt worden. In ihren Vorschlägen spiegelte sich der unaufhebbare Widerspruch zwischen ethnisch-sprachlichen, strategischen und historischen Abgrenzungskriterien wider. Nur in Ausnahmefällen wurden die Entscheidungen einem Plebiszit unterworfen wie in Unterkärnten am 10. Oktober 1920 und im Burgenland am 14. Dezember 1921.

Die Folgen – ein »Pulverfass«

Der jahrelange erbitterte Kampf um gerechte Grenzen hatte fatale Folgen. Die Nachfolgestaaten des so genannten Versailler Systems erwartete in den Zwanzigerjahren eine tief gehende Strukturkrise und sie hatten mit schwer integrierbaren Minderheiten zu leben. Zu den im Volkstumskampf umstrittenen Grenz- und Übergangszonen zählten unter anderem Westungarn und das Burgenland, die Untersteiermark und Unterkärnten, die ehemalige habsburgische Militärgrenze, die Wojwodina und Ostslawonien, das Triester Umland und die Adriaküste, Siebenbürgen, Bosnien-Herzegowina, der Kosovo, Nordepirus, Makedonien, die Bukowina, die Dobrudscha, Bessarabien sowie das unmittelbare Vorfeld Istanbuls in Thrakien. Der betroffenen Bevölkerung blieb nur die Wahl zwischen einem ungewissen Minderheitenschicksal und dem harten Flüchtlingselend, das sie bei einer überhasteten Flucht über die neuen Landesgrenzen erwartete. Zwangsumsiedlungen und ein in bilateralen Verträgen geregelter Bevölkerungsaustausch kennzeichneten in fast allen Balkanstaaten einen schleichenden Prozess der gewaltsamen Homogenisierungen und der brutalen ethnischen Säuberungen. Im »Pulverfass« des Balkans sammelte sich so ein gefährliches Konfliktpotenzial an. Es war während der ganzen Zwischenkriegszeit mit den herkömmlichen Mitteln der Politik kaum mehr zu entschärfen. Die Schutzverträge waren für bedrohte Minderheiten nur eine untaugliche Sicherheitsgarantie. Der Völkerbund konnte der ihm zugedachten Aufgabe als vermittelnde und ausgleichende Schiedsinstanz nicht gerecht werden. Die aufbrechenden inneren Gegensätze stellten schließlich in den meisten Nachfolgestaaten die Funktionsfähigkeit des parlamentarischen Systems infrage und ließen sie in autoritären Staatsformen einen Ausweg aus der Krise suchen.

Furchtbare Verfolgungen brachte der Niedergang der osmanischen Herrschaft für die im ganzen Balkanraum ansässige türkische Bevölkerung. Das Zeitungsbild vom 24. November 1913 zeigt ihre Flucht nach Istanbul während des Zweiten Balkankriegs.

Edgar Hösch

Rebellen der Wüste – Die arabische Frage und das Osmanische Reich

Am Vorabend der Unabhängigkeitsbewegung – Die arabische Welt bis zum Ersten Weltkrieg

Die arabischen Untertanen des osmanischen Sultan-Kalifen bildeten keine kulturelle Einheit, auch wenn sie – zumindest die Gebildeten unter ihnen – eine gemeinsame Schriftsprache verband. Muslimische und christliche Araber zerfielen in Dutzende von konfessionellen Gruppen. Die Saiditen des jemenitischen Hochlands unterschieden sich in Bekenntnis, Rechtspraxis und Alltagskultur von den sunnitischen Notabeln Aleppos. Die rigorosen Stammeskrieger der Wahhabiten hatten wenig mit den christlichen Bauern Palästinas gemeinsam. Das in viele Dialekte aufgeteilte Umgangsarabisch wurde auch von Bevölkerungsgruppen am Rande des Islam wie den Drusen gesprochen und von zahlreichen Juden etwa im Jemen oder Irak. Mit Ausnahme Marokkos, das nie dem Sultan tributpflichtig war, unterstanden noch Anfang des 19. Jahrhunderts alle arabischen Regionen mehr oder weniger unmittelbar dem Osmanenherrscher von Istanbul.

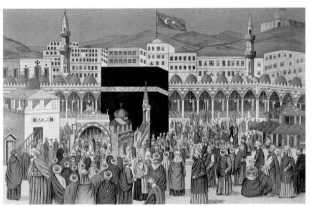

Die osmanische Fahne über der Kaaba: Diese um 1860 entstandene Farblithographie zeigt das Pilgerzentrum Mekka mit der großen Moschee unter dem Schutz eines türkischen Kastells.

Zu keinem Zeitpunkt war das osmanische Istanbul in der Lage, sämtliche arabischen Untertanen zu kontrollieren, das heißt in ihren Gebieten Steuern einzuziehen und Männer zu rekrutieren. Das gilt besonders für die Stammesgebiete Ägyptens, des Iraks, für Teile Syriens und Palästinas. Die arabische Halbinsel war weitgehend unbekanntes Land. Die Legitimität des osmanischen Herrschers war wesentlich mit seiner Schutzherrschaft über die beiden heiligen Stätten des Hidjas verbunden. Die Sicherheit der Pilgerkarawanen wurde bis Anfang des 20. Jahrhunderts durch militärische Begleitmannschaften gewährleistet. Aber auch Subsidienzahlungen an die Beduinen sind seit dem 16. Jahrhundert belegt.

Die osmanischen Jahrhunderte kennen zahlreiche Beispiele von erfolgreichen Aufständen lokaler Statthalter, Notabeln oder Stammesführer gegen die Zentralherrschaft. Freilich waren alle Abspaltungen vorübergehend und können in keinem Fall als Vorgänger moderner Nationalbewegungen bezeichnet werden.

Im Gefolge der Reformen des Rechts-, Verwaltungs- und Bildungswesens während der Tansimatepoche (1839–76) wuchs auch in den arabischen Provinzen das Bedürfnis, die Macht des Sultans und seiner lokalen Stellvertreter zu beschneiden. Dabei wollten die arabischen Vertreter der konstitutionellen Bewegung das Osmanische Reich als pluralistisches Gebilde durchaus erhalten.

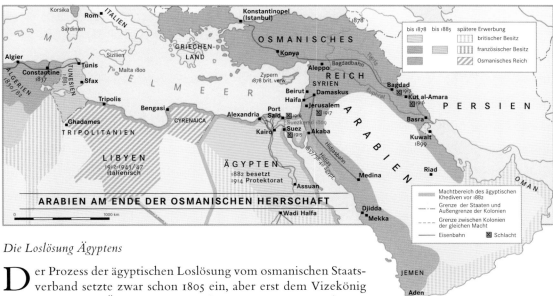

ARABIEN AM ENDE DER OSMANISCHEN HERRSCHAFT

Die Loslösung Ägyptens

Der Prozess der ägyptischen Loslösung vom osmanischen Staatsverband setzte zwar schon 1805 ein, aber erst dem Vizekönig Ismail Pascha, der Ägypten von 1863 bis 1879 regierte, wurde von Istanbul der Titel *Khedive* – abgeleitet vom persischen Wort für »König« – zugestanden. Damit war der Vorrang der neuen Herren am Nil vor allen anderen, jederzeit absetzbaren Provinzgouverneuren besiegelt. Ismail setzte die imperiale Expansionspolitik Mehmed Alis mit Vorstößen ins Herz von Afrika fort. Unter diesem ehrgeizigen Herrscher erfuhr Ägypten einen weiteren, freilich weitgehend auf die Hauptstadt Kairo, das Militär und Teile der Landwirtschaft beschränkten Modernisierungsschub. Der Bau des Suezkanals und seine Eröffnung 1869 hatte Ägypten nicht wohlhabender, sondern verwundbarer gemacht. Der Urabi-Aufstand, die Revolte eines Offiziers, löste 1882 eine britisch-französische Militärintervention aus. So wurde deutlich, dass die Unabhängigkeit von Istanbul mit einer immer stärkeren Bindung an die europäischen Großmächte, allen voran Großbritannien, erkauft werden musste. Mit dem Ausbruch des Weltkriegs unterstellte Großbritannien Ägypten seinem Protektorat. Vier Jahrhunderte osmanischer Präsenz am Nil waren damit beendet.

Der erste saudische »Staat«

Die kompromisslose Reformbewegung der Wahhabiten, die im Inneren Arabiens um die Mitte des 18. Jahrhunderts auftrat, ging ein Bündnis mit einem Herrscher ein, der über ein Gebiet bei Riad gebot, aus dem der erste saudische »Staat« hervorging. Seine Krieger waren schon 1801 in der Lage, das schiitische Wallfahrtsheiligtum Kerbela im Irak zu zerstören, das nominell den Osmanen unterstand. Großbritannien hatte sich bereits 1839 mit Aden einen wichtigen Stützpunkt zwischen Indien und dem Mittelmeer gesichert. Ein Abkommen, das Großbritannien Ende des Jahrhunderts mit dem Emirat Kuwait abschloss, ermöglichte ihm, den osma-

Thomas Edward Lawrence, genannt »Lawrence von Arabien«, in seinem Hauptwerk »Die sieben Säulen der Weisheit«:

Das einzige Band war die gemeinsame Sprache ... Ihr Erbe, der Koran und die klassische Literatur, hielt die Arabisch sprechenden Völker zusammen ... Ein zweiter Stützpunkt für eine arabische Staatenbildung war der fadenscheinig gewordene Ruhm der frühen Kalifen, deren Andenken das Volk durch die Jahrhunderte türkischer Misswirtschaft bewahrt hatte. Der zufällige Umstand, dass diese Traditionen mehr auf die Märchen von Tausendundeiner Nacht als auf die historische Wirklichkeit zurückgingen, festigte die Araber in der Überzeugung, dass ihre Vergangenheit glänzender gewesen war als die Gegenwart des Osmanischen Reichs ... Unsere Entschuldigung dafür, dass wir uns über unsere eigene Erkenntnis hinwegsetzten, war der Krieg.

DER SUEZKANAL

Nach zehnjähriger Bauzeit eröffnete die französische Kaiserin Eugénie vor Gästen aus aller Welt am 17. November 1869 den Suezkanal. Die 164 km lange schleusenlose Wasserstraße verkürzt den Seeweg nach Asien erheblich, etwa die Strecke Marseille–Bombay um gut die Hälfte.

Der französische Diplomat und Ingenieur Ferdinand de Lesseps leitete den Bau (rechts eine Karikatur dieser Zeit), die endgültigen Pläne stammten von dem Österreicher Alois Negrelli. Zwei Drittel der Bausumme von 19 Millionen Pfund Sterling finanzierten europäische Anleger, den Rest steuerten der Khedive und die ägyptische Regierung bei.

Die Hohe Pforte in Istanbul hatte sich anfangs dagegen gesträubt, dass die europäischen Mächte ihre Handels- und Kolonialinteressen auf osmanischem Boden verwirklichten. Großbritannien sah zunächst seinen Einfluss in Vorderasien und im Pazifik durch die französische Gesellschaft bedroht. 1875 übernahm London jedoch die Kanalaktien des bankrotten

Khedive Ismail Pascha und setzte seine Interessen in Ägypten immer offener durch. Erst seit der Suezkrise des Jahres 1956 verwaltet Ägypten selbst den wichtigsten künstlichen Schiffsweg der Welt.

nischen Zugang zum Persischen Golf zu kontrollieren. Am »Südpol« des Großreichs, im Hochland des Jemen, gelang es dem Imam al-Hadi Scharaf ad-Din, die Stämme gegen die Osmanen zu organisieren. 1880 erklärte er den *djihad*, den Heiligen Krieg, gegen den sunnitischen Kalifen und Sultan. Bis es im Jahre 1911 zu einem vorläufigen Ausgleich kam, wurde der Jemen von einer Serie blutiger Aufstände gegen das osmanische Militär erschüttert.

Die nordafrikanischen Besitzungen

Mit der Landung von 600 französischen Schiffen begann 1830 die Besetzung der osmanischen Überseeprovinz Algerien. Es dauerte bis Anfang der Achtzigerjahre, bis die letzten Widerstandsbewegungen gegen die Kolonialmacht unterdrückt werden konnten. Die osmanischen Provinzen Bengasi (Cyrenaica), Tripolitanien und Fessan wurden später die Bausteine der italienischen Kolonie und des unabhängigen Libyen. Nach vorübergehender Selbstständigkeit waren sie erst nach 1835 wieder unter mehr oder weniger direkte Aufsicht Istanbuls gekommen. Die südlichen Teile der notorisch vernachlässigten Provinz waren ein von Sultan Abd ül-Hamid II. bevorzugter Verbannungsort für seine Gegner. Gegen Ende des Jahrhunderts entstand mit der Bruderschaft der Senussi eine bedeutende religiöse, politische und wirtschaftliche Kraft im Hinterland. Man hat die Zusammenarbeit der Osmanen mit dieser sunnitischen Erweckungsbewegung als »Kondominium« bezeichnet. Die Senussi setzten ihren Widerstand gegen die italienische Besetzung des Landes im Jahre 1911 auch noch fort, als die osmanischen Truppen wegen des ersten Balkankriegs 1912 auf ihre letzten afrikanischen Besitzungen verzichten mussten.

Auch in den Gebieten der arabischen Welt, die dem Sultan Ende des 19. Jahrhunderts noch direkt unterstanden, war der Einfluss der europäischen Mächte unübersehbar: Über Bahnstationen, Postämtern, Hafenanlagen, Schulen, Krankenhäusern und Missionsanstalten wehte häufig die Flagge einer europäischen Großmacht.

Von allen arabischen Untertanen standen die Syrer im 19. Jahrhundert in der engsten Verbindung zum osmanischen Zentrum. Zunehmend begannen sie ihre Söhne in die Eliteschulen Istanbuls zu schicken. Ihr Anteil im Beamten- und Militärapparat des osmanischen Reiches war beträchtlich. Mit den arabischen Provinzen der Peripherie – Irak, Jemen, Nordafrika – bestand nur ein wesentlich lockererer Zusammenhang.

Einheit der Sprache, Einheit des Reichs? – Die osmanische Kulturmission

Seit der Jahrhundertwende war Istanbul durch eine Telegrafenleitung über Damaskus direkt mit Mekka und Medina verbunden. In der syrischen Hauptstadt ließ Sultan Abd ül-Hamid II. zur Erinnerung an ihren Bau eine Bronzesäule errichten. Sie trägt eine Nachbildung der von ihm errichteten Palastmoschee als Symbol der Reichszentrale.

Um die Bindung an Istanbul zu verstärken, richtete man zur Bildung von Stammesangehörigen in der Verwaltungshochschule und an der Militärakademie eigene Klassen ein. Die Gründung einer »Stammesschule« in Istanbul wurde in einer Denkschrift aus dem Jahr 1892 mit der Gefahr einer drohenden Entfremdung der arabischen Untertanen von Sultanat und Kalifat begründet. Diese Anstalt nahm jährlich 40 arabische Knaben im Alter von 12 bis 16 Jahren auf. Im Mittelpunkt der vierjährigen Ausbildung stand das Erlernen des Türkischen und der Erwerb von Kenntnissen über osmanische Geschichte und Geographie. Nach ihrer Rückkehr sollten die jungen Männer in ihren Gebieten als Multiplikatoren der osmanischen Staatsideologie wirken. Die Schule hatte bis 1907 Bestand und war ein Ausdruck der zivilisatorischen Mission, die die osmanische Zentrale ihren arabischen Untertanen gegenüber zu erfüllen glaubte.

Der Zentralismus des sich reformierenden osmanischen Staates blieb nicht ohne kulturelle Auswirkungen auf die arabische Welt. Die 1876 verkündete Verfassung wurde zwar bald wieder suspendiert, doch war der Wille, Türkisch als Sprache von Verwaltung, Justiz und Schulwesen zwischen der Adria und dem Roten Meer durchzusetzen, damit nicht erloschen.

Der Bau der Hidjasbahn unterstrich die Anbindung der heiligen Stätten des Islam an das osmanische Reich und untermauerte so die Autorität der Hohen Pforte. Im Bild der als letztes großes Bauvorhaben der Osmanenzeit in Damaskus nach den Plänen des Spaniers Fernando de Aranda 1917 fertig gestellte Bahnhof.

Die verbreitete Formel, Türkisch sei die Sprache des Sultanats, Arabisch aber die des Kalifats, war allerdings nicht geeignet, um die Loyalität der arabischen Untertanen zu gewährleisten. Selbst Abgeordnete aus manchen arabischen Provinzen, insbesondere dem Jemen, kamen in »ihrer« Hauptstadt Istanbul nicht ohne Dolmetscher aus. Nur ein winziger Bruchteil der arabischen Untertanen

Die türkische Jerusalemer Hochschule Kulliya as-Salahiya wurde in einer bei Kriegsausbruch enteigneten französischen Kultureinrichtung, der Kongregation von Sankt Anna, eingerichtet. Im Bild vorn die jungtürkischen Politiker Enver Pascha (Mitte) und Djemal Pascha (rechts) beim Besuch im Februar 1916. Der Schlusssatz der Koransure über dem Portal lautet: »Tretet nun in das Paradies ein, um ewig darin zu bleiben.« Schon 1917 wurde die Einrichtung wieder in ein christliches Seminar zurückverwandelt.

verstand Türkisch. Bald nach seiner – zunächst indirekten – Machtübernahme im Jahre 1908 versuchte das jungtürkische »Komitee für Einheit und Fortschritt«, den Gebrauch des Türkischen im Gerichtswesen zu erzwingen. 1909 erklärten die Abgeordneten der nordafrikanischen Provinz Tripolis, dass nicht einmal 200 Personen Türkisch beherrschten, aber bereits – zwei Jahre vor der italienischen Besetzung! – 20 000 Italienisch. Erst 1913 zwangen die Verluste in den Balkankriegen Istanbul zu einer Umkehr seiner von Anbeginn zum Scheitern verurteilten Politik, die arabischen Provinzen zu türkisieren. Das Innenministerium ließ Arabisch als Gerichts- und Unterrichtssprache in staatlichen Schulen zu. Auch durften Gesuche in arabischer Sprache von den Behörden angenommen und regierungsamtliche Bekanntmachungen auf Arabisch formuliert werden. Es blieb aber bei der Pflichtsprache Türkisch im gesamten staatlichen Schulwesen.

Das allgemeine Schulwesen war in den arabischen Provinzen sehr unterschiedlich entwickelt. Höhere Bildung konnten osmanische Araber nur an den Missionshochschulen von Beirut erwerben, ohne ihren Kulturraum zu verlassen. Viele Araber, die später zum Teil als Nationalistenführer Einfluss erlangten, gingen aus den hauptstädtischen Eliteanstalten hervor. Die Kulliya as-Salahiya, eine 1915 in Jerusalem gegründete Hochschule für die arabische Reichshälfte, war bestrebt, einen Lehrbetrieb aufrechtzuerhalten, der einen Drahtseilakt zwischen Islamismus, Osmanismus und Arabismus vollzog. Noch während des Weltkriegs bemühte sich die später als Erzählerin sehr bekannt gewordene Halide Edib Adıvar, das türkische Mädchenschulwesen Syriens zu reformieren.

Im Krieg zur Unabhängigkeit? – Arabien von 1914 bis 1918

Schon kurz nach dem Kriegseintritt der Osmanen an der Seite der Mittelmächte landeten britische Truppen in Basra. Der Herrscher von Kuwait unterstellte sich dem britischen Protektorat. Ende 1914 war bereits der gesamte südliche Irak unter Großbritanniens Kontrolle, während Bagdad bis März 1917 in türkischer Hand blieb. Ebenso entscheidend für den Kriegsausgang war die taktische Allianz, die Großbritannien mit dem Hidjas ebenfalls noch im Herbst 1914 schloss.

Die nordwestarabische Landschaft mit den heiligen Stätten von Mekka und Medina unterstand dem Haschimiden Husain I. Ibn Ali. Er führte als Prophetenabkömmling den Titel *Scherif*. Zunächst hatte er mit den Osmanen gemeinsame Gegner wie Ibn Saud, den saudischen Herrscher des Nedjd, und die Idrisiden in der Landschaft Asir bekämpft. Die geplante Fortsetzung der 1901–08 von Damaskus aus gebauten Hidjasbahn über Medina hinaus nach Mekka empfand er jedoch als Bedrohung seiner Stellung im Hidjas. Noch vor Ausbruch des Weltkriegs näherte er sich Lord Horatio Herbert Kitchener, dem britischen Generalkonsul, der ab 1911 *High Commissioner* in Ägypten war, an. Der britische Statthalter am Nil versprach nicht weniger als die Errichtung eines Kalifats mit Sitz in Mekka oder doch zumindest einen Herrschaftsraum, der große Teile der arabischen Welt, vor allem Syrien, Palästina und den Irak einschließen würde. Diese Aussichten und britisches Geld bewirkten, dass Husain im Juni 1916 die Revolte gegen die Osmanen ausrief. Allerdings ließen sich viele arabische Muslime in ihrer Loyalität zum türkischen Sultan-Kalifen nicht beirren. In einem berühmten Schreiben an den Vertreter Großbritanniens schrieb Husain:

»Großbritannien anerkennt die Unabhängigkeit der arabischen Länder, welche im Norden begrenzt werden von der Linie Mersin–Adana, parallel zum 37° nördlicher Breite und dann entlang der Linie Birecik–Urfa–Mardin–Midyat ... bis zur persischen Grenze ...« Der Brief forderte zugleich die Anerkennung eines »Arabischen Kalifats für den Islam«. Die britische Antwort vom 24. Oktober 1915 war ausweichend und wies auf

Ibn Saud eroberte 1902 Riad, den Stammsitz seiner Dynastie, von den Al Raschid zurück. Er lehnte sich ab dem Ersten Weltkrieg politisch an Großbritannien an, unterwarf sich schrittweise die arabischen Stammesgebiete und gab 1932 seinem Land den Namen »Saudi-Arabien«. Dieses Foto von 1911 zeigt ihn (links) zusammen mit seinen Brüdern.

den nicht »rein arabischen Charakter« von Gebieten westlich der Linie Damaskus–Aleppo hin. Gleichzeitig wollte Großbritannien seine vertraglichen Bindungen mit arabischen Herrschern am Golf nicht infrage stellen. Als Husain Ende 1916 den Titel »König der arabischen Länder« annehmen wollte, gestand ihm der britische Verbündete nur »König des Hidjas« zu. Großbritannien, das bis zum Ausbruch des Weltkriegs die territoriale Integrität des Osmanischen Reiches vertrat, hatte nun seine Politik vollkommen

»Die Söhne des Scherifen von Mekka haben die Türken von den heiligen Stätten des Islam verjagt« – so kommentierte das in Paris erscheinende »Petit Journal« am 17. Juli 1916 die Unabhängigkeitserklärung von Husain I. Ibn Ali.

umgestellt. Weiterhin aber galt, dass Mesopotamien und der Persische Golf im Mittelpunkt seiner Interessen standen.

Die Grenzziehungen der Nachkriegszeit haben Araber und Türken weitgehend getrennt. Nördlich und westlich der syrischen Grenzen leben nur wenige, die Arabisch sprechen. Dennoch hat die Republik Syrien das 1939 an die Türkei gefallene Gebiet des »Sandschak von Alexandrette« mit der Hauptstadt İskenderun als zum eigenen Staatsgebiet gehörig reklamiert.

Als Husain sich 1924 selbst zum Kalifen ernannte, nahm niemand mehr von ihm Notiz. Die britische Schutzmacht intervenierte nicht, als Ibn Saud den Hidjas eroberte. Husain starb nach Jahren im britischen Exil auf Zypern in der transjordanischen Hauptstadt Amman. Zwei seiner Söhne, Feisal I. und Abd Allah ibn al-Husain, regierten später in den neu gebildeten Staaten Irak und Transjordanien.

Klaus Kreiser

Ein Staat für die Juden? – Die Ursprünge des Zionismus

Palästina war bis 1918 ein Teil des Osmanischen Reiches. Es wurde – verwaltungsmäßig – im Wilajet von Libanon und Südsyrien erfasst; hinzu kam der Sandschak (Bezirk) von Jerusalem. Die geographischen Grenzen Palästinas waren – noch mehr als die von Erez (Land) Israel – alles andere als klar und – wie auch heute noch – umstritten. Im Allgemeinen lässt sich sagen, dass mit Erez Israel das Gebiet des heutigen Staates Israel gemeint ist.

Emanzipiertes und assimiliertes Judentum der Jahrhundertwende: Der junge Jude beim Studium in dem um 1910 entstandenen Gemälde links scheint exemplarisch das Bild vom »Volk des Buches« zu vertreten (Wien, Judaika-Sammlung Max Berger). Rechts der Berliner Maler Max Liebermann, der Hauptvertreter des deutschen Impressionismus (Selbstporträt; Jerusalem, Israel-Museum).

Eine Idee wird geboren – Der Zionismus

Zu Beginn der zionistischen Einwanderung lebten nur sehr wenige Juden im »Land ihrer Väter«, in Erez Israel. Als 1882 die erste Einwanderungswelle einsetzte, belief sich die Zahl der jüdischen unter den 450 000, meist muslimischen Bewohnern des Landes auf 24 000. Trotz der religiösen Bindung an das »Heilige Land« fand unter den Juden die Idee der praktischen Einwanderung nach Palästina nur ein geringes Echo. Pläne dieser Art schienen auch unrealistisch zu sein. Vor allem in Großbritannien, Frankreich und Deutschland überwogen in der jüdischen Bevölkerung, die sukzessive ihre rechtliche Gleichstellung erreicht hatte, die Bestrebungen, sich zu assimilieren. Trotz des erstarkenden Antisemitismus vor allem im Deutschen Reich war die Überzeugung weit verbreitet, dass sich mit dem Parlamentarismus, der Verankerung der Demokratie und dem Fortschritt der Emanzipation die jüdische Frage von allein lösen werde. Der Antisemitismus werde sehr bald zu einem Relikt des finsteren Mittelalters werden. Zu derart optimistischen Einschätzungen konnten die Juden in Osteuropa, vor allem in Russland, nicht gelangen. Sie wurden verfolgt und in Ansiedlungsrayons zusammengepfercht.

Die Rückbesinnung auf die eigene jüdische Identität

Im letzten Drittel des 19. Jahrhunderts wurde Osteuropa von einem neuen Geist erfasst. In den Vielvölkerreichen – in Russland und vor allem in Österreich-Ungarn – begannen die Völker in sehr verklärter Weise ihre nationale Geschichte und deren Wurzeln zu entdecken. Es setzte sich die Erkenntnis durch, dass die nationalen und sozialen Fragen eng miteinander verknüpft seien. Die dort von einzelnen Völkern erhobene Forderung nach einem Nationalstaat beeinflusste vor allem das Denken jener Juden, die in Gebieten angesiedelt waren, in denen viele Nationalitäten nebeneinander lebten.

Judenfeindliche Ausschreitungen in Russland trugen erheblich zum Entstehen des jüdischen Nationalismus im modernen Sinne bei. Nachdem 1881 Zar Alexander II. ermordet worden war und sich herausgestellt hatte, dass einer der Attentäter Jude war, ergriff die zaristische Regierung die Gelegenheit, den Antisemitismus zu schüren, der in jenem Land ohnehin stets vorhanden war. Mehr als hundert jüdische Gemeinden wurden von Pogromen heimgesucht. Leon Pinsker, ein Arzt aus Odessa, vertrat in seiner 1882 in Berlin – zunächst anonym – veröffentlichten Schrift »Autoemancipation!« die Ansicht, dass nur eine Rückbesinnung auf die nationalen Wurzeln des Judentums und die Gründung eines jüdischen Staates zur Lösung der jüdischen Frage beitragen können. In Russland wurde der Verein »Bilu« – eine Abkürzung des Bibelverses *Beit Jakov lecho wenelcha* (das Haus Jakob lass uns ziehen) – gegründet, der die konkrete Besiedlung Palästinas anstrebte. In den Jahren 1882 bis 1904 wanderten etwa 35 000 Juden aus Russland und Rumänien nach Palästina aus. Unterstützt von Baron Edmund de Rothschild erwarben die Siedler Grund und Boden. Kolonien, die heute blühende Städte sind, wurden gegründet, so Rehovot, Zikhron Jaaqov, Rishon Leziyyon oder Petah Tiqwa.

Der aus einer Frankfurter Bankiersfamilie stammende Lionel Rothschild erlangte als erster Jude einen Sitz im britischen Unterhaus. Erst nachdem er fünfmal im Wahlkreis der Londoner City wieder gewählt war, wurde er schließlich auch ohne christlichen Eid zum Parlament zugelassen (Privatsammlung).

Der Zionismus nimmt Gestalt an

Neue, betont politische Impulse erhielt die zionistische Idee durch das Wirken Theodor Herzls, eines ursprünglich assimilierten Juden. Der Dreyfusprozess in Frankreich, über den er als Korrespondent der angesehenen Wiener Zeitung »Neue Freie Presse« berichtete, führte ihm jedoch deutlich vor Augen, dass der Antisemitismus auch im westlichen Europa nicht erloschen war. In der Auseinandersetzung mit der Dreyfusaffäre gelangte er zu dem Schluss, dass die Juden eine eigene Nation seien und die jüdische Frage nur durch einen eigenen Staat gelöst werden könne. In der Judenfeindschaft sah er nicht ein voremanzipatorisches Relikt, das allmählich verschwinden würde, sondern vielmehr eine direkte Folge der Emanzipation. Das Streben nach Integration und Assimilation sei mithin zum Scheitern verurteilt. In seiner beinahe prophetischen Schrift »Der Judenstaat« von 1896 entwarf er die Vision der Rückbesiedlung Palästinas als Weg, dem jüdischen Volk neue, nationale, moderne Werte zu vermitteln. Herzl negierte die jüdische Religion nicht, er verstand aber die »Zionssehnsucht« in einem realpolitischen und säkularisierten Sinne. Zionismus bedeutete für ihn auch, dass sich die Juden von den Einschränkungen und Selbstverleugnungen, die die Diaspora mit sich brachte, befreiten. In jenen Jahren herrschte der Glaube, dass nur die Rückbesinnung auf die Wurzeln des »Altneulandes« diese Befreiung mit sich bringen könne, und

Theodor Herzl in seiner Schrift »Der Judenstaat«:

Wir sind ein Volk – der Feind macht uns ohne unseren Willen dazu, wie das immer in der Geschichte so war. In der Bedrängnis stehen wir zusammen, und da entdecken wir plötzlich unsere Kraft. Ja, wir haben die Kraft, einen Staat, und zwar einen Musterstaat zu bilden. Wir haben alle menschlichen und sachlichen Mittel, die dazu nötig sind.

Während die so genannten Zionsbrüder im Stillen für die Auswanderung nach Palästina wirkten, forderte der Jurist, Schriftsteller und Journalist Theodor Herzl die Bühne der Weltpolitik für die jüdische Sache. Souveräne Gewandtheit und klare Zielvorstellungen machten ihn zum Vorkämpfer und Diplomaten der zionistischen Idee.

1897 kamen etwa 200 jüdische Delegierte aus Russland, Polen, Rumänien, Österreich-Ungarn, Deutschland, Frankreich, Großbritannien und den USA in Basel zum ersten Zionistischen Weltkongress zusammen.

zwar in jeder Hinsicht – national, sozial, politisch und seelisch. Natürlich waren die Zionisten im Großen und Ganzen davon überzeugt, die alte Heimat gehöre ihnen oder dem jüdischen Volk, ohne dass man diese Zugehörigkeit definieren konnte. Es gab romantische Vorstellungen darüber, wie an biblische Zeiten angeknüpft werden könne. Eine von Empfindungen geprägte innere Gestimmtheit gab Kraft und spornte an. Herzl war eine faszinierende, überzeugende Persönlichkeit. Es gelang ihm, diejenigen Juden anzusprechen, die bereits – in einer im Einzelnen ungeklärten Weise – »zionistisch« dachten und fühlten. Der von Herzl einberufene erste Zionistische Weltkongress trat im August 1897 in Basel zusammen und verabschiedete ein richtungweisendes Programm, dessen Kernsatz lautete: »Der Zionismus erstrebt für das jüdische Volk die Schaffung einer öffentlich-rechtlich gesicherten Heimstätte in Palästina«. Die zionistische Bewegung wurde zunehmend als politischer Faktor wahrgenommen.

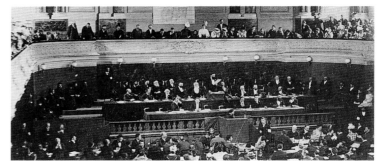

Die Politisierung der jüdischen Siedlungspolitik

In Russland wurde die jüdische Bevölkerung zu Beginn des 20. Jahrhunderts erneut von einer Pogromwelle heimgesucht, an deren Anfang im April 1903 der Pogrom in Kischinjow stand. Während in den Achtzigerjahren des 19. Jahrhunderts noch Plünderungen den Schwerpunkt der Ausschreitungen bildeten, dominierten jetzt Vergewaltigung, Mord und Folter. Die Pogrome wurden von Reaktionären, aber auch von Kreisen, die sich für fortschrittlich hielten, bejaht, wenn auch aus unterschiedlichen Motiven. Zugleich rief diese Brutalität nicht nur weltweite Empörung hervor, sondern führte den Juden deutlich vor Augen, in welch unsicherer Situation sie lebten. In jenen Jahren setzte die große jüdische Einwanderungswelle nach Amerika ein; ein kleiner Teil, etwa 30 000 Emigranten, fand den Weg nach Palästina. Trotz Einschränkungen und bürokratischer Hindernisse der osmanischen Regierung war es ihnen zu diesem Zeitpunkt noch möglich, sich in Palästina niederzulassen. Mit dieser zweiten Einwanderung, deren prominenteste Vertreter David Ben Gurion und Levi Eschkol waren, begann eine neue Ära. Es bestanden deutliche Unterschiede zwischen den Angehörigen der ersten Einwanderung, die bereits in wohlhabenden Kolonien wohnten, und den neu Ankommenden. Letztere waren zumeist Jugendliche, beseelt von nationalen Ideen, bewusste Zionisten mit einem Hang zur Radikalität und von den sozialen Bewegungen der damaligen Zeit stark geprägt. Sie verlangten die Beschäftigung von jüdischen statt arabischen Arbeitskräften in den jüdischen Siedlungen und warben sehr eifrig für die Erneuerung der hebräischen Sprache, weil sie darin ein Attribut, wenn nicht sogar eine Voraussetzung des nationalen Erwachens sahen. Es entstand eine sehr kämpferische und – weil parteigebunden – auch polarisierende hebräische Presse. Die Pioniere der zweiten Einwanderungswelle riefen 1909 die Vereinigung *Haschomer* (Wächter) ins Leben, die die Aufgabe hatte, jüdische Sied-

Eine Ansicht von Jerusalem im 19. Jahrhundert. Der Münchener Landschaftsmaler August Löffler deutete 1849/50 das Bild der Zionstadt mit einem Regenbogen als religiöses Symbol der Heilshoffnungen und des Alten Bundes zwischen Gott und den Menschen (München, Neue Pinakothek).

lungen zu bewachen und den Wächtern angemessene Lebensbedingungen zu gewährleisten. Die Immigranten ließen sich nicht nur in schon bestehenden Kolonien nieder, sondern gründeten eigene, so Deganya und Merhavya. 1909 entstand als Vorstadt zu Jaffa Tel Aviv. 1914 lebten insgesamt 85 000 Juden in Palästina, davon etwa 45 000 in Jerusalem, 10 000 in Jaffa, 7 000 in Safad, 5 000 in Tiberias, 3 000 in Haifa und 12 000 in landwirtschaftlichen Kolonien.

Unter veränderten Bedingungen – Die jüdische Gemeinschaft im Ersten Weltkrieg

Im Oktober 1914 trat das Osmanische Reich an der Seite der Mittelmächte in den Krieg gegen die Ententemächte ein. Für die Juden Palästinas begann nun in völkerrechtlicher und politischer Hinsicht eine neue Zeit. Palästina wurde ein Teil des globalen Ringens, die zionistische Bewegung gewann international an Bedeutung.

Der Jischuw unter türkischem Verfolgungsdruck

Die Juden des *Jischuw* – so nannte sich die vorstaatliche jüdische Gemeinschaft – gerieten infolge der Annullierung der »Kapitulation«, die das Vorrecht ausländischer Bewohner – meist Staatsangehöriger der europäischen Länder – im Osmanischen Reich

Einer der zahlreichen russisch-jüdischen Einwanderer im New York der Jahrhundertwende. Zeitweise lebten in dieser Stadt mehr als 1,5 Millionen Juden, vornehmlich an der Lower East Side.

begründete, unter starken türkischen Druck. Der eigentliche Herrscher im Osmanischen Reich in dieser Zeit war Jamal Pascha, der auch die Befehlsgewalt über das osmanische Heer in Palästina innehatte. Er hegte eine tiefe Abneigung gegen den Zionismus und

Im Ersten Weltkrieg kämpften jüdische Soldaten in allen Heeren mit: So waren es auf deutscher Seite fast 100 000, auf österreichisch-ungarischer 320 000 Mann, von denen 12 000 bzw. 40 000 fielen. Hier ein Feldgottesdienst für österreichische, ungarische und polnische Soldaten mosaischen Glaubens (Wien, Judaika-Sammlung Max Berger).

deportierte große Teile der russischen Juden, die noch die russische Staatsbürgerschaft besaßen, nach Ägypten. Er leitete eine Welle von Verfolgungen und vor allem die Beschlagnahme jüdischen Eigentums ein, wodurch er vor allem die Bauern in den Kolonien, deren Arbeitstiere und Gerätschaften konfisziert wurden, in die Armut trieb. Nur 56 000 der 1914 in Palästina ansässigen 85 000 Juden überlebten den Ersten Weltkrieg. Nachdem es den britischen Streitkräften lange Zeit nicht gelungen war, die Osmanen von der Sinaihalbinsel zu vertreiben und Palästina zu erobern, gelang es den Truppen des britischen Generals Edmund Henry Hynman Allenby im Oktober 1917, Beerscheba und den Negev zu besetzen; am 9. Dezember marschierten sie in Jerusalem ein. Der nördliche Teil Palästinas aber blieb unter osmanischer Herrschaft, bis das Osmanische Reich im Oktober 1918 kapitulierte.

Die Balfour Declaration

Im Nahen Osten beeinflussten im Ersten Weltkrieg andere Vorgänge die weitere Entwicklung in hohem Maße. Um die Araber zu ermutigen, sich gegen die Osmanen, die immer noch weite und wichtige Gebiete wie Irak oder Saudi-Arabien besetzt hielten, aufzuwiegeln, versprachen ihnen die Briten in einem Briefwechsel zwischen Henry McMahon, dem britischen Hochkommissar in Ägypten, und Husain I. Ibn Ali, dem Scherifen von Mekka, politische Selbstständigkeit. In sehr vager Form wurde

Die Wachmannschaft des von General Allenby kommandierten britischen Expeditionskorps paradiert 1917 vor dem Jerusalemer Jaffator. Auf den Torflügeln sind noch die osmanischen Hoheitszeichen Stern und Halbmond zu sehen.

ihnen die Gründung eines arabischen Staates, der auch Teile von Palästina umfassen sollte, zugesagt. Gleichzeitig fanden zwischen Charles Marie François Georges-Picot, einem Vertreter der französischen Regierung, und Mark Sykes, einem britischen Diplomaten, geheime Verhandlungen über die Aufteilung des Osmanischen Reiches statt. Neben Syrien und Libanon sollte auch der nördliche Teil des heutigen Israels – Galiläa – französisches Interessengebiet werden. Das Gebiet zwischen Bagdad und dem Persischen Golf war als britische Einflusszone gedacht. An diesen Abmachungen war auch Russland, das bis November 1917 an der Seite der Alliierten kämpfte, beteiligt. Da die Briten jedoch das Gefühl gewonnen hatten, Frankreich zu sehr entgegengekommen zu sein, führten sie wiederum Geheimverhandlungen mit der zionistischen Bewegung, vor allem mit ihrem Vertreter in Großbritannien, Chaijim Weizmann. Auf der Basis dieser Gespräche gab der britische Außenminister, Lord Arthur James Balfour, am 2. November 1917 eine Erklärung ab, die historische Berühmtheit erlangen sollte: »Die Regierung seiner Majestät betrachtet die Errichtung einer Nationalheimstätte für das jüdische Volk in Palästina mit Wohlwollen und wird keine Mühe scheuen, die Erreichung dieses Zieles zu fördern.«

Welche Gründe hatten die britische Regierung bewogen, der zionistischen Bewegung in dieser deutlichen Form ihre Unterstützung zuzusichern? Sicherlich spielte auch eine gewisse Sympathie für das »Volk der Bibel« eine Rolle. Ausschlaggebend waren hingegen realpolitische Überlegungen: Das Jahr 1917 war für die Ententemächte an der europäischen Front sehr kritisch gewesen. Russland musste im November 1917 aus der Koalition mit diesen Mächten ausscheren. Die Briten glaubten nun, eine prozionistische Erklärung würde die Millionen russischer Juden anspornen, auf eine Fortsetzung des Krieges an der Seite Großbritanniens hinzuwirken, da eine Niederlage des mit Deutschland verbündeten Osmanischen Reiches gleichsam die Voraussetzung darstellte, dass die Versprechen der *Balfour Declaration* realisiert werden konnten. Aus diesem Grund verbreiteten die Briten zum Beispiel mithilfe von Flugblättern diese Erklärung in den jüdischen Zentren Osteuropas. Darüber hinaus sollte ein neuer Bundesgenosse – die zionistische Bewegung – dazu beitragen, die Position Frankreichs im Nahen Osten zu schwächen. Vermutlich hatten die Briten die Auswirkungen dieser Erklärung auf lange Sicht weder erkannt noch bedacht. Sie gingen davon aus, dass dies »noch ein Kommuniqué«, das im Krieg aus propagandistischen Gründen veröffentlicht wurde, bleiben und sehr bald in Vergessenheit geraten werde. Die zionistische Bewegung betrachtete diese Erklärung jedoch als eine große, fast überwältigende Errungenschaft: Eine der führenden Großmächte der damaligen Zeit erkannte die Bindung des jüdischen Volkes an Palästina an und fühlte sich verpflichtet, auf die Errichtung einer Heimstätte für die Juden hinzuwirken.

NACHUM ORLAND †

Die Balfour Declaration

Ministerium des Äußeren, 2. November 1917
Mein lieber Lord Rothschild,
zu meiner großen Genugtuung übermittle ich Ihnen namens seiner Majestät Regierung die folgende Sympathie-Erklärung für die jüdisch-nationalen Bestrebungen, die vom Kabinett geprüft und gebilligt worden sind. Seiner Majestät Regierung betrachtet die Schaffung einer nationalen Heimstätte für das jüdische Volk mit Wohlwollen und wird die größten Anstrengungen machen, um die Erreichung dieses Zieles zu erleichtern, wobei klar verstanden wird, dass nichts getan werden soll, was die bürgerlichen und religiösen Rechte bestehender nichtjüdischer Gemeinschaften in Palästina oder die Rechte und die politische Stellung der Juden in irgendeinem anderen Land beeinträchtigen könnte. Ich bitte Sie, diese Erklärung zur Kenntnis der zionistischen Föderation zu bringen.
(gezeichnet) James Balfour

Arthur James Balfour war Führer der Konservativen Partei und war von 1902 bis 1905 Premierminister sowie von 1916 bis 1919 Außenminister (Porträt von Ellis William Roberts, 1892; London, Privatbesitz).

Nation

Jedermann fühlt sich heute, überall in der Welt, einer Nation zugehörig. Die nationale Zuordnung und Identität wird als etwas ganz Natürliches angesehen. Niemand will auf sie verzichten, mit Geburtsurkunde und Pass wird sie dokumentiert. Man ist Deutscher, Franzose, Brite, Japaner, Chilene oder Ghanaer. Die Nation, die in der Regel in einem von ihr gestalteten Nationalstaat lebt, stattet das Individuum mit Bürgerrechten, einer Staatsangehörigkeit und einem Schutzversprechen aus – oder erhebt doch zumindest den Anspruch, alles dies zu tun.

Individuum und Nation

Für das Individuum bedeutet die Zugehörigkeit zu einer Nation die feste Einbindung in eine soziale Großgruppe. Sie stellt ihm Solidarität und Unterstützung in Aussicht, soziale Absicherung im Notfall, ein besseres Leben, Glück. Aber das hat seinen Preis. Als Gegenleistung erwartet die Nation vom Einzelnen ein hohes Maß an Loyalität und die Bereitschaft, die Nation in der Stunde der Gefahr zu verteidigen, notfalls unter Einsatz des eigenen Lebens.

Angesichts dieser engen, auf wechselseitige Abhängigkeit gegründeten Beziehung zwischen dem Individuum und dem großen Kollektiv der Nation hat der österreichische Sozialdemokrat Otto Bauer einmal sehr scharfsinnig von der Nation als »Schicksalsgemeinschaft« gesprochen. »Schicksalsgemeinschaft«, so führte Bauer 1907 in seiner viel beachteten Schrift über die nationale Frage in der Habsburgermonarchie aus, »bedeutet nicht Unterwerfung unter gleiches Schicksal, sondern gemeinsames Erleben desselben Schicksals in stetem Verkehr, fortwährender Wechselwirkung miteinander.« Denn: »Nur das gemeinsame Erleben und Erleiden des Schicksals, die Schicksalsgemeinschaft, erzeugt die Nation.«

Bauers Auffassung, formuliert in der Abenddämmerung der vom Nationalitätenstreit geschüttelten Monarchie, wird noch heute weitgehend akzeptiert. Die Nation und der von ihr getragene Nationalstaat bilden für das Individuum, unabhängig von seiner Herkunft, Rasse oder Sprache, die Lebensgrundlage und den Rahmen für seine politischen, sozialen und kulturellen Aktivitäten, zumindest in der Theorie.

Aber darüber hinaus leistet die Nation noch mehr. Seit dem späten 18. Jahrhundert liefert die Nation als eine vorgestellte Solidargemeinschaft von Menschen, die mit bestimmten Eigenschaften und Merkmalen ausgestattet ist, das Band oder den Kitt, der Gesellschaften und Staaten zusammenhält, ihnen Stabilität verleiht und ihre Angehörigen bzw. Bürger zu gemeinsamem Handeln veranlassen und verpflichten kann. Es wird behauptet, und die Geschichte seit der Französischen Revolution scheint dies auch zu belegen, dass nur der Staat Bestand hat, der sich auf eine mehr oder weniger solidarische Nation zu stützen vermag. Nur der »Nationalstaat« kann demnach auf die integrierende Kraft der Nation vertrauen. Sie garantiert ihm auch, gerade in Krisenzeiten, den notwendigen Zusammenhalt.

Der multinationale Staat

Dem multinationalen Staat fehlt hingegen die innere Geschlossenheit des Nationalstaats. Er scheint nicht in der Lage zu sein, die Loyalität mehrerer in ihm lebender Nationen zu gewinnen und dauerhaft zu binden. Der multinationale Staat wird vielmehr über kurz oder lang zum Schauplatz miteinander konkurrierender und sich oft gegenseitig ausschließender nationaler Interessen, ja häufig sogar von bitteren Konflikten zwischen den in ihm lebenden Nationen. Der multinationale Staat, so sagen die Nationalisten, ist auf Dauer nicht lebensfähig. Die Habsburgermonarchie ist als Folge der sie nachhaltig schwächenden Nationalitätenkonflikte zerfallen, ebenso jüngst die Sowjetunion und Jugoslawien oder auch die Tschechoslowakei. Nur die Schweiz scheint sich diesem Schicksal offenbar entziehen zu können.

Nation – Eine moderne Erfindung

Die Nation ist seit dem ausgehenden 18. Jahrhundert nicht nur eine zentrale Kategorie des politischen Denkens und Handelns, sondern auch der politischen Wirklichkeit. Selbst noch am Ausgang des 20. Jahrhunderts sind die Vorstellungen und Erwartungen, die sich mit der Nation verbinden, von großer geschichtlicher Wirkungsmächtigkeit. Die Entwicklungen in Ostmittel- und Südosteuropa, in der früheren Sowjetunion und anderswo seit den Achtzigerjahren machen das hinreichend deutlich.

Aber auch in Westeuropa und in Nordamerika, wo das Denken in nationalen Begriffen seit 1945 unübersehbar an Bedeutung verloren hat, haben nationale Symbole wie Fahnen, Nationalhymnen oder Nationalfeiertage im Grunde nichts von ihrer Integrationskraft und ihrem emotionalen Stellenwert für den Einzelnen eingebüßt. In unserem Bewusstsein ist die »Nation« fest verankert – und dabei wird allzu oft übersehen, dass sie keine zeitlose Konstante in der Geschichte der Menschheit ist und mithin auch kein Raster darstellt, das die Menschen seit jeher in große übersichtliche Gruppen einteilt. Die Nation als Solidarverband gibt es nicht »seit Urzeiten«, wie dies vor allem von den Protagonisten nationalen Denkens überall behauptet wird. Das Gegenteil ist der Fall. Die Nation ist eine moderne Erfindung. Sie ist gerade einmal zweihundert Jahre alt.

Die Geburt der Nation

Frankreich ist das Geburtsland der modernen Nation, und die jungen Vereinigten Staaten von Amerika haben bei der Geburt tatkräftig mitgeholfen. In beiden Ländern ging die Nation aus einer Revolution hervor: in Nordamerika 1776 aus dem Unabhängigkeitskampf gegen die britische Kolonialmacht und in Frankreich 1789 aus der Großen Revolution gegen die alte Ständeordnung und Königsherrschaft. In beiden Ländern war die Nation im ausgehenden 18. Jahrhundert Ausdruck und Instrument für eine politische Mobilisierung der Menschen, die sich in der Revolution erstmals als eine Gemeinschaft mündiger und gleicher Staatsbürger begriffen. Diese Gemeinschaft (die »Nation«) nahm für sich das Recht in Anspruch, über ihr Schicksal selbst zu bestimmen und durch ihre gewählten Organe die höchste Souveränität auszuüben.

In der »atlantischen Doppelrevolution« haben sich also die Bewohner der britischen Kolonien in Nordamerika und der Provinzen des Königs von Frankreich gegen alle regionalen, sozialen und konfessionellen Sonderungen zu einem Staatsvolk

zusammengeschlossen, und zwar auf einer neuen Grundlage.

Alle diese Unterschiede sollte die Nation als die neue zentrale Lebensgemeinschaft nicht einebnen, aber doch überwölben und in ihrem trennenden Charakter letztlich überwinden. Auf die Frage, was denn nun eine Nation im Verständnis der französischen Revolutionäre sei, antwortete einer ihrer führenden Köpfe, der Abbé Sieyès, 1789: »Eine Gesellschaft, welche unter einem gemeinschaftlichen Gesetz lebt und durch ein und dieselbe gesetzgebende Versammlung vertreten wird. Ist es nicht eine Tatsache, dass der Adelsstand Vorrechte und Privilegien genießt, welche er seine Rechte zu nennen er sich erdreistet und welche von den Rechten des großen Ganzen der Bürger abgesondert sind? Er tritt dadurch aus der gemeinsamen Ordnung und dem gemeinschaftlichen Gesetz heraus.«

Kampfbegriff der Revolutionäre

Die politische und soziale Gemeinschaft rechtsgleicher Bürger wollte fortan autonom über sich selbst bestimmen, Subjekt, nicht länger Objekt des politischen Willens sein. »Nation« war der Kampfbegriff, den die Revolutionäre der alten, ständisch gegliederten Gesellschaft entgegenhielten. Der traditionellen Legitimierung von absoluter monarchischer Herrschaft war damit der Boden entzogen worden. Im revolutionären Verständnis repräsentierte die Nation die Gemeinschaft aller politisch bewussten Staatsbürger, die von nun an in letzter Instanz Herrschaftsausübung legitimierte. Allein der Wille der Nation war die Quelle von politischer Macht. Unter der Führung des aufstrebenden französischen Bürgertums, des »dritten Stands«, beanspruchte die Nation die Macht im Staate. In der klassischen Formulierung des Abbé Sieyès: »Der dritte Stand umfasst alles, was zur Nation gehört. Und alles, was nicht der dritte Stand ist, kann sich nicht als ein Bestandteil der Nation betrachten. Was ist der dritte Stand? Alles.«

Die revolutionäre Bewegung in Frankreich mit ihrem freiheitlichen und umfassenden Nationsbegriff richtete sich folglich zunächst gegen die politischen Gegner im Innern, in erster Linie gegen die alte Führungsschicht des Adels und Klerus. Die Angehörigen der beiden bislang privilegierten

Stände wurden, soweit sie sich nicht dem revolutionären Bürgertum anschlossen, als nicht zur Nation gehörig betrachtet. In dem Maße aber, in dem die monarchisch verfassten Regierungen Europas die Souveränität der französischen Nation und die Legitimität der neuen Staatsordnung in Frankreich bestritten, wandte sich die französische Nation auch gegen sie. Der Ausbruch des Kriegs zwischen Frankreich und den kontinentalen Monarchien 1792 beflügelte die Revolutionäre in dem Gedanken, es gelte den anderen Völkern Europas die in der Revolution errungenen Freiheiten zu bringen. Die französische Nation, die *grande nation,* hatte eine Sendung.

Demokratisierung des Nationsbegriffs

Wenn seit den Revolutionen in Nordamerika und Frankreich die Nation in das Zentrum des politischen Denkens und Handelns rückte, dann meinte der Begriff jedoch nicht mehr dasselbe wie in den Jahrhunderten zuvor. Sein Inhalt hatte sich in entscheidender Weise verändert. Man muss also zwischen einem mittelalterlichen und einem modernen Nationsbegriff unterscheiden. Für den nachrevolutionären Menschen war die Nation zur allein verbindlichen Sinngebungs- und Rechtfertigungsinstanz geworden. In ihr ruhte die Volkssouveränität.

Die mittelalterliche Nation (von lateinisch *nasci* »geboren werden«) war hingegen in ihrer Bedeutung wesentlich eingeschränkter. Der Begriff *natio* bezog sich auf Menschen gemeinsamer Abstammung oder gemeinsamer Herkunft. Er bezog sich auf Siedlungsgebiete, auf Landschaften und ihre Bewohner oder aber auf klar umgrenzte politische Gruppen. So meinte Nation im alten Heiligen Römischen Reich deutscher Nation ausschließlich den Hochadel, also die führende Schicht in diesem übernationalen Staatsverband. An ihn wandte sich Martin Luther 1520 mit seiner Schrift »An den christlichen Adel deutscher Nation«. Als das Reich 1711 mit der »ungarischen Nation« einen Frieden schloss, bedeutete Nation »die Barone, Prälaten und Adligen Ungarns«. Die sozial und politisch privilegierten Schichten in Ungarn oder auch Polen waren die Adelsnation.

Vom Mittelalter bis gegen Ende des 18. Jahrhunderts meinte also Nation im politischen Kontext nicht die Gesamtheit des Volks, sondern lediglich die herrschende, politisch repräsentierte Schicht. Trotzdem: Die moderne Nation hat eine weit zurückreichende Vorgeschichte. Der Begriff, der ursprünglich eine exklusive Gruppe in der Gesellschaft bezeichnete, wurde im ausgehenden 18. Jahrhundert »demokratisiert«. Gleichzeitig wurde der Nation im politischen Koordinatensystem ein neuer Stellenwert zugeschrieben.

Eine Nation – Ein Staat

In Frankreich trat die moderne Nation durch einen revolutionären Akt ins Leben. Aber sie konnte einen monarchischen Staat beerben, der über Jahrhunderte gewachsen und in zahllosen Kriegen nach innen und außen gefestigt worden war. Seine Existenzberechtigung wurde von niemandem mehr bestritten; er verfügte über gesicherte Grenzen. Für ihre weitere politische und soziale Entwicklung fand die moderne französische Nation also einen Rahmen vor. In den meisten anderen Teilen Europas war das ganz anders.

Der Übergang vom historisch gewachsenen dynastischen Staat zum modernen Nationalstaat unterlag ganz anderen Entwicklungsbedingungen in den Gebieten, in denen Staat und Nation aus unterschiedlichen Gründen nicht zusammenfielen, etwa in Italien oder in Deutschland, und erst recht in den Vielvölkerreichen der Habsburger, der Romanows und der Osmanen. Eine Nation, ein Staat: Diese Forderung wurde in Europa im Großen und Ganzen im Laufe eines Jahrhunderts durchgesetzt.

Dieses Prinzip, Grundlage aller nationalen Bewegungen seit dem 19. Jahrhundert, hat die politische Landkarte des Kontinents völlig verändert. Die europäischen Völker von den Griechen bis zu den Polen und Tschechen haben dem Vorgang ihrer Nationwerdung und Staatsgründung auch ähnliche Namen gegeben. Sie sprachen von nationaler Erhebung, nationalem Erwachen oder nationaler Wiedergeburt. Die Italiener nannten ihre Nation- und Staatswerdung *risorgimento* (Wiederauferstehung) in Anlehnung an die Zeitschrift »Il Risorgimento«, die ab 1847 in Turin erschien.

Eine Nation – Eine Sprache

Das »nationale Erwachen« der europäischen Völker seit dem frühen 19. Jahrhundert war ein kollektiver Vorgang, in dem die »Erwecker«

eine maßgebliche Rolle spielten. Jede Nation hat später die Taten und Verdienste der Philologen, Dichter, Historiker und Politiker, die den Anspruch der erwachenden Nation auf Eigenständigkeit und Selbstbestimmung begründeten und in den meisten Fällen auch durchzusetzen vermochten, nach Kräften gerühmt. Der deutsche Philosoph Friedrich Schleiermacher bezeichnete die »Gründer und Wiederhersteller von Staaten« als die »großen Männer«, die geschichtsmächtigen historischen Individuen. Zu den »Erweckern« zählte die deutsche Nationalbewegung die Philosophen Johann Gottfried Herder und Johann Gottlieb Fichte, den »Turnvater« Friedrich Ludwig Jahn und den Publizisten Ernst Moritz Arndt. Die Griechen rühmen den Dichter Rigas Velestinlis und den großen Philologen Adamantios Korais, die Iren unter andern den »Befreier« und Volkstribunen Daniel O'Connell und die Polen den Dichter Adam Mickiewicz.

Die »Erwecker« gingen davon aus, dass sich die Nation vor allem in der Sprache manifestiere und sprachliche Uniformität für den Nationalstaat unverzichtbar sei. Im Nationalstaat müsse eine Nationalsprache gesprochen werden, denn die Nation sei auch eine Sprachgemeinschaft. »So weit die deutsche Zunge klingt«, wollte Ernst Moritz Arndt 1813 das »ganze Deutschland« geeint wissen. Die Sprachgrenzen seien die natürlichen Grenzen eines nationalen Staats. Damit erfuhr das Kriterium der Sprache eine enorme Aufwertung. Sie wurde Gegenstand vielfältiger wissenschaftlicher und literarischer Bemühungen. Die Sprache vor allem galt den Protagonisten des nationalen Gedankens als das äußere, sichtbare Merkmal, das ein Volk zur Nation macht, eine Nation von anderen Nationen unterscheidet und das Anrecht der Nation auf den eigenen Staat begründet.

»Jede Nation ein Staat«

Für die nationalen Bewegungen in Europa und später auch in anderen Teilen der Welt wurde mithin der Nationalstaat zum ausschließlichen, allein legitimierten Ordnungsprinzip der Staatenwelt. Im Sinne des einflussreichen italienischen Nationalisten Giuseppe Mazzini war es unerträglich, wenn Nation und Staat nicht identisch sein konnten. Die politische Trennung von Völkern, die sich als kulturelle und sprachliche Einheit begriffen, empfand Mazzini als Zwangsordnung. Ein Europa der Nationalstaaten sollte an die Stelle der multinationalen Staaten treten, denen als »Völkergefängnissen« von den Nationalbewegungen jede Berechtigung für ihr Fortbestehen abgesprochen wurde. Der liberale, in Heidelberg lehrende Schweizer Staatsrechtslehrer Johann Caspar Bluntschli schrieb 1870 kurz und bündig: »Jede Nation ist berufen und daher berechtigt, einen Staat zu bilden ... Wie die Menschheit in eine Anzahl von Nationen geteilt ist, so soll die Welt in ebenso viele Staaten zerlegt werden. Jede Nation ein Staat. Jeder Staat ein nationales Wesen.«

Der seit dem frühen 19. Jahrhundert erhobene Anspruch jeder Nation auf den eigenen Staat wurde nicht mehr infrage gestellt. Er stand hinter der Agitation aller Nationalbewegungen und auch hinter dem Prozess der Entkolonisierung, der nach dem Zweiten Weltkrieg zur Auflösung der großen europäischen Kolonialreiche führte, und er wird von den Vereinten *Nationen* bis heute nachdrücklich unterstützt.

Ein simpler Maßstab, nämlich die Zahl der formell unabhängigen Staaten in der Welt, vermag die politischen Auswirkungen des Nationalstaatsprinzips in der Realität eindrucksvoll zu demonstrieren. Die Gesamtzahl der souveränen Staaten lag zwischen 1870 und 1914 mit geringen Schwankungen bei fünfzig, davon sechzehn Staaten in Europa. Am Ende des Ersten Weltkriegs wuchs die Staatengesellschaft um zehn. Der Genfer Völkerbund zählte 1920 bei seiner Gründung 42 Mitglieder. Seine Nachfolgeorganisation, die Vereinten Nationen, hatte bei ihrer Gründung im Jahre 1945 51 Mitglieder. 1960 gehörten ihr aber bereits 82 und 1984 161 Mitglieder an. Im Jahre 1997 war die Mitgliederzahl der Vereinten Nationen schließlich auf 185 Staaten gestiegen. In Europa zählte man im gleichen Jahr 43 Staaten – so viele wie nie zuvor in der langen Geschichte des Kontinents.

Nation und Nationalbewusstsein

Jede Nation ist in ihrer Existenz davon abhängig, dass ihre Angehörigen das Bewusstsein haben, an einer politischen und sozialen Gemeinschaft teilzuhaben, die entweder über einen Nationalstaat verfügt oder einen solchen bilden will. Nationalbewusstsein wird durch Erziehung im weitesten Sinne vermittelt. Dabei wird meist das hervorgehoben, was die Angehörigen der Nation angeblich gemeinsam haben: Sprache, Kultur, Religion, politische Ideale, Staatsform, Geschichte. Nationalbewusstsein bzw. eine nationale Identität wird aber auch gern durch Abgrenzung von den anderen Nationen oder durch Vergleiche mit ihnen definiert. In der Auseinandersetzung mit dem Fremden – der anderen Sprache oder Religion, den anderen Sitten und Lebensformen, dem anderen politischen System – wird sich eine soziale Gruppe, eine »Schicksalsgemeinschaft«, ihrer eigenen engen Beziehungen bewusst und ihrer Gemeinsamkeiten, aufgrund derer sie leichter miteinander kommunizieren können als mit den »Anderen«, den »Fremden«. Man kann den Sachverhalt zugespitzt ausdrücken: Eine Nation braucht Feinde, weil das offenbar die Suche nach der eigenen Identität erleichtert.

Fremdherrschaft als Geburtshelfer

Vor allem bei den Nationen, die ihren Nationalstaat noch erkämpfen müssen, richtet sich das Nationalbewusstsein zumindest zeitweilig gegen einen vermeintlichen Feind, der ihrem Verlangen nach Selbstbestimmung oder ihrer internen Integration im Wege steht. Ein maßgeblicher Auslöser für das politische Nationalbewusstsein der Deutschen im frühen 19. Jahrhundert war beispielsweise die Okkupation Mitteleuropas durch Napoleon I., die von vielen als Fremdherrschaft und Unterdrückung empfunden wurde. Die Jahre zwischen 1806 und 1813 wurden in Deutschland zur Geburtsstunde der nationalen Bewegung. Die Schriften und Reden eines Ernst Moritz Arndt oder Friedrich Ludwig Jahn bieten anschauliche Beispiele für den überbordenden Franzosenhass in dieser Zeit, aber auch für Antisemitismus, also die Wendung gegen den angeblichen Feind in den eigenen Reihen, die Juden. Jahn predigte einen »heiligen Kreuzzug« gegen »Franzosen, Junker, Pfaffen und Juden« und gab die törichte Devise aus: »Hass alles Fremden ist des Deutschen Pflicht.«

Zum antifranzösischen Element im Nationalbewusstsein der Deutschen gesellte sich seit den Vierzigerjahren des 19. Jahrhunderts ein antidänisches, das sich aus dem deutsch-dänischen Konflikt um Schleswig und Holstein speiste. Um 1900 verkörperte dann schließlich die Weltmacht Großbritannien die Nation, die den weltweiten Interessen

der deutschen Nation, so behauptete man, entgegentrat und folglich den Hass jedes rechten Deutschen verdiente. Hier zeigte sich die Nation unverhüllt von ihrer aggressiven, gewaltbereiten und intoleranten Seite.

Für viele der neuen Staaten, die in Asien und Afrika im Zuge der Entkolonisierung entstanden, wurde in ähnlicher Weise der Kampf gegen den Imperialismus der europäischen Kolonialmächte der Ausgangspunkt für ein Nationalbewusstsein, das dort in den meisten Fällen überhaupt erst noch geschaffen werden musste. Die »Befreiungskriege« gegen die weißen Kolonialherren und ihre Kollaborateure in den Kolonien vermittelten den kolonisierten Völkern über alle internen Unterschiede und Trennungslinien hinweg vielfach zum ersten Mal die Erfahrung, ein gemeinsames politisches Schicksal zu haben. Sie begründete den Willen, nach dem Ende der Kolonialherrschaft die Zukunft als Nation gemeinsam zu gestalten.

Nationsbildung ...

Mit dem Nationalbewusstsein hängt natürlich der schwer zu fassende Vorgang der Nationsbildung zusammen. Er stellt sich in der Regel als ein überaus langwieriger sozialer und politischer Integrationsprozess dar. Er kann zu keinem Zeitpunkt, auch nicht nach der Gründung des eigenen unabhängigen Staats, als abgeschlossen betrachtet werden. Ziel des Nationsbildungsprozesses ist die Integration und die größtmögliche Homogenität sozial, regional oder sogar politischstaatlich voneinander getrennter Teile eines »Volkes«. Die Triebkräfte hinter der Nationsbildung sind unterschiedlich und abhängig vom politischen Umfeld. Der Nationalismus als Ideologie und politische Bewegung hat an der Bildung der Nation erwartungsgemäß einen maßgeblichen Anteil. Als entscheidend für das Gelingen des Vorgangs wird man in jedem Fall die Entstehung eines Bewusstseins beim Individuum und Kollektiv ansehen müssen, das einer sozialen Gruppe besondere Eigenschaften, Fähigkeiten, Merkmale und Aufgaben zuschreibt.

... innerhalb bestehender Grenzen

Förderer eines Nationalbewusstseins kann auch der auf Zentralisierung, Vereinheitlichung und Effizienz bedachte vornationale Staat sein.

Die Nationsbildung vollzieht sich dann in Grenzen, die mit denen des bestehenden Staats identisch sind. Dies war zum Beispiel in Frankreich, Großbritannien, Portugal oder Schweden bereits früh der Fall. Dort ging der Prozess der Staatsbildung mit dem der Nationsbildung zum Teil Hand in Hand, zum Teil war erster letzterem vorgeordnet. Zwang und Gewalt spielten eine nicht zu übersehende Rolle. Zur Nation wurde letzten Endes die Bevölkerung, die innerhalb der Grenzen des Staats lebte, in dem der König von Frankreich, der König von England/Großbritannien oder der König von Schweden der Souverän war. Die angeblich so homogene französische Nation zum Beispiel umschließt Bevölkerungsgruppen verschiedener Herkunft, Kultur und Sprache.

Das Entstehen von Regionalismus seit den Siebzigerjahren des 20. Jahrhunderts macht diesen Tatbestand wieder bewusst. Die Nation wurde also in Frankreich und anderswo sozusagen von oben geschaffen und nicht nur durch einen revolutionären Akt. Im Falle Frankreichs ist das weitgehend gelungen, obwohl der Regionalismus als Indiz dafür gewertet werden kann, dass die französische Nation heute von Desintegration bedroht ist. Der Vorgang der Nationsbildung schließt also Rückschläge grundsätzlich nicht aus. Er kann auch auf halbem Wege stecken bleiben. So vermochten dynastisch verklammerte Großreiche wie die Habsburgermonarchie und bis zu einem gewissen Grade auch das russische Zarenreich nur ein gesamtstaatliches Nationalbewusstsein zu entwickeln, das sich auf eine schmale Schicht der Gesellschaft beschränkte.

... außerhalb bestehender Grenzen

Im Europa des 19. und frühen 20. Jahrhunderts sind die Beispiele häufiger, in denen die Nationsbildung noch vor der Gewinnung des Nationalstaats einsetzte. In diesen Fällen hatte die Nation noch keine territoriale Wirklichkeit. Die Nationsbildung ignorierte vielmehr bestehende Staatsgrenzen, ließ sie hinfällig werden und führte letztlich zur Bildung eines neuen Staats mit neuen Grenzen. Grundlage für die Nationsbildung waren dabei in der Regel sprachlich-kulturelle Gemeinsamkeiten, die nun besonders betont wurden. Das angestrebte Ziel war die Zusammenfassung der so genannten Kulturnation in einem Staat. Beispiele für Fälle, in denen dies aufgrund günstiger politischer Umstände, aber auch als Folge kriegerischer Auseinandersetzungen oder blutiger Aufstände gelang, sind die nationalen Einigungsbewegungen der Griechen, Italiener, Deutschen, Iren oder Polen. Gewalt war also auch hier stets im Spiel.

Zudem mag mit Fug und Recht bezweifelt werden, ob die Nationsbildung in den genannten Fällen schon im Moment der Nationalstaatsgründung abgeschlossen war. Nach der geglückten Gründung des italienischen Nationalstaats 1861 soll der frühere Ministerpräsident von Piemont-Sardinien, Massimo d'Azeglio, vor allem mit Blick auf den Nord-Süd-Gegensatz innerhalb Italiens bemerkt haben: »Wir haben Italien geschaffen, nun müssen wir Italiener schaffen.«

Die Nation – Ein verblassender Mythos

Als sozialer Kitt für den Zusammenhalt einer Gesellschaft und als Fokus für individuelle politische Loyalitäten scheint die Nation immer noch unentbehrlich zu sein. Aber heute wird deutlicher denn je gesehen, dass die Nation keine von Gott gegebene Einheit ist und sich ihre Ursprünge nicht im Dunkel der Geschichte verlieren. Nationen sind nicht die Bausteine, aus denen sich die Menschheit seit Urzeiten zusammensetzt. Die Nation ist vielmehr ein von Menschen geschaffenes Gebilde. Der amerikanische Politologe Benedict Anderson hat sie einmal zu Recht eine »vorgestellte politische Gemeinschaft« genannt. Ihre Geschichte reicht allenfalls bis zur Französischen Revolution zurück, auch wenn die Protagonisten des nationalen Gedankens im 19. und frühen 20. Jahrhundert das nicht wahrhaben wollten.

Beginn der nationalen Geschichtsschreibung

In Darstellungen, die es mit dem Wahrheitsgehalt historischer Legenden oft nicht so genau nahmen, machten die Historiker ab dem 19. Jahrhundert alles das lebendig, was einer Nation genannten sozialen Gruppe an staatlicher Tradition angeblich aus der Vergangenheit zur Verfügung stand. Es begann damals die Blütezeit der Nationalgeschichten. Staatliche Gebilde wie die *polis* Athen und das Byzantinische Reich bei den Griechen, das Imperium Romanum bei den Italienern oder das Reich der mittelalterlichen Kaiser bei den

Deutschen wurden zu Vorläufern des zu schaffenden Nationalstaats umgedeutet, oft in höchst willkürlicher Weise. Ebenso wurde die Abstammung des jeweiligen »Volks« von berühmten, staatlich organisierten Völkern der Antike wie den Griechen und Römern, aber auch den Kelten, Thrakern oder Germanen behauptet. Das alles geschah, um eine möglichst lange und ruhmreiche nationale Geschichte zu konstruieren, aus der die Nation gewissermaßen das Recht auf Unabhängigkeit und Eigenstaatlichkeit herleitete.

Rasse und Religion

Dass alle diese Bemühungen mehr der Mythenbildung denn der historischen Wahrheitsfindung zuzuordnen waren, hat der französische Religionswissenschaftler Ernest Renan schon früh erkannt. In einem Vortrag, den er 1882 in Paris hielt, wies er nüchtern nach, dass alle behaupteten Merkmale und tiefen historischen Wurzeln der Nation Fiktionen sind. Mit »Rasse« und »gemeinsamer Abstammung« habe die Nation nichts zu tun, denn alle modernen Nationen seien im Grunde ein ethnisches Gemisch. Eine Politik, welche die Einheit der Nation mit rassischen Argumenten beweisen wolle, gründe auf einer Chimäre.

Eine Nation sei auch nicht identisch mit der Sprache – wie wäre sonst die Trennung der Vereinigten Staaten von Großbritannien, Lateinamerikas von Spanien zu erklären, wie andererseits der Zusammenhalt der Schweiz? Auch die Religion tauge nicht viel als integrierende Grundlage einer modernen Nation, denn staatliche und religiöse bzw. konfessionelle Grenzen fallen nur selten zusammen. Und die Geographie? Für Renan ist es eine gefährliche Theorie, die Nation in ihren vermeintlich »natürlichen Grenzen« errichten zu wollen. Die Geschichte zeige, dass die Lebensräume der meisten modernen Nationen nicht stabil waren und sind.

Eine Nation, so forderte Renan, solle sich von solchen mythischen Vorstellungen frei machen und anerkennen, dass sie besser als politischer Zweckverband von Menschen zu verstehen ist, der mehr oder weniger durch die Umstände bedingt zustande gekommen sei. Seine Schlussfolgerung: »Eine Nation ist eine Seele, ein geistiges Prinzip. Zwei Dinge, die in Wahrheit nur eins sind, machen diese Seele, dieses geistige Prinzip aus. Eines davon

gehört der Vergangenheit an, das andere der Gegenwart. Das eine ist der gemeinsame Besitz eines reichen Erbes an Erinnerungen, das andere ist das gegenwärtige Einvernehmen, der Wunsch zusammenzuleben ... Eine Nation ist also eine große Solidargemeinschaft, getragen von dem Gefühl der Opfer, die man gebracht hat, und der Opfer, die man noch zu bringen gewillt ist. Sie setzt eine Vergangenheit voraus, aber trotzdem fasst sie sich in der Gegenwart in einem greifbaren Faktum zusammen: der Übereinkunft, dem deutlich ausgesprochenen Wunsch, das gemeinsame Leben fortzusetzen. Das Dasein einer Nation ist ... ein täglicher Plebiszit.«

Die Frage der Loyalität

Bis heute hat Ernest Renans Definition der Nation ihre Gültigkeit behalten: Nationen sind Gemeinschaften, die so lange existieren, wie sie in den Köpfen und Herzen der Menschen sind und von ihnen gewollt werden. Nationen beruhen auf Nationalbewusstsein, auf gemeinsamen Erinnerungen, auf gemeinsamen Wertvorstellungen und auch auf dem Umstand, dass eine gemeinsame Sprache die Kommunikation zwischen den Angehörigen der Nation möglich macht.

Renans Definition deutet auch an, dass eine Nation erlöschen kann, wenn sie nicht mehr gedacht und gewollt wird. Wenn sich das nationale Bewusstsein abschwächt, lockert sich auch das Band, das die Nation zusammenhält. Das muss nicht unbedingt negativ gewertet werden. Denn wenn das Nationalbewusstsein des Einzelnen schwächer wird, entsteht Raum für andere Loyalitäten. Der Nation wird dann nicht mehr die höchste und ausschließliche Loyalität zugebilligt. Die Loyalität der Nation gegenüber muss nun mit anderen Loyalitäten konkurrieren, sie wird relativiert.

Hat die Nation eine Zukunft?

In Europa wird diese Relativierung begrüßt. Dort besitzt die Nation seit dem Ende des Zweiten Weltkriegs längst nicht mehr den höchsten Stellenwert auf der Skala der politischen Emotionen und Loyalitäten. Niemand gehört nur einer Gruppe an, der allein er oder sie sich verpflichtet fühlt. Von der Familie, der Gemeinde, der Stadt, der Landschaft bis hin zur Kirche und Nation gibt es viele Gruppen, denen ein Individuum gleichzeitig angehören kann. Sie alle fordern von ihm Loyalität. Wer sagt ihm, dass allein der Nation seine bedingungslose Loyalität gelten muss? Welche Gründe werden dafür ins Feld geführt? Hat die Geschichte nicht zur Genüge gezeigt, dass die Vergötterung der Nation furchtbare Konsequenzen hat? Es ist sicher angebracht, nach den nationalistischen Exzessen seit dem frühen 19. Jahrhundert und den Verbrechen, die im Namen der Nation begangen wurden und werden, der Nation und ihren Ansprüchen nüchtern, ja skeptisch gegenüberzutreten. Die integrierende Kraft der Nation in Vergangenheit und Gegenwart kann allerdings nicht geleugnet werden. Mit ihr ist deshalb auch in der Zukunft zu rechnen.

Europa – Nation im Werden?

Aber ebenso gewiss ist, dass die Nation zumindest in Europa den Zenit ihrer politischen Faszination überschritten hat. Angesichts der Bemühungen um eine europäische Einigung wird und kann ihr nicht mehr die gleiche zentrale Funktion als Sinngebungsinstanz zugebilligt werden wie noch im 19. und frühen 20. Jahrhundert.

Als Bezugsrahmen für individuelle Loyalität und kollektive Identität treten die Nation und die Kategorien des Nationalen in Europa zunehmend in den Hintergrund. Wen bewegt heute noch das Fehlen oder die Künstlichkeit eines kräftigen Nationalbewusstseins, gar »die Größe« der Nation?

Damit einher geht eine schrittweise Lösung des Problems nationaler Minderheiten, das die Geschichte Europas seit dem frühen 19. Jahrhundert so außerordentlich belastet und nicht zuletzt zu zahlreichen Konflikten, zu Vertreibungen und Kriegen geführt hat. Die Abschwächung nationalen Denkens macht nun einvernehmliche Regelungen zum Schutz von Minderheiten möglich. Sie werden nicht länger als störende Fremdkörper in der Nation gesehen, sondern als gleichberechtigte Mitbürger.

Der Europarat verabschiedete im Oktober 1993 die »Wiener Erklärung«, die den Wandel im Denken zum Ausdruck bringt. In der Erklärung heißt es: »Die durch die Umwälzungen der Geschichte in Europa entstandenen nationalen Minderheiten müssen geschützt und geachtet werden, um dadurch zu Frieden und Stabilität beizutragen. In dem Europa, das wir bauen möchten, müssen wir auf die folgende Herausforderung eine Antwort finden: Sicherung des Schutzes der Rechte der Angehörigen nationaler Minderheiten im Rahmen eines Rechtsstaates unter Beachtung der territorialen Integrität und der nationalen Souveränität der Staaten ... Die Schaffung eines Klimas der Toleranz und des Dialoges ist für die Beteiligung aller am politischen Leben notwendig ... Mit ihren Aktionen müssen die Staaten die Achtung der Grundsätze, die für unsere gemeinsame europäische Tradition notwendig sind, sicherstellen: Gleichheit vor dem Gesetz, Nichtdiskriminierung, Chancengleichheit, Vereinigungs- und Versammlungsfreiheit sowie aktives Mitwirken am öffentlichen Leben. Die Staaten sollten Bedingungen schaffen, die es den Angehörigen nationaler Minderheiten ermöglichen, ihre Kultur unter gleichzeitiger Beibehaltung ihrer Religion, Traditionen und Bräuche weiterzuentwickeln.«

Das heißt aber noch nicht, dass die europäischen Nationen nun schon in einer einzigen Nation aufgegangen sind. »Die europäischen Nationen«, schreibt der Historiker Hagen Schulze, »... erweisen sich in der Gegenwart als lebendige kulturelle und geistige Wesen, mehr noch: als Ausdruck jener Vielfalt, ohne die Europa sein Wesen verlieren müsste ... Wenn es eine Lehre gibt, die sich aus den zahlreichen Fehlschlägen der europäischen Einigungsbemühungen herauskristallisiert, so die, dass die europäische Einigung nur mit, nicht gegen die Nationen und ihre legitimen Eigenheiten vor sich gehen kann ... Im Laufe von tausend Jahren haben wir Europäer uns an unsere alten Staaten und Nationen gewöhnt; sie werden noch lange da sein, und sie werden gebraucht. Aber sie haben sich in der Vergangenheit immer wieder verwandelt, und auch künftig werden sie sich verändern; allmählich können sie verblassen und zurücktreten, um Platz zu machen für eine Nation Europa, deren Gestalt wir heute nur undeutlich ahnen.«

Dem ist nichts hinzuzufügen. Die Frage nach der Zukunft der Nation beantwortet sich dahin gehend, dass ihre Zeit noch nicht abgelaufen ist. Die Nation wird uns auch im neuen Jahrhundert begleiten – im glücklichen Falle als zivilisierte, auf Toleranz und Gerechtigkeit gegründete Gemeinschaft mündiger Bürger.

Peter Alter

Aufstieg der USA zur Weltmacht 1854 bis 1917

»Blutendes Kansas«. In Kansas führten Gegner und Befürworter der Sklaverei seit 1854 eine Art Stellvertreterkrieg. Beide Seiten versuchten, in diesem Gebiet ihre eigenen moralischen Grundsätze, ihr Gesellschaftsmodell und ihre Verfassungsvorstellungen zu verwirklichen. Die gewaltsamen Auseinandersetzungen erreichten 1856 einen traurigen Höhepunkt, als Guerillatrupps aus dem Süden die Hauptstadt der aus Neuengland stammenden Freesoilers, die eine Ausdehnung der Sklaverei in den neuen Westgebieten zu verhindern suchten, niederbrannten und die Sklavereigegner unter Führung John Browns aus Rache ein Massaker an unbeteiligten Siedlern verübten.

Kampf um die nationale Einheit – Bürgerkrieg und »Reconstruction«

Sklaverei und Sezession – Der Weg in den Bürgerkrieg

Nach dem Kansas-Nebraska-Gesetz von 1854 lag es in der Verantwortung der neu eingerichteten Territorien Kansas und Nebraska, über die Sklaverei zu befinden, wodurch der Missouri-Kompromiss von 1820, der diese Gebiete für sklavenfrei erklärt hatte, aufgehoben wurde. Der daraufhin mit aller Heftigkeit losbrechende Streit eskalierte zusehends und führte innerhalb weniger Jahre zur Sezession und in den Bürgerkrieg. Im Konflikt zwischen Norden und Süden drängten die Grundwidersprüche des »amerikanischen Experiments« zu einer gewaltsamen Lösung: der Gegensatz zwischen dem Gleichheitsgebot in der Unabhängigkeitserklärung und der Versklavung von vier Millionen schwarzen Amerikanern, und die Frage, ob die Union permanent und unauflöslich sei, oder ob es sich um eine Konföderation souveräner Staaten handele.

Ein Symptom der wachsenden Unruhe war die Veränderung der Parteienlandschaft, die sich in den 1850er-Jahren vollzog. Der Aufstieg der neu gegründeten *Republican Party* korrespondierte mit dem Niedergang der *Whigs,* die an der Sklavereifrage zerbrachen. Unter dem Banner des Republikanismus sammelten sich im Norden ab 1854 ehemalige *Whigs,* Demokraten und Mitglieder der *Freesoil Party,* die eine Ausdehnung der Sklaverei in die westlichen Territorien verhindern wollten. Abraham Lincoln, bis 1856 ein loyaler *Whig,* baute die Parteiorganisation in Illinois auf. Bei den Präsidentschaftswahlen von 1856 hätte sich der Republikaner John C. Frémont beinahe gegen den Demokraten James Buchanan durchgesetzt, obwohl er fast nur im Norden Unterstützung erhielt. Ab 1857 profitierten die Republikaner von der schweren Wirtschaftskrise, die den regierenden Demokraten zur Last gelegt wurde, und vom Niedergang der Know-Nothing-Bewegung, die mit ihrem »Kreuzzug« gegen die Masseneinwanderung katholischer Iren und Deutscher vorübergehend spektakuläre Erfolge

Abraham Lincoln, Fotografie aus dem Jahr 1860. Lincoln, der es vom einfachen Farmerssohn bis zum Präsidenten der USA brachte, galt als der am häufigsten fotografierte Mann seiner Zeit. Und dennoch vermitteln Fotografien nur einen Teil der Faszination, die er auf seine Zeitgenossen ausübte.

erzielt hatte. Bis 1858 war die *Whig Party* praktisch verschwunden, und die Republikaner beherrschten den Norden, während die Demokraten den Süden dominierten. Dadurch verschärften sich die Spannungen innerhalb der Union ganz erheblich.

1857 goss der Oberste Gerichtshof *(Supreme Court)* mit seiner Entscheidung im Fall Scott gegen Sanford noch Öl ins Feuer. Das Gericht nahm die Frage, ob der Sklave Dred Scott durch den zeitweiligen Aufenthalt in »sklavenfreien« Territorien seine Freiheit erlangt hatte, zum Anlass, ein Grundsatzurteil zu fällen. Die Klage Scotts gegen seinen Besitzer wurde mit der Begründung verworfen, Schwarze seien keine amerikanischen Staatsbürger und hätten als »beings of an inferior order« (Angehörige einer minderwertigen Gruppe) keinerlei Rechte, die ein weißer Mann respektieren müsse. Damit übernahm das Gericht den Rechtsstandpunkt der radikalen Südstaatler. Die Sklavereigegner im Norden zeigten sich nach diesem Urteil jedoch weniger denn je bereit, den Status quo zu respektieren, und das Ansehen des *Supreme Court* als »Wächter der Verfassung« nahm schweren Schaden.

Lincolns politischer Aufstieg und seine Wahl zum Präsidenten

Zeitgenössische Darstellung eines Rededuells zwischen Abraham Lincoln und Stephen A. Douglas im Wahlkampf von 1858.

Bei den Zwischenwahlen von 1858 kam es in Illinois zu denkwürdigen Rededuellen zwischen dem demokratischen Senator Stephen A. Douglas und seinem Gegenkandidaten Abraham Lincoln, dem Sohn einfacher Farmer aus Kentucky, der es als Autodidakt zum erfolgreichen Anwalt in Springfield, Illinois, gebracht hatte. Diese *Lincoln-Douglas debates* kreisten ganz um die Sklavereiproblematik. Douglas behauptete, die Siedler in den Territorien könnten selbst über die Einführung oder Abschaffung der Sklaverei entscheiden. Demgegenüber wertete Lincoln das Urteil im Fall Scott als weiteres Indiz für eine Verschwörung, die beabsichtige, die Sklaverei in ganz Amerika zu verbreiten. Er wies Douglas' Vorwurf zurück, die Republikaner wollten die politische und soziale Gleichheit von Schwarzen und Weißen herstellen; zugleich verurteilte er die Sklaverei jedoch als unvereinbar mit den republikanischen Prinzipien und als moralisches Übel. Obwohl das Wahlergebnis nicht ausreichte, um Douglas als Senator abzulösen, hatte Lincoln doch durch die Debatten an Profil gewonnen und sich eine günstige Ausgangsposition für den Kampf um das Präsidentenamt verschafft.

Nachdem John Brown mit der Besetzung des bundesstaatlichen Waffenarsenals in Harpers Ferry sein Ziel eines allgemeinen Sklavenaufstands verfehlt hatte, richtete er sich vor seiner Hinrichtung mit einer Prophezeiung an seine Zeitgenossen: »Ich, John Brown, bin mittlerweile fest davon überzeugt, dass die Verbrechen dieses schuldig gewordenen Landes niemals anders gesühnt werden können als mit Blut«.

Die politische Auseinandersetzung wurde im Oktober 1859 durch eine Aktion des fanatischen Abolitionisten John Brown überschattet. Mit der Besetzung des bundesstaatlichen Waffenarsenals in Harpers Ferry, Virginia, wollte er das Signal zu einem allgemeinen Sklavenaufstand geben. Der Handstreich misslang jedoch und endete mit der Hinrichtung Browns. Die abolitionistische Presse verklärte ihn umgehend zum Märtyrer, was im Süden wiederum die Ängste vor einem Wahlsieg der Republikaner schürte, denen man die Absicht unterstellte, die Sklaverei abschaffen zu wollen.

Auf dem Nominierungskonvent der Republikaner in Chicago setzte sich Lincoln durch, dessen maßvolle Haltung in der Sklavereifrage am ehesten mehrheitsfähig erschien. Seine Chancen stiegen, da die Demokraten zwei Kandidaten, Stephen A. Douglas und John C. Breckinridge, ins Rennen schickten. Lincoln ging im Süden leer aus, gewann aber alle Nordstaaten außer New Jersey, dazu im Westen Kalifornien und Oregon. Zwar erhielt er nur 40 Prozent der Wählerstimmen, doch das Wahlsystem bescherte ihm eine absolute Mehrheit im Wahlmännergremium. Unmittelbar nach der Wahl begann, ausgehend von South Carolina, der Prozess der Sezession, in dessen Verlauf bis Februar 1861 sieben Staaten ihre Unabhängigkeit erklärten und die »Konföderierten Staaten von Amerika« gründeten.

Treibende Kraft der Sezession und der Bildung der Konföderation waren die Staaten mit dem höchsten Sklavenanteil. Nach der Beschießung der isolierten Bundesfestung Fort Sumter durch die Konföderierten im April 1861 schlossen sich vier weitere Staaten an.

DER PROZESS DER SEZESSION

konföderierte Staaten	kein Votum	2 Reihenfolge der Sezession
Ablehnung der Sezession	Grenzstaaten, die in der Union verbleiben	Nordgrenze vor der Kapitulation von Fort Sumter
uneinheitliches Votum		Nordgrenze nach der Kapitulation von Fort Sumter

Lincolns Verfassungsverständnis ließ einen einseitigen Austritt aus der Union nicht zu; für ihn handelte es sich um eine Rebellion, die er als Präsident und Oberbefehlshaber beenden musste. Er gab sich jedoch große Mühe, den völligen Bruch zu vermeiden und zumindest die Sklaven haltenden Grenzstaaten *(border states)* auf seine Seite zu ziehen. In seiner Antrittsrede vom März 1861 sicherte er zu, dass er die Sklaverei in den Territorien, in denen sie existiere, nicht antasten werde; eine Öffnung der bislang freien Territorien für die Sklaverei komme aber nicht in Frage. Ebenso bestand er darauf, weiterhin über das Eigentum der Union in den abgefallenen Staaten verfügen zu können. Als Lincoln im April entschied, die Besatzung des Bundesforts Sumter bei Charleston auf dem Seeweg zu versorgen, zwangen die Truppen von South Carolina den Kommandanten durch Artilleriebeschuss zur Kapitulation. Damit war die Grenzlinie zwischen Frieden und Krieg überschritten: Am nächsten Tag forderte Lincoln die Staaten auf, 75 000 Milizionäre zu rekrutieren, um »die Rebellion niederzuschlagen«, und am 19. April verhängte er eine Seeblockade über die Häfen des Südens. Daraufhin schlossen sich vier weitere Staaten, unter ihnen Virginia mit dem auch von Lincoln umworbenen General Robert E. Lee, der Konföderation an. Durch energisches Handeln gelang es Lincoln, die westlichen Kreise Virginias sowie die übrigen vier *border states* Missouri, Kentucky, Maryland und Delaware in der Union zu halten. In Missouri fand er wertvolle Unterstützung bei den Deutsch-Amerikanern unter Führung der ehemaligen »Achtundvierziger« Carl Schurz und Franz Sigel, die im Krieg zu Generälen der Unionsarmee aufstiegen. In der akuten

Krisensituation von 1861/62 stellte Lincoln den Erhalt der Union eindeutig über die Lösung der Sklavereifrage. So betonte er mehrfach, dass der Krieg allein zur Wiederherstellung der Union geführt werde; noch Mitte 1862 befürwortete er eine graduelle Sklavenemanzipation mit Entschädigung der Eigentümer und riet schwarzen Abolitionisten, eine Rückführung der Schwarzen nach Afrika ins Auge zu fassen.

Am 12. April 1861 eröffneten die Konföderierten das Feuer auf Fort Sumter bei Charleston und gaben damit das Signal zum Bürgerkrieg.

Für Einheit und Freiheit sterben – Der Verlauf des Bürgerkriegs

Zu Beginn des Kriegs rechneten beide Seiten mit einem raschen Sieg: Die Nordstaatler planten die Eroberung der gegnerischen Hauptstadt Richmond, ein Vorhaben, das aber im Juli 1861 in der Schlacht am Bull Run River gründlich misslang; die Südstaatler setzten auf die Uneinigkeit und mangelnde Opferbereitschaft der Bevölkerung im Norden, und sie erhofften sich außerdem Unterstützung von Großbritannien, da sie annahmen, dass die englische Textilindustrie nicht auf die amerikanische Baumwolle verzichten konnte. Auch diese Rechnung ging nicht auf, und der Zusammenprall von Nord und Süd artete in ein langjähriges Ringen aus, das über 600 000 Amerikanern das Leben kostete.

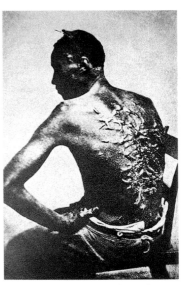

Das Foto entstand 1863 in Baton Rouge, Louisiana, und zeigt die Spuren, die eine brutale Auspeitschung auf dem Rücken des Sklaven Gordon hinterlassen hat.

Gemessen an Bevölkerungszahl und Industrieproduktion waren die 23 Staaten der Union den mittlerweile elf der Konföderation eindeutig überlegen. Auf den Schlachtfeldern ließen sich diese Vorteile jedoch lange Zeit nicht in durchschlagende Erfolge ummünzen. Die Konföderation konnte aus der Defensive heraus operieren und hatte talentiertere Generäle, zum Beispiel Robert E. Lee und Thomas J. »Stonewall« Jackson. Im Osten, wo sich die Massenheere zwischen Washington und Richmond schwere Schlachten lieferten, nahm die Auseinandersetzung den Charakter eines Abnutzungskriegs an. Die Opfer waren enorm hoch, weil sich die Militärtaktik nur langsam auf die gestiegene Feuerkraft und Genauigkeit der modernen Waffen einstellte. So fielen im September 1862 bei Antietam in Maryland an einem einzigen Tag 6000 Soldaten, mehr als im Unabhängigkeits-krieg und im Krieg gegen Großbritannien 1812/14 zusammen. Der-artige Verluste zwangen beide Seiten zur Einführung der Wehr-pflicht, gegen die es im Norden erhebliche Widerstände bis hin zu lokalen Aufständen gab. Beim folgenschwersten solcher *draft riots* in New York im Juli 1863 musste Militär gegen eine Menschenmenge eingesetzt werden, die die Afroamerika-ner der Schuld am Krieg bezichtigte und lynchte. Danach fand sich Lincoln ver-stärkt bereit, auch Afroamerikaner re-krutieren zu lassen, die nun in eigenen Regimentern unter weißen Offizieren dienten.

Erst seit 1863 rekrutierte der Norden Afroamerikaner für seine Armee. Am Ende des Kriegs hatten immerhin 186 000 schwarze Soldaten gedient. Sie bildeten ein Zehntel aller Soldaten, die aufseiten der Union am Bürgerkrieg teilnahmen. Die nachträglich kolorierte Fotografie zeigt eine Kompanie der 4. U.S.-Infanterie in Fort Lincoln im Distrikt von Columbia.

Im Unterschied zum militärischen Patt im Osten konnte die Union im Westen durch eine kombinierte Fluss- und Landoffensive strategische Vorteile er-zielen. Eine Flotteneinheit eroberte 1862 New Orleans, und die Truppen General Ulysses S. Grants drängten die Konföde-rierten in Kentucky und Tennessee zu-rück. Mit der Eroberung von Vicksburg erlangte Grant im Juli 1863 die Kontrolle

Eine Kriegswende drohte, als die Konföderierten erstmals ein gepanzertes Kriegsschiff, die »Merrimack« (rechts), einsetzten, das der Blockadeflotte im März 1862 schwere Verluste zufügte. Der Norden konterte jedoch umgehend mit einem eigenen Panzerschiff, der »Monitor« (im Vordergrund links), die die Merrimack zum Rückzug zwang.

über das Mississippital und spaltete damit die Konföderation in zwei Teile. Die zunächst recht durchlässige Seeblockade wurde im Laufe des Kriegs zunehmend wirksamer. Ihre Aufrechterhaltung trug dazu bei, Großbritannien und andere europäische Staaten von einer diplo-matischen Anerkennung der Konföderation abzuhalten. Es stellte sich bald heraus, dass die Südstaatler die Abhängigkeit der britischen Wirtschaft von amerikanischer Baumwolle weit überschätzt hatten. Außerdem war die britische Öffentlichkeit entschieden sklaverei-feindlich eingestellt und begrüßte Lincolns Emanzipationserklärung. Ein diplomatischer Durchbruch wäre wohl nur möglich gewesen, wenn die Konföderation überragende Siege auf dem Schlachtfeld errungen hätte. Die Aussichten hierfür schwanden aber seit 1863 immer mehr dahin.

Der zähe Widerstand der Südstaatler hatte bei Lincoln die Einsicht reifen lassen, dass der Krieg nur unter dem Banner der Sklavenbefreiung gewonnen werden könne. Seine »provisorische Emanzipationserklärung« vom September 1862 sah vor, dass bis zum 1. Januar 1863 alle Sklaven frei sein sollten, die sich in den von den »Rebellen« kontrollierten Gebieten aufhielten. Das schloss vorerst noch diejenigen Sklaven aus, die in den Unionsstaaten und den eroberten Gebieten lebten. Gegner Lincolns prangerten dies als inkonsequent an, doch nach Auffassung des Präsidenten konnte die Sklaverei in der Union nur durch eine Verfassungsänderung aufgehoben werden. Ihm war bewusst, dass die Proklamation eine Dynamik entwickeln würde, die zur vollständigen Beseitigung des Sklavereisystems führen musste. Tatsächlich verwandelte die Emanzipationserklärung den Kampf der Kriegsparteien in eine Konfrontation zweier Gesellschaftsordnungen, was zusätzliche Leidenschaften freisetzte und nur mit dem völligen Zusammenbruch einer Seite enden konnte.

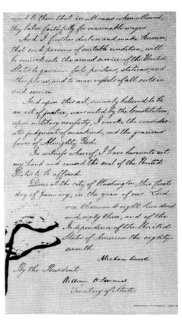

Letzte Seite der »Emanzipationserklärung«, in der Abraham Lincoln die Sklaven der Südstaaten zum 1. Januar 1863 für frei erklärte.

Gettysburg – Wende zugunsten der Union

Im Sommer 1863 versuchte die Führung der Konföderation, durch eine groß angelegte Offensive den Kampfeswillen der Union entscheidend zu schwächen. General Lee umging mit seiner Armee von 75 000 Mann die Hauptstadt Washington und stieß weit nach Norden vor. Bei Gettysburg in Pennsylvania kam es vom 1. bis 3. Juli 1863 zur größten Schlacht des Bürgerkriegs, die den Süden 28 000, den Norden 23 000 Tote und Verwundete kostete. Lees Armee war besiegt, aber zur Enttäuschung Lincolns ließ der Befehlshaber der Union, George G. Meade, den General der Südstaaten mit den Resten seiner Truppen entkommen. Nach diesem Aderlass war die Konföderation jedoch materiell und moralisch angeschlagen, und Lee beschränkte sich nur noch auf den Schutz von Richmond. Lincoln hielt im November 1863 anlässlich der Einweihung des Soldatenfriedhofs von Gettysburg eine kurze, aber weit über den Anlass hinauswirkende Rede. In dieser *Gettysburg Address* schlug er den Bogen zur Unabhängigkeitserklärung von 1776 und verlieh der Hoffnung Ausdruck, dass die amerikanische Nation durch die im Krieg gebrachten Opfer »eine Wiedergeburt der Freiheit« erleben werde, damit die Demokratie im Interesse der ganzen Welt überleben könne.

Ab Frühjahr 1864 setzte Grant, der inzwischen den Oberbefehl über die Unionstruppen übernommen hatte, die Konföderationstruppen im Raum Richmond durch kontinuierliche Angriffe und ohne Rücksicht auf eigene Verluste unter Druck. Von Westen stieß General William T. Sherman nach Georgia vor und eroberte Anfang September 1864 Atlanta. Dieser Sieg half Lincoln, die Kritik der oppositionellen »Friedensdemokraten« im Norden abzuwehren und seine Wiederwahl im November 1864 zu sichern. Der Tenor seiner zweiten Antrittsrede im März 1865 war versöhnlich, aber er ließ

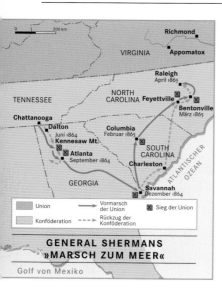

GENERAL SHERMANS »MARSCH ZUM MEER«

Die kurze Ansprache, die Präsident Lincoln am 19. November 1863 in Gettysburg hielt, gehört heute zu den eindrucksvollsten und bedeutendsten Dokumenten der amerikanischen Geschichte:

87 Jahre ist es her, dass unsere Väter auf diesem Kontinent eine neue Nation schufen, in Freiheit erdacht und der Vorstellung verpflichtet, dass alle Menschen gleich geschaffen sind.
Jetzt sind wir in einen großen Bürgerkrieg verwickelt und müssen testen, ob diese Nation ..., die auf diesen Prinzipien beruht und ihnen geweiht ist, lange Bestand haben kann. Wir stehen auf einem großen Schlachtfeld dieses Kriegs. Wir sind gekommen, um einen Teil dieses Felds denen als letzte Ruhestätte zu weihen, die hier ihr Leben dafür gegeben haben, dass die Nation weiterleben kann ...
Es ist ... an uns, auf die vor uns liegende Aufgabe verpflichtet zu werden – dass wir uns an dem Einsatz dieser geehrten Toten für die Aufgabe, der sie ihre volle Hingabe schenkten – dass wir hier feierlich beschließen, dass diese Toten nicht umsonst gestorben sind – dass diese Nation in Freiheit geboren werden wird – und dass die Regierung über das Volk, durch das Volk und für das Volk niemals vom Angesicht dieser Erde verschwinden wird.

keinen Zweifel daran, dass die »Sünde der Sklaverei« restlos getilgt werden müsse. Um diese Zeit hatte der Kongress bereits einen Verfassungszusatz, das 13. Amendment, auf den Weg gebracht, der die Sklaverei im Geltungsbereich der Verfassung verbot.

Shermans »Marsch ans Meer«, bei dem die Unionstruppen von Atlanta bis zum Atlantik eine breite Spur der Verwüstung zurückließen, brach endgültig den Kampfeswillen der Südstaatler. Anfang April 1865 musste Lee Richmond räumen, und am 9. April kapitulierte er in Appomattox Court House. Einen letzten dramatischen Höhepunkt erreichte das Geschehen am 14. April 1865, als Präsident Lincoln im Washingtoner Ford's Theater durch Pistolenschüsse tödlich verletzt wurde. Der Attentäter, der Schauspieler John Wilkes Booth, führte eine südstaatliche Verschwörergruppe an, die auch Außenminister William H. Seward und Vizepräsident Andrew Johnson hatte »beseitigen« wollen. Im Norden löste die Ermordung Lincolns nicht nur Schock und Trauer aus, sondern gab auch jenen Stimmen Auftrieb, die eine strenge Bestrafung der Rebellen forderten. Sie glaubten, in Lincolns Nachfolger Andrew Johnson, einem ehemaligen demokratischen Senator von Tennessee, einen Verbündeten zu haben. Unterdessen wurde der tote Präsident im öffentlichen Bewusstsein des Nordens als Märtyrer und Sinnbild der unteilbaren Nation verherrlicht. Der Süden schuf dagegen die Legende von der *lost cause*, wonach Lee und seine Männer im Kampf für eine gerechte Sache der gewaltigen Übermacht des Nordens ehrenhaft unterlagen.

Der Streit um die Rechte der Afroamerikaner – Die Wiedereingliederung des Südens

Über den besten Weg zur Wiederherstellung der Union hatte es bereits zwischen Lincoln und dem Kongress Meinungsverschiedenheiten gegeben. Lincoln neigte einer moderaten »Restauration« zu, die sich auf das Verbot der Sklaverei und die politische Aus-  schaltung der führenden Sezessionisten beschränkte. Die Reorganisation sollte beginnen, sobald 10 Prozent der Wähler von 1860 einen Loyalitätseid auf die Union geleistet hatten. Im Kongress wuchs jedoch der Einfluss der radikalen Republikaner, die auf eine rechtliche Gleichstellung der Schwarzen drängten. Um einen Ausgleich bemüht, hatte Lincoln vor seinem Tode das Wahlrecht für schwarze Soldaten und gebildete Afroamerikaner in Aussicht gestellt.

Doch milderte Andrew Johnson (Bild oben) Lincolns ursprünglichen Kurs sogar noch ab. Er verlangte lediglich, dass die abtrünnigen Staaten ihren Sezessionsbeschluss rückgängig machten und das 13. Amendment ratifizierten. Eine großzügige Amnestieregelung erlaubte vielen ehemaligen Konföderierten die weitere politische Betätigung. Johnson nutzte offensichtlich sein Begnadigungsrecht aus, um sich eine politische Basis im Süden zu schaffen. Bis Ende 1865 hatten sämtliche Südstaaten die gestellten Bedingungen erfüllt und reklamierten die gleichberechtigte Teilnahme am politischen Leben der Union. Berichte aus dem Süden zeigten jedoch, dass die Weißen alle Selbstbestimmungsregungen ehemaliger Sklaven brutal unterdrückten. Sie behinderten auch massiv die Arbeit des *Freedmen's Bureau,* der Behörde, die der schwarzen Bevölkerung im Auftrag des Kongresses praktische Hilfe und Rechtsschutz gewährte.

Als der Kongress im Dezember 1865 wieder zusammentrat, verweigerten die Republikaner die Anerkennung der Wahlergebnisse im Süden und richteten ein Komitee ein, das mit dem Präsidenten ein neues Programm ausarbeiten sollte. Eine Kooperation scheiterte indes am Verhalten Johnsons, der selbst moderate Maßnahmen wie eine Verlängerung der Existenz des *Freedmen's Bureau* mit seinem Veto belegte. Daraufhin brachten die gemäßigten und radikalen Republikaner im April 1866 gemeinsam das 14. Amendment ein, das in der Frage der Bürgerrechte über die bisherige Position hinausging. Es erklärte alle in den USA geborenen oder eingebürgerten, aber noch nicht mit Staatsbürgerrechten ausgestatteten Personen zu Staatsbürgern; kein Staat durfte einem Bürger ohne ordentliches Gerichtsverfahren Leben, Freiheit oder Besitz nehmen; ebenso wenig durfte er ihm Rechtsgleichheit und Rechtsschutz verwehren. Schränkte ein Staat das Wahlrecht seiner Bürger ein, sollte seine Repräsentation im Kongress entsprechend verringert werden. Ehemalige Führungspersönlichkeiten mussten vom Kongress mit Zweidrittelmehrheit amnestiert werden, bevor sie ein politisches Amt ausübten. Als die Republikaner bei den Zwischenwahlen von 1866 ihre Mehrheit im Kongress noch ausbauten, waren die Weichen für eine harte Rekonstruktionspolitik und für einen Verfassungskonflikt zwischen Exekutive und Legislative gestellt.

Wie Richmond, die Hauptstadt der Konföderation (Aufnahme vom April 1865), wurden viele Städte im Süden während der kämpferischen Auseinandersetzungen fast vollständig zerstört. Öffentliche Gebäude und Wohnhäuser brannten bis auf die Grundmauern nieder. Der Wiederaufbau der städtischen Infrastruktur sollte Jahre in Anspruch nehmen.

Radikalisierung der »Reconstruction«

Im Frühjahr 1867 verabschiedete der Kongress über Johnsons Veto hinweg ein Gesetz, den *Reconstruction Act,* das den Süden in fünf Militärdistrikte einteilte. Um wieder in die Union aufgenommen zu werden, mussten die Staaten das Wahlrecht für schwarze Männer verfassungsmäßig garantieren und das 14. Amendment annehmen. Im Süden entstanden nun *reconstruction governments,* das waren Regierungen, in denen unionstreue weiße Südstaatler, Republikaner aus dem Norden und Afroamerikaner zusammenarbeiteten. Das eigentlich Revolutionäre war die politische Beteiligung von Schwarzen, die insgesamt mehr als 600 Parlamentsabgeordnete

Schwarze Abgeordnete im Parlament von South Carolina. Afroamerikaner erhielten während der »Reconstruction« erstmals politisches Mitspracherecht und Zugang zu politischen Ämtern.

Bei vielen ehemaligen Sklaven fand die Einrichtung von Schulen durch das »Freedmen's Bureau« großen Anklang. Auch Erwachsene nahmen dort am Unterricht teil. Dieser fand zumeist in den Abendstunden statt, da viele Schüler tagsüber auf den Baumwollfeldern arbeiten mussten. Erst mit diesen Schulen wurde in den meisten Südstaaten die Grundlage für ein öffentliches Bildungswesen gelegt.

Organisationen wie die »White League« in Alabama, die im Jahr 1874 gegründet wurde, betrieben eine gezielte Einschüchterung und Verfolgung schwarzer Wähler. Oftmals waren ihre Taktiken mit denen des militanten Ku Klux Klan vergleichbar, wie der Zeichner Thomas Nast in seinem Cartoon andeutet.

stellten und in einigen Staaten auch Regierungsämter bekleideten. Solche höheren Posten fielen allerdings gewöhnlich an gebildete Schwarze, die schon vor dem Bürgerkrieg ihre Freiheit erlangt hatten.

Diese Regierungen bemühten sich um soziale Reformen, eine Verbesserung der Infrastruktur und die Schaffung von Arbeitsplätzen für ehemalige Sklaven. Viele Projekte waren allerdings zu ehrgeizig, um in den verarmten Südstaaten echte Realisierungschancen zu haben. Erfolge stellten sich vor allem im Bildungswesen ein: Alle Staaten bauten nun öffentliche Schulen, in denen Unterricht kostenlos erteilt wurde. Eigenständige schwarze Kirchengemeinden – deren Aufbau das Verlangen der Schwarzen, ihr Schicksal selbst zu gestalten, widerspiegelt – erfüllten nun zusätzliche Aufgaben als Sozialstationen und politische Versammlungsstätten.

Um dieses Programm abzusichern, untersagte der Kongress Präsident Johnson per Gesetz, hohe Beamte, Offiziere und Richter ohne Zustimmung des Parlaments zu entlassen *(Tenure of Office Act)*. Dennoch enthob Johnson Kriegsminister Edwin M. Stanton, der mit den Republikanern sympathisierte, Anfang 1868 seines Amts. Daraufhin beschloss das Repräsentantenhaus mit großer Mehrheit die Amtsanklage *(impeachment)* gegen den Präsidenten. Da die Republikaner im Senat, der das Urteil fällen musste, über die nötige Zweidrittelmehrheit verfügten, schien Johnsons Amtsenthebung sicher. Der politische Hintergrund der Anklage und die Sorge, die Autorität der Exekutive könnte irreparabel beschädigt werden, veranlassten aber mehrere Republikaner, mit der demokratischen Minderheit gegen die Amtsenthebung zu stimmen. Johnson war dennoch schwer angeschlagen und wurde für die Präsidentschaftswahlen im November nicht mehr nominiert. Die Republikaner nutzten den Wahlsieg ihres Kriegshelden Ulysses S. Grant zur Verabschiedung eines weiteren Verfassungszusatzes, der den Staaten ausdrücklich verbot, das Wahlrecht »aufgrund von Rasse, Hautfarbe oder früherer Knechtschaft« zu versagen. Mit der Ratifizierung dieses 15. Amendments 1870 schien das allgemeine Männerwahlrecht endgültig gesichert.

Bis 1871 war die Union wiederhergestellt, aber die Verfassungswirklichkeit im Süden entsprach keineswegs den Erwartungen der Reformer. Weiße Rassisten gingen ungeachtet der militärischen Besetzung in die Offensive, um ihr Land von der »Herrschaft der Schwarzen« zu »erlösen«. Nach und nach gelang es ihnen, die Kontrolle über die Staatenparlamente zurückzuerobern. Sie mischten berechtigte Kritik an den Regierungen mit pauschaler Verächtlichmachung der weißen Republikaner im Süden als *scalawags* (wertloses Vieh). Außerdem beschimpften sie die aus dem Norden zugewanderten Politiker und Geschäftsleute als profitgierige *carpetbaggers* (Karrieristen). Eine Terrorkampagne, die von dem 1865/66 in Tennessee gegründeten Geheimbund Ku Klux Klan gesteuert wurde, sollte die schwarze Bevölkerung wieder gefügig machen. Der Klan wurde zwar vom Kongress verboten, aber der Schrecken, den seine Anhänger verbreiteten, ließ sich nie hinreichend eindämmen.

Das Ende der »Reconstruction«

Die *reconstruction* scheiterte letztlich vor allem daran, dass die wirtschaftliche Abhängigkeit der Schwarzen von der Pflanzer-elite nicht überwunden werden konnte. Eine umfassende Boden-reform, die aus ehemaligen Sklaven selbstständige Kleinfarmer ge-macht hätte, wurde niemals ernsthaft erwogen. Ein solcher Eingriff in die Besitz- und Machtverhältnisse im Süden wäre nur gegen den erbitterten Widerstand der Weißen durchführbar gewesen. Die Mehrheit der Bevölkerung im Norden lehnte aber eine unbegrenzte militärische Besetzung des Südens ab und verlor allmählich das Inte-resse am Schicksal der ehemaligen Sklaven. Die meisten Schwarzen blieben deshalb als Lohnarbeiter oder Kleinpächter *(sharecroppers)*

Das Gemälde »American Citizens at the Polls« (Amerikanische Bürger bei der Wahl) von Thomas W. Wood entstand 1867, als zum ersten Mal im Süden auch Schwarze zur Wahl gehen durften.

auf den Plantagen ihrer alten Herren und hatten kaum Gelegenheit, von den im Sezessionskrieg erkämpften politischen Rechten Ge-brauch zu machen.

Im Vorfeld der Präsidentschaftswahlen von 1876 wurden die For-derungen nach Beendigung der *reconstruction* immer lauter. Um die Wahl ihres Kandidaten Rutherford B. Hayes zu sichern, versprachen die Republikaner den vollständigen Abzug der Unionstruppen. Mit dem Verlust der militärischen Unterstützung endeten die letzten Regierungen der *reconstruction*, die sich in Louisiana, South Carolina und Florida gehalten hatten. Im Norden, dessen Aufmerksamkeit ganz von einer Wirtschaftskrise absorbiert war, nahm man ihren Sturz nur noch am Rande wahr. Fortan galten die Bürgerrechte der Schwarzen und die Rassenbeziehungen als lokale Angelegenheiten, aus denen sich die Bundesregierung im Interesse der Einheit der Na-tion heraushalten musste. Die Republikanische Partei, die man für Sklavenbefreiung und *reconstruction* verantwortlich machte, blieb im »soliden Süden« *(solid South)* der weißen Demokraten auf Jahr-zehnte hinaus chancenlos. Der Bürgerkrieg hatte die Abtrennung des Südens verhindert, seine Sonderentwicklung aber keineswegs beendet, sondern das Bewusstsein einer eigenständigen Kultur *(sou-thern culture)* eher noch gestärkt.

Karikatur auf die Carpetbaggers, die nur mit einer Reisetasche (carpetbag) bewaffneten Ämterjäger und Politiker, die aus dem Norden in den besetzten Süden kamen.

Jürgen Heideking

Bigbusiness im vergoldeten Zeitalter – Industrialisierung und gesellschaftlicher Wandel

»The Express Train« (Der Expresszug); kolorierte Kreidelithographie, um 1870.

Eisenbahnbau und Landnahme – Die Erschließung des Westens

Nach dem Bürgerkrieg konzentrierten die Amerikaner ihre Energien auf die Erschließung der Westgebiete und die Industrialisierung. Im »vergoldeten Zeitalter« *(Gilded Age)* vollzog sich ein rasantes, von Krisen nur kurzfristig gebremstes wirtschaftliches Wachstum; der damit verbundene soziale Wandel rief aber auch Gegenkräfte hervor, die das gesellschaftliche Leben unruhig und gelegentlich sogar dramatisch gestalteten.

Von zentraler Bedeutung war die verkehrsmäßige Erschließung des amerikanischen Westens. Zum Symbol des Eisenbahnzeitalters wurde die transkontinentale Eisenbahnlinie, die *Union and Central Pacific Railroad,* von Omaha in Nebraska nach Sacramento in Kalifornien, deren Vollendung im Mai 1869 Ost- und Westküste verband.

Beim Bau der ersten transkontinentalen Eisenbahnlinie erhielten die beteiligten Eisenbahngesellschaften von der Bundesregierung nicht nur Land, sondern, je nach Beschaffenheit des Geländes, zwischen 16000 und 48000 Dollar pro fertig gestellter Meile. Dies führte zu einem erbitterten Wettrennen zwischen der Central Pacific Company und der Union Pacific Company, das erst mit dem Zusammenschluss der Schienenwege am 10. Mai 1869 in Promontory im Staat Utah sein Ende fand (kolorierte Fotografie).

Die Bundesregierung gewährte den beiden beteiligten Bahngesellschaften, der *Union Pacific Company* und der *Central Pacific Company,* 20 Millionen Dollar Kredite als Sicherheit für die ausgegebenen Aktien und übertrug ihnen Besitzrechte an Bundesland entlang des Schienenwegs, die sie mit Gewinn an Siedlungsgesellschaften verkauften. Für die *Union Pacific* arbeiteten vorwiegend Einwanderer aus Europa; die *Central Pacific* warb hauptsächlich Chinesen an, die als besonders genügsam und ausdauernd galten. Damit begann die asiatische Immigration, die bald zu diskriminierenden Maßnahmen gegen die »gelben Kulis« führte. Ein Gesetz von 1882, der *Chinese Exclusion Act,* schloss die Chinesen als erste ethnische Gruppe von der Einwanderung aus.

Hauptknotenpunkt des Eisenbahnverkehrs wurde Chicago, das, nach New York, zur zweitgrößten Stadt der USA aufstieg. Zwischen 1870 und 1900 wuchs das Schienennetz von 53000 auf 200000 Meilen, parallel dazu wurden Telegrafenleitungen gelegt. Diese Transport- und Kommunikationsrevolution zeitigte verschiedene Folgen: Eisen- und Stahlindustrie, Kohleförderung und Maschinenbau an der Ostküste und im Gebiet der Großen Seen verzeichneten einen Aufschwung, und man erhielt Zugang zu den Bodenschätzen und zum Holzreichtum des Westens. Die Eisenbahntechnik wurde standardisiert und eine regionale Arbeitsteilung als Voraussetzung für den

Übergang zur Massenproduktion etabliert; außerdem verringerten sich Frachtkosten und Reisezeiten. Die Einwanderung nahm zu und der Mittlere Westen und die Great Plains wurden beschleunigt besiedelt.

Mit dem steigenden Fleischbedarf in den Städten expandierte die Viehzucht auf den riesigen Weidegebieten des Westens und Südwestens. Über Viehwege, die *cattle trails,* gelangten die Rinderherden zu Bahnstationen wie Abilene und Dogde City in Kansas. Von dort aus rollten die Transportzüge zu den Schlachthöfen nach Saint Louis und Chicago. Mit der Westwanderung der Farmer löste die Landwirtschaft die Viehzucht als wichtigsten Agrarzweig ab. Kommerzialisierung und Mechanisierung der Landwirtschaft steigerten die Abhängigkeit der Farmer von den Eisenbahngesellschaften und den Märkten der Ostküste: Ein Überangebot von Agrarprodukten ließ die Preise rasch sinken, Depressionen im industriellen Sektor verminderten die Nachfrage nach Konsumgütern; daneben bildeten Naturkatastrophen wie Dürreperioden, Insektenplagen und Wirbelstürme eine ständige Existenzbedrohung. Aufs Ganze gesehen nahm die Agrarproduktion jedoch stark zu – eine Entwicklung, die dem Lebensstandard breiter Bevölkerungsschichten zugute kam.

Die Cowboys, unter denen sich viele Schwarze und Mexikaner befanden, leisteten harte Lohnarbeit; dem Mythos von der Freiheit und dem Individualismus des Cowboys, den Schriftsteller für das Lesepublikum der Ostküste schufen, tat das allerdings keinen Abbruch (afroamerikanischer Cowboy um 1885).

Die Verdrängung der Ureinwohner

D er Eisenbahnbau und die Landnahme westlich des Mississippi besiegelten den Untergang der letzten Indianerkulturen. Die Existenzgrundlage der nomadischen Prärie-Indianer ging schon in den 1870er-Jahren verloren, als die Bisonherden dem Nahrungsmittelbedarf der Bautrupps und den steigenden Preisen für Bisonhäute zum Opfer fielen. In Washington gedachte man das »Indianerproblem« durch die Einrichtung weiterer Reservationen zu lösen. Die Indianer wichen der weißen Übermacht jedoch nicht kampflos, sondern leisteten teilweise erbitterten Widerstand. Einen Höhepunkt bildete der Konflikt um die Blackhills im heutigen South Dakota. Hier errangen die verbündeten Sioux- und Cheyennestämme unter den Häuptlingen Sitting Bull und Crazy Horse ihren letzten großen Sieg, als sie am 25. Juni 1876 am Little Bighorn River die über 250 Mann starke Kavallerieeinheit von Colonel George A. Custer vernichteten. Auf Dauer besaßen die Indianer jedoch keine Chance gegen die technisch überlegenen regulären Truppen. Crazy Horse kapitulierte 1877 und wurde – angeblich bei einem

VERDRÄNGUNG DER INDIANER

Landabtretungen der Indianer
vor 1850
1850–70
1870–90
Reservate 1890

Aus dem Bericht des Sioux Blackelk, der das Massaker am Wounded Knee 1890 überlebte:

Viele wurden genau an dieser Stelle nieder-geschossen. Die Frauen und Kinder rannten in die Schlucht oder nach Westen, immer wieder fielen welche hin, da die Soldaten auf sie schossen, während sie rannten. Es waren nur etwa 100 Krieger dort und fast 500 Soldaten. Die Krieger liefen zu der Stelle, an der sie ihre Gewehre und Messer aufgestapelt hatten. Sie bekämpften die Soldaten mit bloßen Händen, bis sie zu ihren Gewehren kamen. Es war an einem schönen Wintertag, als dies passierte. Die Sonne schien. Aber nachdem die Soldaten ihre schmutzige Arbeit erledigt hatten, begann ein dichtes Schneetreiben. In der Nacht kam Wind auf; ein schwerer Schneesturm folgte und es wurde sehr kalt. Der Schnee zog bis tief in die gewundene Schlucht, die ein einziges großes Grab für abgeschlachtete Frauen, Kinder und Säuglinge war, die nie jemandem etwas zu Leide getan und nur zu fliehen versucht hatten.

Fluchtversuch – erstochen; Sitting Bull wich nach Kanada aus, stellte sich aber 1881 den amerikanischen Behörden und trat später noch in Wildwestshows auf. Die überlebenden Sioux wurden in Reservationen umgesiedelt, die Cheyenne nach Oklahoma deportiert. Im Südwesten zogen sich die Kämpfe gegen Navajo und Apachen bis 1886 hin. Das traurige Ende dieser Epoche markierten die Ereignisse am Wounded Knee Creek in South Dakota, wo Soldaten im Dezember 1890 über 300 Sioux, meist Frauen und Kinder, massakrierten. Danach erlosch die Gegenwehr, und in den Reservationen breiteten sich Resignation und Apathie aus.

Das Ziel der Indianerpolitik blieb die Assimilation, das Aufgehen der Ureinwohner in der weißen Gesellschaft. Seit den 1880er-Jahren wuchs die Kritik an den Zuständen in den Reservationen und an der Korruption der für Indianerfragen zuständigen Behörde, des *Bureau of Indian Affairs.* Auf Drängen von Reformern verabschiedete der Kongress 1887 ein Gesetz, das jeder indianischen Familie Farm- und Weideland aus der Reservationsfläche übereignete *(Dawes Severalty Act).* Ein großer Teil des Grund und Bodens ging jedoch an Spekulanten und Betrüger verloren. Im Ergebnis wurden die Reservationen erheblich verkleinert, und die Verelendung der indianischen Bevölkerung schritt voran. Bis zur Jahrhundertwende nahm die Krise existenzbedrohende Ausmaße an: Der Zensus von 1900 verzeichnete nicht einmal mehr 250 000 Indianer. Die Ureinwohner hatten ihre kulturelle Identität weitgehend verloren, und ihre physische Existenz hing von den Zuwendungen der Bundesregierung und den Spenden wohltätiger Organisationen ab.

Am 29. Dezember 1890 fielen etwa 300 Sioux am Wounded Knee einem Massaker amerikanischer Soldaten zum Opfer. Die Indianer hatten unter der Führung ihres Häuptlings Big Foot ihre Reservation verlassen, um an einem Treffen anderer Stämme teilzunehmen.

Moderne Zeiten! – Der Aufstieg zur führenden Industriemacht

Eine der Triebfedern der Industrialisierung war das starke Bevölkerungswachstum, hervorgerufen durch eine hohe Geburtenrate in Verbindung mit der Masseneinwanderung. Zwischen 1870 und 1900 schnellte die Einwohnerzahl der USA von 40 auf 76 Millionen Einwohner empor, und 1915 überschritt sie die Grenze von 100 Millionen. Knapp ein Drittel des Zuwachses ging auf das Konto der Immigration, wobei Süd- und Osteuropäer zunehmend überwogen. Der Zustrom von Italienern, Polen, Russen und Juden weckte allerdings erneut Ängste vor einer

»Überfremdung«. Der Kongress schloss bestimmte Gruppen – wie Geisteskranke und Vorbestrafte, völlig Mittellose oder Träger ansteckender Krankheiten – von der Einreise aus. 1892 richtete die Bundesregierung auf Ellis Island vor Manhattan eine Durchgangsstation ein, die fast alle Einwanderungswilligen aus Europa passieren mussten.

Zyklisch auftretende Wirtschaftskrisen verursachten enorme soziale Härten, aber sie konnten den Wachstumstrend stets nur kurzfristig bremsen. Zwischen 1870 und 1900 stieg die Zahl der Arbeitskräfte in der Industrie von 6 auf über 18 Millionen an; 1910 zählte man 37,5 Millionen Beschäftigte, von denen mehr als zwei Drittel – 25,7 Millionen – im industriellen Sektor arbeiteten. Der Wert der produzierten Güter stieg von 3 Milliarden Dollar 1870 auf über 13 Milliarden 1900; das Bruttosozialprodukt verdreifachte sich zwischen 1869 und 1896; das Nationalvermögen wuchs von 1860 bis 1900 um 550 Prozent, das Pro-Kopf-Einkommen von 1860 bis 1890 um 150 Prozent, das Nettoeinkommen der Industriearbeiter im selben Zeitraum um 50 Prozent; der Wert aller Exporte kletterte von 234 Millionen Dollar 1865 auf 2,5 Milliarden 1900, wobei ab 1896 regelmäßig Exportüberschüsse erzielt wurden. London war zwar immer noch das Handels- und Finanzzentrum der Welt; gemessen an der Industrieproduktion hatten die USA aber bereits Großbritannien und das Deutsche Reich hinter sich gelassen.

Das hohe Lohnniveau in den USA wirkte als Anreiz, Arbeitskräfte einzusparen. Um wissenschaftliche Effizienz bemüht, zerlegte der Ingenieur Frederick W. Taylor Arbeitsvorgänge in einzelne Bewegungen und maß sie mit der Stoppuhr. Dieser »Taylorismus« schuf die Grundlage für die Fließband- und Akkordarbeit. Der Rationalisierungsdruck führte dazu, dass Erfindungen schnell in die Praxis umgesetzt wurden. Die herrschende öffentliche Meinung wollte das wirtschaftliche Wachstum; dieser charakteristische Fortschrittsoptimismus fand Rückhalt in Evolutionstheorien, wie sie Charles Robert Darwin und Herbert Spencer vertraten. William G. Sumner, Professor an der Yale University, propagierte sozialdarwinistische Ideen, nach denen menschliche Gesellschaften einem naturgesetzlichen Fortschrittsprozess unterliegen, den der Staat beschleunigen könne, indem er die starken, zur Machtausübung und zur Übernahme von Verantwortung

Der schneidige Kavallerieoffizier George A. Custer unterschätzte seine indianischen Gegner und wurde 1876 mit seiner gesamten Einheit in einem Hinterhalt getötet.

Der Siouxhäuptling Sitting Bull strahlte natürliche Autorität und Würde aus, was auch die Besucher der Wildwestshows in Europa beeindruckte.

Für viele Einwanderer symbolisierte die Freiheitsstatue, die den USA 1886 von Frankreich geschenkt wurde, das Tor zur Neuen Welt. Die harte Realität lernten die meisten von ihnen aber zunächst auf Ellis Island kennen.

befähigten Individuen gewähren ließ. In Verbindung mit den traditionellen Vorstellungen von individueller Freiheit und begrenzter Regierungsmacht trug diese Pseudophilosophie dazu bei, dass sich in den USA ein weitgehend ungebremster Kapitalismus durchsetzte. Die Rechtsprechung förderte diese Entwicklung, indem sie dem Schutz des privaten Eigentums höchste Priorität einräumte und die Befugnisse der Bundesregierung und der Einzelstaaten, in wirtschaftliche Prozesse einzugreifen, beschränkte.

Unter diesen Voraussetzungen entfaltete sich eine Wirtschaftsstruktur, in der große Konzerne die Regeln des Wettbewerbs diktierten. Mithilfe von Kartellen, Trusts und Holdings brachten einige Unternehmer wie John D. Rockefeller, Andrew Carnegie und John P. Morgan ganze Wirtschaftszweige unter ihre Kontrolle. Um die Jahrhundertwende gab es 300 Konzerne mit jeweils über 10 Millionen Dollar Eigenkapital. Einen neuen Schub bewirkte der industrielle Einsatz von Elektrizität und Erdöl: In der Elektrobranche legten die Erfindungen von George Westinghouse, Thomas A. Edison und Alexander G. Bell das Fundament für mächtige Konzerne; das »schwarze Gold« wurde zum Grundstoff der chemischen Industrie und zum Ausgangsprodukt von Benzin. Auf die wachsende Kritik der Öffentlichkeit am ökonomischen Konzentrationsprozess reagierte der Kongress 1887 mit der Einsetzung einer unabhängigen Aufsichtsbehörde, der *Interstate Commerce Commission.* 1890 folgte das erste Antitrustgesetz, der *Sherman Antitrust Act,* dessen Bestimmungen aber seltener gegen Konzerne als gegen Gewerkschaften angewendet wurden, da die Gerichte deren Streiks als »Verschwörungen« gegen die Wirtschaftsfreiheit werteten.

Insbesondere nachdem der Oberste Gerichtshof 1897 und 1898 Preisabsprachen und die Aufteilung von Märkten wegen des Verstoßes gegen den Sherman Antitrust Act untersagt hatte, suchten viele Unternehmen ihr Heil in Zusammenschlüssen mit bzw. in Übernahmen von anderen Gesellschaften. Angegeben ist die Anzahl der registrierten Zusammenschlüsse.

Zusammenschlüsse im Bergbau und im verarbeitenden Gewerbe 1895–1910

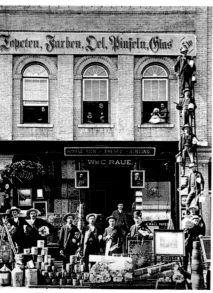

Stolz auf das Erreichte prägte die allgemeine Stimmung in den 1880er-Jahren, so auch bei William C. Raue aus Watertown, Wisconsin, einem deutschen Einwanderer. Wie viele andere Immigranten profitierte er von der wirtschaftlichen Aufbruchstimmung dieser Zeit.

Patronage, Rassentrennung und Arbeitskampf – Parteipolitik und soziale Konflikte im vergoldeten Zeitalter

Das *Gilded Age* zeichnete besonders der intensive politische Wettbewerb auf allen Ebenen aus. Die meisten Bürger identifizierten sich mit einer der beiden großen Parteien, und die durchschnittliche Wahlbeteiligung lag bei fast 80 Prozent – ein Politisierungsgrad, der seitdem nicht mehr erreicht wurde. Wichtiger als die locker organisierten nationalen Parteien waren die örtlichen Verbände – *party machines* genannt – und ihre »Bosse«, die Politik zum Beruf machten. Unterstützung im Wahlkampf honorierten sie mit der Vergabe von Posten, öffentlichen Aufträgen und Geschäftslizenzen. Von ihrem Wohlwollen hing es ab, ob illegale Einrichtungen wie Wettbüros und Bordelle geduldet wurden oder nicht. So entstanden Netzwerke gegenseitiger Abhängigkeiten und regelrechte Patronagesysteme. Auf der lokalen Ebene vermittelten diese »Parteimaschinen« zwischen den verschiedenen wirtschaftlichen, ethnischen und religiösen Interessengruppen; in Washington sorgten ihre

Repräsentanten als Senatoren oder Abgeordnete dafür, dass die heimatlichen Anliegen Berücksichtigung fanden.

Trotz gelegentlicher Herausforderungen blieb das Zweiparteiensystem bis in die 1890er-Jahre hinein stabil. Die Republikaner standen dem Bigbusiness näher als die Demokraten, doch sie galten auch weiterhin als Partei der »moralischen Reformen«, die christliche Grundsätze und die Werte der weißen angelsächsischen Protestanten verteidigte. Die Demokraten stützten sich auf den Süden und warben um die Gunst der überwiegend katholischen Neueinwanderer in den Städten. Das politische Kräfteverhältnis war von 1876 bis 1896 sehr ausgewogen: Mit Ausnahme der Jahre 1884 und 1892, in denen der Demokrat Grover Cleveland die Wahlen gewann, stellten die Republikaner den Präsidenten, während die Demokraten das Repräsentantenhaus in sieben von zehn Wahlperioden beherrschten. Die Präsidenten, die während der Zeit des *Gilded Age* amtierten,

---

KINDERARBEIT UM 1900

Wie in allen agrarischen Gesellschaften, so galt auch in den USA die Mitarbeit von Kindern in der Landwirtschaft als selbstverständlich. Im Zuge der Industrialisierung wurde dann Kinderarbeit für viele Familien aus der Arbeiterschaft ein wichtiger Teil ihrer Überlebens-

strategie, da das Einkommen des Familienvaters oft völlig unzureichend war. 1880 gingen 16,8 Prozent aller Kinder zwischen 10 und 15 Jahren einer Arbeit nach. Bis 1920 war diese Zahl nur auf 11,3 Prozent gesunken. Häufig leisteten Kinder Heimarbeit oder wurden in Industriezweigen beschäftigt, in denen sie wegen ihrer Schnelligkeit, Geschicklichkeit und geringen Körpergröße besonders gut einsetzbar waren, wie an Spinnmaschinen oder im Bergbau. Lange Arbeitszeiten, schlechte Arbeitsbedingungen und Minimallöhne prägten den Arbeitsalltag vieler Kinder. Zeit für einen geregelten Schulbesuch blieb unter diesen Bedingungen nicht. Die Reformer des »progressive movement« machten seit dem ausgehenden 19. Jahrhundert auf Elend und Ausbeutung der arbeitenden Kinder aufmerksam. Eine Kinderschutzgesetzgebung ließ sich jedoch zunächst nur auf einzelstaatlicher Ebene durchsetzen. Immerhin wurde 1904 das »National Child Labor Committee« eingerichtet, das Kinderarbeit in den einzelnen Industriezweigen dokumentierte. Um neben der Arbeitsschutzgesetzgebung auch in anderen Bereichen, zum Beispiel im Gesundheitswesen, die Bedürfnisse von Kindern stärker in den Mittelpunkt zu stellen, wurde 1912 das »Federal Children's Bureau« gegründet. Die Abschaffung der Kinderarbeit auf nationaler Ebene ließ jedoch noch lange auf sich warten. Nach dem Scheitern einer Verfassungsänderung durch das »Child Labor Amendment« von 1924 wurde Kinderarbeit erst im Jahr 1938 in fast allen Wirtschaftszweigen verboten.

---

standen im Schatten eines selbstbewussten Kongresses. Der britische Politiker, Diplomat und Historiker James Bryce beschrieb sie 1888 in seinem Werk »Amerika als Staat und Gesellschaft« als Geschöpfe ihrer Parteien und Gefangene der mechanischen Regierungsabläufe. Sie entwickelten keine langfristigen politischen Konzepte und nahmen kaum Einfluss auf die Gesetzgebung. Erst nach der Jahrhundertwende nutzten energische Persönlichkeiten wie Theodore

Richter John M. Harlan unterstützte das Urteil des Obersten Gerichts im Fall Plessy gegen Ferguson 1896, das die Rassentrennung für zulässig erklärte, nicht, sondern formulierte eine abweichende Meinung:

Selbst wenn die gemeinsame Nutzung der öffentlichen Straßen, die ja zum Wohle aller gebaut worden sind, zu schlimmen Zusammenstößen zwischen beiden Rassen führt, so wird das deutlich weniger Schaden anrichten als eine bundesstaatliche Gesetzgebung, die den Genuss der Bürgerrechte von der Rassenzugehörigkeit abhängig macht. Wir brüsten uns der Freiheit, die unser Volk im Vergleich zu allen anderen Völkern genießt. Aber es ist schwierig, diesen Stolz in Einklang zu bringen mit einem Zustand, der einer großen Gruppe unserer Mitbürger, die uns rechtlich gleichgestellt sind, in der Praxis den Stempel der Knechtschaft und Erniedrigung aufdrückt. Die fadenscheinige Begründung, Reisende würden in Eisenbahnwaggons gleichwertig untergebracht, kann niemanden über das Unrecht, das heute begangen wurde, hinwegtäuschen oder es wieder gutmachen.

Deutsche Einwanderer dominierten die anarchistische Bewegung in Chicago. So verwundert es nicht, dass dieser Handzettel, der zu der folgenreichen Protestversammlung auf dem Haymarket am 4. Mai 1886 aufrief, auf Englisch und Deutsch in Druck gegeben wurde.

Roosevelt und Woodrow Wilson den Handlungsspielraum des Präsidentenamts wieder voll aus.

Die Lage der Afroamerikaner in den Südstaaten

Die Rassenfrage gehörte zu den Problemen, die mit Rücksicht auf den inneren Frieden aus der Bundespolitik ausgeklammert wurden. 1890 lebte die weit überwiegende Zahl der fast 9 Millionen Schwarzen nach wie vor im Süden, und hier verschlechterte sich ihre Situation rapide. Die ökonomische Knebelung der Klein- und Teilpächter wurde durch eine politische Entmündigung und eine strikte Rassentrennung ergänzt. Als Mittel bedienten sich die Südstaaten vor allem einer speziellen Wahlsteuer *(poll tax)* sowie eines Schreib- und Lesetests für Wähler *(literacy test),* der gezielt gegen Schwarze eingesetzt wurde. Parallel dazu bauten die Parlamente die Rassenschranken durch eine Flut von Gesetzen, die *Jim Crow Laws,* zum System der Segregation aus. Das Oberste Gericht legalisierte diese Praxis 1896 durch das Urteil im Fall Plessy gegen Ferguson. Danach war die Rassentrennung rechtmäßig, wenn die Behörden Schwarzen und Weißen »gleichwertige« Einrichtungen zur Verfügung stellten. Diese *separate but equal doctrine* bezog sich zunächst nur auf das öffentliche Verkehrswesen, diente bald aber generell zur Rechtfertigung der Rassendiskriminierung. Die Ausgrenzung der schwarzen Bevölkerung gründete in dem tief verwurzelten Rassismus, der keineswegs auf den Süden beschränkt war. Auch im Norden führten viele Staaten Wahlrechtsbeschränkungen für Schwarze ein und verboten die Mischehe. Gleichzeitig betrieb man eine Romantisierung des »alten Südens«, die in der Verharmlosung der Sklaverei durch Literaten und Historiker gipfelte.

Gewerkschaften und Frauenbewegung

Ohne hinreichenden sozialen und rechtlichen Schutz sahen sich die amerikanischen Arbeiter im *Gilded Age* der Willkür der Unternehmer ausgeliefert und liefen Gefahr, ihr Selbstwertgefühl zu verlieren. Durch die Disziplinierung in den Fabriken, durch Massenproduktion und Akkordarbeit drohten sie zu austauschbaren Ersatzteilen in einem industriellen Räderwerk zu werden. In dem von Individualismus und Wettbewerb gekennzeichneten Klima fiel der Aufbau organisierter Interessenvertretungen sehr schwer. Erste Erfolge verzeichneten die *Knights of Labor,* die 1879 aus geheimbundartigen lokalen Zellen hervorgingen und wenige Jahre später 700 000 Mitglieder in 15 000 Ortsvereinen zählten. Ihre wichtigsten Forderungen lauteten: Verbot der Kinderarbeit, gleicher Lohn für Männer und Frauen, Verstaatlichung der Eisenbahngesellschaften, Einführung des Achtstundentags und Drosselung der Einwanderung.

Einen schweren Rückschlag für die Gewerkschaftsbewegung bedeutete der Bombenanschlag auf dem Haymarket in Chicago, dem am 4. Mai 1886 sieben Polizisten zum Opfer fielen. Obwohl die Urheberschaft unklar blieb, nutzten die Behörden die Gelegenheit, um gegen die gesamte organisierte Arbeiterschaft vorzugehen. Als sich die Führung der *Knights of Labor* von Gewaltaktionen und Streiks distanzierte, wandten sich die meisten Mitglieder enttäuscht ab. Ihr Erbe trat die im selben Jahr gegründete *American Federation of Labor* (AFL) an. Dieser Zusammenschluss von Facharbeiterverbänden verfolgte einen pragmatischen Kurs, der darauf zielte, die Arbeitsbedingungen und die materielle Lage der Arbeiter schrittweise zu verbessern. Wichtigste Waffe war der Streik, der aber nur in einem begrenzten, »unpolitischen« Rahmen eingesetzt werden sollte. Einigen Erfolgen standen schwere Niederlagen gegenüber. So scheiterten 1892 der Streik der Stahlarbeiter gegen den Carnegie-Konzern und 1894 der Lohnkampf der Chicagoer Arbeiter gegen George M. Pullman, den Besitzer der größten Waggonfabrik. Im Ernstfall musste die AFL nicht nur mit der wachsenden Macht der Konzerne rechnen, sondern hatte auch die Bundesregierung und die öffentliche Meinung gegen sich.

Am 6. September 1870 beteiligten sich Frauen in Wyoming zum ersten Mal an den Wahlen zu einem Staatenparlament.

Es erwies sich, dass die amerikanische Arbeiterschaft ethnisch und interessenmäßig zu differenziert und geographisch zu mobil war, um einen einheitlichen Willen kraftvoll durchsetzen zu können. Immigration, Westwanderung und individuelles Erfolgsstreben hielten

die Gesellschaft in ständigem Fluss und ließen ein Bewusstsein permanenter Klassengegensätze nicht aufkommen. Im Vergleich zu anderen Industrieländern blieb der Organisationsgrad der amerikanischen Arbeiter gering: 1900 gehörten von 30 Millionen Beschäftigten nur 1 Million einer Gewerkschaft an. Große Teile der Arbeiterschaft, wie die Ungelernten, die Nichtweißen und die Frauen wurden von der AFL sogar bewusst vernachlässigt. Auf ihre Weise nahmen die Gewerkschaften damit an einer übergreifenden Entwicklung teil, die zur Organisation von Interessengruppen in einer pluralistischen Gesellschaft hinführte.

Die Vernachlässigung des sozialen Sektors durch die Politiker schuf ein großes Betätigungsfeld für reformerische Frauen. Die 1848 ins Leben gerufene Frauenbewegung hatte sich nach dem Bürgerkrieg an der Wahlrechtsfrage gespalten: Ein aktivistischer Flügel wollte das Frauenwahlrecht durch Demonstrationen erkämpfen, der gemäßigtere steuerte das Ziel durch eine Zusammenarbeit mit der

Mit dem Slogan »Amerikanische Frauen wollen keine Sklaven sein« streikten 1860 die Schuhmacherinnen in Lynn, Massachusetts, die sich um 1830 zu der Organisation »Lady Shoe Binders« zusammengeschlossen hatten, für höhere Löhne (links).
Gegen Ende des Jahrhunderts traten immer mehr Frauen ins Berufsleben ein. Sie fanden nicht nur »typisch weibliche« Beschäftigungen im Dienstleistungssektor (wie diese Angestellten der New Yorker Telefongesellschaft, Foto um 1894), sondern ergriffen zunehmend auch Berufe, die bislang Männern vorbehalten waren (rechts).

»Ein Rückblick aus dem Jahre 2000 auf das Jahr 1887« – so lautet der Titel eines 1888 erschienenen utopischen Romans von Edward Bellamy, in dem der Autor in leuchtenden Farben ein auf Vernunft und Gemeinsinn basierendes genossenschaftliches Staatswesen beschreibt. Die Gesellschaften des Jahres 2000 verfügen durch Zusammenarbeit über genügend materiellen Reichtum, um allen Menschen ein sorgenfreies Dasein zu gewährleisten. Die noch notwendig zu leistende Arbeit wird sinnvoll organisiert und gerecht verteilt, sodass keiner ausgebeutet oder benachteiligt wird. Die außerordentliche Wirkung dieses Bestsellers zeigte sich nicht nur darin, dass um die Jahrhundertwende zahlreiche utopische Schriften erschienen, die den Gedanken des Buchs fortführten, sondern vor allem in der Entstehung einer »nationalistischen Bewegung«, die Bellamys Utopie verwirklichen wollte. Seine Ideen wurden zum Teil von amerikanischen Sozialisten und der Arbeiterbewegung aufgegriffen.

William J. Bryan, der Präsidentschaftskandidat der Demokraten, hielt während des Wahlkampfs 1896 bis zu 30 Reden pro Tag und sprach zu insgesamt etwa 5 Millionen Menschen. Dabei stilisierte er sich selbst als David im Kampf gegen den mächtigen Goliath, den republikanischen Gegenkandidaten McKinley.

Republikanischen Partei an. 1890 entstand zwar ein neuer Dachverband, die *National American Woman Suffrage Association,* aber am Ende des Jahrhunderts konnten Frauen weiterhin nur in einigen westlichen Staaten wählen. Größere Erfolge erzielte die *Women's Christian Temperance Union,* die aus spontanen Aktionen von Frauen gegen Bars und Saloons hervorgegangen war und 1890 schon 150 000 Mitglieder zählte. Unter der Führung von Frances Willard wandte sie sich den Problemen des Sozial- und Gesundheitswesens, der Bildung und Erziehung und des internationalen Friedens zu. Willard forderte auch das Wahlrecht für Frauen, allerdings nicht als »natürliches Recht«, sondern als Voraussetzung dafür, dass die Frauen ihrer spezifischen Verantwortung in der Industriegesellschaft gerecht werden konnten. Aus dem sozialen Engagement erwuchs ein Anspruch der Frauen auf Mitwirkung bei der Lösung gesellschaftlich relevanter Fragen, der die amerikanische politische Kultur langfristig prägen sollte.

Kampf gegen Wall Street – Die populistische Rebellion und ihr Scheitern 1896

Ein weltweiter Rückgang der Rohstoffpreise, der eine Deflationsspirale in Gang setzte, führte in die Krise der 1890er-Jahre. Angesichts wachsender Geldknappheit wurden Forderungen laut, die USA sollten sich vom Goldstandard lösen und Silber als Währungsreserve anerkennen. Bei den Demokraten stieß dieses Verlangen auf größeres Verständnis als bei den Republikanern, die den Preisrückgang durch Überproduktion verursacht sahen. Der Streit zwischen Gold- und Silberbefürwortern wurde zum beherrschenden Wahlkampfthema 1896.

Angesichts der herrschenden Agrarkrise hatten sich die Farmer seit den 1880er-Jahren zu eigenen Interessenverbänden *(Farmers' Alliances)* zusammengeschlossen, die im Südwesten und Mittleren Westen der USA über fünf Millionen Mitglieder organisieren konnten. Im Namen der »wirklichen Produzenten« machten sie, die Hauptträger der populistischen Protestbewegung, Front gegen die beiden großen Parteien und die Kapitalisten der Wall Street. 1892 gründeten die Farmer mit Vertretern radikaler Arbeiterorganisationen und anderen Reformgruppierungen die *People's Party,* die in ihrem Parteiprogramm die Verstaatlichung der Eisenbahnen, ein auf Gold und Silber basierendes Währungssystem, staatliche Hilfen für die Landwirtschaft, eine progressive Einkommensteuer, die Direktwahl der Senatoren sowie eine Beschränkung der Einwanderung und kürzere Arbeitszeiten in der Industrie forderte. Als die Demokraten im Wahlkampf 1896 mit der Parole *free silver* die Forderung nach uneingeschränkter Silberprägung übernahmen, entschloss sich eine Mehrheit der *People's Party* zur Unterstützung des demokratischen

Kandidaten William J. Bryan. Sein Gegner, William McKinley, ein Senator aus Ohio, genoss das Vertrauen der Wirtschaft. Die Republikaner begegneten dem »Silberkreuzzug« der Demokraten und Populisten mit professioneller Organisation und einer gut gefüllten Wahlkampfkasse. Angesichts der politischen Polarisierung sahen ängstliche Gemüter Unruhen oder sogar eine Revolution voraus. Tatsächlich blieb aber alles ruhig, als sich McKinley im November klarer als erwartet gegen Bryan durchsetzte. Er hatte die große Mehrheit der Industriearbeiter auf seine Seite ziehen können, die inflationäre Maßnahmen ablehnten und niedrige Lebensmittelpreise wünschten. Im Weißen Haus profitierte McKinley dann von einer allgemein günstigen Entwicklung: Der weltweite Preisrückgang wurde gestoppt, die Nachfrage nach Agrarprodukten und Industriegütern nahm wieder zu, und die Währungsproblematik erledigte sich durch große Goldfunde in Alaska fast von selbst.

Attraktivität gesellschaftlicher Reformen

Die Populisten waren an ihrer ambivalenten Haltung zur Industriegesellschaft gescheitert, die sie teils mit religiöser Inbrunst ablehnten, teils auf pragmatische Weise reformieren wollten. Der Niedergang der *People's Party* bekräftigte das Zweiparteiensystem, aber die Fronten hatten sich verschoben: Während die Republikaner an einer Koalition von Bigbusiness und Arbeit schmiedeten, wurde die Demokratische Partei zum Sammelbecken von Reformern, die eine an moralischen Werten ausgerichtete Politik befürworteten. In beiden Parteien gewannen »progressive« Kräfte an Boden, die ein Engagement des Staats beim Kampf gegen die unerwünschten Begleiterscheinungen von Industrialisierung und Urbanisierung forderten. Der reformerische Impuls speiste sich nicht mehr allein aus christlichen Ideen, sondern zunehmend auch aus der Überzeugung, dass der wissenschaftlich-technische Fortschritt gezielt zur Verbesserung der gesellschaftlichen Verhältnisse eingesetzt werden müsse.

Mit Blick auf den Zensusbericht von 1890, der das Ende der *frontier* proklamiert hatte, behauptete der Historiker Frederick Jackson Turner 1893, der amerikanische Westen sei weit mehr als nur ein »Sicherheitsventil« für soziale Konflikte gewesen. Die Frontier erschien ihm als Inbegriff all dessen, was die USA von Europa unterschied und ihre nationale Identität ausmachte. An der Siedlungsgrenze, an der sich Natur und Zivilisation begegneten, seien die wahre Demokratie und der »amerikanische Charakter« entstanden. Damit bekräftigte Turner den Glauben an die Einzigartigkeit der USA und schuf einen Frontiermythos, der bis in die Gegenwart weiterwirkt. Als »neue Grenze« schwebte ihm nicht die koloniale Expansion vor, sondern ganz im Sinne der Reformbewegung eine innere Erneuerung der amerikanischen Gesellschaft aus dem Geiste der republikanischen Tradition.

Karikatur auf William J. Bryans »Cross of Gold«-Rede in Chicago 1896, die ihm die Nominierung zum Präsidentschaftskandidaten der Demokraten einbrachte. In der Rede hatte Bryan den Republikanern, die am Goldstandard festhielten, vorgeworfen, sie wollten »die Menschheit an einem Kreuz aus Gold« festnageln.

Jürgen Heideking

Macht, Geld und Sendungsbewusstsein – Amerikanische Außenpolitik im Zeichen des Imperialismus

John O'Sullivan, Herausgeber des einflussreichen Parteiorgans der Demokratischen Partei »United States Magazine and Democratic Review«, prägte und popularisierte die Vorstellung der **Manifest Destiny:** Die USA seien vom Schicksal – gleichsam durch göttliche Vorsehung – dazu auserkoren, die demokratische Gesellschaftsordnung über den amerikanischen Kontinent zu verbreiten. Die Erfüllung dieser »Mission« rechtfertigte territoriale Expansion; unter dieser Losung konnten die Annexion von Texas ebenso betrieben wie der Krieg gegen Mexiko (1846–48) geführt oder die Westwanderung begründet werden. Diese Ideologie wurzelte in der Monroedoktrin, wurde in der Roosevelt Corollary von 1904, in der die USA die Rolle einer internationalen Polizeimacht in der westlichen Hemisphäre für sich beanspruchten, fortgesetzt und dient den USA noch heute in zeitgenössisch abgewandelter Form zur Legitimation interventionistischer Politik.

Die harte Realität lernten die meisten Einwanderer zunächst auf Ellis Island kennen. In der 1892 eingerichteten Durchgangsstation manifestierte sich die zunehmend restriktiver gehandhabte Einwanderungspolitik der USA. Heute beherbergt Ellis Island ein Einwanderermuseum.

Nach dem Bürgerkrieg verlor die amerikanische Außenpolitik viel von dem expansiven Schwung, den ihr die Ideologie der *Manifest Destiny* verliehen hatte. Der Kauf Alaskas von Russland 1867 stellte zwar einen enormen territorialen Zuwachs dar, doch nur wenige Amerikaner machten sich eine Vorstellung vom unermesslichen Reichtum an Bodenschätzen und von der strategischen Bedeutung dieses Gebiets. Die letzten Hoffnungen auf einen Beitritt Kanadas zur Union zerschlugen sich durch die Gründung des britischen Dominions Kanada, und Stimmen, die für Gebietserwerbungen in der Karibik und im pazifischen Raum plädierten, fanden zunächst wenig Gehör. Die amerikanische Marine war veraltet, und die Hauptaufgabe der 25 000 Mann starken Armee bestand in der Bekämpfung der Indianer westlich des Mississippi. Erst gegen Ende des Jahrhunderts, als die Wunden des Bürgerkriegs zu verheilen begannen, traten die USA in den Wettbewerb mit den imperialistischen Staaten ein. Der Sieg über Spanien 1898 markierte den Aufstieg zur Großmacht und eröffnete die Möglichkeit, nicht nur weiter in den Pazifik vorzudringen, wo schon seit Ende der 1860er-Jahre Stützpunkte bestanden, sondern auch in der Karibik Fuß zu fassen. Traditionelles Sendungsbewusstsein und Missionierungsdrang erfassten nun eine breite Öffentlichkeit und fanden ein weltweites Betätigungsfeld. Dagegen hatten diejenigen Amerikaner einen schweren Stand, die sich auf die antikoloniale, revolutionäre Tradition ihres Landes beriefen. Im Innern war der neue Expansionsschub von einer breiten Reformbewegung begleitet, dem Progressivismus, dessen Anhänger die unerwünschten Begleiterscheinungen der Industrialisierung bekämpften und die Gesellschaft gerechter und leistungsfähiger gestalten wollten.

Startschuss in Havanna – Der Eintritt der USA in die Weltpolitik

Die wirtschaftliche Depression der 1890er-Jahre führten viele Amerikaner auf Überproduktion und eine Sättigung des Binnenmarkts zurück, die nur durch steigende Exporte ausgeglichen werden konnten. Da sich die europäischen Mächte – wie die USA selbst – mit hohen Zollmauern umgeben hatten und ihren Kolonialbesitz unablässig ausbauten, schienen die ökonomische Zukunft und der gesellschaftliche Frieden der USA gefährdet zu sein. In dieser Situation fanden die Überlegungen Admiral Alfred T. Mahans öffentliche Beachtung: In seinem 1890 erschienenen Werk »Der Einfluss der Seemacht auf die Geschichte« hatte er gefordert, die Amerikaner sollten die Weltmeere nicht länger als Barrieren, sondern als Ver-

kehrsadern betrachten, deren Kontrolle das Schicksal der Völker entscheiden werde. In Mahans geostrategischer Vision fügten sich der Flottenbau, ein transozeanischer Kanal durch Zentralamerika, die Annexion Hawaiis und die Gewinnung weiterer Stützpunkte im Pazifik zu einem schlüssigen Konzept zusammen. Dieser Ansatz übte eine starke Faszination auf die »junge Garde« der politischen Führung aus, zu der Theodore Roosevelt, Henry C. Lodge und Elihu Root gehörten. Mit dem Bau gepanzerter Schlachtschiffe, der den Stahlkonzernen lukrative Aufträge bescherte, begann in den 1890er-Jahren das Zweckbündnis zwischen Politikern, Militärs und Unternehmern, das im Laufe der Zeit immer wichtiger werden sollte.

Ein neuer, aggressiverer Nationalismus ergänzte die wirtschaftliche Stärke der USA. Er äußerte sich im Kult um das Sternenbanner, in Paraden der Veteranenverbände und im Chauvinismus der Massenpresse. Wissenschaftler und Journalisten trugen dazu bei, das Sendungsbewusstsein der *Manifest Destiny* wieder zu beleben, indem sie die Überlegenheit einer »angelsächsischen Rasse« propagierten, die berufen sei, andere Völker politisch zu »erziehen«. Der *Anglo-Saxonism* der Eliten erleichterte auch das politische Arrangement mit Großbritannien, das sich nach einigen Konflikten mit der Vorrangstellung der USA in der westlichen Hemisphäre abfand.

Um die Jahrhundertwende begannen die USA damit, ihren in der Monroedoktrin verankerten Anspruch auf die Vorherrschaft auf dem amerikanischen Doppelkontinent politisch und militärisch zur Geltung zu bringen. Die Karikatur spielt darauf an, dass Großbritannien unter dem Druck der Rivalität mit Deutschland zunehmend bereit war, die Hegemonie der USA in der westlichen Hemisphäre zu akzeptieren.

Wie diese Lithographie veranschaulicht, wurde die Explosion des Kriegsschiffs »Maine« in den amerikanischen Medien außerordentlich dramatisch dargestellt.

Der Durchbruch zur Großmachtstellung gelang 1898 im Krieg gegen Spanien, der durch das Geschehen auf Kuba ausgelöst wurde. Die Unabhängigkeitsbewegung der Kreolen gegen das »spanische Joch« war zwar von amerikanischer Seite gefördert worden, aber die Regierung in Washington arbeitete keineswegs bewusst auf einen Krieg hin. Angesichts der harten spanischen Repressionsmaßnahmen gegen die »Freiheitskämpfer« machte sich in der amerikanischen Öffentlichkeit jedoch eine heftige antispanische Stimmung breit. Als der amerikanische Kreuzer »Maine« am 15. Februar 1898 im Hafen von Havanna nach einer schweren Explosion mit 260 Matrosen an

Bord sank, brach eine regelrechte Kriegshysterie aus. Gestützt auf einen Untersuchungsbericht, der die Katastrophe auf einen Bombenanschlag zurückführte – nach neueren Erkenntnissen handelte es sich um einen Unfall –, begannen Präsident William McKinley und seine Berater, den Konflikt zu eskalieren. Die spanische Regierung zeigte sich verhandlungsbereit, lehnte aber die ultimative Forderung, Kuba die Unabhängigkeit zu gewähren, ab. Daraufhin ermächtigte der Kongress McKinley am 11. April zur Anwendung von Gewalt, bestritt jedoch jegliche Absicht, Kuba annektieren zu wollen. Anschließend trafen die USA militärische Vorbereitungen, überließen es aber den Spaniern, am 24. April 1898 formell den Krieg zu erklären.

Am 1. Juli 1898 fand auf den Höhen von San Juan bei der Stadt Santiago de Cuba die wichtigste Schlacht um Kuba statt. Einen wesentlichen Anteil hatten schwarze Amerikaner.

Das Wahlplakat von 1900 für McKinley und Roosevelt wirbt damit, dass die vergangenen vier Jahre unter der Führung der Republikaner Wohlstand und Humanität sowohl für das eigene Land als auch für die Welt gebracht haben.

Amerikanischer Sieg und Friedensschluss

Als entscheidend für den Ausgang des »splendid little war« (großartigen kleinen Kriegs), so Außenminister John Hay, erwies sich die Überlegenheit der amerikanischen Marine, die den ersten Schlag überraschend gegen die spanischen Philippinen führte. Eine von Kommodore George Dewey befehligte Schwadron vernichtete am 1. Mai 1898 in der Bucht von Manila die spanische Pazifikflotte. In der Karibik blockierten die Amerikaner die spanischen Häfen und versenkten am 3. Juli vor Santiago de Cuba sämtliche Schiffe der spanischen Flotte, die die Blockade zu durchbrechen versuchte. Der Regierung in Madrid blieb keine andere Wahl, als um Waffenstillstand zu ersuchen und die amerikanischen Bedingungen zu akzeptieren. Im Pariser Frieden vom Dezember 1898 bestätigte sie die Unabhängigkeit Kubas, das vorerst unter amerikanischer Besatzung blieb, und trat Puerto Rico, die Philippinen und Guam an die USA ab. Unabhängig davon sicherten sich die USA auch noch die Inseln Wake und Hawaii, die mit dem Hafen Pearl Harbor als »Sprungbrett« nach Asien galten. Weiße Zuckerrohrpflanzer hatten zuvor die hawaiianische Königin abgesetzt und die Republik ausgerufen. 1900 wurde Hawaii als Territorium organisiert und erhielt einen ähnlichen halbkolonialen Status wie Puerto Rico.

Als der Friedensvertrag mit Spanien bekannt wurde, sammelten sich die Gegner der Expansion in der *Anti-Imperialist League* und entfesselten eine große öffentliche Debatte. Ihre Kritik richtete sich vor allem gegen die Inbesitznahme der Philippinen, mit der die Amerikaner ihrer eigenen antikolonialen Tradition untreu wurden und das Selbstbestimmungsprinzip verletzten. Sprecher der Bewegung wie Carl Schurz und Andrew Carnegie behaupteten, die USA könnten ihren politischen Einfluss und ihren Handel auch ohne formelle Gebietserwerbungen weiter ausdehnen. Die Gewerkschaften fürchteten die »Einfuhr« billiger Arbeitskräfte aus den Kolonien, und der Führer der Afroamerikaner, Booker T. Washington, sah eine Verschärfung des internen Rassenkonflikts voraus. In die Ablehnungsfront reihten sich allerdings auch Rassisten ein, aus deren Sicht Kolonialbesitz die »Reinheit der angelsächsischen Rasse« gefährdete. Im Kongress konnten sich die Antiimperialisten nicht auf eine gemeinsame Linie einigen, sodass der Senat den Friedensvertrag im Frühjahr 1899 mit knapper Mehrheit ratifizierte. Ein Aufstand philippinischer Nationalisten wurde von den amerikanischen Besatzungstruppen hart unterdrückt und kostete bis 1901 über 4 000 US-Soldaten und etwa 20 000 Filipinos das Leben.

McKinley interpretierte seine überzeugende Wiederwahl im November 1900 als Bestätigung der expansionistischen Außenpolitik. Maßgeblichen Anteil an dem Erfolg hatte der Vizepräsidentschaftskandidat Theodore Roosevelt, der durch seine militärischen Verdienste auf Kuba populär geworden war. Als McKinley knapp ein Jahr später beim Besuch der Panamerikanischen Ausstellung in Buffalo von einem Anarchisten ermordet wurde, rückte der erst 42-jährige Roosevelt ins Präsidentenamt auf. Er setzte sich zur Aufgabe, die Macht der USA zu konsolidieren und weiter auszubauen.

Aus dem Programm der amerikanischen Anti-Imperialist League, verabschiedet am 18. Oktober 1899 in Chicago:

Wir sind der Überzeugung, dass die als Imperialismus bekannte Politik freiheitsfeindlich ist und zu Militarismus führt, einem Übel, von dem frei zu sein wir uns immer gerühmt haben. Wir bedauern, dass es im Lande eines Washington und Lincoln notwendig geworden ist, erneut zu bekräftigen, dass allen Menschen, gleich welcher Rasse und Hautfarbe, das unveräußerliche Recht auf Leben, Freiheit und Streben nach Glück zukommt. Wir halten daran fest, dass die rechtmäßige Herrschaft der Regierungen in der Zustimmung der Regierten gründet. Wir beharren darauf, dass die Unterwerfung anderer Völker eine »verbrecherische Aggression« darstellt und im offenen Widerspruch zu den unverwechselbaren Prinzipien unseres Regierungssystems steht.

Zwischen drohender Rhetorik und klug kalkulierender Diplomatie – Außenpolitik in der »Ära Roosevelt«

T heodore Roosevelt entstammte einer angesehenen niederländisch-amerikanischen Familie im New Yorker Hudsontal. Besser als die meisten seiner Vorgänger im Weißen Haus erkannte er, welche Möglichkeiten die Außenpolitik dem Präsidenten bot, seinen Einfluss und sein Ansehen zu steigern. Er sah sich als Repräsentant einer neuen Mittelschicht, die er dafür berufen hielt, das »amerikanische Experiment« gegen die Gefahren von außen wie gegen die Monopolbestrebungen der Wirtschaft im Innern zu verteidigen.

»Hinterhof« Lateinamerika

I m Einklang mit Mahans Überlegungen machte Roosevelt den Panamakanal zum Kernstück seiner Außenpolitik. Als die kolumbianische Regierung ihre finanziellen Forderungen für die Kanalbaurechte in die Höhe schraubte, forcierte er 1903 ohne Rücksicht auf das Völkerrecht die Loslösung Panamas. Der neue Staat trat eine 32 km breite Kanalzone an die USA ab, für die Washington einmalig 10 Millionen Dollar und ein jährliches Entgelt von 250 000 Dollar zahlte, und die Roosevelt militärisch sichern ließ. Nach neun Jahren Bauzeit wurde der fast 82 km lange Kanal 1914, fast zeitgleich mit dem Kriegsausbruch in Europa, fertig gestellt und von Präsident Woodrow Wilson feierlich eingeweiht. Er verkürzte den Seeweg von der Ost- zur Westküste der USA um 8 000 Seemeilen; das brachte nicht nur wirtschaftliche, sondern vor allem strategische

Roosevelts Anspruch, die USA müssten »mit sanfter Stimme sprechen, aber einen dicken Knüppel in der Hand halten« (gemeint war die Flotte), gilt als typisch für den amerikanischen Imperialismus zu Beginn des 20. Jahrhunderts. Das Handeln des Präsidenten entsprach jedoch nur sehr bedingt dieser Maxime, denn hinter dem Schirm einer drohenden, gelegentlich bombastischen Rhetorik betrieb er eine klug kalkulierende, eher vorsichtige Diplomatie.

Vorteile, da Kriegsschiffe jetzt innerhalb weniger Tage vom Atlantik in den Pazifik und umgekehrt verlegt werden konnten.

Der Panamakanal machte die Karibik im Verständnis vieler Amerikaner endgültig zum »Hinterhof« der USA. Ökonomische Durchdringung und politische Einflussnahme gingen hier Hand in Hand, und die Hemmschwelle für militärische Zwangsmaßnahmen begann

Die Postkarten aus Panama City aus dem Jahr 1910 zeigen den Kanaldurchbruch bei Las Cascadas (links) und den Durchschnitt der unteren und mittleren Schleusenkammern (rechts).

zu sinken. Das bekamen als Erste die Kubaner zu spüren, deren Souveränität durch die Verfassung von 1901 erheblich eingeschränkt worden war. So bedurften völkerrechtliche Verträge der Genehmigung durch den amerikanischen Kongress, und die USA, die sich den Stützpunkt Guantanamo gesichert hatten, konnten militärisch eingreifen, sobald sie die territoriale Integrität oder die politische Ordnung der Insel für gefährdet erachteten. Faktisch errichteten die USA also ein Protektorat über die Insel, das vor allem den Interessen amerikanischer Landbesitzer und Unternehmer diente. Widerstand kubanischer Nationalisten beantwortete Washington in der Folgezeit mehrfach mit militärischen Interventionen. Roosevelt versuchte derartige Zwangsmaßnahmen 1904 mit einer »Ergänzung« *(corollary)* zur Monroedoktrin zu rechtfertigen. Sie warnte die lateinamerikanischen Regierungen davor, durch eigenes Fehlverhalten Situationen heraufzubeschwören, die europäische Mächte zum Eingreifen veranlassen könnten. In solchen Fällen würden sich die USA gezwungen sehen, die Aufgaben einer »internationalen Polizeimacht« auszuüben und für Ordnung, Stabilität und Sicherheit zu sorgen. Die praktische Anwendung folgte auf dem Fuße, als die USA 1905 die Finanzverwaltung der bankrotten Dominikanischen Republik übernahmen. Die eigentlichen Adressaten der *Roosevelt Corollary* waren jedoch die Europäer, besonders die Deutschen, die man davon abhalten wollte, ihre militärische Präsenz in der westlichen Hemisphäre weiter auszubauen.

1904 erschien diese Karikatur, auf der der amerikanische Adler seinen 128. Geburtstag feiert und seine Schwingen den Globus von Panama bis hin zu den Philippinen umspannen.

Die USA übten diese reklamierte »Polizistenrolle« bis in die 1920er-Jahre hinein wiederholt aus. Roosevelts Nachfolger William H. Taft verlegte sich stärker auf die »Dollardiplomatie«, die eine Zusammenarbeit zwischen US-Regierung und im Ausland tätigen amerikanischen Konzernen einschloss. Präsident Wilsons Außenminister William J. Bryan setzte seine Hoffnungen vor allem auf die panamerikanische Bewegung sowie auf die Möglichkeiten friedlicher Konfliktregelung, zum Beispiel die Schiedsgerichtsbarkeit. Die Demokraten Bryan und Wilson waren indes nicht minder vom zivilisatorischen Auftrag der USA überzeugt als die Republikaner Roosevelt und Taft. Wilson sprach sogar von der Notwendigkeit, die Nachbarnationen zur Selbstregierung »anzuleiten« und ihnen den Respekt vor dem Gesetz beizubringen.

Es ist kaum möglich, die einzelnen Motive der US-Politik sauber auseinander zu halten. Die Verantwortlichen wollten stets die »nationalen Interessen« wahren, wobei militärische Sicherheitsüberlegungen, wirtschaftliche Profitgesichtspunkte und bestimmte Vorstellungen von politischer Entwicklung und sozialem Fortschritt ineinander griffen. Die US-Amerikaner sahen sich nicht als koloniale Ausbeuter, sondern als Freunde und Beschützer, die die Segnungen der Zivilisation brachten: Sie verbesserten die Infrastruktur, bauten das Bildungs- und Gesundheitswesen aus, reorganisierten die Finanzverwaltungen und drängten auf demokratische Wahlen. Als zweischneidiges Schwert erwies sich die Ausbildung von Polizei- und Militärverbänden, die oft zu Unterdrückungsinstrumenten diktatorischer Regime degenerierten. Die Versäumnisse und Fehler der gesellschaftlichen Eliten Lateinamerikas trugen erheblich dazu bei, dass die USA einen derart starken Einfluss ausüben konnten. Mit zunehmendem Nationalbewusstsein in Lateinamerika wuchs auch die Proteststimmung gegen die »überheblichen Yankees«, wodurch politische und kulturelle Spannungen mit den USA entstanden, die nie mehr ganz abgebaut werden konnten.

Das 1901 verabschiedete Platt-Amendment zur kubanischen Verfassung machte Kuba de facto zu einem Protektorat der USA:

Die kubanische Regierung stimmt zu, dass die Vereinigten Staaten das Recht zu intervenieren ausüben dürfen, um die kubanische Unabhängigkeit zu sichern und um ein Regierungssystem aufrechtzuerhalten, das den Schutz von Leben, Eigentum und individueller Freiheit garantieren kann ... Um den Vereinigten Staaten zu ermöglichen, ebenso die Unabhängigkeit Kubas zu erhalten und das kubanische Volk zu beschützen, wie die eigene Verteidigung zu sichern, verkauft oder verpachtet die kubanische Regierung den Vereinigten Staaten das notwendige Land für Kohle- und Flottenstationen, die an bestimmten Punkten, über die mit dem Präsidenten der Vereinigten Staaten Einvernehmen zu erzielen ist, eingerichtet werden.

Engagement in Asien, diplomatisches Debüt in Europa

Der zweite Schwerpunkt der Außenpolitik lag in Südostasien, wo die Amerikaner Gefahr liefen, bei der Aufteilung Chinas in koloniale Interessensphären an den Rand gedrängt zu werden. Nachdem sie auf den Philippinen und Hawaii Fuß gefasst hatten, konnten sie ihre Interessen in Asien mit größerem Nachdruck vertreten. In zwei Noten von 1899 und 1900 warnte Außenminister John M. Hay davor, die territoriale Integrität Chinas zu zerstören, und forderte die chinesische Regierung auf, allen Nationen gleichberechtigte Handelsmöglichkeiten zu gewähren. Dieses Prinzip der »offenen Tür« betrachteten Europäer, Russen und Japaner als Verschleierung amerikanischer Monopolbestrebungen. Die antikolonialistische Position der USA kam zunächst nicht zum Tragen: 1900 beteiligten sie sich an der Niederschlagung des nationalistischen Boxeraufstands.

Nach der Jahrhundertwende stiegen die Japaner zum härtesten Konkurrenten der USA in Asien auf. Nach Japans Sieg im Russisch-Japanischen Krieg von 1904/05 vermittelte Präsident Roosevelt in Portsmouth, New Hampshire, einen Frieden zwischen Japan und Russland in der Absicht, das Gleichgewicht zwischen diesen beiden

Den Anspruch der USA auf freien Zugang nach Ostasien verdeutlicht diese Karikatur, die Präsident McKinley und Uncle Sam, die die USA symbolisierende Figur, als führende Kräfte bei der Niederschlagung des Boxeraufstands in China 1900 zeigt.

Mächten möglichst zu erhalten. Sein Engagement trug ihm 1906 den Friedensnobelpreis ein, hinderte die Japaner aber nicht daran, ihre Machtposition auf dem chinesischen Festland weiter auszubauen. Wegen der exponierten Lage der Philippinen sah sich Roosevelt zu einem politischen Arrangement mit Tokio gezwungen: Für die japanische Zusage, die amerikanischen Besitzungen in Asien zu respektieren, erkannten die USA die Hegemonie Japans über Korea und die Interessen der Japaner in der Mandschurei an. Ein dauerhafter Ausgleich gelang jedoch nicht, da die Zielvorstellungen unterschiedlich blieben und kulturelle Faktoren die Beziehungen zusätzlich belasteten. Die Japaner betrachteten die Amerikaner als Störenfriede in Asien; außerdem empörte sie die rassische Diskriminierung ihrer Landsleute auf Hawaii und in Kalifornien. Als die Schulbehörden von San Francisco 1906 gesonderte Schulen für asiatische Kinder einführen wollten, konnte ein Bruch zwischen Tokio und Washington nur mit Mühe verhindert werden. Die Amerikaner wiederum misstrauten den japanischen Absichten in China und unterstützten ab 1911 die nationalchinesischen Kräfte gegen die Japaner. Auf diese

Sichtlich stolz über die Vermittlung im Russisch-Japanischen Krieg 1905 präsentiert sich Präsident Roosevelt (in der Mitte) in Pourtsmouth, New Hampshire, mit den russischen und japanischen Delegierten den Fotografen.
Die mittlere Abbildung zeigt den Friedensnobelpreisträger von 1906 beim Reitsport.
Die Versuche der Königin Lilioukalani (Abbildung rechts) den amerikanischen Einfluss auf Hawaii einzudämmen, führten 1893 zu ihrem Sturz. Als die Inseln an strategischer Bedeutung für die USA gewannen, wurden sie am 12. 8. 1898 annektiert und 1900 zum Territorium erklärt.

Weise wurden sie immer tiefer in die Intrigen und Händel der asiatischen Politik hineingezogen.

In der Alten Welt traten Emissäre aus Washington erstmals in der 1. Marokkokrise als Vermittler auf. Während sich die deutsche Regierung, die auf Roosevelts Unterstützung gehofft hatte, vom Ergebnis der Konferenz von Algeciras 1906 enttäuscht zeigte, verbesserten sich die amerikanisch-französischen Beziehungen. Die Amerikaner entzogen sich auch weiterhin dem Freundschaftswerben des deutschen Kaisers, da sie weder in Europa noch in Asien in eine Frontstellung gegen das mit Japan verbündete Großbritannien geraten wollten.

Am Vorabend des Ersten Weltkriegs hatte ein *American Empire* Konturen gewonnen, das sich durch ein weltweites System abgestufter Einflussmöglichkeiten auszeichnete: Neben der einzigen »echten« Kolonie, den Philippinen, gehörten hierzu die Territorien

Puerto Rico und Hawaii mit US-Gouverneuren, Flottenstützpunkte wie auf den Samoa-Inseln, Guam und den Midway-Inseln, inoffizielle Protektorate, in denen der US-Botschafter wie ein Statthalter residierte, zum Beispiel Kuba und Panama, und Staaten, deren Politik weitgehend von US-Konzernen kontrolliert wurde, etwa Costa Rica und Honduras von der *United Fruit Company*. In der westlichen Hemisphäre übten die USA bereits eine Hegemonie aus, und in Europa und Südostasien machte sich ihr Gewicht allmählich stärker bemerkbar.

Das Ende der Neutralität – Der Eintritt der USA in den Ersten Weltkrieg

Im Wahlkampf von 1912 trat Theodore Roosevelt noch einmal gegen seinen republikanischen Nachfolger Taft und den Demokraten Woodrow Wilson an, blieb aber ohne Erfolg.

Animositäten zwischen Roosevelt und Taft, die das republikanische Lager im Wahlkampf von 1912 spalteten, verhalfen dem demokratischen Gouverneur von New Jersey, Woodrow Wilson, zum Einzug ins Weiße Haus. Der gebürtige Virginier verband die moralische Strenge seiner presbyterianischen Erziehung mit wissenschaftlicher Disziplin, und er war trotz des äußerlich steifen, unnahbaren Auftretens ein mitreißender Redner: Im Stile eines Predigers benutzte er häufig religiöse Bilder, die eine baldige Erfüllung der in Unabhängigkeitserklärung und Verfassung enthaltenen demokratischen Prinzipien verhießen.

Während seiner ersten Amtszeit löste Wilson etliche Reformversprechen ein, so zum Beispiel eine Antitrustgesetzgebung, Zollsenkungen und die Einführung der Einkommensteuer. Im Schatten des Kriegs ging diese progressive Ära jedoch allmählich zu Ende. Der Präsident setzte nun auf eine enge Zusammenarbeit von Regierung und Wirtschaft, um die amerikanischen Interessen gegenüber den Krieg führenden Mächten wirkungsvoll verteidigen zu können. Mit der 1914 proklamierten Neutralität stellte sich Wilson in die außenpolitische Tradition seit George Washington und trug zugleich der Sorge Rechnung, die amerikanische Einwanderergesellschaft könne andernfalls einer Zerreißprobe ausgesetzt werden.

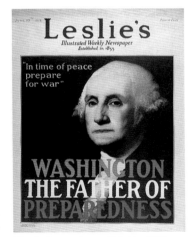

Für die Strategie von Präsident Wilson warb im Wahlkampf von 1916 auch diese Titelseite von »Leslie's Illustrated Weekly Newspaper« mit dem Porträt von George Washington, dem »Vater des Bereitseins«.

Gefühlsmäßig stand Wilson den Westmächten näher als dem Deutschen Reich, das aus seiner Sicht Autokratie und Militarismus verkörperte. Hinzu kam, dass Großbritannien nach Kriegsbeginn im großen Stil Lebensmittel, Waffen und Munition in den USA einkaufte. Diese Geschäfte wurden größtenteils durch private amerikanische Bankkredite finanziert, die sich bis 1917 schon auf 2,3 Milliarden Dollar beliefen. Allein im Jahr 1916 exportierte die amerikanische Wirtschaft Rohstoffe und Waren im Wert von 2,75 Milliarden Dollar nach Großbritannien und Frankreich. Demgegenüber ging die Höhe der Ausfuhren nach Deutschland auf 29 Millionen Dollar zurück.

Wilson wusste jedoch, dass die große Mehrheit der amerikanischen Bevölkerung nicht in den Kampf der »imperialistischen« Mächte hineingezogen werden wollte. Deshalb verurteilte er nicht nur die deutsche U-Boot-Kriegführung, sondern legte auch gegen

Präsident Wilsons berühmte Forderung »the world must be safe for democracy« in seiner Kriegsbotschaft vom 2. April 1917 wollte primär die Regierungsform der Mittelmächte, vor allem des Deutschen Reichs, verändert wissen, bezog sich aber auch auf die Lage in Russland, wo der Zar nach der Februarrevolution abgedankt hatte:

Ein beständiges Zusammenspiel für den Frieden kann nicht anders erhalten werden, als durch eine Partnerschaft demokratischer Nationen. Keiner autokratischen Regierung könnte man vertrauen, dass sie in ihm die Treue hält und seine Abkommen beobachtet ... Die Welt muss sicher gemacht werden für die Demokratie. Ihr Friede muss auf den erprobten Grundlagen politischer Freiheit errichtet werden. Wir haben keine egoistischen Ziele, denen wir dienen. Wir verlangen nach keiner Eroberung, keiner Herrschaft. Wir suchen keinen Schadenersatz für uns selbst, keine materielle Entschädigung für die Opfer, die wir bereitwillig bringen werden. Wir sind lediglich einer der Vorkämpfer für die Rechte der Menschen ... (wir werden kämpfen) für eine allgemeine Herrschaft des Rechts durch ein Konzept der freien Völker, das allen Nationen Frieden und Sicherheit bringen und die Welt selbst endlich frei machen wird.

völkerrechtswidrige britische Blockadepraktiken Protest ein. Parallel dazu ließ er durch seinen Vertrauten, Colonel Edward M. House, in Europa die Chancen für einen Kompromissfrieden ausloten. Diese unparteiische Haltung geriet ins Wanken, als ein deutsches U-Boot im Mai 1915 den britischen Luxusdampfer »Lusitania« auf dem Rückweg von New York vor der irischen Küste versenkte und den Tod von fast 1200 Menschen, darunter 128 Amerikaner, verursachte. Als sich die Reichsregierung jedoch entschuldigte und – vorübergehend – den uneingeschränkten U-Boot-Krieg einstellte, schienen sich die deutsch-amerikanischen Beziehungen wieder zu stabilisieren. Um dieselbe Zeit trübte sich das Verhältnis der USA zu London und Paris, da die beiden Regierungen wirtschaftliche Kriegsziele formulierten, die mit dem amerikanischen Verlangen nach freiem Welthandel unvereinbar waren.

Alle diese Ereignisse wurden in den USA von einer heftigen Debatte zwischen Gegnern und Befürwortern eines Kriegseintritts begleitet. Der Friedensbewegung schlossen sich neben Pazifisten und Quäkern auch progressive Reformer, Sozialisten, Frauenrechtlerinnen und sogar einige Großindustrielle wie Andrew Carnegie und Henry Ford an. Diesen Kräften stellten sich, angeführt von Theodore Roosevelt, die »Interventionisten« entgegen, die das Deutsche Reich als Hauptstörenfried brandmarkten. Im Wahlkampf von 1916 versprach Präsident Wilson, die USA aus dem Krieg herauszuhalten,

1916 pries dieser vom Frauenbüro der demokratischen Parteizentrale gesponserte Wahlkampfwagen Woodrow Wilsons den amtierenden Präsidenten als Friedenshüter und als Garanten des wirtschaftlichen Wohlstands. Allerdings wird auch auf die Notwendigkeit der militärischen Einsatzbereitschaft (preparedness) hingewiesen.

verlangte aber, dass sich die Nation auf alle Eventualitäten vorbereiten müsse. Der Kongress schuf die gesetzlichen Grundlagen für eine Aufrüstung, mit der die USA unabhängig vom Kriegsausgang ihre Machtposition sichern konnten. Neu im Wahlprogramm der Demokraten war der Vorschlag eines Völkerbunds, der künftige Kriege verhindern sollte. Nach seiner knappen Wiederwahl warb Wilson Ende 1916 erneut für einen »Frieden ohne Sieg«.

Ein »Kreuzzug für die Demokratie«

In Berlin setzten sich nun jedoch diejenigen Politiker und Militärs durch, die glaubten, Großbritannien in die Knie zwingen zu können, bevor die USA wirksam eingreifen konnten. Nach der Wiederaufnahme des uneingeschränkten U-Boot-Kriegs brach Präsident Wilson Anfang Februar 1917 die diplomatischen Beziehungen zum Deutschen Reich ab. Angesichts mächtiger Friedensdemonstrationen, an denen sogar sein ehemaliger Außenminister Bryan teilnahm, scheute er aber immer noch vor dem Kriegseintritt zurück. Der endgültige Stimmungsumschwung trat dann durch die Veröffentlichung eines Telegramms ein, das der deutsche Staatssekretär des Äußeren, Arthur Zimmermann, am 19. Januar 1917 an die Botschaft in Mexiko City geschickt hatte. Darin schlug er ein Bündnis mit Mexiko vor, in das auch Japan einbezogen werden sollte. Im Falle eines deutschen Siegs würde das Reich Mexiko helfen, die 1848 verlorenen Gebiete in Texas, New Mexico und Arizona zurückzubekommen. Der britische Geheimdienst konnte den Text entschlüsseln und leitete ihn an Wilson weiter, der am 1. März die Öffentlichkeit informierte. Die allgemeine Empörung steigerte sich noch, als deutsche U-Boote amerikanische Schiffe versenkten. Am 2. April forderte Wilson den Kongress auf, dem Deutschen Reich den Krieg zu erklären: Die USA würden nicht für Eroberungen kämpfen, sondern für Frieden und Gerechtigkeit. Die Kriegserklärung erfolgte am 6. April gegen sechs Stimmen im Senat und 50 Stimmen im Repräsentantenhaus.

Wilson begründete seine Entscheidung mit deutschen Rechtsbrüchen, die den amerikanischen Handel und die nationale Sicherheit bedrohten. Indem er den Krieg zum »Kreuzzug für die Demokratie« und zum »Krieg, der alle Kriege beenden soll« erklärte, rechtfertigte er ihn zudem moralisch. Pragmatisches Gleichgewichtsdenken mischte sich mit einem idealistischen, letztlich religiös inspirierten Bekenntnis zu höheren Werten und Prinzipien. Wilson und seine engsten Berater waren zunehmend zu der Überzeugung gelangt, dass ein deutscher Sieg unbedingt verhindert werden müsse und dass die USA nur im Falle einer aktiven Beteiligung am Krieg die künftige Friedensordnung würden mitprägen können. Ohne die Fehlkalkulationen und diplomatischen Missgriffe der deutschen Führung wäre es Wilson jedoch sehr viel schwerer gefallen, die Bevölkerung und den Kongress von der Notwendigkeit der Kriegserklärung zu überzeugen.

Jürgen Heideking

Auf dem Plakat der amerikanischen Regierung fordert Uncle Sam zur Zeichnung der Kriegsanleihen vom 28. Juni 1917 auf.

Jeannette Rankin war die erste Frau, die in den amerikanischen Kongress gewählt wurde. 1917 gehörte sie zu den Abgeordneten, die gegen eine Kriegserklärung an Deutschland votierten. Sie blieb ihrer pazifistischen Überzeugung das ganze Leben lang treu: 1941 stimmte sie als einziges Kongressmitglied gegen den Eintritt der USA in den Zweiten Weltkrieg, in den 1960er-Jahren verurteilte sie das Eingreifen der USA in den Vietnamkrieg (Fotografie 1932).

Asiatische Reiche zwischen Niedergang und machtpolitischer Entfaltung

»Aufgeschoben ist nicht aufgehoben« – Die Expansion Russlands nach dem Krimkrieg

Die Kapitulation der monatelang umkämpften Festung Sewastopol am 9. September 1855 stürzte das Zarenreich in eine schwere Krise. Das nikolaitische Herrschaftssystem hinterließ eine drückende Erblast. Der innergesellschaftliche Frieden war ernsthaft gefährdet. Zahlreiche Probleme harrten einer dringenden Entscheidung. Auf dem neuen Zaren Alexander II. ruhten die Hoffnungen der geschundenen leibeigenen Bauern auf eine bessere Zukunft und die Freiheitserwartungen der Fremdvölker des Reichs.

An eine Fortsetzung der offensiven Außenpolitik war unter den gegebenen Umständen vorerst nicht mehr zu denken. Die Auflagen der alliierten Siegermächte, die im Frieden von Paris 1856 festgeschrieben worden waren, stoppten das weitere Vordringen Russlands auf der Balkanhalbinsel. Russland blickte fortan nach Osten und fand in seinem ungebrochenen Expansionsdrang in Mittelasien und Fernost ein weites Betätigungsfeld. Die eurasische Perspektive bot Erfolg versprechende Zukunftsvisionen an. Slawophile Kreise waren nicht abgeneigt, aus dem gottgege-

Sewastopol am Schwarzen Meer im Jahr 1854 (Holzstich aus der Leipziger »Illustrirten Zeitung«, 12. August 1854). Die russische Festung widerstand elf Monate der Belagerung der Allierten; nach hohen Verlusten erstürmten die Franzosen schließlich die Stadt.

Elf Länder waren auf dem Pariser Friedenskongress von 1856, der den Krimkrieg beendete, vertreten (Stich der Teilnehmerrunde am 30. März). Großbritannien setzte seine Interessen im Mittelmeer durch; Russland orientierte sich fortan nach Osten.

benen Auftrag einer »zivilisatorischen Mission« Russlands in Asien
die moralische Rechtfertigung für eine offensive Außenpolitik abzuleiten.

Voraussetzung dazu war die Befriedung des Kaukasus. Mehrmals sah sich die russische Militärmacht
durch Aufstandsbewegungen unter den Tschetschenen und den kriegerischen Stämmen Dagestans
herausgefordert. Imam Schamil erprobte seit den
Dreißigerjahren des 19. Jahrhunderts eine erfolgreiche Guerillataktik und trotzte in seiner Bergfestung
über zwei Jahrzehnte den zahlenmäßig überlegenen
russischen Streitkräften.

Seit 1856 suchte der neu ernannte Statthalter des
Zaren im Kaukasus, Generalfeldmarschall Aleksandr Iwanowitsch Barjatinskij, eine gewaltsame militärische Entscheidung zu erzwingen. 1859 eroberten russische Truppen Wedeno, die Residenz Scha-
mils, und nahmen den legendären Aufstandsführer gefangen. Der
Widerstand der Tscherkessen im Westkaukasus konnte erst nach
einem längeren Kleinkrieg 1864 gebrochen werden.

Im Ostkaukasus führten die
Tschetschenen gegen die Russen
1835–59 den heiligen Krieg (Imam
Schamil nach dem Fall von Wedeno
vor dem russischen General; Stich
aus »Horschelt's Bilder aus dem
Kaukasus«). Der Widerstand der
Tscherkessen im Nordwesten
wurde 1864, der der Georgier im
Südwestkaukasus bereits in den
Jahren 1804–19 gebrochen.

Die Beherrscherin des Ostens – Russlands Expansion zum Pazifik

Russlands Aufbruch nach Asien war schon seit dem 16. Jahrhundert vorgezeichnet. Nach anfänglichen Rückschlägen war die
Besetzung Sibiriens innerhalb weniger Jahrzehnte abgeschlossen
und durch die Anlage von Stützpunkten – unter anderem Tjumen

Am russischen Goldenen Horn an der
Pazifikküste verkündete die 1860
gegründete sibirische Hafenstadt
Wladiwostok (»Beherrsche den Osten«)
die russischen Ansprüche
(Foto um 1900).

1586 und Tobolsk 1587 – gesichert worden. Ein halbes Jahrhundert
später drangen kosakische Vorausabteilungen unter Iwan Moskwitin
1639 bis an die Küste des Ochotskischen Meeres vor und erreichten
erstmals die Küste des Pazifiks. 1647 bis 1649 wurde der Stützpunkt
Ochotsk angelegt.

Im Amurgebiet und am Ussuri gerieten die moskowitischen Eindringlinge wiederholt in Grenzkonflikte mit dem chinesischen
Mandschureich, die erst 1689 im Vertrag von Nertschinsk durch je-
suitische Vermittlung beigelegt werden konnten. 1741 war der dänische Asienforscher in russischen Diensten Vitus Jonassen Bering auf

seiner zweiten Kamtschatka-Expedition erstmals an der Küste Alaskas gelandet. Pelztierjäger und Fallensteller waren maßgeblich an der wirtschaftlichen Erschließung Russisch-Amerikas beteiligt. Die Leitungskompetenz übernahmen Vertreter der Russisch-Amerikanischen Kompanie, die 1799 als Aktiengesellschaft gegründet worden war.

Nach der von den USA erzwungenen Öffnung der japanischen Häfen im Jahre 1854 war Russland im Fernen Osten an Absprachen mit den Nachbarstaaten interessiert. Der russisch-japanische Handels- und Grenzvertrag von 1855 sah eine Teilung der Kurileninseln und eine gemeinsame Verwaltung der Insel Sachalin vor. 1875 tauschte Russland unter Verzicht auf die gesamten Kurileninseln Sachalin ein. Die Differenzen mit China konnten erst nach mühsamen Verhandlungen beigelegt werden. Der Generalgouverneur von Ostsibirien, Nikolaj Nikolajewitsch Murawjow, hatte mit seinem eigenmächtigen Vorstoß und der Gründung der Festung Chabarowsk an der Ussurimündung einen erneuten Streit um das Amurgebiet vom Zaun gebrochen. Im Vertrag von Aigun erzwang er 1858 die Abtretung des linken Amurufers vom Argunfluss bis zur Mündung. Im Vertrag von Peking 1860 gewann er das strittige Gebiet zwischen Ussuri und der Pazifikküste, die so genannte Küstenprovinz, hinzu.

Mit der Benennng des 1860 gegründeten Wladiwostok (»Beherrsche den Osten«) meldete Russland unmissverständliche Ansprüche in der pazifischen Region an. Der wenig später ausgehandelte Verkauf Alaskas an die USA 1867 diente nur einer längst fälligen Frontbegradigung. Russisch-Amerika hatte zu diesem Zeitpunkt seine Bedeutung als wirtschaftlicher Außenposten Russlands auf dem nordamerikanischen Kontinent schon längst eingebüßt.

Die Eroberung der Steppe – Grenzsicherung und Kolonialismus Russlands in Zentralasien

Beim Vordringen Russlands nach Mittelasien in der Mitte des 19. Jahrhunderts hatten sicherheitspolitische und strategische Argumente den Vorrang vor wirtschaftlichen Erwägungen. Die instabilen Herrschaftsverhältnisse unter den Hirtennomaden in der Kasachensteppe waren zu einem schwer erträglichen Störfaktor geworden.

Auf russischer Seite waren zur Sicherung der Steppengrenzen im südlichen Sibirien die Festungen Omsk im Jahre 1716 und Semipalatinsk 1718 angelegt worden. 1735 wurde im südlichen Ural die Orenburger Verteidigungslinie eingerichtet und durch die Ansiedlung wehrhafter Kosakenverbände befestigt. Die Steppenzone war aber nur schwer unter Kontrolle zu halten. Die sozialen Konflikte drohten auf die russischen Grenzgebiete am Ural und in Sibirien überzugreifen. Deshalb schritt man in der Regierungszeit Nikolaus I. (1825–55) zu einer etappenweisen Inkorporierung des Kasachenterritoriums. Die Khane wurden abgesetzt und ihr Herrschaftsbereich der sibirischen Verwaltung unterstellt.

Aus dem Bericht des deutschen Botschafters in Sankt Petersburg, Hugo Fürst von Radolin, vom 14. Juli 1895 über imperialistisches Denken russischer Offiziere:

Kurzum, aus allem dem, was ich höre, klingt die eine Stimme heraus, dass Russland berufen ist, mit der Zeit die Weltherrschaft zu erlangen, dieselbe vorerst nach dem Osten und Südosten auszudehnen, wo noch keine europäische Zivilisation und die mit ihr verbundenen Krebsschäden herrschen. Das westliche Europa sei verderbt und müsse, so denken die Russen, wohl erst geläutert werden, bevor Russland sein Augenmerk darauf werfen könne.

Das Foto des angeketteten Sträflings stammt aus der Sammlung von Anton Pawlowitsch Tschechow, der 1890 auf Sachalin war. Er veröffentlichte einen Bericht über die unmenschlichen Haftbedingungen in den Sträflingslagern im Norden der Insel (Moskau, Literaturmuseum).

Noch während des Krimkriegs bereiteten russische Grenzkommandanten weitere Eroberungszüge vor. Der Orenburger Gouverneur Wassilij Perowskij, der schon 1839/40 einen missglückten Kriegszug gegen Chiwa befehligt hatte, bemächtigte sich 1853 der Grenzfestung Ak-Metschet am Syrdarja (später nach ihm Perowsk benannt, heute Ksyl-Orda) zum Khanat von Kokand. Im Siebenstromland diente seit 1854 die Festung Wernyj – das heutige Alma-Ata – als militärische Ausgangsbasis für weitere Operationen in den angrenzenden Wüstengebieten, die vom Khanat von Chiwa südlich des Aralsees, vom Khanat von Kokand und dem Emirat von Buchara beherrscht wurden.

In den 1830er-Jahren malte Pawel Petrowitsch Wedenezki diese Ansicht der Fabrik von Tschernoistotschinsk im Gebiet Jekaterinburg im Ural (Moskau, Historisches Museum). Die Entmachtung der kasachischen Khane erfolgte zur Sicherung dieser industrialisierten Region.

Der »Löwe von Taschkent«

Graf Nikolaj Pawlowitsch Ignatjew hatte 1857 auf einer Sondierungsreise Chiwa und Buchara besucht und einen Eindruck von den inneren Zuständen der Steppenreiche gewinnen können. Als Leiter des Asiatischen Departements im Außenministerium von 1861 bis 1864 sprach er sich unverhohlen für eine offensive militärische Sicherung der russischen Handelsinteressen in Mittelasien und für eine Vorverlegung der Grenzen aus. Einen willigen Erfüllungsgehilfen fand er in General Michail Grigorjewitsch Tschernajew. Der spätere »Löwe von Taschkent« hatte nützliche Fronterfahrung in den Kaukasuskämpfen gesammelt. Er teilte die panslawische Gesinnung Ignatjews ebenso wie dessen borníerte Geringschätzung der Steppennomaden. In der Steppe fand er den nötigen Freiraum für seine eigenen Ambitionen.

1864 beauftragte ihn der Kriegsminister, von Wernyj aus Aulije-Ata (das heutige Dschambul), einen Kreuzungspunkt von Handelswegen, zu besetzen, während General Nikolaj Werewkin von Perowsk aus aufbrach, um die Festung Turkestan zu erobern. Der erfolgreiche Abschluss des Unternehmens verschaffte dem Russischen Reich strategische Vorteile entlang einer befestigten Verteidigungslinie, die von der Syrdarjaregion bis nach Westsibirien verlief.

Tschernajew gab sich mit dem Erreichten nicht zufrieden. Ohne weitere Instruktionen aus Omsk abzuwarten, bemächtigte er sich in einem Überraschungscoup der Zitadelle Tschimkent. Am 8. Mai 1865 stand er mit 1300 Mann und 12 Kanonen vor Taschkent und erzwang am 17. Juni 1865 die bedingungslose Kapitulation.

Die russische Öffentlichkeit feierte den Sieg Tschernajews als heroische Tat. Für dessen weitere militärische Karriere hat er sich nicht ausgezahlt. Tschernajew verbrachte die nächsten acht Jahre im Wartestand und sparte in publizistischen Verlautbarungen nicht mit bitteren Kommentaren zu den weiteren Vorgängen in Turkestan. Der

Aus einer Zirkulardepesche des russischen Außenministers Michail Dmitrijewitsch Fürst Gortschakow aus dem Jahr 1864:

Die Lage Russlands in Mittelasien ist die aller zivilisierten Staaten, die in Kontakt mit halbwilden, umherschweifenden Völkerschaften ... kommen. In einem solchen Fall verlangt das Interesse an der Sicherheit der Grenzen ..., dass der zivilisierte Staat eine gewisse Autorität über seine Nachbarn hat ... Um ihnen Einhalt zu gebieten, ist er gewöhnlich gezwungen, die benachbarten Völkerschaften in eine mehr oder weniger direkte Unterwerfung zu bringen. Ist dies Resultat erreicht, ... werden sie jetzt ihrerseits von Überfällen entfernter Stämme heimgesucht ... Daraus ergibt sich die Notwendigkeit weiter, langwieriger periodischer Expeditionen ... Dies war das Los aller Staaten, die diese Bedingungen antrafen. Die Vereinigten Staaten in Amerika, Frankreich in Afrika, Holland in seinen Kolonien, England in Ostindien – alle wurden ... auf diesen Weg der Vorwärtsbewegung gezogen, auf dem es sehr schwierig ist, wieder anzuhalten.

Ausbruch der großen Orientkrise 1875 bot ihm nochmals die unerwartete Chance, seine Führungsqualitäten zu beweisen. Er meldete sich sehr zum Unwillen der russischen Regierung als freiwilliger Kriegsteilnehmer in Belgrad und übernahm den Oberbefehl über die serbische Armee. Das Kommandounternehmen verstand er als Kreuzzug der Slawen. Es endete im Oktober 1876 in einer katastrophalen Niederlage der Serben.

Expansive Grenzsicherung

Für die Politik Russlands in Mittelasien ist der Fall Tschernajew symptomatisch. Der Dienst auf vorgeschobenen Außenposten ließ naturgemäß den Grenzkommandanten einen erheblichen Handlungsspielraum. Über die kaum mehr steuerbaren gleitenden Übergänge zwischen präventiver Grenzverteidigung und planmäßiger Expansion gaben sich die verantwortlichen Leiter der russischen Außenpolitik keinen Illusionen hin. Bei der Endabrechnung zählte allein der Erfolg.

Tschernajews Alleingang vor Taschkent hat das Tor in das südliche Mittelasien weit aufgestoßen. Russland wurde fortan als Ordnungsmacht und als interessierter Handelspartner unweigerlich in die Auseinandersetzung mit den rivalisierenden Nomadenstämmen hineingezogen und zu einer fortschreitenden Ausweitung der Staatsgrenzen verleitet. Die Koordinierung der Einzelaktionen lag seit 1867 bei General Konstantin Peter von Kaufmann. Er hielt als Generalgouverneur des neu geschaffenen Gouvernements Turkestan, das zunächst nur die nördlichen Gebiete des Khanats von Kokand umfasste, über eineinhalb Jahrzehnte von 1867 bis 1882 die Fäden in der

Der Schriftsteller Fjodor Michajlowitsch Dostojewskij in einem Zeitungsartikel vom Januar 1881 zur russischen Eroberung Asiens:

Was brauchen wir die zukünftige Eroberung Asiens? Was wollen wir in Asien anfangen? Wir brauchen sie, weil Russland nicht nur in Europa, sondern auch in Asien liegt; weil der Russe nicht nur Europäer, sondern auch Asiate ist. Und noch mehr als das: In Asien liegen vielleicht mehr unsere Hoffnungen als in Europa. Und ich sage noch mehr: Vielleicht ist Asien unseren zukünftigen Schicksalen der wichtigste Ausweg!

Der Schauplatz des Gemäldes »Plötzlicher Angriff« ist Turkestan und geht auf Erlebnisse und Skizzen zurück, die der russische Maler Wassilij Wassiljewitsch Wereschtschagin als Begleiter der russischen Expeditionen 1867/68 und 1868/69 machte (1871; Moskau, Tretjakow-Galerie).

Hand. In dieser Zeit wurde die völlige Unterwerfung der Gesamtregion zwischen Kaspischem Meer und chinesischer Grenze weitgehend zum Abschluss gebracht und 1868 Samarkand, 1873 Chiwa und 1876 Fergana in das Russische Reich eingegliedert.

Als erster Schritt zur Annexion der transkaspischen Steppenregion wurde 1869 am Ostufer des Kaspischen Meeres die Festung Krasnowodsk angelegt. Gegen die russischen Eindringlinge leisteten die ansässigen turkmenischen Stämme hartnäckigen Widerstand. Er konnte erst 1881 gebrochen werden. Die äußeren Grenzen der Machtausdehnung Russlands im südlichen Mittelasien waren 1884 mit der Besitznahme der Oase von Merw erreicht.

Russischer Kolonialismus

Reiter aus Turkestan und Schütze aus dem Emirat Buchara (beide 1873) von Wereschtschagin, der großes Interesse an fremden Völkern und Kulturen besaß.

Mit Rücksicht auf die britischen Interessen in Afghanistan und die russisch-britische Rivalität in Persien begnügte sich Russland in Mittelasien mit einer indirekten Herrschaft. Der Emir von Buchara und der Khan von Chiwa behielten formal ihre ererbten Herrschaftsrechte auf einem durch Gebietsabtretungen reduzierten Territorium bei. Sie mussten sich allerdings einer rigorosen Aufsicht unterstellen.

Zur Verwaltung der eroberten Gebiete wurden zwei Generalgouvernements eingerichtet. Der Generalgouverneur vereinte in seiner Hand das oberste Kommando der Streitkräfte und die Aufsicht über die Zivilverwaltung. Das Generalgouvernement Turkestan mit der Hauptstadt Taschkent wurde 1867 geschaffen. Aus den nördlich angrenzenden Gebieten von Akmolinsk, Semipalatinsk und dem Siebenstromland bildete man bei der Auflösung des Westsibirischen Generalgouvernements im Jahre 1882 die »Steppenregion«, die von Omsk aus verwaltet wurde. 1881 entstand ein eigenes Transkaspisches Gebiet mit dem Zentrum in Aschchabad. Es wurde 1897 an das Generalgouvernement Turkestan angeschlossen.

Russland verzichtete auf eine weitergehende Integration der Nomadengebiete. Die russische Herrschaft in Mittelasien war von dem stolzen Bewusstsein zivilisatorischer Überlegenheit getragen und nahm unverkennbar koloniale Züge an. In das soziale Gefüge der Nomadengesellschaft haben die russischen Kolonialherren kaum eingegriffen. Urteile in Strafprozessen wurden in den Dörfern, den *auls,* weiterhin nach den Regeln des überlieferten muslimischen Gewohnheitsrechts gefällt. Russische Beamte saßen in den zentralen Verwaltungseinrichtungen. Sie haben in Teilbereichen durch das Verbot des Sklavenhandels und brutaler Körperstrafen zu einer Humanisierung der Lebensbedingungen beigetragen. Die Segnungen des neuen russischen Besteuerungssystems und der weit reichenden Landreform sind allerdings wegen der verbreiteten Korruption den Dorfbewohnern kaum zugute gekommen.

Aus Turkestan brachte Wereschtschagin auch exotische Motive mit. Das Gemälde »Sie feiern« zeigt den Reghistanplatz vor der 1619–36 erbauten Schir-Dar-Medrese von Samarkand (1872; Moskau, Tretjakow-Galerie).

Die ökologischen und wirtschaftlichen Folgen

Usbekin beim Baumwollpflücken. In Mittelasien breiteten sich riesige Baumwollfelder aus.

Zentralasien zählte zu den bevölkerungsärmsten und rückständigsten Regionen des Zarenreiches. Der wirtschaftliche Nutzen beschränkte sich weitgehend auf die Erträge der einheimischen Baumwollproduktion. Diese deckten gegen Ende des Jahrhunderts 80 Prozent des jährlichen Bedarfs im Reich. Die russische Textilindustrie gewann so einen Standortvorteil gegenüber der britisch-indischen Konkurrenz. Diese einseitige Ausrichtung auf die Bedürfnisse des Abnehmers hatte auf längere Sicht negative ökologische und wirtschaftliche Folgen. Sie behinderte die notwendige Umstrukturierung und Modernisierung der Landwirtschaft und engte die Anbaumöglichkeiten für Feldfrüchte erheblich ein. Die Ernährung der Bevölkerung aus der eigenen Landwirtschaft war nicht mehr gewährleistet. Für die Entwicklung der Infrastruktur gewann seit den Achtzigerjahren der Eisenbahnbau eine herausragende Bedeutung. Die Transkaspische Magistrale, deren Bauarbeiten 1881 begannen, stellte nach ihrer Vollendung eine direkte Eisenbahnverbindung vom Kaspischen Meer über Merw und Samarkand bis Taschkent und das Ferganatal her. Der Endpunkt Andischan wurde 1899 erreicht. 1905 erfolgte über die Bahnlinie Orenburg–Taschkent eine Anbindung an das innerrussische Eisenbahnnetz.

Fernöstlicher Machtpoker – Existenzkrise des Zarismus

Graf Witte stabilisierte als russischer Verkehrs- und Finanzminister den Rubel durch Einführung der Goldwährung (1897) und förderte mit seiner Schutzzollpolitik die Industrialisierung Russlands, besonders den Eisenbahnbau. 1905–06 war er Ministerpräsident.

Unter der Ägide von Sergej Juljewitsch Graf Witte, von 1892 bis 1903 Finanzminister, gewann die Ostexpansion Russlands eine völlig neue Dimension. Ihn faszinierte der Gedanke von einem die Kontinente verbindenden Schienenstrang, der sich als staatliches Steuerungsinstrument zur Erschließung der Ressourcen und zur

Ein Bahnwärter stellt die Weichen für den herannahenden Zug auf einer fertigen Strecke der Transsibirischen Eisenbahn (Foto nach 1891).

friedlichen Durchdringung des asiatischen und fernöstlichen Raumes einsetzen ließ. Folgerichtig zählte Witte zu den eifrigsten Befürwortern jenes gigantischen Eisenbahnprojektes der Transsibirischen Eisenbahn (Transsib), das in einer Bauzeit von nur 25 Jahren (1891–1916) verwirklicht wurde. Die Transsib durchquert auf der längsten Schienenstrecke der Welt ganz Russisch-Asien von Tscheljabinsk im Ural bis nach Wladiwostok an der Pazifikküste. Der Streckenbau in einem schwierigen Gelände bot jahrelang Tausenden von Helfern Arbeit und Brot. Im Umfeld der zahlreichen Eisenbahndepots und Werkstätten entwickelten sich feste Ansiedlungen, deren Bewohner handwerkliche Fertigkeiten und urbanen Lebensstil mitbrachten und unter der ansässigen Bevölkerung verbreiteten. Ein selbsttragender wirtschaftlicher Aufschwung würde, so die Hoffnung Wittes, ein solides Fundament für die machtpolitische russische Präsenz in Ostasien legen. In seinen Zukunftsvisionen war dem Zarenreich eine weltpolitische Führungsaufgabe und eine Schiedsrichterrolle zwischen Europa und Asien zugedacht.

Der Partner China

Die Furcht vor einem übermächtigen Japan und die Verlockungen des chinesisch-japanischen Marktes ließen Witte im chinesisch-japanischen Konflikt um Korea 1895 auf die chinesische Karte setzen. Russland intervenierte gemeinsam mit Frankreich und Deutschland. 1896 wurde in Moskau ein förmlicher Bündnisvertrag mit China unterzeichnet. Witte initiierte noch im gleichen Jahr die Gründung einer russisch-chinesischen Bank unter französischer Beteiligung und erreichte die Konzession für den Bau

einer Bahnlinie durch die Mandschurei. Diese so genannte Ostchinabahn, die von 1897 bis 1901 vollendet wurde, führte auf der direkten Wegstrecke von Transbaikalien über Harbin nach Wladiwostok.

Das Einvernehmen mit der chinesischen Regierung zahlte sich aus. Russland dehnte sehr zum Missfallen der Briten und der Japaner seinen wirtschaftlichen Einfluss auf die Mongolei und die Mandschurei aus.

Die Karikatur des russischen Bären in »Der wahre Jacob« vom 22. März 1904 ist mit einer doppeldeutigen Unterschrift versehen: »Einer, der bald genug kriegen wird.« Der Ausgang des Russisch-Japanischen Kriegs war zu diesem Zeitpunkt noch ungewiss.

Der Russisch-Japanische Krieg

Der Boxeraufstand in China 1900/01 bot Russland eine günstige Gelegenheit, im Zusammenwirken mit den westlichen Großmächten seine nordchinesische Einflusssphäre zu festigen. Die Regierung manövrierte sich aber wegen der ungelösten Koreafrage und des verzögerten Truppenabzugs aus der Mandschurei immer mehr in einen unüberbrückbaren Gegensatz zu Japan. Die Entlassung Wittes im August 1903 beraubte den Zaren zudem eines Ratgebers, der die ökonomische Schwäche des Reichs kannte und in den Außenbeziehungen zur Mäßigung riet. In völliger Fehleinschätzung der eigenen militärischen und finanziellen Möglichkeiten steuerte die russische Regierung einen Konfrontationskurs, der schließlich die brüskierten Japaner zu einem Abbruch der diplomatischen Beziehungen und zu einem Präventivschlag gegen Port Arthur veranlasste.

Der verlustreiche Russisch-Japanische Krieg von 1904/05 endete mit einem völligen Fiasko der bisherigen Ostasienpolitik Russlands. Das hartnäckig verteidigte Port Arthur musste nach 157-tägiger

Japan führte in der Nacht vom 8. auf den 9. Februar 1904 einen Überraschungsangriff auf die im Hafen von Port Arthur ankernde russische Flotte (»Neuruppiner Bilderbogen«).

Graf Witte vertrat Russland bei den Friedensverhandlungen von Portsmouth 1905. Olaf Gulbransson zeichnet ihn als heiligen Christophorus, der »versuchte, den kleinen Zaren durch das Blutmeer zu tragen« (Farbdruck aus dem Wochenblatt »Simplicissimus« 1905, Nr. 36).

Belagerung am 2. Januar 1905 kapitulieren. Die aus der Mandschurei anrückende russische Fernostarmee unterlag in der mehrtägigen Schlacht bei Mukden – dem heutigen Shenyang – vom 19. Februar bis 10. März 1905. Die stolze Ostseeflotte, die im Mai 1905 in der Tsushimastraße aufkreuzte, ging im Sperrfeuer der japanischen Seestreitkräfte unter. Das gedemütigte Russland sah sich genötigt, die Vermittlung des amerikanischen Präsidenten anzunehmen. Im Friedensvertrag von Portsmouth (New Hampshire) vom 5. September 1905 erkannte Russland die vorherrschenden Interessen Japans in Korea an, trat den Südteil Sachalins ab und verzichtete zugunsten Japans auf die bestehenden Pachtrechte in Port Arthur und auf der Halbinsel Liaodong.

Die Grenzen der Zarenmacht

Angesichts der sich häufenden Schreckensmeldungen vom fernöstlichen Kriegsschauplatz war die patriotische Hochstimmung in der russischen Öffentlichkeit sehr rasch verflogen. Die Verschlechterung der allgemeinen Lebensbedingungen trieb die Arbeiter der Hauptstädte auf die Straße. Am 22. Januar 1905 wollte ein friedlicher Demonstrationszug in Sankt Petersburg dem Zaren eine Petition der Arbeiterbevölkerung überreichen. Wachmannschaften versuchten, den Zug vor dem Winterpalais aufzuhalten, und feuerten schließlich planlos in die Menge. Dieser »Blutsonntag« löste eine landesweite Protestbewegung aus und stürzte das Zarenregime in eine schwere Existenzkrise. Die wachsenden Unruhen in allen Landesteilen, die auch vor den Kasernen nicht mehr Halt machten, und ein Generalstreik zwangen im Herbst 1905 den Zaren zum Einlenken. Im Oktobermanifest vom 17./30. Oktober 1905 – das erste Datum ergibt sich aus dem älteren julianischen Kalender, der in Russland bis 1918 Gültigkeit besaß – gestand er eine Abkehr vom autokratischen Herrschaftssystem und die Wahl einer Volksvertretung, russisch *duma,* zu.

Der Newskij Prospekt in Sankt Petersburg war das Zentrum der Oktoberunruhen von 1905; besonders während des Generalstreiks strömte hier eine große Menschenmenge zusammen (Foto Oktober 1905).

Die Begleitumstände der Niederlage im Russisch-Japanischen Krieg haben dem Ansehen Russlands schweren Schaden zugefügt. Die Weltöffentlichkeit musste überrascht zur Kenntnis nehmen, dass der Machtanspruch des Zarismus auf tönernen Füßen stand und er sein selbstherrliches Auftreten in Ostasien nur einem »geborgten Imperialismus« schuldete, wie es Dietrich Geyer in seinem Buch »Der russische Imperialismus« 1977 formulierte. Der enorme Landzuwachs während der 2. Hälfte des 19. Jahrhunderts in Mittelasien und im Fernen Osten hatte nicht den erhofften ökonomischen und strategischen Gewinn eingebracht. Die Kosten überforderten die Finanzkraft des Reichs. 1906 konnte der drohende Staatsbankrott in letzter Minute nur noch durch eine Sanierungsanleihe abgewendet werden. Die Eingliederung einer vornehmlich muslimischen Nomadenbevölkerung in den zaristischen Untertanenverband stellte die Integrationsfähigkeit des russischen Vielvölkerreichs auf eine harte Probe. Nach der Volkszählung des Jahres 1897 waren die Muslime mit 11 Prozent der Gesamtbevölkerung zur zweitgrößten Glaubensgemeinschaft innerhalb des Russischen Reichs angewachsen. Während der revolutionären Ereignisse des Jahres 1905 sind erste Ansätze einer panislamischen Bewegung unter der turkotatarischen Bevölkerung erkennbar geworden.

Nach der militärischen Niederlage des Jahres 1905 war in den Außenbeziehungen vorsichtige Zurückhaltung angesagt. Im Fernen Osten behauptete das Zarenreich die Küstenprovinz und die Ostchinabahn. In Mittelasien suchte man den Ausgleich mit Großbritannien. Der Petersburger Vertrag vom 18./31. August 1907 grenzte die beiderseitigen Interessensphären in Persien ab. In Afghanistan erkannte Russland die britischen Vorrechte an. Die Vereinbarungen bildeten eine wesentliche Grundlage für die Festigung der Bündnissysteme in Europa und die Einbindung Russlands in die Politik der Entente gegen die Mittelmächte Deutschland und Österreich-Ungarn.

Der russische Maler Sergej Wassiljewitsch Iwanow zeigt in seinem Gemälde »Die Erschießung« (1905; Moskau, Zentrales Revolutionsmuseum) den Einsatz des Militärs gegen Demonstranten in Moskau 1905.

EDGAR HÖSCH

Halbmond im letzten Viertel – Das Osmanische Reich zwischen 1856 und 1918

In der 2. Hälfte des 19. Jahrhunderts bildete sich die osmanische Nationalflagge heraus: Halbmond mit fünfzackigem Stern auf rotem Grund (Buchillustration um 1890, mit türkischem Kavalleristen und Infanteristen).

Wenige Monate nach Unterzeichnung des Pariser Friedens am 30. März 1856, mit dem der Krimkrieg beendet wurde, bezog der osmanische Hof seine prachtvolle neue Residenz Dolmabahçe, die den Eindruck einer europäischen Schlossanlage vermittelt. Sie war jedoch in einen öffentlichen – *selamlık* – und einen privaten – *haremlik* – Teil untergliedert und enthielt einen Festsaal für die traditionell osmanischen und islamischen Zeremonien. Der Palast am Bosporusufer diente Abd ül-Medjid I. in seinen letzten Lebensjahren und Abd ül-Asis während seiner gesamten Regierungszeit als Residenz.

Aus dem Krimkrieg war der osmanische Staat mit seinen Verbündeten siegreich hervorgegangen. Das »Großherrliche Handschreiben« *(Hatt-ı hümâyûn)* von 1856, das zweite große Edikt der frühen Reformperiode, der so genannten Tansimatzeit (1839–76), sollte in Zukunft den christlichen Untertanen weitgehende Rechtssicherheit gewähren und Einmischungen des Auslands vorbeugen. Der Pariser Frieden nahm die Türken auf ins »Konzert der europäischen Mächte«. Die Vorzeichen für eine Konsolidierung und Modernisierung des Osmanischen Reichs waren günstig.

Das Osmanische Reich im Umbruch – Das Ende der Tansimatzeit

Mit dem Tode Fuad Paschas (1869) und Ali Paschas (1871) ging der erste Abschnitt der Reformperiode, die Tansimatzeit, die von diesen beiden großen Staatsmännern geprägt war, zu Ende. Fuad und Ali hatten sich als Botschafter, Außenminister und Großwesir über Jahrzehnte hin abgelöst. Der 1861 auf den Thron gelangte Sultan Abdül-Asis regierte nun bis zu seinem Ende 1876, vermutlich durch Selbstmord, allein verantwortlich.

Im letzten Jahr des Krimkriegs hatten Großbritannien und Frankreich Anleihen gewährt und damit die Auslandsverschuldung des Osmanischen Reichs begründet. Infolge der wachsenden Staatsverschuldung nahm die Abhängigkeit des Osmanischen Reichs von Europa zu. Sinkende Steuereinnahmen,

Die Behörde zur Verwaltung der Staatsschulden in Istanbul, die »Dette Publique«, wurde 1881 auf Druck der europäischen Mächte eingerichtet. Der eklektizistische Bau, 1899 vollendet, wurde von Alexandre Vallaury entworfen. Heute ist er eine Schule.

die weit verbreitete Korruption und die Verschwendungssucht des Hofs verstärkten die Krise. Der Staat nahm auf dem lokalen Finanzmarkt von Galata Geld zu horrenden Zinsen auf. Nicht eingelöste Schuldverschreibungen, die so genannten *kaimes*, die ursprünglich zur inneren Finanzierung und nicht als allgemeines Zahlungsmittel vor-

DER SULTANSPALAST DOLMABAHÇE – PRUNKBAU IN EINER KRISENZEIT

Seine neue Residenz am unteren Bosporus mit einer 600 m langen Front bezog der osmanische Hof wenige Monate nach Unterzeichnung des Pariser Friedens, mit dem am 30. März 1856 der Krimkrieg

abgeschlossen wurde. Scheinbar ganz europäisch, war doch die traditionelle Unterteilung des Serails in private und öffentliche Bereiche beibehalten. Thronsaal und Empfangsräume, darunter auch ein Festsaal für islamische Zeremonien, lagen im Mitteltrakt. Ein repräsentatives Treppenhaus erschloss den Zugang. Die langen Seitentrakte waren für den Sultan und, gegenüber, für dessen Frauen sowie den Thronfolger reserviert. Architekt war der Armenier Nikogos Balyan, die Innengestaltung schuf Charles Séchan aus Paris. Alabaster, Porphyr und andere kostbare Materialien fanden Verwendung, die Treppenhausbalustrade ist aus Kristall gearbeitet. Nicht nur bei der Prunktreppe

stand die Pariser Opéra von Charles Garnier Pate. Der Palast steht auf einer schon im frühen 17. Jahrhundert zugeschütteten seichten Bucht, dem »angefüllten Garten« (dolmabahçe).

gesehen waren, lösten 1861 Unruhen aus. Mit der Umwidmung der von ausländischem Kapital beherrschten Ottoman Bank zur Kaiserlich Osmanischen Bank 1863 trat eine gewisse Konsolidierung ein. 1875 musste dennoch der Staatsbankrott erklärt werden.

Nach der verlustreichen Niederlage im Krieg gegen Russland (1877/78) war die Verschuldung des Osmanischen Reichs, nicht zuletzt wegen der Kriegskontributionen, weiter angestiegen. Als die Zinslast nicht mehr getragen werden konnte, hatten die europäischen Staaten auf einem direkten Mitspracherecht über wichtige osmanische Steuerquellen bestanden. Im »Muharrem-Dekret« vom November 1881, benannt nach einem islamischen Monat, wurde festgelegt, wie die seit 1876 ausstehenden Zahlungen an einheimische und ausländische Gläubiger zu leisten waren. Zur Abwicklung wurde eine besondere Verwaltung eingerichtet, kurz »Staatsschuld« (Dette Publique) genannt. Sie schöpfte etwa ein Drittel der Staatseinnahmen an der Quelle ab, unter anderem die Steuern auf Salz und Alkohol, Abgaben für Jagd- und Fischereilizenzen, Seide, Tabak und Stempelpapier. Dem Staat blieben als Haupteinnahmequellen vor allem der Zehnte, die Schafsteuer und eine Militärersatzsteuer. Vor 1914 beschäftigte die »Staatsschuld« etwa 5 000 Angestellte.

Auch in den letzten Jahren der Tansimatzeit sind bemerkenswerte Reformen zu verzeichnen, namentlich im Bereich des Rechts-, Schul- und Verkehrswesens. 1857 entstand modellhaft eine Stadtverwaltung für den Istanbuler Bezirk Pera/Beyoğlu. 1867 wurde ein fortschrittliches Provinzialgesetz erlassen. Mit der *Mecelle* wurden zum ersten Mal in der islamischen Geschichte wesentliche Teile des Zivilrechts kodifiziert. Die beiden wichtigsten Hochschulen der türkischen Hauptstadt, die Verwaltungshochschule (Mekteb-i Mülkiye,

Die letzten osmanischen Herrscher

Abd ül-Medjid I. 1839–61
Abd ül-Asis 1861–76
Murad V. 1876
Abd ül-Hamid II. 1876–1909
Mehmed V. 1909–18
Mehmed VI. 1918–22
Abd ül-Medjid II. 1922–24
(Kalif, ohne Sultanstitel)

1859) und das Galata-Serail-Lyzeum (1868) wurden in diesen Jahren eröffnet. Eine staatliche Anstalt zur Ausbildung von Lehrerinnen folgte 1870. Die erste Konzession für eine Bahnlinie auf osmanischem Boden wurde 1856 vergeben.

Von Istanbul aus blickte man misstrauisch nach Ägypten, das sich bei der Eröffnung des Suezkanals 1869 als fortschrittlicher Konkurrent präsentierte, der aus dem osmanischen Staatsverband fortstrebte. Zu den drängendsten innenpolitischen Problemen gehörten die Auseinandersetzungen zwischen den syrischen Christen, den Maroniten, auf der einen Seite sowie den Drusen und den übrigen Muslimen auf der anderen Seite. Die Schaffung einer autonomen Provinz Berg Libanon (1861) unter einem christlichen, nichtlibanesischen Gouverneur entspannte die Lage. Um den britischen Ansprüchen in Südarabien entgegenzutreten, besetzten osmanische Truppen ab 1869 erneut den Jemen. Die Kriege mit Russland lösten eine Flüchtlingsbewegung aus, die das Bevölkerungsbild der Türkei

Den ersten Schiffskonvoi 1869 durch den Suezkanal führte ein Schiff mit der französischen Kaiserin Eugénie an Bord an (Lithographie nach einem Aquarell von Édouard Riou). Frankreich hielt einen Großteil der Aktien der ägyptischen Suezkanalgesellschaft.

bis heute prägt. Mehr als 300 000 Tataren verließen die Krim. In den Kaukasusländern wurden Tscherkessen (1864), Abchasen (1867), Lasen und Türken (1829, 1878) zur Auswanderung in die Türkei gezwungen. Damit wurde der Anteil der Muslime an der Bevölkerung des Osmanischen Reichs, der um 1840 nur etwa 60 Prozent betrug, gegen 1900 auf etwa 75 Prozent angehoben.

Das erste konstitutionelle Experiment – Die Herrschaft Abd ül-Hamids II.

Bereits in der Tansimatperiode waren semikonstitutionelle Gremien geschaffen worden, ja man hat dem Edikt von 1856 die Eigenschaft einer Verfassung zugesprochen, insofern es verbot, Gesetze zu erlassen, die im Widerspruch zu ihm standen. Eine Errungenschaft dieser Zeit war die Institutionalisierung von beratenden Gremien, die unter den Sultanen Selim III. und Mahmud II. nur ad hoc und in Krisenzeiten einberufen worden waren. So bestanden zwischen 1854 und 1864 ein Ministerrat und eine »Allgemeine Hohe Ratsversammlung« (*Meclis-i Ali-i Umumi*), der verschiedene Fachkommissionen zuarbeiteten. Ihre Vorbilder muss man in den preußischen und österreichischen Verfassungen jener Zeit suchen.

Als »Vater der ersten osmanischen Verfassung« gilt der Großwesir Midhat Pascha (1822–84), der als Gouverneur in mehreren europäischen und asiatischen Provinzen energische Reformen betrieben hatte. In engem Kontakt mit dem britischen Botschafter entwarf er jenes Grundgesetz, das Ende 1876 verkündet wurde. Der Zustimmung des Thronfolgers Abd ül-Hamid hatte er sich rechtzeitig versichert. Wenige Monate nach Abd ül-Hamids Thronbesteigung wurde am 23. Dezember 1876 mit dem Staatsgrundgesetz, dem *Kanun-i esasi*, die erste konstitutionelle

Midhat Pascha, 1872 und 1876/77 Großwesir (Foto um 1877), hatte sich vor der Amtsübernahme als tatkräftiger Provinzgouverneur hervorgetan. Die Verfassung vom 23. Dezember 1876 war im Wesentlichen sein Werk. 1881 wurde er verbannt und am 8. Mai 1884 ermordet.

Monarchie der türkischen Geschichte begründet. Der Herrscher blieb wie zuvor der theokratisch legitimierte Souverän, auf den die gesamte Staatsorganisation zugeschnitten war. Die Gesetzesinitiativen standen der Regierung zu. Der Sultan befand auch über den Zusammentritt und die Auflösung des Parlaments. Gleichzeitig enthielt das Grundgesetz einen ausführlichen Katalog moderner rechtsstaatlicher Grundsätze und Rechte. Allerdings fehlte jede Sicherung dieser Freiheitsrechte, der absolutistische Einschlag überwog.

Abd ül-Hamid II. nutzte einen Artikel der midhatschen Verfassung selbst, um ihren Schöpfer abzusetzen und nach Europa zu verbannen. Nach dem Krieg gegen Russland wurde Midhat zwar begnadigt, doch hat man ihn später verurteilt und durch gedungene Mörder zu Tode gebracht. Das erste osmanische Parlament war innerhalb von fünf Monaten nur 56-mal zusammengetreten. Seine Mitglieder wurden durch indirekte Wahlen über die Provinzial- und Kreisversammlungen bestimmt. Um die Großmächte zu beeindrucken, waren nichtmuslimische Abgeordnete deutlich überrepräsentiert: Von 119 Abgeordneten entsandten die Muslime 71, die Christen 44 und die Juden vier Repräsentanten. Nach 1878 verzichtete der Sultan auf die Wiedereinberufung des Parlaments und regierte drei Jahrzehnte bis zu seiner Entmachtung ohne Mitwirkung der Kammer.

Der Krieg mit Russland und der Berliner Kongress

Militärisch gesehen war das Osmanische Reich nach dem Fall von Plewen im Dezember 1877 am Ende, die Russen errichteten ein prächtiges Siegesdenkmal am Ort des Friedensdiktats von San Stefano, dem heutigen Flughafen von Istanbul. Es wurde 1914 gesprengt (historische Postkarte); in Plewen wird an etwa hundert Stätten der Befreiung von der Türkenherrschaft gedacht.

Russland, das seit dem Ende des Krimkriegs im Kaukasus und in Mittelasien weitere muslimische Gebiete unter seine Herrschaft gebracht hatte, erklärte dem Osmanischen Reich 1877 erneut den Krieg. Nach dem Vormarsch seiner Truppen durch Bulgarien bis an die Tore Konstantinopels wurden die Osmanen gezwungen, die Festung Plewen aufzugeben und im März 1878 in San Stefano (heute Yeşilköy) einen Präliminarfrieden abzuschließen. Eine wichtige Folge dieser Entwicklung war das Allianzabkommen mit Großbritannien,

Die Ergebnisse des Berliner Kongresses, der die »orientalische Frage« umfassend behandelte, wurden von den Unterhändlern am 13. Juli 1878 unterschrieben und besiegelt; abgebildet ist die erste Unterschriftenseite des Vertragswerks (Wien, Haus-, Hof- und Staatsarchiv).

das dem Osmanischen Reich seinen asiatischen Besitzstand gegen russische Ansprüche sichern sollte. Im Austausch dafür versprach die Sultansregierung weitere »notwendige« Reformen und überließ die »Verwaltung« der seit 1571 osmanischen Insel Zypern Großbritannien. Erst bei einer Rückgabe der Festung Kars und anderer armenischer Territorien an das Osmanische Reich sollte Zypern von Großbritannien geräumt werden.

Die mit der »orientalischen Frage« zusammenhängenden Probleme suchte der 1878 auf Betreiben Österreich-Ungarns zusammentretende Berliner Kongress zu lösen, auf dem Bismarck als »ehrlicher Makler« vermittelte. Sein Hauptergebnis war die Schaffung eines autonomen Fürstentums Bulgarien unter der losen Oberherrschaft des Sultans und einer neuen osmanischen Provinz Ost-Rumelien südlich des Balkans. Sie sollte unter einem christlichen Statthalter einige Souveränitätsrechte genießen, wurde aber schon 1885 mit Bulgarien vereinigt. Die Hohe Pforte hatte sich auch endgültig mit der Unabhängigkeit Montenegros, Serbiens und Rumäniens abzufinden. Bosnien und Herzegowina fielen unter die Verwaltung Österreich-Ungarns. An Russland musste die Pforte die Provinzen Ardahan, Kars und Batum südlich des Kaukasus abtreten. 1881 besetzte Frankreich, das 1830–70 bereits Algerien annektiert hatte, Tunesien, 1882 Großbritannien Ägypten.

Politik und Religion unter Abd ül-Hamid II.

Als Sohn Abd ül-Medjid I. hatte Abd ül-Hamid II. (1876–1909) eine sorgfältige Erziehung genossen. Er lernte Französisch und beschäftigte sich mit westlicher Musik. Für das autokratische System Abd ül-Hamids war einerseits die Verlagerung des Machtschwerpunkts von der Hohen Pforte zum Palast (Yıldız), von der Regierung durch den Großwesir zum Sultan selbst charakteristisch. Unruhen in

Aktionäre der im Osmanischen Reich tätigen Eisenbahngesellschaften erzielten zwischen 1899 und 1909 die besten Renditen, schätzungsweise eine Verzinsung von 5 Prozent (Schuldverschreibung der Société Ottomane du Chemin de Fer de Damas-Hamah über 500 Francs vom 1. August 1905).

den Provinzen, eine wachsende Opposition im In- und Ausland und die Furcht vor Anschlägen verstärkten ein ausgeklügeltes Überwachungssystem. Zensur, Verbannung und Bespitzelung waren an der Tagesordnung. Kennzeichnend war ein 1886 erlassenes allgemeines Telefonverbot in Istanbul.

Auf der anderen Seite war Abd ül-Hamid ein energischer Reformer des Schulwesens auf allen Ebenen und in allen Landesteilen. Sein anhaltendes Ansehen in konservativen und religiösen Kreisen der Türkei geht auf seine Anstrengungen zurück, ausländische Mitsprache zu begrenzen und den Islam sunnitischer Observanz innerhalb der Reichsgrenzen durchzusetzen. Der Bau der anatolischen Bahn und der Hidjasbahn gehört zu den sichtbarsten Leistungen Abd ül-Hamids. In der 2. Hälfte des 19. Jahrhunderts waren die osmanischen Länder von 7500 km Eisenbahnschienen durchzogen. Nach dem kurzen, für die Osmanen siegreich endenden »Thessalienkrieg« gegen Griechenland (1897) führte Abd ül-Hamid den Titel *Gazi* (»Glaubensheld«).

In seiner Reichstagsrede vom 5. Dezember 1876 drückte Bismarck das Desinteresse des Deutschen Reichs an der »orientalischen Frage« mit folgenden Worten aus:

Ich werde zu irgendwelcher aktiven Beteiligung Deutschlands an diesen Dingen nicht raten, so lange ich im Ganzen für Deutschland kein Interesse sehe, welches auch nur – entschuldigen Sie die Derbheit meines Ausdrucks – die gesunden Knochen eines einzigen pommerschen Musketiers wert wäre.

Sternen-Uşak (um 1700). Bis in die 2. Hälfte des 19. Jahrhunderts beherrschten osmanische Teppiche aus der Gegend von Uşak den europäischen Markt. Neben sternförmigen waren runde Medaillon-Uşaks häufig. Frühe Exemplare haben Rapportmuster.

Die jüdische Einwanderung nach Palästina hatte schon vor dem 1. Zionistenkongress 1897 in Basel eingesetzt. Mit dem Verbot der Niederlassung und des Landerwerbs wurden 1881 restriktive Maßnahmen gegen Einwanderer erlassen. Ungeachtet dessen entstanden jedoch jüdische Siedlungen, vor allem Agrarkolonien außerhalb der heiligen Stätten.

Die wirtschaftliche Grundlage des riesigen Osmanischen Reichs blieb bis zum Ausbruch des Ersten Weltkriegs wenig verändert. Der auf landwirtschaftliche Erzeugnisse erhobene Zehnte war die wichtigste Einnahmequelle, Weizen das Hauptanbauprodukt. Es folgten mit großem Abstand Tabak, Maulbeerkulturen, Seide, Baumwolle, Früchte und Gemüse. Als Ausfuhrgüter spielten neben Teppichen (besonders aus Uşak) nur getrocknete Trauben, Seide, Feigen, Opium und Nüsse eine größere Rolle. Insgesamt aber war die Handelsbilanz völlig unausgeglichen. Die Osmanen hatten sich daran gewöhnt, viele einfache Konsumgüter, wie Zucker, Textilien und Baumwolle, aus dem Ausland zu beziehen.

Die Armenier

Das »Großherrliche Handschreiben« von 1856 hatte für die Minderheiten eine doppelte Auswirkung: Es versprach ihnen einerseits Gleichstellung mit den muslimischen Untertanen des Sultans, schloss aber damit andererseits Selbstverwaltung außerhalb des kirchlichen Bereichs aus. Die armenische Minderheit war seit der

Das »Großherrliche Handschreiben«, ein 21 Punkte umfassendes Reformedikt vom 18. Februar 1856, bemühte sich um allgemeine Rechtssicherheit und sicherte den Christen gleiche bürgerliche Rechte wie den Muslimen zu; es bestimmte:

Beachtung der alten Privilegien der griechischen und armenischen Kirche.
Gleichstellung aller Kulte und Nationalitäten im Osmanischen Reich.
Den Muslimen ist Konfessionswechsel erlaubt. Konfessionswechsel ist straffrei.
Zulassung der Christen zu allen Staatsämtern.
Errichtung allgemeiner Schulen für Muslime und Christen zur Vorbildung für den Staatsdienst.
Verbesserung der Gesetze und Schaffung eines Gesetzbuchs.

Tansimatzeit in den kommunalen und provinzialen Räten gut vertreten. Junge Armenier sahen vor allem im Justizwesen Aufstiegsmöglichkeiten. Im staatlichen und halbstaatlichen (Schuldenverwaltung, Tabakmonopol) Finanzwesen war ihr Anteil noch höher. Dasselbe gilt für das öffentliche Bildungs- und Gesundheitssystem. Das Türkische war in den Städten Zentralanatoliens und in Istanbul zur Umgangssprache der Armenier geworden, die sich des »klassischen« (Ost-)Armenischen nur noch zu kirchlichen Zwecken bedienten. Der Beitrag armenischer Künstler zur türkischen Literatur war erheblich. Der früheste Roman in türkischer Sprache stammt von einem armenischen Autor, von Vartanian Efendi (1862). Die Musik- und Theaterkultur der Türkei im 19. Jahrhundert ist ohne den armenischen Beitrag kaum denkbar.

Der Berliner Kongress hatte in den von einer starken armenischen Minderheit bewohnten »Sechs Provinzen« Reformmaßnahmen zugesagt, die von den Armeniern aber als unzureichend angesehen wurden. Einen Status, der dem von Berg Libanon entsprach, mochten die Osmanen den Armeniern in »ihren« Provinzen nicht einräumen, weil sie in keiner die Bevölkerungsmehrheit bildeten. Zwischen 1894 und 1896 kam es in zahlreichen Orten Anatoliens zu Übergriffen auf armenische Gemeinden. Die Besetzung der Osmanischen Bank in Istanbul im Jahr 1896 war für die Weltöffentlichkeit der sichtbarste Höhepunkt des armenischen Widerstands. Führend war die 1890 in Tiflis gegründete Geheimorganisation *Daschnakzutjun,* andere, vom russischen Kaukasus oder von Griechenland aus operierende Organisationen hatten sich angeschlossen. Die Aufrührer wurden nach Intervention der Großmächte auf einem Schiff nach Frankreich gebracht. In Istanbul kam es vor und nach der Bankbesetzung zu Pogromen an Armeniern, aber auch türkische Ordnungskräfte und Unbeteiligte wurden zu Hunderten getötet. Sultan Abd ül-Hamid II., auf den der Druck des Auslands zunahm, sollte im Jahr 1905 selbst das Ziel eines misslungenen Attentats armenischer Revolutionäre werden.

Der Schritt in die Moderne – Die Jungtürken

M it der als »Jungtürken« bekannten, aber durchaus uneinheitlichen Opposition im westlichen Ausland nahmen die Armenier früh Verbindung auf. Diese Allianz war zwischen 1902 und 1907 besonders eng. Unter den führenden Köpfen im Exil gab es Zentralisten und Föderalisten. Zu den Ersteren zählte der autoritär eingestellte Ahmed Risa, der sich 1889 nach Paris absetzte; nach dem Sieg der Jungtürken wurde er Präsident der Kammer. Zur zweiten Gruppe zählte der albanische Militärarzt Ibrahim Temo. Die Religion galt vielen Exilpolitikern als ein wesentliches Fortschrittshindernis, viele von ihnen waren einem zeitgenössischen biologischen Materialismus verpflichtet.

Die von Ahmed Risa gegründete Exilorganisation in Paris nannte sich ab 1894 »Osmanische Gesellschaft für Einheit und Fortschritt«; erst zu diesem Zeitpunkt trat sie in der Öffentlichkeit auf, zunächst mit der Verurteilung von Verfolgungen der Armenier. Die Tätigkeit der Jungtürken in Europa, die über zwei wichtige Flügel in Genf und Paris verfügten, wurde vielfach durch Proteste der Istanbuler Regierungen behindert. Ahmed Risa musste zeitweise sogar Frankreich verlassen. Eine Sensation bildete die Abwerbung eines führenden Publizisten der jungtürkischen Opposition, »Mizancı« Murad, durch einen Sonderbeauftragten des Sultans im Jahr 1897. Am ersten Kongress der osmanischen Reformer in Paris (1902) nahmen Exilvertreter fast aller wichtigen osmanischen Nationalitäten teil: Türken, Griechen, Araber, Kurden, Albaner, Armenier, Tscherkessen und

Schon bald nach dem Sieg der Jungtürken wurde die Presse erneut überwacht. Auf der türkischen Karikatur vom 4. Februar 1909 erhebt sich das Gespenst der Zensur, unterstützt von Abd ül-Hamid II. (links). Hofiert von den europäischen Großmächten reitet Abd ül-Hamid II. durch einen Triumphbogen aus Totenköpfen. Sein Säbel trieft von Blut, das abgeschlagene Haupt eines Gegners hängt am Sattel (zeitgenössische französische Karikatur).

Das Istanbuler Freiheitsdenkmal mit einer Säule in Gestalt eines Geschützrohrs erinnert an die Niederschlagung des Umsturzversuchs (1909) gegen das 1908 etablierte jungtürkische Regime (historische Aufnahme).

Die Proklamation des »djihad«, des »Heiligen Kriegs«, gegen die Ententemächte und deren Verbündete durch den Scheichülislam. Deutschland und Österreich-Ungarn sind als Verbündete des Osmanischen Reiches ausdrücklich ausgenommen. Der Anfang der Proklamation lautet:

Im Falle, dass sich ständig Angriffe der Feinde der Religion auf den Islam und die Muslime ereignen und es gewiss ist, dass diese sich der islamischen Länder bemächtigen ... und der Befehl des Fürsten der Gläubigen ergeht zum »djihad« und zur Generalmobilmachung, wird der »djihad« zu einer Pflicht für die Gesamtheit derer, die die Einheit Gottes bekennen, entsprechend dem Worte des Erhabenen »Rückt aus ... und führt Krieg mit eurem Vermögen und in eigener Person« und wird es individuelle Pflicht für die Gesamtheit der Muslime aller Länder herbeizueilen zum »djihad« – oder nicht?
Gott der Erhabene weiß es am besten.
Die Antwort: Der »djihad« ist dadurch Pflicht geworden für die Gesamtheit derer, die die Einheit Gottes bekennen, und dass sie dazu herbeieilen in eigener Person und mit ihrem Vermögen, ist es individuelle Pflicht geworden.

Juden. Das Einzige, was sie verband, war ihre Abneigung gegenüber dem regierenden Sultan und eine vage Vorstellung von einem neuen »Osmanismus« als Leitidee für einen reformierten Staat. Bei dem jungtürkischen Kongress von 1907 forderten Vertreter des zentralistischen, des liberalen und des revolutionär-armenischen Flügels der Reformbewegung in einer gemeinsamen Erklärung den Sturz des Sultans.

Es waren aber nicht die Exilpolitiker, sondern die Offiziere des »Makedonischen Heeres«, die, beunruhigt über die britisch-russische Annäherung seit dem Abkommen über Persien, weitere Pläne zur Aufteilung des Osmanischen Reichs fürchteten. Sie zwangen Abd ül-Hamid II., die suspendierte Verfassung wieder in Kraft zu setzen. Er wurde von den jungtürkischen Revolutionären ins Exil nach Saloniki geschickt. Die letzten Jahre verbrachte er als Staatsgefangener im Schloss Beylerbeyi. Die jungtürkische Herrschaft (1908–18) begann mit bewegenden Versöhnungsszenen zwischen Repräsentanten verfeindeter Gruppen, vor allem zwischen Türken und Armeniern. Zunächst errichteten die Jungtürken ein konstitutionelles Regierungssystem. Mehrere Gesetze veränderten die Verfassung von 1876 im Sinne eines parlamentarischen Regierungssystems. Die Arbeit des Parlaments war nun nicht mehr von der Einberufung durch den Sultan abhängig. Nach einem konterrevolutionären Anschlag (1909) waren die Jungtürken gezwungen, enger mit dem Militär zu kooperieren. Viele der bis dahin gewährten Freiheitsrechte wurden eingeschränkt.

Das jungtürkische Regime setzte eine Fülle von inneren Reformen durch, die den Einfluss der islamischen Amtsträger und des islamischen Gesetzes, Scheriat, zurückdrängten. Während des Weltkriegs verlor der Scheichülislam (oberster Mufti) seinen Rang als Kabinettsmitglied, die religiösen Gerichtshöfe wurden dem Justizministerium unterstellt und das Familienrecht für Muslime und Nichtmuslime zum ersten Mal in einem Kodex zusammengefasst. In diese Zeit fallen auch die Anfänge der Emanzipation der osmanischen Frau: 1911 wurden erste Mädchenlyzeen eingerichtet.

Im Bunde mit den Mittelmächten – Das Osmanische Reich im Ersten Weltkrieg

Dem Eintritt des Osmanischen Reichs in den Ersten Weltkrieg waren folgenreiche Auseinandersetzungen mit Italien (1911) um Tripolitanien und mit den balkanischen Nachbarn (1912) vorausgegangen. Erstere führten zum Verlust der letzten afrikanischen Besitzungen, Letztere zur Aufgabe fast der gesamten europäischen Türkei (Makedonien, West-Thrakien). Albanien und der Jemen hatten sich 1911 aus dem osmanischen Reichsverband gelöst. Das Kriegsbündnis des Osmanischen Reichs mit den Mittelmächten kann nicht ohne die Abkühlung des traditionell guten Verhältnisses der Hohen Pforte zu Großbritannien und Frankreich erklärt werden. Auch wenn Preußen, beziehungsweise das Deutsche Reich, auf eine längere Zusammenarbeit mit türkischen Militärs zurückblicken durfte, hatte doch Großbritannien die osmanische Marine, Frankreich die Gendarmerie reformiert. Frankreich hatte wesentlich mehr Kapital in den osmanischen Ländern investiert, zum Beispiel im Bahnbau, als andere Staaten. Die Ententemächte standen bei Im- und Exporten an der Spitze der osmanischen Handelsbilanz.

Großbritannien hatte sich Russland seit dem Abkommen über Persien angenähert. Der ehemalige Premierminister Lord Salisbury hatte schon 1901 erklärt, die britische Politik habe bei der Türkei auf das »falsche Pferd« gesetzt. Die antibritische Stimmung im Osmanischen Reich erreichte einen Höhepunkt, als London das türkische Angebot zurückwies, britischen Inspekteuren eine Kontrolle der armenischen Provinzen ohne Zustimmung Russlands zu erlauben. Die Empörung steigerte sich, als Großbritannien die Auslieferung von zwei bezahlten Kriegsschiffen einen Tag nach dem deutsch-osmanischen Bündnisvertrag am 3. August 1914 verweigerte.

Aufseiten der Türken neigte der starke Mann der Jungtürken, Enver Pascha, der deutschen Seite am stärksten zu. Seine Überzeugung von der deutschen Überlegenheit war während seiner Zeit als osmanischer Militärattaché in Berlin (1910/11) gewachsen. In der Türkei schätzte man Deutschland als die Macht ein, die am wenigsten an der Zerstückelung des Reichs interessiert war. Auf der deutschen Seite waren strategische Überlegungen maßgebend. In Wirtschaftskreisen versprach man sich nach einem siegreichen Krieg eine bevorzugte Behandlung beim Austausch von Waren gegen Rohstoffe. In Deutschland gab es auch gewichtige Stimmen, die ein Bündnis mit dem Osmanischen Reich ablehnten, zumal es seine Verluste aus den Balkankriegen noch nicht wieder ausgeglichen hatte. Während einige Vertreter des osmanischen Regimes einen sechsmonatigen Aufschub bis zum Kriegseintritt forderten, erhielt der deutsche Admiral in osmanischer Uniform Wilhelm Souchon am selben Tag die schriftliche Instruktion Envers: »Greifen Sie die russische Flotte an, wenn Sie es für opportun halten.«

Enver Pascha war unter den jungtürkischen Politikern entschieden prodeutsch eingestellt.

Kampf an vielen Fronten; die Deportation der Armenier

Der zwischen Deutschland und dem Osmanischen Reich am 21. Oktober 1914 ausgearbeitete Kriegsplan bestand aus drei Hauptzielen: Angriff auf die russische Flotte; Eröffnung einer Front am Kaukasus; Vormarsch zum Suezkanal.

Zwischen dem 6. und 10. August 1914 gelang den kurz darauf von den Türken erworbenen deutschen Kriegsschiffen »Goeben« und »Breslau« die Einfahrt in die Dardanellen. Die Beschießung russischer Schwarzmeerhäfen löste den Kriegseintritt Russlands gegen das Osmanische Reich aus. Großbritannien reagierte mit dem Angriff seiner Flotte auf die Dardanellen. Die Landung der Commonwealth-Truppen wurde jedoch durch gemeinsame deutsche und osmanische Anstrengungen verhindert. Die Vereitelung eines alliierten Landungsversuchs an den Dardanellen 1915 hatte zwar entscheidende Auswirkungen auf den Zusammenbruch Russlands, blieb

Am 12. Dezember 1915 brachte »Le Petit Journal« einen illustrierten Bericht über die Massaker in Armenien. Der Deportationsbefehl bedeutete für Hunderttausende den Tod.

EIN SCHIFF MACHT GESCHICHTE

Die Türkei kaufte am 18. August 1914 den Schlachtkreuzer »Goeben« (unten) sowie den Kreuzer »Breslau«, mit denen Admiral Wilhelm Souchon im Hafen von Konstantinopel eingelaufen war. Souchon hatte unbemerkt die englisch-französische Aufklärungslinie bei Messina passiert. Die »Jawus Selim« und die »Midillia« behielten die deutschen Besatzungen bei. Die Beschießung russischer Schwarzmeerhäfen durch Souchon löste den Kriegseintritt Russlands gegen die Türkei aus. England reagierte mit einem Angriff auf die Dardanellen, denn Churchill glaubte: »Wenn die Ankunft eines Schlachtkreuzers, der »Goeben«, genügte, die Türkei in den Krieg zu treiben, so ist die Hoffnung nicht übertrieben, dass ein halbes Dutzend solcher Schiffe sie daraus herausholt«. Die Landung gelang der britischen Flotte allerdings nicht.

Aus dem offenen Brief eines Armeniers vom Januar 1919 an den amerikanischen Präsident Woodrow Wilson:

Als die türkische Regierung im Frühjahr 1915 an die Ausführung ihres unfassbaren Planes ging, zwei Millionen von Armeniern vom Erdboden zu vertilgen, waren die Hände ihrer abendländischen Brüder in Frankreich, England und Deutschland vom eigenen Blute feucht, das sie in der traurigen Blindheit ihres Missverständnisses in Strömen vergossen. Niemand hinderte die finsteren Machthaber der Türkei, ihre qualvollen Folterungen zu beenden ... So haben sie ein ganzes Volk, Männer, Frauen, Greise, Kinder, schwangere Mütter, unmündige Säuglinge, in die arabische Wüste getrieben mit keiner anderen Absicht als der – sie verhungern zu lassen.

aber – abgesehen von einem Sieg über angloindische Truppen bei Kut-el-Amara (Irak) – der einzige militärische Triumph der osmanischen Seite während des Weltkriegs. Die osmanischen Truppen waren einem Mehrfrontenkrieg trotz Unterstützung Deutschlands und Österreich-Ungarns nicht gewachsen.

Das Vordringen Russlands im Norden und Osten Anatoliens bis Van und Malazgirt und gleichzeitige armenische Aufstände (Van, im April 1915) veranlassten die osmanische Führung zu einem folgenreichen, am 1. Juni 1915 veröffentlichten Umsiedlungsbeschluss: »Revolutionäre Elemente« seien aus den Operationsgebieten zu entfernen. Tatsächlich jedoch wurden nicht einzelne Guerillagruppen, sondern die gesamte armenische Bevölkerung der östlichen Provinzen und viele Menschen fernab der Frontlinien gezwungen, in die syrische Steppe auszuwandern. Auch wenn alle Umsiedlungen »in Ruhe und unter Schutz von Leben und Besitz« der Armenier vollzogen werden sollten, bedeutete der Deportationsbefehl das Todesurteil für Hunderttausende von Armeniern. Sie fielen Attacken kurdischer Stammesangehöriger zum Opfer, erlagen Hunger und Krankheiten.

Nach den Massakern an Armeniern wurden die Leichen an vielen Orten in Massengräbern beigesetzt.

Der Waffenstillstand

General von Seeckt, 1915/16 Generalstabschef der 11. Armee, dann 1916/17 verschiedener Heeresgruppen, war 1918 osmanischer Generalstabschef. Auf dem Rückweg nach Deutschland, zwei Tage nach dem Waffenstillstand, entstand eine Denkschrift über die Gründe des Zusammenbruchs des Osmanischen Reichs: »Die Sperrung der Dardanellen trug zur Niederwerfung Russlands bei; die

Palästina- und Mesopotamienfront band zahlenmäßig stark überlegene Truppen der Engländer, der Kaukasus russische Kräfte. Vom türkischen Standpunkt aus gesehen, erscheint der Ausgang als eine Verurteilung... Envers. Es ist die Frage, ob der Anschluss an die Gegenseite ein wesentlich anderes Ende gesehen hätte. Den Russen hätten die Westmächte Constantinopel kaum vorenthalten können; Arabien, Syrien und Palästina wären den gleichen Weg zur Unabhängigkeit gegangen. Der Versuch, neutral zu bleiben, hätte der Türkei Griechenlands Geschick bereitet und zu der gleichen Politik geführt. Die eingeschlagene Politik hat den unleugbaren Erfolg gehabt, zur Niederlage des drohenden Feindes, Russland, beigetragen zu haben. Dass in der Rechnung endlich ein Fehler steckte, die

Istanbul, 23. November 1918: Der oberste Befehlshaber der Alliierten im Orient, General Franchet d'Esperey, geht unterhalb des Topkapı-Palasts in Istanbul an Land, begrüßt von General Henry Hughes Wilson, hinter diesem der neue Mann, General Mustafa Kemal Pascha, später Kemal Atatürk, der den türkischen Nationalstaat begründete.

Täuschung über Deutschlands militärische und politische Leistungsfähigkeit, können nicht die der Regierung zum Vorwurf machen, die den Irrtum geteilt hatten.«

Im Hafen von Mudros, auf Lemnos, an Bord des britischen Kriegsschiffes »Agamemnon«, wurde am 30. Oktober 1918 der Waffenstillstand unterzeichnet. Das Osmanische Reich verpflichtete sich zur Öffnung der Meerengen und sämtlicher Häfen und zur Aufgabe aller Stützpunkte in den arabischen Reichsteilen. Der Pforte wurde vorgeschrieben, alle Beziehungen zu den Mittelmächten abzubrechen sowie alle deutschen Zivil- und Militärpersonen aus dem Lande zu weisen. Die jungtürkische Führung flüchtete ins Exil. Im Falle von Unruhen in den armenischen Provinzen behielten sich die Alliierten das Recht vor, beliebige Teile dieser Provinzen zu besetzen. Franzosen und Briten besetzten Istanbul und die Meerengen. Die osmanische Flagge sollte nach dem Willen der Alliierten nur noch auf Teilen der anatolischen Halbinsel wehen. Im Pariser Vorort Sèvres sollte die Sultansregierung ihre Unterschrift unter einen entsprechenden Friedensvertrag setzen.

KLAUS KREISER

Juwel der Krone – Indien unter britischer Herrschaft

Königin Viktoria verpflichtete sich und Großbritannien nach der Unterstellung Indiens unter die britische Krone im Jahre 1858:

... die friedliche Wirtschaft Indiens zu beleben, Unternehmungen für das Gemeinwohl und den Fortschritt zu befördern und seine Regierung zum Wohl aller Untertanen zu führen. Ihr Wohlstand wird unsere Stärke sein; ihre Zufriedenheit unsere Sicherheit; und ihre Dankbarkeit unser höchster Lohn.

Viktoria, Kaiserin von Indien – Die Etablierung des britisch-indischen Reiches

Als Indien 1858 nach der Niederschlagung des großen Aufstands indischer Soldaten der Herrschaft der britischen Krone unterstellt wurde, war die konstitutionelle Monarchie konsolidiert und niemand befürchtete, dass Königin Viktoria ihren Machtzuwachs dazu nutzen konnte, die parlamentarische Demokratie auszuhebeln. Solche Befürchtungen hatten ja dazu geführt, dass die britischen Eroberungen in Indien nicht bereits 1765 der Krone unterstellt, sondern im Besitz der Ostindischen Kompanie belassen worden waren. In Großbritannien waren die Bevölkerung und das Sozialprodukt seitdem enorm gewachsen. Der Tribut Indiens hatte nun in seinem Verhältnis zur britischen Wirtschaftsmacht keine übermäßige Bedeutung mehr. Zudem war unmittelbar nach dem Aufstand von Indien ohnehin nicht viel zu erwarten.

Vom Mogul- zum Kaiserreich: Der Großmogul Shah Alam II. übertrug 1765 dem neu ernannten Generalgouverneur der Ostindienkompanie, Robert Clive, Baron of Plassey, die Steuerrechte auf den Grundbesitz in Bengalen (links; Gemälde von Benjamin West, London, British Library). Am Neujahrstag 1877 wurde Königin Viktoria in Delhi zur Kaiserin des 1858 der Krone unterstellten und von einem Vizekönig regierten Indien proklamiert (oben; Durbar von 1877, Gemälde von M. E. Caddy, 1877).

Der Ausbau des imperialen Staates

K önigin Viktoria begrüßte ihre indischen Untertanen mit einer großzügigen Proklamation, in der sie ihnen die gleichen Chancen wie ihren anderen Untertanen garantierte. Die Einlösung dieses Versprechens erwies sich freilich als problematisch. Insbesondere die Aufnahme von Indern in den britisch-indischen Elitebeamtendienst *(Indian Civil Service)* wurde so erschwert, dass nur sehr wenige Inder die Hürden, die ihre Aufnahme in den Dienst praktisch verhindern sollten, überwinden konnten. Die Briten waren als Kolonialherren eben lieber unter sich.

Der imperiale Staat wurde unter dem neuen Regime ausgebaut. Der Generalgouverneur erhielt den Titel Vizekönig. Ihm wurde mit dem *Imperial Legislative Council* ein Gremium beigegeben, in dem von ihm ernannte indische Honoratioren an der Gesetzgebung mitwirken durften, auch dies eine Neuerung, da es zuvor keine Gesetze, sondern nur Verordnungen gegeben hatte. Außerdem wurden Oberlandesgerichte *(High Courts)* eingerichtet, in denen auch indische Richter zu hohen Funktionen aufsteigen durften. Ferner wurden die Universitäten Bombay, Kalkutta und Madras gegründet, die jedoch zunächst reine Prüfungsbehörden waren. Selbst die Colleges von Lahore im Pandschab gehörten zum Zuständigkeitsbereich der Universität Kalkutta, um nur ein Beispiel zu nennen.

Den Schlussstein des neuen imperialen Staatsgebäudes bildete die Krönung Viktorias zur Kaiserin von Indien *(Kaisar-i-Hind)* im Jahre 1876. Sie reiste zwar nicht selbst nach Indien, aber dort wurde ein imperialer Durbar, eine große öffentliche Audienz, abgehalten, zu dem sich alle indischen Fürsten versammelten. Man knüpfte damit an die Tradition der Großmoguln an. Nach der Erschütterung durch den Aufstand glaubten die Kolonialherren auf diese Weise eine neue Loyalitätstradition stiften zu können. Viktoria nahm ihre neue Aufgabe sehr ernst. Sie lernte Hindi, hatte einen indischen Privatsekretär und lud den in Oxford lehrenden deutschen Indologen Friedrich Max Müller zu Privatvorlesungen in ihren Palast ein.

Indiens Integration in den Weltmarkt

D ie innere Konsolidierung des britisch-indischen Reichs machte im späten 19. Jahrhundert rasche Fortschritte. Die systematische Grundsteuerveranlagung durchdrang das ganze Land. Der Vermarktungsdruck und die Verschuldung der Bauern nahmen auf diese Weise zu. Indische Geldleiher profitierten vom gläubigerfreundlichen britischen Recht, Grundherren beuteten ihre Pächter aus. Die Briten versuchten dem entgegenzuwirken, indem sie Pächterschutzgesetze erließen, um so die soziale Basis der Kolonialherrschaft zu erweitern. Britische Gerichtshöfe, die hohe Gerichtsgebühren kassierten, standen überall zur Verfügung. Das Justizwesen warf so auch ein zusätzliches Einkommen für den Staat ab. Damit wuchs aber auch eine Schicht indischer Rechtsanwälte, die zu kritischen und redegewandten Staatsbürgern wurden.

Der neue Kolonialstatus Indiens führte zum Aufbau eines Justizwesens nach britischem Vorbild. Als Vorlage für den 1872 in neogotischem Stil errichteten Obersten Gerichtshof in Kalkutta, den High Court, diente die Tuchhalle von Ypern von 1214.

Das Victoria Terminal von Bombay zählt zu den anspruchsvollsten Bahnhofsbauten in Indien; es wurde 1866-87 von Frederic William Stevens in neogotischem Stil errichtet (zeitgenössischer Stich).

Der Not leidenden Textilindustrie erschloss sich in Ostasien ein neuer Markt für indische Baumwollgarne (Garnspeicher in Kalkutta, um 1870, Stich von John Lockwood Kipling).

Aus Britisch-Indien wurden jährlich über 5000 t Opium in China abgesetzt, um 1900 gab es in China weit über 20 Millionen Opiumkonsumenten. Mit dem Erlös wurden chinesische Seidenstoffe, Tee und Gewürze für Großbritannien eingekauft.
Die Abbildung zeigt Opiumhändler in Indien im 19. Jahrhundert (London, Victoria and Albert Museum).

Die Eisenbahn und der Telegraf verbreiteten sich rasch im ganzen Land. Der Dampfschiffverkehr durch den Suezkanal verkürzte den Seeweg und senkte die Frachtkosten. Damit wurden aber auch der Import der Industrieprodukte aus Großbritannien und der Export indischer Agrarprodukte gefördert. Indien wurde in den Weltmarkt integriert, aber nicht als selbstständiger Wirtschaftspartner, sondern als abhängige Kolonie. Am Ende des 19. Jahrhunderts wurde selbst während Hungersnöten noch Weizen aus Indien exportiert.

Der Amerikanische Bürgerkrieg zwang die britische Baumwollindustrie auf indische Baumwolle zurückzugreifen, deren Anbau daher vorangetrieben wurde. Als dann die amerikanische Baumwolle wieder als Konkurrent auf dem Weltmarkt auftauchte, brach der indische Baumwollmarkt zusammen, aber dafür profitierte die junge indische Textilindustrie von den billigen Rohstoffpreisen und war in der Lage, sich Nischen zu erobern, in denen sie sich gegen die britische Konkurrenz durchsetzen konnte. Dazu gehörte nicht nur die Produktion großer Tuche für den indischen Binnenmarkt, sondern auch der Export von Garn nach Ostasien.

Im Zuge des wachsenden Export- und Importhandels nahm die Bedeutung der Zölle für den Fiskus zu, während die Staatsfinanzen zuvor hauptsächlich auf die Einkünfte aus der Grundsteuer, der Salzsteuer und dem Opiummonopol angewiesen waren. Um die *home charges* (Schuldendienst, Pensionen, Kosten des Indienministeriums in London) zu zahlen, musste Indien immer einen Exportüberschuss haben. Durch eine Manipulation der Währungspolitik sorgten die Kolonialherren dafür, dass ihre Rechnung auch unter sich jeweils ändernden Bedingungen immer wieder stimmte.

Zu den anderen Belastungen des indischen Steuerzahlers kam im späten 19. Jahrhundert das rasche Anwachsen des britisch-indischen Militärbudgets hinzu. War schon Indien selbst auf Kosten des indischen Steuerzahlers erobert worden, so sollte er nun auch die imperiale Expansion unterstützen, die im Schatten der *pax Britannica* große Fortschritte machte.

Expansive Grenzsicherung – Afghanistan und Birma

Das Nahziel der imperialen Expansion war zunächst einmal Afghanistan. Dort wollte man sich gegen das russische Vordringen in Mittelasien sichern und einen abhängigen Pufferstaat etablieren. Afghanistan war jedoch in jeder Hinsicht ein schwieriges Terrain, wie die Sowjetunion hundert Jahre später erfahren sollte, als

Die Briten besetzten das von König Alaungpaya 1755 eroberte und zum Hafen und Verwaltungssitz von Niederbirma ausgebaute Rangun nach 1824-26 zum zweiten Mal im Jahr 1852. Den britischen Vorstoß auf die palisadengeschützte Stadt mit ihrem Wahrzeichen, der Shwe-Dagon-Pagode, malte J. Moore 1826 (London, National Maritime Museum).

sie das tat, was die Briten in ihrem 2. Afghanischen Krieg versuchten, der 1880 mit einer Niederlage der britisch-indischen Truppen und einem schmählichen Rückzug endete. Der konservative Vizekönig Lord Lytton, der diesen Krieg zu verantworten hatte, wurde abberufen und durch den liberalen Lord Ripon ersetzt. Dieser afghanische Krieg war zum Thema des britischen Wahlkampfs geworden. Und so war der Sieg des liberalen Premierministers William Gladstone zu einem beträchtlichen Teil dieser Tatsache zuzuschreiben. Weder vorher noch nachher wurden die Angelegenheiten des indischen Imperiums je wieder zum Wahlkampfthema. Vielmehr wurde die imperiale Politik von der britischen politischen Elite sonst stets aus den innenpolitischen Auseinandersetzungen herausgehalten. Da der britische Steuerzahler von den Kosten für die Expansion des Imperiums kaum betroffen war, hatte das Parlament denn auch keinen Anlass, sich damit zu beschäftigen.

    An der anderen Flanke Britisch-Indiens hatten die imperialen Expansionisten mehr Erfolg. Dort ging es um die Annexion von Birma (Myanmar), die in mehreren blutigen Kriegen vorangetrieben wurde. Der erste Krieg fand 1824 bis 1826 statt und war eine Reaktion der Ostindischen Kompanie auf das Vordringen der birmanischen Königsmacht in Gebiete, die sie als ihre Einflusssphäre betrachtete. Er endete mit nur geringen territorialen Gewinnen für die Briten. Birma hatte im Wesentlichen seine Position behaupten können. Im zweiten Krieg 1852 verlor Birma die fruchtbare Reisebene des

Die kriegerischen Paschtunen, ein afghanischer Volksstammm, wussten sich gegen Eindringlinge zu wehren (»Bewaffneter Afghane«, Gemälde des russischen Malers Wassilij Wassiljewitsch Werechtschagin aus den 1870er-Jahren aufgrund von Skizzen, die sich der Künstler zwischen 1867 und 1870 vor Ort machte).

Südens, die unter britischer Herrschaft zum wichtigsten Reisexportgebiet Asiens wurde. Grundsteuer, Kopfsteuer und Reisexportsteuer brachten der britisch-indischen Regierung viel Geld ein. Dem König von Birma verblieb nur noch der nördliche Landesteil, in dem britische Firmen mit dem Abholzen der Teakwälder gute Geschäfte machten. Als Frankreich seine Position in Indochina konsolidierte und von dort aus nach Westen vordrang, sah sich der Vizekönig Lord Dufferin dazu veranlasst, den Rest Birmas 1885/86 in einem Blitzkrieg zu annektieren. Doch war der Krieg auch kurz gewesen, so waren danach die Befriedungs- und Besatzungskosten sehr hoch und zwangen die britisch-indische Regierung zur Auflösung ihres Hungersnotreservefonds und zur Erhöhung der Salzsteuer.

Die dem indischen Steuerzahler aufgebürdeten Militärkosten wuchsen auch noch durch andere Unternehmungen, so etwa durch den Einsatz indischer Truppen bei der Eroberung Ägyptens und des Sudan und durch die so genannte »Vorwärts«-Politik an der indischen Nordwestgrenze, wo die Unterwerfung kriegerischer Stämme viel Zeit und Geld kostete. Ihren Höhepunkt erreichte die Expansionspolitik unter dem Vizekönig Lord Curzon, der unter anderem auch Tibet durch die Expedition von 1903/04 der britischen Einflusssphäre sicherte.

Der Erste Weltkrieg rückte dann ganz andere Konfliktfelder ins Rampenlicht der Weltpolitik und setzte dem Zeitalter der imperialen Expansion in Asien ein Ende. Nach dem Krieg hatte das stark angeschlagene Großbritannien in erster Linie damit zu tun, den Besitzstand zu verteidigen. Dabei fand es sich mehr und mehr von den indischen Nationalisten bedrängt, die sich bereits im 19. Jahrhundert organisiert, aber bisher nur Verfassungsfortschritte gefordert hatten.

Gegen die Bevormundung – Die Gründung des Indischen Nationalkongresses

Die Eisenbahn und das Bildungswesen sowie die Verbreitung indischer Zeitungen hatten viel dazu beigetragen, dass die nationale Kommunikation die weiten Entfernungen im britisch-indischen Reich überwinden konnte. Die Kolonialherren regierten autokratisch, aber in den Colleges konnten die jungen Inder von britischen Lehrern etwas über die Ideen der britischen Philosophen John Stuart Mill oder Herbert Spencer erfahren. Einer der ersten indischen Nationalisten, der Parse Dadabhai Naoroji, der als erster Inder ins britische Parlament einzog, nachdem er als Kandidat der Liberalen Partei den Wahlkreis Finsbury erobert hatte, veröffentlichte 1901 ein Buch mit dem Titel »Armut und unbritische Herrschaft in Indien« (»Poverty and un-British rule in India«), in dem er die Praxis der Kolonialherren mit den Maßstäben des britischen Liberalismus maß. Das war typisch für die Geisteshaltung der meisten indischen Nationalisten dieser Zeit. Naorojis Buch war aber auch ein Zeugnis des ökonomischen Nationalismus. Er kritisierte den »Abfluss des Reichtums« *(drain of wealth)* aus Indien – und diese Formel war bald in aller Munde.

Hindus und Muslime

Neben dem politischen und dem ökonomischen Nationalismus wuchs auch der kulturelle Nationalstolz heran. Unter den Hindus kam ein nationaler Solidaritätstraditionalismus auf, der dazu dienen sollte, Kastenschranken zu überwinden und die Eigenständigkeit gegenüber der Kolonialherrschaft zu betonen. Der Monismus der indischen Philosophie, nach dem Gott und die Erscheinungswelt identisch sind, wurde in diesem Sinne umgedeutet. Swami Vivekananda wurde zum Apostel dieser erneuerten Vedantaphilosophie, auf deren Grundlage er von der Einheit und Wahrheit aller Religionen sprach. Sein Erfolg auf dem Weltkongress der Religionen in Chicago (1893) verlieh ihm auch in Indien großes Ansehen. Viele Briten hatten auf die Religion der Hindus herabgesehen und sie als heidnischen Aberglauben abgetan; deshalb waren Erfolge wie die Vivekanandas für die indische Selbstachtung sehr bedeutsam. Auch wurde der Mythos der Muttergöttin dazu verwendet, »Mutter India« (Bharat Mata) zu feiern. Der bengalische Dichter Bankimcandra Chatterjee schuf das Gedicht »Verneige dich vor der Mutter« (Bande Mataram), das zur informellen Nationalhymne wurde. Nicht nur in Bengalen, sondern auch in Maharashtra kam es zu einer literarischen Renaissance; schließlich wurden auch andere Sprachprovinzen nach und nach in dieses nationale Erwachen einbezogen. So hatte in Nordindien die von Swami Dayananda gegründete Reformbewegung des Aryasamaj großen Einfluss.

Die Muslime konnten die geistigen Strömungen des neuen Hinduismus nicht begeistern; sie fühlten sich ausgegrenzt oder gar in ihrer islamischen Identität bedroht. Sie schufen sich ihre eigenen Organisationen wie die von Nawab Abdul Latif in Kalkutta gegründete *Muhammadan Literary Society,* in der sich die Urdu und Persisch sprechende städtische Muslimelite traf und nicht nur literarische, sondern auch naturwissenschaftliche Fragen diskutierte. Ähnliche Aktivitäten entfaltete Sayyid Ahmad Khan in Nordindien. Er wurde schließlich zum Gründer der *Aligarh Muslim University.* Diesem Beispiel folgte Pandit Madan Mohan Malaviya, der wenige Jahre später die *Banaras Hindu University* gründete.

Forderung nach Reformen

Bei der Gründung des Indischen Nationalkongresses, der sich zum ersten Mal 1885 in Bombay traf, war man allerdings noch davon überzeugt, dass Hindus und Muslime sich für einen gemein-

Vivekananda war Schüler des hinduistischen Reformers Ramakrishna und gründete 1897 in Kalkutta die Ramakrishna-Mission. Sie zeichnete sich durch Toleranz aus, wonach alle Religionen Stufen auf dem Weg zur höchsten Wahrheit sein konnten. 1902 starb Vivekananda im Alter von 39 Jahren.

Vizekönig Lord Curzon war ein gründlicher Verwaltungsbeamter, der bei repräsentativen Anlässen mit prachtvoller Garderobe imponierte (Gemälde von John Cooke, 1914; London, National Portrait Gallery, Picture Library).

samen politischen Fortschritt einsetzen könnten. Diese erste Sitzung wurde von rund hundert Delegierten aus allen Teilen Indiens besucht. Darunter waren auch etliche Muslime. Unter den Resolutionen, die der Nationalkongress verabschiedete, war auch eine, in der die Annexion Oberbirmas gerügt und gefordert wurde, dass es auf alle Fälle separat verwaltet und nicht Britisch-Indien hinzugefügt werden solle. Die Delegierten sahen schon voraus, welche Kosten da vom indischen Steuerzahler getragen werden sollten. Sie betonten außerdem, dass die indische Nation die imperiale Expansion nicht billige und mit ihren Nachbarn in Frieden leben wolle. Der Vizekönig Lord Dufferin, der die Gründung des Nationalkongresses zunächst wohlwollend geduldet hatte, entzog ihm darauf sein Wohlwollen und verfügte, dass sich in Zukunft kein Inder in britischen Diensten an den Sitzungen beteiligen dürfe.

Der vizekönigliche Zorn tat dem Nationalkongress keinen Abbruch. Die nächste Sitzung fand mit weit größerer Beteiligung in Kalkutta statt. Dort hätte eigentlich schon die erste Sitzung stattfinden sollen, Bombay war Kalkutta nur um eine Nasenlänge zuvorgekommen. In den folgenden Jahren wanderte der Nationalkongress durch alle größeren Städte Indiens. Die Resolutionen blieben im Rahmen eines liberalen Konstitutionalismus. Man forderte eine Erweiterung der gesetzgebenden Gremien und die Beteiligung gewählter indischer Abgeordneter. Daneben wurde das alte Thema der Behinderung des Zugangs von Indern zum *Indian Civil Service* immer wieder aufgenommen.

Nach der jeweiligen Kongresssitzung traf sich immer die *Indian National Social Conference,* deren führender Kopf der Richter Mahadey Govind Ranade war. Da er in britischen Diensten stand, durfte er dem Nationalkongress nicht angehören, aber gegen das Treffen der Sozialreformer gab es keine offiziellen Einwände. Diesen Reformern ging es um die Abschaffung der Kinderheirat und die Wiederverheiratung von Witwen und andere Probleme der alten patriarchalischen Sozialordnung der Hindus. Im Nationalkongress gab es Kritik an diesen Bemühungen. Der bedeutende Nationalist Bal Gangadhar Tilak stellte sich gegen Ranade und die Reformer, weil er befürchtete, dass die Reformdebatten Zwietracht unter den Nationalisten säen und sie vom gemeinsamen Ziel des politischen Freiheitskampfes ablenken würden. Außerdem konnten manche Reformen nur durch Gesetze der Kolonialherren eingeführt werden und hätten so die Fremdherrschaft gestärkt.

Auf dem Weg zur Zweistaatlichkeit – Verfassungsreformen und die Teilung Bengalens

Das Misstrauen Tilaks gegenüber den Kolonialherren bezog sich natürlich auch auf die Verfassungsreformen, um deren Einführung seine liberalen indischen Zeitgenossen sich so sehr bemühten. Ihre Wünsche wurden zumindest teilweise durch die britisch-indische Verfassungsreform von 1892 erfüllt, die die Wahl einer begrenzten Zahl indischer Abgeordneter in die gesetzgebenden Körperschaften vorsah. Freilich mussten die Abgeordneten nach der Wahl noch vom Vizekönig ernannt werden, der sich damit die letzte Entscheidung darüber vorbehielt, wer das indische Volk vertreten dürfe. Eine Reihe liberaler Nationalisten, die zu den Führern des Nationalkongresses gehörten, nahmen nun ihre Sitze im *Imperial Legislative Council* und in den entsprechenden Gremien der Provinzen ein. Um den Nationalkongress wurde es still und als der konservative Vizekönig Lord Curzon kurz vor der Jahrhundertwende sein Amt antrat, glaubte er, das nahe bevorstehende Ende des Nationalkongresses voraussagen zu dürfen. Er sollte dann durch seine eigenen autokratischen Maßnahmen den Nationalkongress zu neuem Leben erwecken.

Die Spaltung des Nationalkongresses

Lord Curzons umstrittenste Maßnahme war die Teilung Bengalens, die er 1905 gegen den erbitterten Widerstand der bengalischen Nationalisten durchführte. Vordergründig ging es dabei um eine durchaus plausible Verwaltungsreform. Die Provinz Bengalen, die zusätzlich zum eigentlichen Bengalen auch noch Orissa, Assam und Bihar einschloss, war in der Tat zu groß. Eine Abtrennung von Bihar und Orissa, wie sie 1911 erfolgte, nachdem Curzons Teilung Bengalens rückgängig gemacht worden war, wäre von vornherein sinnvoller gewesen. Aber Curzon wollte durch seine Teilung bewusst die nationalistische Elite Bengalens treffen. Viele Angehörige der Hindu-Oberschicht hatten Grundbesitz in Ostbengalen, lebten und arbeiteten aber im westbengalischen Kalkutta. Ostbengalen, das mehr oder weniger dem heutigen Bangladesh entspricht, hatte eine Muslimmehrheit und Curzon scheute sich nicht, dies ausdrücklich hervorzuheben. Er hielt sich etwas darauf zugute, den Muslimen eine eigene Provinz gegeben zu haben, und nahm damit das Prinzip der Teilung Indiens vorweg.

Die bengalischen Nationalisten fanden überall in Indien Sympathie für ihren Kampf gegen die Teilung. Insbesondere Tilaks Gefolgschaft in Maharashtra stand auf der Seite der Bengalen. Es zeichnete sich eine Spaltung des Nationalkongresses in einen liberalen »gemäßigten« und einen nationalrevolutionären »extremistischen« Flügel ab. Die Spannungen wurden dadurch verschärft, dass die liberalen Nationalisten, geführt von Gopal Krishna Gokhale, ihre Hoffnungen auf einen Sieg der Liberalen Partei in Großbritannien setzten und von ihr eine liberale Verfassungsreform erwarteten. Die Kongresssitzung von 1905 unter dem Vorsitz Gokhales verlief noch glimpflich. Man gab sich mit einem gemäßigten Protest gegen die Teilung Bengalens zufrieden. Die Sitzung von 1906 in Kalkutta war schon problematischer, aber die »Gemäßigten« hatten den alten Liberalen Dadabhai Naoroji aus England herbeigeholt. Unter seiner Präsidentschaft konnte die Spaltung vermieden werden. Sie fand dann aber 1907 statt und führte dazu, dass die »Extremisten« unter der Führung Tilaks ins Abseits gerieten, während die »Gemäßigten« ein neues

Lord Curzon über die Stellung Indiens im britischen Empire 1909:

Es ist ... klar, dass der Herr Indiens unter modernen Verhältnissen die größte Macht auf dem asiatischen Kontinent, und damit ... in der Welt sein muss. Die Zentrallage Indiens ..., sein Vorrat an militärischer Kraft, die uns eine Armee liefert ... und jeden Augenblick nach irgendeinem Punkte Asiens oder Afrikas geworfen werden kann – all dies beweist ... seinen überragenden Wert. Nach Westen muss Indien einen vorherrschenden Einfluss auf ... Persien und Afghanistan ausüben; nach Norden vermag es jeden Nebenbuhler in Tibet auszuschalten; nach Nordosten und Osten kann es ... Druck auf China ausüben und ist Wächter der Selbstständigkeit Siams.

Bal Gangadhar Tilak suchte ein neues Selbstbewusstsein der Hindus zu wecken. Nach wiederholter Inhaftierung gründete er 1914 die Indian Home Rule League. Seitdem war er auch Führer des Indischen Nationalkongresses (Foto von 1918).

Statut einführten und die Kongressorganisation in den Griff bekamen. Im folgenden Jahr wurde Tilak wegen aufrührerischer Zeitungsartikel zu sechs Jahren Zuchthaus verurteilt. Gokhale dagegen reiste mehrfach nach London, um mit dem neuen Indienminister, dem liberalen Philosophen John Morley, zu konferieren, von dem man nun die bahnbrechende Verfassungsreform erwartete.

Als die Verfassungsreform 1909 verabschiedet wurde, zeigte sie freilich eher die Handschrift des konservativen Vizekönigs Lord Minto und seines Staatssekretärs Herbert Risley als die des großen Liberalen Morley. Minto hatte die neu gegründete Muslimliga favorisiert und separate Wählerschaften für Muslime in die Verfassungsreform eingebracht, um den Muslimen die Furcht vor der Majorisierung durch die Hindus zu nehmen. Dies war die entscheidende Weichenstellung für die spätere Teilung Indiens, denn von nun an konnte sich nur noch der als Muslimführer profilieren, der sich ganz und gar für die Sonderinteressen seiner Muslimwähler einsetzte. Da die Hindus ihn ja nicht mitwählen konnten, brauchte er sich nicht um ihre Unterstützung zu bemühen.

Unter dem Notstandsgesetz – Indien im Ersten Weltkrieg

Der Erste Weltkrieg setzte der aktiven politischen Betätigung der Inder ein Ende, weil das im Krieg geltende Notstandsgesetz *(Defence of India Act)* garantierte, dass mit jedem Aufmüpfigen kurzer Prozess gemacht wurde. Wirtschaftlich bedeutete der Krieg einen Aufschwung für Indien, weil er die Handelswege abschnitt. Das war für die indische Industrie besser als jeder Protektionismus. Das kurz vor dem Krieg errichtete Stahlwerk der Firma Tata wurde im Krieg mit Aufträgen für den Schienenbau in Mesopotamien und auch für die Rüstung bedacht, während es sonst von der britischen Konkurrenz bald zugrunde gerichtet worden wäre. Die indische Textilindustrie machte ebenfalls Fortschritte. Rund eine Million indischer Soldaten, meist Sikhs und Muslime aus dem Pandschab, kämpften an allen Fronten. Ihr Sold floss zurück in ihre Heimat und kam dort der Intensivierung der Landwirtschaft zugute.

Das Verhältnis der Briten zu den indischen Muslimen wurde freilich durch den Krieg getrübt, weil der von den Muslimen hochverehrte türkische Kalif nun zu den Gegnern Großbritanniens zählte. Der brillante Rechtsanwalt Mohammed Ali Jinnah, der dem Nationalkongress angehörte, dann aber zusätzlich der Muslimliga beigetreten war, nachdem man ihm versichert hatte, dass dies durchaus mit seiner Kongressmitgliedschaft vereinbar sei, bemühte sich um ein gutes Einvernehmen mit Tilak, der 1914 nach Verbüßung seiner Haftstrafe die Führung des Nationalkongresses übernahm. Sein Gegenspieler Gokhale starb 1915. Es kam zu einem Pakt zwischen Liga und Kongress, zwischen Jinnah und Tilak, der großzügige Zugeständnisse an die Muslime bei der Sitzverteilung in den künftigen gesetzgebenden Körperschaften beinhaltete und dafür dem Kongress die politische Unterstützung durch die Liga sicherte.

Indische Soldaten wurden, seitdem Indien britische Kolonie war, in allen von Großbritannien geführten Kriegen eingesetzt. Diese französische Ansichtspostkarte zeigt »unsere Alliierten im europäischen Krieg 1914«, in Nantes stationierte Engländer und Inder.

DELHI – NEUE HAUPTSTADT VON BRITISCH-INDIEN

1911 wurde die Hauptstadt von Kalkutta nach Delhi verlegt. Am 12. Dezember 1911 wurde Georg V. in einer festlichen Zeremonie, dem traditionellen Durbar, in Delhi zum Kaiser von Indien gekrönt (Illustration aus »Le Petit Journal«; links).

Die Wahl fiel auf einen geschichtsträchtigen Ort. Die Mogulstadt Shahjahanabad aus dem 17. Jahrhundert, heute als Alt-Delhi bezeichnet, gilt als siebte Stadtgründung. Aus vorislamischer Zeit sind aber ebenfalls Siedlungsreste gesichert. Die Planung von Neu-Delhi, die großzügige Straßenachsen und repräsentative Regierungsgebäude vorsah, lag in den Händen der britischen Architekten

Edwin Lutyens und Herbert Baker; 1931 wurde das Regierungsviertel offiziell eingeweiht. Lutyens errichtete unter anderem den Palast für den Vizekönig (»Rashtrapati Bhavan«, Abbildung oben), heute Sitz des indischen Präsidenten.

Dieser Kompromiss wurde freilich schon im nächsten Jahr durch die Ankündigung des Indienministers Edwin Samuel Montagu unterlaufen, der *responsible government* zum Ziel der nächsten Verfassungsreform erklärte. Er hatte *self-government* sagen wollen, war aber damit auf den Widerstand des konservativen Kriegsministers Lord Curzon gestoßen, der meinte, die Inder müssten erst einmal lernen, Verantwortung zu tragen. Montagu, der genau wusste, dass *responsible government* weit mehr bedeutete, als Curzon sagen wollte, als er seinen Einwand erhob, erkärte sich sofort bereit, diese Sprachregelung zu übernehmen. *Responsible* bezeichnet im Rahmen der parlamentarischen Konvention die Verantwortung der Exekutive gegenüber der Legislative, die die Regierung zum Rücktritt zwingt, wenn sie nicht mehr das Vertrauen der Legislative hat. Dabei kommt es unter Umständen auf jeden Abgeordneten an und separate Wählerschaften sowie der darauf basierende Pakt zwischen Jinnah und Tilak waren in diesem Kontext kontraproduktiv. Montagu gestand das in dem Bericht über die nächste Verfassungsreform, den er mit dem Vizekönig Lord Chelmsford verfasste, unumwunden ein, doch es hieß in diesem Bericht auch, dass die Muslime die separaten Wähler-

Der Führer der Muslimliga, Mohammed Ali Jinnah (links), war zugleich Mitglied im Indischen Nationalkongress. Die Liga hatte sich 1909 einen besonderen Wahlmodus für Muslime zusichern lassen. Aufnahme von 1944 mit Mahatma Gandhi.

schaften nun als politischen Besitzstand betrachteten, den man ihnen nicht mehr nehmen könne. So wurde der gordische Knoten geknüpft, der später von Lord Mountbatten durchschlagen wurde, als er 1947 als letzter Vizekönig die Teilung Indiens in Indien und Pakistan vornahm.

DIETMAR ROTHERMUND

Von den »ungleichen Verträgen« bis zum Boxeraufstand – China von 1842 bis 1900

Demütigung und Niedergang – Die Zeit der »ungleichen Verträge«

1856 enterte die chinesische Polizei das britische Schiff »Arrow«, dem Typ nach eine Lorcha, ein Schiff mit westlichem Rumpf und chinesischer Takelage. Dieses Ereignis stand am Beginn des 2. Opiumkriegs, der nach dem Schiffstyp auch **Lorchakrieg** genannt wurde.

Das chinesische Kaiserreich, noch im späten 18. Jahrhundert als die einzige verbliebene Großmacht Asiens allgemein respektiert, musste 1842 seine Niederlage im Opiumkrieg gegen Großbritannien eingestehen und demütigende Einschränkungen seiner nationalen Souveränität hinnehmen. Der Niedergang des nach einer langen Periode von Frieden und relativem Wohlstand übervölkerten Riesenlandes traf zusammen mit dem Aufstieg Großbritanniens zur führenden Seemacht und ersten Industrienation der Welt.

»Fremde Teufel« an der Küste Chinas

Die Legalisierung von Opiumimporten aus Britisch-Indien war im Krieg gegen China (1840–42) nur ein nebengeordnetes Ziel der Briten. Vorrangig ging es um dessen Öffnung für den westlichen Handel und für westliche Missionare sowie allgemein um die Einbeziehung Chinas in das, was europäische Staatsmänner als die

Kanton in der Trichtermündung des Perlflusses war 1757 bis 1842 der einzige Außenhandelsplatz Chinas (links). Der Hafen war entsprechend europäisch geprägt (Gouache, um 1800; Salem, Peabody Essex Museum). Nach dem I. Opiumkrieg geöffnet (1842), überrundete Schanghai Kanton. Der Stich von 1873 (rechts) zeigt die Uferstraße von Schanghai am Huangpu Jiang mit seiner europäischen Bebauung, großen Banken und Geschäftshäusern.

Gemeinschaft der »zivilisierten« Nationen definierten. Zwischen 1842 und 1860, dem Ende des 2. Opiumkriegs, auch Lorchakrieg genannt, schlossen China und die Westmächte eine Reihe von Verträgen ab, die den ausländischen Vertragspartnern einseitige Privilegien im Reich der Mitte einräumten: einen ungewöhnlich niedrigen Einfuhrzoll, der von einer ausländisch geprägten Behörde überwacht wurde; das Recht der Niederlassung und Geschäftstätigkeit in vielen chinesischen Städten, den *treaty ports* oder offenen Häfen; rechtliche Extraterritorialität von Ausländern; Missionsfreiheit im gesamten Reich. Diese Verträge, von chinesischen Publizisten später als »ungleich« bezeichnet, waren der mandschurischen Qingdynastie aufgezwungen worden, schlossen aber durchaus auch Elemente, etwa die Einrichtung von Kaufmannsenklaven, ein, mit denen man bereits seit Jahrhunderten fremde »Barbaren« unter Kontrolle gehalten hatte.

Dass China für den Freihandelsimperialismus geöffnet wurde, bedeutete keineswegs den Verlust seiner Unabhängigkeit. Bis 1895 wurde kein einziges größeres Territorium des Reiches kolonialer Herrschaft unterworfen. Nur in Schanghai, dem mit Abstand größten und wirtschaftlich bedeutendsten der *treaty ports,* und in Hongkong, das, 1842 abgetreten, erst unter den Briten ein wichtiger Überseehafen wurde, übten Europäer die Kontrolle über größere chinesische Bevölkerungsgruppen aus. Jenseits der *treaty ports* konnte von »Öffnung« jahrzehntelang kaum die Rede sein. China wurde keineswegs von ausländischen Waren überschwemmt. Die Importe, die es gab, wurden überwiegend von leistungsfähigen einheimischen Kaufmannsorganisationen landesweit verbreitet. Als einzige größere Gruppe von Ausländern drangen katholische und protestantische Missionare nach 1860 auch in entlegenere Gegenden Chinas vor.

Die sichtbarste Wirkung der »Öffnung« Chinas bestand darin, dass sich eine Kluft auftat zwischen dem »blauen« China, der westlich beeinflussten Küste, und dem Binnenland, dem »gelben« China. Am maritimen Saum des Reiches, vor allem in der rasch wachsenden Metropole Schanghai, entstanden neue gesellschaftliche Gruppierungen, die sich langsam mit europäischer Kultur und den Praktiken des modernen Kapitalismus vertraut machten.

Nach dem Lorchakrieg und dem Friedensvertrag von Peking 1860 intensivierten die christlichen Kirchen die Missionierung. Ehemalige Kirche von 1866 in Peking unweit der Wangfujing-Straße, der Haupteinkaufsstraße im Zentrum der Stadt (heute Schule).

Der größte Bürgerkrieg des 19. Jahrhunderts

Die Geschichte Chinas im 3. Viertel des 19. Jahrhunderts wurde von einem Ereignis beherrscht, das in den Augen der Zeitgenossen die Bedrohung aus dem Westen weit in den Schatten stellte: dem Taipingaufstand (1850–64). Er war von weiteren großen Rebellionen vor allem der muslimischen Völker an den Grenzen des Reiches begleitet. Am Beginn des Taipingaufstandes standen eine soziale Krise in Südchina, die maßgeblich von den Umständen der »Öffnung« hervorgerufen worden war, und die von Missionstraktaten angeregten Visionen des charismatischen Hong Xiuquan. Er verband Sendungsbewusstsein – er hielt sich etwa für den jüngeren Bruder Christi – mit einer großen Organisationsbegabung. Es gelang ihm binnen kurzer Zeit, in der südlichen Provinz Guangxi Zehntausende von Anhängern um sich zu scharen. 1851 erklärte sich Hong Xiuquan zum König des »Himmlischen Reichs des großen Friedens« (taiping tianguo) und nahm den Kampf gegen die Mandschuregierung in Peking und deren Vertreter in den Provinzen auf. Bald richtete sich die revolutionäre Wut der Aufständischen gegen die gesamte regionale Oberschicht. Die Massenheere der Taiping eroberten eine Stadt Südchinas nach der anderen. 1853 errichteten sie in Nanking, der alten Hauptstadt der Mingdynastie, ihr Hauptquartier. Die Taipingbewegung war eine einzigartige Mischung aus sozialer Revolution, kollektiver Heilssuche und gegen die Mandschus gerichteter Fremdenfeindlichkeit. Sie stand in der Tradition älterer Bauernaufstände, fand ihren stärksten Rückhalt aber schließlich in den großen Städten. In Programm und Praxis spielte der urkommunistische Gleichheitsgedanke eine große Rolle.

Hong Xiuquan, der charismatische Führer des Taipingaufstands (Holzstich um 1851), fand großen Rückhalt in der einfachen Bevölkerung.

Die Tuschzeichnung demonstriert die Überlegenheit der kaiserlichen Armee bei der Umzingelung eines Dorfes und der Flucht der Taipingrebellen.

Die **Staatsprüfungen,** denen sich die Angehörigen der chinesischen Oberschicht unterzogen, waren ein wesentliches Element ihres hohen gesellschaftlichen Status. Da dieser nicht vererbt werden konnte, war das gesellschaftliche Schicksal einer Familie aus dieser Schicht ungewisser als in einem aristokratischen System europäischen oder japanischen Typs, das auf die Erblichkeit von Eigentum und Privilegien gegründet war. In der mit dieser Tatsache gegebenen hohen sozialen Mobilität lagen Elemente der Modernität der chinesischen Gesellschaft.

Machtkämpfe in der Führung der Taiping, der bald sehr schlagkräftig organisierte Widerstand der herausgeforderten Elite und, weitaus weniger wichtig, die Unterstützung der europäischen Mächte für die Qingdynastie bremsten das Vordringen der Taipingheere und drängten sie schließlich auf ihre letzte Bastion Nanking zurück. Die Unterdrückung des Aufstandes war so gründlich, dass von der Gegenkultur der Taiping kaum Spuren blieben. Die blutige Rebellion der Taiping und ihre ebenso brutale Bekämpfung verwandelten Süd- und Mittelchina in das weltweit größte Schlachtfeld des 19. Jahrhunderts.

Gesellschaftlicher Wandel – Reformansätze 1860–95

Der Taipingaufstand führte zu einer Militarisierung der chinesischen Gesellschaft auf ihrer unteren Ebene, aber nicht zu ihrer radikalen Veränderung. Die alte Ordnung ging gestärkt aus der Auseinandersetzung hervor. Auch nach 1864 wurde China von einer kleinen Schicht hoher Beamter regiert, die durch anspruchsvolle Staatsprüfungen rekrutiert worden waren. Da keiner der Kaiser mehr das Format der großen Selbstherrscher des 18. Jahrhunderts besaß, fehlte es an Kontrolle über diese differenziert aufgebaute, aber stets für Korruption und Ineffizienz anfällige Bürokratie.

Gesellschaftliche Gruppierungen

Die Oberschicht auf dem Lande, von westlichen Historikern als Gentry bezeichnet, bezog ihr soziales Ansehen aus den Erfolgen ihrer männlichen Mitglieder bei den Staatsprüfungen und ihr Einkommen aus der Verpachtung von Land, daneben aus Geldverleih und aus der Wahrnehmung lokaler Ämter. Mobil waren auch die zahlreichen wandernden Händler und Lastenträger, Bootsschlepper und Gelegenheitsarbeiter. Unter ihnen, die oft in Geheimgesellschaften organisiert waren, fanden Protestbewegungen wie der Taipingaufstand besonders bereitwillige Unter-

In bäuerlichen Familienbetrieben im Norden Chinas wurde überwiegend für den eigenen Bedarf gearbeitet. Hier werden Reisgarben zu einem Schober gestapelt (Porzellanteller der Familie verte, um 1720; Dresdner Zwinger, Staatliche Porzellansammlung).

stützung. Das sesshafte Bauerntum hingegen lebte zwar oft am Existenzminimum, befand sich aber, relativ gesehen, in keiner besonders ungünstigen Lage. Die chinesischen Bauern waren rechtlich gesehen freie Leute, von Feudalpflichten unbelastet und meist imstande, Marktchancen unternehmerisch zu nutzen. Nördlich des Jangtsekiang bewirtschafteten die meisten Bauernfamilien ihr eigenes Land. Im fruchtbareren Süden überwogen Pachtbeziehungen, die den Pächtern aber oft langfristige Sicherheit boten. Eine große Bedeutung hatte hier Land im kollektiven Eigentum von Sippen und Tempeln. Während die Bauern im kargen Norden hauptsächlich für den eigenen Bedarf wirtschafteten, waren im Süden ganze Landstriche auf die Produktion von Tee und Seide für den Export und den innerchinesischen Fernhandel spezialisiert. Das Hauptproblem der chinesischen Bauern während der 2. Hälfte des 19. Jahrhunderts war nicht so sehr eine harte Ausbeutung durch Grundbesitzer der Gentryklasse und einen Steuern einziehenden Staat als vielmehr Übervölkerung bei stagnierender Agrartechnik: Immer mehr Menschen mussten mit immer höherem Arbeitseinsatz von kaum vermehrbarem Boden leben.

Tee wurde zunehmend für den Export angebaut und brachte den einheimischen Kaufleuten Wohlstand und Ansehen (chinesische Tuschzeichnung, 1894; London, Victoria and Albert Museum).

Dass eine tief greifende gesellschaftliche Umwälzung ausblieb, bedeutete keineswegs, dass die alte Ordnung nach dem Ende der Taipinggefahr in völlige Erstarrung gefallen wäre. Neue gesellschaftliche Formen entwickelten sich nicht nur unter direktem westlichen Einfluss in Schanghai und Hongkong, sondern, viel langsamer und unauffälliger, auch in den großen Städten des Landesinneren. Die allmählich dichter werdende Integration Chinas in den Weltmarkt trieb die Kommerzialisierung weiter voran. Angehörige der Gentry engagierten sich zunehmend auch in Handelsgeschäften, während Kaufleute ihre Reichtümer teilweise in Land investierten, Gentrytitel kauften und ihre Söhne auf die Staatsprüfungen vorbereiten ließen. Der alte Gegensatz zwischen vornehmer agrarischer Oberschicht und gering geschätzten Kaufleuten verminderte sich. Es entstand eine integrierte Schicht von Mitgliedern der alten Gentry und der Gruppe der Kaufleute, die selbstbewusst gegenüber der herrschenden Bürokratie auftrat.

Modernisierungsansätze unter Li Hongzhang

Einige hohe Würdenträger des Reiches, darunter Li Hongzhang, erkannten aber, dass die Dynastie die gewaltigen Aufstandsbewegungen der Jahrhundertmitte nicht ignorieren konnte. Nach der chinesischen Niederlage im 2. Opiumkrieg 1860 entwickelten Li Hongzhang und andere eine neue Strategie gegenüber den Westmächten: sie suchten einen friedlichen Ausgleich mit den Westmächten, die ihrerseits wiederum in den folgenden Jahrzehnten ihre

Li Hongzhang, erfolgreicher General bei der Niederwerfung des Taipingaufstands, später hoher Staatsbeamter, verfolgte ein Programm der »Selbststärkung Chinas« (Holzstich nach einer Fotografie, 1884).

Ambitionen in Ostasien zügelten. Das System der ungleichen Verträge wurde ausgebaut, gemischte chinesisch-westliche Behörden wie die einflussreiche Seezollverwaltung wurden eingerichtet; die chinesische Regierung bemühte sich, den Bestimmungen der Verträge Geltung zu verschaffen. Li Hongzhang und einige seiner Kollegen versuchten jedoch zugleich, die weltpolitische Atempause zu nutzen, um den Westen mit dessen eigenen Mitteln abzuwehren. Da sich mehrfach Chinas militärische Schwäche offenbart hatte, wollte man sie nun durch den Aufbau einer eigenen staatlichen Rüstungs- und Werftindustrie überwinden. Dampfschiff, Telegraf und Eisenbahn sollten in China verbreitet, der mechanisierte Bergbau und die Anfänge einer Eisen- und Stahlindus-

Die Beziehungen Chinas mit dem Westen waren sehr fragil, so vernichtete die französische Flotte 1884 in Fuzhou die chinesische Flotte und die Werften (französischer Bilderbogen, August 1884).

trie gefördert werden. All dies sollte der »Selbststärkung« Chinas und dabei zugleich der Befestigung der bestehenden politischen Ordnung dienen. Mit diesen Reformen begann die bis ins späte 20. Jahrhundert fortgesetzte Geschichte einer chinesischen Modernisierung »von oben«. Von einer tief durchdachten, die ganze Nation planmäßig erfassenden Reformpolitik wie in Japan nach 1868 war man jedoch weit entfernt. Dazu fehlten viele der Voraussetzungen, die Japan dank seiner kompakten Insellage besaß. Es fehlte auch die Bereitschaft der machthabenden Bürokratie, dem Westen mehr als nur seine oberflächlichen technischen Geheimnisse abzulauschen. Niemand in China dachte einstweilen zum Beispiel an die Einführung eines bürgerlichen Rechts oder einer politischen Verfassung. Die Reformanstrengungen blieben regional begrenzt und verliefen häufig im Sande. 1895 wurde das Scheitern der chinesischen Selbststärkungsbemühungen offenkundig.

An allen Fronten von Japan besiegt, blieb Li Hongzhang bei den Friedensverhandlungen 1895 in Shimonoseki keinerlei Verhandlungsspielraum (links mit seiner Delegation, gegenüber der japanische Kaiser und seine Minister in europäisierten Uniformen).

Ein Weg aus der Krise? – Die Epochenwende 1895

Unter dem Eindruck der militärischen Niederlage gegen Japan um die Oberhoheit über Korea brach 1895 das internationale Ansehen Chinas zusammen. Auf Befehl der regierenden Kaiserinwitwe Cixi waren die für den Aufbau einer Kriegsflotte vorgesehenen Mittel unter anderem in den Bau eines Marmorpavillons im Garten der kaiserlichen Sommerresidenz geflossen. Der wachsenden Begehrlichkeit der Großmächte ließ sich jetzt kaum noch etwas entgegensetzen. Die Balance der Jahre seit 1860 zwischen dem Kaiserreich und den westlichen Mächten zerbrach.

Verschärfte wirtschaftliche Abhängigkeit

Japan, neu in den Kreis der Großmächte eingetreten, machte den Anfang mit der Annexion der Provinz Taiwan. Zugleich diktierte es China eine immens hohe Kriegsentschädigung, die nur über den internationalen Kapitalmarkt finanziert werden konnte. Beides machte Schule: Anleihe folgte auf Anleihe, stets zu Konditionen, die für China sehr ungünstig waren. Als Sicherheiten ließen sich die ausländischen Gläubiger immer neue Posten der chinesischen Staatseinnahmen verpfänden. Nach Taiwan folgten nach 1895 weitere Abtretungen: die Erweiterung Hongkongs um die New Territories, die Übernahme des Hafens Tsingtau und seiner Umgebung in Nordchina durch das Deutsche Reich, ferner französische Eisenbahnkonzessionen in der südlichen Provinz Yunnan, russische in der Mandschurei. Die reichen Provinzen des chinesischen Kernlandes gerieten jedoch niemals unter fremde Kontrolle. Gegen das schon vor 1895 besonders aggressive Zarenreich konnte sich die Qingdynastie erstaunlich gut behaupten. Wichtiger als die relativ geringfügigen territorialen Verluste waren die nun offen arrogante Haltung der Großmächte und der Hochfinanz gegenüber China und die Intensivierung seiner wirtschaftlichen Durchdringung. Seit 1895 war es Ausländern erlaubt, in den *treaty ports* Industrie anzusiedeln; ausländisch finanzierte Eisenbahnen wurden in großen Nord-Süd-Trassen durch das Land gelegt; westliche Konsumgüter von multinationalen Konzernen bis in die hintersten Winkel des Reiches direkt verbreitet.

»Unsere Soldaten in Kiautschou« (Farblithographie von Richard Knötel, um 1900). Für das besetzte Gebiet mit der Hafenstadt Tsingtau schloss das Deutsche Reich mit China 1898 einen Pachtvertrag für 99 Jahre ab.

Das Jahr 1895 war für China ein noch wichtigeres Epochenjahr als 1842. Es bedeutete deshalb eine beispiellos tiefe Zäsur, weil sich nicht nur die Strukturen der Einbindung des Reiches der Mitte in das internationale System änderten, sondern nun auch die politisch wache Öffentlichkeit in China rasch auf die Ereignisse reagierte. Es verbreitete sich schnell das Gefühl einer tiefen nationalen Krise. Für manche schien sogar die Existenz der chinesischen Zivilisation auf

Der Gelehrte **Kang Youwei,** ein Nachkomme hoher Staatsbeamter, erhielt eine klassische chinesische Ausbildung. Auf dem Wege einer kritischen Würdigung des Konfuzianismus suchte er nach japanischem Vorbild eine Erneuerung der Gesellschaft durchzusetzen, vor allem im Staats- und Verwaltungsapparat. 1895 erwarb er sich im klassischen Prüfungssystem den Titel eines »jinshi«, der die Berechtigung einschloss, höchste Ämter im Staat zu bekleiden. Vor dem Hintergrund der starken Abhängigkeit Chinas von den europäischen Kolonialmächten gründete er die »Gesellschaft zum Studium der Selbststärkung« mit Zweigstellen in vielen Provinzen des Landes. Seine Reformideen fanden Zustimmung bei der jungen Intelligenz, Ablehnung bei den auf unbedingte Geltung der Traditionen seines Landes pochenden Kräften der Oberschicht.

Mit Bildrollen und Puppenspielen (oben) warben die Boxer für ihre Sache. Rechts die Fahne der yi hetuan, der Boxer (Hamburg, Wissenschaftliches Institut für Schifffahrts- und Marinegeschichte).

dem Spiel zu stehen. Die Staatsführung reagierte gegenüber dieser Herausforderung desorientiert. Der listige und beharrliche Li Hongzhang stand als alter Mann ratlos vor den Trümmern seiner Politik. Erstmals in der neueren Geschichte Chinas gingen Impulse der Veränderung nicht von inneren Hofzirkeln und den Spitzen der Bürokratie aus. Aus Hongkong wandte sich Sun Yatsen an den großen Vizekönig Li Hongzhang und bot ihm seine Dienste an. Dieser aber ging nicht darauf ein, und Sun Yatsen begann nun seine revolutionäre Karriere als Organisator und Agitator.

Die »Reform der hundert Tage«

Viel wichtiger aber war zunächst eine andere Initiative. In Peking waren im Frühjahr 1895 die brillantesten jungen Gelehrten des Reiches versammelt, um in den Palastprüfungen, der höchsten Stufe des Prüfungssystems, miteinander zu wetteifern. Koordiniert durch zwei der klügsten Köpfe des damaligen China, Kang Youwei und seinen Schüler Liang Qichao, verfassten sie ein Reformmanifest. Es gelangte tatsächlich an den konservativen Höflingen vorbei in die Hände des zweiundzwanzigjährigen Kaisers Guangxu, der soeben begann, sich aus dem Schatten seiner übermächtigen Tante, der de facto regierenden Cixi, zu befreien. Das Manifest trug Überlegungen vor, die insgeheim in Gelehrtenzirkeln schon vor 1895 diskutiert worden waren: China benötige eine moderne Armee westlichen Typs, eine eigene Industrie, ein staatliches Bankensystem, Eisenbahnen in nationaler Kontrolle, ein modernes Postwesen. Die Landwirtschaft müsse systematisch gefördert und technisch verbessert, die Kompetenz der Auslandschinesen solle planmäßig genutzt werden. Noch wichtiger als diese Argumentation war die Tatsache, dass sie von einem Teil der geachteten geistigen Elite des Landes vorgetragen wurde. Kang Youwei erhielt in der Folgezeit direkten Zugang zum Kaiser und erarbeitete für ihn und mit ihm eine Reihe von Reformedikten. Sie wurden zwischen Juni und September 1898 erlassen, deswegen auch »Reform der hundert Tage« genannt. Erstmals wurde nun auch von höchster Stelle die Reform des bis dahin sakrosankten Erziehungs- und Prüfungswesens, besonders seine Öffnung für westliches Wissen, gefordert. Die Korruption innerhalb der Bürokratie solle bekämpft, die Wirtschaft nach modernen Grundsätzen gefördert werden. Dahinter stand Japan als das große Vorbild. Am 19. September 1898 erschien die Kaiserinwitwe überraschend in der Verbotenen Stadt. Der Kaiser wurde unter Arrest gestellt,

sechs seiner angeblich radikalen Berater sofort hingerichtet. Kang Youwei und Liang Qichao entgingen diesem Schicksal nur durch die Flucht ins Ausland. Cixis Putsch beendete die reformerische Phase.

»Vertreibt die Ausländer!« – Der Boxeraufstand und seine Folgen

Die Bewegung der »yi hetuan«, von den Ausländern »Boxer« genannt, war ein regional begrenztes Phänomen. Flut- und Dürrekatastrophen lösten im Sommer 1898 im ökologisch besonders labilen Nordchina Not und Unruhe unter der bäuerlichen Bevölkerung aus. Die Spannung stieg, als die deutsche Besetzung Tsingtaus und seines Hinterlandes in der Provinz Shandong dem aggressiven Vorgehen christlicher Missionare Auftrieb gab. Schon länger hatten sich Missionare nicht gescheut, Dorfgemeinschaften zu spalten und mit ihrer Klientel unter dem Schutz der Extraterritorialitätsrechte eine Art von Staat im Staate zu bilden. Die Ankunft europäischer Truppen ermutigte nun zu einem noch willkürlicheren Vorgehen. Es

Ein Boxeraufgebot stürmt eine befestigte Stadt, aus der die Europäer überstürzt zu fliehen suchen. Der chinesische Holzschnitt vermittelt etwas von der Macht dieser Volksbewegung.

verwundert wenig, dass im Bewusstsein der Bevölkerung Verbindungen zwischen dem Vordringen der Fremden und den neuerlichen Katastrophen der Natur gezogen wurden. Eine in solchen Situationen abrufbare Tradition war die des magisch inspirierten Faustkampfes. Rituale sollten böse Mächte bannen und die eigene Unverwundbarkeit gewährleisten. Junge Männer fanden sich in Kampfgruppen zusammen, die der Parole »Unterstützt die Qingdynastie, vertreibt die Ausländer« folgten. Solche Gruppen verbreiteten sich 1899 wie ein Flächenbrand über ganz Nordchina. Nachdem ein britischer Missionar als erster Ausländer von den Boxern getötet worden war, verlangten die Großmächte Anfang 1900 vom Kaiserhof die Unterdrückung der Bewegung. Im Mai unterbrachen Boxerverbände die Eisenbahnverbindung zwischen Peking und der Küste. Die Ausländer in der Hauptstadt waren isoliert. Der Kaiserhof, der sich nach langem Schwanken hinter die Boxermilizen stellte, erklärte den ausländischen Mächten den Krieg, nachdem der deutsche Gesandte in Peking von Regierungstruppen erschossen worden war. Am 14. August 1900 erreichte die Expeditionsarmee der acht Mächte Peking, befreite die etwa tausend dort eingeschlossenen Ausländer und begann mit Plünderungen großen Stils. Die Kaiserinwitwe war im gleichen Moment mitsamt dem gefangenen Kaiser aus der Hauptstadt geflohen.

»Germans to the front« (Deutsche an die Front), Kommando des britischen Oberbefehlshabers des vereinigten Expeditionskorps, des Admirals Edward Hobart Seymour, mit dem dieser am 22. Juni 1900 bei der Niederschlagung des Boxeraufstands einen Entlastungsangriff des deutschen Kontingents befahl (Gemälde von Carl Röchling, 1902).

Im **Boxerprotokoll** vom 7. September 1901 verpflichtete sich China unter anderem, eine Sühnegesandtschaft nach Deutschland zu entsenden und dem ermordeten deutschen Gesandten, dem Freiherrn Klemens von Ketteler, einen Gedenkstein zu errichten (Artikel 1), die »Rädelsführer« des Aufstands zu bestrafen (Artikel 2), die Ermordung eines japanischen Gesandtschaftsbeamten zu sühnen, Schadenersatz zu leisten, das Betreten des Gesandtschaftsviertels zu verbieten (Artikel 6), die Besetzung gewisser Punkte zwischen Peking und dem Meer durch fremde Mächte anzuerkennen (Artikel 12).

Drakonisches Wiedergutmachungsdiktat

In den Jahren 1900 und 1901 erreichte China den Tiefpunkt seiner internationalen Stellung. In Nordchina brach jede staatliche Autorität zusammen. Die in der Hauptstadt zurückgebliebenen Würdenträger, unter ihnen der an der Pro-Boxer-Politik der Kaiserinwitwe unschuldige Li Hongzhang, mussten sich, nachdem bei den Unruhen 229 Ausländer zu Tode gekommen und viele andere nur knapp einem Massaker entgangen waren, von den Mächten drakonische Straf- und Sühnebedingungen diktieren lassen. Die gravierendste Maßnahme war eine auf 39 Jahre verteilte »Boxerentschädigung« in der damals astronomischen Höhe von 67,5 Millionen Pfund Sterling. Sie wurden nach einem Schlüssel auf die acht Mächte umgelegt. Ihre Folgen für die chinesische Wirtschaft waren katastrophal: Zwischen 1902 und 1910 musste die Zentralregierung etwa die Hälfte ihres Budgets für die »Boxerzahlungen« aufwenden. Dies gelang nur durch drastische Steuererhöhungen, die nahezu alle Teile des chinesischen Volkes trafen. 1901 bestätigte sich, dass der Imperialismus in China im Grunde ein kooperatives Unternehmen der Großmächte war. Auch jetzt hatte niemand ein ernsthaftes Interesse an der Verwandlung der Kernprovinzen in Kolonien. Das Gremium der Gesandten in Peking bildete aber eine Art von Über-Regierung, den *diplomatic body,* gegen dessen Entscheidungen die chinesische Politik im Konfliktfall wenig ausrichten konnte.

Späte Reformpolitik

Großbritannien, die USA und Frankreich begrüßten es, dass die Dynastie nach 1905 ein umfassendes Reformprogramm zu verwirklichen begann. Nach dem Boxerschock, der die Aussichtslosigkeit dumpfer Fremdenfeindlichkeit bewiesen hatte, war es ausgerechnet die Kaiserinwitwe, die nun, beraten durch Leute wie den weitsichtigen Provinzgouverneur Zhang Zhidong, noch radikalere Veränderungen in Gang setzte als diejenigen, die sie 1898 unterbunden hatte. Diese äußerst späten Reformen der Qingdynastie werden leicht unterschätzt, weil der Sturz des mandschurischen Herrschergeschlechts 1911 ihre Verwirklichung abbrach. Sie stellen indessen das eindrucksvollste Reformprogramm dar, das vor Deng Xiaopings Modernisierungspolitik der 1980er-Jahre in Angriff genommen wurde. Am wichtigsten war die Abschaffung der mehr als tausend Jahre alten Beamtenprüfungen; der Regierungsdienst war nunmehr nicht länger ein Monopol der gelehrten Elite, die sich viele Jahre lang in den klassischen Schriften des Konfuzianismus schulen musste. Zugleich zerbrach auch die zentralisierte Verwaltungsstruktur, die das Reich wie eine Stahlklammer zusammengehalten hatte. Plötzlich wurde ein Auslandsstudium attraktiv. Tausende junger Chinesen machten sich auf den Weg nach Europa, in die USA und vor allem nach Japan, einen Umschlagplatz für Ideen aus dem Westen. Umgekehrt wurden japanische Ausbilder nach China geholt, besonders um militärische Erfolgsgeheimnisse in die Reform einzubringen.

Porträt der Kaiserinwitwe und Regentin Cixi (Gemälde eines chinesischen Künstlers nach einer Fotografie, 1903). Erst nach den Erfahrungen des Boxeraufstands öffnete sie sich der Reformpolitik.

Die Europäer im Urteil der Chinesen, die Chinesen im Urteil der Europäer in Reiseberichten des 19. Jahrhunderts:

Die Chinesen nennen gewöhnlich die Europäer »Barbaren« und halten sie für solche; mit dem Ausdruck meinen sie Völker in einem rohen, unzivilisierten Zustand, moralisch und geistig unkultiviert ...
Der Europäer, der viel mit Indern, Malaien, Anamiten, Chinesen und Japanern zu tun gehabt hat, kann es nicht mehr über sich gewinnen, diese braunen und gelben Menschenkinder wie seinesgleichen zu betrachten.

Die Armeereform, bei der sich vor allem Yuan Shikai, der starke Mann im Abendrot des Kaisertums, hervortat, war für die Zukunft besonders bedeutungsvoll. Nun erst entstanden im provinzialen Rahmen schlagkräftige Truppen nach preußischem oder japanischem Vorbild. Zu den weiteren Reformen gehörten die Einrichtung von Handelskammern, ein ziemlich erfolgreiches Vorgehen gegen den Anbau von Mohn und den Handel mit Opium sowie die Reorganisierung traditioneller Hofämter als Ministerien westlichen Stils. Schon 1906 hatte die Kaiserinwitwe eine Verfassung in Aussicht gestellt. Im Oktober 1909 traten dann die ersten Provinziallandtage zusammen, die ersten Parlamente in der Geschichte Chinas. Obwohl sie allein die gebildete und wohlhabende Elite repräsentierten, bedeuteten sie einen tiefen Bruch mit der politischen Tradition. Der chinesische Staat hatte politische Versammlungen seiner Untertanen stets mit Misstrauen betrachtet und meist unterdrückt. Nun räumte er der Elite, auf deren informelle Mitarbeit er immer schon angewiesen war, ein formelles Mitspracherecht ein.

So erwuchs aus der Katastrophe von 1900 eine halbwegs konstruktive Politik. Diese wurde zum öffentlichen Diskussionsthema, die Suche nach nationaler Identität und nach brauchbaren ausländischen Modellen wurde zu einer Hauptbeschäftigung der Intellektuellen, die nach dem Ende des Prüfungssystems das Erbe der traditionellen Beamten-Gelehrten antraten. Nationalismus war fortan der Grundnenner, auf dem sich die verschiedensten politischen Richtungen trafen. Er erlangte nun auch außenpolitische Bedeutung. Nach den Erfahrungen mit übergroßer Beflissenheit gegenüber dem Westen wie etwa zwischen 1864 und 1895 und ihrem Gegenteil, militanter Abwehr wie 1900, wurde nun aus einer Position der Schwäche heraus nach einem neuen Mittelweg gesucht. Dabei konzentrierte man sich darauf, in geduldiger Verhandlungsarbeit für China bessere Bedingungen bei neuen Anleihen und Eisenbahnprojekten zu erzielen. Einige der ehemals abgetretenen Bergwerks- und Bahnkonzessionen wurden sogar zurückgekauft. 1905 wurde daneben zum ersten Mal die Protestform des Boykotts eingeübt: eine gewaltlose Massenaktion, die das Ausland am wirtschaftlichen Nerv zu treffen suchte. Nach dem Boxerdebakel präsentierte sich der chinesische Nationalismus in seinem Auftreten vorsichtig, aber in der Sache entschieden.

Jürgen Osterhammel

Gedränge vor dem Aushang der Prüfungsergebnisse (oben; Rollbild des 16. Jahrhunderts, Ausschnitt; T'aipei, Nationales Palastmuseum). Die höchste Beamtenprüfung für den Staatsdienst setzte ein jahrelanges Studium von Philosophie, Geschichte und Literatur voraus. Links ein Tuschestück, von dem zum Schreiben etwas abgerieben und verdünnt wurde. Das Reh zu Füßen des Studenten versinnbildlicht die Pfründe (beides lautet lu), die der künftige Staatsbeamte erhofft und die ihn zum Studium motiviert (Gotha, Schlossmuseum).

Umsturz und Neubesinnung – Politische und kulturelle Revolution in China 1911 und 1919

Auf tönernen Füßen – China wird Republik

Der letzte chinesische Kaiser, das Kind Puyi. Die Abdankung wurde am 12. Februar 1912 verkündet. Vorangegangen waren Verhandlungen des Hofes mit General Yuan Shikai.

Die Revolution von 1911 stürzte die Qingdynastie zu einem Zeitpunkt, als sie auf einem erfolgreichen Weg aus der Krise zu sein schien. Einiges sprach dafür, dass China endlich dem japanischen Modernisierungsweg folgen würde. Nach dem Tod der Kaiserinwitwe Cixi und des Kaisers Guangzu saß zu diesem Zeitpunkt Puyi, ein fünfjähriges Kind, als Kaiser Xuantong auf dem Thron.

Im radikalisierten Exilmilieu von Tokio und Yokohama hatten ab etwa 1897 Gegner der Mandschuherrschaft die Grundideen des chinesischen Nationalismus und Republikanismus entwickelt. 1905 hatte Sun Yatsen hier den Schwurbund, den Tung-meng-hui, gegründet, die erste politische Organisation, die sich zu revolutionären Zielen bekannte und sich für ganz China – und nicht nur für einzelne Provinzen – zuständig fühlte. Sun Yatsen schmiedete Bündnisse zwischen auslandschinesischen Finanziers und antimandschurischen Geheimgesellschaften und agitierte heimlich unter den Offizieren der neuen Armee. Mitte 1911 stand etwa ein Drittel dieser Armee in der zentralchinesischen Metropole Hankou und der sie umgebenden Provinz Hubei unter dem Einfluss des Tung-meng-hui.

Im Herbst 1911 erwies sich vor allem, dass die politische und gesellschaftliche Elite in den Provinzen, auf die sich die Kaiser seit Jahrhunderten verlassen konnten, dem Hof die Gefolgschaft aufgekündigt hatte. Sie war die Nutznießerin der von oben verordneten Parlamentarisierung gewesen, hatte aber zugleich in den Zentralisierungsbestrebungen einer reformbereiten kaiserlichen Regierung eine Gefahr für ihre eigenen provinzialen Interessen gesehen. Das wichtigste Konfliktfeld waren die Eisenbahnen. Im Zuge der Reformen ab 1905 hatte Peking versucht, seinen Zugriff auf Eisenbahnlinien zu festigen, in die die örtlichen Honoratioren kräftig investiert hatten. Das neue Selbstbewusstsein der Gentry und der Kaufmannsschicht in den Provinzhauptstädten wandte sich also eher aus konkreten materiellen Gründen als aus edlen republikanischen Überzeugungen gegen die Qingdynastie. Überall kam es zu Zweckbündnissen zwischen den Führern der jeweiligen neuen Armee, den Zivilisten in den Provinziallandtagen und revolutionären Agitatoren.

Sun Yatsen kam mit seinem Bruder als Dreizehnjähriger nach Honolulu, wo er eine Missionsschule der Kirche von England besuchte. Der ausgebildete Arzt organisierte 1895 in Kanton einen ersten Aufstandsversuch.

Der Umsturz

Eine Explosion beim subversiven Bombenbauen in Hankou rief am 9. Oktober 1911 die Qingpolizei auf den Plan und trieb die enttarnten Revolutionäre zur Flucht nach vorn. Eine Meuterei brachte zunächst die Provinz Hubei in die Hand der Aufständischen. In einer von niemandem gesteuerten Kettenreaktion rebellierten nun die Truppen in mehreren Provinzen Mittel- und Südchinas. Erst mit der rasanten Entwicklung der Ereignisse stellte sich heraus, wie viel Unterstützung der Tung-meng-hui bereits in Militärkreisen und weit über sie hinaus gefunden hatte und wie dünn gesät die Anhän-

Zwischen Oktober und Dezember 1911 hatte sich in über 80 Städten in China der Aufstand gegen die Mandschu-dynastie formiert. Die beiden Aufnahmen von den Ereignissen in Shantou in der ersten Novemberhälfte 1911 zeigen einen Brandanschlag und einen Zug von Aufständischen.

ger der Dynastie inzwischen waren. Eine der achtzehn Provinzen nach der anderen fiel von der Hauptstadt ab. Bereits am 8. November 1911 wählte eine provisorische Nationalversammlung in Peking Yuan Shikai zum Premierminister. Am 12. Februar 1912 dankte die Dynastie offiziell ab.

Die neue Republik

Mit dem Tag der Abdankung der Qingdynastie wurde China Republik, Sun Yatsen war schon am 1. Januar 1912 zu ihrem provisorischen Präsidenten gewählt worden. Seine Basis im Lande war aber viel zu schmal, um ihm ein effektives Regieren zu er-möglichen. Nach sechs Wochen gab er sein Amt zugunsten von Yuan Shikai auf. Die wahren Machtverhältnisse wur-den offenbar, als Yuan Shikai Sun Yatsens wichtigsten Mitstreiter ermorden ließ und Sun Yatsens Organisa-tion, die Kuo-min-tang (Nationale Volkspartei), als Nachfolgerin des Tung-meng-hui verbot. Der Traum einer parlamentarischen Entwicklung nach westlichem Muster war damit ausgeträumt. Yuan Shikais Diktatur einigte China von 1913 bis 1915 noch einmal in einem Maße, das bis zur Gründung der Volksrepublik China 1949 nicht wieder erreicht werden sollte. Aber Yuan Shikai fehlten die militärische Stärke und das administrative Geschick, um das Land auf Dauer zusammenzuhalten. Wichtige Randgebiete des Imperiums der Qingdynastie wie Tibet und die Mongolei erklär-ten ihre Unabhängigkeit. Die Großmächte und Großbanken nutzten die Wirren des Machtwechsels, um China einige besonders unvor-teilhafte Anleihen anzudienen. Darüber hinaus trat Japan wieder als aggressive Imperialmacht hervor. Nach Kriegsausbruch 1914 riss es

General Yuan Shikai war der mächtige Mann der späten Kaiserzeit. Er stürzte mit dem Tod der Kaiserinwitwe Cixi. 1911 erneut an die Spitze der kaiserlichen Armee berufen, wurde er nach dem Sturz der Dynastie am 10. März 1912 Staatspräsident.

die deutsche Kolonie in Shandong an sich und diktierte 1915 Yuan Shikai eine Art von Protektoratsvertrag, der nur durch den Einspruch der übrigen Mächte gemildert werden konnte. Ein Jahr später beging Yuan Shikai den Fehler, eine eigene Kaiserdynastie begrün-

Das Interesse der Japaner an dem deutschen Pachtgebiet Kiautschou galt der florierenden Hafenstadt Tsingtau im Süden der Halbinsel Shandong mit Europäerstadt am Süd-, Chinesenviertel am Nordhang und in 3,5 km Entfernung die (erste) Arbeitersiedlung, wie der chinesische Plan gut zeigt (um 1902); rechts eine heutige Luftaufnahme (Detail).

den zu wollen. Seine Militärführer versagten ihm jedoch die Gefolgschaft. Nach seinem Amtsverzicht und Tod 1916 blieb China nominell zwar als Gesamtnation erhalten, zerfiel aber tatsächlich in Herrschaftsgebiete zahlreicher Militärmachthaber, der *warlords*.

»Zerschlagt den Kramladen des Konfuzius!« – Die erste chinesische Kulturrevolution

D ie neue Generation, die sich nach der Revolution von 1911 zu Wort meldete, kannte die chinesische Tradition gut genug, um sie profund kritisieren zu können, hatte aber genügend andere Einflüsse aufgenommen, um über alte kulturelle Selbstverständlichkeiten hinauszublicken. Die ältesten unter den Verfechtern einer Kulturrevolution hatten noch eine klassische Bildung erhalten; danach hatten sie jedoch Japan und das westliche Ausland kennen gelernt. Ein solches Wechselbad der Erfahrungen prägte den Lebensweg des ersten Wortführers der Bewegung, Chen Duxiu, der 1915/16 mit seiner Zeitschrift »Neue Jugend« ein Forum für Intellektuelle schuf, die unter dem Eindruck des Scheiterns der ersten chinesischen Republik standen.

Als Deutschland auf das Ultimatum, Kiautschou zu räumen, nicht reagierte, erkärte Japan am 23. August 1914 den Krieg. Der »Simplicissimus« brachte die Situation am 6. Oktober ironisch auf den Punkt (Zeichnung von Olaf Gulbransson). Japan besetzte Kiautschou am 7. November 1914.

Seit etwa 1915 entwickelte sich eine Revolution, die mindestens ebenso tiefe Wirkungen zeitigte wie der Sturz des kaiserlichen Systems: eine Revolution zur Erneuerung der chinesischen Kultur. Schon lange hatten chinesische Gelehrte nach den Ursachen für die Misere ihres Landes und nach Wegen der Abhilfe gefragt. Oberflächliche Kommentatoren schoben die Schuld auf die angeblich inkompetente »Fremdherrschaft« der seit langem sinisierten Mandschus. Andere sahen tiefer: Sie verwiesen wie Kang Youwei auf die Erstarrung einer im Kern reformfähigen konfuzianischen Kultur und analysierten wie Liang Qichao den Imperialismus in seiner Wirkung auf China. Niemand unter den schon vor 1900 tätigen Publizisten trat aber für eine radikale Verwestlichung ein.

Der radikale Bruch mit der Tradition

Chen Duxiu und seine Mitstreiter, zu denen auch der Schriftsteller Lu Xun gehörte, strebten danach, das Individuum von der
Last des Alten und Herkömmlichen zu befreien. Sie wandten sich
vordringlich an ihre Schüler und jungen Leser, um ihnen Mut, geistige Neugier und Kreativität nahe zu bringen. Kein Traditions-
bestand sollte ungeprüft übernommen werden. Die Autoren der kulturpolitischen Zeitschrift »Neue Jugend« wandten sich gegen politische Privilegien für wenige, gegen den Militarismus der *warlords,*
gegen blinden Gehorsam gegenüber Beamten und Eltern, gegen
religiösen »Aberglauben« und gegen die traditionelle Großfamilie
der chinesischen Oberschicht. Sie forderten Frauenemanzipation,
eine Vereinfachung der überaus komplizierten Schriftsprache und
eine volksnähere Literatur. Soziale Forderungen blieben daneben

Am 18. Januar 1915 überreichte die japanische Regierung dem chinesischen
Präsidenten Yuan Shikai eine **Liste von
21 Forderungen.** Sie verlangte unter
anderem die Übertragung der vormals
deutschen Rechte in der Provinz Shandong an Japan und die kompensations-
lose Verlängerung der Pachtfristen für
Port Arthur, Dairen und die Südmand-
schurische Eisenbahn auf 99 Jahre; die
Umwandlung des größten chinesischen
Eisen- und Stahlwerks in ein chinesisch-
japanisches Unternehmen; wirtschaftliche Vorteile für japanische Bürger in
der südlichen Mandschurei und der
Inneren Mongolei. Damit wollte Japan
das Recht erhalten, in östlichen und
südlichen Provinzen Chinas strategisch
herausragende Eisenbahnlinien zu
bauen. Außerdem sollte in wichtigen
Landesteilen die chinesische Polizei
einer gemeinsamen japanisch-chine-
sischen Kontrolle unterstellt werden.

Lu Xun war ein führender Schriftsteller
des frühen 20. Jahrhunderts, der die
sozialen Missstände brandmarkte und
die chinesische Gesellschaft seiner Zeit
als »kannibalisch« charakterisierte.
Die Abbildung zeigt ihn bei einer Rede
in Peking im November 1932.

spärlich und allgemein. Die Lage der Bauern geriet kaum ins Blick-
feld dieser städtischen Intellektuellen. Einerseits bewunderten die
Vertreter dieser Kulturrevolution die klassischen Schriften des euro-
päischen Liberalismus, empfahlen die Einführung repräsentativer
Institutionen und propagierten Wissenschaftsideale, die westlichen
Ursprungs waren, andererseits verschloss kaum jemand unter ihnen
die Augen vor der massiven imperialistischen Präsenz der westlichen
Staaten in China.

Mobilisierung der Straße – Das politische Erwachen der
chinesischen Nation 1919

Die reformorientierten Kräfte hatten am Ende des Ersten Weltkriegs gehofft, die liberalen Großmächte Großbritannien und
die USA würden die aggressiveren Imperialisten, besonders Japan, in
ihre Schranken weisen. Stattdessen bestätigte die Friedenskonferenz
von Versailles Japan den Besitz der von ihm okkupierten Gebiete in
der Provinz Shandong. Als die Nachricht von dieser Entscheidung in

China eintraf, kannte die Empörung keine Grenzen. Seit dem 4. Mai 1919 richteten sich Protestkundgebungen, Boykottaktionen und Streiks wochenlang gegen die ausländischen Mächte und gegen die Regierung der *warlords,* die in Versailles kein besseres Ergebnis erzielt hatte. An ihnen beteiligten sich nicht nur Professoren, Studenten und Schüler, sondern auch weite Teile der städtischen Gesellschaft in ganz China. Mit dieser beispiellosen Mobilisierung erreichten die Intellektuellen der »Bewegung für Neue Kultur« eine Massenbasis, von der sie zuvor nicht zu träumen gewagt hatten. Zugleich begann mit dem 4. Mai 1919, einem bis heute im chinesischen Geschichtsbewusstsein geradezu mythischen Datum, die Ära der politischen Artikulation auf der Straße. Politik war nicht länger das Privileg einer kleinen Elite.

Die Demonstration von 3000 Pekinger Studenten am 4. Mai 1919 richtete sich gegen den Beschluss der Pariser Friedenskonferenz, Japan die Verwaltung des ehemals deutschen Kiautschou zu übertragen.

Die ideologische Spaltung der Kulturrevolution

D ie Kulturbewegung des Jahres 1919 zerbrach vor allem an Fragen, die die wünschenswerte politische Entwicklung Chinas und die Mittel, dorthin zu gelangen, betrafen. Es bildeten sich im Wesentlichen drei politische Richtungen aus: Den geringsten Einfluss gewannen diejenigen, die trotz der fortdauernden Privilegien der imperialistischen Mächte für eine weit gehende Übernahme angelsächsischer Demokratiemodelle eintraten. Sie ignorierten noch mehr als andere die Probleme des ländlichen China und vermochten nie, sich parteipolitisch zu organisieren. Sie formulierten jedoch deutlicher als ihre Rivalen Forderungen nach Menschenrechten, Rechtsstaatlichkeit und tatsächlich repräsentativer Demokratie.

Die zweite Richtung war die des Marxismus-Leninismus. Die Schriften von Marx und Engels wurden seit der Jahrhundertwende in vereinzelten chinesischen Übersetzungen bekannt, doch war unter den sozialistischen Strömungen Europas für Chinas Intellektuelle zunächst der Anarchismus bei weitem interessanter. Erst die russische Oktoberrevolution 1917 und die Vierter-Mai-Bewegung von 1919 gaben dem Marxismus Auftrieb. Zum einen lenkte der Massenprotest in China die Aufmerksamkeit der Intellektuellen erstmals auf die industrielle Arbeiterschaft und die soziale Frage. Darüber hatten die Schriften des Marxismus mehr zu sagen als die des europäischen Anarchismus. Zum anderen schien das Regime der Bolschewiki in Russland zu beweisen, dass in einem rückständigen Land durchaus grundlegende Veränderungen möglich waren; vielleicht konnte China von der jungen Sowjetunion mehr lernen als vom Westen und von Japan. Hinzu kam, dass die Sowjetunion der imperialistischen Chinapolitik des Zarismus abschwor und als erste Großmacht die Ansprüche des chinesischen Nationalismus anerkannte – wenngleich mehr auf dem Papier als in der Wirklichkeit. Unter der Führung von Chen Duxiu vollzog ein beträchtlicher Teil der Protagonisten der

Der gelehrte Hu Shih wandte sich als führender liberaler Intellektueller der Vierter-Mai-Bewegung bereits im Sommer 1919 gegen radikale Strömungen (Foto mit der Bildhauerin Lucile Swan).

»Bewegung für Neue Kultur« die Umorientierung zu marxistisch-leninistischen Politikvorstellungen. Russische Berater, von der Kommunistischen Internationale entsandt, förderten diesen Schwenk. Chen Duxiu, wenige Jahre zuvor noch ein Verfechter westlicher Demokratiekonzepte, erklärte sich 1921 bereit, als Generalsekretär der neu gegründeten Kommunistischen Partei Chinas zu amtieren.

Die dritte politische Richtung war ein modernisierungswilliger Nationalismus, dessen Ziele Sun Yatsen in seinen letzten Lebensjahren formulierte. Bestimmt von dem Gedanken einer Erziehungsdiktatur, baute er, gestützt auf die Kuo-min-tang, eine Einparteienherrschaft auf, nachdem er sich ab 1919 enttäuscht von den westlichen Mächten abgewandt hatte. Kuo-min-tang und die Kommunistische Partei waren die beiden dynamischsten Kräfte, beide nach dem Prinzip der autoritär geführten, Disziplin fordernden Kaderpartei organisiert. Nur so schien sich der Herrschaft der *warlords* ein erfolgreicher Widerstand entgegensetzen zu lassen.

Sozialgeschichtliche Veränderungen

Von der intellektuellen Vielfalt und der unbefangenen Aufbruchstimmung der Jahre zwischen 1915 und 1919 war danach kaum etwas geblieben. Demokratie und Liberalismus waren gescheitert. An die Stelle von Debatten und Utopien trat der bewaffnete Kampf für soziale Revolution und nationale Einheit. Das Bild der Frühphase der chinesischen Republik wäre jedoch unvollständig, überginge man die wichtigen sozialgeschichtlichen Veränderungen. Die Verwandlung von Gelehrten in Intellektuelle, die soziale Aufwertung des Militärs und die Entstehung einer modernen Arbeiterschaft waren begleitet von der Formierung einer chinesischen Bourgeoisie. Besonders zur Zeit des Ersten Weltkriegs, als der Importdruck auf China nachließ, eröffneten sich große Möglichkeiten für ein chinesisches privates Unternehmertum, das sich vor allem in der Textilindustrie engagierte. Das politische Chaos der Warlordherrschaft erschwerte zwar Transport und Handel über Land, ließ aber auch Nischen entstehen, in denen sich wirtschaftliche Privatinitiative frei von staatlicher Gängelung entfalten konnte. Diese neue Bourgeoisie, die sich auch im Bankensektor entwickelte, war kein energisch auf politische Beteiligung pochendes Bürgertum im europäischen Sinne, konnte aber durch jeden mobilisiert werden, der ihr Schutz vor der übermächtigen ausländischen Konkurrenz versprach. Deshalb beteiligten sich Unternehmer und Kaufleute in den *treaty ports* mit großem Eifer an Boykotten. Diese Bourgeoisie war keine Trägerin von Demokratisierung, doch eine der Stützen jenes Antiimperialismus, der allen politischen Richtungen Chinas gemeinsam war.

Hof einer kleinen Spinnerei in Schanghai (1907); auffallend sind das moderne Lagergebäude, die Hocker und die großen Spinnräder.

Jürgen Osterhammel

»Erleuchtete Regierung« – Die Meijireformen in Japan 1868 bis 1890

Kaiser Mutsuhito (Meiji-Tennō) in europäischem Hofornat. Er bestieg nach dem Sturz des Tokugawa-Schogunats 1868 mit 14 Jahren den Kaiserthron (Kyōto, Kaiserliche Sammlung).

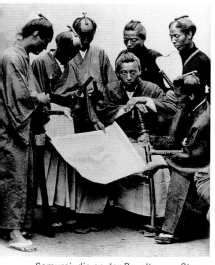

Samurai, die an der Revolte zum Sturz des Tokugawa-Schogunats beteiligt waren (Foto um 1868). Die traditionelle Tracht und das Tragen der beiden Schwerter wurden 1872 verboten.

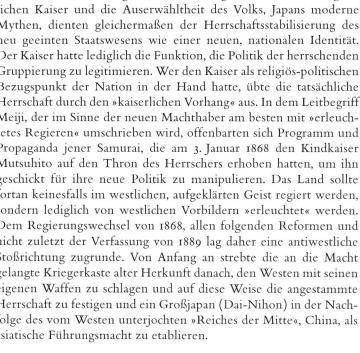

E rleuchtete Regierung«, zuweilen auch »aufgeklärte Politik«, lautet, je nach Übersetzung und damit verbundener Wertung, die Herrschaftsdevise des japanischen Kaisers Mutsuhito, die ihm mit dem vagen japanischen Begriff Meiji zu Beginn des Jahres 1868 von den neuen Machthabern des Landes nach einer Palastrevolution vorgegeben worden war. Mit seinem Tode 1912 ging die 44 Jahre umfassende Meijizeit zu Ende, in der Japan sich von einem rückständigen, feudalen Staatswesen zur allseits respektierten Führungsmacht in Ostasien gewandelt und vermeintlich den Anschluss an die westlichen Industrienationen geschafft hatte. Meiji-Tennō und Meijizeit wurden rasch zum Inbegriff eines einzigartigen Modernisierungsmodells, das vermeintlich in weiser Voraussicht von einem aufgeklärten Herrscher betrieben und von einem wie eine Familie um ihn gescharten Volk ehrerbietigst durchgeführt worden sei.

Die ebenso bewusst geschaffene Ideologie des Kults um den göttlichen Kaiser und die Auserwähltheit des Volks, Japans moderne Mythen, dienten gleichermaßen der Herrschaftsstabilisierung des neu geeinten Staatswesens wie einer neuen, nationalen Identität. Der Kaiser hatte lediglich die Funktion, die Politik der herrschenden Gruppierung zu legitimieren. Wer den Kaiser als religiös-politischen Bezugspunkt der Nation in der Hand hatte, übte die tatsächliche Herrschaft durch den »kaiserlichen Vorhang« aus. In dem Leitbegriff Meiji, der im Sinne der neuen Machthaber am besten mit »erleuchtetes Regieren« umschrieben wird, offenbaren sich Programm und Propaganda jener Samurai, die am 3. Januar 1868 den Kindkaiser Mutsuhito auf den Thron des Herrschers erhoben hatten, um ihn geschickt für ihre neue Politik zu manipulieren. Das Land sollte fortan keinesfalls im westlichen, aufgeklärten Geist regiert werden, sondern lediglich von westlichen Vorbildern »erleuchtet« werden. Dem Regierungswechsel von 1868, allen folgenden Reformen und nicht zuletzt der Verfassung von 1889 lag daher eine antiwestliche Stoßrichtung zugrunde. Von Anfang an strebte die an die Macht gelangte Kriegerkaste alter Herkunft danach, den Westen mit seinen eigenen Waffen zu schlagen und auf diese Weise die angestammte Herrschaft zu festigen und ein Großjapan (Dai-Nihon) in der Nachfolge des vom Westen unterjochten »Reiches der Mitte«, China, als asiatische Führungsmacht zu etablieren.

Verehrt den Kaiser! – Das Ende des Schogunats (1853–68)

N ach jahrhundertelangen bürgerkriegsähnlichen Wirren hatte die erblich gewordene Herrschaft der Familie Tokugawa (1603–1868) dem Land inneren Frieden beschert und durch eine rigorose Abschließung vom Westen dafür gesorgt, dass weder christ-

Kaufleute besaßen in der Tokugawazeit das Privileg, Kurzschwerter zu tragen. Der Künstler karikiert sie hier als Gecken (aus der Folge »69 Ansichten des Kisokaidō« des Ikeda Eisen, 1790–1848; Ausschnitt; Hamburg, Museum für Kunst und Gewerbe).

liche Missionare noch westliche Kaufleute die statisch-harmonische Ordnung störten. Die Regierungsgewalt wurde, nominell im Namen des Kaisers, vom Militäroberbefehlshaber, dem Schogun, ausgeübt. Der machtlose Kaiser residierte als religiöses Oberhaupt des Shintoismus, eines göttlichen Ahnenkults, in der Residenzstadt Kyōto. Die Lehnsherren (Daimyō) bildeten zusammen mit dem funktionslos gewordenen Kriegeradel, den Samurai, die Führungsschicht, die mit etwa 4 bis 5 Prozent der Bevölkerung etwa 420000 Haushalte mit ungefähr 2 Millionen Personen ausmachte. Als reine Konsumentenklasse – waren ihnen doch Handel und Gewerbe untersagt – gerieten die höheren Adelsränge bald in wirtschaftliche Abhängigkeit von den auf der untersten Stufe der gesellschaftlichen Ordnung stehenden Kaufleuten. Die niederen Samurai siedelten meist in den Burgstädten und besserten ihre in Reis ausgezahlten Stipendien durch Verwaltungstätigkeit auf. Diese Schicht sollte in der durch äußere Bedrohung beschleunigten Krise des Schogunats zu Befürwortern eines durchgreifenden politisch-gesellschaftlichen Wandels werden.

Die Bauern, die noch im 19. Jahrhundert 80 Prozent der Bevölkerung ausmachten, rangierten zwar in der gesellschaftlichen Ordnung als einzige produktive Klasse gleich unterhalb der Krieger, wurden jedoch derart durch feudale Abhängigkeiten drangsaliert, dass sie sowohl in der Tokugawazeit als auch im darauf folgenden kaiserlichen

Ein höherer Samurai (Gonnojō aus der Familie Asano) in Diensten des Territorialfürsten von Utara und des Hofes in Kyōto bis zum Ende des Schogunats (Hängerolle von Tsubaki Chinzan, um 1846; Köln, Museum für Ostasiatische Kunst). Er trägt als Samurai Kosode (Gewand), Hakama (Hosenrock), Haori (Jacke), rasierten Scheitel und aufgesteckten Zopf.

Japan als politische Kraft ausfielen. Hingegen strebten die gesellschaftlich deklassierten Kaufleute und die kleine, aber prosperierende Schicht städtischer Handwerker Veränderungen an und bildeten für die unzufriedenen, da wirtschaftlich immer weiter verarmenden Samurai die gegebenen Verbündeten in der Auseinandersetzung mit der erstarrten Schogunatsherrschaft. In der allgemeinen Finanzkrise konnten sich indes einige Territorialfürstentümer (Han), wie die im Süden gelegenen Chōshū und Satsuma, aufgrund von Nebeneinkünften und effizienter Verwaltung gut behaupten. Einst von den Tokugawa militärisch unterworfen, wurden diese beiden Fürstentümer zu Zentren der Opposition gegen den Schogun.

Die Öffnung Japans

Die innere Aushöhlung des Schogunatsystems und seine äußere Schwäche waren durch die von den Westmächten ausgehende Bedrohung, Japan ähnlich wie China gewaltsam militärisch zu öffnen und wirtschaftlich mithilfe ungleicher Verträge zu kolonisieren, offenkundig geworden, als sich 1853 ein amerikanisches Geschwader der Bucht von Edo unbehelligt nähern konnte und dessen Kommandeur erfolgreich auf Vertragsverhandlungen insistierte. Die ohnehin oppositionell eingestellten Han von Chōshū und Satsuma wurden nunmehr zusammen mit dem vom Schogun übergangenen Hof zu den Wortführern einer fremdenfeindlichen Politik. Unter dem Schlachtruf »Verehrt den Kaiser – vertreibt die Barbaren« sollten mittels einer Machtausweitung des Kaisers die »Langnasen« wieder vertrieben werden. Einer ideologischen Aufwertung des japanischen Kaisers als gottähnlichen, dem Pekinger Sohn des Himmels ebenbürtigen Herrscher hatte zu Beginn des 19. Jahrhunderts eine historische Richtung (Mitoschule) nachgeholfen. Die Abgeschlossenheit Japans hatte einen Ethnozentrismus genährt, der sich in Visionen von einem großjapanischen Reich und der Besonderheit des japanischen Wesens (kokutai) Bahn brach und besonders in den Kreisen der niederen Samurai begierig aufgenommen wurde.

Die Beschäftigung mit westlichem Wissen hatte zugleich einen derartigen Aufschwung genommen, dass die ausländischen Studien in einem eigens geschaffenen »Institut zum Studium barbarischer Bücher« in Edo eingerichtet wurden. Die auf Absetzung des Schogunats drängenden Kräfte strebten daher von Anfang an sowohl eine Reform des politischen und gesellschaftlichen Systems als auch dessen Restauration im Sinne tradierter, mythischer Vorstellungen an. Die inzwischen relativ unabhängig gewordenen Lehnsfürstentümer von Satsuma, Mito und Chōshū nahmen auf eigene Faust eine Erneuerung ihrer Streitkräfte in Angriff, der in Chōshū sogar das Waffenmonopol der Samurai geopfert wurde. Auch das Schogunat setzte nunmehr, wenn auch zögerlich, auf Reformen. Eine Regierungsdelegation bereiste 1862 erstmals Europa und fand dort auch den Weg nach Berlin, wo die Erneuerung Preußens nach den Niederlagen gegen Napoleon I. bei den Japanern einen tiefen Eindruck hinterließ.

Unter den Schiffen, mit denen der amerikanische Commodore Matthew Perry 1853 in die Bucht von Edo einlief, waren auch Raddampfer, Symbole technischer Überlegenheit (Ausschnitt aus einem mehrteiligen Bild, 1854; Tokio, Universität). Wegen der Rauchschwaden sprachen die Japaner zeitgenössisch von »schwarzen Schiffen«.

Doch alle Reformansätze waren zum Scheitern verurteilt, solange die feudale Ordnung nicht aufgebrochen wurde und westlich-kapitalistischen Methoden keinen Raum bot. Das Dilemma der japanischen wie auch schon der chinesischen Modernisierung, den eigenen Geist mit der Technik des Westens verbinden zu wollen, war bereits in der Endphase des Schogunats deutlich geworden. Das Grundproblem sollte auch den zweiten, nach 1868 eingeleiteten Reformversuch begleiten und längerfristig zu dessen Scheitern beitragen.

Kabale und Krieg – Die Geburt des modernen Japan 1868

D ie entscheidende Phase im Kampf um die Macht begann im September 1866, als ein numerisch überlegenes Heer des Schoguns bei einer Strafexpedition gegen den Han Chōshū von dessen modernisierten Truppen geschlagen wurde und der Oberbefehlshaber wenige Tage später verstarb. Zwar fand sich nochmals ein Mitglied des Hauses Tokugawa bereit, das Amt des Schoguns anzutreten, aber die Kaiserstadt Kyōto lag den nunmehr verbündeten Truppen von Chōshū und Satsuma offen. Politisch und militärisch versierte Samurai verbündeten sich mit dem alten Hofadel (kuge). Erstes Opfer dieser neuen Hofkamarilla scheint der Kaiser selbst gewesen zu sein, der zu dem von ihm bestallten Schogun hielt und überdies eine weiter gehende Öffnung des Landes ablehnte. Offiziell starb der Kaiser Kōmei an einer Pockenerkrankung, doch wurde er vermutlich auf Betreiben von Iwakura Tomomi, einem einflussreichen Samurai bei Hofe, vergiftet, der sich den minderjährigen Sohn des Kaisers für den Kampf gegen den Schogun gefügig machen wollte. Kabale und Krieg standen bei der Entstehung des modernen kaiserlichen Japan Pate – Hofintrigen und machtpolitische Ambitionen einzelner Militärs sollten es auch bis zum Untergang der Tennoherrschaft 1945 begleiten.

In den Morgenstunden des 3. Januar 1868 rückten unter Führung eines militärstrategisch begabten Samurai aus Satsuma, Saigō Takamori, Truppen der rebellierenden Han in den Palast ein und schalteten nach kurzem Geplänkel die Wachmannschaften aus. Noch am selben Tage wurde in einer Erklärung das Schogunat beendet und eine neue Regierung mit allen führenden Köpfen der Aufstandsbewegung unter einem kaiserlichen Prinzen gebildet. An die Stelle der absolutistischen Alleinherrschaft des Schoguns war nicht etwa ein allgewaltiger Kaiser getreten, sondern ein mühsam ausgehandelter Herrschaftskompromiss. Fortan mussten an einer Regierung so viele einflussreiche und gegensätzliche Kräfte wie möglich beteiligt werden, um Rivalitäten und Intrigen innerhalb der jeweils herrschenden Gruppierung auffangen zu können. Unter dem monarchischen Schutzschild bildete sich im kaiserlichen Japan ein Regie-

1862 schickte das Schogunat eine Delegation von 38 Samurai nach Europa und in die Vereinigten Staaten. Diese Aufnahme entstand in Paris.

Der Samurai Iwakura Tomomi hatte ausgezeichnete Verbindungen. Als einziger Adliger bei Hofe gelangte er 1868 in die neue Regierung. 1871 bis 1873 war er Leiter der Regierungsdelegation auf der Informationsreise nach Europa und in die Vereinigten Staaten (Stich um 1871).

Der Samurai Saigō Takamori aus Satsuma befehligte 1868 die Einnahme des Kaiserpalastes in Kyōto. 1874 leitete er eine Strafexpedition gegen Formosa. Als ihm die Eroberung Koreas von der Regierung verwehrt wurde, zog er sich nach Satsuma zurück und führte dort 1877 einen Aufstand gegen die neuen Machthaber an. Militärisch geschlagen, beging er rituellen Selbstmord.

rungssystem heraus, das seine Legitimation aus Gruppenkämpfen ableitete und keinesfalls vom Volkswillen oder auch nur von programmatischen Überlegungen getragen war.

Schwierige Doppelherrschaft – Chōshū und Satsuma

Die im Zweiten Weltkrieg dann so manifeste Rivalität zwischen Heer und Marine geht auf diese Doppelherrschaft der beiden Han und ihre unterschiedliche politisch-geographische Stoßrichtung zurück. Stand Chōshū, an der Straße von Shimonoseki und somit Korea gegenüber gelegen, für eine auf das asiatische Festland abzielende kontinentale Politik und Kriegführung, so wurde Satsuma, am südlichsten Punkt (Kagoshima) der südlichsten der japanischen

Kaiser Mutsuhito gab seine Regierungserklärung, die »Charta der fünf Artikel«, am 3. April 1868 in Eidesform ab. Es war der letzte Staatsakt im kaiserlichen Palast in Kyōto; die Residenz wurde nach Tokio verlegt (links; japanischer Holzschnitt). Vor der Einberufung der ersten beratenden Versammlung, die in der Gründungscharta von 1868 vorgesehen war, mussten die Träger der alten Feudalordnung entmachtet werden. Die Lithographie rechts (um 1856) zeigt den Daimyō von Okinawa nach einer Daguerreotypie von 1854.

Mutterinseln (Kyūshū) gelegen, zum Anwalt der Marine und eines südwärts gerichteten maritimen Expansionsprogramms. Die Geburtsfehler des modernen Japan bestimmten die weitere Entwicklung und führten letztlich in den Untergang des Jahres 1945.

Das politische Grundsatzprogramm wurde mehrfach von den führenden Köpfen der siegreichen Han geändert, bevor sich die Fassung aus dem mächtigen Chōshū durchsetzte. Als Gründungscharta oder Grundgesetz beinhaltete dieser »Fünf-Artikel-Schwur« des Kaisers vom 3. April 1868 die grundlegenden Punkte des zukünftigen Regierungsprogramms.

Der Streitpunkt über die Zusammensetzung einer regierungsberatenden Versammlung wurde durch eine vage Kompromissformel von der »Einberufung öffentlicher Versammlungen« verdeckt. Hingegen konnte die Konzentration aller Kräfte auf das nationale Wohl angesichts der äußeren und jederzeit von der Oligarchie politisch instrumentalisierbaren Bedrohung erreicht werden. Der neue, das Volk auf den Kaiser verpflichtende Nationalismus wurde, wiewohl weitgehend künstlich geschaffen, zu einer Integrationsideologie, welche die Schwachstellen des neuen politischen Systems verdeckte. Die postulierte Abschaffung der schlechten Bräuche der Vergangenheit zugunsten einer harmonischen Ordnung von Oben und Unten griff konfuzianistische Vorstellungen auf und diente im Grunde der traditionellen Disziplinierung des Volkes. Diese tradierte Ordnung musste jedoch durch den wohl revolutionärsten Punkt des Programms – »Kenntnisse in aller Welt sammeln« – langfristig infrage gestellt werden. Die Meijireform als interner Machtwechsel innerhalb der Führungsschicht sollte alle Kräfte bündeln, um die angestammte Ordnung gegen die Herausforderung des Westens zu behaupten. Japans Modernisierung war letztlich ein Verteidigungsprogramm.

Wie die »Langnasen« – Reformen nach westlichen Vorbildern

Grundlegende gesellschaftliche Reformen waren von der neuen Herrschaftselite alter Abstammung keinesfalls beabsichtigt. Nicht das Wohl des Volkes stand den in militärischen Kategorien denkenden und handelnden Bürokraten der Han vor Augen, sondern stets die nationale Größe und ihre eigene daran gekoppelte Machtposition. Die Abschaffung der Feudalränge 1872 und des Privilegs, ein Schwert tragen zu dürfen, diente der Martialisierung des gesamten Volkes. Die alte Elite des Landes übernahm weitgehend die neuen Führungspositionen. Ihre Tugenden Kampfgeist, Loyalität und Selbstaufopferung prädestinierten sie geradezu, dem Volk in seiner Gesamtheit mit dem Kaiser an der Spitze zu dienen. Samurai sollten selbstverständlich die Offiziersstellen des neuen, auf dem Prinzip der allgemeinen Wehrpflicht basierenden Volksheeres bekleiden und die Kampfesethik des Bushidō, des selbstlosen Einsatzes für den Herrn, nunmehr den Kaiser, auch den männlichen Jugendlichen aus den entlegensten Dörfern vermitteln. Auch die neue akademische Intelligenz, an der 1877 begründeten Tokioter Universität geschult und häufig im westlichen Ausland weitergebildet, rekrutierte sich in der Meijizeit aus der Kaste der Samurai, die eine umfassende geistig-literarische Bildung erfahren hatte.

Dieses rückwärts gewandte Wertesystem fand bei der bäuerlichen Bevölkerung die größte Resonanz, da die wirtschaftliche Modernisierung auf ihrem Rücken ausgetragen wurde. Die jungen Männer aus den vielen abgeschiedenen Dörfern kamen durch das immer weiter ausgebaute System der allgemeinen Wehrpflicht mit dem neuen

Aus dem Aufsatz »Japan im letzten Jahrzehnt« des deutschen Ethnographen Richard Andree aus dem Jahr 1868:

Dass ein solches Volk begierig sein musste, die Segnungen unserer Kultur näher kennen zu lernen und in sich zu verarbeiten, ist nur zu natürlich, und in der Tat haben die Japaner auch binnen zehn Jahren, seit sie mit unseren Wissenschaften und Künsten bekannt wurden, erstaunliche Fortschritte gemacht ... Vom höchsten Reichsrat bis zum geringsten Tagelöhner herab ist jeder bestrebt, seine Kenntnisse zu vermehren ... Besonders günstig unterscheiden sich die Japaner hierin von ihren chinesischen Nachbarn, die gewiss viel niedriger stehen ... Das Volk ist intelligent, unternehmend und von außerordentlicher Begabung für das Seewesen ... Es wird mit Riesenschritten vorwärts eilen und geachtet neben den Völkern Europas stehen.

Die Helden japanischer Legenden sind die Samurai. Ihre Wertvorstellungen prägten auch die neue Armee der Meijizeit stark (Detail von einem Stellschirm, um 1750; London, Victoria and Albert Museum).

Staat und den vor allem im Militär als Garanten der neuen kaiserlichen Ordnung propagierten nationalen Tugenden in Berührung. Der Militärführer Yamagata Aritomo aus Chōshū wurde zur beherrschenden Figur beim Aufbau einer modernen Armee und ihrer ideologischen Ausrichtung auf den Tennostaat. Das Militär wurde schnell, wie sein preußisches Vorbild, zur Schule der Nation.

Wirtschaftliche Neuorientierung

Für die Masse der in ärmlichen Verhältnissen und feudaler Abhängigkeit lebenden Bauern verschlechterte sich die wirtschaftliche Situation mit der Meijirestauration noch weiter. Die 1872 deklarierte Bauernbefreiung, mit der Landverkauf und freie Feldbewirtschaftung legalisiert wurden, leitete ein de facto noch weiter verfeinertes staatliches Ausbeutungssystem ein. In einer Steuerreform wurde die kollektive Haftung und Abgabepflicht der Dörfer gegenüber dem Feudalherren durch eine nunmehr in Geld individuell zu erbringende Steuer abgelöst. Missernten und familiäre Notsituationen führten nun zu einem drastischen Rückgang der Eigenbetriebe und Anstieg des Pachtlandes. Dieses staatlich sanktionierte »Bauernlegen« begünstigte die Großgrundbesitzer, die sich im Laufe der Meijizeit als einflussreiche politische Kraft etablieren konnten, an der bis in die Zeit des Zweiten Weltkriegs alle Agrarreformen scheitern sollten.

Die Bauern verelendeten nach den Reformen von 1872 vollends. In der frühen Tokugawazeit verfügten sie noch, wie das vor 1698 von Hanabusa Itchō geschaffene Bild verdeutlicht, über Pferde (Tokio, Seikadō Bunko).

Aus der im Elend lebenden bäuerlichen Bevölkerung rekrutierte sich ein billiges Arbeitskräftepotenzial für eine vom Staat begünstigte Industrialisierung, die noch um 1900 zu 80 Prozent mit den aus dem Agrarsektor erpressten Steuern finanziert wurde. Die Industria-

1872 eröffnete der Kaiser die erste Bahnlinie von Tokio nach Yokohama. Die Ehrengäste streiften ihre Schuhe, wie vom Betreten japanischer Wohnungen gewohnt, vor dem Einsteigen in die Waggons ab, so dass die Fußbekleidung auf dem Bahnsteig in Tokio verblieb (japanischer Farbholzschnitt vom Bahnhof von Tokio).

lisierung erfolgte über staatliche Pilotprojekte und nur punktuell in den für staatsnotwendig erachteten Branchen. Die noch heute für Japan typische Struktur eines dualen Wirtschaftsgefüges von Großbetrieben mit von ihnen abhängigen Kleinstunternehmen geht auf die staatliche Intervention der Gründerväter der Meijizeit zurück. Die Konzentration wirtschaftlicher Macht in den bereits bestehenden »zaibatsu«, jenen Familien-Holding-Gesellschaften wie Mitsui oder neu entstehenden wie Mitsubishi, nahm zu. Soziale Sicherungen oder Schutzmaßnahmen am Arbeitsplatz blieben unbekannt, sodass die sozialen Spannungen wuchsen.

Für das nationale Aufbauwerk war die aktive Hilfe ausländischer Experten unerlässlich. Insgesamt waren etwa 2 400 Ausländer von 1868 bis zur Jahrhundertwende an dem Transformationsprozess aktiv beteiligt. Mit insgesamt 279 Beschäftigten in japanischen Diensten rangierten die Deutschen dabei lediglich auf Platz vier, bekleideten indes häufig einflussreiche Schlüsselpositionen.

Auf der Suche nach brauchbaren Vorbildern reiste nahezu die halbe japanische Regierung, meist ehemalige mittlere Samurai aus Satsuma und Chōshū, für fast zwei Jahre durch die Neue und die Alte Welt. Nach den überwältigenden Eindrücken vom technischen Fortschritt des Westens räumten die Reformer der inneren Umgestaltung absoluten Vorrang vor jeder äußeren Expansion ein. Erst sollte das Land wirtschaftlich und militärisch gestärkt sein, bevor die Annexion Koreas vollzogen werden konnte. Diese gewaltsame Expansion auf den asiatischen Kontinent war in der neuen Ideologie von der Auserwähltheit der Japaner fest verankert, nur die Wege und Mittel blieben strittig.

Auch der Unmut weiter Kreise über die ihrer Auffassung nach zu weit gehende Verwestlichung des Landes erforderte einen eindeutigen Fixpunkt der gesamten Reformmaßnahmen. Denn die bisherige Übernahme französischer, britischer und amerikanischer Vorbilder wirkte, wie die Reformer bald erkennen mussten, eher destabilisierend. Die erste Phase der Reformen, der Zeitraum von 1868 bis 1881, war von vielen Irrtümern, einem planlosen Herumtasten an westlichen Modellen und ihrer meist blinden Adaption gekennzeichnet. Eine Welle der Re-Japanisierung, die von den konservativen Kräften bei Hofe und im Militär ausging, aber auch von den Aufklärern der ersten Stunde, wie Fukuzawa Yukichi, mitgetragen wurde, begünstigte eine Neuorientierung auf das schon länger insgeheim von den Bürokraten aus Chōshū favorisierte preußische Modell.

Das japanische Heer beim Exerzieren nach westlichem Vorbild. Die ersten Instrukteure waren Franzosen, die bereits in den letzten Jahren der Schogunatszeit tätig waren und von der neuen Regierung übernommen wurden. Das französische Reglement wurde ab 1885 von dem preußisch-deutschen Militärsystem abgelöst (Teil eines Holzschnitts von Mosai Yoshitora, 1870).

Vorbild Preußen – Die Meijiverfassung 1889

Die Wende in der japanischen Reformpolitik zu einer strafferen Ausrichtung auf ein vermeintlich brauchbares Modell ging von der Armee aus und wurde durch die Militärrebellion unzufriedener Samurai in Satsuma begünstigt. Die neue kaiserliche Armee hatte

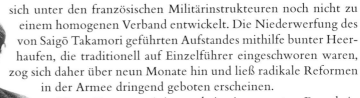

Itō Hirobumi, mehrfach Ministerpräsident und Präsident des Geheimen
Staatsrats, bereiste 1872/73 und 1882
Europa. Die Verfassung von 1889 trägt
seine Handschrift (Foto um 1890).
Er wurde am 26. Oktober 1909 als
Generalgouverneur von Korea von
einem koreanischen Nationalisten
ermordet.

Publikumsmagnet in Tokio war das
erste, 1890 in Form eines Leuchtturms
erbaute Hochhaus. Es hatte zwölf
Geschosse und verfügte über einen
Aufzug, Aussichtsterrassen, Läden,
Restaurants und Bars. Holzschnitt
von Ichijā Kunimasa, 1890; Tokio,
Archiv des Erziehungsministeriums).

sich unter den französischen Militärinstrukteuren noch nicht zu einem homogenen Verband entwickelt. Die Niederwerfung des von Saigō Takamori geführten Aufstandes mithilfe bunter Heerhaufen, die traditionell auf Einzelführer eingeschworen waren, zog sich daher über neun Monate hin und ließ radikale Reformen in der Armee dringend geboten erscheinen.

Hatte Yamagata Aritomo bei seinem ersten Besuch in Deutschland in der Zeit des Deutsch-Französischen Krieges 1870/71 bereits das preußische Militärmodell favorisiert, sich in Tokio jedoch mit seinen Vorstellungen gegen die profranzösische Militärfraktion nicht durchsetzen können, so sah er nach der Niederschlagung des Satsuma-Aufstands seine Stunde gekommen. Yamagata verfolgte zunächst erfolgreich den Plan des ersten japanischen Militärattachés in Berlin, zivile und militärische Gewalt zu trennen. Fortan war der neu geschaffene Generalstab der Weisungsbefugnis des Kriegsministeriums entzogen und wie in Preußen direkt dem Monarchen unterstellt. Yamagata ernannte sich gleich selbst zum Generalstabschef und bestimmte bis zu seinem Tode die Entwicklung des Militärs zum Staat im Staate.

Diese vorläufig erst vage vollzogene Reorientierung der nach wie vor von Chōshū beherrschten Armee auf Preußen begünstigte die Entscheidung zugunsten einer halbkonstitutionellen Verfassung nach preußischem Vorbild, in welcher der Sonderstellung des Militärs Rechnung getragen war. Auf Druck des Chōshūflügels wurde schließlich 1881 ein konservativer Verfassungsentwurf unter Federführung von Itō Hirobumi, einem ehedem mittleren Samurai aus Chōshū, aufgesetzt. Itō, der sich gern als »japanischer Hardenberg« apostrophieren ließ, bereiste im Sommer 1882 Europa, um das deutsche Verfassungsmodell vor Ort zu studieren und in Wien, bei Lorenz von Stein, Aspekte der sozialen Monarchie zu erörtern.

Die vom Kaiser am 11. Februar 1889 gewährte Verfassung war dennoch keine Kopie der preußischen, sondern trug besonders in den Abschnitten über den Kaiser der spezifischen Situation des Landes Rechnung. Der bis dahin lediglich propagierte Kult um den Kaiser als göttliches Wesen wurde nunmehr verfassungsmäßig festgeschrieben. Er stand als uneingeschränkter Herrscher über dem Verfassungswerk, das daher als kaiserlicher Gnadenakt gegenüber den Untertanen ausgegeben wurde und folglich auch jederzeit zurückgezogen werden konnte. Die Machtfülle des Monarchen übertraf die des deutschen Kaisers beträchtlich. Doch die konstitutionelle Fassade, auf die der Westen als Voraussetzung zur Revision der ungleichen Verträge immer gedrängt hatte, stand und öffnete Japan tatsächlich den Weg in die internationale Staatengemeinschaft.

Schulwesen und Armee

Im Zusammenhang mit der Verfassung musste das gesamte gesellschaftspolitische Leben nach preußischen Vorbildern umgestaltet werden. Die einschneidendsten Reformen betrafen daher die beiden

»Schulen der Nation«, die Volksschulen und die Kasernen. Das gesamte japanische Bildungswesen wurde in seiner Struktur dem dreigliedrigen preußischen System angepasst.

Ähnliches galt in noch stärkerem Maße für die japanische Armee. Das gesamte Ausbildungswesen hatte der 1885 für drei Jahre ins Land gerufene preußische Generalstabsoffizier Jacob Meckel revolutioniert. Seine militärtheoretischen Schriften über den Einsatz von Linientruppen in Offensivunternehmen wurden auch in Japan beachtet und trugen wesentlich zu den Siegen der japanischen Armee auf dem asiatischen Festland in den Kriegen gegen China (1894/95) und gegen Russland (1904/05) bei.

Im Reich des Tenno schloss das am 30. Oktober 1890 verkündete Erziehungsedikt die Phase der Öffnung und Umgestaltung des Landes ab. Im Sinne einer Restauration gewohnter Normen von Ein- und Unterordnung verschmolz die kaiserliche Verlautbarung die fünf konfuzianischen Tugenden sozialer Harmonie mit der dem Shinto entlehnten Ausrichtung des Volkes auf den göttlichen Kaiser als Bezugspunkt des individuellen Lebens wie des Gesamtwohls der Nation. Die Lehre von der Besonderheit

Auf Empfehlung von Generalfeldmarschall Helmuth Graf von Moltke wurde Jacob Meckel zum Instrukteur der Kaiserlichen Japanischen Armee berufen. Er lehrte an der 1883 gegründeten Kriegsakademie in Tokio und erlangte großen Einfluss auf die japanische Heeresreform.

Der Hafen von Yokahama um 1895 (koloriertes Foto). Den Namen erhielt die Stadt 1889 nach einem eingemeindeten Fischerdorf; ursprünglich hieß der Ort Kanagawa, der 1859 als erster ausländischer Handelsplatz ausgebaut worden war.

des Japanertums war 1890 endgültig formuliert und wurde durch die täglichen Morgenappelle von der Schuljugend auch schnell verinnerlicht. Eine besondere Form des Nationalismus, die Mission des Japanertums und folglich die gewaltsame Aggression in Asien, war in diesem Dokument angelegt. Innere Spannungen ließen sich nunmehr nur noch nach außen ableiten. Kaiserkult und Sozialimperialismus gingen eine verhängnisvolle Symbiose ein.

BERND MARTIN

Siege unter dem Sonnenbanner – Japans Kriege mit China und Russland

Während der gesamten Meijizeit (1868-1912) wurden die Reformen im Inneren von kriegerischen Planungen und Aktionen nach außen hin begleitet. Bereits der Schlachtruf der Erneuerer »Bereichert das Land – Stärkt die Armee« enthielt schlagwortartig das gesamte Programm der angestrebten Modernisierung. In den Vorstellungen der neuen Machthaber, allesamt Angehörige der traditionellen Kriegerkaste der Samurai, sollten Aufbau und Ausbau der bewaffneten Macht absoluten Vorrang haben und diesem Ziel alle anderen Reformen dienstbar gemacht werden. Die militärische Übermacht der Westmächte, die von 1853 an zur gewaltsamen Öffnung des Landes geführt hatte, und deren Überlegenheit in den Bereichen Wirtschaft, Technik und Wissenschaft, nicht zuletzt ihr offensichtlich auch besseres politisches System, sollten durch eine am Militär ausgerichtete Modernisierung ausgeglichen werden, die vom Westen nur das übernehmen sollte, was zur Selbstbehauptung des Landes notwendig schien.

In der mit Gewalt auf das asiatische Festland drängenden japanischen Politik vermischten sich von Anfang an drei höchst unterschiedliche Faktoren: Zu dem von der Führung stets bemühten Moment der Verteidigung kam ein sozialimperialistisches hinzu. Die von der Modernisierung im Lande bewirkten gesellschaftlichen Verwerfungen ließen sich mithilfe einer auf den Kaiserkult gründenden Missionsideologie leicht nach außen ablenken. Was nur wenige sozialistische Theoretiker als die eigentliche Triebkraft der japanischen Expansionspolitik ausmachten, nämlich ungelöste innere Spannungen, sollte tatsächlich zum Hauptmotiv für die aggressive Außenpolitik des kaiserlichen Japan werden. Als dritter Faktor, gewissermaßen der Hintergrund des japanischen Vorgehens in Asien, ist die internationale Politik der etablierten Großmächte zu sehen, die sich in China überschnitt und dem aufstrebenden Japan nur wenig Handlungsspielraum ließ.

Der Kaiserkult schlug sich auch in repräsentativem Bildmaterial nieder. Bei diesem Stich nach einem offiziellen Foto des Kaisers Mutsuhito mit seiner Familie (um 1890) fällt die europäische Hoftracht auf.

Streit um das Land der Morgenstille – Anfänge expansionistischer Außenpolitik

Das benachbarte »Reich der Mitte« war für Japan seit der Entstehung des ersten Gemeinwesens universalpolitischer Bezugspunkt und gesellschaftliches Leitbild über Jahrtausende gewesen. Die von den Gründervätern der Meijizeit zur Staatsdoktrin erhobene Shintō-Ideologie von der göttlichen Abstammung des Herrschers und seiner immer während, ungebrochenen Herrschaft forderte den Führungsanspruch des »Sohnes des Himmels« auf dem Pekinger Drachenthron direkt heraus. Fortan sollte Tokio zum Mittelpunkt eines großjapanischen Reiches werden und die Rolle Pekings übernehmen. Der kleine Bruder war angetreten, den großen Bruder zu entmachten, was den konfuzianischen Normen zutiefst widersprach.

Zum eigentlichen Streitfall zwischen China und Japan wurde Korea. Das dem chinesischen Tributärsystem zugehörige »Land der Morgenstille« entzog sich der japanischen Aufforderung zur Öffnung von Häfen und Aufnahme eines geregelten Handelsverkehrs. Eine ursprünglich wegen dieser »Beleidigung« schon 1873 geplante Strafexpedition wurde aus innerer Schwäche vertagt. Auf diplomatischem Wege gelang es der japanischen Führung in Absprache mit dem damals noch stärkeren China, die Koreaner zum Einlenken zu bewegen. Keine zwanzig Jahre nach Unterzeichnung des ungleichen Handelsvertrages mit den Amerikanern zwang Japan nach amerikanischem Vorbild Korea 1876 einen Vertrag auf, der ihm Zollpräferenzen und Exterritorialität im einzigen geöffneten Hafen, Pusan, einbrachte. Selbst noch durch ungleiche Verträge seiner vollen Souveränität beraubt, wandte Japan dieses imperialistische Herrschaftsinstrument bei seinem direkten Nachbarn an, betonte indes, wie es einst auch die Amerikaner getan hatten, das Land lediglich in die Familie der zivilisierten Staaten führen zu wollen. Erstmals war das Motiv der Befreiung asiatischer Völker von ihrer Rückständigkeit und Bevormundung durch andere Mächte angeklungen. Zu dieser Befreiungsmission sei Japan aufgrund seiner göttlichen Herkunft geradezu bestimmt.

Der Hafen der koreanischen Stadt Pusan auf einem Stellschirm des 17./18. Jahrhunderts; die Malerei auf Papier wird dem koreanischen Maler Chŏng Sŏn zugeschrieben. 1876 erzwangen die Japaner die Öffnung des Hafens.

Sieg des kleinen Bruders – Der Chinesisch-Japanische Krieg 1894/95

China und Japan hatten auf die Bedrohung durch den Westen in ganz unterschiedlicher Weise reagiert. China hatte zwar eine Reihe von Demütigungen durch die Westmächte und innere Erschütterungen, wie den Taipingaufstand, als Folge der Öffnung des Landes hinnehmen müssen, vertraute indes nach wie vor auf die Überlegenheit seiner Kultur gegenüber den Herausforderern, den Westmächten wie den benachbarten Japanern. Die chinesischen Mandarine, die Gelehrten des Landes, weigerten sich daher schlichtweg, eine von Kanonen und Kommerz ausgehende Bedrohung überhaupt wahrzunehmen. Hingegen reagierte die japanische Führungselite entsprechend den ihr vertrauten kriegerischen Normen und nahm den westlichen Fehdehandschuh auf.

Die brisante Mischung einer dreifachen Überfremdung Koreas mit japanischem Nützlichkeitsdenken, westlich-christlichen Idealen und chinesischem Traditionalismus artikulierte sich in einer bäuerlichen, ideologisch »östlich«, das heißt asiatisch ausgerichteten Protestbewegung, die, nicht unähnlich der Taipingbewegung, im Kampf gegen alles Fremde und die durch die Fremden korrumpierte Regierung Erlösung von allen Übeln, wie beispielsweise der wirtschaftlichen

Aus dem Schriftsatz des chinesischen kolorierten Holzschnitts »Bei der Wiedereroberung Koreas einen Sieg erlangen« spricht der Optimismus zu Beginn der Auseinandersetzungen mit Japan 1894 (links; Berlin, Museum für Ostasiatische Kunst). Unten: Darstellung der Erstürmung einer chinesischen Stellung in Korea, in der Motivation und Leistung der japanischen Soldaten ausgedrückt werden sollen (japanischer Farbholzschnitt, um 1900; Berlin, Museum für Ostasiatische Kunst).

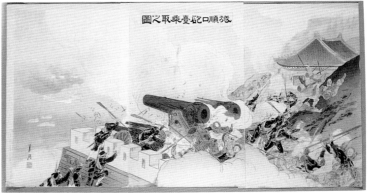

Aus dem Friedensvertrag von Shimonoseki 17. April 1895:

Artikel I.: China erkennt definitiv die völlige Unabhängigkeit und Autonomie von Korea an und folglich sollen die Zahlungen des Tributs durch Korea an China ... gänzlich aufhören.
Artikel II.: China tritt an Japan für immer ... folgende Territorien ab:
a) Den südlichen Teil der Provinz Fengtien (die Halbinsel Liaodong).
b) Die Insel Formosa (Taiwan).
c) Die Pescadores (Inselgruppe westlich von Taiwan).
d) China willigt ein, an Japan die Summe von 200 Millionen Taël als Kriegsentschädigung zu zahlen.

Misere, verhieß. Als diese Tong-Hak-Rebellion im Frühjahr 1894 den Königshof in Seoul bedrohte, entsandten Japan und China gleichzeitig Truppen, um ihre Interessen wahrzunehmen. China wollte die alte Ordnung in Korea restauriert sehen, dagegen Japan Korea von der chinesischen Vormundschaft befreien. Der militärische Konflikt war nicht mehr aufzuhalten.

Von den westlichen Großmächten unterstützte Großbritannien das japanische Vorgehen in Korea, um das russische Vordringen in Asien aufzuhalten. Das Reich des Tenno bekam diese Statthalterrolle britischer imperialer Ambitionen ausdrücklich bestätigt, als Großbritannien am 16. Juli 1894 auf seine aus ungleichen Verträgen mit Japan herrührenden Sonderrechte verzichtete und das fernöstliche Inselreich als souveränen Partner in die Völkerfamilie aufnahm. Japan hatte seine Probe- und Anwartzeit auf Gleichrangigkeit mithilfe eines groß angelegten Reformprogramms aus westlicher Sicht erfolgreich bestanden und konnte, mit diesem Reifevermerk ausgestattet, den Krieg gegen das nach wie vor durch ungleiche Verträge mit dem Westen unterdrückte, schwächliche China beginnen.

Der Weg zum Frieden von Shimonoseki

N ur eine Woche nach dieser Mündigkeitserklärung versenkten japanische Kriegsschiffe am 25. Juli 1894 chinesische Truppentransporter. Die japanische Kriegserklärung wurde China am 1. August 1894 nachgereicht. In ihr wurde die Befreiung Koreas aus chinesischer Knechtschaft als hehres Ziel eines Japan aufgezwungenen Kampfes genannt.

Der Verlauf des Krieges schien das japanische Erneuerungsprogramm zu bestätigen. Obwohl die japanischen Verbände numerisch bei den einzelnen Kämpfen meist unterlegen waren und die Chinesen über hochmodernes Kriegsmaterial verfügten, waren die schlecht geführten und häufig korrumpierten chinesischen Heerhaufen kein Gegner für die disziplinierte und kampfbereite japanische Armee. Soldaten galten in der chinesischen Gelehrtenwelt nichts, während die Samurai in Japan die Nation führten.

Als der japanischen Armee der Weg nach Peking offen stand, willigte China im April 1895 in Friedensverhandlungen ein. Das japa-

Artikel I aus dem Bündnisvertrag zwischen Großbritannien und Japan vom 30. Januar 1902:

Die Hohen Vertragschließenden Parteien, die beiderseits die Unabhängigkeit Chinas und Koreas anerkannt haben, erklären sich völlig frei von jeder aggressiven Tendenz in diesen beiden Ländern. In Anbetracht jedoch ihrer besonderen Interessen ... erkennen die Hohen Vertragschließenden Parteien an, dass es jeder von ihnen gestattet sein soll, diejenigen Maßnahmen zu ergreifen, die unerlässlich sein mögen, um die Interessen zu schützen, falls sie entweder durch die aggressive Handlungsweise irgendeiner anderen Macht oder durch ... entstehende Unruhe bedroht sind.

nische Kriegsziel, den tributären Ring Chinas aufzubrechen, vermochte Itō, inzwischen der einflussreichste japanische Politiker aus dem ehemaligen Han Chōshū, bei den Verhandlungen in Shimonoseki (also in Chōshū) vollauf zu erreichen. China trat Formosa und die Halbinsel Liaodong mit Port Arthur an Japan ab und bestätigte die »vollständige Autonomie und Unabhängigkeit« Koreas. Außerdem verpflichtete sich China zur Zahlung einer beträchtlichen Kriegsentschädigung, öffnete den Japanern weitere Häfen und gestand dem Sieger die gleichen Sonderrechte im Reich der Mitte zu, die sich die Westmächte einst gewaltsam genommen hatten. Aus den eigenen ungleichen Verträgen gerade entlassen, gesellte sich Japan fortan in China als gleichrangige Macht zu den imperialistischen Mächten. Nunmehr unterlagen japanische Staatsbürger in China wie alle »Westler« nicht der chinesischen Gerichtsbarkeit, sondern genossen Exterritorialität. Der kleine Bruder Japan hatte den großen

Nach dem Landsieg in Korea errichteten die Japaner 1894 vor Seoul ein Triumphtor (links). Am 20. November 1894 fiel Port Arthur. Der Stich (rechts) zeigt das Einlaufen japanischer Transporter, kaum dass die japanische Flagge gehisst war.

Bruder China nicht nur militärisch besiegt, sondern auch tief gedemütigt. Der Friedensvertrag von Shimonoseki war folglich nur ein brüchiger Waffenstillstand.

Das japanische Massaker an der Zivilbevölkerung nach der Einnahme von Port Arthur war der Weltöffentlichkeit bereits bekannt, als die drei westlichen Großmächte Frankreich, Russland und Deutschland in einer gemeinsamen Demarche dem Sieger den »freundschaftlichen Rat« erteilten, im Sinne des Friedens in Ostasien auf den Erwerb der Halbinsel Liaodong zu verzichten. Japan, soeben souverän geworden, sollte sich mit der Rolle eines Juniorpartners der europäischen Großmächte bescheiden. Die Empörung im Lande, vor allem über die exponierte deutsche Haltung, war nicht nur innerhalb der Regierung groß. Japan gab notgedrungen nach und erhöhte die finanziellen Forderungen an China in einem solchen Maße, dass dessen Staatshaushalt in der Zeit der Monarchie bis 1911 nicht wieder ins Lot kommen sollte.

Der Krieg mit China brachte langfristig eine Abkehr Japans von Deutschland mit sich und mündete in den britisch-japanischen Bündnisvertrag vom 30. Januar 1902. Das Bündnis mit Großbritannien wiederum stellte für Japan auch eine unabdingbare Voraussetzung dar, um, wie von britischer Seite beabsichtigt, das weitere Eindringen des »russischen Bären« in Korea und in der Mandschurei aufzuhalten.

Um die Vorherrschaft in Asien – Der Russisch-Japanische Krieg 1904/05

Infolge seiner Niederlage gegen Japan rückte China näher an Russland und schien geneigt, dessen imperialistische Ambitionen auf eine Art fernöstliches Kolonialreich zu übersehen. Anlässlich der Krönungsfeierlichkeiten für Nikolaus II. schloss der chinesische Großkanzler Li Hongzhang am 22. Mai 1896 in Sankt Petersburg einen geheimen Bündnisvertrag. Der folgenreichste Passus dieses wenige Jahre später durch den Boxeraufstand hinfällig gewordenen Beistandspaktes beinhaltete die Erlaubnis zum Bau einer Eisenbahnlinie quer durch die Mandschurei. Des Weiteren diente die Verpachtung des erst kürzlich von den Japanern geräumten natürlichen Kriegshafens Port Arthur samt dem Hinterland der Halbinsel Liaodong an die Russen ebenfalls der Festigung des beiderseitigen Verhältnisses.

Obwohl Korea mittlerweile wirtschaftlich von seinem mächtigen japanischen Nachbarn abhängig war und die Japaner ungestört ihr Reformprogramm durchsetzen konnten, versuchte die russische Führung ihre Visionen von einem großrussischen Kolonialreich zu verwirklichen. Die Mandschurei und Korea sollten als imperialistische Einflusssphäre fortan dem zaristischen Russland zu einer Machtposition auch im Pazifik verhelfen. Die Vorstellung vom Zarenreich als Weltmacht von den Gestaden des Atlantik bis hin zu den Küsten des Pazifik diente in dem vom Fieber der Industrialisie-

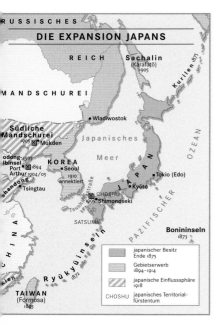

DIE EXPANSION JAPANS

R U S S I S C H E S
R E I C H
Sachalin (Karafuto) 1905
M A N D S C H U R E I
Kurilen 1875
Wladiwostok
Südliche Mandschurei 1905 Mukden
Japanisches Meer
KOREA Seoul
odong 1905
lbinsel 1894
Port Arthur 1904/05
1910 annektiert
Tokio (Edo)
Kyoto
handong Tsingtau
CHOSHU
1905 Shimonoseki
Tsushima-Straße
SATSUMA
Ryukyuinseln 1872
PAZIFISCHER OZEAN
Bonininseln 1873
TAIWAN (Formosa) 1895

□ japanischer Besitz Ende 1875
▨ Gebietserwerb 1894–1914
▨ japanische Einflusssphäre 1918
CHOSHU japanisches Territorialfürstentum

rung erfassten Russischen Reich ebenfalls als eine sozialimperialistische Devise, um von den manifesten inneren Gegensätzen und der Unbeweglichkeit des autokratischen Systems abzulenken. Wie die japanische Oligarchie, die unter einem ähnlichen sozialen Druck stand, wusste auch die russische Führung den Krieg als Mittel zur innenpolitischen Befriedung zu nutzen oder, wie es der damalige russische Innenminister offenherzig formulierte: »Wir brauchen einen kleinen, siegreichen Krieg, um die Flutwelle der Revolution aufzuhalten.« Doch weder geriet der Krieg mit Japan kurz, noch endete er siegreich, und statt die Revolution einzudämmen, sollte er ihr die Schleusentore öffnen.

Japanische Kriegsschiffe bei ihrem Überraschungsangriff auf den russischen Hafen Port Arthur am 9. Februar 1904 (zeitgenössischer japanischer Farbholzschnitt).

Seit der gemeinsamen Intervention der imperialistischen Mächte gegen die rebellierenden Boxer in China im Jahr 1900 standen russische Verbände in der Mandschurei. Als die zaristische Regierung 1903 keine Anstalten machte, die in den Boxerprotokollen vereinbarte Räumung der Mandschurei zu vollziehen, standen in Sankt Petersburg wie in Tokio die Zeichen auf Sturm. Halbherzig vorgebrachte Kompromissvorschläge des Westens, Korea in eine nördliche russische und eine südliche japanische Interessensphäre zu teilen oder doch nördlich des 39. Breitengrades zu neutralisieren, verhallten ungehört.

Überfall auf Port Arthur

Korea wurde für Japan als Rohstofflieferant wichtig. Koreanische Eisenerze wurden in Kyūshū, wo es die einzigen japanischen Kohlevorkommen gab, verarbeitet. 1901 wurde die Eisengießerei von Yahata (heute zu Kitakyūshū), direkt gegenüber Korea gelegen, fertig gestellt.

N ach Abbruch der diplomatischen Beziehungen überfielen japanische Streitkräfte im Morgengrauen des 9. Februar 1904 die im Hafen von Port Arthur liegenden Einheiten der russischen Fernostflotte. In der am 10. Februar übermittelten Kriegserklärung begründete Japan die Eröffnung von Feindseligkeiten mit der Notwendigkeit, die lebenswichtigen Interessen des japanischen Reiches in Korea schützen zu müssen. Eine dauerhafte Festsetzung Russlands in der Mandschurei gefährde den Frieden in der Region, den Japan nunmehr gezwungen sei, mit Waffengewalt wieder herzustellen.

Die Kampfhandlungen, mit massiven Aufgeboten an Streitkräften von beiden Seiten und mit äußerster Härte zu Wasser und zu Lande ausgetragen, wurden zum ersten modernen Krieg des 20. Jahrhunderts. Neunzehn Monate lang lieferten sich Russen und Japaner im Stellungskrieg bei der Belagerung von Port Arthur oder in beweglicher Kriegführung in der Mandschurei mit ihren Massenheeren blutige Gefechte. Der Einsatz neuer Waffen wie des Maschinengewehrs oder großkalibriger Festungsartillerie forderte bei einer Infanteriestrategie, die den Sturmangriff favorisierte, unglaubliche Opfer. Als Port Arthur kapitulierte, berauschte sich ganz Japan trotz der hohen Verluste an dem ersten großen Sieg über eine »weiße«, westliche Großmacht. Im zaristischen Russland öffnete die Niederlage den Weg in die Revolution, die nur drei Wochen nach dem Fall der Festung mit dem Sankt Petersburger »Blutsonntag« vom 22. Januar 1905 einsetzen sollte.

Das Kriegsgeschehen verlagerte sich im Jahr 1905 in die Weiten der Mandschurei, wo die beiden Massenheere von jeweils über 200 000 Mann bei der strategisch wichtigen Stadt Mukden im Februar aufeinander trafen und trotz eines über zwei Wochen andauernden Kampfes sowie gewaltiger Verluste von annähernd 50 Prozent keine eindeutige Entscheidung herbeiführen konnten. Gedanken an einen Friedensschluss tauchten zunächst in Tokio auf, während der russische Zar sich von der Entsendung der Ostseeflotte nach Fernost eine wundersame Wendung des Kriegsgeschehens erhoffte.

Der Untergang der russischen Flotte bei Tsushima

Abzug der Russen bei Mukden. Nach über 14 Tage andauernden Kämpfen waren beide Seiten aufs Äußerste geschwächt. Die Japaner vermochten die abziehenden Russen nicht mehr zu verfolgen (französischer Farbstich aus »Le Petit Journal« vom 26. März 1905).

D och gerade die hoch gerühmte baltische Flotte offenbarte den maroden Zustand des zaristischen Russland. Schlecht ausgerüstet, mit widerwilligen, oftmals revolutionär gesonnenen Landsoldaten bemannt, noch schlechter geführt und unzureichend versorgt, wurde die 34 Kampfschiffe umfassende Armada bei Tsushima in der Koreastraße von der weit unterlegenen japanischen Flotte unter der Führung des in Großbritannien ausgebildeten Admirals Tōgō Heihachirō wie bei einem Übungsschießen versenkt. Nur wenige Tage später nahm die russische Regierung das Vermittlungsangebot des amerikanischen Präsidenten Theodore Roosevelt an.

Alle drei Nationen, Japan, Russland und die USA, waren im Sommer 1905 an einer raschen und den Schaden begrenzenden Beilegung des Krieges interessiert. Trotz glänzender Siege war Japan am Ende seiner Kräfte. In Russland wiederum eskalierte die Revolution, die die Japaner mithilfe amerikanischer Gelder unterstützt hatten. Japanische Agenten hatten die Randvölker des russischen Großreiches, die Polen und die Finnen, in ihren Unabhängigkeitsbestrebungen unterstützt, amerikanische jüdische Bankhäuser wie Rothschild hatten der japanischen Seite großzügig Kredite gewährt. Die zaristische Autokratie sollte aus amerikanischer Sicht reformiert werden und vor allem der schutzlosen jüdischen Minderheit endlich einige Rechte einräumen. Doch an einem Zusammenbruch des russischen Kolosses in einer sozialistischen Revolution waren amerikanische Finanzkreise weniger interessiert, sodass sie den Präsidenten zum Handeln drängten. Die amerikanische Stellung in Ostasien, in dem Prinzip der offenen Tür manifest, konnte von einer erfolgreichen Vermittlung nur profitieren und die von den Russen wie Japanern zu räumenden Positionen in der Mandschurei und Nordchina informell – also wirtschaftlich – übernehmen.

Der Friede von Portsmouth

Auf der Konferenz von Portsmouth in New Hampshire konnte Russland dank der Verhandlungsführung des russischen Delegationsleiters Sergej Graf Witte am 5. September 1905 einen milden Frieden erlangen. Nunmehr wurde Korea der japanischen Interessensphäre eindeutig zugeordnet. Die Mandschurei wurde zwar nicht gemäß dem Vertrag, jedoch de facto in ein nördliches, russisches Interessengebiet mit der ostchinesischen Trasse der Transsibirischen Bahn und in ein südliches, japanisch beherrschtes Territorium mit der südmandschurischen Bahnlinie von Harbin nach Port Arthur geteilt. Die Seefestung samt Hinterland ging ebenfalls in japanischen Besitz über wie die südliche Hälfte der Insel Sachalin. Auf Kriegsentschädigungen, von denen sich die Japaner eine rasche wirtschaftliche Gesundung versprochen hatten, musste die japanische Delegation auf Druck Roosevelts schließlich verzichten.

Als die Bestimmungen des Friedens von Portsmouth in Japan bekannt wurden, fühlte sich die von Siegesmeldungen verwöhnte japanische Öffentlichkeit um den Sieg betrogen. Nationalistische Kräfte forderten den Kaiser auf, den Vertrag zu widerrufen, und halfen ihrem Anliegen durch Großdemonstrationen und Gewalttätigkeiten nach. Die Verhängung des Kriegsrechts war nötig, um den Frieden in Japan durchzusetzen.

Doch trotz dieses nationalistischen Aufruhrs hat der große japanische Sieg sowohl das Land selbst als auch die internationale Situation verändert. Meiji-Japan stand innen- und außenpolitisch unangefochten im Zenit seiner neu erworbenen Machtfülle. Im Zeitraum von nur gut einer Generation hatte das Land sich von einem rückständigen Feudalstaat zur Führungsmacht in Ostasien entwickelt. Die Begeisterung der Kolonialvölker über den Sieg der »gelben« Japaner gegenüber den »weißen« Russen kannte keine Grenzen. Weltgeschichtlich begannen mit den Siegen des Sonnenbanners daher auch die Entkolonialisierung und Befreiung vom »weißen Mann«. Diese Befreiungsmission in Ostasien setzten die Japaner in der Zwischenkriegszeit fort, um ihre 1895 und 1905 errungenen Positionen zu einem japanisch beherrschten Großostasien auszubauen.

BERND MARTIN

Trotz der Unruhen, die durch den für Japan enttäuschenden Friedensvertrag von Portsmouth ausgelöst worden waren, hielt Kaiser Mutsuhito eine große Siegesparade ab, bei der japanische Militäreinheiten an den erbeuteten russischen Waffen vorbeidefilierten (»Le Petit Parisien«, 24. Juni 1906).

Aus dem Friedensvertrag von Portsmouth zwischen Japan und Russland vom 5. September 1905:

Artikel II.: Die Kaiserlich Russische Regierung erkennt an, dass Japan in Korea vorherrschende politische, militärische und wirtschaftliche Interessen besitzt ...
Artikel V.: Die Kaiserlich Russische Regierung überträgt der Kaiserlichen Regierung Japans mit Zustimmung der Regierung Chinas die Pacht von Port Arthur, Dalny (heute japanisch Dairen, chinesisch Dalian) und des angrenzenden Gebietes sowie der Territorialgewässer ...
Artikel IX.: Die Kaiserlich Russische Regierung übergibt der Kaiserlichen Regierung von Japan für immer und in voller Souveränität den südlichen Teil der Insel Sachalin.

Die soziale Frage

Der Begriff und seine Erfinder

Von den Betroffenen der sozialen Frage, den Verarmten, Abgestiegenen und Ausgeschlossenen, wurde die soziale Frage um die Mitte des 19. Jahrhunderts selten in die öffentliche Diskussion gebracht, da sie kaum organisiert waren und sie zudem in der Regel zu der damaligen politischen Öffentlichkeit keinen Zugang besaßen. Weder die frühe bürgerliche Öffentlichkeit noch die aufkommende Massenöffentlichkeit bot ihnen Raum. Der Begriff soziale Frage spiegelt vielmehr eine Außenansicht auf die Betroffenen und mobilisierte in der Regel nicht die Betroffenen, sondern Betroffenheit. Er wurde von einer Schicht geprägt, die sich damals in Europa neu formierte, einer Schicht aus Intellektuellen, Sozialwissenschaftlern, Beamten, Schriftstellern, die sich allmählich gegenüber der alten Kirche, der alten aristokratischen Oberschicht, vor allem gegenüber den Höfen der Monarchen und der monarchisch kontrollierten Öffentlichkeit als eine neue moralische und politische Macht etablierte. Diese Schicht der Intellektuellen und des Bildungsbürgertums griff das Thema der sozialen Frage auf, teils aus Mitgefühl, teils aus lokalem Verantwortungsbewusstsein, teils aus Bedrohungsängsten und Furcht vor sozialen Explosionen. Sie setzte es – neben anderen Themen wie Nation, Verfassung, Markt, Kirche, Kunst und Familie – im Kampf um ihren Einfluss in der Gesellschaft ein. Für diese Schicht war die soziale Frage auch eine Dimension ihrer Auseinandersetzung mit der aufkommenden Industriegesellschaft, in der sie sich oft selbst schwer zurechtfand: Das damals neue Prinzip der wirtschaftlichen Gewinnmaximierung und der Priorität der Wirtschaft widersprach oft den Werten dieser Gruppe, deren sozialer Status auf dem hohen Wert der Bildung und auf einer Priorität des Kulturellen beruhte. In der Industriegesellschaft, in der sich die sozialen Hierarchien nach Vermögen und Einkommen richteten, fühlten sich die Angehörigen dieser Schicht nicht selten deklassiert. Sie konnten mit dem von Unternehmern geprägten, immer aufwendigeren und teureren Lebensstil der Oberschicht oft nicht mehr mithalten. Auch in ihrem eigenen Beruf wurden sie mit diesem neuen Prinzip der wirtschaftlichen Gewinnmaximierung konfrontiert, wenn nur Bücher mit hohen Auflagen

Soziale Frage ist ein Ausdruck, der seine Blütezeit in der 2. Hälfte des 19. Jahrhunderts erlebte und damals ein europäischer Begriff war. Es gab zu dieser Zeit eine internationale Debatte zur sozialen Frage, nämlich zu Armut, sozialer Ausgrenzung und Ungleichheit, zu *social problems,* wie man in Großbritannien sagte, zur *question sociale,* wie es in Frankreich hieß. Man verstand unter diesen Begriffen in den meisten Ländern Europas etwa dasselbe, kannte nicht selten die Autoren anderer Länder und regte sich gegenseitig an.

Nach dem Zweiten Weltkrieg dagegen überlebte dieser Ausdruck dauerhaft nur im katholischen und im anthroposophischen Milieu Europas und natürlich als Fachausdruck der Historiker. Wiederbelebungsversuche wie die Prägung des Begriffs der neuen sozialen Frage im westlichen Deutschland in den 1970er- und 1980er-Jahren waren nicht von Dauer.

Anders als noch im 19. Jahrhundert gibt es heute in der politischen Sprache Frankreichs oder Großbritanniens kein direktes Pendant zu »soziale Frage« mehr. *Exclusion sociale* und *social exclusion,* das heißt soziale Ausschließung, kommen heute im Französischen und im britischen Englisch der »sozialen Frage« wohl nahe, aber im Deutschen assoziiert man mit sozialer Ausschließung auch andere Aspekte.

Zwar tauchte der Ausdruck *question sociale* seit dem Anfang des 19. Jahrhunderts in öffentlichen Debatten in Frankreich auf, aber im weiteren europäischen Rahmen begann die Debatte über die soziale Frage erst im Vormärz und während der Revolution von 1848/49. Sie lebte wieder auf während der 1870er-Jahre, als die europäischen Staaten die erste große Krise der neuen industriellen und kapitalistischen Wirtschaft erlebten. Danach verstärkte sie sich erst wieder in den letzten beiden Jahrzehnten vor dem Ersten Weltkrieg, angestoßen durch die bis dahin erheblich gewachsene Bedeutung der Arbeiterbewegung und der Gewerkschaften in Europa.

oder Artikel in der neuen Massenpresse ein akzeptables Einkommen verschafften, zum neuen Erfolgsmaßstab wurden und andere Standards setzten. Die soziale Frage war daher auch die Kritik dieser sozialen Gruppe an einer Gesellschaft, in der sie häufig nicht zu den Gewinnern gehörte.

Was beschreibt der Begriff soziale Frage?

Mit der sozialen Frage wurden die allgemeinen Widersprüche zwischen den Anforderungen an eine optimale Gesellschaft und der Gesellschaftswirklichkeit angesprochen. Das Brockhaus Conversationslexikon umschrieb 1895 in diesem Sinn die soziale Frage als »ein Schlagwort, das zunächst in einem ganz allgemeinen Sinn aufzufassen ist, ... dass die Zustände des gesellschaftlichen Zusammenlebens nicht derartig sind, dass sie dem Ideal einer rational gestalteten Gesellschaftsordnung sich anzunähern geeignet sind«. Der Soziologe Ferdinand Tönnies verstand unter einer idealen Gesellschaft das »friedliche Zusammenleben und Zusammenwirken der in ihren wirtschaftlichen Lebensbedingungen, Lebensgewohnheiten und Lebensanschauungen weit voneinander entfernten Schichten, Stände, Klassen des Volkes«. Der Sozialreformer Franz Hitze dagegen sah in der sozialen Frage das »richtige, den Gesetzen der Gerechtigkeit und Billigkeit entsprechende Verhältnis der verschiedenen wirtschaftlichen Berufsgruppen«. Die soziale Frage war daher vor allem ein wertender Begriff, ein moralischer Blick auf die Gesellschaft: Er maß die gesellschaftliche Wirklichkeit an einem Wunschkonzept, an der Vorstellung eines optimalen Zusammenlebens von Menschen nach den Prinzipien der Gerechtigkeit und der sozialen Harmonie. Der Ausdruck soziale Frage beschrieb daher nicht nur einen Sachverhalt, sondern er sollte aufrütteln, Probleme markieren und Lösungen für eine bessere Gesellschaft vorschlagen.

Die soziale Frage wurde darüber hinaus immer eng verbunden mit der damals neu entstehenden modernen Gesellschaft, nicht immer mit der Industrialisierung, aber doch mit der Beseitigung der vielfältigen wirtschaftlichen und sozialen Bindungen, Abhängigkeiten und Immobilitäten des *Ancien Régime,* wie zum Beispiel die Beseitigung von Heiratsverboten, Zunftregeln und Handelsbeschränkungen. Sie wurde also immer als eine

moderne Frage verstanden. Denn sie meinte nicht jene Armut, die es schon immer gab: Hungernde, Bettler, Waisen, dauerhaft Kranke und gebrechliche Alte, Folgen von Epidemien, Seuchen, schlechten Ernten, Kriegen oder persönlichem Unglück. Die soziale Frage sprach ein neues Ausmaß von Armut und neue Formen materieller Bedrohung an, die mit der europaweiten Liberalisierung, welche zu Bevölkerungswachstum, Verstädterung, gewerblichem Aufschwung, neuen Berufen, neuen Verkehrsmitteln und neuer Mobilität geführt hatte, einherging. Diese Neuartigkeit des Hintergrunds der Armut wurde in das Zentrum des Begriffs gestellt.

Zwei Richtungen standen sich von Anfang an in der Debatte mehr oder weniger scharf gegenüber: Auf der einen Seite verstanden viele Autoren unter der sozialen Frage vielfältige Arten von Verarmung sozialer Schichten nicht nur der Arbeiter, auch der Bauern, Handwerker, Dienstboten; sie betrachteten ländliche wie städtische Armut, Armut von unterschiedlichen Berufsmilieus oder Lebensphasen. Diese Auffassung findet sich oft bei Autoren, die aus weniger industrialisierten Ländern Europas kamen oder primär an solche Gesellschaften dachten. Die katholische Kirche, die einen Großteil ihres Kirchenvolks im nichtindustrialisierten Süden und Osten Europas hatte, hing ebenfalls diesem Verständnis von sozialer Frage an. Aber auch in industrialisierten Ländern vertraten manche Sozialreformer diesen Ansatz; das Arbeitsprogramm des deutschen Vereins für Sozialpolitik spiegelt dieses Verständnis auch noch um die Jahrhundertwende wider.

Auf der anderen Seite reduzierten viele Autoren die soziale Frage ganz auf die Arbeiterfrage, also auf den Konflikt zwischen Arbeitern und Unternehmern. Lorenz von Stein trug diese Deutung der sozialen Frage schon 1852 vor und schied in diesem Sinn die soziale Frage scharf von der traditionellen Armut. »Die Armut entsteht da, wo die Arbeitsfähigkeit verloren oder die wirkliche Arbeit nicht imstande ist, die natürlichen, allgemein menschlichen Bedürfnisse zu befriedigen; ... die soziale Frage, deren Lösung durch die soziale Reform angestrebt wird, liegt nirgends anders als in den Gesetzen, welche das Verhältnis zwischen Kapital und Arbeit, und eben dadurch die Gesellschaft, die Verfassung und die Entwicklung jeder einzelnen Persönlichkeit beherrschen.« Besonders in den beiden Jahrzehnten vor dem Ersten Weltkrieg folgten darin viele Autoren, vor allem aus entstehenden Industriegesellschaften, Lorenz von Stein. Der entscheidende Grund lag sicher darin, dass die politischen und gewerkschaftlichen Organisationen der Industriearbeiter zu einem unübersehbaren Machtfaktor in Europa wurden und deshalb auch unter jenen, die den Begriff der sozialen Frage geprägt hatten, viel mehr Aufmerksamkeit, Nachdenklichkeit oder Ängste erregten als die weit schwächeren Organisationen anderer Benachteiligter der Industrialisierung, etwa der kleinen Bauern, Handwerker, Händler, der Heimarbeiter, Landarbeiter oder Dienstboten.

Die große Bedeutung, die die soziale Frage im 19. Jahrhundert errang, hatte vor allem damit zu tun, dass sie ein gemeinsamer Terminus der meisten politischen Richtungen der Zeit war. Liberale, Traditionalisten und Etatisten diskutierten in gleicher Weise über die soziale Frage. Allerdings entstanden unübersehbar tiefe Gräben zwischen diesen Richtungen. Man kann grundsätzlich drei verschiedene Richtungen unterscheiden: Die Liberalen wollten die soziale Frage vor allem durch sozialen Aufstieg, durch rationale Lebensführung und durch Durchsetzung von Bürger- und Menschenrechten lösen. Neben einer liberalen Verfassung wurden dabei vor allem die Verbesserung der Ausbildung und die Schaffung von privaten Assoziationen, Konsumvereinen, Sparkassen, sozialen Unterstützungsvereinen als die entscheidenden Hebel angesehen. Von staatlicher Seite erwarteten sie im Wesentlichen nur Arbeitsschutzgesetze. Die Traditionalisten schlugen als Lösung der sozialen Frage eine mehr oder weniger weitgehende Wiederherstellung einer ständischen Gesellschaft, eine Wiederbelebung von karitativen Einrichtungen der Kirchen, vor allem eine veränderte ethische Einstellung in den Unterschichten und Arbeiterorganisationen unter dem Einfluss der Kirchen vor. Die Etatisten dagegen setzten bereits in der ersten Jahrhunderthälfte auf den Staat, oft auf eine aufgeklärte Monarchie, die mit wohlfahrtsstaatlichen Elementen angereichert werden sollte.

Der Problematik der sozialen Frage wurden spätestens seit dem Ende des 19. Jahrhunderts drei soziale Konzepte gegenübergestellt, wodurch der Begriff soziale Frage in einem langsamen Prozess

teils umgedeutet, teils verdrängt wurde. Das erste und älteste Gegenkonzept, das aus der französischen und amerikanischen Doppelrevolution des späten 18. Jahrhunderts stammte, war und ist bis heute die Zivilgesellschaft. Das zentrale Anliegen dieses Konzepts war die Durchsetzung von Menschen- und Bürgerrechten, die die Bürger rechtsgleich vor dem Staat schützten und ihnen gleichzeitig Einfluss auf Regierungsentscheidungen gaben. In der Zivilgesellschaft hatte die Durchsetzung dieser Menschen- und Bürgerrechte erste Priorität. Die soziale Frage, die Probleme der Armut und sozialen Ungleichheit, erschienen dabei durch die Gleichheit der Menschen- und Bürgerrechte lösbar.

Das zweite Gegenkonzept entstammte der sozialistischen Begriffswelt und rückte in einer fundamentalen Kritik der marktwirtschaftlichen Industriegesellschaft den Gegensatz von Unternehmern und Arbeitern ins Zentrum. Lorenz von Stein ist ein besonders prominenter Vertreter dieses Konzepts. Aber im Verlauf des späteren 19. Jahrhunderts verzichtete das sozialistische Milieu mehr und mehr auf den Begriff der sozialen Frage und ersetzte ihn durch Begriffe wie kapitalistische Ausbeutung, Klassenkonflikt oder Arbeiterklasse.

Das dritte, jüngste, weniger spektakuläre Gegenkonzept entwickelten seit dem Ende des 19. Jahrhunderts die Sozialreformer. Sie schufen neue Begriffe der Arbeit, der Arbeitslosigkeit, der Sozialpolitik, die anders als das Konzept der sozialen Frage die moderne Marktwirtschaft nicht mehr grundsätzlich moralisch problematisierten, sondern genau umgrenzte Reformziele wie etwa Bekämpfung der Arbeitslosigkeit, der Altersarmut, der Arbeitsunfähigkeit durch Krankheit benannten. Diese drei Konzepte grenzten sich nie scharf voneinander ab, enthielten aber doch im Grundsatz unterschiedliche Interpretationen der Industriegesellschaft und zielten auch auf unterschiedliche Lösungen ihrer Probleme ab.

Die historische Bedeutung der sozialen Frage

Die Debatte über die soziale Frage war eine der gewichtigen Reaktionen in der europäischen Öffentlichkeit des 19. Jahrhunderts auf die negativen sozialen Folgen der Industrialisierung, auf Armut, auf gesellschaftlichen Ausschluss und auf Verlust der sozialen Sicherung. Sie schärfte das öffentliche Bewusstsein und hielt teilweise auch die öffentliche Aufmerksamkeit für Armut und soziale Unsicherheit jenseits der Industriearbeiter wach, obwohl die Lage der Industriearbeiter in der Öffentlichkeit der klassischen Industriegesellschaft alle anderen negativen Folgen der Industrialisierung zu überschatten drohte. Das Konzept der sozialen Frage hatte schließlich auch den Vorzug, dass es lange Zeit Teil einer allgemeinen, milieu- und parteiübergreifenden Sprache und Verständigung war.

Der Begriff verlor jedoch spätestens in der Zwischenkriegszeit seine grundlegende Bedeutung, nicht weil die Probleme, die er ansprach, gelöst gewesen wären, sondern weil er nie wirklich Teil der Sprache der Betroffenen wurde, sondern sprachlicher Ausdruck einer Außenansicht blieb. Was unter diesem Ausdruck beschrieben wurde, war deshalb auch oft zu sehr Selbstdiagnose der Benutzer dieses Ausdrucks, ihrer verschiedenen politischen Richtungen und Organisationen, zu wenig Diagnose der Betroffenen. Die Begriffe, die Armut und soziale Unsicherheit markierten, wurden zunehmend als Zeichen für die Abgrenzung und Konfrontation von Milieus und immer weniger als Mittel einer allgemeinen politischen und sozialen Sprache genutzt.

Der historische Hintergrund – Armut und soziale Unsicherheit

Die soziale Frage war nicht einfach eine Kopfgeburt von Intellektuellen, ein wirklichkeitsabgehobenes Schlagwort. Die Misere der materiellen Situation des Großteils der Europäer, nicht nur einer schmalen Schicht von marginalen Armen, war in Teilen des 19. Jahrhunderts bedrückend. Ein deutliches Zeichen dafür war die Lebenserwartung der Europäer: Sie lag noch am Ende des 19. Jahrhunderts erst bei rund vierzig Jahren. Damit war sie weit niedriger als in den heutigen asiatischen und lateinamerikanischen Schwellenländern wie Indien, Indonesien oder Brasilien. Die Säuglingssterblichkeit war erschreckend hoch, sie lag um 1870 je nach europäischem Land zwischen zehn und dreißig Prozent, war besonders hoch in Deutschland und in der Habsburger Monarchie; sie betrug in einem Extremfall wie Bayern sogar ein Drittel. Selbst die ärmsten afrika-

nischen Länder leiden heute nur selten unter einem solchen Ausmaß an Säuglingssterblichkeit. Das sind darüber hinaus nur Durchschnittszahlen: Unter den ärmeren Europäern war die Situation noch weit schlimmer. Hinter dieser niedrigen Lebenserwartung und hohen Säuglingssterblichkeit stand in großen Teilen des 19. Jahrhunderts eine bedrückende Armut, die damals einen gewichtigen Teil der Europäer traf. Man schätzt, dass zwanzig bis dreißig Prozent der städtischen Bevölkerung in der 1. Hälfte des 19. Jahrhunderts von der städtischen Armenpflege unterstützt wurden. Die Ernährung der Masse der Bevölkerung war bis in die 2. Hälfte des 19. Jahrhunderts in einigen Regionen Europas noch von regelmäßigen Hungerkrisen geprägt. Bis in das späte 19. Jahrhundert gab es Seuchen. Von der Hygiene profitierte lange Zeit nur eine kleine Minderheit der Städter. Die Masse der Städter und Landbewohner in Europa kannten damals weder Frischwasser noch Kanalisation oder Straßenreinigung. Es muss die fortschrittsbewussten Zeitgenossen des 19. Jahrhunderts, die Europa als Pionier der modernen Zivilisation ansahen, äußerst irritiert haben, dass sich im Ganzen diese europäische Misere im 19. Jahrhundert lange Zeit nicht spürbar und durchschlagend verbesserte. Über die Mitte des 19. Jahrhunderts hinaus gab es außerhalb der inselartigen Industrieregionen noch keine spürbare Verbesserung der materiellen Lage der unteren Schichten. Aber auch innerhalb der Industrieregionen verbesserte sich der Lebensstandard spürbar nur für eine schmale Schicht von gelernten Industriearbeitern, die sich durch dauerhafte Beschäftigung, durch höhere Löhne, durch eine gewisse Arbeitsautonomie und auch außerhalb der Fabriken durch einen anderen Lebensstil von den übrigen Arbeitern abhoben. Die Ärmlichkeit und Notlage der meisten Menschen änderte sich dagegen kaum. Trotz der verbesserten landwirtschaftlichen Anbaumethoden gab es in der 1. Hälfte des 19. Jahrhunderts immer wieder Nahrungsverknappungen, Seuchen und Hungersnöte. Die Lebenserwartung, der vielleicht wichtigste Indikator, brach daher in europäischen Ländern wie Schweden, Norwegen, Finnland, Dänemark, Frankreich, Großbritannien und die Niederlande, in denen sie weit zurückberechnet wurde, bis zur Mitte des 19. Jahrhunderts zeitweise wieder ein oder stieg nicht kontinuierlich an. Auch die Säuglingssterblichkeit wies in den meisten europäischen Ländern im 19. Jahrhundert keinen klaren Trend zur Verbesserung auf.

Die Ungleichheit nahm während der Industrialisierung des 19. Jahrhunderts eher zu und war gerade in den modernen Teilen der Gesellschaft besonders scharf ausgeprägt. Die sozialen Unterschiede der Einkommen und Vermögen verschärften sich vor allem zwischen dem aufsteigenden Bürgertum und den übrigen Teilen der europäischen Gesellschaften. Die Ungleichheiten am Arbeitsplatz in den modernen Industriebetrieben waren während der eigentlichen industriellen Revolution in der Bezahlung, in der Lebensverdienstkurve, in der Behandlung durch die Chefs und der Kontrolliertheit bei der Arbeit und in der Verwendbarkeit von Ausbildung markant ausgeprägt. Die Spannweite in der Bildung zwischen dem sich immer mehr akademisierenden Bürgertum und der erdrückenden Mehrheit der Elementarschulabsolventen und Analphabeten in der übrigen Bevölkerung war, für uns heute schwer vorstellbar, groß. Man kann auch hier von einer Verschärfung der sozialen Ungleichheit sprechen, da das Bürgertum immer mehr aus Universitätsabsolventen bestand und sich dadurch immer schärfer von der übrigen Gesellschaft abhob. Die Unterschiede in der Qualität des Wohnens verschärften sich zumindest in den Industriestädten mit der starken Nachfrage nach preiswerten kleinen Wohnungen. Es gab schließlich auch zunehmende soziale Unterschiede bei Krankheit und Tod. Diese Unterschiede bestanden zwischen Städtern und Landbewohnern, zwischen gelernten und ungelernten Arbeitern, zwischen Angestellten und Arbeitern, zwischen dem Bürgertum und der übrigen Gesellschaft. Die politisch folgenreichste Entwicklung war die Entstehung und Verschärfung der Trennlinien zwischen den sozialen Klassen der Arbeiter und des Bürgertums.

Dieser Eindruck drängte sich auch deshalb auf, weil sich darüber hinaus auch die Aufstiegschancen der Arbeiter und Unterschichten im 19. Jahrhundert im Ganzen nicht erkennbar verbesserten: Die Chancen, in besser bezahlte, sicherere, angesehenere Berufe aufzusteigen, blieben gering, waren in den neuen Industriestädten sogar oft besonders schlecht. In einer ganzen Reihe von europäischen Städten, vor allem in Gewerbe- und Industriestädten, nahmen die Aufstiegschancen für Arbeiter im Verlauf des 19. Jahrhunderts sogar ab. Weder das damalige Schulsystem noch die Unternehmensstrukturen boten verbesserte Aufstiegschancen. Erst im 20. Jahrhundert sollten sich die Mobilitätsbarrieren etwas lockern.

Schließlich schwächten sich auch die sozialen Sicherungen der Durchschnittsbürger in dem allmählichen Übergang vom *Ancien Régime* zur modernen Industriegesellschaft ab. In dem schwierigen und langsamen Übergang von den traditionellen Sicherungsnetzen des *Ancien Régime* zur modernen, staatlichen, hochbürokratisierten, auf einer ganz anderen Gesellschaft aufbauenden sozialen Absicherung entstanden im Großteil des 19. Jahrhunderts vielfältige soziale Sicherungslücken. Mehr als das 18. Jahrhundert und mehr als das 20. Jahrhundert war das 19. Jahrhundert eine Zeit schwacher sozialer Sicherung. Zum Verfall der traditionellen sozialen Sicherung des *Ancien Régime* trugen verschiedene Gründe bei. Das massive Bevölkerungswachstum – Europas Bevölkerung (ohne Russland) stieg allein von 1820 bis 1870 von rund 150 Millionen auf etwa 210 Millionen – vergrößerte in einer ganzen Reihe von europäischen Ländern die Anzahl der Armen und damit die Belastung der kommunalen Armenkassen, da dieses Bevölkerungswachstum in der 1. Hälfte des 19. Jahrhunderts noch nicht durch die Industrialisierung und ihr wachsendes Angebot von Arbeitsplätzen aufgefangen wurde. Der Verfall der traditionellen Sicherung war darüber hinaus auch politisch gewollt. Die Einstellung zur Armut und Armenpflege wandelte sich. Armut wurde nicht mehr als unveränderbarer Bestandteil jeder Gesellschaft akzeptiert, sondern sollte durch Hilfe zur Selbsthilfe, durch Erziehung der Armen, aber auch durch gezielte Abschreckung und Kriminalisierung des Bettelns und Vagabundierens eingedämmt werden. In den wichtigsten europäischen Modellgesellschaften des 19. Jahrhunderts, in Frankreich und Großbritannien, wurde im Sinn dieser neuen Einstellungen die staatliche Armenpflege drastisch reduziert, da man Armenhilfe nicht zur Aufgabe eines modernen, liberalen, möglichst schlanken Staates rechnete und man zudem befürchtete, dass die traditionelle staatliche Armenhilfe die Motivation zur Arbeit aushöhlte. In Frankreich geschah das während der Französischen Revolution, in Großbritannien im Armutsgesetz von 1834. Schließlich trugen auch die Säkularisierung der Kirchen im Einflussbereich des napoleonischen Frankreich, die Auflösung der Handwerkszünfte mit ihren sozialen Sicherungsinstitutionen für die breite Schicht der Handwerker, auch die Lockerung der Bindung der Bauern an den Gutsbesitz zu einer Reduzierung von traditionellen sozialen Sicherungen bei, die zudem mit der entstehenden Industriegesellschaft nur schwer vereinbar waren. In einem langsamen Übergang lockerte sich allmählich die Verantwortlichkeit der Kommunen und der städtischen Honoratioren, der Gutsherren und Handwerksmeister, der Kirchen für die Armen, eine Verantwortlichkeit sowie die sich meist auf wenig Mobilität und starke lokale Bindungen gründete. Nur langsam entwickelten sich die neuen sozialen Sicherungen. Gewiss entstand eine Vielzahl von Sicherungsinstitutionen in privater und halbstaatlicher Form. Trotzdem wurde dieser Übergang für viele Europäer zu einer Anpassungskrise mit beträchtlicher sozialer Unsicherheit.

Erst in der letzten Zeit vor dem Ersten Weltkrieg veränderten sich die Probleme, auf die das Konzept der sozialen Frage aufmerksam gemacht hatte. Die Misere der 1. Hälfte des 19. Jahrhunderts, die immer wiederkehrenden Hungersnöte, Seuchen, der immer wiederkehrende Rückfall in die Armut für einen substanziellen Teil der Europäer milderten sich ab, je mehr sich die Industriegesellschaft etablierte. Die Reallöhne nahmen zumindest für Industriearbeiter langsam zu, die Arbeitszeit sank, auch wenn sich die Masse der Industriearbeiter weiterhin – für heutige Maßstäbe – mit unakzeptablen Arbeitszeiten und Arbeitsbedingungen abzufinden hatte. Die wichtigsten Indikatoren der Misere wiesen auf Verbesserungen hin: Die Lebenserwartung begann kontinuierlich zu steigen, die Säuglingssterblichkeit kontinuierlich zu fallen.

Das Ende der schwierigen Anpassungskrise der sozialen Sicherung war spätestens in der Zwischenkriegszeit allmählich in Sicht. Auch wenn der Wohlfahrtsstaat der 2. Hälfte des 20. Jahrhunderts noch nicht konzipiert war, nahmen doch überall in Europa staatliche Sozialversicherungen spürbar zu. Man schätzt, dass in den europäischen Pionierländern der staatlichen Sozialversicherungen, in Deutschland, Großbritannien und Schweden, um 1910 schon rund zwei Fünftel der Erwerbstätigen und im westeuropäischen Durchschnitt um 1940 schon ungefähr die Hälfte der Erwerbstätigen, in Ländern wie Großbritannien, Dänemark, Schweden, Norwegen, Deutschland noch erheblich mehr durch staatliche Sozialversicherungen abgesichert waren. Sicher gibt es keinen Grund, die Kriegs- und Zwischenkriegszeit zu idealisieren. Sie war ebenfalls eine Epoche, die von Massentod, Hungerkrisen, riesigen Arbeitslosenzahlen geprägt war. Aber diese neuen Krisen hatten nichts mehr mit der sozialen Frage des 19. Jahrhunderts und ihren Hintergründen zu tun.

Die europäische Dimension der sozialen Frage

Die soziale Frage war im 19. Jahrhundert eine europäische Besonderheit, da nirgends sonst die Bevölkerung in dieser Zeit so stark wuchs, die Städte so stark expandierten, die Armen und Ausgeschlossenen so rasch zunahmen wie hier und nirgends die Armenpolitik und die ständischen Korporationen so tief greifend nach einem liberalen Konzept um- und abgebaut wurden wie in Europa. Als die anderen älteren Zivilisationen, China, Indien, die arabische Welt, im 20. Jahrhundert industrialisierten, spielte für sie die soziale Frage keine bedeutende Rolle mehr, da ihnen der spätere westeuropäische Wohlfahrtsstaat, das amerikanische Wohlstandsmodell und das sowjetische Modell der staatlichen Lenkung als mögliche Vorbilder dienen konnten. Gleichzeitig war im 19. Jahrhundert in keiner anderen Zivilisation die soziale Sicherung so drängend, nicht nur weil damals in Europa die Bevölkerung zunahm, ohne dass die Industrialisierung ausreichend Beschäftigung sicherte. Darüber hinaus war die Familie in Europa auch stärker als auf anderen Kontinenten auf eigenständige Haushaltsgründung junger Ehepaare ausgerichtet und bot daher für junge Erwachsene und für alternde Eltern besonders wenig soziale Sicherung, war deshalb stärker als außereuropäische Zivilisationen auf außerfamiliäre Institutionen der sozialen Sicherung angewiesen. Das Konzept der sozialen Frage als einer an einem allgemeinen säkularen Prinzip gemessenen Wirklichkeit entsprang somit einer europäischen Denkweise.

Hartmut Kaelble

Die großen Mächte und der Imperialismus

Kulturelle Mission oder Platz an der Sonne? – Ausprägungen des Imperialismus

Die Aufteilung der Welt 1914

Britischer Besitz	22,3 %
Russischer Besitz	11,0 %
Französischer Besitz	7,0 %
Deutscher Besitz	2,0 %
Belgischer Besitz	1,6 %
Portugiesischer Besitz	1,5 %
Niederländischer Besitz	1,4 %
Italienischer Besitz	1,0 %
Sonstiger Besitz	0,7 %

Zahlen geben den Prozentsatz des Besitzes im Vergleich zur Weltlandfläche an.

Zeichnung aus dem Jahr 1899, die die Haltung der Kolonialherren gegenüber den eroberten Völkern karikiert.

Moderner Imperialismus – Erklärungsansätze und Epochenmerkmale

Die Ära des modernen Imperialismus, die vor allem den Zeitraum von 1882 bis 1914 umfasst, gehört zu den zentralen Epochen, in denen sich die westlichen Staaten und ihr Einfluss über die Erde ausbreiteten. Die Expansion militär-, industrie- und kapitalstarker Staaten in weniger entwickelte Regionen führte innerhalb weniger Jahrzehnte zur Aufteilung fast ganz Afrikas und Ozeaniens sowie zur Konsolidierung der – teilweise älteren – Herrschaft europäischer Staaten in Asien. Zwar dauerten bestimmte Expansionsprozesse im 19. Jahrhundert mehr oder weniger kontinuierlich an, so zum Beispiel die britische Herrschaft in Indien. Während jedoch – insgesamt betrachtet – vor 1880 informell-indirekte Herrschaftsformen und eine vergleichsweise koloniale Zurückhaltung vorherrschten, gewann der europäische Expansionismus danach eine neue Qualität. Imperialistische Betätigung wurde nunmehr geradezu als eine nationale und wirtschaftliche Notwendigkeit angesehen und zielbewusst verfolgt. Überdies trat neben den bis dahin vorherrschenden britisch-französischen Gegensatz auf kolonialem Gebiet der Wettlauf nahezu aller westlichen Mächte um Kolonien, Protektorate, maritime Stützpunkte und finanzielle Einflusszonen. In kürzester Zeit waren die letzten weißen Flecken von den Landkarten verschwunden.

Imperialismustheorien

Bereits die Zeitgenossen haben sich Gedanken über diesen plötzlichen Ausbruch imperialistischer Aktivitäten gemacht. Unter dem Eindruck des Burenkrieges gab der liberale britische Publizist John Atkinson Hobson in seinem 1902 erschienenen, weit verbreiteten Werk »Imperialism« eine richtungweisende Interpretation: Die Triebkräfte des von ihm emphatisch verurteilten Imperialismus sah er zum einen in der Suche nach profitablen Anlagemöglichkeiten für überschüssiges Kapital, zum anderen in dem Bestreben, angesichts mangelnder Kaufkraft am Binnenmarkt neue Absatzmärkte zu erschließen. Während der Begründer der ökonomischen Imperialismustheorie jedoch auf soziale Reformen innerhalb des bestehenden Gesellschafts- und Wirtschaftssystems setzte und seine Thesen durch gewichtige Bemerkungen zur »Psychologie« des Imperialismus ergänzte, machten die nachfolgenden sozialistischen Theoretiker einzig das kapitalistische System für die imperialistische Expansion verantwortlich. Auch sozialökonomische und sozialimperialistische Deutungen suchen eine Verbindung zwischen den offenkundigen zyklischen Konjunktur- und Wirtschaftskrisen des kapitalistischen Systems und den sich dadurch verschärfenden gesellschaftlich-sozialen Spannungen herzustellen. Kolonien und imperialistischer Expansionismus erscheinen als Ausweg, ökonomische und politisch-soziale Konflikte zu entschärfen, und als Strategien herrschender Eliten, von sozialen Problemen im Innern abzulenken.

Erblicken ökonomische, sozialökonomische und sozialimperialistische Theorien die Ursachen für den westlichen Expansionismus ausschließlich im Schoß der Industriestaaten selbst, haben neuere, so genannte peripherieorientierte Ansätze den Blick stärker auf die Vorgänge »vor Ort« gerichtet. Sie vermögen dadurch nicht nur aufzuzeigen, dass Pioniere, Kaufleute, Militärs, Kolonialbeamte und Missionare die oft zögernden Regierungen zur Kolonialisierung

Sozialistische Imperialismustheorien. Die ökonomische Imperialismustheorie John Atkinson Hobsons beeinflusste entscheidend die Überlegungen des Austromarxisten Rudolf Hilferding, der in seiner wirtschaftstheoretischen Schrift »Das Finanzkapital« von 1910 dessen entscheidende Rolle für die imperialistischen Aktivitäten der Staaten betonte.

Während Rosa Luxemburg im Imperialismus noch eine vorübergehende »Lebensverlängerung« kapitalistischer Vergesellschaftung erblickte, war für Wladimir Iljitsch Lenin mit dem Erreichen des »monopolistischen Stadiums« des Kapitalismus die territoriale Aufteilung der Erde unter den Großmächten bereits beendet; der Kampf um die »Neuverteilung« der Welt bedeutete für ihn die Agonie des kapitalistischen Zeitalters. Mit seinem 1917 veröffentlichten politisch-agitatorischen Traktat »Der Imperialismus als höchstes Stadium des Kapitalismus« schuf der russische Revolutionär, anknüpfend an die Theoreme Hilferdings, die zukünftige Bibel orthodox-marxistischer Imperialismusinterpretation.

Den »Zivilisationsauftrag« der Weißen illustriert diese Darstellung aus einer Amsterdamer Zeitung von 1897.

drängten, sondern können auch deutlicher herausarbeiten, dass die von Kolonialismus und Expansionismus erfassten Völker selbst auf die Übermacht des weißen Mannes in verschiedenster Weise reagierten und versuchten, sich der neuen Situation nach ihren Vorstellungen anzupassen, mithin nicht bloße Opfer waren.

Dynamisierung und Folgen der Expansion

Die imperialistische Expansion im ausgehenden 19. und frühen 20. Jahrhundert stellt sich tendenziell als eine Fortsetzung des jahrhundertelangen Prozesses der Ausbreitung Europas über die Welt dar, der allerdings durch die industrielle Revolution eine zu-

Das politische Testament des Kolonial-
politikers Cecil Rhodes verleiht
der sozialdarwinistisch, religiös
motivierten Überzeugung von der
Überlegenheit der eigenen Rasse
Ausdruck und verkündet zugleich das
Credo britischer Imperialisten:

*Da (Gott) sich die Englisch sprechende
Rasse offensichtlich zu seinem aus-
erwählten Werkzeug geformt hat, durch
welches er einen auf Gerechtigkeit, Freiheit
und Frieden gegründeten Zustand der
Gesellschaft hervorbringen will, muss es
auch seinem Wunsch entsprechen, dass ich
alles in meiner Macht Stehende tue, um
jener Rasse soviel Spielraum und Macht
wie möglich zu verschaffen.*

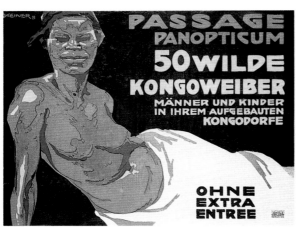

Das Überlegenheitsgefühl der
Kolonialherren führte auch dazu, dass
Menschen wie Ausstellungsstücke
vorgeführt wurden. Werbepostkarte
von Josef Steiner aus dem Jahr 1913.

sätzliche Dynamik erhalten hatte. Diese ergab sich aus einer Summe neuartiger politischer, wirtschaftlicher, technologischer und kultureller Machtmittel. Insbesondere die Revolutionierung der Technik – Dampfschifffahrt, Eisenbahnen, Unterseekabel, Kanäle wie der Suez- und Panamakanal sowie die ungeheuer gewachsene Feuerkraft – förderte die expansionistischen Prozesse erheblich. Zudem erlaubte die Chininprophylaxe den Europäern überhaupt erst, in tropischen Gebieten zu überleben. Die politische Mobilisierung breiterer Bevölkerungsschichten in den westlichen Staaten verlieh der imperialistischen Agitation eine zusätzliche Stoßkraft; waren doch Kolonialismus und Imperialismus nicht mehr in erster Linie eine Angelegenheit von Regierungen oder privilegierter Handelskompanien, sondern Gegenstand emotional aufgeladener Debatten des sich demokratisierenden Staates. Die Beteiligung der Öffentlichkeit zeigte sich etwa in der Entstehung zahlreicher imperialistischer, militaristischer, kolonialistischer und maritimer Vereine.

Die Folge war eine Zunahme nationaler Rivalitäten, wobei die erst später in die Reihe der imperialen Mächte eingetretenen Nationen einen besonders aggressiven Ton anschlugen. Überschäumendes, naiv-aggressives Kraftbewusstsein und von Sendungsbewusstsein geprägtes Überlegenheitsgefühl übten sich nicht nur in nationaler Rhetorik, sondern zielten auch – typisch für das imperialistische Zeitalter – auf die Darstellung von Macht. Gleichzeitig standen dem optimistischen nationalen Kraftgefühl tief reichende kollektive Ängste gegenüber, die sich nicht zuletzt in den verschiedenen Weltreichslehren, Panbewegungen und Theorien von der Bedeutung der Seemacht für die zukünftige Größe und Stabilität einer Nation artikulierten.

Diese Konkurrenzsituation schlug sich in Formulierungen – namentlich kolonialer »Neulinge« – nieder, nach denen das imperialistische Engagement die »letzte Chance« biete, im territorialen Aufteilungskampf zu bestehen, oder sie kam in der steten Sorge zum Ausdruck, bei eben diesem Verteilungskampf »zu spät« oder »zu kurz« zu kommen. Bei allen Nationen verband sich das Konkurrenzmotiv mit sozialdarwinistischen Ideologien, die naturgesetzliche Prinzipien wie das der natürlichen Auslese oder des Überlebenskampfes auf Nationen und Staaten übertrugen. Die Anschauungen vom »Überleben des Stärkeren«, von der Teilung der Welt in »lebende« und »sterbende«, in niedergehende und aufstrebende Nationen, von der Alternative »Weltmacht oder Untergang«, Wachsen oder Verkümmern, alle diese Varianten sozialdarwinistischer Vorstellungen beherrschten den intellektuellen Naturwissenschaftler ebenso wie den gemeinen Mann. Der Sozialdarwinismus bot ein scheinbar plausibles Erklärungsmodell, um die gewaltigen Veränderungen in der Industriegesellschaft, aber auch die Geschwindigkeit zu erklären, mit der die imperialistische Expansion über den Widerstand der Urbevölkerung in den für die Kolonialisierung ausersehenen Gebieten hinwegging. Von hier bis zum Rassismus war es dann nur ein kurzer Schritt. Aber auch die Verherrlichung des Krieges sollte dazu gehören.

Herrscherin der Meere – »Britannia« und ihr Kolonialreich

A ls das imperialistische Zeitalter in Europa anbrach, konnte Großbritannien auf einen langen Expansionsprozess zurückblicken, der zu einem weitläufigen Überseeimperium geführt hatte. In der früh- und mittelviktorianischen Epoche beruhte dieses Empire auf dem liberalen Prinzip des Freihandels, das seine Zugkraft nicht zuletzt aus dem industriewirtschaftlichen Vorsprung des Inselstaates sowie aus seiner Überlegenheit auf den Weltmeeren bezog.

Die Wende zu einer britischen imperialistischen Politik bahnte sich mit dem Programm des konservativen Staatsmanns Benjamin Disraeli an. Hatte der schriftstellernde jugendliche Bohemien in den 1850er-Jahren Kolonien noch als »Mühlsteine um unseren Hals« bezeichnet, so befürwortete der Politiker der *Tories* in seiner berühmten Londoner »Kristallpalastrede« vom 24. Juni 1872 nicht nur ein »Zusammenrücken« des Empire, sondern auch Maßnahmen zu dessen Erhaltung und Erweiterung. Disraeli stand dabei nicht nur unter dem Eindruck einer veränderten politischen Situation in Europa, bedingt durch die deutsche und italienische Einigung sowie Deutschlands Sieg über Frankreich 1870/71, sondern suchte auch nach Möglichkeiten, die wirtschaftliche Stagnation in Großbritannien zu überwinden. Vor allem ging es ihm aber um die Sicherung Indiens, des britischen »Kronjuwels«. 1875 erwarb er daher mit Blick auf die Verbindung nach Indien für Großbritannien Suezkanalaktien in Höhe von vier Millionen Pfund, die der Bankier Baron Lionel de Rothschild kurzfristig bereitstellte. 1876 bewegte er Königin Viktoria zur Annahme des Titels »Kaiserin von Indien«.

In der satirischen Zeitschrift »Punch« erschien 1876 diese Karikatur, in der der britische Premierminister Disraeli, als levantinischer Händler dargestellt, die Kaiserkrone Indiens der zögernden Königin Viktoria anpreist.

Charles George Gordon festigte den britischen Einfluss in Ägypten (seit 1873/74) und im Sudan (seit 1877); in beiden Gebieten bekämpfte er den Sklavenhandel.

Schritte zur Sicherung Indiens

N ach dem Verlust der amerikanischen Kolonien rückte Indien zur wichtigsten und reichsten britischen Kolonie auf, die zu erhalten und zu sichern die britische Außenpolitik vorrangig bestrebt war. So griffen die Briten 1882 in Ägypten ein, als es dort aufgrund europäischer Finanzoperationen zu instabilen Machtverhältnissen und einer nationalistischen Revolution gekommen war. Die militärische Intervention zielte aber vorrangig nicht darauf, die Geldanlagen europäischer Gläubiger zu retten. Das liberale Kabinett unter Premierminister William Ewart Gladstone befürchtete vielmehr, dass die Franzosen aus der Anarchie Ägyptens Nutzen ziehen und die Verbindung nach Indien gefährden könnten. Von Ägypten führte der Weg die Briten in den Sudan, wo sie indessen auf den Widerstand des Mahdi (arabisch der »Gefährte«) Mohammed

Ahmed ibn Saijid Abd Allah stießen. Vor Khartum erlitt der britische General Charles George Gordon, auch Gordon Pascha genannt, 1885 eine empfindliche Schlappe, die in ganz Europa Aufmerksamkeit erregte. Erst 1898 konnte General Horatio Herbert Kitchener, ausgerüstet mit Schnellfeuergewehren, Feldartillerie und Kanonenbooten, den Mahdisten bei Omdurman eine vernichtende Niederlage beibringen. Daraufhin wurde ein angloägyptisches Kondominium Sudan eingerichtet, das heißt Großbritannien und Ägypten übten dort gemeinsam die Gebietshoheit aus. Kenia, Uganda und ein Teil von Somaliland waren bereits britisch geworden.

Der traditionelle Weg nach Asien führte rund um Afrika, weswegen dem südlichen Afrika schon immer besondere Bedeutung zukam. Nachdem sich die Briten 1814 mit der Kapkolonie endgültig einen wichtigen Stützpunkt zur Sicherung der Indienroute angeeignet und aus dem gleichen Grund 1845 Natal an der Südostküste Afrikas annektiert hatten, führten die Auseinandersetzungen mit den Buren, die sich gegen die verhassten liberalen Gesetze der Briten in der Sklavenfrage und hinsichtlich der Behandlung der Schwarzafrikaner stemmten, zu immer neuen kriegerischen Auseinandersetzungen. Nach einem blutigen Krieg zwischen 1899 und 1902 mussten die Buren die britische Oberherrschaft anerkennen.

Mithilfe ihrer westafrikanischen Kolonien Gambia, Sierra Leone, Goldküste – das heutige Ghana – und Nigeria, der Atlantikinseln Ascension und Sankt Helena, des südlichen Afrikas und großer Teile Ostafrikas sowie Mauritius', der Seychellen und Ceylons – heute Sri Lanka – im Indischen Ozean hatten die Briten die Route nach Indien strategisch gesichert. Der andere Weg, der durch das Mittelmeer, wurde wegen der Stützpunkte Gibraltar, Malta und Aden geschätzt. In Asien selbst wurde die Herrschaft in den indischen Randgebieten ausgebaut, noch freie Inselteile und Inseln wie die Fidschi- und Gilbertinseln im Pazifik besetzt. Wirtschaftliche Bedeutung behielten zudem die britischen Kolonien in der Karibik. Namentlich der britische Kolonialminister Joseph Chamberlain beabsichtigte zwischen 1895 und 1903, ökonomische und soziale Probleme durch Expansion in noch freie Räume zu lösen. Gleichzeitig wollte er das Empire dadurch festigen, dass der Freihandel zugunsten einer Reichsföderation »weißer Kolonien« – verbunden durch Krone, Sprache und wirtschaftliche Vorteile – aufgegeben wurde. Sein Plan einer britischen Wehr- und Wirtschaftsunion führte zwar zu seinem Sturz, verhalf jedoch dem Commonwealth-Gedanken zum Durchbruch.

Joseph Chamberlain, ein Hauptvertreter des britischen Imperialismus, setzte sich für die Eroberung des Sudan, die Unterwerfung der Buren in Südafrika und den Zusammenschluss der australischen Kolonien sowie die Eingliederung Australiens in das britische Commonwealth ein.

Der französische Kolonialismus wollte erreichen, dass sich die unterworfenen Völker mit Frankreich identifizierten. Die Entwicklung eines eigenen Nationalbewusstseins sollte verhindert werden. Die satirische Darstellung zeigt den französischen Gouverneur von Madagaskar in der Kleidung der Eingeborenen neben Ranavalona III., 1883–95 Königin des Merinareiches auf Madagaskar, die europäisch gekleidet ist.

Prestigegewinn und Machtzuwachs – Frankreichs »Rehabilitationsimperialismus«

Frankreichs Kolonialpolitik im imperialistischen Zeitalter lässt sich im Wesentlichen auf zwei Wurzeln zurückführen: die potenzielle Bedrohung durch das Deutsche Reich in Europa und die

Auseinandersetzung mit Großbritannien in Übersee. Namentlich die traumatische Niederlage von 1870/71 gegen Deutschland führte dazu, dass koloniale Expansion als Möglichkeit begriffen wurde, Prestige und Macht zu mehren: Dadurch konnte die Katastrophe von 1870/71 kompensiert und Frankreichs Großmachtstellung wiederhergestellt werden. Hinzu kamen latente Ängste aufgrund eines im Vergleich etwa zu Deutschland oder den USA geringen Bevölkerungswachstums sowie gesellschaftliche Spannungen, die sich aus der Ablösung der Großbourgeoisie durch neue, mittelständische Schichten sowie auf Sozialreform setzende Radikalsozialisten ergaben. Schließlich zeichnete sich die französische Wirtschaft – weitgehend getragen von traditionellen Familienbetrieben – durch einen zurückgebliebenen Entwicklungsstand aus. Kolonien in Übersee als Absatzmärkte schienen sich somit für die konkurrenzschwache französische Industrie ebenso anzubieten wie sich soziale Probleme und Spannungen scheinbar durch eine erfolgreiche Überseepolitik ausgleichen ließen.

In der Realität beruhte der französische Kolonialexpansionismus indes weniger auf wirtschaftlichen Erwägungen; selbst seine gesellschaftspolitischen Verheißungen blieben eher Propaganda. Nichtsdestoweniger führte – gegen eine starke linke und rechte Kolonialopposition – das wiederholte Zusammenspiel von Regierung, nationaler Öffentlichkeit und jeweils unterschiedlichen »strategischen Cliquen« doch zur Formierung eines beachtlichen Kolonialimperiums. Dessen Schwerpunkt lag, neben den traditionellen Kolonien in der Karibik und in Ozeanien sowie der religiös-kulturellen Protektorats- und der Finanzpolitik im Nahen Osten, in Südostasien und in Afrika.

Paul Leroy-Beaulieus in mehreren Auflagen veröffentlichtes Standardwerk »Über die Kolonisation bei den modernen Völkern (1874)« rechtfertigt die imperialistische Betätigung Frankreichs primär unter wirtschaftlichen Gesichtspunkten. Darüber hinaus klingt allerdings ein weiteres Thema an, das seit den 1880er-Jahren die Agitation für eine aktive Kolonialpolitik maßgeblich bestimmte: die Furcht vor **Dekadenz** und vor dem **Verlust des Großmachtstatus.** Politisch verfocht diese Überzeugung namentlich Ministerpräsident Jules Ferry, für den koloniale Abstinenz »das Einschlagen des breiten Wegs zur Dekadenz« bedeutete, das zur Abdankung als Großmacht führe und »in kürzerer Zeit, als Sie zu glauben vermögen«, wie er am 28. Juli 1884 vor der französischen Abgeordnetenkammer erläuterte, »zum Abstieg vom ersten Rang auf den dritten oder vierten«. Der Historiker und Außenminister Gabriel Hanotaux stellte 1902 den sozialdarwinistisch beeinflussten Gedanken von der »zivilisatorischen Mission« in den Mittelpunkt einer Rechtfertigungsschrift.

Französisch-Indochina

In Asien war Frankreich bereits seit dem 17. Jahrhundert engagiert und präsent. Forscher, Händler, Kolonialoffiziere und nicht zuletzt Missionare hatten die französische Einflussnahme vorbereitet, bevor sich unter Napoleon III. eine dezidiert imperialistische Politik durchsetzte. Dabei hatte in Frankreich – wie auch in anderen westlichen Staaten – die Fata Morgana eines schier unerschöpflichen Chinamarktes die Planungen und Aktionen von Schwerindustrie, Finanzwelt und Diplomatie bestimmt. Nach der Beteiligung an der zwangsweisen Öffnung Chinas im Gefolge der so genannten Opiumkriege seit den 1840er-Jahren griff Frankreich in erster Linie mit finanzimperialistischen Aktionen in den Wettlauf um China ein. Ohnehin bedingte das rivalisierende europäisch-amerikanisch-japanische Interesse an China eine Politik der offenen Tür, die allenfalls zu einigen Amputationen des »Reiches der Mitte« führten; so besetzte Frankreich 1898 Kuangtschouwan. Den Franzosen gelang es vorerst nicht, dem britischen Übergewicht im Handels- und Finanzbereich etwas entgegenzusetzen. Erst nach dem Ende des Chinesisch-Japanischen Krieges 1895 vermochte Frankreich stärker am Chinamarkt zu partizipieren. Zentrale Projekte betrafen den Eisenbahnbau, Bergbaukonzessionen, Rüstungsprodukte, Beteiligungen

Im Tschad unterwirft sich der Sultan Doudmourah dem französischen General Étienne Largeau. Farbdruck aus der Zeitschrift »Le Petit Journal« vom 3. Dezember 1911.

an Schifffahrtslinien, den Wiederaufbau des Arsenals von Fuzhou und die Reorganisation der chinesischen Marine mithilfe französischer Berater und Ingenieure.

Missionare hatten als Erste das französische Interesse auf Indochina, namentlich Vietnam, gelenkt. Nicht zuletzt aufgrund ihrer Schwierigkeiten vor Ort haben sie dann die Annexion Vietnams ideologisch und publizistisch weitgehend vorbereitet: Als Folge ihrer Intervention entschloss sich Napoleon III. Ende der 1850er-Jahre, Saigon zu erobern und 1862 das südöstliche Cochinchina zum französischen Kolonialbesitz zu erklären. 1863 diktierten die Franzosen dem König von Kambodscha, Norodom I., einen Schutzvertrag, bevor das 1867 endgültig gescheiterte Mexikoabenteuer Napoleons für einen gewissen Stillstand der Expansion sorgte. Seit den 70er-Jahren des 19. Jahrhunderts wurden die Franzosen im Norden Vietnams zunehmend aktiver. Aber erst der allgemeine imperialistische »Wettlauf« seit den 80er-Jahren, in diesem Fall der Wettlauf mit Großbritannien um den Zugang zur chinesischen Provinz Yunnan und um die Rohstoffvorkommen in Nordvietnam, aber auch die erneute chinesische Einflussnahme in Vietnam veranlassten Frankreich schließlich, im Juni 1884 ein Protektorat über ganz Zentral- und Nordvietnam zu errichten.

Eröffnung der ersten französischen Eisenbahnlinie in China (von Tientsin nach Tschin-Yang) am 20. November 1886. Zeitgenössischer Holzstich.

Mit der zwischen 1887 und 1897 errichteten *Union Indochinoise,* die nicht nur Annam, Tongking und Cochinchina, sondern auch Kambodscha und das 1893 zum Protektorat erklärte Laos einschloss, hatte Frankreich sein »Indien« erworben. Wie sein britisches Pendant verhalf es einer Schicht von Kolonialfranzosen zu Wohlstand, wohingegen die einheimische Bevölkerung erdrückende Steuern zu zahlen hatte. Der Kolonialstaat profitierte vor allem von den indirekten Abgaben, zum Beispiel für Salz-, Alkohol- und Opiummonopole, während europäische Eigentümer von Reis- und Kautschukplantagen ein rigides Rekrutierungs- und Zwangsarbeitssystem entwickelten. Französische Schulen und Kultur prägten das Land, schufen gleichzeitig aber auch die Voraussetzungen des vietnamesischen Nationalismus.

Kolonialbesitz in Afrika

Zeitgleich erfuhr der französische Kolonialbesitz in Afrika eine weitere Ausdehnung. Nach der Eroberung Algiers 1830 hatten sich die Franzosen nicht nur im Maghreb etabliert und mit der Protektoratserklärung über Tunesien 1881 eine weitere Basis für eine französische Sahara geschaffen, vielmehr setzte seit den 1850er-Jahren auch vom Senegal und dem Golf von Guinea aus eine Expansion in Richtung der islamischen Reiche Westafrikas ein. Wenngleich die Franzosen den Nigerbereich weitgehend den Briten überlassen mussten, sicherten ihnen die Entdeckungs- und Eroberungszüge Pierre Savorgnan de Brazzas von Gabun aus zum mittleren Kongo ein Mitspracherecht in Äquatorialafrika. Trotz einer vorübergehenden Annäherung an Deutschland sahen sie sich jedoch auf der Berliner Westafrikakonferenz 1884/85, oft unpräzise Kongokonferenz genannt, einer britisch-deutschen Front gegenüber.

In den 90er-Jahren intensivierten sie ihr Engagement in Übersee nochmals, eine Entwicklung, die nunmehr vor allem die Briten herauszufordern begann. Auf der Basis einer breiteren innenpolitischen Zustimmung – so entstand zum Beispiel eine »koloniale Partei« – erweiterten technokratische Kolonialpolitiker wie Eugène Étienne und Außenminister Gabriel Hanotaux das französische Kolonialreich in Schwarzafrika. Dabei war der Zusammenstoß mit den Briten praktisch vorprogrammiert. Zwar konnte man sich auf Madagaskar gegen die britisch orientierte Hovadynastie und die Bevölkerung mit Gewalt durchsetzen und die Insel 1896 zu einer französischen Kolonie erklären. Aber in Ostafrika stieß der französische Expansionismus vom Kongo ausgehend und über den westlichen Sudan zum oberen Nil vordringend mit der britischen Nord-Süd-Ausdehnung zusammen. Im Schnittpunkt beider Stoßrichtungen lag Faschoda, das seit 1905 Kodok heißt, ein Handelsort am Weißen Nil in der heutigen Republik Sudan. Am 10. Juli 1898 erreichte der französische Major Jean-Baptiste Marchand vom Kongo kommend den Ort, wurde indes von dem britischen General Horatio Herbert Kitchener zum Rückzug gezwungen. Die davon ausgehende Kriegsgefahr ließ Frankreich am 21. März 1899 auf das obere Niltal verzichten, wohingegen Großbritannien den westlichen Sudan als französisches Interessengebiet anerkannte. Die Verständigung (*Entente cordiale*) von 1904 zwischen Großbritannien und Frankreich führte überdies zur gegenseitigen Anerkennung der britischen Vorherrschaft in Ägypten und der französischen im Maghreb, sodass sich Frankreich in den beiden von Deutschland heraufbeschworenen Marokkokrisen von 1905 und 1911 der britischen Unterstützung sicher sein konnte. 1912 wurde Marokko französisches Protektorat.

Deutsche Karikatur auf die Faschodakrise 1898/99: Das französische Rotkäppchen überlässt dem britischen Wolf das obere Niltal bei Faschoda, obwohl Frankreich nach den auf der Berliner Westafrikakonferenz festgelegten »Spielregeln« Eigentümer dieses Gebietes war.

Marokko stellt sich unter die französische Schutzherrschaft, der Sultan Mulai Hafid unterzeichnet die Abdankungsurkunde. Neben ihm steht der französische Generalresident Louis Hubert Gonzalve Lyautey. Farbdruck aus »Le Petit Journal«, 25. August 1912.

Sendungsbewusstsein und Dollardiplomatie – Amerikas »antikolonialer« Imperialismus

James Monroe, der 5. Präsident der USA. Gemälde von Chester Harding.

Der Aufsichtsanspruch der USA, den Präsident Theodore Roosevelt gegenüber den mittel- und südamerikanischen Staaten unter Berufung auf die Monroedoktrin ausübte, wird in dieser argentinischen Karikatur kritisiert.

Als vormalige Kolonie des britischen Empire verstanden sich die Vereinigten Staaten seit ihrer Gründung als Hort des Anti-imperialismus. Die berühmte Erklärung des amerikanischen Präsidenten James Monroe vom 2. Dezember 1823 verwahrte sich nicht nur gegen die weitere Erwerbung amerikanischer Gebiete durch europäische Mächte und gegen deren Einmischung in die inneren Angelegenheiten unabhängiger amerikanischer Staaten, sondern sie unterstrich auch die Absicht der USA, sich aus europäischen Belangen herauszuhalten. Gleichzeitig sahen die Amerikaner – wie es das um 1840 entstandene Schlagwort der *Manifest Destiny* zum Ausdruck brachte – die fortschreitende Westexpansion nicht nur als ihr »offenbares Schicksal« an, sondern sie verbanden mit ihrer »Bestimmung« auch ein religiös-politisch motiviertes Sendungsbewusstsein, das die eigenen demokratisch-freiheitlichen Werte zu zukünftigen Menschheitsidealen und -zielen erklärte. Für die Indianer im eigenen Land galt dieses hehre Programm freilich nicht. Sie unterlagen einem gnadenlosen Verdrängungs- und Ausrottungsprozess.

Bereits in den kriegerischen Auseinandersetzungen mit Mexiko 1846 bis 1848 spielten imperialistische Momente eine Rolle, wenn man auch 1854 Pläne zum Erwerb Kubas – vorerst – nicht verwirklichte. Dafür erzwang eine Marineexpedition unter Commodore Matthew C. Perry im gleichen Jahr die vertragliche Öffnung Japans für den Handel. Der Kauf Alaskas von Russland 1867 durch Außenminister William H. Seward stand bereits im Zeichen der Vision eines »neuen Reiches«, das den Pazifik in die eigene Interessensphäre einschloss. Auf der Berliner Westafrikakonferenz waren die Vereinigten Staaten erstmals durch einen Beobachter vertreten, 1889 errichteten sie mit Deutschland und Großbritannien ein Tridominium über Samoa, das heißt sie verwalteten dieses Gebiet gemeinsam.

Zunehmend fielen auch nationale, politisch-ideologische und wirtschaftliche Argumente für ein stärkeres »imperiales« Engagement der Vereinigten Staaten auf fruchtbaren Boden. Nach Beendigung des Bürgerkriegs 1865 war es zunächst zu einem ungeheuren wirtschaftlichen Aufschwung gekommen, der im Wesentlichen durch das sprunghafte Anwachsen der Bevölkerung, die Besiedlung des gesamten Landes, Neuerungen im Bereich von Industrie und Landwirtschaft sowie die Zunahme billiger Arbeitskräfte durch Masseneinwanderung ermöglicht wurde. Aber nach 1873 setzten Wirtschaftsstörungen ein, die nicht zuletzt auf beträchtliche Überkapazitäten im Bereich der Schlüsselindustrien Eisen, Stahl und Textil beruhten. Arbeiteraufstände, das Aufkommen sozialistischer Ideen und eine generelle Verunsicherung der amerikanischen Geschäftswelt waren die Folge, die in der »Panik von 1893« gipfelten. Aufgeschreckt wurden die Amerikaner ferner durch die annexionistische Politik der Europäer und Japaner in Ostasien.

Erschließung neuer Märkte

In dieser Situation erschien die Erschließung neuer Märkte, namentlich in Lateinamerika und Asien, als ein Allheilmittel. Für die Verfechter einer amerikanischen maritimen Vorherrschaft und Handelsausweitung stand China im Mittelpunkt des Interesses. Kaufleute, Politiker, Diplomaten, Militärs und Missionare blickten hoffnungsvoll auf jenes große Reich im Osten, das einen Meilenstein, wenn nicht gar den Schlussstein auf dem Wege zur Weltevangelisation bilden und zugleich die amerikanischen Exportschwierigkeiten beheben sollte. Ein Netz von Kohle-, Kabel- und Marinestationen sollte daher den Weg zum legendären chinesischen Markt sichern, wobei es den Amerikanern grundsätzlich um das Offenhalten der Außenmärkte ging.

Neben dem Zwang zur ökonomischen Expansion gründete der **»idealistische« Imperialismus der USA** in religiös-christlichen, sozialreformerischen und schließlich auch rassistischen Motiven. Ein besonders eindrückliches Beispiel für diese Ineinssetzung von Missionsauftrag, Handelsexpansion und Zivilisationseifer verkörperte der Geistliche und Sozialreformer Josiah Strong, der in seinem 1885 veröffentlichten Missionshandbuch »Unser Land. Seine mögliche Zukunft und seine gegenwärtige Krise« auf der Basis der alten Vorstellung von der Ost-West-Wanderung der Weltreiche den Vereinigten Staaten die besondere Berufung zur Weltevangelisation und -beherrschung zuwies. Während Strong die missionarisch-zivilisatorische Funktion des Imperialismus betonte, bezog sich der Historiker Brooks Adams in seinem Plädoyer für ein »neues Weltreich« stärker auf wirtschaftliche, nationalistische und sozialdarwinistische Argumente.

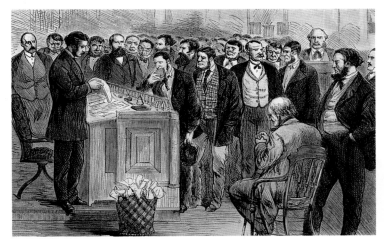

Die »China-Vision« stand auch hinter dem kurzzeitigen formell-direkten amerikanischen Imperialismus von 1898/1901. Denn die Annexionen im Gefolge des Spanisch-Amerikanischen Krieges 1898 erhielten nicht zuletzt ihre Rechtfertigung durch die vorgeblich notwendige Absicherung des Handelswegs nach China. Vorangegangen waren der Intervention in Kuba, mit der der Krieg begann, nicht unbeträchtliche amerikanische Investitionen seit 1890/91, die aufgrund eines Aufstandes der Kubaner gegen die spanische Kolonialherrschaft gefährdet schienen. Kriegswillige Geschäftsleute, Zeitungsmagnaten, hohe Beamte, Militärs und nicht zuletzt Missionare vermochten sich schließlich bei dem zögernden Präsidenten William McKinley durchzusetzen, wobei die als Provokation empfundene Explosion des amerikanischen Kreuzers »Maine« im Hafen von Havanna, deren Ursachen ungeklärt blieben, den Auslöser bildete. Nach vernichtenden Niederlagen der Spanier vermittelte Frankreich im Dezember 1898 einen Friedensschluss. Kuba wurde unabhängig, kam allerdings 1901 unter amerikanisches Protektorat. Ferner erhielten die Vereinigten Staaten Puerto Rico, die Pazifik-

Nachdem die neu angekommenen Einwanderer gerichtlich vereidigt und überprüft worden waren (links), konnten sie als künftige Bürger der Vereinigten Staaten von Amerika im Rathaus von New York die Aushändigung ihrer Einbürgerungsbescheinigung beantragen (beide Illustrationen 1868).

insel Guam und die Philippinen, Letztere für 20 Millionen Dollar Entschädigung. Mit dem Deutschen Reich und Großbritannien einigten sich die Amerikaner 1899 über die Teilung Samoas, während sie Hawaii schon während des Krieges annektiert hatten. Mit einer Landarmee von etwa 70 000 Mann unterdrückten sie schließlich auf den Philippinen einen gegen ihre Verwaltung gerichteten Aufstand mit einer Schonungslosigkeit, die dem geschmähten spanischen Regiment in nichts nachstand.

Die Kritik an diesem kolonialistischen Imperialismus in den USA selbst führte dazu, dass nach 1901 Formen ökonomisch-indirekter Einflussnahme wieder vorherrschend wurden. Zwar beteiligten sich auch die Amerikaner an dem europäischen Feldzug zur Niederschlagung des Boxeraufstands in China, verpflichteten aber gleichzeitig alle am Wettlauf um China beteiligten Mächte auf eine Politik der offenen Tür im »Reich der Mitte«. Gleichzeitig schwankte der amerikanische Imperialismus weiterhin zwischen einem christlich-zivilisatorischen Sendungsbewusstsein und kapitalistischer Wirtschaftsexpansion. Präsident Theodore Roosevelt leitete aus dem Glauben an die überlegene Rolle der Vereinigten Staaten eine aktive Verantwortlichkeit gegenüber den vermeintlich rückständigen Völkern sowie die moralische Pflicht ab, diese Völker auf eine am eigenen Vorbild orientierte Zivilisationsstufe zu heben. In einer Ergänzung zur Monroedoktrin, der *Roosevelt Corollary* von 1904 – die 1928 widerrufen wurde –, behauptete er ein Recht der USA, eine Polizistenrolle in den lateinamerikanischen Staaten ausüben zu können. Er praktizierte sie auch mehrfach, so etwa zur Wahrung amerikanischer Kanalinteressen in Panama oder bei der Übernahme der Zollverwaltung in der Dominikanischen Republik. Handelte Roosevelt nach der außenpolitischen Devise des *Big Stick* (Großer Stock) so setzte sein Nachfolger William H. Taft zwar auf die informelle Dollardiplomatie, intervenierte jedoch, wie nach ihm auch der »idealistische« Woodrow Wilson, ebenfalls mehrfach militärisch in Mittel- und Südamerika.

Chinesisches Plakat zum Boxeraufstand von 1900. China ist ringsum bedrängt von den imperialistischen Mächten, unter anderen von dem britischen Löwen, dem russischen Bären und dem amerikanischen Adler.

Expansion nach Asien – Russlands »geborgter Imperialismus«

Während die übrigen Großmächte ihre imperialistische Politik auf Gebiete in Übersee richteten, dehnte Russland seinen Einflussbereich auf dem Landwege nach Asien aus. Wenngleich das Vordringen zum Pazifik und die Erschließung Sibiriens schon im ausgehenden 16. Jahrhundert ihren Anfang genommen hatten, vollzog sich der Erwerb zusätzlicher asiatischer Gebiete und die militärisch-wirtschaftliche Durchdringung zuvor erworbener Räume doch unter veränderten Vorzeichen. Bereits die schwere Niederlage der Russen im Krimkrieg 1853 bis 1856 hatte zu einer tief reichenden innenpolitischen und gesellschaftlichen Krise geführt, die zudem geostrategische Konsequenzen besaß. Zwar zielte die russische Politik auch weiterhin darauf ab, die Meerengen zum Mittelmeer zu kontrollieren und auf dem Balkan Einfluss zu nehmen. Unterstützt

DER RUSSISCHE PANSLAWISMUS

Der Panslawismus (Bestrebungen um einen politischen und kulturellen Zusammenschluss aller Slawen) wurde in Russland – angesichts der russischen Niederlage im Krimkrieg und der schwierigen inneren Lage nach den Reformen der 60er-Jahre des 19. Jahrhunderts – zum Mittel, von innenpolitischen Spannungen durch nach außen gerichtete Aktivitäten abzulenken; dies zeigte sich vor allem in den Forderungen nach einer slawischen Föderation unter russischer Führung. Der russische Panslawismus wurde immer mehr Wegbereiter des russischen Imperialismus auf dem Balkan.

1871 erschien das kulturphilosophische Buch (1869 bereits als Zeitschriftenbeitrag veröffentlicht)

»Rossija i Europa« (»Russland und Europa«) von Nikolaj Jakowlewitsch

Danilewskij, das später als »Katechismus der Slawophilie« bekannt geworden ist. Abgebildet ist die Titelseite einer Ausgabe von 1888 mit dem Porträt des Autors.

wurde sie von der Ideologie des Panslawismus, die alle slawischen Völker in einem großen Reich zusammengefasst wissen wollte. Aber den Panslawisten und nach Europa schauenden »Westlern« stand doch eine an Einfluss gewinnende Gruppe von Politikern, Militärs und Kaufleuten gegenüber, die Russlands Heil in einer Ausweitung seiner Grenzen nach Asien sah.

Vor allem ebneten jedoch die nachgeholte Industrialisierung, ein verstärkter Außenhandel sowie – nach den Erfahrungen mit der Rückständigkeit des Transportwesens im Krimkrieg – der Eisenbahnbau den Weg, den russischen Teil Asiens verstärkt einzubinden und weiter nach Zentral- und Ostasien vorzustoßen. Dieser Durchbruch zur Protoindustrialisierung wurde wesentlich durch die Politik des russischen Verkehrs- und Finanzministers Sergej Juljewitsch Witte gefördert, der von 1892 bis 1903 die russische Expansionspolitik maßgeblich bestimmte. Zentrale Bedeutung gewann dabei die zwischen 1891 und 1916 gebaute Transsibirische Eisenbahn, die das europäische Russland mit den Märkten Ostasiens und des Pazifiks verbinden sollte. Darüber hinaus sollte eine gesicherte Kette russischer Dörfer vom Ural bis zum Stillen Ozean die Besiedlung Sibiriens und die Erschließung von Rohstoffquellen und Anbaugebieten vorantreiben. Zur Finanzierung seiner Vorhaben zog Witte aus-

Sergej Juljewitsch Witte war die treibende Kraft für den Bau der Transsibirischen Eisenbahn.

Große Familien waren in Sibirien keine Seltenheit. Die Abbildung zeigt die Bauernfamilie Resterow mit ihren 43 Kindern und Enkelkindern.

Ein Streckenabschnitt der Transsibirischen Eisenbahn. Historische Aufnahme von 1911.
Die Transsibirische Eisenbahn schuf die Verbindung zwischen dem Ural und dem Pazifischen Ozean. Die Fotografie (rechts) zeigt den Bau einer Brücke über den Jenissej.

ländisches, insbesondere französisches Kapital heran, weshalb der Historiker Dietrich Geyer den russischen staatskapitalistischen Imperialismus des ausgehenden 19. Jahrhunderts nicht zu Unrecht einen »geborgten Imperialismus« genannt hat.

Sibirien, Zentralasien und der Ferne Osten

Der Prozess der imperialistischen Ausbreitung und kolonialen Konsolidierung vollzog sich räumlich in drei Gebieten: in Sibirien, in Zentralasien und im Fernen Osten. Wenn auch die Aufhebung der Leibeigenschaft 1861 die Voraussetzung für die weitere Besiedlung Sibiriens schuf, so lässt sich darauf keineswegs der Durchbruch zur Massenauswanderung zurückführen. Diesen brachten erst die Bevölkerungsexplosion im Zuge der Industrialisierung, namentlich des Eisenbahnbaus – das Streckennetz wuchs zwischen 1850 und 1919 von 601 km auf 76 946 km –, sowie eine in den 1880er-Jahren einsetzende politische Liberalisierung und Förderung der Auswanderung. Zwischen 1887 und 1913 gelangten 5,4 Millionen Menschen nach Sibirien. Mit Widerstand vonseiten der einheimischen Bevölkerung mussten die Russen kaum noch rechnen, da jene zu diesem Zeitpunkt bereits hoffnungslos unterlegen oder russifiziert worden war.

Später wandte sich die Wanderungsbewegung auch nach Zentralasien. Hier hatten vor allem ehrgeizige Militärs durch ihre »Jagd nach einer Grenze« den russischen Expansionismus vorangetrieben. Gleichzeitig stießen britischer und russischer Expansionismus in Persien und Afghanistan aufeinander, wobei die Briten aus Indien kamen, die Russen aus Transkaukasien und aus dem 1867 errichteten Generalgouvernement Turkestan. 1885 verständigten sich die beiden Mächte darauf, Afghanistan als Pufferstaat zu erhalten und es unter britischem Einfluss zu belassen, während der zweite Konfliktherd – Persien – erst 1907 durch den Vertrag von Sankt Petersburg beseitigt werden konnte. Er teilte das nominell unabhängig bleibende »halbkoloniale« Land in eine russische Zone im Nordwesten, eine britische im Südosten und eine neutrale Zone.

Im Fernen Osten waren die Russen schon im 17. Jahrhundert mit den Chinesen zusammengestoßen. Der Vertrag von Nertschinsk 1689 hatte die Grenze am Amur immerhin für fast zweihundert Jahre festzulegen vermocht, bevor die europäischen Interventionen in China und die politische Schwäche der Mandschudynastie es den Russen erlaubten, den Chinesen die Abtretung der Amur- und der Küstenprovinz sowie besondere Privilegien in der Mandschurei abzutrotzen. Von der 1860 gegründeten Hafenstadt Wladiwostok (»Beherrsche den Osten!«) aus bewegten sich die Russen auf der Suche nach weiteren eisfreien Häfen in Richtung Korea. 1898 pachteten sie – nach dem Vorbild der deutschen Annexion von Kiautschou – die Halbinsel Liaodong mit den Häfen Port Arthur (Lüshun) und Talien, und im Zuge des Boxeraufstands 1900 besetzten sie die Mandschurei. Mit dem Vordringen in die Mandschurei und vor allem nach Korea kollidierte jedoch der russische mit dem japanischen Imperialismus. Die katastrophale Niederlage im Russisch-Japanischen Krieg 1904/05 bedeutete für Russland nicht nur das Ende der Expansionspolitik in Ostasien und ein Zurückschwenken auf die Meerengen- und Balkanpolitik, sondern sie erschütterte mit dem anschließenden Ausbruch der Revolution von 1905 auch das zaristische System in seinen Grundfesten.

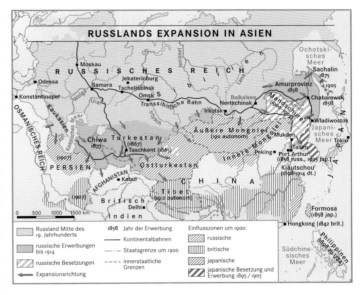

HORST GRÜNDER

Zum Beispiel Afrika – Innenansichten des Kolonialismus

1882 übernahm August Lüderitz (Foto) die Leitung der Faktorei seines Bruders Franz Adolf Eduard, die dieser 1880 in Lagos begründet hatte.

Titelseite einer Ausgabe der Wochenschrift »Kolonie und Heimat« aus dem Jahr 1913.

Expansion und Erwerb – Entstehung des deutschen Kolonialreichs

Die deutsche Kolonialexpansion in den Achtzigerjahren und ihre Fortsetzung in der »Weltpolitik« seit den Neunzigerjahren des 19. Jahrhunderts sind eingebettet in einen beinahe fünf Jahrhunderte während komplexen Prozess frühneuzeitlicher Expansion, der die Kontinuität und die Einheit der westlichen Kolonialgeschichte unterstreicht. Allerdings sind die vereinzelten Bemühungen um die Begründung deutscher Kolonialgebiete in der »Neuen Welt« im Gefolge der spanisch-portugiesischen Conquista ebenso ergebnislos geblieben wie die Kolonialpläne und Kolonialgründungen im 17. und 18. Jahrhundert. Erst in den 1840er-Jahren setzte eine Welle kolonialer Begeisterung ein, die vornehmlich von liberalen Bürgerlichen und Demokraten ausging und die nunmehr ein Zeitalter planmäßiger deutscher Kolonialversuche und Koloniegründungen einleitete. Handelsinteresse und die Furcht, die eigene Nation komme bei einer fortschreitenden Aufteilung der Welt zu kurz, aber auch erste »Weltmachtträume« lagen den Plädoyers zugrunde, die Anspruch auf »Seegeltung« erhoben und die Notwendigkeit einer starken Flotte sowie großer deutscher Kolonien in Übersee behaupteten.

Ein »deutsches Indien« in Afrika

Markiert wird der Beginn der deutschen Kolonialerwerbungen durch die Erklärung des Reichsschutzes über die Erwerbungen des Bremer Tabakwarenhändlers Franz Adolf Eduard Lüderitz in Südwestafrika am 24. April 1884. Insgesamt hatte Lüderitz ein Gebiet von 580 000 km² mit etwa 200 000 Einwohnern erworben, das sich vom portugiesischen Kunene bis zum kapholländischen Oranje unter Ausschluss der britischen Walfischbai erstreckte. Mit dem deutsch-britischen Kolonialausgleich vom 1. Juli 1890 im Helgoland-Sansibar-Vertrag kam noch der so genannte Caprivi-Zipfel hinzu, der die Kolonie im äußersten Nordosten unmittelbar mit dem in seiner Bedeutung für den Verkehr überschätzten Fluss Sambesi verband.

Nach Südwestafrika gelangten Togo und Kamerun unter offiziellen Reichsschutz. Bereits in den 1870er-Jahren hatten hanseatische Handelshäuser an der westafrikanischen Küste neben den britischen Firmen eine führende Position erworben. Am 14. Juli 1884 übernahm das Reich durch seinen Sonderbeauftragten Gustav Nachtigal die Schutzherrschaft über das Gebiet am Kamerunfluss. Zuvor, am 5. und 6. Juli, hatte der Reichskommissar »zur Sicherstellung des nicht unbeträchtlichen deutschen Handels« das Togogebiet bei Bagida und Lome ohne besondere Instruktionen unter kaiserlichen Schutz gestellt.

AUFSTAND DER HERERO UND NAMA 1904

Am 24. April 1884 erklärte das Deutsche Reich die Erwerbungen des Bremer Kaufmanns Franz Adolf Eduard Lüderitz zum Schutzgebiet Deutsch-Südwestafrika. Weitere

Gebiete zwischen dem portugiesischen Kunene und dem kapholländischen Oranje kamen hinzu, mit dem deutsch-britischen Kolonialausgleich von 1890 (Helgoland-Sansibar-Vertrag) noch der so genannte Caprivi-Zipfel, womit das Schutzgebiet – das heutige Namibia – seine endgültigen Grenzen besaß. Gewalt und Ungeschick der Deutschen führten am 12. Januar 1904 zum Aufstand der Herero unter ihrem Oberhäuptling Samuel Maharero (Foto links), dem sich im Oktober die Nama unter ihrem Oberhäuptling Hendrik Witbooi anschlossen. Bereits im August wurden die Herero am Waterberg geschlagen und in die wasserlose Kalahari abgedrängt. Der Oberbefehlshaber der Schutztruppe, Generalleutnant Lothar von Trotha gab Befehle, die auf eine Vernichtungsdrohung gegen das ganze Volk

der Herero hinausliefen, aber von Berlin aus rückgängig gemacht wurden. Im Ergebnis führte Trothas »Vernichtungsstrategie« und die anschließende Behandlung der Kriegsgefangenen (Foto von gefangenen Aufständischen) dazu, dass von den geschätzten 80 000 Herero

zwischen 75 und 80 Prozent, von den etwa 20 000 Angehörigen der verschiedenen Namastämme über die Hälfte umkamen.

In Ostafrika verfolgten erst Carl Peters und seine Freunde konkrete »territoriale« Absichten: Im Auftrag der Gesellschaft für deutsche Kolonisation schufen sie in einem gewagten Konquistadorenzug die Grundlage für die spätere Kolonie Deutsch-Ostafrika. Innerhalb weniger Wochen schloss Peters gegen geringfügige Geschenke und wertlose Versprechen mit den lokalen Herrschern in Usagara »Verträge« und erwarb ein Gebiet von insgesamt 140 000 km². Schon am 27. Februar 1885 erhielt er den kaiserlichen Schutzbrief. Im Helgoland-Sansibar-Vertrag wurde dann der Deutsch-Ostafrikanischen Gesellschaft die vom Sultanat Sansibar kontrollierte, bisher gepachtete Festlandsküste gegen Zahlung einer Entschädigungssumme von 4 Millionen Mark an den Sultan überlassen, die Inseln Sansibar und Pemba zum britischen Protektorat erklärt, und im Gegenzug Helgoland von Großbritannien an das Reich abgetreten. Gleichzeitig verzichtete Deutschland – zum Leidwesen der kolonialchauvinistischen Alldeutschen – auf alle Ansprüche, die möglicherweise noch gegenüber dem so genannten Sultanat Suaheli (Witu-Tana-Gebiet), gegenüber Somaliland und Uganda bestanden.

Das deutsche Südseeimperium

Im gleichen Zeitraum, in dem das Deutsche Reich seine afrikanischen Kolonien erwarb, entstand auch der Grundstock seines Südseeimperiums. Im Herbst 1884 schloss der Forschungsagent des Neuguinea-Konsortiums, Otto Finsch, mehrere Verträge ab, durch die sich die Berliner Gesellschaft ein Gebiet von mehr als 200 000 km² sicherte. Ohne Schwierigkeiten gelangten im November 1884 auch die

Nach Beendigung der Kämpfe analysiert ein Herero die Ursachen des Aufstandes gegen die deutsche Kolonialmacht von 1904:

Der Krieg ist von ganz kleinen Dingen gekommen, und hätte nicht (zu) kommen brauchen. Einmal waren es die »Stuurmann« (Kaufleute) mit ihrem schrecklichen Wucher und eigenmächtigen, gewaltsamen Eintreiben ... Dann ist es der Branntwein gewesen, der die Leute schlecht und gewissenlos gemacht hat. Wenn jemand trinkt, dann ist es ihm gleich, was er tut. Aber das schlimmste Übel ist ... die Vergewaltigung unserer Frauen durch Weiße. Manche Männer sind totgeschossen (worden) wie Hunde, wenn sie sich weigerten, ihre Frauen und Töchter preiszugeben und drohten, sie mit der Waffe in der Hand zu verteidigen. Wären solche Dinge nicht geschehen, wäre kein Krieg gekommen, aber er ist bei solchen Vergewaltigungen ausgebrochen. Er war mit einem Male da, und da war kein Halten mehr, jeder rächte sich, und es war, als sei kein Verstand mehr unter den Massen.

Proklamation der Besitznahme von Kiautschou durch Deutschland in chinesischer Sprache.

»unbestritten herrenlosen« mikronesischen Marshallinseln, einschließlich der Providence- und Browninseln, die heutigen Atolle Ujelang und Eniwetok, in die deutsche Schutzsphäre. Im April 1885 wurde der Nordosten Neuguineas zusammen mit Neu-Britannien als das pazifische Schutzgebiet des Reichs von Großbritannien anerkannt. Am 6. April 1886 legten schließlich Großbritannien und Deutschland ihre jeweiligen Interessensphären endgültig fest, wobei neben dem anerkannten Besitz von Nordost-Neuguinea, Kaiser-Wilhelms-Land genannt, und dem diesem Land vorgelagerten Archipel, der seit dem 19. Mai 1885 offiziell Bismarckarchipel hieß, die westlichen Salomoninseln mit den Eilanden Buka, Bougainville, Choiseul und Santa Isabel im deutschen Eigentum verblieben. Nach dem Spanisch-Amerikanischen Krieg von 1898 konnte das Reich im darauf folgenden Jahr noch die Karolinen, zusammen mit den Marianen und Palauinseln, für 25 Millionen Peseten vom Verlierer Spanien erwerben.

Im selben Jahr kam es auch zu einer Entscheidung über Samoa. Zunächst hatten rivalisierende amerikanische, britische und deutsche Interessen das Geschehen auf dieser Inselgruppe bestimmt – eine Gemengelage, die dazu führte, dass seit 1889 die drei Mächte gemeinsam die Regierungsgewalt ausübten, wobei die Fiktion einer autonomen samoanischen Königsgewalt gewahrt blieb. Dieses Tridominium funktionierte mehr schlecht als recht bis 1899, um dann in einer deutsch-amerikanischen Interessenteilung zu enden. Während die Briten zum Ausgleich für die Aufgabe ihrer Rechte, zu der sie

Die Eroberung Tsingtaus durch deutsche Truppen 1897 (Wehrgeschichtliches Museum, Rastatt).

unter dem Druck des Burenkrieges sich bereit fanden, den größten Teil der Salomoninseln – mit Ausnahme von Bougainville und Buka – und der Tongainseln erhielten, teilten die USA und Deutschland Samoa, wobei das Reich mit Upolu und Savaii den größeren Anteil in Besitz nehmen konnte. Bereits 1897/98 hatte Deutschland schließlich noch »sein« Kolonialgebiet in Ostasien – Kiautschou – erworben.

Mit den Erwerbungen der ausgehenden 1890er-Jahre in Ostasien und in der Südsee hatte das deutsche Kolonialreich – bis auf die 1911 in der 2. Marokkokrise als Kompensation zu Kamerun hinzugewonnenen Gebiete (»Neukamerun«) – seine endgültige Ausdehnung erreicht. Es umfasste 1914 etwa 2,9 Millionen km² mit etwa 12,3 Millionen Einwohnern. Während seine Einwohnerzahl gerade mal ein knappes Fünftel derjenigen des Reiches von 64,9 Millionen betrug, übertraf das Territorium der Kolonien dasjenige des Reichs um nahezu das Sechsfache. Gleichwohl hat es an deutschen Plänen, den realen Kolonialbesitz in der Zukunft zu erweitern, nicht gefehlt. Der Schwerpunkt dieser »Kolonialprojekte« lag zweifellos in Afrika – vor allem in Marokko, im südlichen Afrika und in »Mittelafrika« –, aber auch Gebiete im Nahen Osten und in Südamerika tauchten immer wieder in den Visionen namentlich alldeutscher Kolonialträumer auf. Die offizielle Politik stand solcherart kolonialer Projektemacherei jedoch zumeist ablehnend gegenüber.

Von einem ostafrikanischen Künstler gefertigte Holzfigur, die den deutschen Kaiser Wilhelm II. in Uniform zeigt. Der verkürzte Arm des Kaisers ist angedeutet (London, Hormian Museum).

Bibel und Flinte – Der »Wettlauf um Afrika«

Die Aufteilung Afrikas zum Ende des 19. Jahrhunderts gehört zu den spektakulärsten Ereignissen der europäischen Expansionsgeschichte. Die Bedeutung dieses Einschnitts für die afrikanischen Gesellschaften kann nicht hoch genug veranschlagt werden. Mehr als 16 Millionen km² afrikanischen Bodens und über 100 Millionen Afrikaner gelangten in etwas mehr als zwei Jahrzehnten unter europäische Herrschaft. Am 15. September 1884 verwendete die britische Tageszeitung »Times« erstmals die Formulierung »Wettlauf um Afrika« *(scramble for Africa)* für diesen imperialistischen Vorgang. Er war denn auch weniger eine bewaffnete Auseinandersetzung als vielmehr ein strategisches und diplomatisches Spiel, das nur gelegentlich – so in den beiden Marokkokrisen 1905/06 und 1911 – eine tatsächliche Kriegsgefahr unter den Europäern heraufbeschwor. Gelegentlich drohten auch Verschärfungen vonseiten der »Männer vor Ort« – von Militärs, Konsuln, Kolonialbeamten und selbst von Missionaren –, die ihren eigenen »Subimperialismus« betrieben und von Reichen und Reichtum träumten.

Ausgangssituation und Teilnehmer

Dass die Europäer den Kontinent so schnell aufteilen konnten, gründete nicht zuletzt in ihrem technologischen Vorsprung. Allerdings waren die Afrikaner in diesem Prozess nicht nur passive Zuschauer, sondern sie vermochten durchaus ihre Interessen durch Zusammenarbeit oder Widerstand zu artikulieren. Ihr anfänglicher »Wettlauf« um »Schutzverträge«, die sie als Handels- und Bündnisverträge interpretierten, nahm allerdings zumeist einen für sie enttäuschenden Ausgang.

Namentlich die Briten setzten auf die afrikanische Kooperation, da sie ohnedies die meisten der zugänglichen Regionen durch Konsuln, Händler und Missionare kontrollierten. Ende der 1870er-Jahre

Der bereits am 3. Juli 1880 von Vertretern europäischer Staaten, der USA und Marokkos unterzeichnete Vertrag von Madrid räumt Ausländern in Marokkos Vorrechte ein und weist so dem Land den Status einer Halbkolonie der europäischen Mächte zu:

Art. 11. Das Recht, Grundeigentum in Marokko zu erwerben, steht allen Fremden zu ...
Art. 12. Die Fremden und die Schutzgenossen, welche Eigentümer oder Pächter von bebauten Ländereien sind, und die Makler, welche Ackerbau treiben, haben die Ackerbausteuer zu zahlen ... Die Beschaffenheit ... und die Höhe dieser Steuer werden den Gegenstand einer besonderen Vereinbarung zwischen den Vertretern der Mächte und dem Minister der auswärtigen Angelegenheiten Seiner Sherifischen Majestät bilden.
Art. 13. Die Fremden, Schutzgenossen und Makler, welche Eigentümer von Lasttieren sind, haben die Torabgabe zu zahlen ... Die gedachte Abgabe darf ohne neues Einvernehmen mit den Vertretern der Mächte nicht erhöht werden.

Der französische Afrikaforscher und Kolonialeroberer Pierre Savorgnan de Brazza.

Gedenkmedaille zur Geographischen Konferenz in Brüssel 1876. Rechts ist der belgische König Leopold II. abgebildet, die Umschrift links lautet: »Öffnet Afrika der Zivilisation – Schafft den Sklavenhandel ab«.

erfuhr die britische Oberherrschaft in Afrika, die nicht zuletzt auf der maritimen Hegemonie beruhte, jedoch eine Herausforderung durch Frankreich. Insbesondere in Westafrika gingen die Franzosen zu einer zielgerichteten Politik militärischer Eroberungen, neuer Protektorate und wirtschaftlicher Exklusivverträge über.

Eine Verschärfung erlebte der britisch-französische Gegensatz durch die »ägyptische Frage«, vielfach als Initialzündung des Wettlaufs angesehen. Aufgrund der ruinösen Steuer- und Finanzpolitik des Khediven, des Vizekönigs in Ägypten, hatten Franzosen und Briten in dem unter osmanischer Oberhoheit stehenden Land am Nil eine gemeinsame Staatsschuldenverwaltung eingerichtet, die jedoch durch eine nationalistische Militärrevolte unter Führung des Kriegsministers Arabi Pascha gefährdet wurde. Eine britische Flotte bombardierte daraufhin im Juli 1882 Alexandria und besetzte im September das Land. Frankreichs Einfluss wurde ausgeschaltet. Die Folge war ein verstärktes französisches Engagement auf Madagaskar, im Hinterland des Senegal, an der Westküste und am unteren Kongo. Dort hatte der Afrikaforscher Pierre Savorgnan de Brazza große Gebiete im Bereich des Ogowe erforscht und mit dem Kongohäuptling Makoko 1880 einen Vertrag geschlossen, der jedoch in Paris zunächst keine Anerkennung fand. Erst eine nationalistisch inspirierte Pressekampagne führte 1882 zur Ratifizierung und damit zur Begründung des späteren französischen Kongo.

Beschleunigend auf das französische Vorgehen am Kongo hatte sich das Auftauchen eines neuen Mitkonkurrenten ausgewirkt. Seit Mitte der 1870er-Jahre hatte der belgische König Leopold II. auf der Suche nach Kolonien, die seinem starken Bedürfnis nach internationaler Anerkennung und persönlichem Reichtum entgegenkam, sein Augenmerk auf Westafrika gerichtet. Seine wirklichen Ziele verbarg der Monarch vorerst noch geschickt hinter dem geographischen und wissenschaftlichen Interesse der Zeit an Afrika. Erst als sich die britische Regierung am Kongo desinteressiert zeigte und die Aufforderungen der Kongoreisenden Verney Lovett Cameron und Henry Morton Stanley zur Errichtung eines Protektorats ablehnte, griff Leopold zu und beauftragte Stanley mit der Gründung von Stationen und der wirtschaftlichen Erschließung des Kongogebiets. Im Januar 1884 gründete der belgische König den Kongo-Freistaat, der bereits im April von den USA und im November vom Deutschen Reich anerkannt wurde.

Mit den französischen und belgischen Aktivitäten am Kongo und im Sog des nunmehr verschärft einsetzenden Wettlaufs erinnerten sich auch Spanier und Portugiesen wieder an ihre alten Kolonien. Während die Spanier ihre Hispanisierungs- und Missionsbestrebungen in Río Muni und auf Fernando Póo verstärkten, reklamierte Portugal – über seinen unbestrittenen Besitz Angolas und Moçambiques hinaus – traditionelle Territorial- und Missionsrechte im Küstengebiet oberhalb der Mündung des Kongo sowie an seinem Unterlauf.

Als es am 26. Februar 1884 zu einem britisch-portugiesischen Vertrag kam, der die portugiesischen Ansprüche gegen die belgischen und französischen Bestrebungen sichern sollte, stießen diese Abmachungen auf den gemeinsamen Protest Frankreichs Lund Deutschlands. Denn mit dem Erwerb Deutsch-Südwestafrikas sowie Togos und Kameruns pochte eine weitere europäische Macht auf ein Mitsprache-recht in Afrika. Schließlich meldeten sich auch die Vereinigten Staaten zu Wort, die zwar durch ihr »Stiefkind« Liberia – 1847 offiziell als Kolonie ehe-maliger amerikanischer Sklaven gegründet – eine politische Verbindung zu Afrika besaßen, die aber in erster Linie an freiem Handel und freier Mission auf dem schwarzen Kontinent interessiert waren.

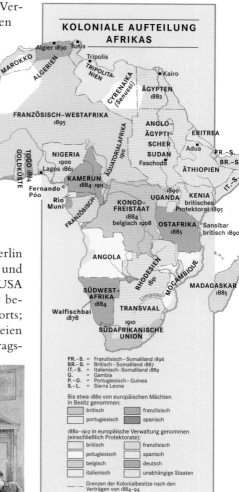

Ein Kontinent wird aufgeteilt

V om 15. November 1884 bis zum 26. Februar 1885 tagte in Berlin unter dem Vorsitz des Reichskanzlers Otto von Bismarck und unter Beteiligung von dreizehn europäischen Staaten sowie der USA und des Osmanischen Reiches die Westafrikakonferenz. Zwar bedeutete sie nicht die Teilung Afrikas im eigentlichen Sinn des Worts; denn ihre Vertreter waren zusammengekommen, um den freien Zugang für Handel und Mission in Afrika für alle Nationen vertrags-

mäßig festzulegen. Mit der Erklärung der Freiheit der Schifffahrt auf Kongo und Niger, der Schaffung der Freihandelszone im Kongo und der Erklärung der Missionsfreiheit in ganz Afrika erinnerte das Ergebnis der Konferenz immerhin an ihre ursprüngliche Zielsetzung. Die gleichzeitige Festlegung von Kriterien für die völkerrechtliche Anerkennung von Kolonialbesitz – als »effektive Besetzung« bezeichnet – löste jedoch einen Wettlauf um die noch nicht besetzten Gebiete sowie die definitive Abgrenzung des bisherigen Besitz-

Die Westafrikakonferenz, die auf Einladung Bismarcks (in der Bildmitte) vom 15. November 1884 bis zum 26. Februar 1885 in Berlin tagte, stellte den Höhepunkt des deutsch-französischen Einverständnisses in der Kolonialpolitik dar.

Der äthiopische Kaiser Menelik II. in Kriegstracht. Er besiegte die Italiener in der Schlacht bei Adua am 1. März 1896 und verhinderte damit den Versuch der Italiener, Äthiopien in koloniale Abhängigkeit zu bringen.

Das Traumziel von Cecil Rhodes, die durchgehende Telegrafenlinie vom Kap bis Kairo, ist Gegenstand der Karikatur in der satirischen Zeitschrift »Punch« (1892).

standes aus. Innerhalb weniger Jahre war Afrika bis auf Liberia und Äthiopien unter den europäischen Mächten aufgeteilt.

In Westafrika erhielten die Franzosen den Löwenanteil. Ostafrika blieb demgegenüber die Domäne Großbritanniens. Nachdem sich Deutschland seinen Anteil an dieser Region – Deutsch-Ostafrika mit dem heutigen Ruanda und Burundi – gesichert und Portugals Rechte in Moçambique bestätigt waren, erhielt die Verbindung zwischen Ägypten und der Kapprovinz allerdings eine erhebliche territoriale Unterbrechung. Kenia wurde zur klassischen Siedlungskolonie innerhalb des britischen Empire, während sich der Konflikt um das ostafrikanische Hinterland noch einige Zeit hinzog. Am Horn von Afrika ergab sich eine Gemengelage von britischen, französischen und italienischen Kolonien, wobei einzig die Italiener 1896 bei Adua eine vernichtende Niederlage gegen die Äthiopier erlitten, sodass das Kaiserreich erst durch Benito Mussolinis brutalen Überfall im Jahre 1935 vorübergehend Kolonie wurde. Während der Balkankriege 1912/13 besetzten die Italiener gegen den heftigen Widerstand des Ordens der Senussi Libyen.

In Südafrika hatten Briten und Buren in den Konventionen von Pretoria 1881 und London 1884 eine Art Ausgleich zwischen den britischen Besitzungen am Kap und in Natal, dem burischen Oranje-Freistaat und den Burenrepubliken zwischen Vaal und Limpopo erreicht. Nachdem die Briten als Folge der Entdeckung von Diamanten in Kimberley bereits West-Griqualand annektiert und der Kapprovinz eingegliedert sowie einem deutschen Vordringen von Südwestafrika aus durch die Annexion Betschuanalands, des heutigen Botswana, 1885 einen Riegel vorgeschoben hatten, richteten sich nach dem Beginn des Goldbergbaus am Witwatersrand bei Johannesburg seit 1886 ihre Begehrlichkeiten auf Transvaal; zog dieser Burenstaat aufgrund seines Reichtums und seiner Infrastrukturmaßnahmen doch zunehmend ausländische Investitionen – darunter auch aus Deutschland – an.

Daraufhin erhielt 1889 die *British South Africa Company* von Cecil Rhodes eine königliche Charter zur Sicherung des Gebietes nördlich und westlich von Transvaal. Schließlich ließ sich der Gold- und Diamantenmagnat, seit 1890 auch Premier der Kapprovinz, 1896 zur Unterstützung eines bewaffneten Einfalls von Kompaniepolizisten nach Transvaal – nach deren Anführer Leander Jameson *Jameson Raid* genannt – hinreißen, dessen Scheitern seine politische Karriere beendete. Inzwischen hatte Rhodes jedoch für das britische Weltreich ein Territorium im südlichen Afrika erobert, das die heutigen Staaten Botswana, Simbabwe, Sambia und Malawi umfasste und das sich über etwa 2 Millionen km² erstreckte. Sein Traumziel einer Eisenbahn- und Telegrafenverbindung vom Kap bis Kairo, die den gesamten Kontinent auf britisch beeinflusstem Gebiet durchquerte, vermochte er zwar nicht zu realisieren. Dafür erlebte er aber noch den Burenkrieg (1899–1902), der mit der Annexion Transvaals und des Oranje-Freistaats endete. Die Burenstaaten wurden britische Kronkolonien. Mit der Gründung der Südafrikanischen Union 1910 und der verwaltungsmäßigen Angliederung von Basutoland – dem heutigen Lesotho –, Swasiland und Betschuanaland begann der Ausgleich von Buren und Briten, der allerdings auf Kosten der Nichtweißen erzielt wurde. Seit 1911 erfolgte die erste Welle rassendiskriminierender Apartheidsgesetze.

Koloniale Herrschaft

Ohnehin war von den hehren Zielen, die die Delegierten in der Präambel der abschließenden Generalakte der Berliner Westafrikakonferenz formuliert hatten, nämlich der Betonung des Zivilisationsauftrags und der Verbesserung der, wie es wörtlich hieß, »sittlichen und materiellen Wohlfahrt der eingeborenen Völkerschaften«, nicht viel übrig geblieben. Bereits auf der Konferenz – zu der kein afrikanischer Vertreter eingeladen worden war – hatte man die Problematik der Souveränitätsrechte afrikanischer Staatswesen schlichtweg übergangen. In kolonialdiplomatischer Willkür legten die europäischen Mächte künftig wie mit dem Lineal gezogene Demarkationslinien in Afrika fest, sodass die Grenzen oft quer durch die Lebensräume einheimischer Ethnien verliefen.

Was für die Staaten der Afrikaner galt, nämlich nur als Völkerrechtsobjekte betrachtet zu werden, galt gleicherweise für ihr Land. Nach europäischem Rechtsverständnis und in eigenartigem Widerspruch zu den ursprünglichen Verträgen wurde es als »herrenloses Land« *(terra nullius)* betrachtet, das nunmehr als »Kronland« bzw. Eigentum europäischer Staaten an Kolonialgesellschaften, Konzessionäre und Siedler vergeben werden konnte. Schrittweise erfolgte die Verdrängung der Afrikaner aus ihren Wohngebieten bis hin zur Eingrenzung in Reservationen.

Was für die Staaten und das Land der Afrikaner galt, das galt schließlich auch für sie selbst. Sogar die Frage, ob sie überhaupt Menschen seien, haben Rassisten verneint. Aber auch diejenigen Weißen, die den Zivilisationsauftrag des weißen Mannes ernst nahmen, gingen in ihrer paternalistischen Sicht davon aus, dass die ursprünglichen Bewohner die Hauptlast der Arbeit zu tragen hätten und in diesem Sinne zu »erziehen« seien. »Erziehung zur Arbeit« lautete daher der Grundsatz europäischer Kolonialideologie und Kolonialherrschaft in Afrika, sodass nach dem allmählichen Ende der Sklaverei die Suche nach einem effektiven Zwang zur Arbeit das vorrangige Ziel praktischer Kolonisation darstellte.

Die erste Umsetzung dieser Politik bildete die Einführung von Hütten- und Kopfsteuern, die anfangs in Naturalien, später in Geld oder Arbeit erbracht werden konnten. Nahezu alle europäischen Kolonien haben sich dieser Form des indirekten Zwangs bedient. Die meisten Kolonien haben überdies Afrikaner zu direkter Zwangsarbeit herangezogen, sei es für öffentliche Arbeiten wie den Wege- und Eisenbahnbau und andere infrastrukturelle Maßnahmen, sei es für private Arbeitgeber auf den Plantagen und Farmen. Nachweise verschiedener Art sorgten für die Kontrolle der geleisteten Arbeit, die zwischen mehreren Tagen und – wie in den portugiesischen

Nach dem Scheitern des »Jameson Raid« übersandte Kaiser Wilhelm II. dem Präsidenten von Transvaal Paulus Krüger am 3. Januar 1896 eine Glückwunschdepesche:

Ich spreche Ihnen meinen aufrichtigen Glückwunsch aus, dass es Ihnen, ohne an die Hilfe befreundeter Mächte zu appellieren, mit Ihrem Volke gelungen ist, in eigener Tatkraft gegenüber den bewaffneten Scharen, welche als Friedensstörer in Ihr Land eingebrochen sind, den Frieden wiederherzustellen, und die Unabhängigkeit des Landes gegen Angriffe von außen zu wahren.

Titelblatt der 1886 erschienenen Schrift »Wie erzieht man am besten den Neger zur Plantagen-Arbeit?«, wofür der Autor Alexander Merensky von der Deutsch-Ostafrikanischen Gesellschaft einen Preis erhielt.

Kolonien seit 1899 – einem halben Jahr betragen konnte. Namentlich die großen Konzessions- und Spekulationsgesellschaften haben durch eine rigide Enteignungspolitik und ein brutales Zwangsrekrutierungs- und Arbeitssystem den Tod vieler Afrikaner in Kauf genommen. Ein besonders menschenverachtendes Ausbeutungssystem herrschte im leopoldinischen Kongo: Dort wurde die Nichterfüllung

Ein britischer Missionar der Congo Balolo Mission lässt sich als Zeuge mit Einheimischen fotografieren, die abgehackte Hände vorweisen. Dieses Dokument der Gräueltaten im Kongo wurde 1904 publiziert.

Unterricht in einer deutschen Missionsschule.

der geforderten Kautschukquoten mit der Verstümmelung der Afrikaner bestraft. Missionare und Schriftsteller haben nach der Jahrhundertwende die »Kongogräuel« öffentlich angeprangert, sodass der belgische Staat 1908 die Privatkolonie des Königs übernehmen musste. Außerdem entwickelte sich in den industriewirtschaftlichen Regionen ein teilweise forciertes Wanderarbeitersystem mit allen seinen sozialen und menschlichen Problemen.

Nur selten schritten die Kolonialregierungen vor dem Ersten Weltkrieg gegen das Zwangsarbeitssystem und andere Kolonialübel ein. Allerdings gab es beträchtliche regionale Unterschiede. Dabei spielte der tatsächliche verwaltungsmäßige Zugriff eine entscheidendere Rolle als der formelle Status der Kolonie, das heißt ihr Status als Kronkolonie, Protektorat oder Schutzgebiet. Eine indirekt-informelle Herrschaftsform – wie sie die Briten bevorzugten – sicherte den einheimischen Regenten einen beträchtlichen Spielraum, der nur durch die Anerkennung der weißen Oberherrschaft und die Zahlung festgelegter Abgaben begrenzt war. In den Gebieten direkt-formeller Herrschaft waren die kolonialen Untertanen dagegen dem ständigen repressiven Zugriff vonseiten der Kolonialverwaltung ausgesetzt. Die Möglichkeiten eines sozialen

Aufstiegs in der kolonialen Situation endeten in der Regel an der »Farbgrenze« *(colour bar).* Nur eine verschwindende Minderheit, ausgezeichnet durch Bildung, Christianisierung und wirtschaftlichen Einfluss – wie die »Kulturfranzosen« oder die *assimilados* in den portugiesischen Kolonien – vermochte sich in der herrschenden Schicht zu etablieren.

Beträchtliche Unterschiede gab es auch zwischen Siedlungs- und Handelskolonien. Während in Handelskolonien wie zum Beispiel Togo die einheimischen Produzenten ein wichtiges Kapital für das Prosperieren der Kolonie darstellten und Aufstände eher selten waren, brachten Siedlungskolonien wie beispielsweise im südlichen Afrika oder Algerien eine besonders aggressiv-rassistische Form des Kolonialismus hervor; denn entweder wurden die ursprünglichen Bewohner verdrängt oder zu »Arbeitssklaven« degradiert. Eine reine Beutewirtschaft betrieben anfangs auch die mit hoheitlichen Rechten ausgestatteten Kolonialgesellschaften. Erst spät griff der Kolonialstaat hier regulierend ein. Entscheidend war aber auch für ihn der Bedarf der Metropole und der verordnete Anbau von Produkten für den Weltmarkt *(cash crops).* Diese weitgehende Ausrichtung auf Monopolkulturen und der ebenso einseitige Aufbau der kolonialen Infrastruktur hat zweifellos zu Subsistenz- und Strukturproblemen des nachkolonialen Staates geführt.

Schließlich bildete auch die christliche Mission einen integralen Bestandteil des Kolonialismus; ist doch Afrika im Gefolge der europäischen Expansion ein weitgehend christlicher Kontinent geworden. Ein unduldsamer Kulturimperialismus, der auf traditionelle Einrichtungen wie zum Beispiel die »Vielweiberei« nur wenig Rücksicht nahm, und die Sanktionierung der Kolonialideologie waren Teil der »spirituellen Eroberung« des Kontinents. Der Einbruch des Christentums stellte daher die wohl größte Revolution in den Lebensgewohnheiten sowie den Denk- und Wertvorstellungen der Afrikaner dar, soweit sie nicht im Islam oder in traditionellen religiösen Vorstellungen verhaftet waren und blieben. Andererseits schufen soziale Einrichtungen wie das von den Missionaren nahezu völlig beherrschte Schulsystem nicht nur Möglichkeiten sozialer Mobilität in der kolonialen Gesellschaft, sondern sie lösten durch die umfassende Verbreitung der christlichen Lehre einen religiös-naturrechtlich begründeten Freiheits- und Emanzipationsdrang bei den von ihnen ausgebildeten Bevölkerungsschichten aus, der in der Phase der Entkolonisierung die Entstehung nationalistischer Gruppen und Bewegungen förderte.

Horst Gründer

Weite Teile Deutsch-Ostafrikas wurden 1905 bis 1907 vom antikolonialistisch motivierten Maji-Maji-Aufstand erfasst. Ein Angestellter der Diskonto-Gesellschaft äußert sich zu dessen Ursachen:

Die Ursache ist in der Hauptsache die so genannte Kopf- oder Hüttensteuer. Die Neger haben so gut wie keinen lohnenden Absatz für ihre Produkte des Feldes, ihre Rinder und Ziegen haben dieselben bis auf geringen Bestand zur Aufbringung der Steuer hergegeben und nur noch sehr wenige haben etwas Vieh. Wer die Steuer nicht bezahlen kann, muss ... fern von den Seinigen arbeiten und ist der Willkür ... preisgegeben ... Diese so genannte Tribut-arbeit ... hasst der Neger bis aufs Tiefste ... Meine Ansicht geht dahin, dass wir nach dem bestehenden System Gefahr laufen, diese schönen Kolonie durch unsere eigene Schuld zu verlieren. Wir müssen erst lernen, den Neger richtig als Menschen und nicht als Vieh zu behandeln.

Europäische Reisende ließen sich und ihr Gepäck meist von einheimischen Trägern befördert. In der feuchtheißen Zone der tropischen Wälder gehörte diese Tätigkeit zu den schwersten Arbeiten. Holzplastik vom unteren Kongo, Ende des 19. Jahrhunderts.

Europa unter Hochspannung – Rivalitäten, Wettrüsten, Krisenherde

Als sich das 19. Jahrhundert dem Ende zuneigte, hatte sich das Antlitz Europas beträchtlich verändert. Auf dem Wiener Kongress 1814/15 hatte die europäische Staatenwelt die Politik des Gleichgewichts wiederhergestellt. Die folgenden Jahre standen im Zeichen der Restauration – und schließlich der Revolution. Doch erst der Krimkrieg (1853/54–56) setzte eine große internationale Zäsur. Er führte die Brüchigkeit der europäischen Mächtekonstellation vor Augen und bedeutete das Ende des Prinzips der kollektiven Verantwortung. Nationale Bewegungen gewannen an Ausdehnung und Gewicht, von 1866 bis 1871 wurde Europa gleichsam neu organisiert. Die folgende, verstärkt einsetzende imperiale Expansion lenkte die Aufmerksamkeit der Menschen vom alten Kontinent nach Übersee. Viele Staaten, unter ihnen Großbritannien und Russland, erlitten aber auch vernichtende Niederlagen, die ihrer Macht Grenzen setzten und dazu führten, dass sie den Blick zurück nach Europa richteten. Der Scheitelpunkt der imperialen Konflikte in Übersee war mit der Jahrhundertwende überschritten, Krisen in dieser Region schlugen jetzt auf Europa zurück, das Gleichgewicht der Mächte ging in eine stabile Krise über, die mit wechselnder Intensität bis zum Ausbruch des Ersten Weltkriegs anhielt.

Ein »Platz an der Sonne« – Deutschlands Anspruch auf »Weltstellung«

Um die Jahrhundertwende erreichte nicht nur der Imperialismus seinen Höhepunkt; es kam auch zur Revolutionierung der europäischen Diplomatie und zur Spaltung des alten Kontinents in zwei große Koalitionen. Die Wurzeln dieser Entwicklung lagen in Deutschland. Als 1890 der Reichsgründer Otto von Bismarck entlassen wurde, erwiesen sich seine Nachfolger als unfähig und unwillig, seiner Diplomatie zu folgen. Ein Grundpfeiler bismarckscher Politik – der Rückversicherungsvertrag 1887 mit Russland – wurde 1890 nicht erneuert, ein Äquivalent nicht geschaffen. Das wichtigste Argument gegen eine Verlängerung lautete, dass Bismarcks Strategie der peripheren Ablenkung nicht länger Aussicht auf Erfolg habe. Außerdem schienen die alten Vertragsverpflichtungen unvereinbar mit der neuen Politik gegenüber Österreich-Ungarn. Hinzu kam, dass Anzeichen einer deutsch-britischen Kooperation am Horizont sichtbar wurden, die ebenfalls zum Scheitern verurteilt schien, wenn die antirussisch eingestellte britische Regierung von Details des Rückversicherungsvertrags Kenntnis erhielt. Persönliche Motive taten ein Übriges, die deutsche Außenpolitik auf ein neues Fundament zu stellen. Bismarcks Nachfolger waren darauf bedacht, ihre Selbstständigkeit zu beweisen. Dies galt vor allem für Kaiser Wilhelm II. und

Der als **Rückversicherungsvertrag** bezeichnete Geheimvertrag zwischen dem Deutschen Reich und Russland war am 18. Juni 1887 geschlossen worden. Er verpflichtete beide Mächte auf drei Jahre zu wohlwollender Neutralität. Ausgenommen waren ein deutscher Angriffskrieg gegen Frankreich sowie ein russischer gegen Österreich-Ungarn. Das Deutsche Reich erkannte Russlands Einfluss in Bulgarien und in einem »ganz geheimen« Zusatzprotokoll die russischen Interessen am Bosporus an. Nach Bismarcks Sturz lehnten dessen Nachfolger eine Verlängerung dieses Vertrages ab.

den Diplomaten Friedrich von Holstein, die beide davon überzeugt waren, dass sie schon zu lange im Wartesaal für Profilierung verharrten. Die Entscheidung in Berlin nötigte Sankt Petersburg, einen anderen Bündnispartner zu suchen. Am 4. Januar 1894 wurden Russland und Frankreich Verbündete. Die Folge: Die deutschen Militärs konnten nun einen Zweifrontenkrieg nicht mehr ausschließen.

Deutsch-britische Kontroversen

Seit dem Beginn deutscher »Weltpolitik«, die bis heute noch keine befriedigende Erklärung erfahren hat, waren die Beziehungen zwischen Berlin und London durch ein Schwanken zwischen zwei Extremen gekennzeichnet. Auf der einen Seite trug das deutsche Flottenprogramm dazu bei, das Verhältnis zusehends zu trüben, auf der anderen Seite trieb deutsche wie britische Politiker die Frage um, wie ein Bündnis, zumindest aber eine Annäherung, realisiert werden könnte. Den Zeitgenossen blieb die Widersprüchlichkeit dieser Tendenzen keineswegs verborgen. Die Ecken und Kanten des wilhelminischen Deutschland fügten sich nicht in die ge-

TIRPITZSCHE FLOTTENPOLITIK

Das zunehmende Weltmachtstreben Deutschlands seit Ende des 19. Jahrhunderts ließ einen Ausbau der Flotte immer notwendiger erscheinen. Admiral Alfred von Tirpitz (oben eine Karikatur aus der 24. Kriegsnummer der »Lustigen Blätter«) setzte dies in einem Flottenbauprogramm um, das von einer aufwendigen Propaganda begleitet wurde; der »Deutsche Flottenverein« wurde zu einem mächtigen nationalistischen Agitationsverband aufgebaut. Das Vorhaben, die Handelsflotte zu schützen, trat immer stärker hinter imperialen Zielen zurück. Da England seine maritime Vormachtstellung gefährdet und seine Sicherheit dadurch bedroht sah, setzte bald ein Rüstungswettlauf im Bau von Großkampfschiffen von bislang unbekanntem Ausmaß ein (die Abbildung rechts zeigt das 1908 vom Stapel gelaufene deutsche Großlinienschiff »Nassau«). Auf englischer und deutscher Seite gab es immer wieder Bestrebungen, dieser Entwicklung Einhalt zu gebieten, die jedoch erfolglos blieben. Tirpitz sah in Großbritannien den Hauptgegner einer deutschen

Weltmachtstellung und agierte gegen einen deutsch-englischen Ausgleich, der eine Abstimmung der Flottenstärken voraussetzte. Auch Kaiser Wilhelm II. weigerte sich, über »seine Flotte« ernsthaft zu verhandeln. Die deutsche Bevölkerung vertraute völlig auf Tirpitz und seine Flottenpolitik, dem »Bollwerk in der Nordsee«, und hielt die deutsche Flotte für unbesiegbar.

wachsene Weltordnung der *Pax Britannica* und ihrer Architekten ein, die eine zunehmende Überbürdung beklagten. Um die Jahrhundertwende kam das Grundmuster außenpolitischen Konfliktverhaltens des britischen Empire deutlich zum Tragen: Friedenswahrung und Risikoscheu wurden groß geschrieben, was allerdings nicht gleichbedeutend war mit Frieden um jeden Preis. Der Transvaalkonflikt (1899–1902) warf ein grelles Licht auf die Grenzen britischer Toleranz. In dieser Auseinandersetzung für die Buren Partei zu ergreifen, wie es Wilhelm II. mit der berühmten Depesche an den Präsidenten von Transvaal Paulus Krüger getan hatte, wurde in London nicht als Kavaliersdelikt empfunden. Das Deutsche Reich, so argwöhnte mancher, mochte im Stillen den Gedanken an eine Intervention gefasst haben. Rivalität zeigte sich nicht nur in Afrika. Auch der Bau der Bagdadbahn bot zu deutsch-britischen Kontroversen Anlass, mehr und mehr gewannen die Briten den Eindruck, dass Deutschland zu einem ernsthaften Konkurrenten heranwuchs. Die britische Sympathie, die das Reich noch bei seiner Gründung 1871 begleitet hatte, wich mehr und mehr dem Argwohn und der Unsicherheit über die Ziele, die Deutschland

In Deutschland wurde die britische Politik in der Karikatur höhnisch kommentiert: »Krieg und Kapitalismus oder die Verwandlung von Menschenblut in Gold« stand unter diesem Farbdruck in der Zeitschrift »Der wahre Jacob« vom 5. Dezember 1899.

verfolgte. Doch vermutlich, so die vorherrschende Ansicht in London, wollte die stärkste Macht Kontinentaleuropas das Jahrhundert in die Schranken fordern. Dem entsprachen die öffentlichen Äußerungen deutscher Politiker, dem entsprach die Diktion, die sich der Kaiser zu Eigen machte, dem entsprach schließlich der Bau einer Flotte, für die Alfred von Tirpitz, Staatssekretär im Reichsmarineamt, verantwortlich zeichnete.

Die Rechtfertigung deutscher »Weltpolitik«

Ich bin auch heute der Überzeugung,« so resümierte Bernhard Heinrich Martin Fürst von Bülow, früherer Staatssekretär und Reichskanzler, gegenüber Tirpitz nach dem Ersten Weltkrieg, »die uns beide erfüllte, als wir vor 27 Jahren gleichzeitig Staatssekretäre wurden, ... dass unser Volk nach seiner Tüchtigkeit, seiner Kultur (im besten Sinne des Wortes) und seiner Vergangenheit ein Recht auf die Stellung hätte, die ich damals den Platz an der Sonne nannte, das heißt das Recht auf Gleichberechtigung mit anderen großen Nationen.« Am 6. Dezember 1897 hatte Bülow vor dem Reichstag die Interessen Deutschlands in China unterstrichen und einen Ausdruck geprägt, der zum geflügelten Wort wurde und im Kern das politische Programm der Zukunft vorstellte: den »Platz an der Sonne«. Bülows Rede stellte eine Zäsur in der klassischen preußisch-deutschen Außenpolitik dar. Großmachtpolitik war in den Augen der Zeitgenossen nur noch denkbar, indem sich das Reich außerhalb Europas engagierte. Der Staatssekretär verlieh also nur einer weit verbreiteten Meinung Ausdruck. Die Einigung Deutschlands, so war bereits in der Freiburger Antrittsvorlesung des Soziologen Max Weber 1895 zu vernehmen, sei ein Jugendstreich, »den die Nation auf ihre alten Tage beging und seiner Kostspieligkeit halber besser unterlassen hätte, wenn sie der Abschluss und nicht der Ausgangspunkt einer deutschen Weltmachtposition sein sollte.«

Bernhard Heinrich Martin Fürst von Bülow. Als obersten Grundsatz seiner Außenpolitik bezeichnete er treues Zusammenstehen mit Österreich-Ungarn, die berühmte Nibelungentreue.

Die »Weltpolitik« war also längst Gegenstand öffentlicher Diskussion, als Bülow seine Jungfernrede hielt, allerdings ohne diesen Begriff zu verwenden. Auch Wilhelm II. verlieh anlässlich der Reichsgründungsfeier am 18. Januar 1896 nur einer allgemeinen Überzeugung Ausdruck, als er das Attribut »Weltreich« benutzte, auf die globale deutsche Betriebsamkeit verwies, die internationale wirtschaftliche Verflechtung hervorhob und schließlich dazu aufforderte, dieses »größere Deutsche Reich« an das »heimische« eng anzuschließen. Mit dieser Forderung entsprach er fast der Diktion und dem Inhalt alldeutscher Blätter, die seit Jahren eine »Weltstellung« postulierten.

Entente cordiale – Das britisch-französische Einvernehmen

Opposition gegen die deutsche »Weltpolitik« kennzeichnete viele europäische Staaten, obwohl sie selbst Expansion auf ihre Fahnen geschrieben hatten. Ein Dorn in britischen Augen war vor allem der deutsche Entschluss zum Aufbau einer Flotte. In erster Linie sollte sie als Druckmittel gegen Großbritannien dienen und die »Bündnisfähigkeit« des Reichs unter Beweis stellen. Sodann – nicht weniger wichtig – war sie eine »Risikoflotte«. Im Falle einer Kollision mit der stärksten Seemacht sollte die Existenz der feindlichen Flotte infrage gestellt werden können. London blieben diese Planungen natürlich nicht verborgen. Die spätere Konzentration der deutschen Flotte in der Nordsee ließ darüber hinaus nur den Schluss zu, dass die Geschütze gegen Großbritannien gerichtet waren. Diese Wahrnehmung war weit verbreitet und keineswegs auf Politiker beschränkt, wie der Roman von Erskine Childers »Das Rätsel der Sandbank« von 1903 zeigte. Natürlich ließ sich den Deutschen nur schwer die Berechtigung zum Bau einer eigenen Flotte absprechen. Während in London die Skepsis zunahm, machte sich in Berlin, vor allem bei von Holstein, die Überzeugung breit, dass Großbritannien dringender denn je Verbündete gegen Russland brauchte – und wer kam da eher infrage als die Macht mit dem größten Heer Europas! Auszuhandeln, so schien es, war lediglich der Preis für ein Bündnis, und damit ließ sich Berlin mehrere Jahre Zeit, von 1899 bis 1902, als London tatsächlich – wenn auch nur vage – die Möglichkeit eines deutsch-britischen Bündnisses anzudeuten schien.

Von der Faschodakrise zur Entente cordiale

Während man im Deutschen Reich der Illusion huldigte, dass Großbritannien ohne Deutschland in einen ausweglosen Konflikt geraten würde, arbeiteten britische Politiker fieberhaft an Alternativen zu einem Bündnis mit Berlin. Obwohl die Faschodakrise 1898/99 dem Verhältnis zwischen Paris und London eine gewaltige Narbe zugefügt hatte, geschah, was kaum ein Zeitgenosse prognostiziert hätte: Franzosen und Briten setzten sich an einen Tisch und beschlossen, den früheren Gegensatz für überholt zu erklären. Beide Länder fürchteten aus verschiedenen Gründen Russ-

Bald nach seiner Ernennung zum Reichskanzler am 17. Oktober 1900 schreibt Bülow an den kaiserlichen Vertrauten Philipp Fürst zu Eulenburg und Hertefeld, Graf von Sandels:

Ich hänge mein Herz immer mehr an den Kaiser. Er ist so bedeutend!! ... Er verbindet in einer Weise, wie ich nie gesehen habe, ... echteste und ursprünglichste Genialität mit dem klarsten bon sens. Er besitzt eine Fantasie, die mich mit Adlerschwingen über alle Kleinigkeiten emporhebt, und dabei den nüchternsten Blick für das Mögliche und Erreichbare. Und dabei welche Tatkraft! Welches Gedächtnis! Welche Schnelligkeit und Sicherheit der Auffassung!

Der Besuch des britischen Königs Eduard VII. in Paris im Mai 1903 stand am Beginn der Entente cordiale.

lands Verwicklungen im Fernen Osten, beide Staaten nahmen Anstoß an der schwer einzuschätzenden deutschen »Weltpolitik«. Doch die französischen Befürworter einer Allianz mit Großbritannien, vor allem Außenminister Théophile Delcassé, führten ein weiteres Argument ins Feld: Elsass und Lothringen mochten im grauen Alltag nicht immer in den Schlagzeilen stehen, doch ihr Wiedererwerb blieb das Ziel französischer Politik. In einer Reihe von Geheimerklärungen gelang es Frankreich auch, Italien zur Passivität zu bewegen, sollte es zum Krieg zwischen Paris und Berlin kommen.

Die Differenzen zwischen Großbritannien und Frankreich wurden bis 1904 ausgeräumt, sodass noch im selben Jahr ein entsprechendes Abkommen unterzeichnet werden konnte. Ursprünglich zielte dieses »herzliche Einvernehmen«, die *Entente cordiale,* lediglich darauf ab, koloniale Differenzen zwischen beiden Mächten aus dem Weg zu räumen, doch der Vertrag enthielt unausgesprochene Folgen, die den Unterzeichnern wohl selbst noch nicht bewusst waren, als die Tinte trocknete. Er beendete die Konfrontation in Siam – das heutige Thailand – und Neufundland und zog einen Schlussstrich unter westafrikanische Grenzkonflikte. Im Mittelpunkt standen Ägypten und Marokko, das der französischen Einflusssphäre zugeschlagen wurde, während die britische Herrschaft am Nil von Frankreich endgültig anerkannt wurde. Die tatsächliche Brisanz dieser Einigung, insbesondere für das Deutsche Reich, zeigte sich erst in den folgenden Jahren. Denn dieses koloniale Abkommen gab gewissermaßen den Startschuss für eine weit reichende, auch Europa einschließende Zusammenarbeit zwischen beiden Nationen, die man in der Wilhelmstraße ebenso ausgeschlossen hatte wie eine Annäherung zwischen Sankt Petersburg und Paris. War es ursprünglich noch ein Charakteristikum kolonialer und imperialistischer Expansion, dass die Großmächte in Übersee einander mit Drohgebärden gegenüberstanden und der Schatten dieser Konfrontation auch auf Europa fiel, so war nach der Jahrhundertwende das Gegenteil zu beobachten: Die Peripherie hatte den Kontinent wieder eingeholt, allerdings unter umgekehrten Vorzeichen! Indirekt trug sie jetzt dazu bei, Gegensätze, zum Beispiel den britisch-französischen, zu mildern und – die Kehrseite – den Weg zu einem festgefügten Dualismus in Europa zu ebnen. Die wichtigste Konsequenz des britisch-französischen Bündnisses bestand alles in allem darin, dass es Perspektiven für Kooperationen in anderen europäischen Fragen eröffnete. In Berlin schlug die Nachricht von dem Bündnis wie eine Bombe ein.

Der britische General Horatio Herbert Kitchener und der französische Major Jean-Baptiste Marchand treffen 1898 in Faschoda aufeinander (Illustration oben). Nachdem die Franzosen zum Rückzug gezwungen worden waren, ließ Kitchener in Faschoda die ägyptische Flagge hissen.

Aber auch die deutsche Flottenrüstung hatte dazu beigetragen, die »Weltpolitik« wieder zur Europapolitik zu machen.

Nach der Verkündung deutscher »Weltpolitik« zeigte sich Wilhelm II. an überseeischem Besitz wenig interessiert. In seinem unruhigen Kopf nahm zu Beginn des 20. Jahrhunderts ein ganz anderer Plan Gestalt an, der engstens mit der Niederlage Russlands gegen Japan in der Seeschlacht von Tsushima am 27. Mai 1905 verknüpft war. Das Ergebnis des Russisch-Japanischen Kriegs war für die Großmächte von einschneidender Bedeutung: Japan avancierte nach seinem Sieg zur Vormacht im Fernen Osten, während Russland sich nach der vernichtenden Niederlage zu einem außenpolitischen Kurswechsel durchrang, dessen Kompassnadel wieder auf Europa, ganz besonders auf Südosteuropa, gerichtet war. Damit schien ein

Darstellung der Seeschlacht bei Tsushima 1905, in der 20 russische Schiffe von den Japanern versenkt wurden. Mit dem Sieg in dieser Schlacht sicherten sich die Japaner die Vorherrschaft im Fernen Osten. Zeitgenössischer Farbdruck aus den Neuruppiner Bilderbogen.

Konflikt mit Österreich-Ungarn unvermeidlich, das machtpolitische Ambitionen vor der eigenen Haustür demonstrierte. Noch während des Russisch-Japanischen Kriegs war Berlin bemüht, das Zarenreich vom Nutzen eines Bündnisses mit dem Deutschen Reich und der Brüchigkeit der Allianz mit Frankreich zu überzeugen. Hinter dem deutschen Ansinnen stand sogar die Hoffnung, auch den Widerstand der französischen Diplomaten gegen ein Zusammengehen mit dem Reich zu brechen und die mögliche Zerstörung der deutschen Flotte durch eine Kontinentalliga zu verhindern. Doch die Politiker griffen ins Leere, kein Staat war zur Kooperation bereit.

Die 1. Marokkokrise

Im März 1905, also ein Jahr nach dem Abschluss der *Entente cordiale,* wurde der Startschuss für eine Gegenoffensive gegeben, die Kaiser Wilhelm II. nach Tanger führte. Nach seiner Landung am 31. März unterstrich er die Unabhängigkeit des Sultans von Marokko. Zugleich forderte die deutsche Regierung die Aufhebung der Bestimmungen, die im Rahmen des »herzlichen Einvernehmens« bezüglich Marokkos festgelegt worden waren. Ziel der Aktion war, das

Einzug Kaiser Wilhelms II. in Tanger am 31. März 1905. Der deutsche Besuch bei Sultan Abd al-Asis löste die 1. Marokkokrise aus.

britisch-französische Abkommen zu sprengen und den Vertragspartnern die Wertlosigkeit des Bündnisses vor Augen zu führen. Hinzu trat die Überlegung, auf diese Weise auch der französisch-russischen Allianz die Spitze zu nehmen. Diese von Berlin provozierte 1. Marokkokrise verfolgte also nicht den Zweck, deutsche Ansprüche in Übersee einzuklagen, sondern zielte darauf ab, die Position des Reiches in Europa wieder zu festigen.

Das Ergebnis war allerdings ruinös. Zwar musste der französische Außenminister sein Amt zur Verfügung stellen, doch war die von Berlin geforderte internationale Konferenz von Algeciras 1906 alles andere als ein Erfolg. Zum einen war der Widerstandswille der französischen Regierung nach wie vor ungebrochen, zum anderen waren die in London zur Macht gekommenen Liberalen entschlossen, dem Deutschen Reich Paroli zu bieten. Schon lange war der britische Außenminister Sir Edward Grey davon überzeugt, dass Berlin nichts anderes als die Vorherrschaft in Europa anstrebe. Aus diesen Tatsachen erklärte sich der übereinstimmende Entschluss der Franzosen und Briten, in Algeciras den deutschen Diplomaten entgegenzutreten. Das Resultat: Ein sich immer fester fügendes gegnerisches Bündnissystem entstand, das sich im Rahmen der *Entente cordiale* allenfalls in Konturen abgezeichnet hatte. In Europa gab es jetzt nur noch eine Macht, auf die das Reich zählen konnte: Österreich-Ungarn. Allmählich wurde offensichtlich, dass Bülows »Weltpolitik« – mochte sie nun einem Konzept folgen oder lediglich ein Bekenntnis darstellen – gescheitert war. Doch der »weltpolitische« Grundakkord, einmal angeschlagen, ließ sich wegen der Öffentlichkeit nicht ohne weiteres unterdrücken und begleitete die Außenpolitik weiterhin, gewissermaßen als Hintergrund der Konflikte, die geographisch gesehen sich immer mehr dem Zentrum Europas näherten.

Die Algeciras-Konferenz 1906 endete für Deutschland mit einer diplomatischen Niederlage und machte deutlich, wie weit die Isolation des Deutschen Reichs durch die Politik in der Zeit nach Bismarcks Rücktritt fortgeschritten war. Die Karikatur auf die bevorstehende Konferenz erschien in der Zeitschrift »Der wahre Jacob« am 19. September 1905. Die Bildunterschrift lautet: »Bei näherer Untersuchung wird sich herausstellen, dass der Kuchen gar keine Rosinen enthält, also auch keine herausgeklaubt werden können. Und deshalb Mord und Totschlag«.

Konflikte spitzen sich zu – Internationale Krisenherde

Der Sommer 1908 wurde Zeuge einer Krise, die ihren Ursprung in einer türkischen Revolution hatte. Die »Jungtürken« klagten Reformen ein und erweckten in Österreich-Ungarn die Befürchtung, dass die neue türkische Regierung Ansprüche auf Bosnien und die Herzegowina erheben würde, die Wien seit 1878 besetzt hatte. Entgegen den Bestimmungen des Berliner Kongresses entschied man sich in der österreichischen Metropole für eine direkte Eingliederung in das eigene Staatsgebiet – und löste prompt den Protest der Serben aus. Und wie verhielt sich Berlin gegenüber dem Verbündeten? Bülow drängte zur Bündnistreue. Europa wurde damit unmissverständlich demonstriert, dass Berlin den engen Schulterschluss mit Wien suchte, um sich nicht auch des letzten Verbündeten beraubt zu sehen. Natürlich löste die Krise Unbehagen aus. War – so die Frage – das Deutsche Reich wirklich mit allen Kräften entschlossen, einer friedlichen Entwicklung den Weg zu ebnen? Wieder bestand ein Ergebnis der Krise darin, dass die Mitglieder der Tripelentente – Großbritannien, Frankreich, Russland – enger aneinander rückten. Eine weitere Folge war, dass die österreichische Annexion Bosniens und der Herzegowina als Katalysator weiterer kriegerischer Auseinandersetzungen auf dem Balkan wirkte. Das Jahr 1908 war also von drei gefährlichen Tendenzen gekennzeichnet: dem Drang zu Bündnissen, der allgemeinen Rüstungssteigerung sowie einer Hörigkeit gegenüber militärischen Beratern. Ob die politischen Entscheidungsträger in Europa die Gefährlichkeit dieser Dreiheit bis in alle Verästelungen wahrnahmen oder bewusst die Augen vor ihr verschlossen, kann nicht mit letzter Sicherheit entschieden werden.

Der »Panthersprung« nach Agadir

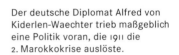

Hurrah! Eine Tat«, so konnte man am Morgen des 2. Juli 1911 in der Rheinisch-Westfälischen Zeitung lesen. Dieser Aufschrei der Erleichterung war durch eine Aktion ausgelöst worden, die Staatssekretär Alfred von Kiderlen-Waechter inszeniert hatte und die den Diplomaten ein Rätsel aufgab. Die Außen- bzw. »Weltpolitik« Bülows hatte schon 1907 mit dem britisch-russischen Abkommen zur Abgrenzung der Interessensphären in Innerasien ihr Ende gefunden und hinterließ nichts, was zu Hoffnungen auf den Status einer allseits anerkannten Weltmacht oder auf einen Gewinn bringenden Ausgleich mit anderen Mächten berechtigte. Die Folge war zwar kein erklärter Verzicht auf »Weltpolitik«, wohl aber eine Beschränkung in der Möglichkeit der Mittel. Fortan wurden die gegnerischen Allianzen einem Härtetest unterzogen, denn garantiert war ja keineswegs, dass der einmal vollzogene Schulterschluss allen Belastungen standhalten würde. Im Frühjahr 1911 hatte die französi-

Der deutsche Diplomat Alfred von Kiderlen-Waechter trieb maßgeblich eine Politik voran, die 1911 die 2. Marokkokrise auslöste.

Kurz nach dem demonstrativen Erscheinen des deutschen Kanonenboots »Panther« vor der marokkanischen Stadt Agadir tauchte auch noch der kleine Kreuzer »Berlin« dort auf, der hier im Bild zu sehen ist.

sche Regierung anlässlich von Unruhen Truppen nach Fès in Marokko gesandt, um Ausländer zu schützen. Diese Maßnahme war durch das Abkommen von Algeciras jedoch nicht gedeckt. In dieser Situation sah Kiderlen-Waechter eine Chance. Trotz wirtschaftlicher Interessen neigte er dazu, das Terrain aufzugeben, aber: nicht ohne

Einzug der französischen Truppen in Fès im Frühjahr 1911.

Kompensationen, beispielsweise den französischen Teil des Kongo. Der Kaiser stimmte der Entsendung des Kanonenboots »Panther« nach Agadir zu. Und das Ergebnis dieser Machtdemonstration: Frankreich trat lediglich einen Teil seiner äquatorialafrikanischen Gebiete, nun Neukamerun genannt, an das Reich ab. – Wieder hatten sich die deutschen Provokationen nicht ausgezahlt.

Natürlich verschlechterte sich weiterhin das Verhältnis zwischen dem Reich und den Ententemächten, die Rüstungsspirale wurde allenthalben angezogen, und zunehmend kamen Zweifel auf, ob die eskalierenden Konflikte in eine friedliche Lösung münden würden. Denn im Gefolge der 2. Marokkokrise hatte Italien »prophylaktisch« Tripolitanien besetzt, wodurch es zu einem Krieg mit der Türkei gekommen war. Die Balkanstaaten nutzten die Gunst der Stunde, die Türkei um ihre europäischen Besitzungen zu erleichtern. Nichts deutete darauf hin, dass pazifistische Strömungen oder auf Ausgleich bedachte Kräfte die Oberhand gewinnen würden. Viel zu viele Kräfte zogen in unterschiedliche Richtungen. Parteien und Verbände schienen sich in nationalistischen Tönen übertrumpfen zu wollen. Der politische Manövrierraum der Regierungen – vor allem der deutschen – wurde enger, enger wurde aber auch die militärische Zusammenarbeit zwischen den Ententemächten: Großbritannien und Frankreich schlossen eine Marinekonvention.

Der Krisenherd Balkan

Bei der Eröffnung einer Plenarsitzung des italienischen Parlaments im Februar 1912 bekundeten die Abgeordneten ihre Zustimmung zur Annexion Tripolitaniens durch Beifallklatschen.

Der Nationalismus war keineswegs ein Phänomen, das lediglich die Haltung der Großmächte charakterisierte. Er grassierte auch an der europäischen Peripherie, insbesondere auf dem Balkan. Freilich war die Entwicklung der Balkanstaaten zu einem erheblichen Teil abhängig von dem Schicksal eines Staats, an dem die europäischen Metropolen in der Vergangenheit größtes Interesse gezeigt hatten, dem Osmanischen Reich. Erst das Auseinanderfallen dieses Herrschaftssystems bot die Möglichkeit einer eigenständigen Entwicklung der Balkanstaaten. Aber genau dieser Prozess war den europäischen Regierungen alles andere als willkommen, da die Krisenherde immer näher an das europäische Zentrum rückten.

Da Russland Serbien und Bulgarien gewissermaßen als Nothelfer bestellt hatte und der Balkan der russischen Interessensphäre zugeschlagen werden sollte, zeichnete sich ein Großmachtkonflikt mit Österreich-Ungarn ab, das in dem Zweibund mit Berlin die einzige Absicherung für einen Präventivschlag gegen Russlands Satelliten sah. Neben dem Reich war allerdings auch Großbritannien an einer friedlichen Lösung interessiert. Fernab der Querelen über Flottenrüstung und fernab der Handelsrivalität schien sich die Perspektive einer deutschen Zusammenarbeit mit Großbritannien zu eröffnen, und dies auf einem Gebiet, das durch die Konflikte der Vergangenheit noch nicht belastet war. Dieses Mal hatte die Strategie Erfolg.

Seit dem 17. Dezember 1912 tagte die so genannte Londoner Botschafterkonferenz, der es tatsächlich gelang, den Konflikt, der seit Oktober zwischen dem Balkanbund (Montenegro, Bulgarien, Serbien, Griechenland) und der Türkei auch militärisch ausgetragen wurde, noch einmal beizulegen. Der Erfolg war nicht von langer Dauer: Im Juli 1913 brach ein zweiter Balkankrieg aus, in dem Serbien gegenüber dem österreichischen Satellitenstaat Bulgarien die Oberhand behielt und als Gewinner aus dem Konflikt hervortrat. Der deutsche Reichskanzler Theobald von Bethmann Hollweg drängte den österreichischen Außenminister Leopold Graf Berchtold zur Mäßigung.

Doch als am 28. Juni 1914 Erzherzog Franz Ferdinand von Österreich, Neffe des Kaisers und Thronfolger, in Sarajevo von dem Nationalisten Gavrilo Prinčip ermordet wurde, agierten viele Willenszentren gegen- und nebeneinander. Zum Zeitpunkt der wechselseitigen Kriegserklärungen waren die Massen der Überzeugung, dass sie einen Verteidigungskrieg führen würden. Dies war der Glaube in Großbritannien wie in Frankreich, im Deutschen Reich wie in Russland. Europa hatte die Nerven verloren, die seit Jahren bestehende Kriegsbereitschaft ein auslösendes Moment gefunden. Ihre Ursachen waren vielfältig. Ohne Zweifel zählte auf fast allen Seiten Prestigesucht dazu, aber eben auch eine grundsätzliche Konfliktbereitschaft, die seit den Tagen von Agadir beständig zugenommen hatte. Die Gegensätze zwischen den einzelnen Staaten – beispielsweise zwischen dem Deutschen Reich und Groß-

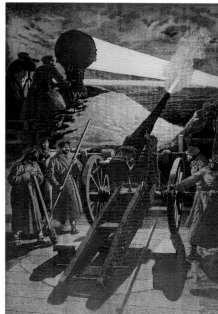

Beschießung der türkischen Stadt Adrianopel (heute Edirne) durch eine bulgarische Geschützeinheit. Illustration aus »Le Petit Journal« zum 1. Balkankrieg 1912/13.

Die Abbildung links zeigt den österreich-ungarischen Thronfolger Erzherzog Franz Ferdinand und seine Gattin Sophie Gräfin Chotek, Herzogin von Hohenberg bei der Ankunft in Sarajevo am 28. Juni 1914.

britannien – hatten eine lange Geschichte und erzeugten eine Eigendynamik, die in dem permanenten Spannungszustand vor Kriegsausbruch erst recht zum Tragen kam. Hinzu gesellte sich die Tatsache, dass die europäischen Kabinette bereit waren, sich der Automatik militärischer Planungen hinzugeben und sich damit selbst der Handlungsfreiheit beraubten. All diese Faktoren trafen im Juli 1914 zusammen und bieten einen Erklärungsansatz für die Kriegsbereitschaft, die allenthalben herrschte und Europa in eine Orgie der Gewalt stürzte.

MICHAEL FRÖHLICH

Pazifismus und Friedensbewegung

Der von Émile Arnaud geprägte und seit 1901 allgemein verwendete Begriff Pazifismus entstand aus zwei Gründen. Zum einen sah sich die internationale Friedensbewegung zu einer modernen Selbstbezeichnung für ihre Motivation und für ihre Forderungen gedrängt. Zum anderen äußerte sich hier der Versuch der Friedensbewegung, den vom Sozialismus entwickelten Erklärungen für imperialistische Kriege eine eigene Theorie gegenüberzustellen, wobei es galt, auch sozialdarwinistische Begründungen für das Phänomen Krieg zurückzuweisen. Den um die Jahrhundertwende erreichten Diskussionsstand spiegelt die von Alfred Hermann Fried vertretene Überzeugung wider: Indem er sich auf den Evolutionsgedanken berief und den Wettstreit als ein Grundprinzip zivilisatorischen Fortschritts anerkannte, sagte Fried voraus, die zunehmende »Organisierung« der Welt, das heißt die wachsende internationale Kommunikationsdichte, werde den Krieg absterben lassen. Fried sprach dabei vom »organisatorischen« Pazifismus. Zu ähnlichen Ergebnissen gelangte der Engländer Norman Lane Angell in seinem Buch »Die große Täuschung« (»The great illusion«, 1910): Die weltweit zunehmende ökonomische Verflechtung mache künftige Kriege ökonomisch sinnlos und immer weniger wahrscheinlich. Abgesehen von solchem Verständnis diente das Wort Pazifismus von nun an als Bezeichnung für die Gesamtheit individueller und kollektiver Bestrebungen, die eine Politik friedlicher, gewaltfreier zwischenstaatlicher Konfliktaustragung propagieren und auf den Zustand einer friedlich organisierten, auf Recht gegründeten und durch immer dichtere Kommunikation gefestigten Völker- und Staatengemeinschaft abzielen. Der Begriff schloss den unbedingten Pazifismus der historischen Friedenskirchen ebenso ein wie einen an der Friedensphilosophie Immanuel Kants (»Zum ewigen Frieden«, 1795) orientierten Pazifismus, desgleichen den nationale Verteidigungskriege legitimierenden demokratischen Pazifismus des 19. und frühen 20. Jahrhunderts, den Kriege zur Herstellung der Handelsfreiheit bejahenden Freihandelspazifismus britischer Herkunft und den auf die Ausgestaltung des Völkerrechtes gerichteten Pazifismus. In der Folgezeit wurde dieser Begriffsinhalt reduziert, indem sich, von angloamerikanischem Verständnis beeinflusst, ein Sprachgebrauch herausbildete, der den Begriff Pazifismus der Bezeichnung entschiedener Formen pazifistischer Praxis und ihren Begründungen, besonders der Kriegsdienstverweigerung aus Gewissensgründen, vorbehält oder zwischen »radikalem« und »gemäßigtem« Pazifismus unterscheidet.

Entstehung und Ausbreitung der Friedensbewegung

Als eine politische Grundhaltung gegenüber dem Krieg mit der Tendenz ihrer Organisierung als Bewegung gehört der Pazifismus der europäisch-nordatlantischen Sphäre und deren Geschichte seit der Französischen Revolution an. Die Ursprünge des Pazifismus reichen jedoch bis in die Anfänge des Christentums zurück. Auch wenn die anderen großen Weltreligionen pazifistische Elemente enthalten und die griechisch-römische Antike den Frieden als Ideal beschwor, kann sich der moderne Pazifismus besonders auf das Christentum berufen.

Die Friedensbewegung nahm ihren Anfang in den Vereinigten Staaten von Amerika, in denen die ersten Friedensgesellschaften 1814 in Massachusetts und 1815 in New York entstanden waren. Die Wiege der europäischen Friedensbewegung steht in England. Hier wurde bereits 1816 in London eine Friedensgesellschaft ins Leben gerufen. Es folgten Gründungen in Paris 1821 und in Genf 1830. Ihre Argumente gegen die ökonomische Sinnlosigkeit und gegen die ethische Fragwürdigkeit des Krieges entsprangen einer Motivation christlicher Prägung, deren Wirkung auf Nordamerika und Großbritannien beschränkt blieb, und einer sich auf Vernunftgründe berufenden Position aufgeklärter Herkunft. Aus beiden erwuchsen Impulse zu organisiertem Auftreten, nachdem die bürgerliche Gesellschaft infolge der Französischen Revolution einen emanzipatorischen Schub empfangen hatte und der Krieg im napoleonischen Zeitalter zu einem europäisch-transatlantischen Massenerlebnis geworden war. Andererseits begründete die Französische Revolution eine entgegengesetzte Entwicklung: Die zur politischen Gestaltung drängende bürgerliche Gesellschaft verlieh dem Krieg neue Legitimationen. Mit der Entwicklung nationaler Gesellschaften zu Nationalstaaten wurden Kriege möglich, die sich durch die Mobilisierung der gesamten Nation, den Willen zur völligen Vernichtung des Gegners und die Entgrenzung des Kriegsgeschehens von allen vorausgegangenen Kriegen unterschieden und ein bisher kaum denkbares Ausmaß an Opfern forderten.

In solcher Perspektive eröffnete sich das Betätigungsfeld der Friedensbewegungen bis zum Ersten Weltkrieg. Es entstand aus der Dialektik des aus der Vernunft gewonnenen Friedensbegriffs der bürgerlichen Gesellschaft und aus der in der ökonomischen und politischen Dynamik dieser Gesellschaft angelegten Disposition zum nationalen Krieg. Damit ist die Dimension der Aufgabe für die zuallererst bürgerliche Friedensbewegung umrissen. Die Geschichte der Friedensbewegung ist indes zugleich die Geschichte ihrer Dilemmas, denn die Kraft des Nationalismus innerhalb der jeweiligen nationalen bürgerlichen Gesellschaft wurde so stark, dass kaum eine der nationalen Friedensbewegungen sich ihr zu entziehen vermochte. Deshalb stehen die Friedensbewegungen Europas in den etablierten Nationalstaaten Großbritannien und Frankreich am Anfang der Entwicklung, und deshalb wird die Organisierung pazifistischer Bestrebungen in den jungen Nationalstaaten erst am Ende des 19. Jahrhunderts und in weit schwächerer Form möglich – in Italien 1887, in Deutschland 1892.

Mit den Wechselbeziehungen zwischen Pazifismus und Nationalismus im 19. Jahrhundert entstanden verhängnisvolle Abhängigkeiten der Friedensbewegung. Ihre Anfänge sind nicht nur gekennzeichnet vom Räsonieren liberaler und demokratischer Friedensfreunde gegen den Krieg in der Gestalt des Kabinettskrieges und des Hegemonialkrieges. Pazifistisches Räsonnement sprach sich auch für den Krieg aus, sofern es sich um den »legitimen« Krieg handelte. Denn in der Frühzeit des organisierten Pazifismus und darüber hinaus gab es sowohl Zustimmung zu revolutionären Kriegen, die darauf zielten, tyrannische Herrschaft abzuschütteln, als auch zu Kriegen, die bezweckten, solche Völker zu befreien, die einer Fremdherrschaft unterworfen waren. Daraus ergab sich

die Zustimmung nationaler Friedensbewegungen für nationale Verteidigungskriege. Immer war zugleich an einen europäischen Gegenentwurf zu einer restaurativen Ordnung Europas gedacht. Häufig war von der »Heiligen Allianz« der europäischen Völker die Rede, die gegenüber der »Heiligen Allianz« der Monarchen errichtet werden müsse. Der Interventionsbereitschaft der konservativen Monarchien wurde die Möglichkeit revolutionärer Intervention entgegengesetzt, und dies geschah im Namen der Völkerfreiheit und des Völkerfriedens: Völkerfreiheit und Völkerfrieden bedingten einander in solcher Sicht.

Doch wurde auch Widerspruch zu solchem Denken laut: Innerhalb der angloamerikanischen Friedensbewegung existierte eine Strömung, der »absolutistische« Pazifismus, die die Anwendung jedweder Gewalt ablehnte. Aber selbst auf dem Boden angelsächsischen Quäkertums gewachsenes Friedensdenken versagte sich nicht Kompromissen mit mächtigen Zeitströmungen, indem es den zur Sicherung der Handelswege auf den Weltmeeren geführten Krieg für legitim erklärte, da er die Voraussetzungen für den Freihandel herstellte. Es ging um die Anschauung von Nation als einer ethnisch-kulturellen Großgemeinschaft, die, im Stande politischer Unschuld gedacht, zur Unterdrückung anderer Nationen als unfähig galt. Eine solche Auffassung lag einer frühen demokratischen Utopie zugrunde, mit der die pazifistische Utopie übereinstimmte – die einer Föderation freier Völker mit dem Ziel internationaler Befriedung. Die Zauberformel für jenen Idealzustand war die von den »Vereinigten Staaten von Europa«. Erreichbar schien er vielen kontinentaleuropäischen Pazifisten der Frühzeit mithilfe eines »letzten Krieges«. Nach dessen Abschluss würde es möglich sein, internationale Konflikte mit pazifistischen Mitteln zu lösen.

Die Internationale Liga für Frieden und Freiheit

Die Anstrengungen zur Beschleunigung eines Prozesses, der ein Zeitalter friedlicher Völkerbeziehungen heraufführen sollte, gewannen Gestalt mit der Gründung der »Internationalen Liga für Frieden und Freiheit« in Genf 1867. Ihre Führer gehörten zumeist durch ihre Teilnahme an nationalen Freiheits- und Einheitskämpfen zu einer informellen, von der politischen Reaktion ins

Exil getriebenen demokratisch-republikanischen Internationale. Eine ihrer Leitfiguren war Giuseppe Garibaldi, aus dessen Umkreis die späteren Führer der italienischen und ungarischen Friedensbewegung Ernesto Teodoro Moneta und István Türr stammten, während die Liga in Deutschland in dem Königsberger Arzt und radikaldemokratischen Politiker Johann Jacoby einen exponierten Parteigänger fand. Weitere Unterstützung erhielt sie in Deutschland vor allem aus der Gründungsgruppe der südlich der Mainlinie beheimateten Deutschen Volkspartei.

Mit der Genfer Gründung begann sich der radikale Flügel der Friedensbewegung zu organisieren, was als Ausdruck einer demokratischen Welle, die der Erschöpfungs- und Ernüchterungsphase nach dem Scheitern des revolutionären Aufbruchs von 1848/49 folgte, verstanden werden kann. Die organisatorische Leistung der sich unter britischem Einfluss internationalisierenden gemäßigten Friedensbewegung hatte bisher darin bestanden, Friedenskongresse – in Brüssel 1848, in Paris 1849, in Frankfurt am Main 1850 – abzuhalten. Durch das Auftreten Richard Cobdens und Frédéric Bastiats – beide Vertreter des wirtschaftspolitischen Liberalismus – wurden verbindende Elemente zwischen der Friedensbewegung und dem Freihandel offensichtlich. Die Forderungen des Kongresses – schiedsgerichtliche Verfahren zur Regelung zwischenstaatlicher Konflikte, Einrichtung eines Staatenkongresses, die Kodifizierung des Völkerrechts, Abrüstung – richteten sich besonders an die Regierungen. Ihr appellativer Charakter und ihr Optimismus waren Merkmale einer Friedenspropaganda, die auf die Kraft vernünftiger Einsicht vertraute.

Das Echo auf die Anstöße des Friedenskongresses in der Frankfurter Paulskirche 1850 war in Deutschland bescheiden und wurde nur in Königsberg gehört. In der dort gegründeten Friedensgesellschaft prägte pazifistischer Nonkonformismus stärker als auf dem Frankfurter Kongress die Diskussion. Die Gründung erregte den Argwohn der preußischen Behörden, sodass sie Anfang 1851 dem Verbot zum Opfer fiel. Das Scheitern der Königsberger »Friedensfreunde« war bezeichnend für die geringen Chancen, die sich in Deutschland eröffneten, pazifistische Ideen im liberalen Bürgertum zu verankern. Sie nahmen weiter ab, als weite Teile des deutschen Bürgertums sich mit dem von

Otto von Bismarck eingeschlagenen machtstaatlichen Weg zur nationalstaatlichen Einheit abfanden. Einsame Warner blieben die politisch agierenden Ärzte Johann Jacoby und Rudolf Virchow.

An dem neuen Aufschwung internationaler pazifistischer Organisationsversuche in den Sechzigerjahren des 19. Jahrhunderts waren Deutsche nur vereinzelt beteiligt. Initiativen gingen jetzt oft von Franzosen aus. Édmond Potonié-Pierre rief 1863 die *Ligue du bien public* (»Liga für das öffentliche Wohl«) ins Leben, die die Beseitigung aller Beschränkungen der persönlichen Freiheit, aller Monopole und Handelshindernisse betrieb und der sich Freihändler wie Cobden und Republikaner wie Garibaldi und Victor Hugo anschlossen. Die Luxemburgkrise von 1867 führte zur Gründung der *Ligue internationale et permanente de la Paix* (»Internationale und ständige Liga des Friedens«) unter Leitung Frédéric Passys.

Neue Versuche zu pazifistischer Organisierung in Deutschland kamen durch den Engländer Hodgson Pratt 1884 zustande. Obwohl er zunächst in Stuttgart erfolgreich schien, gelangten seine Bemühungen nicht über die Anfänge hinaus.

Organisierter Pazifismus im Zeitalter des Imperialismus

Die Aufwärtsentwicklung der Friedensbewegung seit Mitte der Neunzigerjahre des 19. Jahrhunderts spiegelte eine Situation wider, die durch wachsende internationale Spannungen und Hochrüstung gekennzeichnet war. Außer in den USA und in Großbritannien bestanden vor der Wende zum 20. Jahrhundert Friedensgesellschaften in der Schweiz, in Frankreich, Belgien, in den Niederlanden, in Dänemark, Schweden und Italien. Zum Typus der religiös-philanthropischen Friedensgesellschaften, prägend für die amerikanischen und britischen Anfänge, und zum Typus pazifistisch orientierter Klubs zur Förderung des Freihandels traten seit Ende der Sechzigerjahre Friedensvereinigungen, die Friedensvermittlung durch Schiedsgerichtsbarkeit propagierten: in Frankreich die *Société Française de la Paix par le Droit* (»Französische Gesellschaft für rechtliche Friedenssicherung«, 1887), in Großbritannien die 1876 von William Randal Cremer errichtete *International Arbitration League* (»Internationale Liga für Konfliktschlichtung«) und die 1880 von Pratt gebildete *International Arbitration and Peace Association* (»Internationale Vereinigung für Konfliktschlichtung und Frieden«), in den USA die 1882 gegründete *National Arbitration League* (»Nationale Liga für Konfliktschlichtung«).

Ähnliche Friedensorganisationen entstanden in den Niederlanden 1871, in Schweden 1883 und in Belgien 1889. Der neue Typus fand günstige Aufnahme auch in den kleineren Staaten – Ausdruck der Überzeugung, angesichts wachsender Spannungen zwischen den Großmächten bedürfe es völkerrechtlicher Sicherungen zum Schutze der Neutralität.

Die Weltfriedenskongresse

Das Schwergewicht des gemäßigten Pazifismus hatte sich in den angloamerikanischen Bereich zurückverlagert, und dem Frankfurter Friedenskongress von 1850 folgten außer den Kongressen von London 1851, Manchester 1852 und Edinburgh 1853 zunächst keine weiteren. Erst Ende der Achtzigerjahre fanden die internationalen pazifistischen Aktivitäten wieder ihr Forum und zwar auf den jährlichen Weltfriedenskongressen, deren erster gleichzeitig mit dem ersten Kongress der soeben gegründeten Vereinigung »Interparlamentarische Union« 1889 in Paris stattfand: Zahlreiche Abgeordnete, die dieser Vereinigung angehörten, engagierten sich auch für pazifistische Ziele. Für alle Friedensorganisationen wurde 1892 das »Internationale Friedensbüro« in Bern als Koordinierungsstelle eingerichtet. Ende 1891 fanden sich linksliberale Reichstagsabgeordnete zur Gründung eines parlamentarischen Komitees für Frieden und Schiedsgerichtsbarkeit bereit. Der Plan, diese Gruppe durch eine Friedensgesellschaft in Berlin zu ergänzen, zerschlug sich, da offenbar kein Interesse dafür bestand.

Eine erneute Initiative ging von Bertha von Suttner aus, deren 1889 veröffentlichter Antikriegsroman »Die Waffen nieder!« sich als Publikumserfolg erwiesen hatte. Bertha von Suttner hatte 1891 ihre Bekanntheit zur Gründung einer österreichischen Friedensgesellschaft genutzt. Als eine deutsche Anschlussgründung trat die »Deutsche Friedensgesellschaft« 1892 in Berlin ins Leben, unterstützt von der Baronin von Suttner und ihrem Mitarbeiter Fried. Auch dieser zunächst hoffnungsvolle Aufbruch versandete, auch deshalb, weil sich die Bindung der »Deutschen Friedensgesellschaft« an die Deutsch-Freisinnige Partei als hemmend erwies, als die Partei wegen der Militärpolitik des Reichskanzlers Leo Graf von Caprivi auseinander brach. Als Folge der ungünstigen Berliner Bedingungen verlagerte sich der Schwerpunkt der friedensorganisatorischen Tätigkeit in den Südwesten des Reiches. In Württemberg, wo die »Deutsche Friedensgesellschaft« bessere Fortschritte verzeichnen konnte, wuchs sie – parallel zum Aufstieg der Deutschen Volkspartei – zur stärksten Landespartei heran.

Neben dem Weltfriedenskongress von Hamburg 1897 brachten das Friedensmanifest von Zar Nikolaus II. von 1898 und die dadurch veranlasste Erste Haager Friedenskonferenz von 1899 dem organisierten Pazifismus auch in Deutschland Beachtung ein. Dort warb die Friedensbewegung, für die in München der Historiker Ludwig Quidde als Wortführer hervortrat, mit Kundgebungen für eine konstruktive Teilnahme des Deutschen Reiches an der Haager Konferenz und für deutsche Zustimmung zu internationalen Schiedsgerichtsverfahren und Abrüstung. In der Debatte um die deutsche Teilnahme an der Konferenz beteiligte sich auch der radikale Flügel der bürgerlichen deutschen Frauenbewegung.

Die Aufmerksamkeit, die die deutsche Friedensbewegung gegen Ende des Jahrhunderts dadurch fand, dass die von ihr propagierten Friedensinstrumente in einer öffentlichen Diskussion gewürdigt wurden, konnte nicht darüber hinwegtäuschen, dass der organisierte Pazifismus in Deutschland an seine Grenzen stieß. Der Drang zu imperialistischer Politik konnte durch die Friedensbewegung nicht gebremst werden. Bestimmt von seinem eurozentrischen Weltbild und an patriotische Rücksichten gebunden, nahm der Pazifismus nicht grundsätzlich Anstoß am kolonialen Expansionismus der Großmächte, sondern folgte der Gewissheit, koloniale Betätigung sei durch eine kulturmissionarische Aufgabe legitimiert.

Der Aufgabe, dem Pazifismus in der deutschen Öffentlichkeit dennoch Geltung zu verschaffen, widmete sich seit der Jahrhundertwende besonders Ludwig Quidde. Seine Erfolge auf dem Feld internationaler Beziehungen, sein organisatorisches Talent und seine Bekanntheit als Politiker der Deutschen Volkspartei ließen ihn im Mai 1914 schließlich an die Spitze der Deutschen Friedensgesellschaft gelangen. Allerdings fußte dieser Werdegang auch auf dem Mangel an kompetenten Persönlichkeiten, die bereit waren, berufliche und gesellschaftliche Risiken auf sich zu nehmen, wie sie Sprechern der Friedensbewegung in Deutschland drohten. Dass sich die Friedensbewegung im Wilhelminischen Kaiserreich bemühte, keine Zweifel an ihrer patriotischen Zuverlässigkeit aufkommen zu lassen, änderte nichts an ihrer Rolle als politische Randerscheinung. Dabei konnten von der Friedensbewegung für die politischen und sozialen Strukturen des Reiches keine Gefahren ausgehen, solange in Deutschland eine Verbindung zwischen bürgerlichem Pazifismus und sozialdemokratischem Antimilitarismus als undenkbar galt. Nachdem die politische Rechte die deutsche Friedensbewegung lange ignoriert hatte, ging sie zu einer Strategie frontaler Angriffe über, als sich im Zuge der Wandlungsprozesse innerhalb der SPD wenige Jahre vor dem Ersten Weltkrieg eine Annäherung zwischen Sozialdemokratie und Friedensbewegung ankündigte. Endlich erschien es möglich, dass die Friedensbewegung eine Massenbasis gewinnen könne.

Auch zeichneten sich neue Tendenzen in der pazifistischen Werbung ab. Gegenüber dem konfliktbedrohten internationalen System sah die Friedensbewegung ihre Aufgabe zunehmend darin, alle Anstrengungen für die Verständigung der Völker zu unterstützen. Das bedeutete den Verzicht auf eine Führungsrolle, um die Breitenwirkung völkerversöhnender Arbeit nicht durch das Wecken antipazifistischer Vorurteile zu gefährden. Jetzt traten Verständigungsorganisationen in Frankreich, in den USA und in Deutschland hervor, ergänzt durch bilaterale kirchliche und interparlamentarische Konferenzen, so die deutsch-britische Verständigungskonferenz 1912 in London und die deutsch-französischen Parlamentariertreffen in der Schweiz 1913 und 1914.

Unabhängig davon hatte es immer einen religiös begründeten unbedingten Pazifismus gegeben, der sich in der Verweigerung jedweden Kriegsdienstes äußerte. Als eine auf individueller Einsicht und Entscheidung beruhende Haltung entstand der Pazifismus des Schriftstellers Lew Nikolajewitsch Tolstoj: ein als universale Liebesphilosophie im Geiste der Bergpredigt begründe-

ter Pazifismus, der den Verzicht auf Eigentum und auf staatliche Gewalt ebenso forderte wie das Recht auf gewaltlosen Widerstand gegenüber dem Staat. Nur Mohandas Karamchand Gandhi, der den Einfluss Tolstojs auf seine eigene Lehre und Praxis des »zivilen Ungehorsams« anerkannte, erzielte im 20. Jahrhundert eine ähnlich breite Wirkung für unbedingte pazifistische Verweigerung. Unbeeinflusst von beiden trat Kriegsdienstverweigerung im Ersten Weltkrieg erstmals als Massenphänomen auf, vor allem in Großbritannien, wo sich Verweigerer in der *No Conscription Fellowship* (»Vereinigung gegen Wehrpflicht«) organisierten.

Pazifismus im Ersten Weltkrieg

Im Sommer 1914 brach die pazifistische Utopie zusammen, der Weltkrieg werde sich durch die Einsicht der Verantwortlichen in seine verheerenden Folgen verhindern lassen. Auch in der »Deutschen Friedensgesellschaft« hatten solche Illusionen noch bis kurz vor Kriegsbeginn Bestand. Im Sinne ihres patriotischen Pazifismus folgten manche deutsche Pazifisten zunächst der offiziellen Sprachregelung, das Deutsche Reich führe einen Verteidigungskrieg. Die Pazifisten standen unter dem Eindruck, Zeugen einer Kulturkatastrophe zu sein, die Ansätze einer internationalen Verständigung und Zusammenarbeit auf lange Zeit zerstöre. Gegenüber deutschem Hurrapatriotismus pazifistisch begründete Kritik an der politisch-militärischen Leitung des Reiches zu üben, wurde riskant. Ähnlich wie der französische Schriftsteller Romain Rolland, der während des Krieges nicht in Frankreich blieb, gingen einige pazifistische deutsche Intellektuelle ins Schweizer Exil. Pazifistische Tätigkeit war in Deutschland unter den Bedingungen des Krieges und des alsbald von der Regierung verhängten Belagerungszustandes weit mehr erschwert als in der Vorkriegszeit. Doch bot der Krieg der deutschen Friedensbewegung die Möglichkeit zu beweisen, dass der Patriotismus der Pazifisten nicht weniger verlässlich war als der ihrer Gegner.

Pazifismus und Belagerungszustand

Die Behinderungen durch den Belagerungszustand engten den Spielraum für pazifistische Betätigung in Deutschland außerordentlich ein. Es erwies sich überdies als unmöglich, während des Krieges die Kluft zu schließen, die die pazifistische Internationale seit Kriegsbeginn spaltete. Die Erfahrungen des Krieges ließen pazifistische Organisationen neuen Stils und mit neuer Programmatik entstehen, in denen sich die Unzufriedenheit radikaler pazifistischer Kräfte mit dem unzulänglich erscheinenden Vorkriegspazifismus äußerte. In den neuen Organisationen – in den Krieg führenden wie in den neutralen Staaten – drückte sich die Abkehr von der Nichteinmischungshaltung des älteren Pazifismus dadurch aus, dass nun nach der Abhängigkeit der Außenpolitik von ihren innenpolitischen Bedingungen gefragt wurde. Bei der deutschen Gründung »Bund Neues Vaterland« führte die pazifistische Wende zur Forderung nach einer Politik innerer Reformen im Deutschen Reich. Auf einer breiten politischen Basis sammelten sich Exponenten des neuen und des älteren Pazifismus, Vertreterinnen der radikalen bürgerlichen Frauenbewegung, Sozialdemokraten und Sozialisten sowie kritische Konservative. Der Bund wies Ähnlichkeiten mit der britischen *Union of Democratic Control* (»Union für demokratische Kontrolle«) auf, die radikale Liberale mit Vertretern der *Independent Labour Party* (»Unabhängige Labour Party«) vereinte. Sie verband der Kampf für eine neue Außenpolitik ohne Geheimdiplomatie. Entschiedener Pazifismus organisierte sich in den Niederlanden im *Nederlandse Anti-Oorlog-Raad* (»Niederländischer Antikriegsrat«), in den USA in der *League to Enforce Peace* (»Liga zur Durchsetzung des Friedens«). Bei der französischen *Ligue des Droits de l'Homme et du Citoyen* (»Liga für Menschen- und Bürgerrechte«) war bereits aufgrund ihrer Entstehungsgeschichte die Forderung nach Durchlässigkeit zwischen innerer und äußerer Politik von Anfang an Teil des Programms. Der neue Pazifismus lieferte eine verlässlichere Basis für internationale Kontakte als die traditionelle Friedensbewegung. Dies bewiesen die beiden internationalen Pazifistenkongresse in Den Haag im April 1915. Der eine, vom *Nederlandse Anti-Oorlog-Raad* organisiert, führte zur Einrichtung der Zentralorganisation für einen dauernden Frieden mit der Aufgabe, Vorschläge für einen Friedensschluss in der Gestalt eines Minimalprogramms für einen dauernden Frieden auszuarbeiten. Der andere war ein Kongress von Kriegsgegnerinnen aus der radi-

kalen bürgerlichen Frauenbewegung. Sein wichtigstes Ergebnis bestand in der Gründung des »Internationalen Frauenausschusses für dauernden Frieden«, aus dem die »Internationale Frauenliga für Frieden und Freiheit« hervorging.

Während die Diskussion über die deutschen Kriegsziele seit Mitte 1915 Bedeutung für die deutsche Innenpolitik erlangte, wurden gegen deutsche Annexionen gerichtete pazifistische Gegenentwürfe von den militärischen Behörden durch Repressionen behindert. Die Unterdrückungspraxis, die im Verbot jeglicher Tätigkeit des Bundes Anfang 1916 gipfelte, vermochte pazifistische Aktivitäten indes nie gänzlich lahm zu legen und förderte die Radikalisierung der deutschen Friedensbewegung.

Angesichts der großen Ereignisse ab Anfang 1917 erwarteten die deutschen Pazifisten, dass in der Nachkriegszeit Chancen bestünden, ihre Ideen zu verwirklichen. Dazu war eine Revision der pazifistischen Programmatik notwendig. Totale Abrüstung oder Kontrolle der Rüstungsindustrie, die Einrichtung eines Weltparlaments, die Bereitstellung von Sanktionsinstrumenten gegen künftige Friedensbrecher und zur Erzwingung des Friedens – das waren Überlegungen, die deutsche Pazifisten und ihre Gesinnungsgenossen in anderen Ländern anstellten. Für die Friedensbewegung in Deutschland trat als Problem die Frage der deutschen Kriegsschuld hinzu.

Mit den Vierzehn Punkten des amerikanischen Präsidenten Woodrow Wilson nahmen Forderungen des internationalen Pazifismus die Form eines regierungsoffiziellen Programms an. Von dessen Umsetzung erhoffte sich die deutsche Friedensbewegung auch in Deutschland neue Chancen. Eine Voraussetzung hierfür erblickte sie in der Errichtung einer neuen politischen Ordnung im Zeichen der Demokratie. Nach der Novemberrevolution stellte sie sich deshalb sofort auf den Boden der neuen politischen Tatsachen.

Die Zwischenkriegsperiode

Indes waren die neuen Bedingungen des Pazifismus komplizierter als erwartet. Im Verständnis großer Teile der deutschen Öffentlichkeit galt die deutsche Friedensbewegung nun als Sprachrohr des amerikanischen Präsidenten, und in diesem Licht erschien sie in der Übergangsphase zwischen

Waffenstillstand und Friedensschluss als Garantin für die Erfüllung illusionärer Erwartungen des deutschen Volkes.

Obwohl sich radikale deutsche Pazifisten von der Unabhängigen Sozialdemokratischen Partei Deutschlands angezogen fühlten, verband die deutsche Friedensbewegung in ihrer Mehrheit ihr Schicksal von Anfang an mit dem der Parteien der Weimarer Koalition. Nachdem die Chancen der Novemberrevolution für eine unzweideutige Wende ungenutzt geblieben waren, wurde die deutsche Friedensbewegung zu einer Mahnerin der Parteien der Weimarer Koalition und wünschte die Republik so auszubauen, dass sie gegen eine von rechts drohende Rückwärtsrevision der Verhältnisse gerüstet wäre.

Während des Krieges hatten sich der deutschen Friedensbewegung neue gesellschaftliche Schichten erschlossen, und dies zeigte sich nach dem Krieg in ihrer Mitgliederstruktur. Der Wandlungsprozess beendete die soziale, politische und organisatorische Homogenität der deutschen Friedensbewegung, die in ihrer Basis ihre Mittelschichtenorientierung zugunsten eines eher kleinbürgerlichen Sozialprofils einbüßte, während in den Leitungspositionen zunächst noch der aus dem Bürgertum stammende Personenkreis dominierte. Die Stellung der bisherigen Führungskräfte geriet ins Wanken, da ihre linksliberalen pazifistischen Positionen an der Basis nicht länger mehrheitsfähig waren. Im Vergleich zu ihren Vorgängerinnen radikalisierte sich die Weimarer Friedensbewegung. Zwischen dieser nach links gerückten Friedensbewegung und den unter Sachzwängen handelnden Parteien der Weimarer Koalition waren Konflikte unvermeidlich. Solche Faktoren begünstigten die Herausbildung eines Pluralismus, der in der Entstehung zahlreicher Verbände der Friedensbewegung seinen Ausdruck fand, dazu gehörten zum Beispiel der deutsche Zweig des Verbandes »Internationale Frauenliga für Frieden und Freiheit«, die »Deutsche Liga für Menschenrechte«, die aus dem »Bund Neues Vaterland« hervorging und in der französischen *Ligue pour la Défense des Droits de l'Homme et du Citoyen* (»Liga zur Verteidigung der Menschen- und Bürgerrechte«) ihr Vorbild sah, und die »Deutsche Liga für Völkerbund«, die für den Eintritt und für eine konstruktive Politik Deutschlands im Völkerbund

warb. Jetzt gab es ein Spektrum von mehr als zwanzig kleinen und größeren, gemäßigten und radikalen Friedensorganisationen, die sich 1921/22 zum »Deutschen Friedenskartell« zusammenschlossen.

Als sich zeigte, dass mit den Friedensschlüssen von Versailles und Saint-Germain-en-Laye keineswegs Wilsons Programm uneingeschränkt umgesetzt wurde, fiel die deutsche Friedensbewegung erneut gesellschaftlicher Verachtung anheim. Die veränderte Situation äußerte sich seit 1919/20 in gegen bekannte Pazifisten gerichteten Attentaten aus den Kreisen der radikalen Rechten.

Die deutsche Friedensbewegung verteidigte den neuen Staat am entschiedensten in der Vereinigung »Deutsche Liga für Menschenrechte«. Diese entsprach den ideologischen Innovationen der Friedensbewegung besonders, indem sie pazifistische und demokratische Zielsetzungen mit der Verteidigung der Menschenrechte verband und am deutlichsten die Westorientierung der Weimarer Friedensbewegung vertrat. Der Friedensbewegung von Weimar ging es um eine grundsätzliche Neuorientierung der deutschen Politik. Die deutsche Außenpolitik sollte dem Ziel des friedlichen Interessenausgleichs durch eine Politik der Völkerverständigung dienen. Nach innen sollte eine solche Politik durch eine Stärkung der republikanischen Institutionen gesichert werden. Folgerichtig war auch die Bekämpfung der Selbstabschottung der Reichswehr. Die Überzeugung, dass eine monarchische, autoritäre Restauration der Republik noch immer drohe, führte 1926 zu einer Beteiligung an der Kampagne für entschädigungslose Enteignung der deutschen Fürsten. Ungeachtet pazifistischer Vorbehalte gegenüber der Unterzeichnung des Friedensvertrages von Versailles trat die deutsche Friedensbewegung für eine gewissenhafte Erfüllung der Vertragsbestimmungen ein. Pazifistische Kritik wandte sich besonders gegen Bestrebungen der Reichswehr, ihre von dem Vertrag erzwungene Struktur mittels des Aufbaus geheimer Verbände so zu verändern, dass sie eines Tages in ein Massenheer hätte verwandelt werden können. Indem die deutschen Pazifisten Verletzungen des Versailler Vertrages durch die Reichswehr aufdeckten, setzten sie sich strafrechtlicher Verfolgung wegen Landesverrats aus. So wurde Carl von Ossietzky wegen des Artikels eines Mitarbeiters, der die Zusammenarbeit der Reichswehr mit der Roten Armee auf dem Gebiet der Militärluftfahrt in der Zeitschrift »Die Weltbühne« enthüllt hatte, zu Gefängnishaft verurteilt. Die Friedensbewegung von Weimar stellte sich 1925 der Wahl Paul von Hindenburgs zum Reichspräsidenten entgegen. Sie wandte sich 1928 gegen den von den Bestimmungen des Versailler Vertrages gedeckten Bau kleiner deutscher Panzerkreuzer, da sie darin die Gefahr einer neuen maritimen Aggressivität Deutschlands sah.

Die Radikalisierung der Friedensbewegung

Die Entwicklung der Weimarer Republik nach rechts verstärkte die Tendenz zur Gegensteuerung und Radikalisierung, die in der unter der Führung von Paul Freiherr von Schönaich und Fritz Küster stehenden »Deutschen Friedensgesellschaft« zur Abstoßung ihrer gemäßigten Elemente um Quidde führte. Die Radikalisierung fand ihre Zuspitzung 1926/27 in der Nachahmung der mit dem Namen Arthur Ponsonby verbundenen Aktion der britischen Pazifisten, mittels einer Unterschriftensammlung die Verweigerung der Bevölkerung im Kriegsfall festzustellen.

Der Zerfall der deutschen Friedensbewegung und anschließende Versuche ihrer Reorganisierung fielen mit dem Ende der Weimarer Republik zusammen. Als der Nationalsozialismus an die Macht gelangte, wurde mit dem politischen Wertesystem von Weimar auch die deutsche Friedensbewegung zerschlagen, deren Kritik am Weimarer Staat verfassungsloyal gewesen, aber ebenso wirkungslos geblieben war wie ihre Warnung vor dem Nationalsozialismus.

Radikalisierende Entwicklungen des Pazifismus vollzogen sich auch in Frankreich und Großbritannien. Ihr wesentlicher Unterschied zur deutschen Friedensbewegung bestand in der Ignorierung der von den Rechtsdiktaturen für den Weltfrieden ausgehenden Gefahren. In Frankreich trat als neue Friedensorganisation die *Ligue internationale des Combattants de la Paix* (»Internationale Liga der Friedenskämpfer«) hervor, die ihre volle Wirksamkeit in den Dreißigerjahren entfaltete und die französische Appeasementpolitik in radikalpazifistischem Sinn ergänzte, indem sie die von Hitler-Deutschland drohende Gefahr verharmloste, die französische Verteidigungspolitik bekämpfte und –

ähnlich der französischen Sektion der »Internationalen Frauenliga für Frieden und Freiheit« – gegenüber den Konflikten des Auslandes eine Politik strikter Neutralität propagierte. Diese Linie mündete bei einigen ihrer Vertreter während der deutschen Okkupation Frankreichs in die Kollaboration. In Großbritannien entsprach dieser Entwicklung die zeitweilig Massenanhang gewinnende *Peace Pledge Union* (»Union zum Gelöbnis des Friedens«) die erst unter dem Eindruck des Fiaskos der britischen Appeasementpolitik an Boden verlor.

Im Gegensatz dazu sah sich die deutsche Friedensbewegung nach Adolf Hitlers Machtantritt ins Exil vertrieben oder blutiger Verfolgung ausgesetzt. Eine Exilorganisation ins Leben zu rufen, wurde weder versucht, noch wäre ihre Gründung möglich gewesen. Mit der Gründung von Exilgruppen in Paris, Straßburg, Prag und London bildete die »Deutsche Liga für Menschenrechte« eine Ausnahme. Mit der Rettet-Ossietzky-Kampagne gelang ihr eine eindrucksvolle, wenn auch erfolglose organisatorische Leistung.

Neue Aufgaben nach dem Zweiten Weltkrieg

Die Atombombenabwürfe über Hiroshima und Nagasaki sowie die nach dem Zweiten Weltkrieg in der Ost-West-Konfrontation entwickelte Strategie nuklearer Abschreckung verschafften der Diskussion über Krieg und Frieden eine neue Dimension. Es entstand ein neuer radikaler Pazifismus mit neuen Formen des Massenprotestes. Wesentlich für diesen Pazifismus wurde seine globale Sichtweise. Als Nuklearpazifismus bezieht er seine Argumente aus der faktischen Nichtunterscheidbarkeit zwischen nuklearem Angriffs- oder Präventivkrieg und nuklearem Verteidigungskrieg, aus Skepsis gegenüber der friedenssichernden Wirkung der Abschreckungsstrategie, aus Angst vor nuklearer Selbstzerstörung der Menschheit und – mit christlicher Begründung – aus der Achtung vor der Schöpfung. Im universalen Horizont solcher Begründung gelangt der Nuklearpazifismus zum Widerstand gegen alle Massenvernichtungswaffen und verbindet sich mit dem Widerstand gegen die friedliche, aber riskoanfällige Nutzung der Kernkraft.

Karl Holl

Der Erste Weltkrieg 1914 bis 1918

Die Lichter gehen aus in Europa – Julikrise und Kriegsausbruch

Der strahlende Sommer 1914 schenkte Europa nach Jahrzehnten des Friedens mit wachsendem Wohlstand eine unbeschwerte Ferienzeit. Der Hamburger Reeder Albert Ballin erkannte jedoch, dass die Zeit »friedlos« geworden war. Denn nicht nur zwischen den

Abfahrt eines Truppentransportzugs auf dem Berliner Bahnhof im August 1914: »Auf zum Preisschießen nach Paris« (links). Ein ähnliches Bild sah man in Paris, als die Soldaten in Richtung Berlin aufbrachen.

politisch bestimmenden Großmächten herrschten größte Spannungen, sondern auch die jeweiligen Gesellschaften standen den gewaltigen Modernisierungen und Veränderungen vielfach sorgenvoll und orientierungslos gegenüber. Alte Eliten suchten sich verbissen gegen Bürger und Arbeiter zu behaupten, die ihre Mitbestimmung nur schleppend durchsetzen konnten. Die Staaten wurden daher eher schlecht als recht verwaltet, und die Zeit großer Staatsmänner wie Otto von Bismarck oder William Ewart Gladstone schien unwiderruflich vorbei zu sein. Soziale Spannungen waren die Folge, und Kulturpessimisten hatten Konjunktur; dasselbe galt für Bücher, die Kriegsvisionen beschrieben und produzierten. Bestseller sprachen von einem erlösenden und unvermeidlichen Krieg in naher Zukunft. In Bildern, die nichts mit der Realität des Ersten Weltkriegs zu tun haben sollten, ersehnte man ein reinigendes Gewitter. Dieses sollte die ausstehende innere Integration der Gesellschaften herbeizaubern und den Staaten die vermisste Sicherheit und nationale Größe bringen. Von daher erklären sich die berühmten und berüchtigten Metaphern, mit denen Zeitgenossen den Ausbruch des Ersten Weltkrieges kommentierten. So sprach der britische Außenminister Sir Edward Grey davon, dass in Europa die Lichter ausgingen, womit er suggerierte, dass wie in der Physik ein Prozess ablief. Ähnlich argumentierte Winston Churchill, der Erste Lord der britischen Admiralität, als er feststellte, 1914 seien die »Schalen des Zorns« gefüllt gewesen. Und der deutsche Reichskanzler Theobald von Bethmann Hollweg sah, dass »die Direktion verloren und der Stein ins Rollen geraten« sei, fügte allerdings philosophierend und nun doch sorgenvoll hinzu, auf Europa laste ein »Fatum, größer als Menschenmacht«, und es drohe ein »Weltenunheil«. Moderne Historiker sprechen häufig von strukturellen Zwängen, die 1914 das Desaster ausgelöst hätten.

Der unausweichliche Krieg? – Die Frage der Kriegsschuld

Eindeutig ist dieser Befund der europäischen Staatengemeinschaft jedoch nicht, im Gegenteil: Keine Macht verfocht bei Kriegsausbruch konkret expansive Ziele. Die 1914er-Krise fiel zudem in eine Zeit, in der es Anzeichen dafür gab, dass der Kulminationspunkt der internationalen Hochspannung überschritten war, dass solche Krisen beherrschbar waren und dass insgesamt die Phase eines überhitzten Imperialismus ohne großen Krieg enden würde. Ferner zogen alle Europäer aus einem blühenden internationalen Handel Nutzen, und deren innere Querelen verloren an Gewicht, da die USA und Japan als neue Groß- und Weltmächte weiter erstarkten. Schließlich blickte nicht jeder Europäer pessimistisch in die Zukunft. Der zielstrebig erarbeitete wachsende Wohlstand, der industrielle Aufschwung und die blühende Wissenschaft und Kultur vermittelten nämlich auch ein optimistisches Gefühl der Stärke, von der aus die inneren und äußeren Spannungen beherrschbar erschienen.

Der britische Premierminister David Lloyd George bewertet rückblickend die bei Kriegsausbruch beteiligten Staatsmänner:

Hätte es in Deutschland einen Bismarck gegeben, in England einen Palmerston, in Amerika einen Roosevelt, in Paris einen Regierungschef Clemenceau – die Katastrophe hätte vermieden werden können... Aber bei keiner der Großmächte stand ein Mann dieses Formats auf der Kommandobrücke. Bethmann Hollweg, Poincaré, Viviani, Berchtold, Sasonow und Grey waren gute Steuerleute..., aber es fehlte ihnen ersichtlich an der Kraft... Bei ruhiger See waren sie gut für ihr Staatsschiff, doch im Taifun waren sie verloren.

Die Porträts zeigen von links nach rechts den britischen Außenminister Sir Edward Grey, den ungarischen Ministerpräsidenten István Graf Tisza, den französischen Präsidenten Raymond Poincaré und den am 14. Juli 1909 zum Reichskanzler und preußischen Ministerpräsidenten ernannten Theobald von Bethmann Hollweg.

Reformen und Modernisierung waren, wie selbst das rückständige Zarenreich zeigte, unaufhaltsam. Im Nachhinein lässt sich somit schwer sagen, ob 1914 strukturelle Rahmenbedingungen zum Krieg

Zeitgenössische Darstellung des Attentats von Sarajevo am 28. Juni 1914. Erzherzog Franz Ferdinand und seine Frau sinken von Pistolenkugeln getroffen im Wagen zusammen.

Der Hauptattentäter Gavrilo Princip wird festgenommen. Den Krieg verbrachte Princip in der Kleinen Festung Theresienstadt. Er starb 1918 an Tuberkulose.

führten oder ob es – in einer prinzipiell offenen Situation – eine aktive und gestalterische Politik gab. Bei der Frage nach einer möglichen Schuld am Krieg belegen schon die genannten Namen Grey, Churchill oder Bethmann Hollweg, dass die Zeit nicht besonders unfähige oder gar kriegslüsterne Politiker hervorgebracht hatte. Frankreichs Präsident Raymond Poincaré, der russische Außenminister Sergej Dmitrijewitsch Sasonow oder der ungarische Ministerpräsident István Graf Tisza im Habsburgerreich bestätigen diesen Sachverhalt. In allen Staaten standen – eine moralische Ächtung des Krieges gab es noch nicht – auch bei den Militärs »Tauben« neben »Falken«. Dabei war keineswegs abzusehen, dass Letztere, etwa die Generalstabschefs und Verfechter eines »Präventivkrieges« Helmuth von Moltke in Deutschland und Franz Graf Conrad von Hötzendorf in Österreich, sich durchsetzen würden.

Der Ereignisablauf stellt sich wie folgt dar: Am 28. Juni 1914 fielen der österreichische Thronfolger Erzherzog Franz Ferdinand und seine Frau in Sarajevo einem Attentat zum Opfer, dessen Drahtzieher unschwer in Serbien auszumachen waren. Damit drohte aufs Neue der Konfliktherd Balkan den Frieden Europas zu gefährden, denn hinter Serbien stand Russland, und mit Österreich und Russland prallten Mitglieder feindlicher Bündnissysteme aufeinander, Zweibundmächte auf der einen, Ententemächte auf der anderen Seite. Die große Frage war, ob – in schon traditioneller Weise – Großbritannien und Deutschland ihre in Südosteuropa engagierten Bündnispartner zurückhalten würden. Österreich wollte nicht nur mit den bosnischen Königsmördern abrechnen, sondern auch mit den Serben und deren großserbischer Politik. Für einen regionalen Krieg suchte man die Rückendeckung Deutschlands und erhielt am 5./6. Juli den berüchtigten »Blankoscheck« zum Losschlagen. Deutschland deckte damit im Voraus jede Sanktionsmaßnahme des Habsburgerreiches und suchte ein schnelles Vorgehen gegen Serbien zu forcieren. In Europa gab es zunächst kaum Sympathien für die Attentäter. Doch Österreich vermochte erst am 23. Juli ein provokatives Ultimatum an Serbien zu richten. Jetzt drohte der Konflikt zu einer Konfrontation zwischen Zweibund und Entente zu eskalieren. Intern votierte Russland schon zwei Tage später für einen Krieg der Großmächte, weil es Serbien nicht preisgeben wollte. Am 28./29. Juli fiel die Entscheidung. Eine britische Vermittlung scheiterte. Österreich brach den gegen Serbien begonnenen Krieg nicht ab, obwohl aus einem begrenzten nun ein großer europäischer Krieg wurde. Und Russland löste mit seiner

Mobilmachung jenen Kriegsmechanismus aus, den die Bündnisse vorgezeichnet hatten. Am 1. August erklärte Deutschland Russland und am 3. August auch Frankreich den Krieg, und als deutsche Truppen auf dem Weg zur Niederwerfung Frankreichs in das neutrale Belgien einrückten, trat am 4. August Großbritannien in den Krieg ein. Die Kriegsfurie begann in Europa zu wüten.

Ein Offizier verkündet den »Zustand drohender Kriegsgefahr« am 31. Juli 1914 in Berlin »Unter den Linden«.

Österreichs Kampf um den Großmachtstatus

B ei der Frage nach Bewusstsein und Absichten, mit denen die Staaten in der Julikrise handelten, richtet sich der Blick zunächst auf die von dem Attentat unmittelbar betroffene Habsburgermonarchie. Österreich-Ungarn litt unter der Auszehrung seines Großmachtstatus. Der Staat besaß als einzige Großmacht ausschließlich sein europäisches Territorium. Für einen langen Großmächtekrieg fehlten Ausrüstung und Reserven, und für den Fall eines Sieges konnte der Staat neue Nationalitäten nicht verkraften; sie hätten die Österreich ohnehin vor eine Zerreißprobe stellenden Nationalitätenprobleme unbeherrschbar gemacht. Der von Russland und Ser-

Nach Ablauf eines zwölfstündigen Ultimatums an Russland, seine Mobilmachung einzustellen, wurde am 1. August 1914 die deutsche Generalmobilmachung verkündet, der am späten Abend die Kriegserklärung an Russland folgte. Das Gemälde von Arthur Kampf zeigt das Warten auf das Ablaufen der Frist (Berlin, Deutsches Historisches Museum).

bien ausgehende ständige Druck wurde jedoch als existenzgefährdend angesehen. Das Attentat von Sarajevo drohte das Prestige des Staates weiter zu zerstören und setzte einen elementaren Hass gegen den Erzrivalen Serbien frei. Man wollte Rache, Genugtuung nicht nur für den Mord am Thronfolger Erzherzog Franz Ferdinand, sondern auch eine generelle Abrechnung. Generalstabschef Conrad

Zur »Allgemeinen Mobilmachung in Deutschland« erschien am 1. August 1914 ein Extrablatt des »Berliner Lokal-Anzeigers«.

hatte seit langem einen Präventivkrieg gepredigt. Österreich sollte in letzter Minute, in der die Kräfte hierzu noch ausreichten, demonstrieren, dass man aktiv und offensiv vorgehen konnte. Sarajevo erschien als günstiger Anlass zum Losschlagen, und der Hass gegen Serbien einte die Führung des Landes im Sinne Conrads. Wenn Österreich sich jetzt, so meinte man, aufraffe und Krieg führe, dann würde es den um den Frieden besorgten und durch die Diskriminierung Serbiens gelähmten Europäern die eigene Tatkraft unter Beweis stellen. Ein erlösender Schlag werde die Integrität und den Großmachtstatus des Landes für Jahrzehnte retten. Der berühmte Blankoscheck aus Deutschland ist also wahrscheinlich gar nicht entscheidend gewesen.

Das somit verständliche Wunschszenario Österreichs war ein lokalisierter, kurzer und erfolgreicher Krieg gegen Serbien. Mitte Juli hatte man sich hierzu entschlossen, benötigte jedoch aus mancherlei Gründen – so weilte Frankreichs Staatsführung gerade zu Gesprächen in Sankt Petersburg – viel Zeit. Russland konnte dadurch eine politisch-militärische Gegenfront aufbauen. Doch hatte die österreichische Führung ein russisches Eingreifen als Eventualität von vornherein eingeplant. Selbst wenn das Zarenreich seinem Balkanschützling zu Hilfe käme und ungeachtet dessen, dass man für einen Zweifrontenkrieg gegen die Entente nicht gerüstet war, wollte man um den Großmachtstatus Vabanque spielen. Die Existenzkrise im Nacken, machte das Feindbild »Serbien« blind, und man ließ »das Rad der Geschichte rollen«. Notfalls wollte man, wie es die Opfer der Titanic-Katastrophe vorgemacht hatten, in tadelloser Haltung untergehen. Die österreichische Führung verpasste somit in den Tagen nach dem 28. Juli den Absprung von einem irrationalen Kriegsplan, wodurch auch in Berlin die dort in letzter Minute verhandlungsbereiten Kräfte chancenlos wurden.

Titelseite der Wiener »Kronen-Zeitung« vom 29. Juni 1914.

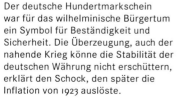

Der deutsche Hundertmarkschein war für das wilhelminische Bürgertum ein Symbol für Beständigkeit und Sicherheit. Die Überzeugung, auch der nahende Krieg könne die Stabilität der deutschen Währung nicht erschüttern, erklärt den Schock, den später die Inflation von 1923 auslöste.

Das »kalkulierte Risiko« – Krieg zur Sicherung des Deutschen Reichs

Bei Österreichs Zweibundpartner Deutschland lag durch Sarajevo keine unmittelbare und aktuelle Bedrohung vor. Frappierenderweise herrschte aber dennoch die gleiche Existenzangst, die »Falken« und »Tauben« auch hier zusammenrücken ließ. In Berlin meinte man, eine letzte Chance zur Sicherung des Deutschen Reiches nutzen zu müssen. Es gab also eine deutsch-österreichische Interessenkonvergenz. Grundlage des Denkens war eine verbreitete Unzufriedenheit mit dem machtpolitischen Status des Landes. Das Deutsche Reich spielte auf dem Kontinent eine begrenzt hegemoniale Rolle, war aber bei der Verteilung kolonialen Besitzes weithin zu spät gekommen. Die Ententemächte wachten argwöhnisch darüber, dass Deutschland nicht auch noch – ergänzend zu seiner dominierenden mitteleuropäischen Stellung – eine entsprechende Weltposition erhielt. Das schmerzte in Deutschland, da ein stürmischer Aufschwung in Wirtschaft und Handel die Forderung als berechtigt erscheinen ließ, zum Kreis der Weltmächte zu gehören. Man schätzte die eigenen Forderungen als moderat ein, hatte aber durch die Flottenpolitik, große Krisenszenarien wie in den Marokkokrisen oder auch durch kleinere machtpolitische Coups die Entente nur fester zusammengeschweißt.

Großadmiral Alfred von Tirpitz, dessen Flottenpolitik das Deutsche Reich in unüberbrückbaren Gegensatz zu Großbritannien brachte. Gemälde von Lovis Corinth; 1917 (Berlin, Deutsches Historisches Museum).

Die am 13. März 1900 im Almanach »Der wahre Jakob« erschienene Karikatur auf die 2. Flottenvorlage zeigt Tirpitz auf dem Wagen die Schiffe zusammenhaltend, mit dem Kommentar: »Fuhrmann: Hü, Hott! Will doch mal sehen, ob ich den Karren nicht noch ein Stück weiter in den Dreck hineinbringe!«.

Die bündnispolitische Lage des Deutschen Reichs vor 1914 war daher fatal. Als Partner stand nur das krisengeplagte Österreich zur Verfügung. Die deutsche Führung war angesichts dieses Dilemmas gespalten. Bethmann Hollweg wollte eine militärische Festigung der kontinentalen Position seines Landes bei nur bescheidenem weltpolitischem Aufschwung und in Juniorpartnerschaft zu Großbritannien. Der deutsche Reichskanzler wusste um den Wert einer berechenbaren Politik und wollte mit dieser die Vision einer neuen Weltordnung verwirklichen, in der liberale Leitsätze das zeitgenössische Vertrauen in pure Machtpolitik ablösen sollten. Vor allem Militärs wie Moltke sahen demgegenüber die bündnis- und machtpolitische Situation Deutschlands als so verfahren an, dass sie einen Präventivkrieg als Ausweg predigten. Zudem bestand das Risiko, dass der labile Kaiser Wilhelm II. den chauvinistischen Admiral Alfred von Tirpitz zum Nachfolger Bethmann Hollwegs berufen würde. Selbst Bethmann Hollweg, der volles Vertrauen in die militärische Kompetenz der Generäle hatte, sah in der Julikrise alptraumhaft den machtpolitischen Aufschwung Russlands, das 1916/17 ein gewaltiges Rüstungsprogramm abgeschlossen haben würde und dann Österreich politisch erpressen könnte. Schockiert zeigte er sich zudem über eine britisch-russische Flottenkonvention; in Berlin fühlte man sich nun vollkommen eingekreist. In dieser Situation wählte der Reichskanzler eine Politik des »kalkulierten Risikos«: Nach Sarajevo sollte Österreich in einer Blitzaktion Serbien niederwerfen. Diesen begrenzten militärischen Schlag wollte man mit einer umfassenden politischen Offensive verbinden, deren Ziel es war, die Entente auseinander zu manövrieren.

Reichskanzler Bethmann Hollweg beschreibt am 7. Juli 1914 seinem Sekretär Kurt Riezler das Dilemma, das sich immer wieder für das Deutsche Reich aus der österreichischen Balkanpolitik ergab:

Reden wir ihnen offen zu, so sagen sie, wir hätten sie hineingestoßen; raten wir ihnen ab, so heißt es, wir hätten sie im Stich gelassen. Dann nähern sie sich den Westmächten, deren Arme offen stehen, und wir verlieren den letzten mäßigen Bundesgenossen. Diesmal ist es schlimmer wie 1912, denn diesmal ist Österreich gegen die serbisch-russischen Umtriebe in der Verteidigung.

Helmuth von Moltke, Neffe des gleichnamigen preußischen Generalfeldmarschalls und ab 1906 Chef des Generalstabs der deutschen Armee.

Bei Kriegsbeginn ließ sich Zar Nikolaus II. an der Spitze seiner Truppen als mutiger Heerführer abbilden (zeitgenössische Lithographie, Paris, Bibliothèque Nationale).

Auch Bethmann Hollweg stellte sich die Frage, was geschehen würde, wenn Russland wider Hoffen seinem Juniorpartner Serbien zu Hilfe kommen würde. Der Kanzler meinte, dieses Risiko eingehen zu müssen, da die Militärs jetzt noch die Chance sahen, dem Zarenreich Paroli bieten zu können: Wenn die Russen ungerüstet und in einer für sie fatalen politischen Situation zuschlagen würden, dann würden sie dies später unter besseren Bedingungen erst recht tun. Angesichts der Eskalation der Krise Ende Juli dachte der Kanzler an einen Rückzieher, und eine Rückendeckung durch den Kaiser schien hierbei denkbar. Doch Moltke beharrte auf seiner Kompetenz in Sachen deutsche Sicherheit und meinte, den einzig bestehenden Kriegsplan zur Anwendung bringen zu müssen. In dem berüchtigten Schlieffenplan ging die militärische Führung Deutschlands wie die aller Staaten davon aus, dass ein Krieg nur durch Offensivstrategien zu gewinnen sei. Geplant war, in einem Blitzkrieg zunächst Frankreich, dann Russland niederzuwerfen. Und da man Frankreich nur bei Verletzung der belgischen Neutralität schlagen zu können glaubte, lag es in der Konsequenz des Schlieffenplans, dass man auch Großbritannien, das Bethmann Hollweg neutral halten wollte, unter die Kriegsgegner einreihte. Die Politik eines »kalkulierten Risikos« erwies sich somit als Desaster. Statt eines politischen Coups zur Sicherung der Zweibundmächte fand das statt, was man nur als äußerste Eventualität eingeplant hatte: ein Krieg gegen alle drei Ententemächte. Bethmann Hollweg wie Moltke hatten schlimme Ahnungen. Ersterer sprach von einer drohenden Umwälzung alles Bestehenden, und Moltke gehörte zu den wenigen in Europa, die nicht an einen Blitzkrieg glaubten; er erahnte eine »gegenseitige Selbstzerfleischung« Europas.

Weltmachtambitionen und Bedrohungsängste – Leitmotive der Entente

Russlands Balkaninteressen

Russland hatte sich nach seiner Niederlage im Russisch-Japanischen Krieg, nach Revolution und halbherzig-unvollendeter Reform wieder auf seine Europapolitik konzentriert. Das schon genannte enorme Aufrüstungsprogramm wurde vor dem Hintergrund labiler innerer Verhältnisse vorangetrieben, die man durch eine nationale Prestigepolitik zu überspielen suchte. Zu dieser gehörte, dass man als Schutzherr der Südslawen auftrat, wobei man den zeitgenössischen Panslawismus nutzte und förderte. Trotz Groß- und Weltmachtstellung litt Russland an der unglücklichen geographischen Struktur des Landes, vor allem dem fehlenden Zugang zu Häfen, die unverzichtbare Basis für eine Weltpolitik waren. Balkanpolitik und Aufrüstung bekamen hier ihren Sinn. Sie sollten zur Gewinnung der Meerengen und zu einer Beerbung des Osmanischen Reiches führen. Österreich sollte vom Balkan zurückgedrängt und mehr noch sollten Deutschlands Orientinteressen und dessen Rückendeckung für Wien ausgeschaltet werden. Russlands Politik war also deutlich offensiver als die der übrigen Großmächte. In zeittypischer Umformung dieses Sachverhalts urteilte Sasonow, dass Deutschland Russland den freien Zutritt zu den Meeren versperre und damit dessen Sicherheit gefährde. Zudem missbrauche das Deutsche Reich Russland als Rohstofflieferanten und nützlichen Absatzmarkt. Der russische Außenminister wollte daher eine innen- und außenpolitische Lage schaffen, in der Russland einen Großmächtekrieg erfolgreich würde bestehen können. Dabei vertrat Sasonow eine Mittelposition zwischen den Nationalisten, die einen Krieg zwischen Slawentum und Germanentum predigten, und einer deutschfreundlichen Fraktion. Im Sommer 1914 sah er die bündnispolitische Situation des Landes als so gefestigt an, dass er einen Großmächtekrieg für möglich hielt, und kommentierte prompt das österreichische Ultimatum an Serbien mit der Bemerkung: »Das ist der europäische Krieg«. Ohne Rücksicht auf die Realitäten erklärte die russische Führung, das Land sei politisch, wirtschaftlich und militärisch gerüstet. Auf den britischen Vermittlungsvorschlag wollte man eingehen, allerdings zugleich Serbien nicht fallen lassen. Als die Mittelmächte jedoch weiterhin eine politische Kapitulation der Tripelentente anstrebten, machte Russland mobil, wohlwissend, dass dies den Großmächtekrieg bedeutete.

Zar Nikolaus II. zeigt sich am 2. August 1914 auf dem Balkon des Winterpalais in Sankt Petersburg den kriegsbegeisterten Massen.

»Erbfeindschaft?« – Frankreichs Bündnistreue zu Russland

Russlands Bündnispartner Frankreich findet in der Vorgeschichte des Ersten Weltkriegs meist wenig Beachtung. Ungeachtet der zeitgenössisch diesseits und jenseits des Rheins gepflegten »Erbfeindschaft« bleibt jedoch Frankreichs Engagement erklärungsbedürftig, denn der Krieg entzündete sich an einem Balkankonflikt, und mit Österreich gab es kaum Reibungspunkte. Auch Frankreich wähnte sich in einem Sicherheitsdilemma, bei dem der kontinentale Gegensatz zum Deutschen Reich entscheidend war. Sorgen bereitete die politische und wirtschaftliche Dynamik des östlichen Nachbarn, dessen Heer man fürchtete, während man durchgängig die eigene demographische Unterlegenheit betonte. Kollisionen in der Weltpolitik, vor allem in Nordafrika, aktualisierten das Feindbild. Unter Poincaré plante Frankreich keineswegs bewusst einen Revanchekrieg für die Niederlage im Deutsch-Französischen Krieg von 1870/71, in dem es das Elsass und den östlichen Teil Lothringens hatte abtreten müssen. Dennoch baute man die Bereitschaft zu einem Großmächtekrieg systematisch aus. Vor allem arbeitete Poincaré an einer »Militarisierung« des Bündnissystems, der vor 1914 allgemein erhebliches Gewicht beigemessen wurde. Entente wie Zwei-

KRIEGSKARTENSPIELE

Die Abwandlung von Kartenspielen zu Kriegskartenspielen hatte vor dem Ersten Weltkrieg bereits eine lange Tradition. Die Darstellung der Kriegsherren und ihrer Helfer als Könige und Bauern ließ das Bild von einem spielerischen Kampf der Kartenheere erscheinen. Doch erst seit dem Ersten Weltkrieg wurden die propagandistischen Möglichkeiten dieser Spiele richtig erfasst. Neben den hier demonstrierten

Skatspielen sollten auch Quartette, Schwarzer Peter und andere Kartenspiele Kriegseuphorie und Siegesgewissheit suggerieren. Auf den hohen Spielkarten wurden die Koalitionspartner, neue Kriegstechnik oder Pittoreskes aus dem verbündeten Ausland abgebildet. Die niedrigen Spielkarten zeigten leicht zu schlagende und Aversionen weckende Kriegsgegner oder Kampfsituationen. Priorität bei den hohen Trümpfen hatten militärische Führer und Helden, politisch wichtige Personen wie der Reichskanzler fanden hier selten Platz. Bezeichnenderweise wurde Kaiser

Wilhelm II. als höchster Trumpf bereits 1917 ausgewechselt, was verdeutlicht, dass er bereits zu dieser Zeit den Respekt der Zivilbevölkerung und des Militärs verloren hatte.

bund wurden mit Militärabsprachen unterfüttert, die wegen der zugrunde liegenden Offensivstrategien den Verhandlungsspielraum für den Fall von Krisen minimalisierten. Besonders kümmerte der französische Präsident sich um die Kooperation mit Russland. Enorme Kapitalhilfen dienten vor allem dem Ausbau des russischen Straßen- und Schienennetzes im Westen, und diese militärpolitische Komponente verschreckte die Deutschen. Seit 1912 deckte Poincaré zudem alle Eventualitäten der russischen Balkanpolitik. Frankreichs Politik in der Julikrise zeugte daher von größter Gradlinigkeit und Kontinuität. Die Republik folgte skrupellos der Erwiderung Russlands auf die Aktion der Zweibundmächte.

Pax Britannica – Großbritanniens Kampf um das Gleichgewicht der Mächte

Großbritanniens Kriegseintritt überraschte demgegenüber nicht nur die deutsche Reichsleitung; er kontrastierte auch mit unmittelbar vorausgegangenen Ausgleichsbemühungen gegenüber Deutschland, etwa bezüglich der portugiesischen Kolonien oder der Bagdadbahn, und er stand im Widerspruch zu erfolgreichen Vermittlungsaktionen in vorangegangenen Balkankrisen. Hintergrund dieses vermeintlichen Kurswechsels war eine tiefe Sorge um den Fortbestand der *Pax Britannica.* Gesichert durch eine unschlagbare Flotte und gestützt auf ein zukunftsweisendes politisches System sowie auf einen Vorsprung in Industrie und Handel hatte Großbritannien im 19. Jahrhundert die Weltpolitik bestimmt. Durch die rasanten Veränderungen um die Jahrhundertwende wurde dieser umfassende Vorsprung Großbritanniens aufgebraucht und die *Pax Britannica* infrage gestellt. Besonders betroffen hatte man sich durch die Tirpitz'sche Flottenpolitik gezeigt. Doch auch weiterhin fühlte man sich ungeachtet des Bethmann-Hollweg'schen Kurswechsels durch das Deutsche Reich insbesondere als Handelskonkurrent und als weltpolitischer Störenfried am meisten bedroht. 1914 war eine mit Russland und Frankreich »arbeitsteilig« durchgeführte Eindämmung Deutschlands zu beobachten, und man wollte eine Sprengung der Tripelentente auf keinen Fall hinnehmen. So zeigte man sich gereizt, als Deutschland beim Aufbau des Krisenszenarios auf dem Balkan beteiligt war, zumal es enge Beziehungen Großbritanniens zu Serbien gab. Dennoch suchte man nach dem 28. Juli zu vermitteln. Der deutsche Einmarsch in Belgien wurde aber als maßgeblicher Indikator dafür angesehen, dass Großbritannien Grund hatte, in den Krieg einzutreten. Auch in Großbritannien herrschte ein Sicherheitssyndrom, demzufolge Deutschland das Gleichgewicht Europas und damit britische Lebensinteressen bedrohte.

Die in der Julikrise vertretenen Positionen erscheinen heute befremdlich. Bei allen Staaten verband sich eine krude Mischung aus Bedrohungsängsten und Groß- bzw. Weltmachtambitionen, entstand aus Frustration und grimmiger Entschlossenheit, aus Fatalismus, ja Todessehnsucht und blindem Aktionismus eine brisante Mixtur. Die Staaten befanden sich in kollektiver Panik, aus der heraus sie in redlichem Empfinden Defensivstrategien entwarfen, die im Kern aber Aggressionen darstellten. Das konkrete Kriegsszenario hatten die Zweibundmächte aufgebaut, die somit eine besondere Schuld trifft. Geichwohl fällt ein einseitiger Schuldspruch schwer, denn ohne Grund fühlten sich weder Österreich noch Deutschland in die Enge getrieben, und alle beteiligten Mächte hätten leicht den Großmächtekrieg verhindern können. Viele merkwürdige Einseitigkeiten der Zeit stechen ins Auge, allen voran eine Geringschätzung der Segnungen des Friedens und das alternativlose und blinde Vertrauen in jene machtorientierte Groß- und Weltmachtpolitik der europäischen Staaten, die sichtlich dem Ende entgegenging. Zu den Sonderbarkeiten dieses Konflikts gehörte zudem, dass er nicht nur von alten Eliten geschürt wurde. Beteiligt waren die Bürger der Staaten, die in jener Zeit die Prinzipien des Weltbürgertums gering veranschlagten, aber auch politische Minderheiten, die bislang unterdrückt gewesen waren und die nun, befangen von der Idee, dass die Vaterländer in Gefahr seien, durch Einsatz und Kampf die Integration in die jeweiligen Staatengemeinschaften herbeiführen wollten. Spektakulär war hierbei besonders das Ende der machtvoll erscheinenden Arbeiterinternationale: Die von der deutschen Führung genährte Suggestion, dass Russland der Aggressor sei, führte die deutschen Sozialisten zur Akzeptanz des Krieges und deren Haltung wiederum ließ die französischen Arbeiter nicht zweifeln, dass Frankreich sich verteidigen müsse.

Großbritannien stellte dem Deutschen Reich am 4. August 1914 ein Ultimatum, die Neutralität Belgiens zu respektieren. Reichskanzler Bethmann Hollweg entrüstet sich gegenüber dem britischen Botschafter:

England tut etwas Unerhörtes, indem es Krieg gegen eine verwandte Nation führt. Es handelt wie jemand, der einen Menschen von hinten anfällt, während dieser gegen zwei Angreifer um sein Leben kämpft. England wird für alle furchtbaren Ereignisse verantwortlich sein, die noch folgen könnten, und das alles für ein Wort: Neutralität. Für einen Fetzen Papier.

Die belgische Armee konnte den deutschen Truppen nur begrenzt Widerstand entgegensetzen, sie war schlecht ausgerüstet. Die Abbildung zeigt Hunde beim Ziehen von Maschinengewehren.

GÜNTER WOLLSTEIN

Griff nach der Weltmacht? – Kriegsziele und Friedensbemühungen

Alle Staaten gingen in den Ersten Weltkrieg mit reinem Gewissen, weil man angeblich einen Verteidigungskrieg führte. Die Soldaten rückten ein und hielten durch zur »Rettung des Vaterlandes«. So lieferte der deutsche Kaiser Wilhelm II. mit der Parole: »Uns treibt nicht Eroberungslust« seinem Land die gängige Formel. Doch die Zweideutigkeit dieser Aussage war typisch. Ein, wie man meinte, dem Land aufgezwungener Existenzkampf musste, ja sollte nicht mit dem Status quo ante enden. Nur wenige weitsichtige Politiker kamen rasch zu der Einsicht, dass eine Selbstbehauptung im Krieg schon ein hinnehmbares Ergebnis darstelle; für diesen Fall sprach man schon von einer Stärkung des Landes. Durchsetzen sollten sie sich mit entsprechenden Friedensbemühungen auch nach dem August 1914 erneut nicht. Der Trend lief in die konträre Richtung: Vor dem Hintergrund der Überzeugung, dass sich alle fünf europäischen Großmächte zutiefst gefährdet sahen, wollten diese durch den einmal entfachten Großmächtekrieg für das jeweils eigene Land mehr Sicherheit und mehr Perspektiven. Dies aber hieß: Annexionen, Trabantenstaaten, neue Kolonien und verbesserte Chancen für Wirtschaft und Handel.

"ICH HABE ES NICHT GEWOLLT!"

Die Illustration auf einer Bildpostkarte nach einem Gemälde von Carl Schmidt zeigt den deutschen Kaiser Wilhelm II. an Kriegsgräbern.

Vom europäischen Krieg zum Weltkrieg – Der Anreiz von Annexionen

Im Krieg entstanden somit aus dem Denken in der Julikrise ohne große Umschweife ausufernde Kriegsziele bei allen Mächten. Wilhelms II. Worte implizierten dann auch, dass die anderen Mächte selbst Schuld hätten, wenn sie nun mit Annexionsforderungen konfrontiert würden. Die alternativlose Gewalt- und Machtpolitik der Großmächte 1914 brachte nahtlos deren Gewalt- und Machtpolitik im Krieg hervor. Vermeintliches »Kriegsglück« trieb die Forderungen hoch, Rückschläge und bedrängte Lagen produzierten »bescheidene« Forderungen, die die Feindstaaten aber gleichwohl alarmierten, da diese die Lage ja schon vorher als unerträglich eingestuft hatten. Bald sollten außerdem die Verluste an Menschen und Material ins Unermessliche steigen, und je höher sie wurden, desto lauter musste auch der Ruf nach Bestrafung, nach Reparationen und Ausplünderung des Gegners werden. Eine Rückkehr während des gigantischen Krieges zu der zuvor schon minimalisierten Solidarität der Mächte war schwer vorstellbar. Dies galt umso mehr, als sich der europäische Krieg rasch zum Weltkrieg ausweitete. Noch 1914 erklärte Japan dem Deutschen Reich den Krieg, und das Osmanische Reich sowie im Folgejahr auch Bulgarien traten an die Seite der sich nun Mittelmächte nennenden Zweibundpartner. 1915 griff Italien gegen Österreich zu den Waffen, 1916 trat Rumänien an die Seite der nun als Alliierte firmierenden Entente, 1917 folgte ihm Griechenland. Doch schon zuvor, am 6. April 1917 waren – kriegsentscheidend – die USA definitiv militärisch als politisch »Assoziierte« an die Seite der Alliierten gerückt. Die kleineren Mächte wurden mit territorialen Versprechungen ausgestattet, und insgesamt weiteten sich die Kriegsziele massiv aus.

Kaiser Wilhelm II. (links) in Uniform mit dem Chef des Generalstabs Paul von Hindenburg. Bildpostkarte, um 1916.

Nach Bekanntwerden der deutschen Mobilmachung kam im Lustgarten vor dem Berliner Stadtschloss eine große Menschenmenge zusammen. Der Kaiser sagte in einer patriotischen Rede zur Menge unter anderem: »Wenn es zum Kampf kommt, hört jede Partei auf, wir sind nur noch deutsche Brüder.« Illustration aus den »Neuruppiner Bilderbogen«.

Ohne militärischen Erfolg – Das Habsburgerreich

Der folgende Überblick über das Verhalten der einzelnen Mächte beginnt mit der Habsburgermonarchie, die kein Kriegsglück und damit kaum Gelegenheit hatte, ausufernde Kriegszielpläne zu schmieden. Gleich anfangs stand man knapp vor der Vernichtung durch russische Truppen, wurde 1915 durch deutsche Armeen gerettet, doch das anschließende Vorschieben der Ostfront der Mittelmächte führte zur Abhängigkeit vom Deutschen Reich. Der Prozess der Zerstörung des Staates, der sich im Juni 1918 stark beschleunigte, konnte dadurch nicht aufgehalten werden. Von diesem Zeitpunkt an durften die Nationalitäten Österreichs, jetzt schon vertraglich gestützt auf die Alliierten, auf Eigenständigkeit hoffen. Zudem drohten Österreich gegenüber Italien massive Gebietsamputationen, da die Alliierten Italien bei Kriegseintritt mit Hoffnungen auf die Brennergrenze und territoriale Gewinne auch im Raum Triest und Dalmatien geködert hatten. Hoffen durfte die Habsburgermonarchie eigentlich nur auf eine Erweiterung Österreichisch-Polens auf Kosten Russlands. Doch hier spielte das mächtigere Deutsche Reich wegen eigener Polenambitionen nicht mit. Zudem wollten die österreichischen Slawen, die lange Zeit erstaunlich loyale Truppenkontingente stellten, im Staat neben Deutschen und Un-

Aus einer Denkschrift des Großindustriellen Gustav Krupp von Bohlen
und Halbachs über die deutschen
Kriegsziele vom Juli 1915:

1. Keinerlei Friedenskongress.
2. Schaffung der Grundlagen zu einer für
Deutschland vorteilhaften Neuordnung
der handelspolitischen Verhältnisse.
3. Angliederung von strategisch erforder-
lichem und für deutsche Landwirtschaft
erwünschtem Feindesland, aber ohne
Gewährung des Rechts der Volksvertre-
tung...
4. Sicherung eines rein deutschen Landes-
streifens zwischen Altpreußen und
Neupolen.
5. Kriegsentschädigung auch in Form von
durch den bisherigen Feind zu enteig-
nendem Land-, Bergwerks- und Industrie-
besitz.
7. In sich gesichertes Kolonialreich in
Afrika.

Die 3. Oberste Heeresleitung, Paul von
Hindenburg (links) und Erich Ludendorff
(Bildpostkarte).

garn mehr Selbstständigkeit erreichen, nicht aber weitere unterdrückte Volksgenossen eingegliedert sehen. Auch erschien ihnen ein
Vasallentum Österreichs gegenüber Deutschland unerträglich. In
letzter Minute, im März 1917, streckte der neue österreichische Kaiser Karl I. in der »Sixtus-Affäre« den bekanntesten Friedensfühler
des Ersten Weltkriegs überhaupt aus: Österreich zeigte sich friedensbereit, wollte auf Österreichisch-Polen zugunsten Deutschlands verzichten, wodurch dieses zur Preisgabe Elsass-Lothringens bewegt
werden sollte. Auf diese Weise sollte auch das Deutsche Reich zu allgemeinen Friedensverhandlungen umgestimmt werden. Der Vorstoß scheiterte aber schon daran, dass Frankreich mehr als nur Elsass-
Lothringen wollte und Italien zu keinen Abstrichen an seinem
Maximalprogramm bereit war.

Den vermeintlichen Sieg vor Augen – Deutschland im Annexionsfieber

Griff Deutschland nach der Weltmacht? Eine populäre These des
Historikers Fritz Fischer behauptet dies. Richtig daran ist, dass
sich im Ersten Weltkrieg tatsächlich jene Abgründe auftaten, in die
der NS-Staat später hineinsteuerte. 1914 bis 1918 herrschten jedoch
andere Dimensionen. Deutschlands Plan eines doppelten Blitzkrieges scheiterte umgehend in der Marneschlacht. Doch viele Deutsche
blieben Illusionisten, allen voran die enthemmten »Siegfriedensapostel« der 1916 eingesetzten 3. Obersten Heeresleitung (OHL) unter Paul von Hindenburg und Erich Ludendorff. Die chauvinistische
Presse, die die politischen und militärischen Positionen des Groß-
admirals Tirpitz vertrat, streute ungeachtet eines in allen Staaten bis
1917 geltenden Verbots, öffentlich über Kriegsziele zu diskutieren,
neue Begehrlichkeiten auch unter das Volk, und selbst Politiker wie
die später ganz anders auftretenden Gustav Stresemann und Matthias Erzberger sowie Intellektuelle und Persönlichkeiten aus dem
Bereich Wirtschaft–Handel–Banken hatten teil an der chauvinistischen »Kriegszielbewegung«.

Ausgangspunkt dafür war allenthalben der Frust darüber, dass
Deutschland stets Sorgen vor einem Zweifrontenkrieg gehabt hatte
und in der Weltpolitik mit einer Nebenrolle bedacht war. Beides
sollte mit einem Schlag geändert werden. Je nach Feindbild oder
Kriegslage sollte die Basis Deutschlands gegenüber Russland nach
Osten, gegenüber Frankreich und Belgien nach Westen oder gegenüber Großbritannien in der Weltpolitik verbreitert werden. Zumeist
lagen Mixturen all jener Begehrlichkeiten vor, die aus dem Sicherheitssyndrom entstanden waren, und die Alldeutschen als Vorläufer
der Nationalsozialisten addierten schlicht alle erdenklichen Kriegsziele. Akzente setzten auch die Unmöglichkeit, den Kampf im Westen zu gewinnen, der sich abzeichnende Zusammenbruch des russischen Imperiums und das erwachende politische Bewusstsein der
Nationalitäten im Osten. Das Resultat waren Perspektiven, die am
Anfang des Krieges kaum denkbar gewesen waren. Schon ein sum-
marischer Überblick über die Kriegsziele macht schwindlig. Im
Osten blieb man nicht beim Gedanken, einen polnischen »Grenz-

streifen« zu erwerben und Polen und die baltischen Provinzen zu Protektoraten umzuformen. In extremen Fantasien wurde die Grenze über den Kaukasus, Kleinasien und Persien hinaus an Indien heran vorgeschoben. Bei antisemitischen Tönen war von einem »deutschen Kulturland« auf den Trümmern des Russischen Reichs mit deutschen Kolonisten und einem Transfer von Arbeitskräften die Rede. Der Kaiser selbst hatte die Idee, die Bevölkerung annektierter Gebiete auszusiedeln. Im Westen sollte neben einer Annexion Belgiens, die den Zugang zur Kanalküste brachte, Frankreich amputiert und ohne Eisen- und Kohlereserven auch als Konkurrent ausgeschaltet werden. Koloniale Ambitionen waren auf Mittelafrika zentriert, doch extreme Pläne zielten geradezu auf eine Beerbung Großbritanniens als führender Weltmacht.

Die verbündeten Monarchen, Propagandapostkarte; von links: Kaiser Wilhelm II. (Deutsches Reich), Kaiser Franz Joseph I. (Österreich-Ungarn), Sultan Mohammed V. Reschad (Osmanisches Reich), Zar Ferdinand I. (Bulgarien).

Bemühungen um einen Ausgleichsfrieden scheitern

Solche Projekte stellten jedoch nur die eine Seite der Medaille dar. Der deutsche Reichskanzler gehörte nämlich zu den wenigen in Europa, die – die Aussichtslosigkeit eines Siegfriedens vor Augen – einen Remis- oder Ausgleichsfrieden ansteuerten. Die Selbstbehauptung Deutschlands im Krieg oder möglichst eine moderate Stärkung seiner Position waren bald Bethmann Hollwegs Ziele. Sein ständiges Suchen nach Ansatzpunkten zum Frieden kulminierte in einem in diesem Krieg einzigartigen öffentlichen Friedensangebot vom Dezember 1916, wobei er auf amerikanische Rückendeckung hoffte. Die Alliierten waren mit einem Remisfrieden jedoch nicht zufrieden, und im Innern arbeitete die 3. Oberste Heeresleitung auf ein Scheitern des als »Flaumacher« verketzerten Reichskanzlers hin, der zudem angesichts der unklaren Führungsverhältnisse im Reich und der wütenden Kriegszielbewegung seine wahren Absichten fast durchgängig hinter vagen Formeln verstecken musste. Als der Reichstag sich im Juli 1917 zu einer neuerlichen spektakulären Friedensresolution aufraffte, war Bethmann Hollweg zwischen den Fronten gescheitert, die zwischen Befürwortern eines Siegfriedens bzw. eines Ausgleichsfriedens bestanden. Das Kernziel des Kanzlers war eine mitteleuropäische Zollunion, die letztlich einen Verbund

1914 malte Friedrich August von Kaulbach die Germania als Verkörperung Deutschlands in seiner Abwehr- und Angriffsbereitschaft bei Kriegsbeginn (Berlin, Deutsches Historisches Museum).

Deutschlands mit Österreich, Belgien und Polen darstellen sollte. Wirtschaftlich machte dieser Plan für das exportorientierte Deutsche Reich wenig Sinn, doch sollten diese Staaten auf diese Weise an das Reich gebunden werden, wodurch die nicht oder allenfalls in kleinem Umfang realisierbaren Annexionen ersetzt werden sollten. Mit den deutschen Osterfolgen dachte der Reichskanzler an einen gänzlichen Annexionsverzicht im Westen und ein Vorschieben des deutschen Einflussbereichs im Osten, behielt aber auch hier einen Verzicht im Auge, wenn Russland zu einem Separatfrieden zu bewegen sein sollte. Nach Bethmann Hollwegs Sturz am 13. Juli 1917 und während der finalen Siegfriedensbemühungen der 3. Obersten Heeresleitung setzte diese dann im Frieden von Brest-Litowsk, der am 3. März 1918 von den Mittelmächten dem neuen Sowjetrussland diktiert wurde, andere Maßstäbe. Aus dem zerstörten Zarenreich wurden Polen, Finnland, die baltischen Provinzen und selbst die Ukraine als deutsche Protektorate herausgeschnitten, und ein autarker Bereich von der Ukraine bis Belgien sollte das Grundelement der angestrebten Friedensordnung darstellen. Maßvollere Kräfte in Deutschland sahen das anders. Sie akzeptierten Brest-Litowsk lediglich als Basis, um den Krieg im Westen doch noch gewinnen zu können oder als Fundus für Kompensationen bei allgemeinen Friedensverhandlungen.

Seit Dezember 1917 leitete Leo Trotzkij (rechts) die russische Delegation bei den Friedensverhandlungen mit den Mittelmächten in Brest-Litowsk. Er wurde begleitet von dem russischen Diplomaten Adolf Abramowitsch Joffe (Zweiter von rechts).

»Nehmt Mainz, nehmt Koblenz« – Die alliierten Kriegsziele

Die Alliierten zeigten sich nicht maßvoller. Russland verlor schon im August 1914 bei Tannenberg seine komplette Narewarmee, im folgenden Jahr war das Land bis zu einer Linie von Rumänien bis Riga besetzt, und eine positive kriegsentscheidende Wende des Krieges kam nie in Sicht. In einer Todesmühle bluteten neben dem russischen Volk vor allem die anderen Nationalitäten des russischen Imperiums. Sein autokratisches System leistete nicht nur hinsichtlich seiner völlig unzureichenden Kriegsvorbereitungen den Offenbarungseid, die unfähige politische und militärische Führung sorgte unfreiwillig konsequent für ihr eigenes Ende und steuerte das Volk bei miserabler Versorgungslage in dumpfes Elend, Apathie, Chaos und Friedenssehnsucht. Am Ende standen 1917 Februar- und Oktoberrevolution mit der Herrschaft der Bolschewiki unter Wladimir Iljitsch Lenin. Ungeachtet dieser Katastrophe gab es anhaltende Kriegszielobsessionen, die den aggressiven

Französische Truppen auf dem Liebfrauenplatz in Mainz am 9. Dezember 1918.

Grundtenor der russischen Politik in der Julikrise widerspiegelten. Diese steigerten sich in der Agonie des Zarenreiches 1917 sogar weiter, weil die Westmächte zu allem rieten, was den wankenden Partner bei der Stange halten würde. Als 1915 für einige Wochen Galizien erobert war, nahm Zar Nikolaus II. höchstpersönlich das Land in seinen Besitz und tönte von einem unteilbaren Russland bis zu den Karpaten. Eine anhaltendere nationale Begeisterung entfachte nur der Krieg gegen das Osmanische Reich, mit dem sich Russland mit der Wiedererrichtung des orthodoxen Kreuzes auf der Hagia Sophia einen Jahr-

Im Juli 1917 kam es in Petrograd zu ausgedehnten Aufständen, die man als Auftakt zum Staatsstreich betrachtete. Die historische Fotografie zeigt fliehende Demonstranten auf dem Newskij Prospekt.

hunderte alten Traum erfüllen wollte. Die Eroberung der bedeutenden Metropole Konstantinopel wäre auch als Zugabe zu einem Gewinn der Meerengen ein lohnendes Ziel gewesen, und neben dem Zugang zum Meer lockte die Vorherrschaft über die Balkanstaaten. Im Frühjahr 1915 stimmte Großbritannien den russischen Plänen bereitwillig zu, denn es wollte den russischen Partner hiermit sowie mit einer Westverschiebung Russlands auf Kosten Deutschlands fest an sich binden und seinen kolonialen Besitz in Asien umso gesicherter im Griff behalten. Frankreich musste hingegen nachdrücklich darauf hingewiesen werden, dass eine mögliche russische Eroberung Konstantinopels einen Ausgleich für sein eigenes Ausgreifen nach Elsass-Lothringen darstelle. Die Westmächte präsentierten noch im gleichen Jahr auf der Wirtschaftskonferenz in Paris

und im Folgejahr, im Januar 1916, im Sykes-Picot-Abkommen Gegenrechnungen. Auf Ersterer drängten sie bei Plänen, die Deutschland auch noch in Friedenszeiten wirtschaftlich knebeln sollten, Russland erneut in die ungeliebte Rolle eines Rohstofflieferanten und bequemen Abnehmers von Fertiggütern. In Letzterem teilten sie den asiatischen Teil des Osmanischen Reiches untereinander auf, beließen Russland aber immerhin im Nordosten Kleinasiens ein hinreichendes Stück des Kuchens.

Otto Dix, Maler des Expressionismus und später der Neuen Sachlichkeit, hielt die Schrecken des Kriegs und das Elend der Nachkriegszeit in veristisch-expressivem Stil fest. Die Selbstbildnisse zeigen ihn als Soldaten (links) und mit Artilleriehelm im Jahr 1914 (Stuttgart, Galerie der Stadt).

Drastische Verkleinerung der Mittelmächte?

Die panslawistischen Pläne des russischen Außenministers Sasonow zerschellten hingegen umgehend an divergierenden Interessen der Südslawen. Einen Appell zur Erhebung der Nationalitäten in Österreich riskierte man nicht, weil man im Glashaus saß. Doch dachte man daran, die Habsburgermonarchie auf Deutsch-

Österreich, Ungarn, Böhmen und Mähren zu reduzieren. Zaghafte Ansätze, den Polen mehr Selbstverwaltung oder eine Wiedervereinigung anzubieten, nahm man rasch zurück, da Leute wie Innenminister Nikolaj Aleksejewitsch Maklakow mehr Freiheit für die Fremdvölker mit dem Ende des Imperiums gleichsetzten. Von daher war – bei Akzeptanz durch die Westmächte – eine schlichte Eroberung Deutsch- und Österreichisch-Polens angesagt. Obwohl die Begehrlichkeiten der Mittelmächte ihrerseits auch nicht gering waren, verfing daher bei den Polen die Parole von einer »Befreiung vom deutschen Joch« nicht. Die enormen Blutopfer des Krieges, eine forcierte Unterdrückung der Nationalitäten und die vorübergehende Herrschaft über Galizien, das heftige Russifizierungsversuche und die Verschleppung der ukrainischen Intelligenz erleben musste, schufen vielmehr erst voll das im 20. Jahrhundert anhaltende Problem der Unterdrückung der nichtrussischen Völker im erst zaristischen, dann sowjetischen Imperium. »Nehmt Mainz, nehmt Koblenz, geht noch weiter, wenn Ihr es für nützlich haltet«, so lautete demgegenüber die Leitidee von Nikolaus II. in Geheimverhandlungen mit Frankreich. Beide Länder waren sich einig, dass die Friedensordnung auf Kosten des Deutschen Reichs errichtet werden sollte. Die Niederhaltung eines möglichst drastisch verkleinerten Deutschlands war als Grundstock einer gemeinsamen Nachkriegspolitik gedacht. Wechselseitig stachelte man sich an, an der Grenze zu Deutschland tüchtig zuzufassen. Wie der russische Zugriff auf Ostpreußen, Posen und Schlesien nach dem erhofften Marsch über Posen und Breslau nach Berlin genau aussehen sollte, blieb unklar. Die Exzesse bei der kurzfristigen Eroberung von Teilen Ostpreußens ließen jedoch Schlimmes erwarten. Der Zar dachte in Kategorien des 19. Jahrhunderts, als vor der Bismarckzeit Russland den *arbiter Germaniae* (Schiedsrichter über Deutschland) gespielt hatte, und träumte von einem Zerfall Deutschlands in Einzelstaaten; 1917 dachte er daran, hierzu aktiv beizutragen. Doch das war schon ein Abgesang.

Im März verkündete der Petrograder Sowjet die zündende Parole von einem »Frieden ohne Annexionen und Kontributionen«. Und nach der Oktoberrevolution erklärten die Bolschewiki die alliierten Kriegszielabkommen für ungültig und willigten am 3. März 1918 in Erwartung eines baldigen Ausbruchs einer sozialistischen Weltrevolution in den vor allem vom Deutschen Reich diktierten Frieden von Brest-Litowsk ein.

Auf den möglichen Anspruch Russlands auf Ostpreußen bezieht sich diese zeitgenössische Karikatur; sie zeigt »unseren Herkules« Hindenburg, wie er in einem deutschen Blatt genannt wird, der die Russen (hier verkörpert durch Nikolaus II.) aus Ostpreußen hinauswirft.

Annexionspläne Frankreichs und wirtschaftspolitische Forderungen Großbritanniens

Damit sind die Kriegsziele der Westmächte schon angeklungen; die amerikanischen Vorstellungen verdichteten sich erst unter dem Eindruck des Brest-Litowsker Friedens von 1918, als die USA apodiktisch einen grundlegenden Systemwechsel im Deutschen Reich verlangten. Zu erwähnen bleibt, dass es auch in Frankreich eine Kriegszielbewegung gab und dass sich auch die französische Nationalversammlung analog zum deutschen Reichstag relativ maßvoll zeigte. Die politische Führung legte sich auf eine Zerschlagung des preußischen Militarismus fest und stellte damit die Einheit Deutsch-

Links: Die russische Delegation wird in Brest-Litowsk von den Deutschen in Empfang genommen. Rechts: Generalfeldmarschall Prinz Leopold von Bayern (Dritter von links; sitzend) bei der Unterzeichnung des Friedensvertrags von Brest-Litowsk am 3. März 1918. Durch den Vertrag verlor das russische Reich 25 Prozent seines Staatsgebiets und 75 Prozent der Eisen- und Kohleproduktion.

lands infrage. Auch hier gab es historische Reminiszenzen vor allem an die napoleonische Zeit, aber auch, wenn daran gedacht war, dass Dänemark bei Schleswig oder Großbritannien bei Hannover zupacken sollte. Neu war die Idee, Österreich durch das Angebot Schlesiens und Bayerns aus der Kriegsfront herauszubrechen. Im Mittelpunkt aber stand das Interesse Frankreichs an Elsass-Lothringen sowie am Saarland, an Luxemburg und einem oder zwei linksrheinischen Protektoraten. Auch rechtsrheinische Brückenköpfe wurden gehandelt. Die bescheidenere Variante war eine rein militärische Besetzung, die drastischere eine Annexion des Rheinlandes. Bemerkenswert bleibt, dass Politiker wie Aristide Briand oder Paul Painlevé 1916/17 ernsthaft Fühler in Richtung Ausgleichsfrieden ausstreckten. Analoge Friedensvorstellungen des Premierministers Herbert Henry Asquith spielten in Großbritannien nur eine geringe Rolle. An den russisch-französischen Annexions- und Teilungsplänen beteiligte Großbritannien sich andererseits aber auch kaum, da es nicht denkbar schien, Deutschlands Führung in Mitteleuropa auf Dauer zu verhindern. Dafür war man federführend auf der Pariser Wirtschaftskonferenz engagiert, als Pläne zur wirtschafts- und handelspolitischen Niederhaltung dieses Raums nach Ende des Weltkriegs geschmiedet wurden. Zudem wollte Großbritannien ein militärisch gezähmtes Deutschland weitgehend von den Ozeanen absperren. Die Präsenz des Deutschen Reiches sollte aber vor allem in Belgien, den afrikanischen Kolonien und dem Nahen Osten mit allen Mitteln unterbunden werden.

Der französische Sozialist Aristide Briand (links) und der britische Liberale Herbert Henry Asquith waren Befürworter eines Ausgleichsfriedens.

GÜNTER WOLLSTEIN

Verdun, Höhe 304 – Die militärische Dimension des Kriegs

Im Ersten Weltkrieg wurden 74 Millionen Menschen mobilisiert, doch die Zahl der unmittelbar vom Krieg Betroffenen war um ein Vielfaches höher. Seit 1917, als nach dem Kriegseintritt der USA die meisten Staaten Amerikas die Beziehungen zu den Mittelmächten abbrachen oder wie China in den Krieg eintraten, tobte ein totaler

Riesige Munitionslager wurden angelegt, um die Artillerie kontinuierlich mit Geschossen versorgen zu können. Rechts das zerschossene Verdun am Ufer der Meuse (Maas).

Gefallene Soldaten an der Westfront.

Krieg, obwohl angesichts des im Zweiten Weltkrieg nochmals gesteigerten Infernos bei der Verwendung dieses Begriffs Behutsamkeit angebracht ist. Alle Nationen waren direkt oder indirekt betroffen, auch wenn der Krieg im Wesentlichen auf dem europäischen Kontinent ausgetragen wurde und hier die weltpolitischen Entscheidungen fielen. Kolonialpolitische Nebenkriegsschauplätze in Asien – Kiautschou – und Afrika sowie die Kämpfe im Vorderen Orient – Gelibolu, Armenien, Mesopotamien und Ägypten – spielten keine entscheidende Rolle. Die Nationen Europas waren die Hauptakteure und damit die Leidtragenden eines sinnlosen Krieges. Hinter den Stichworten zehn Millionen Tote, Massengräber, menschliche Entwürdigung der Kombattanten in den Schützengräben, Materialschlachten, Massenvernichtungsmittel und Auflösung der Unterschiede zwischen Kriegs- und Heimatfront verbirgt sich als Bleibendes einzig ein gemeineuropäischer Fundus an Leid. Nur diesen hat das militärische Geschehen der Gegenwart hinterlassen. In Russland ist das Erinnern erheblich verdeckt durch die hier noch folgenden Volkskatastrophen, in Deutschland durch die Verantwortung für die final-fabrikmäßige Tötungsaktion zur NS-Zeit in Auschwitz. In Großbritannien hingegen blieb das Bewusstsein des Leidens und Sterbens im Ersten Weltkrieg wach. Vor allem aber Frankreich erinnert sich regelmäßig der Selbstbehauptung seiner Nation vor Verdun. Zukunftsweisend ist sein Kriegsmuseum in Péronne, das an das monatelange, allein 1200000 Menschenleben fordernde Niedermetzeln an der Somme erinnert. Im Mittelpunkt stehen Zeugnisse von dem besagten Fundus an gemeinsamem Leid; gewürdigt werden auch die Versuche von Soldaten, sich durch einfachste Hilfsmittel wie selbst gebaute Mandolinen und Fiedeln ein kleines Stück Bürgerlichkeit an der Front zu bewahren und dem Wahnsinn zu entfliehen.

Die Fronten erstarren – Das erste Kriegsjahr

Der »Wettlauf zum Meer« an der Westfront

Die Nationen waren bei Kriegsbeginn auf siegreiche Offensiven fixiert und glaubten an kriegsentscheidende und rasch auszufechtende Durchbruchs- oder Umfassungsschlachten. Niemand durchschaute, dass die rasante technische Entwicklung zwar rasche Truppenbewegungen ermöglichen, dass aber eine noch mangelhafte Motorisierung die Angriffswaffen erfolglos und einen Bewegungskrieg unmöglich machen würden; im Weltkrieg sollten die Maschinengewehre zum »automatischen« Tod der Angreifer führen. 1914 jedoch wollten die Franzosen entsprechend ihrem Plan XVII nach

Der **Schlieffenplan,** erstellt durch den preußischen Generalstabschef Alfred Graf von Schlieffen im Jahre 1905, sah für den Fall eines Zweifrontenkriegs des Deutschen Reichs vor, zunächst schnell die französischen Streitkräfte unter Verletzung der belgischen, luxemburgischen und niederländischen Neutralität in Nordfrankreich anzugreifen und durch ein Umschwenken nach Süden und Osten die gegen das Reich aufmarschierenden Truppen Frankreichs zu umfassen und zu vernichten. Danach sollten die freigewordenen Kräfte gegen Russland eingesetzt werden.
Der Schlieffenplan diente dem deutschen Generalstab als Grundlage für den Aufmarsch im Westen zu Beginn des Ersten Weltkrieges. Die erhoffte Umfassung von Paris scheiterte jedoch in der Marneschlacht im September 1914.

»Die Todesschlucht von Verdun« (Gemälde von Joseph Ferdinand Gueldry, 1916; Paris, Musée d'Histoire Contemporaine).

Lothringen durchbrechen, ein britisches Expeditionskorps sollte zu Hilfe eilen, und selbst Russland, das zum vollständigen Aufmarsch viel Zeit brauchte, sollte mit ersten Truppen schon bald entlastend eingreifen. Doch Deutschland riss mit einem schnellen Vorstoß – gemäß dem Schlieffenplan über Belgien – die Initiative an sich. Die Invasion Frankreichs gelang, nach knapp drei Wochen standen die deutschen Truppen vor Paris. Doch in der Marneschlacht im September erlitt die deutsche Seite eine strategische, möglicherweise unnötige Niederlage. Dafür entscheidend waren die hervorragenden Abwehrleistungen der vom französischen General Joseph Joffre geführten und von Großbritannien unterstützten Franzosen, der Abzug von deutschen Truppeneinheiten an die Ostfront und vor allem Führungsmängel im deutschen Heer. Als Folge davon wurde Moltke im Oberkommando durch Erich von Falkenhayn ersetzt und entstand später in Deutschland bei Revanchisten der Gedanke an einen neuen und dann besser geführten Krieg. Anschließend fand der euphemistisch »Wettlauf zum Meer« genannte, verlustreiche Vorstoß beider Armeen zur Kanalküste statt, bei dem sich die Truppen wechselseitig zu umfassen suchten. Diese Aktionen sowie nachfolgende erste Versuche, die sich nach Norden bildende Front zu durchbrechen, zeigten erstmals, wie gnadenlos in diesem Krieg die Angreifer niedergemetzelt wurden. Die Schlachten von Langemarck und Ypern wurden zu ersten Symbolen dieses blinden Anrennens. Dem Deutschen Reich gelang es nicht, die für den britischen Nachschub wichtigen Kanalhäfen zu erobern. Doch als im November die Front, die wenig verändert bis Anfang 1918 Bestand haben sollte, an jener Linie von der Nordsee bis zu den Alpen erstarrte, hielten deutsche Truppen fast ganz Belgien und den Nordosten Frankreichs besetzt.

Kartenlegende:

— weitestes Vordringen der Mittelmächte bis zur Marneschlacht (September 1914)
— Frontverlauf 1914/1915
······ Siegfriedlinie 1917/18
---- Frontverlauf Juli 1918
— Frontverlauf November 1918
➡ Heeresbewegung der Mittelmächte
➡ Heeresbewegung der Entente

während der überwiegenden Zeit des Krieges von Deutschland besetzt

nicht besetztes Belgien

DIE WESTFRONT 1914–1918

0   150 km

Von den deutschen Truppen bei dem verlustreichen Vorstoß auf Langemarck gefangen genommene kanadische und schottische Soldaten (Zeitungsbild vom 6. Mai 1915).

Die Lage an der Ostfront

Noch viel problematischer war der Kriegsauftakt für Österreich. Durch die Existenz zweier Fronten – gegenüber Serbien und Russland – überfordert, endete schon die »Strafexpedition« gegen Serbien vor Belgrad im Desaster. Aber vor allem in Galizien, wo die eigene Offensive mit einer russischen zusammenstieß, erlitt die Habsburgerarmee einen Schlag, von dem sie sich nicht mehr erholen sollte. Doch auch die russische Armee musste für ihren vertragsgerechten, aber ohne Rückendeckung vorgenommenen Vorstoß nach Deutschland Tribut zahlen. Die deutschen Osttruppen unter Füh-

rung von Hindenburg und Ludendorff befreiten Ostpreu-
ßen, von dem die Russen einen Großteil schon besetzt hat-
ten, zerschlugen bei Tannenberg im August 1914 die rus-
sische Narewarmee und vertrieben an den Masurischen
Seen die Njemenarmee. Schließlich verhinderten sie im
Verbund mit österreichischen Truppen einen weiteren
Westvorstoß der Russen von Warschau aus, woraufhin im
Dezember auch die Ostfront erstarrte. Mit der glänzend
geführten Doppelschlacht bei Tannenberg und an den
Masurischen Seen erlangte Hindenburg den Nimbus eines
»Retters des Vaterlandes«. Nationalisten bauten ihn fortan
zu einer mythischen Gestalt auf, die das »Geheimnis des
Sieges« kannte und die als Exponent des Angriffskrieges
Umfassungsschlachten zu schlagen wusste. In den folgenden Jahren, als nach deren Ansicht die alte »Kriegskunst«
»verkommen« war und ein »verkehrter« und »schmut-
ziger« Graben- und Stellungskrieg stattfand, wurde der
General selbst zum starrsinnigen Verfechter eines – längst
unerreichbaren – deutschen Siegfriedens. Demgegenüber
sprach sein Rivale Falkenhayn seit der Erstarrung der Westfront von
dem deutschen Heer als einem »zerbrochenen Instrument«, hielt
einen vollständigen Sieg gegen alle Gegner für nicht mehr erreichbar
und drängte auf einen Sonderfrieden mit Russland.

Im »Deutschen Bilderbogen« erschien
1915 die Darstellung »Hindenburgs
Schatten«, die den deutschen
Vormarschplan über Polen bis nach
Petrograd als von Gott beauftragt zu
rechtfertigen versucht.

Koordinationsschwierigkeiten aller Verbündeten

Das Scheitern aller strategischen Pläne des Jahres 1914 und der
neuartige Grabenkrieg führten 1915/16 nicht etwa dazu, dass
über die Unsinnigkeit des Krieges und einen Remisfrieden nachgedacht wurde, vielmehr dilettier-
ten die Militärs mit todbringenden und nutzlosen
Aushilfsstrategien. Diese waren um so verheerender, als das Problem eines gemeinsamen Oberkommandos auf beiden Seiten nicht befriedigend
gelöst wurde. Bei den Mittelmächten blieb die
mangelnde Koordination des Vorgehens aus dem
Jahre 1914 bis 1918 kennzeichnend. Doch auch die
Alliierten handelten vielfach den jeweiligen Ein-
zelinteressen entsprechend selbstständig, obwohl
sie Absprachen erzielten, vor allem auf den Konferenzen von Chantilly – hier wurden die Offensi-
ven des Jahres 1916 koordiniert –, und auch im März 1918 unter dem
französischen Marschall Ferdinand Foch ein gemeinsames Oberkommando einrichteten. Zwischen Ost- und Westfront konnten sie
ohnehin keine direkte Verbindung herstellen, da Deutschland die
Ostsee beherrschte und ein Angriff der Westmächte auf die vom
Osmanischen Reich gesperrten Dardanellen scheiterte. Schwerer
wog, dass das Ententebündnis durch wechselseitige Vorwürfe erschüttert wurde. Vor allem die Franzosen hielten den Briten vor, dass sie
die französischen Truppen nur zum Schutz des Empires benutzten.

Nach dem Scheitern des deutschen
Vormarsches im Westen wurde
Erich von Falkenhayn (links) Chef
des Generalstabes des deutschen
Feldheeres. Im März 1918 wurde der
französische Marschall Ferdinand Foch
mit der strategischen Leitung der
Operationen der Entente-Heere in
Frankreich betraut.

Die Diversionsstrategie

A uf der missglückten Suche nach neuen, plausiblen Strategien entschieden sich die Alliierten schließlich für die Diversionsstrategie sowie für trotzige Bemühungen, auf den kontinentalen Hauptkriegsschauplätzen das »Kriegsglück« zu erzwingen. Versuche, mit besagter Diversionsstrategie die Kräfte des Gegners durch Eröffnen von Nebenkriegsschauplätzen zu spalten oder Anläufe, Aufstands- und Nationalbewegungen für die eigene Sache einzuspannen, gab es weltweit; sie sollten den Feind an schwachen Stellen möglichst kriegsentscheidend treffen. Berühmt wurden die arabische Guerillabewegung, die der britische Agent »Lawrence von Arabien« (eigentlich T. E. Lawrence) für die Alliierten zustande brachte, und ein spektakulärer Aufstandsversuch irischer Nationalisten, der in Verbindung mit einer überharten Reaktion Großbritanniens zu einer Verschärfung des Irlandproblems

T(homas) E(dward) Lawrence, genannt Lawrence von Arabien, organisierte als britischer Agent den Aufstand der Araber gegen die Türken und vertrat auf der Friedenskonferenz von Versailles – erfolglos – die Forderung der Araber nach Unabhängigkeit.

führte. Für den Kriegsverlauf wichtiger war ein von dem britischen Ersten Lord der Admiralität Winston Churchill betriebenes, von der Halbinsel Gelibolu ausgehendes, kombiniertes Land- und Seemanöver, wobei der schlecht geführte gemeinsame Versuch von Briten und Franzosen, die Dardanellen zu erobern und Konstantinopel zu bedrohen, in einer Katastrophe endete. Die bedrängten Alliierten mussten sich nach Saloniki zurückziehen und konnten eine sich Anfang 1916 bildende starre Front von der Ägäis zur Adria erst am Kriegsende aufbrechen. Zu dieser fatalen Lage war es gekommen, weil 1915 Bulgarien nach der erfolgreichen Sommeroffensive der Mittelmächte gegen Russland mit Beute gelockt wurde und an der Seite Deutschlands und Österreichs in den Krieg eingetreten war. Zusammen überrannten diese Staaten daraufhin auch Serbien und brachten die wichtige Landverbindung zum Osmanischen Reich in ihre Hand. Dagegen bedeutete es für Deutschland und die Habsburgermonarchie einen schweren Schlag, dass deren Bündnispartner Italien und Rumänien durch territoriale Versprechungen auf die Seite der Kriegsgegner gezogen wurden. Italien rannte sich 1915 in den ersten der schließlich elf verlustreichen Isonzoschlachten fest, doch auch der Gegenstoß Österreichs Anfang 1916 brach die Front letztlich nicht auf, weil sich die Habsburgerarmee wieder dem Kampf gegen Russland zuwenden musste. Rumänien hatte 1916 die Kriegskonjunktur falsch eingeschätzt, und Bukarest wurde von den vermeintlich schwachen Mittelmächten rasch erobert. Diese inszenierten ihrerseits, abgesehen von dem Bulgariencoup, die die Alliierten überraschende Proklamation eines polnischen Staates Ende 1916. Diese spektakuläre Wiederherstellung eines polnischen Nationalstaats hätte ein werbewirksames Signal für die Politik der Mittelmächte sein können. Doch Ludendorff stellte durch Rekrutierungen umgehend klar, worum es ihm ging: Er benötigte dringend Soldaten, um den Fehlbedarf der deutschen Armee zu decken.

KRIEGSSCHAUPLATZ BALKAN

Die Strategie des »Ausblutens« – Der Stellungskrieg an den Hauptfronten

Der »gelähmte Riese« – Russland

Das eigentliche militärische Ringen fand jedoch 1915/16 an den Hauptfronten in Russland und Frankreich statt. Angetrieben von Ludendorff und Conrad massierte die ständig zwischen einer Schwerpunktsetzung im Osten oder Westen schwankende deutsche Führung von Oktober 1914 bis März 1915 ihre Truppen an der Ostfront. Durch einen von Ostpreußen und Galizien aus geführten Doppelstoß sollte Russland definitiv besiegt werden. Hindenburg gelang es im Wald von Augustów noch einmal, den Russen ein Cannae – der Topos für eine glorreich ausgegangene Umfassungsschlacht – zu bereiten, während Österreich, obwohl es die seit 1914 belagerte Festung Przemyśl verlor, erstmals in den Karpaten siegte. Vereint gelang Anfang Mai bei Gorlice-Tarnów, südöstlich von Krakau, die größte Durchbruchsschlacht des Weltkriegs, die zur Einnahme Litauens, Kurlands, Polens und Galiziens führte. Der französische Botschafter in Petrograd hatte richtig analysiert, dass der »gelähmte Riese« Russland nur noch einige Schläge gegen Feinde in Reichweite austeilen konnte. Entsprechend verlustreich gestaltete sich der Vormarsch der Mittelmächte; zu Jahresende bauten die Russen wieder eine Grabenstellung von der unteren Düna bis zur Bukowina auf. Doch die Kosten für Russland waren immens. Praktisch ohne Ausrüstung kämpfend, hatte das Zarenreich die Hälfte seiner Truppen eingebüßt. Anders war die Lage an der Westfront. Dort scheiterten vom Dezember 1914 bis Februar 1916 immer neue westalliierte Versuche, eine Offensive *à outrance* vorzutragen. Man meinte, gute Gründe zu haben, um die Soldaten in einer solchen Offensive bis zum Äußersten aus den Gräben heraus Welle um Welle in den sicheren Tod zu treiben: Zu ihnen zählte der Gedanke an eine Entlastung Russlands, die Versuchung, die eigene zahlenmäßige Überlegenheit zu nutzen, oder der psychologische Wahn, die Truppen müssten vor Lethargie in den Erdlöchern bewahrt und in ihrem Siegeswillen bestärkt werden. Ein betont »schneidiger« Joffre, der nach der Marneschlacht als »Vater des Vaterlandes« gerühmt wurde, kündigte voll Hybris auf die Deutschen zielend an: »Ich knabbere sie auf« und opferte sinnlos und zynisch sein »Menschenmaterial«.

Symbol des Sterbens – Verdun

Doch der Höhepunkt dieser menschenverachtenden Energie wurde erst 1916 – und zwar sowohl von deutscher als auch von britischer und französischer Seite – erreicht. Falkenhayn verlegte den

In einem Propagandaplakat des »Österreichischen Flottenvereins« wird zur Stärkung der Flotte, die die »Wacht an der Adria« halten sollte, aufgerufen.

Ein französischer Soldat beschreibt die hohen Verluste der sinnlosen Offensiven im September 1915:

Als der Tag gekommen war, erblickten wir mit Schrecken vor und hinter dem eroberten Graben Hunderte von französischen Gefallenen: Ganze Reihen von Soldaten der Schützenregimenter lagen niedergestreckt nebeneinander. Das war der Preis für diesen Geländegewinn von 400 oder 500 Metern. Ungefähr ein Menschenleben für jeden Quadratmeter.

Schwerpunkt erneut nach Westen und entschied sich in Kenntnis der bevorstehenden westalliierten Offensive für eine – wie er sagte – Strategie des »Ausblutens« des Feindes, eine »Blutanzapfung« oder auch »Blutmühle«. Von Ende Februar an ließ der eine frivole »Kriegsfreude« zeigende Oberbefehlshaber seine Truppen vier Monate lang auf die für Frankreich unverzichtbare Festung Verdun anrennen; die eigenen Verluste waren kaum geringer als die französischen. Trotz einer relativ schwachen Besatzung, die permanent ausgewechselt wurde, schaffte es Frankreich, den Eckpfeiler seines Verteidigungssystems zu halten. Verdun wurde zum Symbol für die Härten des Ersten Weltkriegs; schlimme Berühmtheit erlangte auch sein Fort Douaumont, das wechselseitig erstürmt wurde, selbst einzelne umkämpfte Punkte wie »Höhe 304« und »Toter Mann« wurden zu Chiffren des Grauens. Langsam begriffen die Militärs, dass statt Schlachten die technisch-industriellen Fähigkeiten der Staaten – in Verbindung mit den wirtschaftlichen Ressourcen der von den Bündnissen beherrschten Räume – kriegsentscheidend sein würden. Auch Falkenhayn hatte schon daran gedacht, mit Verdun die Rüs-

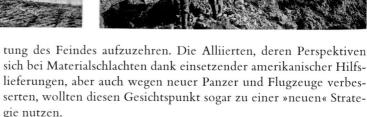

Das heftig umkämpfte Fort Douaumont bei Verdun im Januar 1916 und nach der Wiedererstürmung im Oktober 1916. Die gesamte Umgebung des Forts wurde durch die Kampfhandlungen verwüstet.

tung des Feindes aufzuzehren. Die Alliierten, deren Perspektiven sich bei Materialschlachten dank einsetzender amerikanischer Hilfslieferungen, aber auch wegen neuer Panzer und Flugzeuge verbesserten, wollten diesen Gesichtspunkt sogar zu einer »neuen« Strategie nutzen.

Die Sommeroffensiven des Jahres 1916

Die sinnlosen Menschenopfer von 1915 sollten der Vergangenheit angehören. Die fünfmonatige, Ende Juni gestartete Sommeoffensive begannen die Alliierten, weil das nochmals erhöhte und nun überlegene Rüstungspotenzial genutzt und die Defensivlinien des Gegners durch massiven Artilleriebeschuss »pulverisiert« werden sollten; nach vorbereitenden Feuerwalzen, in denen zunächst die Frontlinie, dann schrittweise das Hinterland beschossen wurde, sollten praktisch keine Verteidiger mehr existieren. Dennoch herrschte auch Skepsis, da man gleichzeitig von einer bevorstehenden Abnutzungsschlacht sprach und an einen Sieg nicht zu glauben wagte. Bereits Verdun hätte zeigen müssen, dass das Konzept eines solchen Schlachtplans nicht stimmte. Doch selbst als die deutschen Verteidiger weiter aus ihren gesicherten Stellungen heraus Welle um Welle der angreifenden Alliierten niedermähten, wurde das unfassbare Massaker fortgesetzt und es führte zu größeren Verlusten bei Angreifern als bei Verteidigern. Der britische und der französische Oberbefehlshaber Douglas Haig und Ferdinand Foch standen in ihrer Menschenverachtung ihren deutschen Kollegen nicht nach. Geplant war die Sommeschlacht als eine von drei Sommeroffensiven des Jahres 1916. Die der Italiener verpuffte in wenigen Tagen. Dagegen konnten die Russen unter Aleksej Aleksejewitsch Brussilow im Osten die Mittelmächte völlig überraschen und fast besiegen. Durch letzte Kraftanstrengung besser als im Vorjahr gerüstet, errangen die Russen an der Front zwischen Pripjetsümpfen und Karpaten den größten Schlachtenerfolg des Weltkriegs insgesamt. Hierbei waren sie nicht zuletzt Nutznießer von Auflösungserscheinungen in der österreichischen Armee; doch auch die deutschen Verluste waren bei diesem Ansturm enorm. Trotz des glänzenden Siegs erreichte Russland nicht das Ziel der Brussilow-Offensive, den Zusammenbruch Österreichs, das völlig erschöpfte Land war vielmehr selbst am Ende.

Paul Ettighofer beschreibt als Augenzeuge die grauenvollen Bedingungen vor Verdun:

Tagsüber siehst du die feisten Verdunratten, groß wie Katzen… an die wassergefüllten Trichter schleichen… und kriechst selbst hin zum Wasserloch, um das Gesicht einzutauchen. Aber der Wasserspiegel sinkt innerhalb von drei, vier Tagen… und wenn du wieder hinkriechst, mit dicker Zunge, findest du einen Toten im Trichter. Der Mann muss schon lange drin gelegen haben; er ist bereits gedunsen. Du erbrichst dich vor Ekel, aber die Qual des Durstes ist größer… wenn du den Toten in der Dunkelheit nicht mehr siehst, kriechst du wieder hin und trinkst.

Der Kriegseintritt der USA

Im Jahr 1917 änderte sich mit der Revolution in Russland und dem von Deutschland provozierten Kriegseintritt der USA die Kriegführung grundlegend. Die Westmächte trugen zwar noch ein letztes Mal die traditionellen offensiven Durchbruchsschlachten vor, die Materialüberlegenheit sollte durch mehr »Kühnheit« zum Tragen gebracht werden. Die Franzosen brachen ihr Unternehmen am Chemin des Dames, südlich von Laon, nach wenigen Tagen ab, wobei bald unter Kontrolle gebrachte Meutereien zeigten, dass es nun auch

in der Truppe Widerstand gegen eine solche Kriegführung gab. Großbritannien hingegen zog seine in Flandern zwischen Cambrai und Passendale vorgetragene Offensive nochmals durch und erlitt wiederum fürchterliche Verluste. Die Westalliierten hatten wie alle Kriegsparteien ihr »Menschenmaterial« weitgehend verbraucht, das durch immer neue, immer jüngere Rekruten nicht mehr ersetzt wer-

Am 2. April 1917 forderte der amerikanische Präsident Woodrow Wilson den Senat auf, Deutschland den Krieg zu erklären (links). Harry S. Truman, 1945–53 amerikanischer Präsident, nahm als Soldat der Artillerie am Ersten Weltkrieg teil; die Abbildung zeigt seinen Wehrpass.

den konnte. So lebten in Frankreich beispielsweise nur noch 1 Million von den 3,6 Millionen Soldaten des Jahres 1914. Nun wartete man auf das Erscheinen der Amerikaner auf dem Kriegsschauplatz und hoffte, mit deren Hilfe eine abermals verstärkte Artillerie sowie massive Panzer- und Flugzeugeinheiten effektiv einsetzen zu können. Russland und Österreich waren gar nicht mehr in der Lage, den Krieg strategisch zu gestalten. Für sie ging es eher um das Überleben der Staaten. Dennoch behielt das seit der Februarrevolution demokratische Russland die Bündnisverpflichtungen gegenüber der Entente bei und startete Ende Juni noch eine nach dem russischen Regierungschef Aleksandr Fjodorowitsch Kerenskij genannte Offensive. Dieser letzte militärische Kraftakt brachte die Mittelmächte kaum in Gefahr, gehörte, da das Land kriegsmüde war, aber um so enger zur Vorgeschichte der Oktoberrevolution und dem am 15. Dezember folgenden Waffenstillstand zwischen Sowjetrussland und den Mittelmächten. Österreich hingegen überrannte zu seiner eigenen Überraschung mit den im Osten frei gewordenen Truppen im Oktober die Isonzofront bei Caporetto. Die nicht mehr kriegsbereiten italienischen Truppen wurden überrumpelt und leisteten keinen nennenswerten Widerstand, doch westalliierte Truppen stellten an der Piave eine neue Front her. Bei einer anschließend einsetzenden »nationalen Sammlung« des krisengeschüttelten Italiens traten dabei weithin sichtbar Faschisten als »Produkt« des Ersten Weltkrieges auf.

Der U-Boot-Krieg

Im Deutschen Reich hingegen entschied der Konflikt zwischen ziviler und militärischer Führung den künftigen Kriegskurs. Als Reichskanzler Bethmann Hollweg mit seinen Bemühungen um einen Ausgleichsfrieden scheiterte, der aus der Erschöpfung Europas

Nach der Seeschlacht zwischen der britischen und der taktisch erfolgreichen deutschen Hochseeflotte am Skagerrak (31. Mai/1. Juni 1916; rechts ein zeitgenössisches Gemälde von Claus Bergen) erschien diese Propagandapostkarte. Wilhelm II. ist (von links nach rechts) von seinen Admiralen von Capelle, Scheer, Hipper und von Tirpitz umgeben.

resultieren sollte, setzte die 3. Oberste Heeresleitung alles auf einen Sieg mit der »Wunderwaffe« U-Boot. Durchgängig wurde die deutsche Hochseeflotte durch die überraschend weite Blockade Großbritanniens, die die Nordseezugänge versperrte, zur Untätigkeit verurteilt; hieran hatte auch die einzige Seeschlacht am Skagerrak 1916 nichts geändert. Nunmehr sollten die U-Boote, nach schöngerechneten Prognosen über die Verluste und die Anfälligkeit Großbritanniens sowie unter Außerachtlassung der zu erwartenden Gegenmaßnahmen des Feindes, Großbritannien in wenigen Monaten friedensbereit machen, womit Deutschland auf dem Kontinent alle Trümpfe in der Hand gehabt hätte. Doch schon im Juli 1917 war klar, dass diese Art von Seekrieg gescheitert war. Die 3. Oberste Heeresleitung ging nun an die Ausgestaltung »ihres« Ostimperiums, bei der neben dem Frieden von Brest-Litowsk Anfang März 1918 das vorangegangene abermalige weiträumige Vorschieben der deutschen Truppen ganz neue Dimensionen der Weltpolitik ins Blickfeld rückte: Deutschland griff nach Zentralrussland und den Kaukasusländern, und parallel dazu intervenierten die Alliierten in Russland, Amerikaner und Japaner in Sibirien, Briten und Franzosen in Murmansk und Archangelsk und Franzosen am Schwarzen Meer.

Der Zusammenbruch der Westfront

Entschieden wurde der Krieg in diesem Jahr 1918 jedoch an der Westfront. Auch die Tatsache, dass von dem Brückenkopf Saloniki aus verstärkte alliierte Verbände Bulgarien Ende September zur Kapitulation zwangen und damit die Südflanke der Front der Mittelmächte aufrissen, änderte hieran nichts. Unter der Führung von Ludendorff, der bewusst den Untergang Deutschlands riskierte, suchte Deutschland in fünf Offensiven in den Monaten März bis Juli den endgültigen Sieg im Westen. Der mit den letzten Reserven einer völlig ausgelaugten Truppe vorgetragene Vorstoß, der auch die letzten Kampfkräfte verbrauchte, hatte beträchtlichen Erfolg, vor allem gegenüber den von der Passendaleschlacht noch nicht erholten Briten. Doch letztlich zeigte sich, dass die Amerikaner gerade noch rechtzeitig mit ihren Truppen auf dem Kontinent erschienen waren. Amerikaner und Tanks (Panzer) waren dafür ausschlaggebend, dass die Alliierten unter dem neuen Oberkommando von Foch am 18. Juli zum unaufhaltsamen Gegenangriff übergehen konnten. Am 8. August, dem »Schwarzen Freitag« für das deutsche Heer, durchbrachen sie bei Amiens die deutsche Linie. Mitte September war die ganze Westfront in Bewegung, und am 28. September setzte Ludendorff in der deutschen Führung intern durch, dass umgehend um Waffenstillstand nachgesucht werde.

Reichskanzler Bethmann Hollweg gibt seinen Widerstand gegen den uneingeschränkten U-Boot-Krieg (ab 31. Januar 1917) auf:

Der Entschluss zum Eintritt in den rücksichtslosen U-Boot-Krieg ist also abhängig von der Wirkung, die wir erwarten können. Admiral Holtzendorff stellt in Aussicht, bis zur nächsten Ernte England klein zu haben ... Der U-Boot-Krieg ist die »letzte Karte«. Wenn aber die militärischen Stellen den U-Boot-Krieg für notwendig halten, so bin ich nicht in der Lage, zu widersprechen.

Gefallene deutsche Soldaten bei Craonne, südlich von Laon.

Günter Wollstein

Flugzeug, U-Boot, Panzerwagen – Die technische Dimension des Krieges

K ennzeichnend für den Ersten Weltkrieg war der Graben- und Stellungskrieg, in dem die immer stärkere und wirkungsvollere Artillerie vernichtende Granaten ohne Zahl spie und in dem die Infanterie in deren Feuer oder beim Anrennen gegen die Maschinengewehre starb, während die Zeit der Kavallerie ausklang. Kriegsentscheidend waren die traditionellen Waffengattungen Artillerie und Infanterie dennoch nicht. Als im Sommer 1918 die Alliierten ihren entscheidenden Vorstoß ansetzten, vertrauten sie bereits auf Panzer- und Flugzeugverbände. Auf diesem Sektor hatten sich Briten und Franzosen und mit ihnen die Amerikaner, obwohl Alliierte und Mittelmächte technische Erneuerungen vielfach im Gleichschritt eingeführt hatten, einen deutlichen Vorsprung erarbeitet. Besonders herauszuheben ist die Entwicklung von Giftgas, Panzern, Kampfflugzeugen und U-Booten.

Gelbkreuzkampfstoff verätzte die Haut und die Schleimhäute, die Soldaten starben daran durch Ersticken. Das Gemälde von John Singer Sargent (rechts) zeigt die verheerenden Folgen des Gaskriegs (London, Imperial War Museum).

Den Feind vergiften – Deutschland eröffnet den Gaskrieg

D ie im Ersten Weltkrieg entwickelten Giftgase stellten ein neuartiges, die Menschheit bedrohendes Massenvernichtungsmittel dar. Die Aggressionen des 1918 giftgasverletzten Adolf Hitler wurden zu Recht nicht zuletzt durch das erlittene Gastrauma erklärt. Die Furcht vor dieser Waffe war so groß, dass sich die Staaten bis zum Ende des 20. Jahrhunderts weitgehend scheuten, sie wieder – zumal offen – einzusetzen. Noch auf der Haager Friedenskonferenz 1899 bestanden keine konkreten Vorstellungen, welche Perspektiven ein Krieg mit »Gaskampfstoffen« haben würde; entsprechend unpräzise war die Landkriegsordnung. Kurz nach Beginn des Stellungskriegs begannen rechtliche und moralische Bedenken bedeutungslos zu werden, und zwar bei allen Staaten, auch wenn Deutschland, in dem Falkenhayn auf eine Erprobung des Gaseinsatzes drängte, voranging. Zu groß war die Verlockung, die Gräben mit einer Wunderwaffe zu überwinden, den Feind »einfach« zu vergiften und zum endgültigen Sieg vorzustürmen. Politiker und Militärs sowie führende Wissenschaftler und Produzenten in der blühenden Chemiebranche zogen letztlich an einem Strang und entwickelten ein Horrorszenario.

Die Deutschen setzten im April 1915 bei Ypern erstmals auf einer Frontlinie von 6 km Länge Batterien von Giftgasflaschen ein, die die 20 000 feindlichen Verteidiger kampfunfähig machten; 5 000 Menschen starben, und viele erblindeten. Die sich bietende militärische Chance wurde aber nicht genutzt, weil auch die deutschen Soldaten die neue Waffe kaum kannten, sie aber fürchteten. Das Gas hatte nämlich schon bei Transport und Installation die ersten Opfer in den eigenen Reihen gefordert. Gerade der einfache Soldat hatte von Anfang an Sorge, dass der Feind nicht schlafen und Giftgas mit Giftgas beantworten würde. Ypern überraschte den Feind, und die internationale Öffentlichkeit lief Sturm gegen die deutschen Barbaren. Nur wenige Monate später betrieb auch Großbritannien den Gaskrieg, als bei Loos mit Artilleriegeschützen (Stokes-Werfer) das Gas direkt in die feindlichen Stellungen transportiert wurde. Frankreich setzte vor Verdun Gas ein, und auch die Russen, die besonders viele Gastote zu beklagen hatten, standen nicht zurück. Gasmasken wurden erfunden und sollten die Vernichtung eindämmen. Gegen sie wurde wiederum das »Maskenbrechergas« Blaukreuz entwickelt. Schließlich wurde Senfgas versprüht, das das Schuhwerk durchdrang und tödlich wirkte. Vielfach handelte es sich noch um Experimente, bei unzähligen Gasen wurde ein Einsatz erwogen, und 1918 lief die Massenproduktion von Giftgasen erst richtig an. Von einem glimpflichen, weil gerade noch rechtzeitigem Ende des Giftgaskrieges kann gleichwohl keine Rede sein. Es gab bis Kriegsende 500 000, wahrscheinlich sogar 1 000 000 Giftgasverletzte zu beklagen, aber auch nach 1918 litten viele unheilbare Opfer und starben an den Vergiftungen.

Für die Durchquerung eines durch Kampfgas verseuchten Geländes wurden Soldaten und Pferde mit Schutzmasken ausgerüstet.

Die Front wieder ins Rollen bringen – Die Briten entwickeln die Panzerwaffe

Auch die Panzerwaffe entwickelte sich aus Überlegungen, wie die Graben- und Stacheldrahtsysteme, die militärische Offensiven verhinderten, überwunden werden könnten. Die Technik für eine Kombination von Motorfahrzeugen mit Schnellfeuerkanonen, Maschinengewehren und Kettenlaufwerken stand bereit. Der Weg war jedoch weit, bis man lange nach dem Ersten Weltkrieg voll erkannte, dass die Panzer das entscheidende Vehikel für den Bewegungs- und Angriffskrieg der Zukunft waren. Die Briten erstellten mit den Panzern »Willie I« und »Willie II« die ersten Prototypen, und allenthalben sprach man von ihnen als »Tanks«, da die Briten in der Experimentierphase vorgetäuscht hatten, sie stellten Panzerplatten für Treibstofftanks her. Wenig später entwickelte auch Frankreich unter Geheimhaltung seine Panzer, und die Briten transportierten 1916 die ersten hundert dieser fahrbaren Gefechtsstände auf die Gefechtsfelder in Frankreich. Ihr erster Einsatz in der Sommeschlacht war spektakulär. Die Deutschen erahnten, welche Perspektiven sich ergaben und zogen nach. Sie erstellten schließlich mit riesigem Kostenaufwand 3,3 m hohe Ungetüme für bis zu 26 Mann Besatzung. Diese zeigten auch in der Schlussoffensive 1918 Wirkung,

Schilderung des Beginns der Tankschlacht von Cambrai am 20. November 1917:

Mitten in diesem Höllenlärm auffallende, surrende Geräusche wie von Flugzeugen... dichte Nebelwolken... ab und zu zerreißt sie ein Feuerstrahl... dann erscheint hier ein dunkles Etwas... auch dort bewegt sich eine schwarze Masse. Das breite Drahthindernis knickt unter dem Druck von unbestimmbaren Kolossen zusammen wie Zündhölzer. – Alarm! Aus den Unterschlüpfen kriechen die deutschen Infanteristen... die Gewehre knattern. – Tanks! – Tanks!... Nicht einige, sondern viele!... Handgranaten fliegen, die Artillerie liegt im Sperrfeuer. Die Ungetüme scheinen hiergegen gefeit zu sein!

und eine heroisierende Geschichtsschreibung berichtete später über das Schicksal der Einzelfahrzeuge. Dennoch hatte man auf diesem Sektor die Entwicklung verschlafen, unter anderem, weil die Panzerwaffe des Feindes zunächst erfolglos geblieben war. An der Somme krankten die unterschiedlichen Typen von Tanks, die noch nicht mit der Infanterie koordiniert wirkten, an technischer Unreife. Bei einer Geschwindigkeit von 3,2, später maximal 12 km/h und einem Aktionsradius von weniger als 40 km blieben sie vielfach stecken und bil-

Deutscher Vorläufer eines Panzers mit der Bezeichnung »A.7.V.Wagen« (links), der mit sechs Maschinengewehren bewaffnet war und vornehmlich als Transport- und Zugfahrzeug eingesetzt wurde. Rechts: Britische Tanks beim Vormarsch auf die deutsche Verteidigungsfront (»Hindenburg-Linie«) bei Bellecourt (Belgien) im September 1918.

deten eine gute Zielscheibe für Artillerie, Handgranaten und Flammenwerfer. Auf die Panzersoldaten, die in unerträglicher Hitze und ohrenbetäubendem Lärm operierten, wartete – bei miserabler Sicht und ebenso schlechter nachrichtentechnischer Verbindung – mit großer Sicherheit ein Tod durch Verschmoren.

In der 14-tägigen Panzerschlacht von Cambrai im November 1917 waren die Chancen zum Erfolg und zum Überleben besser, von 324 Tanks gingen »nur« 107 verloren. Die Sommeroffensive 1918 war schließlich geprägt von begleitenden Panzerangriffen und Erfolgen. Zwar gingen immer noch 50 Prozent der eingesetzten Fahrzeuge verloren, doch standen 600 000 Kampffahrzeuge zur Verfügung, und für Ersatz sorgten monatliche Nachschublieferungen von 500 Stück. Der »Schwarze Freitag« des Deutschen Heeres, der Frontdurchbruch der Briten bei Amiens, ging auf das Konto der Panzer. Diese Waffe war maßgeblich daran beteiligt, dass im Westen der Stellungskrieg beendet und Deutschland besiegt wurde.

Ritter der Lüfte? – Der Krieg verlagert sich in die Luft

Die Entwicklung des Militärflugwesens schien auf den ersten Blick ein rühmliches Gegenstück zum Krieg mit Giftgas, aber auch zu den Grabenkämpfen mit dem Tod in anonymen Massengräbern zu sein. Die Presse schwelgte von Erfolgen der »Fliegerasse«, auf deutscher Seite zählten dazu vor allem Oswald Boelcke, Manfred von Richthofen, genannt »der rote Baron«, und Ernst Udet, deren »Abschüsse« man zählte, bis auch sie fast alle getroffen wurden. Die sonst vermisste »Ritterlichkeit« des Kampfes wurde bisweilen publikumswirksam inszeniert, so wenn bestimmte Kampfflieger sich vor

Unterschiedliche Einschätzungen des militärischen Werts der Flugzeuge im Jahr 1910:

General Ferdinand Foch: »Ach wissen Sie, das ist doch alles Spiel. Für die Armee ist der Wert der Fliegerei gleich Null.« General Pierre Auguste Roques: »Die Aeroplane sind für die Armee so wichtig wie Kanonen und Gewehre. Das müssen wir zur Kenntnis nehmen, ob wir wollen oder nicht, sonst müssen wir die Lehre teuer bezahlen.«

Ausübung ihrer »Kriegskunst« grüßten oder wenn die Briten Richthofen, den Rekordhelden, feierlich bestatteten.

Begeisterung wurde auch aus Gründen einer psychologischen Kriegführung entfacht. Ferdinand Graf von Zeppelin galt als Verfechter der These, dass man dem Hassgegner Großbritannien ungeachtet der Schmach, die er der Hochseeflotte, dem deutschen Lieblingskind, angetan hatte, doch schließlich beikommen werde. Seine monströsen Luftriesen über London machten Mut. Der im Ersten Weltkrieg »erfundene« Luftkrieg entwickelte sich rasch mit all seinen Schrecken. 1914 besaßen die Alliierten 220, die Mittelmächte 258 Flugzeuge sowie die Zeppeline. 1918 hatten die Alliierten ihren Materialvorsprung ausgebaut, Frankreich allein verfügte über mehr als 3400 Flugzeuge. Doch auch die Deutschen schafften eine technische Revolution. Zunächst schraubten sich die pionierhaften »Rumpler-Tauben« – Flugzeuge vom Typ »Taube« der Firma Rumpler – mühsam in einer Stunde auf 1000 Meter Höhe und erreichten allenfalls 90 km/h. Bei der Vernichtung der britischen Marineflugzeugbasis bei Dünkirchen wurde bereits spektakulär das riesige Kampfflugzeug Schuckert XVIII eingesetzt. Schließlich verfügte man über das stromlinienförmige Siemens-Schuckert-Jagdflugzeug. Ein solcher Aufschwung überrascht, denn in allen Staaten hatte es anfangs heftige Widerstände der traditionellen Militärs gegen die Flugzeuge gegeben, und vielfach konnte man sich nicht vorstellen, wie die einzelnen Flugzeugtypen eingesetzt und wie sie sich entwickeln würden. In Deutschland glaubten viele, dass man Kampfflugzeuge dank einer hervorragenden Kavallerie nicht benötige. Dennoch gewann man vorübergehend sogar einen technischen Vorsprung, der sich in der Sommeschlacht auszahlte. Doch zu diesem Zeitpunkt fehlten bereits die Ressourcen, um mit der angelaufenen Serienproduktion der Alliierten mithalten zu können; man büßte auch die technische Überlegenheit wieder ein. Bei der Auswahl der Typen im Militärflugwesen setzte Deutschland fälschlicherweise auf Luftschiffe und nicht wie die Alliierten auf Flugzeuge und Fesselballons. Die wenig entwicklungsfähigen Zeppeline mit ihrer geringen Kampfkraft wurden für Jagdflugzeuge und Brandgeschosse eine leichte Beute. Die Alliierten trieben demgegenüber die Auffächerung der Flugzeugtypen, vor allem in Jagdflugzeuge, Bomber und Aufklärer voran; außerdem vereinheitlichten und verselbstständigten sie die Kriegsfliegerei früher. Zu Beginn des Krieges dienten die Flieger in allen Staaten hauptsächlich als Aufklärer, zuerst beim Bewegungskrieg, anschließend beim Stellungskrieg, als die Artillerie ihre Ziele zugewiesen bekam. In der Sommeschlacht unterstützen dann schon Tieflieger die vorrückenden Tanks, und am Ende des Krieges halfen Flieger den Panzern ständig.

Den Bombenkrieg begannen die Deutschen bereits im September 1914 mit Abwürfen über Antwerpen. Anfangs sprach man von »scho-

Titelblatt der Kriegsflugblätter der Wochenschrift »Simplicissimus«. Der Text unter der Karikatur lautet: »Das Ende der englischen Seeherrschaft. Lord Nelson klettert von seiner Säule herab und flüchtet in die Untergrundbahn«.

Das Gemälde, das sich heute im Imperial War Museum in London befindet, zeigt die Verfolgung britischer Aufklärungsflugzeuge vom Typ DH 7 durch deutsche Fokker-Maschinen.

Zerstörte Häuser in Antwerpen nach der Bombardierung durch deutsche Luftschiffe im September 1914. Sie markieren den Auftakt der Zerstörung von Städten durch den Luftkrieg.

Aus dem Schiffstagebuch des Kapitänleutnants Walter Schwieger, des Kommandanten des U-Boots U 20, am 7. Mai 1915:

Es erfolgt eine außergewöhnlich große Detonation mit einer sehr hohen Sprengwolke. Es muss zur Explosion eine zweite hinzugekommen sein (Kessel, Kohle oder Pulver). Die Aufbauten über dem Treffpunkt und der Brücke werden auseinander gerissen ... Das Schiff stoppt sofort und bekommt rasch Steuerbordschlagseite und schneidet mit dem Bug unter ... Am Bug kann ich in goldenen Lettern den Namen lesen: LUSITANIA.

nendem« Vorgehen gegenüber Zivilbevölkerung und Kulturgütern; solche Vorgaben änderten aber nichts daran, dass allseits der Krieg skrupellos auf Zivilisten ausgedehnt wurde. Deutschland bombardierte neben Antwerpen und Paris vor allem Südengland und London, wo eine zunächst das Spektakel beobachtende Menge vor Explosionen und Feuern zu Millionen in U-Bahnschächte und Keller floh. Die Alliierten trafen westdeutsche Ziele und dabei – auch ihrerseits die Grauen eines künftigen Luftkrieges aufzeigend – ein Kinderheim in Karlsruhe. Als Briten 1915 bei der Planung von Bombengeschwadern mit großem Aktionsradius davon sprachen, die »Moral« des Feindes zu treffen, wies dies bereits auf die Vernichtung von Städten im Zweiten Weltkrieg vorweg. Das Kriegsende kam gerade noch rechtzeitig, denn ein britisches Geschwader von Super-Handley-Page-Bombern stand bereit zum Einsatz über Berlin.

Warnungslos aus der Tiefe – Der uneingeschränkte U-Boot-Krieg

Auch die U-Boot-Waffe, als Hilfe im Kampf gegen Kriegsschiffe gedacht, befand sich 1914 noch in ihren Anfängen. Die Deutschland schwer treffende Fernblockade veranlasste dessen militärische Führung zu dem Plan, dem Handelskrieg der Briten mit U-Booten zu begegnen. Ein entsprechender Krieg seit Februar 1915 begann recht erfolgreich, aber es hagelte Proteste, vor allem beim spektakulären Untergang der »Lusitania«, die das Aushängeschild der britischen Handelsflotte war, allerdings auch Munition geladen hatte. Vor allem war man darüber empört, dass 1200 Menschen, davon waren ein Zehntel Amerikaner, ums Leben kamen. Abgesehen davon, dass auch hier der Krieg auf Zivilisten ausgeweitet wurde, entstanden massive völkerrechtliche Probleme, bei denen die USA eindeutig zugunsten Großbritanniens Partei ergriffen. Großbritanniens Fernblockade war völkerrechtlich unzulässig, und Deutschlands U-Boote mussten im Handelskrieg nach Prisenrecht vor den Handelsschiffen auftauchen und diese vor Kampfmaßnahmen untersuchen. Volle Effektivität erzielten die U-Boote aber nur, wenn sie ihre Torpedos warnungslos aus der Tiefe abfeuern konnten, zumal als Großbritannien seine Handelsschiffe systematisch bewaffnete und auch die neutralen Staaten dazu anhielt. Zudem kamen Fälle von Flaggenmissbrauch vor: Ein britisches Schiff unter amerikanischer Flagge versenkte ein U-Boot und brachte die deutsche Besatzung um. Unter dem Druck Amerikas folgte in der deutschen Führung ein Hin und Her, das bis zur Einstellung des U-Boot-Kriegs um Großbritannien führte. Doch bereits vor der Entscheidung vom Januar 1917, den uneingeschränkten U-Boot-Krieg wieder aufzunehmen, praktizierte man wieder – recht erfolgreich – den Handelskrieg nach Prisenrecht.

Das gegen Ende des Ersten Weltkriegs gebaute deutsche U-Boot U49.

Von den politischen Auseinandersetzungen um die Wiederaufnahme des warnungslosen U-Boot-Kriegs und von dessen Konsequenz, dass kriegsentscheidend der Krieg gegen die USA provoziert wurde, war schon die Rede. Eine blinde Versessenheit auf einen Sieg Deutschlands mit der Wunderwaffe U-Boot dominierte, denn Deutschlands Ausrüstung mit U-Booten war keineswegs optimal. Maximal konnten gegen Großbritannien 96 U-Boote eingesetzt werden; von diesen konnten gleichzeitig höchstens 32 in feindlichen Gewässern operieren, davon nur 20 in dem für den Handelskrieg entscheidenden Westen Großbritanniens. Die Erfolge übertrafen gleichwohl alle Erwartungen: Allein im April und Juni 1917 wurden mehr als eine Million Bruttoregistertonnen Schiffsraum versenkt, und die Zahlen lagen selbst bis Mai 1918 kaum unter der Zielvorgabe. (Zum Vergleich: Das größte Schiff dieser Zeit, die Titanic, hatte etwa 46 000 Bruttoregistertonnen.) Von den Risiken deutscher U-Boot-Besatzungen zeugt die Zahl ihrer Verluste: Die Hälfte der Matrosen kam ums Leben. Der Hauptgrund für die Versenkungserfolge war, dass Großbritannien bei der Entwicklung von Abwehrmaßnahmen höchst fahrlässig verfahren war, wodurch

Der britische Dampfer »Lusitania« der Reederei Cunard wurde auf der Fahrt von den USA nach Liverpool vom deutschen U-Boot U20 versenkt (zeitgenössisches Aquarell).

das Land in eine sich bis Sommer 1917 verschärfende Krise geriet; die verfehlte Offensive des britischen Feldmarschalls Douglas Haig in Flandern galt unter anderem der Zielsetzung, der deutschen U-Boot-Basen habhaft zu werden. In die Verlegenheit, um Frieden nachsuchen zu müssen, kam man aber keineswegs. Dank massiver Hilfe durch die USA, deren bevorstehender Kampfeinsatz zu Lande zusätzlich für Mut sorgte, und durch rigorose Beschlagnahmungen von Schiffen neutraler Staaten konnte man durchhalten. Als entscheidende Abwehrmaßnahme gegen die deutschen U-Boote erwiesen sich schließlich die seit Mai 1917 zusammengestellten großen Geleitzüge für Handelsschiffe. Das Ausspielen der U-Boot-Waffe als waffentechnische Trumpfkarte durch Deutschland war – anders als die Konzentration der Alliierten auf Panzer und Flugzeuge – militärisch für den Ausgang des Krieges nicht entscheidend.

GÜNTER WOLLSTEIN

Demokratie gegen Autokratie! – Die politische Dimension des Krieges

Gegen den »deutschen Attila« – Kriegszielpropaganda und Rechtfertigungsstrategien

Die Sinnlosigkeit des Ersten Weltkriegs wurde durch dessen umfassende Ideologisierung kaschiert und kompensiert. Hierbei war die außenpolitische Kriegszielpolitik eng mit Auseinandersetzungen über die »richtige« Staatsform der Zukunft verwoben. Eine rüde Kriegszielpropaganda stilisierte zudem die eigene Nation und Kriegskoalition zu menschheitlichen Hoffnungsträgern, sie denunzierte den Feind und prägte – teilweise bis heute spürbare – Klischeevorstellungen. Die besonders wirksame alliierte Propaganda wusste vor allem Wilhelm II. als »modernen Attila« zu diffamieren, die deutsche verbiss sich hasserfüllt in den Konkurrenten Großbritannien als »perfides Albion« (hinterlistiges England). Des Weiteren begegnete man mit Hysterie Minderheiten, Sozialisten und Pazifisten, die sich gegen den Krieg sperrten. So wurde in den USA die ohnehin bröckelnde ethnische Identität der Deutschamerikaner zerstört, sahen sich in Frankreich die politischen Querdenker Jean-Louis Malvy und Joseph Caillaux zu Verbannung und Gefängnis verurteilt und steckte man in Deutschland die Sozialrevolutionäre Karl Liebknecht und Rosa Luxemburg ins Zuchthaus; bei Letzteren wurde sogar eine Einweisung in die Psychiatrie erwogen. Raserei und Zerfall des normalen Lebens kennzeichnet ein Wort von Thomas Mann: »Wie hätte der Künstler ... nicht Gott loben sollen für den Zusammenbruch einer Friedenswelt, die er ... so überaus satt hatte.« Nur wenige Wissenschaftler, Schriftsteller und Künstler erfassten demgegenüber den Kern des Geschehens. Zu diesen gehörte der französische Schriftsteller Romain Rolland, der den Ersten Weltkrieg die »größte Katastrophe der Geschichte seit Jahrhunderten« und einen »Zusammenbruch unserer heiligsten Hoffnungen auf die Brüderlichkeit der Menschen« nannte. Zu dem Kampf um eine Werte- und Sinngebung gehörte insbesondere die Auseinandersetzung um Autokratie und Demokratie; sie wurde in den einzelnen Staaten und zwischen diesen ausgefochten. Die Autokratien sollten schließlich auf dem Scherbenhaufen der Geschichte landen, doch auch die Demokratien hatten bei Kriegsende keinen Grund, sich als Sieger zu fühlen. Zu groß waren die Verluste der bürgerlichen politischen Kultur, zu drohend die faschistischen und bolschewistischen Gegenmodelle, die der Krieg mit zunächst unabsehbaren, am Ende katastrophalen Folgen für das 20. Jahrhundert produzierte.

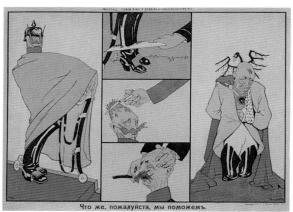

Kaiser Wilhelm II. wird auf einem russischen Propagandaplakat verspottet: »Ich will Napoleon sein« (1914).

Das russische Imperium löst sich auf

Im Wettstreit der Ideologien und Systeme verfügten das Zarenreich und Österreich-Ungarn von Beginn an über keine Trümpfe. Russland entwickelte sich bei unfähiger Führung zu einer Autokratie zurück; nicht einmal mittelmäßige Akteure wie der Außenminister Sasonow konnten sich unter Dilettanten behaupten. 1915 verschwand Nikolaus II. als unbedeutender Oberbefehlshaber im militärischen Hauptquartier und damit von der politischen Bühne. In Petrograd praktizierte Kaiserin Alexandra, seine Frau, eine inoffizielle Regentschaft. Während in ihrem Umfeld der abenteuerliche Mönch Grigorij Jefimowitsch Rasputin sein Unwesen trieb, bemühte sich die Duma vergeblich um den Ausbau der konstitutionellen Monarchie. Einzig improvisierte Kriegsindustriekomitees, in denen industrielle *Semstwos* (Selbstverwaltungsorgane auf Kreis- und Gouvernementsebene) und Städte, ja selbst Arbeiter zusammenwirkten, sorgten für eine dürftige Versorgung des Militärs mit Rüstungsgütern, damit aber auch für eine Verlängerung des jahrelangen Hinschlachtens des Volkes. Die Agonie der Führung bekam gespenstische Züge, da das hungernde und frierende Volk nicht nur defätistisch und kriegsmüde wurde, sondern auch entwurzelt, unrepräsentiert und unorganisiert. Russland wurde unberechenbar und anfällig für Demagogen. In den Städten mit ihren unerträglichen Lebensbedingungen litt das schwache Bürgertum und fanden sich die Millionen neu zugezogener Bauern nicht

Die Beziehung zwischen Rasputin und der Zarenfamilie war Gegenstand zahlreicher Karikaturen.

zurecht. An der Front wurde die vormalige Unterdrückung der Bauern in militarisierter Form fortgesetzt. Die sozialistische Opposition war fern in Sibirien oder im Exil. Das Zarenreich besaß somit keine Perspektive für eine funktionierende Autokratie, geschweige denn für eine konstitutionelle Monarchie oder gar Demokratie. Hieran änderte sich auch nichts, als das durch Streiks erschütterte Russland in der Februarrevolution 1917 praktisch zur Republik wurde. Nach der Abdankung von Nikolaus II.

Die zaristische Regierung sah sich aufgrund der hohen Verluste von Menschenleben und Waffenmaterial gezwungen, immer höhere Kriegsanleihen aufzunehmen. Das Plakat ruft zur Zeichnung von Kriegsanleihen mit 5,5-prozentiger Verzinsung auf.

erkannten die Westmächte diese umgehend an und gaben sich der Illusion hin, dass ein demokratisches Russland ein besserer Bündnispartner als das Zarenreich sein würde. Demgegenüber setzten die Mittelmächte auf eine destruktive Russlandpolitik und schleusten mit Lenin Hunderte von Emigranten aus der Schweiz ins Land. Die unfähige bürgerliche »Provisorische Regierung«, die die Macht mit konkurrierenden Sowjets (Räten) teilen musste, war nicht in der Lage, die elementaren Forderungen nach Brot, Frieden und Land für die Bauern zu befriedigen. Der Auflösungsprozess des russischen Imperiums mündete schließlich am 7. November 1917 – nach dem in Russland damals üblichen julianischen Kalender der 26. Oktober – in die die Welt verändernde Oktoberrevolution ein. Ein von Lenin dominierter »Rat der Volkskommissare« führte das bolschewistische Sowjetsystem ein, beendete den Krieg um jeden Preis und propagierte eine neue sozialistische Weltordnung, eine Landrevolution und ein neues Nationalitätenkonzept. Bei alledem steuerte das neue Regime durch schnell einsetzende Bürger- und Interventionskriege in eine Existenzkrise hinein.

Der Habsburger Vielvölkerstaat zerfällt

Auch die Habsburgermonarchie glitt in eine vergleichbare, wenn auch nicht so drastische Krise. Bis 1917 hatte in Österreich – anders als in Ungarn – die Exekutive das alleinige Sagen, die konstitutionelle Mitbestimmung ruhte, und die Regierung verlor kontinuierlich an Autorität. Der Staat starb schließlich nicht an autokratischen Rückfällen oder fehlenden Demokratisierungen, sondern an dem ungelösten Nationalitätenproblem. Zwar bezeugte die Armee nochmals die erstaunliche Lebenskraft des Vielvölkerstaates, der – anders als es eine schwarze Legende besagt – kein »Völkerkerker« war, sondern auch über Ansätze für eine ausbaufähige multinationale Ordnung einer großen Region Europas verfügte. Die slawischen Bewohner des Habsburgerreiches beteiligten sich am Krieg vielfach in der Hoffnung auf Gleichberechtigung und staatliche Reformen. Die Situation spitzte sich aber zu, als Ministerpräsident Karl Graf von Stürgkh ermordet wurde und als einen Monat später – im November 1916 – die Integrationsfigur des Reiches, der 86-jährige Patriarch Franz Joseph, starb. Sein Nachfolger, Kaiser Karl I., versuchte verzweifelt das Zerbröckeln des Staates abzuwenden. Doch außen- und innenpolitische Kraftanstrengungen wie eine Einberufung des Reichsrats oder eine politische Amnestie griffen nicht mehr. Die wie die Deutschen und Ungarn hungernden Slawen suchten eine bessere Zukunft fortan nicht mehr in der ausgelaugten und reformunfähigen Monarchie, sondern in selbstständigen demokratischen Staaten.

Die Demokratien als Sieger

Anders als Russland und Österreich waren Großbritannien und Frankreich Demokratien und das Deutsche Reich immerhin eine konstitutionelle Monarchie mit Tradition und Demokratisierungstendenzen. Die innerstaatliche Entwicklung in Zentral- und Westeuropa zeigte auch deutliche Parallelen. Einen vermeintlich schnellen Sieg vor Augen, überließen die Parlamente den Regierungen das Sagen, wobei allenthalben Militärs konkurrierende politische Führungsansprüche anmeldeten. Zumindest eine breite Mitte der Parteien fand bei Überwindung vormaliger Konflikte zu einer Kriegskoalition zusammen, beispielsweise bei der Proklamierung des »Burgfriedens« in Deutschland oder der *Union sacrée* in Frankreich. Als der Krieg andauerte, kriselten und zerbrachen diese Konsensgruppierungen, meldeten sich die nationalen Kammern mit

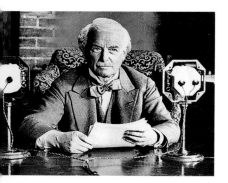

Der britische Liberale David Lloyd George war von 1916 bis 1922 Premierminister (oben). Der französische Ministerpräsident und Kriegsminister Georges Clemenceau (unten) bestimmte den harten Kurs der französischen Politik gegenüber dem »Erbfeind« Deutschland.

Kontroll- und Mitbestimmungsansprüchen zurück und wurde auch der Ruf nach einem starken Mann laut. Am Ende errichteten David Lloyd George in Großbritannien und Georges Benjamin Clemenceau in Frankreich legale Kriegsdiktaturen, während in Deutschland die 3. Oberste Heeresleitung diktatorisch handelte, sich die Macht aber wiederholt auch in einer Doppelherrschaft mit dem reformierten Reichstag teilen musste. Im Frieden schließlich sahen sich die Westmächte als Demokratien bestätigt und wurde Deutschland zur Demokratie umgestaltet.

Der amerikanische »Kreuzzug für die Demokratie«

Diese Konstellation zwischen Entente und Mittelmächten zeigt, dass es zwischen ihnen kaum einen Krieg unter der Losung »Demokratie gegen Autokratie« geben konnte. Wenn Großbritannien und Frankreich dennoch für Freiheit und Demokratie kämpften, dann war dies Teil der überall gesuchten und auch gefundenen Rechtfertigungsstrategien. Politisch brisant wurde die Betonung demokratischer Werte allerdings, als der amerikanische Präsident Woodrow Wilson seinen Neutralitätskurs verließ, der mit darauf beruht hatte, dass er nicht in einen Kampf der »imperialistischen« Mächte Europas, noch dazu an der Seite des autokratischen Zarenreichs, hineingezogen werden wollte. Als die enge Interessengemeinschaft der USA mit der Entente und der U-Boot-Krieg sein Land dann doch in den Krieg hineinzogen, proklamierte Wilson – schon unter dem Eindruck der Februarrevolution in Russland und der dort laut werdenden Losung des Petrograder Sowjets – die berühmte Formel: »The world must be made safe for democracy.« Die USA führten den Krieg als »Kreuzzug für die Demokratie«. Mit seinen »Vierzehn Punkten« vom Januar 1918 versuchte Wilson – wie schon bei seiner Friedensinitiative Ende 1916 – Partner und Feinde auf das Selbstbestimmungsrecht der Völker im Innern und Äußeren festzulegen. Nach dem Frieden von Brest-Litowsk drang er konkret und schließlich erfolgreich auf einen Regimewechsel in Deutschland und gewann hiermit großen Einfluss auf den Demokratisierungsprozess im Deutschen Reich.

Mit amerikanischen Flugblättern wurde das Friedensprogramm Wilsons (Die Vierzehn Punkte) vom 8. Januar 1918 auch in Deutschland bekannt gemacht.

»Neuorientierung« – Parlamentarisierungsversuche in Deutschland

Die Anpassung des Deutschen Reichs an westlich-demokratische Normen aus eigener Kraft war tiefer gehend als meist angenommen. Entsprechende Fäden spann bis zu seinem Sturz im Juli 1917 Reichskanzler Bethmann Hollweg. Die Bereitschaft auch der Linken zum Burgfrieden honorierte er mit dem Versprechen einer politischen »Neuorientierung« und verbreitete die Parole: »Freie Bahn für alle Tüchtigen.« Das reaktionäre ostelbische Junkertum

VIERZEHN PUNKTE

*1. Öffentlichkeit von Friedensver-
handlungen und -verträgen.
2. Freiheit der Schifffahrt in internationalen Gewässern.
3. Freiheit des Handels zwischen
allen friedliebenden Nationen.
4. Garantierte Rüstungsbeschrän-
kungen.
5. Unparteiische Ordnung aller
kolonialen Ansprüche.
6. Räumung des gesamten russischen Gebietes und Erledigung
aller Russland betreffenden
Fragen.
7. Räumung und Wiederherstellung
Belgiens.
8. Befreiung Frankreichs. Wiederherstellung der verwüsteten
Gebiete und Rückgabe Elsass-
Lothringens.
9. Berichtigung der italienischen
Grenzen entlang der Nationali-
tätenlinien.
10. Autonome Entwicklung der Völker Österreich-Ungarns.
11. Räumung Rumäniens, Serbiens
und Montenegros, freier
Zugang Serbiens zum Meer.
12. Beschränkung des Osmanischen Reiches auf das türkische
Gebiet, Autonomie für die nichttürkischen Nationen, Öffnung der
Meerengen für die internationale
Schifffahrt.
13. Errichtung eines polnischen
Staates mit freiem Zugang zum
Meer.
14. Errichtung einer allgemeinen
Gesellschaft der Nationen zur
Gewährung der politischen Unabhängigkeit und territorialen
Integrität der Staaten.*

Das Friedensprogramm des amerikanischen Präsidenten Woodrow
Wilson vom 8. Januar 1918 sollte
als Grundlage für eine dauerhafte
liberale Friedensordnung dienen
und war bewusst Lenins kommunistischer Umgestaltung der Welt
entgegengesetzt. Die Vierzehn
Punkte enthalten allgemeine
Grundsätze, die den zwischenstaatlichen Verkehr bestimmen
sollten, sowie gezielte Vorschläge,
um einen für alle Parteien des
Ersten Weltkriegs annehmbaren
Friedensschluss zu erreichen.
Schließlich gehörte zu den Vierzehn
Punkten auch der Vorschlag, einen
Völkerbund zu gründen, der die
Unabhängigkeit und terri-
toriale Unversehrtheit
der Staaten garan-
tieren sollte. Die
Vierzehn Punkte
fanden interna-
tional ein starkes
Echo; sie wurden
von den Alliierten
mit gewissen Modi-
fikationen gebilligt,
ohne aber den Versailler
Vertrag maßgeblich zu bestimmen.

müsse »gebrochen« werden, alte Schranken sollten fallen. Sein Ziel
war ein soziales Volkskaisertum, und auf dem Weg dahin waren Militärs der politischen Kontrolle der Regierung zu unterstellen, galt es,
das Dreiklassenwahlrecht in Preußen zu beseitigen, und musste eine
Parlamentarisierung des Reichs durchgedrückt werden. Doch gegen
die Militärs besaß er kaum eine Chance, und seine beiden politischen
Offensiven endeten im Desaster: Sein Friedensvorstoß vom Dezember 1916 leitete über zu der Entscheidung zum von ihm bekämpften
U-Boot-Krieg, sein Versuch, im Juli 1917 ein Reformpaket durchzu-
boxen, führte zu seiner Entlassung. Lange Zeit suchte er mithilfe des
Reichstags eine »Phalanx der Vernunft« zu gründen, die seine Pläne
eines Ausgleichsfriedens und einer Demokratisierung mittragen
sollte. Offen und beharrlich warb er dafür bei Parteien und Reichstag. Da die politische Rechte, die den Kanzler verachtete und hasste,
unerreichbar blieb, strebte er eine Mitte-Links-Koalition an. Doch in
den entscheidenden Momenten spiel-
ten Zentrum und Nationalliberale
nicht mit, die immer wieder der Suggestion der 3. Obersten Heeresleitung
erlagen, sodass die – viel zu schwache –
Bethmann-Hollweg-Koalition nur aus
SPD und Linksliberalen bestand. Um
flankierende Öffentlichkeitsarbeit bemüht, stieß er an die Grenzen des besser funktionierenden Propagandaappa-
rats der Rechten, wagte sich aber aus
Gründen psychologischer Kriegführung auch nicht weit vor. Er wusste,
dass in einer zum Zerreißen gespann-
ten militärisch-politischen Situation
eine Demontage der Siegfriedensillusion ebenso gefährlich war wie
eine Attacke gegen eben jene alten Eliten, die das Heer führten.

Reichskanzler Theobald von Bethmann
Hollweg in feldgrauer Uniform
(kolorierte Porträtaufnahme, um 1915).

Die Entlassung des Reichskanzlers Bethmann Hollweg

S o versuchte sich der Kanzler schließlich im Handstreich aus den Fängen des Militärs zu lösen. Durch Hinweise auf ultimative, den »Burgfrieden« bedrohende Forderungen der Linken sowie auf das Schicksal des Zaren suchte und fand Bethmann Hollweg im Juli 1917 die Rückendeckung des Kaisers für ein Volkskaisertum. Doch hier intervenierte die 3. Oberste Heeresleitung mit einer Rücktrittsdrohung für den Fall, dass der Kanzler nicht entlassen werde. Dieser Akt wirkte als Veto, denn Hindenburg und Ludendorff hatten sich als Retter des Vaterlandes bei Tannenberg den Nimbus von Garanten eines Siegfriedens aufgebaut. Sie nutzten ihre plebiszitäre Machtstellung, um – abgesehen vom Kanzlersturz – die auf den Weg gebrachte Parlamentarisierung zu stornieren. Gleichzeitig bereiteten sie der traditionellen Staatsform des Kaiserreichs als konstitutioneller Monarchie ein Ende; der Kaiser bestimmte fortan nicht mehr mit seinem Kanzler die Richtlinien der Politik. Bei dieser politischen Umwälzung assistierten der keine Intrige scheuenden Obersten Heeresleitung die Parteiführer der Nationalliberalen und des Zentrums, Gustav Stresemann, weil er Annexionist war, und der bekehrte Annexionist Erzberger, weil er den Kanzler als politisch verbraucht einschätzte. Das frühe Scheitern einer Parlamentarisierung Deutschlands aus eigener Kraft, in Szene gesetzt bei Beteiligung prominenter

Reichskanzler Bethmann Hollweg setzt sich am 23. Juni 1916 in einem Telegramm für eine Ablösung von Generalstabschef Falkenhayn durch Hindenburg ein:

Der Name Hindenburg ist der Schrecken unserer Feinde, elektrisiert unser Heer und Volk, die grenzenloses Vertrauen zu ihm haben. Selbst wenn wir eine Schlacht verlieren, was Gott verhüten wolle, unser Volk würde auch dies hinnehmen, wenn Hindenburg geführt hat, und ebenso jeden Frieden, den sein Name deckt. Andererseits werden, wenn dies nicht geschieht, die Länge und Wechselfälle des Krieges schließlich von der Volksstimme dem Kaiser angerechnet werden.

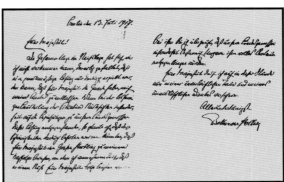

späterer Republikaner, sollte erheblich zur dann folgenden Instabilität der Weimarer Republik beitragen. Bei diesem Prozess war die Rolle des Kaisers unerheblich, denn dieser hatte seinen Kredit bei der Bevölkerung schon verspielt; selbst Konservative lasteten Wilhelm II. das deutsche Führungschaos an. Unfähig, Politiker und Militärs zu koordinieren, verschwand der Monarch spätestens seit 1917 in der politischen Versenkung. Alles entscheidend waren der in der deutschen Gesellschaft und vor allem bei den Militärs grassierende Nationalismus und ein entsprechender Chauvinismus. Besonders in den tonangebenden Klubs und Verbänden wie der Fichtegesellschaft predigte man – vielfach mit theologischem Segen – eine »deutsche Sendung«. In ihr setzte man – harmlos klingend – eine verinnerlichte »Kultur« gegen eine äußerliche »Zivilisation«, »Gemeinschaft« gegen

Reichskanzler Bethmann Hollweg bei seiner Rede im Reichstag am 12. Dezember 1916, in der er den Alliierten Friedensverhandlungen anbot. Rechts sein handgeschriebenes Rücktrittsgesuch an Kaiser Wilhelm II. vom 13. Juli 1917.

»Gesellschaft«. Man bezog Front gegen die Ideen des Revolutionsjahres 1789, gegen Liberalismus und Rationalismus. Verherrlicht wurden demgegenüber Instinkt und willensstarke Herrenmenschen. Der Trend ging in Richtung eines verhängnisvollen Zusammenschlusses der zeitgenössischen Leitideen von Nationalisten und Sozialisten. Wie Bethmann Hollweg hoffte, ging mit Fortschreiten des Krieges zwar eine gewisse Heilung des nationalen Wahns einher. So verschaffte sich die 1915 gegründete »Deutsche Gesellschaft 1914« eine beträchtliche Anhängerschaft in der Berliner und deutschen Gesellschaft. Doch blieb diese insgesamt zerklüftet, polarisiert in Anhänger eines Ausgleichsfriedens und einer Demokratisierung auf der einen, Annexionisten und Demokratiefeinde auf der anderen Seite.

»Feinde ringsum«. Titelblatt der Leipziger »Illustrirten Zeitung« vom 23. Mai 1918 nach einem Gemälde von Franz von Stuck.

Die 3. Oberste Heeresleitung (OHL) gibt den Kurs an

Obwohl es auch unter den Militärs Realisten gab, konnte zumal nach der Einsetzung der 3. Obersten Heeresleitung von einer Spaltung der militärischen Führung keine Rede sein. Hier gaben die Dioskuren Hindenburg und Ludendorff als »Siegfriedensapostel« die Richtung vor und verbauten mit der Gründung Polens im Osten und dem U-Boot-Krieg im Westen alle Möglichkeiten zu einem Separatfrieden. Erst spielten sie um die Existenz Deutschlands mit dem U-Boot-Krieg Vabanque, dann setzten sie alles auf die schließlich im Frühjahr 1918 gestartete Westoffensive. Mit dem Rundumschlag vom Juli 1917 schienen sie ihre Führungsposition im Deutschen Reich gesichert zu haben. Doch stand ihnen der Reichstag weiterhin im Wege. Da das Funktionieren des Reichstags, wie etwa das Beispiel seiner Friedensresolution zeigte, als Akklamationsorgan nicht gewährleistet zu sein schien, setzten sie in der Folgezeit auf eine Parteigründung. Die von ihnen aus der Taufe gehobene Deutsche Vaterlandspartei, die rasch zur mitgliederstärksten Partei aufstieg, war jedoch keine herkömmliche Partei, sondern eine auf die NSDAP vorwegverweisende nationale »Bewegung«. Unfähig zwar, ein theoretisches Staatsmodell auch nur zu formulieren, arbeiteten sie gleichwohl erfolgreich an dem Modell eines totalitären, auch völkischen Annexions- und Militärstaates, der das Dritte Reich auch mit seinen Vernichtungsstrategien vorwegnahm. In ihm sollte Hindenburg als mythisch verklärter starker Mann fungieren und, gestützt auf eine Volksbewegung, den »Endsieg« erringen.

Unter dem Titel »Die beiden Getreuen beim Kriegsplan« stellte der Maler Hugo Vogel den Generalfeldmarschall Paul von Hindenburg (links) und General Erich Ludendorff dar.

Der Grundstein der Dolchstoßlegende

Faktisch kam es nach dem Sturz Bethmann Hollwegs zu der schon genannten Doppelherrschaft der Militärs mit dem Reichstag, der auch seinerseits seine innenpolitische Position ausbauen konnte, als zunehmend Abgeordnete in die Regierung einrückten und das Parlament auf das Regierungsprogramm Einfluss nahm.

DOLCHSTOSSLEGENDE

Unmittelbar nach dem Zusammenbruch der Front wurde die These verbreitet, das »im Felde unbesiegte« deutsche Heer sei an der Front kämpfend von der Heimat, besonders aber durch die revolutionäre Tätigkeit sozialistischer Gruppen und der Sozialdemokratie »von hinten erdolcht« worden. Mit dieser These wollte die ehemalige militärische Führungsspitze Erich Ludendorff (Foto links) und Paul von Hindenburg verschleiern, dass die Ursachen für die Niederlage in der militärischen Situation des Deutschen Reichs im Herbst 1918 lagen und die Oberste Heeresleitung bereits Ende September zugegeben hatte, dass der Krieg verloren war.

Damit knüpfte die Dolchstoßlegende eine Verbindung zwischen der militärischen Niederlage und den revolutionären Ereignissen in Deutschland bei Kriegsende. Sie entwickelte sich schnell zur Kampfparole der rechten Parteien (Wahlplakat der Deutschnationalen Volkspartei von 1924; rechts) gegen die Linke und vergiftete das politische Klima in der Weimarer Republik. Die Dolchstoßlegende wurde durch einen parlamentarischen Untersuchungsausschuss, dessen Bericht 1925 unter dem Titel »Die Ursachen des deutschen Zusammenbruchs im Jahre 1918« erschienen ist, entkräftet und gilt in der

zeitgeschichtlichen Forschung als widerlegt.

Mehr aber diktierte in Vorbereitung des Sieges die Oberste Heeresleitung das Geschehen, bis sie Ende September 1918 die militärische Niederlage Deutschlands eingestehen musste. Jetzt verband sie die Forderung nach umgehenden Waffenstillstandsverhandlungen mit der nach einer Parlamentarisierung Deutschlands, womit sie zugleich den Grundstein zur Dolchstoßlegende legte, die sie schon beim Sturz Bethmann Hollwegs vorbereitet hatte. Diese besagte, dass das zivile Deutschland dem Heer in den Rücken gefallen sei, und die Oberste Heeresleitung setzte auf eine spätere Fortsetzung des Krieges unter »besseren« Bedingungen, womit sie in keinem Fall parlamentarische meinte. Die Parlamentarisierung Deutschlands wurde durch ein entsprechendes Gesetz vom 28. Oktober rasch vollzogen. Damit gewann Deutschland jene Konturen, die es in der Weimarer Republik behalten sollte. Die deutsche Öffentlichkeit nahm aber einer kaiserlichen Regierung, auch wenn sie neuerdings demokratisch war, diesen Reformakt nicht mehr ab. Revolution und Abdankung des Kaisers machten Deutschland am 9. November 1918 zur

Reichskanzler Max von Baden verkündet die Abdankung des Kaisers und des Kronprinzen. Titelseite vom »Berliner Blatt« am 10. November 1918.

Republik. Der Parlamentarismus in Deutschland hatte mithin drei Väter: den Reichstag selbst als Hoffnungsträger, Wilson und die Alliierten als fremdbestimmende Macht und die hinterhältige 3. Oberste Heeresleitung.

G ÜNTER W OLLSTEIN

Kriegsindustrie und Arbeiterschaft –
Die soziale Dimension des Krieges

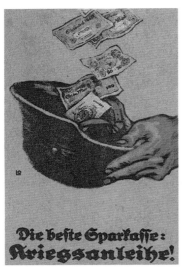

Oben ein deutsches Werbeplakat für Kriegsanleihen; rechts das Plakat der amerikanischen Regierung: »Denkt an Belgien. Kauft Wertpapiere der vierten Kriegsanleihe« erinnert an die Verletzung der belgischen Neutralität durch das Deutsche Reich.

Aus den deutschen »Zehn Geboten der Ernährung« vom Januar 1915:

1. Der Feind will uns aushungern, doch das wird ihm nicht gelingen, weil wir genügend Getreide haben ...
3. Du sollst Brot sparen, auf dass unsere Feinde das Nachsehen haben.
4. Wenn du das Brot achtest, wirst du bis zum Ende des Krieges welches haben.
8. Du sollst Kriegsbrot essen. Du erkennst es am Buchstaben K. Es ernährt dich so gut wie jedes andere.
10. Du sollst Kartoffelschalen, Fleisch- und Gemüseabfälle usw. aufbewahren. Sie sind Viehfutter.

»Staatssozialismus« – Die Mobilisierung aller wirtschaftlichen Ressourcen für den Krieg

Finanziert wurde der Erste Weltkrieg durch Kriegsanleihen und Inflation, was eine immense Verschuldung und den Ruf nach Wiedergutmachung durch Deutschland, den besiegten Feind, nach sich zog; nur die USA, die als Einzige in ihrer wirtschaftlichen Substanz nicht getroffen waren, hängten bei der Entfaltung ihres Potenzials als wirtschaftliche Vormacht Europa endgültig ab und schlossen sich dem Ruf nach Reparationen nicht an. Die Rüstungsindustrien expandierten angesichts des unersättlichen Bedarfs an Kriegsgütern; in Russland waren schließlich über 70 Prozent der Arbeiter in diesem Bereich tätig. Rüstungsmagnaten wie Krupp in Deutschland, Vickers in Großbritannien oder Sacharow in Russland gewannen immensen Einfluss. Dennoch sanken selbst in protegierten Bereichen die Produktionsraten und deckten den Bedarf nicht, da Arbeitskräfte und Rohstoffe knapp waren. Die kostspieligen Rüstungsprodukte wurden – kaum fertig gestellt – umgehend im wahrsten Sinne des Wortes verpulvert. Krass war zudem der Produktionsrückgang der Konsumgüterindustrie und noch mehr der der Landwirtschaft. Hier gab es in Deutschland Einbußen bis zu 70 Prozent. Ferner machte sich der Zusammenbruch des internationalen Handels empfindlich bemerkbar, und schließlich war durch die Konzentration auf die Rüstung das Gleichgewicht von Angebot und Nachfrage und damit das Preisgefüge gestört. Staatliche Regulierungen mit großen Härten waren die Folge, die wiederum Wucher und Schwarzmarktgeschäfte nach sich zogen. Später wurden selbst industrielle Nutznießer des Kriegssystems, die im Ruf eines strammen Nationalismus standen, als Lieferanten an den Feind enttarnt. So stammte der Zement der Unterstände in deutschen Frontbefestigungen weitgehend aus Großbritannien, bezogen Franzosen und Italiener in Deutschland hergestellte Munition, und über das neutrale Ausland gelangten die in allen Schützengräben beliebten deutschen Mundharmonikas auch zu den Alliierten.

Die Staatsführungen griffen ein, um Rohstoffe zuzuteilen und kriegswichtige Betriebe bei vorgegebenen Produktionsziffern zu fördern sowie um Arbeitskräfte aus der Bevölkerung zu rekrutieren und zu verteilen. Aufgebaut wurde ein »Staatssozialismus« mit unterschiedlichem Grad der Militarisierung, wobei der Staat teilweise als Besitzer selbst Lenkungsfunktionen übernahm, teilweise eher indirekt operierte. Das liberale Großbritannien ging auf diesem Weg voran, die USA zögerten bei Kriegsantritt nicht, sich anzuschließen.

Blick in die Kanonenwerkstatt V (links, Fotografie um 1902) und die IV. Mechanische Werkstatt der Firma Krupp in Essen (rechts, Fotografie um 1906).

In Deutschland war durch die See- und Wirtschaftsblockade der Zwang zur Rationalisierung besonders groß, und findige Wissenschaftler und Techniker leisteten vor allem in der Chemie Erstaunliches, als sie improvisiert Ersatzstoffe schufen. Früh kontrollierte und verteilte eine Kriegsrohstoffabteilung im preußischen Kriegsministerium, die mit der Privatwirtschaft verzahnt war, die Ressourcen. Deren Urheber Walther Rathenau und Wichard von Moellendorff dachten über den Krieg hinaus und wollten die traditionell liberale Marktwirtschaft in eine »Gemeinwirtschaft« umwandeln, die – der Wohlfahrt der Bürger verpflichtet und auf ihrer Solidarität basierend – bei staatlicher Kontrolle den einzelnen Wirtschaftszweigen die Leitung übertrug. 1916 setzten sich im Deutschen Reich mit Hindenburgprogramm und Hilfsdienstgesetz die Tendenzen zur Totalisierung des Krieges durch, als staatliche Vorgaben die Anforderungen des Militärs befriedigen und die Arbeitskräfte verteilen sollten. Dirigistisch behandelt und vielfach schikaniert wurden auch Einzelhändler und Bauern; allerdings gab es hier auch Bereicherungen. In Deutschland grassierte der Hunger, Unterernährung gab es nur in den meeroffenen Weststaaten nicht. Reglementierungen grenzten die Not zwar ein, produzierten aber auch geradezu schreiende Ungerechtigkeiten. Als Folge wurde vielfach der »Sozialismus« diskreditiert.

Soziale Folgen

Die – in immer jüngerem Alter einrückenden – Frontsoldaten stellten besonders in Deutschland, Frankreich und Italien ein Sonderproblem dar. Das erbarmungswürdige Leben und massenhafte Sterben in Schützengräben unter Artilleriefeuer und todbringenden Offensiven ohne Sinn machten sie zur eigentlichen Klasse der Opfer, mit einem spezifischen Zusammengehörigkeitsgefühl, das vielfach mit der Bezeichnung »Kriegssozialismus« umschrieben wurde. Ständig konfrontiert mit den privilegierten Kameraden im

Mit Fortdauer des Kriegs wurden immer jüngere Soldaten an die Front geschickt. Das Bild zeigt einen blutjungen deutschen Gefangenen mit einem amerikanischen Feldgeistlichen im Jahr 1918.

Hinterland, erschütterten sie die kurzen Heimaturlaube. Tod und Elend für einen Moment entronnen, sahen schockierte französische Soldaten herausgeputzte Spaziergänger im Bois de Boulogne, die über Zuckerkarten jammerten, sie hörten irritiert Reden von Hurrapatrioten oder Pazifisten und stießen auf Kriegsgewinnler. Die Frontsoldaten, unter denen die Klassenschranken gefallen waren, fühlten sich daher als Gemeinschaft, die irgendwie das »Eigentliche« in Staat und Gesellschaft darstellte, aber gleichwohl verraten, betrogen und vergessen war. Man hielt dennoch »für das Vaterland« durch und bewahrte das Zusammengehörigkeitsgefühl über das Kriegsende 1918 hinaus.

Zentrale Kriegsgewinnler waren Inhaber kriegswichtiger Industriebetriebe wie die Eisen- und Stahlbarone. Die saftigsten Profite strich die Ölbranche in den USA und Großbritannien ein. Daneben gab es große und kleine Wucherer und »Parasiten« unterschiedlichster Art. In Deutschland sah man Tendenzen, Juden in die Reihe von Drückebergern und Nutznießern einzureihen, obwohl sie sich durch ihre Kriegsteilnahme in den Staat zu integrieren suchten. Besonders schlimm war eine zwar getarnte, gleichwohl diffamierende »Judenzählung« im Heer. Bei den Bauern hingegen, die sich entschuldeten, anders als die Städter nicht hungerten und Geld hatten, lag eine Diffamierung als Kriegsgewinnler nahe, doch zählten sie nicht zu diesen. Ihrer Kaufkraft stand kein Angebot gegenüber, sie arbeiteten unter schwersten Bedingungen, und ihre Söhne stellten das größte Kontingent der Gefallenen. Sie fühlten sich von Bürokratie und staatlicher Zwangswirtschaft geknebelt. In Deutschland tendierten sie politisch prompt nach rechts wie auch Teile des Mittelstands, der

Der Volkszorn richtete sich gegen die Kriegsgewinnler. Die Illustration aus »Le Petit Journal« vom 16. Januar 1916 stellt die Krawalle in Berlin dar, in deren Verlauf Frauen aus dem Volk in ein Edelrestaurant einfallen und die Gäste verprügeln.

Bis zum Kriegsende wurden auf beiden Seiten noch zahlreiche Gefangene gemacht. Die Übermacht der Alliierten war jedoch so groß, dass deutsche Soldaten sich massenhaft ergaben, wie während der Kämpfe am Kanal von Saint-Quentin 1918 (links). Rechts: Gefangene britische Soldaten in einer Sammelstelle bei Saint-Quentin.

verarmte und sozial deklassiert wurde. Handwerkerbetriebe und ganze kriegsunwichtige Branchen standen vor dem Ruin. Auch die Empfänger von festen, immer wertloseren Gehältern hatten wie diejenigen, die von Rente oder Kapital lebten, früh keine Chance mehr, sich Lebenswichtiges auf dem Schwarzmarkt zu besorgen. Sie hatten vielfach ihre Söhne als Freiwillige in den Krieg geschickt und diesen mit Spenden mitfinanziert. Jetzt empörten sie sich über ihre Proletarisierung. Selbst die Facharbeiter der Kriegsindustrie klagten ungeachtet kräftiger Lohnerhöhung ab 1916 über ihre soziale Lage. Die verbliebenen Landarbeiter hatten zwar zu essen, waren aber überbelastet, sie konnten sich nicht durch Streiks wehren und meldeten sich vielfach krank. Auf der anderen Seite der Skala standen Kriegsgefangene, die – kaum entlohnt, aber immerhin nach internationalen Konventionen behandelt – auf die Löhne drückten, und Fremdarbeiter, die vor allem in Frankreich, Russland und Deutschland eingesetzt wurden. Auch rückten Frauen und Jugendliche in großer Zahl in Fabriken ein und erhielten Hungerlöhne.

Léon Jouhaux, Vorsitzender der französischen Gewerkschaft Confédération Générale du Travail, am 4. August 1914:

Im Namen der Gewerkschaften, im Namen aller Arbeiter, die schon zu ihrem Regiment gestoßen sind oder sich wie ich morgen auf den Weg machen, erkläre ich, dass wir auf das Schlachtfeld ziehen in der festen Entschlossenheit, den Aggressor zurückzuschlagen.

Im Dienst der Vaterländer – Die Sozialistische Internationale zerbricht

Vor diesem Hintergrund interessiert das Verhalten der großen Arbeiterorganisationen. Wieso versagte in der Julikrise 1914 die anscheinend so mächtige Sozialistische Internationale, besonders deren starke Achse, die SPD (Sozialdemokratische Partei Deutschlands) im Deutschen Reich und die SFIO (Section Française de l'Internationale Ouvrière) in Frankreich? Die Beteuerungen der jeweiligen Regierungen, dass ein Angriff von außen drohe, vermittelten auch den Sozialisten das Gefühl einer dominierenden nationalen Bedrohung. Anfangs rechtfertigte man sich noch, dass eine Abwehr der zaristischen Despotie bzw. des deutschen Feudalismus und Imperialismus nötig sei, bald jedoch geriet man voll in den nationalistischen Strudel. Es zeigte sich, dass die Sozialisten selbst im Kaiserreich, in dem die SPD scharf ausgegrenzt war, etwas zu verlieren hatten und wieweit die nationale Integration der Internationalisten fortgeschritten war. Fortan sahen Sozialisten den Krieg als Chance, Gleichberechtigung und soziale Errungenschaften voranzutreiben. Hierauf bauend bewilligten sie die Kriegskredite anfangs einheitlich, später mehrheitlich. Auf der anderen Seite fühlte sich die Reichsleitung in Deutschland an ihr Versprechen einer politischen Neuorientierung mit Respektierung der Arbeiterschaft in Staat und Nation gebunden. Die SPD honorierte diese Haltung und hatte, ungeachtet immer neuer Verzögerungen bei politischen Reformen, größte Geduld. Während in Frankreich schon 1914 die Sozialisten Marcel Sembat und Jules Guesde in die Regierung eintraten, begann der mühsame Weg der SPD in die Regierungsämter erst 1917, allerdings unter dem Opfer der Spaltung der Partei. Eine oppositionelle Richtung gegen die »Sozialpatrioten« war mächtig angewachsen. Benannt nach ihrem Tagungsort Zimmerwald (Schweiz) 1915, gehörten zu dieser Zimmerwalder Bewegung vor allem Pazifisten, die im Krieg nur noch ein imperialistisches Ringen um Annexionen sahen. Sie betrieben 1917 die Abspaltung der USPD (Unabhängige Sozialdemokratische Partei Deutschlands) von der SPD, die dann MSPD (Mehrheitssozialdemo-

In einer Extraausgabe des »Vorwärts« vom 4. August 1914 gibt die SPD eine Stellungnahme zu ihrer Bewilligung der von der Regierung geforderten Kriegskredite ab. Die Frage der Bewilligung stürzte die Partei in eine schwere Krise und führte langfristig zur Abspaltung der USPD.

kratische Partei Deutschlands) genannt wurde, und zwangen als *Minoritaire* die SFIO zum Rückzug ihrer Minister aus der Regierung.

Warum gingen Sozialisten allenfalls als Pazifisten und nur selten als Sozialrevolutionäre in Opposition, warum plagten sich entkräftete Arbeiter für die Fortsetzung eines Krieges, dessen Sinn im Dunkeln lag? Hinweise auf Belagerungszustand und nationale Propaganda erklären wenig. Bedeutsamer für das Durchhalten waren sozialpolitische Fortschritte, keineswegs nur Lohnerhöhungen, und diese rücken das Wirken der Gewerkschaften ins Blickfeld. Das Beispiel Deutschland, wo die sozialen Erfolge am breitesten waren, zeigt das Spektrum und den Trend der Entwicklungen. Wie alle Berufsverbände stellten sich 1914 die Gewerkschaften mit ihren mehr als zwei Millionen Mitgliedern in den Dienst des Krieges, und die Regierung honorierte dies mit Aufträgen und faktischer Anerkennung. Unter Verzicht auf Kampfmaßnahmen erlangten die Gewerkschaften neue Möglichkeiten zur Wahrnehmung von Arbeitnehmerinteressen, besetzten leitende Stellen in Reichszentralbehörden und erzielten 1916 im Rahmen des Hilfsdienstgesetzes einen bahnbrechenden Erfolg.

Sozialpolitische Errungenschaften

Auch in der deutschen Führung setzte sich endgültig die Auffassung durch, dass der Krieg nicht in Gegnerschaft zu der Arbeiterschaft zu gewinnen sei. Pikant war dabei, dass die keineswegs arbeitnehmerfreundliche 3. Oberste Heeresleitung zum Schrecken der Schwerindustrie darauf drang, dass ein ordentliches Gesetz über den Hilfsdienst mit Zustimmung von Reichstag und Parteien zustande kam. Die paritätische Mitbestimmung wurde generell eingeführt. Obligatorische Arbeiterausschüsse hielten Einzug in Großbetriebe. Fortan gab es ein fortschrittliches kollektives Arbeitsrecht mit Streikrecht und einem Schlichtungsverfahren, das auf eine hoheitliche Zwangsschlichtung hinauslief. Die Oberste Heeresleitung wollte den Reichstag als Akklamationsorgan ködern. Nicht eingeplant hatte sie dagegen, dass eine Gewerkschaftsachse der Parteien die »Nebenbestimmungen« des »Vaterländischen Hilfsdienstgesetzes« derart ausbaute, dass eine dauerhafte Modernisierung des Sozialrechts herauskam. Für die Arbeiter stand seitdem auf dem sozialen Sektor viel auf dem Spiel, zumal im Weltkrieg mit Ausnahme des Achtstundentags all jene sozialpolitischen Grundlagen geschaffen wurden, auf denen die Weimarer Republik ruhen sollte: Arbeitslosen-, Kurzarbeiter- und Kindergeld, Arbeitsvermittlung und faktisch auch ein Mindestlohn. Solche Erfolge ließen Gewerkschaften und SPD in erhebliche Distanz zu traditionellen Sozialismusideen treten und erklären die Nähe zu den zeitgenössisch umlaufenden Ideen von einem Staatssozialismus oder einer Gemeinwirtschaft. Letztendlich gab es somit einen sozialpolitisch begründeten, informellen Pakt der Gewerkschaften und damit auch der SPD mit der Regierung.

Allerdings gab es auch bedeutende Streiks, die 1915 überall auf dem Kontinent einsetzten und 1917 in Hungeraufstände, Meutereien und Rebellionen einmündeten. Streikende Petrograder Frauen lösten die

Je mehr Männer als Soldaten an die Front geschickt wurden, desto höher wurde der Anteil der Frauen in der Industrie, besonders in den kriegswichtigen Betrieben.

Der deutsche Großunternehmer Alfred Hugenberg äußert im November 1914 seine Befürchtungen hinsichtlich der Gewerkschaften:

Die Folgen des Krieges würden an sich für die Arbeitgeber... in vieler Beziehung sehr ungünstig sein... Man würde wahrscheinlich mit einem sehr gesteigerten Machtgefühl der Arbeiter und Arbeitergewerkschaften rechnen müssen, die auch in gesteigerten Ansprüchen an die Gesetzgebung und die Arbeitgeber zum Ausdruck kommen würden.

Februarrevolution aus. Die Not war hier, wo Kinder im Elfstundentakt arbeiteten und vielfach verunglückten, am schreiendsten. Schon bei den Truppentransporten 1917 von Ost nach West waren Soldaten in Scharen »abhanden« gekommen. Nach der gescheiterten Frühjahrsoffensive 1918 schwoll die Zahl der »Drückeberger« auf bis zu einer Million Soldaten an. Die italienische Armee sah ähnliche Phänomene. In Großbritannien zeugten zunehmende Streiks von einer anwachsenden Opposition gegen Gewerkschaften und mehr noch gegen die Regierung, die am nationalen Kriegskurs festhielt. Anders lagen die Dinge in Frankreich, wo im April 1917 große Meutereien ausbrachen. Ursache war hier die Verzweiflung der Soldaten angesichts einer Häufung von Offensiven, die Menschen verachtend nur Tod, aber keinen militärischen Nutzen brachten. 49 vollstreckte von 554 ausgesprochenen Todesurteilen der Kriegsgerichte waren die Folge, aber auch der Übergang zu einer »sinnvolleren« Kriegführung.

Die Revolution von 1918 in Deutschland begann mit einer Meuterei der Hochseeflotte in Wilhelmshaven, die schnell auf andere Marinestandorte übergriff. Die Abbildung zeigt meuternde Matrosen vor den Linienschiffen »Thüringen« und »Helgoland«.

Die Streiks in Deutschland vom April 1917 und Januar 1918 waren durch die Not und die Überforderung der Menschen bedingt, Beweggrund war aber auch der Wunsch nach einem raschen Frieden. Die Militärs hatten die Arbeiterausschüsse von Beginn an auch als Bollwerk gegen Streiks und dementsprechend als Frühwarnsystem angesehen. Und in der Tat handelten Gewerkschaftler bisweilen als Agenten der Staatsführung. Doch in den Arbeiterausschüssen fand auch die oppositionelle Linke zusammen, schuf die USPD sich ihren Sockel und agierten sozialrevolutionäre Spartakisten sowie revolutionäre Obleute. Beim großen Ausstand der Munitionsarbeiter exponierten sich Parteiführer der SPD wie Friedrich Ebert in der Streikleitung, um dem Kampf ein schnelles Ende zu bereiten. Letztendlich hatten sie Erfolg, und die Oppositionellen erlitten eine empfindliche Niederlage. Im Herbst 1918 verschob sich das Kräfteverhältnis anlässlich eines Flottenaufstands in Kiel. Aus ihm entwickelte sich nämlich am 9. November eine erfolgreiche Revolution in Deutschland, mit Arbeiter- und Soldatenräten nach sowjetischem Vorbild; das kaiserliche Regime wurde beseitigt. Die linke Opposition gewann erhebliches Gewicht; vor dem Hintergrund der allgemeinen Forderung nach Frieden und Brot fand aber immer noch eine Mehrheit von Reformpolitikern zusammen, die erfolgreich jene Koalition von Demokraten bildete, die – auf erhebliche Teile der Arbeiter, Bürger und Bauern gestützt – für eine dann nur allzu kurze Zeit das Fundament der Weimarer Republik darstellte.

Überall im Deutschen Reich bildeten sich im November 1918 Arbeiter- und Soldatenräte als Organe der revolutionären Gewalt. Das Foto zeigt die Übernahme der Kaserne des 2. Gardeulanenregiments in der Invalidenstraße in Berlin.

Günter Wollstein

Sieger und Besiegte – Ergebnisse des Kriegs

In einem Eisenbahnwaggon im Wald von Compiègne fanden im November 1918 die Waffenstillstandsverhandlungen zwischen Deutschland und den Alliierten statt. Das Bild von der Schlusssitzung (rechts) zeigt den deutschen Verhandlungsführer Matthias Erzberger, ihm gegenüber (in Uniform) den französischen Marschall Ferdinand Foch. Im Bild oben steht Marschall Foch (zweiter von rechts) im Kreise hochrangiger alliierter Offiziere vor dem Eisenbahnwaggon.

Der französische Ministerpräsident Clemenceau empfängt am Tag der Übergabe des Versailler Vertragstextes, dem 7. Mai 1919, die deutsche Delegation mit den Worten:

Die Stunde der Abrechnung ist da. Sie haben uns um Frieden gebeten. Wir sind geneigt, Ihnen (den Frieden) zu gewähren, (der) von den hier vertretenen Völkern zu teuer erkauft ist, als dass wir nicht einmütig entschlossen sein sollten, sämtliche uns zu Gebote stehenden Mittel anzuwenden, um jede uns zustehende Genugtuung zu erlangen.

D as Ende des Ersten Weltkriegs wurde eingeleitet, als Bulgarien Ende September 1918 vor der alliierten Orientarmee kapitulierte. Einen Monat später gab auch die neue osmanische Regierung auf, nachdem der britische Vormarsch in Palästina nicht zu stoppen war. Schon am 3./4. Oktober hatten auch die Mittelmächte an den

amerikanischen Präsidenten Wilson ein Waffenstillstandsangebot gesandt, auf das hin für Österreich Waffenruhe eintrat. Die Alliierten konnten nun eine rasche militärische Entscheidung gegen das Deutsche Reich herbeiführen, dessen Truppen immer noch in Nordfrankreich und Belgien standen und riesige Territorien im Osten besetzt hielten. Wilsons europäische Partner witterten im deutschen Waffenstillstandsgesuch eine Falle und drangen erfolgreich auf Bedingungen für Deutschland, die einer Kapitulation nahe kamen. Deutschland musste, ohne Gefangennahme seiner Armee und ohne komplette Besetzung seines Territoriums, seinem Rückzug im Westen und – teilweise – im Osten sowie der Herausgabe von Waffen und der Internierung seiner – sich 1919 schließlich selbst versenkenden – Hochseeflotte zustimmen. Demgegenüber sollten die Alliierten bis zum Rhein vorrücken und rechtsrheinische Brückenköpfe erhalten. Politisch wichtig waren die Rückkehr Elsass-Lothringens zu Frankreich, die Annullierung des Friedensvertrags von Brest-Litowsk und die Anerkennung von Reparationszahlungen. Am 11. November unterzeichnete eine deutsche Delegation unter Erzberger im Wald von Compiègne diese Vorgaben. Kapitulation und Entmachtung des Deutschen Reichs deuteten darauf hin, dass ein harter Frieden, nicht aber eine Auslöschung Deutschlands bevorstand.

Damit schwiegen die Waffen nach 51 Monaten Krieg mit einer Bilanz, die eher erahnen als erfassen lässt, was blinde Politik im Juli

1914 ausgelöst hatte. Bei insgesamt mehr als 74 Millionen mobilisierten Soldaten registrierte man 8,5 Millionen Gefallene, über 21 Millionen Verwundete und an die 8 Millionen Kriegsgefangene und Vermisste. Doch auch das Sterben, Leiden und Hungern der Zivilisten war schwer bezifferbar, ganz zu schweigen von den materiellen Zerstörungen und Verlusten; allein an direkten Kriegskosten wurden 956 Milliarden Goldmark errechnet. Angesichts dieses Resultats blieb selbst bei der siegreichen Koalition eine euphorische Stimmung aus. In Frankreich beispielsweise herrschte große Erleichterung, dass die Waffen schwiegen, daneben gab es Freude und Genugtuung, dass eine gerechte Sache siegreich ausgefochten war. Auf Deutschland lasteten eher Irritationen, denn die auch hier große Erleichterung ging einher mit einem dumpfen Erfassen der unbegreiflich bleibenden Niederlage, einer Unsicherheit angesichts der Revolution und blanker Not. Allenthalben hoffte man auf eine baldige Normalisierung des seit 1914 aus den Fugen geratenen Lebens.

Bei Ausbruch des Kriegs erwartete man die Rückkehr von strahlenden Helden. Materialschlachten und Stellungskrieg hinterließen statt dessen zahllose psychisch Kranke und Kriegsinvaliden.

»Frieden ohne Sieg?« – Die Friedensvorstellungen der Alliierten

Die Friedensverhandlungen zeigten umgehend eine Fülle schwierigster Probleme. Anfangs dachte man noch an einen traditionellen Friedenskongress. Da jedoch die Sieger Differenzen in der eigenen Koalition fürchteten, die unter dem Einfluss der Besiegten zur Zerreißprobe werden konnten, tagten ab dem 18. Januar 1919 schließlich die 27 Siegerstaaten unter Ausschluss der Verlierer. Auch Sowjetrussland war nicht eingeladen worden, da für das Russlandproblem keine Lösung in Sicht war.

Clemenceau, Lloyd George und Wilson strebten erfolgreich einen Kompromiss an, und nacheinander wurden die Forderungen an die einzelnen Verliererstaaten erstellt, zuerst an Deutschland, dem im Mai 1919 seine Bestimmungen überreicht wurden. Mündliche Verhandlungen gab es auch jetzt nicht, und nach einem Notenaustausch, der Deutschland für Oberschlesien immerhin eine Volksabstimmung einbrachte, teilten die Alliierten am 16. Juni ihre Beschlüsse mit und setzten eine kurze Bedenkfrist zur Annahme, bei deren Nichteinhaltung ein militärischer Vormarsch drohte. Daraufhin unterzeichnete am 28. Juni der deutsche Außenminister Hermann Müller den Friedensvertrag im Spiegelsaal des Versailler Schlosses. Diesem Versailler Vertrag mit seinen umfangreichen Bestimmungen folgten die übrigen nach Pariser Vororten benannten Friedensverträge, der von

David Lloyd George, Georges Clemenceau und Woodrow Wilson (von links) einige Tage vor der Unterzeichnung des Versailler Vertrags (28. Juni 1919).

Saint-Germain-en-Laye mit Österreich, Neuilly-sur-Seine mit Bulgarien, Trianon mit dem nun selbstständigen Ungarn und Sèvres mit der Türkei.

Der Krieg war bei Ausbleiben einer überfälligen Reform der alten gewachsenen Staatenordnung aus einer Paniksituation begonnen worden. Ein immer totaler werdender Krieg hatte dann eine Besinnung und eine Rückkehr zur Solidarität der Mächte verhindert. Auch 1918/19 gab es keine Verschnaufpause, um die Nichtigkeit der Anlässe des Kriegs zu erfassen. Alteuropa erschien schon während des Weltkriegs wie ein Märchen aus alter Zeit, jetzt lag es mit dem Ende dreier Großmächte – Russlands, Österreichs und des Osmanischen Reichs – und mit dem Ausbluten der übrigen Staaten zertrümmert am Boden, ohne dass ein einziges Problem der Vorkriegszeit einer Lösung nahe gebracht worden wäre. Eine neue Staatenordnung musste zudem vor dem Wust uneingelöster Kriegszielvorstellungen der Mächte erstellt werden, und die beibehaltenen gewaltigen Ambitionen wurden wie 1914 durch eine uferlose Sicherheitsphilosophie vernebelt. Eine Sanierung der Staatenwelt war daher von der Pariser Friedenskonferenz kaum zu erwarten. Immerhin offerierten Russen und Amerikaner neue, aus dem Krieg geborene, globale Lösungsmodelle. Die Bolschewiki propagierten aus der Ferne die Ablösung einer imperialistischen Welt durch solidarische Arbeiterstaaten und irritierten und ängstigten die übrige Welt mit dem Ziel einer Weltrevolution. Wilson, immerhin in Paris präsent, kämpfte für einen liberalen Völkerbund, der mit den Realitäten Europas kollidierte.

»Die Unterzeichnung des Friedens« im Spiegelsaal von Versailles. Gemälde von William Orpen, um 1925 (London, Imperial War Museum).

Unterschiedliche Konzepte

Die Leitvorstellungen Frankreichs, der USA und Großbritanniens auf der einen, Deutschlands auf der anderen Seite zeigen die unterschiedlichen Erwartungen. In Frankreich hatte sich im Verlauf des Kriegs das Sicherheitstrauma von 1914 vertieft, und man sah sich als den Hauptleittragenden des Kriegs. Die öffentliche Meinung tendierte zu einem harten Frieden, mit einer strategischen Grenze am Rhein, wo ein oder mehrere von Deutschland abgetrennte Staaten unter alliierter Kontrolle gehalten werden sollten. Deutschland sollte für die angerichteten Schäden zahlen. Auch noch schärfere Friedensregelungen, z.B. eine Zerstückelung ganz Deutschlands, waren im Gespräch. Doch Clemenceau, als »Vater des Sieges« verehrt, folgte dieser Version nicht. Der 78-jährige Ministerpräsident hatte schon 1871 gegen den Frankfurter Frieden gestimmt, jetzt wollte er die ein halbes Jahrhundert zurückliegende Niederlage gegenüber Bismarckdeutschland aus der Geschichte auslöschen. An

Der zerstörte Bahnhof in Chauny (bei Laon); in den Trümmern das Bahnhofsschild aus der Zeit der deutschen Besetzung.

die französische Kriegszielpolitik anknüpfend, sollte Deutschland als Großmacht zwar erhalten bleiben, doch Frankreich sollte dessen halbhegemoniale Stellung auf dem Kontinent übernehmen. Kern seines Strebens war – als »Garantie physischer Art« – das Vorschieben der geostrategischen Grenze an den Rhein.

Geradezu ein Gegenkonzept verfocht der amerikanische Präsident Wilson bei scharfer Frontstellung gegen das alte Staatensystem. Schon 1916 hatte er generell eine neue liberale Weltordnung gefordert, fußend auf einem Völkerbund, der wiederum auf einem »Frieden ohne Sieg« gründen sollte. Im Januar 1917 präzisierte er sein außen- und innenpolitisches Programm, das amerikanischen Interessen entsprach, aber auch eine zukunftsweisende Utopie darstellte. Er zielte auf eine Gleichberechtigung aller Nationen, das Recht auf innere und äußere Selbstbestimmung der Völker, die Freiheit der Meere, eine allgemeine Abrüstung und – als Kern – eben den Völkerbund, die *League of Nations*. In den berühmten Vierzehn Punkten vom Januar 1918 appellierte Wilson mit diesen Forderungen an das neue Russland, sich wieder in die Front der demokratischen Staaten einzureihen; zumal er fürchtete, dass es zu einer sowjetisch-deutschen Zusammenarbeit kommen könnte. Von dem schnellen Erfolg seiner Kampagne gegen die Monarchie in Deutschland sowie von Deutschlands Waffenstillstandsersuchen überrascht, konnte er seine Vierzehn Punkte weitgehend als Basis der Friedensverhandlungen durchsetzen. Dies wurde Deutschland in der Note des amerikanischen Staatssekretärs Robert Lansing am 5. November mitgeteilt.

Die Auffassungen von Lloyd George korrespondierten weitgehend mit denen Wilsons. Der letzte große liberale Premier Großbritanniens konnte sicher sein, dass Deutschland seine Kolonien und Kriegsmarine, zudem den Großteil seiner Handelsflotte hergeben musste. Damit war die seit der Tirpitz'schen Flottenpolitik zentrale Bedrohung Großbritanniens durch Deutschland beseitigt, und da sich Lloyd George durch die nun übermächtigen USA eher gestützt als bedrängt sah, kehrte er zu jener traditionell liberalen britischen Politik des 19. Jahrhunderts zurück, die in ihren Leitideen viele der Vorstellungen Wilsons schon vorweggenommen hatte. Aus traditionellem Gleichgewichtsdenken beunruhigte ihn die sich abzeichnende kontinentale Hegemonie Frankreichs. Zudem sorgte er sich um Störungen des Handels sowie – mehr noch als Wilson – um ein Überspringen des Bolschewismus von Russland nach Deutschland und eine hieraus resultierende Kooperation dieser Staaten.

Deutschlands Verdrängung der Niederlage

Im Gegensatz zu den Siegermächten verfügte Deutschland über keine starke Führung. Von inneren Zerreißproben geschüttelt, war man erst auf dem Weg zur Ausgestaltung der Weimarer Republik; die Nationalversammlung sollte die Verfassung am 11. August 1919 verabschieden. Die bei anhaltender Seeblockade hungernde Nation war von separatistischen Bewegungen bedroht, und selbst die Entscheidung für eine parlamentarische Republik musste hart erkämpft werden. Unter der gerade in der Friedensfrage keineswegs

Memorandum des britischen Premiers Lloyd George über die Friedensbedingungen vom 25. März 1919:

Wenn wir klug sind, werden wir Deutschland einen Frieden anbieten, der, indem er gerecht ist, für alle vernünftigen Menschen der Alternative des Bolschewismus vorzuziehen sein wird ... Es ist jedoch nicht genug, einen gerechten und weitsichtigen Frieden mit Deutschland abzufassen. Wenn wir Europa eine Alternative zum Bolschewismus anbieten wollen, müssen wir den Völkerbund so gestalten, dass er sowohl ein Schutz für diejenigen Nationen sein wird, die zu fairem Verhalten ihren Nachbarn gegenüber bereit sind, als auch eine Gefahr für diejenigen, die die Rechte ihrer Nachbarn verletzen wollen.

Die Eröffnungssitzung der verfassunggebenden Deutschen Nationalversammlung im Nationaltheater in Weimar am 6. Februar 1919. Die Zeichnung erschien in der Leipziger »Illustrirten Zeitung«.

Der Vorsitzende des Rats der Volksbeauftragten Friedrich Ebert (zweiter von links) begrüßt heimkehrende Truppen beim Einzug durch das Brandenburger Tor im Dezember 1918. Rechts der deutsche Politiker Philipp Scheidemann als Mitglied der Weimarer National-versammlung an seinem Schreibtisch im Weimarer Schloss 1919.

Aus dem Vorschlag der französischen Regierung zur Gestaltung der deutschen Westgrenze vom 12. März 1919:

1. Im allgemeinen Interesse des Friedens und zur wirksamen Durchführung der Satzungen des Völkerbundes wird die deutsche Westgrenze an den Rhein verlegt. Somit verzichtet Deuschland auf alle Hoheitsrechte auf die linksrheinischen Gebiete des früheren Deutschen Reiches sowie auf jede Zolleinheit mit ihnen.
3. Die linksrheinischen Gebiete (mit Ausnahme von Elsass-Lothringen) werden in einen oder mehrere selbstständige Staaten unter dem Schutz des Völkerbundes verwandelt.

souveränen Leitung des Sozialdemokraten Ebert setzte die deutsche Führung darauf, dass Friedensgespräche unter deutscher Beteiligung zu einem Remisfrieden führen würden. Die Vierzehn Punkte und die Lansingnote galten als bindender Vorvertrag, und das Prinzip der Selbstbestimmung der Nationen schien garantiert, zumal man – um die Alliierten nicht zu verschrecken – den sich in dieser Zeit anbietenden Anschluss Deutsch-Österreichs an Deutschland nicht verfolgte. Forciert betrieben wurde demgegenüber die geforderte Einfügung des Deutschen Reichs in eine liberaldemokratische Staatenordnung, wobei man sich auch in der Reparationsfrage gesprächsbereit zeigte. Alle Anzeichen für einen harten Frieden wurden hingegen konsequent verdrängt und die militärische Niederlage immer noch nicht eingestanden. Bezeichnend ist Eberts Begrüßung der heimkehrenden Soldaten in Berlin: »Kein Feind hat euch überwunden! Erst als die Übermacht der Gegner an Menschen und Material immer drückender wurde, haben wir den Kampf aufgegeben.« Eine so schillernde Aussage mochte den Alliierten die Selbstverständlichkeit eines Verhandlungsfriedens suggerieren. Doch auch die ignorante und auftrumpfende Machtpolitik des Kaiserreichs schimmerte wieder durch, zumal sich die demokratische Regierung innenpolitisch auf die alten militärischen Kader stützen zu müssen glaubte, deren Führung nur allzu dürftig reformiert worden war. Den Alliierten schien die demokratische Erneuerung Deutschlands bald von provokanten, traditionell machtpolitischen Verhaltensmustern überlagert, so als der – über den Gang der Versailler Konferenz empörte – deutsche Außenminister Ulrich Graf von Brockdorff-Rantzau einen verbalen Gegenangriff auf die Alliierten probte. Auch Ministerpräsident Philipp Scheidemann attackierte die Alliierten mit moralischen Vorwürfen und lehnte die Annahme des Vertrags barsch ab.

Vom Versailler Vertrag zum Völkerbund – Die künftige Weltfriedensordnung

Gewinner und Verlierer

S chon während der Pariser Konferenz standen die Zeichen für die künftige Weltfriedensordnung, deren allgemeine Konturen zunächst aufzuzeigen sind, auf Sturm. In Fernost hatte Japan im Krieg militärisch nur das deutsche Pachtgebiet Kiautschou erobert, im Übrigen aber als Kriegslieferant der Westmächte einen großen wirtschaftlichen Aufschwung erlebt. Weit gesteckte Protektoratspläne hinsichtlich Chinas konnte es auf der Konferenz nicht durchsetzen, es wurde dagegen mit einem Völkerbundmandat für die ehemaligen deutschen Südseekolonien abgespeist. Im Nahen Osten hatte das Osmanische Reich als Tummelplatz der Kriegszielpolitik anderer Mächte gedient; dieser Staat, der mit den Massakern an Armeniern 1915/16 den ersten Genozid des Jahrhunderts zu verantworten hatte, verlor alle nichttürkischen Gebiete und auch die Meerengen und Konstantinopel wurden unter internationale Kontrolle gestellt. Wie bei allen Verliererstaaten wurden die Friedensbedingungen nur auf ultimativen Druck der Sieger und aufgrund des Fehlens von Möglichkeiten zum Widerstand angenommen. Neue Mandatsherrschaften Frankreichs in Syrien und Großbritanniens in Irak und in Palästina entstanden. Mit der Annullierung des Friedens von Brest-Litowsk wurde die Auflösung des russischen Imperiums nicht hinfällig, auf die neuen Staaten Finnland, Estland, Lettland, Litauen und Polen wartete aber noch deren Selbstbehauptung gegenüber dem neuen Russland. Aus der schon 1918 in die Staaten Österreich und Ungarn aufgeteilten Habsburgermonarchie entstanden zusätzlich die Tschechoslowakei und Jugoslawien. Österreich hatte ferner Südtirol bis zur Brennergrenze, Görz, Triest, Istrien und Teile des Küstenlandes an Italien abzugeben. Das zu einem Kleinstaat geschrumpfte, nunmehr deutschsprachige Österreich wurde mit einem Verbot des Anschlusses an Deutschland belegt und erhielt nur das Burgenland von Ungarn. Schlimm traf es auch Ungarn, das zwei Drittel des Landes an seine Nachbarn verlor und gleichfalls zu einem Kleinstaat abstieg. Bulgarien musste alle großbulgarischen Träume begraben und verlor den Zugang zur Ägäis an Griechenland, kam aber insgesamt glimpflich davon. Von den Siegermächten wurde Rumänien mit Bessarabien, dem östlichen Banat, der Bukowina und Siebenbürgen reich bedacht. Italien dagegen kritisierte ungeachtet seiner territorialen Erweiterungen die Friedensbestimmungen heftig, weil seine Ansprüche auf Dalmatien und die Stadt Fiume sowie auf ein kleinasiatisches Mandat unerfüllt blieben.

Nach dem japanischen Ultimatum an das deutsche Pachtgebiet Kiautschou im August 1914 erschien in Deutschland diese Propagandapostkarte mit dem Text des Telegramms des deutschen Gouverneurs Alfred Meyer-Waldeck an Wilhelm II.: »Einstehe für Pflichterfüllung bis auf's Äußerste. Gouverneur«.

Im Ersten Weltkrieg verübten Türken und Kurden mit den Massakern an Armeniern den ersten Völkermord der Neuzeit.

Grundlage all dieser Veränderungen und staatlichen Neuschöpfungen war das Nationalitätsprinzip, doch kamen – abgesehen von einem Ausspielen der Macht der Sieger – allenthalben auch »historische Rechte« wie bei Polen mit dessen piastischer Tradition oder geographische und wirtschaftliche Überlegungen wie bei der Tschechoslowakei ins Spiel. Zudem sorgte die gewachsene ethnische Struktur Europas dafür, dass aufs Neue – besonders deutlich in Jugoslawien und in der Tschechoslowakei – multinationale Staaten gegründet wurden. Die neuen Staaten wurden von Exilpolitikern und nationalrevolutionären Kräften im Lande auf den Weg gebracht und mussten in vielfachen Kämpfen durchgesetzt werden. Auseinandersetzungen zwischen Polen und Litauen um Wilna oder Polen und Tschechen um Teschen wiesen auf neue Spannungsfelder hin. Selbst Plebiszite waren von Kämpfen begleitet, so die Abstimmung in Oberschlesien, wo Polen schließlich die wichtige Industrieregion erhielt, und in Kärnten, wo Österreich sich behauptete. Von einer Plausibilität der neuen Staatsterritorien von Finnland bis Griechenland und damit von Stabilität der – in der Neuzeit – traditionslosen Staaten konnte daher nur schwerlich die Rede sein, und eine Spaltung dieser Länder in Revanchisten und Verteidiger des Status quo war umso eher zu erwarten, als all diese Klein- und Mittelstaaten auch Interessenfelder der Großmächte markierten.

Wilsons Kompromiss und Scheitern – Der unfertige Völkerbund

Kerndilemma in Paris war aber der deutsch-französische Gegensatz, und hier konnte Clemenceau zunächst seine Politik der »Garantie physischer Art« gegen das Nein der Angelsachsen nicht durchsetzen. Ersatzweise kam das linke Rheinufer zeitweilig unter alliierte Besetzung und Frankreichs Sicherheit sollte – nach Ratifikation der Friedensverträge – von den USA und Großbritannien garantiert werden. Darauf forderte der französische Ministerpräsident das Saargebiet, doch Lloyd George und Wilson wollten mit dem Saarland kein Elsass-Lothringen-Problem unter umgekehrten Vorzeichen schaffen; das Gebiet wurde für 15 Jahre bis zu einer Volksabstimmung autonom und dem Völkerbund unterstellt. Nach dem Scheitern seiner territorialen Projekte konzentrierte sich Frankreich auf eine Beseitigung der wirtschaftlichen Überlegenheit Deutschlands. Man lebte noch in einem von der Kohle dominierten Industriezeitalter und Deutschland sollte fast die Hälfte seiner Bestände abtreten oder abliefern. Zudem verlor Deutschland durch Abtretung Lothringens und das Ausscheiden Luxemburgs aus dem deutschen Wirtschaftsverband 80 Prozent seiner Eisenerze. Diese Projekte waren gekoppelt mit enormen Reparationsansprüchen, über deren Höhe sich die Siegermächte aber – mit Ausnahme eines Vorschusses – vorerst nicht einigen konnten. Der weitgehende Triumph Frankreichs in der Wirtschafts- und Reparationsfrage traf Deutschland besonders stark, reichte aber letztlich nicht aus, um die wirtschaftlichen Machtverhältnisse zwischen beiden Staaten umzukehren. Territorial verlor Deutschland neben Elsass-Lothringen Posen, große Teile Westpreußens, das Memelgebiet, Teile Oberschlesiens und Nordschleswig sowie Eupen-Malmedy im deutsch-belgischen Grenzgebiet, das heißt etwa ein Siebtel des Reichsterritoriums und ein Zehntel der vormaligen Bevölkerung. Schließlich hatte Deutschland sich mit einem Heer von 100 000 Berufssoldaten und einer

Durch den Versailler Vertrag musste Deutschland nicht nur 13 Prozent seines Reichsgebiets mit 10 Prozent seiner Bevölkerung abtreten, sondern verlor auch alle seine Kolonien. Zudem wurde das Landheer auf 100 000, die Marine auf 15 000 Mann beschränkt. Auch hohe Reparationsleistungen in Geld- und Sachlieferungen sowie zahlreiche wirtschaftliche Beschränkungen und schließlich die Zuweisung der alleinigen Kriegsschuld ließen den Versailler Vertrag in Deutschland auf breite Ablehnung stoßen.

DER FRIEDENSVERTRAG VON VERSAILLES

Kriegsmarine von 15 000 Mann zu begnügen; Offensivwaffen wurden verboten und ein 50 km breiter Streifen rechts des Rheins entmilitarisiert.

Mit diesem Vertrag schien schließlich doch noch eine akzeptable Zusammenfügung der Positionen Clemenceaus und Wilsons gelungen, wenn auch vieles – so die beschnittene, aber nicht beseitigte Großmachtposition Deutschlands – noch keineswegs abschließend geklärt war. Vor allem aber bildete der Versailler Vertrag mit den

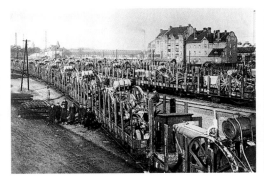

Links: Abtransport landwirtschaftlicher Maschinen aus Deutschland, die nach dem Versailler Vertrag als Reparationsleistungen an Frankreich geliefert werden mussten.

übrigen Vorortverträgen und den mit Frankreich vorgesehenen Sicherheitspakten eine Einheit, die einen grundlegenden und auch erfolgreichen Umbau Europas durchaus denkbar erscheinen ließ. Zudem waren den Verträgen jeweils die Bestimmungen über den neuen Völkerbund vorangestellt, der die kollektive Sicherheit verbürgen sollte. Doch dieses Paket von Vereinbarungen und Absichtserklärungen scheiterte, als die USA im Januar 1920 die Verträge nicht ratifizierten und damit eine Kettenreaktion auslösten. Auch die amerikanische Sicherheitsgarantie für Frankreich und als Folge die britische waren damit hinfällig, ebenso eine Mitgliedschaft der USA im Völkerbund. Damit stellte das Pariser Vertragswerk einen doppelten Torso dar. In letzter Minute waren die notdürftig zusammengefügten Konzepte Clemenceaus und Wilsons wieder auseinander gefallen. Neben Clemenceaus misslungenem Macht- und Siegfrieden stand – noch dazu ohne deutsche und russische Beteiligung – Wilsons völlig unfertiger Völkerbund mit Abrüstungsbestimmungen nur für den Verlierer. Frankreich musste sich düpiert und Deutschland zu einer Revisionspolitik gegenüber jenem Versailler Vertrag ermutigt fühlen, der Deutschland zu allem Übel auch noch die Schuld am Weltkrieg aufhalste, was als schreiendes Unrecht angesehen wurde.

Nach dem Waffenstillstand wurde die deutsche Kriegsflotte an Großbritannien ausgeliefert. Die Schiffe lagen mit reduzierter deutscher Besatzung im Firth of Forth und im Flottenstützpunkt Scapa Flow. Am 21. Juni 1919 erfolgte die Selbstversenkung aller in Scapa Flow liegenden deutschen Einheiten, die sich damit einer im Friedensvertrag von Versailles vorgesehenen Beschlagnahme entzogen.

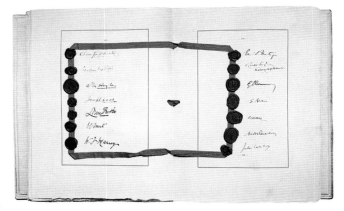

Doppelseite aus dem Versailler Vertrag vom 28. Juni 1919. Zu sehen sind die Unterschriften und Siegel der Vertreter der Länder Kanada, Australien, Südafrika, Neuseeland, Indien und Frankreich.

GÜNTER WOLLSTEIN

Ergebnis – Eine veränderte Welt

Mit Blick auf die Jahrzehnte um 1900 und auf den Ersten Weltkrieg wurde viel von einem »Verlust der Mitte« oder einem »spätzeitlichen Ende des christlich-europäischen Abendlandes« gesprochen. Zu Recht, denn es ging eine Epoche zu Ende, in der – abgesehen von den immensen materiellen Schäden – die humane Mitte der Menschen mit einem gewachsenen Wertesystem tief getroffen worden war. Doch auch zu Unrecht, denn derartige Metaphern verbergen, dass – solange Friede herrschte – ungeachtet aller morbiden Fin-de-Siècle-Tendenzen, wie sie in atemberaubender Weise gerade in der Julikrise 1914 zu spüren waren, der Weg bereitet wurde für den Aufbau neuer menschlicher Mitten eines modern-pluralistischen Zeitalters. Dieses Phänomen war allenthalben zu spüren: In den Städten zeigten stolze Bürgerhäuser und modellhafte Arbeitersiedlungen, dass die Klassengesellschaft zwar noch andauern würde, dass aber hart an den Grundlagen für eine bürgerliche Wohlstandsgesellschaft gearbeitet wurde. Renommierte wissenschaftlich-tech-

Gefallene Soldaten an der Somme. Rechts ein Blick über die Gräber auf dem ehemaligen Schlachtfeld von Douaumont bei Verdun, im Hintergrund das Beinhaus von Verdun.

nische Institutionen dienten diesem Ziel ebenso wie die großen Arbeiterbildungsvereine. Freilich hinkten die Politiker mit ihrem imperialen Auftrumpfen hinterher, ihre hybride Machtpolitik hatte eine vorrangig destruktive Komponente. Doch auch hier hatten die Haager Friedenskonferenzen neue Ordnungsvorstellungen angesprochen, und das liberale Großbritannien hatte mit seiner Idee der *Pax Britannica* eine Leitvorstellung für die internationale Politik geliefert, von der keineswegs ausgemacht war, dass sie in einer Politik des Machtrausches und der Panik untergehen würde. Ein mühsamer Weg zu einer Reform des europazentrischen Staatensystems mit neuen Teilhabern und einer neuen Definition dessen, was politische Macht im 20. Jahrhundert bedeutete, konnte beschritten werden. Der Erste Weltkrieg stellte demgegenüber die Urkatastrophe des noch jungen Jahrhunderts dar. Der selbstzerstörerische Schlag gegen das alte Europa traf dessen Substanz, und seine einsatzfreudigen Menschen wurden in ihren Bemühungen weit zurückgeworfen.

Unbelehrbares Europa? – Das Erbe des Weltkriegs

In den ersten Kriegswochen zeugten Burgfriedenskonzepte und Kriegseuphorie von einem sinnlich empfundenen, beglückenden Aufbruch zu einer Heilung und Integration Alteuropas. Weithin begrüßte man das Entstehen von vormals so vermissten »Volksgemeinschaften«, doch traten diese zum gewaltsam-reformatorischen Kampf für eine Einheit Europas unter jeweils eigener Führung an. Vor allem die *Civilisation française* als Hort der Humanität, die deutsche Kultur der Mitte und die zivilisatorische Idee der britischen Weltmacht wurden beschworen, und bei einer entsprechenden Propaganda zogen die Heere ins Feld; das eigene Volk sollte »erlöst«, der »seelenlose« Feind vernichtet werden. Eine Flucht in eine einheitsstiftende Mystik fand selbst in dem rückständigen Russland und bei kleinen Völkern statt. Die Realität des Krieges kontrastierte nur zu bald mit solchen vermeintlichen Sinnvorgaben: Weder Grabenkriege noch Materialschlachten hatten heilbringende oder erlösende Komponenten. Sie bedeuteten einfach Tod sowie menschliche Entwürdigung und waren apokalyptisch. Seelenlos war sowohl das befohlene Herausrennen aus den Gräben in ein sicheres Verderben wie auch das Abschlachten der anstürmenden Soldaten mit Maschinengewehren. Das Lügenmeer der Propaganda und der zensierten Presse brachte es zwar fertig – neben den Befehls- und Richtungsvorgaben durch Militärs und Politiker –, die Sinnvorgaben von 1914 als vorherrschende Sicht aufrechtzuerhalten und damit das »Schlachthaus Europa« funktionieren zu lassen; aber zumindest die nicht selten in Wahnsinn und Selbstmord endenden Frontsoldaten erkannten die Realität.

Die neuen nationalen Einheiten, die »Volksgemeinschaften«, wurden bestärkt durch die Aktivitäten der Kirchen (Waffen- und Truppensegnungen, Feldgottesdienste). Die Abbildung (vermutlich aus Wien) zeigt eine der zu der Zeit üblichen »Degensegnungen«.

Sowjetrussland – Die Spaltung der Welt deutet sich an

Nicht zufällig wurde der Untergang Alteuropas in Russland und in den USA am tiefsten empfunden und mit neuen Weltkonzepten beantwortet. Das alte Russland, das blasphemisch von seinen Soldaten als »Engel des Heiligen Michael« und von einem Krieg des »Heiligen Russland« sprach, während seine unfähigen Kommandeure bis zu einem Viertel der Soldaten unbewaffnet an die Front in den sicheren Tod schickten, war physisch und moralisch zum Untergang verurteilt. Die innere Zerstörung des Landes ermöglichte es Lenin und Trotzkij, eine Weltrevolution, eine klassenlose internationale Gesellschaft und neue Mythen mit höchst traditionellen Wurzeln zu verkünden. Die in der übrigen Welt vor allem bei Sozialisten zu spürende Faszination dieser neuen umfassenden Heilsidee beruhte darauf, dass das isolierte Sowjetrussland sich als einzige Macht konsequent weigerte, weiterhin am Weltkrieg teilzunehmen.

Aus dem Aufruf der Sowjetregierung an die Krieg führenden Länder zur Aufnahme von Waffenstillstandsverhandlungen vom 28. November 1917:

Soldaten, Arbeiter und Bauern Frankreichs, Englands, Italiens, der Vereinigten Staaten, Belgiens und Serbiens! Am 2. Dezember werden die Friedensverhandlungen beginnen. Wir erwarten eure Vertreter. Auf zur Tat! Verliert keine Stunde! Nieder mit dem Winterfeldzug! Nieder mit dem Krieg! Es lebe der Frieden und die Völkerverbrüderung!

»Übersehen« wurde dabei geflissentlich, dass Lenin und Trotzkij zu vorderst rüde Machtpolitik betrieben und ihr Herrschaftsmodell auf der Liquidation von Feindgruppen aufbaute. Eine Spaltung der Welt im 20. Jahrhundert, zwischen Bolschewiki mit deren Bewunderern auf der einen und deren Gegnern auf der anderen Seite, deutete sich an.

Die Alliierten unterstützten im russischen Bürgerkrieg die »Weißen«, die antibolschewistischen Armeen, im Kampf gegen die Rote Armee. Die Karikatur zeigt »Uncle Sam«, unterstützt von Frankreich und Großbritannien, beim Loslassen der Kriegshunde, nämlich der Führer der Weißen Armeen Anton Iwanowitsch Denikin, Aleksandr Wassiljewitsch Koltschak und Nikolaj Nikolajewitsch Judenitsch.

Wilson entwickelte demgegenüber sein Konzept mehr als ferner Beobachter. Angesichts der Selbstzerfleischung Europas aktivierte er pathetisch das Evangelium oder den Traum Amerikas von einer »neuen Welt«. Diese sollte in einem entscheidenden und abschließenden Krieg ihre Leitlinien gegen Teile jenes Alteuropas durchsetzen, das sich im Imperialismus verstrickt hatte. Der Krieg galt als moralische Veranstaltung der Völker und erlösende Mission, die – bei relativ geringen amerikanischen Opfern – eine gleichberechtigte und demokratische Völkerfamilie hervorbringen sollte. Der macht-, wirtschafts- und handelspolitische Aufschwung des Landes im Weltkrieg war gewaltig. Als Gläubigernation bestimmte man fortan die Westalliierten, doch blieb unsicher, wie viel der Schulden später wieder eingetrieben werden konnte und wie sich der Handel mit Europa entwickeln würde. Die innere Einheit der USA konnte im Weltkrieg ungeachtet eines anfänglichen Integrationsschubs kaum ausgebaut werden, es traten sogar neue Probleme auf. Für die Lage der Arbeiter war es ein böses Omen, dass 1918 der amerikanische Sozialistenführer Eugene Victor Debs – wegen seiner Opposition zum Krieg – zu zehn Jahren Haft verurteilt war. Für die Friedenszeit, die ohne das Schwungrad der Kriegsgüterproduktion auskommen musste, standen harte Verteilungskämpfe an. Offenkundig war auch das Scheitern der Bemühungen der Afroamerikaner, sich durch Teilhabe an der Sache Amerikas in den Staat zu integrieren. In der Armee blieb man zumeist strikt getrennt, und Diskriminierungen in Südstaatenmanier wurden fortgesetzt. So half es den Afroamerikanern wenig, dass »ihr« Jazz und »ihr« Blues von ihren neuen Domizilen in den Wirtschaftszentren aus ihren Siegeszug antraten. Alles entscheidend war aber, dass sich die USA, als Wilsons Konzept in den Pariser Friedensverträgen nicht voll durchzusetzen war, politisch aus Europa zurückzogen. Eine ökonomisch-finanzielle Abhängigkeit Europas musste jedoch Bestand haben. Die

Amerikanischer Soldatenfriedhof bei Romagne-sous-Montfaucon in Frankreich.

offenen Fragen waren hier, wie umfassend und andauernd der Rückzug der USA sein würde, ob er einen mühsamen und langsamen Wiederaufbau Europas gerade noch zulassen oder ob er den Kontinent in eine noch größere Zerstörung hineintreiben würde.

In dessen Mitte und Westen, wo die Massenhysterie am längsten und dauerhaftesten grassiert hatte, war die Hohlheit des Glaubens an die Vaterländer und ihre Sendungen besonders offenkundig. Führende Politiker wie Lloyd George und Bethmann Hollweg wollten dem Völkerhass Grenzen setzen, um Europa Chancen für eine Regeneration zu belassen. Für einen nicht unbeträchtlichen Teil der Gesellschaft war die Wandlung der Künstlerin Käthe Kollwitz symptomatisch. Identifizierte sie sich zunächst mit den jugendbewegt-vaterländischen Ideen ihres Sohnes, so rang sie sich nach dessen Tod zu der Erkenntnis durch, dass es für den millionenfachen Mord eine Rechtfertigung nicht geben konnte. Die Fähigkeit zum Mitleiden und Trauern erwuchs aus der Konfrontation mit dem technisierten Töten. Ob solche Kehrtwenden ausreichten, um das gedankliche Fundament für eine Rekonstruktion Europas zu bilden, blieb angesichts einer vorherrschenden Orientierungslosigkeit eher zweifelhaft, zumal sich die Bataillone von Professoren und Publizisten, die unbelehrt ihre Kriegsziele verkündeten, viel zu langsam lichteten. Man konstruierte Mythen, in Deutschland zum Beispiel einen Jung-Siegfried-Mythos, demzufolge eine unsterbliche Jugend – zum Beispiel bei der Schlacht von Langemarck – singend und schöpferisch in den Tod gegangen sei und eine Fackel an künftige Generationen weitergegeben habe. Auch Heldenhaine für Gefallene suggerierten einen Kreislauf von Tod und Wiederauferstehung sowie von Märtyrern und Nachfolgern. Am schwersten wog der Mythos der Frontsoldaten. Zu einer Zeit, in der überall der Egoismus zu triumphieren schien, lag es nahe, in dieser – wie Ernst Jünger formulierte – »In Stahlgewittern« zusammengefügten grauen Phalanx das Schöpferische und das Eigentliche schlechthin zu sehen. Angesichts solcher Menetekel für die Zukunft kam letztlich alles darauf an, ob und wie der Weltkriegsnationalismus durch die konkreten Beschlüsse der Pariser Verträge besiegt werden konnte. Beharrte ein unbelehrbares Europa auf seinem traditionellen Gegeneinander, dann drohte ihm ein im Ersten Weltkrieg geborenes, sich nochmals steigerndes Unheil.

Zum »Mitteldeutschen Jugendtag« der sozialistischen Arbeiterbewegung in Leipzig 1924 schuf Käthe Kollwitz dieses Plakat mit dem Motto »Nie wieder Krieg«.

Der Beginn der Entkolonialisierung

Z udem hatten die Versuche der Europäer, in aller Welt Mitstreiter und Helfer zu aktivieren, ihren Preis und es wollten die Parolen eingelöst werden, dass eine demokratische Ordnung errichtet werden oder mehr Selbstbestimmung das Recht des Stärkeren ersetzen sollte. Tendenziell wurde damit die Entkolonialisierung auf den Weg gebracht. Für die Nichteuropäer gab es eindrucksvolle Signale: Japan hatte Deutschland aus China vertrieben, womit erstmals eine europäische Großmacht aus Asien weichen musste. Indien, Indochina und Marokko hatten, als sie ihren Kolonialherren Truppen zur Verfügung stellten, erfolgreich dem Kalkül vertraut, dass die heimkehrenden Soldaten ihren Unabhängigkeitsbewegungen Rückhalt

bieten würden. Den Afrikanern war mit dem Kolonialkrieg der Europäer das Schauspiel eines »Kriegs der weißen Stämme« geboten worden, das die Kolonialisten diskreditierte. Frankreich hatte sich besonders stark auf Chinesen und Afrikaner als Arbeitskräfte und Soldaten gestützt, wobei das Erscheinen von Farbigen in der Sommeschlacht und danach als Besatzungstruppen am Rhein in Deutschland einen empfindlichen Schock auslöste. Doch letztlich ging es auf der Pariser Friedenskonferenz weniger um Emanzipation der Kolonien als um den Gewinn neuer außereuropäischer Territorien, wobei Großbritannien der Hauptnutznießer war. Die von Deutschland übernommenen Kolonien standen dabei nicht einmal im Mittelpunkt. Wichtiger waren die drei neuen Mandatsgebiete Irak, Transjordanien und Palästina aus der Erbmasse des Osmanischen Reiches, die eine britisch beherrschte Landbrücke vom Mittelmeer zum Persischen Golf brachten. Mit der neuartigen Konstruktion von Mandatsherrschaften, die dem Völker-

Auch Truppen aus den Kolonialgebieten wurden in Europa eingesetzt. Das Bild zeigt britische und französische Kolonialtruppen (Hindus und Senegalschützen) im Wald von Villers-Cotterêts an der Aisne.

Die erste Sitzung der Vollversammlung des Völkerbunds im Reformationssaal in Genf am 15. November 1920.

bund zugeordnet waren, wurden allerdings auch zukunftsweisende Veränderungen der Kolonialherrschaft angestrebt: Selbstverantwortung und -bestimmung waren ernst gemeinte Zielvorgaben, die auch bei den *dominions* zu beobachten waren. Mit solchen Plänen für eine Emanzipation oder gar Entkolonialisierung konkurrierten aber robuste Machtansprüche der Europäer, die sich mit Interessengegensätzen vor Ort wie in Nahost zwischen Palästinensern und Juden vermischten.

Der zerstörerische Frieden – Versailles und die Folgen

Die internationale Ordnung nach dem Ersten Weltkrieg war zudem durch die der Konzeption nach bestechende Neuschöpfung des Völkerbundes gekennzeichnet; dessen Sitz Genf signalisierte, dass Europa immer noch eine zentrale Stellung in der Welt zugedacht war. Die angestrebte demokratische Transparenz der Politik, eine Verrechtlichung dieser Politik und – zumindest – eine Ergänzung des Großmächtesystems durch ein pluralistisches Mitwirken der Mittel- und Kleinstaaten waren hehre Ziele. Doch der Stau an ungelösten und vertagten Problemen war enorm, zumal dem Völkerbund nicht alle Staaten angehörten. Auch war mit dem Ersten Weltkrieg die Zeit eines stabilen Welthandels, der Wohlstand schuf und politische Spannungen dämpfen konnte, erst einmal vorbei. Dieser besaß keine Chance zur raschen Regeneration, da auch das internationale Währungssystem und – zumindest auf dem europäischen Kontinent – die nationalen Währungen in schwere Nöte gerieten. Gewaltige Einzelprobleme, an die bei Ausbruch des Krieges niemand hatte denken können, waren entstanden. Russland fiel als Rohstofflieferant und Absatzmarkt aus, und in den neuen Staaten Ost- und Südosteuropas kam wirtschaftliche Not auf, weil große Handelsräume parzelliert worden waren. Auch taten sich die nationalen Wirtschaften angesichts solcher Rahmenbedingungen bei der Umstellung auf eine Friedenswirtschaft schwer, kam die Ausnutzung technischer Innovationen aus der Kriegszeit, beispielsweise in der Flugzeug- oder Autoindustrie sowie im Nachrichtenwesen, wenig voran und fehlten für eine Deckung des Nachholbedarfs bei Konsum und Wohnungsbau die Mittel, sodass schließlich auch ein anhaltendes Arbeitslosenproblem die Folge war.

Französische Zivilisten besuchen ein Schlachtfeld an der Westfront.

Die Hoffnungen, die darauf gründeten, dass sich bis an die Grenzen Sowjetrusslands erstmals das Modell liberaldemokratischer Verfassungsstaaten durchgesetzt hatte, waren gleichfalls wenig fundiert. Adel und traditionelle Eliten hatten zwar Macht verloren, waren aber keineswegs überall ausgeschaltet. Die nach 1918 zum Zuge kommenden liberalen Verfassungen waren Zielvorgaben der großen liberalen Parteien des 19. Jahrhunderts gewesen, doch gerade das liberale Bürgertum hatte im Weltkrieg nicht mehr wettzumachende Verluste erlitten. Sozialisten und Gewerkschaftler schienen jetzt allerdings auf neue Führungsarbeiten besser vorbereitet zu sein. Doch eine anhaltende, auf wechselseitiger Akzeptanz beruhende Kooperation mit bürgerlichen Kräften, die eine unverzichtbare Basis für ein Funktionieren der Demokratien darstellt, schien völlig ungesichert, zumal sich angesichts wirtschaftlicher und finanzieller Engpässe eine Bewahrung des sozialen Fortschritts als aufreibende Dauerschwierigkeit erweisen musste. Schließlich war auch der strukturelle Gegensatz von Stadt und Land im Weltkrieg nicht abgebaut, sondern verstärkt worden.

Die Zeichen der Zeit deuteten darauf hin, dass Europa auch weiterhin der entscheidende weltpolitische Krisenherd bleiben würde. Eine andere Entwicklung war eigentlich nur denkbar, wenn – wie später in der Zeit Joseph Austen Chamberlains, Aristide Briands und Gustav Stresemanns sowie der Rückkehr der USA in Teilbereiche der europäischen Politik – zur Lösung der massiven Probleme die zukunftsweisenden und nun fast verschütteten Traditionen Alteuropas mit den neuen angloamerikanischen Richtungsvorgaben konstruktiv verbunden wurden. Vor allem angesichts des deutsch-französischen Gegensatzes, der mit Versailles erneut aktiviert worden war, musste sich klären, ob und wie Europa wieder zu einer gewissen Einheit und zu seiner Mitte zurückfinden könnte. Deutschland wie Frankreich hatten – vom Krieg aufs Schwerste gezeichnet – den Bankrott ihrer Staaten nur mit Mühe abwenden können. Sie besaßen nun beide demokratische Führungen, die nicht mehr von aggressiven Volksbewegungen angeheizt wurden. Mangels einsatzfähiger Soldaten konnten sie einen Krieg gar nicht mehr führen. Nach einer Phase der Besinnung stand somit grundsätzlich der Weg zu einer konstruktiven Auslegung des Versailler Vertrages offen, wobei man lernen musste, dass der Ausbau einer allseits akzeptablen Friedensordnung viel länger dauern und viel mehr Kräfte und Opfer erfordern würde, als man erwartet hatte.

Im »Petit Journal« vom 8. Dezember 1918 wird die Rückkehr der Stadt Metz und Lothringens zu Frankreich gefeiert.

Präsident Wilson warnt seine Landsleute in einer Rede im Jahre 1919 vor den Gefahren, die bei einer Ablehnung des Versailler Vertrags durch die USA entstehen würden:

Und ich sage euch, meine Mitbürger, ich kann mit absoluter Sicherheit prophezeien, dass es innerhalb der nächsten Generation zu einem weiteren Weltkrieg kommen wird, wenn die Völker der Welt nicht in der Art und Weise zusammenarbeiten, durch die er verhindert werden kann.

Französische Machtpolitik und deutscher Revisionismus

Die konkrete Politik lief jedoch in die entgegengesetzte Richtung, wobei – den Machtverhältnissen entsprechend – Frankreich den aktiven Part spielte. Clemenceau hatte sich mit seinen Forderungen, angefangen bei dem Ruf nach einer »Garantie physischer Art« und endend bei dem Wunsch nach politischer Eindämmung Deutschlands, nicht voll durchsetzen können. Wie 1914 deutete Frankreich diese Situation panisch. Machtpolitisch war man zwar für den Moment, weil Mittel- und Osteuropa sozusagen »frei« von Großmächten waren, der Gewinner. Doch alles deutete darauf hin, dass Deutschland wiederkommen und seine halbhegemoniale Stellung zurückerobern oder sogar seine Position gegenüber 1914 noch verbessern würde. Die Rechnung für die Zukunft hatte viele Unbekannte, doch überall stieß man auf potenzielle oder strukturelle Vorteile Deutschlands. Man konnte die Situation drehen und wenden, wie man wollte: Mit dem ominösen Nein des amerikanischen Senats zum Versailler Friedenswerk schien dem im Krieg ruinierten Frankreich auch der Frieden ruiniert. Die Führung reagierte mit einer Rückkehr zur blanken Machtpolitik, nicht zuletzt weil die Kriegserlebnisse noch so frisch waren und Vertrauen in die Zukunft fehlte. Der Doppeltorso des Versailler Vertrages wurde in der Weise behandelt, dass die Elemente des Wilsonfriedens geflissentlich übersehen und massiv zurückgedrängt wurden. In Großmächtemanier suchte man vielmehr als Sieger seinen Tribut überall dort zu nehmen, wo dies machtpolitisch möglich war, und bisweilen dachte man sogar an eine Revision des Versailler Vertrages zu eigenen Gunsten. Das demokratische Deutschland wurde in weitere, nunmehr politische Teilkapitulationen, wie die Oberschlesienfrage zeigte, hineingetrieben. Ein von Beginn an gestörter und sogar zerstörerischer Frieden drohte Europa in ein Fiasko zu stürzen.

Das demokratische Deutschland fand in dieser Situation nicht die Kraft zum Überdenken der Situation und zum politischen Neuanfang. Es kaprizierte sich auf eine Revision des Versailler Vertrags, zu dem die latent verbliebene Großmachtposition, die fortbestehende wirtschaftliche Macht und auch die Versatzstücke eines Wilsonfriedens ermutigten. Die Nation fand in ihrem Revisionsstreben wieder

Demonstration in Berlin gegen den Versailler Vertrag.

zur Einheit und vergaß dabei, über die Grenzen der Großmachtpolitik, den Irrsinn des Weltkriegs und eigenes schuldhaftes Verhalten nachzudenken. Man pflegte das Trauma von Versailles und bekämpfte die Ergebnisse dieser »Veranstaltung« der Siegermächte, wobei man Wilson vorwarf, Deutschland mit einer Zusicherung, dass es einen Frieden auf der Basis der Vierzehn Punkte erhalte, in eine Falle gelockt zu haben. Weder die militärische Niederlage noch der politisch-wirtschaftliche Bankrott, zu dem man selbst viel beigetragen hatte, wurden akzeptiert. Auch das demokratische Deutschland steuerte folglich zunächst keine konstruktive Friedensordnung an, im Gegenteil: Deutschland und Frankreich schaukelten sich in einer destruktiven Politik hoch, die das durch den Ersten Weltkrieg geschundene Europa kaum ertragen konnte. – Als perspektivisch weitaus schlimmer erwies sich, dass in dieser vordergründig im Revisionismus geeinten deutschen Nation auch die alten »Siegfriedensstrategen« von ihren Zielen nicht abließen. Die Demokraten hatten um die Risiken gewusst, als sie die Führung einer bankrotten Politik und eines bankrotten Deutschlands übernahmen. Je länger das Elend in Deutschland aber anhielt, desto mehr Chancen besaßen die im Krieg groß gewordenen Nationalisten, deren Fantasien vor der vermeintlich schon gewonnenen Marneschlacht und in den besetzten Weiten Russlands geweckt worden waren. Sie konnten darangehen, Niederlage und Not den Demokraten anzuhängen und eine Fortsetzung des Weltkriegs zu planen, wobei Deutschland weder als Obrigkeitsstaat und schon gar nicht als Demokratie antreten durfte. Vielmehr galt es, jenen Militär- und Raubstaat auszubauen, der in den Köpfen der 3. Obersten Heeresleitung schon vorgezeichnet gewesen war. Scheiterte der Versailler Vertrag, dann zeigten also auch schon Faschismus und Nationalsozialismus ihre monströsen Konturen.

Günter Wollstein

Der sozialdemokratische Abgeordnete Paul Löbe begründet die Entscheidung zur Annahme des Versailler Vertrages:

Wenn wir die Annahme des Friedensvertrages billigen, so sind wir bereit, alles zu tun, um die Bedingungen bis an die Grenze des Möglichen durchzuführen. Das ist die unvermeidliche Folge des Kriegsausgangs. Was aber undurchführbar ist, bleibt auch nach unserer Unterschrift undurchführbar. Ein entrechtetes, verhungertes Volk ist arbeitsunfähig; ein vergewaltigtes Volk ist nicht nur um sein Lebensglück betrogen, es betrügt auch seine Vergewaltiger. Deshalb muss, was an den Friedensbedingungen unmöglich ist, in friedlicher Verhandlung durch verständiges Entgegenkommen beseitigt werden.

Gegenspieler – Zwei Modelle zur Gestaltung der Welt

Alle Macht den Räten! – Vom Zarenreich zur Oktoberrevolution

Am späten Nachmittag des 25. Februar 1917, es war ein Samstag, telegrafierte Sergej Semjonowitsch Chabalow, der Kommandant des Petrograder Militärbezirks, an das militärische Hauptquartier in Mogiljow, in dem sich – als Oberbefehlshaber der Truppen – auch Zar Nikolaus II. aufhielt: Die Lage in der russischen Hauptstadt beginne sich dramatisch zuzuspitzen; die Arbeiter antworteten auf die Versorgungsschwierigkeiten mit Streiks; tags zuvor seien an die 200 000 im Ausstand gewesen; Demonstrationszügen sei es gelungen, bis ins Stadtinnere vorzustoßen; um sie aufzulösen, habe Militär eingesetzt werden müssen.

Februarrevolution und Doppelherrschaft – Die Ablösung des Zarismus

Die militärische Führung wusste, was der Streik bedeutete. 200 000 Arbeiter im Ausstand – das war fast schon ein hauptstädtischer Generalstreik, und der konnte, mitten im Krieg, nicht auf die leichte Schulter genommen werden; denn in Petrograd – wie Sankt Petersburg seit Kriegsbeginn hieß – lagen wichtige Teile der Rüstungsindustrie. Wenn sie ausfielen, würde der Nachschub für die Front noch problematischer, als er ohnehin bereits war. So gab der Zar noch am gleichen Tag den Befehl, die Unruhen niederzuschlagen, sie könnten »in der schweren Zeit des Krieges mit Deutschland und Österreich nicht hingenommen« werden. Doch bereits am Montag deutete Chabalow in einem neuerlichen Telegramm das Scheitern seiner Bemühungen an: Selbst Garderegimenter hatten sich geweigert, »auf das Volk zu schießen«, und sich den Demonstranten angeschlossen. Ihre patriotische Begeisterung war längst verflogen, das Zutrauen in die Regierung, den Krieg siegreich zu beenden, geschwunden; schließlich verlief die Front weit im eigenen Lande; sie hatte sich, im Grabenkrieg erstarrt, seit Monaten kaum noch bewegt. Diese Vorgänge zwangen auch die Vertreter des liberalen Bürgertums zum Handeln. Obwohl vom Kriegsverlauf und der Regierung nicht weniger enttäuscht als Arbeiter und Soldaten, hatten sie – gerade mit Rücksicht auf die Kriegssituation – bis zuletzt gezögert, sich

Nikolaus II. idealisierte die Zeit vor Peter dem Großen, als Russland noch nicht versuchte, es in allem Westeuropa gleichzutun. Dieses »offizielle Foto« zeigt das Zarenpaar in der Kleidung der Großfürsten von Moskau, wie sie im 17. Jahrhundert üblich war.

dem Aufstand anzuschließen. Wenn sie nun tätig wurden, geschah das in doppelter Absicht: die Krise rasch zu beenden und den eigenen Führungsanspruch durchzusetzen. Unter dem Eindruck der Massendemonstrationen dankte Nikolaus II. am 2. März 1917 ab.

Provisorische Regierung und Sowjetsystem

I n der neu gebildeten Provisorischen Regierung, die die Staatsgeschäfte bis zur Wahl einer Verfassung gebenden Versammlung führen sollte, gaben die Vertreter der reformorientierten Liberalen, der Konstitutionellen Demokratischen Partei – nach den Anfangsbuchstaben des Namens in russischer Sprache meist kurz »Kadetten« genannt – den Ton an. Die neue Regierung verkündete eine allgemeine politische Amnestie, Rede-, Presse- und Versammlungsfreiheit einschließlich des Streikrechts und die Abschaffung aller ständischen, religiösen und nationalen Diskriminierungen; sie versprach darüber hinaus, sofort mit den Vorbereitungen für die Wahl einer konstituierenden Versammlung auf der Basis des allgemeinen, gleichen, direkten und geheimen Wahlrechts zu beginnen.

Mit der zaristischen Regierung verschwanden im Februar 1917 Gendarmerie und Polizei, die Tore der Gefängnisse öffneten sich. Neue bewaffnete Milizen versuchten mit begrenztem Erfolg, Ruhe und Ordnung aufrechtzuerhalten.

Diesem Programm stimmten auch die Vertreter der sozialistischen Parteien, die Sozialdemokraten und die Sozialrevolutionäre zu – ohne allerdings der Regierung selbst beizutreten. Sie sahen ihre Aufgabe eher darin, die hauptstädtischen »Massen«, die Arbeiter und Soldaten, zu organisieren. Deren institutioneller Mittelpunkt wurde der »Sowjet« (Rat), in den die hauptstädtischen Fabriken und Trup-

Petrograd, Taurisches Palais: Hier wurde Ende Februar 1917 die neue Provisorische Regierung gebildet. Ende des 18. Jahrhunderts errichtet, war das Gebäude seit 1906 Sitz des Parlaments, der Duma.
Das Bild des Zaren über der Rednertribüne hatten Soldaten bereits in den ersten Märztagen 1917 herausgeschnitten (Abbildung rechts).

peneinheiten Vertreter, Deputierte genannt, entsenden konnten und der sich anheischig machte, die Einhaltung des Regierungsprogramms zu kontrollieren. Damit war entstanden, was bald als »Doppelherrschaft« bezeichnet werden sollte: ein Nebeneinander von Regierung und Sowjet, bei dem die Regierung zwar manches ohne den Sowjet, aber nichts gegen seinen Willen auf die Wege bringen konnte.

Das Beispiel der Hauptstadt machte Schule: Auch draußen im Lande wurden die Amtsträger der Zarenherrschaft abgelöst, Kommissare der Provisorischen Regierung oder Wahlbeamte an ihre Stelle gesetzt; vielerorts bildeten sich daneben Arbeiter- und Soldatenräte. Schon im Frühjahr 1917 ging ihre Zahl in die Hunderte. Sie schickten Delegierte zum 1. Allrussischen Kongress der Räte der Arbeiter- und Soldatendeputierten, der im Juni in Petrograd tagte und ein Allrussisches Exekutivkomitee wählte. Die Räte waren eine Sache der Städte und Garnisonen. Ihre Bildung griff auf die Bauernschaft kaum über. Doch auch im dörflichen Raum erhob sich kaum noch eine Hand für die Verteidigung der Autokratie des Zaren. Man hoffte, der Sturz der zaristischen Selbstherrschaft werde den Weg für eine Agrarreform freimachen, die den Bauern das Land des Adels, der Kirche und der Klöster übertragen würde.

Die Provisorische Regierung scheitert

Auf Petrograder Demonstrationen forderten die Soldaten im März 1917 den »Krieg bis zum siegreichen Ende« (rechts); die Arbeiter propagierten die »Abschaffung der Kinderarbeit« und die »gesetzliche Einführung des Achtstundentages« (oben).

In der Ablehnung des Bestehenden stimmten Arbeiter, Soldaten, Bauern und Teile des Bürgertums überein. Als es aber um die Festlegung der nächsten politischen Schritte ging, begann diese Einheit rasch zu wanken. Nach Verkündung der Grund- und Freiheitsrechte forderte die Führung des liberalen Bürgertums, zunächst erneut alle Anstrengungen auf die erfolgreiche Fortsetzung und Beendigung des Krieges zu konzentrieren; so versicherte der neue Außenminister Pawel Nikolajewitsch Miljukow, ein Kadett, alsbald den Westalliierten, zu allen von der Zarenregierung eingegangenen vertraglichen Verpflichtungen zu stehen und den Krieg, Seite an Seite mit den Verbündeten, bis zum siegreichen Ende fortzusetzen.

Auch die Vertreter der sozialistischen Parteien ließen an ihrer Bereitschaft, die neue Freiheit zu verteidigen, kaum einen Zweifel. Aber die Fixierung der Kadetten auf den Krieg und dessen siegreiche Beendigung ging ihnen dann doch zu weit, da die Festlegung auf einen Siegfrieden die Chancen mindere, zu einer gütlichen Einigung mit dem Gegner zu kommen, und zudem die Einleitung aller anderen Reformvorhaben blockiere. – Im Streit um diese Fragen geriet die neue Regierung schon im April in ihre erste große Krise. Demonstrationen erzwangen eine Kurskorrektur; Miljukow trat am 2. Mai zurück. Zwar wurde der Krieg fortgesetzt, doch mit ausdrücklicher Distanzierung von allen expansionistischen Zielsetzungen der Vergangenheit, mit der Forderung nach einem allseitigen »Frieden ohne Annexionen und Kontributionen«. Zugleich sollte die Regierung durch den Beitritt von Vertretern der sozialistischen Parteien auf eine breitere Basis gestellt werden.

Beides schienen Maßnahmen des gesunden Menschenverstandes zu sein – und doch sollten sie sich als verhängnisvoll erweisen. Mit der Festlegung auf die Fortsetzung des Krieges erbte die neue Regierung die Probleme ihrer zaristischen Vorgängerin. Die Versorgungsengpässe, über die diese gestolpert war, hatten ihre Ursachen im Verfall des Transportsystems, im kriegsbedingten Niedergang landwirtschaftlicher Produktionsmethoden, in der Erschöpfung der Ressourcen. Ihnen war mit kurzfristigen Maßnahmen nicht beizukommen, schon gar nicht, wenn der Krieg fortgesetzt wurde. Auch mochte die »revolutionäre« Entmachtung alter Funktionsträger, der versprochene Neuaufbau von Selbstverwaltungsorganen auf lange Sicht mehr Effektivität versprechen; fürs Erste jedoch erschwerten sie Bemühungen, die Produktion anzukurbeln und die Versorgung zu verbessern.

So hielt die wirtschaftliche Talfahrt an und die Inflation schritt immer rascher fort. Im Sommer 1917 scheiterte der Versuch kläglich, mit einer groß angelegten Offensive die militärische Entscheidung zu erzwingen. Das Kriegsende rückte damit erneut in unabsehbare Ferne. Mit den Problemen wuchs die Ungeduld ebenso wie die Unzufriedenheit mit den bisherigen Ergebnissen der Revolution; die Angst der Arbeiter, den Arbeitsplatz zu verlieren, nahm zu; die Bauern pochten auf die Durchführung der anstehenden Agrarreform. Immer weniger verfing der Hinweis auf den Krieg und die Staatsräson, immer weniger die Vertröstung auf die »alles entscheidende« konstituierende Versammlung.

Als verhängnisvoll erwies sich nun auch die zweite im April getroffene Entscheidung: die Regierungsbeteiligung der gemäßigten Sozialisten, die seit dem Sommer 1917 mit Aleksandr Fjodorowitsch Kerenskij sogar den Ministerpräsidenten stellten. Sie fielen damit nicht nur als Moderator zwischen der Regierung und den Massenbewegungen aus, sondern wurden auch für die Fehlentwicklungen und für die unerfüllten Wünsche mit verantwortlich gemacht. Das gab den »Bolschewiki« genannten Radikalen, den Anhängern Wladimir Iljitsch Uljanows, genannt Lenin, Gelegenheit, sich als die einzige Alternative zu präsentieren.

Auf dem Weg zur Oktoberrevolution – Die Bolschewiki

Wer waren nun diese Anhänger Lenins, die im Herbst 1917 in Russland die Macht ergriffen? Parteigeschichtlich gesehen gingen sie aus dem linken Flügel der 1898 gegründeten »Sozialdemokratischen Arbeiterpartei Russlands« hervor. Zum sozialdemokratischen Erbe gehörte der Glaube an einen gesetzmäßigen Gang der Weltgeschichte, der von der Urgemeinschaft über die Sklavenhaltergesellschaft, den Feudalismus und Kapitalismus zum Sozialismus führe; auch für Russland werde es dabei keinen Sonderweg geben.

Schon auf dem zweiten Parteitag 1903 war es jedoch anlässlich der Diskussion des Organisationsstatuts zu heftigen Meinungsverschiedenheiten gekommen. Lenin behauptete, in Russland könne die Sozialdemokratie nicht als lose Massenbewegung, sondern nur als straff organisierte Kaderpartei von Berufsrevolutionären überleben. Zur

In Wort und Schrift bezeichnete Lenin den Weltkrieg unablässig als »höchstes Stadium des Kapitalismus«. Er sei die Folge der »aus dem Monopolkapitalismus resultierenden imperialistischen Konkurrenz um Märkte und Einflusszonen«. Er wandte sich scharf gegen den »Patriotismus« der sozialdemokratischen Parteien Mittel- und Westeuropas und forderte die Umwandlung dieses »ungerechten«, der sozialen Revolution nicht dienlichen Krieges in einen europäischen Bürgerkrieg, stieß dabei aber zugleich anlässlich der Kriegskonferenzen der linken Sozialisten in Zimmerwald und Kiental (Schweiz) auf den humanistisch-sozialistischen Pazifismus der Mehrheit der Konferenzteilnehmer.

Der ehrgeizige Staranwalt Aleksandr Fjodorowitsch Kerenskij hatte sich vor dem Krieg als Verteidiger in politischen Prozessen einen Namen gemacht. Als Ministerpräsident konnte er ohne militärische Unterstützung die Besetzung des Winterpalais durch die Bolschewiki am 25. Oktober 1917 nicht verhindern, sich selbst aber der Verhaftung entziehen. Er emigrierte 1918 und lebte seit 1940 in den USA.

Begründung verwies er zum einen auf die Verfolgung durch die russische Geheimpolizei, die strenge Disziplin erfordere. Zum anderen führte er ins Feld, dass der auf sich allein gestellte Arbeiter lediglich ein gewerkschaftliches Bewusstsein entwickeln werde; das notwendige politische, »revolutionäre« Bewusstsein könne ihm hingegen nur von außen beigebracht werden. Der Streit zerriss die Partei in zwei Flügel: Da die Anhänger Lenins bei einer Abstimmung die Mehrheit hinter sich gebracht hatten, nannten sie sich künftig stolz

1897 ließen sich Mitglieder des »Sankt Petersburger Kampfbundes zur Befreiung der Arbeiterklasse« kurz vor ihrer Verhaftung und Verbannung nach Sibirien fotografieren: In der Mitte Lenin, zu seiner Linken der spätere Menschewikenführer L. Martow, der mit ihm zusammen ins Pariser Exil ging. Die 1895 gegründete Gruppe war eine Vorläuferorganisation der Sozialdemokratischen Partei.

In seiner Schrift »Was tun?« von 1902 entwickelte Lenin das Konzept einer revolutionären Kaderpartei:

Der politische Kampf der Sozialdemokratie ist viel umfassender und komplizierter als der ökonomische Kampf der Arbeiter gegen die Unternehmer und die Regierung. Genauso ... muss die Organisation der revolutionären Partei unvermeidlich anderer Art sein als die Organisation der Arbeiter für diesen Kampf. Die Organisation der Arbeiter muss erstens eine gewerkschaftliche sein; zweitens muss sie möglichst umfassend sein; drittens muss sie möglichst wenig konspirativ sein ... Die Organisation der Revolutionäre muss dagegen vor allem und hauptsächlich Leute erfassen, deren Beruf die revolutionäre Tätigkeit ist ... Vor diesem allgemeinen Merkmal der Mitglieder einer solchen Organisation muss jeder Unterschied zwischen Arbeitern und Intellektuellen ... vollkommen verwischt werden. Diese Organisation muss notwendigerweise nicht sehr umfassend und möglichst konspirativ sein.

»Bolschewiki« (Mehrheitler), und zwar im bewussten Gegensatz zu den damals Unterlegenen, den »Menschewiki« (Minderheitlern). Obwohl diese Kontroversen noch keine endgültige Parteispaltung bedeuteten und einzelne Provinzorganisationen mitunter bis in den Sommer 1917 an der Einheit festhielten, wuchs zwischen den Führungsgruppen die Distanz.

Von der reinen Lehre zur politischen Praxis – Die Ideologie der Bolschewiki

Dass die ideologische Entfremdung zwischen den beiden Gruppen der russischen Sozialdemokratie auch nach 1914 nicht schwand, dazu trug Lenins kompromisslose Haltung bei, mit der er im Schweizer Exil den Krieg nicht nur als »imperialistisch« verurteilte, sondern darüber hinaus den Ausschluss all derer, die nationale Verteidigungsanstrengungen unterstützten, aus der internationalen sozialistischen Bewegung verlangte und als neues gemeinsames Ziel die Umwandlung des Krieges in einen europäischen Bürgerkrieg formuliert haben wollte. Lenin war es denn auch, dessen Rückkehr aus dem Exil im Frühjahr 1917 alle Bemühungen um die Wiederherstellung der Parteieinheit endgültig zum Verstummen brachte. Die alten Meinungsverschiedenheiten wurden dabei rasch durch neue ersetzt. Dazu gehörte vor allem Lenins Forderung, der eben abgelaufenen politischen, »bürgerlichen« Revolution, die den

Untertanen des Zaren die Grundrechte und politische Freiheit gebracht hatte, sogleich eine soziale, »sozialistische« folgen zu lassen. Aus Sicht der Menschewiki warf er damit Grundüberzeugungen des Marxismus über Bord: Schließlich war Russland noch immer ein Agrarland, die Industriearbeiterschaft gemessen an der Gesamtbevölkerung eine kleine Minderheit, das Land – Marx und Engels beim Wort genommen – noch nicht »reif« für eine proletarische Revolution. Um dieses Manko auszugleichen, musste Lenin die

Arbeitslager und Exil bedeuteten für Oppositionelle im zaristischen Russland typische Schicksalswege.
Unten ein politisch Verbannter, der im Kohlebergbau unter Tage arbeiten muss, rechts der sozialistische »Club russischer Revolutionäre« in Paris.

Bauern gewinnen, weswegen er gleichsam Anleihen beim Programm der Sozialrevolutionäre machte und die Aufteilung der adligen Güter versprach, wohl wissend, dass die Sozialdemokraten für die bäuerlichen Kleinproduzenten eigentlich keine Zukunft sahen. Widersprüchlich erschien auch Lenins Verhältnis zum Krieg: Hatte er eben noch von dessen Umwandlung in einen Bürgerkrieg gesprochen, so versprach er den Soldaten nun ganz einfach den Frieden.

Überhaupt schienen alte Überzeugungen kaum noch zu zählen: Von der Forderung nach einer »straff organisierten Kaderpartei der

Berufsrevolutionäre« im Sinne der leninistischen Ideen, einst wichtig genug, die Parteispaltung zu riskieren, war nun nicht mehr die Rede; hatte Lenin in diesem Zusammenhang behauptet, der Arbeiter sei – auf sich allein gestellt – nur zu einem gewerkschaftlichen Bewusstsein fähig, so propagierte er nun gerade die spontansten Formen der Arbeiterbewegung, die Sowjets, die als Notbehelf in der Revolution entstanden und erst wenige Wochen alt waren, als Gremien, die künftig Herrschaft ausüben sollten. Ihnen »alle Macht« zu übertragen, avancierte zur neuen bolschewistischen Kernforderung, die so zuvor in keinem Parteiprogramm stand.

Nein, mit dem Schlagwort der »Avantgarde des Proletariats« waren die Bolschewiki 1917 kaum adäquat zu beschreiben; auch eine straff organisierte Kaderorganisation von Berufsrevolutionären waren sie nicht, schon eher ein populistisches Sammelbecken der Unzufriedenen, nicht zusammengehalten durch eiserne Disziplin und marxistisches Bewusstsein, sondern angelockt von einem Sofortprogramm, das den Soldaten Frieden, den Bauern Land und den Arbeitern Mitbestimmung in den Fabriken versprach. Ihre Führung war zuversichtlich, dass sich »im Weltmaßstab« die Dinge schon irgendwie fügen würden, alles seinen »gesetzmäßigen Gang« gehen würde. Schließlich sei der Kapitalismus zum weltweit herrschenden Gesellschaftssystem geworden, teile überall die Gesellschaften in Ausbeuter und ausgebeutete Klassen und die Völker in ausbeutende und ausgebeutete Nationen. Das Zarenreich – mit rückständiger Agrarverfassung, kleiner, aber hoch konzentrierter Industriearbeiterschaft und multiethnischer Zusammensetzung – berge all diese Widersprüche in sich und sei insofern das schwächste Glied in der Kette kapitalistischer Staaten. So werde eine »sozialistische Revolution« hier nicht lange allein ausharren müssen, der Funke rasch auf die fortgeschritteneren Gesellschaften Westeuropas überspringen und die »proletarische Weltrevolution« auslösen. Sucht man nach dem festen Kern des Leninismus, so wäre er wohl in der »flexiblen Anpassung« der marxistischen Revolutionstheorie auf die rückständigen russischen Verhältnisse zu sehen.

Von den Aprilthesen Lenins zur Oktoberrevolution

Anfang April mit deutscher Hilfe aus dem Schweizer Exil zurückgekehrt, sagte Lenin der Provisorischen Regierung sogleich den Kampf an. In seinen »Aprilthesen« warf er ihr vor, die Außenpolitik ihrer Vorgängerin fortzusetzen und auch in der Innenpolitik zu durchgreifenden Reformen weder willens noch fähig zu sein. Die spannungsreiche Doppelherrschaft von Sowjets und Provisorischer Regierung sollte beendet werden, die Sowjets sollten die alleinige Macht übernehmen. Nach Lenin enthielten sie Kernelemente eines neuen, proletarischen Staates, ohne Berufsbeamtentum und

Für den ersten Jahrestag der Oktoberrevolution entwarf Marc Chagall das Plakat »Krieg den Palästen«. Die Entwurfsskizze zeigt einen russischen Bauern, der ein Herrenhaus aus den Angeln hebt (Moskau, Tretjakow-Galerie). Wie viele russische Intellektuelle von der Revolution enttäuscht, verließ der weißrussische Künstler 1922 Sowjetrussland.

Am Abend des 7. November 1917 – nach alter Zeitrechnung war es der 25. Oktober – gab der Panzerkreuzer »Aurora« mit einem Schuss auf das Winterpalais von Petrograd das Zeichen zur Oktoberrevolution. Das Schiff (Abbildung auf der Seite gegenüber) liegt bis heute als Denkmal an der Petrograder Seite der Newa vor Anker.

stehendes Heer, fortschrittlicher und demokratischer als der westliche Parlamentarismus. Darüber hinaus forderte er den sofortigen Friedensschluss, die Durchführung einer Agrarreform, die das Land der Gutsbesitzer enteignete, und die Vereinigung aller Banken zu einer Staatsbank.

Noch im Frühjahr schien dieses Programm ohne jede Chance auf Verwirklichung zu sein. Vor allem waren die Sowjets, denen die Staatsmacht übertragen werden sollte, nicht willens, sie tatsächlich zu übernehmen. Ein erster Versuch, seine Durchsetzung mit Gewalt zu erzwingen, scheiterte im Juli 1917, woraufhin die Partei sogar verboten wurde. Doch in den Herbst hinein, nach einem Putschversuch von rechts, als der Krieg noch immer andauerte, die Regierung, obgleich mehrfach umgebildet, mit ihrer Weisheit am Ende zu sein schien und die Angst vor dem nächsten Winter wuchs, erhielt die Partei Lenins erheblichen Zulauf. Ab September wusste sie im Petrograder Sowjet die Mehrheit hinter sich. Gestützt auf den Apparat des Sowjets plante sie nun den Griff nach der Macht. Mit der Besetzung der wichtigsten Punkte der Stadt und der Verhaftung der Provisorischen Regierung wurde er am 25./26. Oktober 1917 vollzogen. So war auf die Februarrevolution, die den Zaren zur Abdankung zwang, nur acht Monate später der Oktoberaufstand gefolgt, woraufhin der Allrussische Rätekongress

Das Foto zeigt Lenin nach dem gescheiterten Juliputsch. Um der Verhaftung zu entgehen, hatte er sich den Kinnbart abrasiert und trug eine Perücke.

Den 25. Oktober – nach dem gregorianischen Kalender der 7. November – schildert John Reed in seinem Augenzeugenbericht »Zehn Tage, die die Welt erschütterten«:

Mittwoch, 7. November
Die Straßenbahnen sausten den Newskij entlang, an den Trittbrettern hingen Männer, Frauen und kleine Buben. Die Läden waren geöffnet; es schien ruhiger als am Vortage zu sein ... Die Bolschewistenzeitungen ... hatten fette Schlagzeilen: »Alle Macht den Sowjets der Arbeiter, Soldaten und Bauern! Frieden! Brot! Land!« Am Jekaterinakanal war ein Sperrgürtel von bewaffneten Matrosen über den Newskij gezogen, hinter ihnen stand eine Menge Leute, die offenbar nicht passieren durften. Männer in Fräcken, vornehm gekleidete Damen und Offiziere. (Der Verfasser schloss sich einem breiten Strom von Menschen an, der sich auf das Winterpalais, den Sitz der Provisorischen Regierung, zubewegte und sah:) im hellen Licht, das aus dem Fenstern des Winterpalais fiel, dass die Männer vor mir Rotarmisten waren ... Wir kletterten über eine Barrikade aus Brennholz und sprangen in den Hof. Ein Triumphgeschrei stieg auf, als die Menge über einen Haufen Gewehre stolperte. Es waren die fortgeworfenen Gewehre der Fähnriche, die das Winterpalais verteidigt hatten.

1918 die »Russische Sozialistische Föderative Sowjetrepublik« (RSFSR) ausrief. Der Aufstand trug alle Merkmale eines Staatsstreiches. Diejenigen, die auch den neuen Machthabern, den Bolschewiki, ein baldiges Scheitern voraussagten, täuschten sich freilich. Denn diese sicherten ihre Macht mit der Einlösung jener Versprechungen, die sie den Arbeitern, Bauern und Soldaten gegeben hatten: Sie beendeten den Krieg, gaben den Bauern freie Hand für den Zugriff auf das Land der Gutsbesitzer, der Kirche und der Klöster, führten in den Fabriken die Arbeiterkontrolle, die Möglichkeit zur umfassenden Mitsprache, ein und entmachteten den alten Staatsapparat mit der Übertragung aller Befugnisse an die Sowjets.

Der Rat der Volkskommissare – Die Revolutionierung von Staat und Gesellschaft

Der alten Regierung folgte rasch eine neue, eine »Arbeiter- und Bauernregierung«, der »Rat der Volkskommissare«: Dieser sollte sich auf die Sowjets draußen im Lande stützen und vom Allrussischen Rätekongress kontrolliert werden. Am Tage nach dem Umsturz trat der 2. Allrussische Rätekongress zusammen. Er bestätigte die – rein bolschewistische – Zusammensetzung der Regierung, nachdem ihn zuvor alle politischen Gegner der Bolschewiki unter Protest verlassen hatten. Selbst wenn dem Rat der Volkskommissare im November 1917 auch einige linke Sozialrevolutionäre beitraten, ihre Rolle als Koalitionspartner der Bolschewiki blieb Episode: Im März 1918 zogen sie sich aus der Regierung wieder zurück.

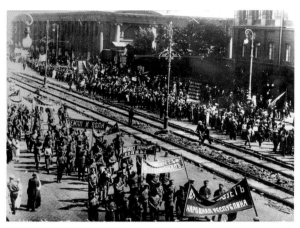

Unter der Parole »Lang lebe die soziale Revolution« versuchten die Bolschewiki, mit Demonstrationen auf dem Newskij Prospekt die »Straße« zu mobilisieren.

Eine der ersten Maßnahmen der neuen Regierung war, dass sie dem Rätekongress ein »Friedensdekret« zur Annahme vorlegte. Es richtete sich an alle Krieg führenden Völker und Regierungen und schlug ihnen vor, sofort mit Verhandlungen über einen gerechten, demokratischen Frieden zu beginnen. Ein solcher Frieden konnte aus ihrer Sicht nur ein Frieden »ohne Annexionen und Kontributionen«, ohne Aneignung fremder Territorien und ohne die Forderung von Entschädigungszahlungen sein. Doch auch diese Feststellung sollte nicht als »Vorbedingung« für die Aufnahme von Gesprächen verstanden werden. Tatsächlich kam es schon nach wenigen Tagen zu ersten Waffenstillstandsverhandlungen mit den Mittelmächten und bereits einen Monat später wurden die Kämpfe eingestellt.

Für das politische Überleben kaum weniger wichtig war ein zweiter Gesetzentwurf, der am Tag nach dem Umsturz von der Regierung und dem Rätekongress verabschiedet wurde: das Dekret über Grund und Boden, das die entschädigungslose Enteignung der Krone und der Gutsbesitzer, der Kirche und der Klöster verfügte. Der Entwurf griff zentrale Forderungen der Bauern, wie sie im Spätsommer 1917 von einer Bauernzeitung veröffentlicht worden waren, auf und verlieh ihnen Gesetzeskraft. Den Rest besorgten die Bauern weitgehend selbst: Sie brachten den für herrenlos erklärten Boden in den Besitz der dörflichen Landgemeinden, die kollektiv über ihn verfügten und nach der Zahl der Esser oder männlichen Arbeitskräfte auf die einzelnen Höfe im Dorf verteilten. 1919 war die landwirtschaftliche Nutzfläche zu 97 Prozent in bäuerlicher Hand.

Bei der Ausrufung der Räterepublik hatte man den Arbeitern noch einmal die Kontrolle über die Produktion versprochen. Eine

Verordnung des Rates der Volkskommissare löste zwei, drei Wochen später auch diese Zusage ein. Sie unterstellte alle wichtigen Entscheidungen in den Betrieben, die die Produktion, den An- und Verkauf von Produkten, ihre Lagerung, aber auch die Finanzen betrafen, der Kontrolle der Belegschaften und schaffte das Geschäftsgeheimnis ab. Kam es zwischen Besitzern und Belegschaft zu Konflikten, so zogen sie oft die Enteignung nach sich. Schon Anfang Dezember 1917 wurde auch ein Oberster Volkswirtschaftsrat geschaffen, der die Tätigkeit der lokalen und zentralen Wirtschaftsorgane koordinieren

Mit der Enteignung des Kirchenbesitzes gingen Plünderung und Zerstörung einher, hier durchgeführt von Soldaten der Roten Armee. In den folgenden Jahren wurden über 50 000 Kirchen profaniert oder zerstört, Ikonen verheizt, liturgische Geräte eingeschmolzen. Das Edelmetall floss in die Staatskasse (links).
Die gezielte öffentliche Demütigung der bisher Herrschenden gehörte zum Programm der gesellschaftlichen Umwälzung: Ein ehemaliger Offizier der zaristischen Armee muss einem Rotarmisten die Stiefel putzen (rechts).

und einen Plan zur Regulierung des Wirtschaftslebens vorlegen sollte. Er erhielt gleichzeitig das Recht, Handels- und Industrieunternehmen zu enteignen, zusammenzulegen oder auch andere Maßnahmen zu treffen, die ihm im Interesse der Produktion, der Distribution oder der Staatsfinanzen notwendig schienen.

Eine wahre Flut von Dekreten und Verordnungen erläuterte, ergänzte und erweiterte die geschilderten Projekte. In ihnen wurden – um nur einige zu nennen – alle bestehenden Gerichte einschließlich der Staatsanwaltschaft und Advokatur aufgehoben; ebenso alle Gesetze, die dem »revolutionären Rechtsbewusstsein« widersprachen, sowie alle Dienstränge in der Armee. Künftig sollten sich die Soldaten ihre Vorgesetzten selbst wählen. Andere Dekrete und Verordnungen nahmen der Kirche die Aufsicht über die Schulen, erklärten Religion zur Privatsache und strichen sie als Fach aus dem Kanon aller Bildungsanstalten. Sie führten die Zivilehe ein und erleichterten die Scheidung – beide Ehepartner mussten dazu nur eine entsprechende Erklärung abgeben. Ein weiteres Dekret verfügte den Zusammenschluss der privaten Kreditunternehmen mit der Staatsbank und erklärten das Bankwesen zum Staatsmonopol. Nichts im öffentlichen Leben, in Wirtschaft und Gesellschaft sollte so bleiben, wie es vordem gewesen war.

Im Frühjahr 1917 wurde die Zarenfamilie in der Sommerresidenz Zarskoje Selo unter Hausarrest gestellt: hier der Zar selbst mit dem Hauslehrer beim Holz Sägen. Über das sibirische Tobolsk wurde die Familie schließlich nach Jekaterinburg verschleppt und dort im Juli 1918 ermordet.

HELMUT ALTRICHTER

Weiß gegen Rot – Der russische Bürgerkrieg und die Gründung der Sowjetunion

Die Ausrufung Russlands zur Sowjetrepublik, die Gründung des Rates der Volkskommissare als »Arbeiter- und Bauernregierung«, die Einführung der Arbeiterkontrolle in den Fabriken, die Nationalisierung der Banken und die Gründung eines Obersten Volkswirtschaftsrates waren eine Absage an den »westlichen Parlamentarismus und Kapitalismus«. Ihr erklärtes Ziel war die Schaffung einer neuen, »sozialistischen Staats-, Wirtschafts- und Gesellschaftsordnung«, deren erste Umrisse sich in den genannten Dekreten abzuzeichnen begannen. Eine Revision dieser Entscheidung schloss die bolschewistische Parteiführung kategorisch aus; wer auch immer sie anstrebte, war für sie ein »Konterrevolutionär«.

Die Wahl zur Verfassunggebenden Versammlung im November 1917 ergab eine Mehrheit für die Sozialrevolutionäre, die linken Sozialrevolutionäre und die Menschewiki mit zusammen 22 Millionen Stimmen. Die Bolschewiki gewannen in ihren Hochburgen Petrograd und Moskau und hatten 9 Millionen Wähler hinter sich.

Der erste Leiter der neu gegründeten Geheimpolizei (Tscheka) wurde der dem polnischen Kleinadel entstammende Feliks Edmundowitsch Dserschinskij.

Von »Volksfeinden« und Sezessionisten – Der politische Konflikt eskaliert

Die Konstituierende Versammlung, im November 1917 endlich gewählt, trat Anfang Januar 1918 in Petrograd zusammen. Ein bolschewistischer Antrag verlangte, die inzwischen geschaffenen Machtverhältnisse anzuerkennen. Als die Versammlung darauf hinwies, dass nur ein Viertel der Wähler für die Bolschewiki, die Mehrheit indes für die Sozialrevolutionäre votiert hatte und den Antrag niederstimmte, wurde sie nach nur einer Sitzung aufgelöst. Die Abgeordneten der Kadetten hatten an ihr ohnehin nicht mehr teilnehmen können; ihre Partei war bereits Ende November zur »volksfeindlichen« Organisation erklärt, ihre Führung verhaftet und ein Teil der »bürgerlichen Presseorgane« verboten worden. Anfang Dezember wurde zum »Kampf gegen Konterrevolution und Sabotage« die berüchtigte »Außerordentliche Kommission« gegründet, bekannt unter ihrer russischen Abkürzung »Tscheka«. An die Stelle der Politik trat die Gewalt.

Die antibolschewistischen Kräfte

Der Bürgerkrieg hatte damit bereits begonnen, selbst wenn sich die militärischen Kräfte auf beiden Seiten noch sammelten und formierten, bevor der Krieg im Frühsommer 1918, als es zum massiven Einsatz von Truppenverbänden kam, offen ausbrach. Die Auseinandersetzungen wurden auf allen Seiten mit großer Härte geführt. Dabei ist mit der Formel »Weiß gegen Rot« nur ein Teil des Konfliktes beschrieben.

In den nichtrussischen Randgebieten – in Polen, Finnland und im Baltikum, in der Ukraine und auf der Krim, im Transkaukasus und in Mittelasien – hatten Krieg und Revolution die Bildung nationaler Autonomiebewegungen gefördert. Sie verlangten mehr Rechte und – immer häufiger – sogar die vollständige Unabhängigkeit von Russland. Die Bolschewiki hatten sie zunächst darin bestärkt, das alte Zarenreich als »Völkergefängnis« bezeichnet und den Nichtrussen

Der Bürgerkrieg steigerte sich zu einem Exzess von Gewalt und Zerstörung, Hunger und Not. Dieses 1919 in den »Illustrated London News« veröffentlichte Foto zeigt zwei Soldaten der britischen Interventionsarmee bei Sareka in Nordrussland. Sie bewachen Lokomotiven, die bolschewistische Verbände gesprengt hatten.

alle Freiheiten versprochen, in der Hoffnung, die Nationalbewegungen würden sich auf ihre Seite stellen und in der neuen, sozialistischen Räterepublik verbleiben. Gegenüber den Regionen, in denen sie das nach dem Oktoberumsturz nicht taten und stattdessen auf ihrem Sezessionswunsch beharrten, änderte sich die bolschewistische Position schnell. Unabhängigkeitsbestrebungen galten nun als Ausdruck von »bürgerlichem Nationalismus«, der die Basis der Revolution schmälere und deshalb bekämpft werden müsse.

Im Zuge der Auseinandersetzungen schlossen sich in manchen Regionen auch die Bauern zu einer die eigenen Interessen vertretenden Gruppierung zusammen. Gerade in Gebieten, die gleich mehrfach von den wechselnden Fronten des Bürgerkriegs überrollt wurden, griffen sie – der Getreiderequisitionen und Drangsalierungen leid – nicht selten zu den Waffen, um sich und ihren Besitz – gegen wen auch immer – zu verteidigen. So liefen im Süden Zehntausende dem Anarchisten Nestor Iwanowitsch Machno, im Südosten dem Partisanenführer Aleksandr Stepanowitsch Antonow zu, deren »grüne« Verbände den Kampf gegen Rot und Weiß aufnahmen.

Schließlich mischten sich auch auswärtige Mächte – unter anderem Deutschland, Großbritannien, Frankreich, Japan und die USA – in die Kämpfe ein. Deutsche Truppen rückten schon seit Frühjahr 1918 in der Ukraine vor, britische waren im März in Murmansk und Archangelsk gelandet, die Japaner verstärkten im April ihre Truppen

Tscheka ist das Kurzwort für russisch »Tschreswytschajnaja komissija po borbe s kontr-revoljuziej i sabotaschem«, für die »Außerordentliche Kommission zum Kampf gegen Konterrevolution und Sabotage«. 1917 gegründet und 1918 in **Wetscheka** (Allrussische Außerordentliche Kommission ...) umbenannt, sollte sie – unter Führung von Feliks Edmundowitsch Dserschinskij – als Instrument des »Roten Terrors« gegen den »Weißen Terror« tatsächliche oder vermeintliche Gegner des bolschewistischen Systems vor die Revolutionstribunale bringen und entsprechende Voruntersuchungen führen. Faktisch diente sie dazu, den alleinigen Machtanspruch der Bolschewiki innerhalb ihres Herrschaftssystems sicherzustellen. Die Tscheka ist die Keimzelle aller späteren Sicherheits- und Geheimdienste der Sowjetunion.

in Wladiwostok, die USA folgten im Sommer, und gegen Ende des Jahres beteiligten sich auch die Franzosen; sie unterstützten britische Operationen im Schwarzen Meer. In der Endphase des Bürgerkrieges gingen die Kämpfe im Westen in einen Grenzkrieg zwischen dem neu gegründeten polnischen Staat und Sowjetrussland über.

Die Parteien und einige der Hauptschauplätze des Bürgerkriegs sind damit bereits genannt. Als Grundkonstellation lässt sich festhalten, dass die Bolschewiki, vollständiger Name ab 1918 »Kommunistische Partei Russlands (Bolschewiki)«, KPR(B), das Zentrum beherrschten, während ihre Gegner – von Osten, Süden, Westen und Norden kommend – versuchten, auf Petrograd und auf Moskau vorzustoßen, wohin die bolschewistische Regierung im Frühjahr 1918 aus Sicherheitsgründen ausgewichen war. Moskau war damit erneut, wie in der Zeit vor Peter dem Großen, zur Hauptstadt Russlands geworden.

Angriff der »Weißen« und Sieg der »Roten« – Die Phasen des Bürgerkriegs

Im Bürgerkrieg lassen sich drei Angriffswellen unterscheiden. Die Initialzündung zur ersten lieferte Ende Mai 1918 der Aufstand der Tschechischen Legion. Eigentlich dazu bestimmt, die russischen Kräfte im Kampf gegen die Mittelmächte zu unterstützen, war ihr Einsatz durch den Oktoberaufstand und das Waffenstillstandsabkommen hinfällig geworden. Doch der bolschewistische Versuch, die tschechischen Kriegsfreiwilligen über die Ostroute in ihre Heimat zurückzuführen, scheiterte. Sie widersetzten sich ihrer Entwaffnung und brachten das Land entlang der Transsibirischen Eisenbahn in ihre Gewalt.

Ihr Erfolg ermutigte Reste der alten Armee, die sich im Süden des europäischen Russlands gesammelt hatten. Unter der Führung von General Anton Iwanowitsch Denikin versuchten sie nun, nach Osten vorzustoßen, um Kontakt mit den Tschechen aufzunehmen und den bolschewistischen Kräften die Versorgungslinien abzuschneiden. Sie erhielten dabei von den Westalliierten Unterstützung. Vom raschen Vormarsch beflügelt, wurde zunächst in Samara eine sozialrevolutionäre, in Omsk eine nationalkonservative Gegenregierung ausgerufen, bevor man sich im September 1918 in Ufa auf ein gemeinsames »Direktorium« einigte.

Wider Erwarten überstanden die Bolschewiki den Sommer 1918, vermochten im Herbst den Ring zu sprengen und Denikin nach

Süden, die Tschechen nach Osten abzudrängen. Die Kapitulation der Mittelmächte erlaubte, den mit ihnen geschlossenen Friedensvertrag für null und nichtig zu erklären; hinter ihren abrückenden Truppen marschierten rote Verbände in Weißrussland und in der Ukraine ein. Im Januar 1919 wurde eine Weißrussische, im April eine Ukrainische Sozialistische Sowjetrepublik ausgerufen. Die militärischen Misserfolge beendeten auch das Einvernehmen unter den Gegnern: Im November 1918 hatte die Armee Admiral Aleksandr Wassiljewitsch Koltschaks in einem Militärputsch das aus Kadetten und Sozialrevolutionären zusammengesetzte Direktorium gestürzt und der Admiral hatte als »Oberster Regent« die Macht im Osten des Landes übernommen.

Konzentrischer Angriff der »Weißen« auf das bolschewistische Zentrum

Koltschaks Vorstoß mit 125000 Mann auf den mittleren Wolgabogen leitete im Frühjahr 1919 die zweite Phase des Bürgerkriegs ein. Als die Westalliierten im Frühsommer sein Regime anerkannten, unterstellten sich ihm auch die Generäle Denikin und Pjotr Nikolajewitsch Krasnow; deren neu formierte Verbände, die etwa 150000 Mann umfassten, rückten vom Süden aus in zwei Keilbewegungen auf die untere Wolga und ins Zentrum vor. Dass nahezu gleichzeitig General Nikolaj Nikolajewitsch Judenitsch vom Baltikum aus mit einer Freiwilligenarmee in Richtung Petrograd aufbrach, schien das Schicksal der bolschewistischen Herrschaft im Spätsommer 1919 endgültig zu besiegeln. Doch erneut gelang es den Roten, die Offensive zum Stehen zu bringen; ihr Gegenangriff warf die weißen Verbände sogar noch weit hinter die Ausgangslinie zurück. Die Reste der Armee General Judenitschs wurden in Estland aufgelöst, nachdem Sowjetrussland im Dezember 1919 mit Estland einen Waffenstillstand, im Februar 1920 Frieden geschlossen hatte; ihm folgte Ende März die Unterzeichnung eines Handelsabkommens. Damit war die erste Bresche in den Ring der Feinde geschlagen; Friedensverhandlungen mit Lettland schlossen sich an. Im Osten lieferten die kriegsmüden Tschechen Koltschak an die Bolschewiki aus, die ihn im Februar 1920 erschossen. Auch im Süden verloren die Verbände Denikins, von den Roten wie den Partisanen unter Machno attackiert, immer mehr an Boden; im Frühjahr 1920 zogen sie sich auf die Krim zurück.

Die Bolschewiki behaupten sich endgültig

Die letzte Phase des Bürgerkrieges begann, als polnische Truppen Ende April 1920 die ukrainische Grenze überschritten und rasch bis Kiew vorrückten. Angesichts der instabilen Lage Sowjetrusslands und unzufrieden mit der von den Westalliierten vorgesehenen Grenzziehung, versuchte die Warschauer Regierung, nun auf eigene Faust, im Osten jene Territorien zurückzugewinnen, die vor der ersten Teilung 1772 zu Polen gehört hatten, und die dort siedelnden Litauer, Weißrussen und Ukrainer in einen föderalistischen polnischen Staat einzubinden. Der polnische Angriff und der rasche

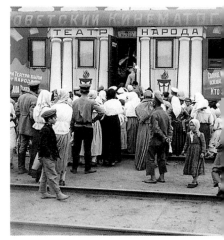

Hier wirbt der Agitpropzug »Lenin« 1919 in der Ukraine mit Kino und Theater unter Parolen wie »Wer weiß, der überzeugt«.

Als Kriegskommissar und »Vorsitzender des revolutionären Kriegsrates« war Leo Trotzkij maßgeblich am Aufbau der Roten Armee beteiligt. Als beweglicher Befehlsstand stand ihm ein Eisenbahnzug, unter anderem mit Druckerei, Telegrafenamt und Bibliothek, zur Verfügung. Er bemerkte dazu in seiner Autobiographie »Mein Leben« (1930):

Zweieinhalb Jahre verbrachte ich … im Eisenbahnwagen … Hier empfing ich unterwegs die Berichterstatter, beratschlagte mich mit den örtlichen militärischen und zivilen Behörden, arbeitete die telegrafischen Eingänge durch, diktierte Befehle und Artikel. Der Zug war so schwer, dass er mit zwei Lokomotiven fahren musste … Erforderten die Umstände längeres Verweilen an einem Frontabschnitt, dann diente die eine Lokomotive als »Kurier«. Die andere stand dauernd unter Dampf. Es war eine bewegliche Front.

Vormarsch ließen auch die Hoffnungen der Weißen noch einmal aufkeimen. Die Südarmee, die jetzt unter dem Oberbefehl General Peter Nikolajewitsch von Wrangels stand, machte einen letzten Versuch, ins Zentrum vorzustoßen, und erließ, um einen breiteren Rückhalt in der Bevölkerung zu finden, ein »Agrargesetz«, das den bäuerlichen Forderungen weit entgegenkam. Doch auch diese Bemühungen verloren jeden Boden, als sich die Sowjetregierung – nach mehrfach wechselndem Kriegsglück – mit Warschau auf eine neue Grenzziehung einigte, die einen Großteil der polnischen Forderungen erfüllte. Auf sich allein gestellt, brach die weiße Offensive im Süden rasch zusammen. Die Reste der weißen Armee – mit Zivilisten etwa 130000 Mann – wurden mit Schiffen von der Krim evakuiert.

Der Sieg im Bürgerkrieg sicherte nicht nur die bolschewistische Herrschaft, er zwang – bis auf Finnland, Polen und die baltischen Staaten – auch die Randgebiete in den Staatsverband zurück. Ihre antibolschewistischen Regierungen wurden – in Weißrussland und in der Ukraine, in Georgien, Armenien und Aserbaidschan, in Sibirien und Mittelasien – gestürzt und durch prosowjetische ersetzt. Diese Entwicklung fand ihren Abschluss 1922/23, als sich diese Staaten mit dem bolschewistischen Russland zur »Union der Sozialistischen Sowjetrepubliken« (UdSSR; Sowjetunion) vereinigten.

Die Schwäche der antibolschewistischen Kräfte bestand vor allem darin, dass sie keine politische Einheit bildeten und, unter sich zerstritten, allmählich auch die Unterstützung der Westalliierten verloren. Was ihre Vorstellungen von der Zukunft des Landes betraf, waren die Differenzen zwischen Anhängern des Zaren, bürgerlichen

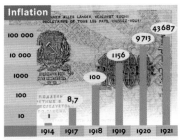

Moskauer Preisindex in Rubel (Jahresdurchschnitt)

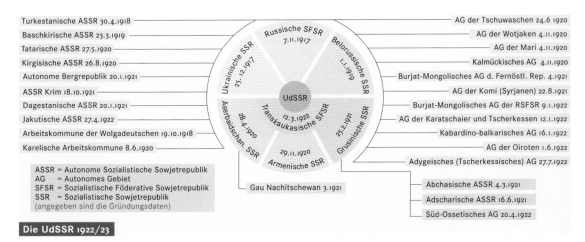

Die UdSSR 1922/23

Liberalen und Sozialrevolutionären mindestens ebenso groß wie die Meinungsverschiedenheiten zwischen Sozialrevolutionären und Bolschewiki. Mochten die Sozialrevolutionäre auch bei den Wahlen zur Konstituante die Mehrheit der Stimmen erzielt haben, in der weißen Armee gaben nicht sie, sondern die alten Generäle den Ton an. Großen Teilen der Bevölkerung, den Bauern und der Arbeiterschaft zumal, war nie ganz die Furcht zu nehmen, dass die alten

Zustände zurückkehren würden, wenn die Weißen die Macht eroberten.

Das erleichterte den Bolschewiki den Aufbau einer neuen, schlagkräftigen Militärorganisation, der »Roten Arbeiter- und Bauernarmee«. Dabei nahmen sie noch im Winter 1917/18 Abschied von ihrem ursprünglichen Plan und Versprechen, an die Stelle des alten Kaderheeres eine Territorialmiliz mit gewählter Führung zu setzen. Die Wahl der militärischen Kommandostellen wurde rasch wieder abgeschafft, die Milizidee aufgegeben, die anfänglich freiwillige

»Die Rote Kavallerie greift an« heißt das Ölbild von Kasimir Sewerinowitsch Malewitsch. Für ihn fand das revolutionäre und technische Zeitalter seine Entsprechung in der avantgardistischen Kunst. Zwischen 1918 und 1926 lehrte er an den Staatlichen Kunstwerkstätten in Moskau, Witebsk und Petrograd/ Leningrad.

Meldung durch eine Dienstpflicht – unter Ausschluss der besitzenden Schichten – ersetzt und eine straffe Disziplinarordnung erlassen. Zehntausende von Offizieren der ehemaligen kaiserlichen Armee wurden als »Militärspezialisten« bis zum Ende des Bürgerkrieges in die neu aufgestellten Verbände zurückgeholt. Da man ihrer Zuverlässigkeit misstraute, wurden ihnen auf allen Ebenen »politische Kommissare« zur Seite gestellt, die für die Durchsetzung der Parteidirektiven sorgen sollten.

Alle Macht den Bolschewiki – Diktatorische Parteiherrschaft statt eines revolutionären Rätesystems

Was bei der Armee begonnen hatte, setzte sich in der Verwaltung des Staates, in der Regulierung der Wirtschaft und bei der Versorgung der Zivilbevölkerung fort: Straffung der Kompetenzen und Zentralisierung der Macht schienen Voraussetzung für das physische und politische Überleben.

An der Spitze des Staates verloren der Allrussische Rätekongress und sein Exekutivkomitee nahezu jeden Einfluss auf die Regierung. Neben die verfassungsmäßige Regierung, den Rat der Volkskommissare, trat ein »Rat der Arbeiter- und Bauernverteidigung«, der, im November 1918 gegründet und mit allen Vollmachten ausgestattet, nur sechs Personen umfasste. In den wichtigsten Bereichen baute er sich seinen eigenen Instanzenweg auf, spezielle Probleme versuchte er durch Kommissionen und Kommissare zu lösen. Sie entzogen jenen Organen, die im Oktober zu Trägern der Staatsmacht proklamiert worden waren, den Sowjets, die wichtigsten Aufgaben; sie wurden mithin zweitrangig, ja entbehrlich. So kam es, dass die »revolutionäre Räteorganisation« den Bürgerkrieg nicht überlebte.

In den Randgebieten setzten die Weißen ihrer Herrschaft ein Ende, in Zentralrussland löste sie sich, funktionslos geworden, selbst auf. Parallel dazu setzte sich die bolschewistische Alleinherrschaft durch. Nachdem die linken Sozialrevolutionäre die Regierung im Frühjahr 1918 verlassen hatten, bot ein Attentat auf den deutschen Gesandten Wilhelm Graf von Mirbach-Harff im Juli Gelegenheit, den Staatsapparat auch von ihnen zu »säubern«.

Das System des Kriegskommunismus

Zur »Festigung der Diktatur der Arbeiterklasse und der Dorfarmen« sowie zur Bekämpfung der um sich greifenden »chaotischen Verhältnisse« in der Wirtschaft wurden im

Auf dem 5. Allrussischen Rätekongress im Moskauer Bolschoi-Theater wurde im Juli 1918 die erste Verfassung der RSFSR verabschiedet. Lenin schaltete nun endgültig die ehemaligen Koalitionspartner, die Sozialrevolutionäre und die Menschewiki, aus. Im Bild die Ankunft der Delegierten am Tagungsort.

Die Zukunftshoffnungen, die sich mit dem Elektrifizierungsplan verbanden, fanden auch in der Kunst ihren Niederschlag, wie das Bild »Das Werk« von Kliment Redko von 1922 zeigt (Alma-Ata, Schewtschenko-Gemäldegalerie).

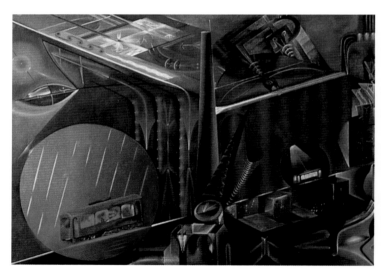

Frühsommer 1918 per Dekret alle Großunternehmen verstaatlicht, darunter die gesamte Schwer- und Grundstoffindustrie. Eine neue Verordnung übertrug dem Obersten Volkswirtschaftsrat nun explizit die Gesamtorganisation von Produktion und Verteilung, die Führung der Staatsfinanzen und die Verwaltung der Betriebe. Der Volkswirtschaftsrat baute dazu in den nächsten ein bis zwei Jahren einen gigantischen Apparat auf, der die nationalisierten Betriebe zu erfassen, nach Branchen zu gliedern und jeweils einer zentralen Verwaltung zu unterstellen suchte. Um Widerstände und Reibungsverluste auszuschalten, wurde die Mitsprache der Belegschaften in den Betrieben eingeschränkt, kollektive Führung nach Möglichkeit durch Einmannleitung ersetzt.

Zur Sicherstellung der Versorgung hatte die Sowjetregierung bereits im Frühjahr 1918 das staatliche Getreidehandelsmonopol erneuert, den damit beauftragten Organen Sondervollmachten erteilt und zu ihrer Unterstützung bewaffnete Arbeiterbrigaden aufs Dorf geschickt. Die Bauern wurden aufgefordert, alle »Überschüsse« abzuliefern, und »Komitees der Dorfarmen« sollten reichere Bauern anzeigen, wenn diese Vorräte »horteten«. Industriewaren durften nunmehr nur im Austausch gegen Getreide abgegeben werden; ab Anfang 1919 legte die Regierung selbst, aufgrund des staatlichen Bedarfes, fest, wie viel Getreide im Dorf »aufzubringen«, zu beschlagnahmen war.

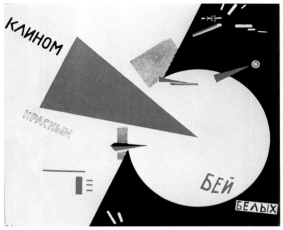

»Schlagt die Weißen mit dem roten Keil!« lautet die Parole auf dem Propagandaplakat des konstruktivistischen Künstlers El Lissitzky aus dem Jahr 1919.

Obwohl viele dieser Maßnahmen aus der Not geboren waren, glaubten Partei- und Staatsführung damit prinzipiell auf dem richtigen Weg zu sein. Der Staat nahm Produktion und Distribution in seine Regie, nachdem er zuvor die ganze Großindustrie nationalisiert und die Bauern zur Ablieferung ihrer Überschüsse verpflichtet hatte; er verkündete die allgemeine Arbeitspflicht, verankerte sie in der Verfassung und ermöglichte ihre Kontrolle durch die Einführung eines Arbeitsbuches; schließlich erfasste er die Bevölkerung in Konsumgenossenschaften und wies jedem auf der Grundlage seiner Arbeitsleistung Lebensmittel zu. So verlor der Markt seine Funktion, Geld wurde, durch die galoppierende Inflation ohnehin entwertet, als Zahlungsmittel überflüssig. Nun musste, wie man glaubte, nur noch ein Verfahren zur Umrechnung von Leistung auf Konsumgüteransprüche gefunden werden, um die »kapitalistischen Ware-Geld-Beziehungen« endgültig hinter sich zu lassen; in den Gremien wurde auch darüber diskutiert.

So hielt der Rat der Volkskommissare auch nach Ende des Bürgerkriegs am eingeschlagenen wirtschafts- und gesellschaftspolitischen Kurs fest. Per Verordnung verstaatlichte er im Winter 1920/21 selbst Klein- und Kleinstbetriebe, er diskutierte Projekte, die die kostenlose Verteilung von Lebensmitteln und Massengebrauchsartikeln, die Abschaffung von Mieten, von Gebühren für Energie, Post, Telefon, Wasser und Kanalisation sowie die Aufhebung aller Geldsteuern ins Auge fassten. Die bolschewistische Regierung erhoffte sich dabei einen kräftigen Schub von der Elektrifizierung des Landes. Ein Elektrifizierungsplan, der GOELRO-Plan, wurde ausgearbeitet, auf Parteiveranstaltungen gefeiert und in Gedichten besungen. Lenin prägte die berühmte, optimistische Formel: »Kommunismus – das ist Sowjetmacht plus Elektrifizierung des ganzen Landes.«

HELMUT ALTRICHTER

Weltrevolution oder sowjetische Interessenpolitik? – Die Kommunistische Internationale

Im Jahr 1917 hoffte die bolschewistische Parteiführung, Russland werde mit seiner Revolution schon nicht allein bleiben, der Funke rasch auf Westeuropa überspringen. Das von Leo (Lew) Dawidowitsch Bronschtein, genannt Trotzkij, überlieferte Bonmot, mit dem er nach dem Oktoberumsturz seine Ernennung zum Volkskommissar des Äußeren kommentierte, brachte diese Erwartung zum Ausdruck: Er werde noch einige »revolutionäre Proklamationen an die Völker erlassen und dann die Bude (das Außenkommissariat) zuschließen«. Außenpolitik im herkömmlichen Sinne hielten die Bolschewiki nach der Weltrevolution für entbehrlich.

Тов. Ленин ОЧИЩАЕТ землю от нечисти.

Schon das von Lenin formulierte »Dekret über den Frieden« proklamierte das Ende der Außenpolitik; es wandte sich nicht nur an die Regierungen, sondern ausdrücklich auch an deren Völker, forderte beide auf, »unverzüglich« Frieden zu schließen, und verband diesen Aufruf mit dem unmissverständlichen Appell »an die klassenbewusstesten Arbeiter der drei fortgeschrittensten Nationen der Menschheit« (das heißt Deutschland, Großbritannien, Frankreich) mitzuhelfen, »die Sache der Befreiung der werktätigen und ausgebeuteten Volksmassen von jedweder Sklaverei und Ausbeutung erfolgreich zu Ende zu führen«.

Auf dem Plakat (oben) von 1918/19 demontiert das Proletariat die kapitalistische Bestie, die auf einem goldenen Sockel ruht und eine Krone aus Kirchtürmen trägt. Darunter der russische Text der »Internationale«, die 1918 die Staatshymne Sowjetrusslands wurde.

Das Plakat »Genosse Lenin säubert die Erde vom Unrat« (rechts) von 1920 zeigt, wie Lenin Monarchen, Popen und kapitalistische Geldsäcke vom Globus fegt.

Die Widersprüche zwischen den »kapitalistischen Staaten« nutzen – Die außenpolitische Absicherung Sowjetrusslands

Als der Appell zur Revolution folgenlos verhallte und Lenin sich auf bilaterale Verhandlungen einließ, sogar die außerordentlich harten deutschen Bedingungen akzeptierte und die Annahme des in Brest-Litowsk ausgehandelten Diktatfriedens durchsetzte, stürzte er die von ihm geführte Sowjetregierung in ihre erste große Krise. Nicht nur die linken Sozialrevolutionäre verließen daraufhin die Koalition, auch in der eigenen Partei formierte sich der Widerstand. Wortführer der innerparteilichen Opposition waren die linken Kommunisten; sie warfen dem Partei- und Regierungschef vor, mit Imperialisten zu paktieren, statt die Umwandlung des Krieges in einen »Bürgerkrieg gegen das internationale Kapital« zu betreiben, eine Strategie, die zugleich die »Basis der Revolution« zu verbreitern versprach.

Lenin konnte sich indes mit dem Argument durchsetzen, die Auseinandersetzung zwischen den kapitalistischen Blöcken biete dem revolutionären Russland die Chance einer Atempause und eine solche habe das Land bitter nötig, um das Erreichte zu sichern. Damit beantworteten die Bolschewiki die Frage nach dem Verhältnis von russischer Revolution und Weltrevolution zum ersten Male zugunsten der Existenzsicherung Sowjetrusslands. Die Entscheidung sollte künftig als Beispiel dienen, wenn auch der Vertrag von Brest-Litowsk ein halbes Jahr später annulliert werden konnte und die Gründung der »Kommunistischen (Dritten) Internationale« (Komintern) im Frühjahr 1919 die alte Zielsetzung fortzuschreiben schien.

»Weltpartei« oder »Transmissionsriemen«? –
Die Komintern

Am 2. März 1919 eröffnete Lenin den I. Weltkongress der Kommunistischen Internationale. An seiner Seite der Deutsche Hugo Eberlein und der Schweizer Fritz Platten, die später beide den stalinistischen Säuberungen zum Opfer fielen.

Hatte 1919 der Gründungskongress der Komintern die »Proletarier aller Länder« aufgerufen, sich »im Kampfe gegen die imperialistische Barbarei, gegen die Monarchien, gegen die privilegierten Stände, gegen das bürgerliche Eigentum, gegen alle Formen der sozialen oder nationalen Bedrückung« zu vereinen, so legte 1920 der 2. Kongress in 21 Punkten die Bedingungen für die Aufnahme fest. Dazu gehörten das aktive Eintreten für die Revolution und die Diktatur des Proletariats, der vollständige Bruch mit »reformistischen« und »sozialpatriotischen« Kräften, eine entsprechende »Säuberung« des Personalbestandes in den eigenen Reihen und der Aufbau eines »revolutionären Apparates« auch in den »Massenorganisationen«, wobei wohl vor allem an die Gewerkschaften gedacht war.

Jede kommunistische Partei, die der Internationale als »Sektion« beitrat und damit gleichsam Teil einer kommunistischen Weltpartei wurde, verpflichtete sich, der »Sowjetrepublik in ihrem Kampf gegen die konterrevolutionären Kräfte bedingungslos Beistand« zu leisten, und erkannte alle Entscheidungen des in Moskau residierenden Exekutivkomitees als »bindend« an. Diese Bestimmungen schufen die Voraussetzung dafür, dass der Apparat der Komintern und seine »Sektionen«, die kommunistischen Parteien der einzelnen Länder, in den 20er- und 30er-Jahren zu Instrumenten der Moskauer Außenpolitik werden konnten.

1919/20 waren die Zukunftserwartungen allerdings noch groß: Dass wegen des Versailler Vertrags die Spannungen zwischen den »kapitalistischen Staaten« Westeuropas fortdauerten, konnte der eigenen Politik nur förderlich sein: Sie lenkten, so das Kalkül, von Sowjetrussland ab, verstärkten den Druck auf das deutsche Proletariat, bestätigten ihm den Raub- und Gewaltcharakter des Imperialismus, diskreditierten die SPD-Regierung und ließen die proletarische Weltrevolution als »einzige Rettung« erscheinen. Doch die Hoffnungen richteten sich nicht nur auf Westeuropa, sondern auch auf die »antiimperialistischen Befreiungsbewegungen« im Nahen und Fernen Osten; dank der Erfolge der Roten Armee sah man den Kapitalismus weltweit in der Defensive.

Der Zusammenbruch »kapitalistischer Systeme« bleibt aus – Die »Doppelstrategie« der Außenpolitik

Solange der Zusammenbruch des Kapitalismus ausblieb, sah sich das revolutionäre Russland zu einer »Doppelstrategie« gezwungen. Dabei fiel es dem Volkskommissariat des Äußeren zu, sich um die diplomatische Anerkennung Sowjetrusslands durch die Staatenwelt zu bemühen, die zugleich die Absicherung des Erreichten bedeutete. Währenddessen sollten über die Komintern insgeheim und wohl dosiert die weltrevolutionären Zielsetzungen weiterverfolgt werden, ohne die diplomatische Anerkennung zu gefährden.

Schon 1920 wurden Friedensverträge mit den Anrainerstaaten Estland, Lettland, Polen und Finnland abgeschlossen und im März 1921 folgte ein Handelsabkommen mit Großbritannien. Nach dem Scheitern der alliierten Intervention, der Aufhebung der Blockade und der Niederlage der letzten Bürgerkriegsgegner beendete das Abkommen einen Krieg, der offiziell nie erklärt worden war. Wenngleich sich die Vertragspartner verpflichteten, von »jeglichen feindlichen Handlungen gegeneinander« Abstand zu nehmen, seien sie nun militärischer, diplomatischer oder propagandistischer Natur, brachte das Abkommen noch keine formelle Anerkennung Sowjetrusslands. Ihr standen nicht nur Zweifel an der sowjetischen Vertragstreue, sondern auch massive britische Forderungen materieller Art im Wege.

So verlangten die Westalliierten die Rückzahlung der Russland vor der Revolution gewährten Kredite und eine Entschädigung für die nach dem Oktober enteigneten Vermögenswerte, was die Sowjetregierung – unter anderem mit dem Hinweis auf die Interventionsschäden – verweigerte. Der Versuch, diese offenen Fragen und Probleme im Frühjahr 1922 auf einer internationalen Wirtschafts- und Finanzkonferenz in Genua zu klären, scheiterte.

Immerhin gelang der sowjetischen Diplomatie am Rande der Konferenz ein erster Durchbruch: Sie schloss mit der deutschen

Der überzeugte Internationalist Karl Bernhardowitsch Radek aus Lemberg sollte im Auftrag der Sowjetregierung und der Komintern die Chancen revolutionärer Erhebungen sondieren. Das Foto zeigt ihn beim »Kongress der Völker des Orients« im September 1920 in Baku (Abbildung oben).
Deutsch-sowjetische Vertragsverhandlungen in Rapallo: Reichskanzler Joseph Wirth (Zweiter von links) im Gespräch mit dem sowjetischen Delegierten Georgij Wassiljewitsch Tschitscherin (mit Mappe).

Delegation den Vertrag von Rapallo, der die Aufnahme diplomatischer und konsularischer Beziehungen regelte. Zugleich verzichteten die Vertragspartner auf die Erstattung von Kriegskosten und -schäden. Der sowjetischen Politik kamen dabei die »innerkapitalistischen« Spannungen zwischen Siegern und Besiegten des Ersten Weltkriegs zugute; sie minderten aus ihrer Sicht die Gefahr einer »kapitalistischen Einkreisung«. So blieb ihr die Pflege der Beziehungen zu Deutschland bis in die 30er-Jahre hinein ein besonderes Anliegen; der 1926 geschlossene Berliner Vertrag schrieb den Grundsatz strikter Neutralität bei Angriffen Dritter ausdrücklich fest und die Zusammenarbeit beider Staaten schloss auch den militärischen Bereich, mithin intensive Kontakte zwischen Reichswehr und Roter Armee, ein.

»Der Aufbau des Sozialismus in einem Lande«

Obwohl 1924 auch Großbritannien die Sowjetunion anerkannte – Italien, Norwegen, Österreich, Griechenland, Schweden und Kanada folgten in den nächsten Wochen seinem Beispiel –, blieben die Beziehungen gespannt. London empfand die revolutionäre, »antiimperialistische« und »antikolonialistische« Agitation Sowjetrusslands nicht nur als Bedrohung für das Mutterland, sondern erst recht als Gefährdung der britischen Interessen im Nahen Osten, in Persien, Afghanistan und China. Die wahrgenommene Bedrohung spielte auch in der britischen Innenpolitik eine herausragende Rolle, ein Problem, bei dessen Erörterung und Lösung sich keine Partei eine Blöße geben, jede die Chance zur Profilierung nutzen wollte: Sei es, dass ein angeblicher – wie sich später herausstellte, gefälschter – Brief des Kominternvorsitzenden auftauchte, der die britischen Kommunisten zu subversiver Tätigkeit in der Armee aufforderte; sei es, dass sowjetische Gewerkschaften streikenden britischen Kumpeln 16 Millionen Rubel zur Unterstützung anboten; sei es, dass die konservative, in Zugzwang geratene britische Regierung die sowjetische Handelsvertretung in London durchsuchen ließ und das – angeblich oder tatsächlich – gefundene Spionagematerial 1927 zum Anlass nahm, den Handelsvertrag zu kündigen und die diplomatischen Beziehungen abzubrechen.

Es war im gleichen Jahr, als Jossif Wissarionowitsch Dschugaschwili, genannt Stalin, das Verhältnis von nationaler, sowjetischer und internationaler sowie weltrevolutionärer Zielsetzung auf die Formel brachte: Nur derjenige sei ein wahrer »Internationalist«, der »vorbehaltlos, ohne zu schwanken, ohne Bedingungen zu stellen«, bereit sei, im Interesse der Sowjetunion zu wirken und sie zu verteidigen. Die weltrevolutionäre Zielsetzung war endgültig hinter die sowjetische zurückgetreten, Staats- und Parteiführung hatten den – vorläufigen – »Aufbau des Sozialismus in einem Lande« beschlossen; der 14. Parteitag hatte sich im Dezember 1925 hinter diese Entscheidung gestellt. Inzwischen hatte sich auch in der Innenpolitik Entscheidendes getan.

Helmut Altrichter

Die Besetzung des Ruhrgebiets durch französische und belgische Truppen kommentierte das Organ der Komintern, die »Internationale Presse-Korrespondenz« (INPREKORR) am 16. Januar 1923:

An alle Völker und Länder!
Die Armeen des imperialistischen Frankreichs sind in das Ruhrbecken eingefallen. Fremde Eroberer bemächtigen sich des industriellen Zentrums Deutschlands. Neue schreckliche Schläge werden dem deutschen Volk beigebracht, und ganz Europa steht wieder einmal unter der Drohung einer grausamen internationalen Schlächterei. In diesem kritischen Augenblick kann das Russland der Arbeiter und Bauern nicht schweigen. Getreu seinem unaufhörlichen Kampf gegen Militarismus, getreu seiner ständigen Verteidigung des Selbstbestimmungsrechtes jedes Volkes auf Unabhängigkeit, getreu seiner Aufforderung zur Abrüstung erhebt es von neuem seine entrüstete Stimme und seinen lauten Protest gegen das Verbrechen, das die französische Regierung zu begehen im Begriffe ist.

Die Zügel lockern – Die »Neue Ökonomische Politik« (NEP)

Die Zerrüttung der Wirtschaft, der Produktion und Versorgung während des Bürgerkriegs löste Ende Februar 1921 schwere Unruhen aus. Höhepunkt war im März der **Aufstand in der Seefestung Kronstadt,** etwa 30 km vor Petrograd, deren Garnison bei den Revolutionen von 1905 und 1917 eine herausragende Rolle gespielt hatte. In einer öffentlichen Versammlung von etwa 15 000 Menschen forderten aufbegehrende Matrosen und Arbeiter unter anderem Neuwahlen zu den Sowjets, Freiheit für die gesamte linke Presse, gerechte Verteilung der Lebensmittelrationen, freie Verfügung der Bauern und Kleinhandwerker über ihre Produkte. Ziel der Kronstadter Matrosen und Arbeiter war nach der Februar- und Oktoberrevolution die »Dritte Revolution«, das heißt die volle Gleichheit und Assoziation aller Arbeitenden. Unter dem Vorwurf einer »weißgardistischen Verschwörung« ließen die Bolschewiki den Aufstand niederschlagen, der jedoch den Übergang zur »Neuen Ökonomischen Politik« beschleunigte.

1913 erwirtschaftete die russische Großindustrie 5,62 Milliarden Rubel brutto, nach Krieg und Bürgerkrieg nur noch ein Fünftel davon. Die Zahl der Beschäftigten ging von 2,6 Millionen auf 1,6 Millionen zurück.

Produktionsrückgang

Die Euphorie von Staats- und Parteiführung, mithilfe eines groß angelegten Elektrifizierungsprogramms mehrere »Entwicklungsstufen« überspringen und die kriegswirtschaftliche Produktions- und Distributionssteuerung unmittelbar zum kommunistischen Wirtschafts- und Gesellschaftssystem ausbauen zu können, überlebte den Winter 1920/21 nicht. Der massive Widerstand der Bevölkerung machte diese Pläne zur Illusion. Hauptstädtische Arbeiter demonstrierten gegen die miserable Versorgungssituation, Bauern wehrten sich – teils in blutigen Gefechten – verzweifelt gegen die Beschlagnahme des Getreides. Vor allem aber erschütterte der Aufstand der Kronstädter Matrosen die Selbstgefälligkeit der Machthaber: Die Inselfestung Kronstadt, Petrograd vorgelagert, war 1917 eine bolschewistische Bastion gewesen.

Durch Hunger und Not hindurch – Der entbehrungsreiche Weg zur »Neuen Ökonomischen Politik«

Bei ihren Zukunftsplanungen hatte die Führung der Bolschewiki die Realität aus den Augen verloren. Die Formel von der »Verdrängung des Marktes« ging großzügig darüber hinweg, dass die städtische Bevölkerung selbst bei der Versorgung mit Grundnahrungsmitteln weiterhin auf ihn angewiesen blieb, der Markt als Schwarzmarkt weiterlebte; daran änderten auch Milizstaffeln nichts, die die »Sackträger« (Leute mit Tauschgut) am Stadtrand abzufangen suchten. Und: Was nützte die Versicherung, Produktion und Verteilung würden in staatliche Regie genommen, wenn immer weniger produziert wurde und es folglich auch immer weniger zu verteilen gab?

Der Verfall des Transportsystems dauerte an. Tausende von Betrieben mussten ihre Produktion einstellen, weil es an Rohstoffen und Energie fehlte; in ihrer Not flohen die Arbeiter aufs Land. Die Bevölkerung Petrograds etwa, im Frühjahr 1917 wohl 2,5 Millionen stark, belief sich im Sommer 1920 nur noch auf eine dreiviertel Million Menschen. Diese Abnahme ist nicht nur auf den Wegfall des Hofes, des Adels und der früher hier stationierten Soldaten zurückzuführen; auch von vier industriellen Arbeitsplätzen gab es zumindest drei nicht mehr. In der ehemaligen Hauptstadt wurde nur noch ein Bruchteil der vor der Revolution produzierten Waren hergestellt. In den Straßen Petrograds ging der Hunger um. Dabei schien sich im Elend der ehemaligen Metropole der Zustand des ganzen Landes zu spiegeln.

Der Widerstand der Bevölkerung brachte der politischen Führung diese Realität zu Bewusstsein. Obwohl sie ihn als »konterrevolutionär« verurteilte und den Kronstädter Aufstand blutig niederschlagen ließ, sah sie ein, dass ihre »kriegskommunistischen« Planungen ein politischer Fehler waren.

Liberalisierung und staatliche Planung

Lenin kündigte auf dem 10. Parteitag, der Mitte März 1921 in Moskau zusammentrat, eine Änderung der bisherigen Agrarpolitik an, mit der sich Partei und Regierung die Bauernschaft zum Feind gemacht hatten. Anstelle der Getreiderequisitionen sollte eine »Naturalsteuer« eingeführt werden; ihre Höhe war so bemessen, dass sie den Bauern erlaubte, Überschüsse zu erzielen, die sie veräußern durften. Auf diese Weise hoffte man, die Bauernschaft für ein »Klassenbündnis« mit dem Proletariat zu gewinnen.

Für viele Bauern, vor allem an der mittleren und unteren Wolga, kam dieser Kurswechsel allerdings zu spät. Im Sommer 1921 suchte eine Dürreperiode den Südosten heim und vernichtete große Teile der Ernte. Weil sie keine Notvorräte mehr besaßen, verhungerten hier und in den angrenzenden ukrainischen Gebieten Millionen Menschen. Diese Katastrophe war ein Grund mehr, den neuen Weg fortzusetzen. Auch im gewerblichen Bereich sollten strikte Reglementierungen abgeschafft werden, die kleinen Gewerbetreibenden wieder frei über die Produkte ihrer Arbeit verfügen können. Hatte die Regierung noch im November 1920 Klein- und Kleinstbetriebe verstaatlicht, so ließ sie nur ein halbes Jahr später – in einem weiteren Gesetz – ihre Neugründung zu. Sogar frühere Besitzer konnten die Reprivatisierung ihres zu jener Zeit verstaatlichten Betriebes verlangen, wenn sie nachwiesen, dass die staatlichen Organe dessen Kapazitäten nicht oder nicht optimal nutzten.

Es fehlte nicht an Beispielen, die dokumentierten, dass die staatliche Wirtschaftsbürokratie – zu sehr mit sich selbst beschäftigt – ihre Aufgabe, die Ressourcen bestmöglich zu nutzen, nur äußerst unzureichend erfüllte. Deshalb sollte die Kompetenzenallmacht des Obersten Volkswirtschaftsrates eingeschränkt, sein wuchernder Apparat beschnitten, als neue Koordinierungsinstanz eine »Staatliche Plankommission« (GOSPLAN) eingerichtet und der Entscheidungsspielraum der Einzelbetriebe erweitert werden; selbst die Neuverpachtung von Unternehmen fasste man im Sommer 1921 ins Auge, wobei als Pächter nicht nur Genossenschaften und Kooperativen, sondern auch Privatpersonen infrage kommen sollten.

Die Betriebe wurden auf das Prinzip der Kostendeckung verpflichtet und zugleich von allen Obliegenheiten befreit, die in den

»Hilf« lautet die alarmierende Botschaft eines Plakates von Dmitrij Moor 1921. Nach einer furchtbaren Dürrekatastrophe hungerten die Menschen an der unteren und mittleren Wolga und in der Ukraine. Vermutlich starben bis zu 5 Millionen Menschen, bevor die internationale Hilfe durch American Relief Administration, Nansen-Hilfe, Kinderhilfswerk, Quäker und Rotes Kreuz einsetzte.

Bereich staatlicher Sozialfürsorge fielen. Am Prinzip der Einmannleitung wurde festgehalten; die kommunistische Zelle und die Belegschaftsvertretung sollten den Direktor nur kontrollieren, nicht dominieren. Die neuen Grundsätze der Tarifpolitik setzten sich von der »Gleichmacherei« früherer Jahre ab und verlangten Bezahlung nach Qualifikation und Leistung. Davon erhoffte man sich eine Dynamisierung des Arbeitsmarktes.

So gewannen diese Tendenzen 1921 allmählich konzeptionelle Züge und prägten als »Neue Ökonomische Politik«, russisch abgekürzt »NEP«, die 20er-Jahre: Der Staat versuchte, die wirtschaftlichen »Kommandohöhen« wie Währung, Banken, größere und mittlere Industrie, Außenhandel, Transport und Verkehr in der Hand zu behalten; dagegen gewährte man kleineren Gewerbe- und Agrarbetrieben mehr Freiheit, wodurch die Eigeninitiative geweckt und die Produktion gesteigert werden sollte. Von den Plänen zum Ausbau

Ganz auszuschalten war der private Handel in Sowjetrussland nie. Auf dem Lande (rechts) wie in der Stadt (unten) erwachten die eben noch illegalen Märkte im Zuge der Neuen Ökonomischen Politik zu neuer Blüte.

der »proletarischen Naturalwirtschaft« und der »Abschaffung des Geldes« wurde nun nicht mehr gesprochen, im Gegenteil, die noch 1921/22 begonnene Währungsreform 1924 zu Ende geführt.

Der wirtschaftliche Wiederaufstieg war nicht leicht und auch nicht frei von Rückschlägen. Die furchtbare Hungerkatastrophe, die die Anfangsphase überschattete, nahm auch vielen Bauern, die überlebten, Vieh und Saatgetreide und damit das Startkapital. Gewerbliche Betriebe stolperten von einem Extrem ins andere. Von der Staatsführung aufgefordert, Eigeninitiative zu entfalten, statt nur auf Subventionen zu setzen, sahen sie sich zunächst – aufgrund fehlender bäuerlicher Kaufkraft – gezwungen, ihre Waren zu Schleuderpreisen zu verkaufen, um ihre Arbeiter bezahlen zu können. Dann zogen sie die Preise so stark an, dass die Bauern mit Kaufstreik antworteten. Immerhin wurden in der Großindustrie 1925/26 bei der Bruttoproduktion die Werte von 1913 erreicht, sie beschäftigte nun auch wieder etwa so viel Arbeiter wie vor dem Ersten Weltkrieg, nachdem deren Zahl – selbst nach offiziellen Statistiken – bis 1921/22 um die Hälfte gefallen war. Und Ähnliches galt für die Landwirtschaft, deren Bruttoproduktion – 1921 auf 60 Prozent gesunken – 1925 erstmals wieder das Vorkriegsniveau erreichte und teilweise sogar übertraf.

Das Ende der »Avantgarde des Proletariats« und Stalins Aufstieg

Auch im staatlichen Leben, bei der Justiz und der Armee war »Rückkehr in die Normalität« angesagt. Die Organe der Bürgerkriegszeit wurden aufgelöst, die nach der Sowjetverfassung vorgesehenen Dienststellen in ihre Rechte wieder eingesetzt. Oft lief die angebliche »Rückkehr« auf einen Neuanfang hinaus. Neue Statuten regelten Wahl und Zuständigkeiten der Dorf-, Stadt- und Regionalsowjets und machten aus den autonomen Machtorganen von einst einen hierarchisch aufgebauten Verwaltungsapparat.

In der Justiz verschwanden die »revolutionären Tribunale«, Willkür und Chaos sollten geregelten Rechtsverhältnissen weichen; Straf-, Zivil- und Prozessrecht wurden kodifiziert, Staatsanwaltschaft und Advokatur ausdrücklich wieder zugelassen und die gefürchtete Geheimpolizei trat künftig unter der harmlos klingenden Bezeichnung »GPU«, das ist die russische Abkürzung für »staatliche politische Verwaltung«, in Erscheinung.

Trotz der gelockerten Zügel nach dem Bürgerkrieg sollten der Führungsanspruch der Partei und ihre Vorherrschaft in allen Lebensbereichen keineswegs aufgegeben werden. Dies verkündet das Ölgemälde »Der Bolschewik« von Boris Michajlowitsch Kustodijew 1920 (Moskau, Tretjakow-Galerie).

Selbst bei der Armee bedeutete die »Normalisierung« keine Rückkehr zur revolutionären Milizidee; allgemeine Wehrpflicht, festgelegte Dienstzeit, hierarchischer Aufbau blieben erhalten, die Wahl der Vorgesetzten blieb abgeschafft. Wie in der Wirtschaft so sollte auch im staatlich-politischen Bereich die Kontrolle über die »Kommandohöhen« nicht aufgegeben werden: Ein Schauprozess gegen die Sozialrevolutionäre unterstrich 1922 das Machtmonopol der bolschewistischen Partei.

Der Führungsanspruch und seine Durchsetzung hatten auch die Partei verändert. 1917 eine Sammlungsbewegung der Unzufriedenen, hatte ihr der Sieg im Oktober einen weiteren Zustrom von Mitgliedern beschert, sodass ihr Erscheinungsbild noch diffuser wurde: Eine feste Organisationsstruktur fehlte, und selbst zentrale Fragen wie der Zeitpunkt des Aufstandes, die Beteiligung anderer sozialistischer Parteien an der Regierung oder der Friedensschluss mit Deutschland wurden noch im Zentralkomitee kontrovers diskutiert.

Ließ die Parteiführung der innerparteilichen Entwicklung freien Lauf, lief sie Gefahr, ihren Einfluss auf die Räte zu verlieren. Einer, der 1917 die Spontaneität befürwortet hatte, seit Frühjahr 1918 aber immer stärker auf »Disziplin und Ordnung« in allen staatlichen und gesellschaftlichen Bereichen drängte, war Lenin.

Im März 1919 beschloss der 8. Parteitag den Ausbau des zentralen Parteiapparates. So wurde für »alle Fragen, die keinen Aufschub dulden«, ein ständiges »Politisches Büro des Zentralkomitees« (Politbüro) geschaffen, dem nur fünf Vollmitglieder und drei Kandidaten angehörten. Grundsatzfragen des Parteiaufbaus sollten von einem »Organisationsbüro« (Orgbüro) gleicher Größe entschieden werden. Die operative Arbeit der Parteiorganisation hatte das »Sekretariat des Zentralkomitees« zu übernehmen und zu allen Aspekten seiner Arbeit rasch entsprechende Fachabteilungen aufzubauen. Hatte die Parteizentrale Anfang 1919 keinen Überblick über das Organisationsnetz, so konnte sie bis Jahresende bereits zu über 90 Prozent der Kreisorganisationen Kontakt aufnehmen.

Im Dezember 1919 wurde ein Organisationsstatut beschlossen, das den Parteiaufbau nach dem Prinzip des »demokratischen Zentralismus« verfügte und »straffste Parteidisziplin« zur »ersten Pflicht aller Parteimitglieder und Parteiorganisationen« erklärte. Beschlüsse der zentralen Parteiinstanzen waren »schnell und genau« auszuführen, bei Nichtbefolgung drohten Konsequenzen, die je nach der Schwere des Vergehens vom einfachen Tadel bis zum Parteiausschluss »unter Mitteilung des Vergehens an die Verwaltungs- und Gerichtsbehörden« reichen konnten. Die Freiheit der Diskussion hörte auf, sobald ein entsprechender Beschluss vorlag.

Die Parteiführung war indes noch weit davon entfernt, ihre Basis lückenlos kontrollieren zu können. Erst das Ende des Bürgerkriegs bot Gelegenheit zu einer landesweiten »Säuberung«, bei der 1921 ein Viertel der Mitglieder – 160 000 – ihr Parteibuch verloren oder es freiwillig zurückgaben. Eine nachfolgende Zählung erwies, dass der Anteil derer, die der Partei schon 1917 angehört hatten, auf knapp 12 Prozent gesunken war.

Der Weg Stalins an die Spitze der Partei

Dieser Wandel war auch in der Parteiführung selbst nicht unumstritten. In den Mittelpunkt der Diskussionen rückte dabei rasch ein Mann, der den Aufbau der Parteiorganisation mitgeprägt und folglich auch mit zu verantworten hatte: Stalin. Er war Mitglied des Zentralkomitees, des Politbüros und des Orgbüros; ab April 1922 bekleidete er das neu geschaffene Amt des Generalsekretärs und leitete in dieser Funktion das Sekretariat. Auf ihn zielten auch die Vorwürfe Trotzkijs, seines schärfsten Kritikers in der Parteiführung, der im Oktober 1923 in einem Brief an das Zentralkomitee die »Bürokratisierung des Parteiapparates« beklagte, bei der Wahlen durch Kooptation, freier Gedankenaustausch durch Entscheidungen der Administration verdrängt wurden und eine unkontrollierbare Hierarchie von Funktionären entstand.

Der georgische Schuhmachersohn Jossif Wissarionowitsch Dschugaschwili, der als Parteiaktivist den Decknamen Stalin annahm, war weder ein brillanter Redner noch ein scharfsinniger Theoretiker (Foto von 1920). Den Weg zur Macht ebnete ihm der Auftrag, die Parteiorganisation aufzubauen. Das sicherte ihm Einfluss und Hausmacht.

Die Auseinandersetzungen um Stalin und um die weitere Entwicklung von Partei und Gesellschaft spitzten sich in dem Maße zu, in dem sich Lenin – nach zwei Schlaganfällen – 1922/23 immer mehr aus der aktiven Politik zurückzog (im Januar 1924 starb er). Dabei ging es nicht nur um die Sache, um den »richtigen Weg« – beispielsweise in der Wirtschafts- oder Außenpolitik –, sondern auch um die Nachfolge, mithin um die Macht.

Manche mochten die Entwicklung der Partei vom Diskussionsforum zur Funktionärsorganisation beklagen, doch sie lag in der Konsequenz eines Kurses, der von Lenin propagiert, von Stalin exekutiert, von Parteitagsbeschlüssen bestätigt und von Trotzkij bislang mitgetragen worden war: Danach sollten die Bolschewiki als revolutionäre Sammlungsbewegung nicht einfach in den »Massenorganisationen« – den Sowjets, den Fabrikkomitees und den Gewerkschaften – aufgehen, sondern ihnen den politischen Kurs vorgeben; dazu hielt man es für nötig, die Stränge der Organisation, die von der Spitze hinunter zur Basis führten, zu verstärken und zu straffen. Unter diesen Vorgaben war seit dem Frühjahr 1919 der zentrale Parteiapparat ausgebaut worden, sollte er Kontakt zu den Parteistellen draußen im Lande aufnehmen und sie mit jenen zentralen Richtlinien vertraut machen, die »rasch und genau« umzusetzen künftig deren erste Aufgabe sein sollte.

Soweit die Bemühungen fruchteten, wirkten sie sich entscheidend auf die personelle Zusammensetzung lokaler und regionaler Parteigliederungen aus. Der Anteil derjenigen, die vielleicht alten Zeiten nachtrauerten, nahm kontinuierlich ab. Die Altmitglieder, also jene, die schon vor 1918 dazugehörten, machten 1927 nur noch etwas über drei Prozent aus, während über drei Viertel der Mitglieder erst seit 1921 beigetreten waren. Das stärkte zweifellos Stalins Position im innerparteilichen Machtkampf und schwächte diejenige Trotzkijs.

Darüber hinaus verstand es Stalin, die eigene Position in der Parteiführung durch wechselnde Koalitionen zu stärken; dabei kam ihm zugute, dass sich die einmal Unterlegenen selbst ins Unrecht setzten, wenn sie – trotz Beschlussfassung – die Diskussion fortsetzten. Das widersprach dem Prinzip des »demokratischen Zentralismus« und galt als »Fraktionsbildung«, die nach einem Beschluss des 10. Parteitags 1921 den »unbedingten und sofortigen« Parteiausschluss nach sich ziehen sollte.

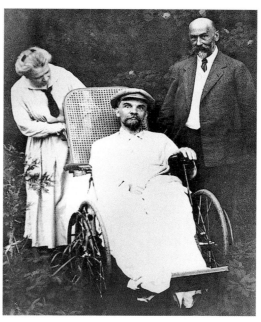

Lenin im Sommer 1923 auf seiner Datscha in Begleitung seines Neurochirurgen und seiner jüngeren Schwester Maria Ilinitschna Uljanowa. Mit seinem so genannten Testament suchte der Todkranke in die beginnenden Machtkämpfe einzugreifen. Er warnte vergebens vor der »unermesslichen Macht« Stalins und riet, ihn als Generalsekretär der Partei abzulösen.

Helmut Altrichter

Mit Terror und Mord – Industrialisierung und Zwangskollektivierung

Die Debatten der politischen Führung drehten sich nicht nur um die Partei; der Zustand von Staat, Wirtschaft und Gesellschaft sowie die Frage nach der weiteren Entwicklung waren kaum weniger schwierig. Außerdem sorgte die außenpolitische Lage für anhaltende Irritationen. Das betraf nicht nur die Spannungen mit Großbritannien; noch schwerer wog, dass die Hoffnungen auf den baldigen Ausbruch der Weltrevolution mehr und mehr zerrannen. Vor allem in Westeuropa waren ab Mitte der Zwanzigerjahre eher Tendenzen der Stabilisierung als des »Heranreifens einer revolutionären Situation« zu beobachten.

Trotzkij war seinem gleichaltrigen Rivalen Stalin rhetorisch und intellektuell überlegen. Dass er diese Fähigkeiten selbstbewusst zur Schau trug, machte ihn jedoch bei Stalin und seinem Anhang nicht sehr beliebt. Seine Kritik an Stalins »Zentralismus« und »Bürokratismus« beweist nicht, dass er weniger rigide regiert hätte.

»Permanente Revolution« oder »Aufbau des Sozialismus in einem Land«? – Kontroverse gesellschaftliche Konzepte

Die Parteiführung beharrte seit 1925 darauf, dass »der Sozialismus« zunächst auch nur »in einem Land aufgebaut« werden könne. Doch ihre »linken« Kritiker, deren politischer Kopf Leo Trotzkij und deren bekanntester Wirtschaftstheoretiker Jewgenij Aleksejewitsch Preobraschenskij waren, wiesen darauf hin, wie schwach die Basis für ein sozialistisches System in der Sowjetunion immer noch war. Zwar kontrollierte die »Kommunistische Partei der Sowjetunion (Bolschewiki)«, KPdSU (B), wie sich die KPR (B) seit 1925 nannte, nicht nur die Räte, sondern auch die Banken sowie die große und die mittlere Industrie; zwar hatte man die Produktionszahlen der Vorkriegszeit wieder erreicht. Aber am »Entwicklungsstand der Produktivkräfte« hatte sich, verglichen mit der vorrevolutionären Zeit, bisher wenig geändert: Die sowjetische Wirtschaftsstruktur wurde weiterhin von der gewerblichen und agrarischen Kleinproduktion geprägt und beide waren privatwirtschaftlich organisiert.

Im Handwerk und im Kleingewerbe umfasste der Anteil von staatlichen und genossenschaftlichen Betrieben am Produktionsvolumen kaum mehr als 20 Prozent, in der Landwirtschaft entfielen auf neue Kollektivwirtschaften 1927 nicht mehr als zwei Prozent der Nutzfläche. Über 95 Prozent des Bodens nutzten dagegen die traditionellen Landgemeinden, *mir* oder *obschtschina* genannt, die gemeinschaftlich über ihn verfügten und den einzelnen Höfen ihre Anteile – meist nach der Größe der Familie – zuwiesen. Die Entscheidung darüber fiel in der Dorfversammlung, dem *schod*. Zwar gab es auf dem Lande auch Sowjets, aber längst nicht in jeder Landgemeinde, und sie taten sich sichtlich schwer, die gleiche Bedeutung wie die Dorfversammlungen zu erlangen und den Staat im Dorf zu repräsentieren. Noch dünner als die Dorfsowjets waren die ländlichen Parteizellen gesät: Im Durchschnitt kam nur auf jede sechste Siedlung ein Sowjet,

Mit seinem Foto »Sitzung der Leitung einer Dorfkommune« zeichnete Boris Ignatowitsch 1928 ein idyllisches Bild vom dörflichen Leben im Zeichen des sozialistischen Fortschritts.

auf jeden vierten Sowjet eine Parteizelle, knapp 90 Prozent der Dorf-
ratsmitglieder waren parteilos. Berücksichtigt man, dass die staatlichen Großunternehmen nur kleine Inseln in einem Meer von privaten Zwergbetrieben waren und drei Viertel der Bevölkerung noch
immer auf dem Lande lebten, so offenbart sich die strukturelle
Schwäche der neuen Gesellschaft im Sinne des Marxismus-Leninismus. Sie konnte aus Sicht der »Parteilinken« nur überwunden werden, wenn die revolutionäre Tätigkeit im Westen wieder aufgenommen wurde und im Innern die Arbeiterschaft aufhörte, eine Minderheit zu sein, mit andern Worten: Der Staat musste nach außen seine
Vereinzelung, im Innern seine »Rückständigkeit« überwinden und
die industrielle Entwicklung forcieren. Finanzieren ließ sich das ihrer Überzeugung nach nur, wenn der Staat »Kapitalakkumulation
auf Kosten der Bauernschaft« betrieb und »produktive Ressourcen«
aus dem bäuerlich-privaten in den industriell-staatlichen Sektor
überführte, indem er die Industriepreise anhob und die Steuerlast,
vor allem für die reicheren bäuerlichen Schichten, die »Kulaken«,
erhöhte.

Aus Sicht der Linken sollten mit einer solchen Strategie drei Ziele
auf einmal erreicht werden: Davon überzeugt, dass sich der Aufbau
des Sozialismus in der Atempause zwischen zwei Schlachten vollzog,
wollte man zum einen die Verteidigungsfähigkeit der Sowjetunion
steigern. Zum Zweiten beabsichtigte man die Staatsindustrie und mit

Unter dem Eindruck der gescheiterten
russischen Revolution von 1905 stellte
Trotzkij zum ersten Male die These
auf, dass ein Sieg des russischen Proletariats zu seiner Sicherung der Unterstützung des Proletariats anderer
Staaten, besonders der hoch entwickelten Industriestaaten West- und
Mitteleuropas, bedürfe. Nach der
Oktoberrevolution griff er diese These
wieder auf, da er die von den Bolschewiki geschaffene sozialistische Gesellschaft gefährdet sah, wenn sie nicht
durch »Revolution in Permanenz« auch
auf andere kapitalistische Gesellschaften Europas und Nordamerikas
überschlage. Dadurch geriet er in
scharfen Gegensatz zu Stalins Auffassung vom »Aufbau des Sozialismus
in einem Lande«; diesem gelang es,
Trotzkij aus allen Partei- und Staatsämtern zu verdrängen, zuletzt ihn auch
aus der Sowjetunion zu verbannen. Die
Anhänger Trotzkijs, die Trotzkisten,
entwickelten dessen Grundauffas-
sungen im Rahmen der »Vierten Internationalen« weiter; sie fordern »Arbei-
terselbstverwaltung« und »Arbeiterkontrolle« auf allen gesellschaftlichen
Gebieten. Den kapitalistischen
Führungen sollen eigene Herrschafts-
organe der Arbeiter national und international entgegengesetzt werden.

»Kollektivierung. Die Ankunft der
Kommunisten im Dorf.« – Das Ölbild von
Sergej Wassiljewitsch Gerassimow
entstand in den frühen Dreißigerjahren
(Moskau, Museum der Revolution).

ihr die Arbeiterschaft gegenüber dem Privatsektor und somit der
Bauernwirtschaft zu stärken. Zum Dritten sah man nur diesen Weg,
um das Problem der Arbeitslosigkeit zu lösen und somit vor allem
die enorme, versteckte Arbeitslosigkeit auf dem Lande zu beseitigen.

Während im linken und rechten Spektrum der Partei Einigkeit
darüber herrschte, dass die Überwindung der Rückständigkeit und
die Industrialisierung des Landes für die Absicherung der Macht und
die weitere Entwicklung des Sozialismus unabdingbar waren, so gingen die Auffassungen, wie dieses Ziel zu erreichen war, auseinander.
Der prominenteste Vertreter der Rechten, Nikolaj Iwanowitsch

Die Rede Trotzkijs auf dem 13. Parteitag 1925 offenbart die – fast durchgängig
anzutreffende – Bereitschaft des
Einzelnen zur unbedingten Selbst-
aufgabe zugunsten »der Sache der
Partei«, in der das Einverständnis zur
Unterwerfung wesentlich gründete:

*Die Partei kann keine Entscheidungen
treffen, sie seien so unkorrekt und ungerecht,
wie sie wollen, die auch nur um ein Jota
unsere grenzenlose Hingabe an die Sache
der Partei, die Bereitschaft eines jeden von
uns, die Parteidisziplin unter allen
Umständen auf sich zu nehmen, erschüttern
könnte; und wenn die Partei eine Entscheidung trifft, die der eine oder der andere von
uns für eine ungerechte Entscheidung hält,
dann wird er sagen: Gerecht oder ungerecht,
es ist meine Partei und ich trage alle Konsequenzen ihrer Entscheidungen bis zu Ende.*

Tee trinkende Bauern des Dorfes
Ramenskoje im Gebiet Kolomensk
informieren sich gemeinsam aus der
Zeitung »Die Dorfarmut«, wie dem
Problem des Futtermangels
beizukommen ist. Das 1928 entstandene
Propagandafoto von Boris Ignatowitsch
soll die freudige Aufgeschlossenheit
der schlichten Kolchosbauern als Ideal
des Sowjetstaates dokumentieren.

Bucharin, warnte vor der Strategie der Linken, da sie unweigerlich
das von Lenin 1921 proklamierte »Klassenbündnis zwischen Arbeitern und Bauernschaft« sprengen würde.

Aus Sicht der Rechten waren die linken Vorschläge aber auch
ökonomisch unsinnig. Wie die Versuche und Erfahrungen in der
Zeit des Kriegskommunismus gezeigt hätten, sei mit Zwang und
Restriktionen, Steuerdruck und Anhebung der Industriepreise nur
eine Umverteilung des Mangels, keine Belebung der Gesamtwirt-
schaft möglich; Wirtschaftswachstum sei nur mit materiellen Anrei-
zen, mit moderaten Industriepreisen und über eine florierende
Landwirtschaft zu erreichen. Nur wenn es sich für ihn lohne, werde
der Bauer mehr produzieren, seine Produktionsmethoden zu verbessern suchen, landwirtschaftliche Maschinen und Düngemittel
nachfragen; dieses Mehrprodukt und die gesteigerte Nachfrage kä-
men allen, und nicht zuletzt der sozialistischen Großindustrie, die
die Maschinen und Düngemittel herstellte, zugute. So stelle der sowjetische Staat, wenn er den Bauern, Kleinproduzenten und selbst der
Bourgeoisie mehr Freiheit gewährte, diese »objektiv in den Dienst
der Staatsindustrie, des Sozialismus«. In diesem Sinne ist auch Bucha-
rins an die Bauern gerichtete Aufforderung »Berei-
chert euch« zu verstehen.

Stalins Kampf um die alleinige Macht

Stalin lavierte geschickt zwischen diesen beiden
Positionen und benutzte sie zugleich, um die eigene Macht auszubauen und zu festigen. Um die
Mitte der Zwanzigerjahre, als die Neue Ökonomische Politik Hunger und Not überwinden half und
damit nicht unwesentlich zur Entspannung und
Konsolidierung der Lage im Innern beitrug, verteidigte sie Stalin gegen die Angriffe von links. Der
14. Parteitag bestätigte im Dezember 1925 die Position des Generalsekretärs. Da die linke Opposition
ihre Angriffe jedoch fortsetzte, warf ihr die Parteiführung »spalterische Tendenzen und Fraktionsbildung« vor und erreichte 1926 ihren Ausschluss aus dem Politbüro;
ihm folgte 1927 die Verdrängung aus dem Zentralkomitee und
schließlich der Parteiausschluss.

Der nachfolgende 15. Parteitag bestätigte im Dezember 1927 diese
Entscheidungen und billigte die Richtlinien eines 1. Fünfjahrplans,
wonach die Industrialisierung zwar forciert, aber zugleich auf ein
»dynamisches Gleichgewicht« zwischen Industrie- und Agrarsektor,
Investitions- und Konsuminteressen, Stadt und Land geachtet werden sollte. Selbst wenn man von einer »Bekämpfung kulakischer
Tendenzen« und der »Förderung von Produktionsgenossenschaften«
im Dorf sprach, lehnte man die von den Linken geforderte generelle
Anhebung der Industriepreise ebenso ab wie eine Erhöhung der
bäuerlichen Steuerbelastung. Doch als wenig später Engpässe in der
staatlichen Getreidebeschaffung die Versorgung der Städte beein-

trächtigten und die eingeplanten Exportraten bedrohten, demonstrierte die politische Führung Härte: Stalin kündigte »außerordentliche Maßnahmen« an, um die Engpässe zu beseitigen. Mit aller Schärfe sollte gegen die »Getreide hortenden Kulaken«, gegen das »Spekulantentum« privater Zwischenhändler und gegen »Kulakenfreunde« im lokalen und regionalen Sowjetapparat vorgegangen werden. »Fliegende« Abteilungen der GPU, von Staatsanwälten und Richtern vollzogen diese Anweisungen. Die Bauern antworteten mit massivem Widerstand. Binnen weniger Wochen waren die bürgerkriegsähnlichen Zustände ins Dorf zurückgekehrt, die mühsam geflickte Vertrauensbasis des Regimes zerstört.

Zwar kündigte das Zentralkomitee im Juli 1928 offiziell die Aufhebung der »außerordentlichen Maßnahmen« an; aber nach einer nur mäßigen Ernte kehrte man im nächsten Winter 1928/29 zu »Sondermaßnahmen« zurück. Sie richteten sich vor allem gegen die Reicheren im Dorf, auf die ein Großteil der Ablieferungsquoten abgewälzt werden konnte. Widersetzten sie sich, drohten ihnen Strafen bis zum Fünffachen des Gegenwertes, die den Ruin des Hofes bedeuten konnten. Einschüchterung, Zwang und Gewalt waren erneut an der Tagesordnung. Die Betroffenen leisteten gegen die Konfiskationen erbitterten Widerstand, vernichteten Getreide oder verfütterten es an die Schweine. Lokale Aufstände demonstrierten die dörfliche Solidarität gegenüber dem staatlichen Zugriff.

Nun brach die Partei offiziell auch mit den Rechten; das Plenum des Zentralkomitees verurteilte im April 1929 ihre Ansichten als »Abweichung«, im Sommer musste Bucharin seinen Posten bei der Kominternführung räumen, wenig später konnte man in der Parteizeitung seinen »Widerruf« lesen. Da auch die folgende Ernte ungünstig ausfiel, blieben die Zwangsmaßnahmen bestehen; der Staat hatte in den Getreide produzierenden Gouvernements wieder die Ablieferungspflicht wie in der Zeit des Kriegskommunismus eingeführt.

Diktatur von Willkür und Plan – Die »Liquidierung des Kulakentums« und forcierter Aufbau der Industrie

Seit Mitte des Jahres 1929 ging Stalin von der »Liquidierung der Kulaken als Klasse« zur forcierten Kollektivierung, der Zusammenfassung der bäuerlichen Höfe zu großen Produktionsgenossenschaften, über. Nach Lesart der Parteipresse traten die Bauern den Genossenschaften freiwillig bei, meist blieb ihnen aber keine andere Wahl. Wer sich sträubte, geriet rasch in den Verdacht, zu den »kulakischen Elementen« im Dorf zu gehören. Auf sie wartete die Deportation. Zur Unterstützung der lokalen und regionalen Sowjetorgane

Der industrielle Fortschritt hatte einen hohen Preis. Um Investitionsgüter – hier eine deutsche Maschine – zu importieren, musste die Sowjetunion Getreide und Rohstoffe ausführen. Das wurde angesichts der Weltwirtschaftskrise immer schwieriger und beeinträchtigte die Versorgung der Bevölkerung.

Die Entwicklung von der strengen Parteidisziplin zur völligen Unterwerfung des Mitglieds unter die von Stalin bestimmte Parteilinie begleitete den **Aufstieg Stalins** zur Herrschaft über Partei und Staat. Angesichts gerichtlicher oder außergerichtlicher Verfolgung sahen sich viele Parteimitglieder, auch in der Parteihierarchie Hochgestellte, an diese Unterwerfungshaltung gebunden.

wurden bewaffnete Arbeiterbrigaden, Abteilungen des Jugendverbandes der Partei, des Komsomol, und Soldaten der Roten Armee in die Dörfer geschickt. Sie sorgten dafür, dass die Dorfversammlungen die »richtige« Entscheidung trafen; sie versuchten – oft vergeblich – zu verhindern, dass die Bauern ihr Vieh abschlachteten, bevor sie ihren Hof in den Kolchos einbrachten; sie »isolierten« die »kulakischen Elemente« und deren »Helfershelfer« und wirkten bei ihrer Deportation mit.

Hatte die Statistik Anfang Juli 1929 nur 3,9 Prozent »kollektivierte bäuerliche Haushalte« ausgewiesen, so hatte sich ihr Anteil drei Monate später schon fast verdoppelt und zum 1. März 1930 bereits die Fünfzigprozentmarke überschritten. Von einem »planmäßigen Übergang« konnte längst nicht mehr die Rede sein; die Lage auf dem Dorf war nur noch als chaotisch zu bezeichnen und die Aussaat im Frühjahr höchst gefährdet; deshalb entschloss sich die politische Führung, das Tempo vorübergehend zu drosseln. Doch im Herbst begannen die Kampagnen erneut. Die Folgen sollten nicht ausbleiben: Die politische Führung manövrierte das Land in eine Hungerkatastrophe, die nach Schätzungen zwischen fünf und neun Millionen Menschen das Leben kostete.

Auch diese Opfer vermochten die politische Führung nicht zu einem Kurswechsel zu bewegen. Bis Mitte der Dreißigerjahre wurden über 80 Prozent, am Ende des Jahrzehnts weit über 90 Prozent der Bauernhöfe kollektiviert und die Dorfversammlungen entmachtet. Nun bestimmte die Führung, was laut »Plan« im Dorf produziert und an den Staat abgeliefert werden musste. Dabei war »Planung« längst nicht mehr die Kalkulierung und Durchsetzung des Möglichen. Sie war in einen Taumel des Aktionismus übergegangen, bei dem – in einer Mischung aus Massenpropaganda und Zwang – das Unmögliche möglich gemacht werden sollte.

Der 1. Fünfjahrplan

Der Ende 1927 beschlossene Grundsatz, die Industrialisierung unter gleichmäßiger Berücksichtigung von Investitions- und Konsuminteressen voranzutreiben, wurde bereits im folgenden Jahr aufgegeben; nun stand eindeutig die Schwerindustrie im Mittelpunkt aller Überlegungen. Die Zielsetzungen der Gremien, des Obersten Volkswirtschaftsrates und der Staatlichen Plankommission, die den 1. Fünfjahrplan erstellten, waren kühn und optimistisch zugleich. Die politische Führung überbot deren Eifer noch, indem sie die nur unter bestimmten, besonders günstigen Bedingungen erreichbare »Optimalvariante« zur Planvorgabe erklärte. 1929 gab sie schließlich die Parole aus, diese Ziele seien nicht erst in fünf, sondern bereits in vier Jahren zu erreichen.

Gigantisch waren nicht nur die vorgesehenen Wachstumsraten, gigantisch waren auch die Einzelprojekte. So sollte, um einige typische Beispiele zu nennen, am Dnjepr das »größte Wasserkraftwerk der Welt« entstehen, in Westsibirien ein ganz neues schwerindustrielles Zentrum aus dem Boden gestampft werden und eine neue

Alle im Dorf stimmen für den Eintritt in den Kolchos. Welcher Druck dabei auf die Bauern ausgeübt wurde, verschweigt dieses 1929 entstandene Foto allerdings.

Ein Versuch, für das Neue auch eine neue Form zu finden: Mit Reden, Musik und Transparenten wird 1933 die gemeinsame Ernte eingeleitet.

2500 Kilometer lange Eisenbahnstrecke Sibirien mit Turkestan verbinden. Ebenso gigantisch wie die Projekte waren auch die veröffentlichten Erfolgszahlen, die – teils in Tonnenangaben, teils in Preisen – von enormen Zuwächsen beim schwerindustriellen Ausstoß, bei Kohle, Stahl und Eisen sowie bei Traktoren, metallurgischem Gerät, Werkzeugmaschinen und Turbinen berichteten.

Das war nicht nur Propaganda; denn tatsächlich wurden – im Energiesektor und bei gewissen Investitionsgütern – beeindruckende Produktionszuwächse erzielt. Doch daran den »Erfolg« der neuen Wirtschaftspolitik demonstrieren zu wollen, führt grob in die Irre. Die Reduktion der ökonomischen Bilanz auf die Erfolge der sozialistischen Großindustrie unterschlug, welche Schäden und Verluste der »Kampf gegen die NEP-Profiteure«, die Zerschlagung des Handwerks und der privaten Kleinindustrie für die Volkswirtschaft mit sich brachten. Sie blendete erst recht die enormen sozialen Kos-

Den staatlich verordneten Optimismus spiegelt dieses vor 1931 entstandene Plakat mit dem Titel »Industriebau« in expressionistischen Formen wider.

Mit primitiven Mitteln wurden in den Dreißigerjahren die Fundamente für die neue Stahlstadt Magnitogorsk in Westsibirien gelegt (großes Bild) und der Bewässerungskanal für das Ferganabecken in Mittelasien (kleines Bild oben) ausgehoben.

ten aus, mit denen die schwerindustriellen Erfolge erkauft wurden. Die Statistiken verschwiegen, dass die Ergebnisse hinter den Planvorgaben mitunter erheblich zurückblieben; sie sagten auch nichts über die Engpässe, die das ungleiche Wachstum, selbst im Bereich der Schwerindustrie, verursachte.

HELMUT ALTRICHTER

Die »Großen Säuberungen« – Der stalinistische Staat und Stalins persönliche Diktatur

»Konterrevolutionäre«, »Saboteure«, »Schädlinge« – Die Feinde der »neuen Gesellschaft«

Für dieses Propagandafoto von Georgij Petrussow veranstalteten die Bauern des Kolchos »Lenin« 1933 eine Traktorparade. Nur ausgewählte Musterbetriebe hatten eine so gute und moderne Ausstattung.

Ein Kolchos namens »Atheist« mit neuesten Traktoren, einer Dreschmaschine, einem Klub, einer Schule, einer Kinderkrippe und einer Fabrik für Landwirtschaftsmaschinen gleich nebenan – all das versprach das Plakat zum »Tag der Ernte und Kollektivierung« (1930).

Die Führung pries ihre Politik der Zwangskollektivierung und Industrialisierung als Kampf gegen die Rückständigkeit, als neuen großen Aufbruch und als Sieg des Sozialismus; ein Großteil des Parteivolkes, vor allem die Parteijugend, und die städtischen proletarischen Schichten folgten ihr dabei. Sie unterstützten den »Kampf gegen die Getreide hortenden Kulaken«, der zum »Kampf gegen die Rückständigkeit des Dorfes« wurde; auch die populistische Polemik gegen die »neue Bourgeoisie« in den Städten, den »Kleinkapitalisten« oder den »NEPman«, der die neue Freiheit zur persönlichen Bereicherung benutze, durfte innerhalb der Masse der Unzufriedenen und Zukurzgekommenen auf dumpfe Zustimmung hoffen. In den Fabriken ließ sich der Unwillen auf die alten, bürgerlichen Spezialisten lenken, die den Aufstieg proletarischer Schichten blockierten, und in den Hochschulen auf die noch aus vorrevolutionärer Zeit stammende Professorenschaft. Das alles half, die neue Politik durchzusetzen, deren Auswirkungen nicht weniger tief greifend waren als diejenigen der Revolution von 1917.

Die neue Ordnung beendete auf dem Dorf die jahrhundertealte Hof- und Familienwirtschaft, zwang die Bauern zum Eintritt in die neu gegründeten Kollektiv- und Staatswirtschaften, die Kolchosen und Sowchosen. Somit verloren die Bauern die Verfügungsgewalt über ihre Parzellen, die nun einen »einheitlichen Bodenfonds« bildeten und von ihren früheren Besitzern, eingeteilt in »Arbeitsbrigaden«, bewirtschaftet werden mussten; die Bestellungspläne und Ablieferungsquoten wurden von oben festgesetzt. Wer sich widersetzte, wurde – wie Hunderttausende »Kulakenfamilien« – nach Sibirien deportiert.

In den Städten verschwanden Privathandel, Märkte, privates Handwerk und Kleinindustrie, die noch typisch für die Neue Ökonomische Politik waren. Wer weiterhin private Geschäfte betrieb, geriet sehr rasch in Verdacht, ein »Spekulant« oder ein »Kleinbourgeois« zu sein. In die Städte drängten aber auch Millionen von Bauern, die – auf der Flucht vor den chaotischen Zuständen im Dorf, vor Zwang, Hunger und Not – in der expandierenden Industrie ein Auskommen suchten. Hierfür fehlte ihnen indes die nötige Qualifikation, und auch der industrielle Arbeitsrhythmus war ihnen fremd. So waren die Ausfälle enorm, die Qualitätseinbrüche hoch, die Fluktuation nicht minder. Um sie einzudämmen, antwortete der Staat mit einer drakonischen Verschärfung der Disziplinarvorschriften, womit Fehlverhalten rasch zu »Sabotage« und »konterrevolutionärem Verbrechen« wurde und entsprechend geahndet werden konnte.

Der Kampf gegen die »Konterrevolution« und die Proklamation einer
»neuen Gesellschaft«

Die Führung hielt an ihrem »bewährten« Verfahren fest, für Fehler und Folgen der eigenen Politik stets andere verantwortlich zu machen: Waren 1928/29 »die Kulaken« schuld, dass es zur Getreidekrise kam und die Krise die selbst gesteckten industriellen Ziele gefährdete, wurden jetzt Geheimpolizei und Strafverfolgungsbehörden auf ihrer Suche nach »Konterrevolutionären«, »Saboteuren« und »Schädlingen«, die den sozialistischen Aufbau bedrohten, bald auch in anderen Gesellschaftsschichten fündig.

1928 stand die Leitung der Kohlengruben von Schachty im Donez-Steinkohlenbecken vor Gericht, 1930 eine Gruppe von bürgerlichen Wirtschaftsfachleuten und Ingenieuren, die angeblich eine illegale Organisation, die »Industriepartei«, gebildet und mit »Schädlingsarbeit« in der Industrie und im Transportwesen versucht hatten, Disproportionalitäten in den einzelnen Wirtschaftszweigen zu erzeugen, das Tempo des sozialistischen Aufbaus zu drosseln und Unzufriedenheit in der Arbeiterschaft zu säen. 1931 wurden Mitglieder eines angeblichen »Bundesbüros der Menschewiki«, deren prominenteste Vertreter im Staatlichen Planungskomitee gesessen hatten, verhaftet. Man warf ihnen vor, die Durchführung des Fünfjahrplanes zu boykottieren und die Rückkehr zum Kapitalismus vorzubereiten. Sie wurden ebenso wie die 1933 wegen Spionage und Sabotage verhafteten Mitarbeiter der britischen Firma Metro-Vickers in Schauprozessen angeklagt und abgeurteilt. Die Suche nach »Spionen«, »Saboteuren« und anderen »Schädlingen«, die auf oberster Ebene begonnen hatte, setzte sich nach unten fort und gewann dort ihre eigene Dynamik.

Mitte der Dreißigerjahre erklärte die politische Führung den revolutionären Umbruch für abgeschlossen: Die sozialistische Gesellschaftsordnung habe gesiegt, jegliche Ausbeutung sei beseitigt, Klassenantagonismus gebe es nicht mehr; das alles müsse seinen Ausdruck in einer neuen Verfassung finden. Sie sollte die sozialistische Staats-, Wirtschafts- und Gesellschaftsverfassung festschreiben, aber die Möglichkeit, an ihrer Fortentwicklung mitzuwirken, für alle Schichten der Bevölkerung erweitern. So wurde die Einführung eines neuen allgemeinen, direkten und geheimen Wahlrechts verkündet, das auch ehemalige, deportierte »Kulaken« mit einschloss, wenn sie inzwischen »ehrliche Arbeit« leisteten und »Loyalität gegenüber der Sowjetmacht« zeigten. Als neues höchstes Gremium wurde der Oberste Sowjet geschaffen, der die früheren Rätekongresse ersetzen und als eine Art Volksparlament fungieren sollte. Der Führungs-

Auch Moskau sollte mit der Zeit gehen. So wurde 1931 in Sichtweite des Kreml die über 100 m hohe Erlöserkathedrale aus dem 19. Jahrhundert gesprengt (unten ein historisches Foto). An ihrer Stelle sollte der 420 m hohe Palast der Sowjets mit einem Konferenzsaal für 21 000 Teilnehmer entstehen. Er blieb jedoch Entwurf (oben), die Kathedrale dagegen wurde 1991–97 wieder aufgebaut.

An die Stelle der konstruktivistischen Propagandakunst nach der Oktoberrevolution trat unter Stalin ein pompöser Monumentalstil. Die von Wera Ignatjewna Muchina für die Pariser Weltausstellung 1937 entworfene Stahlskulptur »Arbeiter und Kolchosbäuerin« rückt das Staatswappen aus Hammer und Sichel in enge Beziehung zu den staatstragenden Klassen der Sowjetunion (Modell in Sankt Petersburg, Staatliches Russisches Museum).

Aus dem Bericht des Prozesses gegen das »Trotzkistisch-Sinowjewistische Terroristische Zentrum« im August 1936:

»Zehn Jahre« ... – fährt Kamenew (in seinem Schlusswort als Angeklagter) fort – »habe ich den Kampf gegen die Partei, gegen die Regierung des Sowjetlandes, gegen Stalin persönlich geführt. In diesem Kampf habe ich ... das ganze mir bekannte Arsenal der politischen Kampfmittel angewendet – offene politische Diskussion, ... illegale Aufrufe, illegale Druckereien, den Betrug an der Partei, ... die Verschwörung und schließlich den Terror. ... Mein defekter Bolschewismus hat sich in Antibolschewismus verwandelt, und über den Trotzkismus bin ich zum Faschismus gelangt.«

anspruch der kommunistischen Partei blieb davon allerdings unberührt; sie kontrollierte auch weiterhin die Kandidatenaufstellung. Darüber hinaus war die Gewährung gewisser Grundrechte und einer unabhängigen Justiz in der Diskussion.

Terrorwelle in Partei, Staat und Armee – Die »Großen Säuberungen«

Zunächst begann die Terrorwelle Mitte der Dreißigerjahre spürbar abzuflachen, gingen die Verhaftungen »wegen konterrevolutionärer Tätigkeiten« und die Zahl der Exekutionen deutlich zurück. Eine jüngst aufgrund der neu zugänglichen Archivbestände veröffentlichte Studie registrierte für den Beginn der Dreißigerjahre zwischen 250000 bis 350000, Mitte des Jahrzehnts 90000 bis 100000 jährliche Verhaftungen, während die Zahl der jährlichen Exekutionen von 20000 auf etwas über 1200 zurückging.

Doch während Stalin noch von einer »Stabilisierung der Rechtsverhältnisse« sprach und die Einhaltung der »sozialistischen Gesetzlichkeit« forderte, bahnte sich bereits eine neue Terrorwelle an – in ihren Auswirkungen noch gewaltiger und schrecklicher als die vorangegangenen. Die Ermordung des Leningrader Parteichefs Sergej Mironowitsch Kirow lieferte dazu im Dezember 1934 den Anlass. Es weist vieles darauf hin, dass Stalin die Ausschaltung des potenziellen Rivalen nicht ungelegen kam, ja dass er selbst die Hand im Spiele hatte, wie Nikita Sergejewitsch Chruschtschow in seiner »Geheimrede« auf dem 20. Parteitag 1956 andeutete. Wenngleich das nicht mit letzter Sicherheit nachzuweisen ist, nutzte Stalin in jedem Falle diese Gelegenheit, die eigene Machtstellung auszubauen und unangreifbar zu machen. War ein Großteil der Konkurrenten um die politischen Macht bereits Ende der Zwanzigerjahre kaltgestellt worden, so holte Stalin nun zu ihrer physischen Vernichtung aus. In drei großen Schauprozessen gegen das »Trotzkistisch-Sinowjewistische Terroristische Zentrum«, gegen das »Antisowjetische Trotzkistische Zentrum« und den »Antisowjetischen Block der Rechten und Trotzkisten« – so die offizielle Sprachregelung – wurden zwischen August 1936 und März 1938 insgesamt 54 Personen vor Gericht gestellt.

Viele von ihnen, unter ihnen Grigorij Jewsejewitsch Sinowjew, Lew Borissowitsch Kamenew, Nikolaj Iwanowitsch Bucharin und Aleksej Iwanowitsch Rykow, gehörten vor, in und im ersten Jahrzehnt nach der Revolution zur Parteiprominenz; 21 von ihnen waren Vollmitglieder oder Kandidaten des Zentralkomitees gewesen, zehn

Volkskommissare, etliche stellvertretende Volkskommissare, zwei die ersten Vorsitzenden der Komintern. Nun wurde ihnen vorgeworfen, Spionage betrieben, höchste Staatsgeheimnisse an fremde Dienste verraten, Mordanschläge auf Stalin und die amtierende politische Führung vorbereitet, Terror- und Sabotageakte in gewissen Betrieben und auf Eisenbahnstrecken geplant und ausgeführt zu haben. Von den 54 Angeklagten wurden 47 zum Tode verurteilt und unmittelbar nach dem Prozess erschossen. Keiner von denen, die noch zusammen mit Lenin und Stalin im Politbüro gesessen hatten, überlebte diese Zeit der »Großen Säuberungen«. Als Letzten traf Trotzkij, bereits 1929 aus der Sowjetunion abgeschoben, 1940 im mexikanischen Exil der Eispickel eines Geheimdienstagenten.

Die Prozesse lieferten das Signal, auch in den unteren Parteigliederungen nach so genannten Trotzkisten und Sinowjewisten zu suchen, »Spione« zu enttarnen, »Komplottpläne« aufzudecken und sie für alle nur denkbaren Fehlentwicklungen verantwortlich zu machen. So betrafen die »Säuberungen« nicht nur die unmittelbare politische Spitze: Von den 1966 Delegierten des Anfang 1934 tagenden 17. Parteitags wurden in den folgenden Jahren 1108 konterrevolutionärer Verbrechen beschuldigt und deshalb verhaftet; 98 der 139 auf diesem Parteitag zu Kandidaten und Mitgliedern des Zentralkomitees Gewählten überlebten die Jahre 1937/38 nicht. Nur 35 der 1827 Delegierten des 18. Parteitags 1939 hatten das Parteivolk schon fünf Jahre zuvor vertreten. Die Zahl der Parteimitglieder fiel von 3,5 Millionen

Ein Wachturm des Arbeitslagers im sibirischen Tschukotka am Polarkreis.

Für die Schauprozesse wurden zunächst von der Geheimpolizei Geständnisse der Angeklagten erpresst, bevor das Verfahren vor ausgewähltem Publikum eröffnet wurde. Im Bild verliest der spätere Generalstaatsanwalt und Chefankläger Stalins Andrej Januarjewitsch Wyschinskij als Vorsitzender Richter die elf Todesurteile im ersten Schauprozess 1928.

1933 auf 1,9 Millionen 1938 und Zehntausende von ihnen bezahlten die Zugehörigkeit zur Partei mit ihrem Leben. Die angebliche Verstrickung Marschall Michail Nikolajewitsch Tuchatschewskijs in einen Fall von Hoch- und Landesverrat wurde zum Anlass für die Säuberung des Generalstabs und des Offizierskorps: drei (von fünf) Marschällen, 13 (von 15) Armeekommandeuren, 110 (von 195) Korpskommandeuren und die Hälfte der Divisions- und Brigadekommandeure wurden verhaftet und zum großen Teil hingerichtet.

Aleksandr Issajewitsch Solschenizyn weist in »Der Archipel GULAG« (1973–75) darauf hin, dass nicht nur in der Zeit der Großen Säuberungen die Massen der politisch Verurteilten durch »die düsteren stinkenden Rohre unserer Gefängniskanalisation« gepresst worden seien:

Vorher war der Strom der Jahre 1929/30 gewesen, ein Strom, so mächtig wie der Ob, der gut 15 Millionen Muschiks ... in die Tundra und Taiga geschwemmt hat. Doch die Bauern sind der Sprache nicht mächtig, des Schreibens nicht kundig, sie verfassten weder Beschwerden noch Memoiren ... (Später) gab's den Strom von 1944–46, einen Jenissej von Strom durchaus: Ganze Nationen wurden durch die Abflussrohre gepumpt und dazu noch Millionen und Abermillionen von Heimkehrern aus Kriegsgefangenschaft und Zwangsarbeit – auch dies unsere Schuld, dass sie unter die Deutschen gerieten.

Zwei führende Köpfe der »Parteilinken«: Grigorij Jewsejewitsch Sinowjew (rechts) war seit 1919 Kandidat, seit 1921 Mitglied des Politbüros, Lew Borissowitsch Kamenew war schon seit 1919 Mitglied (oben als Handelsbeauftragter in Großbritannien). Beide hatten Stalins Aufstieg unterstützt, wurden 1925/26 jedoch von ihm politisch kaltgestellt und ein Jahrzehnt später hingerichtet.

Die Entstehung des »Archipel GULAG«

Zum Inbegriff des Terrorsystems wurde die sich ständig erweiternde Organisation der Gefängnisse, Straf- und Arbeitslager, in denen Hunderttausende, zuweilen Millionen Menschen in Haft saßen. Wie viele es genau waren, ist deshalb so schwierig zu sagen, weil die Formen der Repressionen variierten und jede der beteiligten Behörden ihre eigene Rechnung aufmachte. Die Dokumentation von Aleksandr Issajewitsch Solschenizyn hat die Aufmerksamkeit besonders auf die über 50 »Besserungsarbeitslager« gelenkt, die in den Dreißigerjahren nach und nach der Lagerhauptverwaltung, die russische Abkürzung dafür ist GULAG, unterstellt wurden. Auf über 100 Standorte verteilt, überzogen sie schließlich wie eine riesige, zusammenhängende Inselgruppe – ein Archipel – das ganze Land. Hier inhaftierte der Staat neben Schwerverbrechern auch politische Gegner, die in der Regel zu einer Strafe von über drei Jahren verurteilt waren. Schon seit Anfang der Dreißigerjahre erfolgte ihr systematischer Einsatz zur Zwangsarbeit: in der Holzindustrie, in Bergwerken, bei der Kohle- und Zink-, Phosphat- und Bleigewinnung, im Straßen-, Eisenbahn- und Kanalbau; am bekanntesten wurde ihr großer, verlustreicher Einsatz beim Bau des Stalinkanals (heute Weißmeer-Ostsee-Kanal) und des Wolga-Don-Schifffahrtskanals.

Hinzu kamen 400 vom Volkskommissariat des Inneren – die russische Abkürzung hierfür ist NKWD – separat verwaltete »Arbeitskolonien«. Darüber hinaus bestanden in den Randgebieten die »speziellen Ansiedlungen« fort, in die der Staat während der Kollektivierung die »Kulaken« und ihre Angehörigen deportiert hatte. In dieser Aufzählung noch nicht enthalten sind die Gefängnisse, die für 200 000 bis 250 000 Menschen gebaut wurden, vor Kriegsbeginn aber

wohl mit der doppelten Anzahl belegt waren.

Was die Gesamtzahl der Opfer der »Großen Säuberungen« betrifft, so gingen und gehen die Angaben weit auseinander. Immerhin haben Archivzugang und neuere Studien sie auf eine festere Grundlage gestellt. Eine Neuauswertung der Volkszählungsunterlagen hat für den Zeitraum von 1927 bis 1939 die Bevölkerungsverluste auf 10 bis 12 Millionen Hungertote, Repressionsopfer und Geburtenausfälle beziffert. Die auf archivalischen Quellen basierende Zahl der Verhaftungen wird in einer neueren Untersuchung für den Höhepunkt der »Großen Säuberungen«, die Jahre 1937/38, mit bis zu 2,5 Millionen, die Zahl der Exekutionen 1937/38 mit über 680 000 angegeben, die der Lagertoten auf etwas über 160 000 geschätzt. Das unermessliche, individuelle Leid, das hinter diesen Zahlen steckte, lassen Statistiken kaum ahnen, geschweige denn, dass es sich dadurch annähernd ausdrücken lässt.

AUSZEICHNUNGEN

Alle Orden, Medaillen und Ehrentitel des Zarenregimes wurden 1917 abgeschafft. Im September 1918 rief die Sowjetführung den Orden »Rotes Banner« als eigene Auszeichnung für besondere Tapferkeit im Bürgerkrieg ins Leben. Seit 1920 wurde das »Rote Arbeitsbanner« für außergewöhnliche Leistungen in der Produktion verliehen, anfang der Dreißigerjahre folgten »Lenin«, »Roter Stern« und »Zeichen der Ehre«. Während des Zweiten Weltkrieges wurden neue Orden nach Heerführern der russischen Geschichte wie Suworow, Kutusow oder Alexander Newskij benannt; sichtlich rückten jetzt nationale Werte in den Vordergrund.

Einfachere öffentliche Belobigung wurde seit den Zwanzigerjahren auf breiter Front gespendet: Leistungstafeln bescheinigten Tüchtigkeit in der Produktion (links). Medaillen

und Anstecknadeln ermöglichten, besondere Arbeitsleistung oder politische Aktivität hervorzuheben. Sie wiesen beispielsweise einen »Bestarbeiter in der Auftragserfüllung« (oben rechts) oder eine vorbildliche »landwirtschaftliche Normerfüllung« (oben links) aus. Seit den Dreißigerjahren bildete das öffentliche Lob als Leistungsanreiz das Gegenstück zur politischen Repression.

Der Sowjetpatriotismus

Ende der Dreißigerjahre war Stalins Stellung unangreifbar geworden, obwohl er nach wie vor nur das Amt des Generalsekretärs der kommunistischen Partei – also kein Staatsamt – bekleidete. Der Zweite Weltkrieg vollendete die Verherrlichung des »großen Führers«. Dass die Sowjetunion als Sieger aus dem Krieg hervorging, schien die forcierte Industrialisierung, die die Aufrüstung erst möglich gemacht habe, und den rigiden Kurs, mit dem sie im Innern durchgesetzt wurde, zu rechtfertigen. Die Existenzkrise des Weltkrieges, des »Großen Vaterländischen Krieges«, wie er in der Sowjetunion hieß, wurde zum großen, Führer und Geführte einigenden Kollektiverlebnis. Dabei setzte die Führung allerdings nicht nur auf das »sozialistische Bewusstsein«, sondern ebenso auf das »russische Nationalgefühl« ihrer Untertanen. Geschichte und Tradition kamen wieder zu Ehren. So wie im »Vaterländischen Krieg« Napoleon an Russland gescheitert war und sein Vorstoß auf Moskau zum Anfang vom Ende seiner Herrschaft über Europa wurde, sollte es nun im »Großen Vaterländischen Krieg« Hitler geschehen. Nach Heerführern des »Vaterländischen Krieges« und anderer Kriege wurden viele der neu eingeführten militärischen Orden benannt. Der Krieg verstärkte damit eine Entwicklung, die bereits Mitte der Dreißigerjahre eingesetzt hatte: »Heimat« und »Patriotismus«, Begriffe, die bis dahin als »extrem reaktionär« gegolten hatten, wurden rehabilitiert und mit dem Sowjetstaat in Beziehung gesetzt. Dieser »Wertewandel« stellte Stalin zugleich in eine Reihe mit seinen autokratischen Vorgängern von Alexander Newskij bis zu Peter dem Großen.

Die propagandistische Sicht der Sowjetunion in einem Bild des stalinistischen »Hofmalers« Aleksandr Michajlowitsch Gerassimow von 1938: Stalin und Marschall Kliment Jefremowitsch Woroschilow als Vertreter von Sowjetvolk und Roter Armee schreiten nach einem reinigenden Gewitter (eine Anspielung auf die »Säuberungen«) vor der historischen Kulisse des Kreml in eine lichte Zukunft, ihr Ziel fest vor Augen.

HELMUT ALTRICHTER

Freiheit und Konsum – Die USA nach dem Ersten Weltkrieg

WANDERUNGSBEWEGUNG IN DEN
ZWANZIGERJAHREN

San Francisco

Los Angeles

Detroit

Chicago

New York
Philadelphia
Baltimore
Washington

St. Louis

Amarillo

Odessa

Tampa

Brownsville   Miami

starke Bevölkerungszunahme

starke Bevölkerungsabnahme

Stadt mit starker
Bevölkerungszunahme

Migration der
Afroamerikaner

Die wirtschaftliche Mobilisierung nach dem Kriegseintritt im April 1917 war den USA relativ leicht gefallen, weil die Volkswirtschaft über genügend Produktionsreserven verfügte, um sowohl den militärischen Bedarf als auch den zivilen Konsum zu befriedigen. Von einer Zwangs- und Mangelwirtschaft, wie sie die meisten Europäer erlebten, war man in den USA weit entfernt. Der Bedarf an zusätzlichen Arbeitskräften wurde nach dem kriegsbedingten Rückgang der europäischen Einwanderung aus der »internen Reserve« gedeckt: Frauen stellten ein Fünftel der in den Kriegsindustrien Beschäftigten, und 500 000 Afroamerikaner zogen aus dem Süden in die Industriezentren des Nordens. Während die meisten Frauen bei Kriegsende wieder Männern Platz machen mussten, reichten die sozialen Folgen der Binnenwanderung weit über den Krieg hinaus: Einerseits gelangten afroamerikanische Lebensart und Kultur in die Gettos der Metropolen, andererseits kam es nun im Norden erstmals zu schweren Rassenunruhen.

Der Wahlsieg des Republikaners Warren G. Harding im November 1920 markierte das Ende einer Epoche. Der Reformgeist der Ära Wilson und die Kreuzzugsstimmung des Kriegs wichen dem Verlangen nach Ruhe und Ordnung. Harding stellte seine Präsidentschaft unter das Motto: »normalcy, prosperity, stability« (Normalität, Wohlstand, Stabilität) und kam der traditionellen

Der Umsatz der amerikanischen Werbeindustrie vervierfachte sich zwischen 1918 und 1929 nahezu. Haushaltsgeräte, Genussmittel, Köpferpflege- und Luxusartikel wurden zu Symbolen der Konsumgesellschaft, die Frau rückte in den Mittelpunkt der Reklamestrategien (im Bild links: Feinstrümpfe; rechts: Kücheneinrichtungen).

Abneigung seiner Mitbürger gegen staatliche Bevormundung und Bürokratie entgegen. Die meisten der 1917/18 zu Mobilisierungszwecken eingerichteten Behörden wurden aufgelöst und die Verteidigungsausgaben drastisch reduziert. Von der Kriegswirtschaft hatten vor allem die Großunternehmen profitiert, die ungehemmt rationalisieren und expandieren konnten. Der Konzentrationsprozess im industriellen Sektor fand 1920 den Segen des Obersten Gerichtshofs, der in einem Aufsehen erregenden Antitrustverfahren die Entflechtung der *U. S. Steel Corporation* ablehnte. In der politischen Arena dienten den Unternehmern Verbände als effektive Instrumente des Lobbyismus. Dieser geballten Macht konnten die Gewerkschaften kaum etwas entgegensetzen, zumal der Wohlstand nun in die unteren Gesellschaftsschichten »durchzusickern« begann.

Steigende innenstädtische Bodenpreise bei liberalen Baubestimmungen ließen in den Zwanzigerjahren vor allem in New York und Chicago markante Stadtsilhouetten aus Wolkenkratzern entstehen. Hier der Blick vom New Yorker Central Park nach Süden im Jahr 1931.

Die »Goldenen Zwanziger« – Wohlstand und Liberalisierung in den 1920er-Jahren

In dem nüchternen Klima der Nachkriegszeit gewann das Wirtschaftsleben überragende Bedeutung. Die Dynamik des riesigen Binnenmarkts brachte nun die erste Konsumgesellschaft hervor, die auf Massenproduktion und Massenverbrauch basierte. Nach einem neu entstandenen Wertebewusstsein lag der Schlüssel zur Öffnung neuer individueller Freiräume im technischen Fortschritt und im Konsum. Damit wurden die USA der Goldenen Zwanziger zum Symbol der Moderne schlechthin: Immer mehr Menschen sahen in ihnen ein Vorbild, dem es nachzueifern galt; konservativen Zeitgenossen galten sie hingegen als warnendes Beispiel für die Gefahren der »Vermassung« und »Kulturlosigkeit«.

Etappen und Symbole wirtschaftlichen Aufschwungs

Ab 1921 war ein rasanter Aufschwung mit jährlichen Wachstumsraten von etwa 5 Prozent zu verzeichnen. Das Bruttosozialprodukt, das in der vorausgegangenen, durch die Rückkehr zur Friedenswirtschaft verursachten Rezession auf unter 70 Milliarden Dollar gesunken war, lag 1929 bereits bei über 100 Milliarden Dollar. Industrieproduktion, Kapitalerträge und Unternehmensgewinne stiegen in den 1920er-Jahren um gut zwei Drittel an, und die Produktivität nahm um 35 Prozent zu. Die Massenkaufkraft konnte mit diesem Tempo nicht Schritt halten: Das Realeinkommen der Arbeitnehmer erhöhte sich um 30 Prozent, dasjenige der Farmer stagnierte oder ging sogar leicht zurück. Im Außenhandel profitierten die USA vom kriegsbedingten Nachholbedarf der europäischen Länder. Auf den lateinamerikanischen Märkten war es US-Unternehmen schon

Citizen Kane. In seinem Debütwerk von 1940 setzte sich Orson Welles kritisch mit einem zentralen amerikanischen Mythos auseinander: In Rückblenden zeichnet ein Team der Wochenschau ein Porträt des verstorbenen einflussreichen Zeitungsmagnaten Charles Forster Kane, der offensichtlich in dem Pressezaren William Randolph Hearst sein reales Vorbild hatte. Subjektive Erinnerungen und Multiperspektivität ergeben ein widersprüchliches Bild des machtbesessenen, erfolgreichen, aber zu Liebe und Freundschaft unfähigen Unternehmers.
Welles' Film, den Hearst zu verhindern suchte und der sich in der Uraufführung zunächst als kommerzieller Misserfolg erwies, gilt inzwischen als ein Meisterwerk der Filmgeschichte.

Präsident Calvin Coolidge, hier bei der Eröffnung eines Baseballspiels, sah nach einem Bonmot immer so aus, als würde er in eine Zitrone beißen, selbst wenn er lächelte. Seine Amtszeit stellte er unter das Motto: »Die Pflicht einer Regierung ist es, keine neuen Wege zu beschreiten.«

Seit den Zwanzigerjahren begann das Auto die amerikanischen Städte zu prägen: Sonntagsausflügler im Forest Park von Saint Louis.

während des Krieges gelungen, die deutsche Konkurrenz auszuschalten und den britischen Einfluss zurückzudrängen. An der New Yorker Börse nahmen Wertpapierhandel und Spekulation ungeahnte Ausmaße an. Der Dollar wurde zur Leitwährung des Welthandelssystems, und New York verdrängte London aus der Position der führenden Finanzmetropole. Der Bauboom in Manhattan brachte neue nationale Wahrzeichen wie das Chrysler Building und das Empire State Building hervor. Durch Steuersenkungen und hohe Einfuhrzölle verbesserten Regierung und Kongress die Rahmenbedingungen für das Bigbusiness. Die Verflechtung öffentlicher und privater Interessen führte gelegentlich zu spektakulären Affären wie dem Teapot-Dome-Skandal, der sogar Hardings Innenminister Albert B. Fall hinter Gitter brachte, da er für die Marine reservierte Ländereien mit Ölvorkommen gegen erhebliche Zuwendungen an private Ölgesellschaften verschoben hatte. Darüber hinaus begünstigte die Rechtsprechung des Obersten Gerichtshofs die Unternehmen gegenüber den Gewerkschaften, deren Mitgliederzahl unter vier Millionen sank. Vizepräsident Calvin Coolidge, der nach Hardings Tod im August 1923 ins Weiße Haus einzog, und Herbert C. Hoover, der 1928 zum Präsidenten gewählt wurde, schwammen auf einer Welle des Optimismus und der Fortschrittsgläubigkeit. Sozialistische Ideen galten als überholt, und die meisten Amerikaner betrachteten ihre liberal-kapitalistische Wirtschaftsform als richtungweisend für die Zukunft der Menschheit. Dass der Reformimpuls nicht völlig versiegt war, bewies jedoch der Erfolg von Senator Robert M. La Follette aus Wisconsin, der 1924 als Präsidentschaftskandidat der *Progressive Party* fast 5 Millionen Stimmen, also 16,6 Prozent, auf sich vereinigen konnte.

Hauptstütze der Nachkriegskonjunktur war die Automobilindustrie, die andere Wirtschaftszweige wie die Elektro-, Stahl-, Gummi-, Chemie- und Mineralölindustrie mitzog. Zwischen 1920 und 1930 stieg die Zahl der Autos in den USA von 8 auf über 20 Millionen; allein 1929 wurden 5 Millionen Wagen verkauft. Dieser phänomenale Erfolg basierte auf Fließbandproduktion und Akkordarbeit, die der Fordkonzern eingeführt hatte. Günstige Preise ab 300 Dollar, Verbraucherkredite und das Angebot der Ratenzahlung ermöglichten auch Arbeitern und Farmern den Kauf eines Autos. Eine wichtige Voraussetzung des Autobooms, den die »drei Großen« in der Automobilbranche – die Firmen Ford, General Motors und Chrysler – anheizten, war der Bau von Bundesfernstraßen; zu den Infrastrukturmaßnahmen gehörte auch die Installierung von Verkehrsampeln durch General Electric ab 1924. Die Werbung erklärte das Automobil nicht nur zum unerlässlichen Gebrauchsgegenstand, sondern stilisierte es auch zum Kultobjekt und Statussymbol.

Das Zeitalter der Massenkommunikation begann mit dem Siegeszug neuer Medien: 1920 nahm in Philadelphia die erste kommerzielle Radiostation ihre Sendungen auf, 1926 gab es ein landesweites Rundfunknetz der NBC *(National Broadcasting Corporation)*, und 1927 zeigten die Warner Brothers Pictures den ersten abendfüllenden Tonfilm. Finanziert von New Yorker Banken bauten Filmstudios wie United Artists, Paramount Pictures und Metro-Goldwyn-Mayer im kalifornischen Hollywood eine Unterhaltungsindustrie auf, die Modetrends setzte und das Verhalten breiter Schichten beeinflusste. Bei einer Gesamtbevölkerung von 120 Millionen besuchten 1930 durchschnittlich 100 Millionen Amerikaner pro Woche die Kinos, die damit den Kirchen, die etwa 60 Millionen Kirchgänger zählten, den Rang abgelaufen hatten.

Das Bild einer Gesellschaft mit geradezu überbordender Energie wurde geprägt von rasant wachsenden Großstädten. Sie nahmen sechs Millionen Zuwanderer aus den ländlichen Regionen auf, darunter waren knapp ein Drittel Afroamerikaner. Zugleich begann mit dem Umzug vieler Mittelschichtfamilien in die ruhigen, komfortablen Vororte die für das moderne Amerika charakteristische »Suburbanisierung«. Die Gruppe der besser verdienenden Angestellten *(white collar workers),* die 1930 schon 14 Millionen zählte, erkannte den Wert der Bildung und sorgte dafür, dass sich die Zahl der Highschoolabsolventen gegenüber der Jahrhundertwende vervierfachte. Immer mehr Jugendliche besuchten ein College oder eine Universität, und der Anteil von Frauen am akademischen Leben nahm deutlich zu.

Massenkommunikationsmittel stellten vor allem in den ländlichen Regionen Amerikas Verbindungen her. Seit den Zwanzigerjahren wurde das Radio immer wichtiger: Ein Bauer im Blackhawk-County, Iowa, mit seinem Rundfunkgerät und einer Zeitung für Landwirte.

Das Kino wurde zum wichtigsten Medium der Massenunterhaltung. In der Stummfilmära begeisterten in Amerika vor allem Melodramen und lustige Filme das Publikum. Hier der Komiker Harold Lloyd in »Safety Last« (1923).

Massenkultur und Konsumorientierung

Freizeit und Unterhaltung spielten nun eine viel wichtigere Rolle als vor dem Krieg. Erstmals verfügte eine größere Zahl von Amerikanern über genügend Muße und Geld, um Urlaub zu machen oder sich regelmäßig den Besuch von Kinos, Theatern, Musicals oder Sportveranstaltungen leisten zu können. Die Hollywoodfilme und der Spielbetrieb am New Yorker Broadway entsprachen nicht den europäischen Vorstellungen von »hoher Kultur«, aber sie

Der Baseballspieler George H. Ruth, genannt Babe, gilt als eine der größten Sportlegenden der Vereinigten Staaten. Sein »Big-bang«-Stil und seine persönlichen Eskapaden faszinierten das Publikum mehr als zwei Jahrzehnte lang.

Die öffentliche Zerstörung illegal hergestellter oder eingeführter Alkoholika von Amts wegen war ebenso spektakulär wie nutzlos. 1919 eingeführt, wurde die Prohibition 1933 wieder aufgehoben.

konnten als authentischer Ausdruck der unbeschwerten Lebensfreude eines »jungen« Volkes gelten. Alle künstlerischen Aktivitäten kreisten um das Verhältnis von Individuum und Gesellschaft. Die Verehrung der Hollywoodstars war eine Antwort auf die Anonymisierung des Einzelnen in der Massengesellschaft. Die gleichen psychologischen Bedürfnisse befriedigte die Filmindustrie mit dem Mythos des Cowboys, der als Kämpfer für Recht und Ordnung dem Guten zum Sieg verhilft. Im täglichen Leben identifizierte man sich mit Sportidolen wie den Boxern Jack Dempsey und Gene Tunney, deren Schwergewichtstitelkämpfe im Radio übertragen wurden, oder mit dem Baseballstar der New York Yankees, George H. »Babe« Ruth, der es allein 1927 auf sechzig *home runs* brachte. Enthusiastisch gefeiert wurde der Luftfahrtpionier Charles A. Lindbergh, dem im Mai 1927 mit seinem Flugzeug »Spirit of St. Louis« der erste Nonstop-Alleinflug über den Atlantik gelang. Diese sensationelle Leistung gab der Hoffnung Auftrieb, dass auch im Zeitalter der Massenproduktion und Massenkultur das »große Individuum« einen bleibenden Eindruck hinterlassen konnte.

Verstädterung und Konsumorientierung bewirkten aber vor allem eine Liberalisierung der puritanischen Moralvorstellungen. Über Sexualität und Geburtenkontrolle wurde jetzt offener gesprochen, und immer mehr Jugendliche entzogen sich der strengen Kontrolle durch Elternhaus und Kirche. Konservative Amerikaner geißelten das Automobil als ein »Bordell auf Rädern«, ohne allerdings den Siegeszug dieses neuen individualistischen Massenverkehrsmittels bremsen zu können. Der allgemeinen Liberalisierung fiel auch die Prohibition zum Opfer, die 1919 mit dem gesetzlichen Verbot der Herstellung, des Transports und des Verkaufs von alkoholischen Getränken begonnen hatte. Es zeigte sich, dass derart strenge Vorschriften in einer freiheitlichen Gesellschaft nicht mit Polizeigewalt durchgesetzt werden konnten: Die Verbote wurden nach allen Regeln der Kunst umgangen. Neben der Prostitution und dem Glücksspiel kontrollierte die Mafia nun auch das Alkoholgeschäft, das dem berüchtigten Gangster Al Capone pro Jahr etwa 100 Millionen Dollar Gewinn einbrachte. In Chicago, wo er sein Hauptquartier aufgeschlagen hatte, wurden in dieser Zeit Jahr für Jahr mehr Morde verübt als in ganz England zusammen. Da die Prohibition offenkundig ein Klima der Gesetzlosigkeit und Gewalt erzeugte, setzten mehrere Einzelstaaten schon in den Zwanzigerjahren ihre Durchführungsbestimmungen außer Kraft. Nach langer öffentlicher Debatte zwischen Befürwortern einer Liberalisierung, den *wets* (Feuchten), und Anhängern der Prohibition, den *drys* (Trockenen), erreichten die *wets* 1933 die völlige Aufhebung der Prohibition. Das unrühmliche Ende des »noblen Experiments« bestärkte viele Amerikaner in der Überzeugung, dass der Staat kein Recht habe, die Moral seiner Bürger zwangsweise zu heben. Die Anhänger der Prohibition erlebten indes eine ähnliche Enttäuschung wie diejenigen Reformer, die nach der bundesweiten Einführung des Frauenwahlrechts 1920 – vergeblich – gehofft hatten, die Teilhabe von Frauen verbessere die Möglichkeiten, eigene politische Vorstellungen umsetzen zu können. Stattdessen verlor die Frauenbewegung viel von ihrem Schwung, da sich die Mitglieder politisch sehr unterschiedlich orientierten und ihre Energien auch zunehmend vom vorherrschenden Konsumstreben absorbiert wurden. Eine neue, selbstbewusste Generation junger Frauen empfand den Idealismus der Wahlrechtskämpferinnen als altmodisch und setzte wieder stärker auf den »weiblichen Charme«, um gesellschaftliche Verbesserungen zu erreichen. Von Frauenverbänden angeregte Reformen wie das Verbot der Kinderarbeit, spezielle Schutzmaßnahmen für weibliche Arbeitskräfte oder staatliche Kinderfürsorge in ländlichen Gebieten scheiterten entweder im Kongress oder wurden von unternehmerfreundlich urteilenden Gerichten verwässert.

Auch in der Arbeitswelt, die weiterhin eindeutig von Männern dominiert blieb, mussten sich die amerikanischen Frauen mit bescheidenen Fortschritten zufrieden geben. Zwar nahm die Zahl der berufstätigen Frauen um über 2 Millionen zu, aber ihr Anteil an der gesamten Arbeiternehmerschaft stagnierte bei 24 Prozent. Frauen wurden vornehmlich als temporär beschäftigte Aushilfskräfte angesehen, die gering bezahlte Tätigkeiten ausübten und selbst im gleichen Job weniger Geld verdienten als ihre männlichen Kollegen. »Typische« Frauenberufe in der Industrie waren Sekretärin und Büroschreibkraft, im öffentlichen Dienst Krankenschwester, Bibliothekarin, Sozialarbeiterin und Lehrerin. Dagegen setzten die medizinischen Hochschulen eine Quote von 5 Prozent fest, um das »Vordringen« von Frauen in den Arztberuf zu bremsen. Unternehmerinnen wie Helena Rubinstein, die einen Kosmetikkonzern gründete, bildeten in den Zwanzigerjahren weiterhin eine große Ausnahme. Das rosige Bild, das die Werbung von der »modernen«, Beruf und Hausarbeit erfolgreich miteinander verbindenden amerikanischen Frau malte, entsprach also nur in sehr begrenzten Maße der gesellschaftlichen Realität.

Über die Leiter des 19. Amendments besteigen die Frauen den Gipfel politischer Gleichberechtigung in Gestalt einer Wahlurne; eine Karikatur von Rollin Kirby zur Wahlrechtsreform 1920.

Protest gegen die Moderne – Kulturelle und soziale Konflikte in den 1920er-Jahren

Neben dem Amerika der Kommerzialisierung und Liberalisierung existierte in den 1920er-Jahren aber auch ein »anderes« Amerika, das den gesellschaftlichen Wandel als Sünde und moralischen Niedergang begriff. Auf dem Lande und in den Kleinstädten misstraute man den Versprechungen von permanentem Fortschritt, Befreiung aus alten Zwängen und Genuss ohne Reue und hielt stattdessen die Tugenden der Frömmigkeit, Nüchternheit und Selbstbeherrschung hoch. Die Antimodernisten beriefen sich auf Thomas Jeffersons Ideal einer agrarischen Gesellschaft, auf die republikanischen Prinzipien der Revolution und den Pioniergeist des 19. Jahrhunderts. Sie predigten harte Arbeit und Sparsamkeit statt Luxussucht und Verschwendung, lokale Selbstverwaltung statt staatliche Aufsicht und Kontrolle, enge Bindung in kleinen Gemeinschaften

Nativismus bezeichnet eine Haltung, die betont an Elementen einer Kultur, die als die eigene begriffen wird, festhält oder sie wieder belebt, um diese gegenüber einer als bedrohlich und minderwertig geglaubten »anderen« oder »fremden« Kultur zu behaupten. In den USA der 1920er-Jahre bündelten sich nativistische und rassistische Kräfte im Ku-Klux-Klan, der die »weiße, protestantische Überlegenheit« behauptete und alles »Unamerikanische« ausgrenzen wollte. Seine Hassparolen sowie seine Terror- und Einschüchterungskampagnen richteten sich nicht nur gegen Afroamerikaner und Einwanderer – vor allem Asiaten –, sondern ebenso gegen Juden, Liberale und Kommunisten.

und buchstabengetreuen Glauben an die Bibel statt Individualismus und säkulare Wissenschaft.

Nativismus und religiöser Fundamentalismus

Der Protest gegen die Moderne manifestierte sich im Wieder-aufleben des Nativismus und im religiösen Fundamentalis-mus. Dem zweiten, 1915 gegründeten Ku-Klux-Klan, der im Süden und Westen Hass gegen Schwarze, Juden und Katholiken säte, gehör-ten auf seinem »Höhepunkt« mehr als vier Millionen Amerikaner an. Die Verfechter von Einwanderungsbeschränk-ungen konnten sogar einen nationalen Konsens erzielen. Ihrem Drängen folgend, verabschiedete der Kongress Quotengesetze, die Asiaten völlig ausschlossen und Ost- und Südosteuropäer klar be-nachteiligten. Endgültig ausformuliert wurde das Quotensystem 1927: Der Kongress setzte eine jährliche Obergrenze von 150000 Einwanderern aus Europa fest; die Festlegung der Quoten für die jeweiligen Nationalitäten bemaß sich nach deren Anteil an der weißen Gesamtbevölkerung der USA von 1920. Da die westeuropäischen und skan-dinavischen Länder ihre hohen Quoten nicht annähernd ausschöpften, lief das System auf eine starke Drosselung der Einwanderung hinaus. Wäh-rend der Großen Depression erlitten die USA sogar erstmals einen Migrationsverlust, da mehr Menschen aus- als einwanderten. Unter Präsident Franklin D. Roosevelt behielten die USA ihre restriktive Einwanderungspolitik bei, obwohl viele der in Europa aus rassischen und politischen Gründen Verfolgten das Land als ihre einzige Hoffnung ansahen. Immerhin fanden zwischen 1933 und 1945 etwa 260000 europäische Juden Aufnahme in den USA und wurden so vor dem Holocaust gerettet.

Der Begriff Fundamentalismus ging auf die Pamphletserie »The Fundamentals« zurück, deren Autoren vor dem Krieg gegen die Ver-suche liberaler Theologen polemisiert hatten, die neuen wissen-schaftlichen Erkenntnisse mit dem christlichen Glauben zu vereinba-ren. In der Praxis ging es um die Frage, ob die darwinsche Abstam-mungslehre im Fach Biologie an den Schulen unterrichtet werden dürfe oder nicht. Einen symbolischen Höhepunkt erreichte dieser Streit 1925 im Prozess gegen den Lehrer John T. Scopes, der in Day-ton, Tennessee, die Evolutionslehre statt der vorgeschriebenen bib-lischen Schöpfungsgeschichte gelehrt hatte. Das Medieninteresse war riesig, da der ehemalige Außenminister William J. Bryan die An-klage vertrat, während die liberale Bürgerrechtsorganisation *Ameri-can Civil Liberties Union* den Prozess zur Abrechnung mit dem »Aberglauben« nutzen wollte. Die Richter folgten jedoch Bryans Be-hauptung, der Mensch stamme nicht vom Affen ab und die Welt sei in sechs Tagen geschaffen worden. Scopes wurde verurteilt, und der Bann gegen die Evolutionslehre blieb an den öffentlichen Schulen

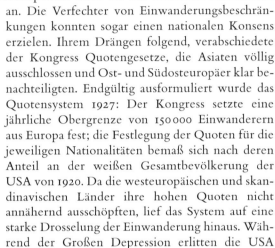

Das Gemälde »Taufe in Kansas« von John S. Curry von 1928 versinnbildlicht das auf Tradition, Frömmigkeit und Fleiß gegründete Wertesystem der bäuerlichen Gesellschaft im Mittleren Westen (oben). Das Foto aus den 1930er-Jahren zeigt Bürger der Kleinstadt Pie Town, New Mexico, sonntags beim Gemeindesingen (unten).

vieler Südstaaten noch jahrzehntelang bestehen. Aus Sicht der urbanen Elite hatte Bryan ein hoffnungsloses Rückzugsgefecht geführt. Tatsächlich war der Einfluss des traditionellen Christentums aber noch lange nicht gebrochen. Die Fundamentalisten verklärten eine Gesellschaft, die in Familie und Kirchengemeinde gründete, und verliehen dem von vielen Menschen geteilten diffusen Unbehagen am Vordringen der technisch-rationalistischen Industriekultur Ausdruck. Dabei scheuten sie aber nicht davor zurück, ihre konservative Botschaft über das moderne Medium des Rundfunks zu verbreiten.

Mit einer Mischung aus fundamentalistischen Glaubenslehren und Hollywoodglitter faszinierte die Predigerin Aimee Semple McPherson ihre Anhänger (Foto links). In ihrem Tempel in Los Angeles fanden 2500 Menschen Platz, viele andere erreichte sie mit ihrer Radioshow.

Das Foto aus den 1920er-Jahren (rechts) zeigt eine Demonstration des Ku-Klux-Klans in Washington.

Lost generation und Harlem Renaissance

V iele amerikanische Schriftsteller nahmen in den Zwanzigerjahren in Paris den skeptischen Geist gegenüber der europäischen Moderne in sich auf. Autoren dieser *lost generation* (verlorenen Generation) wie John Dos Passos, F. Scott Fitzgerald und Ernest Hemingway kritisierten die Konformität des amerikanischen Lebens, das Freiheit angeblich auf die Wahlfreiheit des Konsumenten reduzierte. Intellektuelle in den USA wie der scharfzüngige Journalist H. L. Mencken aus Baltimore teilten diese Haltung. Kreative Höhepunkte erreichte das literarische Schaffen dieser Zeit in den Dramen Eugene O'Neills, der amerikanische Themen wie den Bürgerkrieg unter Rückgriff auf Stilelemente der griechischen Tragödie bearbeitete, und in den Romanen von William Faulkner, der die seelischen Spannungen sichtbar machte, denen die Südstaatler in der Konfrontation mit dem industriellen Fortschritt ausgesetzt waren.

Zwischen Anpassung und Protest bewegten sich die Afroamerikaner in den Gettos der Großstädte, von denen Harlem in New York mit über 150 000 Einwohnern das größte war. Hier trat mit dem Jamaikaner Marcus M. Garvey eine neue, aggressive Führungspersönlichkeit auf. Seine Organisation *Universal Negro Improvement Association* veranstaltete Massenaufmärsche und propagierte die Rückkehr der Schwarzen nach Afrika. Die Bewegung löste sich auf, als Garveys Schifffahrtslinie bankrott ging, er selbst 1925 wegen Postbetrugs verurteilt und zwei Jahre später ausgewiesen wurde. Materiell hatte die schwarze Mittelschicht einen bescheidenen Anteil am Aufschwung in den Goldenen Zwanzigern. Die *Negro Business League* rief in

In einer satirisch-polemischen Schrift von 1917 beklagt der Journalist H. L. Mencken, dass die »Krämer« und »Theologen« Neuenglands in den Südstaaten nie eine »wirkliche Zivilisation«, sondern lediglich ein Regierungssystem etabliert hätten:

(Nun aber ist auch dort) ein Dichter fast ebenso selten wie ein Oboenspieler, ein Kupferstecher oder ein Philosoph. Eine solch riesige Leere ist in der Tat ein verblüffendes Phänomen: Man denkt unwillkürlich an den interstellaren Raum oder an die kolossale Weite des nunmehr mythischen Äthers. Fast ganz Europa passt in diese enorme Region von fetten Farmen, schäbigen Städten und paralysierten Gehirnen, man könnte Frankreich, Deutschland und Italien hineinwerfen und hätte immer noch Platz für die Britischen Inseln. Und dennoch, trotz seiner gewaltigen Größe, seines Reichtums und all des »Fortschritts«, von dem der Süden plappert, ist er in künstlerischer, intellektueller und kultureller Hinsicht fast so steril wie die Wüste Sahara.

Mit prachtvollen Paraden in schillernden Uniformen zogen Marcus M. Garvey und seine Anhänger große Aufmerksamkeit auf sich.

Der Dichter Langston Hughes beschrieb in seinen Gedichten das Lebensgefühl einer neuen Generation afroamerikanischer Künstler. Dabei spielten die afrikanische Herkunft und die Erfahrung der Sklaverei eine zentrale Rolle.

Neger
Ich bin ein Neger:
Schwarz wie die Nacht schwarz ist,
Schwarz wie die Tiefen meines Afrika.
Ich war ein Sklave:
Caesar befahl mir, seine Türschwelle rein
zu halten.
Ich putzte die Stiefel von Washington.
Ich war ein Arbeiter:
Unter meiner Hand wuchsen die
Pyramiden.
Ich mischte den Mörtel für das Woolworth-
Gebäude.
Ich war ein Sänger:
Auf dem ganzen Weg von Afrika nach
Georgia
trug ich meine Klagelieder.
Ich erfand den Ragtime.
Ich war ein Opfer:
Die Belgier hackten meine Hände ab im
Kongo.
Noch immer werde ich gelyncht in
Mississippi.
Ich bin ein Neger:
Schwarz wie die Nacht schwarz ist,
Schwarz wie die Tiefen meines Afrika.

New York dazu auf, bei Schwarzen zu kaufen, und schwarze Geschäftsleute betätigten sich erfolgreich im Dienstleistungssektor. Die Masse der Afroamerikaner musste sich aber weiterhin mit den niedrigsten und schlechtest bezahlten Arbeiten begnügen. Kriminalität, Drogenmissbrauch und mangelnde Gesundheitsfürsorge trugen dazu bei, dass die Kindersterblichkeit in Harlem um fast die Hälfte über derjenigen der Gesamtbevölkerung lag. Abgesehen vom Sport, einem Bereich, in dem einige Schwarze wie Joe Louis und Jesse Owens zu internationaler Berühmtheit gelangten, bot nur die Kunst eine Möglichkeit, die Rassenschranken zu überwinden. Die literarische Szene stand im Zeichen der *Harlem Renaissance,* deren Protagonisten – Langston Hughes, Alain Locke und Zora Neale Hurston – das Ideal des »neuen Schwarzen« proklamierten. Teils strebten sie eine den Standards der weißen Mittelschicht entsprechende »hohe Kunst« an, teils wollten sie mit ihren Werken ein neues Selbstbewusstsein, Unabhängigkeit und schwarzen Rassenstolz demonstrieren. Finanziell blieben sie allerdings meist auf weiße Mäzene angewiesen, deren Engagement in der Wirtschaftskrise stark nachließ. Aus New Orleans gelangte der Jazz in die Metropolen des Nordens. Schwarze Musiker wie Louis Armstrong und Duke Ellington leisteten den originellsten Beitrag zu den populären Strömungen der amerikanischen Kultur. Die weiße Prominenz fand Interesse an den exotischen, rauschhaften Zügen des Lebens in Harlem, das sich vorteilhaft von der Monotonie der Massenkultur abhob. Jazz und Blues inspirierten auch weiße Komponisten wie George Gershwin, sie beeinflussten die Countrymusic, und sie fanden als »Negermusik« weltweit begeisterte Freunde wie erbitterte Gegner. In den USA verhalfen die afroamerikanischen Musiker der Schallplattenindustrie zum Durchbruch. Da man künstlerische Aktivität stets als Teil des Marktgeschehens verstand, wurde die Kultur umgehend in die Konsumgesellschaft integriert, selbst wenn einzelne Künstler diese ablehnten.

Der Absturz – Der Beginn der Wirtschaftskrise 1929

Der Absturz vom Boom in die Depression erfolgte 1929 völlig überraschend, und die Schockwellen der Krise breiteten sich von der Wall Street rasch über die amerikanische Nation und die ganze Welt aus. Obwohl der Außenhandel nur 5 Prozent des Nationaleinkommens ausmachte, nahmen die USA doch eine herausragende Position in der Weltwirtschaft ein: 1929 erzeugten sie fast die Hälfte der industriellen Produktion und waren mit Abstand die größte Exportnation; die Auslandsinvestitionen hatten sich zwischen 1914 und 1929 verfünffacht; 1929 betrugen sie 17 Milliarden Dollar.

Im Präsidentschaftswahlkampf von 1928 hatte sich Herbert C. Hoover, ein Quäker aus Iowa, gegen den New Yorker Demokraten und Katholiken Alfred E. Smith durchgesetzt. Hoover verkörperte geradezu idealtypisch die Werte und Prinzipien der Prosperitätsepoche. Der gelernte Bergbauingenieur und langjährige Handelsminister verfocht die »korporative« Zusammenarbeit von Staat und Wirtschaft, bei der der Bundesregierung eine helfende und koordinierende Rolle zukam, sie sich jedoch jeder Form von Dirigismus enthalten musste. Als Präsident bemühte sich Hoo-

In rasantem Tempo eroberte der Jazz die Großstädte des Nordens. 1930 malte Reginald Marsh das Bild »Dienstagabend im Tanzsaal Savoy«. In diesem Harlemer Nachtklub trat auch Louis Armstrong auf (Waltham, Rose Art Museum).

ver intensiv, die Unternehmer von den Vorzügen rationaler Organisation und wissenschaftlicher Planung zu überzeugen. Gleichzeitig appellierte er an die Amerikaner, durch private Initiative und Gemeinsinn der Nation zum Aufschwung zu verhelfen. Unmittelbar vor dem wirtschaftlichen Zusammenbruch prophezeite er seinen Landsleuten einen baldigen »Sieg über die Armut« und versprach, jede Familie könne bald, so oft sie es wünsche, »ein Hühnchen im Kochtopf« haben.

Als die Krise nach den Kursstürzen an der New Yorker Börse Ende Oktober 1929 begann, vertraute Hoover im Einklang mit der Wissenschaft seiner Zeit auf die »Selbstheilungskräfte des Marktes«. Ebenso selbstverständlich ging er davon aus, dass die Verfassung keine massiven Eingriffe der Bundesregierung in das Wirtschaftsgeschehen zuließ. Hoover verhielt sich zwar nicht völlig passiv, aber seine Gegenmaßnahmen – zum Beispiel die Vergabe von Regierungskrediten oder die Stützung des Bankenwesens – gingen entweder nicht weit genug oder kamen zu spät, um wirklich Abhilfe zu schaffen. Markige Sprüche wie »prosperity is just around the corner« (der Wohlstand liegt gerade um die Ecke) sollten das unmittelbare Bevorstehen der wirtschaftlichen Gesundung suggerieren, verstärkten aber nur den Eindruck staatlicher Hilflosigkeit. Zudem ließ der Präsident kein Mitgefühl für die betroffenen Menschen erkennen, die er praktisch auf die private Wohltätigkeit verwies. Spätestens 1931 war der Traum immer währender Prosperität geplatzt, und die USA trieben ohne erkennbare Führung in die schwerste Belastungsprobe für ihr gesamtes wirtschaftliches und auch für ihr politisches System.

JÜRGEN HEIDEKING

Wie viele schwarze Künstler griff auch der aus Kansas stammende Aaron Douglas afrikanische Motive auf, um das religiös gefärbte neue Selbstbewusstsein der Farbigen auszudrücken (Gemälde um 1930; Washington, The Howard University Gallery of Art).

Vom Schuldner zum Gläubiger – Die USA und das Nachkriegseuropa

Der in der amerikanischen Debatte um den Beitritt zum Völkerbund höchst umstrittene Artikel 10 der Völkerbundssatzung zur kollektiven Sicherheit:

Die Bundesmitglieder verpflichten sich, die Unversehrtheit des Gebiets und die bestehende politische Unabhängigkeit aller Bundesmitglieder zu achten und gegen jeden äußeren Angriff zu wahren. Im Falle eines Angriffs, der Bedrohung mit Angriff oder einer Angriffsgefahr bedenkt der Rat die Mittel zur Durchführung dieser Verpflichtung.

»Schlagt die Hunnen mit der Freiheitsanleihe zurück!« – Mit dem Bild des deutschen Kriegsgegners als hässlichen Barbaren wurde im Ersten Weltkrieg zur Zeichnung von Kriegsanleihen geworben. Ein Drittel der amerikanischen Kriegsausgaben wurde durch private Anleihen finanziert.

Nein zu Versailles – Die Völkerbundsdebatte in den USA

Präsident Woodrow Wilsons hervorgehobene Stellung unter den »Friedensmachern« in Paris 1919/20 reflektierte die Schwächung Europas durch einen Krieg, der Millionen Menschenleben gekostet hatte, und den parallelen Aufstieg der USA zur führenden Weltmacht. Die Amerikaner hatten nicht nur ihre eigenen Kriegsanstrengungen finanziert, sondern zum beträchtlichen Teil auch diejenigen der europäischen Verbündeten. Während des Kriegs waren sie von einem Schuldnerland zum größten Gläubiger der Welt geworden. Geostrategisch befanden sie sich in einer Schlüsselposition zwischen Europa und Asien, da sie eine starke Flotte besaßen und den Panamakanal kontrollierten.

Außerdem hatte der Krieg bewiesen, zu welch entschlossener Kraftentfaltung die amerikanische Nation im Krisenfall trotz aller ethnischen, regionalen und sozialen Unterschiede fähig war. Nachträglich begannen jedoch viele Bürger, am Sinn der Kriegsbeteiligung zu zweifeln, da die tatsächlichen Ergebnisse weit hinter den Erwartungen von Frieden, Demokratie und nationaler Selbstbestimmung zurückblieben, die Wilsons »Kreuzzug« gegen das deutsche Kaiserreich geweckt hatte. Wilson verwies zwar auf den neu gegründeten Völkerbund, der durch friedliche Revision die Versäumnisse der Friedensverträge nach und nach beseitigen würde. Aber gerade an der Völkerbundssatzung, die der Präsident für den Kern des Versailler Vertrags hielt, entzündete sich in den USA ein Streit, der das Scheitern seiner Politik besiegelte.

Die Ratifizierungsdebatte des Senats fand in einem Klima statt, das durch die Schwierigkeiten der Umstellung von Kriegs- auf Friedenswirtschaft und durch die Furcht vor dem Bolschewismus zum Teil paranoide Züge annahm. Schreckensberichte über die Revolutionen in Europa, eine Streikwelle, an der sich 4 Millionen amerikanische Arbeiter beteiligten, blutige Rassenunruhen in mehreren großen Städten und Bombenattentate von Anarchisten lösten 1919/20 eine Kommunistenhysterie *(red scare)* aus. Landesweit setzten die Behörden Tausende von Verdächtigen ohne Haftbefehl fest und deportierten mehrere Hundert Personen nach Europa. Eine unvoreingenommene Prüfung des Versailler Vertrags war in dieser Atmosphäre kaum möglich. Der Hauptvorwurf der Ratifizierungsgegner lautete, die Bestimmungen zur »kollektiven Sicherheit« in Artikel 10 der Völkerbundssatzung würden die USA automatisch in jeden europäischen oder kolonialen Krieg hineinziehen. Bei der Schlussabstimmung im Senat im März 1920 verfehlte der Versailler Vertrag knapp die notwendige Zweidrittelmehrheit. Die Distanzierung von der Völkerbundsidee zeigte, dass die Amerikaner nicht bereit waren, eine ihrem Machtzugewinn adäquate weltpolitische Verantwortung

SACCO UND VANZETTI

1921 wurden zwei italienische Einwanderer wegen eines Überfalls auf eine Schuhfabrik in South Braintree (Massachusetts) angeklagt: Nicola aufgrund zweifelhafter Indizien wegen Raubmord zum Tode verurteilt. Sie beteuerten ihre Unschuld und traten in den Hungerstreik.

Heftig kritisiert wurde, dass bei der fragwürdigen Prozessführung die anarchistische Überzeugung der Angeklagten und ihre Herkunft aus Südeuropa eine Rolle spielten. Proteste und Gnadengesuche ergingen an den Gouverneur; Unterstützung kam von Politikern, Intellektuellen und Gewerkschaftern aus dem In- und Ausland. Dennoch bestätigte ein Sonderausschuss das Urteil, das in der Nacht zum 23. August 1927 vollstreckt wurde.

Die in New York erscheinende italienische Zeitung »Il Martello«

Sacco und Bartolomeo Vanzetti (im Foto von 1921 beim Betreten des Gerichtsgebäudes zwischen zwei Hilfssheriffs, Sacco links). In einem fünfjährigen Verfahren wurden sie

(Der Hammer) titelte am nächsten Morgen mit dem Bild des elektrischen Stuhls als neuer Freiheitsstatue von Massachusetts (rechts). Seinen Kritikern schien Amerika im Zuge der Kommunistenhysterie allzu schnell bereit, demokratische Prinzipien und Grundrechte im Inneren preiszugeben, die es nach außen propagierte.

Sacco und Vanzetti wurden 1977 durch den Gouverneur von Massachusetts rehabilitiert.

zu übernehmen. Das trug in der Folgezeit ebenso zur Instabilität des Versailler Systems bei wie das ungeklärte Verhältnis der westlichen Demokratien zur Sowjetunion und die komplexe Verschränkung von Reparations- und Kriegsschuldenproblematik.

Zwischen Teilnahme und Zurückhaltung – Die Außenpolitik der republikanischen Administrationen von 1921 bis 1933

D er Weltkrieg hatte die Abneigung der USA gegen jede Verwicklung in die Konflikte anderer Völker keineswegs beseitigt, sondern eher noch bestärkt. Der vehemente Einsatz der Friedensbewegung für eine weltweite Abrüstung und die häufig geäußerte Überzeugung, dem »moralisch verrotteten« Europa sei ohnehin nicht zu helfen, dokumentierten den Wunsch der Amerikaner, ähnliche Erfahrungen wie die von 1917/18 nicht noch einmal durchleben zu müssen. Auf der anderen Seite machte sich bei den Eliten die Erkenntnis breit, dass man in einer Welt der wechselseitigen Abhängigkeiten lebte, dass wirtschaftliche Ziele in Übersee nicht ohne politisches Engagement verfolgt werden konnten, und dass die USA Mitverantwortung für gedeihliche internationale Beziehungen trugen. Mochten in der Bevölkerung und im Kongress auch isolationistische Stimmungen vorherrschen, so steuerten die amerikanischen Politiker und Diplomaten doch einen mittleren Kurs zwischen *involvement* und *detachement,* zwischen Teilnahme an der Weltpolitik und Distanz zum Geschehen in anderen Erdteilen. Die Außenminister Charles E. Hughes, Frank B. Kellogg und Henry L. Stimson führ-

Im Gegensatz zu ihren reformorientierten Vorgängern Theodore Roosevelt und Woodrow Wilson standen Präsident Warren G. Harding (rechts) und sein Vizepräsident und Amtsnachfolger Calvin Coolidge (links) in den 1920er-Jahren für die Rückkehr zu einer konservativen Pro-Business-Politik.

ten keine »Kreuzzüge« mehr, um amerikanische Ordnungsvorstellungen durchzusetzen, sondern waren darauf bedacht, innenpolitischen Streit über die Außenpolitik zu vermeiden. Die weltweiten amerikanischen Interessen sollten möglichst ohne den Einsatz militärischer Machtmittel gewahrt werden: durch vertragliche Rüstungsbegrenzung; durch die Stabilisierung des Status quo in Europa; durch verbesserte Beziehungen zu den Staaten der westlichen Hemisphäre; und durch die Propagierung von Prinzipien wie dem der »offenen Tür«, der friedlichen Schlichtung von Konflikten, der Nichtanerkennung gewaltsamer Veränderungen und der Ächtung des Kriegs. Der Begriff Isolationismus trifft auf eine solche Politik nicht zu, die sich besser als »unabhängiger Internationalismus« oder »selektiver Unilateralismus« charakterisieren lässt. Ihre Schwächen bestanden darin, dass sie wenig Rückhalt in einer weitgehend desinteressierten Bevölkerung fand und dass sie allzu viel Vertrauen in die Wirksamkeit vertraglicher Übereinkünfte und rechtlicher Garantien setzte.

Asien, Lateinamerika und der Nahe Osten

Die Washingtoner Abrüstungskonferenz 1921/22 schien ein Erfolg zu sein: Ein Kommentator bemerkte, dass der amerikanische Außenminister Charles E. Hughes (hier am Kopfende des Verhandlungstisches) in seiner halbstündigen Rede mehr Kriegsschiffe versenkt habe als alle Admiräle der Welt in Jahrhunderten. Am Tisch des Weiteren Vertreter Italiens, Großbritanniens, Frankreichs und Japans (von links).

Nach der Ablehnung des Versailler Vertrags lösten sich die USA vollends von ihren europäischen Verbündeten und schlugen einen unabhängigen Kurs ein. Das Hauptaugenmerk der Administration Harding galt zunächst der Lage im Pazifik, die durch das Wettrüsten der Großmächte instabil zu werden drohte. Die Washingtoner Konferenz 1921/22 zeigte aus amerikanischer Sicht positive Ergebnisse: Ein Nichtangriffspakt zwischen den USA, Großbritannien, Japan und Frankreich löste die bisherige britisch-japanische Verteidigungsallianz ab; Vereinbarungen über Obergrenzen und Paritäten beim Schlachtschiffbau dämpften die Sorge vor dem japanischen Expansionismus; und durch die offizielle Anerkennung des Prinzips der offenen Tür schienen die Souveränität und territoriale Integrität Chinas ebenso wie die amerikanischen Wirtschaftsinteressen in diesem Raum gesichert. Tatsächlich verloren die USA aber allmählich an Einfluss, weil sie – anders als Großbritannien und Japan – die Rüstungsobergrenzen gar nicht erreichten, und weil die chinesischen Nationalisten einer friedlichen ökonomischen Durchdringung immer größere Hindernisse in den Weg legten.

In der westlichen Hemisphäre vollzogen die USA eine schrittweise Abkehr vom militärischen Interventionismus, den Theodore Roosevelt begonnen hatte. Politische Kontrolle und ökonomische Vorteile suchte man nun durch eine engere Zusammenarbeit mit den lokalen Eliten zu erlangen. Die Hauptinstrumente der Einflussnahme waren Kredite und Militärhilfen, die an befreundete Regierungen vergeben wurden, sowie die Unterstützung der amerikani-

schen Konzerne, die in den Staaten der Region operierten. Parallel dazu liefen Versuche, die panamerikanische Bewegung unter Führung der USA wieder zu beleben. Mit dem neuen Etikett der »Politik der guten Nachbarschaft« versehen, setzte Franklin D. Roosevelt diese Linie in den Dreißigerjahren im Wesentlichen fort. Hauptziel blieb jedoch stets, Lateinamerika und die Karibik im Sinne der Monroedoktrin als exklusive Interessensphäre der USA gegen Konkurrenz und Einmischungen anderer Großmächte abzuschirmen. Von einer echten Rücksichtnahme auf die sozialen Probleme und nationalen Empfindlichkeiten der betroffenen Länder war man in Washington noch weit entfernt.

Obwohl die USA über reiche Ölreserven und eine leistungsfähige Erdölindustrie verfügten, spielte die wachsende Nachfrage nach Öl nun bereits eine Rolle in den Außenbeziehungen. Das galt für lateinamerikanische Staaten wie Mexiko, Venezuela, Kolumbien und Bolivien, in denen US-Konzerne, allen voran die *Standard Oil Company,* eine starke Position erlangten, zunehmend aber auch für den Nahen und Mittleren Osten, der als das Fördergebiet der Zukunft galt. Hier besaßen allerdings europäische Unternehmen wie die Royal Dutch/Shell-Gruppe und die *Anglo Iranian Oil Company* praktisch

Mittelamerika blieb in den 1920er-Jahren ein Problemfeld der amerikanischen Außenpolitik. So bereiteten etwa die Revolte des Diktators Tiburcio Carías Andino 1923 in Honduras und die ungeklärten Eigentumsfragen nach der mexikanischen Revolution von 1911 »Uncle Sam« Halsschmerzen (Karikatur in der »Louisville Times« von 1924).

In der Zwischenkriegszeit wurde Venezuela der größte Öllieferant der USA. Erfolgreich suchten britische und amerikanische Unternehmen in venezolanischen Gewässern nach Öl. Hier die Förderanlagen von La Rosa im Golf von Maracaibo 1931.

das Monopol. Mit tatkräftiger Hilfe des Außenministeriums gelang es den großen amerikanischen Konzernen immerhin, die britische Konkurrenz in Lateinamerika zurückzudrängen und im Nahen und Mittleren Osten als Juniorpartner in das europäische Erdölkartell aufgenommen zu werden. Ansonsten stießen Amerikaner, die in europäischen Kolonialgebieten und Interessensphären nach Absatzmärkten und Rohstoffen Ausschau hielten, aber zumeist noch auf »geschlossene Türen«.

Aus dem Friedensvertrag zwischen dem Deutschen Reich und den Vereinigten Staaten vom 25. August 1921:

Beschlossen vom Senat und vom Repräsentantenhaus der Vereinigten Staaten von Amerika, die zum Kongress versammelt sind, dass der durch den am 6. April 1917 genehmigten, gemeinsamen Beschluss des Kongresses erklärte Kriegszustand zwischen der kaiserlich-deutschen Regierung und den Vereinigten Staaten von Amerika hiermit für beendet erklärt wird ...
Deutschland verpflichtet sich, den Vereinigten Staaten zu gewähren, und die Vereinigten Staaten sollen besitzen und genießen alle Rechte, Privilegien, Entschädigungen, Reparationen und Vorteile, die in dem ... gemeinschaftlichen Beschlusse des Kongresses der Vereinigten Staaten vom 2. Juli 1921 näher bezeichnet sind, mit Einschluss aller Rechte und Vorteile, die zugunsten der Vereinigten Staaten in dem Vertrag von Versailles festgesetzt sind und die die Vereinigten Staaten in vollem Umfange genießen sollen, ungeachtet der Tatsache, dass dieser Vertrag von den Vereinigten Staaten nicht ratifiziert worden ist.

Wirtschaftliches Engagement in Europa

Auf dem europäischen Kontinent hatten sich durch die Niederlage Deutschlands, den Zerfall der Habsburger Monarchie und die Russische Revolution gewaltige Änderungen vollzogen. Die Amerikaner wollten hier weder das aus ihrer Sicht übertriebene Sicherheitsstreben Frankreichs noch den deutschen Revisionismus fördern, sondern auf begrenzte Problemlösungen hinwirken, die zur wirtschaftlichen und politischen Stabilisierung beitragen konnten.

Erst 1921 unterzeichneten Berlin und Washington einen separaten Friedensvertrag. Wenngleich sich die USA alle den Siegermächten laut Versailler Vertrag zustehenden Rechte sicherten, konnte die Reichsregierung die Einigung mit Washington, der bald auch ein Wirtschaftsabkommen folgte, dennoch als ersten Schritt aus der internationalen Isolierung feiern. Die großen Hoffnungen, die sich an eine Rückkehr der USA auf die europäische Bühne knüpften, wurden aber zunächst enttäuscht. Trotz der Befürchtungen, die der zwischen dem Deutschen Reich und der Sowjetunion im April 1922 geschlossene Rapallovertrag weckte, blieb das Interesse Washingtons an den Vorgängen in Osteuropa gering. Eine Mitarbeit an dem vom britischen Premierminister David Lloyd George vorgeschlagenen und auf der Konferenz in Genua 1922 diskutierten Wiederaufbauprogramm für die Sowjetunion lehnten die USA ab, solange die Moskauer Regierung nicht die Vorkriegsschulden und die Prinzipien der Marktwirtschaft anerkannte. Für vordringlich erachteten amerikanische Regierungs- und Unternehmerkreise die ökonomische Gesundung Deutschlands, ohne die der stockende Wirtschaftskreislauf in Europa nicht in Gang kommen konnte. Als schwerstes Hindernis erwies sich die finanzielle Hinterlassenschaft des Kriegs, zum einen die Reparationen, die Deutschland an die Siegermächte zahlen musste, zum anderen die Kriegsschulden der Alliierten untereinander, von denen mehr als die Hälfte den USA geschuldet wurde. Die Alliierten glaubten, ihre Zahlungsverpflichtungen an die USA nur einhalten zu können, wenn sie von Deutschland Reparationen erhielten. Bis 1923 hatten sich Franzosen, Deutsche und Briten derart heillos in die Reparationsproblematik und den Ruhrkampf verstrickt, dass ein Ausweg nur noch mit amerikanischer Hilfe möglich war. Washington hielt sich politisch im Hintergrund, entsandte aber kompetente Fachleute wie die Bankiers Owen D. Young und Charles G. Dawes nach Europa und ermunterte große Banken, allen voran *J. P. Morgan and Company,* sich finanziell auf dem Kontinent zu engagieren. Ein auf der Londoner Konferenz von 1924 angenomme-

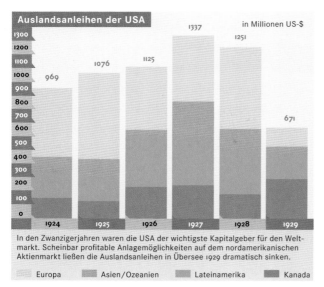

In den Zwanzigerjahren waren die USA der wichtigste Kapitalgeber für den Weltmarkt. Scheinbar profitable Anlagemöglichkeiten auf dem nordamerikanischen Aktienmarkt ließen die Auslandsanleihen in Übersee 1929 dramatisch sinken.

ner und nach Dawes benannter Plan verband die Festsetzung jährlicher Reparationsraten mit einem großen Stabilisierungskredit für die Weimarer Republik.

Dieser Dawesplan, der eine fünfjährige Erholungs- und Prosperitätsphase einleitete, ließ die Bereitschaft der US-Regierung erkennen, die großen Finanzreserven der Nation einzusetzen, um Europa gemäß den Regeln einer liberal-kapitalistischen Ordnung wieder aufzubauen. Ohne dieses amerikanische Engagement wäre weder die Stabilisierung der deutschen Währung noch die Rückkehr der europäischen Länder zum Goldstandard der Vorkriegszeit gelungen. In Washington war man sich darüber klar geworden, dass der amerikanische Wohlstand auch von aufnahmefähigen europäischen Märkten und einem funktionierenden internationalen Finanzsystem abhing. Ab 1924/25 floss ein wachsender Strom privaten amerikanischen Kapitals nach Europa, hauptsächlich nach Deutschland, und US-Konzerne wie Ford und General Motors nahmen große Investitionen vor, um den noch unterentwickelten europäischen Markt zu erschließen. Während General Motors 1929 die Adam Opel AG in Rüsselsheim aufkaufte und den deutschen Markennamen beibehielt, baute Ford in Köln mit tatkräftiger Unterstützung durch Oberbürgermeister Konrad Adenauer eigene Produktionsanlagen auf. Zusammen mit diesem amerikanischen Kapital gelangten technisches Know-how, moderne Managementmethoden und Rationalisierungspraktiken nach Deutschland. Von amerikanischen Krediten und Investitionen profitierten auch die ehemaligen Alliierten einschließlich Italiens, obwohl das Land seit 1922 diktatorisch regiert wurde. In Washington sah man keinen Grund, sich in die inneren Angelegenheiten Italiens einzumischen, und viele Politiker, Diplomaten und Unternehmer empfanden sogar gewisse Sympathien für Mussolinis Faschismus, der Ordnung, Stabilität und Fortschritt zu verbürgen schien. In Italien wie in Deutschland wurden die amerikanischen Kredite aber keineswegs ausschließlich produktiv angelegt, sondern dienten auch zum Bau von staatlichen und kommunalen Prestigeobjekten. Dadurch erhöhten sich die Risiken der Verschuldung, zumal ein Teil der privaten amerikanischen Kredite nur kurzfristig gewährt und gegebenenfalls rasch abgezogen werden konnte.

Während so einerseits amerikanische Gelder nach Europa flossen, beharrten die USA andererseits darauf, dass die ehemaligen Verbündeten ihre Kriegsschulden zurückzahlten. Kongress und Regierung hatten die Kriegskredite nie unter politischen Gesichtspunkten betrachtet, sondern als reine »geschäftliche Transaktionen« begriffen. In Wirklichkeit aber war in Europa bereits ein »Schuldenkarussell«

Die Schulden der Alliierten bei Kriegsende

USA

4,7 Mrd.$

4 Mrd.$

3 Mrd.$

Frankreich   Großbritannien

3,2 Mrd.$

3,5 Mrd.$ 8,1 Mrd.$

andere Länder

Am Ende des Ersten Weltkrieges hatte die gegenseitige Verschuldung der Alliierten ein kritisches Ausmaß erreicht. Allein Finnland erfüllte schließlich seine Verbindlichkeiten gegenüber dem Hauptgläubiger USA.

Aus dem Vertrag über die Ächtung des Kriegs, dem Briand-Kellogg-Pakt, vom 27. August 1928:

Artikel I: Die Hohen Vertragschließenden Parteien erklären feierlich im Namen ihrer Völker, dass sie den Krieg als Mittel für die Lösung internationaler Streitfälle verurteilen und auf ihn als Werkzeug nationaler Politik in ihren gegenseitigen Beziehungen verzichten.
Artikel II: Die Hohen Vertragschließenden Parteien vereinbaren, dass die Regelung und Entscheidung aller Streitigkeiten oder Konflikte, die zwischen ihnen entstehen könnten, welcher Art oder welchen Ursprungs sie auch sein mögen, niemals anders als durch friedliche Mittel angestrebt werden sollen.

Die beiden amerikanischen Bankiers und Politiker Charles G. Dawes (rechts) und Owen D. Young (links), nach denen die beiden großen Reparationspläne von 1924 und 1929 benannt sind. Gemäß dem in Den Haag vereinbarten Youngplan hätte Deutschland bis 1988 Reparationen in einer Gesamthöhe von 112 Milliarden Reichsmark zahlen müssen.

in Gang gekommen, bei dem Deutschland mit amerikanischen Krediten seine Reparationen beglich, und die europäischen Siegermächte mithilfe dieser Einnahmen ihre Schulden in den USA abzahlten. Dieser letztlich unproduktive Kreislauf hätte nur durchbrochen werden können, wenn die USA für eine gleichzeitige Streichung von Reparationen und Kriegsschulden eingetreten wären, und wenn der Kongress die seit 1922 geltenden protektionistischen Zölle abgebaut hätte, um den Europäern höhere Exporte und Deviseneinkünfte zu ermöglichen. Zu einem solchen befreienden Schritt konnten sich aber weder die Politiker in Washington noch die Bankiers und die amerikanischen Geldanleger durchringen.

Sicherheitspolitische Strategien der USA in Europa

Ähnlich deutliche Widersprüche wiesen die sicherheitspolitischen Strategien der USA in Europa auf. Einerseits hielten sich die Amerikaner offiziell von den Bemühungen des Völkerbunds um kollektive Sicherheit ebenso fern wie von der Locarno-Diplomatie Aristide Briands, Gustav Stresemanns und Austen Chamberlains. Andererseits übten amerikanische Diplomaten und Geschäftsleute hinter den Kulissen doch erheblichen Einfluss auf die europäische Politik aus. Sie drängten ihre ehemaligen Verbündeten, im Rahmen des Völkerbunds mutige Abrüstungsschritte zu unternehmen, um Deutschlands Forderung nach Gleichberechtigung entgegenzukommen. Den Wunsch der Franzosen nach einer Sicherheitsgarantie gegen Deutschland beantwortete Außenminister Frank Kellogg schließlich 1928 mit dem Vorschlag eines »Kriegsächtungspakts«, dem zunächst 15, später sogar über 60 Regierungen beitraten. Vom völkerrechtlichen Standpunkt aus gesehen brachte dieser Briand-Kellogg-Pakt zwar wichtige Fortschritte, doch in der gegebenen Situation wiegte er viele Menschen in falscher Sicherheit, da sie nicht erkannten, dass es sich bei der Ächtung des Angriffskriegs letztlich nur um einen moralischen Appell ohne bindende Wirkung handelte. Eine Festigung des Völkerbunds wäre zweifellos sinnvoller gewesen, aber sie kam für die auf Unabhängigkeit und »freie Hand« bedachte amerikanische Außenpolitik nicht in Frage.

Crash und Krise – Das Scheitern der Stabilisierungsbemühungen (ab 1929)

Die begrenzten Stabilisierungserfolge, die auf der Grundlage des Dawesplans erzielt worden waren, gingen ab 1929 in der Weltwirtschaftskrise unter. In dieses Jahr fiel der nach dem amerikanischen Bankier Owen D. Young benannte Plan, der erstmals eine Gesamtsumme für die deutschen Reparationen bestimmte, die Jahresraten herabsetzte und eine neue amerikanische Anleihe gewährte. Obwohl diese »endgültige« Reparationsregelung der Weimarer Republik deutliche Erleichterungen verschaffte – die Laufzeit bis 1988 war von vornherein eher theoretischer Natur –, löste sie in Deutschland einen Proteststurm aus, der den rechtsradikalen Parteien Auftrieb gab. Die privaten amerikanischen Kredite waren schon seit 1928 zurückgegangen, weil sich in den USA angesichts des Booms an der Wall Street lukrativere Anlagemöglichkeiten boten. Nach dem Börsenkrach vom Oktober 1929 wurde der Kreditstrom noch dünner, und nach dem Wahlerfolg der Nationalsozialisten im September 1930, der das Vertrauen der amerikanischen Gläubiger in die politische Stabilität der Weimarer Republik untergrub, versiegte er vollends. Nun wurden viele amerikanische Kredite überstürzt abgezogen. Die Folge waren Firmenzusammenbrüche und Bankenkrisen in Europa von bis dahin unvorstellbarem Ausmaß. Damit begann die gesamte Wirtschaftstätigkeit zu stocken, und Deutschland und Europa gerieten in den Sog der Krise. Um den totalen Kollaps der Finanzmärkte abzuwenden, verkündete Präsident Herbert C. Hoover 1931 ein Moratorium, das alle internationalen Zahlungsverpflichtungen für ein Jahr aussetzte. Faktisch bedeutete dies das Ende der Reparationen, das 1932 auf der Konferenz von Lausanne besiegelt wurde. Bis auf Finnland stellten nun auch die Schuldner der USA ihre Rückzahlungen ein, sodass die amerikanischen Gläubiger den größten Teil der Kriegskredite abschreiben mussten.

Zur selben Zeit zeichnete sich in Asien das Scheitern des amerikanischen Konzepts ab, Frieden durch wirtschaftliche Prosperität zu gewährleisten. Das Vordringen der Japaner auf dem chinesischen Festland, das 1931 mit der Invasion in der Mandschurei begann, konnten die USA weder allein noch im Rahmen des Völkerbunds verhindern. Die Administration Hoover pochte zwar auf die Regeln und Prinzipien, zu deren Einhaltung sich die Signatarstaaten der Washingtoner Konferenz 1921/22 verpflichtet hatten. Die Verträge sahen aber keinerlei Sanktionsmöglichkeiten gegen ein Land vor, das die Bestimmungen missachtete. Für seinen Vorschlag, Japan mit einem Waffenembargo zu belegen, fand Außenminister Stimson keine

Der japanische Einmarsch in die Mandschurei im Spiegel einer amerikanischen Karikatur von 1931: Die Geschütze der Angreifer sind durch papierene Verträge und Absichtserklärungen nicht zu stoppen.

Mehrheit im Kongress. Unter diesen Umständen war die später zur Stimsondoktrin stilisierte Entscheidung, dem japanischen Marionettenstaat Mandschukuo die diplomatische Anerkennung zu verweigern, kaum mehr als eine symbolische Geste, die politische und militärische Hilflosigkeit verhüllen sollte. Die Hoffnung auf eine liberal-kapitalistische Weltordnung, die allein durch ihre »innere Logik« Stabilität produzierte, hatte sich als trügerisch erwiesen. Vielmehr stellte die Weltwirtschaftskrise die Existenz der Demokratie in Amerika und Europa infrage und bereitete einer Aufspaltung der Welt in Machtblöcke und ideologische Lager den Boden.

Jürgen Heideking

Die Karten werden neu gemischt – Roosevelts New Deal

Die Große Depression – Ursachen und Verlauf

Die Kursstürze an der New Yorker Börse am 24. Oktober 1929, dem »Schwarzen Donnerstag«, und am 29. Oktober, dem »Schwarzen Dienstag«, wurden zum Fanal einer Krise, die alle bisherigen Rezessionen und Depressionen in den Schatten stellte. Panikverkäufe von Anlegern, die den Wert ihrer Aktien bis November um mehr als die Hälfte fallen sahen, verursachten Banken- und Firmenzusammenbrüche, die rasch das gesamte Wirtschaftsleben zu lähmen begannen.

Zu den langfristigen Ursachen der Großen Depression gehörte die Überproduktion im Agrarsektor. Sinkende Erzeugerpreise bedingten, dass viele Farmer ihre Hypothekenzinsen nicht mehr zahlen konnten. Im industriellen Sektor trat bis 1929 eine Sättigung des Markts ein, zu der in der Übermacht der Großkonzerne gründende Wettbewerbsverzerrungen und die unzureichende Massenkaufkraft maßgeblich beitrugen. Einen strukturellen Schwachpunkt bildete das amerikanische Bankenwesen, das keinen wirksamen Kontrollen unterworfen war. Es wurde durch das in der Prosperitätsphase wachsende Kreditvolumen überlastet und zeigte sich den Folgen unregulierter Börsenspekulation nicht gewachsen. Fehlentscheidungen des Zentralbankrats, der 1927 mit Zinssenkungen die Aktienhausse angeheizt hatte, verschlimmerten die Lage: Als die Börsenkurse fielen, reagierte er mit Kreditrestriktionen, statt die Geldmenge zu erhöhen und für Liquidität zu sorgen.

Seit 1927 stiegen amerikanische Aktienkurse in Schwindel erregende Höhen. Die Hoffnung auf schnelle Spekulationsgewinne ergriff die ganze Nation und führte bis zum »Schwarzen Donnerstag« im Oktober 1929 zu einem regelrechten Ansturm auf die Börse. Hier ein Blick in die Wall Street im Oktober 1929.

Private Hilfsaktionen sicherten während der Depression vielen Verarmten das Überleben: Männer stehen für die Essensgutscheine einer Wohltätigkeitskantine Schlange. Zwanzig Bons für warme Mahlzeiten kosteten nur einen Cent.

Sämtliche statistischen Indikatoren bestätigen die einzigartige Härte des wirtschaftlichen Rückschlags. Bruttosozialprodukt, privates Einkommen und Außenhandel schrumpften bis 1933 auf die Hälfte zusammen. Die Investitionen sanken von 10 Milliarden Dollar 1929 auf 1 Milliarde 1932, und die Bautätigkeit kam 1932/33 fast vollständig zum Erliegen. Während die Agrarpreise im Schnitt um 60 Prozent fielen, ging die landwirtschaftliche Produktion nur um 6 Prozent zurück, sodass Hunger und Überfluss nebeneinander existierten. Von Arbeitslosigkeit betroffen waren auf dem Höhepunkt der Krise 1932/33 etwa 15 Millionen Amerikaner, mithin ein Viertel der arbeitsfähigen Bevölkerung.

Diese Menschen besaßen keinerlei Unterstützungsanspruch, sondern waren auf die Armenhilfe der Gemeinden und auf private Wohltätigkeit angewiesen. Farmer und Pächter im Mittleren Westen litten nicht nur unter dem Preisverfall, sondern auch unter anhaltender Dürre, die Bodenerosion und Sandstürme verursachte. Viele Familien brachen in Richtung Kalifornien auf, das nun als das »Gelobte Land« galt. Sie fanden aber oft nur in Obdachlosenlagern Unterkunft und mussten sich als Obstpflücker verdingen.

Der rasche Sturz in die Krise führte zu einer tiefen psychischen Verunsicherung breiter Bevölkerungsschichten. Obwohl viele Betroffene die Schuld an ihrer Notlage bei sich selbst suchten, kamen doch Zweifel an den Grundfesten der amerikanischen Lebensart auf: an der Fähigkeit des Einzelnen, sein Schicksal selbst zu gestalten, an der Überlegenheit der Demokratie gegenüber diktatorischen Regierungsformen und an den Vorzügen einer kapitalistischen Wirtschaft mit freiem Unternehmertum. Es musste sich erweisen, ob das politische System der USA noch fähig war, diese Ratlosigkeit und lähmende Ungewissheit zu überwinden.

»Das größte Glück der größten Zahl« – Roosevelts New Deal

In Franklin D. Roosevelt erwuchs der Demokratischen Partei gerade rechtzeitig wieder eine charismatische Führerpersönlichkeit vom Schlage eines Woodrow Wilson. Anders als Herbert C. Hoover bekundete Roosevelt Mitgefühl für den »vergessenen kleinen Mann« und strahlte Tatkraft und Zuversicht aus. Die Parole vom *New Deal,* einer gerechten Neuverteilung der gesellschaftlichen Chancen, die Roosevelt auf dem Nominierungskonvent der Demokraten in Chicago Ende Juli 1932 ausgab, erwies sich als werbewirksam und mitreißend. Der Kandidat propagierte keinen fertigen Rettungsplan, sondern wies zunächst nur die Richtung: Die Bundesregierung müsse die Verantwortung für das wirtschaftliche Wohlergehen der Amerikaner übernehmen und die Krise ebenso entschlossen wie eine militärische Invasion bekämpfen. Mit über 7 Millionen Stimmen Vorsprung vor Hoover gaben ihm die Wähler im November ein klares Mandat und einen großen Vertrauensvorschuss.

Der »erste« New Deal

Angesteckt vom Schwung und Optimismus des neuen Präsidenten, zeigte sich der Kongress bereit, den *New Deal* mit vereinten Kräften auf den Weg zu bringen. In den legendären »ersten hundert Tagen« wurde ein wahres Feuerwerk an Reformen abgebrannt. In den Radioansprachen vor dem Kamin seines Arbeitszimmers erläuterte Roosevelt den Bürgern seinen experimentellen Regierungsstil: Wichtig sei, dass überhaupt etwas geschehe; sollten sich einzelne Maßnahmen als falsch erweisen, könne man sie korrigieren und etwas anderes versuchen.

Die politische Initiative lag eindeutig beim Präsidenten, der eine Gruppe hochkarätiger Wissenschaftler als Berater um sich sammelte.

John Steinbecks Erfolgsroman »Früchte des Zorns« schildert eindrucksvoll das Schicksal der von Oklahoma nach Kalifornien ziehenden Wanderarbeiter (Einband der Erstausgabe 1939). Die optimistischere Filmversion aus Hollywood von 1940 wurde zu einem großen Kassenschlager.

Ein handsigniertes Foto zeigt den gut gelaunten Franklin D. Roosevelt auf der Terrasse seines Privathauses in Hyde Park, New York. Die für das Bild gewählte Pose lässt nicht erkennen, dass die Beine des Präsidenten durch eine Polioerkrankung gelähmt waren.

Mit Frances Perkins als Arbeitsministerin zog erstmals eine Frau ins Kabinett ein, eine Entscheidung, die dem Image der Regierung ebenso zugute kam wie das soziale Engagement der First Lady Eleanor Roosevelt. Roosevelts Vertrauter Harry L. Hopkins kümmerte

Eleanor Roosevelt (Bildmitte) trat als sozial engagierte First Lady für Bürger- und Menschenrechte ein und setzte ihre öffentlichen Auftritte auch nach dem Tod ihres Mannes fort.
Das Foto zeigt sie beim Besuch eines Sommerlagers für arbeitslose Mädchen im Naturpark Bear Mountain nördlich von New York City.

In seiner Antrittsrede vom 4. März 1933 versuchte der neu gewählte Präsident Roosevelt, seinen amerikanischen Mitbürgern vor allem das Vertrauen in sich selbst zurückzugeben:

Ich bin sicher, meine amerikanischen Mitbürger erwarten von mir, dass ich mich am Tage meiner Einführung in das Präsidentenamt mit einer Ehrlichkeit und Entschlossenheit an sie wende, die der gegenwärtigen Situation, in der sich unsere Nation befindet, angemessen ist. Jetzt ist der Zeitpunkt gekommen, die Wahrheit, die ganze Wahrheit offen und mit Nachdruck auszusprechen. Wir brauchen nicht davor zurückzuschrecken, uns ehrlich mit den Zuständen in unserem Land auseinander zu setzen. Diese große Nation wird durchhalten so, wie sie immer durchgehalten hat, sie wird wieder zu Leben erwachen und wieder zu Wohlstand kommen. Deshalb lassen Sie mich zuallererst meinen festen Glauben daran zum Ausdruck bringen, dass das Einzige, was wir wirklich zu fürchten haben, die Furcht selbst ist – die namenlose, unvernünftige und unberechtigte Angst, die alle Anstrengungen lähmt, den Rückschritt in Fortschritt zu verwandeln. Wann immer unsere Nation eine dunkle Stunde erlebt hat, so hat eine Führung, die Ehrlichkeit und Tatkraft bewies, jenes Verständnis und jene Unterstützung des Volkes besessen, die notwendig waren, um den Sieg zu erlangen. Ich bin überzeugt, dass Sie in diesen kritischen Tagen erneut einer solchen Führung Ihre Unterstützung geben werden.

sich zunächst um die Arbeitslosenhilfe und übernahm später wichtige Aufgaben als Handelsminister und Sonderbotschafter. Von Beginn an verstand es Roosevelt, seine eigene Autorität durch das Nebeneinander konkurrierender Ämter in der Administration zu stärken. Überdies verfügte er über ein feines Gespür für die öffentliche Meinung, die er über Presse und Rundfunk kontinuierlich zu beeinflussen wusste.

Die Reformen des *New Deal* erfassten jeden Wirtschaftsbereich; zur Signatur der Epoche wurden die vielen autonomen, dem Präsidenten direkt unterstellten Exekutivbehörden, die der Kongress für die verschiedensten Aufgaben schuf. Höchste Priorität beanspruchte die Bankenkrise, in deren Folge etwa 9 Millionen Amerikaner ihre Ersparnisse verloren hatten. Unmittelbar nach seiner Amtseinführung am 4. März 1933 verfügte Roosevelt »Bankfeiertage« und berief den Kongress zu einer Sondersitzung ein. Schon am 9. März wurde ein Bankengesetz verabschiedet, das stärkere Aufsichtsbefugnisse des Finanzministeriums vorsah *(Emergency Relief Banking Act)*. Am 13. März konnten die »sicheren« Banken wieder geöffnet werden, und der Anstieg der Einlagen zeigte, dass das Vertrauen der Sparer zurückkehrte. Zur weiteren Beruhigung trug der *Glass-Steagall Banking Act* bei, der Geldanlagegeschäfte von »normalen« Bankgeschäften trennte und eine Versicherung der Bankeinlagen vorsah. Als Kontrollorgan für die Börse fungierte ab 1934 die *Securities and Exchange Commission,* die eine übersteigerte Spekulation und Geschäfte zwischen Insidern verhindern sollte. Die Aufgabe des Goldstandards und die Abwertung des Dollars zielten darauf ab, das inländische

Preisniveau zu heben. Dieser Alleingang der USA verurteilte das Projekt einer internationalen Währungsstabilisierung zum Scheitern, das die Londoner Weltwirtschaftskonferenz 1933 erörterte. Damit verstärkten die USA den Trend zum ökonomischen Nationalismus, der dem Ideal des freien Welthandels eigentlich zuwiderlief. In der Haushaltspolitik verhielt sich Roosevelt konventionell und mahnte zur Sparsamkeit, als das Haushaltsdefizit anwuchs. Die Ausgabenkürzungen, die der Kongress daraufhin vornahm, wirkten der wirtschaftlichen Erholung eher entgegen. Erst 1938 wurde dieser restriktive Kurs aufgegeben, als die Konjunktur erneut einbrach und sich vor dem Hintergrund des Aufstiegs von Deutschland und Japan bereits die Notwendigkeit militärischer Aufrüstung ankündigte.

Ein zweiter Schwerpunkt war die Stützung der Landwirtschaft. Das erste Gesetz über die Anpassung der Landwirtschaft *(Agricultural Adjustment Act)* an die zu geringe Nachfrage vom Mai 1933 sah eine Kombination von Anbaubeschränkungen und Subventionen für bestimmte Produkte wie Weizen, Baumwolle und Tabak vor, um die Erzeugerpreise dem industriellen Preisniveau anzugleichen. Flankierend vergab man zinsgünstige Kredite an Farmer, um massenhafte Zwangsversteigerungen abzuwenden. Vom Anstieg der Preise profitierten allerdings in erster Linie die größeren Farmer, während Kleinbauern und schwarze Pächter im Süden zumeist leer ausgingen. Das wiederum lag hauptsächlich daran, dass die Subventionen durch die Regierungen der Einzelstaaten und die lokalen Farmerorganisationen verteilt wurden. Im Süden dominierten aber nach wie vor die konservativen Demokraten und ihre weiße Farmerklientel, auf deren politische Unterstützung Roosevelt angewiesen war. Das hielt den Präsidenten auch davon ab, sich in die Rassenbeziehungen einzumischen.

Dorothea Lang fotografierte diese Familie eines Wanderarbeiters 1935 für ein staatliches Dokumentationsprojekt. Ihre Bilder spiegeln das Elend, aber auch den Überlebenswillen derer wider, die von den Folgen der Depression am härtesten getroffen wurden.

Die Karikatur von Clifford Berryman (1933) zeigt Arbeitgeber und Arbeitnehmer einträchtig in den Armen von »Uncle Sam« und propagiert so, dass alle gesellschaftlichen Kräfte am Reformwerk des National Recovery Act mitarbeiten sollen (links). Kritische Stimmen meinten allerdings, dass das Bigbusiness die Karten verteile, während der Regierung die Hände gebunden seien (rechts).

Das Kernstück des ersten *New Deal* bildete das Bundesgesetz über den industriellen Wiederaufbau vom Juni 1933 *(National Industrial Recovery Act, NIRA).* Unter der Aufsicht der *National Recovery Administration* konnte jede Branche Regeln, die *codes of fair business,* aufstellen, die »ruinösen Wettbewerb« durch Preis- und Produktions-

Die für das von Bodenerosion und Überschwemmungen bedrohte Notstandsgebiet am Tennessee River und seinen Nebenflüssen zuständige Behörde, die Tennessee Valley Authority, errichtete insgesamt 51 Staudämme und koordinierte Behörden in sieben betroffenen Einzelstaaten. William Groppers zeitgenössische Studie für ein Wandbild im Washingtoner Innenministerium zeigt den Dammbau als heroische Gemeinschaftsleistung (Washington, Smithsonian Institution).

Als Gouverneur von Louisiana erlangte Huey P. Long große Popularität, obwohl er den Staat in fast diktatorischer Weise regierte. Das Foto zeigt die Ankündigung seiner Präsidentschaftskandidatur im August 1935.

absprachen verhindern sollten. Als Zugeständnis an die Gewerkschaften wurden Vereinbarungen über Mindestlöhne und Höchstarbeitszeiten, das Verbot der Kinderarbeit und das Recht auf freie Tarifverhandlungen in die *codes* aufgenommen. Der Widerstand der Unternehmer gegen solche präzedenzlosen Eingriffe des Staats formierte sich gerade, als der Oberste Gerichtshof das Gesetz im Mai 1935 als verfassungswidrig aufhob.

Der experimentelle Charakter des *New Deal* zeigte sich am deutlichsten auf dem Gebiet der Arbeitsbeschaffung: Etliche Organisationen folgten dort aufeinander oder existierten nebeneinander her. Die *Civil Works Administration* verschaffte im Winter 1933/34 vier Millionen Menschen vorübergehend Arbeit, wurde dann aber wegen Geldmangels wieder aufgelöst. Als dauerhafter erwies sich das *Civilian Conservation Corps,* ein freiwilliger Arbeitsdienst für Männer zwischen 18 und 25 Jahren, die in Militärcamps lebten und mit Landschafts- und Naturschutzaufgaben beschäftigt wurden. Das Großprojekt der *Tennessee Valley Authority* verband dagegen Arbeitsbeschaffung mit regionaler Wirtschaftsentwicklung: Im Einzugsgebiet des Tennessee River wurden Dämme, Schleusen, Elektrizitätswerke, Stromleitungen und Chemiefabriken gebaut.

Opposition gegen den New Deal

Das Ergebnis der Zwischenwahlen vom November 1934 bewies, dass die Mehrheit der Bevölkerung hinter Roosevelt stand. Allerdings wurde auch Kritik laut, die aus zwei unterschiedlichen Richtungen kam: Für die einen war der *New Deal* ein »Strohfeuer«, das bald wirkungslos verpuffen würde, für die anderen ging er zu weit und beschwor die Gefahr einer Revolution herauf. Populistische Führer propagierten schlichte und zum Teil autoritäre Lösungen. So wollte Huey P. Long, Gouverneur und Senator von Louisiana, den Reichen hohe Steuern und Abgaben auferlegen, mit deren Hilfe dann jeder amerikanischen Familie ein Haus und ein festes Jahreseinkommen finanziert werden sollte. Bevor dieser dynamische Agitator zu einer echten Gefahr für Roosevelt werden konnte, wurde er im September 1935 in Louisiana ermordet. Die konservative Gegenposition vertrat die *American Liberty League.* Sie attackierte die staatliche Regu-

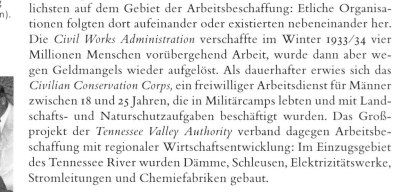

lierung des Wirtschaftslebens als Vorstufe eines kommunistischen oder faschistischen Regimes. Auch die Gerichte glaubten nun zu erkennen, dass der *New Deal* das amerikanische Verfassungssystem aus den Angeln hob. Als der Oberste Gerichtshof im Mai 1935 eine Klage gegen den für die Geflügelindustrie geltenden *code* behandelte, erklärten die Richter den *NIRA* einstimmig für verfassungswidrig. Sie bemängelten, dass der Kongress zu viele Vollmachten an die Exekutive delegiert und die Bundesregierung auf unzulässige Weise in die Belange der Einzelstaaten eingegriffen habe. Mit ähnlichen Begründungen, zum Teil aber mit nur knappen Mehrheiten, verwarf das Oberste Gericht auch weitere wichtige Gesetze aus den »ersten hundert Tagen« und stellte damit den gesamten *New Deal* infrage.

Der »zweite« New Deal

Präsident Roosevelt beantwortete die Rückschläge mit einer Verschärfung seines Reformkurses. Hatte sich die Regierung bislang um eine Harmonisierung der Interessen von Unternehmern, Gewerkschaften und Farmern bemüht, so waren die Gesetze des »zweiten« *New Deal* ab 1935 weiter »links« auf der politisch-ideologischen Skala angesiedelt. Sie begünstigten die Arbeiterschaft, während die Unternehmen wieder einem stärkeren Wettbewerb ausgesetzt und höher besteuert wurden. Als Ersatz für den *NIRA* unterzeichnete der Präsident im August 1935 den *Wagner Act (National Labor Relations Act)* über die Neuordnung der Arbeitsbeziehungen, der in erster Linie die Rechte der Gewerkschaften absicherte.

Seit den 1880er-Jahren beherrschte die **»American Federation of Labor« (AFL)** die gewerkschaftspolitische Landschaft. Dieser Zusammenschluss von Facharbeiterverbänden sah ungelernte Arbeiter, Frauen und Afroamerikaner im Wesentlichen als Konkurrenz an und zeigte an deren Mitgliedschaft kein Interesse.

Im Rahmen des »zweiten« New Deal provozierte die Durchsetzung gewerkschaftlicher Organisationsfreiheit schwere Arbeitskämpfe, aus denen neue Industriegewerkschaften hervorgingen, die auch ungelernte Arbeiter aufnahmen. Sie schlossen sich 1938 im **Congress of Industrial Organizations« (CIO),** ursprünglich eine Abspaltung der AFL, zusammen. Zwischen 1933 und 1941 wuchs die Zahl der Gewerkschaftsmitglieder von unter 3 auf über 8 Millionen an; Ende des Zweiten Weltkriegs waren 15 Millionen Amerikaner organisiert. Nach fast zwanzigjährigen Auseinandersetzungen fanden die beiden großen Dachverbände 1955 unter der Bezeichnung AFL-CIO wieder zusammen.

Ein großer Teil der Landarbeiterschaft in Staaten wie Kalifornien waren wandernde Saisonarbeiter. Vorzugsweise nahm man Mexikaner oder asiatische Einwanderer, die sich mit harten Lebensbedingungen und Niedriglöhnen zufrieden gaben. Im Bild Filipinos auf den Salatfeldern bei Salinas.

Einen ersten Schritt zum modernen Sozialstaat unternahm eine Koalition aus Demokraten und gemäßigten Republikanern mit dem *Social Security Act* vom August 1935. Finanziert wurden die Programme zur Altersrente und Arbeitslosenunterstützung durch Arbeitnehmer- und Arbeitgeberanteile an Löhnen und Gehältern, und

Während ihres achtjährigen Bestehens ließ die »Works Progress Administration« zwei Millionen Plakate mit 35 000 verschiedenen Motiven entwerfen. Sie sollten die Bevölkerung in unkonventioneller Weise aufklären oder belehren.

Charlotte Hawkins Brown (1883–1961) begründete und leitete 50 Jahre lang das »Palmer Memorial Institute«, in den 1930er-Jahren die erste staatlich geförderte Highschool für Afroamerikaner, bei Greensboro, North Carolina. Das Foto zeigt sie zusammen mit der Präsidentengattin Eleanor Roosevelt.

die Fonds wurden gemeinsam von den Einzelstaaten und der Bundesregierung verwaltet. Gesetzlich vorgeschrieben war nun auch die Unterstützung bedürftiger Personengruppen, zu denen Blinde, Gehörlose, Behinderte und familiär unversorgte Mütter und Kinder gehörten. Diese Bestimmungen bildeten die Keimzellen, aus denen sich das amerikanische Sozialhilfesystem entwickelte. Der *Fair Labor Standards Act* verbot endlich die Kinderarbeit und führte gesetzliche Mindestlöhne und Höchstarbeitszeiten ein. Auch die Arbeitsbeschaffung wurde im Rahmen des »zweiten« *New Deal* intensiviert. Die *Works Progress Administration* förderte nicht nur Industrie- und Infrastrukturprojekte, sondern beschäftigte auch eine große Zahl von Künstlern und Intellektuellen. Dennoch verharrte die Arbeitslosigkeit auf hohem Niveau; in der Rezession 1938 stieg sie vorübergehend sogar wieder auf über 10 Millionen, mithin auf 19 Prozent an.

Abgerundet wurde der »zweite« *New Deal* durch den *Banking Act*, der die Verantwortung für die Geldpolitik endgültig von der regionalen auf die nationale Ebene hob und durch Steuerreformen die unteren Einkommensschichten entlastete. Dass diese Politik die Zustimmung der Massen fand, bestätigten die Wahlen von 1936 eindrucksvoll: Roosevelt besiegte seinen republikanischen Herausforderer Alfred M. Landon, den Gouverneur von Kansas, haushoch.

Konservative auf dem Vormarsch – Das Ende des New Deal

Trotz des überwältigenden Wahlerfolgs stand Roosevelts zweite Amtszeit innenpolitisch unter einem schlechten Stern. Im Kongress löste sich die parteienübergreifende Koalition auf, die den *New Deal* ermöglicht hatte, da die Republikaner die unternehmerfeindliche Politik der Regierung nicht mehr mittragen wollten. Zahlreiche Streiks sowie die einsetzende Rezession beunruhigten viele Amerikaner und weckten Zweifel an der Richtigkeit des neuen, radikaleren Kurses. Die schwerste Krise löste Roosevelt jedoch selbst mit einem Frontalangriff auf den Obersten Gerichtshof aus, dessen konservative Urteile ihn zunehmend verärgert hatten. Sein Vorschlag, für jedes Mitglied des Obersten Gerichts, das im Alter von 70 Jahren nicht von seinem Amt zurücktrat, einen zusätzlichen Richter ernennen zu dürfen, kostete ihn viele Sympathien. Nun warnten sogar liberale Demokraten vor »diktatorischen Anwandlungen«, und der Kongress lehnte den Gesetzentwurf im Juli 1937 ab.

Die Zwischenwahlen von 1938 brachten den Republikanern Zugewinne und stärkten die konservativen Kräfte in der Demokratischen Partei. Obwohl die wirtschaftlichen und sozialen Folgen der Großen Depression noch lange nicht beseitigt waren, ging das Reformwerk des *New Deal* damit zu Ende. Die Aufmerksamkeit der Öffentlichkeit wandte sich jetzt immer stärker dem außenpolitischen Geschehen und der Kriegsgefahr in Asien und Europa zu. Die Bilanz des *New Deal* weist Licht- und Schattenseiten auf. Der Abbau der Arbeitslosigkeit verlief langsamer als in den meisten europäischen Industriestaaten. Für eine echte Wirtschaftserholung sorgte erst der Rüstungsboom im Zweiten Weltkrieg. Afroamerikaner und andere Minderheiten wie die 170 000 Indianer und die mexikanischen Wanderarbeiter profitierten weniger von den Reformen als die weiße Mittel- und Unterschicht. Dennoch gaben die meisten afroamerikanischen Wähler Franklin D. Roosevelt ihre Stimme, der zumindest mit einigen Ämterbesetzungen und symbolischen Gesten Verständnis für ihre Bedürfnisse erkennen ließ. Die Frauen, immerhin die Mehrheit der Bevölkerung, blieben weiterhin im Berufsleben und bei der sozialen Absicherung benachteiligt. Führende Politikerinnen der Demokratischen Partei sahen bewusst von einer speziellen »Frauenagenda« im Rahmen des *New Deal* ab, da sie glaubten, die allgemeine Belebung der Wirtschaft werde Männern und Frauen gleichermaßen zugute kommen. Die Karrieren weniger Frauen in Bürokratie, Justiz und Diplomatie können indes nicht darüber hinwegtäuschen, dass sich am minderen gesellschaftlichen Status der Frauen wenig änderte. Die Karten wurden also keineswegs so gründlich »neu gemischt«, wie Roosevelt es in den Wahlkämpfen versprochen hatte. Dennoch fällt eine Gesamtbewertung des *New Deal* positiv aus. Die Administration Roosevelt wollte das bestehende liberal-kapitalistische System nicht abschaffen, sondern stabilisieren und verbessern. Dabei befand sie sich im Einklang mit der großen Mehrheit der Amerikaner, die trotz der Depression an den vertrauten Werten von Individualismus, Eigeninitiative und Mobilität festhielten. Entscheidend war, dass der *New Deal* den Amerikanern das Gefühl nahm, einem schicksalhaften Verhängnis hilflos ausgeliefert zu sein, und dass er ihnen eine Alternative zu den totalitären Versuchungen bot, denen viele europäische und asiatische Völker erlagen.

Arbeitsministerin Frances Perkins mit Stahlarbeitern der Carnegie Steel Company in Pittsburgh. Die erste Frau in einem amerikanischen Kabinett beantwortete die Frage nach ihrem öffentlich zu verwendenden Amtstitel mit den Worten: »Miss Perkins«. Sie erwarb sich schnell das Vertrauen von Arbeitern und Gewerkschaften.

Da oft nur die Wirtschaft in den Blick gerät, werden die wichtigen kulturellen Impulse des *New Deal* zu Unrecht übersehen. Projekte für Künstler und Intellektuelle wie das *Federal Writers' Project* und das *Federal Theater Project* waren weit mehr als reine Arbeitsbeschaffungsmaßnahmen: Indem die Beteiligten Parks und Denkmäler restaurierten oder neu errichteten, öffentliche Gebäude mit Wandmalereien schmückten, Volkslieder und Gedichte sammelten, Theaterstücke aufführten oder Dokumentarfilme drehten, trugen sie zur Stärkung der amerikanischen Identität und des Patriotismus bei. Es kam deshalb nicht von ungefähr, dass sich viele Künstler nach 1941 rasch und bereitwillig als Propagandisten im Kampf gegen die totalitären Staaten zur Verfügung stellten.

Jürgen Heideking

Koloniale Abhängigkeit zwischen den Kriegen

D er Erste Weltkrieg beschleunigte Wandlungsprozesse in fast allen politischen und gesellschaftlichen Bereichen überall auf der Welt. Dies gilt auch für die Kolonien und die Kolonialpolitik. Die fast selbstverständliche Verfügungsgewalt der imperialistischen Mächte Europas über mehr als die Hälfte der Erdoberfläche und ein gutes Drittel der Weltbevölkerung war aus verschiedenen Gründen an einen kritischen Punkt gekommen, auch wenn auf den ersten Blick noch von einer Kontinuität kolonialer und halbkolonialer, formeller und informeller Herrschaft über Afrika und Asien gesprochen werden kann. Das Zeitalter der Entkolonisierung begann recht eigentlich erst nach dem Zweiten Weltkrieg. Gleichwohl ist nicht zu übersehen, dass schon nach 1918 manches Abhängigkeitsverhältnis dadurch eine Veränderung erfuhr, dass einzelne Kolonien eine Gegenleistung für ihren Beitrag im

Am 18. Dezember 1918 traf der amerikanische Präsident Woodrow Wilson zur Friedenskonferenz in Paris ein. Das Foto zeigt ihn zusammen mit dem französischen Staatspräsidenten Raymond Poincaré (rechts).

Krieg erwarteten, den zu gewinnen sie geholfen hatten. Hinzu kam die antiimperialistische Stoßrichtung sowohl liberaler als auch sozialistisch-kommunistischer Prägung. In den USA, deren Kriegseintritt 1917 kriegsentscheidend gewesen war, verstand Präsident Woodrow Wilson das Selbstbestimmungsrecht ausdrücklich in einem globalen Sinn. Noch schärfer formuliert war die antiimperialistische Programmatik, wie sie die russische Oktoberrevolution 1917 in die Welt trug. Allenthalben begannen sich nationalstaatliche Ideen und Emanzipationsbewegungen in den Kolonialreichen bemerkbar zu machen.

Wirklich einschneidende Veränderungen ergaben sich 1919 nur für die Reiche, die den Krieg verloren hatten. Deutschland büßte seine überseeischen Besitzungen in Afrika, Fernost und der Südsee ein; das Osmanische Reich mit seinem ausgedehnten Besitz im Nahen Osten reduzierte sich auf die Türkei. Dies führte aber nicht zur Selbstständigkeit der betroffenen Gebiete, sondern zu einer neuen Konstruktion von Herrschaft, zur Einführung des Mandatssystems. Blieb einerseits den bisher unter osmanischer und deutscher Herrschaft stehenden Gebieten die eigene selbstständige Staatlichkeit versagt, so wurden sie andererseits nicht direkt annektiert. Vielmehr fielen sie als Mandatsgebiete an Großbritannien und Frankreich, aber auch an Japan, Südafrika, Australien und Neuseeland, die ihr Mandat von dem 1919 geschaffenen Völkerbund erhielten. Artikel 22 der Völkerbundsatzung begründete dies damit, dass die betroffenen Völker »noch nicht imstande sind, sich unter den besonders schwierigen Bedingungen der heutigen Welt selbst zu leiten«. Darum verfügte der Völkerbund die »Übertragung der Vormundschaft über diese Völker an die fortgeschrittenen Nationen«, wie die erprobten Kolonialmächte genannt wurden. Sie sollten »die Vormundschaft als Mandatare des Völkerbunds und in seinem Namen führen« und jährlich über die ihrer »Fürsorge anvertrauten Gebiete« berichten.

Jede andere Entscheidung der Großmächte, die in Paris 1919 zur Friedenskonferenz zusammenkamen, hätte unabsehbare Auswirkungen auf den Zusammenhalt ihrer bestehenden Kolonialreiche gehabt. Immerhin aber konnten sich die in kolonialer Abhängigkeit gehaltenen Völker daran orientieren, dass das Mandatssystem einst in die Selbstregierung münden sollte. Auch wurden die Mandatsgebiete verschiedenen »Entwicklungsstufen« zugeordnet. Zu den A-Mandaten, die als am weitesten entwickelt eingestuft wurden, zählten die »ehemals zum Türkischen Reich« gehörenden Gebiete in der arabischen Welt. Ihnen war von Großbritannien als Gegenleistung für ihre Beteiligung am Krieg gegen das Osmanische Reich schon 1916 die Unabhängigkeit versprochen worden. In Konflikt damit hatte London 1917 auch den zionistisch gesinnten Juden eine »Heimstatt« in Palästina in Aussicht gestellt. Nach dem Krieg teilten sich dann Großbritannien und Frankreich nach anfänglichem militärischem Widerstand in Syrien und im Irak die Herrschaft. Britisches Mandat wurden Palästina, Transjordanien und der Irak. Frankreich übernahm Syrien. In der Folgezeit bewies der arabische Nationalismus allerdings immer wieder seine Lebenskraft. Der Irak wurde 1930 unabhängig und mit seinem Beitritt zum Völkerbund 1932 erlosch das britische Mandat. In Palästina, wo 1930 inzwischen 150000 Juden und eine Million Araber lebten, kam es nicht zu einer beide Seiten zufrieden stellenden Lösung, sodass Großbritannien Ende der Dreißigerjahre eine Begrenzung der jüdischen Einwanderung und ein arabisches Palästina (mit einer jüdischen Minderheit) ins Auge fasste. Außerhalb des Mandatssystems erlangten in diesem Raum Ägypten – schrittweise 1922 und 1936 – und Saudi-Arabien (1932) die Unabhängigkeit. Ebenfalls an Großbritannien und Frankreich kamen als B-Mandate die früheren tropischen Afrikabesitzungen des Deutschen Reiches. Auf der niedrigsten Stufe stand Südwestafrika. Es fiel als C-Mandat, das »nach den Gesetzen des Mandatars und als integrierender Bestandteil seines Gebiets« verwaltet wurde, an die Südafrikanische Union. Die ebenfalls als C-Mandate ausgewiesenen Pazifikinseln, die zum deutschen Kolonialbesitz gehört hatten, teilten sich Australien, Neuseeland und Japan.

GOTTFRIED NIEDHART

Gegen die Einwanderung von Juden nach Palästina richteten sich zwischen 1936 und 1939 mehrere bewaffnete Aufstände der Araber. Das Foto zeigt britische Soldaten mit festgenommenen Palästinensern in Jerusalem.

1925/26 kam es im französischen Mandatsgebiet zu einer Erhebung der Drusen, Angehöriger einer aus dem Islam hervorgegangenen Religionsgemeinschaft, der sich zu einem allgemeinen Aufstand in Syrien ausweitete und von Frankreich brutal niedergeschlagen wurde. Dargestellt ist hier die Ermordung von acht Franziskanern und ihren christlich-maronitischen Brüdern in Damaskus.

Höhepunkt des Kolonialismus – Die Aufteilung des Osmanischen Reiches

Die Nachkriegsordnung in der arabischen Welt

Vorverhandlungen der Ententemächte

Die Ententemächte verhandelten bereits während des Ersten Weltkrieges über die Frage, was nach einem Sieg über die Türkei mit den arabischen Gebieten zu geschehen habe, die bis dahin zum Osmanischen Reich gehört hatten. Zwischen Frankreich und Großbritannien wurde das geheime Sykes-Picot-Abkommen ausgehandelt, das für die Mächte zweierlei Territorien vorsah: Einflussgebiete und solche direkter Verwaltung. Für die direkte Verwaltung reservierte sich Großbritannien Palästina und den südlichen Irak, Gebiete, die es bereits militärisch besetzt hatte oder sich zu besetzen anschickte. Für Frankreich waren die Küstengebiete nördlich von Palästina vorgesehen. Als »Einflusszonen« sah das Abkommen für London die südlichen Teile der syrischen Wüste vor, für Paris die nördlichen. Nach der Oktoberrevolution von 1917 schied jedoch das an diesen Gesprächen beteiligte zaristische Russland aus. Weitere Abmachungen schloss die britische Regierung in Kairo mit dem unter osmanischer Oberhoheit stehenden Emir und Scherifen Husain von Mekka ab. Sie wurden in einer Korrespondenz zwischen dem Scherifen und dem britischen Hochkommissar in Ägypten, Sir Henry McMahon, niedergelegt und liefen darauf hinaus, dass

Die Deklaration des britischen Außenministers Balfour von 1917 versprach den Juden eine Heimstatt in Palästina (Aufnahme von 1915).

1639 wurde das Siedlungsgebiet der **Kurden** in Vorderasien zwischen dem Osmanischen und dem Persischen Reich aufgeteilt. Entgegen dem Friedensvertrag von Sèvres (1920) wurden nach dem Ersten Weltkrieg die osmanischen Teile des geschlossen oder überwiegend kurdisch bewohnten Gebiets der neuen Türkei, Irak und Syrien eingegliedert. Die Verweigerung kurdischer Eigenstaatlichkeit förderte eine – in sich heterogene – Nationalbewegung. Heute bilden die Kurden eine nationale Minderheit in der Türkei (12 Millionen), im Iran (5,5), Irak (3,7), in Syrien (0,5) und in den mittelasiatischen Staaten (0,15) Nach dem Zweiten Weltkrieg gelangten Kurden aus ihren vorderasiatischen Siedlungsräumen in das westliche Europa (0,6).

dem Scherifen ein »arabisches Reich« für den Fall zugesagt wurde, dass er sich in Mekka gegen die Osmanen erhebe. Eine dritte Abmachung war öffentlich: In einem Brief, den der britische Außenminister Arthur James Balfour 1917 an Lord Rothschild, den Vorsitzenden des zionistischen Kongresses, richtete, wurde den Juden eine »nationale Heimstatt« in Palästina versprochen, wobei die Interessen der einheimischen Bevölkerung nicht geschädigt werden sollten.

Mandate statt Einflussgebiete

Nach dem Krieg setzte sich jedoch im Laufe der Friedensverhandlungen anstelle des höchst unbestimmten Begriffs »Einflusszonen« unter der Bezeichnung »Mandat« ein neues Konzept durch: Der neu gegründete Völkerbund sollte auf der Grundlage eines von ihm beaufsichtigten Mandats bestimmte Staaten mit der Verwaltung von Gebieten betrauen, die zur Unabhängigkeit geführt werden sollten. Im Vertrag von San Remo aus dem Jahr 1920 ließ sich Großbritannien Palästina und Irak als Mandate zuteilen, Frankreich Libanon und Syrien.

Der unerfüllte Vertrag von Sèvres und die enttäuschten Völker

Der am 10. August 1920 zwischen den Siegermächten des Ersten Weltkriegs und dem Osmanischen Reich abgeschlossene Vertrag von Sèvres sah die Aufteilung Anatoliens vor. In ihm wurden den Armeniern und den Kurden Staaten oder autonome Gebiete in der östlichen Türkei versprochen; gleichzeitig sollten Frankreich im Süden Anatoliens, Griechenland im Westen und Norden und Italien im Südwesten Gebiete erhalten. Es war vorgesehen, die Meerengen zu internationalisieren. Doch der Vertrag von Sèvres konnte nie verwirklicht werden, weil die von dem späteren Atatürk geführte türkische Nationalbewegung, deren Streitkräfte das griechische Expeditionskorps in Anatolien schlugen, ihre Ansprüche auf ein ungeteiltes Anatolien als Gebiet des Nationalstaates Türkei nicht aufgab und durchsetzen konnte. Der Vertrag von Lausanne von 1924 erkannte diese türkischen Ansprüche an.

Für den Scherifen Husain von Mekka, der 1916, unterstützt von dem legendären Edward Thomas Lawrence und anderen britischen Offizieren, einen »Aufstand in der Wüste« begonnen hatte und dessen Beduinenkämpfer 1918 Damaskus erreichten, blieb in der Friedensregelung nur ein arabisches Reich übrig, das die nördlichen Teile der Arabischen Halbinsel umfasste. Von den gebildeten Arabern der Nachkriegszeit wurde die Aufteilung ihrer Länder als ein Vertragsbruch empfunden. Ein arabisches Reich, das die wichtigsten Zentren arabischen Lebens umfasst hätte, Damaskus, Bagdad und Kairo, kam nicht zustande. Auch die Kurden und die Armenier konnten geltend machen, dass die ihnen gewährten Zusagen gebrochen worden waren. Die Armenier erhielten ein Restarmenien im Kaukasus. Die Kurden erhielten keinen Staat; ihre Wohngebiete wurden aufgeteilt zwischen den Nationalstaaten der Türkei und Iran sowie den Mandatsgebieten Syrien und Irak.

Die Provinz von Mosul wurde im Mosulvertrag 1925 endgültig dem Irak zugeschlagen. Ankara beanspruchte sie ebenfalls, doch Frankreich stimmte der britischen Lösung zu, nachdem Paris einen

Auszug aus dem 1920 abgeschlossenen Vertrag von Sèvres (Artikel 62 und 64):

Eine Kommission von drei Mitgliedern, die von der britischen, der französischen und der italienischen Regierung ernannt werden… wird in sechs Monaten nach dem In-Kraft-Treten des vorliegenden Vertrages die Einführung einer lokalen Autonomie für die Gebiete vorbereiten, in denen das kurdische Element vorwiegt…
Wenn innerhalb eines Jahres die kurdische Bevölkerung in den im Artikel 62 umschriebenen Gebieten sich an den Rat des Völkerbundes wendet und den Nachweis erbringt, dass eine Mehrheit der Bevölkerung dieser Regionen Unabhängigkeit von der Türkei wünscht, und wenn der Rat der Meinung ist, dass diese Bevölkerung fähig ist, unabhängig zu werden, und wenn er ihr die Unabhängigkeit gewährt, wird die Türkei diesem zustimmen… Auch die Kurden, die in der Region von Mosul leben, können sich diesem »unabhängigen kurdischen Staat« anschließen.

Thomas Edward Lawrence, genannt Lawrence von Arabien.

Anteil an der Irakischen Erdölgesellschaft erhalten hatte. 1927 wurde auch in Kirkuk Erdöl gefunden.

Der Widerstand der Kolonialvölker

Die Zeit nach dem Ersten Weltkrieg zeigte ein steigendes Selbstbewusstsein der arabischen Völker. Der Grundsatz des amerikanischen Präsidenten Thomas Woodrow Wilson, nach dem jedes Volk ein Recht auf seinen eigenen nationalen Staat habe, wurde auch von den unter Kolonialherrschaft lebenden Völkern vernommen.

Die ägyptische Revolution

Die von Saghlul Pascha geführte Delegation forderte bei den Friedenskonferenzen 1919/20 in Paris die völlige Unabhängigkeit Ägyptens von Großbritannien.

Die ägyptische Revolution zwischen 1919 und 1923 war die erste und zugleich richtungweisende Erhebung im arabischen Raum. Der Rechtsanwalt und frühere Erziehungsminister Saad Saghlul stellte mit seinen politischen Freunden die Forderung auf, Ägypten solle eine Delegation (arabisch »Wafd«) nach Versailles entsenden, um bei den dortigen Friedensverhandlungen als selbstständiger Staat über seine Zukunft zu verhandeln. Die britische Protektionsmacht, ab 1882 in Ägypten, ließ das nicht zu und verbannte Saghlul 1919 nach Malta. Daraufhin brachen schwere Unruhen aus. Nach der Erschießung von fünf Studenten durfte Saghlul unter dem Eindruck des geschlossenen passiven Widerstandes der Ägypter zurückkehren, wurde aber anschließend erneut verbannt, diesmal auf die Seychellen. Neue Unruhen brachen aus und erzwangen seine Rückkehr. Eine ägyptische Delegation konnte nun nach Paris fahren, wo sie wirksame Öffentlichkeitsarbeit leistete. Schließlich entschloss sich der britische Hochkommissar in Kairo, die Unabhängigkeit Ägyptens anzuerkennen, allerdings mit gewichtigen Einschränkungen: Großbritannien behielt sich die Bereiche der Außen-, Verteidigungs- und Empirepolitik sowie des Schutzes der Ausländer und Minderheiten vor. Der Wafd kämpfte jedoch weiter um mehr Unabhängigkeit. Im Januar 1924 fanden Wahlen statt, die von der Wafd-Partei glänzend gewonnen wurden (191 von 211 Sitzen); Saghlul wurde Ministerpräsident. Die spätere Politik in Ägypten gestaltete sich insgesamt als ein Dreiecksringen zwischen dem ägyptischen Hof, der britischen Protektoratsmacht und den Patrioten der Wafd-Partei. Dabei gelang es dem Hof und den Briten oftmals, Splitterparteien vom Wafd abzuspalten und sie an die Regierung zu bringen. 1936 konnten die ägyptischen Nationalisten der Protektionsmacht weitere wichtige Befugnisse abtrotzen: die Aufhebung der Sondergerichtsbarkeit für Ausländer und die Zuständigkeit der ägyptischen Gerichte für alle Bewohner des Landes. Schließlich waren es 1942 die Engländer selbst, die durch einen kalten Staatsstreich den Wafd an die Macht zurückbrachten, da der Hof mit den ihm hörigen Politikern den Achsenmächten zuneigte, die mit ihren Truppen an der Grenze zu Ägypten standen.

Erste Regungen einer Nationalbewegung in Tunesien und Algerien

Die Politik der tunesischen Würdenträger gegenüber
der französischen Protektoratsmacht zielte darauf ab,
die Verfassung des Landes, die schon vor der französischen
Zeit vom Bei erlassen worden war, wieder in Kraft treten zu
lassen. Sie nannten ihre Partei deshalb »Destour« (»Verfassung«). Der junge Advokat und Journalist Habib Bourguiba
spaltete sich von der Destour-Bewegung ab und gründete
einen »Néo-Destour«, der mit energischeren Konfrontationsmethoden für die gleichen Ziele eintrat. Die
Franzosen verboten beide Parteien und kerkerten ihre Führer
ein. Die erste Partei, die für die Unabhängigkeit Algeriens eintrat,
der »Étoile nord-africaine« (»Nordafrikanischer Stern«), wurde in
Frankreich von Messali Hadj unter eingewanderten algerischen
Arbeitern gegründet. Die ursprünglich der Kommunistischen Partei
Frankreichs nahe stehende Partei fasste 1936 auch in Algerien selbst
Fuß, trennte sich aber von den Kommunisten, da diese ihr Ziel der
Unabhängigkeit Algeriens von Frankreich nicht teilten. Aus ihren
Aktivisten ging Jahrzehnte später (1954) die Algerische Befreiungsfront (FLN) hervor.

Zwischen 1934 und 1954 war Habib
Bourguiba mehrfach in französischer
Haft (Foto aus dem Jahr 1936).

Im Kampf gegen die französische
und spanische Kolonialherrschaft
kapitulierten die Rifkabylen am 26. Mai
1926 vor den französischen Truppen.
Verbandsplatz der französischen Armee
im Rif.

Francisco Franco Bahamonde
kommandierte als Oberst die spanische
Fremdenlegion in Spanisch-Marokko
bei der Niederwerfung des Aufstandes
der Rifkabylen.

Aufstand der Rifkabylen in Marokko

Im spanischen Teil Marokkos, seit 1912 Protektorat, erhob sich
Mohammed Abd el-Krim, ein ehemaliger Angestellter der spanischen Kolonialverwaltung, gestützt auf die Stämme des zentralen
Rifgebirges. Er schlug die spanische Besatzungsmacht bei Anual 1921
vernichtend und beherrschte das Rifgebiet mehr als fünf Jahre lang.
Erst als er versuchte, seine Macht auch auf den französisch besetzten
Hauptteil Marokkos auszudehnen, begannen Franzosen und Spanier
im Kampf gegen den Aufstand zusammenzuarbeiten. 1926 wurde
Abd el-Krim mehrfach geschlagen und musste sich den Franzosen

ergeben. Er wurde auf die Insel La Réunion verbannt und starb 1963 in Kairo. Der spätere spanische Diktator, General Francisco Franco Bahamonde, verdankte seinen raschen militärischen Aufstieg seinen Erfolgen als Kommandeur der spanischen Fremdenlegion in den Kämpfen um das Rifgebiet. Kurz nach der Niederlage Abd el-Krims entstanden in den Städten Fès und Rabat die ersten Gruppen von jungen Nationalisten unter Allal al-Fassi und Ahmed Balafrej, die sich 1937 zur Unabhängigkeitspartei »Istiqlâl« zusammenschlossen. Der Kampf um die Unabhängigkeit ging damit von den Gebirgsstämmen auf die städtischen Eliten über.

Im heutigen Libyen trat der mystische Senussi-Orden den italienischen Kolonialisten entgegen, als diese versuchten, ihre Macht auf die Cyrenaika und ins Innere der Sahara auszudehnen. Er leistete den italienischen Truppen zwischen 1923 und 1931 Widerstand. 1931 wurde sein militärischer Führer Omar al-Mukhtar gefangen genommen und mit seinen Gefährten öffentlich gehängt.

Kampf um die Einheit und Unabhängigkeit Syriens

In Syrien vermochten die Franzosen keine Regelung zu finden, die dem Land Ruhe gebracht hätte. Sie schlugen die kleine Truppe Feisals bei Maysalun im Sommer 1920. Um den Widerstand der Bevölkerung leichter zu brechen zu können, teilten die Mandatsbehörden Syrien auf: Sie bildeten zeitweise die Staaten von Damaskus und von Aleppo, den Staat der Drusen, einer aus dem schiitischen Islam

Der spätere König des Irak, Feisal I., war ebenso wie sein Bruder Abd Allah ibn al-Husain maßgeblich an den arabischen Aufständen gegen das Osmanische Reich beteiligt.

Die französische Mandatsregierung ließ die aufständischen Drusen öffentlich hinrichten (Foto 1925/26).

der Ismailiten hervorgegangenen Religionsgemeinschaft, und den der Religionspartei der Alawiten (Nusairier) sowie autonome Gebiete in Alexandrette und Deir az-Zor. Diese Staaten wurden zu einer lockeren Föderation zusammengeschlossen. Die syrischen Nationalisten protestierten heftig gegen diese Zerstückelung der uralten Provinz Syrien. 1922 und 1925/26 kam es zu Aufständen der Drusen sowie zu Unruhen in den Städten. Die 1928 angesetzten

Wahlen gewannen die Nationalisten vor allem in den Städten. Das erste allsyrische Parlament gab dem Land nun eine Verfassung, die jedoch der französische Hochkommissar verwarf (1928). Nach der Auflösung des Parlaments kurz danach setzte die Mandatsmacht eine eigene Verfassung für Syrien durch (1930). Im Januar 1936 begann ein Generalstreik, der von blutigen Unruhen begleitet war. Im September 1936 handelten die syrischen Politiker und der Hochkommissar einen syrisch-französischen Staatsvertrag aus, der Syrien nominell die Unabhängigkeit gewährte, jedoch vom französischen Parlament verworfen wurde.

Die Türkei beanspruchte das teilweise von Türken bewohnte Gebiet von Alexandrette. Nach einem bitteren politischen Ringen sorgten die Mandatsbehörden dafür, dass der türkische Bevölkerungsteil ein Plebiszit gewann. In der Folge traten sie 1939 noch vor Beginn des Zweiten Weltkriegs dieses Gebiet an die Türkei ab, um zu erreichen, dass die Türkei im bevorstehenden Krieg neutral bleibe. Die Syrer betrachten bis heute Alexandrette als einen Teil ihres Landes. – In der Zwischenzeit war es 1937 zu neuen Unruhen und 1939 zu einem Aufstand im Drusengebiet (Djebel Drus), südlich von Damaskus, gekommen.

Libanon als »Staat der arabischen Christen«, Transjordanien als Pufferstaat

Das libanesische Staatsgebiet wurde von Frankreich so aus Syrien herausgeschnitten, dass die dort wohnenden Christen eine Mehrheit von 51 Prozent gegenüber den Muslimen bildeten. Um dies zu erreichen, wurden seit alters zu Syrien gehörige Gebiete wie Baalbek und Tripolis dem Libanon zugeteilt. Gestützt auf die knappe Mehrheit der Christen, besonders die Gemeinschaft der Maroniten, konnte die Mandatsmacht in Libanon ein stabiles Regiment führen und ein Parlament einrichten, in dem die verschiedenen Religionsgemeinschaften proportional vertreten waren.

Das Gebiet von Transjordanien wurde 1921 von Winston Churchill, damals britischer Staatssekretär für die Kolonien, auf einer Konferenz in Kairo »erfunden«. Abd Allah ibn al-Husain, einer der Söhne des Scherifen Husain von Mekka, war mit einigen Hundert Stammeskriegern nach Amman gezogen, um den Kräften seines Bruders Feisal, die damals in Damaskus eine provisorische Regierung gebildet hatten, zu Hilfe zu kommen. Doch Feisal musste nach seiner Niederlage gegen die Franzosen mit seinen Anhängern Damaskus räumen. Sein Bruder Abd Allah blieb jedoch mit seinen Beduinenkräften in Amman stehen. Churchill schlug ihm vor, Emir, arabisch »Befehlshaber«, von »Transjordanien« zu werden und unter englischer Protektion die Sicherheit seiner beiden Nachbarn, die Syriens und Palästinas, zu gewährleisten. Transjordanien, später Jordanien, wurde ein zunächst von Großbritannien, später den USA und den arabischen Erdölstaaten subventionierter Pufferstaat, der die Sicherheit der längsten Grenze Palästinas, heute Israels, garantierte.

Abd Allah ibn al-Husain wurde 1921 von Großbritannien als Emir von Transjordanien eingesetzt. Der auf dem Foto rechts stehende Edmund Henry Hynman Allenby hatte den Oberbefehl über die britischen Truppen in Ägypten und war von 1919 bis 1925 Hochkommissar für Ägypten.

Die historische Aufnahme aus dem Jahr 1906 zeigt die Hafeneinfahrt in Aden.

Lawrence von Arabien und der Wüstenaufstand. Unter der Führung von Feisal und Abd Allah ibn al-Husain, den Söhnen von Husain I. ibn Ali, Scherif von Mekka und König des Hidjas, eroberten arabische Stämme im Bunde mit den Ententemächten 1916 bis 1918 in einem Aufstand gegen die osmanische Oberherrschaft (»Aufstand in der Wüste«) die Arabische Halbinsel. Strategischer Berater dieser Wüstenkrieger und Verbindungsmann zum britischen Geheimdienst, dem »arabischen Büro«, war Thomas Edward Lawrence, später im Zuge der Glorifizierung seiner Person Lawrence von Arabien genannt. Nach dem Krieg hielt er Vorträge über die arabische Revolte in der Wüste und schrieb einen epischen Bericht über seine Erfahrungen in diesem Krieg (»Die sieben Pfeiler der Weisheit«).

Aufstand im Zweistromland

Im Irak kam es zu einem gewaltsamen Aufstand gegen die britische Mandatsmacht, der vom 30. Juni 1920 bis zum Oktober desselben Jahres dauerte und erst von der britischen Armee nach bedeutenden Verlusten an Mannschaften und Gütern niedergeschlagen werden konnte. Großbritannien ließ daraufhin ein Plebiszit durchführen, kraft dessen Feisal, der Sohn des Scherifen Husain, zum König des Iraks gewählt wurde. Doch London behielt sich die Außen- und Verteidigungspolitik vor. 1932 wurde der Irak für unabhängig erklärt und erhielt sogar einen Sitz im Völkerbund, doch das Land blieb durch einen neuen Staatsvertrag an Großbritannien gebunden. Britische Truppen, besonders die Luftwaffe, blieben auf irakischen Basen stationiert. Von 1936 an begannen irakische Offiziere durch Staatsstreiche in die Politik einzugreifen.

Die Arabische Halbinsel

Das Innere der Arabischen Halbinsel und der nördliche Jemen wurden nicht kolonialisiert. Der arabische Herrscher Abd al-Asis Ibn Saud schlug – vom Inneren der Halbinsel aus – 1925 den Scherifen Husain von Mekka mithilfe seiner wahhabitischen Stammeskrieger, Angehörigen einer puritanischen Religionsrichtung und sesshaft gewordenen Beduinen. Er konnte so die nördliche Hälfte der ganzen Halbinsel unter seiner Herrschaft vereinen, während im Jemen der Imam Jahja seit dem Abzug der Türken (1918) und trotz eines verlorenen Krieges gegen Saudi-Arabien von 1934 bis nach dem Zweiten Weltkrieg als absoluter Herrscher an der Macht blieb.

Am südlichen Rande der Halbinsel hielten die Engländer von Aden – die Hafenstadt selbst war eine Kolonie – bis nach Kuwait zahlreiche durch Verträge und Unterstützungsleistungen an sie gebundene Kleinherrschaften aufrecht. Dies geschah, um anderen Mächten eine politische oder militärische Präsenz auf dem Verbindungsweg nach Indien zu verweigern. Auf den Inseln von Bahrain, einem dieser Territorien, wurde 1932 Erdöl gefunden. Nach dem Zweiten Weltkrieg sollte in fast allen anderen Kleinstaaten und Scheichtümern am Persischen Golf ebenfalls Öl gefunden werden.

Gesellschaftliche Veränderungen

In allen Kolonialländern der arabischen Zone bewirkten die kolonialen Verwaltungen erhebliche gesellschaftliche Veränderungen. Große Teile der Bevölkerung, vor allem der männlichen, erhielten eine Schulbildung europäischen Stils. Die Kolonialherren legten Straßen, Eisenbahnlinien und Häfen an, setzten Bewässerungsarbeiten am Nil fort und begannen sie an Tigris und Euphrat. In allen Kolonialgebieten wuchsen neben den Städten der Einheimischen »europäische« Städte empor. Erst nach der Unabhängigkeit begannen die einheimischen Mittelschichten in diese neuen Städte zu ziehen. Das traditionelle Handwerk litt unter der Konkurrenz der euro-

Der arabische Gelehrte Mohammed ibn Abd al-Wahhab begründete die strenge religiöse Bewegung der **Wahhabiten.** Sie nennen sich selbst **Muwahhidun** (»Unitarier«), das heißt Bekenner der Einheit Gottes. Sie lehnen jede Art von Heiligen- und Totenkult ab, dehnen das koranische Alkoholverbot auf Genussmittel wie Kaffee und Tabak aus, fordern zwingend die Teilnahme am gemeinsamen Freitagsgebet und die Entrichtung der Almosensteuer. Das islamische Recht, die Scharia, wird strikt eingehalten. Seit 1744 besteht ein Pakt zwischen dem Gelehrten und seinen Nachfahren mit den Herrschern aus dem Hause Saud.

Der Transport der Ölkanister in der arabischen Wüste wurde in den Dreißigerjahren des 20. Jahrhunderts meist mithilfe von Eseln bewerkstelligt.

päischen Industrieprodukte und kam weitgehend zum Erliegen. Die Landwirtschaft wurde auf Exportprodukte, besonders Baumwolle und Hartweizen, umgestellt. Erdöl wurde im Irak (Mosul, Kirkuk) und in Persien (Takht-e Solaiman) gefördert; die ersten Rohrleitungen, die Kirkuk durch die Syrische Wüste hindurch mit den Häfen Haifa und Tripolis verbanden, wurden in den 1930er-Jahren gelegt. Der technologische und wirtschaftliche Fortschritt kam in erster Linie den kolonialen Beamten, Siedlern, Unternehmern und, finanziell, den europäischen Metropolen zugute. Doch entstanden allmählich auch unter den einheimischen Bevölkerungen neue, in den westlichen Wissenszweigen ausgebildete Mittelschichten.

Arnold Hottinger

Nächstes Jahr in Jerusalem – Palästina und der Zionismus

Ein zögerlicher Freund jüdischer Siedlungspolitik – Die Anfänge des britischen Palästinamandats (1917–1922)

Nach dem Rückzug der türkischen und deutschen Truppen aus Jerusalem übergab der Bürgermeister die Stadt am 9. Dezember 1917 an zwei britische Feldwebel.

Mitglieder der »Zionistischen Kommission« 1918 in Palästina. Zweiter von rechts Chaijim Weizmann.

Emir Feisal in einem Brief an den amerikanischen Rechtsanwalt und Zionisten Felix Frankfurter:

Wir Araber, besonders die Gebildeten unter uns, schauen mit tiefster Sympathie auf die zionistische Bewegung... Wir wünschen den Juden ein herzliches Willkommen zu Hause... Wir schicken uns gemeinsam an, für einen reformierten und erneuerten Nahen Osten zu arbeiten, unsere beiden Bewegungen ergänzen einander. (Unsere) Bewegung ist national und nicht imperialistisch. In Syrien gibt es Raum für uns beide. In der Tat, ich glaube, dass keiner ohne den anderen erfolgreich sein kann.

Die Juden Palästinas empfingen freudig die australischen und neuseeländischen Abteilungen, die 1917 Jerusalem erreichten und mit anderen Teilen der britischen Armee im Verlauf des Jahres 1918 ganz Palästina befreiten. Es herrschte der naive Glaube, das mit der Bibel verbundene Volk der Briten habe das Land der Bibel für das Volk der Bibel befreit. Aber noch vor Kriegsende wurden Probleme sichtbar, über die keiner vorher nachgedacht hatte: der Zusammenstoß zwischen jüdischem und arabischem Nationalismus, die imperialen Interessen Englands, im Ansatz auch internationale Verwicklungen. Der Idealismus der Balfour-Erklärung konnte diese Gegensätze nicht überbrücken, er verschärfte sie eher.

Palästina wurde zunächst als *Occupied Enemy Territory Administration* unter Militärverwaltung gestellt und blieb dies bis Juni 1920. Im Dezember 1918 stellte die von Chaijim Weizmann geführte »Zionistische Kommission« fest, dass sie in Palästina keine Befugnisse hatte, da die britische Militärregierung die Araber nicht gegen sich aufbringen wollte. Die politische Lage war im Fluss, auseinander strebende Interessen machten sich bemerkbar. Am 3. 1. 1919 unterschrieb Emir Feisal, Befehlshaber der an der Seite Großbritanniens kämpfenden

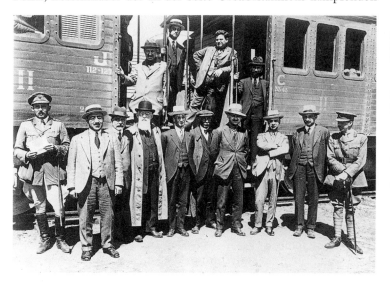

arabischen Truppen, eine später relativierte freundliche Erklärung, der gemäß die Araber die Rückkehr der Juden in das Land ihrer Väter wohlwollend betrachteten. Feisal hoffte dabei wohl auf jüdische Unterstützung bei seinem Plan, in Syrien die Königswürde zu erlangen und seine Herrschaft dort zu etablieren.

Auf der Pariser Friedenskonferenz begannen die Siegermächte des Ersten Weltkrieges 1919 ihrerseits über die Struktur eines neuen Staatensystems auf dem Gebiet der früheren Provinzen des Osmanischen Reiches zu verhandeln. Die zionistische Bewegung unterbreitete der Konferenz eine Landkarte über ihre territorialen Vorstellungen eines zukünftigen jüdischen Staates, die auch Teile Libanons, Transjordaniens und des Sinai umfasste. Natürlich wurde dies sofort von der Friedenskonferenz zurückgewiesen.

In Syrien vermochte sich Feisal nicht durchzusetzen, da sich dort zunehmend die Franzosen behaupteten, die dieses Gebiet auf der Grundlage des Sykes-Picot-Abkommens von 1916 für sich beanspruchten. Vermutlich mit britischer Unterstützung brach dort ein Aufstand gegen die französische Herrschaft aus, der auch das jüdische Siedlungsgebiet von Tel Chai im Norden Israels in Mitleidenschaft zog. Am 1. März 1920 umzingelten Hunderte von rebellierenden Arabern Tel Chai mit der Behauptung, dass dort Franzosen Unterschlupf gewährt worden sei, und griffen den Ort an. Die Verteidiger konnten der Übermacht nicht standhalten; sechs von ihnen fielen im Kampf, darunter auch Joseph Trumpeldor, der sich seit seiner Einwanderung nach Palästina in den Dienst der Verteidiger der entlegenen Siedlungsgebiete im Norden des Landes gestellt hatte. Sein Tod wurde für die zionistische Bewegung zum Mythos, zum Symbol der Selbstbehauptung und zur Verpflichtung, jüdische Siedlungen bis zum Äußersten zu verteidigen.

Auf der Konferenz von San Remo einigten sich die Siegermächte im April 1920 endgültig über die Aufteilung der arabischen Provinzen des Osmanischen Reiches. Sie schufen ein System von Mandaten, das den Kolonialismus im althergebrachten Stile vermeiden sollte. Als Mandatsgebiete der A-Kategorie eingestuft, galten die früheren arabischen Provinzen des Osmanischen Reiches als Gebiete, bei denen die Voraussetzungen für Selbstständigkeit im Ansatz gegeben waren. Diese Mandate wurden als zeitlich begrenzte Herrschaft konzipiert und waren mit der Verpflichtung gekoppelt, den Bewohnern zur Selbstständigkeit und Selbstregierung zu verhelfen. In diesem Rahmen erhielt Frankreich das Mandat für Syrien und Libanon ohne den nördlichen Teil Israels, England das für den Irak und Palästina, wobei Palästina nach der Definition von 1920 auch Transjordanien umfasste. Nach Beendigung der Militärverwaltung übernahm Herbert Samuel am 1. Juni 1920 als erster britischer Hochkommissar die Verwaltung des Palästinamandats.

Noch aber kehrte in Palästina keine Ruhe ein, es gärte weiter. Der Führer des arabischen Widerstands gegen die jüdische Besiedlung Palästinas, Mohammed Said Amin al-Husaini, genannt Hadj Amin, behauptete, dass eine geplante Erste-Mai-Demonstration 1921 auf das Ziel der neuen Einwanderer hindeute, Palästina »zu bolschewisieren«. Er inszenierte gewalttätige Demonstrationen, bei denen 47 Juden ums Leben kamen. Herbert Samuel, dem es gelang, dieser Unruhen Herr zu werden, glaubte nunmehr, den arabischen Radikalismus, besonders den al-Husainis, in kooperative Bahnen lenken

Im Ersten Weltkrieg organisierte **Joseph Trumpeldor** (1880–1920), eine Persönlichkeit von charismatischer Ausstrahlung, die jüdischen Bataillone, die 1915 zusammen mit der britischen Armee an der Gallipolifront kämpften. Während des Bürgerkriegs rief er in Russland die »Heachaluz«-(Pionier-)Bewegung ins Leben. Mit Einwanderern dieser Bewegung gelangte er 1919 nach Palästina und stellte sich den jüdischen Kolonisten bei der Verteidigung ihrer Siedlungen zur Verfügung.

Der Großindustrielle Herbert Samuel wurde 1920 erster britischer Hochkommissar in Palästina.

zu können. Nach dem Tode des Muftis von Jerusalem im März 1921 ernannte Samuel am 8. Mai 1921 al-Husaini, der noch von der Polizei gesucht wurde, zu dessen Nachfolger in der Hoffnung, die palästinensische Gesellschaft oder wenigstens die einflussreiche Familie der Husainis der englischen Palästinapolitik geneigter zu machen. Aber die Entwicklung nahm einen anderen Verlauf, als es sich

Samuel vorgestellt hatte. Dies hing mit der Entwicklung der Grenzfrage zusammen: Der englische Kolonialminister, Winston Churchill, trennte 1921 Transjordanien vom Palästinamandat ab und gründete dort das Emirat von Transjordanien mit dem Emir Abd Allah ibn al-Husain an der Spitze. Seinen Bruder Feisal, der endgültig aus Syrien vertrieben worden war, ernannte die britische Regierung zum König von Irak. Aus zunehmender Sorge über den unerwarteten arabischen Widerstand gegen die jüdische Einwanderung veröffentlichte Winston Churchill ein »Weißbuch« mit Verordnungen von grundsätzlicher Bedeutung. Danach sollte die Einwanderung der Aufnahmefähigkeit des Landes entsprechen. Der Geist der Balfour-Deklaration wurde damit in seiner prozionistischen Gesinnung relativiert. Churchill schlug zudem eine Gesetzgebende Versammlung vor, an der nur zwei Juden – gegenüber zehn Arabern – beteiligt sein soll-

Der Emir des neu geschaffenen Staates Transjordanien, Abd Allah Ibn al-Husain (rechts), mit Thomas Edward Lawrence (Lawrence von Arabien).

ten. Die zionistische Bewegung wurde ultimativ aufgefordert, den neuen Bestimmungen, vor allem der Abtrennung Transjordaniens, zuzustimmen, sonst sähe sich England nicht mehr an die Balfour-Deklaration gebunden. Die zionistische Exekutive stimmte nun dieser Änderung zu. Am 22. Juni 1922 übertrug der Völkerbund England – diesmal endgültig – das Mandat über Palästina.

Neue jüdische Kräfte in Palästina – Die dritte und vierte Einwanderungswelle

Das Foto aus den 1920er-Jahren zeigt jüdische Auswanderer auf dem Weg nach Palästina.

Die politische und soziale Geschichte der Juden in Palästina bis zur Gründung des Staates Israel und darüber hinaus war stets von Einwanderungswellen geprägt. Gerade in der Ära des Mandats lässt sich sehr gut eine deutlich trennende Linie zwischen zwei Einwanderungsschüben ziehen, trotz der Gemeinsamkeiten, die in der zionistischen Idee angelegt waren. Nach den ersten beiden Einwanderungswellen vor dem Ersten Weltkrieg, die 1882 und 1904 eingesetzt hatten, kam es zwischen 1919 und 1923 zu einer dritten Einwanderung, in deren Verlauf etwa 35 000 Juden das Land besiedelten. Bei ihnen handelte es sich um Einwanderer mit fest umrissenen, oft militanten, linksrevolutionären Vorstellungen mit polarisierenden Wirkungen. Mit den Selbstverwaltungsorganen des *Jischuw* (bewohntes Land), wie die Gesamtheit der jüdischen Siedlungen und Einwohner in Palästina seit der zionistisch motivierten Einwanderung genannt wurde, legten sie die Grundlage für die Gewerkschaft *Histadrut,* für die damals ausgedehnte Kibbuzbewegung und die gesamte »Arbeiterkultur«. Dagegen legte ein weiterer Einwanderungsschub zwischen 1924 und 1928 das erste Fundament für eine urbane Kultur in Palästina; es entstanden die Städte Tel Aviv und Ramat Gan. Neben dem »Arbeitersektor« entwickelte sich in der Wirtschaft der private Sektor. In dieser Zeit gewann die jüdische Gemeinde eine pluralistische Struktur.

Die Parteien im Jischuw

Entsprechend den Statuten des Mandats, aber auch gemäß ihrem Selbstverständnis waren die zionistische Bewegung und die jüdische Gemeinde in Palästina demokratisch orientiert. In der Zeit nach 1919 kristallisierten sich jene politischen Gruppierungen heraus, die im Wesentlichen auch heute noch bestehen. Die bis Anfang der 30er-Jahre stärkste Partei war die »Partei der Allgemeinen Zionis-

Jüdischer Siedler beim Hausbau, um 1920.

Im Oktober 1920 eröffnete Menachem Ussischkin (stehend links) das erste Treffen der Delegiertenversammlung des Jischuw in Jerusalem.

ten«. Sie trat für private Initiative ein, kämpfte für die Bauern des privaten Sektors und für den sich herauskristallisierenden Mittelstand. In ihren nationalen Anschauungen zeigte sie sich gemäßigt.

Eine andere Richtung war das Arbeiterlager. Die 1919 gegründete Partei *Leachdut Haavoda,* in der auch David Ben Gurion wirkte, hatte gewisse linke, aber keineswegs marxistische Tendenzen. Sie vereinigte sich 1930 mit der stark reformistisch orientierten Arbeiterpartei des *Hapoel Hazair* zur *Mapai,* einer Partei, die unter Leitung von Ben Gurion sehr bald führend wurde, obwohl sie niemals die Mehrheit gewann. An ihrer Spitze stieg Ben Gurion zum Führer der Juden Palästinas auf. Unter den anderen Gruppierungen im linken Lager versuchte die *Haschomer Hazair* eine Synthese zwischen sich, dem Marxismus und dem Zionismus zu finden.

Das rechte Spektrum des Parteienfeldes verzeichnete ebenfalls eine vielschichtige Entwicklung. 1925 gründete Wladimir Jabotinsky, ein begabter Redner und zionistisch militanter Politiker, die »Revi-

Der **Kibbuz** ist eine ländliche Gemeinschaft von Siedlern, die zugleich Produktions- und Lebensgemeinschaft ist. Das Land ist Gemeineigentum der Siedler und wird gemeinsam bestellt. Die Mahlzeiten werden gemeinsam eingenommen, die Erziehung der Kinder geschieht gemeinsam. Wichtige Anliegen werden mit Mehrheit in der Vollversammlung aller Siedler entschieden. Der erste kleine Kibbuz entstand 1909 in Degania, der erste größere 1921 in Ein Chorod.

sionistische Partei«, die unter anderem gegen die Teilung Palästinas von 1921 kämpfte: »Zwei Ufer hat der Jordan – das eine ist unser, das zweite ebenfalls.« Die Revisionisten betonten den Wehrgedanken und forderten die Aufstellung einer eigenen jüdischen Armee. In

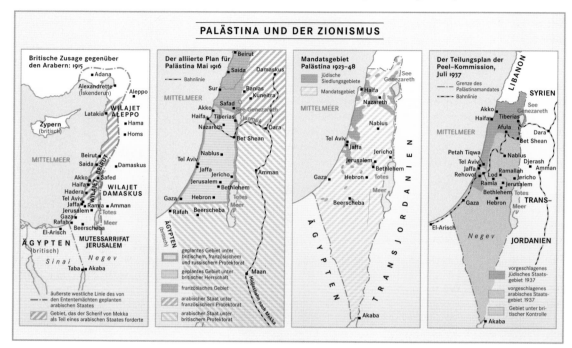

PALÄSTINA UND DER ZIONISMUS

der Diaspora, vor allem in Polen, verfügten die Revisionisten über eine große Anhängerschaft. Die verfolgten Juden dieses Landes hatten das Gefühl, dass Jabotinsky mehr Gespür für ihre Probleme und ihren verletzten Stolz aufbrachte als Ben Gurion und seine Arbeiterpartei.

Neben diesen beiden Blöcken gab es die religiösen Parteien. Die 1902 gegründete Partei *Mizrachi* war in Struktur und Anschauung den »Allgemeinen Zionisten« sehr ähnlich mit dem grundsätzlichen Unterschied, dass ihre Mitglieder religiös bestimmt waren. Die 1922 gegründete *Hapoel Hamizrachi* neigte eher dazu, mit den Arbeiterparteien – vor allem mit der *Mapai* – zu koalieren. Es gab zudem die beiden orthodoxen Parteien *Agudat Israel* und *Poali Agudat Israel*.

Zwischen den Lagern gab es große Meinungsverschiedenheiten, ob es nun um die »Araberfrage«, die Beziehungen zu England oder um gesellschaftliche Fragen ging. Sie neigten auch dazu, sich gegeneinander abzukapseln: Es gab Wohnsiedlungen nur für Angehörige des religiösen Lagers oder nur für solche des Arbeiterlagers; jede Gruppe pflegte ihre Subkultur. Die jüdische Gesellschaft in Palästina war fragmentiert und polarisiert. Gleichwohl führte die Hoffnung, ein »freies Volk im eigenen Land zu sein«, wie es in der Nationalhymne »Hatikwa« heißt, dazu, dass sich in der Vielfalt und Zersplitterung doch die Einheit durchsetzte.

Wladimir Jabotinsky (1880–1940), ein begabter Redner, der zusammen mit Joseph Trumpeldor während des Ersten Weltkriegs die jüdischen Bataillone in der britischen Armee organisiert hatte, war bis 1933 Mitglied der zionistischen Exekutive gewesen. Zusammen mit Chaijim Weizmann hatte er seine Einwilligung zur Loslösung Transjordaniens aus dem Palästinamandat gegeben. Er bereute dies jedoch, trat zurück und verlangte eine Revision der zionistischen Politik. Jabotinsky war militant in seinen Anschauungen und Agitationen. Er lehnte die Histadrut, die Kooperativen und auch die Kibbuzbewegung ab. Er glaubte, dass Palästina nur auf der Basis des privaten Kapitals und durch den jüdischen Mittelstand aufgebaut und entstehen würde.

Die britische Mandatsregierung

Die Mandatsregierung suchte so viele Befugnisse wie möglich an Juden und Araber abzutreten, die gemeinsam ihre Selbstständigkeit erlangen sollten. Schon im April 1920 wurde im jüdischen Sektor der Rat der Versammelten gewählt. In der Mandatszeit fanden vier Wahlen zu diesem Rat statt, der aus seiner Mitte, entsprechend der Parteienstärke, den Nationalrat bestimmte, dessen Befugnisse nur das Gesundheits- und Erziehungswesen umfassten. Die Statuten des Mandats legten zudem fest, dass eine jüdische Agentur – wie auch eine arabische – die Regierung unterstützten sollte. Die zionistische Bewegung wurde als Träger einer solchen »Agentur« anerkannt. Mit der Ausweitung der *Jewish Agency* auf nichtzionistische Mitglieder 1929 verband Chaijim Weizmann die Hoffnung, auch nicht zionistisch gesinnte Juden für den Aufbau Palästinas zu interessieren. Es existierten praktisch zwei jüdische Nebenregierungen, der Nationalrat sowie die zionistische Exekutive mit der ihr verbundenen *Jewish Agency,* die in Palästina und in der Diaspora einen Apparat mit staatlichem Charakter unterhielt.

Der Hochkommissar in Palästina, Feldmarschall Herbert Plumer, inmitten der so genannten guten Gesellschaft.

In der Frage der öffentlichen Sicherheit betrachtete sich die Mandatsregierung als allein zuständig. Die jüdischen Bataillone, die während des Ersten Weltkriegs auf britischer Seite gekämpft hatten und ab 1918 in Palästina stationiert waren, wurden aufgelöst. Angesichts dieser Entwicklung gründeten die Zionisten die halb legale, von der *Histadrut* unterhaltene Wehrorganisation *Haganah* (Verteidigung), die Waffen zu lagern und zu produzieren begann. Die Jahre 1922 bis 1928 verliefen ruhig, was hauptsächlich dem seit 1925 amtierenden britischen Hochkommissar, Feldmarschall Herbert Plumer, zu danken war. Um einerseits die Araber nicht zu provozieren und andererseits den Juden in ihren entlegenen Siedlungsgebieten das Gefühl der Sicherheit zu vermitteln, verteilte die britische Regierung »versiegelte Kisten«, die *sealed armouries,* in denen Gewehre und andere leichte Waffen aufbewahrt wurden. Sie durften nur im Falle eines Angriffs benutzt werden. Alle halbe Jahre erschien ein britischer Polizist in den Siedlungsgebieten, überprüfte die Versiegelung, kontrollierte die Waffen und versiegelte die Kisten von neuem. Das Ganze hatte operettenhafte Züge, aber solange im Land Ruhe herrschte, nahm keiner Anstoß daran.

Als neue Währung führte die britische Mandatsregierung das »Palästinensische Pfund« ein.

Ein blutiger Aufstand und seine Auswirkungen

Der Mufti von Jerusalem hatte in diesen Jahren begonnen, im Rahmen seiner Verantwortung über die religiösen Besitztümer und Einrichtungen der Muslime eine von seinen Anhängern besetzte Verwaltung aufzubauen. Nachdem bei den Wahlen zum »Obersten Muslimischen Rat« (1926) sowie bei Kommunalwahlen (1927) in den Städten Kandidaten seiner innerarabischen Gegner gesiegt hatten, gewann er den Eindruck, dass die Periode innerer Ruhe seinen Zielen nicht genützt hatte. Um seine Herrschaft zu festigen, bediente er sich daher des Sprengstoffs religiöser Leidenschaften. Er griff die Entgleisungen jüdischer Splittergruppen, die die Klagemauer im Sinne des Zionismus instrumentalisieren wollten, auf und schürte im Sommer 1929 Unruhen gegen die jüdischen Bewohner Palästinas, denen etwa 133 Juden zum Opfer fielen. Mit diesem blutigen Aufstand befestigte der Mufti seine Herrschaft und leitete eine für die Vierzigerjahre verhängnisvolle Entwicklung ein. Währenddessen suchte die britische Mandatsregierung im Rahmen eines zweiten »Weißbuches« die jüdische Einwanderung einzuschränken.

Bedroht, aber nicht entmutigt – Die Entwicklung des Zionismus in den Dreißigerjahren

Nicht alle Juden begriffen, welche Bedeutung die Ernennung Hitlers zum deutschen Reichskanzler hatte. Viele wiegten sich in der Hoffnung, dass dies sehr bald vorüber sein würde. Die zionistische Bewegung jedoch hegte keine Illusionen. Natürlich, die Vernichtung der europäischen Juden, die die NS-Führung 1941/42 beschließen und organisieren sollte, konnte auch sie Anfang 1933 nicht ahnen. Sie ging davon aus, dass die Nationalsozialisten die Juden zur Emigration zwingen würden und betrachtete ihre Aufgabe in Palästina darin, Zufluchtsorte für diese Juden zu schaffen und ihnen kon-

An vielen Orten Palästinas beschleunigten jüdische Einwanderer die landwirtschaftliche Erschließung des Landes. Rechts Planierarbeiten in der Bucht von Haifa, links Anpflanzung von Bäumen in Qiryat Anavim.

struktive Perspektiven zu bieten: eine neue Heimat, Anknüpfung an ihre hebräischen Wurzeln, Selbstbestimmung statt Assimilation, Stolz darauf, Jude zu sein durch die Schaffung einer neuen Gesellschaft, eines neuen Volkes. Chaijim Arlosoroff, der als politischer Leiter der *Jewish Agency* quasi als »Außenminister« des *Jischuw* amtierte, gelang es, mit dem Deutschen Reich das »Haavra«-Abkommen zu vereinbaren. Juden, die über ein bestimmtes Kapital verfügten, benötigten keine Einwanderungszertifikate und durften mit einem Teil ihrer Habe nach Palästina ausreisen. In ihrer ersten Phase trug diese fünfte Einwanderung fast ausschließlich »deutschen« Charakter. Danach gelangten Juden aus Österreich, der Tschechoslowakei, aus Polen, den baltischen Ländern und in den Jahren vor Kriegsbeginn auch »illegale Einwanderer« aus allen Ländern Europas nach Palästina. 1933 waren es 37337 Juden, 1934 bereits 45267 und 1935 sogar 66472. Die deutschen Juden setzten, nur auf gründlichere Weise, in Palästina fort, was die Einwanderer der vierten Welle angelegt hatten. Es entstand eine städtische Gesellschaft, und Tel Aviv, Haifa und Ramat Gan erhielten ihr mitteleuropäisches Gepräge. Die deutschen Einwanderer – die Jekkes, wie sie liebevoll genannt wurden – brachten technisches Können, Fähigkeiten, Geräte, industrielle Strukturen mit. Arbeitsplätze entstanden. Überall wurde modernisiert, investiert, gebaut. Angesichts dieser Prosperität betrachteten bald auch die Briten Palästina als eine »lohnende« Kolonie; sie glaubten, dass diese Entwicklung auch ihren imperialen Interessen dienlich sein könne. Die Steuereinnahmen kamen hinzu, auch dämmerte die Erkenntnis, dass die strategische Bedeutung Palästinas wegen der ordentlichen Infrastruktur stetig wuchs. Aber ab 1935, infolge der internationalen Ereignisse und des zunehmenden arabischen Drucks, änderten sie ihre Haltung, ohne allerdings die Dynamik der jüdischen Einwanderung völlig unterbinden zu können.

Die Jewish Agency veröffentlichte in der »Palestine Post« ihre Kritik an der Einwanderungspolitik der Briten (Ausschnitt einer Ausgabe von 1939).

Innerhalb des jüdischen Sektors kam es zu einigen bedeutenden Veränderungen. Die *Mapai* wurde zur dominierenden Partei im *Jischuw,* während die Revisionisten sich in ihrer Radikalität selbst ins Abseits manövrierten. Ben Gurion amtierte ab 1935 nicht mehr als Generalsekretär der *Histadrut,* sondern als »Vorsitzender der zionistischen Exekutive und der Leitung des *Sochnot*« (der *Jewish Agency*). Dieser etwas unklare Titel bedeutete, dass Ben Gurion praktisch als der Regierungschef zu amtieren begann. Die *Haganah,* gut getarnt, fing an Waffen nach Palästina zu schmuggeln sowie eigene Waffen zu produzieren. Die nationalen jüdischen Institutionen begannen mit dem Aufbau eines Nachrichtendienstes, mit der Erfassung der Jugend und der wehrfähigen Männer und Frauen. Die neuen Einwanderer waren zumeist Jugendliche und sehr motiviert, entschlossen, niemals wehrlos zu sein. Die *Haganah* war, wie es der Historiker Igal Elam treffend formulierte, »der zionistische Weg zur Macht«. Ohne sich die militärische Diktion zu eigen zu machen, waren es gerade die Arbeiterbewegungen, die die *Haganah* stark prägten. Die treibende Kraft dahinter war David Ben Gurion.

Auch die palästinensische Gesellschaft unterlag einem Prozess der Wandlung, der allerdings eher einen destruktiven Charakter annahm. Der Mufti war nicht der einzige Radikale. Er hoffte, in Zusammenarbeit mit den Briten den Zionismus eliminieren zu können. Es entstanden radikale Parteien und Bewegungen, die sowohl die Juden als

Professor Chaijim Weizmann und David Ben Gurion als Teilnehmer einer Sitzung, in der Aktionen der geheimen Verteidigungsorganisation Haganah gegen die Unterdrückung der Einwanderung durch die Briten beschlossen wurden.

auch die Briten vertreiben wollten. Eine von ihnen war die *Istiklal,* die Unabhängigkeitspartei, die 1932 gegründet wurde. Diese und andere politische Kräfte begannen in Europa nach Verbündeten zu suchen, die antijüdisch und zugleich antibritisch eingestellt waren. Im Oktober 1933 kam es zu blutigen Auseinandersetzungen zwischen Briten und Arabern, die die sofortige Beendigung der jüdi-

Wegen der arabischen Überfälle waren die israelischen Kibbuzniks, hier Mitglieder der Haganah, auch bei der Feldarbeit bewaffnet.

Während des arabischen Generalstreiks 1936 wurden die Geschäfte, die sich daran nicht beteiligten – wie hier ein armenischer Laden in Jerusalem –, von Soldaten der britischen Mandatsregierung bewacht.

schen Einwanderung verlangten. Es entstand ein Geheimbund, der sowohl islamisch als auch palästinensisch national motiviert war und die Juden ebenso wie die Briten bekämpfte.

Die internationale Entwicklung begünstigte die arabische Seite. Italien gelang es 1935 Äthiopien zu erobern, und damit bedrohte es die britischen Interessen im benachbarten Jemen. Vor diesem Hintergrund entstanden im arabischen Raum Vereinigungen, Pfadfindergruppen und Jugendverbände, die deutlich am italienischen Faschismus, später am deutschen Nationalsozialismus ausgerichtet wurden. Auch die regionale Entwicklung spielte eine Rolle. In Ägypten sahen sich die Briten gezwungen, mit den Nationalisten zu verhandeln, die größere Autonomie verlangten. Irak war ohnehin ab 1932, nominell jedenfalls, unabhängig. In Syrien brachte ein 50-tägiger Generalstreik gegen die Franzosen das öffentliche Leben zum Stillstand. Im März 1936 sahen sich die Franzosen gezwungen, mit den Syrern zu verhandeln. All das blieb nicht ohne Einfluss auf den Mufti, die *Istiklal* und die palästinensische Gesellschaft.

Der **Mufti** (Entscheider) ist ein Rechtsgelehrter des Islam, der in Fragen der Scharia, des religiösen Rechts, die Gläubigen berät und Rechtsgutachten abgibt. In Palästina stieg Mohammed Said (Hadj) Amin al-Husaini, ab 1921 Mufti, von 1926 bis 1937 Großmufti von Jerusalem, über seine religiösen Funktionen hinaus zum Führer der Arabischen Bewegung auf.

Die Spannungen wachsen – Der arabische Aufstand (1936–39)

Der arabische Aufstand begann am 15. 4. 1936 mit dem Mord an zwei Juden, die sich auf dem Weg nach Tel Aviv befanden. Vier Tage danach überfielen arabische Rebellen Juden in Jaffa, töteten 16 und verletzten 60 von ihnen. Daraufhin setzte eine jüdische Fluchtbewegung von Jaffa nach Tel Aviv ein. Am 24. 4. 1936 wurde in Nablus das Hohe Arabische Komitee gegründet, das bis 1948 als die, wenn auch nicht gewählte, Vertretung der Araber Palästinas galt. In dieser Dachorganisation waren alle Gruppen aktiv, die *Istiklal,* die Anhänger des Muftis und seine Gegner. Der Mufti selber wurde Vorsitzender des Hohen Arabischen Komitees und bestimmte weit-

gehend den Verlauf der Ereignisse. Das Komitee rief einen Generalstreik in Palästina aus, der so lange dauern sollte, bis alle seine Forderungen erfüllt seien: die Beendigung der jüdischen Einwanderung
sowie neue Verhandlungen über den Status des Landes. Dieser
Streik, der natürlich nicht »allgemein« oder total sein konnte, dauerte
175 Tage und leitete einen neue Phase im Kampf zwischen Juden und
Arabern und im Verhältnis zu Großbritannien ein.

Der jüdische Sektor, mit dem arabischen Boykott konfrontiert,
machte nunmehr Anstrengungen, um politisch, wirtschaftlich und
militärisch stärker zu werden. In Tel Aviv wurde ein provisorischer
Hafen errichtet, um nicht vom Jaffa-Hafen, dessen arabische Arbeiter streikten, abhängig zu sein. Die jüdischen Bauern waren selber
überrascht festzustellen, dass sie in der Lage waren, die jüdische
Gemeinschaft mit Nahrungsmitteln zu versorgen. Auch in anderen
Industriezweigen kam man ohne arabische Arbeiter aus, als sie auch
dort fernblieben. Der Generalstreik schadete daher den Palästinensern wirtschaftlich gesehen mehr als den Juden. Der Terror jedoch
war spürbar: Von April bis Oktober wurden 80 Juden getötet, 400
verletzt, von der Beschädigung von Eigentum ganz abgesehen. Die
arabischen Aktivitäten, die auch antibritische Züge trugen, veranlassten die Briten, Armeeeinheiten aus benachbarten Ländern herbeizu-
schaffen, um der Unruhen Herr zu werden.

Auf jüdischer Seite kam die Frage auf, wie man auf diese Situation
reagieren solle. Ben Gurion betrachtete die Lage sehr nüchtern: »Für
die Araber kommt der Aufstand zu spät. Wir sind zu stark, als dass sie
uns eliminieren können. Für uns kommt der Aufstand zu früh. Wir
können, auf uns allein gestellt, seiner nicht Herr werden. Wir bedür-
fen noch der Kooperation mit England.« Das war auch der Grund,
warum Ben Gurion die *Haganah* anwies, nur zurückhaltend zu reagieren. Terror sollte nicht mit Terror beantwortet werden, um nicht
die britische Öffentlichkeit gegen den Zionismus aufzubringen.
Diese Politik wurde nicht von allen Mitgliedern der *Haganah* gebilligt. Ein Teil von ihnen trat 1937 aus der *Haganah* aus und gründete
den *ETZEL*, eine nationale militärische Organisation, die mit der
Revisionistischen Partei liiert war und mit dem Gegenterror begann.

Als die Palästinenser erkannten, dass Generalstreik und Terror
nichts fruchteten, suchten sie nach einem Ausweg. Am 10. 10. 1936
appellierte Nuri as-Said, der Regierungschef des Irak, auch im Auftrag Saudi-Arabiens, Transjordaniens und des Jemen an die Palästinenser, den Streik ohne Verzicht auf dessen Ziele zu beenden. Dieser
Bitte kam der Mufti nach. Im November kam eine von Lord Robert
Peel geführte Untersuchungskommission ins Land, die nach Befra-
gung aller für einen Entscheid wichtigen Persönlichkeiten zu der
Schlussfolgerung kam, dass die Teilung Palästinas in einen souveränen jüdischen und einen souveränen arabischen Staat der einzige
Ausweg sei, von einigen Teilen des Landes abgesehen, die weiterhin
unter britischem Mandat verbleiben sollten. Im Juni 1937 veröffentlichte die Peel-Kommission ihren Bericht und ihre Vorschläge. Danach sollte ein jüdischer Staat im Umfang von 5000 km² entstehen,

Mitglieder der Haganah in Jaffa
während der Unruhen 1936. Sie waren
waffenlos, aber im Nahkampf
ausgebildet und gingen nur in Gruppen
durch die Straßen.

der das Galiläische Bergland im Norden und die Küstenebene umfassen sollte. Die zionistische Bewegung war mit den anvisierten Grenzen nicht einverstanden, stimmte aber dem Prinzip der Teilung zu. Die Araber lehnten auf ihrem Kongress in Bludan, einer Stadt in Syrien, im September 1937 die Teilung ab.

Zwischen September 1937 und Oktober 1938 fielen etwa 400 Juden arabischen Terroraktionen zum Opfer. Es gab Hunderte von Verletzten und große Verwüstungen. Gleichwohl erreichten die Araber ihr Ziel nicht, sondern eher das Gegenteil. Die *Haganah* ging von der passiven Abwehr arabischer Angriffe ab und griff unter der Devise *Jezia Mehagader* (den Zaun verlassen) besonders die arabischen Orte an, in denen die Drahtzieher des Aufstandes saßen. Um seine Besiedlungspolitik zu sichern und zu erweitern, begann der Jischuw mit der Politik von *Choma Umigdal,* der Errichtung von Schutzmauern und Wachtürmen. Solche Gründungen erfolgten binnen ein, zwei Tagen – insgesamt etwa 60. Antiguerilla-Einheiten und mobile Einheiten wurden aufgestellt, die Arbeit des Nachrichtendienstes intensiviert. All das trug Früchte und die Juden Palästinas staunten, welch moderne, effektive Infrastruktur sie geschaffen hatten.

Aber die internationale Lage begünstigte das Anliegen der Araber. Der britische Premierminister Arthur Neville Chamberlain fürchtete einen deutschen Angriff im Nahen Osten. Er wusste, dass die Kanalzone nur zu verteidigen war, wenn die Bevölkerung dort England wohlgesonnen blieb, jedenfalls nicht aktiv Partei für Mussolini oder Hitler ergreifen würde. Der Zionismus wurde von ihm zusehends als ein Störfaktor betrachtet, der die Position Englands im Nahen Osten und in der islamischen Welt untergrub. Peels Vorschläge, einen jüdischen Staat von ungefähr 5000 km² zu gründen, wurde

Die Mitglieder der britischen Untersuchungskommission vor der Abreise nach Palästina am 5. November 1936 in London (von links: Reginald Coupland, Sir Laurence Hammond, Sir Horace Rumbold, Lord Robert Peel).

jetzt plötzlich als »projüdisch« erachtet. Eine neue Kommission, benannt nach ihrem Vorsitzenden Sir John Woodhead, schlug einen jüdischen »Staat« zwischen Zichron Jakov und Tel Aviv vor – eine »Enklave« in der Größe von 1250 km² entlang der Küste. Darüber hinaus setzte die Regierung in London Harold MacMichael, einen dezidiert proarabischen Politiker, als Hochkommissar in Palästina ein. Nachdem der Aufstand im Oktober/November militärisch im Wesentlichen eingedämmt worden war, suchte MacMichael die Araber zu beschwichtigen. Im Februar 1939 lud Chamberlain Juden wie Araber zu Gesprächen in den Saint-James-Palast in London ein. Die Araber weigerten sich bei dieser Gelegenheit, mit den Juden direkt zu verhandeln; britische Beamte, oft Chamberlain persönlich, pendelten zwischen den getrennten Delegationen beider Seiten, übermittelten ihre Vorschläge, gaben bekannt, was sie wollten und was sie ablehnten. Natürlich wurde kein Einvernehmen erzielt.

Chamberlain ließ sich nicht beirren. Er sah sich ironischerweise sogar bestätigt. Er spürte, dass ein Krieg unausweichlich sein werde.

In diesem Fall zählten die Sympathie und das Wohlwollen der arabischen Welt mehr als die Sympathie der Juden. Hinzu kam, dass er sich der Unterstützung der Juden ohnehin gewiss sein konnte. Die Araber hatten die Möglichkeit, zwischen London und Berlin zu lavieren. Diese Möglichkeit stand den Juden nicht offen. Die Briten konnten jedoch nicht, selbst wenn sie es wollten, die etwa 450 000 Ju-

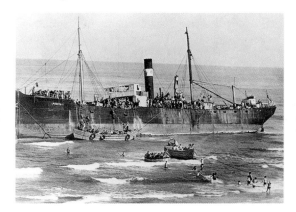 

den, die 1939 bereits in Palästina lebten, ignorieren. So versuchten sie weiterhin, die Araber zu beschwichtigen. In ihrem am 15. 5. 1939 veröffentlichten dritten Weißbuch verfügten sie die Begrenzung der Einwanderung für die kommenden fünf Jahre auf 75 000 Personen. Danach sollte sie nur mit Zustimmung der Palästinenser erfolgen; der Bodenerwerb wurde praktisch umöglich gemacht. Die Juden sollten sich mit der Situation abfinden, in Palästina eine Minderheit von etwa einem Drittel der Bevölkerung zu bleiben.

Der *Jischuw* kämpfte gegen die Festlegungen des Weißbuchs, intensivierte die Einschleusung von Einwanderern nach Palästina und verstärkte die Angriffe auf Einrichtungen der britischen Armee. Über all dem lag die Erkenntnis, dass es in Europa sehr bald zu einem Krieg kommen werde, in dem England gegen das nationalsozialistische Deutschland und folglich, gewollt oder ungewollt, für das Überleben des jüdischen Volkes kämpfen werde. Das hemmte die jüdische Bereitschaft, gegen die Briten vorzugehen.

Das Gefühl, dass es »sehr bald so weit« sein werde, beherrschte auch den 21. Zionistenkongress, der im August 1939 in Zürich stattfand. Es war eine bedrückende Atmosphäre, da viele der Delegierten ahnten, dass sie sich das letzte Mal sehen würden; sie nutzten die Gelegenheit, »Kameraden, lebt wohl« zu sagen. Die Kriegsgefahr war da, dennoch: Der Schwerpunkt der Verhandlungen lag in der Formierung des Widerstands gegen das britische Palästinaweißbuch. Ben Gurion schilderte vor den Delegierten die Ursachen des Konflikts mit der Mandatsregierung. Er verkannte nicht, dass dieses Weißbuch, sollte es angewandt werden, eine tödliche Gefahr für den Zionismus bedeutete.

NACHUM ORLAND †

An Bord der »Parita«, die am 21. August 1939 absichtlich vor Tel Aviv auf eine Sandbank gelaufen war, befanden sich 850 europäische Juden (Bild links). Unter der Aufsicht von britischen Polizeioffizieren wurden die illegalen Einwanderer in ein Lager bei Haifa abtransportiert (Bild rechts).

Auf dem 21. Zionistenkongress in Zürich im August 1939 beschwor David Ben Gurion die Entschlossenheit der jüdischen Siedler in Palästina, sich im Land ihrer Väter zu behaupten:

Auch wenn das Volk Israel – was die Quantität angeht – nicht so groß ist, birgt es in sich große seelische Kräfte. Seine Bedrängnis, tiefer Glaube und Hartnäckigkeit führen es nach Erez Israel. Aus verabscheuungswürdigen Überlegungen beschlossen die Völker, die Tore des Vaterlandes für das Volk zu versperren. Aber diese Überlegungen werden nicht maßgeblich sein. Die einzige Kraft, die über das wahre Schicksal dieses Landes entscheiden wird, ist der kreative, kämpferische Wille jener Juden im Lande und in der Diaspora, die in ihrem Leben nichts anderes kennen, außer dieser Bestimmung – Erlösung des Landes und dessen Aufbau.

Festhalten an der Wahrheit – Gandhis Einsatz im indischen Freiheitskampf

Gandhi während der Satyagraha-kampagne gegen die »Immigration Regulation Bill« in Südafrika 1913.

B is in die Zeit nach dem Ende des Ersten Weltkriegs war das indische Aufbegehren gegen die britische Fremdherrschaft auf kleine Kreise der indischen Bildungsbürger beschränkt geblieben, die entweder eine nationalliberale Verfassungsgläubigkeit zeigten oder mit nationalrevolutionärem Pathos die Freiheit als ihr Geburtsrecht einforderten, ohne dieser Forderung Nachdruck verleihen zu können. Terroristische Anschläge der nationalrevolutionären jüngeren Generation konnten das System der britischen Herrschaft nicht erschüttern. Nur ein Bauernaufstand hätte die Briten wirklich herausfordern können, aber mit Pächterschutzgesetzen und ähnlichen Maßnahmen hatten die Briten die Bauern zunächst auf ihre Seite gebracht. Der Anstieg der Agrarpreise im Krieg begünstigte die Bauern und schuf nur in den Städten Unruhepotenzial.

Die indische Honoratiorenpolitik wurde bald nach dem Krieg radikal umgestaltet, als Mohandas Karamchand (Mahatma) Gandhi die Führung des Freiheitskampfes übernahm. Er hatte sich zunächst durch den Einsatz für die indische Minderheit in Südafrika einen Namen gemacht. 1869 in dem kleinen indischen Fürstenstaat Porbandar, Gujarat, geboren, hatte er in London Jura studiert und war von einem indischen Geschäftsmann, einem Muslim aus Gujarat, nach Südafrika entsandt worden, um dort einen anderen Gujarati-Muslim in einem Rechtsstreit zu vertreten. Danach hätte er nach Indien zurückkehren können, doch die diskriminierenden Gesetze, die den Indern in Südafrika auferlegt wurden, forderten ihn zum Protest

Während des Burenkrieges in Südafrika stellte Gandhi (mittlere Reihe Dritter von links) eine indische Sanitätsabteilung auf. Seine Hoffnungen, durch den Einsatz auf britischer Seite der rechtlichen Gleichstellung der Inder mit den Weißen einen Schritt näher zu kommen, erfüllten sich nicht.

heraus. Er organisierte Kampagnen des passiven Widerstands gegen solche Gesetze. Doch da dieser Widerstand zwar gewaltfrei, aber alles andere als passiv war, gab er ihm einen neuen Namen: Satyagraha, »Festhalten an der Wahrheit«. Die Wahrheit sah er nicht als gegeben an, man musste sie durch die konkrete Verpflichtung zum

Übertreten ungerechter Gesetze erfahren. Deshalb nannte er später seine Autobiographie »Meine Experimente mit der Wahrheit«.

Bereits 1909 hatte Gandhi in Südafrika sein Manifest »Hind Swaraj« veröffentlicht, in dem er die Nichtzusammenarbeit mit den Kolonialherren als Methode eines gewaltfreien Freiheitskampfes empfahl. Während des Ersten Weltkriegs war ihm eine politische Betätigung in Indien nicht möglich. Er musste sich mit kleineren Kampagnen begnügen. So setzte er sich für die von britischen Indigopflanzern im Bezirk Champaran, Bihar, ausgebeuteten Bauern ein, organisierte eine erfolgreiche Grundsteuerverweigerungskampagne in einem Bezirk Gujarats und einen Textilarbeiterstreik in Ahmadabad. Nationale Bedeutung errang er aber erst nach dem Krieg durch eine Kampagne gegen die Rowlatt-Gesetze. Das waren von dem Richter Sir Sidney Rowlatt entworfene Ermächtigungsgesetze, die an die Stelle der Notstandsgesetze treten sollten, die bei Kriegsende ihre Gültigkeit verloren. Diese Gesetze waren höchst ungerecht; da sie aber nur Ermächtigungsgesetze waren, ließen sie sich nicht gezielt übertreten. Gandhi rief statt dessen einen »Hartal« aus, eine Art religiösen Generalstreik, bei dem alle Geschäftsleute ihre Geschäfte schlossen und fasteten und beteten, wobei sie nicht gestört werden durften. Gandhi konnte nicht verhindern, dass Demonstrationen in diesem Kontext in gewalttätige Ausschreitungen übergingen, und erklärte später, er habe einen »Fehler von der Größe des Himalaya« gemacht. Er musste daher bei späteren Kampagnen den Gegenstand und die Methode des Protests genauer definieren.

Bevor Gandhi sich als Mahatma (»große Seele«) der asketischen Lebensweise verpflichtete, trug er europäische Anzüge. Das Foto zeigt ihn (Mitte) vor seiner Anwaltskanzlei in Johannesburg zusammen mit seiner Sekretärin Sonia Schlesin, seinem Mitarbeiter Henry S. L. Polak (sitzend; links) und zwei weiteren Mitarbeitern.

»Nichtzusammenarbeit« – Die Kampagne von 1920/21

Als Gandhi 1920 eine Kampagne der Nichtzusammenarbeit mit den Kolonialherren begann, reagierte er damit auf zwei verschiedene Herausforderungen. Zum einen empörten sich die indischen Muslime über die Behandlung des türkischen Kalifen durch die Siegermächte, zum anderen forderte man von der Regierung eine Sühne für das Massaker, das der britische General Reginald Dyer im Vorjahr unter einer unbewaffneten Menge in Amritsar angerichtet hatte. Der Kalif wurde von den indischen Muslimen umso mehr verehrt, als sie selbst nicht unter islamischer Herrschaft leben konnten. Gandhi verbündete sich mit ihnen, weil ihn ihre Opferbereitschaft beeindruckte. Er konnte noch nicht ahnen, dass die Türken das Amt des Kalifen selbst bald abschaffen sollten.

Das Massaker von Amritsar

Das Massaker hatte mit dieser Bewegung der Muslime nichts zu tun. General Dyer wollte ein Exempel statuieren, als er seine Soldaten so lange auf eine in einem umfriedeten Platz versammelte Menge schießen ließ, bis etwa 400 Menschen tot zurückblieben. Die Versammlung war vermutlich von Provokateuren organisiert worden, es war kein Versuch unternommen worden, sie von vornherein zu verhindern oder zur Auflösung aufzufordern. Die Massenexekution sollte Furcht und Schrecken verbreiten, doch statt das Ansehen der Kolonialmacht zu stärken, brachte sie diese in Misskredit. Zwei Berichte wurden darüber veröffentlicht, der eine war im Auftrag des Nationalkongresses von Gandhi geschrieben worden. Er war nüchtern und wahrheitsgetreu. Kurz darauf erschien der offizielle britische Bericht, der sich durch Schönfärberei auszeichnete. Die Empörung über diesen Bericht und die Bewegung der Muslime kamen zusammen, und Gandhi fand weit reichende Unterstützung für das Programm der Nichtzusammenarbeit. Er verkündete einen Boykott der Gerichte, Universitäten und Schulen und schließlich auch der gerade bevorstehenden Wahlen. Der Wahlboykott zwang die Kongresspolitiker, die sich ihm angeschlossen hatten, zur tatkräftigen Unterstützung der anderen Programmpunkte, denn nachdem sie den parlamentarischen Pfad verlassen hatten, konnten sie sich nur noch auf diese Weise profilieren.

Bürgerlicher Ungehorsam

Die Regierung verhaftete Gandhi nicht, um kein Öl ins Feuer zu gießen, und wartete darauf, dass die verschiedenen Boykottaktionen den Reiz der Neuheit verloren. Das geschah denn auch, und daher wollte Gandhi 1922 von der Nichtzusammenarbeit zum bürgerlichen Ungehorsam übergehen und hatte dazu die Steuerverweigerung im Unterbezirk Bardoli, Gujarat, ausersehen. Doch als im Dorf Chauri Chaura in Nordindien eine aufgebrachte Menge Polizisten in ihrer Station einschloss und verbrannte, blies Gandhi die ganze Kampagne ab, weil er diese Untat als Zeichen für den Übergang zur unkontrollierten, sporadischen Gewalt ansah. Nun schlug die Regierung zu, verhaftete ihn und stellte ihn vor Gericht. Er wurde zu sechs Jahren Zuchthaus verurteilt. Er verteidigte sich nicht, sondern nützte die ihm gewährte Redezeit, um zu erklären, warum er aus einem loyalen Bürger des britischen Weltreichs zum Rebellen geworden war. In Großbritannien war die Labour Party an die Macht gekommen. Die britisch-indische Regierung wollte einer Anordnung aus London zuvorkommen und nahm eine Blinddarmoperation Gandhis zum Anlass, um ihn schon nach zwei Jahren aus der Haft zu entlassen.

Viele Zeitgenossen betrachteten Gandhi nun als einen Mann, der mit leeren Händen dastand und seinen politischen Einfluss verloren hatte. Doch bereits 1930 bat man ihn, die Strategie einer neuen Kampagne zu entwerfen, nachdem Verhandlungen über die Gewährung des Dominionstatus für Indien gescheitert waren. Wäre Indien damals zum gleichberechtigten Mitglied des Commonwealth geworden, hätte die indische Geschichte einen ganz anderen Verlauf genommen. Aber Indien war noch ein Schuldner der Briten, den diese

Erstmals verhaftet wurde Gandhi 1922. Nach der zweiten Kampagne des zivilen Ungehorsams von 1930 wurde er erneut verhaftet und auch nach 1932 war Gandhi mehrfach im Gefängnis (Illustration des Italieners Achille Beltrame).

»Ich will die Sympathie der Welt für diesen Kampf um Rechte gegen die Macht«, lautet eine handschriftliche Notiz Gandhis aus dem Jahr 1930.

im Griff behalten wollten. Die Schulden hatten die Briten im Namen der Inder gemacht, und der Nationalkongress hatte bekundet, dass ein freies Indien diese Schulden nicht anerkennen könne. Die Konfrontation war unvermeidlich und wurde durch die Auswirkungen der Weltwirtschaftskrise noch verschärft.

Wider das Salzmonopol der Regierung – Der Salzmarsch 1930

Gandhi dachte lange darüber nach, welches ungerechte Gesetz wirkungsvoll übertreten werden konnte. Die Kampagne sollte sich nur gegen die britisch-indische Regierung richten, aber keinen Klassenkampf unter den Indern auslösen. Das Salzmonopol der Regierung bot eine willkommene Angriffsfläche. Der Verzehr von Salz war im heißen Indien dringend notwendig, auch die Ärmsten der Armen konnten nicht darauf verzichten. Man durfte es nur von Vertragshändlern kaufen, die die entsprechende Steuer zahlten. Privates Salzsieden, selbst für den Hausgebrauch, war strafbar. Ehe Gandhi mit der Kampagne begann, veröffentlichte er eine Liste von elf Punkten, die er die »Substanz der Unabhängigkeit« nannte. Dazu zählte nicht nur die Abschaffung der Salzsteuer, sondern auch die Kürzung der Grundsteuer um die Hälfte, die Drosselung des Militärhaushalts, die Abwertung der Währung, die Einführung von Schutzzöllen und vieles andere mehr. Gandhi wusste, dass die Briten diese Forderungen nicht erfüllen konnten, ohne ihre Herrschaft aufzugeben, aber er hatte mit diesen elf Punkten die verschiedensten indischen Interessengruppen angesprochen.

Ausweitung zum Massenprotest

Mit einer Schar seiner Getreuen brach Gandhi von seinem Ashram in der Nähe von Ahmadabad zu einem langen Marsch an die Küste Gujarats auf. Die Spannung stieg von Tag zu Tag. Schließlich las Gandhi Anfang April 1930 am Strand von Dandi ein Bröckchen Salz auf und machte sich damit strafbar. Überall in Indien machten es ihm seine Anhänger nach. Die Gefängnisse waren bald bis zum Bersten gefüllt. Als dann nach der Weizenernte im Juli die Getreidepreise unter dem Einfluss der Weltwirtschaftskrise rasch und tief fielen, schlossen sich viele Bauern der Weizenanbaugebiete der Protestbewegung an. Der Reispreis blieb zunächst noch hoch, fiel aber im Januar 1931, als die Winterreisernte auf den

Gegen das Salzgewinnungsmonopol der Briten organisierte Gandhi den »Salzmarsch« von Ahmadabad nach Dandi. Die Strecke von 241 Meilen legte er zusammen mit 78 Anhängern in der Zeit vom 12. März bis zum 6. April 1930 zurück.

Markt kam, umso rascher und tiefer. Das trieb auch die Bauern Ostindiens zum Widerstand. Vizekönig Lord Irwin fürchtete einen allgemeinen Bauernaufstand und lud Gandhi Ende Februar 1931 zu Gesprächen ein, die schließlich zu einem Pakt zwischen Gandhi und ihm führten.

Der Vizekönig stand am Ende seiner Amtszeit und wollte sie mit einem Friedensschluss krönen, der auch den Bauernaufstand verhinderte, den er fürchtete. In den Reisgebieten Birmas war bereits ein blutiger Bauernaufstand ausgebrochen, der erst nach Jahresfrist vom Militär niedergeschlagen werden konnte. Winston Churchill wetterte im britischen Parlament, welche Schande es sei, dass ein halbnackter, rebellischer Fakir gleichberechtigt mit dem Vertreter des Königs verhandeln dürfe. Dem »Fakir« ging es bei den Verhandlungen mehr um die Demonstration der Gleichberechtigung als um die Gegenstände, über die verhandelt wurde. Er musste seine Kampagne suspendieren und Irwin machte ihm keine besonderen Zugeständnisse, sondern nötigte ihm auch noch das Versprechen ab, die nächste Konferenz am Runden Tisch in London im Herbst 1931 zu besuchen.

Am Runden Tisch

Zu Beginn seiner Amtszeit hatte Irwin den Fehler gemacht, der Entsendung einer Verfassungskommission unter Vorsitz des liberalen Politikers John Simon zuzustimmen, die nur aus britischen Parlamentsabgeordneten bestand und dann überall in Indien mit

Der damalige Präsident des Indischen Nationalkongresses, Jawaharlal Nehru, schildert Gandhis Salzmarsch zum Meer im Jahre 1930:

Der April kam und Gandhi näherte sich dem Meere. Wir warteten auf das Stichwort für den Beginn des zivilen Ungehorsams... Der 6. April war der erste Tag der Nationalen Woche, die alljährlich zum Andenken an die Geschehnisse des Jahres 1919 gefeiert wurde... An diesem Tag brach Gandhi zum ersten Mal die Salzgesetze am Strand von Dandi... Über das ganze Land hinweg... wurde die Salzgewinnung Tagesgespräch... Als wir die überschäumende Begeisterung sahen, und merkten, wie die Art, Salz herzustellen, sich einem Prärie-feuer gleich verbreitete, fühlten wir uns ein wenig beschämt... dass wir die Wirksamkeit dieser Methode angezweifelt hatten, als Gandhi sie zuerst vorschlug. Wir staunten über die unglaubliche Fertigkeit dieses Mannes, die Menge zu beeindrucken und sie zu organisiertem Handeln zu bringen.

Gandhi nahm als einziger Vertreter des Nationalkongresses am Runden Tisch (7. September bis 1. Dezember 1931) in London teil.

schwarzen Fahnen und dem Ruf »Simon, go back« begrüßt wurde. Die Inder fühlten sich brüskiert, weil die bevorstehende Verfassungsreform ohne ihre Mitwirkung gestaltet werden sollte. Die Konferenzen am Runden Tisch sollten dieser Mitwirkung dienen, der Nationalkongress hatte jedoch die erste Konferenz boykottiert; Irwin war daher umso mehr darum bemüht, Gandhi für die Teilnahme an der zweiten Konferenz zu gewinnen, die im Herbst 1931 stattfinden sollte. Gandhi war nicht an der Konferenz interessiert, sondern an einem Gespräch mit Premierminister James Ramsay MacDonald, mit dem er auch einen Pakt zu schließen hoffte. Er ließ sich deshalb vom Nationalkongress als Alleinbevollmächtigter nach London entsenden. Doch als Gandhi in London eintraf, war die Labour-Regierung gerade gestürzt worden, weil sie die Wirtschaftskrise nicht bewältigen konnte. MacDonald verblieb als Premierminister einer großen Koalition im Amt, die von den Konservativen und Liberalen beherrscht wurde, in deren Händen er eine ohnmächtige Geisel war. Gandhi musste lange auf ein Gespräch mit ihm warten, und als es stattfand, verlief es für ihn sehr enttäuschend.

Die Kommissionssitzungen am Runden Tisch waren für Gandhi ebenso frustrierend. Die Fragen der zukünftigen Vertretung der indischen Minderheiten standen im Vordergrund. Da die Muslime bereits separate Wählerschaften hatten, sollten diese nun auch den Unberührbaren zugestanden werden. Gandhi kündigte schon in London an, dass er darauf mit einem Fasten bis zum Tode reagieren werde, schloss sich aber einem Votum an, dass MacDonald um einen Schiedsspruch in dieser Angelegenheit gebeten werden solle.

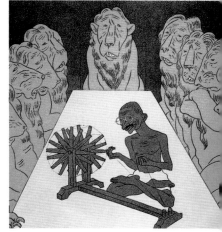

Mit dem Titel »Indien-Konferenz in London oder Gandhi in der Löwengrube« erschien diese Karikatur 1931 in der Zeitschrift »Simplicissimus«.

Bis zum Tode – Das »Epische Fasten«

Nach Gandhis Rückkehr begann die Kampagne des bürgerlichen Ungehorsams erneut, und er wurde sofort verhaftet. Im Gefängnis erreichte ihn die Nachricht vom Schiedsspruch des Premierministers, der den Unberührbaren separate Wählerschaften zusicherte, aber die Möglichkeit offen ließ, dass die Betroffenen sich um eine Alternative bemühen konnten. Gandhi begann sein Fasten »bis zum Tode«, das als »Episches Fasten« bezeichnet wurde. Er hatte früher schon gefastet, dann aber jeweils eine begrenzte Zeit angesetzt und niemals gesagt, dass er sich zu Tode fasten werde. Bhimrao Ramji Ambedkar, der Führer der Unberührbaren, geriet unter enormen moralischen Druck und suchte Gandhi im Gefängnis auf. Sie schlossen einen Pakt, mit dem die separaten Wählerschaften durch eine beträchtliche Zahl reservierter Sitze ersetzt wurden, bei denen die unberührbaren Kandidaten allerdings die Unterstützung der allgemeinen Wählerschaft finden mussten. Gandhis Fasten hatte nicht nur diesen Kompromiss bewirkt, sondern auch dazu geführt, dass den Unberührbaren viele Tempel geöffnet wurden, die sie zuvor nicht betreten durften. Die Kampagne des bürgerlichen Ungehorsams verlief jedoch im Sande und wurde von Gandhi zunächst ausgesetzt und schließlich ganz beendet.

Europäer bahnen sich den Weg durch die Reihen der Streikenden. Illlustration von Achille Beltrame zum Sitz- und Liegestreik in den Straßen von Bombay.

Wahlen und Gesetze – Die parlamentarische Arena

Gandhi hielt im Grunde nichts von den britisch-indischen Verfassungsreformen und glaubte, dass Indien in diesem Rahmen nie seine Freiheit erringen könne. Doch wenn er keine Kampagne führte, konnte er die Politiker des Nationalkongresses nicht daran hindern, in die parlamentarische Arena zurückzukehren. Bereits bei den Wahlen zum Zentralparlament *(Imperial Legislative Council),* die 1934 abgehalten wurden, erzielten Kongresskandidaten bemerkenswerte Erfolge. Im Jahr darauf wurde vom britischen Parlament das umfangreiche Gesetz *(Government of India Act)* verabschiedet, das den Rahmen für die weitere politische Entwicklung Indiens zog. Es sah einen Bundesstaat mit »autonomen« Provinzen vor, in denen die Regierung ganz in indischen Händen liegen sollte. Die Zentralregierung blieb unreformiert, weil die Verfassung vorsah, dass mindestens die Hälfte der indischen Fürsten dem Bundesstaat beitreten müssten, um diesen ins Leben zu rufen. Die Fürsten fürchteten sich vor den finanziellen Konsequenzen und blieben ihm fern.

Der Nationalkongress gewinnt die Wahlen

Der Wahlkampf wurde von Jawaharlal Nehru mit großem Elan geführt. Er war 1936 zum Kongresspräsidenten gewählt worden und arbeitete eng mit Gandhi zusammen, obwohl er in vieler Hinsicht anderer Meinung war als der Mahatma. Nehru wollte die Wahlen gewinnen, dann aber die Regierungsbildung verweigern. Als die Wahlen gewonnen waren, drängten die Kongresslandesverbände zur Regierungsbildung. Die reicheren Bauern, die zum ersten Mal das Wahlrecht erhalten hatten, erwarteten vom Nationalkongress Hilfe in der Not, die sie seit dem Beginn der Wirtschaftskrise bedrängte. Die Briten hatten ihnen das Wahlrecht gegeben, weil sie hofften, dass sie für probritische Parteien stimmen würden, doch die Krise hatte einen Strich durch diese Rechnung gemacht. Auch Gandhi setzte sich für die Regierungsbildung ein, und der Nationalkongress konnte in sieben der neun Provinzen Britisch-Indiens die Ministersessel besetzen. Im Pandschab und in Bengalen kamen regionale Parteien zum Zuge. Die Muslimliga unter der Führung von Mohammed Ali Jinnah scheiterte bei diesen Wahlen kläglich. Jinnahs Radikalisierung, die später zur Teilung Indiens führen sollte, begann mit dieser Niederlage.

Der Nationalkongress konnte sich seiner neuen Rolle als Regierungspartei nicht lange erfreuen, weil man bei Kriegsbeginn die Regierungsbeteiligung wieder aufgab. Die Briten weigerten sich, ihre Kriegsziele zu definieren. Zwar versprach die Atlantikcharta allen Völkern die Freiheit, aber Churchill hatte deutlich gemacht, dass sich dies nicht auf die britischen Kolonien beziehe. Die Briten nutzten Indien als Etappenstation des Weltreichs, setzten rund zwei Millionen indischer Soldaten an allen Fronten ein und kauften Kriegsbedarf bei der indischen Industrie auf Kredit. Erst als die Japaner blitzschnell vordrangen, und die Amerikaner mahnten, man möge den

Bei Einsätzen der britischen Truppen gegen die aufständische indische Zivilbevölkerung kam es häufig zu erbitterten Straßenschlachten (Illustration von Achille Beltrame).

Gestützt auf die These, dass Hindu und Muslime zwei Nationen seien, forderte Mohammed Ali Jinnah die Schaffung eines souveränen, islamisch bestimmten Staates Pakistan.

indischen Nationalisten Zugeständnisse machen, wurde Sir Stafford Cripps, ein Mitglied des britischen Kabinetts, nach Indien entsandt, um mit dem Nationalkongress zu verhandeln.

»Quit India!« – und die Augustrevolution

Im April 1942 traf Cripps in Indien ein. Er war mit Nehru befreundet und hoffte auf einen raschen Verhandlungserfolg. Es sollte sofort eine nationale Regierung unter Beteiligung des Nationalkongresses gebildet werden, und Indien wurde die Unabhängigkeit nach Kriegsende versprochen. Gandhi meinte, dieses Angebot gliche einem ungedeckten Scheck, und beteiligte sich nicht an den Verhandlungen. Nehru ließ sich auf die Verhandlungen ein, die schließlich daran scheiterten, dass Cripps keine Auskünfte über die Zuständigkeiten eines indischen Verteidigungsministers geben konnte. Auch seine Zusicherung, dass der Vizekönig sich der nationalen Regierung gegenüber wie ein konstitutioneller Monarch verhalten werde, blieb ohne dessen Bestätigung unglaubwürdig. Der Vizekönig, Lord Linlithgow, war ein treuer Gefolgsmann Churchills und unterstützte Cripps nicht, der unverrichteter Dinge abreisen musste.

Nach dem Scheitern dieser »Cripps Mission« musste der Nationalkongress Flagge zeigen. Gandhi wurde beauftragt, eine neue Kampagne zu gestalten. Er rief den Briten zu: »Quit India!« – und meinte damit, sie sollten angesichts der rasch vorrückenden Japaner Indien verlassen, solange noch Zeit dazu sei. Doch ehe Gandhi in der Lage war zu erklären, wie die neue Kampagne aussehen sollte, wurden er und alle anderen Kongressführer ins Gefängnis geworfen. Darauf brach eine chaotische Rebellion der

Mahatma Gandhi mit dem britischen Minister Sir Stafford Cripps 1942 in Delhi.

jüngeren Generation aus: Telegrafendrähte wurden zerschnitten, Eisenbahnschienen entfernt, Polizeistationen besetzt. Im Nachhinein nannte man diese Unruhen die »Augustrevolution«, sie hatte auch nicht länger als diesen einen Monat gedauert. Kurz darauf wendete sich das Kriegsglück zugunsten der Alliierten. Die Amerikaner schlugen die Japaner im Pazifik, die Russen die Deutschen bei Stalingrad. Die Briten in Indien konnten den Krieg aussitzen und die indischen Nationalisten im Gefängnis lassen. Nach dem Krieg machten sich dann alle ungelösten politischen Probleme wieder bemerkbar, die schließlich zur Teilung des Landes und zu einem blutigen Bruderzwist führten.

DIETMAR ROTHERMUND

Partner am runden Tisch – Die britischen Dominions und die Empirekonferenzen

Sir Robert Borden war von 1911 bis 1920 Premierminister von Kanada und Delegierter bei der Pariser Friedenskonferenz 1919.

Aus einer Rede des britischen Kolonialministers Joseph Chamberlain vom 6. Oktober 1903:

Wenn ich von »unseren« Kolonien spreche, so ist das nur ein Ausdruck: Sie sind nicht unser im possessiven (besitzergreifenden) Sinne. Sie sind Schwesterstaaten, fähig, mit uns zu halten, willens, zu uns zu halten, aber auch fähig, mit uns zu brechen ... Wir müssen entweder näher aneinander rücken oder wir treiben auseinander.

»Seinem eigenen Volk verantwortlich« – Die Unabhängigkeit der Dominions

Das britische Weltreich, das nach dem Ersten Weltkrieg die größte Ausdehnung seiner Geschichte erreichte und durch die Übernahme des früheren Schutzgebiets Deutsch-Ostafrika sogar die im 19. Jahrhundert viel beschworene Kap-Kairo-Linie verwirklichen konnte, befand sich schon vor dem Krieg in einer Phase der Umgestaltung. Neben die direkt von London abhängigen Kolonien waren seit 1867, als Kanada die innere Selbstverwaltung zugestanden wurde, die von Weißen beherrschten und in der Regel auch überwiegend von ihnen besiedelten Dominions getreten. Der Erste Weltkrieg aber beschleunigte diesen Prozess noch einmal, indem die Dominions zu souveränen Staaten im Rahmen des britischen Commonwealth wurden. Dieser Begriff kam im Ersten Weltkrieg immer mehr in Gebrauch, als in London das Kriegskabinett mit Vertretern aus den Dominions tagte. »Wir treffen uns auf der Basis völliger Gleichheit«, meinte dazu der kanadische Premierminister Robert Borden im Juni 1918. »Wir treffen uns als Premierminister sich selbst regierender Nationen. Wir treffen uns unter der Führung, unter dem Vorsitz des Premierministers des Vereinigten Königreichs ... Jeder Premierminister, der an diesem Tisch sitzt, ist seinem eigenen Parlament und seinem eigenen Volk verantwortlich; Beschlüsse des Kriegskabinetts können nur durch die Parlamente der verschiedenen Nationen unseres *Imperial Commonwealth* ausgeführt werden. So behält jedes Dominion, jede Nation ihre völlige Autonomie. Ich wage zu glauben, dass wir hier am Beginn einer Entwicklung in den Verfassungsbeziehungen des Empire stehen, die in den kommenden Jahren die Grundlage seiner Einheit bilden wird.«

Außenpolitisch souverän ...

Der neue internationale Status der Dominions Kanada, Australien, Neuseeland und Südafrika wurde 1919 sichtbar, als sie an der Pariser Friedenskonferenz teilnahmen und danach auch Mitglieder des Völkerbunds wurden. Die Zeit, in der alle außenpolitischen Entscheidungen allein in London gefällt wurden, war vorbei. Insbesondere wehrten sich die Dominions dagegen, an der Seite Großbritanniens wieder in einen europäischen Krieg hineingezogen zu werden. Sie verweigerten daher ihre Zustimmung zu allen Regelungen, die Großbritannien zur Aufrechterhaltung des territorialen Status quo in Europa verpflichteten. Ein verbesserter Sanktionsmechanismus des Völkerbunds, der nach dem – schließlich nicht ratifizierten – Genfer Protokoll von 1924 angestrebt war, fiel ebenso darunter wie das relativ lose formulierte Garantieversprechen Großbritanniens zugunsten des Vertragswerks von Locarno 1925. In Fragen der europäischen Politik entschied Großbritannien ohne formelle Konsultation der Dominions, die ihrerseits nicht durch britische Vertragsabschlüsse gebunden waren. Der Unterschied gegenüber 1914 war überdeutlich! Schon während der »Chanak-Krise« 1922 war in

Die Teilnehmer der vom 5. bis zum 16. Oktober 1925 tagenden Konferenz von Locarno am ersten Verhandlungstag. Es ging unter anderem um die internationale Garantie der deutschen Westgrenzen.

London die neue Stellung der Dominions zu spüren gewesen. In ihrer Gegenoffensive vertrieb die Türkei nicht nur die zuvor von Großbritannien ermutigten Griechen aus Kleinasien. Türkische Einheiten schlossen auch die bei Çanakkale (damals Çanak oder Chanak) östlich der Dardanellen stationierten britischen Streitkräfte ein. In dieser Lage, in der ein Krieg Großbritanniens gegen die Türkei nicht ausgeschlossen schien und die erst durch den britischen Abzug zugunsten der Türkei gelöst wurde, appellierte der britische Premierminister an die Dominions und bat um militärischen Beistand. Südafrika reagierte darauf überhaupt nicht. Die kanadische Regierung wollte die Angelegenheit vor das Parlament in Ottawa bringen. Mit anderen Worten: Das Commonwealth war keine bloße Verfügungsmasse mehr in den Händen der britischen Regierung.

... wirtschaftlich wechselseitig gebunden

So sehr die Dominions auf der einen Seite zu souveränen Völkerrechtssubjekten geworden waren, so sehr blieben sie andererseits von der britischen Welt- und Sicherheitspolitik abhängig und in das Wirtschaftssystem des Weltreichs eingebunden. Aber auch Großbritannien war auf die Dominions angewiesen: Seine Rohstoff- und Nahrungsmittelimporte hingen vom Funktionieren des Weltreichs ab, und es verkaufte fast die Hälfte seiner Exporte – gegenüber nur einem Drittel vor dem Krieg – dorthin.

Arthur Griffith (Zweiter von rechts) mit Mitgliedern der irischen Delegation, die 1921 mit der britischen Regierung den Vertrag über die Anerkennung des Freistaats Irland aushandelten.

Dem Herzstück des britischen Weltreichs, Indien, blieb der Dominionstatus in der Zwischenkriegszeit versagt. Lediglich begrenzte Selbstverwaltung wurde ihm schrittweise 1919 und 1935 gewährt. In Irland dagegen erlangte nach der Teilung der Insel 1920 der Irische Freistaat schließlich 1921 seine Unabhängigkeit. Als Dominion blieb er dem Commonwealth zunächst noch erhalten, aber mit der Verfassungsänderung von 1937 hat er ihm praktisch – formell erst 1949 – den Rücken gekehrt.

Unabhängigkeit und Zusammengehörigkeitsgefühl – Das Commonwealth

In unregelmäßigen Abständen trafen die Dominions auf den Empirekonferenzen mit Großbritannien zusammen. Zu den wichtigsten Fragen gehörten Probleme der Weltpolitik und nicht zuletzt die Erwartung der Dominions, ihren Status im britischen Weltreich möglichst genau zu bestimmen. Man musste eine Formel finden, die der bereits gehandhabten Praxis entsprach. Dies gelang dem britischen Politiker Lord Balfour, der 1926 die nach ihm benannte Formel vom Commonwealth als »Gruppe sich selbst regierender Gemeinschaften« fand. Sie werde »von Großbritannien und den Domi-

Der Generalgouverneur von Kanada, der Earl von Bessborough, trifft vor dem Gebäude in Ottawa ein, in dem 1932 die Empirekonferenz stattfand.

Die Teilnehmer der Londoner Empirekonferenz 1926 im Garten des britischen Regierungssitzes. Britische Politiker in der ersten Reihe: 3. von links Schatzkanzler Winston Churchill, 5. von links Außenminister Austen Chamberlain, 5. von rechts der Präsident des Geheimen Staatsrats Lord Arthur James Balfour; in der Mitte sitzt Premierminister Stanley Baldwin.

nions gebildet«. Es handele sich um »autonome Gemeinschaften innerhalb des britischen Empire, gleich im Status, in keiner Weise einander in inneren oder äußeren Angelegenheiten untergeordnet«, aber doch durch »eine gemeinsame Bindung an die Krone vereinigt und als Mitglieder des *British Commonwealth of Nations* frei assoziiert«. Es dauerte noch bis 1931, bis alle verfassungsrechtlichen Fragen geklärt waren und mit dem »Statut von Westminster« eine formelle gesetzliche Grundlage für das Commonwealth gefunden war.

Von Anfang an stand neben der Unabhängigkeit der Mitglieder des Commonwealth ihr Zusammengehörigkeitsgefühl. Dieses zeitigte erstmals 1932 Wirkung, als auf der Empirekonferenz von Ottawa ein System wechselseitiger Zollvergünstigungen für die Staaten des Commonwealth festgelegt wurde. Auch wenn die Handelsinteressen einzelner Dominions unterschiedlich gelagert waren, so wurde damit dennoch versucht, in der Weltwirtschaftskrise, die 1929 durch den Börsenkrach an der New Yorker Börse ausgelöst wurde und in deren Verlauf der Welthandel weitgehend zusammenbrach, eine Möglichkeit der Gegensteuerung zu ent-wickeln. Schon 1931 war für das Empire die Sterlingzone geschaffen worden, die nach dem Abgehen der britischen Wäh-rung vom Goldstandard das Pfund Ster-ling zur Leitwährung für das Empire machte, dessen Währungen dadurch untereinander stabil blieben, während sie, wie das Pfund Sterling auch, gegen-über allen anderen Ländern schwanken konnten. Nur Kanada blieb wegen seiner Nähe zu den USA außerhalb der Sterling-zone.

Zum »Empire Day« 1932 waren die Schaufenster der Geschäfte mit britischen Waren und Flaggen dekoriert. In den bedeutendsten australischen Städten standen die Ansprachen unter dem Motto »Briten, kauft britische Waren«. Das Foto zeigt die Kundgebung in Sydney.

Die Bindekraft des Commonwealth bewährte sich auch 1939, als seine Mit-gliedsländer die britische Kriegserklärung an Deutschland mittrugen. Sie taten dies, weil es um Fragen der europäischen Poli-tik ging, bei denen die nationale Sicherheit Großbritanniens berührt zu sein schien. Ein britischer Kriegseintritt allein zur Aufrechterhal-tung des territorialen Status quo in Europa, etwa zur Verteidigung der Unabhängigkeit Österreichs oder der Integrität der Tschecho-slowakei, hätte nicht ausgereicht, die geschlossene Unterstützung der Dominions zu erwirken. Noch im März 1939 fragte sich der kana-dische Premierminister William Mackenzie King, ob sein Land alle 20 Jahre an einem Krieg für Demokratie und Selbstbestimmung klei-nerer Nationen teilnehmen wolle und sich dazu berufen fühle, das zur Regelung seiner Angelegenheiten unfähige Europa zu retten. Allein die Linksregierung in Neuseeland befürwortete vor 1939 eine strikte Politik zur Verteidigung der Ordnung von Versailles, nicht zuletzt auch unter Einbeziehung der Sowjetunion in die britische Politik. Für Kanada dagegen, das einem möglichen Bündnis mit der Sowjetunion 1939 sehr skeptisch gegenüberstand, war das Scheitern der britisch-französisch-sowjetischen Verhandlungen im August des-selben Jahres geradezu eine Voraussetzung für Solidarität mit Groß-britannien. Insgesamt hatte die Appeasementpolitik der britischen Regierung – entsprechend der Festlegung der Empirekonferenz von 1937, es müsse jede Anstrengung für einen internationalen Ausgleich (*international appeasement*) unternommen werden –, dazu beigetra-gen, das Commonwealth intakt zu halten.

Gottfried Niedhart

Dem Ende entgegen? – Die großen Kolonialreiche

Unter weltgeschichtlichen Gesichtspunkten erreichte die koloniale Welt in der Zwischenkriegszeit ihre größte Ausdehnung. Die europäischen Kolonialmächte verfolgten eine Politik der intensiven Nutzung ihrer Überseegebiete. Im Einklang mit der systematischen Konsolidierung der jeweiligen Kolonialverwaltungen entfalteten sich auch die kolonialen Exportwirtschaften. Gleichzeitig zielte der einheimische Nationalismus, der sich in den einzelnen Kolonien unterschiedlich entwickelte, auf die Beseitigung der Kolonialherrschaft. Pate standen dabei Woodrow Wilsons Idee des Selbstbestimmungsrechts der Völker, die Kolonialdoktrin der Dritten Internationale und das Mandatssystem des Völkerbunds.

Direkt oder indirekt – Die Kolonialverwaltung

Das seinen Rivalen bei weitem überlegene formelle Weltreich Großbritanniens, das *British Empire,* umfasste neben den Dominions und Indien die halb unabhängigen Staaten Ägypten und Irak sowie das eigentliche Kolonialreich *(Dependent Empire).* Hierbei handelte es sich bei aller Vielfalt des Rechtsstatus der Kolonien und der Zuständigkeiten des Mutterlandes faktisch um Kronkolonien und Protektorate einschließlich der Mandate. Das französische Kolonialreich, das *Empire français,* wies eine ähnliche Vielfalt auf. Während für die Protektorate Tunesien und Marokko und die Mandate das Außenministerium zuständig war, Algerien als Teil des nationalen Territoriums betrachtet und folglich in Départements aufgeteilt wurde, unterstanden die Kolonien, gemäß der straffen Zentralisierung Bestandteile der einen und unteilbaren Republik, dem Kompetenzbereich des Kolonialministeriums. Im Unterschied zur britischen Herrschaftspraxis organisierten die Franzosen riesige zentralisierte Länderblöcke unter der Leitung von Generalgouverneuren: die Indochinesische Union, Französisch-Westafrika und Französisch-Äquatorialafrika. Mit einer meist drei- bis vierstufigen Hierarchie von weißen Beamten wiesen die Kolonialverwaltungen der in Afrika vertretenen Mächte, zu denen auch Belgien und Portugal gehörten, ein sehr ähnliches Organisationsschema auf.

Briten wie Franzosen bekannten sich nach dem Ersten Weltkrieg zur Idee der Treuhandschaft. Als Idealtypen standen sich die franzö-

Neben der traditionellen Rikscha übernahmen auch Postbusse die Beförderung von Personen. Die Kontrolle über die Richtigkeit der Papiere lag meist in den Händen von französischen Kolonialbeamten.

sische Doktrin der Assimilation und Assoziierung und die britische »indirekte Herrschaft« gegenüber. Die von den Erben der Französischen Revolution idealisierte Assimilation zielte darauf ab, die Kolonien mittels einer einheitlichen Gesetzgebung als gleichrangige Bestandteile in das Mutterland zu integrieren. Unter egalitären Vorzeichen sollte die einheimische Bevölkerung nach Sprache, Erziehung und Kultur wie nach Kleidung, Verhalten, politischer Mentalität und politischen Rechten zu Franzosen erzogen werden. In den 1920er-Jahren favorisierte die koloniale Intelligenz die Doktrin der Assoziierung mit der Forderung, vorgefundene einheimische Institutionen, soziale Formationen, Sitten und Gebräuche zu erhalten.

Reale Autoritätsstrukturen

Großbritannien hatte gegenüber indischen Fürstentümern und in Malaya auf direkte Verwaltung verzichtet, sich mit Residenten begnügt und die bestehenden Herrschaftsstrukturen anerkannt. In der Zwischenkriegszeit wurde diese »indirekte Herrschaft« vor allem in Nigeria, aber auch in anderen Teilen Westafrikas sowie in Uganda und im Sudan praktiziert. Als konservative Herrschaftsmethode mit teilweise liberalem, positivem Ansatz stand sie im Einklang mit der Idee der Treuhandschaft und der ideologischen Recht-

Die britische Doktrin der »indirekten Herrschaft« bedeutete nicht, dass die Briten ihre Kolonien »loslassen« wollten. So lehnte der britische Premierminister Winston Churchill noch 1942 die Forderung der Atlantikcharta nach dem Selbstbestimmungsrecht der Völker für die Länder des britischen Empires ab:

Ich bin nicht Premierminister Seiner Majestät geworden mit dem Ziel, der Liquidation des Britischen Reiches vorzustehen. Hände weg vom Britischen Reich!

Die Zwangsarbeit war eine der bedrückendsten Erscheinungen in den Kolonien. Das Foto stammt aus Deutsch-Ostafrika und zeigt Afrikanerinnen in Ketten beim Straßenbau (um 1900).

fertigung der Kolonialherrschaft durch eine Perspektive des *self-government,* der Selbstregierung. Damals kamen auf 10 Millionen Einwohner nur 250 britische Verwaltungsbeamte. Aber trotz der Maxime, möglichst wenig einzugreifen, beseitigten britische Residenten in den islamischen Fulbestaaten Nordnigerias die autokratische Macht der Emire. In den komplexen Gesellschaftsformationen der Yoruba in Südwestnigeria und der Ibo in Südostnigeria verschleierte die Ernennung von Häuptlingen durch die Briten ähnlich wie in Ostafrika eine direkte Verwaltungspraxis. Und als die Kolonialmacht in der Zwischenkriegszeit vor dem Hintergrund der einsetzenden Emanzipationsbewegungen bei der alten Elite »Kollaborateure« fand, entpuppte sich die »indirekte Herrschaft« zusehends als Verschleierung realer Autoritätsstrukturen sowie als koloniale Stabilisierungsideologie mit dem Ziel, die neue Elite der westlich geschulten, aus den Städten stammenden Afrikaner zu neutralisieren. In Kenia wie in Zentralafrika unterstützte die Kolonialverwaltung die von weißen Siedlern *(gentlemen farmers)* betriebene kapitalistische Landwirtschaft. Die Großagrarier bewirtschafteten in Kenia im Durchschnitt 150 Hektar im »weißen Hochland« und erzeugten unter Ausbeutung afrikanischer Arbeitskräfte Kaffee, Sisal, Tee und Mais. Die britische Regierung räumte den weißen Siedlern Südrhodesiens (heute Simbabwe) 1923 Selbstregierung ein, wahrte allerdings in außen- und geldpolitischen Angelegenheiten ihre feste Kontrolle.

Frankreich setzte zur effektiven Verwaltung des gesamten indochinesischen Kolonialreiches von Hanoi aus 5000 französische Kolonialbeamte ein. Der Bevölkerung vor Ort blieb lediglich die Ausübung von Hilfsdiensten gestattet. Während in Vietnam das Kaisertum seine politische Autorität und sein Sozialprestige einbüßte, blieb die Monarchie in Kambodscha und Laos als reale politische Kraft, die mit der Kolonialmacht zusammenarbeitete, bestehen.

Auf dem Boden der Assimilationsdoktrin gelang es in den französischen Kolonien nur einer winzigen Elite, durch Erwerb einer französischen Schulbildung und Übernahme der französischen Kultur als »Assimilierte« zu Bürgern *(citoyens)* der Republik zu werden; in Westafrika betrug die Zahl dieser Kulturfranzosen 1939 lediglich 0,5 Prozent. Der Erwerb des Vollbürgerrechts bedeutete in Französisch-Afrika häufig die Abwendung vom Islam. Die Masse der Untertanen *(sujets)* blieb vom politischen Leben ausgeschlossen und unterlag einem niedrigeren Rechtsstatus *(indigénat)*. Im Zeichen eines überspitzten Verständnisses von »indirekter Herrschaft« unternahmen die Briten bis 1940 nur sehr geringe Anstrengungen, gebildeten Afrikanern Zugang zu den Spitzenpositionen der Verwaltung zu ermöglichen. Wie die Franzosen verzichteten sie vorerst auch nicht auf das Instrument der Zwangsarbeit, vor allem beim Eisenbahnbau. Für beide Kolonialreiche galt der Grundsatz, die finanziellen Anforderungen an das Mutterland so gering wie möglich zu halten.

Die Überlegenheit der französischen Kolonialmacht dokumentierten auch die ausgegebenen Geldscheine. Hier ein 5-Piaster-Schein mit Darstellung eines französischen Kriegsschiffes von 1920.

Eigensüchtige Strategien – Koloniale Wirtschaftspolitik

Als Schlüsselbegriff für die koloniale Wirtschaftsgeschichte der Zwischenkriegszeit kann die von der französischen Kolonialtheorie entwickelte »Inwertsetzung« *(mise en valeur)* gelten. Bis 1929 entwickelte sich das Kolonialreich zum wichtigsten Handelspartner Frankreichs. Die Ausfuhren dorthin wurden primär getragen von traditionellen, international kaum konkurrenzfähigen Industriesektoren wie der Textil- und der Schwerindustrie. Gleichzeitig fungierten die Kolonialgebiete als wichtigste Lieferanten von Kakao, Kaffee und Bananen, konnten jedoch bei wichtigen Rohstoffen wie Baumwolle und Wolle nur zwei bzw. acht Prozent der Importe bereitstellen. Im internationalen Kontext der sich Ende der Zwanzigerjahre abzeichnenden Depression verfolgte Frankreich eine Autarkiestrategie. Die Weltwirtschaftskrise führte über die Zollpolitik eine stärkere Bindung der Kolonien an die Mutterländer herbei. In der Rezession diente das französische Kolonialreich als Zufluchtsort für erschlaffende Sektoren der Industrie. Nicht nur in Indochina setzte die Krise eine Konzentrationswelle in Gang. Die Indochina-Bank hatte bis zu jenem Zeitpunkt äußerst vorsichtig operiert und ihre Kreditpolitik auf große Handelsgesellschaften des Mutterlandes sowie den von Chinesen kontrollierten indochinesischen Großhandel zulasten der vietnamesischen Bauern konzentriert; im Verlauf der Krise verwandelte sich diese Bank in eine »Mischgesellschaft«, die sowohl den Handelskredit als auch Finanz- und Industrieangelegenheiten monopolisierte.

Sowohl in Indochina als auch in Schwarzafrika wurden Mitte der 1930er-Jahre zaghafte Versuche unternommen, zugunsten der Bauern Agrar- und Hypothekenkredite zu organisieren. Das imperiale Präferenzsystem zwang Frankreich, einen wachsenden Teil seines Bedarfs, zum Beispiel an Kakao und Kautschuk, aus seinen Kolonien zu beziehen, allerdings zu Preisen, die höher lagen als die Weltmarktpreise. In konstanten Francs verdoppelten sich zwischen 1928 und 1938 die Importe kolonialer Rohstoffe. Andererseits sanken die französischen Exporte in die Kolonien im gleichen Zeitraum um 35 Prozent. Die imperiale Autarkiepolitik begünstigte die Kolonien zulasten des französischen Mutterlandes. Durchweg kontrollierten europäische Firmen den Kolonialhandel. So lag der Handel mit afrikanischen Handelspflanzen unangefochten in den Händen großer Gesellschaften, die nicht selten auf der Grundlage monopolähnlicher Stellungen die Preise diktierten, zumal dort, wo Monokulturwirtschaft Abhängigkeit erzeugt hatte. Afrikanische Bauern waren daher gegenüber Preisentwicklungen auf dem Weltrohstoffmarkt hilflos.

Bereits im 19. Jahrhundert hatte der Abbau von Kupfer und Diamanten großflächige Landschaftszerstörungen zur Folge. Um 1 Karat Diamanten zu gewinnen, mussten etwa 5 Tonnen Gestein abgebaut werden (die Illustration aus dem Jahr 1872 zeigt die Diamantenmine bei Witwatersrand).

Mitte der 1930er-Jahre machten Baumwolle, Wolle, Kautschuk, Mais, Palmöl, Kakao und Erdnüsse 25,14 Prozent der Exporte Afrikas aus, während 53,5 Prozent durch Gold, Diamanten und Kupfer erbracht wurden. Unter weltwirtschaftlichen Gesichtspunkten verdient hervorgehoben zu werden, dass Niederländisch-Indien (heute Indonesien) 1937/38 rund 35 Prozent der globalen Kautschukproduktion

(440 000 Tonnen) stellte und hier nur noch von Britisch-Malaya übertroffen wurde. Ölvorkommen hatten zur Gründung der »Royal Dutch Shell« geführt und 1938 zu einer Förderung von 7,4 Millionen Tonnen. Die niederländische Kolonie war der weltweit größte Produzent von Kopra und teilte sich mit Nigeria gleichsam die Kontrolle der weltweiten Zinnproduktion. Während sich Nigeria zum größten Exporteur von Palmöl und Erdnüssen entwickelte, figurierte die Goldküste (heute Ghana) auf der Grundlage von Privateigentum afrikanischer Pflanzer als größter Kakaoproduzent der Welt. Die weltwirtschaftliche Bedeutung Afrikas als Bergbaukontinent kommt besonders in der Kupferproduktion von Nordrhodesien (heute Sambia) zum Ausdruck, die von (1931) 16 000 Tonnen auf (1938) 255 000 Tonnen anstieg. Zusammen mit Belgisch-Kongo formierte die britische Kolonie den größten Kupfergürtel der Welt. Gleichzeitig produzierte die belgische Kolonie (1939) 80 Prozent der weltweiten Uranvorkommen. In ihrer Gesamtheit lieferten die Kolonialreiche von 1936 bis 1938, im Unterschied zur späteren Entwicklung der Dritten Welt nach 1950, »nur« etwa 18 Prozent der von den Industriestaaten benötigten Rohstoffe, die jeweiligen Kolonien vermochten jedoch für einzelne Industriesektoren eine wichtige Rolle zu spielen.

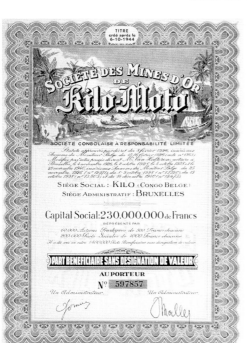

Aktie der Goldminen von Kilo-Moto in Belgisch-Kongo, ausgegeben am 6. Oktober 1944.

Verschuldung und drückende Steuern

Die französischen Kolonialinvestitionen hatten 1914 mit 4,1 Milliarden Gold-Francs 9 Prozent der gesamten Auslandsinvestitionen bestritten, ihr Volumen vermehrte sich bis 1940 auf 293,5 Milliarden (Gold-Francs) und damit auf etwa 50 Prozent der Auslandsguthaben. Im Verlauf der Depression kam es zwischen 1931 und 1934 zu einem massiven Rückfluss von Privatkapital in das französische Mutterland. Zwischen 1935 und 1939 legten die französischen Kolonialregierungen Anleihen in Höhe von insgesamt 3 388,9 Millionen Gold-Francs auf. Ein Teil der 1931 getätigten großen Anleihen diente dazu, die durch Handelskrise und reduzierte Zolleinnahmen entstandenen Budgetdefizite zu decken. Die öffentliche Hand übernahm die Finanzierung von Infrastrukturprojekten wie Eisenbahn- und Hafenbau mit dem Ziel, die koloniale Exportwirtschaft zu fördern, so beispielsweise, um in Niger ein Baumwollprojekt voranzutreiben. Von den Indochinaanleihen 1931 in Höhe von 1 516 Millionen Francs floss etwa ein Drittel in umfangreiche agrarische Bewässerungsanlagen. Da umfängliche Kolonialanleihen auf dem Höhepunkt von lokalen Budgetkrisen platziert wurden, leiteten sie einen enormen Verschuldungsprozess ein. Sowohl in britischen als auch französischen Kolonien wurde die Verzinsung der Anleihen dem kolonialen Steuerzahler aufgebürdet. Da Investitionen welthandelsorientiert vor allem in den Exportsektor flossen, wurde die koloniale Wirtschaftsentwicklung einseitig auf den Außenhandel konzentriert.

Großbritannien ging 1932 zu einer Art Schutzzollsystem mit Empirepräferenzen über. Als das Mutterland 1931 den Goldstandard verließ, schlossen sich die afrikanischen Kolonien dem Sterlingblock an, wobei London die Wechselkurse fixierte. Schatzamt, Bank of England und die City verständigten sich auf eine orthodoxe Finanzpolitik; die Erfordernisse eines ausgeglichenen Budgets, der Sicherheit für britisches Kapital und der Tilgung öffentlicher Schulden hatten schließlich die Konsequenz, dass die Kolonien von fiskalischer Autonomie und politischer Unabhängigkeit gleich weit entfernt waren.

Die Weltwirtschaftskrise stellte das Prinzip der finanziellen Selbstgenügsamkeit der Kolonien infrage. Die Kolonialmächte wälzten daher die Lasten auf die Bauern in den Kolonien ab, indem sie fast durchweg wie beispielsweise in Nigeria, im Mandatsgebiet Togo

und an der Elfenbeinküste die Kopfsteuer erhöhten oder aber in voller Höhe eintrieben. Die Belgier griffen im Kongo auf ein brutales Zwangswirtschaftssystem zurück. Im kolonialen Indochina wurde es immer problematischer, die rückläufigen Zolleinnahmen durch eine Erhöhung der indirekten Steuern auf die staatlichen Salz-, Alkohol- und Opiummonopole zu kompensieren. Hier führte die Agrar- und Hungerkrise zu einer Verarmung der Bauern bei gleichzeitiger Konzentration des Großgrundbesitzes, vor allem im Süden Vietnams. Die Weltwirtschaftskrise wurde also von einer sozialen Krise in den Kolonien begleitet. Einerseits reagierten die Bauern auf den Kursverfall mit einer Ausweitung der Produktion, andererseits vergrößerte sich die Kluft zwischen verarmten Kleinbauern und einer Schicht von Grundbesitzern und einer sich formierenden Handelsbourgeoisie. Obwohl das Wachstum der Bevölkerung stagnierte, trug die Wanderung verarmter Bauern zum Wachstum von Städten wie Dakar, Abidjan, Conakry oder Lagos und zur Bildung eines städtischen Subproletariats bei.

Kuli, ursprünglich der Name eines Volksstammes in Westindien, wurde die allgemeine Bezeichnung für chinesische, indische und malaiische Lastträger. Das Foto (links) von einem Kuli und einem Franzosen entstand 1913 in Indochina.

Während der französischen Kolonialherrschaft wurden in Indochina viele Frauen an Europäer verkauft (Foto rechts, Aufnahme um 1900).

Gefürchtet: Koloniale Konkurrenz

Von kolonialen Industrialisierungsschüben kann in der Zwischenkriegszeit nicht gesprochen werden, einzige Ausnahme war Südafrika. Im Kontext der französischen Autarkiepolitik diskutierten zwar Technokraten, Generalgouverneure sowie Wirtschaftsexperten aus dem Kreis von Kolonialunternehmen »modernistische« Programme einer staatlich konzentrierten »Entwicklungspolitik« mit dem Ziel, in den Kolonien neben Infrastrukturprojekten gezielt Industrialisierungsprojekte zu verwirklichen und die Gebiete dem internationalen Handel zu öffnen. Unter dem Einfluss der Wirtschaftsinteressen des Mutterlandes, die eine koloniale Konkurrenz ablehnten, hielten die Regierungen einschließlich der Volksfront de facto an der Komplementärfunktion des kolonialen Wirtschaftsraumes fest, das heißt, an seiner auf das Mutterland bezogenen dienenden, »ergänzenden« Funktion. Bezüglich Indochinas überwog die Angst vor einer Bolschewisierung des Handwerks und der verarmten Bauern. Weder hatte sich eine Grundstoffindustrie noch eine Schwerindustrie entwickelt. In einigen Kolonien existierten lediglich handwerkliche Reparaturbetriebe.

Die eng mit Londons Banken und City liierten »Gentlemen«-Imperialisten standen organisierten Industrieinteressen distanziert gegenüber, koloniale Industrialisierungsansätze wurden weder blockiert noch sonderlich gefördert. Ende der 1930er-Jahre geriet die »indirekte Verwaltung« in die Krise, da wirtschaftlicher Fortschritt ausblieb und der soziale Wandel sich nicht im Zaum halten ließ. Im Sinne einer neuen, aktiven »Entwicklungsideologie« brach das »Koloniale Entwicklungs- und Wohlfahrtsgesetz« von 1940 mit dem Grundsatz der »Selbstgenügsamkeit«. Die staatliche Entwicklungspolitik nahm nicht nur die Förderung von wirtschaftlich produktiven Projekten ins Visier, sondern neben Sicherheitsfragen auch das Wohlfahrtsspektrum sowie das Thema der kolonialen Verschuldung. Ohne neue Akzente kolonialer Entwicklung stand nach Meinung der Initiatoren die Loyalität der Kolonialvölker infrage.

Im Rahmen seiner Pläne einer internationalen Treuhandschaft für Indochina erklärte der amerikanische Präsident Franklin Delano Roosevelt 1942:

Indochina darf nach dem Krieg den Franzosen nicht zurückgegeben werden. Die Franzosen waren dort fast ein Jahrhundert und haben dort absolut nichts getan, um das Schicksal der Mehrheit der Bevölkerung zu verbessern.

Lehrerzimmer in einer Schule in Hanoi (Foto aus den 1920er-Jahren).

Neue Arbeiter, neue Eliten – Sozialer Wandel

Die europäische Kolonialherrschaft bewirkte einen sozialen Wandel, der durch die Weltwirtschaftskrise noch verstärkt wurde. Je nach kolonialer Situation entstanden unterschiedliche neue Schichten und Gruppen der Lohnarbeiterschaft sowie neue, westlich orientierte Eliten. Die Zahl der Lohnarbeiter im Belgisch-Kongo stieg beispielsweise zwischen

1917 und 1939 von 47 000 auf 530 000 an. Bei einer Bevölkerung von 65 Millionen zählte Niederländisch-Indien 1937 etwa 1,6 Millionen Arbeiter. Trotz Defiziten und Versäumnissen in der Industrialisierung bildeten sich neue Berufe von Lohnarbeitern heraus: Hafenarbeiter, Arbeiter in Produktions- oder Reparaturwerkstätten, Arbeiter im Eisenbahnbau oder bei öffentlichen Arbeiten, Arbeiter in kleinen Textilunternehmen. Die soziale Differenzierung umfasst ferner die Angestellten europäischer Handelsfirmen und der Kolonialverwaltungen. Hinsichtlich Aktionen und Organisationen spielte Britisch-Westafrika eine Pionierrolle. Nachdem an der Goldküste bereits 1909 eine Gewerkschaft gegründet worden war, entstanden

Aus vietnamesischer Sicht zeigte sich der Fortschritt der Zivilisation an der Einführung der westlichen Statussymbole Auto oder Fahrrad, wie die beiden Holzschnitte aus den 1920er-Jahren zeigen.

im nordrhodesischen Kupfergürtel informelle Zusammenschlüsse von Arbeitern. In den meisten Kolonien waren Arbeiterorganisationen illegal, sodass Streiks brutal niedergeschlagen wurden. Gewerkschaften wurden in Französisch-Afrika erst durch die Volksfront 1937 zugelassen.

Hervorstechendes Merkmal der sich formierenden neuen Eliten waren westliche Bildung, Sozialprestige dank wirtschaftlichem Erfolg und entsprechende Lebenshaltung. In Vietnam rekrutierte sich die lokale Bourgeoisie im Süden (Cochinchina) vor allem aus Anwälten, Ärzten und Ingenieuren, die sich teilweise auch im Handel betätigten und großenteils über beträchtlichen Grundbesitz verfügten. Der soziale Wandel beinhaltete nicht nur einen rapiden Übergang von der Selbstversorgungswirtschaft zur Geld- und Marktwirtschaft, sondern auch einen Individualisierungsprozess im Bereich des Bodens. In Westafrika entwickelte sich auf der Grundlage des von afrikanischen Bauern betriebenen Kakao-, Erdnuss- und Kaffeeanbaus eine selbstbewusste afrikanische Wirtschaftselite. An der Elfenbeinküste fügte eine reiche Pflanzerschicht Elemente einer Klassenstruktur in die traditionale Gesellschaft ein. In Uganda stammte die neue Wirtschaftselite aus dem Kreis der Baumwoll- und Kaffeepflanzer. Zu den Gewinnern des sozialen Differenzierungsprozesses zählten Agenten europäischer Firmen, Mittelsmänner, die im stark expandierenden Binnenhandel neue Möglichkeiten erblickten, ferner Unternehmer im Transport- und Exportsektor. Unterhalb der Angehörigen der freien Berufe – Anwälte, Ärzte, Lehrer – rangierte die Schicht eines afrikanischen Kleinbürgertums aus Technikern, Angestellten und unteren Verwaltungsbeamten, deren Aufstieg vom französischen Verwaltungssystem begünstigt wurde.

Identitätssuche – Koloniale Emanzipationsbewegungen

Innenpolitische Schwächen im Verein mit der Wirtschaftskrise verhinderten in Frankreich zwischen 1919 und 1939 eine grundlegende Reform seines kolonialen Systems. Nachdem die Kolonien im Ersten Weltkrieg dem Mutterland mit 500 00 bis 600 000 Soldaten und 200 000 Arbeitern Beistand geleistet hatten, suchten Politiker und Vertreter der »Kolonialpartei« mit der Parole »das größere Frankreich« bei der Bevölkerung ein imperiales Bewusstsein zu erzeugen. Die Propagandakampagne erreichte mit der Jahrhundertfeier der Eroberung Algeriens (1930) und der internationalen Kolonialausstellung 1931 in Vincennes ihren Höhepunkt. Erst das Aufkommen des deutschen und italienischen Faschismus mit entsprechenden Kolonialforderungen ließ bei einer schmalen Mehrheit der französischen Bevölkerung die Überzeugung reifen, die Sicherheit des Mutterlandes werde durch das Kolonialreich verbürgt. In den

Anlässlich der Hundertjahrfeier der Eroberung Algeriens 1930 erklärte der französische Staatspräsident Gaston Doumergue bei der Einweihung eines Denkmals in Algerien:

Nach hundert Jahren, in denen Frankreich diesem Land Wohlstand und Kultur und damit Gerechtigkeit geschenkt hat, bezeugt Algerien dem Mutterland seine immer währende Verbundenheit.

Truppen aus den Kolonialgebieten wurden auch in Europa eingesetzt, wie diese Senegalschützen 1916 beim Marsch nach Verdun.

1920er-Jahren hatten prominente Sozialisten und Mitglieder der Kolonialpartei eine Reform des *Empire français* durch die Gewährung des Dominionstatus für die großen Kolonien oder aber von Selbstregierung prognostiziert. Nachdem seit 1931 keine der großen Parteien, auch nicht die Kommunistische Partei, offiziell für Unabhängigkeit eingetreten war, stellte auch die von 1936 bis 1938 regierende Volksfront aus Sozialisten, Kommunisten und Radikalsozialisten das

Kolonialreich keineswegs infrage, sondern begnügte sich mit dem Beginn von politischen und sozialen Reformen.

Das britische Empire erlebte in den 1930er-Jahren eine fortdauernde Vitalität der imperialen Mission besonders in Afrika. Weder in Westafrika noch in den asiatischen Territorien – Ceylon (Sri Lanka), Malaya (Malaysia), Singapur und Hongkong – deuteten Anzeichen auf Fortschritte in Richtung »Selbstregierung«. Als fundamentales Problem der imperialen Politik Großbritanniens stellte sich nicht die Auseinandersetzung mit dem entstehenden Nationalismus in den Kolonien heraus, sondern die Verteidigung des Empire gegen die Ansprüche Deutschlands, Italiens und Japans.

Indonesien: Islam und Marxismus

Unter Aufsicht von in britischem Dienst stehenden Verwaltungsangestellten in europäischer Kleidung werden die geernteten Teeblätter gewogen (historische Aufnahme).

Anders als die Briten in Indien unterließen es die Niederländer, Perspektiven für eine zukünftige Unabhängigkeit ihres Kolonialbesitzes zu konzipieren. Auch die Einrichtung von Selbstverwaltungs- und Repräsentativkörperschaften wie des 1916 ins Leben gerufenen *Volksraad* konnte eine insgesamt repressive, auf Integration angelegte Politik nicht verdecken. Da die Stellen in der Wirtschaft von Europäern und Chinesen besetzt waren, verfügte die Mittelschicht über wenig Entfaltungsmöglichkeiten. 1940 kamen in der Verwaltung auf 3 099 höhere Beamten lediglich 221 Indonesier. Als zentraler Motor der Nationalbewegung agierte ein erneuerter Islam; er brachte die erste nationale Massenbewegung Indonesiens hervor, die 1912 gegründete »Sarekat Islam« (»Islamische Vereinigung«) mit 1918 etwa 800 000 Mitgliedern.

Der Konflikt zwischen Nationalisten und Marxisten führte 1921 zur Spaltung der auch im *Volksraad* vertretenen »Sarekat Islam«. Ein bewaffneter Aufstand, den die Kommunistische Partei 1925/26 auf Java und Sumatra initiiert hatte, veranlasste die Kolonialmacht, die »Sarekat Islam« zu zerschlagen. Fortan agierte die Kommunistische Partei im Untergrund. Entscheidend für die Zukunft wurde die 1927 von dem Lehrersohn und Ingenieur Sukarno gegründete »Partai Nasional Indonesia«. Sukarno vermochte 1928 eine Dachorganisation von Marxisten, Muslimen und Nationalisten auf der Basis eines vagen antiimperialistischen und antikapitalistischen Programms zustande zu bringen. Vor Kriegsausbruch hatten die Niederlande ihren Kredit verspielt, nachdem gemäßigte Gruppen vergebens in Abwesenheit des verhafteten Sukarno den Versuch unternommen hatten, die nationale Frage im Einklang mit der Kolonialmacht zu lösen.

In Vietnam reagierte Paris auf Streiks und soziale Unruhen, die 1930–32 das Kolonialsystem infrage stellten, mit unerbittlicher Repression. Die 1930 von Ho Chi Minh, dem Abkömmling einer Mandarinfamilie, gegründete Kommunistische Partei Vietnams, übernahm die Führung der Nationalbewegung. Politische Formationen der vietnamesischen Bourgeoisie, die 1937 etwa 10 500 Familien zählte – in der Stadt lebende Grundbesitzer, Unternehmer, Ärzte, Anwälte – votierten auf der Grundlage einer französisch-vietnamesischen Zusammenarbeit für politische Reformen mit dem Ziel der wachsenden Partizipation. Auf Empfehlung des 7. Kominternkongresses setzte die Kommunistische Partei 1935 auf die Taktik einer demokratischen Einheitsfront mit Trotzkisten und Nationalisten. Bis zum Ende der Zwischenkriegszeit schlossen die französischen Regierungen eine Entkolonisierung Vietnams oder Indochinas grundsätzlich aus.

Ho Chi Minh (Bildmitte), der Führer des Widerstandes gegen die französische Kolonialherrschaft in Vietnam, bei seinem Besuch in Paris im Juli 1946 zu den Verhandlungen um die Unabhängigkeit Vietnams.

Panafrikanismus: Seit der Wende zum 20. Jahrhundert entwickelte sich eine »panafrikanische Bewegung« mit dem Ziel, die Gemeinsamkeiten zwischen den Menschen schwarzer Hautfarbe hervorzuheben, diese Menschen politisch zu organisieren, gegen ihre Diskriminierung zu protestieren und – seit dem Zweiten Weltkrieg – die staatliche Unabhängigkeit auf gesamtafrikanischer Ebene zu fördern. Als politische Bewegung trat der Panafrikanismus zuerst unter den Englisch sprechenden Schwarzen auf, vor allem in Westindien und den USA. Es bildeten sich zwei Grundrichtungen heraus: Die eine strebte die Integration der Schwarzen in einer auf Gleichberechtigung beruhenden mehrrassigen Gesellschaft an, die andere betonte die Reinheit der schwarzen Rasse.

Afrika: Assimilatorischer und ethnischer Nationalismus

Im Unterschied zu Britisch-Westafrika, wo frühzeitig Kanäle der politischen Willensbildung geöffnet wurden, vermochte sich in den französischen Kolonien Afrikas der politische Emanzipationswille vor 1939 kaum zu artikulieren. Das den Maximen der kulturellpolitischen Assimilation verpflichtete koloniale Schulsystem brachte einen Teil jener politischen Führer hervor, die, wie etwa Félix Houphouët-Boigny oder Léopold Sédar Senghor, nach 1945 politische Verantwortung übernehmen sollten. Im Interesse der Herrschaftsstabilisierung gelang es Frankreich, die emanzipatorische Wirkung der Schule unter Kontrolle zu halten und einen Großteil der Gebildeten in den Verwaltungsapparat aufzunehmen. Die Mehrheit dieser Gebildeten vertrat einen assimilatorischen Nationalismus, das heißt, sie reklamierten Emanzipation innerhalb des französischen Staatsverbandes. Ein politisches Leben entwickelte sich bis 1940 nur im Senegal und auch hier nur in den »Vier Gemeinden« Saint-Louis, Rufisque, Dakar und Gorée. Lokale Protestaktionen, das Vordringen des Islam in Französisch-Westafrika sowie Erfolge synkretistisch-religiöser Bewegungen an der Elfenbeinküste und in Äquatorialafrika können als Formen der Identitätssuche gewertet werden. Die französische Administration schlug jedoch sofort repressiv zu, sobald politische Tendenzen sichtbar wurden.

In Britisch-Westafrika propagierte eine schmale städtische Bildungselite – sie stammte vornehmlich aus Sierra Leone und Westindien und hatte häufig Missionsschulen absolviert – nach 1914 den Ausbau der Legislativräte: Vermehrung der afrikanischen Vertreter, Einführung des Wahlprinzips, Zulassung der Afrikaner zur Verwaltung. London ließ zu Anfang der 1920er-Jahre eine bescheidene Reform der Legislativräte zu, ohne dass ein den Reformen in Indien vergleichbarer Schritt in Richtung Selbstregierung erfolgt wäre. Im

1934 erschien eine Sonderausgabe der Zeitschrift »VU« zum Thema Kolonialismus (Bild links). Die Bildpostkarte zur Kolonialausstellung 1931 in Paris wirbt mit dem Versprechen, eine »Reise um die Welt an einem Tag« zu ermöglichen.

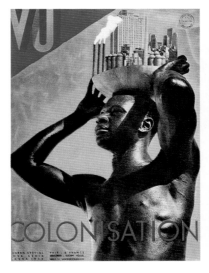

Unterschied zur bürgerlichen Elite, die in der Zwischenkriegszeit einen Reformkurs steuerte und das Kolonialsystem als solches kaum infrage stellte, radikalisierte eine neue nationale Bewegung nach 1934 auf breiter Agitationsbasis mit Unterstützung der Presse die Forderungen. Ein ethnischer Nationalismus begann sich zu entwickeln. In Nigeria und an der Goldküste entstanden politische Parteien, die über die Eliteschicht hinaus auch Massen zu mobilisieren vermochten, insbesondere in Nigeria. Afroamerikaner und Westinder initiierten mehrere panafrikanische Kongresse zwischen 1919 und 1929, die 1944 schließlich in die »Pan-African Federation« münden sollten. Die vage nationale Emanzipationsideologie dieser bürgerlichen Bewegung mit leicht sozialistischem Einschlag kontrastierte allerdings mit den assimilatorischen Einstellungen der frankophonen Elite.

Am Vorabend des Zweiten Weltkriegs schien die Fortdauer der Kolonialherrschaft in Afrika und Asien durch ein halbes Dutzend vorwiegend europäischer Staaten als unabänderliches Kennzeichen des internationalen Systems gesichert zu sein. Noch verfügten die Mutterländer über die finanziellen und militärischen Mittel, die wirtschaftliche Entwicklung der Kolonien im Sinne der Komplementärfunktion zu kontrollieren und den Kolonialapparat gegen den vermeintlich schwachen afrikanisch-asiatischen Nationalismus zu verteidigen.

Im Sinne der kolonialen französischen Assimilationspolitik besaßen die Einwohner der **Vier Städte** der senegalesischen Küstenregion, Saint-Louis, Dakar, Rufisque und Gorée, seit 1833 französisches Bürgerrecht. Sie wählten seit 1875 einen Deputierten in die französische Nationalversammlung. Mit Blaise Diagne wurde 1914 erstmals ein Schwarzafrikaner in dieses Gremium gewählt.

Dieter Brötel

Sozialismus im 20. Jahrhundert

Deutungen und Definitionen

Wie bei den meisten Zeiten und Räume übergreifenden Begriffen ist auch der des Sozialismus durch eine große Zahl von unterschiedlichen Definitionen und Deutungen gekennzeichnet. Teilweise drückt sich diese Unterschiedlichkeit in Zusätzen und Beifügungen aus; insbesondere gilt dies für den Sozialismus im 20. Jahrhundert, wo sich der so genannte real existierende Sozialismus oder der Staatssozialismus sowjetischen Typs und der freiheitliche beziehungsweise demokratische Sozialismus einander ausschließend gegenüberstanden.

Dennoch kann der Begriff Sozialismus ganz allgemein verwendet werden, wenn man ihn zur Bezeichnung von Ideenwelten gebraucht, die dem mit den bürgerlichen Revolutionen im 17. und 18. Jahrhundert begonnenen Individualismus kritisch gegenüberstanden und zugleich die Emanzipation der Individuen durch eine solidarische gesellschaftliche Ordnung zu vollenden beanspruchten. Noch nicht im 19., wohl aber im 20. Jahrhundert schließt diese allgemeine Bestimmung aus, Spaltungen wie die in Kommunismus, demokratischen Sozialismus und Anarchismus oder Anarchosyndikalismus als innerhalb einer Bewegung verlaufend zu verstehen, die man noch im weitesten Sinne Sozialismus nennen könnte: Inhalte und Ziele schließen einander aus, und allenfalls lassen sich im weitesten Sinne noch Spuren gemeinsamer Ursprünge erkennen.

Sozialismus manifestierte sich auch noch in den ersten Jahrzehnten des 20. Jahrhunderts in zwei Erscheinungsweisen: einmal als politische Ideenwelt, als soziale Utopie, als visionärer Entwurf, vor allem als politisch-ökonomische Theorie; zum anderen als gesellschaftsverändernde soziale Bewegung und politisch-organisatorische Kraft. Die organisatorischen Formen sind dabei – ungeachtet der Selbstkennzeichnungen – historisch betrachtet sehr unterschiedlich und vielfältig: Parteien, Bildungs- und Unterstützungsvereine, Berufsverbände und Gewerkschaften, Gilden, Gruppen, Genossenschaften. Zwar sind diese organisatorischen Formen in ihrer sozialen Bindung im 20. Jahrhundert vor allem Ergebnis der sozialen und politischen Selbstbefreiungsbemühungen der Industriearbeitermassen gewesen, aber auch bürgerliche Intellektuelle haben mit ihrer Entscheidung für den Sozialismus die Bewegung geprägt; Landarbeiter, Handwerker, kleine Bauern haben sich meist – besonders in Südeuropa – als Minoritäten den sozialistischen Bewegungen angeschlossen wie dann im Laufe des 20. Jahrhunderts teilweise auch technische Intelligenz und kaufmännische Angestellte sowie im letzten Drittel des 20. Jahrhunderts »neue Mittelschichten« aus dem tertiären Beschäftigungssektor.

Ursprünge und Phasen

Die jeweiligen Ausprägungen dessen, was in einem allgemeinen Verständnis dem Sozialismus als Ideenwelt und als soziale Bewegung zuzurechnen ist, sind an deutlich voneinander abgrenzbaren historischen Phasen erkennbar. Die Ursprünge des Sozialismus lassen sich als englisch-französisches Phänomen um 1830 orten, entstanden im Prozess der beginnenden Industrialisierung. Ihnen folgte eine Gründungsphase zwischen 1830 und 1864, die gekennzeichnet war durch eine Fülle von Ideen und Entwürfen für eine bessere andere Welt, als es die des frühen ungezügelten Kapitalismus war. Die zweite Phase lässt sich datieren auf die Zeit zwischen 1864 und 1914; sie wurde durch zwei zentrale Entwicklungen geprägt: einmal durch die Entstehung der großen Arbeiterparteien und Gewerkschaften und zum anderen durch die Hegemonie marxistischer Deutungen der Wirkungsweise des Kapitalismus und der Strategien zu seiner Überwindung in den meisten europäischen Ländern. Die dritte Phase umfasst die Zeit zwischen 1914 und 1945; es fällt in diese Zeit die theoretische und programmatische Herausbildung des demokratischen Sozialismus und seine Profilierung in schärfster Opposition zum revolutionären Marxismus oder leninistischen Kommunismus. Die vierte Phase beginnt 1945 mit der endgültigen Trennung des demokratischen Sozialismus vom Marxismus und der Öffnung für einen Pluralismus der Berufungs- und Begründungsmöglichkeiten und reicht bis zum Anfang der Achtzigerjahre des 20. Jahrhunderts. Seither wird mit dem Scheitern des real existierenden Sozialismus diskutiert, ob nunmehr auch der freiheitlich-demokratische Sozialismus an sein Ende gekommen ist und neue politisch-soziale Mischungen »jenseits von links und rechts« die dominanten politischen Kräfte in Europa werden könnten.

Marxismus und Revisionismus

Zu Beginn des 20. Jahrhunderts gab es ein breites Spektrum des Sozialismus als Ideenwelt in Europa. Als wohl am einflussreichsten galt der orthodoxe Marxismus, wie er vor allem von der deutschen Sozialdemokratie vertreten wurde. Er war gekennzeichnet durch eine Reihe von recht eigenwilligen und nicht immer stimmigen Berufungen auf marxsche Theoreme, die auf diese Weise immer mehr verengt wurden; zentrale Bezugspunkte waren die Überwindung der kapitalistischen Gesellschaft durch eine politische Revolution im Moment der ökonomischen Sozialisierungsreife der bürgerlich-kapitalistischen Macht- und Eigentumsverhältnisse. Das Leitbild der immer nur recht vage gezeichneten sozialistischen Zukunft war das vergesellschaftete Kollektiveigentum und dessen zentralistisch-bürokratische Überformung. Dies war weitgehend der sozialen Wirklichkeit der großindustriellen Strukturen geschuldet. Die Dominanz staatssozialistischer Konzeptionen hat dazu geführt, dass die genossenschaftlichen Utopien in der Tradition der deutschen Arbeiterbewegung zurückgedrängt wurden; dennoch bestand – namentlich in anderen europäischen Ländern – ein teilweise gleichgewichtiger Strang eines so genannten Assoziations-, das heißt Genossenschafts- und Selbstverwaltungssozialismus.

Wie eingeschränkt nur Sozialismus mit Marxismus, der seinerseits keinesfalls als fest gefügtes Denkgebäude oder geschlossene Theorie betrachtet werden kann, gleichgesetzt werden kann, zeigte der Revisionismus am Beginn des 20. Jahrhunderts. Ausgehend von einigen auf Marx' Aussagen bezogenen Annahmen über die Entwicklung der bürgerlichen Gesellschaft und der kapitalistischen Produktionsweise hatte Eduard Bernstein bereits vor der Jahrhundertwende abweichende Tendenzen und Trends festgestellt. Er konstatierte keine Fortsetzung der Klassenpolarisierung, kein Verschwinden der Mittelschichten, sondern vielmehr ihre Ergänzung durch neue städtische Dienstleistungsberufe, keinen absehbaren Zusammenbruch der kapitalistischen Wirtschaft und folglich auch keine revolutionäre Zuspitzung der gesellschaftlichen Beziehungen. Daraus zog Bernstein den Schluss, dass die Arbeiterbewegung ihre Transformationsstrategie auf eine graduelle Entwicklung einstellen müsse und dass unter der Voraussetzung der Fortentwicklung demokratischer politischer Verhältnisse ein Hineinwachsen in den Sozialismus vorstellbar geworden sei. Deshalb wandte er sich gegen ein »Endziel« in Gestalt spekulativer »genialer Vorwegnahmen der Zukunft«: »Dieses Ziel, was immer es sei, ist mir gar nichts, die Bewegung alles.« »Bewegung« – das war für ihn der soziale Fortschritt und der Kampf um ihn.

In dem genossenschaftliche und gewerkschaftliche Elemente und Kampfformen unterstreichenden Konzept des Sozialismus, wie ihn Bernstein vertrat, hatte die Demokratie einen zentralen Stellenwert: »Die Demokratie ist Mittel und Zweck zugleich. Sie ist das Mittel der Erkämpfung des Sozialismus, und sie ist die Form der Verwirklichung des Sozialismus.« Zu Recht wird diese Aussage bis heute als Magna Charta des demokratischen Sozialismus verstanden.

Von den marxschen Methoden zur Analyse der gesellschaftlichen Entwicklung hat sich Bernstein nie verabschiedet, wohl aber hat er die ethischen Grundlagen der kantschen Philosophie der marxistisch inspirierten Sichtweise vom zwingend notwendigen Geschichtsverlauf vorgezogen.

Eine Synthese von marxscher analytischer Methode und kantscher Erkenntniskritik charakterisierte auch den Austromarxismus, wie er von Max Adler (1873–1937) und Otto Bauer (1882–1938) vertreten wurde. Die historisch notwendige Form des Klassenkampfes mit dem Ziel der Transformation der kapitalistischen Gesellschaft betrachteten die Austromarxisten als einen Kampf um Wertungen, um höhere Vernunft, um höhere Moral, um vollkommenere Kultur. Den Marxismus verstanden sie als Wissenschaft, exakte Theorie von der Gesellschaft, die nichts aussage über die Inhalte des Wollens des Proletariats, das auf einer »sittlich begründeten Entscheidung« beruhe.

Obwohl in den wesentlichen theoretischen Fragen dem orthodoxen Marxismus zuzurechnen und von ihm zunächst nur in den strategischen Konzepten abweichend, entwickelte die Linksopposition, für deren theoretische Positionen vor allem Rosa Luxemburg stand, vor 1914 auf die europäische Ebene übergreifend ein eigenes Konzept. Die Auseinandersetzung mit dem Revisionismus und der zunehmenden Erstarrung des marxistischen Zentrums nach der Jahrhundertwende verdichtete sich zu einer eigenständigen alternativen Transformationsvorstellung. Nach ihr waren die andauernden und sich in ihrem Ausmaß verschärfenden Klassenkämpfe bereits ein Teil der revolutionären Endauseinandersetzung; die Form dieser Klassenkämpfe war nach Rosa Luxemburg der Massenstreik, »die Bewegungsweise der proletarischen Masse«, »wo die Arbeiterklasse sich selbst im Laufe des revolutionären Kampfes aufklären, sich selbst sammeln und sich selbst anführen muss«. Mit dieser Auffassung stand sie bereits seit 1904 im deutlichen Gegensatz zu Wladimir Iljitsch Lenin, für den die Revolution nicht das Produkt eines spontanen und unvorhersehbaren Prozesses war, sondern die Aufgabe einer »revolutionären Partei«.

Sozialistische Ideenwelten in Europa

Bereits vor dem Revisionismus hatte sich in Großbritannien mit der 1884 gegründeten *Fabian Society* eine einflussreich werdende nichtmarxistische Version des Sozialismus herausgebildet, deren publizistische und intellektuelle Wortführer der Schriftsteller George Bernard Shaw und die Sozialwissenschaftler Beatrice und Sidney Webb wurden. Sie verstanden ihren Sozialismus als evolutionär, undoktrinär, pragmatisch, solidarisch und ethisch begründet. Dennoch wollten auch sie als scharfe Kritiker des kapitalistischen Systems dieses durch ein System der kollektiven Kontrolle der wichtigsten Produktionsmittel des gesellschaftlichen Reichtums ersetzen, aber auf dem evolutionären Weg über Reformen und Überzeugungsarbeit. Deshalb gewann die Demokratie in diesem Konzept eine überragende Bedeutung. Diese Vorstellungen hatten die 1900 gegründete *Labour Party* stark beeinflusst.

Deren Sozialismusvorstellungen blieben bis weit ins 20. Jahrhundert hinein pluralistisch geprägt; neben den Fabiern spielten auch genossenschaftliche Sozialformen und Utopien, der so genannte Gildensozialismus – mit seiner unter anderem von William Morris künstlerisch inspirierten Rückwendung zu den alten Zünften und dem redlichen Handwerk – eine Rolle ebenso wie christlich-soziale Einflüsse. Auch in den Niederlanden, in den skandinavischen Ländern und in Belgien wurden dezentrale Modelle der Selbstverwaltung und Mitbestimmung in das Sozialismusverständnis aufgenommen.

Auch in der sozialistischen Bewegung Frankreichs fanden sich marxistische, anarchistische, liberal-reformistische und aus den republikanisch-revolutionären Traditionen sich speisende, undogmatisch pluralistische Auffassungen gleichermaßen. Diese verschiedenen Elemente hat der französische Sozialist Jean Jaurès zur Synthese zu bringen versucht; er nannte sein Konzept »revolutionäre Evolution«. Er plädierte gleichzeitig für den friedlichen, legalen Weg der Durchsetzung von Reformen und der Eroberung der politischen Macht durch das arbeitende Volk; der Staat sollte schrittweise und mithilfe des allgemeinen Wahlrechts zu einem Organ des proletarischen Mehrheitswillens werden; nur im Notfall sollte das arbeitende Volk auch zu äußersten Mitteln wie dem Massenstreik greifen, beispielsweise als Waffe gegen den Krieg.

In den industriell weniger entwickelten, autoritär regierten Ländern Südeuropas und zum Teil auch in Russland hatte der vor allem auf Michail Bakunin zurückgehende libertäre Anarchismus – teilweise in Verbindung mit dem Syndikalismus – sein Einzugsfeld. Im Allgemeinen wird zur Charakterisierung des Anarchismus auf seinen staatsverneinenden Charakter, seine Ablehnung des Zentralismus und Autoritarismus innerhalb der Arbeiterbewegung und weiterhin auf deren Tendenz zum Staatssozialismus hingewiesen. Tatsächlich werden von den Anarchisten Eigentum, Staat und Recht als Herrschaftsmittel und damit als verderbliche Einrichtungen angesehen; aber die anarchistische Grundeinstellung zielt auf die Wiederherstellung der natürlichen vernünftigen Ordnung der Gesellschaft, die auf einer freien Übereinkunft der Individuen beruht. Danach soll an die Stelle des Staates eine lose Föderation von Gemeinde- und Produktionsverbänden treten, zu denen sich die freien Individuen zusammenschließen.

Die Trennung von Anarchismus und Sozialismus erfolgte bereits im letzten Drittel des 19. Jahrhunderts. Die entscheidende Differenz lag darin, dass Sozialisten aller Spielarten zwar ebenfalls den Staat als Instrument der Klassenherrschaft bekämpften und den Klassencharakter der Herrschaft aufheben wollten, demokratische Herrschaftsformen aber als gesellschaftliche Ordnungsfaktoren für unverzichtbar hielten.

Im Rahmen der Bemühungen um eine katholische Lösung der sozialen Frage gab es im Lager des deutschen Katholizismus Ende des 19. Jahrhunderts bereits Anstrengungen, die katholische Kapitalismuskritik und den grundsätzlichen Gegensatz zum Wirtschaftsliberalismus zu einem gesellschaftlichen Reformkonzept zu erweitern. Ansätze zu einem christlichen Sozialismus fanden jedoch keine Akzeptanz, wenn auch die katholischen Arbeitervereine und später die christlichen Gewerkschaften erst gefördert und dann geduldet wurden. An die Stelle einer Gesellschaftsreform trat nämlich zu Beginn des 20. Jahrhunderts die Forderung nach einer Sozialpolitik, die sich auf den Boden der bestehenden industriekapitalistischen Verhältnisse stellte und als deren Aufgabe es angesehen wurde, die Entartungen der nunmehr prinzipiell akzeptierten kapitalistischen Produktionsweise zu bekämpfen.

Reformismus und Syndikalismus

Die vorgestellten Ideenwelten waren zumeist an soziale Bewegungen oder Gruppen gebunden, in deren Rahmen sie, um Handlungsrelevanz zu gewinnen, zu politisch-strategischen Entwürfen umgeformt oder erweitert wurden. Das erfolgreichste und wirkungsvollste Modell in dieser Hinsicht war der Reformismus, der historisch ebenfalls in vielen Varianten auftrat. Grundsätzlich lehnte er die revolutionäre Umwälzung der Gesellschaft als letztes Mittel, als der Arbeiterklasse aufgezwungen, nicht ab; als das erfolgversprechendste Mittel der Veränderung der bestehenden gesellschaftlichen Verhältnisse wurden aber soziale Reformen angesehen. Diese Reformarbeit konnte theoretisch reflektiert sein – so verstand sich die deutsche Sozialdemokratie vor 1914 als eine revolutionäre, aber nicht Revolution machende Partei; die Austromarxisten hingegen begründeten ihre militant-reformistische Strategie mit der Formel, dass bereits der bestehenden Gesellschaft in der Form der alternativen Projekte der Arbeiterbewegung ein »Sozialismus im Werden« eigen sei. Unter den französischen Sozialisten gab es eine Strömung, die sich für den ausschließlich parlamentarischen Weg zum Sozialismus aussprach und nach dem ersten sozialistischen Minister in einem bürgerlichen Kabinett – Alexandre Étienne Millerand im Jahre 1899 – als Millerandismus bezeichnet wird.

Es bestanden in der europäischen Arbeiterbewegung jedoch auch Strömungen, die jede theorieorientierte Zukunftsdiskussion für überflüssig hielten und ganz praxisbezogen für die konkrete Verbesserung der Lebensverhältnisse der Arbeiter jetzt und heute eintraten. Gegen diesen *trade unionism* gerichtet war die Strategie der revolutionären Transformation, von der zwei Varianten historische Bedeutung gewonnen haben. Rosa Luxemburg verstand unter dem »Hammerschlag der Revolution« die andauernde Folge von Klassenkämpfen, deren Form die Arbeiter selbst bestimmen – die zukünftige sozialistische Gesellschaft blieb noch in der Geschichte verborgen, weil sie aus dem schöpferischen Willen der Massen heraus entstehen würde. Immerhin erschienen ihr Massenstreiks und Arbeiterräte die dominanten Formen der Bewegung der Massen. Lenin hat demgegenüber als Reflex auf die noch unentwickelten Verhältnisse im russischen Zarenreich diese »Spontaneität« abgelehnt und auf streng hierarchischen Zentralismus und eine Organisationsstruktur gesetzt, die dem Aufbau einer regulären Armee glich und von professionellen revolutionären Kadern geführt wurde.

Auch der Syndikalismus, oft verknüpft mit anarchistischen Ideen, hat sich als eine von den Arbeitern selbst ausgehende Gegenbewegung gegen den Reformismus verstanden. Seine Hauptwirkungszeit lag vor dem Ersten Weltkrieg; seine geographischen Schwerpunkte hatte er in den romanischen Ländern. Ausgangspunkt für den Syndikalismus ist die gewerkschaftliche Organisierung; parlamentarische Reformarbeit wird abgelehnt, stattdessen will man die *action directe*: Streik, Boykott, Sabotage, Fabrikbesetzungen. Die künftige Organisation einer proletarischen Wirtschaft sollen die Syndikate bilden: Die Betriebe gehen in die Selbstverwaltung der Arbeiter über und werden durch lose Produktionsverbände miteinander verbunden.

Die Auseinandersetzung mit Kommunismus und Faschismus

Die dritte Entwicklungsphase war an ihrem Beginn durch Zäsuren geprägt, die das ganze weitere 20. Jahrhundert bestimmten: den Ausbruch des Ersten Weltkriegs 1914, die Revolution in Russland 1917 und die weiteren revolutionären Bewegungen in einigen europäischen Ländern zwischen 1918 und 1920. Der von Lenin eingeleitete Bruch der Bolschewiki mit der sozialdemokratischen Tradition der europäischen Arbeiterbewegung war zwar bereits vor 1914 erfolgt, aber nun nach 1917 etablierte sich der Kommunismus als ein totales gesellschaftliches System der bürokratisch-terroristischen Herrschaft, das in einem absoluten Gegensatz zu allen Formen der sozialistischen Tradition stand, auch der marxistisch-sozialistischen.

In der Auseinandersetzung mit dem Kommunismus gewann der demokratische Sozialismus sein unverwechselbares theoretisches Profil; dieser Prozess begann in den frühen Zwanzigerjahren und fand seinen Abschluss 1951 in der Prinzipienerklärung der wieder gegründeten Sozialistischen Internationale. Demokratischer Sozialismus – das war kein geschlossenes Theoriegebäude, sondern ein Konglomerat von regulativen Prinzipien. Dazu gehörten die Auffassung vom »Hineinwachsen« in den Sozialismus und die Hochschätzung der Bedeutung des parlamentarisch-demokratischen Staats für diesen Prozess. Allerdings wurde »Demokratie« im Wesentlichen mit dem liberalen, repräsentativ-pluralistischen Rechtsstaat identifiziert unter Vernachlässigung direktdemokratischer Elemente aus der sozialistischen Tradition; dies war ein Ergebnis der fundamentalen Auseinandersetzung mit dem stalinistischen Kommunismus. Seit Mitte der Zwanzigerjahre gab es dann auch Ansätze zu einer Erweiterung beziehungsweise Ergänzung der politischen durch die soziale Demokratie; so sah das Konzept der Wirtschaftsdemokratie die Beteiligung der Arbeiter an der Gestaltung der Produktionsbedingungen vor. Nachgedacht wurde auch über den Anteil an der kommunalen Neugestaltung; Beiträge zu Wohnungsbau, Sportstätten, kulturellen Einrichtungen, Volksbüchereien, Verkehrsausbau wurden zum Konzept des »Kommunalsozialismus« zusammengefügt, für das das »Rote Wien« prototypisch war.

Die Krise der demokratischen Institutionen am Ende der Weimarer Republik gab in Deutschland Anlass zum Überdenken der Fixierung auf die parlamentarisch-repräsentative Verfassung. Auch wurde erstmals, befreit von Emotionen, theoretisch anspruchsvoll das Verhältnis der sozialdemokratischen Arbeiterbewegung zur Nation diskutiert; jedoch gelang es nicht nur in Deutschland nicht, den alten Gegensatz zwischen der Bindung an Vaterland, Volk und Nation und der Identifikation mit den »Proletariern aller Länder« in einer realitätsdeckenden Synthese aufzuheben.

Spirituelle Anregungen für eine Erweiterung oder Vertiefung des demokratischen Sozialismus kamen aus kleinen Kreisen der protestantischen Theologie in der Schweiz und in Deutschland, unter anderem von Paul Tillich; diese religiösen Sozialisten verstanden die kämpferischen Bestrebungen des Proletariats als Ausdruck einer eschatologischen Religiosität. Die Kirche und die aktive Politik interessierte sie kaum; sie bemühten sich um die religiöse, nicht konfessionsgebundene »Vertiefung des Sozialismus«, um ihn zu seinem »wahren Selbstverständnis« zu führen.

Beachtliche intellektuelle Anstrengungen wurden gemacht, mit Marx über Marx hinaus zu gelangen, das heißt, dessen Methodik und Denkergebnisse auf neue Zeitverhältnisse anzuwenden. Imperialismustheoretiker wie Rosa Luxemburg, Rudolf Hilferding und Fritz Sternberg unternahmen es, die globale Expansion des Kapitalismus und die Konsequenzen der existenziellen Grenzverschiebungen der kapitalistischen Produktionsverhältnisse für die Transformation des Kapitalismus in den Sozialismus zu interpretieren und eine neue Strategie der internationalen Arbeiterklasse zu entwerfen, die erneute Kriege und einen vorauszusehenden »Absturz in die Barbarei« verhindern sollte. György Lukács und Karl Korsch bemühten sich um eine Rückführung des dogmatisch erstarrenden Leninismus und der marxistischen Orthodoxie der europäischen sozialistischen Arbeiterbewegung auf marxsche Kategorien. Ernst Bloch zeigte die bereits von Marx zum Thema gemachte zeitbestimmende explosive Widersprüchlichkeit beziehungsweise Ungleichzeitigkeit zwischen Sein und Bewusstsein, zwischen entfalteten kapitalistischen Produktionsverhältnissen und vorkapitalistischen Ideologien auf. Realanalytisch ausgelegte Faschismusdeutungen wie die von August Thalheimer und Fritz Sternberg widmeten sich den Zusammenhängen von entfalteter kapitalistischer Produktionsweise und dem Aufstieg des Faschismus in Europa. Alle diese marxistisch geprägten Intellektuellen verstanden sich als geistige Vermittler zwischen links positioniertem demokratischem Sozialismus und im marxschen Denken verankertem Kommunismus – eine Position, die spätestens mit den stalinschen Säuberungen in der Sowjetunion und der Rolle der Sowjetunion im Spanischen Bürgerkrieg Mitte der Dreissigerjahre überholt war. Das von vielen gelobte »Vaterland aller Werktätigen« war für die meisten dieser kritischen Marxisten gemessen an den Aufgaben der internationalen Arbeiterbewegung nur noch eine »reaktionäre Macht«.

Demokratischer Sozialismus

1945, nach der Überwindung der nationalsozialistischen terroristischen Diktatur über große Teile Europas, erschien es fast überall fraglos, dass nunmehr der demokratische Sozialismus die neue Epoche einer friedlichen und solidarischen Welt gestalten würde. Sozialismus war die Gegenwartsaufgabe und in vielfältigen Formen war von ihm die Rede: vom freien, freiheitlichen, christlichen und von einem demokratischen Sozialismus, der kein in sich abgeschlossenes System von Vorstellungen über die Neugestaltung der gesellschaftlichen Verhältnisse sein sollte, sondern die Summe gemeinsamer grundsätzlicher Überzeugungen.

Modelle boten sich an: das »Volksheim Schweden«, in das das Armenhaus Europas innerhalb weniger Jahrzehnte verwandelt worden war. Ohne theoretische Überfrachtung hatten die schwedischen Sozialdemokraten in den Zwanzigerjahren einen Mittelweg zwischen Kapitalismus und dogmatischem Sozialismus eingeschlagen; das Ergebnis war ein demokratischer Wohlfahrtsstaat in einer Gesellschaft mit einem hohen Grad an Gleichheit und solidarischen Verhaltensformen. Weniger erfolgreich blieben die Labour-Sozialisten, als sie 1945 die Chance zur Gestaltung des nachimperialistischen Großbritannien erhielten: Entgegen der Tradition setzten sie auf Verstaatlichung, Planung, Zentralisierung und Regulierung. Gerade in der verstaatlichten Industrie blieb aber der Grad der Mitwirkung der Produzenten unbefriedigend, und

sechs Jahre der Herrschaft der *Labour Party* reichten gerade dazu aus, wichtige wohlfahrtsstaatliche Maßnahmen auf den Weg zu bringen, die die nachfolgenden konservativen Regierungen zunächst nicht eliminierten.

In der westdeutschen Diskussion kristallisierte sich ein Modell des demokratischen Sozialismus heraus, das stark eklektizistische Züge trug: Reste von Marx' Methode der Funktionsanalyse des Kapitalismus, John Maynard Keynes' wohlfahrtsstaatlich ausgerichteter sozialer Liberalismus, auf Immanuel Kant und den frühen Marx gegründeter ethischer Sozialismus. Inhaltlich bedeutete dies die Akzeptanz der Marktwirtschaft und den Abschied von der Planwirtschaft – nur in stark monopolisierten Branchen war noch eine beschränkte Vergesellschaftung vorgesehen. Dennoch sollte die liberale Marktwirtschaft in eine sozialistische umgeformt werden: durch demokratisch herbeigeführte Rahmenplanung, Investitionskontrolle, betriebliche und überbetriebliche Mitbestimmung und einen sozialen Rechtsstaat, der als Sachwalter des Allgemeininteresses wirkte. Eine große Rolle in diesem Konzept des demokratischen Sozialismus spielten Bildung, Humanisierung der Arbeit und ihr Verständnis als nicht entfremdete schöpferische Betätigung.

Als zentrales Schlüsseldokument dieser Neubestimmung der Konturen des demokratischen Sozialismus gilt das Godesberger Programm der deutschen Sozialdemokratie aus dem Jahre 1959. Es wurde zum Leitwert für die Reformierung der meisten sozialdemokratischen Parteien Europas. Als die französischen Sozialisten in den Siebzigerjahren ihr »sozialistisches Projekt« als ein neues Modell des demokratischen Sozialismus vorstellten, zeigte es sich, dass es inhaltlich nichts Neues bot und vor allem als Aktionsprogramm für die Machtübernahme einer sozialistischen Partei in einem ökonomisch hoch entwickelten europäischen Land betrachtet werden konnte.

Zur gleichen Zeit haben die deutschen Sozialdemokraten begonnen, auf der Grundlage des gelenkten Wachstums eine Stabilisierung des klassischen Sozialstaats zu verknüpfen mit der »ökologischen Frage«, der Verschleuderung der Ressourcen, für ein würdiges Überleben von Mensch, Tier und Natur auf dem »blauen Planeten« Erde. Das Berliner Programm von 1989 spiegelt den Versuch wider, dieses schwierige Problemdreieck – Ökonomie, Sozialstaat, Ökologie – auf einen politisch handhabbaren Nenner zu bringen.

In den Siebzigerjahren galt die britische *Labour Party* als europäisches Schlusslicht bei dem Bemühen um eine strukturelle Modernisierung. Erst Ende der Achtzigerjahre war abzusehen, dass es der Partei gelingen könnte, über eine einfache Godesbergianisierung hinaus den großen Sprung nach vorn, zur klassenunspezifischen, den neuen Mittelschichten sich öffnenden *New Labour* zu schaffen.

Es gibt eine Partei, die bereits über die Positionen von *New Labour* hinausgelangt ist: die aus der legendären italienischen Kommunistischen Partei hervorgegangene »Partei der demokratischen Linken«. Sie ist inzwischen längst über den Status einer gewöhnlichen sozialdemokratischen Partei hinaus und bietet das Bild eines radikaldemokratischen, sozialliberalen, mit linkskatholischen Elementen versetzten linken Bündnisses.

Gescheiterter Reformkommunismus

Zur Bestandsanalyse des Sozialismus gehört, wie das erwähnte Beispiel der italienischen Kommunistischen Partei zeigt, das Scheitern des Reformkommunismus, der innerhalb der Traditionen des sowjetischen Kommunismus grundlegende Reformen dieses Systems anstrebte. Seit den Abspaltungen der kommunistischen Parteien von der sozialdemokratischen Arbeiterbewegung in Europa nach 1917 flammten zu verschiedenen Zeiten – vor und nach dem Faschismus – Hoffnungen auf, dass durch die Wiederbelebung der demokratischen Traditionen der Kommunismus gewissermaßen resozialdemokratisiert werden könne, die radikaldemokratischen Bezüge der Arbeiterbewegung des 19. Jahrhunderts zu einer neuen, »wahren« Form der Arbeiterdemokratie zusammengefügt werden könnten, ja, die Spaltungen in der europäischen Arbeiterbewegung durch eine Vereinigung von Sozialisten beziehungsweise Sozialdemokraten und Kommunisten, weil historisch überflüssig, aufgehoben werden könnten.

Die Bemühungen um eine kritische Revision und eine Erneuerung des sowjetischen Modells des »rohen Kommunismus« oder – wie es auch bezeichnet wird – des bürokratisch-terroristischen Staatssozialismus scheiterten auf zum Teil tragische Weise: 1953 scheiterte der Aufstand erst der Arbeiter, dann 1956 der der Intellektuellen in der DDR, aber auch Robert Havemann in den Siebzigerjahren, der mit breiter intellektueller Unterstützung das Projekt der »Vollendung der sozialistischen Revolution« durch die Schaffung einer wahrhaft demokratischen Ordnung vertrat. Es scheiterte der variantenreich sich zwischen 1956 und 1980 äußernde Poststalinismus in Polen; die durch einen Volksaufstand 1956 auf den Weg gebrachte Liberalisierung in Ungarn endete für Jahrzehnte in einer Restalinisierung; mit dem gewaltsamen Ende des Prager Frühlings 1968, der eine pluralistische sozialistische Demokratie zu errichten suchte, wurden alle Hoffnungen auf eine umfassende Umwandlung des Sowjetkommunismus in ein demokratisch-sozialistisches Modell zerstört.

Der marxistisch-leninistische Kommunismus, der sich selbst anmaßend als real existierender Sozialismus bezeichnete, ist bis auf wenige Reste – Kuba und Nordkorea – zusammengebrochen. In den Ländern der Dritten Welt beziehungsweise außerhalb Europas hatte der Kommunismus ohnehin nur eine seine Existenz verlängernde Chance durch seine Bindung an die nationalen Befreiungsbewegungen. Im Fernen Osten ist es den chinesischen Kommunisten gelungen, ihre Unabhängigkeitsbestrebungen mit den Interessen der bäuerlichen Bevölkerung in Übereinstimmung zu bringen. Seither versucht das kommunistische Regime, die ökonomische Modernisierung und ihre sozialen Folgen durch politische Unterdrückung und ideologische Indoktrination zu zügeln – das Ende ist als offen zu bezeichnen.

Eurokommunismus ohne Chance

Gescheitert ist ebenfalls die westliche Variante des Reformkommunismus, der Eurokommunismus in den südeuropäischen Ländern. Zwar haben die eurokommunistischen Parteien sich von der marxistisch-leninistischen Revolutionsstrategie verabschiedet und sich einem Konzept des graduellen Systemwandels der kapitalistischen Demokratien verschrieben. Aber dies führte entweder zu einer Marginalisierung der kommunistischen Parteien – in Spanien, Frankreich und Portugal – oder zur Mutation in die Richtung einer liberal-demokratischen Linken. Der Eurokommunismus als reformkommunistisches Konzept kam über den Zustand eines Experiments, das ohne Realisierungschance blieb, nicht hinaus.

Noch nicht sehr eindeutig lässt sich demgegenüber der Stellenwert der neuen sozialen Bewegungen und der durch sie transportierten sozialen Inhalte bestimmen. In allen entwickelten kapitalistischen Ländern gibt es sie seit den Sechzigerjahren mit den Schwerpunkten Studentenbewegung, Frauenbewegung, Friedensbewegung, ökologischer Protest. Meist gruppenbezogen arbeitend vermitteln sich die Akteure einander durch literarische Texte, Symbole, Lebensstile, Habitus und Outfit. Statt mehr oder weniger fest gefügter Theorien oder zumindest Programme stellen sie sich durch einen Pluralismus sozialer Ideen dar, in denen die Wiederkehr des Utopischen und eine teilweise überbordende subjektive Betroffenheit eine große Rolle spielen; charakteristisch ist vielfach auch die negative Grenzziehung zur Arbeiterbewegung und ihrer Geschichte. Fasst man die Vorstellungen zusammen, so lässt sich von einer Zivilisations- und Modernisierungskritik sprechen, die ihrerseits nun aber gerade auf dem Boden der Moderne und ihren Freiheits- und Selbstbestimmungspostulaten steht. Die Tendenz der neuen sozialen Bewegungen zur Selbstorganisation sowie zur Bildung von Netzwerken zur Findung und Wahrung kollektiver Identität sowie die geringe organisatorische Verfestigung verweisen auf subjektorientierte anarchistisch-libertäre Züge und kaum auf sozialistische.

Da die neuen sozialen Bewegungen in den Sechzigerjahren gerade aus den USA enorme Anstöße erhielten, wird verständlich, warum die USA ein Land mit (gewerkschaftlicher) Arbeiterbewegung, aber ohne Sozialismus geblieben sind. Vielleicht gerade deshalb sind aus den USA dann in den Siebzigerjahren besonders durch Michael Harrington bemerkenswerte Anstöße zu einer utopisch-visionären Renovierung des Sozialismus gekommen. »Was der Sozialismus schließlich zu bieten hat, ist die Vision des Sozialismus.« Sozialismus werde in idealer Gestalt niemals Wirklichkeit, schreibt Harrington, jedoch sei es wichtig, »dass wir uns den traumhaften Endzustand genau ausmalen, denn nur so werden wir imstande sein, Entwürfe zu machen, die ihm zumindest nahe kommen«.

Was bleibt vom Sozialismus?

Bereits lange vor dem Zusammenbruch des Sowjetkommunismus stellte sich für das Ende des Jahrhunderts die Frage »Was bleibt vom Sozialismus?« – unter der Voraussetzung, dass man Sozialismus in einer Tradition stehend sah, in der er sich als »die Entfaltung einer freien und von Grund auf humanen Gesellschaft verstand, die mit dem Kapitalismus zugleich auch die der Klassengesellschaft eigenen Formen – staatlich und bürokratisch institutionalisierter – sozialer Entfremdung überwinden sollte«, wie es der Politikwissenschaftler Ignacio Sotelo formulierte.

Erst recht nach 1989/90 schien evident, dass mit dem »Triumph« des Kapitalismus das »Ende des Sozialismus« gekommen war, ein »Zeitalter«, das das »sozialdemokratische« genannt worden ist, unwiderruflich zu Ende ging. Diese Beurteilung beruhte auf einer Beweisführung, die völlig unzutreffend den Sowjetkommunismus und seine Wirtschaftsweise und Herrschaftsform »dem« Sozialismus zurechnete, anstatt die bereits zu Anfang des 20. Jahrhunderts erkennbare Trennung zweier Strömungen – Sozialismus und Kommunismus –, die ursprunghaft aus den gleichen Quellen schöpften, zur Kenntnis zu nehmen.

So wird denn auch von Vertretern des demokratischen Sozialismus geltend gemacht, dass spätestens seit den Zwanzigerjahren des Jahrhunderts strikt die unterscheidenden Konsequenzen gegenüber dem Kommunismus und dem Sowjetsystem gezogen worden sind: Sozialismus ist kein geschlossenes System, keine bloße Vision, keine gefährlich verlockende Utopie, auch keine historische Notwendigkeit, aber ein geschichtlicher Sinnhorizont und ein alternatives, regulatives Prinzip gegenüber dem real existierenden Kapitalismus. Aus einer solchen Sicht ist es durchaus möglich, wie der britische Historiker Eric Hobsbawm, selbst ein Sozialist aus der marxistischen Tradition, formuliert hat, »dass die Debatte, die den Kapitalismus und den Sozialismus als sich gegenseitig ausschließende, konträre Gegensätze darstellte, von zukünftigen Generationen nur als Relikt der ideologischen kalten Religionskriege des 20. Jahrhunderts gesehen wird«.

HELGA GREBING

Stabilität und Instabilität der Zwischenkriegszeit

Eine neue Weltordnung? – Der Status quo und seine Träger

»One nation, one vote« – Der Völkerbund

D ie internationale Ordnung nach dem Ersten Weltkrieg beruhte auf Machtgleichgewichten, die von den Siegermächten in Europa und in Ostasien eingerichtet wurden. In Europa bedeutete dies im Kern, dass Deutschland dauerhaft geschwächt und eingedämmt werden sollte. Die Existenz des noch vergleichsweise jungen deutschen Nationalstaats in der Mitte Europas, der sich nach dem Ersten Weltkrieg behaupten konnte, musste mit einer gesamteuropäischen Ordnung verträglich sein. Da sich das Deutschland der Vorkriegszeit aufgrund seiner Wirtschaftskraft und militärischen Stärke als übermächtig erwiesen hatte, sollte die Nachkriegsordnung dafür sorgen, dass es keinen Anlauf mehr zu Hegemonialbildung in Europa oder gar zu überseeischer Weltpolitik unternehmen konnte.

Das Versailler System in Europa ...

S timmten die Siegermächte des Ersten Weltkriegs in diesem zentralen Punkt überein, so formulierten sie die Schwerpunkte ihrer Politik doch in unterschiedlicher Weise. Die USA hatten ein Interesse vor allem daran, Deutschland als wirtschaftlich potente Macht zu erhalten. Zugleich sollte sich Deutschland aber in ein liberales Weltwirtschaftssystem einbinden und damit durch die Anerkennung bestimmter Regeln kontrollieren lassen. Nicht nur von Deutschland, sondern generell, also auch von Großbritannien oder Frankreich, forderten die USA darüber hinaus entschiedene Schritte zur Abrüstung bzw. Rüstungsbegrenzung. Großbritannien unterstützte diese Linie weitgehend. Sein Sicherheitsgefühl gegenüber Deutschland war wiederhergestellt, als die deutsche Kriegsflotte ausgeliefert wurde. Frankreich dagegen als direkter Nachbar Deutschlands strebte bei Kriegsende nicht nur nach einer Beseitigung der militärischen Gefahr, die von Deutschland ausgegangen war, sondern auch nach weitgehenden territorialen Veränderungen und wirtschaft-

Im Januar 1919 traten in Paris die Regierungschefs der Siegermächte zusammen. Von links nach rechts sitzend Vittorio Emanuele Orlando für Italien, David Lloyd George für Großbritannien, Georges Benjamin Clemenceau für Frankreich und Woodrow Wilson für die USA.

lichen Maßnahmen, die zu einer Beschneidung der deutschen Machtstellung führen
sollten. Aus französischer Sicht ging es um
die Herstellung eines wirtschaftlichen
Gleichgewichts in Europa, das durch die
politisch-militärische Führungsrolle Frankreichs auf dem Kontinent gestützt werden
sollte. Zwar konnte Frankreich im Friedensvertrag von Versailles, der im Juni 1919
unterschrieben wurde, seine Maximalvor-
stellungen nicht durchsetzen. Aber das Versailler System, wie die internationale Ordnung nach dem Ersten Weltkrieg in Europa
genannt wird, trug doch in starkem Maß
französischen Vorstellungen Rechnung. Es
beruhte auf der momentanen Schwächung
Deutschlands und dem Versuch vor allem
Frankreichs, diesen Zustand im Sinne einer
Sicherung des Status quo zu konservieren.
Seine Strukturschwäche bestand darin, dass
es von Anfang an, wenn auch mit unterschiedlichen Zielsetzungen seitens der beteiligten Staaten, dem Verlangen nach Revision

ausgesetzt war. In Deutschland stand die Revision des Versailler
Vertrags wie selbstverständlich bei allen politischen Parteien und
gesellschaftlichen Kräften ganz oben auf der Tagesordnung. Aber
auch in Großbritannien und in den USA dachte man im Sinne einer
Liberalisierung zugunsten Deutschlands an eine Revision. Selbst in
Frankreich, der klassischen Status-quo-Macht, spielte der Gedanke
der Revision immer wieder eine gewisse Rolle, wenn auch zu eigenen Gunsten, wie sie etwa in der Ruhrkrise 1923 versucht wurde.

... das Washingtoner System in Ostasien

In Entsprechung zum Versailler System in Europa spricht man vom
Washingtoner System im Fernen Osten. Es wurde mit der Konferenz von Washington aus der Taufe gehoben, die vom November
1921 bis Februar 1922 tagte und an der die in Ostasien präsenten und
an dieser Region interessierten Mächte teilnahmen. Japan, das seit
dem Zeitalter des Imperialismus seinen Einfluss ausgeweitet und
sich ausgebreitet hatte, wurde auf den territorialen Status quo und
auf Obergrenzen in der Flottenrüstung festgelegt. In dieser Regelung kam ebenso das Interesse der USA zum Ausdruck wie in der
Übereinkunft, dass in China das Prinzip der offenen Tür respektiert
werden, dass also der freie Zugang zum chinesischen Markt gesichert
sein sollte. Die Stabilität des Washingtoner Systems hing davon ab,
ob Japan auf Dauer bereit sein würde, sich in eine westlich beherrschte und vor allem die Handschrift der USA tragende internationale Ordnung einbinden zu lassen; weiterhin, ob China es hinnehmen würde, ein Gebiet informeller Herrschaft Japans und west-

Mit dem Vertrag von Locarno wurde
im Oktober 1925 zwischen Deutschland
und den ehemaligen Alliierten eine
gemeinsame Bürgschaft für die
deutschen Westgrenzen, die
Entmilitarisierung des Rheinlandes
sowie der Gewaltverzicht als
Grundlagen europäischer Entspannung
vereinbart. Im Bild hier von links Gustav
Stresemann, Austen Chamberlain
und Aristide Briand während einer
Verhandlungspause.

Am 8. September 1926 wird Deutschland in den Völkerbund aufgenommen. Die Rede von Reichsaußenminister Gustav Stresemann vor dem Völkerbund in Genf am 10. September schloss mit den Worten:

Freiheit, um die jedes Volk ringt wie jedes Menschenwesen. Möge die Arbeit des Völkerbundes sich auf der Grundlage der großen Begriffe Freiheit, Friede und Einigkeit vollziehen.

licher Großmächte zu bleiben. Die nach dem Ersten Weltkrieg eingerichtete internationale Ordnung spiegelte die nationalen Interessen der Großmächte und die Machtverteilung im internationalen Kräftefeld zwischen Siegern und Besiegten wider. Darüber hinaus wurde 1919 als Institution zur Friedenssicherung der Völkerbund geschaffen. Er ging auf die Forderung des amerikanischen Präsidenten Woodrow Wilson zurück, die dieser schon während des Krieges erhoben hatte, um Krieg für die Zukunft aus der internationalen Politik nach Möglichkeit zu verbannen und um die politische Unabhängigkeit und territoriale Integrität für alle Staaten unabhängig von ihrer Größe gewährleisten zu können. Allerdings war der Völkerbund zum Zeitpunkt seiner Gründung ein Instrument in den Händen der Siegermächte und keineswegs die weltumspannende Organisation gleichberechtigter Staaten, wie es in Wilsons Vision vorgesehen war. Die Siegermächte allein hatten die Satzung des Völkerbunds ausgearbeitet und machten sie zum integralen Bestandteil aller Friedensverträge, sodass der Völkerbund als Mittel zur Zementierung des Status quo der Nachkriegszeit erschien. Nur die Siegermächte und neutrale Staaten konnten Mitglied werden. Die Verlierer des Krieges, die – wie insbesondere Deutschland – die Friedensverträge als einseitiges Diktat zurückwiesen, blieben zunächst ausgeschlossen. Erst im Dezember 1920 konnten Bulgarien und Österreich

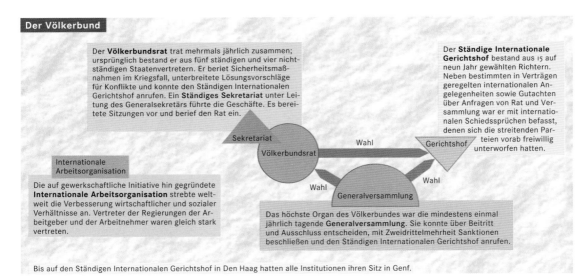

Der Völkerbund

Der **Völkerbundsrat** trat mehrmals jährlich zusammen; ursprünglich bestand er aus fünf ständigen und vier nichtständigen Staatenvertretern. Er beriet Sicherheitsmaßnahmen im Kriegsfall, unterbreitete Lösungsvorschläge für Konflikte und konnte den Ständigen Internationalen Gerichtshof anrufen. Ein **Ständiges Sekretariat** unter Leitung des Generalsekretärs führte die Geschäfte. Es bereitete Sitzungen vor und berief den Rat ein.

Der **Ständige Internationale Gerichtshof** bestand aus 15 auf neun Jahr gewählten Richtern. Neben bestimmten in Verträgen geregelten internationalen Angelegenheiten sowie Gutachten über Anfragen von Rat und Versammlung war er mit internationalen Schiedssprüchen befasst, denen sich die streitenden Parteien vorab freiwillig unterworfen hatten.

Internationale Arbeitsorganisation

Die auf gewerkschaftliche Initiative hin gegründete **Internationale Arbeitsorganisation** strebte weltweit die Verbesserung wirtschaftlicher und sozialer Verhältnisse an. Vertreter der Regierungen der Arbeitgeber und der Arbeitnehmer waren gleich stark vertreten.

Sekretariat

Völkerbundsrat

Wahl

Gerichtshof

Wahl

Generalversammlung

Wahl

Das höchste Organ des Völkerbundes war die mindestens einmal jährlich tagende **Generalversammlung**. Sie konnte über Beitritt und Ausschluss entscheiden, mit Zweidrittelmehrheit Sanktionen beschließen und den Ständigen Internationalen Gerichtshof anrufen.

Bis auf den Ständigen Internationalen Gerichtshof in Den Haag hatten alle Institutionen ihren Sitz in Genf.

beitreten. Ungarn folgte 1922, Deutschland erst 1926 und die Türkei 1932. Auch die Sowjetunion sah im Völkerbund nicht ein Instrument zur Friedenssicherung, sondern ein Bündnis der westlichen Siegermächte zur Festschreibung der Nachkriegsverhältnisse. Sie trat dem Völkerbund erst 1934 bei. Nachteilig für die neue Institution, die ihren Sitz in Genf hatte, war jedoch vor allem, dass ausgerechnet die USA ihr fernblieben. Bei der entscheidenden Abstimmung im amerikanischen Senat verfehlte Wilson im März 1920 die erforderliche

Zweidrittelmehrheit. Die Bedenken von isolationistisch gestimmten Senatoren gegenüber vertraglichen Bindungen der USA, die das Land gegen seinen Willen in internationale Konflikte verwickeln könnten, waren stärker als die Argumente des Präsidenten, der den USA eine globale Rolle zuwies und zugleich ein neues Kapitel in den internationalen Beziehungen aufgeschlagen wissen wollte.

Kollektive Friedenssicherung

Die Völkerbundsatzung verpflichtete ausdrücklich zu Abrüstung und Friedenswahrung. Gleichwohl war der Krieg nicht gänzlich aus dem Katalog der den Nationalstaaten zur Verfügung stehenden Mittel gestrichen. Die Mitglieder des Völkerbunds blieben in ihrer einzelstaatlichen Souveränität unangetastet. Sie unterwarfen sich aber einem relativen Kriegsverbot, weil sie innerhalb gewisser Fristen die Einschaltung des Völkerbunds anerkannten, bevor zum Krieg geschritten werden durfte. Die Satzung des Völkerbunds setzte eine neue Norm: Sie betonte die Friedenspflicht der Staaten und delegitimierte den Krieg. Damit schuf sie neues Völkerrecht, selbst wenn die Praxis der Völkerrechtssubjekte davon oft genug unberührt blieb. Einen Schritt weiter ging dann der Briand-Kellogg-Pakt, ein Kriegsächtungspakt aus dem Jahr 1928, dem fast alle Staaten beitraten, ohne dass freilich der Rückfall in Gewalt und Krieg dadurch verhindert werden konnte. Die Vertragspartner verpflichteten sich, auf den Krieg »als Werkzeug nationaler Politik« zu verzichten.

Was den Völkerbund im amerikanischen Ratifizierungsverfahren scheitern ließ, war das Prinzip der kollektiven Sicherheit. Nationale Sicherheitsinteressen sollten im Rahmen kollektiver Friedenssicherung befriedigt werden. Indem die Mitglieder des Völkerbunds versicherten, »die Unversehrtheit des Gebiets und die bestehende politische Unabhängigkeit aller Bundesmitglieder zu achten und gegen jeden äußeren Angriff zu wahren«, sollte der Frieden unteilbar werden. Auch wenn nationale Interessen im Einzelfall nicht direkt tangiert sein mochten, sollte eine Bedrohung oder Verletzung des Friedens doch als »Angelegenheit des ganzen Bundes« betrachtet werden. Diese Einengung des nationalen Handlungsspielraums markierte einen Bruch mit der herkömmlichen Auffassung, die es gerade als zentrales Merkmal staatlicher Souveränität ansah, das außenpolitische Konfliktverhalten in autonomer Entscheidung gestalten zu können. Dagegen wandten sich nicht nur die amerikanischen Kritiker. Auch im Rahmen der Völkerbundspraxis war das Prinzip der kollektiven Sicherheit in seiner reinen Form nicht durchsetzbar. Im Vorfeld des deutschen Beitritts zum Völkerbund erreichte der deutsche Außenminister Gustav Stresemann eine Auslegung des

Aus der Rede des französischen Außenministers Aristide Briand vor dem Völkerbund in Genf am 10. September:

Nun, meine Herren Spötter, was sagen Sie jetzt, wo Sie an dieser Sitzung teilnehmen? Hier sehen Sie die gleichen Völker, die sich vordem so hart aneinander gestoßen haben, friedlich zusammensitzen.

In seiner letzten großen außenpolitischen Rede sprach sich Reichsaußenminister Gustav Stresemann vor der Generalversammlung des Völkerbundes am 9. September 1929 im Genfer Reformationssaal für die allgemeine Abrüstung und ein Paneuropa mit enger wirtschaftlicher Zusammenarbeit aus.

Sanktionsartikels der Völkerbundsatzung, die insbesondere auch britischen Vorstellungen entsprach. Danach sollte jedes Mitglied des Völkerbunds »loyal und wirksam« mitarbeiten und jedem Angriff in dem Maß entgegentreten, wie es »mit seiner militärischen Lage verträglich ist« und »seiner geographischen Lage Rechnung trägt«. An

die Stelle der kollektiven Sicherheit war eine Regionalisierung der Sicherheit getreten.

Gemessen an den Zielen, die in seiner Satzung verankert waren, hat der Völkerbund versagt. Rund zwei Jahrzehnte nach Beendigung des Ersten Weltkriegs begann der Zweite Weltkrieg in Europa. Schon 1931, als Japan die Mandschurei besetzte, fand der Völkerbund keine Mittel, dem Opfer der Aggression beizustehen. Gleichzeitig sollte aber nicht übersehen werden, dass der Völkerbund dazu beitrug, neue Formen zwischenstaatlicher Kommunikation zu entwickeln. Mit den Sitzungen der jährlich zusammentretenden Völkerbundsversammlung, an der alle Mitgliedstaaten teilnahmen, und des mehrmals jährlich tagenden Völkerbundsrates, dem sowohl ständige als auch auf Zeit gewählte Mitglieder angehörten, entstand eine in dieser institutionell abgesicherten Weise bisher unbekannte multilaterale Diplomatie. Demselben Zweck dienten Völkerbundsorganisationen wie das Internationale Arbeitsamt oder die Organisation für Gesundheitswesen.

Der Münchner Grafiker Arpad Schmidhammer stellte 1920 Ideal und Wirklichkeit des Völkerbundes gegenüber: Einmal erscheint er als Herde sanfter Lämmer, die sich um den Friedensengel scharen, einmal als Raubtierkäfig, in dem der personifizierte Friede um sein Überleben bangen muss.

Forum der kleinen und mittleren Mächte

Nicht immer konnte das Ziel, das die vom Völkerbund organisierten Konferenzen sich gesetzt hatten, erreicht werden. So kam es zum Beispiel auf der Weltwirtschaftskonferenz 1927 nicht zu einer Vereinbarung, Handelsschranken abzubauen. Zumindest aber versammelten sich zu dieser Konferenz unter dem Dach des Völkerbunds 47 Staaten, darunter auch Nichtmitglieder wie die USA oder die UdSSR. Es wurden Problemlagen benannt, die zwar nicht gelöst und überwunden wurden, die aber das friedenspolitische Bewusstsein der internationalen Öffentlichkeit hätten schärfen können. Die Experten wiesen darauf hin, dass in Europa mehr Geld für Rüstungen ausgegeben wurde, als mit der wirtschaftlichen Leistungsfähigkeit vereinbar war. Auch der Abrüstungsfrage widmete sich der Völkerbund. Nach langwierigen Vorverhandlungen trat 1932 die Abrüstungskonferenz in Genf zusammen, doch fanden die Großmächte nicht zu einem Konsens. Erst recht war der Völkerbund machtlos, wenn die Großmächte zum Mittel des Krieges griffen. Deutlich wurde dies schon 1923, als Italien Korfu besetzte. Griechenland wandte sich an den Völkerbund, aber die Verhandlungen über den italienischen Abzug erfolgten nicht hier, sondern auf der Ebene der Großmachtdiplomatie außerhalb des Völkerbunds. Nicht die Autorität des Völkerbunds stellte den Frieden wieder her, sondern eine Einigung auf Großmachtebene. Bessere Möglichkeiten zur Konfliktentschärfung hatte der Völkerbund, wenn – wie im griechisch-

Ein internationales Architektenteam errichtete von 1929 bis 1937 in Genf den Völkerbundspalast, dessen für die Dreißigerjahre typischer Monumentalstil die Dauerhaftigkeit der Institution verdeutlichen sollte. Heute beherbergt das Gebäude den europäischen Sitz der Vereinten Nationen.

bulgarischen Grenzkonflikt 1925 – keine Großmächte involviert waren. Unterhalb der Großmachtebene hat er immerhin in 35 Fällen erfolgreich vermittelt. Für die kleineren und mittleren Mächte war er ein Gremium, das zur stufenweisen Verringerung von Konflikten beitrug und Kriege verhinderte. Darüber hinaus diente er als Forum, über das die Weltöffentlichkeit erreicht werden konnte.

Zerreißproben – Großbritannien

Als Garantiemächte der Nachkriegsordnung fungierten in Europa Großbritannien und Frankreich. Zusammen mit den Vereinigten Staaten hatten sie Deutschland und seinen Verbündeten die Bedingungen des Friedens diktiert. Nachdem die USA den Versailler Vertrag nicht ratifiziert und vorerst den Rückzug aus Europa angetreten hatten, sahen sich die westeuropäischen Großmächte allein mit der Frage konfrontiert, wie der Frieden durchgesetzt und behauptet werden könnte. Parallel zu dieser zentralen außenpolitischen Aufgabe waren beide Länder mit den spezifischen Problemen der Nachkriegszeit konfrontiert. Sie waren zwar die Siegermächte, aber der Krieg hatte auch bei ihnen große Schäden angerichtet und weit reichende Veränderungen eingeleitet.

Appeasement – Die Entspannungspolitik Großbritanniens

Großbritannien war zum Schuldner der Vereinigten Staaten geworden. Die britische Wirtschaft stand vor erheblichen Strukturproblemen, sodass ihre Leistungsfähigkeit im internationalen Vergleich abnahm. Die britische Gesellschaft erlebte keine revolutionären Erschütterungen, und die 1919 in Glasgow gehissten roten Fahnen waren untypisch für die politische Gesamtlage. Aber die Gesellschaft befand sich doch in einer Umbruchphase. Der oft zu hörende Wunsch, man wolle zur Vorkriegsnormalität zurückkehren, war unerfüllbar. Zur Vorkriegsnormalität hätte auch die Behauptung Londons als Bankenplatz und Drehscheibe der internationalen Kapitalströme gehört sowie im Interesse von Wirtschaftswachstum und Vollbeschäftigung die Wiederherstellung eines möglichst liberalen

Dieses Plakat des Grafikers Gerald Pryse, mit dem die Labour Party 1910 auf die verzweifelte Lage der Arbeitslosen aufmerksam machte, wurde in den Zwanzigerjahren wieder aufgelegt.

Welthandels im Rahmen einer allseits akzeptierten Friedensordnung. Solche Ziele waren 1919 schlechterdings nicht in Reichweite. Belastende Wirtschaftskrisen und hohe Arbeitslosigkeit traten an ihre Stelle. Hinzu kam, dass einige Faktoren des Wandels, die schon vor dem Ersten Weltkrieg zu bemerken gewesen waren, jetzt noch größere Umstellungen erforderten. Zu nennen ist vor allem das weitere Erstarken der organisierten Arbeiterbewegung, die das britische Parteiensystem veränderte.

Der Zenit britischer Machtentfaltung in der Welt war deutlich überschritten. Jetzt ging es darum, das durch den Ersten Weltkrieg reduzierte Machtpotenzial wenigstens zu erhalten und ein ausreichendes Maß an politischer, gesellschaftlicher und wirtschaftlicher Stabilität zu sichern. Unverzichtbare Voraussetzung dafür war eine Friedensordnung, die die Feindschaften des Krieges hinter sich ließ und ausgewogen genug war, um einen erneuten Absturz in einen allgemeinen Krieg zu vermeiden. Ein neuer Krieg würde das Ende der britischen Weltmachtstellung mit allen innerbritischen Konsequenzen mit sich bringen. Frieden dagegen versprach nicht nur das Weiterbestehen der britischen Weltmacht und des Weltreichs, sondern begünstigte auch notwendige wirtschaftliche Anpassungen sowie innen- und sozialpolitische Reformen. Auf sie konnte man sich nur konzentrieren, wenn die äußere Sicherheit keine Probleme aufwarf. Friedenswahrung lag also im nationalen Interesse. Das Land war auf Frieden geradezu angewiesen und auf eine Politik des *appeasement* festgelegt, wie der zeit-

David Lloyd George an seinem Schreibtisch 1929. Der aus Wales stammende Parteiführer der Liberalen war von 1890 bis zu seinem Tode 1945 Unterhausabgeordneter.

genössische Begriff für Entspannung lautete, der in den Zwanzigerjahren immer wieder zur Kennzeichnung der Grundlinie britischer Politik benutzt wurde und keineswegs nur mit der britischen Haltung in der unmittelbaren Vorgeschichte des Zweiten Weltkriegs seit 1937 in Verbindung gebracht werden darf.

Alle britischen Regierungen der Zwischenkriegszeit folgten in der Ausrichtung ihrer Politik diesen Leitvorstellungen. Grundlegend wirkte bereits Premierminister David Lloyd George in dieser Weise, als er im März 1919 während der Pariser Friedenskonferenz auf den Zusammenhang von innergesellschaftlicher und internationaler Stabilität hinwies. Er verlangte von seinen Kollegen, den Staats- und Regierungschefs der Siegermächte, die »Leidenschaften des Krieges« zu vergessen und auf einen Rache- und Straffrieden zu verzichten. Man müsse einen Friedensschluss anstreben, »der nicht einen neuen Krieg hervorruft«. Damit appellierte er an die französische Regierung, Deutschland einen Frieden aufzuerlegen, den es in dem Glauben unterzeichnen könne, die damit einhergehenden Verpflichtungen auch erfüllen zu können. Lloyd George trat keineswegs als Freund der Deutschen auf, sondern argumentierte aus der britischen Interessenlage heraus. Eine Ausgrenzung oder Demütigung des geschlagenen Deutschland könne nicht ohne negative Auswirkungen auf die europäische Wirtschaft bleiben, was wiederum Großbritannien zu spüren bekäme, weil die für das Land lebenswichtige außenwirtschaftliche Entwicklung darunter leiden müsse. Ausbleibendes Wirtschaftswachstum werde zu gesellschaftlichen Konflikten führen. Der »Geist der Revolution«, der in Europa bereits grassierte, werde dann weitere Kreise ziehen, denn »die gesamte bestehende politische, gesellschaftliche und wirtschaftliche Ordnung« werde »von der Masse der europäischen Bevölkerung infrage gestellt«. Dagegen müsse man einen Damm errichten, nämlich einen Frieden, der »für alle vernünftigen Leute der Alternative des Bolschewismus vorzuziehen wäre«.

Wirtschaftskrisen und Reformversuche

Die britische Arbeiterschaft war zu diesem Zeitpunkt nur in erhöhter Konfliktbereitschaft und führte vermehrt Streiks durch. Lloyd George interpretierte dies völlig realistisch als »Gefühl der Unzufriedenheit« und als »Auflehnung gegen die Vorkriegszustände«. An ihre Stelle müssten bessere Lebens- und Arbeitsbedingungen treten. Ohne Reformbereitschaft, die am besten unter dem Vorzeichen von Frieden und wirtschaftlicher Prosperität gedeihen könne, müsse mit einer Destabilisierung des gesellschaftlichen Gefüges gerechnet werden. Großbritannien sollte in den Worten Lloyd Georges ein Ort sein, der sich seiner »Helden«, die im Krieg große Opfer gebracht hätten, »würdig« erwies, es sollte ein »*home fit for heroes*« sein, ein Zuhause, das für Helden geeignet ist. Als Beitrag dazu wurde der Wohnungsbau mit öffentlichen Geldern gefördert. Die Arbeitslosenversicherung wurde auch auf Arbeiter mit weniger als fünf Pfund Wochenlohn ausgedehnt, sodass jetzt zwölf statt bisher drei Millionen von der Versicherung erfasst wurden. Allerdings geriet die Versicherung in finanzieller Hinsicht bald in Bedrängnis, weil die Zahl der Arbeitslosen dramatisch anstieg, als der kurze Nachkriegsboom der britischen Wirtschaft zu Ende ging. Im Jahr 1921 verzeichnete man 14,8 Prozent Arbeitslose (gegenüber 2,4 Prozent 1919/20). Bis Ende der Dreißigerjahre sank die Arbeitslosigkeit nie unter 11 Prozent. In der Weltwirtschaftskrise betrug sie bis zu 22 Prozent.

Von der Krise besonders betroffen waren die »alten« Industrien (Baumwolle, Kohle, Schiffsbau, Eisen und Stahl), die Großbritannien im 19. Jahrhundert zu seiner Macht verholfen, jetzt aber den Anschluss an die internationale Entwicklung weitgehend verloren hatten. Während die südlichen Midlands und Südostengland mit den »neuen« Industrien (Elektroindustrie, chemische Industrie, Fahrzeugbau, Konsumgüterproduktion, Bauwesen) gute Ergebnisse ver-

Der **Trades Union Congress** (TUC) ist seit 1868 das Hauptorgan der britischen Einzelgewerkschaften (Trade Unions). Ab Ende des 19. Jahrhunderts setzten sich die **Trade Unions** für eine parlamentarische Vertretung der Arbeiterschaft ein, woraus sich die **Labour Party** entwickelte. Nach dem Ersten Weltkrieg kam es zu heftigen Wirtschaftskämpfen und zu Auseinandersetzungen innerhalb der Gewerkschaften. Der **Trade Union Act** von 1927 schränkte nach der Schwächung durch den verlorenen Generalstreik von 1926 die Position der Gewerkschaften weiter ein. Erst nach dem Zweiten Weltkrieg gewannen sie wieder großen Einfluss.

Die Arbeiter einer Steinkohlengrube im mittelenglischen Staffordshire führen im April 1920 die Urabstimmung über einen Streik durch.

Der Generalsekretär des Gewerkschaftsbundes (TUC) Walter McLennan Citrine leitete den großen Generalstreik von 1926. In seinem Tagebuch beschreibt er, was geschehen könnte, wenn die Regierung »Streikbrecher« einsetzen würde:

Die größte Gefahr ist die Wirkung, die solche Demonstrationen auf die Moral unserer Leute haben könnte. Wenn einige sehen, dass ihr Arbeitsplatz durch Lumpen von Freiwilligen besetzt ist, könnten sie verzweifeln und zu Gewaltmitteln greifen. Das bedeutete Aufruhr und das wiederum eine Rechtfertigung für polizeiliches und militärisches Eingreifen.

Der Generalstreik des Jahres 1926 in Großbritannien begann am 1. Mai mit dem Ausstand der Bergleute gegen Lohnkürzungen. Dieses Plakat polemisiert gegen die wirtschaftlichen Folgen des Arbeitskampfes.

zeichneten, herrschte in den betroffenen Gebieten von Wales, Schottland, Nordostengland, West-Yorkshire und Lancashire extrem hohe Massenarbeitslosigkeit. Auf dem Höhepunkt der Krise 1931/32 waren 35 Prozent der Bergleute, 43 Prozent der Arbeiter in der Baumwollindustrie, 48 Prozent der Stahlarbeiter und 68 Prozent der im Schiffsbau Beschäftigten ohne Arbeit.

Arbeitskämpfe

Insbesondere im Bergbau kam es wiederholt zu langen Streiks mit unversöhnlichen Gegensätzen. Entgegen den Erwartungen der Arbeiter wurde die im Krieg erfolgte De-facto-Verstaatlichung von Bergbau, Elektrizität und Transport rückgängig gemacht. Im Kohlebergbau existierten nun 1500 Firmen mit 2500 Gruben. Es gab keine einheitlichen Löhne. Als die Bergarbeitergewerkschaft im April 1921 einen Streik beschloss, blieb sie ohne die erwartete solidarische Unterstützung anderer Gewerkschaften, sodass der dreimonatige Ausstand mit einer Niederlage der Arbeiter endete. Dies wiederholte sich 1926, obwohl diesmal gewerkschaftliche Solidarität gegeben war. Der Kohlebergbau war immer stärker unter internationalen Konkurrenzdruck geraten. Symptomatisch für die britische Wirtschaft insgesamt war der Modernisierungsrückstand. Während an der Ruhr die Förderung zu 80 Prozent mit Maschineneinsatz erfolgte, war dies in Großbritannien nur zu 25 Prozent der Fall. Als die Unternehmer längere Arbeitszeiten bei niedrigeren Löhnen forderten und der Staat nur vorübergehend zu Subventionszahlungen bereit war, kam es schließlich im Mai 1926 zu der einschneidenden Kampfmaßnahme eines Generalstreiks. Auf ihn war die Regierung besser vorbereitet als die Gewerkschaften, sodass eine Lähmung des Landes ausblieb. Zudem dauerte er nur zehn Tage und blieb ohne greifbares Ergebnis, was auch auf die sechsmonatige Fortsetzung des Streiks durch die Bergleute allein zutrifft. Die Serie der Arbeitskämpfe im Großbritannien der Nachkriegszeit war mit einer empfindlichen Niederlage der Gewerkschaftsbewegung zu Ende gegangen. Der Triumph der konservativen Regierung, in der der damalige Schatzkanzler Winston Churchill die Antistreikmaßnahmen koordinierte, wurde dadurch komplett, dass 1927 ein Gesetz verabschiedet wurde, das Sympathiestreiks für die Zukunft verbot und die Abführung von Gewerkschaftsbeiträgen an die *Labour Party* nur bei ausdrücklicher Zustimmung des einzelnen Mitglieds gestattete. Die Zahlungen von den Gewerkschaften an die Parteiorganisation gingen danach um ein Drittel zurück.

Großbritannien – ein Hort der Stabilität

Darüber hinaus versuchte die Regierung, innenpolitisches Kapital aus dem Generalstreik zu schlagen, indem behauptet wurde, die Gewerkschaften hätten eine politische Machtprobe unter

Inkaufnahme eines Verfassungskonflikts im Sinn. Tatsächlich verlief der Streik überwiegend friedlich und stellte weder das staatliche Gewaltmonopol noch das parlamentarische System infrage. Vereinzelte Barrikaden waren weniger typisch als ein Fußballspiel zwischen Streikenden und Polizisten. Daran ist abzulesen, in welch hohem Maß die verfassungsmäßigen Institutionen auf Zustimmung stießen. Radikale Parteien, wie die britischen Kommunisten oder später die *British Union of Fascists,* blieben ohne jede Massenbasis eine Randerscheinung. Großbritannien war auch unter den Schlägen der Weltwirtschaftskrise im Vergleich zu anderen Ländern – namentlich zu Deutschland – ein Hort der Stabilität, wobei man hinzufügen muss: auch der überkommenen Klassengesellschaft, in der ein Prozent der Bevölkerung über zwei Drittel des Volksvermögens verfügte. Dies hing nicht zuletzt damit zusammen, dass die nach dem Krieg erstmals als Regierungspartei auftretende *Labour Party* zwar die alte *Liberal Party* als parlamentarische Gegenkraft zu den Konservativen ablöste, die Spielregeln des bestehenden politischen und darüber

Auch nach der Spaltung der Labour-Partei 1931 stellte die oppositionelle Parteimehrheit das politische System nicht infrage. Stanley Baldwin, der Parteiführer der Konservativen, zollte der Opposition seinen Respekt im Unterhaus:

Sie haben dazu beigetragen, die Flagge der parlamentarischen Regierungsform weiterhin in der Welt wehen zu lassen ... Ich weiß, dass sie wie ich selbst für unsere Verfassung und für unser freies Parlament eintreten.

Eine riesige Menschenmenge wartete am Londoner Trafalgar Square gespannt auf die Ergebnisse der für die Labour Party unter James Ramsay MacDonald siegreichen Unterhauswahl vom 8. Juni 1929, die auf eine überdimensional große Leinwand projiziert wurde.

hinaus auch des sozioökonomischen Systems aber peinlich genau beachtete. Durchgehend war die *Labour Party* eine antirevolutionäre Partei, die Reformen anstrebte, aber grundstürzende Veränderungen vermeiden wollte. Wer zum Beispiel in den Dreißigerjahren für die Bildung einer Volksfront unter Einschluss der Kommunisten eintrat, wurde aus der *Labour Party* ausgeschlossen.

Insgesamt stand die britische Innenpolitik in der Zwischenkriegszeit unter der Vorherrschaft der Konservativen Partei, die zusätzlich noch davon profitierte, dass es 1931 zur Spaltung der *Labour Party* kam. Die seit 1929 amtierende Labour-Minderheitsregierung stand 1931 vor der Frage, ob angesichts des Haushaltsdefizits Kürzungen bei der Arbeitslosenversicherung erfolgen sollten. Premierminister James Ramsay MacDonald, der dies befürwortete, fand zwar nicht die Zustimmung seiner Partei, wurde aber Premierminister einer Regie-

1936 zogen etwa 200 Arbeiter aus dem nordenglischen Werfthafen Jarrow in einem Hungermarsch über 441 km für eine Eingabe im Unterhaus nach London. Im Bild machen sie mit Transparenten und Mundharmonikamusik auf die Arbeitslosigkeit in ihrer Heimat aufmerksam, von der zwei Drittel der männlichen Bevölkerung betroffen waren.

Scharfe Polemik bestimmte das Verhältnis zwischen Deutschland und Frankreich: hier ein deutsches Plakat mit dem Zerrbild der französischen Besatzungsmacht im Ruhrgebiet als blutrünstige Furie.

rung der Großen Koalition, des *National Government,* der auch Konservative und Liberale angehörten. Die große Mehrheit der *Labour Party* ging in die Opposition. Diese Koalition regierte bis 1940, wurde aber seit 1935 von Premierministern der Konservativen geführt, zunächst von Stanley Baldwin und ab 1937 von Arthur Neville Chamberlain. Im Mai 1940 folgte dann eine Allparteienregierung unter Einschluss auch der *Labour Party* mit Premierminister Churchill an der Spitze.

Die verunsicherte Großmacht – Frankreich

Im Mai/Juni 1940 stand Frankreich vor dem militärischen Zusammenbruch. Ein großer Teil des Landes wurde von deutschen Truppen besetzt. Die Dritte Republik endete in der militärischen Niederlage. Damit hatten sich die Befürchtungen derer in Frankreich bestätigt, die den Versailler Vertrag als unzureichend erachtet hatten, weil er das Problem der französischen Sicherheit vor Deutschland nicht lösen konnte. Die viel beschworene demographische (40 Millionen Franzosen, 70 Millionen Deutsche) und wirtschaftliche Unterlegenheit Frankreichs war 1940 manifest geworden, als Deutschland unter nationalsozialistischer Führung sein Potenzial in militärische Gewalt umsetzte und gegen Frankreich richtete.

Französisches Sicherheitsdenken

Mit der Unterzeichnung des Versailler Vertrages 1919 und erst recht nach dem für Frankreich negativen Ausgang der Ruhrbesetzung 1923 war aus französischer Sicht das wichtigste Ziel verfehlt, das man aufgrund der Erfahrungen des Ersten Weltkrieges verfolgte: Die angestrebte nationale Sicherheit stellte sich nicht ein. Während der Friedenskonferenz wurde Frankreich von den USA und Großbritannien zu verschiedenen Kompromissen gezwungen, die es nach französischer Auffassung verhinderten, dass der Versailler Vertrag das Ungleichgewicht zwischen Frankreich und Deutschland auszugleichen vermochte. Ein solcher Ausgleich schien bei Kriegsende nicht nur deswegen bitter nötig, damit von Deutschland nicht wieder eine Gefahr ausginge, sondern auch, weil Frankreich nach dem Krieg, der sich auf dem Boden seiner bedeutendsten Wirtschaftsregion zerstörerisch abgespielt hatte, ausgelaugt und erschöpft war. Definitiv blieb das französische Verlangen nach Sicherheit unerfüllt, als sich zeigte, dass die USA den Versailler Vertrag nicht ratifizieren würden und auch die vorgesehene angloamerikanische Sicherheitsgarantie nicht zustande kam. Obwohl es einen Kern an gemeinsamen Interessen der Siegermächte gab, löste sich die Weltkriegsallianz zur Enttäuschung Frankreichs auf. Da es nun ganz und gar auf die Karte der eigenen Militärmacht setzte und hochgerüstet als kontinentaleuropäische Führungsmacht operierte, die das Deutschland der Weimarer Republik niederhalten wollte, befand es sich bald in einer isolierten Stellung und musste sich den Vorwurf des Militarismus gefallen lassen. Das zwangsweise abgerüstete Deutschland dagegen passte bald wesentlich besser als Frankreich zu den angloamerikanischen Vorstellungen einer Friedensordnung, die auf wirtschaftlicher Kooperation beruhen sollte. Zudem vermochte Deutschland trotz des Verlusts großer Teile seiner Eisenerz- und Kohleressourcen wieder verhältnismäßig rasch seine Schwerindustrie anzukurbeln und Frankreich abermals mit geballter Wirtschaftskraft entgegenzutreten, die seit 1924 zudem noch durch Milliardenkredite aus den USA abgestützt war.

So karikierte die Pariser Zeitung »Le Petit Journal« 1924 die französische Währungskrise der Zwanzigerjahre: Der gallische Krieger schützt Frankreich mit dem Franc gegen die Angriffe von Dollar und Pfund Sterling.

In Frankreich dagegen, das aus dem Ersten Weltkrieg als Schuldnerland hervorgegangen war, machte sich die kostspielige Militärpolitik in Gestalt einer Schwäche des Franc bemerkbar, sodass Frankreich ebenfalls nach amerikanischen Krediten rief und sich auf diese Weise zu einer Umorientierung seiner Sicherheitspolitik im Sinne angloamerikanischer Kooperationskonzepte gezwungen sah. Einschneidend für das französische Sicherheitsdenken war, dass Frankreich mit dem Dawesplan 1924 und dem Vertrag von Locarno 1925 das Recht zu militärischen Sanktionen im Fall einer deutschen Verletzung von Bestimmungen des Versailler Vertrags und damit die bis 1923 praktizierte Möglichkeit zu offensiver Sicherheitspolitik einbüßte. Deutschland befand sich auf dem Weg zurück zur Gleichberechtigung, wodurch es seine Überlegenheit gegenüber Frankreich wiederherstellte. Daran konnten weder die Entspannungspolitik von Aristide Briand, dem kongenialen Kollegen des deutschen Außenministers Gustav Stresemann, etwas ändern noch die neue Stärke, die nach der Erholung des Franc in der zweiten Hälfte der Zwanzigerjahre von Ministerpräsident Raymond Poincaré ausging. Als Konsequenz bildete sich in Frankreich eine durch und durch defensive Mentalität heraus, eine Selbstlähmung, die in das von manchen Historikern so genannte Dekadenzsyndrom der Dreißigerjahre mündete, als die französische Gesellschaft insgesamt von Immobilität und Verkrustung geprägt erschien. Das Defensivdenken prägte das französische Konfliktverhalten bis in den Zweiten Weltkrieg hinein. Nachdem man die Rheinlinie mit ihren Brückenköpfen eingebüßt hatte, begab man sich in den trügerischen Schutz der Maginotlinie, der Festungs- und Verteidigungsanlage, die einen deutschen Angriff abprallen lassen sollte. Hitlers Befürchtung vom Februar 1933, die Phase des »Aufbaus der Wehrmacht« sei die »gefährlichste Zeit«, war unbegründet. Sie basierte auf der Annahme, Frankreich werde »über uns herfallen«, wenn es »Staatsmänner« hat.

Innenpolitisch zerrissen – außenpolitisch gelähmt

Wie überall wirkte sich die Weltwirtschaftskrise als ökonomisch-politische Doppelkrise auch auf die Politik Frankreichs und seine Stellung in Europa negativ aus. Infolge seines immer noch beträchtlich großen Agrarsektors wurde Frankreich von den Auswirkungen der Krise später erreicht als vollindustrialisierte Länder. Dafür aber machte sich die Depression umso länger während der gesamten Dreißigerjahre bemerkbar. Die kleineren und mittleren Unternehmen und Banken wurden nachhaltig vom Exportrückgang und von der anhaltenden wirtschaftlichen Flaute getroffen. Die hohe Arbeitslosigkeit trug ebenso zu einem angespannten innenpolitischen Klima bei. Den Staatsfinanzen, ohnehin defizitär, war keine Erholung vergönnt. Hinzu traten Veränderungen im politischen Bereich. International begann sich die Versailler Ordnung mehr und mehr aufzulösen. Frankreich konnte nicht verhindern, dass die Reparationen gestrichen wurden und Deutschland Ende 1932 auch die prinzipielle Gleichberechtigung auf dem Rüstungssektor erreichte. Innenpolitisch kam es zu verstärkter Polarisierung der politischen Lager. Anders als in Großbritannien schwand die Integrationskraft des politischen Systems bedrohlich. Sichtbares Zeichen dafür war die zunehmende Gewaltbereitschaft der extremen politischen Linken und Rechten. Zwischen den Kommunisten und faschistischen Gruppen kam es seit 1932 wiederholt zu Straßenschlachten. Die Faschisten veranstalteten im Februar 1934 einen Marsch zum Palais Bourbon, dem Sitz des Parlaments. Unsichere parlamentarische Mehrheiten führten dazu, dass es zwischen 1932 und 1940 16 Kabinette gab. 1936 kam es zur Bildung einer Volksfront, in der sich die Partei der linken Mitte, die Radikalsozialisten, die Sozialisten und die extremen Linken, die Kommunisten, zusammenschlossen. Die Volksfront gewann die

»Wann endet die Krise?« – So fragte eine französische Zeitung im Oktober 1931 mit dem Bild des von Produktion und Broterwerb ausgeschlossenen Arbeitslosen.

Wahlen 1936 mit den Sozialisten unter Léon Blum als stärkster Kraft, während die Radikalsozialisten Verluste erlitten. Die Sitze der Kommunisten wuchsen von 12 auf 72 an, die Kommunisten traten aber nicht in die von Blum gebildete Regierung ein, sondern begnügten sich mit deren Tolerierung. Arbeits-, sozial- und wirtschaftspolitischen Maßnahmen der Regierung stand die Kapitalflucht der besitzenden Schichten ins Ausland gegenüber. Inflation und Haus-

Die Vertreter der Volksfrontregierung nahmen am 14. Juli 1936, dem französischen Nationalfeiertag, von einer Tribüne an der Place de la Nation in Paris die Parade ab. Links der Sozialistenführer Léon Blum, rechts neben ihm der Kommunistenchef Maurice Thorez.

haltsdefizit wurden nicht nur nicht beigelegt, sondern durch Rüstungsausgaben noch verstärkt, die angesichts der deutschen Aufrüstung erforderlich erschienen. Als sich die Regierung daraufhin gezwungen sah, einzelne sozialpolitische Maßnahmen zurückzunehmen, erlitt sie einen deutlichen Vertrauensschwund bei der Arbeiterschaft.

Das bürgerliche Lager befand sich ohnehin auf Distanz, und gelegentlich war der Ruf »Lieber Hitler als Blum!« zu hören. Gemeint war damit das Verlangen, mit dem nationalsozialistischen Deutschland zu einem Ausgleich unter weitgehenden Zugeständnissen zu kommen. Die Regierung tat auch nichts, um den 1935 abgeschlossenen und 1936 ratifizierten französisch-sowjetischen Beistandspakt mit Leben zu erfüllen. Vorrangig hing dies damit zusammen, dass sich Frankreich immer stärker an Großbritannien anlehnte und dadurch im Ergebnis akzeptierte, dass Großbritannien die inhaltliche Ausrichtung der Politik gegenüber Deutschland bestimmte. Großbritannien aber war ein erklärter Gegner eines Bündnisses mit der Sowjetunion und setzte auf Verhandlungen mit Deutschland sowie mit Japan und Italien. Vor dem Hintergrund andauernder innenpolitischer Instabilität, verschiedener Streikwellen und gewaltsam verlaufender innerer Kämpfe 1937/38 büßte Frankreich jegliche außenpolitische Gestaltungsmöglichkeit ein.

Der französische Ministerpräsident Édouard Herriot erteilt den Abrüstungsbemühungen des Völkerbundes im Oktober 1932 eine Absage:

Ich habe keine Illusionen. Ich bin überzeugt, dass Deutschland wieder aufrüsten will ... Morgen wird es eine Politik territorialer Forderungen treiben mit einem gewaltigen Mittel der Einschüchterung: seiner Armee ... Die instinktive Reaktion darauf ist die Feststellung, dass wir nicht einen Mann, nicht eine Kanone abschaffen werden.

Gottfried Niedhart

Nationen, die zu spät kamen – Die auf Revision drängenden Staaten

Rom soll wieder auferstehen – Italien und die Entstehung des Faschismus

In seinen Werken – Opera Omnia XVII – beschreibt Benito Mussolini Aufbau und Zweck des »Partito Nazionale Fascista«:

Das Problem muss meiner Meinung nach so gelöst werden: Wir haben eine Partei zu gründen, die so sicher und diszipliniert gegliedert ist, dass sie im Notfall auch zu einem Heer werden kann, das auf dem Boden der Gewalt manövrierbar ist, sei es zum Angriff oder zur Verteidigung ... man muss der Partei eine Seele geben, ein Programm. Die theoretischen und praktischen Forderungen müssen revidiert und erweitert, einige auch aufgegeben werden.

I talien war nach erheblichen Versprechungen auf territoriale Gewinne und finanzielle Vorteile 1915 aufseiten der Alliierten in den Krieg eingetreten und gehörte 1918 zu den Siegermächten. Der Preis bestand allerdings im wirtschaftlichen und finanziellen Ruin Italiens, dem nur als äußerst unzureichend erachtete Gewinne in der Friedensregelung von 1919 gegenüberstanden. Die nationalistische Rechte mobilisierte dagegen einen massenhaft organisierten Protest. Der bekannte Dichter Gabriele D'Annunzio sprach von einem »verstümmelten Sieg« und traf damit genau die Stimmung seiner Zeitgenossen. Nicht nur mit dieser Begriffsschöpfung erzielte er eine enorme Wirkung, sondern auch mit der von ihm geführten Aktion, in deren Verlauf er an der Spitze einer Privatarmee im September 1919 das kroatische Fiume (Rijeka) für 16 Monate besetzte und diktatorisch beherrschte. Die Stadt war von der Friedenskonferenz dem neu geschaffenen Jugoslawien zugesprochen worden, wurde aber von Italien beansprucht. D'Annunzio war ein Freund Benito Mussolinis und lieferte mit seinem Coup einen Vorgeschmack auf den Faschismus in Italien.

Nachkriegskrisen und Faschismus

N och brisanter waren im Italien der Nachkriegszeit die sozialen Konflikte, die aus der Verarmung der Agrargebiete in der Poebene und in Süditalien und aus der tiefen Wirtschaftskrise in den Industriegebieten mit einer hohen Zahl von Firmenzusammenbrüchen resultierten. Die politische Linke reagierte darauf mit Forderungen nach Landreform und Sozialisierung sowie mit Besetzungen von Landgütern und Fabriken. Wie in Deutschland lief auch in Italien die politische Auseinandersetzung nach dem Ersten Weltkrieg von Anfang an in gewaltsamen Formen ab. Der Krieg hatte der Gewalt in Europa zum Durchbruch verholfen. Man muss allerdings zwischen Ländern mit relativer Stabilität, in denen Gewaltanwendung gegen den politischen Gegner die Ausnahme blieb, und denjenigen Ländern unterscheiden, die nach dem Krieg aufgrund politischer und sozialer Konflikte innerlich gespalten waren. In ihnen richtete sich die Gewalt jetzt, nachdem es keinen äußeren Feind mehr gab, gegen den innenpolitischen Feind. Bürgerkriegsartige Auseinandersetzungen waren die Folge.

Vor diesem Hintergrund wurde das parlamentarische System in Italien wesentlich früher als in Deutschland hinweggefegt. Den Sieg trugen die Faschisten davon, die unter Führung Mussolinis stehenden »Schwarzhemden«. Es handelte sich um paramilitärische Trupps, für die der politische Mord selbstverständlich war und die gegen alles

Gabriele D'Annunzio auf dem Dichterthron in seiner Villa in Gardone Riviera am Gardasee 1927. Der virtuose Wortführer einer raffinierten »Dekadenzästhetik« in der Poesie der Jahrhundertwende setzte sich im Ersten Weltkrieg als Flieger mit Lederjacke in Pose und nahm später maßgeblichen Einfluss auf die Ästhetik des italienischen Faschismus.

Linke in der Politik Front machten. Dadurch fanden sie bei den besitzenden Schichten, in der staatlichen Bürokratie und in der Armee das Maß an Unterstützung, das für eine Machtübernahme im Staat unerlässlich war. Der Begriff Faschismus geht auf die altrömischen *fasces* zurück, die Rutenbündel, die die Liktoren in Rom als Herrschaftszeichen den Amtsträgern in der Öffentlichkeit vorantrugen. *Fascio* nahm im 19. Jahrhundert die Bedeutung von Bund an und diente unter anderem der revolutionären Arbeiterbewegung als Bezeichnung. Im Ersten Weltkrieg wurde der Begriff von der antiparlamentarischen und nationalistischen Rechten verwandt, schließlich auch von Mussolini, als er im März 1919 seinen *fascio di combattimento* (Kampfbund) gründete; dieser wurde dann namengebend für die Bewegung des *fascismo*.

Faschismus ist einerseits ein Oberbegriff für verschiedene europäische Varianten dieser politischen Strömung, sodass auch von einer Epoche des Faschismus gesprochen wird. Andererseits bezeichnet der Begriff die spezielle Form des italienischen Faschismus, von dem sich der deutsche Nationalsozialismus in einigen Punkten unterschied. Übereinstimmende Merkmale der europäischen Faschismen waren ihr massenhafter Aktivismus mit klassenübergreifendem Charakter, die Verschmelzung von nationalistischen und sozialistischen Ideen, schließlich das Bekenntnis zu Gewalt und diktatorischer Machtausübung einschließlich imperialer Zielsetzungen und Krieg.

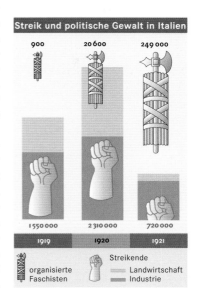

Streik und politische Gewalt in Italien

900   20 600   249 000

1 550 000   2 310 000   720 000

1919   1920   1921

organisierte Faschisten   Streikende   Landwirtschaft   Industrie

Ministerpräsident Mussolini

Als Mussolini 1922 Ministerpräsident wurde, handelte es sich ebenso wenig um eine revolutionäre »Machtergreifung« wie 1933 bei der Ernennung Hitlers zum Reichskanzler. Vielmehr muss man von einem Bündnis der alten Eliten in Politik und Armee, in Wirtschaft und Gesellschaft mit der neuen Massenbewegung auf der politischen Rechten sprechen, also von der Bereitschaft zur Beteiligung Mussolinis bzw. Hitlers und ihrer Bewegungen an der politi-

Die »Choreographie« des faschistischen Putsches wurde vier Tage zuvor auf einer Parteikonferenz in Neapel vorbereitet. Im Bild die Inspektion der »Schwarzhemden« durch Mussolini. Der Massenaufmarsch von 40 000 Menschen aus ganz Italien wurde in Anlehnung an die römischen Politiker Sulla und Caesar, die mit ihren Legionen auf Rom marschierten, um ihre politischen Ziele durchzusetzen, als »Marsch auf Rom« bezeichnet.

Benito Mussolini in einem Interview im August 1922:

... dass der Faschismus Staat werden will, ist ganz klar. Nicht ebenso klar ist aber, dass er einen Staatsstreich auf sich nimmt, um dieses Ziel zu erreichen. Auf der anderen Seite ist der faschistische Marsch auf Rom schon im Gang, jedenfalls in historischem Sinn, wenn nicht in eigentlich revolutionärer Beziehung.

Der Großgrundbesitzer und Jurist Giacomo Matteotti agitierte als Stadtrat von Rovigo gegen Italiens Teilnahme am Ersten Weltkrieg. 1919 wurde er sozialistischer Abgeordneter (hier mit Parteigenossen). Auf dem Weg ins Parlament wurde er am 10. Juni 1924 am Tiberufer in Rom auf offener Straße überfallen und in ein Auto gezerrt. Wochen später wurde Matteotti ermordet aufgefunden.

schen Macht. Keinesfalls verbanden die alten Führungsschichten damit die Erwartung, es werde zu einer rein faschistischen oder nationalsozialistischen Diktatur kommen. Man glaubte, die rechtsradikale Massenbewegung durch Einbindung in staatliche Strukturen »zähmen« zu können. Dabei unterschätzte man ihre politische Eigenständigkeit und ihr revolutionäres Potenzial.

Mussolinis Ernennung zum Ministerpräsidenten einer Regierung, der vier Faschisten und zehn Repräsentanten des rechten Spektrums angehörten, hing einerseits mit dem »Marsch auf Rom« zusammen, den die Faschisten am 28. Oktober 1922 von Neapel aus gestartet hatten. Andererseits muss man sehen, dass Mussolini selbst gar nicht daran teilnahm, sondern im Schlafwagen von Mailand nach Rom reiste, um von König Viktor Emanuel III. zum Regierungschef ernannt zu werden. Die faschistische Mobilisierung war zweifellos ein gewichtiger Faktor. Hinzutreten musste aber die Kooperationswilligkeit der traditionellen Eliten – ein Muster, das sich in Deutschland 1933 exakt wiederholte. Die Faschisten freilich feierten den Sieg ihrer Bewegung nicht weniger als später die Nationalsozialisten in Deutschland, die Hitlers Ernennung derart wirkungsvoll zur »Machtergreifung« stilisierten, dass der Begriff bis heute gängig ist.

Mussolinis Herrschaft

Zum Zeitpunkt der Regierungsübernahme durch Mussolini verstand man unter der Bezeichnung *Partito Nazionale Fascista* noch nicht die spätere Einheitspartei, sondern eine Bewegung mit regionalen Schwerpunkten. Ebenso trug der italienische Staat noch herkömmliche Züge, bevor die Regimephase des Faschismus Ende der Zwanzigerjahre erreicht war, in der Partei und Staat verschmolzen waren. Eine wichtige Etappe auf diesem Weg waren die Wahlen 1924, die den Faschisten nach der Einführung eines neuen Wahlgesetzes 365 Mandate brachten. Ihnen standen 147 Abgeordnete anderer Parteien gegenüber. Die Sozialistische Partei, die 1919 noch 34,3 Prozent der Stimmen errungen hatte, war zu diesem Zeitpunkt in drei Parteien zerfallen und politisch entsprechend geschwächt. 1921 hatte sich der linke Flügel als Kommunistische Partei selbstständig gemacht. 1922 spaltete sich auch der rechte Flügel ab, der als Vereinigte Sozialistische Partei nicht die Systemopposition betonen wollte, sondern die Verteidigung des bürgerlichen Rechtsstaats in den Mittelpunkt stellte. Die beiden sozialistischen Parteien zusammen kamen 1924 nur noch auf 10,8 Prozent der Stimmen.

Das Ende nicht nur der Sozialisten, sondern aller Parteien bahnte sich an, als der Rechtssozialist Giacomo Matteotti, der die Manipulation der Wahlen und die Einschüchterung durch die faschistischen Milizen angeprangert hatte, im Juni 1924 entführt und ermordet wurde. Mussolini nutzte die sich anschließende Krise, die Opposition mit gewaltsamen Mitteln zu bedrohen sowie Anfang Januar 1925 staatsstreichartig weitere Befugnisse an sich zu reißen und Repressionsmaßnahmen – Auflösung antifaschistischer Organisationen und Zeitungen – durchzuführen. In solcherart gestärkter Stellung übernahm er die »Verantwortung für alles, was geschehen ist. Wenn der Faschismus eine Vereinigung von Rechtsbrechern ist, bin ich der Chef dieser Vereinigung von Rechtsbrechern.« Darüber hinaus gelang es Mussolini, seine eigene Partei auf das charismatische Führerprinzip auszurichten und sich zum *Duce del Fascismo* zu erheben. Begleitet wurde dies mit außenpolitischen Kraftsprüchen, die in ihrer Mischung aus Aggressivität und Werbung um Zustimmung die Bevölkerung beeindrucken und hinter ihren Retter scharen sollten. Anfang November 1925 rief Mussolini zu Kriegsbereitschaft auf und forderte ein »mächtiges Heer«, eine »starke Flotte« und eine »Luftwaffe, die den Himmel beherrscht«. Nicht zuletzt brauche Italien »in allen Schichten des Volkes« einen »Geist, der zu Opfern bereit ist«.

Bis Ende 1926 war der Ausbau der faschistischen Diktatur abgeschlossen. Wahlen wurden zu Plebisziten, aus denen der Einparteienstaat mit hohen Zustimmungsraten, die 1929 89,9 Prozent und 1934 96,5 Prozent betrugen, seine Legitimation bezog. Bemerkenswert am italienischen Faschismus ist, dass der totale Machtanspruch des Systems nicht so konsequent umgesetzt wurde wie im nationalsozialistischen Deutschland oder in der stalinistischen Sowjetunion. Die Monarchie blieb in Italien ebenso erhalten wie die relativ starke Stellung des Militärs. Auch die nach wie vor wichtige Rolle der Kirche deutete auf das Weiterleben traditioneller Elemente im Rahmen der faschistischen Diktatur hin. Die Lateranverträge mit dem Heiligen Stuhl 1929 trugen zur Stabilisierung des Regimes maßgeblich bei.

Papst Pius XI. am 13. Februar 1929 über Benito Mussolini:

Und vielleicht war auch ein Mann erforderlich, wie jener, dem uns die Vorsehung begegnen ließ, ein Mann, der nicht die Sorgen der liberalen Schule hatte.

Gewalt und Kriegsbereitschaft

Die Gewalt in der Innenpolitik hatte ihre Entsprechung in der Machtpolitik nach außen, mit der an das römische Weltreich angeknüpft werden sollte. Der gesamte Mittelmeerraum wurde zum italienischen Interessengebiet erklärt, was Italien mit Frankreich, aber auch mit Großbritannien in Konflikt brachte. Dasselbe galt für Südosteuropa. Vorerst waren Mussolinis Ambitionen allerdings enge Grenzen gesetzt. Der misslungene Versuch, Korfu zu besetzen, wurde 1923 durch den Beginn einer systematischen Italienisierung Südtirols ausgeglichen. Das symbolträchtige Fiume fiel 1924 gegen eine definitive Grenzregelung für Jugoslawien an Italien. Bis 1928 wurde Libyen wieder unter italienische Kontrolle gebracht. Äthiopien wurde vertraglich eng an Italien gebunden, konnte aber zunächst einmal seine Unabhängigkeit bewahren. Dass es nicht zu größeren kriegerischen Aktionen kam, hing mit den begrenzten Machtmitteln Italiens zusammen. Prinzipiell aber wurde Krieg als konstitutiv für das politische Leben betrachtet. Militarisierung des Lebens und Krieg waren ungeachtet unterschiedlicher außenpolitischer Zielsetzungen ver-

Herrschaftswille und imperialer Machtanspruch in der Kunst: Der Futurist Alfredo Gaurô Ambrosi brachte in seinem Bild »Der Mann der Vorsehung« das als Aufmarschplatz neu gestaltete monumentale Zentrum des kaiserlichen Rom, von dem aus die Römerstraßen in die Welt hinausweisen, mit dem Bildnis des Duce zur Deckung (1933/36; Rom, Museo Aeronautico Caproni di Toledo).

bindende Merkmale aller Faschismen. Der Faschismus, so Mussolini, fasse »das Leben als Kampf auf«. Dies gelte für »den Einzelnen, für die Nation, für die Menschheit«. »Vor allem glaubt der Faschismus nicht an die Möglichkeit und den Nutzen ewigen Friedens. Er weist deshalb den Pazifismus von sich, der Feigheit und Verzicht auf Kampf bedeutet. Nur der Krieg bringt alle menschlichen Energien zur Anspannung und drückt den Völkern, die die Tugend haben, dem Krieg ins Gesicht zu sehen, das Siegel des Adels auf.« Bei Hitler klang es ähnlich. Für ihn war Krieg das »Natürlichste, Allertäglichste. Krieg ist immer, Krieg ist überall. Es gibt keinen Beginn, es gibt keinen Friedensschluss. Krieg ist Leben, Krieg ist jedes Ringen, Krieg ist Urzustand.« Jede Generation müsse »einmal einen Krieg mitgemacht haben«. In seiner Zielsetzung aber war Hitler der Radikalere, indem er zum Streben nach »Weltherrschaft« aufrief. »Nur wer dieses letzte Ziel im Auge behält, gerät auf den richtigen Weg.«

Die ungeliebte Republik – Deutschland bis 1933

Kriegsende und Revolution

Es ist deutlich geworden, dass Italien und Deutschland nach dem Ersten Weltkrieg in ihrer Entwicklung verschiedentlich Parallelen aufweisen. In beiden Ländern wurde der Kriegsausgang als nationale Demütigung wahrgenommen. Unter dem Diktat der westeuropäischen Großmächte und der USA zu stehen, war in beiden Ländern – in Deutschland infolge des Versailler Vertrags noch mehr als in Italien, wo man nur über den glanzlosen Sieg enttäuscht war – ein Grundgefühl, das breite Massen für antiwestliche Vorstellungen aufnahmebereit machte. Antiwestlich – das bedeutete Ablehnung von parlamentarischer Demokratie und gesellschaftlichem Pluralismus, aber auch von Marktwirtschaft. Der Westen konnte auch als der kapitalistische Westen abgelehnt werden. In überaus komplexer Weise und mit unterschiedlichen Akzentsetzungen konnten sich nationaler und sozialer Protest vermischen, was wiederum scharfe innenpolitische und innergesellschaftliche Frontbildungen nach sich ziehen konnte. Sozialer Protest konnte auch zu einer Negierung des Nationalen führen, wie es bei der extremen Linken der Fall war, die die sozialistische Weltrevolution und die damit verbundene Aufhebung von Klassengegensätzen als erstrebenswertes Ziel begriff. Mit einem Wort: Die Nachkriegszeit zeichnete sich durch die Vermischung und Überlagerung von inneren und äußeren Konflikten aus. Wie in Italien wurden sie

Mit Friedrich Ebert wurde 1919 ein aus einfachen Verhältnissen stammender Sozialdemokrat Reichspräsident (Bildnis von Emil Orlik).

Anhänger der Mehrheits-
sozialdemokratie demonstrierten am
6. Dezember 1918 vor der Reichskanzlei
in der Wilhelmstraße für eine
Präsidentschaft Friedrich Eberts. Sie
richteten sich damit gegen die radikale
Linke, die im Berliner Vollzugsrat,
dem obersten Räteorgan in Berlin,
eine starke Bastion hatte.

auch in Deutschland zum Teil gewaltsam, ja zum Teil mit äußerster
Brutalität ausgetragen.

Zunächst war die Novemberrevolution 1918 in Deutschland allerdings von dem Bedürfnis getragen, vor allem der kriegerischen
Gewalt ein Ende setzen zu wollen. Es war die allgemeine Kriegsmüdigkeit und kein revolutionärer Impetus, der das Wilhelminische
Deutschland und die Fürstenhäuser in den Ländern hinwegfegte.
Politisch organisiert war die Umsturzbewegung überwiegend in der
Mehrheitssozialdemokratie, auf deren Vorsitzenden Friedrich Ebert
der letzte kaiserliche Reichskanzler die Regierungsgewalt übertragen hatte. Hinzu kam die Unabhängige Sozialdemokratie (USPD),
die sich 1917 von der SPD abgespalten hatte. Beide Parteien bildeten
eine Übergangsregierung, den Rat der Volksbeauftragten. Für die
Mehrheit der so organisierten politischen Kräfte sollte es sich deshalb um eine Übergangsregierung handeln, weil so schnell wie möglich demokratische Wahlen zu einer verfassunggebenden Nationalversammlung durchgeführt werden sollten. Eine linke Minderheit
war daran weniger interessiert. Sie wollte vor allem Sozialisierungs-
maßnahmen durchgeführt wissen, um nicht nur politischen, sondern auch strukturellen Wandel und die Entmachtung der bisherigen
Eliten zu erreichen.

Wandel und Kontinuität

Angesichts der innergesellschaftlichen Gegensätze und der aus-
weglos erscheinenden außenpolitischen Lage lehnten die Mehr-
heitssozialdemokraten alles ab, was nach Revolution »roch«. Realis-
tischerweise plädierten sie für schrittweisen und vorsichtigen Wandel. Sozialisierung müsse am Ende eines längeren Prozesses stehen
und könne nur im Zuge von parlamentarischen Mehrheitsentschei-
dungen herbeigeführt werden. So dachten auch die Gewerkschaften,
die im November 1918 ein Abkommen mit der Unternehmerschaft
schlossen, mit dem sie schon lange verfolgte Ziele wie die Koalitions-
freiheit, das Recht zum Abschluss kollektiver Arbeitsverträge und
nicht zuletzt den Achtstundentag festschreiben konnten. Friedrich

Friedrich Ebert plädiert für eine
parlamentarische Demokratie nach
der Novemberrevolution 1918:

*Ohne Demokratie keine Freiheit, Gewalt…
ist immer reaktionär… Alle Versuche, das
alte Regime neu zu beleben, werden wir mit
äußerster Entschlossenheit niederkämpfen.
Aber ebenso begegnen wir auch der Aufrich-
tung jeder neuen Gewaltherrschaft, die
verhindern will, dass unser Volk in freier
Wahl sein Schicksal selbst bestimmt.
Täglich rufen Liebknechts fanatische
Anhänger zur Gewalt… drohen sie, die
Regierung der Republik mit Waffengewalt
anzugreifen… Solange aber unser Volk
nicht in freier Wahl seine Regierung selbst
bestimmen kann, solange bleibt jede Regierung ein Provisorium. Deshalb ist es
unerlässlich notwendig, dass schnellstens
die konstituierende Nationalversammlung
kommt.*

Die nach dem Ende des Ersten Weltkriegs aufgestellten **Freikorps** wurden teils aus alten Armeeverbänden, teils aus angeworbenen Freiwilligen gebildet. Bis zur Unterzeichnung des Versailler Vertrages unterstanden sie der Reichsregierung, danach der Reichswehrführung. Sie wurden zur Bekämpfung der kommunistischen Aufstandsversuche im Innern und zur Sicherung der Grenzen im Osten des Reichs eingesetzt. Die Freikorps waren wegen ihres oftmals brutalen Vorgehens berüchtigt. Nach der Stabilisierung der Weimarer Republik wurden sie aufgelöst. Rechtsextreme Freikorpsangehörige waren an politischen Morden, am Kapp-Putsch und am Aufbau der nationalsozialistischen Wehrverbände beteiligt.

Karl Liebknecht war schon vor der Gründung der KPD am 1. Januar 1919 einer der Wortführer der deutschen Linken. Das Bild zeigt, wie er am 5. Januar 1919 zu Demonstranten in der Berliner Siegesallee spricht, die gegen die Entlassung des zum linken Flügel der USPD gehörenden Berliner Polizeipräsidenten Emil Eichhorn protestieren.

Ebert steuerte eine Zusammenarbeit mit den alten Kräften an, nicht zuletzt mit dem Militär, um die innere Ordnung zu gewährleisten. Daraus ergab sich über den Staatsumsturz vom November 1918 hinaus in Verwaltung, Justiz, Militär, Wirtschaft und Bildung ein Maß an Kontinuität, über dessen Umfang und Notwendigkeit kontrovers debattiert wurde und zum Teil noch heute wird. Für die USPD war es ein Grund, schon Ende Dezember wieder aus dem Rat der Volksbeauftragten auszuscheiden. Darüber hinaus gründeten Teile der USPD und andere linksextreme Gruppen an der Jahreswende 1918/19 die KPD.

Wie umkämpft die politische Ordnung in Deutschland war, zeigte sich schon im Januar 1919, als der so genannte Spartakusaufstand, der auf die Revolutionsbereitschaft von Teilen der Arbeiterschaft in Berlin zurückging, Kämpfe mit Bürgerkriegscharakter einleitete, die an verschiedenen Punkten des Reichsgebiets bis 1923 immer wieder stattfanden. Die prominentesten Opfer der Januarkämpfe waren Rosa Luxemburg und Karl Liebknecht, die von Freikorpsoffizieren ermordet wurden. An der Niederschlagung des Aufstands in Berlin und weiterer Unruhen in anderen Städten waren nämlich nicht nur reguläre Armeeeinheiten beteiligt, sondern auch Freikorps, die als Freiwilligenverbände von der Regierung gegen linke Aufständische eingesetzt worden waren. Mit besonderer Brutalität – es gab Hunderte von Toten – warfen sie die Münchener Räterepublik nieder, die im April 1919 ausgerufen worden war.

Nationalversammlung und politische Unruhen

Zu diesem Zeitpunkt war die am 19. Januar 1919 nach dem allgemeinen Wahlrecht, in das erstmals auch die Frauen einbezogen waren, gewählte Nationalversammlung in Weimar zusammengetreten. Dorthin hatte sie sich zurückgezogen, um dem unruhigen Berlin zu entgehen. Die so genannte Weimarer Koalition aus SPD, Zentrum und DDP (Deutsche Demokratische Partei) hatte eine breite Mehrheit. Mit dem »Gesetz über die vorläufige Staatsgewalt« vom 10. Februar 1919 war der im November 1918 eingeleitete Staatsumsturz im Wesentlichen abgeschlossen. Das Deutsche Reich, wie die offizielle Bezeichnung der Weimarer Republik lautete, hatte seit dem 11. Februar mit Friedrich Ebert einen von der Nationalversammlung gewählten Reichspräsidenten und seit dem 13. Februar eine unter der Führung von Philipp Scheidemann (SPD) stehende Regierung, die im Unterschied zum Rat der Volksbeauftragten parlamentarisch legitimiert war. Doch wie sich die Republik würde behaupten können, musste sich erst noch zeigen. Die antirepublikanische Rechte hielt sich bedeckt und nahm in der Kampfsituation des Jahres 1919 das neue politische System zunächst einmal hin. Eine akute Gefahr ging für sie von der sozialen Revolutionsbewegung der oppositionellen Massen aus, die nach Beendigung der Kriegswirtschaft unter Arbeitslosigkeit litten und mit dem Verbleib vieler alter Führungskräfte in Politik und Wirtschaft nicht einverstanden waren. An verschiedenen Stellen – mit Schwerpunkten im Ruhrgebiet, in

Der Reichsrätekongress beschloss im Dezember 1918 demokratische Wahlen zu einer verfassunggebenden Nationalversammlung für das folgende Jahr. Dieses Plakat mit dem Wahlaufruf entwarf César Klein.

Mitteldeutschland und in Berlin – kam es zu Unruhen, Streiks und auch zur Bildung revolutionärer Arbeiterräte, um eine alternative politische und soziale Ordnung zu begründen. In der Hauptstadt entluden sich die Konflikte im März 1919 in der »Berliner Blutwoche« mit 1200 Toten.

Parallel zu diesen Unruhen war die Nationalversammlung in Weimar damit befasst, die Verfassung auszuarbeiten und über den von den Siegermächten vorgelegten Friedensvertrag zu entscheiden. Die Verfassung sah Reichstag und Reichspräsident als Gegengewichte vor. Dem nach dem reinen Verhältniswahlrecht gewählten Reichstag stand ein direkt gewählter Reichspräsident gegenüber, der im Krisenfall weitgehende Vollmachten an sich ziehen konnte. Nach der Inkraftsetzung der Verfassung im August 1919 hätte sich die Nationalversammlung auflösen und Wahlen für den Reichstag ausschreiben können. Doch hielt die Regierung die innenpolitische Lage noch nicht für stabil genug, sodass die Wahlen erst ein knappes Jahr später erfolgten. In der Tat war das erste Halbjahr 1920 von politischen Erschütterungen erfüllt. Es begann im März mit dem Kapp-Putsch (Kapp-Lüttwitz-Putsch).

Die Weimarer Reichsverfassung

Der **Reichspräsident** war das Staatsoberhaupt (»Ersatzkaiser«). Seine Amtszeit betrug sieben Jahre. Er konnte nach § 48 Notverordnungen mit Gesetzeskraft erlassen und führte den Oberbefehl über die Reichswehr.

Der **Reichskanzler** und die **Reichsminister** wurden vom Reichspräsidenten ernannt und entlassen. Sie waren einzeln dem Reichstag verantwortlich und konnten von ihm durch Misstrauensvotum gestürzt werden.

Der **Reichsrat** bestand aus Vertretern der Länderregierungen. Er wirkte beratend an Gesetzen mit und hatte gegen sie ein aufschiebendes Einspruchsrecht. Er schlug dem Reichspräsidenten die Mitglieder des Reichsgerichtes vor.

Der **Reichstag** war oberster Träger der Staatsgewalt. Er beschloss Gesetze und konnte sie anregen, kontrollierte die Regierung und hatte die Etathoheit. Er konnte vom Reichspräsidenten aufgelöst werden. Die Legislaturperiode betrug vier Jahre.

Reichspräsident — Kanzler — Regierung — Reichstag — Reichsrat — 18 Länderregierungen — 18 Länderparlamente — Volk

Das **Volk** wählte in freier, geheimer und gleicher Wahl den Reichspräsidenten, den Reichstag und die jeweilige Ländervertretung. Es konnte Gesetze durch Volksbegehren anregen und durch Volksentscheide beschließen.

Putschversuch von rechts

General Walther von Lüttwitz wollte die durch den Versailler Vertrag bedingte und von der Regierung verfügte Truppenverminderung und Auflösung der Freikorps nicht hinnehmen und

Walther Rathenau, von der politischen Rechten als »Erfüllungspolitiker« beschimpft und wegen seiner jüdischen Herkunft diffamiert, war einer der herausragenden bürgerlichen Repräsentanten der Weimarer Republik. Seine Ermordung 1922 ging auf das Konto der in der Freikorpstradition stehenden »Organisation Consul« (Bronzebildnis von Benno Elkan, 1923).

Der Berliner Maler George Grosz griff 1926 die »Stützen der Gesellschaft« in der Weimarer Republik scharf an: Karikiert werden der akademische Chauvinist, der Zeitungsmacher mit den Zügen des reaktionären Pressezaren Alfred Hugenberg, der Parteibonze, der heuchlerische Geistliche und die Mordbrenner der Reichswehr (Berlin, Nationalgalerie).

stellte seine Truppen einem rechtsextremen Verschwörerkreis zur Verfügung. Nach dem Einmarsch in Berlin wurde Wolfgang Kapp zum Reichskanzler ausgerufen, doch mussten die Putschisten nach wenigen Tagen aufgeben, weil sie sich mit einem Generalstreik und mit einer zunächst einmal abwartenden staatlichen Bürokratie konfrontiert sahen. Bemerkenswert war, dass sich die Reichsregierung nicht nur putschenden Truppenteilen gegenüber sah, sondern auch von der Reichswehrführung praktisch im Stich gelassen wurde.

»Truppe schießt nicht auf Truppe«, war von General Hans von Seeckt zu hören, dem Chef des Truppenamts und künftigen Chef der Heeresleitung. Geschossen wurde aber sehr wohl auf linke Putschisten, die sich in Sachsen, Thüringen und an der Ruhr als Reaktion auf den Kapp-Putsch noch einmal – auch militärisch – formierten und die Revolution vorantreiben wollten. Mit dem Scheitern auch dieses Versuchs, das parlamentarische System von Weimar zu beenden, waren die gewaltsamen revolutionären und gegenrevolutionären Auseinandersetzungen in Deutschland an ihr vorläufiges Ende gekommen. In weiten Teilen der Arbeiterschaft, die den Umbau des Staates 1918 erzwungen hatte, herrschte eine tiefe Enttäuschung, denn die bisherigen sozialen Errungenschaften der Weimarer Republik waren in ihren Augen mehr als bescheiden. In den ersten Reichstagswahlen im Juni 1920 verlor die SPD rund 16 Prozent. Der Anteil der Weimarer Koalition (SPD, DDP, Zentrum) ging auf 44,6 Prozent zurück. Dafür stellte sich aber die rechtsliberale DVP (Deutsche Volkspartei) mit Gustav Stresemann an ihrer Spitze auf den Boden der Republik. Für das Überleben der Weimarer Republik war ausschlaggebend, dass es genügend so genannte Vernunftrepublikaner gab, denen die Republik keine Herzenssache war, die aber um des Staates willen das neue Regime mittragen wollten.

Werbung für die Republik war angesichts der massiven Vorbehalte und Angriffe gegen sie dringend nötig. Immer klarer zeigte sich, dass die größte Gefahr für ihren Bestand von der politischen Rechten drohte. Deren Hetzkampagne gegen führende Politiker der Republik schlug sich auch in politischen Morden nieder. Zu den bekanntesten Opfern gehörten Matthias Erzberger und Walther Rathenau. Wie ausgeprägt die Sympathie für die extreme Rechte war, lässt sich daran ablesen, dass die Täter überwiegend mit milden Urteilen rechnen konnten. Rathenau hatte sich den Hass der Rechten zugezogen, weil er die so genannte Erfüllungspolitik betrieb. Die aus dem Versailler Vertrag resultierenden Forderungen sollten erfüllt werden, um in Kooperation – nicht in Konfrontation – mit den Siegermächten zu einer Revision des Versailler Vertrags kommen zu können. Der tödliche Hass auf Rathenau richtete sich aber auch auf ihn als deutschen Juden. »Schlagt tot den Walther Rathenau, die gottverdammte Judensau!« Wenn man auch aus solchen radikalen Sprüchen nicht unbedingt ableiten kann, dass die meisten Deutschen auf dem rechten Spektrum die Juden töten wollten, so besteht aber kein Zweifel daran, dass eindeutige antisemitische Einstellungen bis weit in die politische Mitte anzutreffen waren.

Das Krisenjahr 1923

In die tiefste Krise nach ihrer Gründung geriet die Republik 1923, als sie von außen und innen gleichermaßen bedroht wurde. Die äußere Bedrohung ging von der Besetzung des Ruhrgebiets durch französische und belgische Truppen aus. Sie erfolgte, um ein »produktives Pfand« in die Hand zu bekommen. Der Anlass waren geringfügige Rückstände bei fälligen Lieferungen an Frankreich, allerdings vor dem Hintergrund, dass von deutscher Seite Zahlungsunfähigkeit signalisiert wurde und das Ende der Erfüllungspolitik bevorzustehen schien. Für Frankreich bot sich im Laufe der Ruhrkrise darüber hinaus die Chance, den Versailler Vertrag nachzubessern und durch die Unterstützung des Separatismus im Rheinland und in der Pfalz die Integrität des Reichsgebiets anzutasten. Berlin reagierte auf die Besetzung mit der Ausrufung des passiven Widerstands, eine politisch-psychologisch nahe liegende Reaktion, die aber gegen die französische Übermacht nichts erreichen konnte und zudem auf die Dauer nicht zu bezahlen war. Die schon 1922 hochgeschnellte Inflation stieg 1923 noch einmal ins Unermessliche.

Eine Lösung war nur zu erreichen, wenn die USA und Großbritannien mit ihrem Interesse an politischer Entspannung und wirtschaftlicher Kooperation für die deutsche Sache gewonnen werden konnten. Voraussetzung dafür war aber der Abbruch des passiven Widerstands, in den Augen der nationalistischen Rechten eine zweite Kapitulation nach dem Muster von Versailles. Genau diesen Weg aber ging Gustav Stresemann, der im August 1923 für rund hundert Tage Reichskanzler wurde, bevor er bis 1929 das Amt des Außenministers übernahm und der deutschen Politik seinen Stempel aufdrückte. Stresemann wollte zunächst einmal die Realitäten anerkennen, um dann mit den Siegermächten über ihre Veränderung zu verhandeln. Die Revision des Versailler Vertrags blieb auch für Stresemann auf der Tagesordnung, was aber die politische Rechte nicht anerkannte.

Die Republik profitierte davon, dass die Rechte uneins über das politische Vorgehen war. In Bayern, das zu einem Sammelbecken verschiedenster rechter Republikgegner geworden war, ließ sich dies besonders gut beobachten. Dort standen Putschisten wie Adolf Hitler, der nach italienischem Vorbild einen Marsch nach Berlin unternehmen wollte, der ebenfalls republikfeindlichen Regierung von Gustav Ritter von Kahr gegenüber. Diese lag auf der Linie der Reichswehrführung, die in ihrer abwartenden Gegnerschaft zur Republik auf einen Putsch von links warten wollte, um dann quasi legal eine Militärdiktatur errichten zu können. In der Tat verfolgten die Kommunisten Aufstandspläne, die am 23. Oktober 1923 in Hamburg zum Losschlagen führten. Aber innerhalb von zwei Tagen hatte die Polizei die Situation unter Kontrolle. Noch schneller war der Hitler-

Die französische Politik der »produktiven Pfänder« gegenüber Deutschland erreichte mit der Besetzung des Ruhrgebietes ihren Höhepunkt. Hier bewacht ein französischer Infanterist einen Kohlenzug (kolorierte Fotografie).

Auf dem Höhepunkt der Inflation verlor die Reichsmark so rasant an Wert, dass die Reichsbank nicht mehr ausreichend Geld nachdrucken konnte: hier eine Reichsbanknote über 1000 Mark vom 15. Dezember 1922, die 1923 auf eine Milliarde Mark umgestempelt wurde.

Nach dem gescheiterten Putsch vom 8./9. November 1923 wurde der Hochverräter Adolf Hitler zu fünf Jahren Festungshaft in Landsberg am Lech verurteilt, aus der er schon nach wenigen Monaten entlassen wurde. Dort schrieb er den ersten Band seiner Programmschrift »Mein Kampf«. Das Bild zeigt ihn während der Haft zusammen mit seinen ebenfalls verurteilten Anhängern, zu denen Rudolf Heß (zweiter von rechts) gehörte.

putsch in München am 8./9. November beendet. General von Seeckt an der Spitze der Reichswehr, des entscheidenden Machtfaktors in jeder gewaltsamen inneren Auseinandersetzung, begnügte sich damit, dass Ebert ihm die vollziehende Gewalt übertrug, die er bis Ende Februar 1924 behielt.

Relative Stabilisierung

Die vorläufige Rettung der Republik kam von außen und hieß Neuregelung der Reparationsfrage durch den Dawesplan und amerikanische Kredite für die wirtschaftliche Stabilisierung in Deutschland, was eine politische Beruhigung, wenn auch keine wirkliche Stabilisierung nach sich zog. Es begannen die »Goldenen Zwanziger«, die sich zwar vom Krisenjahr 1923 deutlich unterschieden, deren Fundamente aber höchst unsicher waren. Der Aufschwung hing vom Strom amerikanischen Kapitals und von der amerikanischen Investitionsbereitschaft ab. Wie instabil die deutsche Wirtschaft insgesamt blieb, lässt sich anhand der Arbeitslosigkeit erkennen. Sie betrug 1926 zehn Prozent und betraf zwei Millionen Menschen. Im Winter 1928/29 waren es drei Millionen. Hätte mehr Zeit über 1929 hinaus, als die Weltwirtschaftskrise alles zusammenbrechen ließ, zur Verfügung gestanden, hätte sich vielleicht auch ein konsolidierter Aufschwung entwickeln können, der auch das Maß der Zustimmung zum parlamentarischen System vergrößert hätte. Wie kräftig die Kontinuitätsstränge aus der Zeit vor 1918 und die Symbolkraft des Kaiserreichs noch waren, zeigte sich 1925, als mit dem Ex-Generalfeldmarschall Paul von Hindenburg ein »Ersatzkaiser« zum Reichspräsidenten gewählt wurde. Aber Mitte der Zwanzigerjahre war noch nichts entschieden. Die Weimarer Republik war keine Einbahnstraße zur Niederlage der Republik und schon gar nicht zur nationalsozialistischen Diktatur. Doch Stresemanns Ziel, die »Verständigungspolitik« nach außen mit der »Konsolidierung der Republik« zu verbinden, war noch nicht erreicht, als die Phase des vorsichtigen Stabilitätszuwachses 1928/29 zu Ende ging. Die Waage sollte sich zugunsten der politischen Rechten neigen.

Stresemanns Bedeutung für die deutsche Politik bestand darin, sie auf Nüchternheit und wirtschaftliche Rationalität auszurichten. Die Zeit der »großen Worte« sollte vorbei sein. Sie befriedigten das nationale Ehrgefühl, brachten aber keine materiellen Verbesserungen. Stresemann gelang es, Deutschland mit dem Vertragswerk von Locarno (1925) und dem Eintritt in den Völkerbund (1926) in den Kreis der Großmächte zurückzuführen und zugleich schrittweise die Revision des Versailler Vertrags zu betreiben, wenn sie ihm auch nicht schnell genug vorankam. Seine Grundorientierung an den westlichen Großmächten führte dazu, dass die Beziehungen zur Sowjetunion von nachrangiger Bedeutung waren. Er pflegte zwar die Handelsbeziehungen zur Sowjetunion und unterband auch nicht die geheime Zusammenarbeit zwischen Reichswehr und Roter Armee, er wollte aber ein Wiederaufleben des Geists von Rapallo verhindern, mit dem sich 1922 deutsch-sowjetische Sonderbeziehungen anzubahnen schienen.

Als Kandidat der politischen Rechten und eines Teils des bürgerlichen Lagers wurde Paul von Hindenburg mit knapper Mehrheit gegenüber dem Kandidaten der Weimarer Koalition, Wilhelm Marx, zum Reichspräsidenten gewählt. Im Bild ein Werbeumzug vor dem zweiten Wahlgang am 26. April 1925; auf Plakaten wird der Generalfeldmarschall als »Retter« gepriesen.

DIE KULTUR DER WEIMARER REPUBLIK

Die Weimarer Zeit war trotz politischer und sozialer Erschütterungen eine klassische Epoche deutscher Kultur. Ihr Forum war die Großstadt, ihre Vielfalt spiegelte den Pluralismus der Moderne.

Der Ausdruckswille des Expressionismus stand im Mittelpunkt der bildenden Kunst. Er beherrschte auch die Stummfilme von Friedrich Wilhelm Murnau oder Fritz Lang. Die nüchterne Schilderung in der Malerei der Neuen Sachlichkeit und die Vernunftästhetik der Bauhaus-Architektur fanden ihr Publikum ebenso wie der Glamour der Unterhaltungsindustrie: rechts die »Bauhaustreppe« von Oskar Schlemmer, unten Marlene Dietrich in dem Film »Der blaue Engel«. Neben der autonomen Form in der abstrakten Malerei und dem verdichteten Inhalt in der Lyrik eines Rainer Maria

Rilke standen politische Ziele im Theater Bertolt Brechts oder Erwin Piscators, in den Bildern von Otto Dix oder George Grosz.

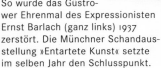

Diese schöpferische Periode von Weltrang wurde jäh durch den Nationalsozialismus beendet, der jüdische Künstler aus dem Land trieb und kreative Kräfte verfemte. So wurde das Güstrower Ehrenmal des Expressionisten Ernst Barlach (ganz links) 1937 zerstört. Die Münchner Schandausstellung »Entartete Kunst« setzte im selben Jahr den Schlusspunkt.

Weltwirtschaftskrise und Aufstieg der NSDAP

Zweifellos war die mit dem New Yorker Börsenkrach im Oktober 1929 einsetzende Weltwirtschaftskrise das größte Problem in der deutschen und internationalen Politik der Zwischenkriegszeit. Die noch nicht gefestigte Weimarer Republik sah sich durch wirtschaftlichen Niedergang und soziale Verelendung Belastungen ganz neuer Art ausgesetzt. Das Anwachsen der extremen Linken und Rechten gehörte zu den politischen Folgen. Nicht übersehen werden darf aber, dass längst vor der Weltwirtschaftskrise Überlegungen im Umfeld des Reichspräsidenten und der Reichswehr angestellt wurden, wie die politischen Kräfteverhältnisse in Deutschland weiter nach rechts verschoben werden könnten, das Land also ohne die SPD regiert werden könnte.

Verhängnisvoll in dieser Konstellation war, dass die bürgerlichen Parteien nicht nur ohne die SPD regieren wollten, sondern dass sie

Endzeitstimmung und polemische Töne bestimmten die Parteienpropaganda während der Wahlkämpfe des Jahres 1932. Von links nach rechts Plakate der NSDAP, der KPD, des Zentrums und der SPD.

auch einem vom Reichspräsidenten ausgehenden Trend erlagen, gegen das Parlament zu regieren und damit das parlamentarische System zu verändern. Der Bruch der Großen Koalition im März 1930, als keine Einigung über die notwendig gewordene Erhöhung der Beiträge zur Arbeitslosenversicherung erzielt werden konnte, leitete die Serie von Präsidialkabinetten ein, die ohne parlamentarische Mehrheit vom Reichspräsidenten abhängig waren. Die von dem Zentrumspolitiker Heinrich Brüning geführte Regierung hatte hauptsächlich zwei Aufgaben. Sie sollte die Revision des Versailler Vertrags entschiedener als bisher vorantreiben, und sie sollte in ihrer Konfrontation mit der Linken zugleich die extreme Rechte zähmen, um den auch von rechts infrage gestellten Führungsanspruch der traditionellen Führungsschichten in Verwaltung, Militär, Wirtschaft und Gesellschaft dauerhaft zu sichern. Als die NSDAP zu stark geworden war, wollte man dieses Ziel in Zusammenarbeit mit ihr erreichen, musste aber schließlich hinnehmen, selbst von den Nationalsozialisten dominiert zu werden.

Wie schnell der Handlungsspielraum gegenüber der NSDAP zusammenschmelzen konnte, erlebte die Regierung Brüning schon 1930. Als sich im Reichstag keine Mehrheit für eine Politik fand, die zulasten der arbeitenden Massen Konsumsteuern einführte und Sozialleistungen kürzte, machte der Reichspräsident von seinem Notverordnungsrecht Gebrauch, was ebenfalls auf die Ablehnung des Reichstags stieß. Daraufhin wurde der Reichstag aufgelöst. Die Neuwahlen im September 1930 brachten den parlamentarischen Durchbruch der NSDAP, deren Abgeordnetenzahl von 12 auf 107 anstieg.

Nach **Artikel 48** der Weimarer Reichsverfassung besaß der Reichspräsident das Recht, bei Störung der öffentlichen Sicherheit oder Ordnung im Deutschen Reich Notverordnungen zu erlassen. Danach durften vorübergehend Grundrechte ganz oder teilweise außer Kraft gesetzt werden. Zahlreiche Notverordnungen ergingen in den Krisenjahren 1919 bis 1923, danach aber auch in den Jahren 1930 bis 1933, als das Notverordnungsrecht zu einem Instrument autoritärer Präsidialdemokratie missbraucht wurde und mit seiner Hilfe Reichspräsident und Reichskanzler am Parlament vorbeiregierten.

Hitlers Wählerpotenziale

Woher waren Hitlers Wähler gekommen? Die größten Erfolge hatte die NSDAP in kleineren Städten und auf dem Land in den überwiegend protestantischen Gebieten Nord- und Ostdeutschlands. Statistisch betrachtet waren Protestanten empfänglicher für die NS-Propaganda als Katholiken. Dasselbe galt für die in der Wirtschaftskrise vom sozialen Abstieg bedrohten Mittelschichten. Handwerker, Geschäftsleute und andere Selbstständige, Bauern, Beamte und Ruheständler waren unter den nationalsozialistischen Wählern im Vergleich zur Arbeiterschaft überproportional stark vertreten. Auch in den Oberschichten konnte sich die NSDAP eines gewissen Zuspruchs erfreuen. Insgesamt verhielten sie sich aber zunächst eher abwartend. Erst ab 1932 dachten die alten Eliten genauer über eine Zusammenarbeit mit den Nationalsozialisten nach. So wenig der Großindustrie oder den Agrarverbänden an der Erhaltung der parlamentarischen Republik gelegen war, so skeptisch waren sie doch gegenüber der in ihren Augen plebejischen Massenbewegung der NSDAP, die nicht nur, was durchaus gern gesehen wurde, der politischen Linken den Kampf angesagt hatte, sondern auch einen Angriff auf die gesellschaftlichen Hierarchien insgesamt darzustellen schien. Infolgedessen war die Großindustrie vor 1933 recht zurückhaltend mit finanziellen Zuwendungen an die NSDAP.

Die gestärkte NSDAP ließ sich nicht in die Rolle des Juniorpartners der Regierung Brüning drängen. »Wir stehen kampfgerüstet zum Marsch ins Dritte Reich«, notierte der Chefpropagandist der NSDAP, Joseph Goebbels, im Januar 1931. Aus der Sicht der nationalsozialistischen Führung, die nicht wissen konnte, wie lange ihre Bewegung eine Massenbewegung bleiben würde, dauerte es allerdings viel zu lange. Wo die Grenzen der Wählerzustimmung lagen, zeigte sich 1932, als Hitler vergeblich versuchte, zum Reichspräsidenten gewählt zu werden, und die NSDAP zwar stärkste Partei im Reichstag wurde, mit 37,3 Prozent aber an die Ober-

Hitlers »Legalitätseid« während seiner Zeugenaussage vor dem Reichsgericht Leipzig am 25. September 1930. Auf die Frage des Vorsitzenden: »Wie denken Sie sich die Errichtung des Dritten Reiches?« antwortete er:

Die Verfassung schreibt nur den Boden des Kampfes vor, nicht aber das Ziel. Wir treten in die gesetzlichen Körperschaften ein und werden auf diese Weise unsere Partei zum ausschlaggebenden Faktor machen. Wir werden dann allerdings, wenn wir die verfassungsmäßigen Rechte besitzen, den Staat in die Form gießen, die wir als richtige ansehen.

Hitler im Kreise von SA-Männern auf einer Kundgebung der NSDAP am 1. November 1932 im Berliner Sportpalast.

grenze ihres Stimmenanteils stieß. Da der alte und neue Reichspräsident Paul von Hindenburg, der sogar die Unterstützung der SPD erhielt, um Hitler als Staatsoberhaupt zu verhindern, sich weigerte, eine Ernennung Hitlers zum Reichskanzler in Betracht zu ziehen, und Hitler es ablehnte, in eine nicht von ihm geführte Regierung einzutreten, blieb abzuwarten, wie Deutschland regiert werden sollte. Die deutsche Konsum- und Produktionsgüterproduktion erreichte derweil ihren Tiefstand; die Arbeitslosenzahlen bewegten sich zwischen fünf und sechs Millionen auf dem Höchstand. Die Regierung Brüning verfolgte eine Politik des Sparens und, wie manche dachten, des Gesundschrumpfens, um der Krise Herr zu

REICHSTAGSWAHL AM 6. NOVEMBER 1932

absolute Mehrheit	NSDAP	—	Zentrum/ Bayerische Volkspartei		
relative Mehrheit	NSDAP	SPD	KPD	Landbund/ Bauernpartei	

Nach dem ersten Wahlgang zur Reichspräsidentenwahl am 13. März 1932 schreibt Joseph Goebbels in sein Tagebuch:

Es mag nun ausgehen, wie es will. Wir haben unsere Pflicht getan ... Wir sind geschlagen; furchtbare Aussichten. Wir haben uns nicht so sehr getäuscht in der Einschätzung unserer Stimmen als in der Einschätzung der ... Gegenseite. Wir haben seit September 1930 86 Prozent zugenommen; aber was hilft das alles. Unsere Parteigenossenschaft ist auf das Tiefste deprimiert und mutlos ... Er (Hitler) hat absolut die Fassung behalten und steht über der Situation ... Er zögert keinen Augenblick, den Kampf aufs Neue aufzunehmen.

werden, vielleicht auch, um die Krise im Sinne der eigenen politischen Ziele zu nutzen.

Nach der Entlassung Brünings gab es noch zwei Übergangsregierungen mit Franz von Papen und Kurt von Schleicher als Reichskanzler, ehe Hitler am 30. Januar 1933 zum Reichskanzler ernannt wurde. Kurz vorher war die NSDAP in nervöser Anspannung und keineswegs siegessicher gewesen. Aber die wachsende Bereitschaft der nicht nationalsozialistischen Rechten, die NSDAP an der Regierung zu beteiligen, und nicht zuletzt die Intrigen und Eifersüchteleien der konservativen Republikgegner untereinander führten schließlich zu einer nationalsozialistisch geführten Regierung. Symptomatisch war im November 1932 eine an Hindenburg gerichtete Eingabe von führenden Persönlichkeiten aus der Wirtschaft, die für die Ernennung Hitlers, des »Führers der größten nationalen Gruppe«, zum Reichskanzler eintraten. Auch in der Reichswehr wurde so gedacht. Man hegte für die Nationalsozialisten an sich keine sonderliche Sympathie, wollte sie aber in der akuten Situation an der Regierung beteiligen. Was die Nationalsozialisten als »Machtergreifung« feierten, war in Wirklichkeit ein Machtkartell. Jetzt komme es darauf an, »die Macht zu behaupten«, schrieb der bald zum Propagandaminister ernannte Goebbels in sein Tagebuch. Er ahnte vielleicht, dass Hitlers Bündnispartner ihn in der Absicht gerufen hatten, ihn »einzurahmen« und zu »zähmen« und nach Möglichkeit auch bald wieder loszuwerden. Mit dieser Illusion stand die alte Rechte keineswegs allein. Auch die Linke unterschätzte die Dynamik, die von der NSDAP ausgehen sollte. Hitler hat die Macht am 30. Januar 1933 nicht ergriffen, aber die Voraussetzungen für den in der Folgezeit stattfindenden Prozess der »Machtergreifung« waren geschaffen.

Unterm Hakenkreuz – Das nationalsozialistische Deutschland

Kontinuität und Diskontinuität

Die Regierung vom 30. Januar 1933 war einerseits ein Präsidialkabinett ohne parlamentarische Mehrheit, wie man es in Deutschland seit 1930 gewöhnt war. Neben Hitler als Reichskanzler wurden nur noch zwei Nationalsozialisten mit Ministerämtern betraut. Wilhelm Frick wurde Innenminister und Hermann Göring Minister ohne Geschäftsbereich. Ihm fiel aber eine Schlüsselstellung insofern zu, als er kommissarischer Innenminister in Preußen wurde, dessen Regierung im Juli 1932 im Zuge des von der Regierung Papen veranlassten »Preußenschlags« abgesetzt worden war. Vizekanzler und Reichskommissar für Preußen wurde der 1932 aus dem Zentrum ausgetretene und zu diesem Zeitpunkt parteilose Franz von Papen, der im Vorfeld der Ernennung Hitlers hinter den Kulissen die Fäden gezogen hatte. Nun wollte er Hitler derart in die Ecke drängen, »dass er quietscht«. Parteilos waren auch die meisten übrigen Minister, von denen einige schon den beiden letzten Präsidialkabinetten angehört hatten, sodass ein Moment der Kontinuität gegeben war. Ebenfalls weiterhin im Kabinett vertreten war die DNVP (Deutschnationale Volkspartei) mit zwei Ministern.

Andererseits stellte bereits die Tatsache, dass die rechtsradikale NSDAP an der Regierung beteiligt war, ein Moment der Diskontinuität dar. Görings Zugriff auf die Polizei ermöglichte ihre außerhalb des Gesetzes stehende Ausrichtung gegen die innenpolitische Opposition. Gegen sie sollte die Polizei »rücksichtslos von der Waffe Gebrauch machen«. Gleichzeitig sollte die Polizei die »nationalen Verbände« unterstützen. Zu ihnen gehörte in erster Linie die SA, die Privatgefängnisse unterhielt, in denen politische Gegner willkürlich festgesetzt und gefoltert wurden. Abgestützt wurde die Einschüchterung, Behinderung und Verfolgung der Opposition durch die im Zusammenspiel von Reichspräsident und Reichskanzler seit Jahren gängige und am 4. Februar 1933 wieder aufgenommene Notverord-

Der promovierte Germanist Joseph Goebbels war seit 1930 als Reichspropagandaleiter der führende Agitator der NSDAP. Er trat als Redner hervor (hier um 1931 als Berliner Gauleiter) und entwickelte mit ausgefeilten massenpsychologischen Mitteln eine moderne Propagandatechnik, die er als Propagandaminister seit 1933 auch auf staatlicher Ebene zur Geltung brachte.

Der Nationalsozialismus war in den Universitäten seit Ende der Zwanzigerjahre auf positive Resonanz gestoßen. Wie hier auf dem Platz vor der Berliner Staatsoper fanden am 10. Mai 1933 unter Proklamation der »zwölf Thesen wider den undeutschen Geist« in den deutschen Universitätsstädten Bücherverbrennungen statt.

nungspraxis, mit der Presse, Parteien und Parlament auf »legale« Weise ausgeschaltet werden konnten. Der Reichstagsbrand am 27. Februar wurde zum Anlass genommen, die Hetzjagd auf die Kommunisten nochmals zu intensivieren. Einen Tag darauf wurden per Notverordnung die Grundrechte der Deutschen außer Kraft gesetzt, was für die nächsten zwölf Jahre so bleiben sollte.

Ausschaltung und Gleichschaltung

Die Bevölkerung war – je nach politischem Standort – in unterschiedlicher Weise betroffen und bewertete die Ereignisse entsprechend. Wer in der kommunistischen oder sozialdemokratischen

Der Parteivorsitzende der SPD, Otto Wels, lehnt am 23. März 1933 im Namen seiner Partei die Annahme des Ermächtigungsgesetzes ab:

Aus einem Gewaltfrieden kommt kein Segen; im Innern erst recht nicht. Eine wirkliche Volksgemeinschaft lässt sich auf ihn nicht gründen. Ihre erste Voraussetzung ist gleiches Recht. Mag sich die Regierung gegen rohe Ausschreitungen der Polemik schützen, mag sie Aufforderungen zu Gewalttaten und Gewalttaten selbst mit Strenge verhindern. Das mag geschehen, wenn es nach allen Seiten gleichmäßig und unparteiisch geschieht, und wenn man es unterlässt, besiegte Gegner zu behandeln, als seien sie vogelfrei. Freiheit und Leben kann man uns nehmen, die Ehre nicht ... Wir deutschen Sozialdemokraten bekennen uns in dieser geschichtlichen Stunde feierlich zu den Grundsätzen der Menschlichkeit und der Gerechtigkeit, der Freiheit und des Sozialismus ... Wir grüßen die Verfolgten und Bedrängten ... Ihr Bekennermut, ihre ungebrochene Zuversicht verbürgen eine hellere Zukunft.

Diese aquarellierte Zeichnung von George Grosz mit dem Titel »Schriftsteller ist er« zeigt die Durchsuchung einer Literatenwohnung durch SA-Leute.

Arbeiterbewegung organisiert war, sah sich der unmittelbaren Feindschaft des Regimes ausgesetzt oder dem Appell, sich der nationalen Sache anzuschließen. Die Mehrheit der Deutschen begrüßte die neue Regierung. Von ihr versprach man sich eine klare Führung und eine politische Ordnung, die die Belange der Nation ins Zentrum rückte und die gesellschaftlichen Konflikte der Zwanziger- und frühen Dreißigerjahre zu überwinden versprach.

Wie die Deutschen gegenüber der Hitler-Regierung und ihrem innenpolitischen Terror eingestellt waren, zeigte sich am 5. März 1933, als auf Hitlers Drängen ein neuer Reichstag gewählt wurde. Hitler ging es nicht um demokratische Legitimation, sondern um plebiszitäre Zustimmung und Stärkung der NSDAP. Dies ist auch durchaus gelungen. Nach einem Wahlkampf voller Übergriffe auf die oppositionellen Parteien erlangte die NSDAP zwar »nur« 43,9 Prozent der Stimmen. Insgesamt aber kam die Rechtskoalition auf 51,9 Prozent. Praktisch unverändert gegenüber der letzten Wahl behaupteten sich die SPD und die Parteien des politischen Katholizismus. Die KPD hatte einen Rückgang um circa eine Million Stimmen zu verzeichnen. Der neue Reichstag, zu dem die kommunistischen Abgeordneten gar nicht mehr erscheinen konnten, weil sie verhaftet worden oder untergetaucht waren, beschloss seine eigene Suspendierung, indem er die Regierung ermächtigte, Gesetze auf dem Verordnungsweg zu erlassen. Allein die SPD stimmte gegen das Ermächtigungsgesetz, das unter dem bombastischen Titel »Gesetz zur Behebung der Not von Volk und Reich« geführt wurde. Mit der Ausschaltung des Parlaments im Rücken und gestützt auf die in Kraft bleibenden sowie auf neu hinzukommende Notverordnungen leitete die Regierung eine Politik der Gleichschaltung ein, die binnen kurzer Zeit zum Einparteienstaat führte. Die Länder verschwanden ebenso wie die politischen Parteien und die Gewerkschaften. In großer Zahl gelangten NS-Parteifunktionäre in staatliche und kommunale Ämter. Mit dem Ziel einer Verschmelzung von Staat und Gesellschaft, also der Abschaffung dessen, was zu den Errungenschaften der westlichen Moderne gehörte, entfaltete sich in Deutschland der »Doppelstaat«, das Neben-, aber auch das Miteinander und das wechselseitige Durchdringen von überkommenem »Normenstaat« und nationalsozialistischem »Maßnahmenstaat«.

Diese Begriffe stammen von dem deutschen Juristen Ernst Fraenkel, der 1941 im amerikanischen Exil eine der ersten Strukturanalysen der NS-Herrschaft veröffentlichte. Er gehörte zu den über 300 000 deutschen Juden, denen es gelang, Deutschland zu verlassen. Nur so entgingen sie dem Tod durch Vernichtung, der die in Deutschland Zurückgebliebenen zusammen mit sechs Millionen Juden aus allen europäischen Ländern in den Kriegsjahren traf. Zu den rassisch kamen die politisch Verfolgten, die zu vielen Tausenden ins Ausland gehen mussten.

Die rassenideologischen Ziele des NS-Regimes traten von Anfang an deutlich hervor. Schon im April 1933 kam es zum Boykott jüdischer Geschäfte und zur Entlassung von »nicht arischen« Beamten.

Im Juli 1933 wurden Erbgesundheitsgerichte eingerichtet, die über die Sterilisation von erblich Kranken zu entscheiden hatten. 1935 folgten mit den »Nürnberger Gesetzen« die ersten gesetzlichen Maßnahmen zur Diskriminierung und Verdrängung der Juden aus dem öffentlichen und wirtschaftlichen Leben. Im Zuge der »Arisierung« der Wirtschaft bereicherten sich viele Deutsche durch die Übernahme jüdischer Firmen, Kaufhäuser und Banken. Bei der Bevölkerung hat dies sowohl Zustimmung als auch Betroffenheit ausgelöst. Die meisten haben zugesehen und geschwiegen. Nur wenige haben geholfen, auch als die Synagogen am 9. November 1938 brannten und deutschen Juden Gewalt angetan wurde. Wie hätte es auch anders sein können angesichts der Tatsache, dass dem Regime von der Mehrheit der Bevölkerung Zustimmung entgegengebracht wurde, und sei es nur in der Form der stillschweigenden Tolerierung.

Im Mai 1933 musste der wegen seiner jüdischen Abstammung diffamierte Maler Max Liebermann die Ehrenpräsidentschaft in der Preußischen Akademie der Künste aufgeben. Das Bild zeigt den international renommierten und traditionsverbundenen Vertreter des deutschen Impressionismus am 31. Juli 1932 vor dem Wahllokal.

Sicherung und Ausbau der NS-Herrschaft

Nicht nur durch Maßnahmen zum Abbau der Arbeitslosigkeit auf eine Million im Jahre 1936, was durch Vergabe öffentlicher Aufträge, Wehrpflicht und Arbeitsdienst erreicht wurde, förderte Hitler die Zustimmung zum Regime, sondern auch durch die Einbindung der nicht nationalsozialistischen Eliten. Von zentraler Bedeutung war Hitlers Entschlossenheit, die in den Augen von Militär und Industrie gefährlichen revolutionären Ambitionen der SA zu bremsen. Ihr Antikapitalismus und ihre Infragestellung des Reichswehr-Establishments mussten das innenpolitische Bündnis vom 30. Januar 1933 zwischen NS-Führung und den Kräften des konservativen Deutschland gefährden. Hitler löste den Gegensatz gewaltsam. Angebliche Putschpläne des SA-Führers Ernst Röhm dienten als Vorwand, am 30. Juni 1934 die SA-Führung zu liquidieren. Die Reichswehr war nicht nur eingeweiht und stellte Lastwagen bereit, um die über tausend SS-Leute an den Ort ihres Einsatzes zu bringen. Sie nahm es auch hin, dass bei dieser Gelegenheit zugleich konservative Kritiker des Regimes wie General Kurt von

Von 1931 an war Ernst Röhm als Stabschef der SA (Sturmabteilung) ein enger Vertrauter Hitlers (hier bei einer SA-Versammlung in Dortmund).

Schleicher beseitigt wurden. Manche wurden zu Hause oder in ihren Büros erschossen. Andere starben im Konzentrationslager Dachau, das bereits im März 1933 eingerichtet worden war. Wie die Reichswehr ließ sich auch die Justiz in die Ermordung von 89 Menschen involvieren. Im Reichsgesetzblatt war zu lesen, die Liquidierungen seien »als Staatsnotwehr rechtens«. Hitler selbst zögerte in gewisser Analogie zu Mussolinis Verhalten 1925 nicht, sich als »des deutschen Volkes oberster Gerichtsherr« zu bezeichnen. Aus den Universitäten, in der Weimarer Republik ein Zentrum der Republikgegner und schon lange vor 1933 in hohem Maß für NS-Gedankengut

Nach dem Reichstagsbrand wurde der pazifistische Publizist Carl von Ossietzky willkürlich in verschiedenen Konzentrationslagern festgehalten (hier mit einem Bewacher im KZ Esterwegen bei Papenburg). 1938 starb der Friedensnobelpreisträger von 1935 an den Folgen der Haft.

Die 1925 entstandene **SS (Schutz-staffel)** war eine Sonderformation der NSDAP, die sich unter der Führung Heinrich Himmlers ab 1929 zu einem Kampfverband mit eigener Zielsetzung entwickelte. Nach 1933 gelang ihr als »Parteipolizei« SS über den Partei-rahmen hinaus die schrittweise Durch-dringung des Staatsapparates mit eigenen Organen. Die SS-Verfügungs-truppe und die für die Bewachung der Konzentrationslager zuständigen SS-Totenkopfverbände bildeten ab 1939/40 die Waffen-SS. Durch ihre Verflechtung mit der Geheimen Staats-polizei, durch die Verwaltung der Konzentrationslager, die Massen-exekutionen der Einsatzgruppen und die systematische Ermordung der Juden war sie Hauptträgerin von Terror und Vernichtungspolitik im National-sozialismus. 1946 wurde die SS zur verbrecherischen Organisation erklärt.

empfänglich, war in den Worten Carl Schmitts, eines führenden Staatsrechtlers seiner Zeit, zu hören: »Der Führer schützt das Recht.«

Die Mehrheit der Deutschen musste nicht gezwungen werden, ihrem »Führer« zu folgen und dem entstehenden Führer-mythos zu erliegen. Besonders begeistert zeigte sich Reichswehrminister Werner von Blomberg. Die »Säuberungsaktion« habe gezeigt, dass die Wehrmacht für den »Führer« der »sinnfälligste Ausdruck des Staates« sei. »Nicht zum geringsten in ihrem Interesse hat er so gehandelt, und es ist Pflicht der Wehrmacht, ihm dies durch womöglich noch größere Treue und Hingabe zu danken.« Dazu war bald Gelegenheit. Am 2. August 1934 wurden die Soldaten nach einer Anordnung Blombergs auf Hitler persönlich vereidigt, nachdem Reichspräsident Paul von Hindenburg gestorben war und die Ämter des Reichspräsidenten und des Reichskanzlers von Hitler als »Führer und Reichskanzler« in Personalunion übernommen wor-den waren.

Der Führerstaat war dadurch vollendet. Charakteristisch für ihn war die Verbindung von Altem und Neuem, von traditioneller Staat-lichkeit und Gesellschaft auf der einen und dem nationalsozialisti-schen Traditionsbruch auf der anderen Seite. Im Hinblick auf poli-tische Macht aber begann sich der »Maßnahmenstaat« und damit Hitlers Führung durchzusetzen. Untrügliches Zeichen dafür war die Aufwertung der SS, die bisher der SA-Führung unterstanden hatte, zu einer selbstständigen Organisation innerhalb der NSDAP. Wie sonst nichts symbolisierte die SS mit ihren polizeilichen Kompeten-zen und den von ihr überwachten Konzentrationslagern das natio-nalsozialistische Herrschaftssystem. Aufgrund eines Führererlasses wurde Heinrich Himmler im Sommer 1936 »Reichsführer SS und Chef der Deutschen Polizei«, was die Vereinnahmung der staat-lichen Polizei durch die SS mit sich brachte.

Unterstrichen werden muss aber, dass Deutschland in den Drei-ßigerjahren noch lange kein SS-Staat war. Die politische Wirklich-keit wurde vielmehr von dem Dualismus von Partei und Staat ge-prägt, durch das Nebeneinander staatlicher Bürokratien und Ein-richtungen der Partei. Dies führte oft zu einem gewissen Gewirr der Kompetenzen, das noch einmal dadurch gesteigert wurde, dass viele Instanzen auf Parteiebene keineswegs unter dem Aspekt übersicht-licher Arbeitsteilung geschaffen wurden, sondern oft momentanen Bedürfnissen entsprangen und in der Praxis häufig aneinander vorbei oder auch gegeneinander operierten. Wenn Hitler auch im Zentrum des Herrschaftssystems stand und keine Entscheidung von Tragweite gegen ihn getroffen werden konnte, so war die NS-Diktatur doch keine zentralistisch straff gelenkte Diktatur monoli-thischen Zuschnitts.

Nationalsozialistische Ziele

Nachdem die Macht behauptet und gesichert war, kam es aus der Sicht der NS-Führung darauf an, eigene nationalsozialistische Ziele zu verwirklichen, die die gemeinsamen Interessen von Nationalsozialisten und der traditionellen Rechten sprengten. Die Begriffe Rassismus und Krieg erlauben, sowohl das Maß an Übereinstimmung wie auch die Differenzen zwischen beiden Seiten zu bestimmen. Für viele, die Hitler unterstützten, war es zu radikal, Völkermord und Angriffskrieg zu Programmpunkten zu erheben. Bevor sie aber skeptisch wurden, sich verweigerten oder gar Widerstand leisteten, gingen sie ein gutes Stück des Wegs, der Völkermord und Angriffskrieg einschloss, mit den Nationalsozialisten gemeinsam. Antisemitismus oder ein Überlegenheitsgefühl gegenüber slawischen Völkern war keine Erfindung der Nationalsozialisten. Ebenso stellten Aufrüstung und Großmachtpolitik ein Feld dar, das man gemeinsam bestellen wollte. Aus der anfänglichen Übereinstimmung resultierte die Stabilisierung der Hitlerdiktatur. Ihr Druck richtete sich bald auch gegen die konservativen Bündnispartner Hitlers und nicht nur gegen die gemeinsamen Feinde wie Demokraten und Pazifisten, Sozialdemokraten und Kommunisten, Juden und Zigeuner, Homosexuelle und Erbkranke.

Der politisch einflussreiche Regimearchitekt Albert Speer setzte die 1939 bezogene Neue Reichskanzlei in Berlin als Zentrum der Macht in neuklassizistischen Monumentalformen in Szene. Nach dem Krieg wurde Material aus dem Gebäude zum Bau des sowjetischen Ehrenmals wieder verwendet. Im Bild Hitlers Arbeitszimmer.

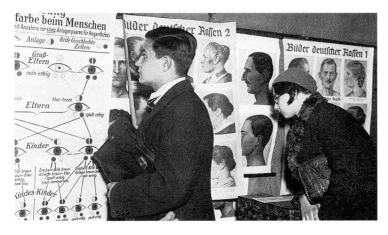

Gleich zu Beginn der nationalsozialistischen Machtübernahme begann das neue Regime, die Ideologie der »Reinhaltung der deutschen Rasse« zu propagieren: Hier eine Berliner Ausstellung von 1934.

Akzeptanz – Skepsis – Widerstand

Einer der Ersten, der dies merkte, war der Generalsuperintendent der kurmärkischen Kirche, Otto Dibelius. Zunächst war er mit dem Wahlergebnis vom März 1933 überaus zufrieden. Es habe »zum ersten Mal seit der Revolution eine parlamentarische Mehrheit von bewusst nationaler Haltung gebracht«. Was Dibelius interessierte, war vor allem die kirchliche »Unabhängigkeit von der staatlichen Gewalt« bei gleichzeitigem Bekenntnis der Kirche zu »der neuen politischen Mehrheit«. Schon im Sommer 1933 bemerkte er, dass sein Hauptziel, die Abschottung des kirchlichen Bereichs, nicht zu erreichen war. Dies wurde deutlich, als es dem offen nationalsozialistisch orientierten Teil innerhalb des Protestantismus, den Deutschen Christen, gelang, aus den 28 evangelischen Landeskirchen eine Deutsche Evangelische Reichskirche mit einem Reichsbischof an der Spitze zu bilden. Dagegen formierte sich die Bekennende Kirche, und es begann der Kirchenkampf.

1933 fand die Gründung der regimetreuen Deutschen Evangelischen Kirche unter Reichsbischof Ludwig Müller statt, der hier im Bild auf dem Nürnberger Parteitag der NSDAP 1934 von Hitler begrüßt wird. Zwischen beiden der Benediktinerabt Albanus Schachleiter, der offen mit dem Nationalsozialismus sympathisierte. Die Unabhängigkeit der katholischen Geistlichen schien durch ein Konkordat geregelt.

Auch die im Unterschied zum Protestantismus innerlich geeinte katholische Kirche sah sich, wie alle gesellschaftlichen Gruppen und Organisationen, dem Machtanspruch des Nationalsozialismus ausgesetzt. Weder die Kooperationsbereitschaft des Zentrums beim Ermächtigungsgesetz noch das im Juli 1933 abgeschlossene Konkordat, mit dem der Vatikan der Hitlerregierung Respektabilität verlieh, konnte den Katholizismus davor bewahren, dass er in der Auseinandersetzung mit dem Nationalsozialismus immer mehr an Boden verlor. Der Nationalsozialismus wollte, wie Hitler im August 1933 sagte, »selbst eine Kirche werden« und als politische Religion ein neues Zeitalter begründen.

Die frühe Einbindung des Einzelnen in gleichgeschaltete Organisationen zielte auf eine Enteignung der Persönlichkeit von Kindesbeinen an zugunsten ideologisch überformter Gemeinschaftsgesinnung. Seit 1939 bestand für die Zehn- bis Achtzehnjährigen Mitgliedschaftspflicht in den Verbänden der Hitlerjugend.

Aus diesem Absolutheitsanspruch entwickelte sich einerseits die Zersetzung überkommener Strukturen und andererseits, sofern die Ausbreitung des Nationalsozialismus auf Akzeptanzgrenzen stieß, Ablehnung, Verweigerung und verschiedentlich auch Widerstand. Letzterer blieb aber in der Gesellschaft isoliert, sodass sich die Deutschen auch nicht aus eigener Kraft von ihrem Diktator befreien konnten. Die Nationalsozialisten verfolgten das Ziel einer umfassenden »Volksgemeinschaft« unter Ausgrenzung und Vernichtung aller, die sich dagegen stemmten. Jeder Jugendliche, jede Hausfrau, jeder Studierende oder Berufstätige war in einer der Organisationen erfasst, mit denen die NSDAP die gesamte Gesellschaft überzog. Damit waren unübersehbar auch gesellschaftliche Modernisierungseffekte wie der Abbau sozialer Milieus oder von Privilegien durch fortschreitende Egalisierung und durch sozialpolitische

Errungenschaften verbunden. Da aber die Leistungen des Regimes mit seiner terroristischen Herrschaft und der Beseitigung von Eigenständigkeit einhergingen, ergaben sich vielfältige Konflikte. Wo die Vorbehalte gegenüber dem Totalitätsanspruch des Regimes überwogen, konnte aus der Ablehnung auch die Bereitschaft zum Widerstand erwachsen.

Unter machtpolitischen Gesichtspunkten aussichtsreich war allein der militärische Widerstand. Als er sich 1938 vorsichtig formierte, war die Wehrmacht, wie die Reichswehr seit der Einführung der allgemeinen Wehrpflicht 1935 hieß, allerdings schon zu weit in das NS-System involviert, als dass eine Wendung gegen Hitler ohne weiteres durchsetzbar gewesen wäre. Darin lag der Hauptgrund für die Handlungsunfähigkeit oppositioneller Generäle 1938/39 und nicht, wie noch heute oft zu hören ist, in der nachgiebigen Haltung Großbritanniens gegenüber Hitlers Politik. Der konservative Widerstand im Militär und im Auswärtigen Amt war aus westlicher Sicht auch dadurch diskreditiert, dass sich Widerstand nicht gegen die Diktatur an sich oder gegen die Verfolgung der politischen Opposition und einzelner Minderheiten oder gegen die vertragsbrüchige Hochrüstung entwickelte, sondern erst in dem Moment, in dem die Eigenständigkeit des Militärs dahinschmolz und Hitler den Angriffskrieg planen und vorbereiten ließ. Den im August 1938 zurückgetretenen Chef des Generalstabs des Heeres, Ludwig Beck, der zum Widerstand gehörte, störte vor allem, dass ein Krieg zur Lösung der »Tschechenkrise« 1938/39 in seinen Augen mit einem Fiasko enden müsste. Noch im Mai 1938 hatte er dagegen ausgeführt, »dass Deutschland einen größeren Lebensraum braucht, und zwar sowohl in Europa wie auf kolonialem Gebiet. Der erstere Raum ist nur durch einen Krieg zu erwerben.« Beck artikulierte den Konsens der Führungsschichten, wenn er die Tschechoslowakei »in ihrer durch das Versailler Diktat erzwungenen Gestaltung für Deutschland unerträglich« fand und diesen »Gefahrenherd« notfalls auch mit kriegerischen Mitteln beseitigen wollte. Doch – und das war seine Einschränkung – dürfe ein Krieg nur begonnen werden, wenn er mit Aussicht auf Erfolg geführt werden könne.

Kriegsvorbereitung

Die Vorbereitung des Krieges und der Ausbau der NS-Herrschaft durch Unterordnung von Wirtschaft, Militär und staatlicher Bürokratie unter nationalsozialistische Ziele hingen aufs Engste miteinander zusammen. Eine Weichenstellung stellte Hitlers Denkschrift zum Vierjahresplan 1936 dar, in der er verfügte: »I. Die deutsche Armee muss in vier Jahren einsatzfähig sein. II. Die deutsche Wirtschaft muss in vier Jahren kriegsfähig sein.« Die vollständige Einpassung der Wirtschaft in die Erfordernisse der Aufrüstung ging auch denen zu weit, die wie Wirtschaftsminister Hjalmar Schacht sich schon vor 1933 für Hitler als Reichskanzler ausgesprochen und maßgeblich bei der Rüstungsfinanzierung bis 1936 mitgewirkt hatten. Allerdings konnte sich Schacht mit seinen Einwän-

Auszüge aus einer in der Hossbachniederschrift überlieferten geheimen Rede Hitlers vom 5. November 1937:

Die einzige, uns vielleicht traumhaft erscheinende Abhilfe läge in der Gewinnung eines größeren Lebensraumes... der hierfür notwendige Raum (könne) nur in Europa gesucht werden... Stelle man an die Spitze... den Entschluss zur Anwendung von Gewalt unter Risiko, dann bleibt noch die Beantwortung der Fragen »wann« und »wie«... Wenn die sozialen Spannungen in Frankreich... sich auswachsen sollten, dass... die Armee... für eine Kriegsverwendung... ausgeschaltet würde, sei der Zeitpunkt zum Handeln gegen die Tschechei gekommen... Von der Seite Italiens seien gegen die Beseitigung der Tschechei keine Einwendungen zu erwarten, wie dagegen seine Haltung in der österreichischen Frage zu bewerten sei, entziehe sich der heutigen Beurteilung.

Die NS-Regierung nutzte die 1931 an das Deutsche Reich vergebenen Olympischen Spiele des Jahres 1936, um dem Ausland gegenüber das »neue« Deutschland im Zeichen des Führerkultes und der organisatorisch-technischen Effizienz zu präsentieren. 90 000 Zuschauer fasste das Olympiastadion auf dem Reichssportfeld (Zeichnung von Hans Liska, 1936).

Der Rundfunk wurde schon in der letzten Phase der Weimarer Republik in den Dienst staatlicher Propaganda gestellt. Mit dem auf der Funkausstellung 1933 vorgestellten preisgünstigen Volksempfänger eröffneten sich ganz neue Wege. 1933 verfügten 25 Prozent aller deutschen Haushalte über ein Radio, 1941 waren es 41 Prozent.

den nicht durchsetzen und warnte vergeblich vor den finanziellen und wirtschaftlichen Gefahren einer alle Ressourcen erschöpfenden Aufrüstung. Hitler ließ sich dagegen von der politischen Vorgabe leiten, »den Krieg im Frieden vorzubereiten«. Dazu gehörten der Ausbau der deutschen Treibstoffindustrie, die Herstellung synthetischen Gummis und der verstärkte Abbau von deutschen Eisenerzen. Die Wirtschaft wurde – durchaus nicht immer gegen ihren eigenen Willen – auf die Zwänge der Rüstungsproduktion festgelegt. Völlig zutreffend erklärte im Dezember 1936 Hermann Göring, der Beauftragte für den Vierjahresplan: »Wir stehen bereits in der Mobilmachung und im Krieg, es wird nur noch nicht geschossen.«

Schacht schied Ende 1937 als Wirtschaftsminister und Anfang 1939 auch als Reichsbankpräsident aus. Damit war einer der renommiertesten konservativen Weggenossen Hitlers aus der staatlichen Führung verdrängt. Zu weiteren Maßnahmen dieser Art, die den Zugriff der NS-Führung auf den Staat verdeutlichen, kam es im Februar 1938. Außenminister Konstantin Freiherr von Neurath wurde durch den Nationalsozialisten Joachim von Ribbentrop ersetzt. Noch wichtiger war die Entlassung Blombergs und die Schaffung des Ober-

Der Einmarsch deutscher Truppen in die entmilitarisierte Zone des Rheinlands 1936, zu dessen Entmilitarisierung sich Deutschland im Vertrag von Locarno 1925 verpflichtet hatte, war für die Bevölkerung ein Zeichen der gestiegenen Macht des Reiches und trug zur Popularität des Regimes bei.

kommandos der Wehrmacht. Mit diesem Schritt übernahm Hitler selbst den Oberbefehl über die gleichgeschaltete Wehrmacht. Ihm applaudierten immer mehr Offiziere, die sich mit dem Nationalsozialismus identifizierten. Aus Hitlers Sicht war ein Anfang gemacht. Nach dem Krieg gegen die Tschechoslowakei, den er für 1938 fest plante, wollte er fortfahren und die »alten Generale« durch eine »neue Führerschicht« ersetzen.

Auf Expansionskurs – Japans Entwicklung zum militärischen Staat

Soziale Spannungen

Japan gehörte einerseits zu den Siegermächten des Ersten Weltkriegs. Andererseits fühlte es sich nicht als gleichberechtigte Großmacht akzeptiert. Es sah sich in seinen imperialistischen Ambitionen durch die etablierten Groß- und Weltmächte, insbesondere durch

Im Rahmen der Washingtoner Konferenz 1921/22 vereinbarten die USA, Großbritannien und Japan eine Flottenstärke im Verhältnis 5:5:3 und garantierten die Souveränität Chinas. Gemeinsam mit Frankreich schlossen sie einen Nichtangriffspakt.
Im Bild der Verhandlungssaal im Washingtoner Pan American Building am 21. November 1921.

die USA, gebremst. Das weit reichende japanische Ziel, die junge chinesische Republik zu einem Satellitenstaat zu machen, schlug fehl. Für die nationalistischen Kreise in Japan bedeutete die Washingtoner Konferenz 1921/22 eine ähnliche Knebelung wie Versailles für Deutschland. Als besonders demütigend wurde empfunden, dass Kiautschou, das Japan 1914 von Deutschland übernommen hatte, an China zurückfiel. Dass Japan wirtschaftliche Sonderrechte in der Mandschurei behaupten konnte, war nur ein schwacher Trost.

Die außenpolitische Frustration fiel mit verschiedenen innergesellschaftlichen Spannungsmomenten und Konfliktlagen zusammen. An der Spitze stand die weit verbreitete Angst vor zu starken westlichen Einflüssen. Die wirtschaftliche Modernisierung des Landes sollte die vormodernen paternalistischen Strukturen in Gesellschaft, Wirtschaft und Politik auf keinen Fall tangieren. Westlicher Individualismus sollte nicht in traditionelle Verhaltensmuster eindringen. Die Ausrichtung auf die Familie und auf vergleichbare gesellschaftliche Organisationen mit klarer Über- und Unterordnung musste verbindlich bleiben. Firmen, politische Parteien, die Armee, die Nation mit dem Tenno, dem Gottkaiser, an der Spitze – alles war auf die Idee der hierarchisch

Bevölkerungswachstum in Japan

Einwohner in Millionen

Jahr	Einwohner in Millionen
1872	33
1900	44
1910	49
1920	56
1930	65
1940	72
1950	83

strukturierten Großgruppe ausgerichtet. Da sie in allen Bereichen anerkannt war – sowohl in der Armee, die überwiegend in der ländlichen Gesellschaft wurzelte, als auch in der Großindustrie –, trug sie wesentlich zum Zusammenhalt der Gesamtgesellschaft bei, zumal sie mit einem Überlegenheitsgefühl der Japaner gegenüber allen anderen Völkern einherging. Psychologisch um so verheerender wirkte sich die restriktive Einwanderungspolitik der USA aus, von der Asiaten besonders hart betroffen waren. Mit seinem hohen Bevölkerungswachstum war Japan auf Emigrationsmöglichkeiten angewiesen, wie es wirtschaftlich mit seiner Exportindustrie auf funktionierende Beziehungen zu den USA angewiesen war.

Der Aufstieg zur wirtschaftlich führenden Macht in Ostasien führte in Japan zu Gewinnen, die äußerst ungleichmäßig verteilt waren. Nicht beteiligt an den Früchten des Aufschwungs war die Landwirtschaft, in der nach dem Ersten Weltkrieg noch die Hälfte der Erwerbstätigen beschäftigt war. Auch der Industriearbeiterschaft blieb ein angemessener Anteil am nationalen Reichtum verwehrt. Dagegen richteten sich 1918 städtische Unruhen, die aber durch geringfügige Konzessionen wie die Freigabe der Reisimporte besänftigt werden konnten. Die Arbeiterschaft war, gemessen an europäischen

Die Regierung des am 25. Dezember 1926 inthronisierten jungen Kaisers Hirohito wurde unter das Motto »Shōwa« – »glänzende Harmonie« – gestellt. Die zeremonielle Würde des Herrschers (hier das Krönungsfoto) ermöglichte ihm nur ein begrenztes Eingreifen in die Tagespolitik.

Die Mitsui-Bank war ab dem 19. Jahrhundert der Eckpfeiler eines gigantischen Familienkonzerns, der erst nach dem Zweiten Weltkrieg zerschlagen wurde. Hier die Gründungszentrale des Geldinstitutes in Tokio nach einem zeitgenössischen Holzschnitt.

Maßstäben, so gut wie unorganisiert. Ende der Zwanzigerjahre gehörten von vier Millionen Industriearbeitern nur 330 000 einer der meist kleinen Gewerkschaften an. Die Arbeiterpartei kam 1928 auf ganze acht Sitze im Unterhaus des japanischen Reichstags.

Wirtschaftskrise und Expansion

Über die wirtschaftlichen Gewinne verfügten die Großkonzerne, die Zaibatsu (wörtlich übersetzt: Geldcliquen). Unter Kontrolle der in Familienhand befindlichen Konzerne standen auch

die politischen Parteien, die ohne sich unterscheidende Programm-
aussage um die Macht stritten. Die Minseitō-Partei war eng mit dem
Mitsubishi-Konzern verknüpft, die Seiyūkai-Partei mit dem Mitsui-
Konzern. Die Parteienkabinette regierten seit 1918, ohne dass aber
eine parlamentarische Demokratie eingeführt worden wäre. Erstmals 1928 wurde nach dem 1925 beschlossenen allgemeinen Wahlrecht, das aber auf Männer begrenzt blieb, gewählt. Die Parteienregierungen waren Ausdruck der Bedeutung der Großindustrie.
Gleichzeitig blieb die Sonderstellung des Militärs erhalten. Es war
der politischen Kontrolle entzogen und hatte seine soziale Basis in
der steuerlich hoch belasteten, von den Gewinnen der Zaibatsu
abgeschnittenen und verarmten Landbevölkerung.

Der ohnehin vorhandene Gegensatz zwischen dem Militär auf
der einen und der Koalition aus Parteien und Großkapital auf der
anderen Seite spitzte sich zu, als die Weltwirtschaftskrise konflikt-
verschärfend hinzutrat und ganze Wirtschaftszweige beeinträchtigte.
Wegen seiner Rohstoff- und Exportabhängigkeit vom Ausland traf
die Krise Japan mit immenser Wucht. Die USA als Ursprungsland
der Krise fielen als Markt für die japanische Textilindustrie, die 1929
die Hälfte aller Fabrikarbeiter beschäftigte, völlig aus. Japan war
daran gewöhnt, nahezu seine gesamte Rohseidenproduktion in die
USA zu exportieren und aus diesen Einnahmen fast die Hälfte seiner
Maschinen und Rohstoffimporte zu finanzieren. Die japanische
Wirtschaft hing im wahren Sinn des Wortes an einem seidenen
Faden, der in der Weltwirtschaftskrise zerriss. Die extreme Abhängigkeit Japans von seinen Außenmärkten erwies sich auch deshalb
als besonders folgenreich, weil eine Konzentration auf nur zwei
Märkte, die USA und China, bestand. Auch der chinesische Markt
bereitete Probleme. Nach dem Sieg der nationalrevolutionären Kuo-
min-tang-Partei Chiang Kai-sheks setzte China seiner wirtschaftlichen Durchdringung Widerstand entgegen. Zum Beispiel baute man
in der Mandschurei eine eigene Eisenbahnlinie als Gegengewicht zur
japanisch beherrschten Südmandschurischen Eisenbahn.

Mit den USA unterhielt Japan enge
wirtschaftliche Beziehungen. In dieser
Seidenspinnerei in Kiryū wurde um
1925 an Webstühlen, die in den USA
hergestellt worden waren, gearbeitet.

In dieser Situation extremer Anspannung rief das Londoner Flottenabkommen vom April 1930, mit dem sich die liberal-gemäßigte
Minseitō-Regierung Hamaguchi Yuko noch einmal in das Washingtoner System einbinden ließ, wütende Proteste der nationalistischen
Opposition und der die Interessen der Marine artikulierenden Seiyūkai-Partei hervor. Japan hatte sich verpflichtet, bestimmte Obergrenzen im Flottenbau nicht zu überschreiten. Ähnlich wie in
Deutschland war daraufhin auch in Japan von nationaler Demütigung, Gefährdung der nationalen Sicherheit und Kapitulation vor
den westlichen Großmächten die Rede. Hamaguchi wurde im
November 1930 durch ein Attentat so schwer verletzt, dass er einige
Monate später an den Folgen starb.

Die weitere Entwicklung der japanischen Innen- und Außenpolitik wurde von dem steigenden Gewicht der Armee geprägt. In ihr
verbanden sich der Protest gegen die Korruption der Parteiführer
und Großunternehmer, denen das Unverständnis für das Elend der

breiten Massen zum Vorwurf gemacht wurde, mit der Bereitschaft zum militärischen Losschlagen und zur Expansion auf dem chinesischen Festland. Gewalt im Innern und Krieg nach außen entsprachen sich fast modellartig. Darüber hinaus wollten viele Offiziere die Tugenden des Kriegers dem Gewinnstreben der Kapitalistenklasse entgegenstellen. In Deutschland hatte dies seine Entsprechung in dem von der nationalistischen Rechten herausgestellten Gegensatz zwischen »Kriegern« und »Krämern«. So sprach Ernst Jünger vom »Kampf als innerem Erlebnis«. Er wollte das »Heroische« betont wissen: »Daher sollen unsere Wertungen auch heroische, auch Wertungen von Kriegern und nicht solche von Krämern sein, die die Welt mit ihrer Elle messen möchten.«

Ohne jede Weisung aus Tokio überrannten japanische Einheiten die chinesische Garnison in Mukden, nachdem am 18. September 1931 ein Zwischenfall in der Nähe Mukdens an der Südmandschurischen Eisenbahn inszeniert worden war. Es gelang der Regierung auch nicht, die militärische Dynamik zu bremsen, sodass schließlich die ganze Mandschurei besetzt und im Februar 1932 der Marionettenstaat Mandschukuo proklamiert wurde. Da die Marine, die eher eine Expansion nach Süden bevorzugte, nicht abseits stehen wollte, eröffnete sie – ebenfalls eigenmächtig – im Januar 1932 eine Offensive gegen Schanghai, in deren Verlauf es auch zu Bombenangriffen auf die Zivilbevölkerung kam.

Die Intervention zum Schutz der Südmandschurischen Eisenbahn nach einem inszenierten Anschlag in der Nacht vom 18. zum 19. September 1931 leitete die japanischen Eroberungszüge in China ein.

Militarismus und Ende der Parteienregierungen

Die Vorgänge zeigen, wie Anfang der Dreißigerjahre in Japan weitgehende Einigkeit über die Bereitschaft zur Expansion bestand. Unterschiede gab es allenfalls in der Schwerpunktsetzung. Sollte man im Norden mit der Konsequenz eines Krieges gegen die Sowjetunion vorgehen oder im rohstoffreichen Süden vorrücken, wo der Konflikt mit den Westmächten drohte, die Vertragspartner im Washingtoner Abkommen gewesen waren? Das eigenmächtige

Vorgehen des Militärs lässt darüber hinaus Japans Wende zum Militarismus erkennen. Die Operation der Armee in der Mandschurei wirkte sich auch auf das politische System und die Wirtschaft des Landes aus. Die Wahlen im Februar 1932 brachten der Minseitō-Partei eine klare Niederlage bei: Sie erhielt nur 147 Mandate, die Seiyūkai-Partei kam auf 304. Gleichzeitig wurde das System der Parteienregierungen insgesamt durch eine Serie von Attentaten seitens radikaler Armeekreise herausgefordert. Ministerpräsident Inukai Tsuyoshi von der Seiyūkai-Partei wurde im Mai 1932 in seinen Amtsräumen ermordet. Auch auf andere Repräsentanten aus Politik und Wirtschaft wurden Attentate verübt. Die neue Regierung war eine Expertenregierung unter der Kontrolle von Armee und Marine. Damit ging die Ära der Parteienregierungen zu Ende, die die japanische Politik seit 1918 geprägt hatten. Radikale antikapitalistische Gruppen in der Armee waren aber mit der faktischen Entmachtung der weiterhin existierenden Parteien noch nicht zufrieden. Nachdem es in den Wahlen Anfang 1936 abermals zu einem Wechsel der Mehrheitsverhältnisse gekommen war, jetzt zugunsten der Minseitō-Partei, die im Wahlkampf mit der Parole »Parlamentarische Regierung oder Faschismus?« aufgetreten war, unternahmen radikale Offiziere einen Militärputsch, der allerdings fehlschlug. Die expansionistisch und sozialrevolutionär ausgerichteten radikalen Militärs scheiterten, was die Stellung des Militärs in der Politik insgesamt aber eher

Das Bild Japans in der Weltöffentlichkeit wurde durch den gewaltsamen Einmarsch in die Mandschurei und den Eroberungskrieg gegen China getrübt. Hier zwei zeitgenössische deutsche Karikaturen.

festigte. Auch die Großindustrie orientierte sich mit einer stärkeren Gewichtung der Schwerindustrie deutlich an den Plänen der Armee, die starke Ähnlichkeit mit nationalsozialistischen Autarkiebestrebungen aufwiesen. Damit aber war mittelfristig ein Ausgleich mit anderen im Fernen Osten präsenten Großmächten unwahrscheinlich geworden, es sei denn, Japan hätte freie Hand erhalten, zum Hegemon in der Region und zur Führungsmacht in einem geschlossenen ost- und südostasiatischen Wirtschaftsraum aufzusteigen. Nicht zuletzt die USA sollten dieser Option im Weg stehen.

GOTTFRIED NIEDHART

Zwischen Demokratie und Diktatur – Staatliche Neuanfänge

Zwischen Austromarxismus und Heimwehren – Österreich zur Zeit der Ersten Republik

Die Erste Republik Österreich entstand nicht zielgerichtet und nicht ausschließlich im Zuge einer Willensbildung der Bevölkerung. Sie war das politische Resultat des Ersten Weltkrieges, als in den letzten Monaten vor der Niederlage die alte Struktur der Habsburgermonarchie zerbrach und ein »Rest« mit völlig unklaren Grenzen übrig blieb, der sich unter Berufung auf das Selbstbestimmungsrecht als Teil Deutschlands begriff, da er weitgehend von deutsch sprechenden Menschen bewohnt war. Die staatliche Selbstständigkeit war eine politische Entscheidung, die außerhalb Österreichs gefällt wurde, als machtpolitisches Kalkül der Siegermächte. Die Staatsform aber kam von einer inneren Bewegung, einer sozialen Revolution als Antwort auf die Lebensbedingungen bei Kriegsende, und die Diskreditierung der Herrschaft der Habsburger.

Am 12. November 1918 rief der Präsident des österreichischen Staatsrates, Franz Dinghofer, die Republik Deutschösterreich von der Rampe des Wiener Parlamentsgebäudes aus. Auf dem Platz davor hatte sich etwa eine viertel Million Menschen versammelt.

Die Ausgangslage

Die Republik Deutschösterreich, wie sie anfangs hieß, hatte sich ihre Strukturen gänzlich neu zu bilden. Das politische System, geschaffen von der aus der Monarchie herausgewachsenen Parteienlandschaft, charakterisierten im Wesentlichen drei Gruppen: die Sozialdemokraten, denen es gelang, eine Spaltung der Linken zu verhindern und praktisch die gesamte Arbeiterschaft zu repräsentieren; die Christlichsozialen, die die Länder parteipolitisch beherrschten und eine starke katholische Ausrichtung hatten; das nationale Lager, das anfangs von den Großdeutschen gebildet war und eine Stütze im Bildungsbürgertum hatte. Diese Gruppen verständigten sich auf die Verfassung von 1920, die von Hans Kelsen entwickelt worden war. Sie schuf ein starkes Parlament, das nach dem Verhältniswahlrecht zusammengesetzt war, und ein Präsidentenamt mit Repräsentationsfunktion; sie zeigte zugleich ein zentralistisches Grundverständnis, um den starken Länderidentitäten entgegenzuwirken. Der junge Staat musste darüber hinaus das Staatsgebiet definieren sowie die ökonomische und soziale Krise bewältigen. Praktisch war keine Grenze fixiert: Bis die Burgenlandfrage entschieden war und Ödenburg (Sopron) bei Ungarn verblieb, dauerte es lange. Dem Königreich der Serben, Kroaten und Slowenen, dem späteren Jugoslawien, ging es um die Untersteiermark, die Österreich verlor, und um das südöstliche Kärnten, das nach einem Abwehrkampf und einer Volksabstimmung bei Österreich verblieb. Gegenüber Italien bildete vor allem die Südtirolfrage ein Problem, dessen Nachwirkungen bis in die Gegenwart zu spüren sind. Die Schweiz musste einen angestrebten »Anschluss« Vorarlbergs ablehnen. Die Grenze zu Deutschland war durch den Beschluss des Anschlusses durch das Parlament prinzipiell infrage gestellt. Zur Tschechoslowakei stellten die drei Millionen deutsch sprechenden Bewohner ein Konfliktpotenzial dar. Der Großteil dieser Entscheidungen wurde im Friedensvertrag von Saint-Germain-en-Laye fixiert. Karl Renner musste die Bedingungen am 10. September 1919 unterschreiben, die Provisorische Nationalversammlung erteilte ihm »unter feierlichem Protest vor der Welt« die Zustimmung. Besonders das schon im Versailler Vertrag mit Deutschland enthaltene Anschlussverbot sorgte für Zündstoff.

Die ökonomischen Auswirkungen des Krieges hatten dazu geführt, dass der Glaube an die Lebensfähigkeit des jungen Staates nicht sehr ausgeprägt war. Der Hunger der Städte war nur mit Lebensmittellieferungen der Alliierten notdürftig gestillt worden, auf dem Land sicherte man sich auch mit Gewalt gegen Plünderungen. Da es keine sichtbare Staatsgewalt in den letzten Kriegstagen gegeben hatte, verblieben zahlreiche Waffen in privaten Händen, mit denen Eigentum und Grenzen geschützt wurden und aus deren Besitzern sich letztlich die Heimwehren rekrutierten. In den Städten und Industrieorten hatten sich Arbeiter- und Soldatenräte als Ordnungsmacht gebildet. Sie waren gleichsam die außerparlamentarische Ergänzung der Sozialdemokratie, mit deren Hilfe die Sozialgesetzgebung unter Ferdinand Hanusch realisiert wurde, mit der sich Österreich als führender Sozialstaat etablierte.

Diese Propagandapostkarte entstand anlässlich der Volksabstimmung über den Anschluss an Deutschland im Salzburger Land 1921, für den eine Mehrheit von 99,5 Prozent votierte. Diese Abstimmungen brachten die Zentralregierung in eine prekäre Lage, da die Vereinigung beider Staaten durch den Friedensvertrag untersagt war.

Die gespaltene Gesellschaft

Nach der Unterzeichnung des Friedensvertrages zerbrach 1920 die Koalition der großen Parteien; die gesamte verbleibende Zeit der Ersten Republik war von einer tiefen Spaltung der Gesellschaft gekennzeichnet. Die Großstadt Wien, in der ein Drittel der österreichischen Bevölkerung wohnte, war das moderne pulsierende Zentrum eines Reiches mit mehr als 50 Millionen Einwohnern gewesen und war nun mit seiner Größe, seiner Dynamik, seiner Kultur und seinen Bildungsinstitutionen der neuen Situation des Kleinstaates nicht angepasst. In den Bundesländern gab es zwar Industrie, aber die Märkte waren weggebrochen. So dominierte außerhalb Wiens der konservative, agrarische Sektor. Stadt und Land wiesen gegensätzliche politische Kräfte, gegensätzliche Moral- und Wertevorstellungen sowie unterschiedliche Kulturen auf. Das »Rote Wien« mit seinen Leistungen im sozialen Wohnungsbau, in der Gesundheitsvorsorge und im Schulsystem verpflichtete seine Anhänger in einen

Eine der beliebtesten Zeitschriften im »Roten Wien« der Zwanziger- und Dreißigerjahre war das Wochenblatt »Wiener Woche«. Das freche Werbeplakat hier zeigt die Symbolfigur der Revolution auf dem gestürzten Thron der Habsburgermonarchie.

Ein Musterprojekt des sozialen Wohnungsbaus in Wien ist der 1927 fertig gestellte Karl-Marx-Hof.

Der blutige **Zwischenfall von Schattendorf** im Jahr 1927 bildete den Auftakt zu einer Welle der Gewalt in Österreich. In der kleinen burgenländischen Gemeinde Schattendorf hatten sich am 30. Januar konservative Verbände in ein Gasthaus zurückziehen müssen. Von dort aus hatten sie vorbeimarschierende Verbände der Linken beschossen. Dabei wurden ein Kriegsinvalide und ein Kind getötet. Dieses dramatische Ereignis führte zu einem Gerichtsverfahren, in dem am 14. Juli 1927 ein Wiener Geschworenengericht die Schützen freisprach. Daraufhin stürmten am 15. Juli Demonstranten den Justizpalast in Wien **(Julirevolte)**, der schließlich in Flammen aufging. Die Polizei setzte mit Billigung des Bundeskanzlers Ignaz Seipel (ein Christlichsozialer), aber ohne Wissen des Wiener Bürgermeisters Karl Seitz (Sozialdemokrat) Schusswaffen zu einem Zeitpunkt ein, als die Demonstration bereits im Abflauen war. 89 Tote und über 1000 Verletzte lagen am Ende des Tages auf den Straßen der Wiener Innenstadt.

lebensumspannenden Zusammenhang mit Alternativangeboten zu katholischen Sinnstiftungen. Im Land galt die Stadt als Hort der Unmoral, dem gegenüber Tradition und Glauben zu betonen seien.

Dieser politisch-kulturelle Gegensatz fand allerdings unter den Besonderheiten der Ersten Republik auch seinen Ausdruck in politischer Gewalt. Hatten sich aus den lokalen und regionalen Schutzverbänden die konservativen Heimwehren herausgebildet, so entstanden aus sozialdemokratischen Ordnerverbänden ebenfalls bewaffnete Einheiten, die im »Republikanischen Schutzbund« zusammengefasst wurden. War das österreichische Militär durch den Friedensvertrag auf die Größe von 30 000 Mann reduziert, so organisierten die Privatarmeen der Rechten und der Linken gemeinsam an die 180 000 Mann, die um die Vorherrschaft auf der Straße kämpften.

Wohl gelang nach einer ungeheuren Inflation im ökonomischen Bereich die Sanierung der Währung über eine Völkerbundsanleihe, die 1922 von Bundeskanzler Ignaz Seipel erreicht wurde. Arbeitslosigkeit und Armut kennzeichnen aber die Geschichte der Ersten Republik. Das Fehlen demokratischer Traditionen, die geringe Identifikation mit dem Staat und das Auseinanderfallen von staatlicher und nationaler Identität bildeten in Verbindung mit wirtschaftlicher Hoffnungslosigkeit den Nährboden für die politische Gewalt.

Bei politisch motivierten Zusammenstößen starben schon vor dem österreichischen Bürgerkrieg von 1934 viele Menschen. Aus dieser Schreckensbilanz stechen der blutige Zwischenfall in der burgenländischen Gemeinde Schattendorf und seine Folgen im Jahr 1927 hervor. Sie stehen symbolisch für eine der großen Konfliktlinien der Ersten Republik. Der Staat war in konservativen Händen, der Bundeskanzler Prälat Ignaz Seipel stand für das nahe Verhältnis von Staat und Kirche; intellektuell brillant war er der Widerpart des Austromarxisten Otto Bauer, der die Sozialdemokratie mit verbaler Schärfe und moderater Praxis führte. Die politische Kirche und die verbalradikale Sozialdemokratie standen für die gespaltene Gesellschaft: Kirchenaustritte, Misstrauen gegenüber dem Staat waren die Reaktionen der Linken. Die Rechte fürchtete ein Weitertreiben der Revolution von 1918 und wollte zu traditionellen Werten zurückgelangen.

Die Demokratie geht zu Ende

Trotz der hohen Konfliktbereitschaft kannte die Erste Republik auch Formen gemeinsamer Politik, besonders die Verfassungsreform von 1929, die die Rechte des Bundespräsidenten stärkte und auch seine Wahl durch das Volk festsetzte. Die Weltwirtschaftskrise von 1929 vernichtete in Österreich jeden dritten Arbeitsplatz und führte dazu, dass 600 000 Menschen arbeitslos wurden und viele von ihnen aus dem sozialen Netz fielen. Dieses Arbeitslosenheer führte zu verstärktem Zulauf zu den Wehrverbänden, und auch der Nationalsozialismus erfuhr von dieser Seite erstmals Zuspruch. 1931 versuchte der frühere Bundeskanzler und nunmehrige Außenminister Johannes Schober, der als Polizeipräsident 1927 eine verhängnisvolle

Rolle gespielt hatte, zu einer Zollunion mit Deutschland zu gelangen, die aber vom Internationalen Gerichtshof untersagt wurde. Eine Völkerbundanleihe von 300 Millionen Schilling, die die Regierung Dollfuß im Juli 1932 erreichen konnte, schrieb für 20 Jahre das Anschlussverbot fest und führte zur Völkerbundkontrolle des Staatshaushalts. Daher war sie politisch hart umkämpft.

Insgesamt sank das Vertrauen in die Demokratie. Die Heimwehren legten sich 1930 in einem »Korneuburger Eid« auf einen autoritären, antidemokratischen Weg fest. 1932 erreichten die Nationalsozialisten einen signifikanten Erfolg bei mehreren Landtagswahlen. Die konservativ nationale Koalition, die im Januar 1932 zerbrochen war, hatte keine Zukunft mehr, keines der drei Lager war allein

Bundeskanzler Engelbert Dollfuß gründete 1933 die Vaterländische Front als Massenorganisation für den autoritären Ständestaat (oben ein Plakat von 1934). Beim nationalsozialistischen Putschversuch wurde er am 25. Juli 1934 ermordet. Das Bild links zeigt die Totengedenkrede des Bundespräsidenten Wilhelm Miklas vor dem Wiener Rathaus.

mehrheitsfähig, Gemeinsamkeiten waren nicht sichtbar. Um Neuwahlen zu verhindern, zahlte Engelbert Dollfuß einen hohen Preis: die Zerstörung der parlamentarischen Demokratie. Die Machtübernahme Adolf Hitlers 1933 in Deutschland führte zu verstärktem Druck der österreichischen Nationalsozialisten, die Neuwahlen forderten. In dieser Lage kam Dollfuß ein parlamentarischer Zwischenfall zu Hilfe: Bei einer Abstimmung legten nach einem Formfehler alle drei Präsidenten des Nationalrats ihr Amt nieder; dadurch war das Haus handlungsunfähig geworden. Statt einer Reparatur des Formfehlers regierte Dollfuß nunmehr mit dem »Kriegswirtschaftlichen Ermächtigungsgesetz« von 1917, das nie außer Kraft gesetzt worden war.

Bürgerkrieg und Ständestaat

Bei anhaltender Wirtschaftskrise ging es der Regierung, orientiert am faschistischen Italien und Ungarn, darum, innenpolitisch der Linken die Machtbasis zu entziehen und außenpolitisch eine Annäherung an Deutschland zu vermeiden. Während die Natio-

Unter Anknüpfung an Ideen des Wiener Geschichtsphilosophen und scharfen Kritikers des Marxismus Othmar Spann (»der Einzelne ist nur ein Glied des Ganzen«) und unter Berufung auf die Sozialenzyklika »Quadragesimo Anno« (1931) von Papst Pius XII. (Zusammenarbeit der »Stände« statt Klassenkampf) errichteten die konservativen Kreise um Bundeskanzler Engelbert Dollfuß auf berufsständischer Grundlage einen **autoritären Staat.**

Besonders in der Hauptstadt Wien eskalierten die bürgerkriegsartigen Kämpfe im Februar 1934. Das Bild entstand im Karl-Marx-Hof und zeigt zwei Gefallene der paramilitärischen Heimwehr, die gegen den Republikanischen Schutzbund der Sozialdemokratischen Partei kämpfte.

nalsozialisten durch ihren Aktionismus Zulauf erhielten, blieben die Sozialdemokraten defensiv. Ihre Führer rangen um Kompromisse, waren zu weit gehenden Zugeständnissen an die Regierung bereit und definierten nur die Grenzlinie, die diese nicht überschreiten solle: die Absetzung des Wiener Bürgermeisters, die Gleichschaltung der Gewerkschaften und die Auflösung der Partei. Diese sah aber tatenlos zu, wie die Waffenlager des Republikanischen Schutzbundes ausgehoben wurden. Als sich die Linzer Sozialdemokraten unter Richard Bernaschek am 12. Februar 1934 gegen eine Durchsuchung ihres Parteilokals wehrten, war dies der Startschuss zu einer kurzen, aber heftigen bewaffneten Auseinandersetzung. In Wien, Steyr, Kapfenberg, Bruck und in einigen anderen Industrieorten wurde das Signal von Linz aufgegriffen. Nach drei Tagen war der Kampf aber zu Ende; er forderte Hunderte von Toten und viele Verwundete und löste eine Fluchtwelle aus. Etliche Führer des Aufstandes wurden standrechtlich hingerichtet. Das Ereignis riss Gräben auf, die erst nach der Erfahrung der nationalsozialistischen Herrschaft überwunden wurden.

Dollfuß konnte nun seine Form der Diktatur, die Benito Mussolini verpflichtet war, errichten. Am 1. Mai 1934 wurde die Verfassung des so genannten Ständestaates verabschiedet. Aber der zweite innenpolitische Gegner, der Nationalsozialismus, bedrohte mit seinem Putsch im Juli desselben Jahres den Staat nochmals sehr ernsthaft. Die Ermordung des Bundeskanzlers Dollfuß sowie blutige Kämpfe vor allem in den südlichen Bundesländern, die Besetzung des Rundfunks und wiederum Hunderte von Toten waren die Bilanz dieses neuerlichen politischen Ringens. Der neue Bundeskanzler Kurt Schuschnigg musste schließlich zur Kenntnis nehmen, dass die Annäherung zwischen Hitler und Mussolini ab 1936 Österreich des italienischen Schutzes beraubte. Im Juliabkommen von 1936 wurde daher der Versuch einer Annäherung an Deutschland bei Aufrechterhaltung der österreichischen Souveränität unternommen. Dieser Versuch musste scheitern, da dem Staat die innere und äußere Legitimation fehlte. Der »Anschluss«, die Eingliederung Österreichs ins Deutsche Reich im März 1938, war sowohl das Resultat einer Aggression Deutschlands als auch das einer innerösterreichischen Bewegung. Bereits 1938 war die Opfer- und Täterrolle für die Österreicher verwischt, ein Bewusstseinsstand, der auch in den Folgejahren und im späteren Geschichtsbild so bleiben sollte.   Helmut Konrad

Zentralismus und Nationalitätenfrage – Die ČSR

Die tschechoslowakische Erste Republik war eine Staatsschöpfung, die am Ausgang des Ersten Weltkrieges auf den Trümmern der Habsburgermonarchie entstanden war. Mehr als ein Jahrtausend waren die beiden Titulationen der Tschechen und der Slowaken in unterschiedliche politische Herrschaftsbildungen eingebunden. Auch in ihrer kirchlich-religiösen Orientierung entwickelten sie abweichende Traditionen. Böhmen wuchs seit dem Hochmittelalter als Teil des Heiligen Römischen Reiches Deutscher Nation eng mit dem deutschen Sprach- und Kulturraum zusammen. Die Slowaken dagegen waren seit der Landnahme der Magyaren in Pannonien Untertanen der ungarischen Könige. Der historische Name des von ihnen bewohnten Gebietes war bis 1918 »Oberungarn«.

Ein gemeinsamer Staat für Tschechen und Slowaken

Die Idee eines gemeinsamen Staates der Tschechen und Slowaken reifte während des Ersten Weltkriegs in der westlichen Emigration heran. Die Tschechen waren enttäuscht über die jahrzehntelangen erfolglosen Ausgleichsbemühungen innerhalb der tschechisch-deutschen »Konfliktgemeinschaft« in den böhmischen Ländern und über den sich verschärfenden Nationalitätenkampf und Sprachenstreit. Noch bevor die leitenden Staatsmänner der Entente im Frühjahr 1918 ihre Nachkriegsplanungen auf eine Zerschlagung des Habsburgerreiches umstellten, begann der einflussreiche Tomáš Garrigue Masaryk in den

westlichen Hauptstädten eine erfolgreiche Kampagne für die Eigenständigkeit der kleinen Völker in einem »neuen Europa«. Schon am 14. November 1915 verkündete er in Paris ein Manifest zur Gründung des selbstständigen tschechoslowakischen Staates. 1916 rief er mit Billigung der französischen Regierung in Paris gemeinsam mit

Als neuer Staatspräsident zog Masaryk am 21. Dezember 1918 unter dem Jubel der Bevölkerung in Prag ein (im Fond des Wagens zweiter von rechts). Der Philosoph und Soziologe hatte die Kriegsjahre im Exil verbracht und in Amerika und England den tschechoslowakischen Nationalrat organisiert.

dem Slowaken Milan Štefánik einen tschechoslowakischen National-rat ins Leben. In dem Generalsekretär Edvard Beneš fand er einen rührigen Mitstreiter.

Beneš ließ am 14. Oktober 1918 die Bildung einer Provisorischen Regierung in Paris unter der Präsidentschaft Masaryks bekannt geben. Im Land selbst rief der im Juni 1918 neu gegründete tschecho-slowakische Nationalausschuss am 28. Oktober 1918 die tschecho-slowakische Republik aus. Eine Provisorische Nationalversammlung bestätigte dies ohne Beteiligung deutscher Vertreter am 14. Novem-ber 1918 und erklärte die Absetzung des Hauses Habsburg.

Unter den Auslandspolitikern der späteren Nachfolgestaaten des Habsburgerreiches gelang es allein den Tschechen noch während des Krieges, als Krieg führende Partei anerkannt zu werden. Sie handel-ten sich damit die Berechtigung ein, als Vollmitglied an den Frie-densverhandlungen in Paris teilzunehmen. Bei der Festlegung der Grenzen des von ihnen geplanten Staates konnten sie in eigener Sache mitreden und gewannen dabei die ehemaligen Kronländer Böhmen, Mähren und Schlesien in ihren historischen Grenzen, Ober-ungarn und Karpatenrussland. Im Streit mit Polen um das nordmäh-rische Kohle- und Industrierevier von Teschen mussten sie sich 1920 auf eine Teilung entlang der Olsa einlassen. Den Anschluss der Slo-waken und der Karpatoruthenen erstritten sie sich, unterstützt von den Siegermächten, mit Waffen-gewalt und erheblichem diploma-tischem Druck auf die ungarische Räteregierung.

Besondere Unterstützung erfuhren die Tschechen und Slowaken vonseiten der USA. In Abänderung seines Vierzehn-Punkte-Programms forderte Präsident Woodrow Wilson im Juni 1918 die Befreiung aller slawischen Völker von der deutschsprachigen Bevormundung. Oben ein amerikanisches Plakat aus dem letzten Kriegsjahr. Politisch herrschten in der Tschechoslowakei die tschechisch dominierten, aber gesamtstaatlich organisierten Sozialdemokraten, Nationalisten, Nationalsozialisten und Agrarier vor. Rechts ein Wahlplakat der Sozial-demokratischen Arbeiterpartei aus den Zwanzigerjahren.

Die Spannungen zwischen den beiden Titularnationen

Das Einvernehmen der Tschechen und der Slowaken gründete auf dem Gedanken des »Tschechoslowakismus«. Für das künf-tige Zusammenleben in einem gemeinsamen Staat waren den Slowa-ken innere Autonomie, ein eigenes Parlament, eigene Gerichte und das Slowakische als Amtssprache zugesagt worden. Ein entsprechen-des Abkommen hatte Masaryk am 30. Mai 1918 gemeinsam mit Ver-tretern der slowakischen Emigration im amerikanischen Pittsburgh unterzeichnet. Diese Versprechungen wurden in der Verfassung vom 29. Februar 1920 nicht eingelöst. Den maßgeblichen Verfas-sungsjuristen schwebte in Anlehnung an das französische Vorbild eine auf das Präsidentenamt zugeschnittene republikanische Staats-form vor. Sie begünstigte die mehrheitlich tschechische Ministerial-bürokratie. Die Slowaken waren sich in der Ablehnung einer starken Zentralgewalt einig. Die unter ihnen verbreitete Unzufriedenheit mit der Prager Politik bildete den Nährboden für die populistische

Agitation klerikaler Kreise, die über die Slowakische Volkspartei des katholischen Geistlichen Andrej Hlinka die Massen mobilisierten.

Der Verlust des österreichisch-ungarischen Binnenmarktes erforderte eine radikale Umstellung in den wirtschaftlichen Außenbeziehungen der tschechoslowakischen Industrie; neue Absatzmärkte mussten erschlossen werden. Im Gegensatz zu den anderen Nachfolgestaaten des Habsburgerreiches, die als typische Agrarstaaten nur die Erträge einer rückständigen Landwirtschaft anzubieten hatten, verfügte die Tschechoslowakei über sehr viel günstigere Ausgangsbedingungen. Aus der Erbmasse des Habsburgerreiches waren ihr 75 Prozent der industriellen Ressourcen zugefallen.

Die Tschechoslowakei – ein Vielvölkerstaat

In der Innenpolitik stellten sich schwierige Integrationsprobleme bei der Zusammenführung der einzelnen Landesteile, die ein sehr unterschiedliches Entwicklungsniveau und ein krasses west-östliches Wohlstandsgefälle aufwiesen, und bei der notwendigen Aussöhnung mit den zahlenmäßig starken Minderheiten. Diese lehnten mehrheitlich die von den Alliierten verordnete Zwangsgemeinschaft mit den Tschechen und Slowaken ab und erhoben weiter gehende Autonomieforderungen. Das politische Leben zerfiel in segmentierte nationale Teilgesellschaften, die – von den Parteien bis zu den Turn- und Gesangsvereinen – parallele eigene Organisationsformen entwickelten. Die von den Tschechen dominierte administrative Überlegenheit der Zentrale ließ den Gesamtstaatsgedanken nach Schweizer Modell immer mehr in den Hintergrund treten.

Die Republikgrenzen entsprachen nicht den ethnographischen Gegebenheiten. Aus strategischen und wirtschaftlichen Erwägungen ließen die Friedensmacher in Paris Abweichungen vom Prinzip des Selbstbestimmungsrechts zu. Nach der Volkszählung von 1921 lebten in der ČSR nach dem Kriterium der muttersprachlichen Zuordnung 50,82 Prozent Tschechen, 23,36 Prozent Deutsche, 14,71 Prozent Slowaken, 5,57 Prozent Magyaren, 3,45 Prozent Ruthenen, 1,35 Prozent Menschen jüdischer Herkunft (nach der Konfessionszählung 2,6 Prozent) und 0,57 Prozent Polen. Unter den Minderheiten begünstigte die Randlage der kompakten Siedlungsgebiete um den tschechischen Kernraum irredentistische Strömungen. Die Bodenreform vom 16. April 1919 zerschlug vornehmlich den fremden Großgrundbesitz und begünstigte bei der Landvergabe die armen Bauern der Staatsnation. Die Folgen der Weltwirtschaftskrise waren in den Dreißigerjahren in besonderer Schärfe in den sudetendeutschen Gebieten spürbar, die überdurchschnittlich von der Arbeitslosigkeit betroffen waren. Bei der Besetzung der Beamtenposten erschwerten obligatorische Prüfungen in der Staatssprache als Einstellungsvoraussetzung ein friedliches Zusammenleben.

Tomáš Garrigue Masaryk, Philosoph, Soziologe und Politiker, verband als »kritischer Realist« deutschen Idealismus und westeuropäischen Positivismus; er setzte sich kritisch mit dem Erbe der tschechischen politischen Romantik auseinander. Politisch wandte er sich schon früh gegen das Haus Habsburg und die Vorherrschaft der Deutschen und Magyaren in der Donaumonarchie. Seine demokratische Staatsauffassung führte ihn 1914 auf die Seite der Ententemächte.

Private Hilfsorganisationen bewahrten während der großen Wirtschaftskrise in der Tschechoslowakei Tausende vor dem Verhungern. Das Bild zeigt eine Suppenküche der Heilsarmee in Prag 1931.

Aus dem Protokoll vom 19. November 1945 über die Behandlung des tschechoslowakischen Staatspräsidenten Emil Hácha bei seinen Verhandlungen mit Hitler am 15. März 1939:

Es ist mir als dem unmittelbaren Teilnehmer jener Tage klar, dass in der Schicksalsnacht Hitler, Göring und die anderen Anwesenden, besonders aber auch Ribbentrop, sich stärksten Drucks bedienten, der gegen den Sprecher eines Volkes anzuwenden möglich ist, das heißt der Drohung, die Hauptstadt Prag von der Luft aus vollständig zu zerstören. Nur Grauen vor Repressalien, die dem tschechischen Volk angedroht wurden, hat nach meiner Überzeugung Dr. Hácha bewogen, sich dem Diktat Hitlers zu beugen. Dr. Hácha bestätigte, dass er während der Unterredung mit Hitler eine stärkende Injektion bekommen habe, obzwar er dagegen protestierte.

Mit ohnmächtiger Wut sahen die Tschechen den Einmarsch der Reichswehr, wie hier auf dem Prager Wenzelsplatz am 15. März 1939. Unter deutschem Druck hatte ihre Regierung die Umwandlung des tschechischen Restgebietes in das Protektorat Böhmen und Mähren akzeptiert.

Das patriarchalische Regime Masaryks hatte ein festes Fundament in dem engeren Beraterkreis des Staatspräsidenten, der »Burg«. In den Koalitionsausschüssen aus Vertretern der großen Parteien (der *pětka*) wurden wichtige Abstimmungen im Parlament vorberaten und vorentschieden. Mit Antonín Švehla und Milan Hodža rückten herausragende Führer ostmitteleuropäischer Bauernparteien in verantwortliche politische Ämter ein. Sie haben als Repräsentanten der tschechischen und slowakischen Agrarier zu einer systemstabilisierenden Politik in einem rot-grünen Bündnis beigetragen. Unter den Sudetendeutschen waren nur wenige »Aktivisten« bereit, politische Verantwortung zu übernehmen. Die meisten lehnten als »Negativisten« jegliche Zusammenarbeit mit der Regierung ab.

Die Sudetenkrise – Der Anfang vom Ende

Gegen die Revisionsforderungen der Nachbarn bot die bedingungslose Anlehnung an Frankreich und an das Bündnissystem der Kleinen Entente keine dauerhafte Sicherheit. Der Aufstieg des Nationalsozialismus in Deutschland brachte die tschechoslowakische Demokratie zunehmend in Bedrängnis. Im engen Zusammenwirken mit der »Sudetendeutschen Heimatfront« des Konrad Henlein brach 1938 Hitler die »Sudetenkrise« vom Zaun und erzwang im Münchener Abkommen vom 29. September 1938 die Abtretung der deutschen Siedlungsgebiete. Damit war die Auflösung der Tschechoslowakischen Republik nicht mehr aufzuhalten. Der erste Wiener Schiedsspruch der Achsenmächte vom 2. November 1938 erkannte die ungarischen Ansprüche auf südslowakisches Territorium an. Am 1. Oktober 1938 rückten die Polen in das Olsa-Gebiet ein. Am 14. März 1939 setzte Hitler die Unabhängigkeit der Slowakei durch und erzwang die Liquidierung des Gesamtstaates. Die Ungarn besetzten Karpaten-Russland, und das tschechische Gebiet ging nach dem Einmarsch deutscher Truppen am 16. März 1939 in das »Protektorat Böhmen und Mähren« auf. EDGAR HÖSCH

Monarchie ohne Monarchen – Ungarn

Ungarns Weg in die Eigenstaatlichkeit war im Revolutionsjahr 1918 von heftigen internen Parteienkämpfen und einem bedrohlichen Aufmarsch fremder Truppen begleitet. Dem Beispiel der anderen Nationalitäten in der Donaumonarchie folgend, hatte am 31. Oktober 1918 ein Nationalrat, der wenige Tage zuvor von den Sozialdemokraten und den Bürgerlich-Radikalen gegründet worden war, die Regierungsverantwortung übernommen. Der neue Ministerpräsident Graf Mihály Károlyi von Nagykárolyi brachte gut gemeinte Reformen und fortschrittliche Gesetzesinitiativen auf den Weg; dem Zerfall der öffentlichen Ordnung und der katastrophalen Verschlechterung der Lebensbedingungen vermochte er nicht Einhalt zu gebieten. Károlyi fand auch nach der Ausrufung der Republik am 16. November 1918 als Präsident der Republik nicht die erhoffte Unterstützung der Entente. Die alliierte Forderung nach einer Sicherheitszone an der ungarisch-rumänischen Demarkationslinie und einer weiteren Rückverlegung der ungarischen Truppen zwang Károlyi am 21. März 1919 zum Rücktritt.

Räterepublik und Gegenrevolution

Angesichts der innenpolitischen Situation und der akuten Bedrohung der nationalen Existenz stimmten die Sozialdemokraten einer Regierungsbeteiligung der Kommunisten zu, lösten damit aber eine radikale Linkswendung in der ungarischen Politik aus und mussten schließlich das Ruder aus der Hand geben. Ein »Regierender Revolutionsrat« rief am 22. März 1919 eine Räterepublik aus. Treibende Kraft war der Kommunistenführer Béla Kun. Die Räteregierung verstand sich im marxistischen Sinne als Organ der Diktatur des Proletariates und bemühte sich in einem hektischen Gesetzgebungsverfahren um die Umsetzung der revolutionären Zielvorgaben. Rumänische Truppen aber stürzten mit ihrem Marsch auf Budapest die Rätediktatur am 1. August 1919.

Mit alliierter Rückendeckung und im Schutze der rumänischen Besatzungstruppen hatte im Umkreis der antikommunistischen Gegenregierung in Szeged eine Neuformierung der ungarischen Rechten begonnen. Sie fand in dem letzten Oberbefehlshaber der österreichisch-ungarischen Kriegsflotte, Admiral Miklós Horthy (auch Nikolaus Horthy von Nagybánya), und in Gyula Gömbös von Jákfa zwei militärische Führungspersönlichkeiten, die die gegenrevolutionären Kräfte sammelten. Beide nahmen es hin, dass der »weiße Terror« monatelang im Land wütete und wahllos das blutige Geschäft der Abrechnung mit den innenpolitischen Gegnern besorgte.

Mihály Graf Károlyi von Nagykárolyi stammte aus einer einflussreichen ungarischen Magnatenfamilie. Als Führer der Unabhängigkeitspartei forderte er schon 1916 Konzessionen gegenüber den ethnischen Minderheiten im Reich und Friedensverhandlungen mit den Alliierten unter Verzicht auf Annexionen.

»Zu den Waffen, zu den Waffen!« forderte dieses Plakat des ungarischen Grafikers Róbert Berény 1919 für die Budapester Kommune.

Horthy war am 16. November 1919 mit seiner Nationalen Armee in Budapest eingerückt. Die Sozialdemokraten boykottierten aus Protest gegen die willkürlichen Verfolgungen die Wahlen zur Nationalversammlung am 25. Januar 1920 und verhalfen damit der Partei der Kleinen Landwirte zu einem beachtlichen Stimmenanteil von

Reichsverweser Miklós Horthy vertrat ein autoritäres, rechtsradikales und antisemitisches Regierungsprogramm, lehnte jedoch die Linie der national-sozialistischen Pfeilkreuzler ab.
Das Bild zeigt ihn beim Ritterschlag für Frontkämpfer des »Ordens der Tapferen«.

Im Vertrag von Trianon wurde Ungarn zusammen mit Deutschland und Österreich zum Schuldigen des Krieges erklärt und zur Wiedergutmachung verpflichtet. Das Bild zeigt die ungarische Delegation beim Verlassen des Verhandlungssaales nach der Unterzeichnung.

40 Prozent. Diese vertrat die Interessen der mehrheitlich bäuerlichen Bevölkerung, die von der allgemeinen Verschlechterung der Lebensbedingungen besonders hart betroffen war. Unter den bestehenden Machtverhältnissen waren allerdings ihre Einflussmöglichkeiten auf die Neugestaltung des politischen und gesellschaftlichen Systems beschränkt. In der »Idee von Szeged« formulierten die konservativen und antirevolutionären Kräfte ihre Grundvorstellungen, die von der Ablehnung von Kommunismus, Judentum, Liberalismus und Freimaurertum getragen waren. Horthy als Hoffnungsträger dieser Kräfte fühlte sich zugleich als Treuhänder der Königsmacht und ließ sich am 1. März 1920 in dem von Truppen umstellten Parlament zum Reichsverweser wählen. Die ungarische Volksvertretung hielt zwar am Fortbestand der Monarchie fest, widersetzte sich aber einer Anerkennung der Thronrechte Karls IV. Gegen dessen zweiten Versuch, seinen Thron im Handstreich zurückzugewinnen, bot Horthy im Oktober 1921 bewaffnete Einheiten auf. Das Parlament fügte sich schließlich dem Druck der Entente und stimmte am 6. November 1921 der Entthronung der Habsburger zu.

Der Vertrag von Trianon und die Ära Bethlen

Zum Trauma aller Ungarn wurde der Diktatfriede, der am 4. Juni 1920 der ungarischen Delegation im Schloss Trianon zu Versailles ohne Anhörung zur Unterzeichnung vorgelegt wurde. Vom

ehemaligen Reich der Stephanskrone verblieb den Ungarn nur noch ein Torso. Das Staatsgebiet schrumpfte auf weniger als ein Drittel seiner ursprünglichen Größe, die Bevölkerungszahl reduzierte sich von 20,9 auf 7,62 Millionen. Ungarn verlor Oberungarn, die nunmehrige Slowakei, und Karpatenrussland an die Tschechoslowakei, das östliche Banat und Siebenbürgen mit dem Szeklerland an Rumänien, Kroatien-Slawonien und Sirmien sowie große Teile der Baranya, die Batschka und das westliche Banat an das Königreich der Serben, Kroaten und Slowenen. Nicht weniger gravierend waren die Reparationsverpflichtungen und die wirtschaftlichen Einbußen. Sie betrafen über 80 Prozent der Eisenvorkommen und der Holzvorräte sowie 58 Prozent des Schienennetzes. Rumpfungarn wurde mit 89,5 Prozent Magyaren zu einer national homogenen Gesellschaft, doch musste ein Drittel aller Magyaren, mehr als drei Millionen, künftig als Minderheit in einem der Nachbarländer leben. Infolge einer Volksabstimmung am 14. Dezember 1921 kam das Gebiet um Sopron (Ödenburg), das vom Burgenland abgetrennt wurde, an Ungarn zurück.

Die ungarische Nation reagierte erbittert und enttäuscht mit einem trotzigen »Nie, nie, niemals!« auf das Friedensdiktat. Die Flaggen blieben seither auf Halbmast, Revisionsforderungen wurden für Politiker aller Parteien zu einer nationalen Verpflichtung. Ministerpräsident Graf István Bethlen von Bethlen, ein Calvinist aus einer siebenbürgischen Großgrundbesitzerfamilie, versuchte sich als Mann des Ausgleichs; er schwor seinen früheren liberalen Überzeugungen weitgehend ab, hielt jedoch auch zur äußersten Rechten und zu den so genannten Rassenschützlern Distanz. Auf die Konsolidierung der Staatsgewalt bedacht, übte er einen autoritären Regierungsstil aus und setzte im Parlament klare Mehrheitsverhältnisse durch. Er verständigte sich mit den Sozialdemokraten und band die Partei der Kleinen Landwirte in seine neu gegründete Christliche Kleinlandwirte-, Bauern- und Bürgerpartei ein. Diese »Einheitspartei« richtete sich in ihrem Programm an nationalen und christlichen Grundsätzen aus, befürwortete maß-

In den Zwanzigerjahren wurde in Ungarn der Ruf nach einer Revision des Vertrages von Trianon immer lauter. 1931 demonstrierten dafür in Budapest 200 000 Menschen (oben). Der aus altem Magnatengeschlecht stammende Albert Georg Graf Apponyi hatte 1920 die ungarische Friedensdelegation angeführt und vertrat später Ungarn im Völkerbund. Das untere Bild zeigt ihn während der Genfer Abrüstungskonferenz im Februar 1932.

volle Reformen und suchte über ein soziales Grundsicherungssystem den inneren Frieden zu erreichen.

Zum beherrschenden Thema der Innenpolitik wurde die Bereinigung der wirtschaftlichen Notlage. Nach dem rapiden Währungsverfall im Krisenjahr 1923 rettete eine Völkerbundanleihe Ungarn vor dem Ruin der Staatsfinanzen. Für anhaltenden sozialen Zündstoff sorgte die ungleiche Bodenverteilung. Sie ließ ein Massenheer von Landarbeitern und Kleinstbauern, ein Land mit drei Millionen »Bettlern« entstehen. Eine einschneidende Bodenreform war aber gegen den Widerstand der herrschenden Klasse nicht durchzusetzen; Mitstreiter im antirevolutionären Kampf wurden bei der Landvergabe bevorzugt mit »Heldengütern« zu 50 Hektar bedacht.

Die neue Rechte

Bethlen trat am 19. August 1931 zurück, als die Auswirkungen der Weltwirtschaftskrise die Menschenmassen auf die Straße trieben. Tausenden bäuerlichen Kleinbetrieben war mit dem Verlust der

Der 1937 zum Regenten aufgestiegene Horthy schloss Ungarn der Achse Berlin-Rom an. Das Bild zeigt seine Ankunft zu einem Deutschlandbesuch in Kiel im August 1938. Der äußere Anlass dieser Visite war eine Schiffstaufe, aber der eigentliche Grund war die Frage der Einbindung Ungarns in die deutsche Politik gegen die Tschechoslowakei.

ausländischen Absatzmärkte die Existenzgrundlage entzogen worden. Die neue Rechte drängte mit radikalen Parolen an die Macht und brachte die Regierungspolitik in Misskredit. Ihr Führer, Gyula Gömbös von Jákfa, wurde 1932 zum Ministerpräsidenten berufen. Er steuerte Ungarn in das Fahrwasser Hitlers; nur der Einspruch Horthys zügelte seine offenkundigen Neigungen zum Faschismus.

Ungarn suchte in den Dreißigerjahren in der Außenpolitik eine engere Anlehnung an Mussolini und Hitler, um seinen Forderungen nach Grenzrevisionen Nachdruck zu verleihen. Der Erfolg blieb nicht aus: Der 1. Wiener Schiedsspruch vom 2. November 1938 bestätigte die Rechte Ungarns auf die ungarischen Siedlungsgebiete in der Südslowakei. Bei der Auflösung der Tschechoslowakei im März 1939 okkupierten ungarische Truppen die Karpaten-Ukraine. Der 2. Wiener Schiedsspruch vom 30. August 1940 brachte Nordsiebenbürgen und das Szeklerland zurück.

Das Entgegenkommen Hitlers musste Ungarn allerdings mit dem Beitritt zum Antikominternpakt am 13. Januar 1939 und der Teilnahme an den deutschen Angriffskriegen in Südosteuropa und gegen die Sowjetunion teuer bezahlen. In der Endphase des Zweiten Weltkrieges suchte sich Horthy vergeblich vor der heranrückenden Roten Armee von seinem unheimlichen Verbündeten wieder zu trennen. Er musste am 19. März 1944 die Besetzung des Landes durch deutsche Truppen und die Deportation der Juden durch Adolf Eichmann hinnehmen. Horthy wurde entmachtet, als seine geheimen Waffenstillstandsverhandlungen mit der sowjetischen Führung ruchbar wurden und die ungarischen Truppen am 15. Oktober 1944 von ihm den Befehl zur Einstellung der Kampfhandlungen erhielten. Die leidgeprüften Ungarn mussten danach noch bis zum

Der Vertrag von Neuilly-sur-Seine vom 27. November 1919 legte fest, dass das im Weltkrieg mit den Mittelmächten verbündete Bulgarien Grenzgebiete an das neu gebildete Jugoslawien abtreten musste. Flucht und Umsiedlung von Bulgaren aus den Gebieten mit gemischter Bevölkerung waren die Folge.

vollständigen Abzug der deutschen Truppen am 4. April 1945 das Terrorregime der faschistischen Pfeilkreuzler des Ferenc Szálasi erdulden.

 EDGAR HÖSCH

Vaterland der Südslawen? – Jugoslawien

W ährend des 19. Jahrhunderts war das Ziel vieler nationaler Erwecker unter den Balkanslawen, alle Menschen mit einem südslawischen Idiom in einem gemeinsamen Staat zusammenzuführen. Mit der Gründung des Königreiches der Serben, Kroaten und Slowenen im Jahr 1918 ging dieser Wunschtraum aber nur teilweise in Erfüllung. Die Bulgaren versagten sich von Anfang an dem Experiment eines politischen Gemeinwesens, dessen Bewohner in ihrer bisherigen Geschichte außer der Sprache und der ethnischen Zuordnung nur wenige Gemeinsamkeiten aufzuweisen hatten. Unübersehbar war zu Beginn des 20. Jahrhunderts, dass sich zwischen den Regionen des südslawischen Siedlungsraumes erhebliche Unterschiede in den religiösen Bindungen und kulturellen Werten, den mentalen Strukturen, den Rechtsgewohnheiten und Verwaltungspraktiken sowie im wirtschaftlichen und gesellschaftlichen Entwicklungsniveau verfestigt hatten. Während des Ersten Weltkrieges hatten die Slowenen und Kroaten dem Kaiser loyal gedient und ohne Murren gegen die Serben gekämpft. Dem serbischen Herrschergeschlecht Karađorđević mangelte es nach dem Krieg an Integrationskraft, um die bisherigen Kriegsgegner zu versöhnen und in ein gemeinsames Staatswesen einzubinden.

Die Staatsgründung

Noch während des Krieges hatten sich am 20. Juli 1917 der serbische Ministerpräsident, Nikola Pašić, und der Vertreter des »Südslawischen Ausschusses« in London, Ante Trumbić, auf Korfu, am Exilort der serbischen Regierung und des Hofes, auf die Gründung eines gemeinsamen »dreinamigen« Königreiches verständigt. Die Deklaration von Korfu vermied es, die künftigen Verfassungsgrundsätze festzulegen. Dem »Jugoslawismus« als staatstragender Idee fehlte so eine verbindliche inhaltliche Auslegung. Die föderative Staatskonzeption der Kroaten ließ sich nur schwer mit den zentralistischen Vorstellungen der Serben vereinbaren, die zudem nur ungern auf ihre großserbischen Ambitionen verzichten wollten.

Als Außenminister Serbiens hatte Nikola Pašić vor und während des Ersten Weltkrieges die großserbische Idee verfochten. Das neu gegründete Königreich der Serben, Kroaten und Slowenen vertrat er bei den Pariser Friedensverhandlungen und versuchte, es in der Vidovdan-Verfassung als zentralistischen Staat zu organisieren. Das Porträt hier entstand um 1919.

Treibende Kräfte beim Zusammenschluss der südslawischen Völker waren in Slowenien, Bosnien-Herzegowina und Kroatien die Nationalräte. Sie hatten sich 1918 beim militärischen Zusammenbruch der Donaumonarchie als provisorische Regierungen gebildet und in einer Phase nationaler Euphorie die Bevölkerung auf das Einigungswerk eingestimmt. Der kroatische Landtag kündigte am 29. Oktober 1918 die staatsrechtliche Beziehung zu Ungarn und zu Österreich auf. Eine Delegation wurde am 28. November 1918 nach Belgrad entsandt, um die Modalitäten der Vereinigung mit dem Königreich Serbien zu regeln. Zuvor war in der Genfer Deklaration vom 9. November 1918 zwischen dem Slowenen Ante Korošec, dem Serben Nikola Pašić und dem Kroaten Ante Trumbić ausdrücklich die Gleichberechtigung der Staatsnationen bestätigt worden. Angesichts der Eröffnung der Pariser Friedenskonferenz und der dort zu treffenden Grenzregelungen sah sich Prinzregent Alexander Karađorđević am 1. Dezember 1918 in Belgrad zu einer Proklamation des »Königreiches der Serben, Kroaten und Slowenen« veranlasst.

Die territorialen Maximalforderungen, die teilweise weit über die Grenzen der ethnischen Siedlungsräume hinausgingen, waren in Paris nicht zu realisieren. Im adriatischen Küstenbereich hatten die Westmächte und Russland schon im Londoner Vertrag vom 26. April

Die Forderung Italiens nach Vorherrschaft im nördlichen Bereich des Adriatischen Meeres hatte bereits vor dem Ersten Weltkrieg zu Konflikten mit Österreich-Ungarn und Serbien, das den freien Zugang zur Adria forderte, geführt. Nach 1918 wurde die **Adriafrage** ein Streitpunkt zwischen Italien und Jugoslawien. Am 12. September 1919 besetzten italienische Freischaren unter Führung von Gabriele D'Annunzio im Handstreich Fiume (Rijeka). Die Adriafrage belastete seit den Pariser Vorortverträgen 1919/20 die italienisch-jugoslawischen Beziehungen bis in die Zeit nach dem Zweiten Weltkrieg.

Die Spannungen zwischen Ungarn und dem Königreich der Serben, Kroaten und Slowenen erreichten einen Höhepunkt, als in Fünfkirchen die »Serbisch-ungarische Republik Baranya« ausgerufen wurde. Erst auf Druck der Entente stellte Belgrad seine Unterstützung für den neuen Balkanstaat ein. Das Bild zeigt den ungarischen Einmarsch am 20. August 1921. Im Zug auch ein britischer und ein französischer Offizier. Die südwestliche Baranya blieb vertragsgemäß ungarisch.

1916 dem italienischen Verbündeten ganz Istrien und Dalmatien zugesagt. Am 12. September 1919 war Fiume (Rijeka) von Gabriele D'Annunzio und seinen Freischaren im Handstreich besetzt worden. Nach schwierigen Verhandlungen musste die Belgrader Regierung im Vertrag von Rapallo am 12. November 1920 auf Triest, Istrien, Zadar und die vorgelagerten Adria-Inseln verzichten und sich mit dem Zugeständnis eines Freistaates Fiume zufrieden geben. In Südkärnten entschied sich sogar die mehrheitlich slowenischsprachige Bevölkerung bei der Volksabstimmung vom 10. Oktober 1920 gegen eine Zugehörigkeit zum SHS-Staat (Königreich der Serben, Kroaten und Slowenen).

Die Vidovdan-Verfassung

Das numerische Übergewicht wies den Serben als bestimmende politische Kraft eine Führungsrolle zu. Nach der Volkszählung von 1921 gehörten von den knapp 12 Millionen Einwohnern 74,4 Prozent zur serbokroatischen Staatsnation. Zusammen mit den Slowenen (8,5 Prozent) ergab sich ein slawischer Gesamtanteil von 82,9 Prozent. Zur nichtslawischen Minderheit zählten 4,2 Prozent Deutsche, 3,9 Prozent Ungarn und 3,8 Prozent Albaner. Nach der Religionsstatistik gehörten fast 47 Prozent zur orthodoxen und 39 Prozent zur katholischen Kirche, 11 Prozent bekannten sich zum Islam. Das konkurrierende Neben- und Gegeneinander der Serben und Kroaten verhinderte dauerhaft die Entstehung eines jugoslawischen Verfassungspatriotismus. Die Wahlen zur Verfassunggebenden Versammlung vom 3. September 1920 verhalfen den zentralistischen proserbischen Parteien zu einer relativen Stimmenmehrheit. Die republikanisch gesinnte Kroatische Bauernpartei unter Stjepan Radić, die in Kroatien einen Stimmenanteil von über 50 Prozent erreicht hatte und viertstärkste Partei geworden war, versagte jegliche Mitarbeit im Verfassungsausschuss. Ihre Vertreter blieben aus Protest auch der Endabstimmung über die Verfassung am 28. Juni 1921, dem Sankt Veitstag (serbokroatisch *Vidovdan*), fern. Dem Wahlboykott der Kroaten schlossen sich mehrheitlich auch die Abgeordneten aus Slowenien und Dalmatien an. Die Vidovdan-Verfassung räumte dem Monarchen eine starke Stellung ein. Sie schuf einen unitarischen Staat mit einem Einkammerparlament (*Skupschtina*) und nahm auf die Autonomiewünsche der Kroaten und Slowenen und auf die Rechte der Minderheiten nur wenig Rücksicht.

Außenpolitisch sollte die Zusammenarbeit im Bündnissystem der Kleinen Entente einen relativen Schutz vor revisionistischen Forderungen der Nachbarn bieten. In der Adriafrage blieb das Königreich gegenüber dem italienischen Irredentismus in der schwächeren Position. Nach der Machtübernahme Benito Mussolinis 1922 war eine einseitige Lösung in Fiume nicht mehr aufzuhalten. Im Vertrag von Rom vom 27. Januar 1924 akzeptierte Belgrad die Annexion Fiumes durch Italien und sicherte sich im Gegenzug den Hafen Baroš. Ein Freundschaftsvertrag, der Adriapakt, sollte für die Zukunft engere Wirtschaftsbeziehungen anbahnen.

Königsdiktatur

Die Verständigungsschwierigkeiten zwischen Belgrad und Zagreb lähmten das öffentliche Leben. Jeder Schritt der Regierung zur Bereinigung der Kriegsschäden, zur Sanierung der zerrütteten Staatsfinanzen, zur Vereinheitlichung der Wirtschaftsstrukturen und zum Ausgleich des eklatanten sozialen Entwicklungsgefälles zwischen den einzelnen Landesteilen, zur Umverteilung des ungleichen Landbesitzes und zur Förderung der Industrieansiedlungen, zur administrativen Neuordnung des Staatsgebietes oder zur Steigerung der Bildungsanstrengungen unterlag in Zagreb dem Verdacht der einseitigen Begünstigung serbischer Interessen. Der kroatische Bauernführer Stjepan Radić betrieb mit nationalistischen Forderungen eine Fundamentalopposition. Er pochte weiterhin auf die uneingeschränkte Souveränität Kroatiens und forderte die Beachtung des Selbstbestimmungsrechtes. Am 24. Dezember 1924 ließ Pašić seinen Gegenspieler inhaftieren. Radićs taktische Loyalitätserklärungen ebneten den Weg für eine vorübergehende Regierungsbeteiligung der Kroatischen Bauernpartei; für eine politische Lösung des Verfassungsstreites zwischen Zentralisten und Föderalisten fehlte aber weiterhin auf beiden Seiten die Verständigungsbereitschaft. Am 20. Juli 1928 wurde Radić bei einem Revolverattentat von einem fanatisierten montenegrinischen Abgeordneten in der *Skupschtina* tödlich verwundet. Zur Abwendung der drohenden Staatskrise suspendierte König Alexander am 6. Januar 1929 die Verfassung und legte sich diktatorische Vollmachten zu. Er nutzte sie zu einer Entmachtung der Parteien und am 3. Oktober 1929 zu einer Neugliederung des Landes, die keine Rücksicht auf historische Gegebenheiten nahm. Staatsname wurde nun »Jugoslawien«.

Für die kroatische Seite war das Zusammenleben in einem gemeinsamen Staat ohne eine Änderung der Verfassung im Sinne ihrer Interessen weiterhin nicht akzeptabel. Nach der Ermordung des Königs in Marseille am 9. Oktober 1934 kamen unter dem Regenten Paul substanzielle Gespräche in Gang. Der Führer der Kroatischen Bauernpartei Vladko Maček und Ministerpräsident Dragiša Cvetko-

Mit dem italienisch-jugoslawischen Abkommen von Rom kam das umstrittene Fiume (Rijeka) zum italienischen Staatsgebiet. Das Bild zeigt den Einzug der italienischen Truppen in die Stadt, die bereits 1919/20 von irregulären Einheiten unter der Führung des italienischen Dichters und Abenteurers Gabriele D'Annunzio besetzt worden war.

König Alexander I. von Jugoslawien wurde 1934 während eines Staatsbesuches in Frankreich kurz nach seiner Ankunft in Marseille von kroatischen Extremisten ermordet, als er im offenen Wagen mit dem französischen Außenminister Jean Louis Barthou durch die Straßen fuhr. Die beiden Staatsmänner und ihre drei Begleiter starben bei diesem Attentat.

vić handelten am 26. August 1939 eine »Einigung« aus, die Kroatien weitgehende Autonomie zugestand. Praktisch umgesetzt wurde sie bis zum Ausbruch des Zweiten Weltkrieges nicht.

Jugoslawien im Zweiten Weltkrieg

Jugoslawiens Versuch, mit dem Beitritt zum Dreimächtepakt die Einkreisung durch das nationalsozialistische Deutschland und das faschistische Italien zu durchbrechen, löste eine verhängnisvolle Kettenreaktion aus. Ein Militärputsch in Belgrad beendete am 27. März 1941 die Regentschaft Pauls und brachte den noch minderjährigen Peter II. auf den Königsthron. Am Morgen des 6. April 1941 holte Hitler ohne Vorwarnung zum Gegenschlag aus und ließ Belgrad von der deutschen Luftwaffe bombardieren. Der Widerstand der jugoslawischen Truppen brach innerhalb weniger Tage zusammen. Belgrad fiel am 12. April 1941 in deutsche Hand. Das Staatsgebiet Jugoslawiens wurde zur Verfügungsmasse der Achsenmächte und unter den Verbündeten aufgeteilt. In Kroatien entstand unter Hitlers Gnaden der Ustascha-Staat des *Poglavnik* (Führer) Ante Pavelić, der mit seiner Juden- und Serbenverfolgung eine blutige Erinnerung hinterließ. Der verbleibende serbische Kernraum wurde deutscher Militärverwaltung unterstellt.   Edgar Hösch

Józef Klemens Piłsudski schildert in einer Rede am 3. Juli 1923 seinen Weg in die Politik:

Im November 1918 geschah in Warschau ein keineswegs geschichtliches, sondern sozusagen ganz gewöhnliches Ereignis. Vom Wiener Bahnhof her ging ... ein Mann, den wir Józef Piłsudski nennen wollen. Allerdings kehrte er von einer ganz ungewöhnlichen Reise heim, er kam aus Magdeburg. In dieser Zeit kamen aber aus diesem oder jenem Internierungslager auch andere zurück ... Die Geschichte beginnt später, eine ungewöhnliche Geschichte. Im Verlauf weniger Tage trat ohne die geringsten Bemühungen dieses Mannes, ohne irgendwelche Gewaltanwendung von seiner Seite, ohne jede Bestechung, ohne irgendwelche Wahl oder andere Konzessionen, überhaupt ohne jede sozusagen legale Maßnahme etwas Ungewöhnliches ein: Dieser Mann wurde Diktator.

Noch ungefestigt – Polens neue Staatlichkeit

Die revolutionären Umbrüche 1917/18 in Mittel- und Osteuropa sowie die Auflösung Russlands und Österreich-Ungarns ermöglichten Polens Wiedergeburt am Ende des Ersten Weltkrieges. In der Endphase dieses Krieges wurden Unabhängigkeitsversprechungen vonseiten der Mittelmächte am 5. November 1916, der russischen Provisorischen Regierung am 17./30. März 1917 und schließlich auch von der britischen Regierung am 5. Januar 1918 abgegeben. Der amerikanische Präsident Woodrow Wilson versprach in seinen »Vierzehn Punkten« den Polen auf der Grundlage des Selbstbestimmungsrechtes jene Gebiete, die von einer »unbestreitbar polnischen Bevölkerung« bewohnt seien, und einen freien Zugang zur See.

Als der Regentschaftsrat in Warschau am 7. Oktober 1918 das »Vereinigte unabhängige Polen« proklamierte, herrschte selbst unter den Polen keine Einigkeit über die Grenzen des neuen Staatsgebildes. Der Nationaldemokrat Roman Dmowski, der 1917 in Lausanne ein Polnisches Nationalkomitee gegründet hatte und zusammen mit dem Pianisten Ignacy Jan Paderewski die polnische Delegation bei der Pariser Friedenskonferenz leitete, war der Wortführer eines aggressiven antideutschen Nationalismus. Mit westlicher Hilfe

Am 5. November 1916 ließen Wilhelm II. und Franz Joseph I. durch ihre Generalgouverneure in Warschau und in Lublin das selbstständige Königreich Polen proklamieren. Das Bild zeigt die begeisterte Menschenmenge auf dem Schlossplatz von Warschau nach der Proklamation.

strebte er ein Polen in den Grenzen des frühmittelalterlichen Reiches unter der Piastendynastie an. Neben den preußischen Teilungsgebieten Posen und Westpreußen wollte er auch Danzig, Oberschlesien und das südliche Ostpreußen zurückholen, während er im Osten auf eine Verständigung mit Russland setzte. Sein Gegenspieler Józef Piłsudski dachte in den Dimensionen des Jagiellonenreiches. Er richtete den Blick mehr nach Osten und träumte von einem länderübergreifenden föderativen Staatsgebilde in Ostmitteleuropa, das unter polnischer Führung den Einflussbereich Russlands weiter zurückdrängen sollte. Obwohl Dmowski über mehr Rückhalt bei den westlichen Regierungen verfügte, hatte Piłsudski in Polen selbst die Machtfrage längst zu seinen Gunsten entschieden.

Polen gewinnt Konturen

Am 11. November 1918 ernannte der Regentschaftsrat Piłsudski zum Oberbefehlshaber und »Vorläufigen Staatschef« mit weitgehenden Vollmachten. Das neue Polen war vor allem sein Werk. Die Regierungsgewalt beschränkte sich anfänglich nur auf das bisherige Besatzungsgebiet der Mittelmächte in Kongresspolen, in Westgalizien und in Teilen der russischen Westgouvernements. Die schleppende Rückgabe der von Polen beanspruchten Territorien legte es nahe, an den neuralgischen Punkten bewaffnete Verbände zum Einsatz zu bringen und den friedensvertraglichen Regelungen vorzugreifen. So bewirkte der Aufstand vom 27. Dezember 1918 den raschen Anschluss Posens. Die Grenze zu Deutschland wurde im Versailler Vertrag vom 28. Juni 1919 geregelt. Er überließ Polen den größten Teil Westpreußens und Posens sowie kleinere Gebiete in Pommern, Ostpreußen und Niederschlesien. Polen erhielt über den Weichselkorridor einen Zugang zur See. Danzig wurde als »Freie Stadt« einem Völkerbundkommissar unterstellt. Bei den von den Frieden schließenden Mächten zugelassenen Plebisziten stimmte die Bevölkerung im südostpreußischen Allenstein und im westpreußischen Marienwerder am 11. Juli 1920 mit deutlicher Mehrheit für Deutschland. In Oberschlesien, das während der Übergangsphase mehrfach von Aufständen heimgesucht wurde, veranlasste das Abstimmungsergebnis vom 20. März 1921 von 59,6 Prozent für Deutschland und 40,4 Prozent für Polen den Völkerbundsrat zu einer Teilung. Polen wurde das ostoberschlesische Kohle- und Industrierevier zugesprochen. In der zwischen Tschechen und Polen umstrittenen Teschener Frage in Österreichisch-Schlesien musste sich Polen einem Schiedsspruch des Obersten Rates der Alliierten beugen und am 28. Juli 1920 einer Teilung zustimmen.

Der polnische Adlige Józef Klemens Piłsudski war die führende Persönlichkeit des jungen Polen. Ursprünglich zu den Mitbegründern der Polnischen Sozialistischen Partei gehörend, stellte er später den Kampf für die Unabhängigkeit seines Landes programmatisch vor die soziale Revolution. Ohne eigene Parteibasis regierte er gestützt auf die Armee mit verschiedenen Koalitionen (Porträt in der Polnischen Bibliothek in Paris).

Da Polens Hafenrechte in Danzig beschränkt waren, wurde in den Zwanzigerjahren das günstig gelegene Fischerdorf Gdingen an der kurzen Ostseeküste des polnischen Korridors zum Seehafen ausgebaut. Dieses Bild des Seebahnhofs entstand in den Dreißigerjahren.

Der Polnisch-Sowjetische Krieg

Roman Dmowski über die Bedeutung der preußisch-polnischen Gebiete für die Bildung des neuen polnischen Staates:

In den zu Preußen gehörigen Gebieten ist das geistige Niveau der Massen des polnischen Volkes höher als irgend sonst, und die nationale Energie hat dort ihren höchsten Grad erreicht ... Das lange Ringen mit einem zivilisatorisch überlegenen Gegner hat die Polen dieser Provinz zu großen Anstrengungen gezwungen ... Lange Zeit waren sie dem Gegner unterlegen, aber sie haben sich schließlich dessen Waffen angeeignet, und es kam der Moment, wo sie den Kampf mit denselben Waffen beginnen konnten. Der Germanismus hat heute aufgehört, Fortschritte zu machen und sogar angefangen zurückzugehen.

Nach dem Abzug der deutschen Truppen suchte Piłsudski die Demarkationslinie zum bolschewistischen Machtbereich möglichst weit nach Osten vorzuschieben. Am 2. Januar 1919 hatten »Polnische Selbstschutzkräfte« Wilna, die historische Hauptstadt Litauens, besetzt, mussten sich aber schon am 5./6. Januar 1919 wieder vor der anrückenden Roten Armee zurückziehen. Im April eroberten die Polen die Stadt zurück und stießen weiter bis Minsk vor. Am 21. April 1920 einigte sich Piłsudski mit dem Befehlshaber der antibolschewistischen Ukrainischen Volksrepublik, Ataman Symon Petljura, auf ein Angriffsbündnis gegen die Bolschewiki. Schon am 7. Mai 1920 zogen polnische Truppen in Kiew ein. Der überraschende Gegenstoß der Roten Armee unter Marschall Michail Nikolajewitsch Tuchatschewskij zwang sie jedoch zur Aufgabe aller weißrussischen und ukrainischen Eroberungen. Am 11. Juli 1920 forderte der britische Außenminister Lord George Curzon im Namen des »Obersten Rates« der Alliierten den Rückzug der Roten Armee hinter die Linie Grodno–Brest–Przemyśl (so genannte Curzon-Linie). Der sowjetische Vormarsch konnte erst in der Schlacht vor Warschau vom 16. bis 25. August 1920 mit französischer Hilfe zum Stehen gebracht werden. Aus polnischer Sicht betrachtet, gilt dieser Sieg als »Wunder an der Weichsel«. Der Friedensvertrag von Riga am 18. März 1921 legte den Grenzverlauf zur Russischen Sozialistischen Föderativen Sowjetrepublik sowie zur Weißrussischen und Ukrainischen Sowjetrepublik fest. Am 9. Oktober 1920 war Wilna in einer handstreichartigen Aktion erneut von polnischen Einheiten besetzt worden. Trotz litauischer Proteste behaupteten die Polen schließlich mit Billigung des alliierten Botschafterrates den Besitz des Wilnagebietes. Polen hatte sein Territorium in der Zwischenkriegszeit beträchtlich über die ethno-

In Warschau wurden 1920 Freiwillige für den Krieg gegen Sowjetrussland geworben. Auf Lastwagen montierte Plakate propagierten die Vertreibung der Russen.

graphischen Grenzen hinaus ausgedehnt. In den Außenbeziehungen beschworen die Gebietsgewinne einen Dauerkonflikt mit Litauen und der Tschechoslowakei herauf und trübten das Verhältnis zum Deutschen Reich und zum Sowjetstaat.

Die innere Entwicklung

Verhängnisvoll waren auch die innenpolitischen Folgen der Grenzregelungen. Polen hatte in den Randgebieten starke ukrainische, jüdische, deutsche und weißrussische Minderheitengruppen zu integrieren – 31 Prozent der Gesamtbevölkerung. Von den Alliierten war Polen zur Einhaltung von Minderheitenschutzbestimmungen verpflichtet worden. Der Mustervertrag vom 28. Juni 1919 gewährte aber keinen Gruppenschutz, sondern garantierte nur individuelle Rechte. Er bot in der Alltagspraxis keine wirksame Handhabe gegen administrative Diskriminierungen. Die Angehörigen der Minderheiten blieben daher von einem zunehmenden Assimilierungsdruck nicht verschont. Sie wurden von willkürlichen Enteignungen betroffen und bei der Besetzung staatlicher Ämter benachteiligt, ihre Kinder waren vielerorts gezwungen, polnische Schulen zu besuchen. In Posen und Westpreußen reagierte die deutsche Bevölkerung mit hinhaltendem Widerstand gegen eine aggressive polnische Kulturpolitik. Annähernd 600 000 Deutsche verließen bis 1926 das Land.

Das Wahlsystem gestand den Minderheiten nur ein beschränktes Mitspracherecht im Sejm zu. Über Listenverbindungen erreichten sie dennoch im November 1922 bei den ersten gesamtstaatlichen Parlamentswahlen einen beachtlichen Stimmenanteil. Der Minderheitenblock wurde bei der Präsidentenwahl am 9. Dezember 1922 zum Zünglein an der Waage. Seine Stimmen ermöglichten im fünften Wahlgang den Sieg von Gabriel Narutowicz. Piłsudski hatte angesichts des Parteienstreits, in dem sich Rechte und Linke erbittert befehdeten, und der eingeschränkten Kompetenzen, die in der Verfassung vom 21. März 1921 dem Staatspräsidenten eingeräumt wurden, auf eine eigene Kandidatur verzichtet. Er zog sich 1923 grollend aus allen öffentlichen Ämtern zurück. Die Wahlverlierer diffamierten Narutowicz in einer von antisemitischen Parolen angeheizten Atmosphäre als »Staatspräsidenten der Nichtpolen und der Juden«. Am 16. Dezember 1922 wurde er Opfer eines Attentats. Der Währungsverfall, der rigorose Sparmaßnahmen und 1924 eine einschneidende Währungsreform erzwang, der Zollkrieg mit Deutschland und die wachsende Zahl der Arbeitslosen schädigten das Ansehen der Regierung. Korruption und Misswirtschaft brachten das gesamte parlamentarische System in Verruf.

Am 24. Juli 1925 teilte die polnische Regierung mit, dass sie innerhalb eines Jahres alle Deutschen, die nicht die polnische Staatsangehörigkeit angenommen hatten, ausweise. Zentrales Aufnahmelager für diese so genannten Optanten war der Grenzort Schneidemühl, wo 1925 diese Aufnahme vor einer Essensausgabestelle entstand.

Die »Sanierung«

Innerhalb einer stark aufgesplitterten Parteienlandschaft fehlte die einigende politische Kraft, um die immer offenkundigere Staatskrise zu meistern. Als Retter der Nation bot sich erneut Piłsudski an. Von seinem Landgut in Sulejówek bei Warschau aus bereitete er sorgfältig einen Staatsstreich vor: Mit loyalen Truppen marschierte er am 12. Mai 1926 gegen Warschau und erzwang den Sturz der Regierung. Ohne förmliche Aufhebung der Verfassung steuerte er bis zu seinem Tode am 12. Mai 1935 als starker Mann im Hintergrund die Aktionen einer »moralischen Diktatur«, mit denen eine umfassende »Sanierung« des politischen Lebens herbeigeführt werden sollte. Piłsudski lehnte die Übernahme des Präsidentenamtes ab.

Aus einer Rede Józef Klemens Piłsudskis vom 11. Januar 1920 in Lublin:

Vor Polen steht die große Frage, ob es mit den großen Mächten der Welt gleichrangiger oder ein kleiner Staat sein will, der des Schutzes der Mächtigen bedarf. Auf diese Frage hat Polen noch nicht geantwortet. Dieses Examen seiner Kräfte muss es noch ablegen. Auf uns wartet in dieser Hinsicht eine große Anstrengung, die wir alle, die gegenwärtige Generation, auf uns nehmen müssen, wenn wir der nachfolgenden ein leichtes Leben sichern wollen, wenn wir das Rad der Geschichte so weit zurückdrehen wollen, dass die große Republik Polen die größte Macht im ganzen Osten darstellt, nicht nur militärisch, sondern auch kulturell.

Der Regierung gehörte er als Kriegsminister an, zeitweilig bekleidete er auch das Amt eines Ministerpräsidenten. Missliebige Politiker schüchterte er durch willkürliche Übergriffe ein. Die Verfassung vom 23. April 1935 entzog dem Parlament alle wichtigen Entscheidungsbefugnisse. Den Rückhalt für das autoritäre Regime, das ganz auf seine Person als »Kommandant« oder »Marschall« zugeschnitten war, fand Piłsudski mit dem von ihm aufgebauten »Obristen-Regime« vor allem in der Armee, deren Repräsentanten er mit verantwortlichen Posten betraute.

Im Juni 1930 erreichten die innenpolitischen Spannungen in Polen ihren Höhepunkt: Es kam zu gewalttätigen Demonstrationen der als »Zentrumslinken« zusammengeschlossenen sechs oppositionellen Parteien (Centrolewica) wie hier auf dem Marktplatz in Krakau. Piłsudski ergriff daraufhin die Gelegenheit, die Opposition auszuschalten.

In der Außenpolitik scheiterten die ostmitteleuropäischen Föderalisierungspläne ebenso wie das angestrebte Bündnis mit den baltischen Staaten an der ungelösten Wilnafrage. Gegen Revisionsforderungen der Nachbarn bot die Einbindung in die Kleine Entente und in Frankreichs Politik des *cordon sanitaire* in Ostmitteleuropa während der Zwanzigerjahre einen zeitweiligen Rückhalt. Der Aufstieg des Nationalsozialismus in Deutschland gefährdete das mühsam austarierte Gleichgewicht und brachte Polen wegen seiner restriktiven Minderheitenpolitik in die Schusslinie Hitlers. Piłsudski war vorübergehend nicht abgeneigt, einen Präventivkrieg in Erwägung zu ziehen, doch versagte ihm Frankreich die erbetene Unterstützung. Sein Vertrauter Oberst Józef Beck, ab 1932 Außenminister, erreichte eine diplomatische Zwischenlösung. Er schloss Nichtangriffspakte mit der Sowjetunion am 25. Juli 1932 und mit dem nationalsozialistischen Deutschland am 26. Januar 1934. Sie boten jedoch keinen dauerhaften Schutz vor den Expansionsgelüsten der Nachbarn. Hitlers Kriegspläne im Osten beendeten abrupt die kurze Verschnaufpause. Polen wurde zwischen den beiden Machtblöcken Deutschland und Sowjetrussland zerrieben und sein Staatsgebiet im Hitler-Stalin-Pakt vom 23. August 1939 als Dispositionsmasse für eine erneute Aufteilung vorgesehen. Am 1. September 1939 befahl Hitler den Angriff auf Polen.   Edgar Hösch

Kurze Unabhängigkeit – Die baltischen Staaten

Am Ende des Ersten Weltkrieges wurde im Nordosten Europas der Kampf um eine neue Ordnung mit militärischen Mitteln bis 1920 fortgesetzt. Die Sowjetmacht, »Weiße« Russen, Finnen, Esten, Letten und Litauer sowie deutsche Freiwilligenverbände rangen um die Vormacht in der baltischen Region. Aus Friedensschlüssen mit der Sowjetmacht gingen schließlich nach den vorausgegangenen Unabhängigkeitserklärungen des Jahres 1918 die demokratischen Republiken Estland, Lettland und Litauen hervor. Die Gründungsphase zwischen 1918 und 1920 verbindet die drei baltischen Staaten, weniger hingegen ihre Geschichte vor 1918. Alle drei Staaten hatten es nach den kriegsbedingten Bevölkerungsverschiebungen und -verlusten sowie nach der Zerstörung der Industrien zunächst schwer, eine gefestigte Staatlichkeit nach innen und außen durchzusetzen. Alle drei Staaten begannen als liberale Verfassungsstaaten nach dem Vorbild der Schweiz und der Weimarer Republik, gestützt auf eine starke Legislative. Auf der Grundlage entsprechender Gesetze schufen die Parlamente Staaten, die sich auf selbstständige bäuerliche Wirtschaften stützen wollten und deshalb radikale Agrarreformen einleiteten. Besonders radikal wurde in Estland und Lettland der überwiegend deutsche Großgrundbesitz enteignet. In Estland verlor dieser 58 Prozent des gesamten Grund und Bodens zunächst vollständig an den Staat, der den größten Teil des Ackerlandes zumeist umgehend wieder an Neusiedler ausgab, um damit den Landhunger zu stillen. Auch Angehörige der Minderheiten konnten um maximal 50 Hektar nachsuchen, ebenso die ehemaligen Gutsherren. Allen drei Staaten war gemeinsam, dass sich das parlamentarische Vielparteiensystem mit wechselnden Regierungsmehrheiten nicht lange halten konnte. In Estland und Lettland regierten nationalliberal orientierte, von Intellektuellen bestimmte Parteien im häufigen Wechsel mit einer konservativen Agrarpartei und auch der Sozialdemokratie. In Litauen stand den Nationalisten, der Tautininkai-Partei, die katholisch geprägte Partei der Christlichen Demokraten gegenüber, die jedoch 1926 durch einen Staatsstreich von der Teilhabe an der Macht verdrängt wurde. Unter Präsident Antanas Smetona ging Litauen zur autoritären Regierungsweise über. Estland folgte 1934 unter Konstantin Päts, Lettland unter Karlis Ulmanis; beide Politiker kamen später in sowjetischer Haft um.

Der Erste Weltkrieg hatte mit seinen dramatischen Bevölkerungsverlusten den staatlichen Aufbau erschwert. Nach den Vorgaben des Völkerbundes wurden die Minderheiten geschützt. In Lettland war die Integration der überwiegend römisch-katholischen,

Lettgallen, eine der historischen Provinzen im Südosten Lettlands und ursprünglich ein Teil Livlands, kam 1561 an das Königreich Polen und fiel als »Polnisch-Livland« bei der 1. Teilung Polens im Jahr 1772 an Russland. Im Zuge der staatlichen Umwälzungen im baltischen Raum nach dem Ersten Weltkrieg wurde es 1920 Teil Lettlands.

Die Unabhängigkeit der baltischen Staaten wurde 1920 durch friedensvertragliche Regelungen mit den Sowjets abgesichert. Das Bild zeigt die estnische Delegation, die am 2. Februar den Vertrag von Dorpat besiegelte.

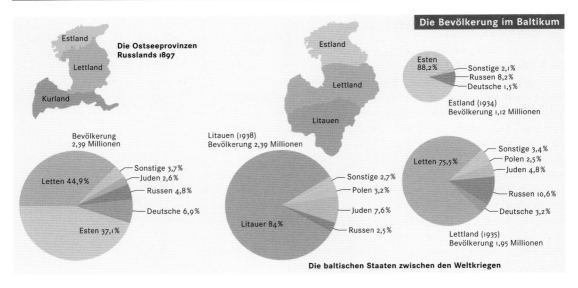

Die Ostseeprovinzen Russlands 1897

Estland
Lettland
Kurland

Bevölkerung
2,39 Millionen

Letten 44,9%
Sonstige 3,7%
Juden 2,6%
Russen 4,8%
Deutsche 6,9%
Esten 37,1%

Estland
Lettland
Litauen

Litauen (1938)
Bevölkerung 2,39 Millionen

Litauer 84%
Sonstige 2,7%
Polen 3,2%
Juden 7,6%
Russen 2,5%

Die Bevölkerung im Baltikum

Esten 88,2%
Sonstige 2,1%
Russen 8,2%
Deutsche 1,5%

Estland (1934)
Bevölkerung 1,12 Millionen

Letten 75,5%
Sonstige 3,4%
Polen 2,5%
Juden 4,8%
Russen 10,6%
Deutsche 3,2%

Lettland (1935)
Bevölkerung 1,95 Millionen

Die baltischen Staaten zwischen den Weltkriegen

Das **Memelgebiet** – ursprünglich ein Teil Ostpreußens, im Versailler Vertrag 1919 vom Deutschen Reich an die alliierten Siegermächte abgetreten und seit 1920 von Frankreich verwaltet – wurde mit der »Konvention über das Memelgebiet« vom 8. Mai 1920 der Souveränität Litauens unterstellt. Litauen erkannte mit der von der alliierten Botschafterkonferenz ausgearbeiteten »Memelstatut« vom 14. März 1924 die Autonomie des Memelgebietes an. Am 22. März 1939 musste Litauen dieses Gebiet unter dem Druck der nationalsozialistischen Regierung an das Deutsche Reich abtreten.

zumeist aus ärmlichen ländlichen Verhältnissen stammenden Lettgaller schwierig. Der Zahl nach stellten die Russen in Estland mit 92 656 (1934) und Lettland mit 206 499 (1935) Personen jeweils die größte Minderheit, gefolgt von den Juden, die in Litauen mit Abstand die größte Minderheit mit 154 321 (1934 mit Memelgebiet) Personen stellten. Erst danach fiel die Zahl der Deutschen in Estland mit 16 346, in Lettland mit 62 144, in Litauen die der Polen mit 65 628 ins Gewicht; beide Minderheitengruppen gehörten der historischen Oberschicht an und waren deshalb besonders in Lettland und Litauen nicht leicht zu integrieren. Die Angliederung des Wilnagebietes 1920 an Polen mit der historischen litauischen Hauptstadt Wilna belastete die Beziehungen zwischen Polen und Litauen schwer.

Gesellschaftspolitisch förderten die neu gegründeten demokratischen Republiken den selbstständigen Bauern und den Unternehmer. In Estland wurde nur in 15,3 Prozent aller Unternehmen mit Lohnabhängigen gearbeitet. Hingegen gab es 74,4 Prozent Einmannbetriebe und 10,1 Prozent Familienbetriebe, zumeist im bäuerlichen Bereich. Der Anteil der in der Landwirtschaft Tätigen betrug in Estland 1922 65,9 und 1934 64 Prozent, in Lettland 1930 66,2 und 1933 65,2 Prozent, in Litauen 1923 sogar 78,9 Prozent. In Lettland, das wirtschaftlich und sozial führend war, wurde die 48-Stundenwoche 1918 gesetzlich festgelegt, Estland und Litauen konnten erst in den Dreißigerjahren folgen. Kranken- und Unfallversicherungsgesetze wurden nach und nach erlassen. In Lettland zum Beispiel wurden die Gewerkschaften faktisch zu Berufsverbänden, die von Arbeitskammern kontrolliert wurden. Staatliche Monopole und Zwangsgenossenschaften, die den Lettisierungstendenzen der Führung dienten, schränkten den Spielraum vor allem der deutschen und jüdischen Privatunternehmen ein. Die estnische Regierung war im Prinzip minderheitenfreundlich, jedoch im gesellschaftlichen Bereich auch auf die Sicherung des »Eigenständigen« bedacht. In Litauen bestimmte der Staat mit 62Prozent des Aktienkapitals maßgeblich das wirtschaftliche Handeln. Mit der gesetzlich fixierten Enteignung des Großgrundbesitzes wurde von oben eine Agrarrevolution eingeleitet, die bisherigen Pächtern und Neusiedlern zugute kam, aber vor allem auch die Kriegsfolgen beseitigen und die neuen Staaten auf dem Weltmarkt konkurrenzfähig machen sollte. Besondere Anstrengungen wurden den Vermarktungsinstitutionen sowie dem Ausbau von Weiterverarbeitungsbetrieben gewidmet. Die Eingriffe des Staates durch Marktregulierung und Kreditvergabe waren erheblich. Auf den Ausbau der Infrastruktur wurde großer Wert gelegt, wobei vor allem Konsum- und Kreditgenossenschaften gefördert wurden, die schon im 19. Jahrhundert mit dem Ausbau der Nationalen Bewegungen verbunden gewesen waren.

Nach der Aufhebung der mittelalterlichen Zunftverfassung im 19. Jahrhundert blieben in Lettland die Gilden als freiwillige Berufsverbände bestehen. Links die Fahne der deutschsprachigen Johannesgilde, in der zahlreiche Handwerker aus Riga zusammengeschlossen waren; 1936 wurde sie aufgelöst und durch lettische Korporationen ersetzt. Unten die Fahne der Lettischen Kaufmannsvereinigung von 1935.

Im Zentrum des baltischen Außenhandels stand der Butterexport. Die Industrieexporte bestanden aus Zement, Farben, Gummiprodukten, Eisen- und Glaswaren sowie Textilien. Deutschland und Großbritannien waren die Hauptabnehmer aller Exportgüter. Sehr wichtig für den Ausbau der Volkswirtschaften waren Importe von Maschinen vor allem aus Deutschland sowie von Nutzfahrzeugen aus Schweden. Der Handel zwischen den baltischen Staaten selbst spielte hingegen eine untergeordnete Rolle. Insgesamt haben die baltischen Staaten für den Industrieexport und seine Diversifikation letztlich mehr Geld aufgewendet als für die Agrarwirtschaft. Eine ausgefeilte Zollpolitik sollte die heimische Wirtschaft vor Billigimporten schützen und gleichzeitig die Importabhängigkeit drosseln. Folgen für Beschäftigung und Lebensstandard hatte die Weltwirtschaftskrise gebracht, sodass »Erziehungszölle« eingeführt wurden, um angesichts der Halbierung der Exporte die Einfuhr einzuschränken. Besonders schwierig gestalteten sich die Außenhandelsbeziehungen zum nationalsozialistischen Deutschland, das im Rahmen des Vierjahresplanes ab 1936 die Abwicklung über ein Clearingkonto verlangte, auf dem die baltischen Staaten bald Überschüsse erzielten. Im Zeichen der durch Verschuldung ermöglichten forcierten deutschen Aufrüstung haben die baltischen Staaten ihre spätere Besetzung durch deutsche Truppen 1941 faktisch vorfinanziert.

Erst 1922/23 gelang es den baltischen Staaten, einen Staatshaushalt aufzustellen. Zu den schwierigsten Aufgaben gehörte die Festigung der eigenen Währung. Unmittelbar nach dem Krieg mussten verschiedene Zahlungsmittel in ein möglichst festes Verhältnis zueinander gebracht werden. Erst 1924 konnte in Lettland die neue Währung »LAT« eingeführt werden, in Litauen 1922 der »LITAS«. In Estland konnte 1928 aufgrund einer auf Vermittlung des Völkerbundes aufgenommenen Auslandsanleihe die Währung stabilisiert werden und die Estnische Krone als Zahlungsmittel eingeführt werden. Angesichts der Abkehr Großbritanniens vom Goldstandard 1931 steuerten die baltischen Staaten einen Deflationskurs, der die Wirtschaftstätigkeit bremste und der Arbeitslosigkeit Vorschub leistete. Erst mit einer Abwertung nach dem Beispiel Schwedens besserte sich die Lage für Außenhandel und Wirtschaft.

In Fragen von Bildung und Kultur stellten die baltischen Staaten nach ihrer Gründung hohe Ansprüche besonders an die kulturelle Leistungsfähigkeit der Mehrheitsvölker. In Litauen wurde 1922 die Universität Kaunas, in Lettland 1919 die Universität Riga gegründet. Auch in der alten Universität Tartu/ Dorpat in Estland wurde bereits 1919 der akademische Unterricht wie auch das gesamte Schulwesen auf die Landessprache umgestellt. In Lettland waren bereits 1934 sieben Schulklassen obligatorisch, in Estland sechs, in Litauen nur vier. Dort konnte überhaupt erst 1928 eine gesetzliche Schulpflicht durchgesetzt werden. Alle drei baltischen Staaten ließen auch private Schulträger zu, was besonders den Minderheiten und der katholischen Kirche zugute kam. Die baltischen Staaten widmeten trotz erheblicher wirtschaftlicher Probleme im Schnitt 15 Prozent ihrer Staatshaushalte der Bildung und Ausbildung – im übrigen Europa waren es etwa 12 Prozent. Durch diese Kraftanstrengungen wurde jeweils eine unverwechselbare geistige Aufbruchstimmung und eine eigene kulturelle Identität verwirklicht, die Besetzung und Fremdherrschaft zwischen 1941 und 1991 überdauert hat.

Unter dem Eindruck von Nachkriegsdepressionen setzten sich »Ein-Mann-Herrschaften« im Sinne autoritärer Regime durch, für die es in Europa keine Parallele gab. Von faschistischen Diktaturen unterschieden sie sich durch Gewährung eines begrenzten Meinungspluralismus und eines Minderheitenschutzes. Die drei Republiken scheiterten nicht an ihren inneren Problemen, sondern ausschließlich an den Geheimverträgen zwischen Hitler und Stalin vom 23. August und 28. September 1939, als die beiden Diktatoren Ostmitteleuropa in Interessensphären aufteilten. Im Schatten der Eroberung von Paris (Juni 1940) durch deutsche Truppen verloren die Balten unter dem Diktat Moskaus ihre Freiheit und mussten im August 1940 um Aufnahme in die Sowjetunion nachsuchen. Erst im Herbst 1991 konnten sie nach der »singenden Revolution« im Zuge des Zusammenbruchs der Sowjetmacht wieder an die Unabhängigkeit von 1919 bis 1940 anknüpfen.   GERT VON PISTOHLKORS

Im Mittelpunkt der Agrarpolitik stand in Lettland neben Obst-, Getreide- und Hackfrüchteanbau die Milchwirtschaft. Oben ein Plakat um 1925, unten eine Medaille des Landwirtschaftsministeriums aus den späten Zwanzigerjahren.

Im Schatten des Bären – Das unabhängige Finnland

Von der Autonomie zur Unabhängigkeit

Der Weg Finnlands zur Eigenstaatlichkeit war schon im 19. Jahrhundert vorgezeichnet. Mit dem Ausbau administrativer Eigenständigkeiten hatte sich das Großfürstentum Finnland, das Schweden 1809 an Russland abtreten musste, zu einem Staat im Staate entwickelt. Als 1899 ein Manifest des Zaren die Gesetzgebungskompetenz des Landtages einschränkte, antwortete die aufgebrachte finnische Öffentlichkeit mit einem Generalstreik. Die Revolutionswirren in Russland boten einen willkommenen Anlass, am 6. Dezember 1917 durch eine einseitige Unabhängigkeitserklärung die Verbindung zum Zarenreich endgültig aufzukündigen.

In zähen Verhandlungsrunden erreichte man wohl am 31. Dezember 1917 die Zustimmung Lenins zum Ausscheiden aus dem russischen Staatsverband, die Einlösung der Zusage musste den Bolschewiki allerdings erst gewaltsam abgerungen werden. In Helsinki hatten am 27. Januar 1918 die Roten Garden die Macht übernommen und ganz Südfinnland in ihre Gewalt gebracht. Unter dem Landtagspräsidenten Kullervo Manner konstituierte sich ein Finnisches Volkskommissariat. Die bürgerliche Regierung unter Per Evind Svinhufvud war nach Vaasa ausgewichen und beauftragte den ehemaligen Generalleutnant der zaristischen Armee Carl Gustav Freiherr von Mannerheim, die noch im Lande verbliebenen russischen Garnisonstruppen zu entwaffnen und die Gegenoffensive einzuleiten.

Die »weißen« Schutzkorps eroberten am 6. April 1918 die »rote« Bastion Tampere und kämpften gemeinsam mit der deutschen Ostseedivision, die unter General Rüdiger von der Goltz bei Hanko gelandet war, am 13. April 1918 die Hauptstadt Helsinki frei. Nach dem roten Terror übte ein noch blutigerer weißer Terror grausame Vergeltung.

Der Widerstand gegen das Zarenreich gipfelte im »Nationalstreik« vom 30. Oktober bis 6. November 1905, der mit dem Zugeständnis der alten Autonomierechte Finnlands endete. Oben die Menschenmenge auf dem Senatsplatz von Helsinki vor der Verlesung der Freiheitsproklamation des Zaren. Im Bild unten wird ein finnischer Streikführer in Wyborg abgeführt.

»Großfinnische« Träume

Nach der Verhinderung der bolschewistischen Revolution suchte Finnland zunächst Anlehnung an das kaiserliche Deutschland. Auf Betreiben des zum Reichsverweser bestellten Svinhufvud wählte der Reichstag am 9. Oktober 1918 den hessischen Prinzen Friedrich Karl zum König. Wegen der Revolution in Deutschland konnte er allerdings den Thron nicht mehr besteigen. Finnland gab sich 1919 eine republikanische Verfassung, die den Präsidenten mit außerordentlichen Vollmachten ausstattete.

Die Regierung hatte es nicht leicht, die Anerkennung der Westmächte zu gewinnen. Noch schwieriger war es, sich mit den bolschewistischen Machthabern in Petrograd zu verständigen. Die Versuche, während des russischen Bürgerkrieges mit Freiwilligenverbänden ein großfinnisches Territorialprogramm in Ostkarelien umzusetzen, scheiterten. Im Frieden von Dorpat verständigten sich beide Seiten am 14. Oktober 1920 auf einen Grenzverlauf, der den Finnen nur im Norden mit Petsamo eine Gebietserweiterung brachte.

Der Bürgerkrieg hatte tiefe Wunden hinterlassen. Die finnische Sozialdemokratie bekannte sich unter Väinö Tanner vorbehaltlos zum parlamentarisch-demokratischen System. Sie wurde stärkste Parlamentsfraktion, beteiligte sich aber zunächst nicht an der Regierungsverantwortung. Die bürgerliche Mehrheit wurde getragen von der konservativen Nationalen Sammlungspartei, der Schwedischen Volkspartei und der liberalen Nationalen Fortschrittspartei. Eine zentrale politische Bedeutung gewann der Bauernbund. Die 1918 in

General von Mannerheim erreichte als Reichsverweser für den unbesetzten Königsthron die Anerkennung der finnischen Unabhängigkeit (oben ein Bildnis von 1929). Die Frage der staatlichen Zugehörigkeit der Ålandinseln wurde am 24. Juni 1921 vom Völkerbund zugunsten Finnlands entschieden. Das Bild rechts zeigt eine vorbereitende Sitzung der zuständigen Juristenkommission. Präsident Kaarlo Juho Ståhlberg entschärfte den Konflikt weiter, indem er den Völkerbundsentscheid zur Entmilitarisierung umsetzte und die Aufhebung aller Anklagen gegen Kriegsdienstverweigerer von den Inseln beschloss.

Moskau gegründete Kommunistische Partei Finnlands geriet ins gesellschaftliche Abseits. Ihre Führung operierte im Untergrund und schürte über Tarnorganisationen und Streiks der Gewerkschaften Unruhe. Gegen die kommunistischen Umtriebe formierte sich vom ostbottnischen Lapua (schwedisch Lappo) aus der Widerstand. Man veranstaltete eine regelrechte Kommunistenhatz und übte Selbstjustiz. 1930 wurde Kommunisten jegliche öffentliche Tätigkeit verboten. Der Versuch rechtsextremistischer Gruppen, im Windschatten der 1929 gegründeten Lappo-Bewegung am 27. Februar 1932 in Mäntsälä die Machtübernahme zu proben, scheiterte an der energischen Gegenwehr der Regierung.

Außenpolitische Optionen

In der Außenpolitik war das Vertrauen zum östlichen Nachbarn nachhaltig erschüttert. Der Streit über die Ålandinseln sorgte ebenso wie der schwelende Sprachenstreit für eine anhaltende Missstimmung im Verhältnis zu Schweden. Außenminister Rudolf Holsti bemühte sich um ein Verteidigungsbündnis mit Estland, Lettland, Litauen und Polen. Diese »Baltische Liga« scheiterte 1922 an der zwischen Litauen und Polen ungelösten Wilnafrage. Weder der Völkerbund noch die seit 1935 versuchte skandinavische Orientierung boten einen festen Rettungsanker. Finnland drohte zwischen den Machtblöcken zerrieben zu werden. Das Zusatzprotokoll zum Hitler-Stalin-Pakt vom 23. August 1939 ordnete Finnland der sowjetischen Einflusssphäre zu. Um nicht wie die baltischen Staaten in den Sog einer sowjetischen Vorfeldsicherungspolitik zu geraten, versagte sich die finnische Regierung im Herbst 1939 allen Bemühungen der Sowjetunion um gemeinsame Verteidigungsabsprachen. Am 30. November 1939 trat die Sowjetarmee zum Angriff an.

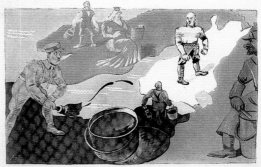

»Hier wird nicht mit Farbe gekleckert!« ruft der Finne in dieser Karikatur der Zeitschrift »Joulukär pänen« von 1934. Der autoritäre Ungeist der Zeit in SA-Uniform hat bereits Deutschland, Polen und das Baltikum schwarz angemalt.

Winterkrieg und »Fortsetzungskrieg«

Feldmarschall von Mannerheim organisierte als Oberbefehlshaber den Widerstand. Zum Erstaunen der Weltöffentlichkeit vermochten es die zahlenmäßig hoffnungslos unterlegenen Finnen, den Vormarsch der hochgerüsteten Roten Armee vorübergehend zum Stehen zu bringen. Erst am 11. Februar 1940 gelang auf der Karelischen Landenge der kriegsentscheidende Durchbruch. Finnland musste im Frieden von Moskau am 12. März auf die südöstlichen Gebiete und die Inseln im östlichen Finnischen Meerbusen verzichten sowie auf dreißig Jahre die Halbinsel Hanko als Flottenstützpunkt abtreten.

Nach dem deutschen Angriff auf die Sowjetunion hoffte von Mannerheim als unfreiwilliger Partner Hitlers vergeblich, die verlorenen Gebiete zurückzugewinnen. 1944 scherte Finnland aus dem ungleichen Waffenbündnis aus und riskierte im folgenden »Lapplandkrieg« den militärischen Konflikt mit den aus Finnland abziehenden deutschen Truppen. Dem diplomatischen Geschick Juho Kusti Paasikivis als Ministerpräsident und seit 1946 als Nachfolger von Mannerheims im Amt des Staatspräsidenten verdankten die Finnen erträgliche Friedensbedingungen im Vertrag von Paris 1947. Der Preis für den Fortbestand der Selbstständigkeit waren ein Freund

Die Ausrüstung der finnischen Armee im Winterkrieg gegen die Sowjetunion war mehr als dürftig, denn sie stammte meist aus Restbeständen der zaristischen Arsenale. Das Foto von 1940 zeigt eine französische Kanone des 19. Jahrhunderts, die man wegen ihrer ruckartigen Bewegungen lautmalerisch »Hyppi-Heikki« nannte.

schaftsvertrag mit der Sowjetunion im Jahre 1948, hohe Reparationsverpflichtungen und die Bereitschaft, sowjetische Interessen zu beachten. Diese diplomatische Linie Paasikivis – später als Paasikivi-Kekkonen-Linie bezeichnet – hat das Land vor sowjetischen Besatzungstruppen bewahrt und die freiheitlich-demokratische Gesellschaftsordnung gesichert. Dieser unbestreitbaren historischen Leistung der finnischen Diplomatie wird das Schlagwort von der »Finnlandisierung« in keiner Weise gerecht.

EDGAR HÖSCH

Aggression und Appeasement – Internationale Beziehungen in den 1930er-Jahren

Dieses Plakat der belgischen Pazifisten von 1930 propagiert die Frieden stiftende Hand des britischen Labour-Premiers James Ramsay MacDonald: Er weist französische und italienische Pläne zur Flottenrüstung in die Schranken, was in Wirklichkeit jedoch nicht gelang. Die Hoffnungen auf ein stabiles militärisches Gleichgewicht durch Abrüstung sollten bald enttäuscht werden.

Schon 1933 durchschaute die New Yorker Zeitung »The Nation« die Heuchelei von Hitlers Beteuerungen seiner friedlichen Absichten.

Das Mächtegleichgewicht gerät ins Wanken– Der japanische Überfall auf die Mandschurei

E s ist unbestreitbar, dass ohne jede Kriegserklärung ein großer Teil chinesischen Gebiets von japanischen Truppen mit Gewalt eingenommen und besetzt und dass er infolge dieser Unternehmung von dem übrigen China getrennt und für unabhängig erklärt worden ist.« Mit diesen Worten nahm der Völkerbund zur Besetzung der Mandschurei durch Japan Stellung, mit der 1931 die Serie kriegerischer Gewalt gegen die internationale Nachkriegsordnung begann. An die Stelle einer befriedeten Ordnung, auf die man Mitte der Zwanzigerjahre in Europa und Asien noch hoffen mochte, trat in den Jahren der Weltwirtschaftskrise der Zerfall sowohl wirtschaftlicher als auch politischer Zusammenhänge in den internationalen Beziehungen. Als zur Steuerung der Krise internationale Kooperation dringend nötig gewesen wäre, begannen die großen Volkswirtschaften und Wirtschaftsräume, sich gegeneinander abzuschotten und das Heil in nationalstaatlichen Alleingängen zu suchen. Geradezu paradigmatisch für die Abkehr von internationaler Verflechtung war die Einführung von Präferenzzöllen im Britischen Reich und Commonwealth, mit der Großbritannien von einem seit dem 19. Jahrhundert heiligen Prinzip seiner Außenhandelspolitik abrückte und die lange Ära des Freihandels beendete.

Wachsende Gewaltbereitschaft ...

W elthistorisch ist bedeutsam, dass Gewalt innergesellschaftlich und international auf dem Vormarsch war. Die aus dem 19. Jahrhundert stammenden ideologischen und ordnungspolitischen Konflikte des 20. Jahrhunderts zwischen Liberalismus, Nationalismus und Sozialismus gerieten in manchen Ländern zu einem unversöhnlichen Gegensatz. Westliche Gesellschaften wie die amerikanische, britische und als Grenzfall auch die französische Gesellschaft konnten sich vor der Welle der gesellschaftlichen Gewalt schützen. In Japan und Deutschland dagegen gab das liberale System dem Druck der nationalistischen Rechten nach und wich staatlich legitimierter Gewalt, wie sie sich in Italien schon in den Zwanzigerjahren durchgesetzt hatte. Italien und Deutschland waren Länder mit einer stark ausgebildeten extremen Linken, die im Namen der Revolution ebenfalls den Einsatz physischer Gewalt rechtfertigte und nach Moskau blickte, dem Zentrum des internationalen Kommunismus. In der Sowjetunion führte der Stalinismus im Zuge der Zwangskollektivierung der Landwirtschaft, der forcierten Industrialisierung und politischen Säuberungen zu staatlicher Gewalt ungeahnten Ausmaßes mit Millionen von Toten.

Der gewaltsame innerstaatliche Konfliktaustrag setzte sich auf der internationalen Ebene fort und ging von jenen Ländern aus, die sich von den Nachkriegsordnungen benachteiligt fühlten. Nacheinander und schließlich miteinander im Bündnis schritten Japan, Italien und Deutschland zum Krieg. Der Gewaltbereitschaft auf der einen entsprach die Konfliktscheu auf der anderen Seite. Noch unter dem Schock der »Urkatastrophe« des 20. Jahrhunderts stehend, wie der Erste Weltkrieg einmal genannt wurde, verfolgten Großbritannien und Frankreich mit dem Ziel der äußeren Besitzstandswahrung und der innergesellschaftlichen Stabilität eine Politik der Friedenswahrung, die als Politik des *appeasement* bekannt geworden ist. Im Unterschied zum heutigen Gebrauch dieses Begriffs wurde in den Zwanziger- und Dreißigerjahren darunter eine Politik der Entspannung verstanden, nicht aber eine Politik des Friedens um jeden Preis. Die Politik des *appeasement* im Verständnis der damaligen Zeit ließ die Revision der Nachkriegsordnungen, wie sie in Versailles 1919/20 und in Washington 1921/22 beschlossen worden waren, zu; sie gab den revisionistisch-expansiven Staaten Italien, Japan und Deutschland aber keinesfalls freie Hand. Japan sollten in Ostasien, Italien im Mittelmeerraum und in Afrika sowie Deutschland in Mittel- und Südosteuropa territoriale Zugeständnisse gemacht werden, sodass sie zu regionalen Führungsmächten aufsteigen konnten. Aus der Sicht Großbritanniens, das im Laufe der Dreißigerjahre immer stärker den Kurs der westlichen Appeasementpolitik bestimmte, basierte diese Politik auf einer Doppelstrategie, die die Hoffnung, die revisionistischen Staaten durch Konzessionen zufrieden zu stellen, mit der Entschlossenheit verband, der Störung des globalen Mächtegleichgewichts entgegenzutreten. Sollte also Deutschland über die ihm zugestandene Interessensphäre hinausgehen und die westeuropäische Sicherheit beeinträchtigen, musste es mit Widerstand rechnen. Wie die Doppelstrategie aus Konzessions- und Widerstandsbereitschaft von den Aggressoren verstanden wurde und ob diese Strategie eine befriedende, eindämmende oder gar abschreckende Wirkung haben konnte, musste sich zeigen. Anfänglich stand jedenfalls die Konzessionsbereitschaft im Vordergrund, die den Angreifer zunächst begünstigen musste.

... und die auf Entspannung bedachten Mächte

Im Unterschied zur westeuropäischen Politik des *appeasement* wollten die USA und die UdSSR Veränderungen des territorialen Status quo nicht hinnehmen und anerkennen. Der Effekt ihrer Politik war allerdings derselbe, denn beide Staaten taten nichts, um einem Opfer der Aggression beistehen zu können. So wie Großbritannien

Der **aggressive Nationalismus,** der die eigene Nation absolut setzt (Chauvinismus), war besonders charakteristisch für die Zeit zwischen den Weltkriegen. In verschiedenen Formen ging er Verbindungen ein mit dem **Militarismus,** der Übertragung militärischer Prinzipien auf alle Gesellschaftsbereiche, dem **Rassismus,** der behaupteten Überlegenheit der eigenen Kultur, und dem **Antisemitismus,** der Ausgrenzung von Menschen jüdischer Herkunft und Tradition aus der eigenen Nation. Im Dunstkreis dieser Vorstellungen entwickelten sich **totalitäre Ideologien,** die zur Unterdrückung des eigenen Volks und zugleich zur Bedrohung anderer Völker wurden.

REGIERUNGSFORMEN IN DER ZWISCHENKRIEGSZEIT

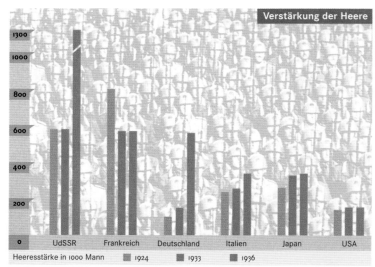

Verstärkung der Heere

Heeresstärke in 1000 Mann			
1924	1933	1936	

UdSSR · Frankreich · Deutschland · Italien · Japan · USA

Im Oktober 1933 reiste der sowjetische Volkskommissar des Äußeren, Maksim Litwinow (links, gegenüber der amerikanische Außenminister Cordell Hull) nach Washington. Litwinows Politik der kollektiven Sicherheit gegen Nazideutschland schloss auch die Normalisierung der Beziehungen zu den USA ein. Diese kühlten jedoch schnell wieder ab.

und Frankreich waren sie vorrangig daran interessiert, militärische Auseinandersetzungen zu vermeiden. Die Sowjetunion war – wie Stalin es nannte – ganz auf den »Aufbau des Sozialismus in einem Land« konzentriert, und in den USA versuchte Präsident Franklin D. Roosevelt ab 1933, seine Sozial- und Wirtschaftspolitik des *New Deal* zu verwirklichen. Darüber hinaus dominierte in der amerikanischen Öffentlichkeit eine isolationistische Grundstimmung. Gemeinsam war allen an der Erhaltung des Friedens interessierten Ländern das außenpolitische Ruhebedürfnis und dies zu einem Zeitpunkt, als die von ihnen nach dem Ersten Weltkrieg herbeigeführte internationale Ordnung gewaltsam infrage gestellt wurde. Sie brachten nicht genügend Energie zur Verteidigung einer Ordnung auf, deren Erhaltung an sich in ihrem Interesse lag. Es gab ab 1931 immer wieder Anläufe zur Eindämmung der aggressiven Politik der Revisionsmächte, sie scheiterten aber regelmäßig an nationalegoistischen Vorbehalten. Nur im Ziel der Kriegsvermeidung waren sich die auf Entspannung bedachten Mächte einig, nicht aber in den Mitteln und den konkreten Lagebeurteilungen. Auf Unterschiede innerhalb der Gruppe der westlichen Großmächte ist ebenso zu verweisen wie auch auf die Sonderstellung der Sowjetunion, deren Selbstverständnis auf dem ausdrücklichen und systembedingten Gegensatz zu den kapitalistischen Ländern basierte und die im Westen auch in dieser Weise wahrgenommen wurde.

Der japanische Überfall auf die Mandschurei

Das militärische Vorgehen Japans in der Mandschurei war der erste Fall, bei dem eine Großmacht gegen den Einspruch, aber bei Tatenlosigkeit der anderen Großmächte expandierte. Insofern prägte der Ablauf der Mandschureikrise das Muster, das bis 1939 in Europa und bis 1941 in Asien galt. Erst zu diesem Zeitpunkt antworteten die Status-quo-Mächte mit Krieg, oder sie wurden selbst angegriffen. Japan verletzte mit seiner Expansion die bestehenden Verträge von Washington, darüber hinaus die Satzung des Völkerbunds und den Briand-Kellogg-Pakt, zu dessen Unterzeichnern Japan gehört hatte. Der von China angerufene Völkerbund befasste sich mit der Angelegenheit, blieb aber machtlos und musste schließlich auch den Austritt Japans im März 1933 hinnehmen. Die förmliche Anerkennung der territorialen Veränderungen wurde verweigert, was in den USA zu der nach ihrem Außenminister genannten Stimsondoktrin hochstilisiert wurde. Parallel dazu kündigte Japan das Flottenabkommen von 1930, sodass ein maritimes Wettrüsten im pazifisch-ostasiatischen Raum einsetzte. Die Sowjetunion, die erst 1934 Mitglied des Völkerbunds werden sollte, verfolgte ebenfalls eine Politik der Konfliktbegrenzung und war zur faktischen Anerkennung des japanischen Vorgehens bereit. Ende 1931 versuchte sie sogar – allerdings vergeblich – das von ihr in Europa begonnene System von Nichtangriffsverträgen auf den Fernen Osten und die Beziehungen zu Japan zu übertragen. Es kam aber immerhin zu einem sowjetisch-japanischen Wirtschaftsabkommen und zum Verkauf der sowjetischen Anteile an der nordmandschurischen Eisenbahn an Japan.

Im Rückblick erscheint die Besetzung der Mandschurei und die Ausrufung eines selbstständigen Staats Mandschukuo, der international aber kaum Anerkennung fand, als Dammbruch, der die Flut der Anarchie in der internationalen Politik stetig ansteigen ließ, bis schließlich ein neuer Weltkrieg unvermeidbar wurde. Wäre der Damm rechtzeitig repariert worden, so wird oft argumentiert, hätte der Weltkrieg vielleicht vermieden werden können. Diese Sicht der Dinge ist einerseits zutreffend, andererseits ignoriert sie die Perspektive der Zeitgenossen, die noch nicht die ganze Kette von Gewalt und Krieg von 1931 bis 1941 vor Augen haben konnten. Für die meisten Beobachter war der japanische Gewaltakt, so sehr auch seine Begleiterscheinungen bis hin zu den Kriegsverbrechen der Bombardierung von Wohngebieten abgelehnt werden mochten, das Resultat realer Machtverhältnisse in der betroffenen Region und seine Hinnahme ein Akt des politischen Realismus. Schon im Washingtoner Abkommen von 1922 waren Japan spezielle Interessen in der Mandschurei eingeräumt worden, die allerdings wirtschaftlicher Art sein sollten. Wenn sich Japan das Gebiet jetzt in aller Form unterwarf, so war dies völkerrechtlich nicht in Ordnung. Bestimmt von pragmatischen und machtpolitischen Gesichtspunkten, froren die Großmächte weder die diplomatischen noch die wirtschaftlichen Beziehungen zu Japan ein. Denn dies hätte – so ein Argument, das auch bei künftigen Fällen von

Aus dem Bericht vom 4. September 1934, den die vom Völkerbund berufene Kommission unter dem Vorsitz von Lord Lytton zur japanischen Besetzung der Mandschurei erstellte:

Die Japaner besaßen, wie der Kommission durch Zeugen erklärt wurde, einen sorgfältig vorbereiteten Plan für den Fall, dass Feindseligkeiten mit den Chinesen ausbrechen würden. In der Nacht vom 18. und 19. September wurde dieser Plan mit großer Schnelligkeit und Präzision in die Tat umgesetzt. Die Chinesen hatten, in Übereinstimmung mit ihren Instruktionen, zu diesem Zeitpunkt und an dieser Stelle keinerlei Pläne, die japanischen Truppen anzugreifen oder das Leben oder Eigentum japanischer Staatsangehöriger zu gefährden ... Sie wurden von dem japanischen Angriff und den darauf folgenden Operationen überrascht.

Diese amerikanische Karikatur spiegelt die Tatenlosigkeit des Westens beim Überfall auf die Mandschurei wider: Der Völkerbundsoffizier befiehlt dem japanischen Banditen, von seinem chinesischen Opfer abzulassen, seine Waffe ist jedoch nur ein Vertragstext aus Papier.

Aggression und Vertragsbruch zu hören war – die Lage nur verschärft, weil Japan dann auf direkten Konfrontationskurs mit den im Fernen Osten präsenten Großmächten gezwungen worden wäre. Bei Verzicht auf einen solchen Kurs bestünde vielleicht eine Chance, dass sich der Aggressor mit seiner Beute, die das globale Mächtegleichgewicht jenseits der betroffenen Region ja noch nicht gefährdete, zufrieden geben könnte.

Die alte Weltmacht wird herausgefordert – Großbritannien in den 1930er-Jahren

Aus der Sicht der Zeitgenossen verlief die Politik der einzelnen Aggressorstaaten ebenso unkoordiniert und zum Teil sogar gegenläufig wie die Politik der an Friedenswahrung interessierten Mächte. Es war noch nicht jene Linie erkennbar, die letztendlich 1941 zum Überfall der Japaner auf Pearl Harbor führte. Binnen kurzem wurden aber die Auswirkungen des japanischen Erfolgs sichtbar, denn er leitete die Umorientierung der italienischen Fernostpolitik zugunsten Japans ein und führte 1937, als Japan den Krieg gegen China fortsetzte, zur Beendigung der bis dahin gepflegten italienisch-chinesischen Kooperation. Dasselbe traf auch auf Deutschland zu, zu dem die japanische Armee engere Beziehungen wünschte. Sie blieben aber ungeachtet des schon Ende 1935 konzipierten und ein Jahr später verkündeten Antikominternpakts, dem 1937 auch Italien beitrat, recht lose und führten zu keinem Zeitpunkt zu einer aufeinander abgestimmten Weltpolitik der beteiligten Staaten.

Im Juli 1937 begann die japanische Invasion in China. Im Bild der Angriff auf Tientsin südöstlich von Peking.

Deutschland – Feind oder Handelspartner?

Besonders für Großbritannien, das aufgrund der Ausdehnung seines Weltreichs in alle internationalen Krisen verwickelt und damit zunehmend überfordert war, bestand Anlass zur Sorge, als Italien und Deutschland auch als kriegsbereite Aggressorstaaten auf der Bildfläche erschienen. Die britische Grundannahme der Zwanzigerjahre, in den nächsten zehn Jahren sei nicht mit einem Krieg mit einer Großmacht zu rechnen, musste Ende 1932 aufgegeben werden. Als Reaktion auf die nationalsozialistisch geführte Regierung in Deutschland, die im Oktober 1933 aus dem Völkerbund austrat, ließ die britische Regierung im November 1933 eine Kommission zur Untersuchung der britischen Verteidigungsfähigkeit und Sicherheitspolitik zusammentreten. Sie kam im Februar 1934 zu dem Ergebnis, dass Deutschland als potenzieller Feind anzusehen sei. Eine akute Gefahr werde von Deutschland allerdings frühestens in fünf Jahren ausgehen. Für den damaligen britischen Schatzkanzler Arthur Neville Chamberlain war Deutschland im Herbst 1934 zur Quelle aller Unsicherheit in Europa geworden. Premierminister

Stanley Baldwin meinte 1935, Deutschland führe die Liste der Länder an, von denen eine Bedrohung ausgehe, gefolgt von Italien, der Sowjetunion und Japan. Britische Außenpolitik war nicht blind gegenüber den Gefahren, die vom nationalsozialistischen Deutschland drohten. Gleichzeitig blieb Deutschland aber ein wichtiges Mitglied des europäischen Staatensystems. Vorerst war die britische Deutschlandpolitik noch nicht von dem negativer werdenden Image Deutschlands und seiner Rolle als antiwestlich ausgerichteter Diktatur und als Militärstaat bestimmt, sondern von den Interessenlagen

Das Deutsche Reich trat am 19. Oktober 1933 aus dem Völkerbund aus. Unmittelbar zuvor hatte es unter Protest die Genfer Abrüstungskonferenz verlassen. Das Bild zeigt ein Büro des Berliner Ausschusses für die Kundgebung zur Genfer Abrüstungskonferenz, der Bürgerlisten für internationale und gegen einseitige deutsche Abrüstung auslegte. Eine Volksabstimmung am 12. November 1933 erbrachte 95 Prozent Zustimmung zu Hitlers Politik gegenüber dem Völkerbund; bei den damit verbundenen Reichstagswahlen erreichte die Einheits-»Liste des Führers« 92 Prozent.

Großbritanniens und der Wahrnehmung Deutschlands als Wirtschaftsmacht und Handelspartner. Das ökonomische Interesse am Frieden und ein Sicherheitsdenken in den Kategorien des Handelsstaats hatte noch einige Zeit Vorrang vor militärischen Machtmaßstäben. Auch in den Dreißigerjahren hielt man entgegen der Tatsache, dass die Welt sich militarisierte und verschiedene Staaten sich durch Rüstung und Krieg dem Verbund des liberalen Systems entzogen, an der Grundannahme fest, Wirtschaftsmacht und Weltmachtstatus seien für Großbritannien unauflöslich gekoppelt. Dazu gehörte es, eine ausgeglichene Zahlungsbilanz und die Stabilität des Pfunds sicherzustellen. Wirtschaftliche Leistungsfähigkeit erschien als »vierte Teilstreitkraft«. Sie aber drohte zu versagen, wenn der Staatshaushalt übermäßig durch Rüstungsausgaben belastet werden musste. Besonders schwierig wurde die Lage, als in den Dreißigerjahren erstmals seit knapp hundert Jahren ein Zahlungsbilanzdefizit auftrat. Britische Minister fürchteten, der Kollaps – nämlich der finanzielle – könnte noch vor dem militärischen Ernstfall eintreten, wenn durch forcierte Rüstung Kapital und Arbeitskräfte aus der Exportwirtschaft abgezogen würden, wie dies in Deutschland geschah. Nach seiner Ernennung zum Premierminister 1937 unterstrich Chamberlain, Kriege würden nicht nur mit Waffen und Soldaten gewonnen, sondern mit ausreichenden materiellen und finanziellen Reserven und aufgrund der größeren Ressourcen. Krieg als Mittel der Politik schied nicht aus, auch wenn Krieg – anders als dies in Deutschland gesehen wurde – zutiefst interessenwidrig erschien. Sollte es zum

In seiner Biographie über Winston Churchill setzt sich der bekannte deutsche Schriftsteller und Historiker Sebastian Haffner mit der scharfen Kritik Churchills an der Politik des Premierministers Neville Chamberlain gegenüber Deutschland auseinander:

Chamberlain kannte die wirtschaftliche und finanzielle Lage Englands weit besser als Churchill, der diese Sicht der Dinge immer ein wenig kavaliermäßig beiseite wischte. Chamberlain, ein langjähriger und im Gegensatz zu Churchill sehr sachkundiger und erfolgreicher Schatzkanzler, wusste, dass England seine Reserven im Weltkrieg erschöpft hatte und dass ein zweiter Weltkrieg, selbst ein siegreicher, für die Wirtschaft und Finanzen Englands, und damit auch für die prekär gewordene Weltmachtposition, der Ruin sein würde ... Krieg, Weltkrieg war – von seiner unberechenbar gewordenen Furchtbarkeit sogar einmal abgesehen – etwas, das England um fast jeden Preis vermeiden musste, wenn es nicht Bankrott gehen wollte.

Der aus großindustriellen Kreisen stammende Konservative Neville Chamberlain gehörte seit 1918 dem Unterhaus und mit Unterbrechungen seit 1923 der Regierung an. Seine Politik pragmatischer Zugeständnisse an Deutschland stützte sich auf eine breite Mehrheit der britischen Gesellschaft (Foto um 1938).

Krieg kommen, dann zu einem möglichst späten Zeitpunkt. Er würde aus der Defensive heraus zu führen sein und war als lang dauernder Krieg konzipiert, in dem Deutschland mit seinen begrenzten Ressourcen unterliegen musste.

Hitlers Englandbild

Mit dieser Strategie konnte die britische Politik frei entscheiden, wann der Kriegsfall gegeben sein würde. Man war durch automatisch wirkende Bündnisverpflichtungen in keiner Weise festgelegt. Nicht jede territoriale Veränderung musste zum Krieg führen. Welche es sein würde, darüber ließ man jedoch den Gegner im Zweifel. Entschieden war die britische Regierung nur insofern, als sie zu keinem Zeitpunkt bereit war, auf Hitlers Lieblingsvorstellung einzugehen: In dessen geopolitisch ausgerichtetem Denken sollte der Kontinent Deutschland und das Weltmeer Großbritannien gehören, das auf diese Weise seinen Besitzstand wahren könne. Deutschland könne hinzugewinnen und expandieren. Noch ein wenig schmackhafter sollte das Angebot eines deutsch-britischen Kondominiums dadurch werden, dass die deutsche Expansion mit dem Ziel neuen Lebensraums nach Osten gegen die Sowjetunion erfolgen sollte. Hitlers Vorstellungen verrieten, dass seine Wahrnehmung Großbritanniens stärker von eigenen Wunschvorstellungen geprägt war als von realitätsnaher Einschätzung der britischen Politik. Er bemerkte völlig zutreffend, dass Großbritannien auf dem Kontinent und erst recht in Ostmittel- und Südosteuropa keinerlei Bündnisverpflichtungen einzugehen bereit war; ferner, dass es in britischen Regierungskreisen einen unübersehbaren antikommunistischen Affekt gab. Daraus durfte aber nicht die Schlussfolgerung gezogen werden, die Hitler herbeiwünschte, dass Deutschland auf der Grundlage des Antikommunismus freie Hand im Osten haben könnte. Hitler diagnostizierte auch korrekt das außenpolitische Ruhebedürfnis Großbritanniens. Er übersah aber, dass das britische Friedensbedürfnis nicht auf einen Frieden um jeden Preis hinauslief. Neben dem unbezweifelbaren Machtver-

Während Italien und Deutschland entschlossen und mit militärischen Mitteln Fakten schufen, machte sich nach dieser Karikatur der Londoner Zeitung »Evening Standard« Chamberlains harmlose Verhandlungsdiplomatie lächerlich.

fall der alten Weltmacht stand das nach wie vor vorhandene Machtbewusstsein Großbritanniens, das als internationale Ordnungsmacht keineswegs kampflos abdanken wollte. Darauf aber wäre eine Verdrängung Großbritanniens aus den Angelegenheiten der kontinentaleuropäischen Politik hinausgelaufen. Großbritannien wäre in Europa zum Juniorpartner Deutschlands abgesunken, was aus britischer Sicht nicht akzeptabel war und britische Sicherheitsinteressen in Westeuropa verletzt hätte.

Anlehnung an die USA, Zusammenarbeit mit Frankreich

Wenn die Rolle des Juniorpartners für Großbritannien nicht zu vermeiden sein sollte, dann kamen als Seniorpartner nur die USA in Betracht. Aber auch dies erschien der britischen Führungsschicht wenig attraktiv. Man konnte ihr nur entgehen, wenn der Frieden erhalten werden konnte. Wenn das attentistische Konfliktverhalten Großbritanniens den Frieden nicht würde retten können, dann gab es allerdings keine Alternative zum Krieg – mit der Hoffnung, die überlegenen Machtmittel der vorerst isolationistischen USA würden letztendlich zur Verfügung stehen, selbst um den Preis der dann unvermeidlichen Abdankung Großbritanniens als gleichberechtigter Weltmacht. Angesichts der weltpolitischen Überbeanspruchung und relativen Schwäche Großbritanniens war die Anlehnung an die USA mit gleichzeitiger Abhängigkeit von ihnen im Kriegsfall unvermeidbar.

Mit einiger Sicherheit lässt sich sagen, dass eine zeitigere Zusammenarbeit zwischen Großbritannien und Frankreich dem nationalsozialistischen Deutschland im Zweiten Weltkrieg nicht die Möglichkeit zur Beherrschung Kontinentaleuropas gegeben hätte, in deren Windschatten dann auch die Ermordung der europäischen Juden geschah. Der Spielraum, den sich Großbritannien und Frankreich bewahren wollten und der zu einem möglichst späten Kriegseintritt führte, zog entsprechenden Spielraum für die Aggressorstaaten nach sich. Solchen Erwägungen, die im Rückblick nahe liegen, gilt es freilich immer wieder die begrenzte Perspektive der Zeitgenossen gegenüberzustellen. Wer die Friedenswahrung zum nationalen Interesse erklärt, betont primär die Kriegsrisiken. Zudem erschien die deutsche Politik nicht zweifelsfrei auf einen Hegemonial- und Vernichtungskrieg hinauszulaufen. Musste man nicht zunächst einmal ausloten, wohin eigentlich die deutsche Aufrüstung und die Infragestellung des Versailler Systems führten? Über Krieg und Frieden zwischen den Großmächten durfte nicht jede Veränderung des territorialen Status quo entscheiden. Diese Lebensfrage stellte sich erst, wenn solche Veränderungen die Sicherheit Westeuropas selbst infrage stellten.

Frankreich glaubte sich am Vorabend des Kriegs gegen einen deutschen Angriff gut gerüstet. Das Verteidigungs- und Wachsystem an der Maginotlinie im Osten war aus den Erfahrungen des Ersten Weltkriegs geboren. Die Panzer bei der Parade am 14. Juli 1938 waren die am besten ausgerüsteten in Europa.

Hitler und Mussolini – Die Entstehung der »Achse«

Der deutsch-italienische Interessengegensatz

Der Spielraum zwischen der Abwägung von Kriegsrisiken und der Sicherung des Friedens war der Rahmen, innerhalb dessen die westlichen Großmächte auf die faschistischen und nationalsozialistischen Herausforderungen in Europa reagierten. Zunächst konnte keine Rede davon sein, dass Italien und Deutschland eine Art faschistischen Block bildeten. Vielmehr waren die deutsch-italienischen Beziehungen zunächst von Interessengegensätzen im Donauraum bestimmt. Als die österreichischen Nationalsozialisten im Juli 1934 einen Putschversuch unternahmen, ließ Mussolini Truppen an der Brennergrenze aufmarschieren. In London wurde diese Maßnahme begrüßt, ließ sie doch darauf hoffen, Italien als Gegengewicht gegenüber Deutschland einplanen zu können. Militärische Gegenmacht sei das einzige, was die Deutschen verstünden, kommentierte Chamberlain die italienische Militärpräsenz. Auch im März 1935, als die all-

Im März 1935 wurde in Deutschland die allgemeine Wehrpflicht wieder eingeführt. Im Zuge der Aufrüstung des Landes propagierten Plakate und Schaufenster die Kampfkraft der vormilitärischen Verbände und der Truppe und warben für den Eintritt junger Leute ins Heer, das von 100 000 auf 800 000 Mann aufgestockt wurde.

gemeine Wehrpflicht entgegen den militärischen Bestimmungen des Versailler Vertrags in Deutschland wieder eingeführt wurde, bezog Italien zusammen mit Großbritannien und Frankreich in der »Stresafront« eine antideutsche Position. Man protestierte gegen die einseitige Aufkündigung von Verträgen. Auf dem Verhandlungsweg wäre man durchaus bereit gewesen, Deutschland in der Rüstungsfrage entgegenzukommen. London und Paris erklärten dies Anfang 1935 in aller Form, doch war Deutschland nicht an neuen vertraglichen Festlegungen interessiert, sondern an der Beseitigung jeglicher Bindung und Beschränkung. Das Deutsch-Britische Flottenabkommen vom Juni 1935, das die deutsche Flottenrüstung im Verhältnis zur britischen auf eine für Deutschland sehr günstige Obergrenze festlegte, war kein Abweichen von dieser Linie, denn es war ein bilaterales Abkommen mit höchst unterschiedlichen Erwartungen auf beiden Seiten. Großbritannien betrachtete es als Vorstufe zu weiter gehenden und multilateralen Regelungen auch und vor allem im Bereich der Luftwaffe. Dazu aber war Deutschland nicht bereit, um seine eigene Rüstungsdynamik nicht beschränken zu müssen. Aus Hitlers Sicht sollte das Flottenabkommen als erster Schritt zu einem deutsch-britischen Bündnis gerade außerhalb multilateraler Vertragswerke dienen. Während Großbritannien und Frankreich eine Anpassung des Versailler Systems an die Großmachtbedürfnisse Italiens und Deutschlands anstrebten in der Absicht, eine neue internationale Ordnung begründen zu können, wollten die Führungen in Rom und Berlin jegliche Ordnung zerbrechen, um freie Hand zu haben.

Mit der deutsch-italienischen Übereinkunft vom 25. Oktober 1936, in der unter anderem Deutschland die Annexion Abessiniens (Äthiopien) durch Italien anerkannte und beide Mächte ein einheitliches Vorgehen im Spanischen Bürgerkrieg verabredeten, begründeten beide Staaten die **Achse Berlin–Rom,** die später im Rahmen weiterer Verträge (Antikominternpakt November 1936; Dreimächtepakt September 1940) zur **Achse Berlin–Rom–Tokio** ausgebaut wurde.

Eine aggressive Partnerschaft

Die weitgehende methodische Parallelität führte erst 1936 zu einer deutsch-italienischen Annäherung in der Sache. Mit dem im Oktober 1935 begonnenen Krieg gegen Äthiopien (früher Abessinien genannt), das zwischen den beiden italienischen Kolonien Somaliland und Eritrea lag, brachte sich Italien in einen Gegensatz zu Großbritannien und Frankreich. Die italienische Expansion beeinträchtigte die imperialen Verbindungslinien Großbritanniens »östlich von Suez«. Mit Äthiopien war nach China ein weiteres Völkerbundmitglied Opfer einer Aggression geworden, ohne dass der Völkerbund wirksame Maßnahmen ergriffen hätte. Die von ihm verhängten Wirtschaftssanktionen blieben ohne Wirkung auf Italien. Entscheidend war, dass der Suezkanal geöffnet blieb. Auch wurde von einem Ölembargo abgesehen, das nur durch eine Blockade hätte effektiv werden können. Dadurch wiederum wäre das Risiko eines Kriegs zwischen den Großmächten heraufbeschworen worden. Die Einbeziehung von Öl in die Sanktionspolitik hätte darüber hinaus einen Konflikt mit den USA nach sich gezogen, die ihre Öllieferungen nach Italien während des Kriegs verdoppelten. Auch die Sowjetunion zögerte nicht, Rohöl an den Aggressor zu liefern. Im Mai 1936 erreichte Mussolini mit der Annexion Äthiopiens sein Kriegsziel.

Deutschland befand sich 1936 noch in der Vorbereitung auf kriegerische Expansion. Wichtig für die deutsche Aufrüstung war die Remilitarisierung des Rheinlands im März 1936, mit der die volle Hoheit über das rüstungspolitisch so wichtige Industriegebiet an Rhein und Ruhr hergestellt wurde. Darüber hinaus trug der »Wochenendcoup« vom 7. März 1936 maßgeblich zur Stabilisierung des nationalsozialistischen Regimes und Hitlers Führung bei. Deutschland hätte dasselbe Ergebnis auch auf dem Verhandlungsweg erreichen können. Ein rascher und erfolgreicher Schlag zur Beseitigung der Verträge von Versailles und Locarno dagegen musste Hitlers Stellung zusätzlich stärken. Militär und Diplomatie hatten zu diesem frühen Zeitpunkt abgeraten, ein Risiko einzugehen. Hätte Frankreich seine Truppen in Marsch gesetzt, wäre dem Spuk ein rasches Ende bereitet worden. Auch Hitler selbst war sich nicht so sicher, ob eine Intervention ausbleiben würde. Aber er ging das aus seiner Sicht vertretbare Restrisiko ein und behielt Recht. Die Deutschen waren begeistert! Im Herbst desselben Jahres wurde ihnen dann der Vier-Jahres-Plan verkündet, der die Wirtschaft der absoluten Priorität der Aufrüstung unterordnete. Mit der Begründung der »Achse Berlin–Rom« am 25. Oktober 1936 fand die Annähe-

Mussolinis Staatsbesuch im September 1937 führte den italienisch-deutschen Schulterschluss vor Augen. Hier schreitet der »Duce« zusammen mit Hitler eine Ehrenformation ab. Den Abschluss des so genannten Stahlpakts, des deutsch-italienischen Freundschafts- und Bündnisvertrags vom 22. Mai 1939 verherrlicht die Postkarte unten.

rung der beiden revisionistischen Staaten Deutschland und Italien einen ersten Höhepunkt.

Testfall für Europa – Der Spanische Bürgerkrieg und die Großmächte

Der außenpolitische Radius Deutschlands ging 1936 über Schritte zur Revision des Versailler Vertrags hinaus. Kurz nach Beginn der Militärrevolte General Francos in Spanien im Juli 1936, die sich zu einem dreijährigen Bürgerkrieg entwickelte, beschloss Hitler, Franco zu unterstützen. Es war Hitlers persönliche Entscheidung, die er in Bayreuth traf, wo er zu den Festspielen weilte und Francos Hilfe suchende Abgesandte empfing. Die Intervention im Spanischen Bürgerkrieg, die Deutschland an der Seite des ebenfalls intervenierenden Italien sah, erfolgte aus ideologischen, wirtschaftlichen und militärischen Gründen. Spanien diente als Experimentierfeld für die Luftwaffe, die auch zivile Ziele bombardierte und damit demonstrierte, wie der moderne Krieg aussah. Internationales Entsetzen erregte besonders die Bombardierung von Guernica. Der für den Ausgang des Bürgerkriegs entscheidende deutsch-italienische Einsatz entwickelte sich in diesem Umfang indes erst im Laufe der Auseinandersetzung. In welchem Ausmaß rüstungswirtschaftliche Gesichtspunkte bei Hitlers Entscheidung eine Rolle gespielt haben, ist nur zu vermuten. Auf jeden Fall war Spanien als Rohstofflieferant (Eisenerz, Schwefelkies) ein willkommener Partner. Was Hitler bewogen hat, kurz nach der Rheinlandbesetzung erneut ein außenpolitisches Abenteuer einzugehen, dürfte in der programmatischen Ausrichtung seiner Politik gegen den internationalen Kommunismus und die Sowjetunion begründet sein. Der Topos, Lebensraum im Osten gewinnen zu müssen, verband sich für Hitler 1936 mit der konkreter werdenden Perspektive, die er kurz vor der spanischen Entscheidung ebenfalls in Bayreuth äußerte: Russland müsse wieder in seine »ursprünglichen historischen Teile« zerlegt werden. Die Parteinahme zugunsten Francos gegen die Volksfrontregierung in Spanien, die womöglich mit dem eben gebildeten Volksfrontbündnis in Frankreich zusammengehen könnte, muss wohl vor allem unter ideologischen Gesichtspunkten gesehen werden. Die Rolle Deutschlands als Bollwerk gegen den Kommunismus konnte vielleicht auch Großbritannien übersehen lassen, dass Deutschland die Bahn konventioneller Revisionspolitik verließ und im Mittelmeerraum mit britischen Interessen kollidierte. Auf jeden Fall war die spanische Arena ein Testfall dafür, welchen Spielraum die westeuropäischen Großmächte Deutschland einzuräumen bereit waren.

Reaktion der westeuropäischen Großmächte

Großbritannien reagierte auf die Herausforderung in der ihm eigenen Weise. Es versuchte, den Konflikt lokalisiert zu halten und seine Ausweitung zu verhindern. Die alte Weltmacht dankte nicht von der Bühne der internationalen Politik ab, tat aber auch nichts zur Unterstützung der spanischen Republik und zur Niederschlagung des europäischen Faschismus. Die Scheinlösung bestand in

---

GUERNICA

Am 26. April 1937 zerstörten Flugzeuge der mit General Francisco Franco verbündeten deutschen Legion Condor unter dem Befehl von General Hugo Sperrle in einem dreistündigen Bombenangriff die nordspanische Kleinstadt Guernica y Luno. 30 bis 40 Maschinen der Typen Junkers Ju 52 sowie Heinkel He 111 und He 51 hinterließen ein Trümmerfeld. 1645 Menschen starben. Was im Nachhinein als Fanal der Bombennächte des Zweiten Weltkriegs erscheint, war für die Zeitgenossen unerhört und unfassbar: Der Terror der Massenvernichtung richtete sich ausschließlich gegen die Zivilbevölkerung, denn die heilige Stadt der Basken war ein militärisch unbedeutender Ort im Hinterland. Eine nahe gelegene Munitionsfabrik blieb unbeschädigt.

Das Ziel der Operation wurde jedoch nicht erreicht, denn die Kampfmoral der republikanischen Seite blieb ungebrochen. Der internationale Aufschrei des Entsetzens veranlasste Francos nationalistische Junta schließlich zu der Behauptung, »rote Horden« hätten die Stadt mit Benzin und Feuer in Brand gesteckt.

Für die Pariser Weltausstellung desselben Jahres beauftragte die republikanische Regierung in Valencia den Maler Pablo Picasso mit einem riesigen Ölbild für den spanischen Pavillon, das die Blicke der Weltöffentlichkeit auf den grausamen Zerstörungsakt lenken sollte. Der Künstler schrieb: In diesem Bild »bringe ich deutlich meinen Abscheu vor der militärischen Kaste zum Ausdruck, die Spanien in einem Ozean von Leid und Tod versenkt hat«.

---

der Bildung eines in London tagenden Nichtinterventionskomitees. Es wurde von den Großmächten beschickt, um offiziell darüber zu wachen, dass in Spanien nicht interveniert wurde, während gleichzeitig – schließlich auch seitens der Sowjetunion, die seit Oktober 1936 Kriegsmaterial für die Republik bereitstellte – eine Einmischung massiver Art stattfand. Es ging bei alldem nicht um die Unterbindung der Intervention, sondern um die Vermeidung eines Konflikts auf Großmachtebene. Der Spanische Bürgerkrieg beschäftigte jedoch nicht nur die Regierungen, sondern auch als Auseinan-

Aus einem Bericht Ernest Hemingways in der New York Times über seine Erlebnisse bei der Verteidigung Madrids (November 1936/Januar 1937) im Spanischen Bürgerkrieg:

An der Ecke, zwanzig Schritt vom Eingang (des Hotels) entfernt liegt auf Zementschutt und aufgewühlter Erde ein toter Mann. Seine Kleider sind zerrissen und mit grauem Staub bedeckt. Im Bürgersteig gähnt ein großes Loch. Aus einer getroffenen Leitung strömt Gas, es flimmert in der kalten Morgenluft wie eine Luftspiegelung an heißen Tagen.
Ein Polizist deckt den Leichnam zu; sie schicken nach jemand, der die Gasleitung repariert, ... jeder hat das gleiche Gefühl, das für den Krieg so bezeichnend ist. Es traf dich nicht, warum also lange darüber nachdenken?

dersetzung zwischen Demokratie und Faschismus die internationale Gesellschaft insgesamt. Die spanische Republik erhielt in ihrem Kampf gegen Franco Unterstützung durch Freiwilligenverbände aus zahlreichen Ländern. In den Internationalen Brigaden kämpften rund 60 000 Mann, darunter auch viele Deutsche, die als Gegner des Nationalsozialismus Hitler in Spanien bekämpften. Die Zusammensetzung der Brigaden reichte von Kommunisten stalinistischer Orientierung, die innerhalb des internationalen Kommunismus gegen »Abweichler« vorgingen, bis zu bürgerlichen Liberalen und Intellektuellen. Für Länder mit ausgeprägter politischer Polarisierung wie Frankreich bedeutete der Spanische Bürgerkrieg eine Gefahr von großer Sprengkraft, sodass die französische Regierung die Grenze nach Spanien schloss und damit das republikanische Spanien von der Landzufuhr abschnitt.

Die Rolle der Sowjetunion und der USA

Die Auseinandersetzung in Spanien ging offensichtlich über einen Bürgerkrieg weit hinaus. Sie spiegelte die ideologische Frontbildung zwischen links und rechts ebenso wider wie die Zersplitterung der Linken. Der Spanische Bürgerkrieg demonstrierte die doppelte Frontstellung der Sowjetunion: Sie befand sich in einer direkten Konfrontation mit Deutschland und Italien. Aber auch ihre Beziehungen zu den westeuropäischen Großmächten waren belas-

Die Pariser Weltausstellung von 1937 bot der Welt noch einmal das Forum für Selbstdarstellung und Konkurrenz mit friedlichen Mitteln. Im Bild erscheint links vom Eiffelturm der deutsche Pavillon mit dem Reichsadler, rechts der sowjetische mit einem Paar von Kolchosbauern, die Hammer und Sichel schwingen.

tet, weil sie deren Politik der Nichtintervention nicht mittrug. Darüber hinaus wird deutlich, wo die Weltmacht USA stand, die im weiteren Verlauf der internationalen Entwicklung aufgrund ihrer Finanz- und Wirtschaftskraft, aber auch ihres militärischen Potenzials von ausschlaggebender Bedeutung werden sollte. 1937 verschärften die USA noch einmal die seit 1935 verfolgte Neutralitätsgesetzgebung; der isolationistisch gestimmte Kongress untersagte die Ausfuhr von Waffen und kriegswichtigen Gütern auch in Bürgerkriegsgebiete, ohne zwischen Angreifern und Angegriffenen zu unterscheiden. Der amerikanische Präsident hatte angesichts dieser Gesetzgebungslage nur die Möglichkeit, gemäß der auf zwei Jahre befristeten, also im Krisensommer 1939 auslaufenden Cash-and-carry-Klausel zu handeln. Danach konnten auch Krieg führende Staaten Käufe in den USA tätigen, wenn sie bar *(cash)* zahlten und die Waren auf eigenen Schiffen transportierten *(carry)*.

Dem Zweiten Weltkrieg entgegen – Der Weg zum Hitler-Stalin-Pakt

Aus den USA waren nicht nur isolationistische Töne zu verneh- men. Präsident Roosevelt wies im Oktober 1937 in einer Rede in Chicago darauf hin, dass die internationale Politik zunehmend der Anarchie entgegentreibe und dass kein Staat davor die Augen verschließen dürfe. Die »Gemeinschaft« der Staaten müsse zur Vermeidung eines allgemeinen Kriegs die Aggressorstaaten »in Quarantäne legen«. Roosevelt reagierte damit auf den Krieg, der in Ostasien wieder aufgeflammt war und den Japan seit dem militä- rischen Zwischenfall an der Marco-Polo- Brücke bei Peking im Juli 1937 führte. Der Krieg sollte zu der von Japan angestrebten »Neuen Ordnung Ostasiens« führen, die das Washingtoner System endgültig beseitigen sollte.

Wie aber sah die von Roosevelt erwähnte »Gemeinschaft« der Staaten aus? Gab es sie überhaupt, wenn man darunter die Fähig- keit zu koordiniertem politischen Handeln versteht? Der britische Premierminister Chamberlain sah die Dinge sehr nüchtern. Von den Amerikanern seien nur schöne Worte zu erwarten, wie sie Roosevelt ge- rade von sich gegeben habe. In seiner Ein- schätzung sah sich Chamberlain im Novem- ber 1937 bestätigt, als die Brüsseler Kon- ferenz, zu der der Völkerbund die von der angespannten Situation im Fernen Osten betroffenen Staaten ein- geladen hatte, ohne Ergebnis blieb. Die USA verweigerten sich zu diesem Zeitpunkt noch Sanktionen gegen Japan. Erste Maßnahmen ergriffen sie erst im Juli 1939, als sie den Handelsvertrag mit Japan kündigten. Auch gegen Deutschland sollte diese Waffe eingesetzt werden, indem der 1935 ausgelaufene Handelsvertrag entgegen deut- schen Wünschen nicht erneuert wurde. Stattdessen sollte mit dem amerikanisch-britischen Handelsvertrag vom November 1938

Aus der »Quarantänerede« Präsident Franklin D. Roosevelts 1937:

Unschuldige Völker und Staaten werden grausam in der Gier nach Macht und Herr- schaft geopfert, die kein Gefühl für Gerech- tigkeit besitzt ... Wenn sich solche Dinge in anderen Teilen der Welt ereignen, so soll sich niemand einbilden, dass Amerika davon verschont bleibt, dass es Gnade zu erwarten hat, dass diese westliche Hälfte der Erde nicht angegriffen wird und dass sie fortfahren kann, ruhig und friedlich zu leben ... Die friedliebenden Nationen müssen sich gemeinsam gegen jene Vertrags- verletzungen und jene Missachtung menschlicher Instinkte zur Wehr setzen, die heute einen Zustand internationaler Anarchie und Unbeständigkeit schaffen. Wenn eine Krankheit sich epidemisch ausbreitet, beschließt die Gemeinschaft, um sich vor Ansteckung zu schützen, die Patienten in Quarantäne zu legen. Der Krieg ist eine Seuche, ob er nun erklärt ist oder nicht.

In der öffentlichen Meinung Amerikas mehrten sich die Stimmen für ein entschlossenes Vorgehen gegen die Terrorherrschaft der Nationalsozialisten in Deutschland. Das Bild zeigt, wie in New York gegen die Gewaltmaßnahmen in der Reichspogromnacht des 9. November 1938 demonstriert wird.

demonstriert werden, dass die westlichen Demokratien zusammenstanden. Roosevelt wusste freilich auch, dass die Militärstaaten Japan, Italien und Deutschland nicht wirklich mit den Mitteln einzudämmen waren, die für die westlichen Handelsstaaten charakteristisch waren. Darum kurbelte seine Regierung seit 1938 sowohl die Flotten- als auch die Luftrüstung an.

Die Zusammenarbeit zwischen Deutschland und Japan gegen die Sowjetunion wurde 1936 im Antikominternpakt geregelt, dem sich weitere Bündnispartner anschlossen. Das Bild links zeigt die Aufnahme Italiens 1937: Reichsaußenminister Rippentrop unterzeichnet die Urkunde im italienischen Außenministerium.

In Großbritannien standen noch am Vorabend des Kriegs viele einer gewaltsamen Auseinandersetzung mit Deutschland reserviert gegenüber. Auf den Parlamentsbeschluss über die Einführung der Wehrpflicht für die über Zwanzigjährigen am 9. Mai 1939 folgten lautstarke Proteste (Bild unten).

Nach zwei Treffen zwischen dem britischen Premierminister Chamberlain und Hitler in Berchtesgaden (15. September 1938) und Bad Godesberg (22.–24. September 1938) unterzeichneten am 29. September 1938 in München Hitler, Chamberlain, Ministerpräsident Édouard Daladier (Frankreich) und Mussolini (Italien) das **Münchener Abkommen,** das die an den Verhandlungen nicht beteiligte Tschechoslowakei zwang, die mehrheitlich von Deutschen besiedelten Grenzgebiete Böhmens (Sudetengebiete) an das Deutsche Reich abzutreten. Für Hitler, der nun gegen seinen Willen in ein multilaterales Abkommen eingebunden, bedeutete dies eine Verzögerung der eigentlich beabsichtigten »Zerschlagung« der Tschechoslowakei, die dann im März 1939 endgültig erfolgte.

Britische Appeasementpolitik ohne Alternative

Auch in Großbritannien wurde im Rahmen der Doppelstrategie, die Flexibilität gegenüber den expansionistischen Staaten mit der Bereitschaft zur Verteidigung eigener Interessen verband, vermehrt gerüstet, wenn auch nicht mit dem Ziel einer raschen Interventionsfähigkeit auf dem Kontinent. Für Großbritannien zeichnete sich 1937 in aller Schärfe die weltpolitische Überbelastung ab. Sanktionen gegen Japan mit dem Risiko eines Kriegs im Fernen Osten kamen auch darum nicht in Frage, weil aus der Sicht der britischen Regierung die »Versuchung« für die europäischen »Diktatoren« zu groß sein könnte, die Situation auszunutzen, »sei es in Osteuropa oder in Spanien«. Die Befürchtung, bei einer außereuropäischen Eskalation könnten auch die europäischen Verhältnisse außer Kontrolle geraten, war keineswegs abwegig. Hitler bezog die »Schwächung der englischen Position in Ostasien durch Japan« durchaus in seine Überlegungen ein, in denen die militärische Kraftprobe auch mit Großbritannien und Frankreich Ende 1937 immer deutlichere Züge annahm. Die Hinnahme der Aggression im Fernen Osten wurde 1938/39 durch entsprechende Schritte gegenüber Italien und Deutschland ergänzt: Die Annexion Äthiopiens wurde anerkannt, dem »Anschluss« Österreichs und der schrittweisen Auflösung der Tschechoslowakei kein Widerstand entgegengesetzt. Was Großbritannien und Frankreich mit dem Münchener Abkommen im September 1938 immerhin erreichten, war eine Verhandlungslösung der sudetendeutschen Frage. Damit wurde Hitler um seinen Genuss eines Blitzkriegs gegen die Tschechoslowakei gebracht, den er angesteuert hatte.

Hitlers Plan

H itler hatte im Herbst 1938 das frühest mögliche Datum aufgreifen wollen, das ihm für den Beginn der Ostexpansion geeignet schien. In einer von Oberst Hossbach überlieferten geheimen Besprechung hatte Hitler im November 1937 seinen »Entschluss zur Anwendung von Gewalt unter Risiko« möglicherweise schon 1938, spätestens aber 1943/45 mitgeteilt. Nach der Sudetenkrise bekräftigte er vor Pressevertretern, es müsse nun Schluss sein mit der »pazifistischen Platte« und mit der jahrelang betriebenen »Friedenspropaganda«, die man aus außenpolitischen Gründen nicht habe vermeiden können. Sie führe nämlich zu einer »falschen Beurteilung der Zielsetzung dieses Systems«. Der deutsche Diktator sah mit einiger Besorgnis, dass nicht sein Säbelrasseln in Deutschland populär war, sondern Chamberlains Politik der Friedenswahrung. Scheute Hitler 1938 noch die kriegerische Auseinandersetzung, weil Großbritannien damit drohte, militärische Gewaltanwendung nicht hinnehmen zu wollen, so blieb die unverändert beibehaltene britische Haltung 1939 weitgehend ohne Wirkung auf ihn. Hitler setzte darauf, Großbritannien von einer Intervention auf dem Kontinent abhalten zu können.

Zur Irreführung der Weltöffentlichkeit hatte Hitler 1939 für die NSDAP die Parole »Reichsparteitag des Friedens« ausgegeben. Er wurde wegen des Einmarsches in Polen abgesagt.

Bis März 1939 wurde zu diesem Zweck versucht, Polen in die deutsche Kriegsplanung zu integrieren. Dem widersetzte sich die Regierung in Warschau, aber nicht, weil sie strikt an den bestehenden Grenzen in Europa festhalten wollte; denn an der Demontage der Tschechoslowakei hatte sie sich ja 1938 sehr wohl beteiligt. Warschau ging es vielmehr in erster Linie darum, sich nicht in die Abhängigkeit von Deutschland zu begeben, sondern im Rahmen der europäischen Politik eine unabhängige Stellung zu behaupten. In Selbstüberschätzung hielt Polen daran auch fest, als es im weiteren Verlauf des Jahres 1939 immer stärker zum nächsten Angriffsziel Deutschlands wurde und sich bis zuletzt sträubte, einer politischen oder gar militärischen Kooperation mit der Sowjetunion zuzustimmen.

Die Westmächte garantieren die Unabhängigkeit Polens

I m Sommer 1939 verhandelten Großbritannien und Frankreich mit der Sowjetunion, um sie auf der Seite des Westens zu halten. Ziel der Gespräche war der Abschluss eines Beistandspakts mit der

Sowjetunion. Bereits am 31. März 1939 hatten die beiden Westmächte die Unabhängigkeit Polens garantiert. Diese weit reichende Erklärung sollte eventuelle Verhandlungen mit Deutschland über eine Teilrevision von Grenzen etwa in der Danzigfrage keineswegs ausschließen. Auch die Verhandlungen mit der Sowjetunion, die im August 1939 kurz vor dem Abschluss standen, als die Sowjetunion das für sie günstiger erscheinende deutsche Angebot akzeptierte, galten nicht der »Einkreisung« Deutschlands. Sie waren vielmehr als Warnung für Hitler gemeint, vom Einsatz deutscher Truppen abzusehen. Priorität hatte aus britischer Sicht auch 1939 die Entspannung der Beziehungen zu Deutschland, was wiederum der sowjetischen Seite nicht verborgen blieb und ihre stets gegenwärtige Angst vor einer antisowjetischen Einheitsfront der kapitalistischen Staaten schürte.

Der Hitler-Stalin-Pakt

Die Sowjetunion – bis dahin viel geschmähter und zum Teil auch gefürchteter Außenseiter in der europäischen Politik – rückte 1939 in eine gewichtige Position. Stalin signalisierte im März 1939, man werde für niemanden die »Kastanien aus dem Feuer« holen und sei nach allen Seiten hin offen, um das Hauptziel sowjetischer Politik, die Wahrung der nationalen Sicherheit, erreichen zu können. Stalins Flexibilität zeigte an, dass die sowjetische Außenpolitik mit dem neuen im Mai 1939 ernannten Außenminister Molotow an der Spitze nicht mehr einseitig auf die europäischen Westmächte oder gar den Völkerbund ausgerichtet war. Der ungefähr zum selben Zeitpunkt gereifte britische Entschluss, bisherige Barrieren gegenüber der Sowjetunion abbauen zu wollen, traf also in Moskau auf nur bedingt offene Ohren. Ausschlaggebend war, dass der deutsche Außenminister von Ribbentrop mit seinem Konzept eines Kontinentalblocks von Japan bis Spanien unter Einschluss der Sowjetunion die bisher verfolgte strikt antisowjetische Linie der deutschen Politik verließ. Unter dem Eindruck schwindender Optionen stimmte auch Hitler im August 1939 der Absicht zu, die sowjetische Karte zu spielen. Der deutsch-sowjetische Nichtangriffspakt, der so genannte Hitler-Stalin-Pakt vom 23. August 1939, verhinderte im Kriegsfall einen Zweifrontenkrieg. Darüber hinaus legte ein geheimes Zusatzprotokoll unter Aufteilung Polens die deutsche und sowjetische Interessensphäre fest. Dass Hitler dieser überraschenden Abkehr von der bisherigen ideologischen Festlegung zustimmte, hing mit einer doppelten Einengung seines Spielraums zusammen. Zum einen erwies sich Großbritannien als eine Großmacht, die ihre Rüstung vorantrieb und eine weitere gewaltsame Expansion Deutschlands nicht hinnehmen wollte. Zum anderen geriet Deutschland

Bissig karikierte die Londoner Zeitung »Evening Standard« die Annäherung zwischen Hitler und Stalin als ein Komplimentieren zwischen Todfeinden.

aufgrund seiner Hochrüstung, die 1938 noch einmal gesteigert worden war, in einen immer merklicher werdenden finanziellen und wirtschaftlichen Engpass. Hitler erklärte im Mai 1939, man müsse Polen »bei erster passender Gelegenheit« angreifen. Danzig sei »nicht das Objekt, um das es geht. Es handelt sich für uns um die Erweiterung des Lebensraums im Osten und Sicherstellung der Ernäh-

Reichsaußenminister Joachim von Ribbentrop bei der Unterzeichnung des deutsch-sowjetischen Nichtangriffspakts vom 23. August 1939 in Moskau.

rung.« Da der Außenhandel unter dem Primat der Rüstung stand und nicht die erforderlichen Importe erbringen konnte, blieb nur, wie Hitler im August 1939 betonte, ein Ausweg: die Auslösung des lange geplanten Kriegs. »Uns bleibt nichts anderes übrig, wir müssen handeln.« Krieg als Beutekrieg hieß die Devise. Mit der Sowjetunion als Rohstoff- und Nahrungsmittellieferant konnte die erste Phase des europäischen Kriegs entfesselt werden. In der nächsten Etappe wollte Hitler wieder zu seinem alten Objekt zurückkehren, zur Unterwerfung und Ausbeutung der Sowjetunion. Die sensationelle Nachricht vom Hitler-Stalin-Pakt schlug wie eine Bombe ein – nicht zuletzt auch bei den deutschen Kommunisten, die sich im Widerstand gegen das NS-Regime befanden. In London hatte man einen Rückzug der Sowjetunion in die Isolation für möglich gehalten, nicht aber mit einer deutsch-sowjetischen Annäherung gerechnet.

Die deutsch-sowjetische Einigung zur Teilung Polens vom 28. September 1939 hält diese Karte fest, in der die Grenze zwischen beiden »Interessensphären« als schwarze Linie eingetragen ist. Sie wurde von Stalin und Außenminister Joachim von Ribbentrop signiert.

Die Entscheidung über Krieg und Frieden aber lag weder in Moskau noch in London oder Paris, sondern allein in Berlin. Mit dem deutschen Angriff auf Polen am 1. September 1939 war sie gefallen. Polen erhielt zwar keine direkte Hilfe von den westeuropäischen Großmächten. Aber nach Ablauf eines Ultimatums befanden sich Großbritannien und Frankreich am 3. September 1939 mit Deutschland im Kriegszustand.

Gottfried Niedhart

Ohne Kalif, ohne Schleier – Die Türkei unter Kemal Atatürk

Die gespaltene Gesellschaft – Der Sieg Atatürks

Nach seinem Amtsantritt im Juli 1918 trennte sich der neue Sultan Mehmed VI. Wahideddin von seinem Großwesir Tevfik Pascha und berief Damad Ferid Pascha, einen Repräsentanten der liberalen und dezentralistischen Kräfte, an die Spitze des Kabinetts. Dessen Politik richtete sich an der Erhaltung der Vorrechte des Hauses Osman aus und nahm dafür einen Ausgleich mit britischen Vormachtsinteressen in Kauf. Da die neue Regierung bei anhaltenden Unruhen eine direkte Intervention der Entente befürchtete, erteilte sie dem politisch ehrgeizigen, aber regierungskritisch eingestellten General Mustafa Kemal Pascha den Auftrag, im Schwarzmeerraum griechische und türkische »Banden« aufzulösen.

In der Zwischenzeit hatten griechische Truppen infolge eines Beschlusses der Pariser Friedenskonferenz die Stadt İzmir und ihr Hinterland besetzt. Das von der britischen Regierung unter Premierminister David Lloyd George gedeckte griechische Vorgehen entfachte den türkischen Widerstand in Anatolien. Die griechische Besatzungsarmee begnügte sich dort nicht mit der Entwaffnung der türkischen Bevölkerung, sondern verteilte darüber hinaus Waffen an die anatolischen Griechen, die sich nach einem Aufruf ihres Patriarchen aus der osmanischen Staatsbürgerschaft »entlassen« sahen. Vor dem Hintergrund dieser Entwicklung versammelten sich am 23. Mai 1919 zahlreiche Türken auf dem Sultan-Ahmed-Platz in Istanbul zu einer Protestkundgebung.

In Nordanatolien angekommen, nahm Mustafa Kemal Pascha Verbindung mit hohen Befehlshabern und Verwaltungsbeamten auf. Von Amasya aus sandte er erste Erklärungen ins Land: Die Regierung in Istanbul sei unfähig, die territoriale Einheit und Unabhängigkeit des Landes zu wahren. In einem geheim gehaltenen Artikel seines Rundschreibens untersagte er die Auflösung von Heeresformationen und entzog sie damit der Befehlsgewalt Istanbuls. Aus Istanbuler Depots wurden Waffen und Munition nach Anatolien geschmuggelt. Auf den beiden Kongressen in Erzurum und Sivas (Juli und September 1919) bemühte sich die kleine Gruppe militärischer Führer in Anatolien um eine breitere Legitimierung ihres Handelns. Der Kongress in Sivas konstituierte sich als »Nationale Versammlung«, auch wenn nur etwa 30 Delegierte an ihm teilnahmen. Dem politischen Geschick Kemal Paschas gelang es in dieser Zeit, Militärs – die im Osten den Ton angaben –, lokale Notabeln – im

Damad Ferid Pascha, Schwager des Sultan Mehmed VI., leitete während der alliierten Besatzung als Großwesir das Kabinett. Er unterzeichnete den Pariser Vorortfrieden von Sèvres und bekämpfte die türkischen Nationalisten in Anatolien. 1922 ging er in die Emigration und starb 1923 in Nizza (Karikatur von 1909).

Mustafa Kemal Pascha beteiligte sich 1909 an der Niederschlagung des Gegenputsches des entmachteten Sultans Abd ül-Hamid II. Nach den Balkankriegen diente er als Militärattaché in Sofia. Sein Abwehrkampf gegen das britische Expeditionskorps in den Dardanellen 1915 machte ihn zum Nationalhelden (Foto um 1915).

ägäischen Raum dominierend – und religiöse Amtsträger – Ulema und Derwischscheiche – zusammenzufassen und den Widerstand gegen äußere (Entente, Griechen) und innere Feinde (Sultansregierung) zu koordinieren. Der Kongress von Sivas schuf die »Nationalen Streitkräfte« und damit ein machtpolitisches Gegengewicht zu Istanbul.

Nach Wahlen gegen Ende 1919 trat am 12. Januar 1920 in Istanbul ein neues osmanisches Parlament zusammen, das – von der Einheit der osmanischen Länder in ihrem Vorkriegsbestand ausgehend – am 20. Januar 1920 einen »Nationalpakt« verabschiedete, die Gleichberechtigung der Muslime in den Nachbarländern mit den Minderheiten auf türkischem Boden forderte und sich bereit erklärte, die osmanischen Staatsschulden anteilig zu zahlen. Unter verstärktem Druck auf die Sultansregierung gingen die Ententemächte am 16. März 1920 von der symbolischen zur tatsächlichen Besetzung Istanbuls über. Unter dem Eindruck dieser Vorgänge in Istanbul versammelte sich am 23. April 1920 in Ankara unter der Präsidentschaft Kemal Paschas eine »Große Türkische Nationalversammlung«. Bei deren Konstituierung wurde zum ersten Mal der Ländername »Türkei« verwendet. Kurz zuvor hatte die Sultansregierung unter dem Großwesir Ferid Pascha ein Gutachten, ein Fetwa, des Scheichülislam Dürris ade Abdullah Efendi veranlasst, das die Nationalbewegung unter Kemal Pascha als Aufstand gegen das Kalifat wertete und alle Beteiligten zu Ungläubigen erklärte. Der Mufti von Ankara veröffentlichte ein Gegen-Fetwa zugunsten der Nationalisten.

Mit dem **Vertrag von Sèvres**, der am 10. August 1920 unterzeichnet wurde, sollte die Türkei unter militärische Kontrolle und Finanzaufsicht der Entente kommen. Griechenland wurde de facto das ganze Hinterland von İzmir zugesprochen und Kurdistan als autonomer Staat vorgesehen, über dessen endgültige Loslösung von der Türkei der Völkerbund entscheiden sollte (Paragraph 62–64). Die Türkei sollte darüber hinaus ein unabhängiges Armenien anerkennen und sich einem Schiedsspruch des amerikanischen Präsidenten vorbehaltlos unterwerfen (Paragraph 89). Selbst die türkische Regierung sollte nur so lange in Istanbul bleiben, wie sie den Friedensvertrag und alle Zusatzverträge loyal ausführte. Obwohl niemals in Kraft getreten, bedeutete dieser Vertrag das Ende des Osmanischen Reichs.

Vom Reich zur Republik – Der Nationalstaat

Der Vertrag von Sèvres, von einem Vertreter der Istanbuler Sultansregierung am 10. August 1920 unterzeichnet, jedoch niemals in Kraft getreten, bedeutete in seiner Wirkung das Todesurteil für das Osmanische Reich. Er sollte nach dem Willen der Siegermächte, besonders der Ententemächte, die orientalische Frage ein für alle Mal lösen. Er enthielt eine große Zahl von Artikeln, die die Türkei auf die Größe eines anatolischen Kleinstaats beschränkten.

Im gewaltsamen Vorgriff auf das ihm zugestandene Gebiet im westlichen Anatolien schritt Griechenland am 22. Juni 1920 zum Angriff auf dieses Gebiet. In den zwei Schlachten von İnönü bei Eskişehir konnte Oberst İsmet, später İsmet İnönü, die griechische Invasionsarmee aufhalten. Die Signalwirkung dieses Sieges war erheblich. Italien und Frankreich zogen sich aus einem Teil ihrer »Einflussgebiete« zurück. Im östlichen Vorfeld Anatoliens zwang General Kasim Karabekir im Abkommen von Gümrü/Alexandropol die junge armenische Republik, auf die ihr im Vertrag von Sèvres zugesagte Unabhängigkeit zu verzichten

Die erste türkische Nationalversammlung tagte seit 1920 in einem als Klubhaus für das jungtürkische Komitee vorgesehenen neuen Gebäude in Ankara, das als Provisorium hergerichtet wurde.

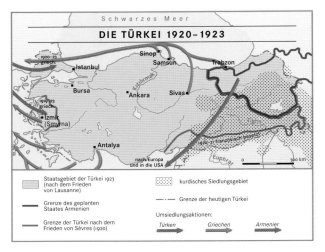

Staatsgebiet der Türkei 1923
(nach dem Frieden
von Lausanne)

kurdisches Siedlungsgebiet

Grenze des geplanten
Staates Armenien

Grenze der heutigen Türkei

Grenze der Türkei nach dem
Frieden von Sèvres (1920)

Umsiedlungsaktionen:

Türken   Griechen   Armenier

(2./3. Dezember 1920). Die Regierung in Ankara gewann zunehmend außenpolitische Bewegungsfreiheit. Der Vertrag von Moskau mit der Sowjetunion (16. März 1921) war das erste von Ankara abgeschlossene internationale Abkommen.

Unter dem Oberbefehl Mustafa Kemals konnten die nationaltürkischen Truppen in der entscheidenden Schlacht am Sakarya (10. Juli 1921) den griechischen Vormarsch nach Ankara stoppen. Nach einjährigem Stellungskrieg in Westanatolien konnten sie die Griechen in der Schlacht von Dumlupınar bei Afyon am 30. August 1922 endgültig schlagen und sie bis İzmir verfolgen. Im Oktober 1922 wurde in Mudanya ein Waffenstillstand geschlossen. Großbritannien musste sich mit dem Ergebnis abfinden, weil Frankreich jetzt eigene Wege beschritt.

Nach langen und zähen Verhandlungen kam am 24. Juli 1923 das umfangreiche Vertragswerk von Lausanne zustande. Die Türkei erreichte wieder ihre wirtschaftliche Unabhängigkeit. In einem Nebenvertrag wurde der Austausch der muslimischen Bevölkerung Griechenlands mit den griechischen Bewohnern der Türkei beschlossen. Die Muslime West-Thrakiens und die griechischen Bewohner Istanbuls durften bleiben. Nicht verschont wurden die türkischsprachigen Orthodoxen und die griechischsprachigen Muslime der jeweiligen Staaten. Der Austausch betraf etwa 1,25 Millionen Griechen und 0,4 Millionen Türken.

Nach der Einnahme von İzmir im Kampf gegen die Griechen im September 1922 brannten große Teile der Stadt nieder. Viele der nicht türkischen Bewohner flüchteten per Schiff.

Eine beispiellose Kulturrevolution – Wiederaufbau und Reform

Am 1. November beschloss die »Große Türkische Nationalversammlung«, das Amt des Kalifats vom Sultanat zu trennen. Mehmed VI. Wahideddin, der 36. osmanische Sultan, verließ daraufhin am 17. November mit seiner Familie auf einem britischen Kriegsschiff Istanbul. Abd ül-Medjid, der Kronprinz, wurde als Kalif von Ankaras Gnaden eingesetzt, jedoch wenig später abgesetzt. Bis zu diesem Zeitpunkt hatte das Schicksal der Türkei in den Händen einer provisorischen, von der Nationalversammlung »bevollmächtigten« Regierung unter Mustafa Kemal gelegen. Mit der Flucht des Sultans war der Weg frei zur Gründung der Republik, nachdem schon am 13. Oktober 1923 Ankara zur Hauptstadt erklärt worden war. Ein entscheidender Schachzug Mustafa Kemals war die Unterdrückung der Opposition in der Nationalversammlung. Nach »Neuwahlen« im Sommer 1923 bestand das Parlament überwiegend aus seinen Gefolgsleuten. Mit der Umwandlung der »Vereinigung für die Verteidigung der Nationalen Rechte in Anatolien und Rumelien« in eine »Republikanische Volkspartei« erreichte er eine solide Machtbasis.

Sami Yetik, »Markt in Ankara« (1926; Istanbul, Museum für Malerei und Skulptur). Die neue Hauptstadt, eine typisch anatolische Mittelstadt, wurde erst nach Jahrzehnten zur Konkurrentin von Istanbul. Der Stadtentwicklungsplan von Hermann Jansen von 1932 legte den Grund für eine westlich orientierte Kapitale.

In den vorausgegangenen Kriegen war die anatolische Bevölkerung um 28 Prozent gesunken, insgesamt hatten 2,5 Millionen anatolische Muslime ihr Leben verloren. Die Opfer unter den Armeniern werden auf mindestens 0,6–0,8 Millionen Menschen beziffert, die der Griechen auf 0,3 Millionen. Der Westen Anatoliens war im Zuge des griechischen Vormarsches und Rückzuges stark zerstört worden. Städte wie Bilecik, Yenişehir, İnegöl, Afyon, Söğüt und Adapazarı waren vollständig abgebrannt. Zu den wichtigsten politischen Maßnahmen der Regierung gehörte die Aufhebung des Zehnten, der Naturalsteuer, die der bäuerlichen Bevölkerung jahrhundertelang auferlegt worden war und fast 30 Prozent der Staatseinnahmen ausmachte (1925). Die junge Republik leitete eine begrenzt erfolgreiche Autarkiepolitik ein. Der Verfall der Agrarpreise in der Weltwirtschaftskrise (1928/29) bedeutete einen erheblichen Einbruch. Erst um 1930 wurde das Lebensniveau der Vorkriegszeit wieder erreicht. Ein erster Fünfjahrplan (1934–38) trug die Handschrift sowjetischer Berater.

Für Mustafa Kemal war eine ganz offensichtlich gegen islamische Institutionen gerichtete Kulturrevolution der Kern seines Programms. Die Wirksamkeit dieser Politik wird sichtbar, wenn man

Trotz der vom abziehenden griechischen Heer geübten Politik der verbrannten Erde haben sich einige griechische Wohnhäuser erhalten – verlassen aufgrund der Bestimmungen des Vertrags von Lausanne (Haus in Şirince bei Söke).

Am 3. März 1924 fand das Kalifat mit der Absetzung von Abd ül-Medjid sein Ende. Kemal Pascha wollte kein zeremoniales Oberhaupt der Muslime, keine Aufwertung Istanbuls und keine Verwicklungen des türkischen Staats in außertürkische religiöse und politische Angelegenheiten (»Le Petit Journal«, 16. März 1924).

Kemal Pascha gibt auf dem Marktplatz von Sivas öffentlichen Unterricht im Schreiben lateinischer Buchstaben. Er hatte die Abschaffung der arabischen Schrift für das Türkische 1928 angeordnet (koloriertes Foto um 1929).

bedenkt, dass die atatürkschen Reformen als unveränderliche Bestandteile in alle jüngeren türkischen Verfassungen (zuletzt 1982) aufgenommen wurden. Mit der Aufhebung des Kalifats (3. März 1924) hatte das Haus Osman den letzten Rückhalt auf türkischem Boden verloren und wurde ausgewiesen. Gleichzeitig wurden alle türkischen Schulen dem Ministerium für Nationale Erziehung unterstellt. Das bedeutete die Auflösung zahlreicher höherer Lehranstalten für die Ausbildung von islamischen Gelehrten (Medresen). Das Ministerium für Angelegenheiten des islamischen Rechts (Scharia) wurde durch eine Generaldirektion für religiöse Fragen ersetzt, analog verfuhr man mit dem Ministerium für fromme Stiftungen. Mustafa Kemal war selbst an der Türkisierung des Gebetsrufs beteiligt, der zuerst am 30. Januar 1932 in seiner arabischen und dann türkischen Form verkündet wurde. Die islamischen Bruderschaften wurden energisch bekämpft. Besonders sichtbar waren die Folgen des »Gesetzes über das Tragen von Hüten«, mit dem der Fes und der Turban aus dem öffentlichen Leben verbannt wurden. Für den Gesichtsschleier der Frauen wurden keine gesetzlichen Regelungen getroffen, doch verschwand er zunehmend aus dem Bild der Städte.

In einer 36-Stunden-Rede im Oktober 1927 rechtfertigte Mustafa Kemal, seit 1934 Atatürk (»Vater der Türken«) genannt, seine Reformen. Diese so genannte *nutuk* wurde zur »Bibel« des kemalistischen Geschichtsbilds. Die entscheidende Reform in Richtung auf eine Trennung von Religion und Staat war die fast wörtliche Übernahme des Zivilgesetzbuches der Schweiz (1926). Die in den islamischen Rechtsnormen festgeschriebene Minderwertigkeit der Frau wurde damit beseitigt. Bis 1934 erhielten Frauen auf allen städtischen und staatlichen Ebenen das passive und aktive Wahlrecht. 1935 nahmen 17 weibliche Abgeordnete in einer Nationalversammlung von 386 Mitgliedern Platz. Am 10. April 1928 verschwand der Satz der türkischen Verfassung, der den Islam als Religion der Republik Türkei bezeichnet hatte. Gegen alle Voraussagen erfolgreich war die Umstellung auf die lateinische Schrift innerhalb weniger Monate. Die neue Schrift wurde in Alphabetisierungskampagnen, den so genannten Nationalschulen, ins ganze Land getragen. Ein staatlich verordnetes Geschichtsbild behauptete eine frühe Einwanderung von Türken in den Vorderen Orient, um den türkischen Nationalismus mit der anatolischen Vergangenheit zu versöhnen. Gleichzeitig wurde die in jungtürkischer Zeit betriebene Purifizierung des Türkischen vorangetrieben: Tausende von Wörtern arabischer oder persischer Herkunft wurden zum Teil mit nachhaltigem Erfolg durch Kunstbildungen ersetzt. Am 3. Februar 1926 wurde der Religionsgelehrte İskilipli Atıf Hodscha zusammen mit zwei anderen Angeklagten vor dem Revolutionsgericht in Ankara zum Tode durch den Strang verurteilt. Man hatte ihm seine gesamte »reaktionäre« Biographie zum Vorwurf gemacht, unter anderem die Verteilung einer Broschüre über »Die Nachäffung der Europäer und den Hut« aus dem Jahr 1924. Der Hodscha habe auch nach Verkündigung des Hutgesetzes seine Propaganda im Untergrund fortgesetzt.

Feinde der Republik – Der Kampf Atatürks gegen seine Widersacher

Im Februar 1925 brach im Herzland der Zaza-Kurden ein Aufstand aus, der sowohl die Merkmale einer religiös motivierten Rebellion als auch einer kurdisch-nationalistischen Erhebung trug. Die Aufständischen konnten sich jedoch nur kurze Zeit behaupten. Scheich Sait, die treibende Kraft des Aufstandes, wurde gefasst und gehängt; zahlreiche Kurden wurden in westliche Landesteile deportiert. In anderen Landesteilen gab es weitere Guerilla-Aktivitäten, von denen nur der so genannte Dersim-Aufstand (1937/38) größere militärische Gegenmaßnahmen erforderte. Mustafa Kemal benutzte die Lage, um sich ein Gesetz zur »Wiederherstellung von Ruhe und Ordnung« genehmigen zu lassen. Es erlaubte der Regierung nicht nur einen harten Zugriff auf Kurden und religiöse Amtsträger, sondern auch eine verschärfte Zensur der unliebsamen Istanbuler Presse. Ein Attentatsversuch in İzmir (15. Juni 1926) auf Mustafa Kemal lieferte den Vorwand, mit prominenten Gegnern abzurechnen.

Der Übergang zum Einparteiensystem erfolgte nach einem riskanten Experiment mit einer zugelassenen Oppositionspartei im Wahljahr 1931. Weder im Parlament noch vor den Wahlen konnte von einer freien, demokratischen Aussprache die Rede sei. 1931 wurde auch das Netzwerk der so genannten Türken-Heime, einer kulturpolitischen Organisation, aufgelöst und nach und nach durch die »Volkshäuser« ersetzt. Eine Anzahl von Organisationen wie die nationale Frauenvereinigung löste sich selbst auf mit der Begründung, ihre Ziele seien mit der Revolution erreicht. Die fortschreitende Deckungsgleichheit von Staat und Republikanischer Volkspartei fand ihren Ausdruck in der Übernahme der kemalistischen Prinzipien von 1931 in den Verfassungstext.

In den Dreißigerjahren beteiligte sich Ankara nach Abschluss eines Freundschaftsvertrages mit Griechenland erfolgreich an der Bildung regionaler Bündnissysteme mit seinen westlichen (Balkanpakt 1934) und östlichen Nachbarn (Pakt von Sadabad 1937). In Montreux wurde 1936 das bis heute gültige Abkommen über die türkische Kontrolle der Meerengen – gegen den Widerstand der Sowjetunion – unterzeichnet. Noch in Atatürks Todesjahr leiteten Wahlen in dem umstrittenen »Sandschak von Alexandrette« (İskenderun) die Rückkehr der Provinz aus dem syrischen Mandatsgebiet Frankreichs in die Türkei ein. Kemal Atatürks Sondergesetzen fielen etwa 600 Menschen durch Exekution und weitere 7500 durch Verhaftungen zum Opfer. Das Fehlen einer bemerkenswerten Opposition erlaubt aber den Schluss auf einen breiten Konsens, zumindest der Elite, mit seinen Maßnahmen zur Austrocknung islamischer Einrichtungen und zum Aufbau eines westlichen Schul- und Hochschulsystems.

KLAUS KREISER

In einer 36-Stunden-Rede, der »nutuk«, rechtfertigte Atatürk die »außerordentlichen Maßnahmen«, um »Frieden und Ruhe im Lande herzustellen«:

Meine Herren! Es war notwendig, den Fes zu beseitigen, der auf unseren Köpfen saß wie ein Zeichen der Unwissenheit, des Fanatismus, des Hasses auf den Fortschritt der Zivilisation, und an seine Stelle den als Kopfbedeckung der ganzen zivilisierten Welt üblichen Hut zu setzen und unter anderem dadurch zu zeigen, dass zwischen der türkischen Nation und der großen Familie der Zivilisation kein Unterschied in der Denkweise bestand.
Meine Herren! Während das Gesetz über die Wiederherstellung der Ordnung in Kraft war, erfolgte ferner die Schließung der Tekken, der Klöster, der Mausoleen sowie die Aufhebung aller Sekten und aller Arten von Titeln wie Scheich, Derwisch, Jünger ... und andere ...
Meine Herren! In derselben Zeit wurden die neuen Gesetze ausgearbeitet und erlassen, die ... fruchtbare Ergebnisse für die Nation versprachen ... das Bürgerliche Gesetzbuch, das die Freiheit der Frau sichert und die Existenz der Familie befestigt ...

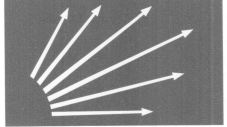

Die sechs Pfeile, ursprünglich ein Emblem der Republikanischen Volkspartei, versinnbildlichen die Wesensmerkmale der Republik und bedeuten »Der türkische Staat ist republikanisch, nationalistisch, volksverbunden, interventionistisch, laizistisch und revolutionär«.

Caudillos, Populisten, Oligarchen – Lateinamerika zwischen Reform und Diktatur

Stabilität durch Export – Die Abhängigkeit von Europa und den USA

Der aus bescheidenen Verhältnissen stammende venezolanische General Juan Vicente Gómez (rechts) kam 1908 durch einen Staatsstreich an die Macht. Er drängte den Einfluss der Kirche zurück und zog ebenso wie andere Präsidenten jener Epoche (oben Guatemalas Präsident Manuel Estrada Cabrera) durch liberale Wirtschaftspolitik ausländisches Kapital ins Land.

Nach den zahlreichen Bürgerkriegen und Putschversuchen, die Lateinamerika im ersten halben Jahrhundert seiner Unabhängigkeit heimgesucht hatten, stabilisierte sich die innenpolitische Situation seit den 1880er-Jahren allmählich. Diese Ruhe glich freilich eher einer Friedhofsruhe, denn die innenpolitischen Grabenkämpfe hatten mitunter einen beachtlichen Blutzoll gefordert. Eine der großen politischen Streitfragen, Monarchie oder Republik als Staatsform, war nach dem Scheitern des mexikanischen Kaiserreiches unter Maximilian I. 1867 und nach der Abdankung Peters II. in Brasilien 1889 endgültig zugunsten der Republik entschieden worden. Im wirtschafts- und innenpolitischen Bereich hatte man sich zu vorläufigen Kompromissen durchringen können. Auch die Konservativen, die bislang den überragenden Einfluss der Kirche in der Gesellschaft gewahrt wissen wollten, lenkten in bestimmten Punkten ein. So schritt man zu Landreformen, bei denen das umfangreiche Immobilienvermögen kirchlicher Einrichtungen mittels Säkularisationen veräußert wurde. Bemerkenswert ist, dass sich nun politische Führer länger an der Macht halten konnten, als dies in den ersten Jahrzehnten nach der Unabhängigkeit der Fall gewesen war. Dies gilt etwa für Porfirio Díaz in Mexiko, Manuel Estrada Cabrera in Guatemala, Eloy Alfaro in Ecuador oder Juan Vicente Gómez in Venezuela, allesamt Politiker, die unter liberalen Vorzeichen an die Regierung kamen, deren Herrschaft aber als autoritär, ja teilweise als diktatorisch einzustufen ist. Dass die innenpolitischen Spannungen gleichwohl nicht befriedigend gelöst worden waren, zeigt beispielsweise der »Krieg der Tausend Tage« in Kolumbien von 1899 bis 1901, in dem sich zunächst vornehmlich liberal eingestellte Kaffeebauern gegen die Politik der konservativen so genannten Regenerationsregierung stellten. Aus diesen Wirren ging 1903 die Republik Panama hervor, deren regionalistische Bestrebungen von den USA gelenkt worden waren.

Der Schritt auf den Weltmarkt

Wesentlichen Anteil an der weitgehenden innenpolitischen Stabilisierung, die allerdings in den jeweiligen Ländern die Macht der Oligarchien kaum antastete, hatte die Öffnung des Subkontinents für den Weltmarkt. Die lateinamerikanischen Nationalökonomien begannen mit dem Export von Rohstoffen aus Bergbau und Landwirtschaft in die sich industrialisierenden Staaten des Nordens. In Kolumbien, Brasilien und Zentralamerika setzte man auf den Kaffeeanbau. Aus dem brasilianischen Amazonasgebiet kam Kautschuk. Mexiko und Venezuela lieferten Erdöl, Argentinien stieg zu einem der größten Weizenproduzenten der Welt auf und exportierte in den neu aufgekommenen Kühlschiffen Rindfleisch. Chile belieferte den Weltmarkt mit Kupfer und Salpeter, Bolivien mit Zinn. Lateinamerika integrierte sich so in den Weltmarkt, um dadurch die eigene wirtschaftliche Entwicklung voranzutreiben. Begleitet wurde diese ökonomische Öffnung von einer geistigen Orientierung an europäischen Entwicklungen. Die intellektuelle Elite erblickte im französischen Positivismus, der um die Jahrhundertwende in fast ganz Lateinamerika zur vorherrschenden Fortschrittsideologie wurde, das geeignete Entwicklungsmodell für den Subkontinent.

Beginn der US-amerikanischen Vorherrschaft

Im Zeitalter des Imperialismus kennzeichnete die lateinamerikanischen Nationalökonomien vor allem eine Form informeller Herrschaft durch Kapital- und Handelsbeziehungen. Um 1900 dominierte noch immer Großbritannien den Außenhandel Lateinamerikas. Mit 43,5 Prozent kam fast die Hälfte aller Investitionen aus dem

Im **Salpeterkrieg** – auch **Pazifischer Krieg** genannt – stritt von 1879 bis 1883 Chile mit Peru und Bolivien um die reichen Salpetervorkommen im Grenzgebiet der Atacamawüste. Nach dem Sieg Chiles über das vereinigte Heer Boliviens und Perus in der Schlacht bei Tacna im Mai 1880 erhielt Chile in den Friedensverträgen von Ancón und Valparaíso die Salpeterprovinzen Perus und Boliviens an der Pazifikküste. Bolivien wurde zum Binnenstaat. Dadurch erreichte Chile zwar das Weltmonopol an Natursalpeter, doch gerieten die Förderstätten schnell unter europäische – besonders britische – Kontrolle. Da der Salpeterexport 75 Prozent des Außenhandels ausmachte, wurden Wirtschaft und Politik des Landes bald britisch beeinflusst. So waren angelsächsische Finanzkreise auch wesentlich am Sturz des Präsidenten José Balmaceda 1891 beteiligt, der den Salpeterabbau verstaatlichen wollte.

DER KAUTSCHUKBOOM

Schon die Indianer des Amazonasgebietes wussten den aus Baumsaft gewonnenen Naturkautschuk zu nutzen, um daraus z. B. elastische Flaschen herzustellen. Die Entdeckung des Vulkanisationsverfahrens durch Charles Nelson

Goodyear eröffnete 1839 den Weg zur Gummiherstellung und ließ die Nachfrage weltweit ansteigen. »Freie« Kautschuksammler brachten den Rohstoff in Ballen von 30 bis 40 kg zum Aufkäufer (Bild links). Verschifft wurde die Ware aus Manaus im Herzen des Amazonasbeckens, wo auch hochseetüchtige Schiffe anlegen können. 1850 verließen etwa 1000 Tonnen den Hafen, um 1910 waren es 80 000 Tonnen.

Die Gewinne ließen Manaus innerhalb einer Generation zu einer reichen Stadt aufblühen, die sich an europäischen Metropolen messen und sich 1896 sogar ein prachtvolles Opernhaus leisten konnte (Bild rechts), in dem Sänger vom Range Enrico Carusos auftraten.

40 Prozent der brasilianischen Staatseinnahmen kamen aus den Zöllen auf den begehrten Rohstoff.

Um 1912 brach der boomende Markt zusammen, denn die neu entstandenen Plantagen Südostasiens konnten billiger liefern. Hinzu kam die gleichzeitige Entwicklung von Kunstkautschuk. Im Handel mit Naturkautschuk spielt Brasilien heute keine bedeutende Rolle mehr.

Vereinigten Königreich; ein Fünftel stammte aus den USA, ein Siebtel aus Frankreich, und zehn Prozent stammten aus dem Deutschen Reich. Die europäische Vorherrschaft ging jedoch mit dem Ersten Weltkrieg zu Ende. Zwischen 1914 und 1929 verdreifachten die Ver-

Der nicaraguanische Guerillaführer Augusto César Sandino unterstützte im Bürgerkrieg 1926/27 die Partei des späteren Präsidenten Juan Bautista Sacasa, setzte nach dessen Amtsantritt 1933 jedoch den Kampf gegen die von den USA ausgebildete Nationalgarde fort.

Ein Plakat von 1907 feiert den Bau des 1904 begonnenen Panamakanals als »Kuss der Ozeane«.

einigten Staaten ihre Direktinvestitionen in Lateinamerika. Gleichzeitig engagierten sie sich im klassisch imperialistischen Sinne vor allem in der Karibik und in Mittelamerika. Die USA trugen 1898 entscheidend zur Loslösung Kubas und Puerto Ricos, der beiden letzten spanischen Kolonien in Amerika, vom iberischen Mutterland bei. Durch das »Platt-Amendment« – 1901 vom US-amerikanischen Kongress verabschiedet –, das als Anhang Teil der kubanischen Verfassung von 1902 wurde, sicherte sich der »Koloss aus dem Norden« bestimmenden Einfluss auf die kubanische Außenpolitik, die der US-amerikanischen untergeordnet wurde, und ein Interventionsrecht auf der Zuckerinsel. Mit kurzen Unterbrechungen war Nicaragua zwischen 1912 und 1932 ein US-amerikanisches Protektorat. Den nationalistischen Guerillatruppen unter dem vormaligen Liberalen Augusto César Sandino, der 1934 ermordet wurde, gelang 1932 die Vertreibung der nordamerikanischen Truppen. Die Loslösung Panamas von Kolumbien 1903 diente den US-amerikanischen Interessen insofern, als ihnen dadurch eine Wasserstraße zur Verfügung stand, die die Ostküste der Vereinigten Staaten mit der Westküste verband. 1902 prallten die Interessen der USA und der Europäer in Venezuela aufeinander. Um nicht bediente venezolanische Auslandsschulden einzutreiben, blockierten deutsche, britische und italienische Schiffe die Küste Venezuelas und damit die Erdölversorgung der Vereinigten Staaten. Die USA schalteten sich in den Konflikt ein und erreichten eine Lösung des Schuldenproblems. Im Zeitalter des Kalten Krieges setzten die USA diese Interventionspolitik in der Karibik und in Zentralamerika fort; in den großen Flächenstaaten unterstützten sie bis zum Fall des Kommunismus die antikommunistischen (Militär-)Regime.

Im Gefolge der außenorientierten Entwicklungspolitik *(desarrollo hacia afuera)*, das heißt einer auf den Export ausgerichteten Politik, ergaben sich auch Entfaltungsmöglichkeiten für die Industrie in Lateinamerika selbst. Die Aktivitäten konzentrierten sich vor allem auf die Leichtgüterindustrie, insbesondere Textilien und Nahrungsmittel. Führende Industriesektoren, wie beispielsweise die Elektrooder Chemieindustrie, fehlten dagegen bis 1929 fast vollständig. Mittels der Zölle, die eine wesentliche Einnahmequelle für die lateinamerikanischen Staatshaushalte darstellten, konnten Maßnahmen im Infrastrukturbereich finanziert werden. Zu den bemerkenswertesten Neuerungen zählte ohne Zweifel der Eisenbahnbau. Die Einführung dieses neuen Verkehrsmittels, die in einigen Länder wesentlich durch europäische Investitionen ermöglicht wurde, schuf die Voraussetzungen für den Austausch von Gütern und Personen. Erstmals konnten nun die einzelnen Länder zu einem geschlossenen Raum zusammenwachsen. Die Geographie – schwer überwindbare Bergketten und das weitgehende Fehlen schiffbarer Flüsse – hatte dies bislang wesentlich behindert. Auch der Aufbau eines Telegrafennetzes trug seinen Teil bei. Freilich ließ sich durch dieses neue Kommunikationsmittel auch die politische Herrschaft im Lande leichter durchsetzen.

Die Entwicklung der sozialen Schichten

Was das Los der breiten Masse der Bevölkerung angeht, so lebten um 1900 noch immer drei von vier Lateinamerikanern auf dem Land. Meist wirtschaftlich und sozial abhängig von einem mächtigen Großgrundbesitzer, waren die Bauern diesem zum Teil in einer Art Semisklaverei und Schuldknechtschaft ausgeliefert; zum Teil lagen die bäuerlichen Gemeinden in beständigem Kampf mit Hacienda- und Plantagenbesitzern. Formal kannte man bis 1888 in Brasilien die Sklaverei. Doch auch deren Abschaffung verbesserte die Lage der Schwarzen in der Realität kaum. Vom Zugang zur Bildung und von der Möglichkeit des sozialen Aufstiegs waren sie vollkommen ausgeschlossen. Insbesondere im südlichen Teil Südamerikas – in Brasilien, Argentinien, Uruguay und Chile – strebten die Regierungen danach, europäische Einwanderer in ihre Länder zu ziehen, da man sich von diesen wichtige Impulse für die kulturelle und sozioökonomische Entwicklung erhoffte; Anstöße, die die europäisch geprägte Oberschicht in diesem Teil Lateinamerikas den Schwarzen oder den als Barbaren bezeichneten Indios nicht zutraute. Im Gegenteil: Im Zeitalter des Positivismus lehnten die meisten die

Unter Präsident Díaz wurden die Yaqui-Indianer aus dem Nordwesten Mexikos nach Yucatán deportiert. Seit der Kolonialzeit hatten sie der Obrigkeit Widerstand geleistet und während der mexikanischen Revolution Pancho Villa unterstützt.

Das Gesicht der lateinamerikanischen Großstädte glich sich dem europäischer Metropolen, namentlich dem Paris des Baron Haussmann an. Hier die neu eröffnete Avenida Central von Rio de Janeiro im Jahr 1907.

indianische Bevölkerung als rückständig ab und förderten somit deren soziale, wirtschaftliche und kulturelle Zurückdrängung. Im Norden Mexikos und im Süden Argentiniens ging man bis zum Ende des 19. Jahrhunderts sogar mit Waffengewalt gegen die letzten nomadisierenden Indianervölker – Yaquis in Mexiko, Indios der Pampa in Argentinien und Araukaner in Südchile – vor.

Soziale Freiräume und die Möglichkeit einer größeren sozialen Mobilität gab es dagegen in den Städten. Es formierte sich nun jener Gegensatz zwischen dem urban-dynamischen und dem ländlich-traditionellen Lateinamerika, der von der historisch-sozialwissenschaftlichen Forschung als »strukturelle Heterogenität« bezeichnet wird. Zwar hatte die Landflucht bereits koloniale Vorläufer, doch im Laufe des 19. Jahrhunderts und insbesondere an der Wende zum 20. Jahrhundert setzte die Urbanisierung verstärkt ein. Schlechte

Wohnverhältnisse und mangelnde Hygiene bedingten eine hohe Kindersterblichkeit und gaben häufig Anlass zur Sorge wegen der drohenden Seuchengefahr.

Die Entstehung der Arbeiterschaft nahm in diesen Armutsquartieren ihren Anfang. Dabei überwog jedoch die anarchosyndikalistische Orientierung, die wesentlich durch italienische und spanische Einwanderer gestärkt wurde. Die mexikanische Arbeiterbewegung ihrerseits orientierte sich stark am US-amerikanischen Anarchismus. Trotz ihrer meist geringen quantitativen Bedeutung betrat die Arbeiterschaft in einigen Ländern die politische Bühne. 1891 kam es in Chile zu ernsten Unruhen. Fortan gehörten die Arbeiter und die Befriedigung ihrer sozialen, wirtschaftlichen und politischen Ansprüche zu den politikbestimmenden Faktoren in Lateinamerika. Doch für die Arbeiterschaft, die aufgrund ihrer sozialen Stellung zur Mittelschicht zu zählen ist, gilt hinsichtlich der Durchsetzung demokratischer Normen prinzipiell dasselbe wie für die übrigen Angehörigen der Mittelklassen: sie hatte ein nur sehr begrenztes Interesse an einer liberal-pluralistischen Ordnung. Um die Jahrhundertwende erfuhr die bislang dominierende Oligarchie Argentiniens erste Einbußen ihrer Macht durch die Einführung von Wahlreformen. Auch in Brasilien wurde nach dem Sturz der Monarchie das Wahlrecht für schreib- und lesekundige Männer ab 21 Jahren eingeführt. Wenige Jahre später wandte sich eine im argentinischen Córdoba 1918 ausgebrochene Studentenrevolte gegen Verkrustungen in Universität und Gesellschaft; ein Protest, der überall in Lateinamerika begeisterte Aufnahme bei Kommilitonen und Intellektuellen fand.

Bei der Maifeier von 1905 in Buenos Aires wird ein demonstrierender Arbeiter festgenommen.

Die Professionalisierung des Militärs

Hatte das Militär seit der Unabhängigkeitsphase eine weitgehend autonome Stellung im Staat innegehabt, so setzten um 1900 spürbare Domestizierungsversuche ein. Die Professionalisierung der Streitkräfte, die durch preußische und französische Offiziere befördert wurde, nahm ihren Anfang. Doch zeigte dieser Prozess nicht die erhoffte gesellschaftlich-politische Wirkung. Auch nach der Modernisierung ihrer Strukturen kam dem Militär weiterhin eine bedeutende Rolle in der lateinamerikanischen Politik zu. Im Gegenteil, gerade die Reform der Streitkräfte bewirkte einen stärkeren Kontakt der Armee mit der Gesellschaft. Die Schaffung geregelter Offizierslaufbahnen zog insbesondere die Söhne der neu entstandenen Mittelschicht an. Die allgemeine Wehrpflicht gewährte den Offizieren und Generälen

In Argentinien spielte seit den Dreißigerjahren das Militär eine entscheidende Rolle im politischen Leben. Es übernahm z. B. 1943 in einem Putsch die Macht. Infanterieeinheiten ziehen am 4. Juni 1943 zur Casa Rosada, dem Präsidentenpalast in Buenos Aires.

Einblick in die Lebensbedingungen der aus einfachen Verhältnissen stammenden Soldaten. Insgesamt wurde das Heer sensibler für die sozialen Nöte der Bevölkerung, und in der Tat gehen einige Sozialreformen in Lateinamerika auf den Einfluss des Militärs zurück. In Chile wurden Arbeiterschutzgesetzgebung, Altersversorgung und andere soziale Verbesserungen auf Intervention der Streitkräfte eingeführt. Zwar trifft es zu, dass die Armee häufig zur Niederschlagung von Streiks und anderen Arbeitskämpfen eingesetzt wurde, doch lässt sich Militärherrschaft in Lateinamerika vor dem Kalten Krieg nicht immer mit sozialer Repression gleichsetzen. Gerade hierin lag auch die Beliebtheit mancher Militärführer bei weiten Teilen der Bevölkerung begründet.

Aufstand der Bauern und des liberalen Bürgertums – Die mexikanische Revolution 1910 bis 1917

Stabilität und sozioökonomische Entwicklung waren seit den 1880er-Jahren von der Integration in den Weltmarkt abhängig. Sobald dieser konjunkturelle Schwächen aufwies, geriet das gesamte Entwicklungskonzept in Gefahr. 1896 hatte beispielsweise der Verfall der Kaffeepreise dem »Krieg der Tausend Tage« in Kolumbien den Boden bereitet. Doch weitaus tiefer greifende Folgen sollte die konjunkturelle Abschwächung in den USA im Jahre 1905 haben. Dieser Einbruch führte in Mexiko zu einer folgenschweren Krise, die schließlich in die mexikanische Revolution mündete.

Die als Porfiriat bezeichnete lange Regierungszeit des Präsidenten Porfirio Díaz war eine Epoche der inneren Stabilisierung und Modernisierung Mexikos zugunsten der Oberschicht.

Durch die zurückgegangenen Exporte in die Vereinigten Staaten kam es in Mexiko zu Einkommensverlusten und Arbeitskämpfen. In deren Verlauf forderte der am US-amerikanischen Anarchismus orientierte Ricardo Flores Magón soziale Verbesserungen wie den Achtstundentag. Das Regime des greisen Porfirio Díaz verstand es nicht, die sozialen Spannungen zu entschärfen. Im Gegenteil, es trug selbst dazu bei, den Unmut der Bevölkerung zu steigern. Díaz hatte eine Reihe von alten Kameraden und politischen Freunden, aber auch von ernst zu nehmenden Gegnern durch Übertragung wichtiger Positionen in sein Regime eingebunden. Diese Riege alt gewordener Politiker blockierte den sozialen Aufstieg junger, aus der Mittelschicht stammender Akademiker und Freiberufler. Doch selbst vermögende Agrarunternehmer, wie der aus Nordmexiko stammende Haciendabesitzer Francisco Indalecio Madero, sahen sich von der politischen Mitsprache ausgeschlossen, eine Tatsache, die umso schwerer wog, als es in dieser kritischen Zeit vor 1910/11 um den Kurs der Wirtschaftspolitik ging. Mit Madero wuchs der liberal gesonnenen Opposition eine Figur zu, die nunmehr die Beachtung liberaler Grundsätze einklagte. Doch der im Frühjahr 1911 ausgebrochene Widerstand unter Madero entglitt schnell der Kontrolle der politischen Oberschicht, der es im Grunde nur um Mitwirkung an der Regierung, nicht aber um eine wirkliche Demokratisierung der Gesellschaft ging.

Die mexikanische Revolution begann mit dem Sturm der Polizei auf ein verstecktes Waffenlager im Hause des Liberalen Aquiles Serdán in Puebla, kurz vor der von Madero geplanten Erhebung. Ein zeitgenössischer Holzschnitt von Fernando Castro Pacheco zeigt die Selbstverteidigung von Serdáns Familie.

Emiliano Zapata an den Präsidenten
Venustiano Carranza:

*Als ein Bürger, als ein Mann mit dem Recht
zu denken und offen zu reden, als ein
Bauer, der die Nöte der einfachen Menschen
kennt, als ein Revolutionär und Führer
vieler ... wende ich mich an dich, Bürger
Carranza. Du hast die Kämpfe zu deinem
eigenen Vorteil benutzt und zu dem deiner
Freunde, die dir bei deinem Aufstieg
geholfen haben und dann reiche Beute,
Ehrungen, Geschäfte, Bankette, üppige
Feste, Saufgelage, Orgien mit dir teilten ...
Es ist dir nie in den Sinn gekommen, dass
die Revolution zum Wohl der großen
Massen ausgefochten wurde, für die Scharen
der Unterdrückten, die du mit deinen
Tiraden dazu bewegt hast ... In der Land-
frage hast du unsere Haciendas deinen
Günstlingen vermacht. Die früheren
Grundbesitzer haben neuen Platz gemacht
... und die Hoffnungen der Menschen
wurden verspottet.*

Die Bauernführer Emiliano Zapata und Pancho Villa

Der Aufruf zum Widerstand gegen Díaz im Jahre 1911 hatte nicht nur die Arbeiter ermutigt, ihre Forderungen vorzutragen. Auch die Bauern im Süden Mexikos erhoben sich nun. Sie waren im Zuge der Kommerzialisierung und weiterer Kapitalisierung der Landwirtschaft einem erheblichen Verdrängungswettbewerb ausgesetzt. Im südlich von Mexiko-Stadt gelegenen Bundesstaat Morelos wählten sie einen jungen Gemeindevorsteher und Kleinbauern zum Führer: Emiliano Zapata. Unter ihm formierte sich eine Bauernguerilla, die die sozialpolitischen Forderungen mit bewaffneten Mitteln durchzusetzen versuchte. Unterstützt wurde diese Agrarbewegung im Süden durch einen Bauernführer im Norden: Francisco Villa, genannt Pancho, eine schillernde Figur, dem es letztlich selbst vor allem um den persönlichen Aufstieg zum Großgrundbesitzer ging. Vergeblich versuchte Madero, die sozialen Bewegungen mittels Gewalt niederzuhalten. Dabei geriet er selbst zwischen die Fronten der kämpfenden Bauern und des mit der Niederschlagung des Aufstands betrauten Militärs, das sich nach der alten Ordnung sehnte. In der »Tragischen Woche« wurden Madero und sein Vizepräsident Pino Suarez am 22. Februar 1913 vom Militär ermordet. General Victoriano Huerta scheiterte mit seinem Versuch, die sozialen Forderungen der Bauern mit Waffengewalt zu bekämpfen.

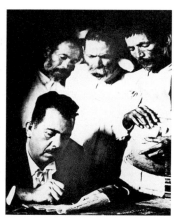

Emiliano Zapata (mit Sombrero) und
Pancho Villa (eigentlich Francisco
Villa, auf dem Präsidentenstuhl)
nach dem Einzug der Revolutionäre
in die Hauptstadt im Jahre 1913.

Der mexikanische Präsident
Lázaro Cárdenas (1934–40) bei der
Verteilung von Grund und Boden
an landlose Bauern.

1914 wurde er von den vereinigten Bauernheeren unter Zapata und Villa geschlagen, die darauf in die Hauptstadt einzogen.

Den so genannten Konstitutionalisten unter den späteren Präsidenten Venustiano Carranza und Álvaro Obregón gelang es schließlich, die revolutionären Parteien zum Ausgleich zu bewegen. Die liberale Verfassung von Querétaro im Jahre 1917 hat sich als die bislang langlebigste Konstitution Lateinamerikas erwiesen: Sie ist bis heute in Kraft. Gleichzeitig bewirkte die Revolution den Verlust des politischen Einflusses der Oligarchie; sie blieb gleichwohl wirtschaftlich und sozial mächtig. Auch das Militär schied aus der Politik aus. Die Verfassung von 1917 legte weiterhin fest, dass der dörfliche

Gemeindebesitz und das Kleinbauerntum geschützt wurden. In die Tat umgesetzt wurde dies durch Landverteilungen unter dem Präsidenten Obregón, vor allem aber unter Lázaro Cárdenas in den Dreißigerjahren, als fast die Hälfte des bebauten Bodens in Form genossenschaftlicher Bewirtschaftung den Dorfgemeinden gesichert wurde. Mit der 1929 gegründeten nationalen Revolutionspartei, die sich später in Partei der Institutionalisierten Revolution (PRI) umbenannte, entstand eine Mexiko bis in die Neunzigerjahre hinein dominierende Einheitspartei, in der die unterschiedlichen Mitglieder der »Revolutionären Familie« (Bauern, Arbeiter, Gewerkschaften, Intellektuelle) in korporativer Weise zusammengeschlossen waren.

Neue Machthaber – Die Folgen der Weltwirtschaftskrise von 1929

Die mexikanische Revolution nahm vorweg, was sich im Jahre 1929 auch im übrigen Lateinamerika zeigen sollte: Die Weltwirtschaftskrise setzte dem außenorientierten Entwicklungs- und Modernisierungsmodell ein jähes Ende. An den Folgen dieses ökonomischen Zusammenbruches litten die lateinamerikanischen Staaten bis in die 1980er-Jahre hinein. Streikwellen und soziale Aufstände erfassten seit 1929 die einzelnen Länder und ihre Nationalökonomien. Um die Unruhen und die soziale Unzufriedenheit zu kanalisieren, griffen die Militärs erneut ein. Aus ihren Reihen entstammte ein neuer Politikertyp, der in den kommenden Jahrzehnten die politische Landschaft des Kontinents bestimmen sollte: die Populisten. Zwar gab es auch zivile Populisten, doch insbesondere Offiziere und Generale verkörperten diesen neuen die Person des Politikers betonenden Typus, für den Juan Domingo Perón in Argentinien und Getúlio Vargas in Brasilien als Beispiele genannt werden können. Im Gegensatz zu ihren Vorgängern, den auf regionale Gefolgschaft abzielenden, meist sich auf die ländliche Bevölkerung stützenden Caudillos, suchten die Populisten ihre Basis auf nationaler Ebene und fanden vor allem bei den städtischen Schichten des Mittelstandes und der Arbeiter ihren Rückhalt.

Ihr besonderes Augenmerk galt der Wirtschaftspolitik. Unter Absage an das bislang geltende, auf Rohstoffexporten basierende Konzept betrieben die Populisten stattdessen eine Politik der Importsubstitution (»Entwicklung nach innen«), das heißt, Massenkonsumgüter sollten zukünftig nicht mehr importiert, sondern im eigenen Land hergestellt werden, um so Arbeitsplätze zu schaffen und die Erzeugnisse zu erschwinglichen Preisen breiten Bevölkerungsschichten anbieten zu können. Natürlich spielte ausländisches Kapital auch

Juan Domingo Perón beschreibt die Rolle des Militärs in Lateinamerika:

Nicht aus Ehrgeiz hat die Armee damals die Kasernen verlassen. Der Schrei von der Straße, aus den Werkstätten und von den Feldern drang zu ihr ... Heer und Marine ... reagierten patriotisch ... Ein übergeordneter Wunsch nach Gerechtigkeit war der Motor für die siegreiche Revolution ... Ich meine, dass sich die innere Struktur der Armee an authentischen, organisch-sozialen Inhalten orientiert und dass sie eine beispielhafte Schule ... ist ... Die Ränge werden ohne Ausnahmen und Privilegien durchlaufen, mit strengem Sinn für Auslese und Gerechtigkeit, und dies ist kein Vorteil, der nur auf die Armee beschränkt ist, sondern er stellt eine soziale Errungenschaft dar, die allen Argentiniern zusteht.

Die Orientierung am Rohstoffexport und die Preisschwankungen dieses Marktes gefährdeten zum Teil die wirtschaftliche Entwicklung der lateinamerikanischen Staaten. Der Verfall der Kaffeepreise auf dem Weltmarkt zwang Brasilien 1932 sogar zur Vernichtung eines Teils der Ernte.

nach 1929 eine wichtige Rolle, doch die traditionell starke Rolle des Staates in der Wirtschaft bekam nun neuen Auftrieb in Form von Deficitspending, der Steuerung der Konjunktur mit öffentlichen Mitteln, sowie staatlichen Unternehmen und Monopolen. Bis zum Beginn des Zweiten Weltkriegs erreichten die großen Flächenstaaten Lateinamerikas beachtliche Wachstumsraten.

Die Populisten – Getúlio Vargas und Juan Domingo Perón

So nimmt es nicht Wunder, dass einige Populisten, die zunächst als Putschisten zivile Regierungen gestürzt hatten, vom Volk in freien Wahlen an die Spitze des Staates gestellt wurden, wie beispielsweise Perón und Vargas. Sie engagierten sich für die Belange der Arbeiter und versuchten, die sozialen Gruppen in Form von Korporationen zu organisieren, wie dies António de Oliveira Salazar in Portugal und Francisco Franco Bahamonde in Spanien mit dem »Neuen Staat« ins Werk gesetzt hatten. Nicht der »Klassenkampf« sollte die sozialen Beziehungen regeln, vielmehr stand den Populisten eine berufsständisch-korporative Gesellschaftsordnung vor Augen, so etwa im von Vargas ausgerufenen *Estado Novo* (»Neuen Staat«) in Brasilien 1937. Gezielt bedienten sie sich – in Anlehnung an das Vorbild des nationalsozialistischen Deutschland und des Italien Benito Mussolinis – des neuen Mediums Rundfunk, das ihnen zu landesweiter Popularität verhalf. Unter dem Gesichtspunkt der Etablierung pluralistischer Demokratien bedeuteten aber auch die populistischen Regierungen keinen Fortschritt, denn letztlich behielten die neuen Machthaber politisch das

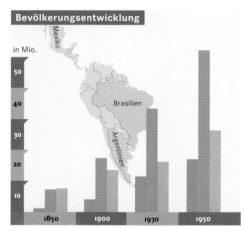

Bevölkerungsentwicklung

in Mio.

In Argentinien setzte der 1946 zum Präsidenten gewählte ehemalige Oberst Juan Domingo Perón, der durch den Militärputsch von 1943 in die Regierung gekommen war, die geforderte Sozialgesetzgebung durch. Das Foto zeigt ihn zusammen mit seiner im Volk sehr populären Frau, der Filmschauspielerin María »Evita« Duarte de Perón, bei seiner zweiten Amtseinführung 1952.

Heft fest in der Hand. So wurden in vielen lateinamerikanischen Staaten die Gewerkschaften nicht von der Basis gegründet, sondern auf Betreiben von oben ins Leben gerufen, wie beispielsweise im postrevolutionären Mexiko oder im Argentinien Peróns. Ihre Anfälligkeit gegenüber Manipulationen verwundert daher nicht. Während in Europa und den USA Arbeitnehmervertretungen durch ihre aktive Einflussnahme als Interessengruppe zur Stärkung und Festigung der sozialen Demokratie beitrugen, kann die Gewerkschaftsbewegung in Lateinamerika dies in der Regel nicht von sich behaupten.

Die Ausbildung der Parteienlandschaft

Einen weiteren Beleg für den durch die Industrialisierung seit der Weltwirtschaftskrise hervorgerufenen sozialen Wandel stellt die vorsichtige Ausdifferenzierung der Parteienlandschaft dar. Nach 1929 meldeten immer mehr soziale Gruppen ihre Ansprüche an, Forderungen, mit deren Artikulierung und Durchsetzung in zunehmendem Maße Parteien betraut wurden. Neben die traditionellen Lager der Liberalen und Konservativen traten nun kommunistische, sozialistische und seit dem Zweiten Weltkrieg auch christlich-demokratische Gruppierungen. So war noch 1926 die sozialistische Partei Kolumbiens entstanden, der 1930 die kommunistische Partei folgte. Sechs Jahre später kam es in dem Andenstaat zur Bildung einer Volksfront, die von dem Liberalen Alfonso López Pumarejo geführt wurde.

Auch die Populisten, wie etwa Perón, versuchten, Parteien zu etablieren. Während hierzulande die politischen Parteien eine wesentliche Rolle bei der demokratischen Artikulierung und Durchsetzung der Interessen spielen, bestimmt in Lateinamerika der zum Autoritarismus neigende Personalismus die Parteienlandschaft. Weniger gemeinsame Ideale und Interessen binden die Wähler als vielmehr die Gefolgschaft zu einer Führerpersönlichkeit. Das Ausscheiden eines tonangebenden Politikers führte daher meist gleichzeitig zu Neuorientierungen in der Wählerschaft und somit – mangels dauerhafter Parteibindungen – zu politischer Instabilität. So zerbrach nach dem Tod Juan Domingo Peróns 1974 unter seinen Anhängern der Konsens darüber, was als »peronistische Politik« zu gelten habe, und folglich gaben linke und rechte Gruppen in Argentinien vor, das Erbe des Generals weiterzuführen.

Obwohl Lateinamerika zahlreiche wirtschaftliche und soziale Fortschritte bis zum Ende des Zweiten Weltkriegs vorweisen konnte, bildeten doch die alten, zum Teil noch aus der Kolonialzeit stammenden Strukturdefizite wesentliche Entwicklungshindernisse. Zu den Belastungen zählt ferner das ungebremste demographische Wachstum, das erst in den 1980er-Jahren allmählich an Schwung verlor. Die steigende Zahl von Menschen, die nach Arbeit suchen und als Landlose in die Städte strömen, wirkt immer wieder hemmend auf die soziale und wirtschaftliche Entwicklung des Subkontinents. Auch die nach wie vor ungerechte Sozial- und Wirtschaftsordnung bildet eine schwere Hypothek. Bei allen positiven Entwicklungstendenzen blieb und bleibt die Armutsproblematik eines der drängenden Probleme Lateinamerikas.

PEER SCHMIDT

Getúlio Vargas in einer Erklärung an das brasilianische Volk 1937:

Anstatt dass aber die Parteiendemokratie in Krisenzeiten, wie wir gerade eine durchmachen, eine sichere Möglichkeit für Wachstum und Fortschritt innerhalb der Garantien für die Grundbedingungen von Leben und Menschlichkeit böte, bringt sie die Hierarchie zum Einsturz, bedroht die vaterländische Einheit und bringt dadurch, dass sie den Streit verschärft und die Fackel der Zwietracht entzündet, die Existenz der Nation in Gefahr.

In Brasilien war der in der Revolution von 1930 an die Macht gekommene Präsident Getúlio Vargas allgegenwärtig, wie hier das Propagandafoto bei einer Tanzveranstaltung zeigt. Seit 1937 regierte er als Diktator das Land, das er durch wirtschaftliche und soziale Maßnahmen in einen modernen Staat umwandelte.

Bürgerkrieg und Revolution – China vom Massenprotest zur japanischen Invasion

Innerlich zerrissen – Kriegsherren, Nationalisten und Kommunisten

Chen Duxiu ging nach seiner Inhaftierung in Peking nach Schanghai, wo der Anhänger der Vierter-Mai-Bewegung 1921 der neu gegründeten KPCh beitrat und 1922 »La Jeunesse« herausbrachte, seine zweite wichtige Zeitschrift (Peking, Revolutions-museum).

Yan Xishan (rechts) hielt sich in der Provinz Shanxi im Norden Chinas bis in die Vierzigerjahre an der Macht. Er war entschiedener Antikommunist, gehörte aber zu den wenigen Kriegsherren, die sich um die Modernisierung ihres Territoriums kümmerten.

Viele Regionen Chinas, besonders im Norden, wurden von den **warlords** beherrscht. Diese Kriegsherren rangen miteinander in ständigen Bürger-kriegen um die Macht. Nachdem in den Jahren 1920 bis 1926 diese Auseinander-setzungen ihren Höhepunkt erreicht hatten, gelang es Chiang Kai-shek im Zuge seines »Nordfeldzuges« 1926 bis 1928 die Macht der warlords einzu-schränken.

Der Erste Weltkrieg bedeutete keinen besonders tiefen Einschnitt in der Geschichte Chinas. China profitierte vom Kriegsgesche-hen in Europa insofern, als es ihm einen Industrialisierungsschub er-möglichte. Nach Kriegsende sahen besonders die USA und Großbri-tannien keinen Anlass, das alte System der ungleichen Verträge abzu-bauen. Japan baute in den Zwanzigerjahren in den Vertragshäfen, den *treaty ports,* nicht nur eine umfangreiche Industrie auf, sondern zeigte sich auch politisch endgültig als größte nationale Bedrohung der inner-lich zerrissenen chinesischen Republik. Widersprüchliche Tendenzen kenn-zeichneten diese Zwanzigerjahre. Einer-seits war die Entwicklung auf den Welt-märkten für die chinesische Export-produktion günstig, andererseits setzten sich die langfristigen Krisentendenzen weiter fort, vor allem wurde das Land als Folge eines ungebremsten Bevölke-rungswachstums zunehmend knapper. Die Verwüstungen, die durch die fort-während Kriege zwischen den *war-lords* verursacht wurden, lähmten die Landwirtschaft. Die Regime der *war-lords* zogen junge, arbeitsfähige Männer und hohe Steuern ohne Gegenleistung aus den Dörfern ab.

Der Aufstieg des Militärs führte zu Um-schichtungen in der ländlichen Oberschicht, die Kriegsherren und ihre Trabanten bildeten eine neue herrschende Klasse, die der ein-gesessenen Honoratiorenschicht übergeordnet war. Viele von diesen zogen sich in die relative Sicherheit der großen Städte, vor allem in das in Teilen von Ausländern kontrollierte Schanghai, zurück. Der Grundherr, dem der Bauer traditionell Respekt zollte und von dem er Schutz erhielt, wurde in vielen Gebieten durch den anonym die Pacht eintreibenden Büttel ersetzt; damit verschlechterte sich das soziale Klima auf dem Lande.

Die Ausschaltung der Kommunisten

Schauplatz dramatischer Ereignisse in dieser Zeit war vor allem Schanghai, das zur bevölkerungsreichsten Metropole Asiens und zum Experimentierfeld für Kulturkontakte aller Art geworden war.

Die in der Vierter-Mai-Bewegung 1919 entstandene Protestdynamik, als Studenten gegen die Benachteiligung Chinas bei den Versailler Friedensverhandlungen demonstrierten, erlahmte nicht. Im Mai 1925 löste die Erschießung einiger chinesischer Demonstranten eine neue, gewaltige Welle antiimperialistischer Streiks und Boykotts aus. Die junge Kommunistische Partei Chinas (KPCh) konnte sich nun durch geschickte Organisationsarbeit 1925 erstmals eine Massenanhängerschaft unter den Arbeitern, darunter viele Frauen, die 80 Prozent des Personals in der Textilproduktion stellten, verschaffen. Mittlerweile hatte Sun Yatsens Kuo-min-tang im südchinesischen Kanton eine eigene Machtbasis errichtet. Von dort aus brach 1926 Sun Yatsens Nachfolger, der junge General Chiang Kai-shek, zu seinem »Nordfeldzug« gegen die Kriegsherren auf. Sein Ziel war, China im Sinne des verstorbenen »Vaters der Nation«, so Sun Yatsens Beiname, wieder zu vereinigen. Mit Chiang Kai-sheks Elitearmee zogen die Politkommissare der KPCh, die auf Druck sow-

Als junger Student veröffentlichte Mao Zedong während der Vierter-Mai-Bewegung 1919 zahlreiche Artikel in den von ihm begründeten »Kritischen Blätter aus Hunan«:

Die große Einheit des Volkes: … Himmel und Erde sind in Bewegung geraten, die Verräter und Bösen in die Flucht gejagt … Die Welt ist unser, das Land ist unser, die Gesellschaft ist unser … Wenn wir nicht aufstehen und kämpfen, wer sonst?… Unser chinesisches Volk verfügt über große innere Kraft. Je härter die Unterdrückung, desto heftiger sein Widerstand … Die große Einheit des chinesischen Volkes muss zustande kommen … unser goldenes Zeitalter … steht bevor.

Die Milizen der Kuo-min-tang gingen erbarmungslos gegen die Welle kommunistischer Aufstände im Jahr 1927 vor. Die Szene aus Kanton wurde von einem westlichen Beobachter aufgenommen.

jetischer Berater ein Bündnis mit der Kuo-min-tang eingegangen war. Als die Truppen der Nationalarmee durch Süd- und Mittelchina vordrangen, ging ihnen eine Welle teils spontaner, teils von KPCh-Agenten angezettelter Bauernerhebungen voraus.

Diese Bauernrevolten waren in der Programmatik von KPCh und Kuo-min-tang allerdings nicht vorgesehen. Die KPCh hing weiterhin der orthodox-marxistischen Lehre an, dass die Revolution vom Industrieproletariat der Städte auszugehen habe. Die Kuo-min-tang fand ihrerseits viel Unterstützung unter nationalistisch gesinnten Grundbesitzern, in deren Augen die Bauern als politische Subjekte bedeutungslos waren. Die Agrarrevolten von 1926/27, die der KPCh angelastet wurden, trugen zur Entfremdung zwischen den beiden Bündnisparteien bei. Chiang Kai-shek konnte auf breite Unterstützung in seiner eigenen Partei ebenso wie auf die Hilfe der einheimischen Hochfinanz und der Unterwelt bauen, als er am 12. April 1927 die Allianz mit der KPCh aufkündigte und einen antikommunistischen Terror entfesselte, der in Schanghai seinen Anfang nahm und sich auf ganz China ausweitete.

Chiang Kai-shek (links) am Beginn seiner Karriere; die Aufnahme zeigt ihn mit Sun Yatsen 1923 in Kanton. Im Mai 1924 wurde ihm die Leitung der neu gegründeten Militärakademie in Huangpu (Whampoa) bei Kanton übertragen.

Regime der Halbheiten – Chiang Kai-shek und die Kuo-min-tang

Eine Kommunistin wird für die Hinrichtung vorbereitet. Der misshandelten und entblößten jungen Frau wurde ein Lederhelm aufgesetzt, um sie am Reden zu hindern (Foto eines amerikanischen Journalisten, 1930).

Als Sprössling der Mandschudynastie fungierte Puyi (links) von Japans Gnaden seit dem 9. März 1932 als Regent und seit dem 1. März 1934 als Kaiser von Mandschukuo.

Im Frühjahr 1927 begann in China ein Bürgerkrieg, der sich bis 1949 hinzog. Von Schanghai aus setzte Chiang Kai-shek seinen »Nordfeldzug« fort. Peking wurde im Juni 1928 eingenommen. Als der *warlord* der Mandschurei Ende Dezember seine Loyalität mit Chiang Kai-shek erklärte, war die Einigung Chinas formal zwar abgeschlossen, in Wirklichkeit jedoch konnte von einer Wiedervereinigung keine Rede sein. Die »Nationalregierung«, eine Einparteienherrschaft der Kuo-min-tang, die Chiang Kai-shek bereits im April 1927 in Nanking errichtet hatte, kontrollierte anfangs gerade einmal ein Drittel des Landes. Zahlreiche *warlords* hatten während des »Nordfeldzugs« vor Chiang Kai-shek kapituliert, ohne sich jedoch entwaffnen und entmachten zu lassen. Sie wurden einfach zu Provinzgouverneuren ernannt und so de facto im Besitz ihrer Herrschaftsgebiete bestätigt. Erst durch mehrjähriges nahezu pausenloses Kriegführen gelang es Chiang Kai-shek, bis 1936 seine Autorität auf den Süden und Westen Chinas auszudehnen.

1931 besetzte Japan die an Ressourcen reiche Mandschurei, verwandelte sie in eine Kolonie und dehnte von ihr aus seinen Einfluss allmählich auf ganz Nordchina aus. Auch Chinas internationale Lage wurde von Japans imperialen Absichten bestimmt. Großbritannien und die stärkste Macht im Pazifik, die USA, hatten den Raub der Mandschurei – die bis dahin bedrohlichste Verletzung der Versailler Ordnung – nicht verhindert und Japan später kaum mehr als verurteilt. Sie selbst hielten weiter an den Kernbestimmungen der alten ungleichen Verträge fest: Die rechtliche Immunität von Ausländern galt weiterhin, und Chinas Wirtschaftszentrum, die Innenstadt von Schanghai, stand unverändert unter der Kontrolle einer Regierung des internationalen *big business*. Eine langsame Annäherung an die Forderungen des gemäßigten Nationalismus hatte jedoch schon kurz nach Errichtung der Nankingregierung begonnen. Mit sozialkonservativen Nationalisten wie Chiang Kai-shek und seinen oft im Westen ausgebildeten Kollegen, die ausländisches Eigentum respektierten und die Notwendigkeit einer starken westlichen Präsenz in China anerkannten, ließ sich viel eher zu einer Einigung gelangen als mit den radikalen Antiimperialisten, die vor 1927 den Ton angegeben hatten.

Die Führer der Nankingregierung, patriotisch in ihrer Gesamteinstellung, waren nicht die »Kettenhunde des Imperialismus«, als die sie von der kommunistischen Propaganda damals und später verunglimpft wurden; ihr Regime war vielmehr ein Produkt der ersten Phase der chinesischen Revolution von 1911. Die Staatspartei Kuo-min-tang war gemessen an den von Sun Yatsen formulierten Grundsätzen nach rechts gerückt, verleugnete aber die Lehren ihres Gründers nicht. Das Regime Chiang Kai-sheks hatte die Modernisierung Chinas auf seine Fahnen geschrieben und knüpfte in mancher Hinsicht dort an, wo die Qingdynastie ihre Reformbemühungen schon vor der Abdankung des letzten Kaisers 1911 abbrechen musste.

Zur Demokratisierung Chinas trug das Regime aber nichts bei, verstand es sich doch als eine Erziehungsdiktatur im Sinne Sun Yatsens. Die Meinungs- und Pressefreiheit wurde stärker eingeschränkt, die Universitäten wurden schärfer überwacht als unter den Kriegsherren, denen ein wohlorganisierter Staatsapparat für solche Zwecke gefehlt hatte. Das innenpolitische Hauptziel der Nankingregierung war die Stärkung von Staat und Militär. Dazu orientierte man sich an einer Reihe recht unterschiedlicher Vorbilder: an Japan, dem faschistischen Italien, der stalinistischen Sowjetunion und dem nationalsozialistischen Deutschland. Der Spielraum für privates Unternehmertum wurde im Vergleich zu den Zwanzigerjahren stark eingeschränkt. Die Bourgeoisie war von der Kuo-min-tang, die sie anfangs unterstützt hatte, bald enttäuscht. Der Lage auf dem Land schenkte man im Machtbereich der Nankingregierung wenig Aufmerksamkeit, Missbräuche des Pachtwesens wurden allenfalls auf dem Papier korrigiert; an eine Bodenreform wurde nicht gedacht. Chiang Kai-shek verließ sich vorwiegend auf seine militärische Macht und kümmerte sich wenig um die Popularität seines Regimes. Die Kommunisten bekämpfte er gewaltsam, ohne nach den Ursachen für ihren Rückhalt bei Teilen der Bevölkerung zu fragen.

Xu Mengqiu, ein Teilnehmer am Langen Marsch von 1934/35, erinnert sich an die Strapazen:

In der zweiten Woche begannen unsere Truppen den Kampf mit der Kwantung-Armee und rieben sie ohne Mühe auf. Wir marschierten jetzt vier Stunden, rasteten vier Stunden, immer im Wechsel, Tag und Nacht. Der Eilmarsch dauerte drei Tage ... Nur zu den Mahlzeiten wurde eine Rast eingelegt. Dann wurden die Armeen von Hunan zusammengezogen, und Chiang Kai-shek sandte mehrere Divisionen aus, die uns verfolgen sollten. Unsere Lage war höchst gefährlich, und wir marschierten Tag und Nacht, um zu entkommen. Fünf Tage lang kämpften unsere Truppen ununterbrochen um durchzukommen.

Der Lange Marsch – Der schwere Weg der Kommunisten an die Macht

Nach der großen Niederlage von 1927 in den Städten zog sich die KPCh in entlegene Gebiete des inneren China zurück und rekrutierte den Grundstock einer eigenen Armee unter Banditen, Deserteuren und Landlosen. Zwei Persönlichkeiten verdankte die KPCh in dieser Phase ihr Überleben und die Anfänge ihres Wiederaufstiegs: Zhu De, früher General in Diensten eines *warlords*, erkannte die Hilflosigkeit einer Partei ohne Bajonette und wurde zum Organisator der Roten Armee. Mao Zedong kritisierte als Erster in der KPCh die Theorie der Kommunistischen Internationale (Komintern) von der »führenden Rolle der Arbeiterschaft« und erklärte schon 1926 die Bauernfrage zur »zentralen Frage der nationalen Revolution«. Er gab zwar niemals den Führungsanspruch des von der Partei vertretenen »Proletariats« auf, erkannte aber, dass das Schicksal der Revolution auf dem Land entschieden werden würde.

Die erste Gelegenheit für Mao Zedong, diese Einsichten in die Praxis umzusetzen, ergab sich, als die KPCh zwischen 1929 und 1934 in der zentralchinesischen Provinz Jiangxi territoriale Herrschaft in einem ländlichen Gebiet von der Größe Brandenburgs erlangte, in dem etwa sechs Millionen Menschen lebten. Hier konnte die Partei erstmals zivile Staatsorgane entwickeln und ihre Vorstellungen von sozialer Gerechtigkeit mit den Erfordernissen des Überlebens in

Mao Zedong erfasste als Erster die Bedeutung der Bauern für die Durchsetzung des Kommunismus in China. Die Aufnahme von 1933 zeigt ihn bei einer Rede vor einem Bauernverband in der Provinz Jiangxi.

einer feindlichen Umwelt in Einklang bringen. Die Partei besaß nun die Macht, gegen »ausbeuterische Grundherren« vorzugehen. Wer aber gehörte zu dieser Kategorie? Wie sollte mit diesen Leuten umgegangen werden? An wen und wie sollte enteignetes Land umverteilt werden? Würde unter dem Sozialismus privater Handel zulässig sein? Diese und andere Fragen wurden zwischen den Flügeln der Partei kontrovers diskutiert. Die tatsächliche Politik folgte einem Zickzackkurs zwischen entgegengesetzten Extremen. Schon jetzt machte man auch die Erfahrung, dass die Partei niemals ganz auf die Zusammenarbeit mit »fortschrittlichen« Kräften in der jeweiligen örtlichen Elite verzichten konnte. Um als Faktor der nationalen Politik Erfolg zu haben, musste die KPCh mehr sein als eine Kampforganisation der Dorfarmut. Revolutionärer Rhetorik zum Trotz erkannten Mao Zedong und seine Mitstreiter: Einwurzelung und Ausbreitung des Kommunismus in China ließen sich nicht durch revolutionäre Brachialaktionen, sondern nur durch ein feines, von Ort zu Ort jeweils anders gesponnenes Geflecht lokaler Bündnisse sicherstellen.

Drei zurückgelassene Frauen verfolgen das Wüten der Kuo-min-tang-Milizen in Jiangxi, nachdem zuvor 86 000 Anhängern der KPCh der unbemerkte Abzug gelungen war.

Die Weltwirtschaftskrise, die 1929 begann, kam der KPCh entgegen, da sie eine Zunahme des Massenelends in großen Teilen des Landes nach sich zog. Die KPCh konnte nun als Partei der Opfer auftreten. Auch von der japanischen Aggression konnte sie profitieren. Ihre Basisgebiete lagen fernab vom japanischen Expansionsgebiet im Norden. So war es erst einmal nur eine Propagandageste, als die »Chinesische Sowjetrepublik« in Jiangxi Japan nach seiner Besetzung der Mandschurei den Krieg erklärte. Die Botschaft war jedoch klar: Während die Nankingregierung teils aus einer realistischen Einsicht in die eigene militärische Schwäche, teils aus dem Glauben, die Kommunisten seien ein schlimmerer Feind als die Imperialisten, Japan nur zögernd entgegentrat, präsentierte sich die KPCh als die einzige kompromisslos das Vaterland verteidigende Kraft. Chiang Kai-shek konnte auf Dauer eine rebellische Enklave mitten in China nicht dulden. Dank eines riesigen Truppenaufgebots und einer neuen Umzingelungstaktik nahm er 1934 das kommunistische Basisgebiet in den Würgegriff. Die Kapitulation der ausgehungerten Bewohner war nur eine Frage der Zeit. Im Morgengrauen des 16. Oktober 1934 verließen 86 000 Männer und 35 Frauen das schon erheblich geschrumpfte Restgebiet. 50 000 bis 60 000 davon waren Soldaten, die übrigen hohe Parteifunktionäre und Lastenträger. Der später legendäre Lange Marsch hatte begonnen. Die Sieger hielten ein blutiges Strafgericht über die Zurückgebliebenen.

Eine Gruppe von kommunistischen Führern, die Teilnehmer am Langen Marsch gewesen waren. Im Vordergrund Zhu De, der Organisator der Roten Armee, ganz rechts Deng Xiaoping (Foto von 1938).

Aneinander gefesselte Rekruten, ausgehoben durch die Streitkräfte der Nationalregierung für den Krieg gegen Japan (um 1937). Man schätzt, dass jeder Zehnte den Strapazen erlag, bevor er überhaupt die Front erreichte: von 1937 bis 1945 rund 1,4 Millionen Männer.

370 Tage nach dem Aufbruch erreichten Mao Zedong und 8000 weitere Überlebende nach unsäglichen Gefahren und Strapazen den Norden der Provinz Shaanxi. Nach über 9000 km zu Fuß über Berge und Flüsse, durch Sümpfe und die Gebiete feindseliger Minderheitenvölker waren sie zunächst in Sicherheit. Ende Dezember verlegte die Parteiführung ihren Sitz in das Städtchen Yan'an. Chiang Kai-shek war ihnen aber auf den Fersen und zog bereits zehnfach überlegene Verbände zusammen. Nach 1927/28 und 1934 schien 1935/36 zum dritten Mal das letzte Stündlein des Kommunismus in China geschlagen zu haben.

Chiang Kai-sheks Übermacht nutzte ihm wenig, denn er missverstand die Zeichen der Zeit. Mittlerweile war die antijapanische Stimmung in China derart gewachsen, dass selbst einige unter Chiang Kai-sheks Truppenführern die Politik, erst die Kommunisten zu vernichten und dann den Japanern Widerstand zu leisten, missbilligten.

Im so genannten Xi'an-Zwischenfall vom Dezember 1936, als eigene Truppenteile meuterten, wurde Chiang Kai-shek unter Druck dazu gebracht, seine Aktionen gegen die KPCh einzustellen. Im Juli 1937 entschloss er sich endlich, den Japanern militärisch entgegenzutreten. Der acht Jahre dauernde Chinesisch-Japanische Krieg, in China »Antijapanischer Widerstandskrieg« genannt, begann. Angesichts der Invasion der Kaiserlich Japanischen Armee wurde der Bürgerkrieg zwischen Kuo-min-tang und KPCh einstweilen zugunsten einer nationalen Einheitsfront auf Eis gelegt.

Jürgen Osterhammel

Antisemitismus

Das Wort »Antisemitismus« dient einerseits als Oberbegriff für jede Art von Judenfeindschaft, andererseits charakterisiert dieses im letzten Drittel des 19. Jahrhunderts entstandene Wort im engeren Sinne eine neue, nicht christlich, sondern pseudowissenschaftlich mit Rasseneigenschaften und Rassemerkmalen argumentierende Form des antijüdischen Vorbehalts. Von diesem modernen Antisemitismus ist der religiös motivierte, ältere Antijudaismus zu unterscheiden, der freilich den Nährboden für die im 19. Jahrhundert sich ausbreitende neue Judenfeindschaft bildete.

Der Antijudaismus im Mittelalter

Die Vorbehalte gegen Juden waren, nachdem sich das Christentum im 3./4. Jahrhundert als Staatsreligion im Römischen Reich durchgesetzt hatte, zunächst auch im Mittelalter ausschließlich religiöser Natur. Allerdings bestimmte der Glaube in existenziellem Umfang den Alltag, und religiöse Differenzen hatten entsprechend einschneidende Bedeutung. Die Verweigerung der Taufe, das Festhalten am eigenen Ritus, das Unverständnis der Juden für die Erlösungsidee durch Christus machte die Juden in christlichen Augen zu »Verstockten«. Aus dem religiösen Unverständnis zwischen Minderheit und Mehrheit folgte die sowohl von Kirchenlehrern als auch von Rabbinern erhobene Forderung nach äußerer Trennung zwischen den Anhängern des Alten Testaments, die sich als erwähltes Volk verstanden, und denen, die, erlöst durch Jesus Christus, an die Überwindung des Alten Testaments glaubten und als christliche Gemeinschaft die Mehrheit bildeten. Nach christlicher Lehrmeinung galten die Juden als »Gottesmörder«, so Abt Hieronymus von Bethlehem. Bischof Johannes I. Chrysostomos von Antiochia schrieb, die Synagoge sei eine »Sammelstätte der Christusmörder«.

Die religiösen Vorschriften, vor allem die strenge Sabbatruhe und die rituellen Speisegesetze, zwangen die Juden auch in gesellschaftlicher und ökonomischer Hinsicht in die Rolle von Außenseitern in der Gesellschaft. Vom Warenaustausch – mit Ausnahme ländlichen Kleinhandels – und der Produktion aufgrund christlich definierter ständischer und zünftiger Ordnung des Wirtschaftslebens ausgeschlossen, waren Juden auf den Geldhandel beschränkt, da Zinsnehmen als Wucher Christen verboten war. Die Pfandleihe wurde jüdisches Monopol, geschützt von Königen und Fürsten, erkauft durch hohe Abgaben der Juden. Trotz ihrer eigenen Ausbeutung waren nur die jüdischen Geldverleiher dem Hass ihrer Schuldner ausgesetzt und nicht diejenigen, die dieses Finanzsystem für sich benutzten.

Am Ende des 11. Jahrhunderts entluden sich religiöse Gegensätze und gesellschaftliche Ressentiments in Gewaltakten gegen die jüdische Minderheit in Europa. Der erste Kreuzzug 1096 – der Intention nach ein Krieg gegen »Ungläubige« zur Befreiung des Heiligen Landes – wurde von fanatisierten Christen, die als Angehörige der Unterschichten, als verarmte Bauern, Abenteurer und Mittellose aus Sozialneid handelten, zunächst gegen Juden in ganz Mitteleuropa geführt, etwa in den Städten des Rheinlandes. Von den Kreuzfahrern bedrängt, standen die Juden vor der Wahl, getötet zu werden oder den christlichen Glauben durch den Empfang der Taufe als richtiges Bekenntnis anzuerkennen. Nach »geglückter Mission« endete die Verfolgung, da sie ausschließlich durch religiöse Ressentiments motiviert war. Die meisten Juden wählten jedoch den Tod.

Die Gewaltaktionen hatten, wie auch diejenigen späterer Kreuzzüge, die alle judenfeindlich waren, den Charakter von Pogromen, das heißt die Gewalt richtete sich nicht gegen einzelne, sondern gegen alle Angehörige der Minderheit; die religiös-christliche Motivation sprengend, gehörten Plünderungen, Diebstahl und Raub untrennbar zum gewalttätigen Geschehen.

Zur Begründung der aggressiven Judenfeindschaft wurden seit dem 13. Jahrhundert Legenden und Erzählungen verbreitet, die Ritualmorde und Hostienfrevel zum Gegenstand hatten. 1144 tauchte erstmals in der Gestalt des William von Norwich das Opfer eines angeblich von Juden begangenen Ritualmordes auf. Der Legende nach begehen Juden alljährlich aus Hass auf Christus und die Christen unter Anleitung ihrer Rabbiner in der – von christlicher Seite religiös-emotional besonders sensiblen Passionswoche – einen Mord in ritueller Form an einem unschuldigen christlichen Knaben, um das Leiden Christi zu verhöhnen. Nach dem Laterankonzil von 1215, das die Transsubstantiationslehre zum Dogma erhob, kam als zweites Motiv die Blutlegende hinzu, nach der die Juden ihren Opfern zur Bereitung von Matzen oder zu medizinischen Zwecken Blut entziehen. Die Unhaltbarkeit solcher Anschuldigungen ergibt sich schon aus den rituellen Geboten der jüdischen Lehre, nach der der Verzehr von Blut den Juden streng verboten ist. Kirchenlehrer und Päpste haben dies auch immer wieder konstatiert, Kaiser und Könige haben die Juden gegen die Blutbeschuldigungen verteidigt, jedoch ohne Erfolg. Die Blutlegenden waren, von Interessenten wie Predigern oder fanatisierten Bettelmönchen im Missionseifer verbreitet, bis ins 20. Jahrhundert wirksam als Anlass zur Verfolgung der Juden.

Die Ritualmordbeschuldigung verbreitete sich von England aus nach Frankreich und Spanien, an den Rhein und an den Bodensee, in den Alpenraum und nach Franken und schließlich im 16. Jahrhundert auch nach Polen. Die Opfer wurden mit kirchlicher Duldung oder Anerkennung Gegenstand der Verehrung als Märtyrer wie Little Hugh of Lincoln (1255), Werner von Bacharach (1287) oder Simon von Trient (1475).

Die judenfeindlichen Anschuldigungen wurden in zahllosen Chroniken, Geschichten, Liedern und Predigtsammlungen überliefert. Wie das Beispiel des Anderl von Rinn in Tirol zeigt, war der Kult bis in die 80er-Jahre des 20. Jahrhunderts amtskirchlich geduldet. Wie gefährlich die Ritualmord- und Blutlegenden für die Juden waren und wie lange damit zu Ausschreitungen angestachelt werden konnte, zeigt der Pogrom von Kielce in Polen, bei dem noch 1946 die Vermutung, ein verschwundenes Kind sei von Juden getötet worden, Anlass zum Mord an mindestens 42 Juden, die den Holocaust überlebt hatten, bot.

Des Weiteren beschuldigte man die Juden seit dem 12. Jahrhundert, sie begingen Hostienfrevel. Diese Unterstellung gründete in der Wahnvorstellung, das Volk der »Gottesmörder« ritualisiere den antichristlichen Affekt durch die Wiederholung der Leiden, die einst Jesus zugefügt wurden, am Leib Christi in Gestalt der geweihten Hostie. Im reziproken Verhältnis zu den Hostienwundern,

die sich nach vielfältiger Überlieferung ereigneten – die von Juden mit Messern, Dornen und Nägeln gemarterten Hostien sollen zu bluten begonnen haben –, wurden die Juden dämonisiert als Anhänger des Satans, als Verkörperungen des Antichrist. Die Hostienfrevellegenden zeitigten einerseits Wallfahrten wie die »Deggendorfer Gnad«, die bis 1992 begangen wurde, und eine reiche Erbauungsliteratur, die das religiös motivierte feindselige Judenbild tradierte, andererseits waren sie oft Anlass zu Pogromen gegen Juden, am weitreichendsten im »Rintfleischaufruhr« von 1298, bei dem in Franken 5000 Juden getötet wurden und in der »Armleder-Verfolgung« 1336–1338, bei der in ganz Süddeutschland, im Elsass, in Böhmen, Mähren und Kärnten 6000 Menchen ermordet wurden. Bei der bis in die Neuzeit wirkenden negativen Stereotypisierung waren die Juden »Ketzern«, »Hexen«, später Freimaurern und Jakobinern als Feinde des Christentums gleichgestellt.

Judenfeindlichkeit in der frühen Neuzeit

Den klerikalen Judenbildern folgten, nicht weniger gefährlich, säkularisierte Zuschreibungen, die die Juden als Verursacher von Übeln stigmatisierten. Die Pestepidemie in Europa Mitte des 14. Jahrhunderts bot Anlass zur Spekulation, die Juden hätten die Brunnen vergiftet. Auch ökonomische Motive bedingten, dass die Pest zum Vorwand für Verfolgung wurde. Erstmals auf einen weltlichen Vorwurf hin kam es 1348–1350 zu mehreren Pogromwellen, in denen die meisten jüdischen Gemeinden zerstört wurden.

Bei der nun folgenden Marginalisierung der Juden durch weltliche Obrigkeiten, durch Städte und Fürsten, hatte die Kirche Schrittmacherdienste geleistet: Das Laterankonzil 1215 hatte beschlossen, dass die »Ungläubigen« durch eine eigene Tracht erkennbar sein sollten – gelber Fleck und Judenhut – und von den Christen abgesondert werden müssten. Das war der Beginn der Gettoisierung der Juden in den Städten und der Regelung ihrer beschränkten Teilnahme am öffentlichen Leben durch eine Unzahl von diskriminierenden Vorschriften. Lion Feuchtwanger hat in seinem Roman »Jud Süß« die Situation der Juden im späten Mittelalter eindringlich beschrieben: »Im 14. Jahrhundert waren sie hier in mehr als 350 Gemeinden erschlagen, ertränkt, verbrannt, gerädert, erdrosselt, lebendig begraben worden. Die Überlebenden waren zumeist nach Polen ausgewandert. Seitdem saßen sie spärlich im Römischen Reich. Auf 600 Deutsche kam ein Jude. Unter raffinierten Plackereien des Volkes und der Behörden lebten sie eng, kümmerlich, dunkel, hingegeben jeder Willkür. Untersagt war ihnen Handwerk und freier Beruf, die Vorschriften der Ämter drängten sie in verwickelten und verwinkelten Schacher und Wucher. Beschränkten sie im Einkauf der Lebensmittel, ließen sie den Bart nicht scheren, steckten sie in eine lächerliche, erniedrigende Tracht. Pferchten sie in engen Raum, verrammelten die Tore ihres Ghettos, sperrten sie zu Abend um Abend, bewachten Ein- und Ausgang.«

Im 13. Jahrhundert wandelte sich das Kreditsystem. Die christlichen Zinsrestriktionen wurden gelockert, wodurch Juden und Christen im Geldgeschäft zu Konkurrenten wurden. Nur noch diejenigen borgten gegen hohen Zins bei Juden, die sonst nirgendwo mehr Kredit bekamen. Als antijüdische Stereotype verfestigte sich nun das Bild des jüdischen Wucherers; die jüdischen Minderheiten in den Städten waren insgesamt, ihrer bisherigen ökonomischen Funktion weithin ledig, dämonisiert und standen, wie andere Randgruppen der Gesellschaft, unter ständigem Verfolgungsdruck. Dem Beispiel der Territorialherren (England 1290, Frankreich 1306, Spanien 1492) folgend, wurden Juden seit der Mitte des 14. Jahrhunderts aus religiösen, sozialen und wirtschaftlichen Gründen aus den Städten vertrieben, und zwar meist auf Betreiben der Bürger: Am Ende des Mittelalters waren sie in Mitteleuropa – mit Ausnahme von Prag und Frankfurt am Main – aus den Städten verschwunden. Sie lebten, soweit sie nicht nach Osten abgewandert waren, als Dorfjuden kümmerlich von Kleinhandel, vor allem vom Hausier- und Altwarenhandel. Aufgrund der aus christlicher Wurzel stammenden, tradierten Feindbildstereotypen (Wucherer, Christenfeinde, Brunnenvergifter, Ritualmörder) und aufgrund der in Christenaugen rätselhaften religiösen Bräuche sowie der sich daraus vermeintlich ergebenden Eigenschaften (Geiz, Rachedurst, Raffgier, Hochmut, Feigheit, Arglist, Lügenhaftigkeit) waren die Juden als Angehörige einer randständigen Minderheit ohne eigene Schuld stigmatisiert. Sie erschienen als Gegenstand des Abscheus, aber schließlich auch als Objekte

missionarischen Strebens. Wenn sie – wie es die Regel war – den Lockungen der christlichen Taufe widerstanden, zogen sie umso mehr den christlichen Zorn auf sich, wie das Beispiel Martin Luthers zeigt, dessen wütende antijüdischen Predigten wie seine Schrift von 1543 »Von den Juden und ihren Lügen« enttäuschten Bekehrungseifer spiegeln. An die Stelle von Zwangstaufen, die nach kanonischem Recht unzulässig waren, trat in der frühen Neuzeit die Judenmission mit verheerenden Folgen beim Misslingen dieser Absicht.

Im Mittelalter war die Rechtsstellung der Juden als *servi camerae regis,* als königliche Kammerknechte, definiert, das heißt, die Juden waren abgabenpflichtig und genossen dafür ein Minimum an Schutz vor Verfolgungen. Mit der Ausbildung der Landesherrschaft ging das Judenregal auf die Territorialfürsten über. In der Neuzeit waren dann diejenigen Juden, die für den Landesherren von Interesse waren, als »Schutzjuden« privilegiert. Gegen beträchtliche Zahlungen bekamen Kapitalkräftige die Erlaubnis, sich anzusiedeln, vielfach traten jüdische »Entrepreneure« (Unternehmer) in der Zeit des Absolutismus in fürstliche Dienste, um als Hoffaktoren kostspielige Unternehmungen des Fürsten zu finanzieren wie der Berliner Münzmeister Lippolt, der vom Brandenburgischen Kurfürsten Joachim II. Hektor 1540 eingestellt worden war. Insgesamt hatte Joachim 42 000 Taler von Juden als Ansiedlungsgebühren kassiert, die Jahressteuern noch nicht gerechnet. Nach Joachims Tod 1571 wurde der Hoffaktor Lippolt der Veruntreuung von Geldern bezichtigt; des Weiteren hieß es, er habe auch den Kurfürsten vergiftet und dessen Geliebte verführt – allesamt stereotype und unhaltbare Vorwürfe. Ein Gerichtsverfahren endete jedoch mit der Hinrichtung Lippolts 1573. Die Berliner Juden hatten unter Ausschreitungen und Plünderungen zu leiden, danach wurden sie wieder des Landes verwiesen, wofür sie noch Abzugsgelder als Kontribution bezahlen mussten. Der literarisch berühmteste Fall eines Hoffaktors, der zugleich die Willkür illustriert, der die Juden unterworfen waren, ist die Geschichte des Joseph Süß Oppenheimer, der als »Jud Süß« in Diensten des württembergischen Herzogs Karl Alexander stand, die Finanzen des Landes verwaltete und nach dem Tod seines Auftraggebers 1738 öffentlich hingerichtet wurde; er war zum Sündenbock erklärt worden für die Zerrüttung der Staatsfinanzen und den Verfall landständischer Rechte unter Herzog Karl Alexander.

Von der religiös-gesellschaftlichen zur rassistischen Ausgrenzung im 19. Jahrhundert

In der Zeit der Aufklärung wurde mit der zum Beispiel von Gotthold Ephraim Lessing und Moses Mendelssohn propagierten Idee der Toleranz gegenüber Juden der Weg zur Emanzipation bereitet, die als »bürgerliche Verbesserung der Juden« gedacht war. Der Schriftsteller und Beamte in preußischen Diensten Christian Wilhelm Dohm fasste 1781 das Programm der aufklärerischen Judenemanzipation in die Worte: »Die der Menschlichkeit und der Politik gleich widersprechenden Grundsätze der Ausschließung, welche das Gepräge der finsteren Jahrhunderte tragen, sind der Aufklärung unserer Zeit unwürdig und verdienen schon längst nicht mehr, befolgt zu werden.«

Die Emanzipation der Juden, also ihre Befreiung aus den sozialen und rechtlichen Schranken, war in Deutschland und Österreich kein revolutionärer Akt wie 1791 in Frankreich, sondern Ergebnis einer langwierigen Debatte, die sich vom Beginn des 19. Jahrhunderts bis Ende der 1860er-Jahre hinzog. Als Bewegung gegen die rechtliche Gleichstellung der Juden und gefördert von gesellschaftlichen Krisen, kam es 1819 zu pogromartigen Ausschreitungen. Die »Hep-Hep-Verfolgungen« begannen in Würzburg und strahlten über ganz Deutschland bis nach Dänemark aus. Sie zeigten zugleich, dass Judenfeindschaft eine Form von sozialem Protest war, bei dem Aggressionen verschoben und gegen Juden gerichtet wurden.

Judenfeindschaft erhielt im 19. Jahrhundert eine neue Dimension in Gestalt des rassistisch und sozialdarwinistisch argumentierenden modernen Antisemitismus, der sich als Resultat wissenschaftlicher Erkenntnis ausgab. Zu dessen Vätern gehörte Arthur de Gobineau mit seinem voluminösen Essay »Versuch über die Ungleichheit der Menschenrassen« (erschienen 1853 bis 1855 in vier Bänden), der zwar nicht gegen die Juden gerichtet war, aber instrumentalisiert wurde als Eckpfeiler einer Rassentheorie, die den modernen Antisemitismus scheinbar wissenschaftlich unterfütterte. Die Übereinstimmung der antisemitischen Theoretiker bestand darin, dass jede »Rasseneigenschaft«

der Juden negativ war. Der Unterschied zur älteren Judenfeindschaft war die Überzeugung, dass Rasseneigenschaften anders als religiöse Bekenntnisse unveränderbar seien. Die Taufe konnte nach Überzeugung der Antisemiten den Makel des Judeseins nicht mehr aufheben. In der Diskussion über die »Judenfrage« spielten die Schmarotzermetaphorik und die Parasitenmetaphorik zunehmend eine Rolle, ungeachtet der Tatsache, dass die antiemanzipatorische Judenfeindschaft vor allem eine Bewegung gegen die Modernisierung der Gesellschaft und gegen den politischen Liberalismus war. Der Übergang vom religiösen Hass zur rassistischen Ablehnung war nicht abrupt, die Traditionen des religiösen Antijudaismus blieben wirkungsmächtig und verstärkten die neuen pseudorationalen Argumente des Rassenantisemitismus. Schließlich wurde Judenfeindschaft zum »kulturellen Code« (Shulamit Volkov), mit dessen Hilfe sich die Rechte im Wilhelminischen Kaiserreich verständigte.

Intellektueller Höhepunkt der Auseinandersetzung war der Berliner Antisemitismusstreit, ausgelöst durch einen Artikel Heinrich von Treitschkes in den »Preußischen Jahrbüchern« im November 1879. Der angesehene Historiker hatte sich gegen die von ihm befürchtete Masseneinwanderung osteuropäischer Juden ausgesprochen und den deutschen Juden mangelnden Assimilationswillen vorgeworfen. Obwohl er nicht für die Rücknahme der Emanzipation plädierte, war Treitschke in der Argumentation und durch die Verwendung ausgrenzender judenfeindlicher Stereotypen – er verwendete einmal den Ausdruck »Deutsch redende Orientalen« – ins Lager der Antisemiten geraten. Auch angesichts der Wirkung, die Treitschkes kulturpessimistische Ausführungen hatten, ist die Diskussion, ob er selbst ein Antisemit war, ziemlich müßig, denn er machte zumindest die grassierende antisemitische Agitation, wie sie von drittrangigen Publizisten und eifernden Kleingeistern entfacht worden war, gesellschafts- und diskussionsfähig.

Kurz zuvor, im Februar 1879, war Wilhelm Marrs politisches Pamphlet »Der Sieg des Judenthums über das Germanenthum« erschienen, das im Herbst 1879 schon in der 12. Auflage verkauft wurde. Marr verwandte erstmals den Begriff »Antisemitismus«. Den Weg dahin hatten schon Autoren wie Otto Glagau bereitet, der im weit verbreiteten Wochenblatt »Die Gartenlaube« die Juden mit Verunglimpfungen wie »90 Prozent der Gründer und Makler sind Juden« als Verursacher der lang anhaltenden Wirtschaftskrise, die auf den »Gründerkrach« von 1873 folgte, denunzierte und in polemischen Artikeln die Juden zu Sündenböcken für aktuelles Ungemach stempelte. Die Pressekampagnen in der konserativen protestantischen Kreuzzeitung, aber auch in katholischen Blättern, deren gemeinsamer Feind der politische Liberalismus war, vertieften seit 1874/75 die judenfeindlichen Ressentiments.

Treitschke entfachte mit seiner Parteinahme in der »Judenfrage« im November 1879 eine Diskussion, die großes öffentliches Interesse fand. In Berliner Tageszeitungen erschien im November 1880 eine von 75 Persönlichkeiten des öffentlichen Lebens – unter ihnen der Althistoriker Theodor Mommsen – unterzeichnete »Erklärung«, die antisemitische Bestrebungen verurteilte und sich besonders gegen die »Antisemitenpetition« richtete, die ein Leipziger Professor zusammen mit Friedrich Nietzsches Schwager Bernhard Förster initiiert hatte. 250 000 Unterschriften sollten den Reichskanzler dazu bewegen, die Einwanderung von Juden zu verbieten und Juden von öffentlichen Ämtern auszuschließen. Zwei Tage lang war diese Petition im Preußischen Parlament Gegenstand des Streits zwischen der Fortschrittspartei einerseits sowie Konservativen und dem Zentrum andererseits. In der »Erklärung« hieß es »in unerwarteter und tief beschämender Weise wird jetzt an verschiedenen Orten, zumal den größten Städten des Reichs, der Racenhass und der Fanatismus des Mittelalters wieder ins Leben gerufen und gegen unsere jüdischen Mitbürger gerichtet«.

Mit dem Vorstoß Treitschkes drohte der Antisemitismus die Berliner Universität zu erobern. Dieser Gefahr stellten sich im Sinne der Erklärung Juden und Nichtjuden entgegen, unter ihnen bekannte Rabbiner, die nationalliberalen Politiker Ludwig Bamberger und Heinrich Bernhard Oppenheim, vor allem aber die Historiker Harry Bresslau aus Berlin und Heinrich Graetz aus Breslau. Der Höhepunkt des Antisemitismusstreits war erreicht, als Theodor Mommsen in den Streit eingriff und Ende 1880 seine Schrift »Auch ein Wort über unser Judenthum« veröffentlichte, in der er

scharf gegen Treitschke Stellung bezog und sich dagegen verwahrte, dass Juden als »Mitbürger zweiter Klasse betrachtet, gleichsam als besserungsfähige Strafcompagnie« rechtlich gestellt sein dürften. Treitschke, der sich unschuldig verfolgt glaubte, war an der Berliner Universität bald isoliert.

Der Berliner Hofprediger Adolf Stoecker, der sich seit 1878 als Gründer einer »Christlich-Sozialen Arbeiterpartei« um die Heranführung von Arbeitern und Handwerkern an die bestehende Staatsordnung bemühte und hoffte, sie der Sozialdemokratie zu entfremden, instrumentalisierte »die Judenfrage« und hielt unter dem Druck seiner mittelständischen Anhänger am 19. September 1879 die erste von mehreren judenfeindlichen Reden, in denen er die antisemitischen Erwartungen seiner Zuhörer bediente, die ökonomischen und sozialen Wünsche und Ängste der von existenziellen Sorgen geplagten Kleinbürger aufgriff und mit Schuldzuweisungen an »die Juden« Erklärungen und Lösungen für aktuelle Probleme anbot. Die Partei Stoeckers hatte, trotz des volkstribunenhaften Prestiges des Hofpredigers, wenig Erfolg und wurde schließlich Bestandteil der Konservativen Partei. Das Konzept, die Arbeitermassen mit Thron und Altar durch klerikal-judenfeindliche Agitation zu versöhnen, erwies sich als wenig tragfähig, wohl aber hinterließ Stoeckers Politisierung des Christentums mit antisemitischen Parolen deutliche Spuren in der evangelischen Kirche bis weit in das 20. Jahrhundert hinein.

Im Gefolge des Antisemitismusstreits erschienen Schriften wie zum Beispiel 1881 »Die Judenfrage als Rassen-, Sitten- und Kulturfrage« aus der Feder des Privatgelehrten Karl Eugen Dühring. Dieser war, wie andere führende Antisemiten, ein paranoider Einzelgänger, dessen Abneigungen gegen Sozialdemokratie, Juden und Liberale zu Wahnideen gesteigert waren. Als Theoretiker des modernen Antisemitismus erlangte er überragende Bedeutung, er propagierte die Vorstellung einer jüdischen Weltmacht und empfahl wortradikal sogar die Tötung und Ausrottung der Juden.

Theodor Fritsch, Ingenieur und Verleger, war ein anderer Vorkämpfer des modernen rassistisch und pseudowissenschaftlich argumentierenden Antisemitismus. 1887 veröffentlichte er unter dem Pseudonym Thomas Frey einen »Catechismus für Antisemiten«, der später unter seinem richtigen

Namen mit dem Titel »Handbuch der Judenfrage« erschien und 1944 die 49. Auflage erreichte. In seinem Verlag erschienen neben Fachzeitschriften antisemitische Pamphlete und Flugblätter. Ab 1902 publizierte Fritsch die »Hammer-Blätter für deutschen Sinn« als Organ des »wissenschaftlichen« Antisemitismus und als Zentrum der judenfeindlichen rechtsradikalen Sekte »Deutscher Hammerbund«, die nach dem Ersten Weltkrieg in die Deutschvölkische Freiheitspartei mündete.

Houston Stewart Chamberlain, auch er ein schriftstellernder Privatgelehrter mit umfassenden naturwissenschaftlichen Interessen, gebürtiger Brite und naturalisierter Deutscher, durch psychosoziale Auffälligkeiten an einer akademischen oder militärischen Karriere gehindert, wurde durch seine 1899 veröffentlichte kulturhistorische Schrift »Die Grundlagen des 19. Jahrhunderts« berühmt, ein umfangreiches Konvolut rassistischer germanozentrischer Ideen, das von der Wissenschaft abgelehnt wurde, das gebildete Bürgertum jedoch faszinierte und auf Kaiser Wilhelm II., später dann auf Adolf Hitler, großen Eindruck machte.

Neurotisch auf den Gegensatz zwischen der »jüdischen« und »arischen« Rasse fixiert, arbeitete Chamberlain mit griffigen und gern aufgenommenen Stereotypen, wenn er zum Beispiel den Juden verinnerlichte Religiosität absprach und einen übermäßigen Einfluss der Juden in der modernen Welt fantasierte. Nicht weniger verhängnisvoll war der Einfluss seines von ihm verehrten und bewunderten Schwiegervaters Richard Wagner, dessen Renommee als Komponist, Musikdramatiker und Schriftsteller seine antisemitischen Überzeugungen transportierte, wie sie in Wagners ebenso wirkungsvollem wie irrationalem Aufsatz »Das Judentum in der Musik« (1850) zum Ausdruck gekommen waren. Nicht nur die Gebildeten um die Jahrhundertwende waren vom Antisemiten Wagner und seinem Bayreuther Kreis fasziniert. Wagners Einfluss reichte bis weit in das 20. Jahrhundert hinein, wie das Beispiel Hitlers zeigt, der dessen Musik im Dritten Reich kultische Ehren zukommen ließ.

Der politisch organisierte Antisemitismus

Die Geschichte des politisch organisierten Antisemitismus, die 1879 mit Wilhelm Marrs Antisemiten-Liga, die 6000 Mitglieder gehabt ha-

ben soll, und Stoeckers Christlich-Sozialer Partei beginnt, ist die Geschichte von Sekten und Spaltungen, ein programmatischer Charivari konservativer, antikapitalistischer, sozialdemagogischer Ideologiefragmente, propagiert von antiliberalen und antidemokratischen untereinander konkurrierenden Demagogen. Im September 1882 waren bei einem »Ersten Internationalen Antijüdischen Kongress« in Dresden 300–400 Antisemiten versammelt, die sich auf kein gemeinsames Programm verständigen konnten. In Konkurrenz standen die 1880 gegründete »Soziale Reichspartei« von Ernst Henrici und der auf Max Liebermann von Sonnenberg und Bernhard Förster zurückgehende extrem konservative »Deutsche Volksverein«. In Kassel wurde 1886 die »Deutsche Antisemitische Vereinigung«, deren Protagonist der Bibliothekar Otto Böckel war, ins Leben gerufen. Auf dem Antisemitentag in Bochum einigten sich Anfang Juni 1889 verschiedene judenfeindliche Strömungen auf gemeinsame Grundsätze und Forderungen, aber schon wegen der Bezeichnung des Zusammenschlusses entzweiten sie sich wieder. Es gab nun eine »Antisemitische Deutschsoziale Partei« und eine »Deutschsoziale Partei« und ab Juli 1890 die von Böckel gegründete »Antisemitische Volkspartei«, die ab 1893 »Deutsche Reformpartei« hieß. Im Reichstag errangen Vertreter antisemitischer Gruppierungen 1890 fünf und 1893 16 Mandate.

Am meisten Aufsehen erregte der Demagoge Herrmann Ahlwardt, der als Parteiloser im Reichstag saß und als Radau-Antisemit besonders hervortrat. In Pommern agitierte er mit der Losung »Gegen Junker und Juden!«. Durch hemmungslosen Populismus war Ahlwardt, den Helmut von Gerlach »den stärksten Demagogen vor Hitler in Deutschland« genannt hatte, vorübergehend erfolgreich. Im Kaiserreich hatte der organisierte Antisemitismus keinen politischen Einfluss erringen können; zum kulturellen Klima der Zeit aber hatte er einen schwer zu unterschätzenden Beitrag geleistet; seine Agitation und Publizistik, die in die öffentliche Diskussion eingeführten Schlagworte und Postulate bildeten Keime, die schlummernd in der Erde lagen und nur auf günstige Bedingungen zu ihrer Entfaltung warteten.

Der Antisemitismus im Wilhelminischen Kaiserreich war freilich keine singuläre Erscheinung und kein deutsches Charakteristikum. In Österreich entwickelte sich der Antisemitismus als politische Bewegung in den 1880er-Jahren vor allem im Kleinbürgertum. Die erste organisatorische Basis fanden die Antisemiten in Handwerksgenossenschaften und Innungen. Im Reichsrat agierte zur gleichen Zeit der deutschnationale Abgeordnete Georg Ritter von Schönerer als Protagonist der Judenfeindschaft. Nachdem er 1888 infolge eines radau-antisemitischen Überfalls auf eine Zeitungsredaktion für lange Zeit ins Abseits geriet, verlor der extreme Antisemitismus an Boden. Dafür wurde der Abgeordnete Karl Lueger zur charismatischen Integrationsfigur der Christlichsozialen Partei, die, ähnlich wie Stoecker in Berlin, Judenfeindschaft für ihre antiliberale und antisozialistische Sammlungspolitik instrumentalisierte. Anders als im Deutschen Reich war die Demagogie der österreichischen antisemitischen Christlichsozialen erfolgreich. Lueger wurde, nachdem seine Anhänger 1895 die Mehrheit im Wiener Gemeinderat errungen hatten, 1897 Bürgermeister. Bei der späteren Bewertung seiner kommunalpolitischen Verdienste blieb weitgehend unberücksicht, dass sie ohne den Antisemitismus, der an Emotionen appellierte und als Bindeglied zwischen den christlichsozialen Anhängern fungierte, nicht zu erreichen gewesen wären.

In Frankreich, das seiner kleinen jüdischen Minderheit – 80 000 Personen, mithin 0,02 Prozent der Bevölkerung – 1791 im Zuge der Französischen Revolution die vollen Bürgerrechte gewährt hatte, waren die antisemitischen Strömungen unterschiedlich motiviert. Während die sephardischen Juden in Südfrankreich kaum auf Integrationsprobleme stießen, waren die aschkenasischen Juden im Nordosten verschiedenen Anfeindungen ausgesetzt, die teils christlich-katholische Wurzeln hatten, teils auf den Rassismus zurückgingen wie ihn Gobineau verfocht und Édouard Adolphe Drumont in seiner 1886 erschienenen Schrift »La France Juive« (in deutscher Übersetzung: »Das verjudete Frankreich«) propagierte und teils – dies war ein Spezifikum Frankreichs – von den Sozialisten ausgingen.

Der französische Antisemitismus kulminierte in der Dreyfusaffäre, die ab 1894 jahrelang die französische Öffentlichkeit in Atem hielt. Der jüdische Hauptmann Alfred Dreyfus war aufgrund gefälschten Beweismaterials 1894 in einem dubiosen Prozess wegen Landesverrats zur Deportation verurteilt worden. Das Verfahren führte nach Interventionen Intellektueller – berühmt geworden ist Émile Zolas offener Brief »J'accuse« (»Ich klage an«) von 1898 – zur Staatskrise, die mit einem Sieg der Republikaner über Klerikale, Nationalisten und Antisemiten endete. Dreyfus wurde 1899 in einem neuen Prozess zu einer geringeren Strafe verurteilt, dann begnadigt und 1906 vollständig rehabilitiert. Der Antisemitismus als antimoderne politische Bewegung erlitt in Frankreich eine bedeutende Niederlage, ohne indes vollständig zu verschwinden.

Am Ende des 19. Jahrhunderts galt Russland als Synonym für virulenten und gewaltsamen Antisemitismus. Juden, die im Ansiedlungsrayon im Westen des Landes in Armut und rechtlicher Unsicherheit lebten, wurden regelmäßig von Pogromen heimgesucht. Nach der Ermordung Kaiser Alexanders II. 1881 nahm die Intensität der Verfolgungen zu. Ohne die religiösen und die für Deutschland und Frankreich typischen rassistischen und nationalistischen Komponenten war Antisemitismus ein Instrument antimoderner russischer Politik. Die von der zaristischen Geheimpolizei gefälschten »Protokolle der Weisen von Zion«, die als Beweis einer angeblichen jüdischen Weltverschwörung dienen sollten, waren Element einer Politik, die jüdische Bevölkerung des Zarenreichs zu diffamieren.

Auf dem Weg zur nationalsozialistischen Staatsdoktrin in Deutschland

Im Ersten Weltkrieg wurden die antijüdischen Vorbehalte in Deutschland erneut aktiviert. Ungeachtet der Tatsache, dass das deutsche Judentum die allgemeine Kriegsbegeisterung im Sommer 1914 ganz und gar teilte und dass die Zahl der jüdischen Freiwilligen – gemessen am jüdischen Bevölkerungsanteil – übermäßig groß war, machte das Gerücht von der »jüdischen Drückebergerei« die Runde, des Weiteren war als zweites antisemitisches Stereotyp die Überzeugung landläufig, dass Juden als die »geborenen Wucherer und Spekulanten« sich als Kriegsgewinner an der Not des Vaterlandes bereicherten. In zahlreichen Publikationen wurden diese Klischees verbreitet, so etwa in einem Flugblatt, das im Sommer 1918 kursierte, auf dem die jüdischen Soldaten lasen, wovon ihre nichtjüdischen Kameraden und Vorgesetzten trotz der vielen Tapferkeitsauszeichnungen (30 000) und Beförderungen (19 000) und trotz der 12 000 jüdischen Kriegstoten bei insgesamt 100 000 jüdischen Soldaten überzeugt waren: »Überall grinst ihr Gesicht, nur im Schützengraben nicht«.

Nachdem sich ab Ende 1915 die antijüdischen Eingaben und Denunziationen häuften, die behaupteten, jüdische Wehrpflichtige seien in großer Zahl vom Kriegsdienst befreit und die Juden im Militärdienst seien vor allem in der Etappe zu finden, befahl der preußische Kriegsminister am 11. Oktober 1916 eine statistische Erhebung über die Dienstverhältnisse der deutschen Juden im Kriege. War diese Anordnung zur »Judenzählung« an sich schon eine antisemitische Monstrosität, so macht die Tatsache, dass die Ergebnisse nicht veröffentlicht wurden, die Angelegenheit vollends zum Skandal. Wenn die »Judenzählung«, wie behauptet wurde, amtlich die Unhaltbarkeit der Beschwerden beweisen sollte, so sanktionierte sie, weil das Resultat trotz jüdischer Forderungen geheim blieb, die antisemitischen Ressentiments mit lang anhaltender Wirkung, von der die NSDAP und andere Rechtsparteien die ganze Weimarer Republik hindurch profitieren konnten. Der Aufklärungsarbeit des »Reichsbunds jüdischer Frontkämpfer« zum Trotz, der bis 1933 die Öffentlichkeit auf den tatsächlichen Einsatz der deutschen Juden im Weltkrieg aufmerksam machte, blieb eine große und zunehmend einflussreiche Zahl von Deutschen davon überzeugt, »die Juden« seien Drückeberger gewesen und hätten den Krieg vor allem zu unsauberen Geschäften benutzt. Auch wegen dieser Folgewirkungen konnte die Judenzählung im Heer als »die größte statistische Ungeheuerlichkeit« bezeichnet werden, »deren sich eine Behörde je schuldig gemacht hat« (Franz Oppenheimer 1922).

Die Zeit zwischen dem Ersten Weltkrieg und dem Ende der Weimarer Republik brachte für die deutschen Juden zwar den Höhepunkt ihrer kulturellen Assimilation, zugleich aber schon den Beginn der sozialen Dissimilation. Antisemitische Propagandisten, die Schuldige für die als schmachvoll empfundenen Folgen des Kriegs suchten, verängstigte deklassierte Kleinbürger und diejenigen, die ihren Nationalstolz verletzt sahen, machten »den Juden« zum Sündenbock. Völkische und nationalistische Parteien, vor allem die NSDAP und die Deutschnationale Volkspartei, gewannen demokratie- und republikfeindliche Teile der Bevölkerung für ihre Politik. Ihr Antisemitismus projizierte Existenzängste auf Juden, konkretisierte sie dadurch und gab zugleich vor, die Ursachen für diese Ängste gründeten nicht in der Gesellschaft als Ganzes, sondern in einem isolierbaren Teil und konnten mithin gesondert bewältigt werden. Ergebnis der antisemitischen Agitation waren unter anderem der Mord an Außenminister Walther Rathenau 1922 und Attentate auf andere demokratische Politiker jüdischer Herkunft.

Dass man die nationale Zuverlässigkeit der deutschen Juden infrage stellte, ihnen den Vorwurf doppelter Loyalität (»erst Jude, dann Deutscher«) machte, zeigte den Wunsch nach Ausgrenzung, der in der Unterstellung einer Kriegserklärung »der Juden« an das deutsche Volk im Frühjahr 1933 anlässlich der Boykottaktion vom 1. April einen ersten Höhepunkt hatte. Zu diesem Zeitpunkt war mit der Ernennung Hitlers zum Reichskanzler der von der NSDAP propagierte Antisemitismus Staatsdoktrin geworden. Nicht nur Joseph Goebbels an der Spitze des Reichspropagandaministeriums oder Julius Streicher mit seinem Hetzblatt »Der Stürmer« bemühten sich, unter Verwendung gängiger Stereotypen feindselige Zerrbilder über Juden zu verbreiten, die den Weg zum organisierten Massenmord bereiteten. Parolen der NSDAP wie »Juda verrecke« und der SA wie »Wenn's Judenblut vom Messer spritzt« wurden durch Filme wie »Der ewige Jude« oder »Jud Süß« (beide 1940) transportiert; antisemitische Propaganda war allgegenwärtig und infizierte schließlich einen beträchtlichen Teil der Bevölkerung. Dem Boykott als einer Geste der Drohung folgten im Frühjahr 1933 das »Gesetz zur Wiederherstellung des Berufsbeamtentums« und zahllose Rechtsakte, so 1935 die »Nürnberger Gesetze«, durch die die deutschen Juden ihre bürgerlichen Rechte verloren, bis hin zur Verordnung von 1941, die das Tragen des Judensterns vorschrieb, und der Verfügung von 1943, mit der sie unter Polizeirecht gestellt wurden. Mit diesen Maßnahmen war der Weg beschritten, der für zwei Drittel der europäischen Juden in der Vernichtung endete.

Wolfgang Benz

Der Zweite Weltkrieg

Am 3. September 1939 ließ Frankreich durch seinen Botschafter in Berlin, Robert Coulondre, gegenüber dem deutschen Außenminister Joachim von Ribbentrop erklären:

Unter diesen Umständen muss ich Sie im Namen meiner Regierung ein letztes Mal auf die schwere Verantwortung hinweisen, welche die Reichsregierung auf sich genommen hat, indem sie ohne Kriegserklärung die Feindseligkeiten gegen Polen eröffnete und den Noten (vom Abend des 1. September 1939) keine Beachtung schenkte, in denen die Regierungen Frankreichs und Seiner Britischen Majestät Sie gebeten hatten, jede aggressive Haltung gegenüber Polen einzustellen und sich bereit zu erklären, Ihre Streitkräfte unverzüglich aus dem polnischen Gebiet zurückzuziehen. Ich habe den unangenehmen Auftrag, Sie davon in Kenntnis zu setzen, dass ab heute, dem 3. September, 17 Uhr, die französische Regierung sich genötigt sehen wird, ihre der deutschen Regierung bekannten vertraglichen Verpflichtungen (zum Beistand) gegenüber Polen zu erfüllen.

Soldaten der deutschen Wehrmacht reißen am 1. September 1939 polnische Grenzbefestigungen nieder.

Im Zeichen der Blitzkriege – Die erste Phase des Kriegs in Europa

Am 1. September 1939 um 4.45 Uhr überfiel die deutsche Wehrmacht ohne Kriegserklärung Polen (»Fall Weiss«). Sie löste damit einen Konflikt aus, der mit einer gewissen inneren Zwangsläufigkeit über kurz oder lang in einen europäischen und schließlich in einen Weltkrieg eskalieren sollte. Hitler riskierte das militärische »Vabanquespiel« im Bewusstsein der Konsequenz eines langen und verlustreichen Ringens und setzte dennoch immer wieder darauf, einen Gegner nach dem anderen isoliert »erledigen« zu können. Am

3. September erklärten Großbritannien und Frankreich Deutschland den Krieg, wenig später auch die Commonwealthstaaten Australien, Neuseeland, Kanada, Südafrika und Indien. Der amerikanische Präsident Franklin D. Roosevelt ließ, obwohl ihm innenpolitisch durch die Neutralitätsgesetze noch die Hände gebunden waren, keinen Zweifel daran, dass er materiell und psychologisch den Westmächten das gewaltige »Arsenal der Demokratie« voll zur Verfügung stellen und bei einer Existenzbedrohung Großbritanniens auch den Schritt von der »bewaffneten Neutralität« in die offene Kriegführung tun werde. Stalin betrachtete wohl auch wie Hitler den am 23. August

1939 geschlossenen Hitler-Stalin-Pakt eher als ein Zweckbündnis auf Zeit. Danzig war für Hitler längst nicht mehr »das Objekt, um das es geht«, sein eigentliches Ziel war »die Erweiterung des Lebensraumes im Osten«.

Im Schein der Erfolge – Die Wehrmacht als Instrument der aggressiven Außenpolitik Hitlers

Mit dem Ziel, die Kontinentalherrschaft zu erringen, bevor die USA ihr überlegenes Kriegspotenzial entfalten und die Sowjets ihn im Osten erpressen würden, solange die Wehrmacht noch im Westen gebunden war, hatte sich Hitler unter Zugzwang gesetzt. Als die Briten nicht, wie erhofft, den Kampf zu deutschen Bedingungen einstellten, fühlte sich der Diktator getrieben, immer wieder »blitzartig« die militärische Initiative zu ergreifen, neue Fronten zu eröffnen und den Gegner »niederzuringen«, bevor dieser ihm zuvorkam. Die dadurch ausgelöste unerhörte Belastung der nur beschränkten personellen und materiellen Ressourcen des Reichs musste bald an ihre Grenzen stoßen, wenn es nicht innerhalb kurzer Zeit gelang, den Kontinent in den Dienst der deutschen Kriegführung zu stellen.

Mit der Beschießung der festungsartig ausgebauten Westerplatte bei Danzig durch das deutsche Linienschiff »Schleswig-Holstein« begann am 1. September 1939 um 4.45 Uhr der Zweite Weltkrieg (Farbpostkarte nach einem Gemälde von Claus Bergen).

Der Angriff auf Polen

Dem deutschen Zangenangriff von Ostpreußen und Pommern – durchgeführt von der Heeresgruppe Nord unter Fedor von Bock – und von Schlesien aus – vorgenommen von der Heeresgruppe Süd unter Gerd von Rundstedt – vermochten die Polen nur wenige Wochen Widerstand entgegenzusetzen. Das Schicksal Polens war besiegelt, als am 17. September die polnische Regierung auf rumänisches Gebiet übertrat und am selben Tag die Rote Armee, wie mit Berlin abgesprochen, nach Ostpolen einrückte. Nach schweren deutschen Luftangriffen kapitulierte am 27. September die seit zehn Tagen eingeschlossene polnische Hauptstadt. Am 6. Oktober erlosch auch der letzte Widerstand.

Am 28. September hatten der deutsche Außenminister Joachim von Ribbentrop und der unter dem Decknamen Molotow bekannte russische Außenminister (eigentlich Wjatscheslaw Michajlowitsch Skrjabin) in einem geheimen Zusatzabkommen zum deutsch-sowjetischen Grenz- und Freundschaftsvertrag eine Grenzkorrektur der im Hitler-Stalin-Pakt vom 23. August ebenfalls geheim festgelegten beiderseitigen Interessensphären vereinbart: Die deutsche Interessenzone wurde von der Weichsel bis an den Bug ausgeweitet, dafür wurde das bis dahin zum deutschen Einflussgebiet gehörende Litauen zusätzlich zu Finnland, Estland, Lettland, Ostpolen und Bessarabien dem sowjetischen Machtbereich zugeschlagen. Bereits gegenüber Polen entfaltete der Ostkrieg seinen brutalen rassenideologischen Vernichtungscharakter gegen Juden und »slawisches Untermenschentum«. Der polnische Staat wurde ausgelöscht, polnische

Generaloberst Johannes Blaskowitz nimmt am 27. September 1939 die Kapitulation Warschaus entgegen.

Der rasche deutsche **»Blitzsieg« über Polen** hatte mehrere Gründe: das Überraschungsmoment, die Überlegenheit der operativ eingesetzten Luftwaffe, ein raumgreifender Bewegungskrieg infolge hoher Mobilität der vielfach motorisierten und durch Panzerdivisionen unterstützten Truppenverbände sowie die technische Unterlegenheit der Polen und ihre völlige Isolierung. Bereits vom Reichspropagandaministerium damals gesteuerte und bis heute kolportierte Bemühungen, diesen unerwarteten »Blitzsieg« und alle weiteren militärischen Erfolge 1940/41 zu einer planvoll vorbereiteten **»Strategie des Blitzkrieges«** zu stilisieren, entspringt reiner NS-Propaganda. Das einzige als »Blitzkrieg« konzipierte militärische »Unternehmen«, der Überfall auf die Sowjetunion am 22. Juni 1941, scheiterte bereits innerhalb weniger Monate.

Brennende Schiffe im Hafen von Narvik nach einem Luftangriff britischer Flugzeuge im April 1940.

Gebiete wurden über Westpreußen und Posen hinaus dem »Großdeutschen Reich« in den neuen Reichsgauen Danzig-Westpreußen und Wartheland angegliedert und »Restpolen« als Generalgouvernement und koloniales »Nebenland« des Reichs zur kriegswirtschaftlichen Ausbeutung freigegeben. Bevölkerungsverschiebungen zur »Germanisierung« der neuen Reichsgebiete, die gezielt einsetzende Ausrottung der polnischen Führungsschicht sowie die Konzentration der Juden in Großgettos (u. a. in Warschau) als Vorstufe zu ihrer späteren physischen Liquidierung nahmen das vorweg, was zwei Jahre später in noch viel größerem Maßstab der UdSSR bevorstehen sollte.

Die Besetzung Norwegens und Dänemarks

Der von Zeitnot diktierte Plan Hitlers, noch im Herbst 1939 in einem Zuge sofort zur Offensive gegen Frankreich »durchzustarten« und damit den zermürbenden und zeitraubenden »Sitzkrieg« im Westen einseitig zu beenden, scheiterte am Widerstand der Militärs, an Verschleißerscheinungen in der Ausrüstung des Heeres und an den winterlichen Witterungsbedingungen.

Im Dezember 1939 überzeugte das Oberkommando der Marine unter Erich Raeder Hitler, dem nunmehr endgültig für das Frühjahr 1940 anvisierten Westfeldzug die Besetzung Norwegens und Dänemarks, das so genannte Unternehmen Weserübung, vorzuschalten. Es galt, die bereits durch den Finnisch-Sowjetischen Winterkrieg und durch das geplante Eingreifen der Westalliierten gefährdete Zufuhr des schwedischen Erzes über den Hafen Narvik und die gesamte Nordflanke mit den Ostseezugängen zu sichern und von Norwegen aus eine operative Basis für die Atlantikkriegführung gegen Großbritannien zu schaffen. Die am 9. April eingeleiteten Landungsoperationen trafen in Norwegen auf erbitterten Widerstand der einheimischen Kräfte, die von britischen und französischen Truppen unterstützt wurden. In Kopenhagen ergaben sich König Christian X. und die Regierung kampflos und sicherten so ihrem Staat eine geduldete »Souveränität«. Der Rückzug der Alliierten nach dem deutschen Angriff im Westen zwang die Norweger am 10. Juni 1940 zur Kapitulation. Ihr Land wurde dem harten Regiment des Reichskommissars Josef Terboven unterstellt.

Vom Sitzkrieg zum Angriffskrieg – Die deutsche Offensive gegen Frankreich

Am 10. Mai 1940 begann schließlich die Westoffensive (»Fall Gelb«) unter Verletzung der niederländischen, belgischen und luxemburgischen Neutralität mit dem Ziel, Frankreichs militärische Kraft zu zerschlagen, nach der französischen Niederlage doch noch ein Arrangement mit den Briten herbeizuzwingen und dann endlich den Rücken im Westen für den eigentlichen Lebensraumkrieg im Osten freizuhaben. Die lange Winterpause hatte nicht nur zur erheblichen Verbesserung der Ausrüstung des Heeres geführt, sondern vor allem auch dem General Erich von Manstein die Möglichkeit eröffnet, mit dem Operationsplan »Sichelschnitt« jenes durch seine

Unkonventionalität geniale Erfolgskonzept zu entwickeln und an Hitler heranzutragen. Dieser setzte ihn gegen die Bedenken seines Generalstabs durch: Während die Heeresgruppe B (von Bock) im Norden in die Niederlande und nach Belgien einrückte und die Heeresgruppe C (Wilhelm von Leeb) im Süden am Oberrhein verharrte, trug die Heeresgruppe A (von Rundstedt) mit dem massierten Einsatz von Panzer- und motorisierten Verbänden, unterstützt von einer überlegenen Luftwaffe, den Hauptangriffsstoß durch die als unwegsam geltenden Ardennen. Unter Ausnutzung des Überraschungsmoments erreichten die Panzerspitzen in schnellem Vormarsch am 20. Mai bei Abbéville die Kanalküste und konnten dadurch die nördlich dieses »Sichelschnitts« stehenden französischen, britischen und belgischen Kräfte in Flandern von ihren Verbindungen nach Frankreich abschneiden. Der Befehl Hitlers, vor Dünkirchen zu halten, um die bereits überstrapazierten Panzerverbände für die bevorstehende Schlacht in Frankreich zu schonen, ermöglichte es den Briten, in einer improvisierten Aktion (Unternehmen »Dynamo«) bis zum 4. Juni ihr Expeditionskorps und einen Teil der eingeschlossenen französischen Truppen, insgesamt 338 000 Mann, unter Zurücklassung ihrer Ausrüstung aus der »Sichelfalle« in Dünkirchen zu eva-

Am 10. Mai 1940 begann die Westoffensive mit der Besetzung der Niederlande, Belgiens und Luxemburgs. Das Bild zeigt deutsche JU-52-Flugzeuge, die über den Niederlanden Fallschirmjäger absetzten.

Am Strand des eingekesselten Dünkirchen warten Tausende von Soldaten der alliierten Truppen darauf, nach Großbritannien übergesetzt zu werden (links). Aus Kraftfahrzeugen gebaute Behelfspiers boten ihnen die Möglichkeit, an Bord der Evakuierungsschiffe zu gelangen (rechts).

kuieren. Am 15. Mai kapitulierten die Niederlande, die dem Reichskommissar Arthur Seyß-Inquart unterstellt wurden, am 28. Mai Belgien, das fortan zusammen mit den beiden nordfranzösischen Départements Nord und Pas-de-Calais dem Militärbefehlshaber Alexander von Falkenhausen unterstand. Der Angriff auf die nach dem neuen französischen Oberbefehlshaber Maxime Weygand benannte improvisierte Abwehrlinie entlang der Somme und der Aisne am 5. Juni leitete die zweite Phase des Westfeldzugs (»Fall Rot«) ein. Aber die Front konnte im Chaos der zurückflutenden Verbände und Flüchtlinge nicht mehr stabilisiert werden. Am 14. Juni wurde Paris kampflos besetzt. Die »Schlacht um Frankreich« war in wenigen Tagen entschieden. Am 22. Juni unterzeichnete Frankreich auf Betreiben des neu ernannten Regierungschefs Marschall Philippe Pétain im Wald von Compiègne einen Waffenstillstand in dem historischen Salonwagen, in dem die deutsche Kapitulation vom 11. November 1918 unterzeichnet worden war. Elsass, Lothringen und Luxemburg wurden faktisch annektiert, die französische Flotte und Luftwaffe demobilisiert und der unbesetzte Süden der Regierung Pétain mit Sitz in Vichy zum Aufbau eines autoritären Regimes, des *État Français,* zugewiesen. Italien konnte aus seinem späten Kriegseintritt gegen Frankreich am 10. Juni bei dem Waffenstillstand vom 24. Juni keinen nennenswerten Gewinn schlagen.

In demselben Salonwagen, in dem Deutschland die Kapitulation im Ersten Weltkrieg unterzeichnete, fanden – ebenfalls im Wald von Compiègne – die deutsch-französischen Waffenstillstandsverhandlungen im Juni 1940 statt.

Wunsch und Wirklichkeit – Deutsche Hegemonie in Europa

Der militärische Triumph Hitlers vom Nordkap bis hinunter zur Biskaya konnte kaum darüber hinwegtäuschen, dass jeder »Blitzsieg« ihn vom »Endsieg« und von der erhofften unumschränkten Kontinentalhegemonie weiter wegführte. Denn der Widerstandswille Großbritanniens, seit dem 10. Mai unter dem Kriegspremier Winston Churchill, versteifte sich. Darüber hinaus traten die USA immer unverhohlener an die Seite der Briten.

Realitätsferne Strategien – Die Selbstbehauptung Großbritanniens

Im Sommer 1940 wurden in der deutschen Führung noch einmal vergleichsweise offen alle Möglichkeiten durchgespielt, Großbritannien niederzuringen, bevor die USA eingriffen: 1. direkter Druckansatz gegen das Inselreich mithilfe von Luftwaffe und Flotte und dann gegebenenfalls Landung (Unternehmen »Seelöwe«); 2. Bildung eines eurasischen Kontinentalblocks gegen Großbritannien und die USA »von Madrid bis Yokohama« unter Einbeziehung der Sowjetunion (Konzeption Ribbentrops); 3. »Kriegführung an der Peripherie«, um zusammen mit Italien und Spanien (Unternehmen »Felix« zur Eroberung Gibraltars) die britische Weltmachtstellung von Gibraltar bis zum Suezkanal, im Nahen Osten, in Ägypten und in Ostafrika aufzurollen, in Kooperation mit Japan die Bastionen in Fernost und in Indien zum Einsturz zu bringen und in Nordwestafrika und auf den Kanarischen Inseln Stützpunkte für den Atlantikkrieg gegen die beiden angelsächsischen Seemächte zu gewinnen (Konzeption des Marineoberkommandos unter Raeder); 4. Wendung gegen die

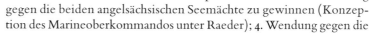

Eine Staffel deutscher Flugzeuge vor der englischen Kanalküste während der »Luftschlacht über England«.

Sowjetunion ohne Entscheidung im Westen, um den Briten ihren letzten »Festlandsdegen« zu nehmen und den Japanern den Rücken für die Bindung der USA im Pazifik freizuhalten; dann sollte in einem zweiten Schritt von Südrussland aus die britische Stellung in Mittelasien bis zum Indischen Ozean aufgerollt werden (Konzeption Hitlers).

Das Unternehmen »Seelöwe« scheiterte nach mehrfachen Abänderungen des Angriffstermins spätestens am 17. September mit der Verschiebung der Landung »bis auf weiteres«. Denn der deutschen Luftwaffe gelang es unter schweren Verlusten auf beiden Seiten in der »Luftschlacht über England« (Operation »Adler«) nicht, die Luftabwehr der Briten in Südengland und ihre Luftrüstungsindustrie niederzukämpfen und die Luftherrschaft über dem Kanal und dem geplanten südenglischen Invasionsraum zu sichern. Auch die U-Boote und die Überwasserstreitkräfte konnten in der zweiten

Winston Churchill in einer Unterhausrede zu einem eventuellen deutschen Angriff auf die Britischen Inseln nach der Evakuierung der britischen Soldaten aus Dünkirchen:

Ich glaube keinen Augenblick daran, aber wenn es so kommen sollte, dass diese Insel unterworfen ist und verhungert, dann werden unser Empire und unsere Flotte weiterkämpfen, so lange, bis die Zeit erfüllt ist und die Neue Welt in Waffen zur Befreiung der Alten antritt.

EUROPA UND NORDAFRIKA 1939 BIS HERBST 1942

Phase der Atlantikschlacht, die von Juni/Juli 1940 bis März 1941 andauerte, nicht die Zufuhren nach Großbritannien abschneiden.

Ribbentrops Kontinentalblockkonzeption ließ sich im Sommer und Herbst 1940 nicht realisieren, weil besonders Hitlers Bemühungen scheiterten, Spanien, Frankreich und die UdSSR in die Front gegen Großbritannien einzureihen. Was von der weltumspannenden Kontinentalblockkonzeption blieb, war der Dreimächtepakt zwischen Deutschland, Italien und Japan, eine dekorative bündnispolitische Fassade, um den völligen Mangel an enger militärstrategischer Kooperation und Koordination zwischen den drei Achsenpartnern in Europa und Fernost zu kaschieren. Gegenüber Raeders Peripheriestrategie im Mittelmeer gab der Diktator stets zu erkennen, dass dieser Raum für ihn eindeutig ein Nebenkriegsschauplatz war. Im Gegensatz zur mangelnden Koordination zwischen den Achsenpartnern verstärkten Großbritannien und die USA ihre Zusammenarbeit, sodass sich Letztere bald in einem »unerklärten Krieg« befanden.

Auf dem britischen Schlachtschiff »Prince of Wales« veröffentlichten der amerikanische Präsident Franklin D. Roosevelt und der britische Premierminister Winston Churchill am 14. August 1941 eine acht Punkte umfassende Erklärung, die **Atlantikcharta,** in der sie unter anderem den Verzicht auf Annexionen, das Selbstbestimmungsrecht der Völker, freien und gleichberechtigten Zugang zu den Rohstoffen der Erde und den Aufbau eines kollektiven Sicherheitssystems forderten. Die Atlantikcharta richtete sich besonders gegen die Achsenmächte Deutschland, Italien und Japan.

Hilfe für den Bundesgenossen – Krieg auf dem Balkan

Im Herbst 1940 durchkreuzte der italienische Diktator Mussolini mit dem Angriff auf Griechenland das strategische Konzept Hitlers, die potenziell stets von den Briten bedrohte Südflanke Europas und hier besonders den Balkan ruhig zu stellen und aus dem Krieg herauszuhalten, um alle Kräfte ungestört nach Osten richten zu können. Der nicht mit Berlin abgestimmte Angriff vom 28. Oktober 1940, der sich durch eine erfolgreiche griechische Gegenoffensive schnell in eine Niederlage verwandeln sollte, führte auf der einen Seite wie im Ersten Weltkrieg britische Land-, See- und Luftstreitkräfte auf den Balkan und damit

Deutsche Truppen auf dem Vormarsch in einer eroberten Ortschaft in Serbien im April 1941.

in bedrohliche Nähe der für Deutschland kriegswichtigen rumänischen Erdölfelder bei Ploiești; dies zwang Hitler auf der anderen Seite kurzfristig und wider Willen, die Besetzung Griechenlands (Unternehmen »Marita«) und dann nach dem prowestlichen Staatsstreich in Belgrad am 27. April 1941 auch die Jugoslawiens ins Auge zu fassen, um die Gefährdung des eingeleiteten Aufmarsches gegen die Sowjetunion vom Süden her auszuschalten. Zwar konnte der am 6. April 1941 beginnende Balkanfeldzug mit der jugoslawischen (17. April) und griechischen (21. April) Kapitulation und der Vertreibung der Briten relativ schnell beendet werden, nur die Eroberung Kretas Ende Mai 1941 durch Luftlandetruppen erwies sich als außerordentlich verlustreich. Der Balkanfeldzug band aber zusätzlich starke Truppenkontingente als Besatzung und zur Bekämpfung der jugoslawischen Partisanen unter Josip Tito. Jugoslawien wurde durch erhebliche Gebietsabtretungen an Deutschland, Italien, Ungarn, Bulgarien und Albanien und nach Gründung des deutsch-italienischen Satellitenstaats Kroatien unter Führung der faschistischen Ustascha-Bewegung auf »Altserbien« in den Grenzen von 1912 reduziert und unter deutsche Besatzungsverwaltung gestellt. Griechenland erhielt teils eine deutsche, teils eine italienische Besatzung.

Vom 20. Mai bis 1. Juni 1941 dauerte das Unternehmen »Merkur«, die Eroberung der von britischen und griechischen Truppen verteidigten Insel Kreta durch deutsche Fallschirm- und Gebirgsjäger.

»Vernichtung« als Leitkategorie eines Kriegs – Der deutsche Überfall auf die Sowjetunion

Am 18. Dezember 1940 erging Hitlers Weisung »Nr. 21« an die Wehrmacht, »auch vor Beendigung des Krieges gegen England Sowjetrussland in einem schnellen Feldzug niederzuwerfen (Unternehmen Barbarossa)«. Anhaltende Bemühungen, diesen Feldzug als Präventivkrieg zu rechtfertigen, werden dadurch eindeutig widerlegt, dass es weder Anzeichen für konkrete Angriffspläne Stalins noch für derartige Überlegungen

Hitlers gibt. Hitler nutzte die scheinbare Gunst der Stunde: Noch schien die deutsche Wehrmacht im Nimbus ihrer »Blitzsiege« der gerade in der Reorganisation und Modernisierung befindlichen Roten Armee überlegen. Aber wie lange noch? Das optimal günstige »strategische Fenster« drohte sich über kurz oder lang zu schließen. Der für 1942 angenommene Kriegseintritt der USA ließ es geraten erscheinen, rechtzeitig den längst anvisierten »Lebensraum im Osten« zu erobern und dadurch die deutsche Stellung auf dem Kontinent auch wehrwirtschaftlich unangreifbar zu machen. Am 22. Juni 1941 überfiel die deutsche Wehrmacht ohne Kriegserklärung die Sowjetunion. Rumänien, Italien, die Slowakei, Finnland und Ungarn schlossen sich dem Angriff an. Auf der Gegenseite formierte sich die Anti-Hitler-Koalition aus Westalliierten und Sowjetunion, die bis dahin an der Divergenz der Interessen gescheitert war. Ein Sonderwaffenstillstand mit Deutschland sollte nun ausgeschlossen sein. Hitler ließ von Anfang an keinen Zweifel daran, dass es sich für ihn um einen »Kampf zweier Weltanschauungen gegeneinander« handelte mit dem Ziel der »Vernichtung der bolschewistischen Kommissare und der kommunistischen Intelligenz« und, wie sich bald zeigen sollte, der »Ausrottung des Judentums«. Er wollte diesen ideologisch-rassistischen Krieg »ohne Schonung und völkerrechtliche Rücksichtnahme« auch gegenüber der Zivilbevölkerung führen. Gegen die Normen des Völkerrechts wurden »Vernichtung« und »Ausrottung« zu Leitkategorien der Kriegführung. Konkretisiert wurden sie in einem Erlass vom 13. Mai 1941, der die Kriegsgerichtsbarkeit im Umgang der Truppe mit »feindlichen Zivilpersonen« außer Kraft setzte, und im Kommissarbefehl vom 6. Juni 1941. Ausführende Organe des Vernichtungsfeldzugs besonders gegen die jüdische Bevölkerung im Osten waren hinter der Front operierende vier Einsatzgruppen der Sicherheitspolizei und des SD (Sicherheitsdienst), SS, Polizeibataillone, einheimische Miliz und Hilfswillige ebenso wie Einheiten der Wehrmacht. In enger Absprache mit den Einsatzgruppen leisteten sie nicht nur logistische Unterstützung, sondern beteiligten sich aktiv an Mordaktionen. Das völkerrechtswidrige Vorgehen der deutschen Besatzungsmacht half mit, einen Partisanenkampf hinter der Front zu entfesseln, der auf beiden Seiten mit großer Erbitterung und Grausamkeit geführt wurde und häufig barbarische Vergeltungsmaßnahmen gegen die Zivilbevölkerung auslöste. Die von den Deutschen in Gang gesetzte Spirale von Gewalt und Gegengewalt sollte bis in die letzten Kriegstage 1945 hinein eskalieren und schließlich gnadenlos auf die deutsche Bevölkerung zurückschlagen.

Am 22. Juni 1941 begann der deutsche Überfall auf die Sowjetunion (Unternehmen »Barbarossa«). Deutsche Panzer beim Vormarsch auf die deutsch-russische Demarkationslinie in Polen.

Einheiten der SS-Panzerdivision »Wiking«, die in ihren Reihen viele Freiwillige aus skandinavischen Ländern hatte, vor einer Stadt in Südrussland.

Der Richtlinienerlass des Oberkommandos der Wehrmacht vom 6. Juni 1941 über die Behandlung der politischen Kommissare der Roten Armee:

Insbesondere ist von den politischen Kommissaren aller Art als den eigentlichen Trägern des Widerstandes eine hasserfüllte, grausame und unmenschliche Behandlung unserer Gefangenen zu erwarten ... Sie sind daher, wenn im Kampf oder Widerstand ergriffen, grundsätzlich sofort mit der Waffe zu erledigen ... Dies gilt für Kommissare jeder Art, auch wenn sie nur des Widerstandes, der Sabotage oder der Anstiftung hierzu verdächtig sind.

Große deutsche Raumgewinne – Steigender sowjetischer Widerstand

Die deutsche Wehrmacht marschierte am 22. Juni 1941 mit 153 Divisionen, etwa 3 Millionen Mann, die 75 Prozent des Feldheers ausmachten, in drei Heeresgruppen in die Sowjetunion ein. Die Verbündeten stellten 600 000 Mann. Die Rote Armee verfügte damals über eine Gesamtstärke von 5 Millionen Mann. Strategisches Ziel Hitlers war es, in einem »Blitzfeldzug« von drei bis vier Monaten bis Herbst die Rote Armee möglichst in Kesselschlachten westlich von Düna und Dnjepr vernichtend zu schlagen und die UdSSR ihrer wichtigsten Rüstungs- und Industriezentren, Rohstoffvorkommen und agrarischen Überschussgebiete vor allem in der Ukraine und im Donezbecken zu berauben. Wieder waren es die Ausnutzung des Überraschungsmoments, die technisch überlegene Luftwaffe, die selbstständig operierenden und beweglichen Panzerverbände und die Schnelligkeit und Durchschlagskraft der weiträumigen Umfassungsoperationen, aber auch die ungünstige frontnahe Konzentration der Sowjetverbände, die in den ersten Wochen zu gewaltigen Geländegewinnen und hohen Gefangenenzahlen führten. Die Heeresgruppe Nord (von Leeb) eroberte in schnellem Tempo das Baltikum und schnitt am 8. September Leningrad für 900 Tage von allen Landverbindungen ab. Die Heeresgruppe Mitte (von Bock) erreichte am 16. Juli Smolensk. Die Heeresgruppe Süd (von Rundstedt) nahm im Zusammenwirken mit der Heeresgruppe Mitte am 19. September Kiew und besetzte bis Oktober das Donezbecken und die Krim außer Sewastopol. In mehreren großen Kesselschlachten bei Białystok, Minsk, Uman, Smolensk, Kiew sowie Wjasma und Brjansk machte die Wehrmacht bis Mitte Oktober 3 Millionen Gefangene. Von insgesamt 5,7 Millionen sowjetischen Kriegsgefangenen des Zweiten Weltkriegs kamen 3,3 Millionen durch Hunger, Seuchen, Massenerschießungen und in Konzentrationslagern um, ein weit höherer Prozentsatz als bei den deutschen Kriegsgefangenen. Der unerwartet zähe Widerstandswille der Sowjetsoldaten in dem von Stalin proklamierten »Großen Vaterländischen Krieg«, die pausenlose Auffüllung der Verluste durch die Mobilisierung immer neuer Reserven, die Gefährdung des Nachschubs durch Partisanen und ein ungewöhnlicher Materialverschleiß und Ausfall bei Panzern und Fahrzeugen führten aber bereits Ende Juli zu dem Eingeständnis des Generalstabschefs Franz Halder, dass es sich in diesem Krieg keineswegs um einen »Blitzfeldzug« bewährten Musters handele. Die am 2. Oktober 1941 durch die Heeresgruppe Mitte vorgetragene Offensive gegen Moskau sollte sich zunächst im herbstlichen Schlamm und dann endgültig Anfang Dezember im winterlichen Kälteeinbruch etwa 30 km vor Moskau festlaufen. Die

Ein langer Zug von sowjetischen Kriegsgefangenen trifft nach der Kesselschlacht von Białystok in einem hinter der Front gelegenen Durchgangslager ein.

Truppe war total erschöpft. Motoren und automatische Waffen versagten, da das Gros der Verbände auf den Winter nicht vorbereitet war. Nur der am 16. Dezember 1941 erfolgte »Haltebefehl« Hitlers zum »fanatischen Widerstand« in zäh zu verteidigenden »Igelstellungen« verhinderte tiefere Fronteinbrüche unter den Schlägen der am 5. Dezember einsetzenden sowjetischen Gegenoffensive.

Die deutsche Niederlage vor Moskau

Am 19. Dezember 1941 entließ der Diktator den Oberbefehlshaber des Heeres, Walther von Brauchitsch, und übernahm selbst diese Funktion. Die Bilanz des zweiten Kriegsjahrs war für die Angreifer eine Katastrophe: Bis Herbst 1941 hatte die Wehrmacht mit 831000 Gefallenen, Vermissten, Verwundeten und Kranken mehr als ein Viertel ihrer Anfangsstärke vom Juni verloren. Bis zum Frühjahr 1942 kamen noch einmal Verluste von 900000 Mann hinzu. Die Panzerdivisionen hatten teilweise nur noch 35 Prozent ihrer Gefechtskraft. Demgegenüber war die zahlenmäßige Überlegenheit der Roten Armee trotz aller deutschen Erfolge nicht gebrochen. Die jenseits des Urals verlagerten Produktionsstätten arbeiteten auf Hochtouren. Der Nachschub an Menschen, Waffen und Ausrüstung strömte offenbar unbegrenzt. Manche Anzeichen sprechen dafür, dass sich im Dezember 1941 auch Hitler der in seiner engeren Umgebung gewonnenen Einsicht nicht verschloss, dass der Krieg nicht mehr zu gewinnen sei. Sein auf die radikale Alternative »Sieg oder Untergang« reduziertes Weltbild – »Deutschland wird entweder Weltmacht oder überhaupt nicht sein« (»Mein Kampf«) – verbot ihm jedoch bis zuletzt jeden Gedanken an einen Friedensschluss mit den Sowjets. – Die dem japanischen Überfall auf Pearl Harbour am 7. Dezember 1941 folgende, aber an sich durch den Dreimächtepakt nicht zwangsläufig gebotene deutsche Kriegserklärung an die USA am 11. Dezember täuschte einen Bewegungsfreiraum für Initiativen vor, den Hitler tatsächlich längst verloren hatte. Er wollte Japan fortan um jeden Preis im Krieg halten, um die USA im Pazifik zu binden. Entscheidend aber war: Die äußerst knapp bemessene Frist für die »blitzartige« Erringung einer auch wirtschaftlich unangefochtenen Vormachtstellung auf dem eurasischen Kontinent vor Kriegseintritt der USA war mit der letztlich kriegsentscheidenden Niederlage vor Moskau Anfang Dezember 1941 abgelaufen. Es war nur noch eine Frage von Wochen, bis die Amerikaner, die der Sowjetunion seit August 1941 Kriegsmaterial lieferten, ihr übermächtiges Kriegspotenzial mobilisieren würden.

BERND-JÜRGEN WENDT

Der russische Winter traf die deutsche Wehrmacht weitgehend unvorbereitet und ohne entsprechende Ausrüstung. Das Bild zeigt einen deutschen Infanteristen im Mittelabschnitt der Ostfront im Januar 1942.

Während der sowjetischen Gegenoffensive in der Schlacht um Moskau im Winter 1941/42: die vorrückende sowjetische Infanterie in Tarnanzügen.

Der totale Krieg – Die zweite Phase des Kriegs in Europa

Ein Überlebender aus der Schlacht um Stalingrad berichtet:

Mit erbarmungslosem Frost hatte das neue Jahr (1943) begonnen und die mannigfaltigen Leiden der Eingekesselten verschärft. Die Brotration wurde auf 50 Gramm pro Kopf und Tag herabgesetzt. Klirrende Kälte, nagender Hunger, schleichendes Siechtum, feindliches Feuer wirkten zusammen in unauflöslichem Angriffsbündnis. Ruhr und Typhus hatten sich als unheimliche Gäste eingestellt, und die Läuseplage vermehrte sich von Tag zu Tag. Der Tod tanzte seinen mörderischen Reigen kreuz und quer durch den Kessel. Sein Hauptquartier waren die vielen Elends- und Verzweiflungsorte der Feldlazarette und Verbandsplätze, die sich beängstigend überfüllten, aber auch an den Frontabschnitten fühlte er sich Tag und Nacht zu Hause.

Blick über das zerstörte Stalingrad im Oktober 1942. Nach der Besetzung des größten Teils der Stadt stellten die deutschen Truppen Schilder auf, die vor dem Betreten der Stadt warnten.

Die Stunde der Wahrheit sollte für Hitler und seine Führung erst im Herbst 1942 schlagen. Denn große militärische Erfolge und Raumgewinne im Osten Europas, in Nordafrika und auf dem Atlantik führten Deutschland im Sommer dieses Jahres noch einmal auf den Zenit seiner Macht. In ihm war freilich der Keim für die endgültige Niederlage bereits angelegt.

Die Grenzen der deutschen Aggression – Die Rote Armee gewinnt die strategische Initiative

Im Zuge der am 28. Juni 1942 aus dem Raum Kursk und Charkow eingeleiteten Offensive gelang es der – nunmehr in die Heeresgruppe B (Maximilian von Weichs) und Heeresgruppe A (Wilhelm List) gegliederten – deutschen Südfront, bis Ende Juli Woronesch, Rostow am Don und die Krim zu erobern und die Front an den Donbogen nach Osten vorzuschieben. In diesem Augenblick traf Hitler am 23. Juli wieder einen seiner folgenreichen einsamen Entschlüsse, die ihn operativ immer tiefer bis hinunter auf die Divisionsebene durchgreifen ließen: Aus dem vorgesehenen Nacheinander wurde nun ein gleichzeitig angesetzter deutscher Vorstoß gegen Stalingrad (Heeresgruppe B) und ins Kaukasusgebiet (Heeresgruppe A). Die 6. Armee unter Generaloberst Friedrich Paulus eroberte bis Mitte November in harten Kämpfen neun Zehntel des völlig zerstörten Stadtgebiets von Stalingrad, während die südlich operierende Heeresgruppe A in das unbrauchbar gemachte Erdölfeld von Maikop einrückte und am 21. August auf dem Elbrus die Reichskriegsflagge hisste, ohne die Südgrenze Russlands zu erreichen und damit den amerikanischen Nachschub unterbrechen zu können. Diese gleichzeitigen Vorstöße führten zu einer Überdehnung der Südfront auf etwa 2000 km Länge.

Die Katastrophe von Stalingrad und die Panzerschlacht von Kursk

Am 19./20. November durchstießen die Sowjets in einer Großoffensive die deutsche Front nordwestlich und südlich von Stalingrad und schlossen am 22. November bei Kalatsch am Don den Kessel für die deutsche 6. Armee mit etwa 250000 Mann in der Wolgastadt. Hitler verbot jeden Ausbruchsversuch. Ein verzweifelter deutscher Entsatzvorstoß scheiterte am 21. Dezember 48 km vor dem Einschließungsring. Am 31. Januar 1943 kapitulierte der Süd-, zwei Tage später der Nordkessel von Stalingrad. Von 250000 Soldaten wurden 34000 Verwundete und Spezialeinheiten ausgeflogen,

91 000 gerieten in Gefangenschaft, von denen nur etwa 6 000 nach
dem Kriege zurückkehrten. Nach der Aufgabe von Rostow standen
die deutschen Truppen im Frühjahr 1943 wieder auf der Linie, aus
der sie im Vorjahr zur Offensive aufgebrochen waren. Die Heeresgruppen Mitte und Nord hatten bis März 1943 auch wieder eine feste
Front gewonnen.

Die Initiative an der Ostfront war jetzt endgültig auf die sowjetische Seite übergegangen. Um sie wenigstens an einem Punkt wie-
derzugewinnen, befahl Hitler im Sommer 1943 einen Zangenangriff
gegen den sowjetischen Frontbogen bei Kursk von Norden und Süden aus (Unternehmen »Zitadelle«). Er führte zur größten Panzerschlacht des Zweiten Weltkriegs, musste aber nach einer sowjetischen Gegenoffensive am 13. Juli erfolglos abgebrochen werden, da
die alliierte Landung auf Sizilien eine Abgabe von Kräften nach Italien erzwang. Diese Gegenoffensive führte die Rote Armee bis Ende
September 1943 an den improvisiert befohlenen »Ostwall« (»Pan-
therstellung«). Hitler nahm Zuflucht zu einer defensiven Haltestra-
tegie mit begrenzten offensiven Gegenschlägen. Das Blatt zu wenden vermochte er nicht mehr. Dennoch hielt er an seinem ideologischen Kriegsziel, der Vernichtung der europäischen Juden, fest, auch
wenn die Durchführung des Massenmords die Kriegsführung erheblich belastete. Beim Rückzug zerstörten die Deutschen mit der Taktik der »verbrannten Erde« alle Verkehrs- und Versorgungseinrich-
tungen und Unterkünfte und zwangen die arbeits- und wehrfähige
Bevölkerung, sich ihnen anzuschließen.

Nach der Kapitulation der 6. Armee in
Stalingrad Ende Januar / Anfang Februar
1943: deutsche Soldaten auf dem
Marsch in die Kriegsgefangenenlager.

Die deutsche Niederlage nimmt ihren Lauf – Die Wende des Kriegs im Mittelmeerraum und im Atlantik

Die Wende des Kriegs in Nordafrika, das ab September 1940 in
den Krieg einbezogen war, vollzog sich 1942/43. Hitler hatte
niemals einen Zweifel daran gelassen, dass dies für ihn ein Nebenkriegsschauplatz war, und trotz des ständigen Drän-
gens des Oberbefehlshabers Erwin Rommel den
Nachschub in engen Grenzen gehalten. Die Konsequenz war aber nicht nur der Verlust Nordafrikas bis
Mai 1943, sondern nunmehr die akute Bedrohung
der europäischen Südflanke in Italien. Eine am
26. Mai 1942 eingeleitete Großoffensive hatte die
deutsch-italienischen Verbände Ende Juni bis El-Ala-
mein, 100 km westlich von Alexandria, geführt. Am
23. Oktober begann die britische 8. Armee unter Bernard Law Montgomery mit weit überlegenen Kräften eine Gegenoffensive, die Rommel am 4. November gegen Hitlers Befehl »Halten um jeden Preis«
zum Rückzug nach Libyen zwang. Die amerikanisch-britische Landung in Marokko und Algerien unter Dwight D. Eisenhower am
7./8. November 1942 wurde mit der Einrichtung eines deutsch-italienischen Brückenkopfes in Tunesien beantwortet, um den Rückzug

In den Ruinen des zerstörten Stalingrad
versucht die Bevölkerung ihr bisheriges
Leben weiterzuführen (Aufnahme vom
Oktober 1942).

des Afrikakorps in seinem Rücken zu decken. Nach dem französischen Waffenstillstand in Nordafrika mit den Westalliierten marschierte die deutsche Wehrmacht am 11. November 1942 in das bisher unbesetzte Frankreich ein. Rommels Panzerarmee konnte nach dem Verlust von Tripolis am 23. Januar 1943 längerfristig keine feste Front mehr aufbauen. Als Rommel ein Halten des »Brückenkopfs Tunesien« durch die nunmehr organisatorisch zusammengefasste Heeresgruppe Afrika bezweifelte, wurde er am 9. März von Hitler seines Kommandos enthoben. Mitte Mai kapitulierte diese Heeresgruppe.

Die Landung der Westalliierten auf Sizilien

Im Juli 1943 nach Sizilien übergesetzte britische und amerikanische Streitkräfte zwangen die Deutschen am 17. August, die Insel zu räumen. Am 3. September landeten britische Truppen in Kalabrien, am 9. September die amerikanische 5. Armee in Salerno.

Nachdem der Große Faschistische Rat Mussolini am 24. Juli das Vertrauen entzogen hatte, ließ ihn König Viktor Emanuel III. verhaften. Zwar erklärte der neue Ministerpräsident Marschall Pietro Badoglio, den Kampf an der Seite Deutschlands fortsetzen zu wollen, knüpfte jedoch gleichzeitig vor dem Hintergrund einer allgemeinen Kriegsmüdigkeit in Italien und des Zusammenbruchs des faschistischen Systems Kontakte mit den Alliierten an, die am 3. September zum Abschluss eines Waffenstillstands führten. Am 8. September besetzten deutsche Truppen schlagartig alle wichtigen Punkte in Italien, entwaffneten die italienischen Verbände im Mutterland, in Frankreich und auf dem Balkan und setzten den am 12. September befreiten Mussolini als Chef der Marionettenregierung einer faschistischen *Repubblica Sociale Italiana* mit Sitz in Salò am Gardasee ein (Republik von Salò). Am 18. Mai 1944 durchbrachen die Alliierten die deutsche Stellung bei Neapel und besetzten am 4. Juni das kampflos geräumte Rom. Sie stießen bis zur ausgebauten Apenninstellung vor, bis ihre Offensive im November infolge der Witterungsbedingungen noch vor Erreichen der Poebene eingestellt werden musste.

Bei ihrer Besetzung Vichy-Frankreichs erreichte die Wehrmacht den Kriegshafen Toulon erst am 27. November, als die dort liegenden Schiffe der französischen Flotte von ihren Besatzungen bereits zerstört oder versenkt worden waren. Das Bild (oben) zeigt den französischen Kreuzer »Duplex« nach der Selbstversenkung. Am 10. Juli 1943 landeten britische und amerikanische Truppen auf Sizilien (unten).

Die Schlacht im Atlantik

In den Jahren 1942 und 1943 gelang es den Westalliierten, zwei weitere wichtige Voraussetzungen für einen erfolgreichen Sturm auf die »Festung Europa« zu schaffen: die endgültige Wende im atlantischen Zufuhrkrieg im Mai 1943 und die absolute Luftüberlegenheit, um das »Dach« über der »Festung Europa« schließlich wie ein Sieb zu durchlöchern. Zwar konnten die deutschen U-Boote ihre Versenkungsziffern im Nordatlantik im November 1942 noch ein-

mal auf eine monatliche Rekordhöhe von 650 000 Bruttoregistertonnen hochtreiben, aber im folgenden Mai fielen
die Versenkungsziffern dramatisch. Diese Entwicklung
zwang Großadmiral Karl Dönitz, der am 31. Januar 1943
Raeder als Marineoberbefehlshaber abgelöst hatte, die
Gruppenoperationen im Nordatlantik und damit faktisch
die »Schlacht im Atlantik« abzubrechen, nachdem die
U-Boot-Waffe in dem genannten Zeitraum zwar über 3,8
Millionen Bruttoregistertonnen versenkt, dabei aber 123
Boote verloren hatte. Ein Bündel widriger Umstände ließ
die »Schlacht im Atlantik« scheitern: unter anderem die
Erfolge der britischen Funkaufklärung und die gelungene
Entschlüsselung des deutschen Funkkodes »Ultra«, die zu
geringe Zahl der im Nordatlantik operierenden U-Boote,
die alliierte Konvoisicherung, Radarortung sowie die flächendeckende
Luftüberwachung durch die Alliierten.

Italiens Diktator Mussolini, der im
September 1943 an die Spitze einer
faschistischen Gegenregierung unter
deutscher Oberaufsicht mit Sitz in Salò
am Gardasee getreten war, wurde kurz
vor Kriegsende 1945 auf der Flucht
in die Schweiz von italienischen
Widerstandskämpfern erschossen.

Die Schlinge zieht sich zu – Der Krieg erreicht Deutschland

Strategischer Bomberkrieg der Westalliierten gegen Deutschland

Dramatischer als der Verlust der Initiative im fernen Atlantik traf
die deutsche Bevölkerung die Wende im Luftkrieg. Denn der
Übergang der Briten und dann der Amerikaner zum
strategischen Bomberkrieg 1942 führte den Menschen vor Augen, dass sie nunmehr unmittelbar in
den »totalen Krieg« mit einbezogen und die Grenzen
zwischen »Front« und »Heimat« fließend geworden
waren. Im Januar 1943 auf der Casablancakonferenz,
in der zugleich die Forderung nach bedingungsloser
Kapitulation für Deutschland beschlossen wurde,
einigten sich die *Combined Chiefs of Staff* (Vereinigten Generalstabschefs) auf die »ständig zunehmende
Zerstörung und Lähmung des deutschen militärischen, industriellen und wirtschaftlichen Systems
und auf die Unterminierung der Kampfbereitschaft
des deutschen Volkes bis zur entscheidenden Schwächung der Fähigkeit zum bewaffneten Widerstand«.

Das weitere militärische Vorgehen
der Alliierten sowie die Kriegsziele
(bedingungslose Kapitulation
Deutschlands, Italiens und Japans)
wurden im Januar 1943 von Winston
Churchill (rechts) und Franklin D.
Roosevelt (2. von links) in Casablanca
erörtert. Zu den Frankreich
betreffenden Fragen wurde der
Oberkommissar für Französisch-
Nordafrika, General Henri-Honoré
Giraud (links), hinzugezogen, erst nach
ultimativer Forderung Churchills auch
Charles de Gaulle, der führende Kopf
der französischen Widerstands-
bewegung (2. von rechts).

Kriegsentscheidend war der Luftkrieg sicher nicht in der Richtung, dass er durch die vergleichsweise ungenauen Flächenbombardements den Widerstandswillen der deutschen Bevölkerung auch
nur ansatzweise gelähmt hätte. Aber die erdrückende materielle
Überlegenheit der Angloamerikaner hatte drei Konsequenzen: Sie
brach der deutschen Luftwaffe Ende 1943 das Genick; sie schuf im
Sommer 1944 zusammen mit der Flotte die Voraussetzung dafür,
dass der von den Westalliierten in Aussicht genommene Landungs-
raum in der Normandie von Anfang an unangefochten unter alliierter Kontrolle stand. Schließlich zeitigten die Präzisionsangriffe auf
Flugzeug-, Motoren- und Kugellagerfabriken, auf Ölraffinerien und

Hydrierwerke und vor allem auf die Verkehrswege insofern eine verheerende Wirkung, als sie im Sommer 1944 die Treibstoffzufuhr unter das Minimum des Notwendigen drückten und die deutsche Kriegswirtschaft in wenigen Monaten bis zum Herbst 1944 nahezu zum Erliegen brachten. Eklatantes Versagen und Hybris auf deutscher Seite potenzierten eine an sich schon nicht mehr aufholbare personelle und materialmäßige Unterlegenheit. Neben Fehlentscheidungen und Verzögerungen bei militärtechnischen Projekten kam besonders ein viel zu spätes und nur zögerndes Umsteuern von Offensiv- auf Defensivwaffen (Jäger, Flak) sowie ein zwar prestigeträchtiges, aber 1944 strategisch bereits unsinniges Festhalten an den als »Wunderwaffen« geltenden Raketen V1 und V2 hinzu.

Die Reorganisation der deutschen Rüstungsproduktion

Die militärische Wende an allen Fronten 1942/43 erzwang im Innern des Deutschen Reichs den Übergang zur vollen Kriegswirtschaft durch eine grundlegende Reorganisation der Rüstungsproduktion und eine Mobilisierungskampagne, die unter dem Schlagwort des »totalen Krieges« alle Bereiche der Gesellschaft durchdrang. Der Reichsminister für Rüstung und Kriegsproduktion Albert Speer schuf mit der kollegial organisierten »Zentralen Planung« eine effiziente Lenkungsbehörde. Die Verdreifachung des Volumens der Rüstungsendfertigung zwischen 1942 und einem Höhepunkt im Juli 1944 konnte freilich nicht darüber hinwegtäuschen, dass der relative Abfall gegenüber den Gegnermächten immer spektakulärer wurde und der Treibstoff für Waffen und Gerät unter den Schlägen der alliierten Luftwaffe und nach Einnahme der rumänischen Erdölfelder bei Ploieşti durch die Rote Armee zur Neige ging.

Die gesellschaftlichen Mobilisierungskampagnen für den »totalen Krieg« erfolgten in Schüben: nach der Niederlage vor Moskau 1941/42, nach Stalingrad Januar/Februar 1943 und nach den Bomben-

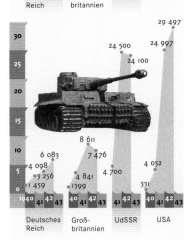

Flugzeug- und Panzerproduktion ausgewählter Staaten

Stückzahl in Tausend

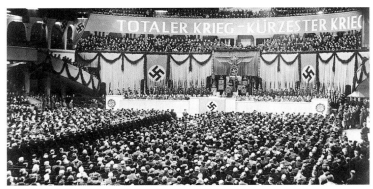

Goebbels benutzte die Versammlung im Berliner Sportpalast im Februar 1943 als Quasi-Repräsentanz der Nation. Ihr frenetischer Beifall für den totalen Krieg bestärkte die Alliierten in der Richtigkeit ihres Verlangens nach bedingungsloser Kapitulation.

angriffen auf die Schlüsselindustrien im Frühjahr 1944. Zur psychologischen Vorbereitung der Bevölkerung auf den »totalen Krieg« hielt Joseph Goebbels am 18. Februar 1943 seine berühmte Propagandarede im Berliner Sportpalast. Im Juli 1944 zum Generalbevollmächtigten für den totalen Kriegseinsatz ernannt, suchte Goebbels mit allen propagandistischen (»Wunderwaffen«) und terroristischen Mitteln das Letzte an Widerstandskraft aus dem Volk herauszupressen.

Blutige Landung – Der Einsturz der deutschen Fronten in West und Ost

Die Landung der Westalliierten in der Normandie

Nach systematischen Luftangriffen auf die Infrastruktur Nordfrankreichs landeten die Alliierten am 6. Juni 1944 um 6.30 Uhr in einer ersten Welle im Schutz eines überlegenen »Feuerschirms« von sieben Schlachtschiffen, 23 Kreuzern und 105 Zerstörern in fünf Brückenköpfen zwischen der Ostküste der Halbinsel Cotentin und der Ornemündung. Sie eröffneten damit nach langem Zögern endlich die – Stalin längst versprochene – »zweite Front« in Europa. Schon am Abend des ersten Tages zeichnete sich das Gelingen der Invasion ab. Vieles lähmte den deutschen Widerstand: die unbegrenzte Materialüberlegenheit der Alliierten zu Wasser und in der

Goebbels' von rhetorischen Steigerungen geleitete Rede im Berliner Sportpalast, die die fanatisierte Zuhörerschaft mit »Ja« und »Sieg Heil« beantwortete, kumulierte in folgender Frage:

Die Engländer behaupten, das deutsche Volk wehrt sich gegen die totalen Kriegsmaßnahmen der Regierung. Es will nicht den totalen Krieg, sondern die Kapitulation.
Ich frage euch: Wollt ihr den totalen Krieg? Wollt ihr ihn, wenn nötig, totaler und radikaler, als wir ihn uns heute überhaupt erst vorstellen können?

Alliierte Truppen bei der Operation »Overlord«, der Landung an der französischen Atlantikküste im Juni 1944 (links). Am 25. August 1944 wurde Paris befreit. Die Einwohner feierten den Einzug der amerikanischen Truppen (rechts).

Luft, das Überraschungsmoment durch den funktelegrafisch simulierten Aufmarsch einer starken amerikanischen (Phantom-)Heeresgruppe gegenüber von Calais, die Zerstörung der Verkehrswege, die schnelle Sicherung des Nachschubs durch künstliche Häfen, die frontferne Stationierung der deutschen Panzerverbände sowie deutscherseits chaotische Kommandostrukturen. Nach der Herstellung eines zusammenhängenden Landekopfes von 100 km Breite und 30 km Tiefe am 12. Juni leitete der entscheidende Durchbruch der Amerikaner bei Saint-Lô am 25. Juli und bei Avranches am 31. Juli den Bewegungskrieg und ein fächerförmiges Vorrücken in die Tiefe des französischen Raumes ein. Bis zum Herbst des Jahres 1944 konnte keine geschlossene deutsche Abwehrfront mehr hergestellt werden. Der amerikanisch-französischen Landung in Südfrankreich zwischen Cannes und Toulon Mitte August folgten schnelle Vorstöße an die französisch-italienische Alpengrenze und rhôneaufwärts Richtung Lyon–Dijon. Am 25. August fiel Paris unzerstört in die

Als erste Großstadt des deutschen Reichsgebiets wurde Aachen am 21. Oktober 1944 von den Alliierten eingenommen. Eine Kolonne deutscher Kriegsgefangener zieht durch die Stadt, bewacht von amerikanischen Soldaten.

Hände der Amerikaner und Franzosen; die französische provisorische Regierung unter Charles de Gaulle zog in die Stadt ein. Am 21. Oktober fiel mit Aachen die erste deutsche Großstadt. Nur ein Führungskonflikt zwischen Montgomery, der durch die Niederlande und Belgien ins Ruhrgebiet und in die norddeutsche Tiefebene vordringen und die Entscheidung nach Möglichkeit noch 1944 erzwingen wollte, und Eisenhower, seit dem 1. September Oberbefehlshaber über die alliierten Landstreitkräfte in Frankreich, der sich mit seiner Konzeption eines systematischen Vorrückens gegen den Rhein durchsetzte, verschaffte der deutschen Abwehrfront eine Atempause.

Die deutsche Ardennenoffensive

Noch im Bann des erfolgreichen »Sichelschnitts« von 1940 setzte Hitler mit der sinnlosen Ardennenoffensive im Dezember 1944 noch einmal alles auf eine Karte. Militärisch war es sein Ziel, dem Krieg im Westen durch eine neue »Sichelschnitt«-Offensive Richtung Antwerpen und Kanalküste gegen einen völlig überraschten Gegner und durch die Vernichtung der nördlich stehenden Streitkräfte eine entscheidende Wende zu geben. Politisch sollte der Erfolg den Glauben der Westmächte an ein schnelles Kriegsende erschüttern. Doch das Unternehmen scheiterte nach nur geringem Raumgewinn Ende Dezember 1944.

Der Untergang der Heeresgruppe Mitte im Osten

Im Schatten der Invasion in Frankreich vollzog sich im Sommer 1944 mit dem Untergang der Heeresgruppe Mitte an der Ostfront eine noch größere militärische Katastrophe als bei Stalingrad. Nachdem die Rote Armee in mehreren Offensiven zwischen Sommer 1943 und Frühjahr 1944 die deutsche Front im Norden an den Peipussee und im Süden an die rumänische Grenze und nach Ostgalizien (Lemberg) zurückgedrängt hatte, führte eine am 22. Juni 1944, dem »Barbarossatag«, eingeleitete sowjetische Großoffensive gegen den weit nach Osten vorspringenden deutschen Frontbogen in wenigen Tagen zur Zerschlagung von 28 Divisionen der Heeresgruppe Mitte mit 350 000 Gefallenen und Kriegsgefangenen. Weitere Großoffensiven führten die sowjetischen Streitkräfte bis Jahresende an die Ostsee bei Memel, an die Grenze Ostpreußens, an die mittlere und obere Weichsel bei Warschau und im Süden durch Rumänien

Einschiffung von Flüchtlingen im ostpreußischen Hafen Pillau. Tiere, Wagen und Haushaltsgegenstände mussten zurückgelassen werden.

nach Bulgarien und Ungarn bis Budapest. Der Frontwechsel Rumäniens und Bulgariens und das Vordringen der Sowjets entlang der Donau erzwangen einen überstürzten Rückzug der Heeresgruppe E aus Griechenland und Jugoslawien zunächst bis an die Drinalinie.

FINNLAND
SCHWEDEN

Legende:
- Deutsches Reich und besetzte Gebiete
- Verbündete des Deutschen Reiches
- Sowjetunion
- Verlauf der deutschen Front im Herbst 1942
- Verlauf der deutschen Front im Frühjahr 1943
- Verlauf der deutschen Front im Herbst 1943
- Verlauf der deutschen Front im Frühjahr 1944
- Verlauf der deutschen Front im Herbst 1944
- sowjetische Vorstöße

DIE OSTFRONT NOVEMBER 1942 – DEZEMBER 1944

BULGARIEN · Schwarzes Meer · 0 ___ 300 km

Das Ende – Der Sturm auf das Deutsche Reich

Der Abfall der deutschen Bundesgenossen

Politisch wurde der Zusammenbruch Deutschlands dadurch mit vorangetrieben, dass das auf die deutsche Hegemonie gegründete Bündnissystem, das Hitler unter dem propagandistischen Banner eines gemeinsamen »Kreuzzuges Europas gegen den Bolschewismus« geschmiedet hatte, in dem Augenblick wie ein Kartenhaus zusammenbrach, als die Führungsmacht 1943/44 einen militärischen Rückschlag nach dem anderen einstecken musste: Dem Waffenstillstand Italiens am 3. September 1943 folgten der Abfall Rumäniens am 23. August 1944, Bulgariens am 2./9. September 1944 und Finnlands am 19. September 1944. Das am 19. März 1944 von deutschen Truppen besetzte Ungarn konnte nur dadurch im Krieg gehalten werden, dass der Reichsverweser Miklós Horthy am 16. Oktober 1944 ein bereits an die UdSSR ergangenes Waffenstillstandsangebot öffentlich zurückziehen musste und durch seinen Rücktritt einer faschistischen Satellitenregierung unter dem Pfeilkreuzlermitglied Ferenc Szálasi als »Staatsführer« und Ministerpräsident Platz machte.

Die Rote Armee auf verlustreichem Weg nach Berlin

Die am 12. Januar 1945 aus dem Baranów-Brückenkopf heraus begonnene sowjetische Großoffensive, die sich schnell auf den gesamten Frontabschnitt zwischen Memel und den Karpaten ausdehnte, hatte für die Bewohner Ost- und Westpreußens eine Tragö-

Die Konferenzen von Teheran und Jalta. Nachdem sich die führenden Staatsmänner der Anti-Hitler-Koalition, Roosevelt (USA), Churchill (Großbritannien) und Stalin (Sowjetunion) bereits Ende 1943 in Teheran über Strategiefragen (Errichtung einer zweiten Front im Westen) und Kriegszielplanungen verständigt hatten, konkretisierten sie auf der Konferenz von Jalta im Februar 1945 ihre Vorstellungen von der unmittelbaren Nachkriegsordnung. Sie beschlossen unter anderem: die Grundzüge der alliierten Besatzungspolitik im besiegten Deutschland (Errichtung von Besatzungszonen und Bildung eines alliierten Kontrollrats, totale Entwaffnung und Entnazifizierung Deutschlands), die Bildung einer provisorischen polnischen Regierung, den Abstimmungsmodus in der geplanten Organisation der »Vereinten Nationen« und den Eintritt der Sowjetunion in den Krieg gegen Japan nach der deutschen Kapitulation.

Hitler erließ am 19. März 1945 den so genannten Nero-Befehl:

Betr.: Zerstörungsmaßnahmen im Reichsgebiet
Der Kampf um die Existenz unseres Volkes zwingt auch innerhalb des Reichsgebietes zur Ausnutzung aller Mittel, die die Kampfkraft unseres Feindes schwächen und sein weiteres Vordringen behindern ... Ich befehle daher:
Alle militärischen Verkehrs-, Nachrichten-, Industrie- und Versorgungsanlagen sowie Sachwerte innerhalb des Reichsgebietes, die sich der Feind für die Fortsetzung seines Kampfes irgendwie sofort oder in absehbarer Zeit nutzbar machen kann, sind zu zerstören.

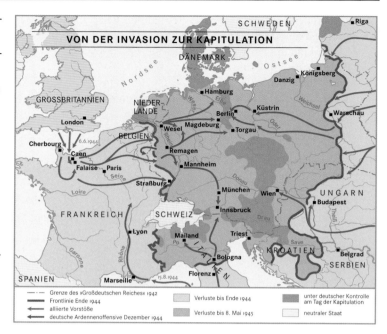

VON DER INVASION ZUR KAPITULATION

–––– Grenze des »Großdeutschen Reiches« 1942	▨ Verluste bis Ende 1944	▨ unter deutscher Kontrolle am Tag der Kapitulation
▬▬ Frontlinie Ende 1944		
⬅ alliierte Vorstöße	▨ Verluste bis 8. Mai 1945	☐ neutraler Staat
⬅ deutsche Ardennenoffensive Dezember 1944		

Ein wichtiger strategischer Erfolg der alliierten Truppen war die Überquerung des Rheins bei Remagen am 7. März 1945. Das Bild zeigt amerikanische Truppen nach der Eroberung der Brücke.

die zur Folge; denn als die Rote Armee am 26. Januar 1945 das Frische Haff bei Elbing erreichte, schnitt sie Ostpreußen vom Reichsgebiet und damit Tausenden von Flüchtlingstrecks den Weg ab. Im mittleren Frontabschnitt kämpfte sich die sowjetische Armee nach der Eroberung von Warschau am 17. Januar 1945 bis Mitte März auf eine Linie vor, die vom nördlichen Rand der Sudeten entlang der Görlitzer Neiße und der Oder bis Stettin verlief. Schon im Herbst 1944 hatte die SS die Vernichtungs- und Konzentrationslager mit dem Näherrücken der Roten Armee aufgelöst und die Lagerinsassen in Todesmärschen nach Westen getrieben. Am 16. April 1945 traten zwei sowjetische Heeresgruppen unter Georgij Konstantinowitsch Schukow aus dem Raum Küstrin (Schlacht bei den Seelower Höhen) und unter Iwan Stepanowitsch Konjew von der Neiße aus zum Umfassungsangriff gegen Berlin an und leiteten von der Ostfront her den endgültigen Untergang des »Dritten Reichs« ein. Am 25. April schlossen die beiden sowjetischen Armeen den Ring um Berlin.

Die Brücke von Remagen – Der Vorstoß der Westalliierten über den Rhein

Die Überquerung des Rheins durch die westalliierten Streitkräfte am 7. März über die unzerstörte Brücke bei Remagen, am 23. März bei Oppenheim südlich von Mainz und am 24. März bei Wesel öffnete ihnen den Weg zum Sturm in das Reichsinnere: Am 18. April erfolgte die Übergabe des Ruhrkessels und die Elbe bei Magdeburg wurde erreicht, am 19. April wurde Leipzig genommen, am 25. April kam es zum Zusammentreffen mit der Roten Armee bei Torgau; am 5. Mai fand die Teilkapitulation der abgeschnittenen »Festung Holland« statt, im Süden erfolgten am 30. April die Besetzung Münchens und am 3. Mai die Vereinigung am Brenner mit den am 19. April bei Bologna an der Italienfront durchgebrochenen amerikanischen Truppen.

Während um ihn herum sein Reich unter den militärischen Schlägen der Alliierten in Trümmer sank, spann sich Hitler in seinem Führerhauptquartier – bis zum 20. November 1944 war es die »Wolfsschanze« bei Rastenburg in Ostpreußen, ab dem 16. Januar 1945 der Befehlsbunker unter der Reichskanzlei – immer mehr in die illusionäre Traumwelt seiner Hoffnungen auf den »Endsieg« ein. Er operierte am Kartentisch mit Phantomarmeen oder solchen, die nur noch ein Schatten ihrer selbst waren, etwa die »Armee Wenck« für den Entsatz von Berlin, und schob seine Heerführer wie Figuren auf dem Schachbrett des Kriegs hin und her in der »felsenfesten« Überzeugung, dass die militärische Wende nur eine Sache des »eisernen« Willens und persönlicher Führungsqualitäten sei. Offenbar bis zuletzt im Banne ihres »Führers« und der Ausstrahlungskraft seines »Führermythos«, rafften sich Männer seines Vertrauens wie Albert Speer erst zu einer Auflehnung auf, als Hitler mit seinem »Nero-Befehl« vom 19. März 1945 zu erkennen gab, dass er »sein Volk« mit in den eigenen Untergang hineinreißen und die schon in der Sowjetunion beim Rückzug praktizierte Taktik der »verbrannten Erde« nun auch im eigenen Lande anwenden wolle.

Am 25. April 1945 trafen vorgeschobene Teile der 1. US-Armee und der 5. Sowjet-Garde-Armee bei Torgau an der Elbe aufeinander. Rotarmisten und US-Soldaten reichen sich auf der zerstörten Brücke die Hände.

Hitlers Ende – Die bedingungslose Kapitulation

Während die Rote Armee bereits am 13. April 1945 Wien erobert hatte, kapitulierte Berlin am 2. Mai, nachdem Hitler am 30. April in seinem »Führerbunker« unter der Reichskanzlei Selbstmord begangen hatte. Seit April 1945 bemühte sich die Wehrmachtführung um separate Waffenstillstandsabschlüsse im Westen zur Rettung der aus dem Osten zurückflutenden Truppen vor der sowjetischen Gefangenschaft. Nach Teilkapitulationen in Italien am 29. April und den Kapitulationen der deutschen Streitkräfte in den Niederlanden, Nordwestdeutschland und Dänemark am 4. Mai erzwang Stalin die bedingungslose Gesamtkapitulation in doppelter Ausfertigung: am 7. Mai in Reims vor Vertretern der Westalliierten und in der Nacht vom 8. auf den 9. Mai auch vor dem sowjetischen Oberkommandierenden in Berlin-Karlshorst. Der europäische Krieg war beendet. Nach der Verhaftung der nach Hitlers Tod gebildeten Regierung Dönitz am 23. Mai in Flensburg-Mürwick übernahmen die vier Militärbefehlshaber mit der Berliner Deklaration am 5. Juni 1945 die oberste Regierungsgewalt in Deutschland.

Im Hauptquartier des amerikanischen Oberbefehlshabers Dwight D. Eisenhower in Reims wurde am 7. Mai 1945 die Urkunde über die Gesamtkapitulation der deutschen Wehrmacht unterzeichnet. In der Mitte Generaloberst Alfred Jodl (Vertreter des Oberkommandos der Wehrmacht), links neben ihm General Wilhelm Oxenius (Vertreter der Luftwaffe), rechts Admiral Hans-Georg von Friedeburg (Marine).

Bernd-Jürgen Wendt

Zwischen Kollaboration und Widerstand – Europa unter deutscher Besatzung

Äußerungen Hitlers nach einer Niederschrift vom 2. Oktober 1940:

Unbedingt zu beachten sei, dass es keine polnischen Herren geben dürfe; wo polnische Herren vorhanden seien, sollten sie, so hart das klingen möge, umgebracht werden. Die Polen müssten unbedingt dumm und blöd gehalten werden. Würden sie auf eine höhere Intelligenzstufe gehoben, dann seien sie nicht mehr die Arbeitskräfte, die wir benötigen.

Z wischen 1939 und 1945 herrschte das nationalsozialistische Deutschland über weite Teile Europas. Zwangsläufig sind das Kriegserleben und die Kriegserfahrung zahlreicher Europäer dieser Generation weniger geprägt von den militärischen Ereignissen vor Beginn der Besetzung oder bei der Befreiung ihres Landes als von der Besatzungszeit und ihren Umständen selbst: von Unsicherheit und Rechtlosigkeit, von Erlassen und Verordnungen, von Zwangsmaßnahmen und Willkürhandlungen und von ständig härter und unerträglicher werdenden Lebensbedingungen. Sofern diese Europäer aber zu jenen Millionen Menschen zählten, denen Hitler und sein Regime jedes Recht auf Leben und Existenz abgesprochen hatten, und sofern sie die Verfolgungen und Deportationen überlebten, so wird sich ihnen die Zeit der deutschen Besatzung ihres Landes erst recht als eine schreckliche Erfahrung darstellen.

Formen der Unterdrückung – Deutsche Herrschaft in den besetzten Gebieten

D ie deutsche Herrschaft in Europa während des Zweiten Weltkriegs umfasste eine Vielzahl von Unterwerfungs- und Unterdrückungsmechanismen, sie spiegelte sich in unterschiedlichen Formen der Abhängigkeit und Kontrolle. Die jeweiligen Besatzungs- und Verwaltungstypen wiederum waren bestimmt durch politische, militärische, ökonomische oder ideologische Faktoren.

Die von der deutschen Führung zunächst favorisierte Form der Besatzung war die direkte Annexion. Nach der Niederlage Polens im September 1939 wurde ein Viertel dieses Landes von Deutschland direkt *de iure* annektiert: Westpreußen wurde als Reichsgau Danzig-Westpreußen, Posen als Reichsgau Wartheland eingegliedert. Ostoberschlesien, das »zweite Ruhrgebiet«, kam zusammen mit dem früheren tschechoslowakischen Teschen samt dem Olsagebiet zur Provinz Schlesien. Im Westen annektierte das Reich die ostbelgischen Ge

Adolf Hitler nimmt am 5. Oktober 1939 in Warschau die Parade der deutschen 8. Armee ab.

biete Eupen und Malmedy sowie das Gebiet von Moresnet. Daneben gab es eine Anzahl nichtdeutscher Territorien in Europa, die zwar nicht formell, jedoch *de facto* annektiert und, den »Chefs der Zivilverwaltung« unterstellt, von Anfang an oder zunehmend als Reichsgebiete behandelt wurden: das Großherzogtum Luxemburg, Elsass-Lothringen, die jugoslawischen (slowenischen) Gebiete Südkärnten

Deutsches Reich

dem Deutschen Reich angegliedertes Gebiet

Verbündeter des Deutschen Reiches und davon abhängiges Gebiet

Gebiet der Alliierten

von den Alliierten besetztes Gebiet

État Français, ab 11.11.1942 von Deutschland besetzt

zum État Français gehörendes Gebiet, unbesetzt

von Frankreich abhängiges Gebiet

von Großbritannien abhängiges Gebiet

vom Deutschen Reich besetztes Gebiet

neutraler Staat

Partisanengebiet

größte Ausdehnung des deutschen Machtbereiches Ende 1942

Vergeltungsmaßnahme der deutschen Besatzungsmacht

VON DEUTSCHLAND BESETZTE GEBIETE 1942

Das **Generalgouvernement** umfasste den Teil Polens, der nach Beginn des Zweiten Weltkriegs dem Deutschen Reich nicht einverleibt wurde. Es gliederte sich in die Distrikte Warschau, Krakau, Radom und Lublin. Nach dem Überfall auf die UdSSR kam Ostgalizien (mit Lemberg) dazu. Unter dem Generalgouverneur Hans Frank war das Generalgouvernement einer brutalen Besatzungspolitik unterworfen – Vernichtung der polnischen Intelligenz, Verschleppung vieler Polen zur Zwangsarbeit nach Deutschland und Einrichtung jüdischer Gettos in den Städten – und Ort der Ermordung von Millionen Juden in den Vernichtungslagern der SS.

Grenztafel vor der Grenze zwischen dem Generalgouvernement und dem sowjetisch besetzten Polen.

und Oberkrain und der polnische Bezirk Białystok. In einigen okkupierten Territorien und Ländern Europas, für die Hitler und seine unmittelbaren Unterführer ein ausgesprochenes politisches Interesse hegten, richtete das Deutsche Reich Zivilverwaltungen ein: In Dänemark, dessen Regierung bis auf weiteres im Amt belassen wurde, amtierte zunächst ein Diplomat als Reichsbevollmächtigter; ab August 1943 erhielt das Land eine De-facto-Militärbesatzung. In Norwegen und den Niederlanden, die als »rein germanische« Länder angesehen wurden, ließ Hitler so genannte Reichskommissariate einrichten, die sich vor allem auf die belassenen einheimischen Verwaltungen stützen sollten. Das Generalgouvernement im besetzten Polen tat sich durch eine ebenso straffe wie unmenschliche Herrschaftsausübung über die polnische, vor allem die jüdische Bevölkerung hervor. Im Protektorat Böhmen und Mähren lag die wahre Macht innerhalb der deutschen Verwaltung in den Händen der SS-Führer und Stellvertretenden Reichsprotektoren. Darüber hinaus gab es die Reichskommissariate Ostland, das Estland, Lettland und Litauen sowie einen Teil Weißrusslands umfasste, und Ukraine.

Vor allem aufgrund militärisch-strategischer Erwägungen verblieb eine Anzahl besetzter Territorien in der Zuständigkeit der Wehrmachtsführung, das heißt, diese Gebiete unterstanden direkt den jeweiligen deutschen Militärbefehlshabern: Belgien (einschließlich der nordfranzösischen Départements Nord und Pas-de-Calais),

Nordfrankreich, die britischen Kanalinseln, der größte Teil Serbiens sowie Küstenstreifen in Nordgriechenland und Inseln. Außerdem existierten eine Anzahl prodeutscher oder mit Deutschland kollaborierender nationaler Regierungen: Slowakei, Frankreich (Vichy), Ungarn, Rumänien, Bulgarien. Die faschistische Republik von Salò unter Mussolini in Oberitalien ist ein Sonderfall der Kollaboration.

»Neuordnung Europas« – Die Ausbeutung der Ressourcen

Der Begriff der »Neuordnung« oder »Neuen Ordnung« entstammt einer im Frühsommer 1940 in Deutschland geführten wirtschaftspolitischen Debatte über die Errichtung eines »Großwirtschaftsraums« in Europa. Bereits kurz nach der Kapitulation Frankreichs am 22. Juni 1940 und nach dem Abschluss der Besetzung Nord- und Westeuropas forderte Hermann Göring in seiner Eigenschaft als Beauftragter für den Vierjahresplan die deutschen Wirtschaftsverbände auf, konkrete Vorschläge für »den Einbau der in das Reich eingegliederten und der besetzten Gebiete in die Großdeutsche Wirtschaft« zu erarbeiten. Auch die staatlichen Institutionen erhielten entsprechende Vorgaben. Die von den Unternehmen und Wirtschaftsverbänden in der Reichsgruppe Industrie erarbeiteten »Neuordnungspläne« und »Friedensplanungen« enthielten vor allem massive Forderungen gegenüber den Industrien der von Deutschland eroberten Länder. Die programmatischen Europakonzeptionen der staatlichen Wirtschaftsbehörden erwiesen sich trotz aller verbaler Schönfärberei in ihrem Kern als Zeugnisse sehr konkreter imperialistischer Machtausübung.

Statt des angekündigten autarken »Großwirtschaftsraums« entstand ein dirigistisches System zunehmender ökonomischer Abhängigkeit und Kontrolle. Die deutsche Wirtschaftspolitik gegenüber den besetzten Ländern lässt sich durchaus als klassische Ausbeutung und ebenso häufig als brutale Ausnutzung einer Notsituation charakterisieren. Dies gilt für Westeuropa ebenso wie für die neuen »Ostkolonien« des Reichs, wenn auch die Formen der Ausplünderung aufgrund der Anwendung rassenideologischer Gesichtspunkte jeweils unterschiedlich war. In nahezu allen besetzten Ländern erhoben die deutschen Verwaltungen einen gezielten Anspruch auf die angelegten Rohstoffvorräte. Dieser ersten Plünderungsphase folgten in der Regel mehr oder weniger verbindliche Abmachungen zwischen den deutschen Kontrollbehörden (Rüstungsinspektionen, Zentralauftragsstellen) und der einheimischen Industrie oder den nationalen Wirtschaftsverwaltungen, die einen beständigen Abfluss von Rohstoffen und Gütern nach Deutschland garantierten.

Eine in allen besetzten Ländern vorhandene wichtige Ressource war die menschliche Arbeitskraft. Innerhalb Deutschlands führten der stetig steigende Rekrutierungsbedarf der Wehrmacht und Hitlers vorwiegend ideologisch begründete kategorische Weigerung, den Anteil der weiblichen Arbeitskräfte in der Industrie signifikant

Die Hakenkreuzfahne weht über Paris (auf dem Arc de Triomphe) und über dem besetzten Kreta. Es gab in der deutschen Wehrmacht eigene Propagandakompanien (PK), deren Mitglieder in Wort, Bild und Film von den Kriegsfronten zu berichten hatten. Ihnen stand auch farbiges Filmmaterial zur Verfügung.

zu erhöhen, zu einem erheblichen Arbeitskräftemangel. Den einzigen Ausweg schien die zwangsweise Beschaffung von möglichst vielen ausländischen Arbeitskräften zu bieten. Der dem Rüstungsminister Albert Speer unmittelbar untergebene Generalbevollmächtigte für den Arbeitseinsatz, Gauleiter Fritz Sauckel, erfüllte diese Aufgabe mit schrankenloser Brutalität und ebensolcher Effizienz.

Die Masse der von Sauckel zwangsrekrutierten Arbeiter kam aus Osteuropa, vor allem aus den eroberten Gebieten der Sowjetunion. Ursprünglich hatte es Hitler entschieden abgelehnt, die beim Vormarsch der Wehrmacht gemachten, als »Untermenschen« diffamierten sowjetischen Kriegsgefangenen zur Arbeit im Reich heranzuziehen. Mehr als die Hälfte der bis Ende 1943 in deutsche Hände gefallenen 3,35 Millionen sowjetischen Kriegsgefangenen, die man in völlig überfüllten Lagern im Hinterland der deutschen Front zumeist ihrem Schicksal überlassen hatte, starb an Erschöpfung, völliger Unterernährung und Infektionskrankheiten. Das schließlich durch den Kriegsverlauf motivierte Umdenken der deutschen Führung und die vor allem von den Unternehmen des deutschen Bergbaus geforderte Beschäftigung der sowjetischen Kriegsgefangenen verbesserte die Lage nur relativ weniger Gefangenen: Bis März 1942 wurden etwa 160000 Kriegsgefangene zum Arbeitseinsatz ins Reich gebracht. Darüber hinaus griffen die deutschen Behörden auf den Einsatz sowjetischer Zivilarbeiter zurück, von denen in den folgenden zwei Jahren rund 2,5 Millionen Frauen und Männer nach Deutschland deportiert wurden. Nur vergleichsweise wenige sowjetische Kriegsgefan-

Bis Mai 1943 waren etwa 2,1 Millionen **Zwangsarbeiter für den Arbeitseinsatz in Deutschland** rekrutiert. Zu dieser Zeit waren im Reich bereits rund 6 Millionen ausländische »Fremdarbeiter« eingesetzt. Ab Spätherbst 1942 überließ das Wirtschafts- und Verwaltungshauptamt der SS vorzugsweise der deutschen Rüstungsindustrie gegen Gebühr arbeitsfähige KZ-Häftlinge, die in eigens dazu errichteten KZ-Außenlagern in der Nähe der Betriebe untergebracht wurden. Die Zahl der in der Industrie tätigen KZ-Häftlinge lag Ende 1944 bei etwa 230000, weitere 140000 waren bei den unter die Erde verlagerten Fertigungsbetrieben und etwa 130000 bei den Bauvorhaben der Organisation Todt eingesetzt. Ihre Überlebenschancen waren angesichts zumeist unmenschlicher Arbeits- und Wohnverhältnisse, systematischer medizinischer Vernachlässigung und Willkürhandlungen des Wachpersonals bedeutend geringer als die der übrigen Zwangsarbeiter.

gene traten der im Herbst 1944 unter der Schirmherrschaft Heinrich Himmlers gebildeten russischen Befreiungsarmee unter General Andrej Andrejewitsch Wlassow bei. Die meisten von ihnen, sofern sie den Krieg überlebten, wurden nach ihrer erzwungenen Repatriierung ein Opfer der Rache Stalins.

Links: Zählung und Registrierung der Bevölkerung besetzter Gebiete durch die Wehrmacht, hier in der Nähe der ukrainischen Stadt Stalino (heute Donezk). Die Registrierung diente der Erfassung arbeitsfähiger Menschen und der Aussonderung der jüdischen Bevölkerung. Rechts: Der Wehrmacht unterstehende jüdische Zwangsarbeiter in Mogiljow, Weißrussland.

»Lebensraumpolitik« – Die Germanisierung Osteuropas

Die zentrale Absicht der deutschen Führung in Bezug auf Osteuropa war die von Hitler in zahllosen Erklärungen geforderte Gewinnung von »Lebensraum«, angeblich dringend benötigtes Land zur Ansiedlung und zur Ausbeutung der Bodenschätze und anderer Ressourcen. Die Hauptverantwortung für die Ostsiedlung und Germanisierung der eroberten Gebiete im Osten lag beim Reichsführer SS Heinrich Himmler als Reichskommissar für die Festigung deutschen Volkstums. Mit dieser zunehmend nach Osten ausgreifenden Institution verband sich ein äußerst personalintensiver, mit Weisungsbefugnissen großzügig ausgestatteter Apparat, der fortan Rassen-, Bevölkerungs- und Siedlungspolitik im großen Stil betrieb. Himmlers erste Aufgabe war die zwangsweise, häufig von Massen-

Rumänien musste 1940 den nördlichen Teil der Bukowina an die Ukraine abtreten. Der Umsiedlung der dort lebenden 70 000 Deutschen ins westliche Polen ging ein Aufruf zur »Heimkehr ins Reich« voraus (oben). Rechts: Deutschstämmige Einwohner aus Wolhynien, das im September 1939 von der Sowjetunion besetzt wurde, an der Grenze bei Przemyśl. Die Wolhyniendeutschen wurden nach dem Abkommen zwischen Deutschland und der Sowjetunion vom 3. November 1939 in den Reichsgau Wartheland umgesiedelt.

erschießungen begleitete Verbringung von etwa 365 000 Polen und etwa 500 000 Juden aus den annektierten Gauen Wartheland und Danzig-Westpreußen in das künstlich geschaffene Gebilde des Generalgouvernements. Mit der Konzentration der Juden in großstädtischen Gettos vollzog sich bereits der erste Akt ihrer seit dem Frühsommer 1942 systematisch betriebenen Deportation in die Vernichtungslager. In den eingegliederten Ostgebieten, also dem westlichen Teil Polens, wurden anschließend etwa 370 000 Reichsdeutsche und 350 000 Volksdeutsche angesiedelt, die überwiegend aus dem Baltikum, aus Bessarabien und der Bukowina stammten. Mit dem Überfall auf die Sowjetunion im Sommer 1941 und der Errichtung der Reichskommissariate Ostland und Ukraine eröffneten sich weitere Möglichkeiten der aggressiven Siedlungspolitik. Ein von der SS-Führung 1941/42 projektierter Generalplan Ost sah dabei die millionenfache Aus- und Umsiedlung der Bevölkerung vor.

Hinter den pangermanischen Ideen und propagierten ethnisch-rassistischen Zielen standen aber auch sehr konkrete Maßnahmen der Besatzungsmacht, die in der Vertreibung, Deportation und Vernichtung ganzer Bevölkerungsgruppen gipfelten. Bereits innerhalb der ersten neun Monate des so genannten Russlandfeldzugs ermordeten die vier unmittelbar hinter der Front operierenden Einsatzgruppen der Sicherheitspolizei und des SD (Sicherheitsdienst) systematisch mehr als eine Million Juden, »Zigeuner« und andere »unerwünschte Elemente«. Dies geschah nicht selten mit der Unterstützung der für diese Gebiete verantwortlichen Wehrmacht. Die anfänglichen Sympathien mancher Einwohner der Ukraine oder auch anderer Gebiete der westlichen Sowjetunion für die neuen Herren verflüchtigten sich angesichts des Auftretens der deutschen »Herrenmenschen« und ihrer Ausbeutungspolitik sehr rasch. Der neu eroberte »Lebensraum« in Osteuropa geriet somit zum Experimentierfeld menschenverachtender nationalsozialistischer Planer und Praktiker.

Ein Auszug aus dem Leitartikel der SS-Wochenzeitung »Das Schwarze Korps« vom 20. August 1942:

Unsere Aufgabe ist es, den Osten nicht im alten Sinne zu germanisieren, das heißt den dort wohnenden Menschen deutsche Sprache und deutsche Gesetze beizubringen, sondern dafür zu sorgen, dass im Osten nur Menschen wirklich deutschen, germanischen Blutes wohnen.

Zusammenarbeit ohne Gleichberechtigung –
Kollaboration mit der deutschen Besatzungsmacht

Unter dem Eindruck der militärischen Anfangserfolge der deutschen Wehrmacht wuchs in den meisten europäischen Ländern ungeachtet ihrer offenkundigen Instrumentalisierung seitens der deutschen Verwaltungen sehr rasch die Bereitschaft eines großen Teils der jeweiligen Bevölkerung, sich mit den Siegern, nicht zuletzt im Interesse von äußerer Ruhe und Sicherheit, auf der Basis des Status quo zu arrangieren. Kennzeichnend für die Kollaboration war eine durchgehende Ambivalenz der Argumente und Handlungsweisen. Dies betrifft besonders die wirtschaftliche Zusammenarbeit zwischen der deutschen Kriegswirtschaft und den meisten privaten wie staatlichen Unternehmen in den besetzten Ländern, insbesondere in West- und Nordeuropa. Für die ökonomische Kollaboration mit Deutschland sprachen zunächst sowohl unternehmerische als auch volkswirtschaftliche Gründe: das Interesse, die Betriebe rentabel zu halten, das investierte Kapital vor dem Zugriff der Besatzungsmacht zu sichern und eine Vereinnahmung der einheimischen Industrie durch deutsche Konzerne zu verhindern. Einige west- und nordeuropäische Unternehmer verstanden es, sich die besonderen Umstände der Besatzungssituation zunutze zu machen. So erfreute sich etwa die niederländische und flämische Bauwirtschaft unter anderem durch ihre Mitwirkung beim Ausbau des Atlantikwalls und von deutschen Luftwaffenstützpunkten zeitweilig eines enormen wirtschaftlichen Aufschwungs.

Die Zusammenarbeit einheimischer Faschisten mit der deutschen Besatzungsmacht wird als der klassische Fall von politischer Kollaboration während des Zweiten Weltkriegs angesehen. Nirgends wird die Bandbreite kollaborierenden Verhaltens deutlicher, nirgends zeigt sich eindrucksvoller, dass Chancen wie Grenzen der Kollaboration stets an die handfesten Interessen der Besatzungsmacht gekoppelt waren. Hitler und seine Satrapen in den besetzten Ländern sahen die faschistischen Bewegungen und deren Führer im Allgemeinen lediglich als nützliche Werkzeuge an, mit deren Hilfe die Indienststellung der jeweiligen wirtschaftlichen und administrativen Ressourcen für die Besatzungsmacht organisiert werden sollte. Vidkun Quisling in Norwegen, Fritz Clausen in Dänemark, Anton Adrian Mussert in den Niederlanden, Philippe Pétain, Jacques Doriot und Marcel Déat in Frankreich, die Führer der Eisernen Garde in Rumänien oder der Pfeilkreuzler in Ungarn, sie alle mussten erfahren, dass die Politik des Dritten Reichs nur einem einzigen Ziel diente: der Errichtung und Aufrechterhaltung der deutschen Hegemonie in Europa. Von den meisten faschistischen Gruppen und Organisationen wurde die während des Kriegs mit der Besatzungsmacht praktizierte Kollaboration hingegen als das primäre Ziel ange-

Die Ermordung von Geiseln (als »Sühnemaßnahme«) und von zu Partisanen erklärten Zivilisten war in den besetzten Gebieten an der Tagesordnung und wurde teilweise auch von Truppenteilen der Wehrmacht ausgeführt. Oben die Erschießung von Geiseln an der Friedhofsmauer von Pančevo in Serbien am 22. April 1941, unten die öffentliche Hinrichtung von zwei Männern und einer Frau im Oktober 1941 in Minsk.

Oben ein Werbeplakat für den Eintritt in die Waffen-SS in den Niederlanden. Vor dem Porträt des Burenführers Ohm Krüger wird zur Teilnahme am Kampf gegen den Bolschewismus aufgerufen. Rechts ein Werbeplakat für das norwegische SS-Skijägerbataillon.

Der Führer der norwegischen faschistischen Nationalen Sammlung Vidkun Quisling (links) – hier beim Abschreiten einer Front norwegischer SS-Freiwilliger – war ab April 1941 Vorsitzender eines Norwegen regierenden Verwaltungsrats, ab Februar 1942 Chef einer Nationalregierung, die völlig vom deutschen Reichskommissar Josef Terboven abhängig war.

sehen, sei es als dauerhafte Zusammenarbeit mit dem nationalsozialistischen Deutschland oder gar als ein späteres Aufgehen in einem von Himmlers SS beherrschten »Großgermanischen Reich«. Der Unterschied zwischen nationalsozialistischer Herrschaft und faschistischer Kollaboration war angesichts der ideologischen Nähe häufig kaum mehr zu unterscheiden – auch nicht bei den während der Besatzung begangenen Verbrechen.

Nationalistische und (gebiets)revisionistische Beweggründe beeinflussten vor allem die Politik der mit Deutschland verbündeten, faktisch jedoch mehr oder weniger abhängigen Staaten in Mittel- und Südosteuropa, Ungarn, Rumänien und Bulgarien sowie der Slowakei, die sich schließlich (mit Ausnahme Bulgariens) mit eigenen Truppen an Hitlers Feldzug gegen die Sowjetunion beteiligten. Mit dem Näherrücken der Roten Armee 1944 an die Grenzen dieser Staaten wurden deren Bevölkerungen voll in die Endphase des Krieges hineingezogen. Mit Ausnahme einiger radikalfaschistischer Führer und ihrer überzeugtesten Anhänger schien kaum noch jemand bereit, auf der Seite Hitlers und seines untergehenden Reichs zu stehen. Eine Ausnahme bildeten jene Soldaten, die als »germanische Freiwillige« aus West- und Nordeuropa oder als letztes Aufgebot einer russischen Befreiungsarmee, oftmals in gesonderten Verbänden, auch jetzt noch auf deutscher Seite kämpften.

Mit dem phasenweisen Zusammenbruch der deutschen Herrschaft in Europa 1944/45 fand auch die Kollaboration mit dem nationalsozialistischen Deutschland in den besetzten Ländern ihr sukzessives Ende. Es folgten Massenarrestierungen und öffentliche politische »Säuberungen«, in die oftmals Hunderttausende – und nicht immer nur die Schuldigen – einbezogen wurden. Tausende, vor allem in Frankreich und Osteuropa, fanden bei »wilden Säuberungen« den Tod, andere – unter ihnen mit wenigen Ausnahmen auch die meisten prominenten Kollaborateure – mussten sich vor eigens eingerichteten Sondergerichten oder so genannten Volkstribunalen verantworten. Art und Ausmaß dieser »Säuberungen« in Europa waren historisch beispiellos und entsprachen somit der einzigartigen verbrecherischen Ausprägung von Nationalsozialismus und Faschismus.

Boykott, Sabotage, Aufstand – Widerstand im besetzten Europa

Angesichts des von Deutschland von Beginn an in Osteuropa geführten Vernichtungskriegs und des Vorgehens der nationalsozialistischen Verwaltungen gegen die polnischen und sowjetischen Bevölkerungen konnte das Ausmaß des dort praktizierten aktiven Widerstands hinter der deutschen Front kaum überraschen. Vor allem den in den unübersichtlichen Waldgebieten Russlands zunehmend seit dem Sommer 1942 operierenden, teilweise von Moskau aus straff geführten sowjetischen Partisanenverbänden gelang es, mitunter erhebliche militärische Kräfte der Wehrmacht zu binden. Ihre operative Wirkung stellten die Partisanen etwa bei der sowjetischen Großoffensive im Juni 1944 unter Beweis, als es ihnen durch mehr als 10 000 Sprengungen gelang, das Eisenbahnnetz hinter der deutschen Heeresgruppe Mitte zu zerstören. Der Partisanenkrieg im Osten lieferte den deutschen Militärs aber auch jenes Argument, mit dem sie ihr menschenverachtendes Vorgehen gegen die sowjetische Zivilbevölkerung zu legitimieren suchten.

Nach der Niederlage der jüdischen Widerstandskämpfer im Warschauer Getto im April/Mai 1943 werden die letzten Überlebenden in die Vernichtungslager abtransportiert.

In Polen hatte sich bereits kurz nach der deutschen und sowjetischen Besetzung des Landes 1939 eine eher konservativ-nationale Untergrundorganisation, die »Heimatarmee«, gebildet, die in enger Verbindung zur polnischen Exilregierung in London stand. In Rivalität zu ihr stand die zahlenmäßig kleinere geheime Volksarmee des kommunistischen Untergrunds. Verglichen mit diesen stark politisch ausgerichteten Organisationen verfügten die wenigen und schlecht bewaffneten jüdischen Widerstandskämpfer kaum über einen Rückhalt in der polnischen Bevölkerung. Trotzdem widersetzten sie sich mit dem Mut der Verzweiflung im April 1943 der Räumung des Warschauer Gettos, indem sie Wehrmacht und SS in einen fast vierwöchigen Häuserkampf verwickelten. Der Kampf gegen einen ungleich stärkeren Gegner, der mit der Deportation auch der restlichen 6 000 Juden in die deutschen Vernichtungslager endete, wird zu Recht als eine heroische Tat sondergleichen bewertet. Zu einer Tragödie großen Ausmaßes entwickelte sich auch der militärisch unzureichend vorbereitete Warschauer Aufstand der Heimatarmee unter General Tadeusz Bór-Komorowski Anfang August 1944. Inzwischen gibt es kaum Zweifel daran, dass Stalin den sowjetischen Vormarsch auf Warschau kalkuliert stoppte, um Hitler eine Gelegenheit zu geben, den konservativen polnischen Widerstand zu vernichten. Der Aufstand endete mit der fast völligen Vernichtung der Heimatarmee. Hitlers Befehl, Warschau dem Erdboden gleichzumachen, wurde mit brutaler Gründlichkeit ausgeführt.

Organisierter und bewaffneter Widerstand gegen die deutsche Besatzungsmacht lässt sich in nahezu allen besetzten Ländern fest-

Hitlers Weisung Nummer 46 über die Bekämpfung des »Bandenunwesens« im Osten vom 18. August 1942:

Das Bandenunwesen im Osten hat in den letzten Monaten einen nicht mehr erträglichen Umfang angenommen und droht zu einer ernsten Gefahr für die Versorgung der Front und die wirtschaftliche Ausnützung des Landes zu werden.
Bis zum Beginn des Winters müssen die Banden im Wesentlichen ausgerottet und damit der Osten hinter der Front befriedet werden, um entscheidende Nachteile für die Kampfführung der Wehrmacht im Winter zu vermeiden.

stellen, doch nirgends, mit der Ausnahme der besetzten sowjetischen Gebiete, erreichte der Kampf gegen die Deutschen eine derartige Stärke wie auf dem Balkan. In den Gebirgen Serbiens und Montenegros operierten schließlich zwei, noch dazu miteinander verfeindete Partisanenarmeen gegen die deutschen und italienischen Invasoren: die nationalserbischen Tschetniks unter Draža (eigentlich

Tagung des Politbüros der Kommunistischen Partei Jugoslawiens mit Tito in der Mitte.

Dragoljub) Mihailović und die kommunistische Partisanenbewegung unter dem Kroaten Josip Broz, genannt Tito. Mit seiner auf über 300 000 Mann angewachsenen Partisanenarmee, die inzwischen weite Teile des Landes kontrollierte, war Titos Bewegung spätestens Mitte 1944 zu einer festen militärischen und auch politischen Größe im Kalkül der Alliierten geworden. Außer in Jugoslawien bestanden ausgesprochene Partisanenbewegungen in Griechenland, der Slowakei und schließlich nach 1944 innerhalb der italienischen *Resistenza* in Norditalien.

Je verlustreicher und ungünstiger sich der Krieg für Deutschland entwickelte, umso stärker traten bewaffnete Organisationen auch in West- und Nordeuropa auf den Plan. Allerdings stellten derartige Gruppen zunächst eher eine Ausnahme dar. Lediglich die im Dickicht des bergigen Zentralmassivs kämpfenden und nach der dortigen Vegetation benannten französischen Widerstandskämpfer *(maquisards)* waren imstande, über einen größeren Zeitraum hinweg gezielte Anschläge und Sabotageaktionen gegen die deutsche Besatzungsmacht zu unternehmen. Ansonsten beschränkte sich der Widerstand gegen die deutschen Besatzungen in Westeuropa im Allgemeinen auf unbewaffnete Aktionen wie die Übermittlung von Nachrichten an westliche Agenten, die Hilfe für abgeschossene alliierte Flieger und entflohene Kriegsgefangene oder die Unterstützung jüdischer und anderer Opfer des Besatzungsregimes. Da die deutschen Behörden mit großer Brutalität, oft unter Einbeziehung der übrigen Familie – daher sprach man von »Sippenhaft« – gegen Oppositionelle und Widerständler vorzugehen pflegten, ist die anfängliche Weigerung der meisten Menschen, sich an derartigen Aktionen zu beteiligen, nur zu begreiflich. Mit der Gewissheit eines alliierten Sieges wuchs die Bereitschaft zum Widerstand. Ebenso übten die nach 1942/43 zunehmende wirtschaftliche und soziale Verelendung als Folge der Besatzungssituation einen nicht zu unterschätzenden Einfluss auf das Widerstandsverhalten aus. Zwar blieb der aktive Widerstand in seinen vielfältigen Formen stets Ausdruck einer Minderheit in der Bevölkerung, aber der Widerstand bewies durch seine bloße Existenz, durch Flugblätter und illegale Zeitungen, dass es fortan eine wirkliche Alternative zur Passivität oder zur Kollaboration mit den Deutschen gab.

Die Aktionen der Widerstandsgruppen und Untergrundorganisationen wurden zunehmend wirkungsvoller und begannen die deutschen, aber auch die kollaborierenden Verwaltungen mitunter

Widerstandsaufruf General Charles de Gaulles, der sich in London zum Führer des »Freien Frankreich« erklärt hatte und im Mai 1943 vom neu gebildeten Nationalrat der Résistance als ihr Sprecher gegenüber den Alliierten

VERGELTUNG FÜR DAS ATTENTAT AUF HEYDRICH – DAS DORF LIDICE

Als Vergeltungsmaßnahme für den Tod des stellvertretenden Reichsprotektors für Böhmen und Mähren, Reinhard Heydrich, der einem auf Betreiben der tschechoslowakischen Exilregierung in London

ausgeführten Attentat zum Opfer gefallen war, gab Hitler am Tag der Beisetzung Heydrichs (9. Juni 1942) den Befehl, das Dorf Lidice bei Prag dem Erdboden gleichzumachen. Heydrich hatte als SS-Obergruppenführer und General der Polizei 1941 die Massentötung von Juden in den eroberten sowjetischen Gebieten befehligt. Im Januar 1942 leitete er die Wannseekonferenz, die den Genozid an den im deutschen Machtbereich lebenden Juden organisatorisch vorbereitete. Am 10. Juni 1942 umstellte deutsche Sicherheits-

polizei das Dorf Lidice, alle männlichen Einwohner über 16 Jahre wurden erschossen (etwa 190), die Frauen wurden in das Konzentrationslager Ravensbrück gebracht, wo 52 von ihnen umkamen. 98 Kinder wurden zum Zweck der »Eindeutschung« in SS-Lager deportiert, das Dorf wurde total zerstört. Das nach dem Krieg wieder aufgebaute Neu-Lidice ist heute Gedenkstätte.

empfindlich zu treffen. Es kam zu vereinzelten Arbeitsniederlegungen und schließlich sogar zu zeitweiligen Massenstreiks, so in den Niederlanden im Mai 1943. Als bevorzugte Zielscheibe für Attentate des Widerstands erwiesen sich die Repräsentanten und Führer der einheimischen faschistischen Bewegungen und Parteien. Im Gegenzug reagierten Polizei- und Sicherheitsdienste, aber auch die Wehrmacht, mit brutalen Vergeltungsmaßnahmen, die den Terror, oft auch gegen Unbeteiligte und Unschuldige, zum obersten Gebot erhoben; dazu gehörten summarische Geiselerschießungen und die Zerstörungen ganzer Ortschaften. Die an zahlreichen Orten im besetzten Europa von Deutschen begangenen Untaten – stellvertretend seien genannt die Namen Lidice in Tschechien, Oradour-sur-Glane in Frankreich, Putten in den Niederlanden und Marzabotto in Italien – haben sich tief in das kollektive Gedächtnis der jeweiligen Nation eingegraben.

Der Widerstand in den besetzten Ländern Europas hat die große Wende im Krieg gegen das nationalsozialistische Deutschland nicht herbeizuführen vermocht. Dazu war er militärisch zu schwach und politisch zu zersplittert. Die politischen und gesellschaftlichen Perspektiven der beteiligten Widerstandsgruppen reichten von konservativen und monarchischen Staatsvorstellungen bis hin zu den Ideen von sozialistischen und kommunistischen Nachkriegsordnungen. Befreit wurden die europäischen Staaten und ihre Bevölkerungen vor allem durch die siegreichen Armeen der Alliierten und durch die Opfer ihrer Soldaten. Der Widerstand gab vielen Menschen Würde und Selbstachtung zurück, die sie unter deutscher Besatzung verloren hatten, er trug entscheidend zur Legitimation der demokratischen Nachkriegsregierungen in Europa bei.

GERHARD HIRSCHFELD

Bereits am 18. Juni 1940 hatte General Charles de Gaulle über den Londoner Rundfunk seine Landsleute zum Widerstand gegen Deutschland aufgerufen:

*Ist die Niederlage endgültig? Nein!
Glauben Sie mir, und ich weiß, wovon ich rede! Ich sage Ihnen, dass nichts verloren ist für Frankreich. Dieselben Waffen, die uns besiegt haben, können uns eines Tages den Sieg bringen.
Denn Frankreich ist nicht allein! Es ist nicht allein! Es ist nicht allein! Es hat ein großes Reich hinter sich. Es kann einen Block bilden mit dem Britischen Reich, das die Meere kontrolliert und den Kampf fortsetzt. Es kann wie England unbeschränkt die gewaltige Industrie der Vereinigten Staaten nutzen ...
Ich, General de Gaulle, gegenwärtig in London, ich lade die französischen Offiziere und Soldaten, die sich auf britischem Gebiet befinden oder sich noch hier einfinden werden, ein, mit und ohne ihre Waffen, ich lade die Ingenieure und Facharbeiter der Waffenindustrie, die sich auf britischem Gebiet befinden oder sich noch hier einfinden werden, ein, sich mit mir in Verbindung zu setzen.
Was auch immer geschieht, die Flamme des französischen Widerstandes darf nicht erlöschen, sie wird nicht erlöschen.*

Von Bomben bedroht –
Leben im Krieg

Ab 1924 hatte eine Gruppe von Offizieren im Heereswaffenamt die Grundlagen für eine **wirtschaftliche Mobilmachung** geschaffen. Sie waren davon überzeugt, dass Deutschland den Ersten Weltkrieg vor allem deshalb verloren hatte, weil es seine wirtschaftlichen Möglichkeiten nicht hinreichend ausgeschöpft hatte. Die Militärs, die sich mit dieser Frage beschäftigten, nahmen an, dass die Leistungsgrenze der Wirtschaft im Hinblick auf die verlangte Kriegsproduktion eine feste Größe war. Es galt, sie zu errechnen und in der Praxis zu erreichen. Die Umstellung der Wirtschaft, so nahmen die Militärs ferner an, musste bereits in Friedenszeiten gründlich und generalstabsmäßig vorbereitet werden. Als Ergebnis würde man dann über einen Mobilmachungsplan für die Wirtschaft verfügen, der bei Kriegsbeginn wie ein »Räderwerk« in Gang zu setzen wäre.

Im Bewusstsein der meisten Zeitgenossen knüpfte die europäische Konfliktgeschichte am 1. September 1939 dort an, wo sie am 11. November 1918 im Wald von Compiègne unterbrochen worden war. Weithin in Europa empfanden die Menschen den Ausbruch des Zweiten Weltkrieges als Wiederaufnahme der militärischen Kampfhandlungen nach zwei Jahrzehnten mehr oder minder offenen Ringens um die Ergebnisse des Ersten Weltkrieges. Der Versailler Friedensvertrag vom Juni 1919 hatte das französische Verlangen nach dauerhaften Sicherungen gegen gewaltsame Revisionsversuche des potenziell übermächtigen Nachbarn im Osten nicht annähernd befriedigt. Dort verbreiteten die »nationale« Rechte und die alten

Die Stadt Hamburg erlebte bis zum Ende des Krieges über 200 Luftangriffe, bei denen unter anderem fast 300 000 Wohnungen zerstört wurden.

Militäreliten mit der Dolchstoßlegende die Behauptung, das »im Felde unbesiegte« Heer sei erst durch den revolutionären Zusammenbruch der deutschen »Heimatfront« Anfang November 1918 zur Aufgabe gezwungen worden. Tatsächlich aber war der Krieg militärisch schon Wochen, ja Monate zuvor verloren gegangen. Die Revolution der kriegsmüden Soldaten und Arbeiter war nicht die Ursache der militärischen Niederlage Deutschlands, sondern deren unmittelbare Folge. Gleichwohl blieben der Erste Weltkrieg und sein Ende der Fluchtpunkt aller Planungen für einen neuen Waffengang – in Berlin wie in London oder anderenorts in Europa. Im Mittelpunkt standen dabei zwei Probleme: die Mobilisierung der eigenen Hilfsquellen im Dienste der Kriegswirtschaft und die Stabilität einer Krieg führenden Gesellschaft. Angesichts der Entwicklung der Waffentechnik, die inzwischen das Kriegsgeschehen weit in das Hinterland des Gegners zu tragen imstande war, entwickelte sich der Zweite Weltkrieg zum Fernduell der – allseits ausdrücklich so genannten – »Heimatfronten«.

Die Heimat wird Front – Der Luftkrieg

Aus seiner traumatischen Erfahrung des Zusammenbruchs von 1918 hatte Hitler vor allem eine Konsequenz gezogen: Unter keinen Umständen dürfe die unkontrollierte Dynamik der Massenstimmung im Innern nochmals die äußere Machtentfaltung des Reiches behindern. Dieser Leitlinie hatten sich nach dem Willen Hitlers

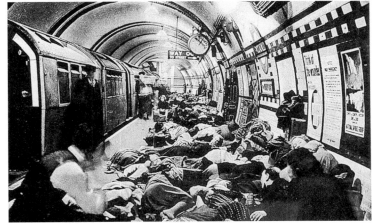

Die englische Stadt Coventry wurde in der Nacht zum 15. November 1940 von über 500 Bombern der deutschen Luftwaffe angegriffen und fast vollständig zerstört (oben). In London wurden U-Bahn-Stationen Nacht für Nacht von der Bevölkerung zu Luftschutzräumen umfunktioniert (rechts).

und seiner Gefolgsleute alle strategischen Überlegungen unterzuordnen. Der NSDAP und ihren Gliederungen fiel die Aufgabe zu, das politische Wohlverhalten der Bevölkerung zu gewährleisten. Der übernommene Staatsapparat sollte seinen Teil zur Kontrolle und Unterdrückung beitragen und sich um den effizienten Kriegseinsatz der menschlichen und materiellen Ressourcen kümmern. Diese Aufträge machten sich die alten Eliten in Militär, Verwaltung und Wirtschaft nahezu vorbehaltlos zu Eigen. Allen Rivalitäten zum

Trotz sorgten Staatspartei und Staatsapparat dafür, dass die Bevölkerung bis zum bitteren Ende keine Anstalten machte, gegen das nationalsozialistische Regierungssystem zu revoltieren. Gelingen konnte Hitler das freilich nur, weil die große Mehrheit der Deutschen seine Politik mehr oder minder enthusiastisch mittrug. Die tatsächliche Lage an den äußeren Fronten und im Innern des »Altreiches« ließ sich im Verlauf des Krieges immer weniger beschönigen. Umso mehr konzentrierten sich Hitler und seine Helfer darauf, durch symbolische Zugeständnisse, durch Mythenbildung und durch exzessive Pflege von Feindbildern enttäuschungsfeste Massenloyalitäten gegenüber ihrem Regime zu befestigen. So wurden die deutschen Arbeiter, Bauern und Soldaten zu Kultfiguren einer arischen Herrenrasse stilisiert, als deren vernichtungswürdige Todfeinde vor allem Juden und Bolschewisten dienten. Nach dem Fall von Stalingrad Anfang 1943 ergänzten Durchhalteparolen und ein Opferkult ohnegleichen die üblichen Beschwörungen des Hitlermythos.

Nach dem verheerenden deutschen Luftangriff auf Rotterdam im Mai 1940 flog die noch kleine britische Bomberflotte regelmäßig Angriffe auf militärische Ziele innerhalb des Deutschen Reiches. Als jedoch deutsche Bomben auf London fielen, wurden auch die städti-

Churchill besichtigt das durch Fliegerbomben schwer beschädigte Parlamentsgebäude in London.

Zu den wichtigsten Bereichen der Rüstungsindustrie gehörten die Flugzeugwerke, die Bomber und Jagdflugzeuge, wie hier in einer deutschen Montagehalle, in großen Stückzahlen zu liefern hatten.

schen Wohnquartiere Deutschlands in das militärische Kriegsgeschehen einbezogen: erster Bombenangriff auf Berlin am 25. August 1940. Dies war der Auftakt jener Angriffswellen, unter denen die Reichshauptstadt und fast alle deutschen Städte seitdem immer massiver zu leiden hatten, weil die alliierten Luftkriegsstrategen hofften, unter dem Eindruck des Bombenhagels werde die Bevölkerung von Hitler abfallen. Bis in den Mai 1945 hinein prägten britisch-amerikanische Flächenbombardements den Kriegsalltag in Deutschland. Am Ende standen über 600 000 Tote und fast 900 000 Verletzte zu Buche. Über die Hälfte des städtischen Wohnraums war bis zum Frühjahr 1945 völlig oder weitgehend zerstört worden. Fast 14 Millionen Deutsche hatten kein eigenes Dach mehr über dem Kopf. Doch selbst im Angesicht der totalen Niederlage blieb die Loyalität der deutschen Bevölkerung im Wesentlichen ungebrochen.

Zwang kontra Freiwilligkeit – Arbeit im Krieg

Die Volksgemeinschaftspropaganda in Deutschland, das Verschwinden der millionenfachen Erwerbslosigkeit, die bescheidene Hebung des materiellen Lebensstandards und einige sozialpolitische Zugeständnisse (»Kraft durch Freude«) hatten die meisten Arbeiter wenn schon nicht für Hitlers Diktatur eingenommen, so doch immerhin vorläufig ruhig gestellt. Ein Übriges taten die außenpolitischen Erfolge der Jahre 1933 bis 1938. Freilich vermochte auch der Blitzsieg über Polen nicht darüber hinwegzutäuschen, dass die viel beschworene Volks- und Betriebsgemeinschaft ein zerbrechliches Kunstgebilde blieb. Es herrschte eine »widerwillige Loyalität«.

Anfang Dezember 1939 wurden per Kriegswirtschaftsverordnung sämtliche Überstunden- und Feiertagszuschläge gestrichen, die gesetzlichen Beschränkungen der Arbeitszeit wie die geltenden Urlaubsregelungen außer Kraft gesetzt und der Lohnstopp bekräftigt. Ferner wurde ein hoher Kriegszuschlag auf die Lohn- und Einkommensteuer sowie auf die Umsatzsteuer für Güter des außeralltäglichen Bedarfs erhoben. Mit diesen und anderen Zwangsmaßnahmen sollten die grassierende Arbeitskräftemisere gelindert und zugleich weiteren Preissteigerungen vorgebeugt werden. Die Reaktionen in den Betrieben führten der politischen Führung aber vor Augen, dass die Arbeitnehmerschaft ihre Kriegspolitik weithin nicht um den Preis solcher Einschnitte mitzutragen bereit war. Allerorten bekamen nationalsozialistische »Amtswalter«, besonders die Funktionäre der Deutschen Arbeitsfront (DAF), deren kaum verhohlenen Unmut zu spüren. Gleichzeitig trafen aus der Rüstungsindustrie Hiobsbotschaften über passiven Widerstand der Belegschaften und spürbare Produktionsrückgänge ein. Binnen weniger Wochen wurden daraufhin die meisten Bestimmungen der Kriegswirtschaftsverordnung kassiert oder abgeschwächt.

Mithilfe der Aktivitäten der von der Deutschen Arbeitsfront gegründeten »NS-Gemeinschaft Kraft durch Freude« (KdF) sollte die Arbeiterschaft in die »Volksgemeinschaft« integriert werden. Der Erwerb des KdF-Wagens sollte durch eine Sparkarte ermöglicht werden, in die wöchentlich Sparmarken eingeklebt wurden, bis der Betrag von 990 Reichsmark erreicht war.

Es gelang dem Regime, die Geldentwertung durch rigorose Lohn- und Preiskontrollen in Grenzen zu halten. Die allgegenwärtige Erinnerung an die Misere der Jahre 1916 bis 1918/19 sorgte dafür, dass sich die Unzufriedenheit der deutschen Bevölkerung bis 1945 durchweg in beherrschbaren Grenzen hielt. Die indirekte Umlenkung des knappen Arbeitskräfteangebots in kriegswichtige Branchen und Betriebe mittels höherer Löhne, wie sie in den angelsächsischen Staaten mit Erfolg praktiziert wurde, widersprach sowohl der zwangswirtschaftlichen Doktrin des totalitären Regimes als auch den kriegswirtschaftlichen Traditionen in Deutschland. Die Einberufungen für den Russlandfeldzug machten eine Lösung des Arbeitskräfteproblems unabweisbar.

Das Millionenheer der Fremdarbeiter

Unter der Ägide des von Hitler zum Generalbevollmächtigten für den Arbeitskräfteeinsatz berufenen Fritz Sauckel wurden Arbeitskräfte aus dem Generalgouvernement Polen und aus den okkupierten Teilen der Sowjetunion zwangsrekrutiert. Gut die Hälfte von ihnen waren junge Mädchen. Die Zahl der rekrutierten Fremd- und Zwangsarbeiter stieg von 3,2 Prozent aller Beschäftigten im Jahre 1940 auf 26,4 Prozent im Sommer 1944. Besonders Nahrungsmittelversorgung und Rüstungsproduktion waren zu entscheidenden Anteilen vom Wohlverhalten eines Millionenheeres von Fronarbeitern abhängig. Die umfassende Überwachung dieses Unsicherheitsfaktors ließ den Unterdrückungsapparat des Staates weiter auswuchern.

Abtransport zwangsrekrutierter Frauen aus dem besetzten Kiew zum Arbeitseinsatz in Deutschland.

Hitler äußert in einer Abendunterhaltung am 26. Februar 1942 seine Pläne zur Ausbeutung der besetzten Ostgebiete:

Man müsse stets davon ausgehen, dass diese Völker uns gegenüber in erster Linie die Aufgabe haben, uns wirtschaftlich zu dienen. Es müsse daher unser Bestreben sein, mit allen Mitteln wirtschaftlich aus den besetzten russischen Gebieten herauszuholen, was sich herausholen lasse.

Die »Fremdarbeiter« wurden einem drakonischen Regime abgestufter Diskriminierungen und Unterdrückungsmaßnahmen unterworfen. Am unteren Ende der streng von der deutschen Bevölkerung isolierten Fremdarbeiterschaft standen die rassisch diskriminierten »Ostarbeiter« aus Russland. Kaum besser war die Lage ihrer polnischen und – nach dem »Abfall« Roms Mitte 1943 – ihrer italienischen Kollegen. Noch schlechter erging es jenen Millionen Kriegsgefangenen, die sich für den deutschen »Endsieg« massenhaft zu Tode schuften mussten. Zumindest im Falle der russischen Gefangenen ging Zwangsarbeit hier oft in planmäßige »Vernichtung durch Arbeit« über. Erst recht galt das für jene Insassen der Konzentrationslager, mit denen Heinrich Himmlers SS die deutsche Industrie 1944/45 in immer neuen Kontingenten versorgte. In einer großen Zahl lokaler »Außenlager« wurden sie unter furchtbaren Umständen gehalten, bis sie ihre Arbeitskraft restlos verbraucht hatten und den Hunger- oder Kältetorturen erlagen, sofern sie nicht zuvor vom Lagerpersonal ermordet oder in die Vernichtungslager abtransportiert worden waren. Über den Umgang der in den Betrieben verbliebenen deutschen Arbeiter mit den ihnen zwangsweise zur Seite gestellten

Ausländern und Gefangenen liegen widersprüchliche Zeugnisse vor. Offenkundig hat es manche Schikanen und Übergriffe gegeben, doch an der Tagesordnung waren sie nicht. Manche deutsche Arbeitskräfte fühlten sich in ihrer Funktion als Vorarbeiter und Aufseher tatsächlich jener »Herrenrasse« zugehörig, deren Überlegenheit in der Propaganda unablässig beschworen wurde.

Die »uk« (unabkömmlich) gestellten Facharbeiter waren ängstlich bestrebt, nicht durch kritische Bemerkungen oder verdächtige Handlungsweisen ihre Stellung zu gefährden oder ins Blickfeld der Geheimen Staatspolizei (Gestapo) zu geraten. Schließlich grassierte allerorten das Denunziationswesen; so genannten »Bummelanten« drohte die Einweisung in eines jener Lager, die die Gestapo Anfang der Vierzigerjahre zur »Wiedergewöhnung an Arbeit« eingerichtet hatte. Wer sich gar dem Verdacht »defätistischer« oder »heimtückischer« Reden aussetzte oder eines »Rundfunkverbrechens«, dem Abhören ausländischer Kriegsnachrichten, beschuldigt wurde, der musste befürchten, von nationalsozialistischen Sondergerichten ins Zuchthaus oder aufs Schafott geschickt zu werden.

Krieg – Motor der Sozialpolitik

Auf den Britischen Inseln gab es keine Möglichkeit, in großem Stil zusätzliche Arbeitskräfte von außen heranzuführen. Die personellen Anforderungen der Armee und der Rüstungsindustrie mussten aus dem vorhandenen Menschenpotenzial befriedigt werden. In scharfem Kontrast zu Deutschland wurden diese Herausforderungen weitgehend ohne Zwangsmaßnahmen bewältigt. Die Kriegskoalition der Konservativen mit der Labour Party setzte alles daran, die Arbeiterschaft und ihre Gewerkschaften für eine freiwillige Mitarbeit zu gewinnen. Vonseiten der Regierung wurden Lohnbewegungen der Gewerkschaften selbst dann nicht behindert, wenn es dabei gelegentlich zu Streikaktionen kam. Stattdessen versuchte sie durch strenge Preiskontrollen, teilweise auch durch Subventionen, ausgewählte Grundnahrungsmittel und Bekleidung zu verbilligen, um die reale Kaufkraft der Arbeitnehmereinkommen zu verbessern und den sozialen Frieden zu fördern. Arbeitsminister Ernest Bevin von der Labour Party konzentrierte sich besonders darauf, Arbeitskräfte mit sozialpolitischen Zukunftsverheißungen für freiwillige Anstrengungen und Opfer zu gewinnen. Mit dem Beveridplan legte er 1942 ein Programm vor, das als »Magna Charta des Welfare State« und internationaler »Markstein der Sozialstaatsgeschichte« gilt und die Grundlage für die britischen Sozialreformen nach dem Zweiten Weltkrieg bildete.

Auch in Deutschland erwies sich der moderne Massenkrieg einmal mehr als »Motor der Sozialpolitik«. Dort hatte Robert Leys Deutsche Arbeitsfront bereits 1940 erste Pläne für Renten- und

Ein Vermerk über eine Besprechung unter dem Vorsitz von Reinhard Heydrich im Reichskriminalpolizeiamt über den Einsatz von ausländischen Arbeitern:

Heydrich führte aus, dass etwa neun Millionen fremde Menschen (davon 6,5 Millionen Kriegsgefangene) im deutschen Raum leben. Sie bedeuten in nervenangreifender Zeit wie heute in vieler Hinsicht Gefahr und verdienen besondere Beachtung. Die wirtschaftliche Seite (Produktionshebung und Abwehr von Sabotage) sowie die Unterwanderungsgefahr fanden besondere Erwähnung. Sind die zu berücksichtigenden wirtschaftlichen Gesichtspunkte ohne weiteres als aktuell anerkannt, so muss dem Versuch, die rassische und Volkstumsfrage für die Nachkriegszeit zurückzustellen, entschieden entgegengetreten werden.

Mit der Kennzeichnung »Ost« auf der Schürze versehene Ostarbeiterin in einem deutschen Betrieb.

Britische Arbeiterin beim Einsatz in der Rüstungsindustrie.

Gesundheitsreformen vorgelegt, die manche Gemeinsamkeit mit den Konzepten des britischen Kriegsgegners aufwiesen. Vor der Kulisse ausgebrannter Städte propagierte Ley später ein groß angelegtes Wohnungsbauprogramm als Beleg dafür, dass der »Endsieg« schließlich »ein besseres Leben für jeden Deutschen« ermöglichen solle.

Frauen zwischen Familie und Arbeitseinsatz

So schonend die britischen Behörden mit der Arbeiterschaft umgingen, so rigoros wurde die allgemeine Dienstpflicht für Frauen durchgesetzt. Unversehens fand sich manche gehobene Dame aus den *upper classes* ohne Berufserfahrung ebenfalls an den Fließbändern der Rüstungsindustrie wieder. Dorthin trieb die materielle Not auch viele Mütter, deren Ehemänner zum Kriegsdienst eingezogen worden waren. Ihnen wurde lediglich ein reichliches Drittel des bisherigen Familieneinkommens als Unterhalt gewährt. Die Frauenerwerbsquote schnellte auf über 60 Prozent empor. Unter schwierigen Bedingungen haben die britischen Frauen entscheidend dazu beigetragen, die Heimatfront vor dem Kollaps zu bewahren.

Ihren Geschlechtsgenossinnen auf der deutschen Gegenseite wurde in dieser Hinsicht nicht annähernd Vergleichbares zugemutet. Die Frauenerwerbsquote lag weit unter den Vergleichszahlen der Jahre 1914 bis 1918. Freilich waren Hitler und seine Ideologen nicht nur überzeugt, dass die Frauenarbeit im Ersten Weltkrieg ihren Teil zum deutschen Zusammenbruch im November 1918 beigetragen hatte. In ihrem Weltbild war der deutschen Frau die Rolle der Mutter und der Hüterin der Familie vorbehalten. Beiden Gesichtspunkten räumten sie von Beginn an Vorrang vor rüstungswirtschaftlichen Erwägungen ein. So erhielten die Familien einberufener Soldaten eine großzügig bemessene Unterhaltshilfe in Höhe von 75 Prozent des bisherigen Familieneinkommens. Hitler verschloss sich hart-

EA: München-Stadt	EA: München-Stadt	EA: München-Stadt	EA: München-Stadt	EA: München-Stadt
Bestellschein für Butter oder Butterschmalz 25. IX.—22. X. 1939	Bestellschein für Käse und Quarg 25. IX.—22. X. 1939	Bestellschein für Margarine oder Pflanzen- oder Kunstspeisefett oder Speiseöl 25. IX.—22. X. 1939		Bestellschein für Schweineschmalz oder Speck oder Talg 25. IX.—22. X. 1939
Butter oder Butterschmalz **1** 25. IX.—1. X. 1939	Butter oder Butterschmalz **3** 9. X.—15. X. 1939	Gültig vom 25. IX. bis 22. X. 1939 **Reichsfettkarte** [Reichsadler] EA: **München-Stadt** Name: _____	Margarine oder Pflanzen- oder Kunstspeisefett oder Speiseöl **a2** 9. X.—22. X. 1939	Margarine oder Pflanzen- oder Kunstspeisefett oder Speiseöl **a1** 25. IX.—8. X. 1939
Butter oder Butterschmalz **2** 2. X.—8. X. 1939	Butter oder Butterschmalz **4** 16. X.—22. X. 1939		Margarine oder Pflanzen- oder Kunstspeisefett oder Speiseöl **b4** 9. X.—22. X. 1939	Margarine oder Pflanzen- oder Kunstspeisefett oder Speiseöl **b3** 25. IX.—8. X. 1939
Käse oder Quarg **2**	Käse oder Quarg **4**		Schweineschmalz oder Speck oder Talg **4**	Schweineschmalz oder Speck oder Talg **2**

In Erinnerung an den von Hunger geprägten »Steckrübenwinter« im Ersten Weltkrieg rationierte die Regierung wenige Tage vor Beginn des Zweiten Weltkriegs eine große Zahl von Gütern des alltäglichen Bedarfs. Die Verteilung erfolgte über ein ausgeklügeltes Zuteilungssystem mittels Lebensmittelmarken unter Berücksichtigung verschiedener Alterskategorien und Tageskalorienwerte an unterschiedliche Bevölkerungsgruppen wie Normalverbraucher, Schwerarbeiter, Nachtarbeiter sowie Soldaten und Kinder.

näckig dem Drängen der zuständigen Institutionen, Möglichkeiten zur Mobilisierung von Frauen konsequenter zu nutzen. Wiederum ließ er sich dabei zuletzt von persönlichen Erinnerungen an den Ersten Weltkrieg leiten. Nach seiner Überzeugung hatte die Arbeit in den Rüstungsfabriken nicht nur auf die Stimmung der deutschen

Frauen gedrückt, sondern auch deren moralische Standfestigkeit oftmals überfordert. Ihren Ehemännern an der Front sei das nicht verborgen geblieben. Dadurch sei sowohl der Durchhaltewillen an der »Heimatfront« als auch die Kampfmoral der Truppe schwer in Mitleidenschaft gezogen worden. Außerhalb der Industriebetriebe haben die Frauen jedoch – vornehmlich in Gewerbe und Landwirtschaft – die deutsche Kriegswirtschaft mit gestützt.

Werbeplakat für die freiwillige Meldung von Frauen zum Arbeitseinsatz in der Industrie (links; um 1941). Im Gegensatz zu Großbritannien setzte man im Deutschen Reich, auch aus ideologischen Gründen, auf Freiwilligkeit. Rechts: Auf der »Großen deutschen Kunstausstellung« im neu errichteten Haus der deutschen Kunst in München 1937 wurde die Frau in zahlreichen »arteigenen Kunstwerken« dargestellt. Die Unterschrift unter diesem Bild lautete: »In meinem Staat ist die Mutter wichtigste Staatsbürgerin. Adolf Hitler.«

Massenstimmung – Die politische Atmosphäre im Reich

Nach den Blitzsiegen über Polen und Frankreich berichteten die Informanten des Sicherheitsdienstes der SS im Sommer und Herbst 1940 von einer nie da gewesenen Übereinstimmung der »Volksgemeinschaft« in Deutschland mit dem Kurs ihrer politischen Führung. Allerdings speiste sich die vorübergehende Euphorie vor allem aus der Erwartung eines baldigen Siegfriedens. Der Überfall auf die Sowjetunion im Juni 1941 zerstörte diese Illusion endgültig. Kaum jemand ließ sich durch die anfänglichen Siegesmeldungen darüber hinwegtäuschen, dass Deutschland nun in einen lang andauernden Mehrfrontenkrieg mit ungewissem Ausgang verwickelt war. Nach Goebbels' alarmierendem Aufruf zur Sammlung von Wintersachen für das eingefrorene Ostheer und nach der Kriegserklärung an die USA gewannen solche Ahnungen im Winter 1941/42 Gestalt.

Die zentral gelenkten Medien in Deutschland verbreiteten einen – durch private Nachrichten oder ausländische Radiosendungen immer häufiger widerlegten – Siegesoptimismus. Hitler wusste, dass sein persönlicher Nimbus und damit die Standfestigkeit seines Regimes auf Gedeih und Verderb vom immer währenden Erfolg abhing. Im Übrigen setzte er nicht zu Unrecht darauf, dass die grosse Masse der »Volksgenossen« schlechte Nachrichten im Grunde gar nicht hören wollte. Der alltägliche Daseinskampf kostete ohnehin Kraft genug. Zusammengehalten wurde die deutsche »Heimatfront« in den letzten beiden Kriegsjahren vor allem durch einen übermächtigen »Willen zur Normalität« und eine allgegenwärtige Angst. Je chaotischer die Lebensumstände wurden, desto mehr verengte sich das Interesse der Bevölkerung auf die Notwendig-

Plakat des Reichspropagandaministeriums von 1936. Der preiswerte
Volksempfänger war ein wichtiges
Instrument der nationalsozialistischen
Propaganda. Die Zahl der Rundfunk-
teilnehmer stieg von 2 Millionen (1928)
auf 12,5 Millionen im Jahr 1939.

Die führenden Mitglieder der »Weißen
Rose«, Hans Scholl, Sophie Scholl
und Christoph Probst (von links);
sie alle wurden am 22. Februar 1943
hingerichtet.

Aus dem Flugblatt der » Weißen Rose «
vom 18. Februar 1943:

*Wollen wir den niedrigen Machtinstinkten
einer Parteiclique den Rest der deutschen
Jugend opfern? Nimmer mehr! Der Tag der
Abrechnung ist gekommen, der Abrechnung
der deutschen Jugend mit der verabscheu-
ungswürdigsten Tyrannis, die unser Volk
je erduldet hat. Im Namen der deutschen
Jugend fordern wir vom Staat Adolf Hitlers
die persönliche Freiheit, das kostbarste Gut
des Deutschen, zurück, um das er uns in der
erbärmlichsten Weise betrogen hat ... Es gilt
den Kampf jedes Einzelnen von uns um
unsere Zukunft, unsere Freiheit und Ehre
in einem seiner sittlichen Verantwortung
bewussten Staatswesen.*

keiten des alltäglichen »Durchkommens vor Ort«. Und je näher die
Niederlage rückte, desto sorgsamer achtete jedermann darauf, nicht
kurz vor Toresschluss doch noch in die Mühlen der nationalsozialistischen Verfolgungsinstanzen zu geraten. Über allem aber
schwebte zudem 1944/45 die tief verwurzelte, von Goebbels immer
hemmungsloser geschürte Bolschewismusangst der gesamten Bevölkerung.

Organisierter Massenwiderstand gegen die Diktatur konnte sich
in Deutschland unter den zuvor genannten Bedingungen nicht
formieren. Die Widerstandsgruppen der Arbeiterbewegung waren
spätestens 1936 zerschlagen worden. Nach dem Motto »Widerstand
im Wartestand« hatten sich die meisten Sozialdemokraten im eigenen Milieu eingeigelt, um dort für die Zeit nach dem Sturz Hitlers
bereitzustehen. Die Kommunisten hatten für ihre anfängliche Fehleinschätzung des nationalsozialistischen Regimes einen hohen Blutzoll entrichtet. Danach wurden ihre Expeditionskommandos aus der
Emigration regelmäßig von der Gestapo aufgespürt.

Die ebenso engagierte wie isolierte Aktion der »Weißen Rose«
(1942/43) vermag nicht darüber hinwegzutäuschen, dass es während
des Krieges keinen bedeutsamen Widerstand gegen den Nationalsozialismus gegeben hat. Feststellbar ist aber eine verbreitete Wider-
ständigkeit gegen einzelne Verhaltenszumutungen der Diktatur.
Sie machte sich auf dem Lande und in katholisch geprägten Regionen besonders hartnäckig bemerkbar. Systembedrohende Ausmaße
erreichten solche gesellschaftlichen Teilwiderstände allerdings nirgends. Die große Mehrheit auch dieser Bevölkerungsgruppen hatte
sich ansonsten mit den außen- und wirtschaftspolitischen Erfol-

gen Hitlers durchaus zufrieden gegeben; den Gewalt- und Unterdrückungsmaßnahmen des Regimes gegen Juden und andere Minderheiten stand sie überwiegend teilnahmslos gegenüber. Wenn
überhaupt, hätte Hitler in der zweiten Kriegshälfte von innen her
nur noch durch jene alten Eliten gestürzt werden können, die ihm

WIDERSTAND IN DEUTSCHLAND

Der Widerstand gegen das NS-Regime setzte mit dessen Machtübernahme 1933 ein und umfasste ein breites politisches Spektrum, obwohl nur ein geringer Teil der deutschen Bevölkerung beteiligt war. Der kommunistische, aber auch der sozialdemokratische Widerstand wurde vom NS-Herrschaftsapparat in den ersten Jahren praktisch aufgerieben. Die Opposition in der Spitze der Wehrmacht, die sich im Zusammenhang mit Hitlers Politik gegenüber der Tschechoslowakei 1938 gebildet hatte, zerfiel nach dem Münchener Abkommen zunächst.

Kurz nach Beginn des Zweiten Weltkriegs scheiterte am 8. November 1939 das Sprengstoffattentat auf Hitler, das der Schreiner Georg Elser auf sich allein gestellt unternommen hatte. Die Abbildung unten zeigt den Bürgerbräukeller in München nach der Explosion. Eine Gruppe von Studenten um die Geschwister Hans und Sophie Scholl, die »Weiße Rose«, die mit Flugblättern gegen das Unrechtsregime protestierte, musste ihr mutiges Aufbegehren mit dem Leben bezahlen (Februar 1943). Bis 1942 konnte die »Rote Kapelle«, die deutsche Spionageorganisation eines Systems von zumeist kommunistischen Widerstandsgruppen in den besetzten Ländern Europas, Nachrichten an die Sowjetunion übermitteln. Den jugendlichen »Edelweißpiraten« an Rhein und Ruhr gelangen 1943/44 einige Anschläge auf Einrichtungen der NSDAP.

Seit 1943 hatte sich der »Kreisauer Kreis« für gewaltsamen Widerstand ausgesprochen. Die Gruppe um Helmuth James Graf von Moltke strebte eine konservative Neuordnung Deutschlands auf christlicher Grundlage an. Ihr gehörten auch Sozialdemokraten wie Julius Leber sowie Geistliche der evangelischen Bekennenden Kirche an, die sich seit 1938 zunehmend mit den Machthabern arrangieren musste. Die militärische

Opposition, die nun auch Kontakte zum »Kreisauer Kreis« hatte, war zum Handeln entschlossen. Attentatspläne kamen nicht zur Ausführung oder scheiterten. Als Oberst Claus Graf Schenk von Stauffenberg am 20. Juli 1944 in Hitlers Hauptquartier in Ostpreußen eine Bombe zündete, die Hitler töten und den Staatsstreich auslösen sollte, misslang der Anschlag und der Diktator kam mit leichten Verletzungen davon (Abbildung oben rechts).

Es folgte eine gnadenlose Menschenjagd. Über 200 Männer und Frauen aus dem engeren Widerstandskreis wurden nach Schauprozessen vor dem Volksgerichtshof hingerichtet. Die Anzahl der Verhafteten wird auf 7000 geschätzt; rund 5000 von ihnen wurden, teilweise noch kurz vor Kriegsende, ermordet.

von Beginn an zu Diensten gewesen waren. Dort wuchs zwar die innere Distanz zur nationalsozialistischen Staatsführung, praktische Konsequenzen für die eigene Person vermochte daraus aber kaum jemand zu ziehen. Die Militäropposition blieb deshalb viel zu schwach und unentschieden, um das Ruder in vorletzter Stunde noch herumreißen zu können. Der gescheiterte Aufstandsversuch vom 20. Juli 1944 belegt dies. Darüber hinaus zeigten die verständnislosen Reaktionen aus der Bevölkerung auch, dass ein gewaltsamer Staatsstreich dort nach wie vor keine Basis hatte. Bis zum militärischen Zusammenbruch konnte sich das nationalsozialistische Regime seiner »Heimatfront« sicher sein.

MICHAEL RUCK

Holocaust – Die rassistische Vernichtungspolitik Deutschlands

Judengesetze und Novemberpogrom – Der Antisemitismus wird Staatsdoktrin

Ein SA-Mann vor einem jüdischen Geschäft im April 1933.

Mit dem Sieg des Nationalsozialismus über die Demokratie war 1933 der Antisemitismus Staatsdoktrin in Deutschland geworden. Zu den Stationen der Entwicklung gehörten im April 1933 der Boykott gegen jüdische Geschäfte und Unternehmen, die Verdrängung der Juden aus Berufen, Universitäten, Theatern und Schulen und ihre Ausgrenzung aus der Gesellschaft durch die Nürnberger Gesetze 1935. Mit diesen Gesetzen wurden den Juden die Bürgerrechte aberkannt: Menschen, die seit Generationen in Deutschland lebten, die tief in der deutschen Kultur verwurzelt waren, wurden zu Staatsangehörigen zweiter Klasse herabgestuft. Die deutschen Bürger nahmen diese Diskriminierungen, da sie formal »legal« waren, weil sie von Staats wegen verfügt worden waren, ohne Protest als neues »Recht« hin.

Im April 1938 mussten Juden ihre Vermögen deklarieren, ab Mai 1938 waren sie von öffentlichen Aufträgen ausgeschlossen, im Juli gab es eine besondere Kennkarte für sie, im August erging die Verordnung zur Führung der zusätzlichen Zwangsvornamen Sara(h) oder Israel, im Oktober wurde – auf Initiative Schweizer Behörden – in die Reisepässe ein J gestempelt. Nach seinem »Anschluss« im März 1938 wurde Österreich Experimentierfeld für die forcierte Auswanderung der etwa 200 000 Juden. Im Auftrag des Reichssicherheitshauptamtes (RSHA) übte die Zentralstelle für jüdische Auswanderung in Wien seit August 1938 entsprechenden Druck aus. Geleitet von Adolf Eichmann, war sie das Vorbild der Berliner Reichszentrale für jüdische Auswanderung, die im Januar 1939 eingerichtet wurde.

Ab 1938 wurden Kennkarten und Pässe von Juden mit einem großen »J« gekennzeichnet; außerdem mussten Juden zwangsweise den zusätzlichen Vornamen »Sara(h)« oder »Israel« führen.

Der Novemberpogrom 1938 und die Reaktion der Deutschen

Die Ermordung des deutschen Botschaftssekretärs Ernst Eduard vom Rath in Paris am 7. November 1938 durch den 17-jährigen Herschel Grynszpan bot den Nationalsozialisten den Anlass zum Pogrom im November 1938. Weil er sich in Paris aufhielt, war Grynszpan als einziges Familienmitglied nicht im Oktober 1938 deportiert worden, als 17 000 Juden polnischer Nationalität, die in Deutschland gelebt hatten, abgeschoben worden waren. Das nationalsozialistische Regime machte aus dieser Verzweiflungstat eine »Verschwörung des Weltjudentums« und benutzte diese Gelegenheit, Judenfeindschaft brutal und öffentlich zu demonstrieren. Die Demonstration erfolgte als Gewaltakt gegen die jüdische Minderheit. Der staatlich verordnete Pogrom leitete die offene Verfolgung der Juden in Deutschland und wenig später in Europa ein. Der Novemberpogrom war nur ein Symptom, ein erster, Schrecken erregender Höhepunkt der Diskriminierung: Der Sachschaden betrug einige Hundert Millionen Reichsmark, die Zahl der Todesopfer – durch Mord, als Folge von Misshandlung, Schrecken, Verzweiflung – ging, die Selbstmorde nicht mitgerechnet, mindestens in die Hunderte. Am 12. November wurde den Juden eine »Sühneabgabe«, die eine Milliarde Reichsmark betrug, auferlegt; mit Gewalt drängte das Regime Juden zur Auswanderung; es folgten die Liquidierung aller Geschäfte und Unternehmen, die »Arisierung« auch des Grund- und Immobilienbesitzes, die völlige Entrechtung in Etappen bis zur physischen Vernichtung.

Die Reaktion der Deutschen auf den Novemberpogrom war zwiespältig. Viele, sie bildeten sicherlich die Mehrheit, lehnten die pöbelhaften Exzesse, die rohe Gewalt gegen Menschen und deren Eigentum, ab, sie fanden ihre Vorstellungen von Ordnung und Vernunft ins Gegenteil verkehrt, wenn sie beobachteten, wie die Feuerwehr brennende Synagogen nicht löschte, sondern sich darauf beschränkte, die Nachbargebäude zu schützen, wie die Polizei befehlsgemäß zusah oder sich abwandte, wenn Juden misshandelt wurden. Viele Bürger, die die Gewaltakte missbilligten, waren aber nur mit den Methoden unzufrieden, die ihre nationalsozialistische Obrigkeit anwandte. Mit dem Ziel, die Juden zu vertreiben, sie bei passender Gelegenheit ihres Eigentums zu berauben, waren sie, wenn nicht von Hause aus, so in der Folge der antisemitischen Propaganda im Großen und Ganzen schon einverstanden.

Man kann den Novemberpogrom als ein Ritual öffentlicher Demütigung deuten, als inszenierte Entwürdigung einer Minderheit, gegen die Vorurteile existierten, gegen die latente Hass- und Neidgefühle mobilisiert werden konnten. Die Nationalsozialisten verwandten viel Mühe daran, die deutschen Juden zu Fremden zu machen. Der Unterschied zwischen »Deutschen« und »Juden« ist dabei propagandistisch erfolgreich herausgearbeitet worden.

Die Entrechtung der Juden zu Beginn des Kriegs

Zu Beginn der nationalsozialistischen Herrschaft hatten etwa 500 000 Juden in Deutschland gelebt, bis zum Beginn des Zweiten Weltkriegs war etwa die Hälfte von ihnen ausgewandert. Die Emigration war schwierig genug, und diejenigen, denen die Auswanderung glückte, wurden zuvor vom deutschen Staat gründlich ausgeplündert. Der 1. September 1939 brachte, mit dem Krieg begründet,

Absatz 1 der Anordnung der NSDAP-Parteileitung vom 28. März 1933:

In jeder Ortsgruppe und Organisationsgliederung der NSDAP sind sofort Aktionskomitees zu bilden zur praktischen, planmäßigen Durchführung des Boykotts jüdischer Geschäfte, jüdischer Waren, jüdischer Ärzte und jüdischer Rechtsanwälte.

Zerschlagene Schaufensterscheiben jüdischer Geschäfte in Berlin nach dem von den Nationalsozialisten organisierten Pogrom gegen die jüdischen Bürger in der Nacht vom 9. auf den 10. November 1938; die Nationalsozialisten prägten hierfür den hämischen Begriff »Reichskristallnacht«.

weitere Schikanen für die deutschen Juden. Dazu zählten Ausgangs-
beschränkungen, ab dem 20. September 1939 das Verbot des Besitzes
von Rundfunkgeräten und die Einschränkung, die knapp zugeteilten Lebensmittel nur in bestimmten Läden zu besonderen Zeiten
kaufen zu können. Zu den Schikanen gehörten schließlich auch die
Verbote, Leihbüchereien zu benutzen und Haustiere zu halten. Ab
Juli 1940 durften Juden keine Telefonanschlüsse mehr haben, ab
Dezember 1941 war ihnen auch die Benutzung öffentlicher Fern-
sprecher verboten.

Im Frühjahr 1939 wurden mit dem Gesetz über Mietverhältnisse
mit Juden die Voraussetzungen für die Zusammenlegung jüdischer
Familien in »Judenhäusern« geschaffen. Diese Gettoisierung wie-

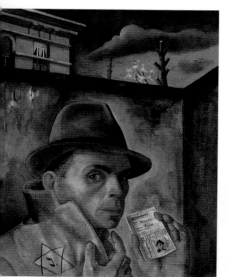

Mit Judenstern und Judenkennkarte
porträtierte sich 1943 der deutsche
Maler Felix Nussbaum; am 9. August
1944 wurde er im Konzentrationslager
Auschwitz umgebracht. Die Zwangs-
verordnung über das Tragen des
Judensterns galt auch in den besetzten
Gebieten wie rechts in den
Niederlanden.

derum diente der Vorbereitung zu
ihrer Deportation aus Deutschland.
Im Oktober 1941 erging in Umkehrung der bisherigen Politik ein
Emigrationsverbot für Juden. Zwei
Verfügungen vollendeten die Diskriminierung und Entrechtung: Die
Polizeiverordnung vom 1. September 1941 zwang Juden vom vollendeten 6. Lebensjahr an zum Tragen des Judensterns. Mit Wirkung
vom 1. Juli 1943 wurden die Juden in
Deutschland unter Polizeirecht gestellt; damit existierten für sie keine
Rechtsinstanzen mehr.

Die Gettoisierung der Juden in Polen

Mit der deutschen Besetzung Polens begann dort im Herbst
1939 die Verfolgung der Juden. Zwangsarbeit und Ausgangs-
sperren waren erste offizielle Maßnahmen. Es folgten der Ausschluss
aus der Wirtschaft, die Sperrung der Bankkonten, willkürliche Verhaftungen. Im November 1939 wurden die Synagogen zerstört. Ab
November 1939 mussten alle Juden ein Kennzeichen tragen, zunächst
eine gelbe Armbinde, dann einen Judenstern.

Als Orte des Zwangsaufenthalts zur Demütigung und Ausbeutung der Juden wurden mit Beginn des Kriegs unter deutscher
Besatzung in größeren Städten Gettos errichtet. Sie dienten durch
die örtliche Konzentrierung der jüdischen Bevölkerung als Relais-
stationen eines riesigen Bevölkerungstransfers.

Ab Anfang 1940 wurden die Gettos gegen die Außenwelt abgerie-
gelt, ab 1941 waren sie auch das Ziel von Deportationen aus Deutschland. Zu den Gettos in Warschau, Lodz und Krakau, Tschenstochau,
Radom, Kielce und in vielen anderen Orten auf polnischem Boden
kamen ab Juni 1941 mit dem Überfall auf die Sowjetunion die Gettos
in Ostpolen, Litauen, Estland und Lettland, Weißrussland und in der
Ukraine hinzu wie Wilna und Kaunas, Riga, Minsk und als eines der
letzten Lemberg im August 1942. Die Gettos bildeten eine Etappe in

der Geschichte des Holocaust, sie waren bei allem Leid und Elend, bei allen Tragödien, die sich dort abspielten, jedoch noch nicht die Hauptschauplätze des Völkermords. Sie waren in den Jahren 1940 bis 1943 Wartesäle zur Vernichtung, Vorhöfe der Hölle, Zwischenstationen für die Lager, in die die Menschen dann zum Zweck ihrer Ermordung deportiert wurden.

Im Herbst 1941 begannen, systematisch vorbereitet und gut organisiert, die Deportationen der deutschen Juden. Probehalber waren bereits Anfang 1940 1000 Juden aus Stettin in die Nähe von Lublin und Ende Oktober 1940 Juden aus Südwestdeutschland nach Südfrankreich »evakuiert« worden. Ziel der planmäßigen Deportationen ab Herbst 1941 waren erst die Gettos und später direkt die Vernichtungslager im Osten. Mit der Deportation endete die bürgerliche Existenz; alle Vermögenswerte fielen an das Deutsche Reich. Einige Tage vor dem Abtransport ergingen detaillierte Anweisungen, unter anderem, wie die Wohnungen zu hinterlassen seien, oder über das Bezahlen von Licht- und Wasserrechnungen. An Sammelplätzen in den Großstädten wurden die Transporte zusammengestellt und auf zentral gelegenen Güterbahnhöfen abgefertigt. Jüdische Organisationen mussten Hilfsdienste dabei leisten. Die Deportationen waren als Umsiedlungsmaßnahmen getarnt, deshalb mussten die Deportierten Handwerkszeug und Baustoffe mitführen. Die meisten Transporte aus Deutschland erfolgten 1942/43. Eine Gruppe deutscher Juden galt als »priviligiert«, weil sie aufgrund ihrer gesellschaftlichen Stellung scheinbar besser behandelt werden sollte. Ihr Ziel war ab Juni 1942 das »Altersgetto« Theresienstadt in Nordböhmen, wo Weltkriegsteilnehmer, Alte und Kranke unter schwer vorstellbaren elenden Bedingungen vegetierten. Ihnen hatte das Deutsche Reich die letzten Vermögenswerte durch »Heimeinkaufsverträge« abgejagt, die Wohnung, Ernährung und Pflege vorspiegelten. Tatsächlich war aber Theresienstadt für die meisten nur eine Station auf dem Weg in die Mordlager.

Errichtung der Gettomauer in Warschau.

Anordnung über das Tragen von Kennzeichen für Juden im Distrikt Krakau.

Die »Endlösung der Judenfrage« – Der Genozid

Unter der Bezeichnung »Endlösung der Judenfrage« wurde ab Frühjahr 1941 die Vernichtung der Juden im gesamten deutschen Herrschaftsgebiet geplant. Am 31. Juli 1941 beauftragte Reichsmarschall Hermann Göring Heydrich, »einen Gesamtentwurf über die organisatorischen, sachlichen und materiellen Vorausmaßnahmen zur Durchführung der angestrebten Endlösung der Judenfrage vorzulegen«. Die Ausrottung der Juden war allerdings schon zum Zeitpunkt des Überfalls auf die Sowjetunion im Juni 1941 beschlossen. Ein schriftlicher Auftrag Hitlers existierte nicht, er war auch nicht erforderlich, um die Vernichtung in Gang zu setzen.

Auszug aus einem niederländischen
Protestflugblatt gegen die Deportation
der Juden (Juli 1942):

Volksgenossen!
Es ist so weit!
Nach der langen Reihe unmenschlicher
Bestimmungen in den letzten Wochen ... ist
jetzt das Schlussstück gekommen: DIE
ABSCHIEBUNG ALLER JUDEN IM
ALTER VON 16 BIS 42 JAHREN.
Am 15. 7. 42 des Nachts um 1.50 musste die
erste Gruppe sich am Zentralbahnhof in
Amsterdam melden. Hiernach werden
täglich 1 200 Juden das Gleiche tun müssen.
Von Westerbork in Drenthe, wo die
Unglücklichen gesiebt werden, werden dann
jedes Mal ca. 4 000 Juden zugleich abge-
schoben. Die Züge stehen dafür bereit ...
Insgesamt werden auf diese Art und Weise
ca. 120 000 jüdische Niederländer entfernt
werden ...
Niederland ist hart geschlagen und tief
erniedrigt. Jetzt werden wir den Beweis
liefern müssen, dass im Druck unsere Ehre
nicht verloren ist und unser Gewissen nicht
verstummt, dass unser Glaube nicht
kraftlos gemacht ist. Deshalb erwarten wir,
dass alle Bürger die Vorbereitungen und
Ausführung dieser Abschiebung sabotieren
werden. Gedenkt des Februarstreiks im
Jahre 1941, als in ein bis zum äußersten
gereiztes Volk zeigte, was es kann, wenn es
will. Wir erwarten, dass Generalsekretäre,
Bürgermeister, hohe Beamte ihr Amt in die
Waagschale werfen und (sich) weigern,
noch länger mit der deutschen Besatzungs-
macht zusammenzuarbeiten.

Die Zentrale des Völkermords

Das Reichssicherheitshauptamt als Zentrale von Gestapo, Sicherheitsdienst und Kriminalpolizei war die Schaltstelle, von der
aus die Judenpolitik, die zunächst die Deportation, dann den Völkermord betraf, organisiert wurde. Die entscheidenden Männer waren
Heinrich Himmler, der als Reichsführer SS die oberste Instanz des
Terrorapparats war, zu dem die Konzentrations- und Vernichtungslager und die Einsatzgruppen gehörten, und unter ihm die SS-Offi-
ziere im Generalsrang wie Reinhard Heydrich und sein Nachfolger
Heinrich Müller an der Spitze des Reichssicherheitshauptamts, die
»Höheren SS- und Polizeiführer« in den besetzten Gebieten, die
Befehlsempfänger in der SS-Bürokratie wie die KZ-Kommandanten
und ihre Wachmannschaften oder die Männer der Einsatzgruppen.

Die Wannseekonferenz

Um die beteiligten Reichsbehörden zu informieren, lud Heydrich deren Vertreter zum 20. Januar 1942 in eine SS-eigene
Villa am Großen Wannsee in Berlin ein. Die Teilnehmer vertraten
im Rang von Staatssekretären und hohen SS-Offizieren Reichs-
ministerien und zentrale SS-Dienststellen sowie Behörden wie das
Amt des Generalgouverneurs für die besetzten polnischen Gebiete.
Das Protokoll führte Eichmann, ein SS-Offizier im Range eines
Obersturmbannführers, der seit Ende 1939 das Referat IV B 4 (»Juden-
referat«) im RSHA (Reichssicherheitshauptamt) leitete. Er hatte seit
1940 Erfahrungen im Massentransport und in der Gettoisierung von
Menschen, er organisierte die Abschiebung von Juden – und Polen –
erst in den besetzten polnischen Gebieten, dann auch aus Deutschland und schließlich aus ganz Europa nach Polen.

Die Besprechung am Wannsee eröffnete Heydrich mit der Feststellung, dass die Kompetenz in der Judenpolitik ausschließlich und
ohne geografische Begrenzung beim Reichsführer SS Heinrich

Himmler oder bei ihm selbst als dem von diesem dazu Bevollmächtigten lag.

Das Geschick, das mindestens elf Millionen Juden zugedacht war,
war im Protokoll der Konferenz unmissverständlich prognostiziert:
»Unter entsprechender Leitung sollen nun im Zuge der Endlösung
die Juden in geeigneter Weise im Osten zum Arbeitseinsatz kommen. In großen Arbeitskolonnen, unter Trennung der Geschlechter,
werden die arbeitsfähigen Juden straßenbauend in diese Gebiete
geführt, wobei zweifellos ein Großteil durch natürliche Verminde-
rung ausfallen wird. Der allfällig endlich verbleibende Restbestand
wird, da es sich bei diesem zweifellos um den widerstandsfähigsten
Teil handelt, entsprechend behandelt werden müssen, da dieser, eine
natürliche Auslese darstellend, bei Freilassung als Keimzelle eines
neuen jüdischen Aufbaues anzusprechen ist.« Weil der Völkermord
an den Juden auf der Tagesordnung stand, wird das Treffen am
20. Januar 1942 immer wieder missverstanden als die Gelegenheit,
bei der der Holocaust »beschlossen« worden sei. Abgesehen davon,
dass eine Verabredung zur Vernichtung von Millionen Menschen die
Kompetenz der Besprechungsteilnehmer überstiegen hätte, waren
die Mordkommandos längst an der Arbeit. Das Protokoll der Wannseekonferenz ist trotzdem ein Schlüsseldokument des Genozids,
da aus ihm zweifelsfrei hervorgeht, dass das nationalsozialistische
Regime die Ermordung von elf Millionen Juden in Europa plante.

Aus Augenzeugenberichten über
Massaker an Juden:

*Die von den Lastwagen abgestiegenen
Menschen, Männer, Frauen und Kinder
jeden Alters, mussten sich auf Aufforderung
eines SS-Mannes, der in der Hand eine
Reit- oder Hundepeitsche hielt, ausziehen
und ihre Kleider nach Schuhen, Ober- und
Unterkleidern getrennt an bestimmten
Stellen ablegen. Ich sah einen Schuhhaufen
von schätzungsweise 800 bis 1000 Paar
Schuhen, große Stapel mit Wäsche und
Kleidern. Ohne Geschrei oder Weinen
zogen sich diese Menschen aus, standen in
Familiengruppen beisammen, küssten und
verabschiedeten sich und warteten auf den
Wink eines anderen SS-Mannes, der an der
Grube stand und ebenfalls eine Peitsche in
der Hand hielt. Ich habe während einer
Viertelstunde, als ich bei der Grube stand,
kein Klagen oder Bitten um Schonung
gehört.*

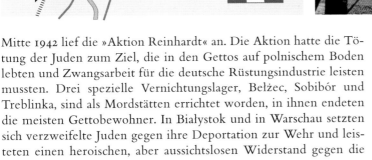

Eingangstor zum Stammlager
Auschwitz I mit der zynischen Inschrift
»Arbeit macht frei«.

Mitte 1942 lief die »Aktion Reinhardt« an. Die Aktion hatte die Tötung der Juden zum Ziel, die in den Gettos auf polnischem Boden
lebten und Zwangsarbeit für die deutsche Rüstungsindustrie leisten
mussten. Drei spezielle Vernichtungslager, Belżec, Sobibór und
Treblinka, sind als Mordstätten errichtet worden, in ihnen endeten
die meisten Gettobewohner. In Białystok und in Warschau setzten
sich verzweifelte Juden gegen ihre Deportation zur Wehr und leisteten einen heroischen, aber aussichtslosen Widerstand gegen die
Deutschen.

Die Mordaktionen der Einsatzgruppen

Der Wehrmacht beim Überfall auf die Sowjetunion folgend, waren seit Juni 1941 die »Einsatzgruppen der Sicherheitspolizei und des SD« in Tätigkeit. Der Auftrag der Mordkommandos – insgesamt 3000 Mann in vier »Einsatzgruppen« – bestand darin, im Baltikum, in Weißrussland, in der Ukraine und auf der Krim potenzielle Gegner zu liquidieren. Die Juden wurden in erster Linie zu diesem Personenkreis gerechnet, sie bildeten die meisten Opfer der Einsatzgruppen. Zwischen Juni 1941 und April 1942 sind von den aus SS und Polizei rekrutierten Mördern fast 560 000 Menschen getötet worden. Zur Taktik gehörten auch Pogrome, angezettelt mithilfe einheimischer Kollaborateure, und vor allem Massenerschießungen. In Litauen und Lettland, in Weißrussland und in der Ukraine sowie in den anderen besetzten Gebieten fanden sich willige Helfer beim Holocaust, die den deutschen Mördern zur Hand gingen.

Nach der Niederschlagung des Aufstands im Warschauer Getto 1943 werden die Bewohner von Soldaten zum Abtransport in das Vernichtungslager Treblinka zusammengetrieben.

In Babij Jar, einer Schlucht am Stadtrand von Kiew, wurden an zwei Tagen Ende September 1941 33771 jüdische Menschen erschossen. Sie waren durch Plakate an eine bestimmte Straßenkreuzung befohlen worden, von der aus sie zu der Schlucht getrieben wurden, deren Zweck sie erst im letzten Moment erkennen konnten. Zuvor mussten sie ihre Habe abliefern und sich entkleiden. Am Rand der Schlucht wurden sie in Zehnergruppen mit Maschinengewehren

Selektion auf der Rampe von Auschwitz-Birkenau nach Ankunft eines Eisenbahntransports aus einem ungarischen Getto. Im Hintergrund das Lagertor (Juni 1942).

niedergeschossen. Die Schützen wechselten sich ab, das Morden hatte keine Pausen. Babij Jar war kein Einzelfall, Erschießungsaktionen und Massengräber gab es überall in den besetzten Ostgebieten; seit Frühjahr 1943 war ein Spezialkommando der SS damit beschäftigt, die Spuren zu beseitigen. Juden mussten, ehe sie zuletzt selbst erschossen wurden, die Leichen exhumieren und verbrennen.

Der »geräuschlose« Massenmord – Der grausame Weg in die Gaskammer

Die Mordmethoden waren inzwischen längst verfeinert worden. Das Erschießen ging nicht schnell genug, und die Nerven der Mörder wurden dabei zu arg strapaziert. Auf der Suche nach effektiveren Mordwerkzeugen war man, auf die Erfahrungen und das Personal der Ermordung Behinderter und Geisteskranker in der »Euthanasie«-Aktion 1939/40 zurückgreifend, auf die Verwendung von Giftgas verfallen. Kohlenmonoxid wurde verwendet bei den »Gaswagen«, umgebauten Lastkraftwagen, deren Auspuffgase in den mit Menschen voll gestopften hermetisch abgedichteten Innenraum geleitet wurden. Nach kurzer Fahrt wurden die Leichen ins Massengrab gekippt. Gaswagen wurden von den Einsatzgruppen in Weißrussland verwendet ebenso wie in Serbien; in Chełmno (Culm) waren sie die Ausrüstung eines Vernichtungslagers.

Auf dem Gelände in Auschwitz gefundene Dosen des Gifts Zyklon B.

Der Befehl Himmlers an den Kommandanten des KZ Auschwitz im Sommer 1941, eine quasi industrielle Tötungsmethode zu finden, leitete die letzte Phase des Massenmordens ein. Auschwitz war im Mai 1940 als KZ für Polen auf einem Kasernengelände errichtet wor-

Gaskammer und Verbrennungsöfen im Konzentrations- und Vernichtungslager Auschwitz (Stammlager; heutiger Zustand).

den und hatte sich zum größten Ausbeutungs- und Vernichtungskomplex überhaupt entwickelt. An drei Hauptstandorten (Stammlager, Birkenau, Monowitz) und in 38 Nebenlagern wurde Sklavenarbeit geleistet und Leben vernichtet. Im September 1941 fand im Stammlager (Auschwitz I) ein erster Versuch mit dem Gift Zyklon B statt. Das an Kieselgur gebundene blausäurehaltige gasförmige Desinfektionsmittel ließ sich leicht und für die Mörder gefahrlos transportieren und handhaben. Ab Frühjahr 1942 wurde in Birkenau (Auschwitz II) in eigens errichteten – dann mehrfach umgebauten und vergrößerten – Gaskammern der geräuschlose und schnelle Massenmord praktiziert. Aus ganz Europa kommend, endeten die Eisenbahntransporte auf der Rampe, wo die Arbeitsfähigen bei der Selektion zurückbehalten, alle anderen – in der Regel 90 Prozent der Ankommenden – direkt in die Gaskammern getrieben wurden. Auch in Birkenau versuchte die SS Spuren zu beseitigen und sprengte im Herbst 1944 Gaskammern und Krematorien. Die Gesamtzahl der Opfer des Holocaust exakt zu ermitteln, bereitet

Selbst in den Konzentrationslagern, hier in Buchenwald, die nicht der eigentlichen Vernichtung dienten, bot sich den einrückenden Truppen ein Bild des Grauens.

Tausende von Leichen werden nach der Befreiung des Konzentrationslagers Bergen-Belsen durch britische Soldaten mithilfe von Bulldozern in Massengräber geschoben.

beträchtliche Schwierigkeiten, da ein Teil der Ermordeten nur pauschal registriert wurde. Mit quellenkritischen und statistischen Methoden haben jedoch Historiker die Dimension des Völkermords definiert.

Ein beispielloses Verbrechen – Der Holocaust

In 194 (von insgesamt 195) erhalten gebliebenen »Ereignismeldungen UdSSR« des Chefs der Sicherheitspolizei und des SD für den Zeitraum vom 23. Juni 1941 bis zum 24. April 1942, in den vom Chef der Sicherheitspolizei und des SD-Kommandostabs vorgelegten 55 »Meldungen aus den besetzten Ostgebieten« (1. Mai 1942 bis 21. Mai 1943) und in den elf zusammenfassenden »Tätigkeits- und Lageberichten der Einsatzgruppen der Sicherheitspolizei und des SD in der UdSSR« (22. Juni 1941 bis 31. März 1942) ist die Ermordung von mindestens 535000 jüdischen Menschen dokumentiert. Aufgrund des vorliegenden Quellenmaterials über weitere Vernichtungsaktionen, Pogrome und Massaker ist davon auszugehen, dass 700000 bis 750000 Juden schon im ersten Dreivierteljahr der nationalsozialistischen Besatzungsherrschaft auf sowjetischem Boden ermordet worden sind. Eine der wichtigsten statistischen Quellen ist der Bericht des in Diensten der SS stehenden »Inspekteurs für Statistik«, Richard Korherr, dem zu entnehmen ist, dass die nationalsozialistische Judenpolitik bis zum 31. März 1943 schon mehr als 2 Millionen Opfer gefordert hatte. In den Vernichtungslagern auf polnischem Territorium sind fast drei Millionen Juden ermordet worden: in Chelmno 152000, in Bełżec 600000, in Sobibór 250000, in Auschwitz-Birkenau 1000000, in Treblinka 900000 und in Majdanek 60000 bis 80000. Die Gesamtbilanz aufgrund neuester Forschungsergebnisse kommt auf mindestens sechs Millionen Holocaustopfer.

Das auf der Wannseekonferenz verkündete Ziel, die Vernichtung aller Juden Europas, wurde nicht erreicht. Aber sechs Millionen Opfer machen ebenso wie die ideologischen Prämissen das Verbrechen singulär. Motive und Funktion des Genozids im nationalsozialistischen Herrschaftsgefüge, in der Expansionspolitik, im militärischen Verlauf des Zweiten Weltkriegs werden von den Historikern kontrovers diskutiert. Vom nationalsozialistischen Programm als der Intention ausgehend, die in zielgerichteter Umsetzung der antisemitischen Ideologie von Anfang an die physische Vernichtung der Juden betrieb, nennt man diese historisch argumentierende Richtung »Intentionalisten«. In ihren Erklärungsmodellen spielt Hitler naturgemäß eine wichtige Rolle.

Aus Zwangsläufigkeiten der Herrschaftsstruktur, die schließlich zur »kumulativen Radikalisierung« des ganzen nationalsozialistischen Systems führte (Hans Mommsen), interpretieren die »Funktionalisten« den Holocaust. Zur Begründung dienen ihnen systemimmanente Notwendigkeiten ebenso wie die Möglichkeiten und Zufälle, wie sie sich aus der militärischen Lage ergaben oder die Reflexe darauf waren. Aus einer Täterlogik heraus, die in erster

DIE VERFOLGUNG DER SINTI UND ROMA

Die traditionelle Diskriminierung der »Zigeuner« ging Mitte der 1930er-Jahre in Verfolgung über. Die Nürnberger Gesetze von 1935 machten auch Sinti und Roma zu Bürgern minderen Rechts, 1938 wurde im Reichskriminalpolizeiamt eine »Reichszentrale zur Bekämpfung des Zigeunerunwesens« gebildet, am 8. Dezember 1938 verfügte Himmler als Reichsführer SS und Chef der Deutschen Polizei die »Regelung der Zigeunerfrage«

Betrifft: Umsiedlung von Zigeunern.
Bezug: Schnellbrief des Reichssicherheitshauptamtes vom 17.10.1939 – Tgb.Nr. RKPA. 149/1939 g.
– – –
Der erste Transport von Zigeunern nach dem Generalgouvernement wird Mitte Mai in Stärke von 2500 Personen – in geschlossenen Sippen – in Marsch gesetzt werden. Es kommen vorerst die in den westlichen und nordwestlichen Grenzgebieten aufhältlichen Zigeuner in Betracht.

müsse »aus dem Wesen dieser Rasse heraus« erfolgen. NS-Institutionen wie das »Rassenhygienische Forschungsinstitut« erstellten pseudowissenschaftliche Gutachten, die der Polizei als Grundlage der Verfolgung dienten. Die Gettoisierung in Lagern hatte, wie in Berlin, Frankfurt am Main und anderen Großstädten, 1936 begonnen, Sinti und Roma wurden als »Asoziale« häufig in Konzentrationslager eingeliefert.

Mit Kriegsausbruch 1939 wurden sie durch Himmlers Festschreibungserlass zwangsweise sesshaft gemacht und registriert. Die organi-

sierte Deportation der Sinti und Roma aus dem Gebiet des Deutschen Reiches über Sammellager nach Polen begann im Mai 1940. Nach Zwischenaufenthalten in Gettos und Zwangsarbeitslagern wurde im Januar 1943 die Einweisung nach Auschwitz verfügt. Das »Zigeunerlager« in Auschwitz-Birkenau wurde im August 1944 liquidiert, das heißt, alle Insassen wurden in der Gaskammer ermordet. Auch in den Vernichtungslagern Culm, Treblinka und Majdanek sind Sinti und Roma ermordet worden, im Baltikum, in der Ukraine, in Kroatien und Serbien wurden sie durch SS und Wehrmacht sowie einheimische Hilfskräfte der deutschen Rassenpolitik durch Massenexekutionen getötet. Die Zahl der Opfer ist schwer zu bestimmen, sie beträgt nach Schätzungen etwa 500 000. Die Entschädigung der Überlebenden war bis in die 1970er-Jahre ein Skandal, da die Behörden im Einklang mit Politikern und Medien auf der Linie traditioneller

Diskriminierung argumentierten, also behaupteten, die »Zigeuner« seien als Kriminelle und Asoziale inhaftiert und nicht Opfer rassischer Verfolgung gewesen. Die Abbildungen zeigen einen Schnellbrief des Reichsführers SS Himmler vom 27. April 1940 an Polizeidienststellen und Regierungspräsidenten, der die Grundlage für die Verschleppung der Sinti und Roma in die Vernich-

tungslager in Polen bildete (oben), die Deportation von Sinti und Roma in Remscheid im März 1943 (links) und eine Gruppe von Sinti und Roma in der Sammelstelle Festung Hohenasperg im Mai 1940 (rechts unten).

Linie Bevölkerungspolitik im Sinne hatte und bei ihren säkularen Umsiedlungsaktionen auch die Juden vernichtete, sucht ein anderer Ansatz den Holocaust zu erklären. Raul Hilberg, dem Historiker, der den Holocaust am genauesten und ausführlichsten beschrieben hat, bleibt das Geschehen letztlich unerklärlich. Diese Feststellung ist ebenso unbefriedigend wie jeder monokausale Erklärungsversuch und wie die theologischen, philosophischen, psychologischen Theorien, die mit dem Anspruch ausschließlicher Gültigkeit vorgetragen werden, um den Holocaust zu erklären.

Wolfgang Benz

»Großostasiatische Wohlstandssphäre« – Japan, der Krieg in Asien und im Pazifik

Japans Weg in den Großen Krieg gegen seinen asiatischen Rivalen China und den westlichen Herausforderer USA war zwar nicht zwangsläufig vorgegeben, doch in der Art und Weise der gesamten Modernisierung des Landes und der diesem rasanten Prozess zugrunde liegenden Ideologie zumindest angelegt. Seit der Öffnung des über zweihundert Jahre abgeschlossenen Inselreiches hatte der traditionellen Führungsschicht der Samurai bei allen Maßnahmen der Umgestaltung des Landes das Ziel vor Augen gestanden, den Westen mit seinen eigenen Waffen zu schlagen und das Kaiserreich zur unangefochtenen Führungsmacht in Ostasien zu erheben.

Die Armee als Wehrpflichtigenheer und einzige Institution im kaiserlichen Japan, in der soziale Aufstiegsmöglichkeiten gegeben waren, artikulierte in ihrer Politik die Not und die Sehnsüchte eines durch die Weltwirtschaftskrise noch tiefer ins Elend gestürzten bäuerlichen Volkes. Wie der japanische Wehrpflichtige bäuerlicher Herkunft das gesamte verwestlichte, kapitalistische System im Lande selbst und die vom Westen dominierte internationale Ordnung für die wirtschaftliche Misere verantwortlich machte, so drängten die in diesem Denken und Milieu verhafteten sozialen Aufsteiger in der Armee, die mittleren Offiziersränge, auf direkte Aktionen zur Rettung des Vaterlandes. Die schleichende Übernahme einer Vormachtstellung durch das Militär mit der Besetzung der Mandschurei (1931) und dem gewaltsam herbeigeführten Ende des parlamentarischen Systems (1932) engte den politischen Handlungsspielraum immer weiter ein. Innenpolitische Repression und außenpolitische Aggression wurden in den Dreißigerjahren zu Kennzeichen einer vom Militär bestimmten Politik. Das Festhalten der imperialistischen Mächte an ihren kolonialen Positionen in Ostasien begünstigte das aggressive japanische Vorgehen, das sich zudem noch als Befreiungsmission darstellen ließ. Der Große Krieg in Asien begann mit dem Scharmützel am 7. Juli 1937 vor den Toren Pekings und wuchs im Dezember 1941 nach dem japanischen Angriff auf die USA mit dem von Deutschland entfesselten Krieg in Europa zu einem weltweiten Kampf zusammen.

Im Zeichen eines ständig anwachsenden Nationalismus beseitigte ein **Militärputsch** am 15. Mai 1932 das parlamentarische System. Der amtierende Ministerpräsident Inukai Tsuyoshi wurde im Zuge dieses Umsturzes ermordet. Nach einem erneuten Putschversuch jüngerer Offiziere am 26. Februar 1936 entwickelte sich die Armee zum alleinigen Machtfaktor in Japan.

Blick auf das brennende Schanghai nach japanischen Bombenangriffen.

Unerklärter Krieg – Der »Konflikt« mit China

Die massierte Stationierung japanischer Truppen im Korridor zwischen Peking und Küste, ein Relikt aus der Zeit des Boxeraufstandes, hatte dort immer wieder zu militärischen Zwischenfällen geführt. Wenn sich nunmehr eine nächtliche Schießerei zwischen chinesischen und japanischen Soldaten an der Marco-Polo-Brücke 1937 zum unerklärten Krieg ausweiten sollte, so lag dies an veränderten politischen Rahmenbedingungen. Der militärische und politische Führer Chinas, Marschall Chiang Kai-shek, stand genauso wie die vom Militär beherrschte japanische Oligarchie unter einem massiven Druck von unten, die Überlegenheit eines durch Reformen geeinten neuen Nationalstaates gegenüber dem historischen Rivalen demonstrieren zu müssen. Obgleich der Krieg zwischen beiden Ländern formell nie erklärt wurde und die Japaner bis zu dessen Ende verharmlosend von einem »Konflikt« sprachen, nahm das Vorgehen der japanischen Armee den Charakter eines Vernichtungsfeldzuges an. China sollte in seiner ethnischen Substanz getroffen, seine Kultur zerschlagen und seine Wirtschaftskraft ausgebeutet werden. Die genaue Zahl der Opfer dieses neben dem deutschen Ostkrieg größten Vernichtungskrieges in diesem Jahrhundert ist unbekannt. Schät-

zungen gehen von 20 Millionen Toten, überwiegend Zivilisten, aus. Was ursprünglich von der kaiserlichen Armee als Demonstration der Stärke und als lokale Strafaktion gedacht war, weitete die Regierung des Fürsten Konoe zum Zweck der inneren Stabilisierung und Mobilisierung der Massen zum langen Krieg aus.

Links: Japanische gepanzerte Fahrzeuge und Kampfwagen in Schanghai nach der Einnahme der Stadt am 7. November 1937. Rechts: Japanische Soldaten in Siegerpose auf einer chinesischen Artilleriestellung.

Nach raschen Anfangserfolgen in Nordchina verlagerten die Japaner die Kampfhandlungen südwärts auf das wirtschaftspolitische Zentrum des Riesenreiches. Im Raum Schanghai-Nanking hatte die chinesische Nationalregierung ihre von deutschen Militärfachleuten ausgebildeten und mit modernsten deutschen Waffen versehenen Eliteverbände konzentriert, um den Japanern die entscheidende Schlacht zu liefern. Die Kämpfe um Schanghai zogen sich drei Monate lang hin. Die »Schlacht von Schanghai« endete schließlich mit einem unter großen Opfern errungenen japanischen Sieg. Die geschlagenen Restverbände des chinesischen Heeres fluteten vor der anrückenden japanischen Walze in die Hauptstadt Nanking zurück. Obwohl die Stadt am 12. Dezember 1937 kampflos besetzt werden konnte, kam es seitens der Eroberer zu schweren Exzessen gegen die Zivilbevölkerung. Der »Raub Nankings«, eines der schlimmsten Kriegsverbrechen, forderte etwa 200 000 Opfer unter der chinesischen Bevölkerung und offenbarte erstmals die auf Vernichtung Chinas abzielende japanische Politik. Wie auch bei allen späteren Ausschreitungen berauschten sich die der strengen sozialen Kontrolle ihrer heimischen Umgebung entrissenen japanischen Soldaten in einer Orgie der Gewalt. Kriegsgerichtliche Nachspiele hatten diese Exzesse nie, da die Ehre und der Ruhm der kaiserlichen Armee durch solche Untersuchungen hätten befleckt werden können. Große Kampfhandlungen fanden ab 1939 in China kaum noch statt. Die Verbände der chinesischen Nationalregierung beschränkten sich auf Partisanenaktionen gegen den japanischen Eindringling, konnten indes bei der chinesischen Bevölkerung nie das Vertrauen erlangen wie die in Nordchina diszipliniert vorgehenden und politische Reformen begünstigenden kommunistischen Verbände. Die chinesische Rote Armee kontrollierte bald den gesamten Norden Chinas, die japanische Präsenz blieb auf die Großstädte und die Eisenbahnlinien beschränkt. Auch eine äußerst brutal durchgeführte Taktik der »verbrannten Erde« konnte die kommunistischen Partisanen nicht ausschalten, reduzierte jedoch durch Flucht und Vertreibung die chinesische Bevölkerung in Nordchina 1940/41 von 44 auf 25 Millionen.

Im Bund mit den Achsenmächten – Japans Weg in den Krieg

Der schnelle deutsche Wiederaufstieg nach dem verlorenen Weltkrieg und die unter Hitler erreichte nationale Geschlossenheit hatten in Japan allgemeine Bewunderung ausgelöst und wurden von der stark deutsch geprägten kaiserlichen Armee geradezu als musterhaft angesehen. Das japanische Heer wurde zum Anwalt

Am 27. September 1940 wurde in der Reichskanzlei in Berlin der Dreimächtepakt unterzeichnet (rechts). Die Unterzeichner waren (am Tisch, von links) der japanische Botschafter in Berlin Kurusu Saburo, die italienischen und deutschen Außenminister Galeazzo Ciano und Joachim von Ribbentrop (ganz rechts); in der Mitte Adolf Hitler. Zeitgleich fand im Außenministerium in Tokio (oben) eine Feier statt, an der unter anderem der japanische Kriegsminister Tōjō Hideki (Bildmitte in Uniform) und Außenminister Matsuoka Yosuke (vierter von rechts) teilnahmen.

eines engen Bündnisses mit dem Deutschen Reich, während die Marine einer solchen kontinentalen Allianz skeptisch gegenüberstand. Das japanische Heer wiederum verweigerte sich einer südwärts gerichteten Expansionspolitik und sabotierte entsprechende maritime Planungen. Unter dem Eindruck strategischer und waffentechnischer Überlegenheit der Roten Armee wandte sich die japanische Armeeführung, bestärkt durch den Abschluss des Hitler-Stalin-Paktes, später jedoch den Vorstellungen der Marine von einem in Südostasien und nicht in den sibirischen Weiten zu schaffenden japanischen Großreich zu. Der deutsche Sieg über die Niederlande und Frankreich im Sommer 1940 lieferte schließlich deren asiatische Kolonien schutzlos einem möglichen japanischen Zugriff aus. Von dem ebenfalls in Europa stark geschwächten Großbritannien war im Falle eines südwärts gerichteten japanischen Ausgreifens auch kein Widerstand zu erwarten. Lediglich die USA stellten aus damaliger japanischer Sicht einen unkalkulierbaren Faktor dar.

Der am 27. September 1940 in Berlin unterzeichnete Dreimächtepakt zwischen den Achsenmächten Deutschland, Italien und Japan diente den Japanern in erster Linie dazu, die angestrebte und propagandistisch bereits verkündete »Großostasiatische Wohlstandssphäre« gegen jegliche westliche Einmischung abzusichern. Im Schatten des Krieges in Europa gedachte die Regierung Konoe im Einvernehmen mit den Militärs, die japanische Herrschaft über Ost- und Südostasien auf friedlichem Wege zu erringen. Diese zukünftige Machtsphäre des Tennoreiches sollte sich, entsprechend den Verhandlungen mit den Deutschen, von Indien bis Australien und von der Mandschurei bis nach Neukaledonien erstrecken. Der deutsche Überfall auf die Sowjetunion kam für die zuvor von Berlin gut unterrichtete Regierung Konoe nicht überraschend. Die Kaiserliche Konferenz beschloss am 2. Juli 1941, einen Krieg gegen die Sowjetunion erst einmal auszusetzen und stattdessen die Südexpansion durch eine militärische Besetzung des südlichen Teils von Französisch-Indochina weiter voranzutreiben.

Die amerikanische Regierung unter Präsident Franklin Delano Roosevelt hatte sich nach dem Fall Frankreichs zu einer uneingeschränkten Hilfeleistung für das in Europa schwer bedrängte Großbritannien verpflichtet. Nach dem Abschluss des Dreimächtepaktes nahmen die USA eine ähnliche Haltung gegenüber China ein. Nach den deutschen Anfangserfolgen im Krieg gegen die Sowjetunion drängte Roosevelt umso vehementer auf einen amerikanischen Kriegseintritt, um einen befürchteten Hitlerschen Diktatfrieden zu unterlaufen. Da jedoch die deutsche Führung einer Konfrontation mit den USA für die Dauer des Feldzuges in der Sowjetunion auswich und alle amerikanischen Provokationen, wie den Schießbefehl im Atlantik, ignorierte, griff Roosevelt die japanische Herausforderung sofort auf. Als die japanischen Truppen am 24. Juli 1941 in Saigon einrückten und von dort aus Südostasien bedrohten, verhängte er zwei Tage später ein Totalembargo gegen den Aggressor. Bereits am 6. September 1941 fasste die Kaiserliche Konferenz einen bedingten Kriegsbeschluss. In der Hoffnung, dass der Krieg in der Sowjet-

Auszüge aus dem Dreimächtepakt vom 27. September 1940:

Artikel 1: Japan anerkennt und respektiert die Führung Deutschlands und Italiens bei der Schaffung einer neuen Ordnung in Europa.
Artikel 2: Deutschland und Italien anerkennen und respektieren die Führung Japans bei der Schaffung einer neuen Ordnung im großostasiatischen Raum.
Artikel 3: Deutschland, Italien und Japan kommen überein, bei ihren Bemühungen auf der vorstehend angegebenen Grundlage zusammenzuarbeiten. Sie übernehmen ferner die Verpflichtung, sich mit allen politischen, wirtschaftlichen und militärischen Mitteln gegenseitig zu unterstützen, falls einer der drei vertragschließenden Teile von einer Macht angegriffen wird, die gegenwärtig nicht in den europäischen Krieg oder in den chinesisch-japanischen Konflikt verwickelt ist.
Artikel 6: Der gegenwärtige Pakt soll sofort mit Unterzeichnung in Kraft treten und 10 Jahre, gerechnet vom Tage seines In-Kraft-Tretens an, in Geltung bleiben.

Links: Mit Plakaten wurde die amerikanische Bevölkerung zur Unterstützung Chinas im Kampf gegen Japan aufgerufen. Rechts: Abwurf von Munition durch ein Flugzeug der US-Air Force für die chinesischen Truppen im Kampf gegen die japanischen Invasoren.

union entweder mit einem deutschen Sieg oder mithilfe japanischer Vermittlung beendet und die Landverbindung wieder hergestellt werden könne, wollten sich die japanischen Militärs einer deutschen Teilnahme an einem Krieg gegen die USA versichern. Entsprechende japanische Sondierungen scheinen in Berlin ein strategisches Umdenken gefördert zu haben. Die ursprüngliche Haltung, die USA um jeden Preis aus dem Konflikt herauszuhalten, wurde nunmehr, als der Blitzkrieg im Osten vor Moskau festgefahren war, revidiert. Hitler beschied Ende November 1941 das japanische Anliegen positiv. Die deutsche Zusage hat den formellen Kriegsbeschluss, wie ihn die Kaiserliche Konferenz am 1. Dezember 1941 fasste, nicht maßgeblich beeinflusst, war indes als Unterstützung der japanischen Kriegspolitik willkommen. Etwa 48 Stunden vor der Eröffnung der Feindseligkeiten, als die japanische Flugzeugträgerflotte bereits Kurs auf Hawaii hielt, überreichten der deutsche und der italienische Botschafter die Bündniszusagen der europäischen Achsenpartner in Tokio in schriftlicher Form. Der Weltkrieg begann.

Wenige Tage nach dem Überfall auf Pearl Harbor feierte die deutsche Zeitschrift »Die Woche« den Kriegseintritt Japans und die neue Waffenbrüderschaft.

Der Siegeszug des Sonnenbanners – Von Pearl Harbor bis Birma

Der japanische Gesamtkriegsplan sah vor, in zwei Phasen die »weiße« Dominanz in Ostasien und im Pazifik zu brechen sowie die wichtigsten strategischen Basen der Kolonialmächte selbst zu übernehmen. Die japanischen Militärs hatten in Fehleinschätzung der amerikanischen Kampfmoral eine massive Gegenoffensive der USA ausgeschlossen. Die USA und Großbritannien, so das Kalkül,

Links: Auf einem japanischen Flugzeugträger bricht die Besatzung in Jubel aus, als die Flugzeuge zum Angriff auf Pearl Harbor starten. Auf dem Bild rechts brennende amerikanische Kriegsschiffe nach dem japanischen Angriff; vorn die »West Virginia«, dahinter die »Tennessee«.

würden sich mit den gewaltsam geschaffenen Veränderungen in Ostasien abfinden und die japanische Machtsphäre respektieren. Der gelungene Überraschungsangriff auf Pearl Harbor demoralisierte indes die von den Japanern als dekadent eingeschätzten Amerikaner keineswegs. In fester Kampfentschlossenheit standen die meisten Amerikaner hinter der Regierung Roosevelt. Die bis heute nicht verstummte Anschuldigung, Präsident Roosevelt und seine Ratgeber hätten den japanischen Überfall ganz bewusst hingenommen, um Kriegsbereitschaft bei einer immer noch stark isolationistisch denkenden Bevölkerung zu erzeugen, lässt sich nicht belegen.

Zeitgleich mit dem Schlag gegen Pearl Harbor erfolgten japanische Landungsunternehmen in Malaya und auf den Philippinen. Wenige Tage später, am 10. Dezember 1941, versenkten japanische Torpedoflugzeuge die zum Schutz Singapurs beorderten beiden britischen Schlachtschiffe. Die japanische Flotte beherrschte unangefochten die See, sodass die vielen amphibischen Landungsunternehmen ungestört und rasch durchgeführt werden konnten. Die geringen Truppenverbände der Westmächte mussten einer gut ausgerüsteten und strategisch äußerst sachkundig operierenden japanischen Armee weichen. Der Siegeszuversicht der Soldaten des Tenno, Ostasien vom Joch des »weißen Mannes« zu befreien, hatten die westlichen Besatzungstruppen keine gleichwertige Motivation entgegenzusetzen. Die überlegene Kampfmoral der japanischen Armee wurde bei den Landkämpfen um Singapur noch deutlicher. Der Fall der Seefestung Singapur bedeutete das Ende der britischen Kolonialherrschaft in Ostasien und leitete den Beginn der nationalen Freiheitsbewegungen in den von den Japanern »befreiten« europäischen Kolonien ein. Den Japanern schien nunmehr der Indische Ozean und somit eine Seeverbindung zu den in Nordafrika in Richtung Suezkanal vorrückenden Deutschen offen zu stehen.

Die zweite Phase der japanischen Expansion war dann auch schnell abgeschlossen. Nach einem überragenden Sieg in der Javasee gegen einen kombinierten britisch-niederländischen Verband wurden Java und Sumatra ohne größeren Widerstand besetzt. Es folgten Landungsunternehmen im Norden Neuguineas, sodass der Norden Australiens in den Aktionsradius japanischer Flugzeuge geriet. Mit der Besetzung Birmas und dem Vorrücken japanischer Verbände bis an die Grenze Indiens erreichte Japan Ende März 1942, nach vier Monaten unaufhaltsamen Vormarsches, den Zenit seiner Macht im gesamten Pazifikkrieg. Die Japaner beherrschten ein mehrfach größeres Gebiet als die Deutschen. Als Herren über 450 Millionen Menschen und die größten Rohstoffvorkommen der Welt, Öl, Kautschuk, Erze und das Grundnahrungsmittel Reis, hatten die Japaner alle Chancen, die »Großostasiatische Wohlstandssphäre« zu verwirklichen.

Trennung statt Kooperation – Die Strategien der Achsenmächte

Militärische Selbstüberschätzung, ungenutzte Möglichkeiten einer globalen Kriegführung im Bunde mit Deutschland, eine ignorante und selbstherrliche Besatzungspolitik sowie vollständige politische Untätigkeit sind als Hauptfaktoren für die rasche Wende im Pazifikkrieg anzuführen.

Die inzwischen wieder instand gesetzte amerikanische Pazifikflotte stellte sich zusammen mit den Flugzeugträgern in voller

Über dem eroberten US-Marinestützpunkt Mariveles auf den Philippinen weht die japanische Flagge.

Am 10. Dezember 1941 versenkten japanische Flugzeuge die britischen Schlachtschiffe »Repulse« und »Prince of Wales«. Eine Rundfunkmeldung des »Columbia Broadcasting System« berichtet:

Hier ist ein Augenzeugenbericht, wie die »Prince of Wales« und »Repulse« ihre Laufbahn im Südchinesischen Meer fünfzig Meilen vor der malaiischen Küste und hundertfünfzig Meilen nördlich von Singapur beendeten. Ich befand mich an Bord der »Repulse« und wurde mit einigen hundert anderen gerettet. Als in der dicken schwarzen Ölschicht schwamm, sah ich die »Prince of Wales« wie ein müdes Streitross auf der Seite liegen und langsam unter Wasser sinken. Ich habe von 11 Uhr 15, dem Augenblick des ersten japanischen Bombenangriffs, an bis 12 Uhr 31, als Kapitän William Tennant Befehl gab, das Schiff zu verlassen, Tagebuch geführt. Kapitän Tennant, Kommandant der »Repulse« und dienstältester Kommandant der Flotte, sagte durch den Bordlautsprecher: ›Alle Mann an Deck. Klarmachen zum Aussteigen. Möge Gott euch schützen.‹

Stärke den auf die Midwayinseln vorrückenden japanischen Einheiten. In der größten See-Luftschlacht des gesamten Pazifikkrieges vom 3. bis 7. Juni 1942 verloren die Japaner vier Flugzeugträger und

In der Schlacht bei den Midwayinseln (3. bis 7. Juni 1942) wurde der amerikanische Flugzeugträger »Yorktown« schwer getroffen und musste aufgegeben werden (oben). Amerikanische Soldaten stehen Ehrenwache vor ihren in der Schlacht bei den Midwayinseln gefallenen Kameraden (unten).

275 Trägerflugzeuge samt den erfahrensten Piloten der Marineluftwaffe. Diese Verluste vermochte die japanische Marine nicht wieder auszugleichen. Technische Überlegenheit und geschickt improvisiertes Taktieren hatten bei den Amerikanern, die numerisch weit unterlegen waren, den Ausschlag für den Sieg gegeben. Die amerikanische Marine hatte nunmehr die Initiative zurückgewonnen und bestimmte nach einem halben Jahr Kriegführung den weiteren Fortgang des Krieges. Auch in der Landkriegführung bahnte sich mit der amerikanischen Besetzung von Guadalcanal am 7. August 1942 eine Wende an. Auf dieser Insel demonstrierten die Amerikaner ebenfalls, wie sie ihre zahlenmäßige Unterlegenheit durch souveräne Handhabung eines technisch überlegenen Kriegsmaterials und vor allem durch eine flexible Strategie auszugleichen vermochten.

Dem amerikanischen Improvisieren setzte die japanische Armeeführung auf Guadalcanal erstmals die Strategie frontaler Selbstmordattacken entgegen. Doch kollektive Selbstaufopferung, durch die sich die japanischen Soldaten nach der Kriegswende auszeichnen sollten, konnte die Amerikaner, die auf den Einzelkämpfer und dessen vollendete Beherrschung hoch technisierten Kriegsmaterials setzten, nicht aufhalten. In die Defensive gedrängt, vermochten japanische Truppen strategisch nicht adäquat zu reagieren, sondern nur getreu dem überkommenen Kriegerkodex, »heldenhaft« gemeinsam unterzugehen. Angesichts dieser vormodernen Züge des japanischen militärischen Systems und der ihm innewohnenden Schwächen verwundert es nicht, dass die Möglichkeiten einer Koalitionskriegführung in Tokio verkannt wurden. Die kaiserliche Flotte war auf die amerikanische Pazifikflotte als ihren Hauptgegner derart fixiert, dass sie das von der deutschen Kriegsmarine mehrmals vorgebrachte Anliegen einer gemeinsamen maritimen Strategie zur Herstellung eines Seeverbindungsweges von Suez nach Singapur im Grunde gar nicht zur Kenntnis nahm. Die Trennung der beiderseitigen Operationsgebiete durch den 70. Längengrad Ost (etwa Karatschi, Mündung des Indus) in einer von japanischer Seite gewünschten und in Berlin am 18. Januar 1942 gezeichneten Militärkonvention lief eher auf eine Trennung der Einsatzräume denn auf Kooperation hinaus.

Diese Verweigerung jeglicher Koalitionskriegführung wurde indes in Berlin von Hitler und den in rassischen Kategorien verhafteten nationalsozialistischen Spitzenpolitikern begrüßt. Den »Schicksalskampf« im Osten sollte die »arische Herrenrasse« nämlich ohne Hilfe der »gelben« Japaner aus eigenen Kräften gewinnen. Chancen für einen gemeinsamen militärischen Schlag gegen die Sowjetunion hätten in der ersten Hälfte des Jahres 1942, als die kaiserliche Armee noch an allen Fronten siegreich war, durchaus bestanden. Doch als die deutsche Sommeroffensive 1942 im Südabschnitt der Ostfront im August verspätet in Schwung kam, waren das kaiserliche Heer auf Guadalcanal und die Marine nach der Niederlage bei Midway in die Defensive gedrängt und sahen sich außerstande, globale Großoperationen zu übernehmen. Auch der Fall der Festung Tobruk am 20. Juni 1942, der den deutschen Truppen den Weg zum Suezkanal freizumachen schien, hatte keinerlei Folgen für eine gemeinsame deutsch-japanische Strategie.

Die deutsche Niederlage bei Stalingrad bewog Hitler, seine rassistischen Vorbehalte zurückzustellen und die Japaner formell um Beistand gegen das gestärkte sowjetische Regime zu bitten. Die japanische Regierung unter General Tōjō Hideki lehnte dieses Ansinnen jedoch ab und forcierte stattdessen ihre schon lange angelaufenen Bemühungen um eine politische Lösung des deutsch-sowjetischen Konfliktes. Japanische Vermittlungsbemühungen wurden jedoch sowohl in Berlin als auch in Moskau abgelehnt. Nach dem Ausscheiden Italiens aus dem Krieg, das die japanischen Vermittlungsbestrebungen immer unterstützt hatte, wandte sich die japanische Regierung von dem deutschen Partner und den Vorgängen in Europa offiziell ab. Per Regierungsbeschluss wurde der ostasiatische Kriegsschauplatz im September 1943 für völlig eigenständig erklärt und fortan gegenüber der benachbarten Sowjetunion eine »asiatische Politik« verfolgt. Diesen Avancen, als befreundete und mit Japan kooperierende Macht vereinnahmt zu werden, entzog sich Stalin, dem die Westmächte für einen Kriegseintritt gegen Japan weitaus mehr bieten konnten als die Japaner im Zuge einer verstärkten Zusammenarbeit.

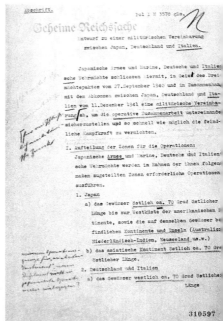

Eine Militärkonvention zwischen Japan, Deutschland und Italien vom 18. Januar 1942 legte als Trennlinie zwischen den japanischen und deutsch-italienischen Operationsgebieten den 70. Längengrad Ost fest. Die Abbildung zeigt die erste Seite des japanischen Entwurfs dieser Vereinbarung mit deutschen Kommentaren. Der japanische General und Ministerpräsident Tōjō Hideki (links) bei einer Rundfunkansprache. Er wurde 1948 als Kriegsverbrecher verurteilt und hingerichtet.

»Großostasiatische Wohlstandssphäre« – Die japanische Besatzungspolitik

Zwischen politischer Befreiung und wirtschaftlicher Ausplünderung

Japanische Vorstellungen von einer Befreiungsmission gegenüber den kolonialen Völkern Südostasiens beruhten auf der von den Meiji-Gründervätern als Religionsersatz verkündeten nationalen Ideologie von der göttlichen Herkunft der japanischen Rasse. Der gottähnliche Tenno als politisch-religiöser Bezugspunkt des aus-

Die Demütigung der »weißen Rasse« durch die zunächst siegreichen Japaner erfuhren auch die amerikanischen Soldaten, die in Kriegsgefangenschaft geraten waren. Auf dem »Todesmarsch von Bataan« auf den Philippinen kurz nach der Kapitulation (9. April 1942) der amerikanischen und philippinischen Verbände auf Bataan starben zwischen 650 und 2330 Amerikaner. Diese Differenzen dürften daher rühren, dass viele Amerikaner unmittelbar nach dem Marsch an den Strapazen starben.

erwählten Volkes sei daher berufen – so ein offizieller Kommentar zur Kriegseröffnung gegen Amerika –, die unterschiedlichen Rassen Ostasiens durch vorbildhafte Tugend friedlich zu einen und die natürlichen Reichtümer angemessen zu verteilen. Japan sei zum »Licht Asiens« im Kampf gegen den westlichen Materialismus, die egoistischen Interessen der Kolonialmächte, geworden. Dem Westen müsse eine deutliche Lektion erteilt werden, damit er sich ein für alle Mal aus Asien zurückziehe und die dortigen Völker in friedlicher Harmonie unter wohlwollender japanischer Aufsicht belasse. Seit dem überragenden japanischen Sieg über die russische Großmacht 1905 ruhten die Hoffnungen der Unabhängigkeitsbewegungen von Indiens Kongresspartei bis zur indonesischen Nationalpartei auf dem Tennoreich, das allein fähig und mächtig schien, die angloamerikanische Dominanz in Ostasien notfalls auch mit Gewalt zu brechen. Japans rasante technische Modernisierung bei Bewahrung traditioneller geistiger Werte wurde geradezu als Modell empfunden.

Als die japanischen Truppen ab Dezember 1941 in die Kolonien der Westmächte einrückten und dem »weißen Mann« eine demütigende Niederlage beibrachten, wurden die Soldaten des Tenno tatsächlich als Befreier gefeiert. Die neue japanische Besatzungsmacht verfügte bei den Nationalisten über einen derartigen Vertrauenskredit, dass lokale Ausschreitungen japanischer Soldaten oder repressive Requisitionen diesem guten Ruf zunächst keinen Abbruch taten. Die lokalen Freiheitsbewegungen bekamen großen Zulauf. Eine verfehlte Wirtschaftspolitik der japanischen Militärs, die recht schnell zu Versorgungsschwierigkeiten und gegen Ende des Krieges sogar zu Hungersnöten unvorstellbaren Ausmaßes führte, und die Zwangsaushebung von einheimischen Arbeitskräften dämpften die anfängliche Begeisterung recht schnell und bewirkten eine spürbare Entfremdung zwischen den Besetzten und der japanischen Siegermacht.

Die großostasiatische Befreiungspolitik der Japaner scheiterte im Wesentlichen an drei Faktoren: an einer fehlenden Gesamtkonzeption, rassistischem Dünkel der Besetzer und nicht zuletzt an wirtschaftlichen Zwängen. Die ursprünglichen Planungen für die politische Neuordnung Großostasiens sahen ein differenziertes System von Abhängigkeiten der einheimischen Völker vor. Entsprechend dem Muster von Mandschukuo und Nordchina sollten Birma, die Philippinen und Französisch-Indochina in die Unabhängigkeit entlassen und der entsprechende Status von Siam (Thailand) bestätigt werden. Für rückständige Gebiete wie Malaya und Niederländisch-Indien war eine Art japanisches Protektorat bei lokaler Autonomie vorgesehen. Strategische Schlüsselstellungen wie Hongkong, Singapur oder Timor sowie die Ölgebiete von Nordborneo und der Kautschukgürtel von Nordguinea sollten annektiert werden.

Japanische Soldaten in der Pose von »Herrenmenschen« mit zwei gefangen genommenen Chinesen.

Lokale Kommandeure schalteten und walteten selbstherrlich, ohne auf die Belange der einheimischen Bevölkerung Rücksicht zu nehmen. Die in der Propaganda gepriesene Gleichheit aller asiatischen Völker entsprach keinesfalls den Realitäten der japanischen Besatzungspolitik. Das Armeeoberkommando in Shonan, wie Singapur nun hieß, unterteilte die Völker in drei Gruppen: »Herrenvölker« – »Fremdvölker« – »Gastvölker« und erarbeitete entsprechende Richtlinien für ihre Behandlung. Von den japanischen »Herrenmenschen« wurde die »Reinheit des Blutes« verlangt – Mischehen etwa mit Chinesen waren unvorstellbar – und alles Japanische allgemein zur überlegenen Zivilisation erklärt.

Eine allerdings vergebliche Revision dieser japanischen Kolonialpolitik, die vom Ausmaß der Unterdrückung und wirtschaftlichen Ausbeutung her die Politik der »weißen« Kolonialherren weit übertraf, erfolgte im Zusammenhang mit den militärischen Rückschlägen. Als der Pazifikkrieg militärisch nicht mehr zu gewinnen war, sollte Großostasien wenigstens politisch stabilisiert werden und derart vereint dem Westen entgegentreten. Außenminister Shigemitsu Mamoru setzte nunmehr die alten Pläne zur Befreiung der befreundeten Nationen um. Birma (1. August 1943), die Philippinen (14. Oktober 1943) und schließlich die Regierung Freies Indien (21. Oktober 1943) wurden nominell in die Unabhängigkeit entlassen. Außerdem schloss Japan mit der von ihm kontrollierten chinesischen Nankinger Regierung unter Wang Jingwei eine Reihe von Verträgen, mit denen die vollständige Gleichrangigkeit beider Länder besiegelt wurde und sich Japan zu einem Abzug seiner Truppen bei Kriegsende verpflichtete.

Die Situation in den besetzten Gebieten verschlechterte sich von Tag zu Tag. Hungersnöte und Seuchen forderten wie in Vietnam hunderttausende von Opfern und gaben den radikalen Richtungen innerhalb der Unabhängigkeitsbewegungen, den Kommunisten, Auftrieb. Die Indochina am 11. März 1945 von Japan gewährte Unabhängigkeit sollte diese politische Radikalisierung eindämmen und das Land gegen eine befürchtete westliche Gegenoffensive einigen. Wenige Tage nach dem Waffenstillstand erhielt auch Niederländisch-Indien die Eigenstaatlichkeit von dem japanischen Armeeoberbefehlshaber zugesprochen, um auch in diesem Gebiet eine Rückkehr der alten westlichen Kolonialmacht wenn nicht zu verhindern, so doch massiv zu erschweren. Japan hatte 1945 die Völker Südostasiens politisch befreit, doch um einen so hohen Preis, dass dem ehemaligen Befreier noch heute der Hass der ehedem unterdrückten und ausgeplünderten Völker entgegenschlägt.

Der Höhepunkt japanischer Bemühungen um eine unter Führung Japans geeinte asiatische Völkerfamilie bildete die **Großostasienkonferenz**, die Anfang November 1943 abgehalten wurde. In einer Art Gegenerklärung forderten die Teilnehmer für ihre Völker die gleichen Freiheitsrechte, wie sie die Angloamerikaner in der Atlantikcharta proklamiert hatten.

Die »Heimatfront«: Allgemeiner Mangel und sozialer Wandel

In keinem der Krieg führenden Länder herrschte ein derart eklatanter Mangel an allem, von Konsumgütern bis zu den Grundnahrungsmitteln, wie in Japan. Das gesamte administrativ-politische und wirtschaftliche System war einem längeren, großen Krieg nicht gewachsen. Die japanische Wirtschaft, deren Stahlproduktion nur 7,7 Prozent der ihres amerikanischen Hauptgegners ausmachte, konnte weder die Belange der Streitkräfte noch die elementaren Bedürfnisse der Bevölkerung befriedigen. Nur der hohen Kampfmoral und Durchhaltebereitschaft der Bevölkerung war es zuzuschreiben, dass die sich gegen Kriegsende immer weiter verschlimmernde Mangelsituation nicht zu politischen Protesten führte.

Erst als der Mangel nicht mehr zu übersehen war und die Rüstungsproduktion vor allem wegen der fehlenden Seetransportkapazitäten drastisch zurückgefahren werden musste, wurden mit der Einrichtung des Munitionsministeriums am 15. Januar 1944 die Schlüsselindustrien reorganisiert. Die vertikalen Strukturen der Wirtschaft wurden nunmehr aufgebrochen und 150 kriegswichtige Betriebe direkt diesem neuen Ministerium unterstellt, um die Produktion von Flugzeugen und Tankern zu koordinieren. Aber alle Anstrengungen und gewaltigen Produktionserfolge im Schiffsbau konnten die Defizite nicht mehr ausgleichen. Die amerikanische Flotte versenkte während des Krieges etwa 86 Prozent der den Japanern zur Verfügung stehenden Handelstonnage. Die Kriegswirtschaft im Mutterland wurde durch die unaufhaltsame Dezimierung der Transportkapazitäten trockengelegt, noch bevor die massiv im Frühjahr 1945 einsetzenden Luftbombardements die Infrastruktur zerstörten und

Ab dem Frühjahr 1945 wurden die japanischen Städte durch amerikanische Bomber systematisch angegriffen. Das Bild zeigt die fast völlig zerstörte Stadt Yokohama, in der vorher weit über eine halbe Million Einwohner gelebt hatten.

die Produktion zum Erliegen brachten. Vormodernes Denken und Handeln hatten diesen Prozess des wirtschaftlichen Zusammenbruchs beschleunigt. Doch trotz aller Unzulänglichkeiten der japanischen Rüstungsindustrie erlebten die dem Munitionsministerium unterstellten Betriebe einen beachtlichen technischen und administrativen Innovationsschub. Auch die kostenlose Überlassung sämtlicher deutscher Patente, wie sie der Vertrag vom 2. Januar 1944 über die gegenseitige Zurverfügungstellung von Nachbaurechten vorsah,

Bei der Landung der Amerikaner auf der philippinischen Insel Leyte am 20. Oktober 1944 wurden aus Sandsäcken provisorische Piers gebaut, um ein schnelleres Ausschiffen der Truppen zu ermöglichen.

kam einem einseitigen Technologietransfer gleich und half wesentlich mit, den technischen Rückstand der japanischen Industrie zu überwinden. Die Grundlagen für Japans rasanten wirtschaftlichen Aufstieg in der Nachkriegszeit wurden in den Neuerungsprozessen der Rüstungswirtschaft während des Krieges gelegt. Aber alle Anstrengungen und Reformansätze konnten nicht verhindern, dass der Krieg in Japan wie in keinem anderen Land auf dem Rücken der Massen ausgetragen wurde. Die Konsumgüter wurden schon vor Kriegsbeginn um ein Drittel reduziert, sie wurden mit fortlaufendem Krieg immer weniger und verschwanden 1944 endgültig aus den Geschäftsregalen. Der Nahrungsmittelverbrauch ging bis Ende 1944 in Japan um etwa 20 Prozent zurück. Im Frühjahr 1945 brach die Nahrungsmittelversorgung an der »Heimatfront« endgültig zusammen, da alle Bestände dem Militär zugeführt wurden. Die systematische Zerstörung der japanischen Städte – bei den Großangriffen auf Tokio im Frühjahr 1945 fanden mehr Menschen den Tod als bei den späteren Atombombenabwürfen – trieb die Bevölkerung auf das Land zurück, wo sie zur Subsistenzwirtschaft überging.

Hiroshima und Nagasaki – Das Ende des kaiserlichen Japan

Mit dem Fall der zu den Marianen gehörenden Insel Saipan Anfang Juli 1944 geriet das Mutterland erstmals in den Aktionsradius amerikanischer Fernbomber. Trotz fanatischen Widerstandes der Inselgarnison – von 30 000 Verteidigern sollten nur 2 000 Mann überleben – waren die Amerikaner in die innere Verteidigungszone

Bei den **Kämpfen um Okinawa** erreichte der von der Armee entfachte Fanatismus seinen Höhepunkt, als etwa 112 000 japanische Soldaten den Tod fanden oder freiwillig suchten, um nicht in Gefangenschaft zu geraten. Die Armee riss mit ihrer Selbstaufopferung Tausende von Zivilisten mit in den Tod. Ganze Schulklassen samt ihren Lehrern stürzten sich vor den anrückenden Amerikanern mit Siegrufen für den Tenno von den Klippen ins Meer.

Überlebende Japaner ergeben sich einem amerikanischen Soldaten auf der Insel Okinawa während der Kämpfe im Frühsommer 1945.

Ein Mitglied der Bordcrew erinnert sich an den Abwurf der Atombombe auf Nagasaki am 9. August 1945:

Wir flogen in südlicher Richtung die Meeresstraße entlang und erreichten die Küste um 11 Uhr 33. Von hier nahmen wir direkten Kurs auf Nagasaki, das ungefähr hundert Meilen westwärts lag. Über dem Zielgebiet kreisten wir eine Weile, bis wir eine Lücke in der Wolkendecke fanden. Es war 12 Uhr 01. Wir hatten das Ziel unseres Unternehmens erreicht.
Wir hörten die verabredeten Zeichen in unseren Kopfhörern und setzten die dunklen Brillen auf. Gespannt beobachteten wir die Manöver der Führermaschine, die eine halbe Meile voraus flog.
›Da fällt sie !‹ rief irgendjemand, ich weiß nicht mehr, wer...
Der Beobachter im Heckstand unserer Maschine sah einen riesigen Feuerball, der aus der Erde zu wachsen schien und gewaltige weiße Rauchringe ausstieß. Dann sahen wir eine riesenhafte purpurrote Feuersäule, die mit rascher Geschwindigkeit emporstieg.

Japans eingedrungen. Hatten ähnlich schwerwiegende Niederlagen der Deutschen einen gescheiterten Putschversuch am 20. Juli 1944 gegen Hitler zur Folge, so zwang in Japan der Rat der Älteren Staatsmänner, die inoffizielle Versammlung aller ehemaligen Premierminister, General Tōjō zum Rücktritt und installierte eine von Heer und Marine gleichermaßen getragene Doppelregierung mit General Koiso Kuniakai und Admiral Yonai Mitsumasa. Mit dieser Regierungsumbildung hatte die Marine politischen Einfluss zurückgewonnen und sondierte erstmals die Möglichkeiten eines Friedensschlusses. Die japanische Armee nutzte den politischen Wechsel, um die Kriegführung weiter zu radikalisieren. Nach wie vor durchdrungen von der Tenno-Ideologie und der aus ihr abgeleiteten panasiatischen Befreiungsmission, setzte die Armee nach deutschem Vorbild die totale Mobilmachung durch, zog erstmals massenweise ganze Jahrgänge ein und startete auf dem asiatischen Festland zwei groß angelegte Landoffensiven. Blieb der von Birma aus gegen Indien vorgetragene Feldzug an der Grenze stecken und weitete sich schließlich zum ersten militärischen Desaster für die kaiserliche Armee aus, so gelang es den Heeresverbänden in China, die Landbrücke zwischen Hankou (Wuhan) und Kanton zu schließen und die dortigen amerikanischen Flugbasen auszuschalten. Politisch setzte die Armee nunmehr auf die Sowjetunion als möglichen Verbündeten im Rahmen einer asiatischen Blockpolitik und offerierte Moskau erstmals Zugeständnisse wie die Rückgabe der 1906 erworbenen Südhälfte der Insel Sachalin.

Als die japanische Marine nach der geglückten amerikanischen Landung auf den Philippinen am 20. Oktober 1944 in der Seeschlacht bei Leyte praktisch aufgerieben wurde, lag der verbliebene und nunmehr in zwei Hälften gespaltene japanische Machtbereich amerikanischen Landungsunternehmen offen. Auch die bei den Philippinen erstmals zum Einsatz gekommenen japanischen Selbstopfer-Fliegerverbände, die Kamikaze (japanisch »göttliche Winde«), vermochten den amerikanischen Landungseinheiten zwar schwere Schäden zuzufügen, die Wiedereroberung der Inseln aber nicht zu vereiteln. Der Kampf bis zum letzten Mann auf der zum Mutterland gerechneten Insel Okinawa vom 1. April bis 21. Juni 1945 verleitete die amerikanische Führung zur Überschätzung des japanischen Widerstandpotenzials und ließ sie vor einer Invasion der Hauptinseln erst einmal zurückschrecken. Aus amerikanischer Sicht sollte der japanische fanatische Widerstand ohne übermäßige eigene Verluste durch eine sowjetische Kriegsbeteiligung und den Abwurf von zwei Atombomben gebrochen werden. Die Erkenntnisse der amerikanischen Luftaufklärung, dass Japan nicht länger kampffähig sei, wurden bei den beiden politisch motivierten Grundsatzentscheidungen übergangen. Hatte die Niederlage auf Okinawa erneut zu einer Regierungsumbildung geführt und einen Admiral, Suzuki Kantaro, auf den Posten des Premierministers gebracht, so vermochte sich die Marine mit ihren Vorstellungen, den aussichtslosen Krieg nunmehr politisch zu beenden, noch immer nicht gegen die vom Endsieg nach wie vor überzeugten fanatischen Armeekreise durchzusetzen. Auch die deutsche Kapitulation änderte an der unbeugsamen Haltung Japans vorerst nichts. Die neue amerikanische Regierung unter Präsident Harry S. Truman wollte ihrerseits mit dem Einsatz der Atombombe vor allem ein Zeichen ihrer militärischen Überlegenheit gegenüber einem auf der Potsdamer Konferenz immer selbstbewusster auftretenden Stalin setzen. Denn militärisch war der Abwurf der beiden Atombomben auf die von Luftangriffen ausgesparten Städte Hiroshima am 6. August und Nagasaki am 9. August genauso überflüssig wie die ebenfalls am 9. August erfolgte sowjetische Kriegserklärung.

Das Stadtzentrum von Hiroshima nach dem Abwurf der Atombombe am 6. August 1945 (Foto vom 6. September 1945).

Volk und Führung in Japan kapitulierten auch nicht wegen der beiden Atomschläge oder wegen des Vormarsches der Roten Armee in der Mandschurei, sondern die Japaner streckten letztendlich die Waffen vor der eigenen Unfähigkeit, westliche Technik und westliches Gedankengut mit japanischen Lebensformen zu verschmelzen. Der gottgleiche Tenno selbst entschied auf den Kaiserlichen Konferenzen am 10. und 14. August, sich in das Unvorstellbare zu schicken und damit seine Entgöttlichung einzuleiten. Am 15. August sprach der himmlische

An Bord des amerikanischen Schlachtschiffs »Missouri« unterzeichnet der japanische Generalstabschef Umezu Yoshijiro die Kapitulationsurkunde (2. September 1945); links der amerikanische Oberbefehlshaber General Douglas MacArthur.

Herrscher erstmals über den Rundfunk zu seinen Untertanen und verkündete den Waffenstillstand. Die förmliche Kapitulation wurde am 2. September 1945 an Bord des amerikanischen Schlachtschiffes »Missouri« in der Bucht von Tokio unterzeichnet.

Bernd Martin

Das Ende des Kriegs – Eine Bilanz

Amerikanischer Soldat in den Trümmern der Kölner Altstadt nach der Einnahme im März 1945; im Hintergrund der Dom.

Soldaten der Roten Armee hissen am 30. April 1945 abends die Sowjetflagge auf der Ruine des Reichstagsgebäudes in Berlin. Am 1. Mai vormittags wurde die Szene für den Fotografen nachgestellt (kolorierte Schwarzweißfotografie).

Der größte Land-, Luft- und Seekrieg der Geschichte forderte Opfer, die alles Bisherige in den Schatten stellten. Nach abgerundeten Schätzungen, die freilich erheblich voneinander differieren, lag die Zahl der Toten und Vermissten des Zweiten Weltkriegs bei insgesamt 55 Millionen. Im Verhältnis viel höher als in allen bisherigen Kriegen war in diesem »totalen Krieg« der Anteil der getöteten Zivilisten: durch Luftangriffe, Partisanenkämpfe, Massenvernichtungen, Arbeits- und Konzentrationslager, Erschießungen, Racheakte, unmittelbare Kriegseinwirkungen, Besatzungsherrschaft, Flucht, Deportation und Vertreibung kamen mehr als 25 Millionen Zivilisten um, darin eingeschlossen die 5 bis 6 Millionen Opfer des nationalsozialistischen Rassenwahns. Hinzu kamen Millionen von Kriegsversehrten und Krüppeln, deren Leben durch den Krieg zerstört war. Bei der Aufgliederung nach Nationalitäten fällt auf, dass der Anteil der getöteten Zivilpersonen dort besonders hoch war, wo die deutsche und japanische Besatzungsherrschaft und die im Osten vorrückenden Sowjetarmeen ihre Spuren hinterlassen haben. Die enorm hohen materiellen Kriegsschäden dürften ebenso wie die finanziellen Kosten kaum zuverlässig aufzurechnen sein. Der Zweite Weltkrieg hat in Europa Millionen Menschen jeden Alters meist unter Zwang und Terror und unter unsagbarem persönlichen Leid in Bewegung gesetzt. Schon in der ersten Kriegsphase wurden 9 Millionen Menschen in dem von Hitler beherrschten Europa »zurückgesiedelt«, »umgesiedelt«, »eingedeutscht«, »umgevolkt« oder einfach verschleppt. Das »Jahrhundert der Flüchtlinge« war geprägt durch die Umsiedlung Volksdeutscher »heim ins Reich« von 1939 bis 1944, die Zwangsumsiedlung von Polen 1939/41 ins Generalgouvernement und durch die Sowjets nach Nordrussland, die Deportation von Volksdeutschen und »unzuverlässigen« Völkern 1941 durch Stalin nach Sibirien, die Zwangsrekrutierung von etwa 9 Millionen »Fremdarbeitern« für die deutsche Kriegswirtschaft und am Ende von etwa 12 Millionen deutschen Flüchtlingen und Vertriebenen aus dem Osten und Südosten Europas. Etwa 30 Millionen Europäer, darunter 60 Prozent Deutsche, sollen durch den Krieg ihre Heimat verloren haben. Der Krieg hatte Familien auseinander gerissen, über Jahrhunderte gewachsene Siedlungsgemeinschaften und Sozialmilieus zerstört und viele Millionen entwurzelt. Auschwitz, Dresden, Hiroshima, Nagasaki – jedes dieser Ereignisse steht für sich und kann nicht gegen das andere aufgerechnet werden. Sie dokumentieren insgesamt das ganze Ausmaß von moderner Gewaltanwendung, Zerstörung und

Verrohung, das dem Zweiten Weltkrieg seine spezifische Prägung gegeben hat. Folgenschwer war auch die politische Bilanz dieses Kriegs. Mit der bedingungslosen Kapitulation schied Deutschland als Großmacht aus dem europäischen Mächtekonzert aus und verlor ein knappes dreiviertel Jahrhundert nach der Gründung wieder seine Einheit als Nationalstaat – für die kommenden 44 Jahre. Der Schwerpunkt des internationalen Geschehens verlagerte sich nun weg von Europa auf die Flügelmächte, die USA und die Sowjetunion. Mitten durch Europa zog sich jetzt ebenso wie quer durch Korea ein »Eiserner Vorhang«. In den blutigen chauvinistischen und imperialistischen Exzessen des Zweiten Weltkriegs erreichte die im Europa des 19. Jahrhunderts entfaltete Nationalstaatsidee ihre äußerste Perversion; und doch vermittelten gerade die Erfahrungen dieses Kriegs mit der Atlantikcharta vom 14. August 1941, der Gründung der Ver-

Links: Blick vom Rathausturm auf die Ruinen der völlig zerstörten Dresdener Innenstadt nach den alliierten Bombenangriffen Mitte Februar 1945. Da die Stadt von Flüchtlingen überfüllt war, kann die Zahl der Toten nur vermutet werden. Schätzungen schwanken zwischen 35 000 und 135 000.
Rechts: Flüchtlingskolonnen im Sommer 1945 in Berlin.

einten Nationen (UNO) in San Francisco am 26. Juni 1945 und den Entwürfen für ein vereintes Europa jene entscheidenden Impulse, um den Nationalstaat langsam zu überwinden, die alten Gräben zwischen den Nationen – etwa zwischen Deutschland und Frankreich – zuzuschütten oder zumindest zu überbrücken und so etwas wie eine globale Friedensordnung zu errichten. Ging der Schock des ersten »totalen Kriegs« in der Geschichte offenbar trotz hoffnungsvoller Ansätze im Völkerbund und in den zahlreichen Entwürfen für eine europäische Ordnung nicht tief genug, um der Welt mehr als dreizehn Friedensjahre bis zum Einfall der Japaner in die Mandschurei am 18. September 1931 zu vergönnen, so hat die zwischen 1939 und 1945 freigesetzte zerstörerische Kraft der modernen Technik bis hin zum Einsatz von Kernwaffen einen Prozess des Umdenkens ausgelöst, der den kriegerischen Austrag globaler internationaler Streitigkeiten bis heute als selbstmörderisch verhindert hat. Das schloss nicht aus, dass ab 1945 viele kleinere und mittlere »konventionelle« militärische Konflikte und »Stellvertreterkriege« ausgetragen wurden.

BERND-JÜRGEN WENDT

Bildquellenverzeichnis

Literaturhinweise

Industrielle Revolution und Arbeiterbewegung

Abendroth, Wolfgang: *Einführung in die Geschichte der Arbeiterbewegung. Von den Anfängen bis 1933. Vorlesungen,* bearbeitet von Heinz-Gerd Hofschen. Heilbronn [3]1997.

Abendroth, Wolfgang: *Sozialgeschichte der europäischen Arbeiterbewegung.* Frankfurt am Main [15]1986.

Der Aufstieg der deutschen Arbeiterbewegung. Sozialdemokratie und freie Gewerkschaften im Parteiensystem und Sozialmilieu des Kaiserreichs, herausgegeben von Gerhard A. Ritter. München 1990.

Buchheim, Christoph: *Industrielle Revolutionen. Langfristige Wirtschaftsentwicklung in Großbritannien, Europa und in Übersee.* München 1994.

Die Entwicklung der industriellen Gesellschaften, Beiträge von Basilio M. Biucchi u. a. Aus dem Englischen. Taschenbuchausgabe Stuttgart u. a. 1985.

Europäische Arbeiterbewegungen im 19. Jahrhundert. Deutschland, Österreich, England und Frankreich im Vergleich, herausgegeben von Jürgen Kocka. Göttingen 1983.

Europäische Wirtschaftsgeschichte, herausgegeben von Carlo M. Cipolla, Bd. 3 und 4. Aus dem Englischen. Neuausgabe Stuttgart u. a. 1985.

Die Fabrik. Geschichte von Arbeit und Industrialisierung in Deutschland, herausgegeben von Wolfgang Ruppert. München [2]1993.

Fricke, Dieter: *Die deutsche Arbeiterbewegung 1869 bis 1914. Ein Handbuch über ihre Organisation und Tätigkeit im Klassenkampf.* Berlin-Ost 1976.

Geschichte der Arbeiter und der Arbeiterbewegung in Deutschland seit dem Ende des 18. Jahrhunderts, herausgegeben von Gerhard A. Ritter, auf 12 Bde. berechnet. Bonn [1–2]1985 ff.

Glaser, Hermann: *Industriekultur und Alltagsleben. Vom Biedermeier zur Postmoderne.* Neuausgabe Frankfurt am Main 1994.

Görtemaker, Manfred: *Deutschland im 19. Jahrhundert. Entwicklungslinien.* Lizenzausgabe Bonn [4]1994.

Grebing, Helga: *Die deutsche Arbeiterbewegung zwischen Revolution, Reform und Etatismus.* Mannheim u. a. 1993.

Hofmann, Werner: *Ideengeschichte der sozialen Bewegung des 19. und 20. Jahrhunderts.* Berlin u. a. [6]1979.

Kiesewetter, Hubert: *Das einzigartige Europa. Zufällige und notwendige Faktoren der Industrialisierung.* Göttingen 1996.

Kiesewetter, Hubert: *Industrielle Revolution in Deutschland 1815–1914.* Frankfurt am Main [3]1996.

Landes, David S.: *Der entfesselte Prometheus. Technologischer Wandel und industrielle Entwicklung in Westeuropa von 1750 bis zur Gegenwart.* Aus dem Englischen. Taschenbuchausgabe München 1983.

Lern- und Arbeitsbuch deutsche Arbeiterbewegung. Darstellung, Chroniken, Dokumente, herausgegeben von Thomas Meyer u. a., 4 Bde. Bonn [2]1988.

Noble, David F.: *Maschinenstürmer oder die komplizierten Beziehungen der Menschen zu ihren Maschinen.* Aus dem Amerikanischen. Berlin 1986.

Otten, Dieter: *Die Welt der Industrie. Entstehung und Entwicklung der modernen Industriegesellschaften,* Bd. 1: *Aufstieg und Expansion.* Reinbek 1986.

Preußen – Versuch einer Bilanz, Bd. 3: *Preußen – Zur Sozialgeschichte eines Staates.* Ausstellungskatalog Gropius-Bau, Berlin. Reinbek 1981.

Produktivkräfte in Deutschland 1800 bis 1870, bearbeitet von Karl Lärmer und Peter Beyer. Berlin-Ost 1990.

Quellen zur Geschichte der industriellen Revolution, herausgegeben von Wilhelm Treue u. a. Göttingen u. a. [2]1979.

Renzsch, Wolfgang: *Handwerker und Lohnarbeiter in der frühen Arbeiterbewegung. Zur sozialen Basis von Gewerkschaften und Sozialdemokratie im Reichsgründungsjahrzehnt.* Göttingen 1980.

Schieder, Wolfgang: *Anfänge der deutschen Arbeiterbewegung. Die Auslandsvereine im Jahrzehnt nach der Julirevolution von 1830.* Stuttgart 1963.

Then, Volker: *Eisenbahnen und Eisenbahnunternehmer in der industriellen Revolution. Ein preußisch/deutsch-englischer Vergleich.* Göttingen 1997.

... und immer wieder das Bild von den Maschinenrädern. Beiträge zu einer Kunstgeschichte der industriellen Revolution, herausgegeben von Christoph Bertsch. Berlin 1986.

Vergleichende Unternehmensgeschichte, herausgegeben von Richard Tilly. Göttingen 1993.

Von der Arbeiterbewegung zum modernen Sozialstaat. Festschrift für Gerhard A. Ritter zum 65. Geburtstag, herausgegeben von Jürgen Kocka u. a. München u. a. 1994.

»Noch ist Polen nicht verloren« – Nation ohne Staat

Arnold, Stanisław / Zychowski, Marian: *Abriß der Geschichte Polens. Von den Anfängen des Staates bis in die neueste Zeit.* Warschau 1967.

The Cambridge history of Poland, herausgegeben von William F. Reddaway u. a., 2 Bde. Cambridge 1950–51.

Davies, Norman: *God's playground. A history of Poland,* 2 Bde. Neudruck New York 1984.

Hellmann, Manfred: *Daten der polnischen Geschichte.* München 1985.

History of Poland, herausgegeben von Zuzanna Stefaniak. Aus dem Polnischen. Warschau [2]1979.

Hoensch, Jörg K.: *Geschichte Polens.* Stuttgart [3]1998.

Laeuen, Harald: *Polnische Tragödie.* Stuttgart [3]1958.

Rhode, Gotthold: *Geschichte Polens. Ein Überblick.* Darmstadt [3]1980.

Schulze Wessel, Martin: *Rußlands Blick auf Preußen. Die polnische Frage in der Diplomatie und der politischen Öffentlichkeit des Zarenreiches und des Sowjetstaates 1697–1947.* Stuttgart 1995.

Zernack, Klaus: *Polen und Rußland. Zwei Wege in der europäischen Geschichte.* Berlin 1994.

Auf der Suche nach der eigenen Identität – Finnen und Balten

Finnland-Studien, herausgegeben von Edgar Hösch, 2 Bde. Wiesbaden 1990–93.

Jutikkala, Eino: *Geschichte Finnlands.* Aus dem Finnischen. Stuttgart ²1976.

Puntila, Lauri A.: *Politische Geschichte Finnlands, 1809–1977.* Aus dem Finnischen. Helsinki 1980.

Rauch, Georg von: *Geschichte der baltischen Staaten.* München ³1990.

Schmidt, Alexander: *Geschichte des Baltikums. Von den alten Göttern bis zur Gegenwart.* München u. a. ²1993.

»Los von London« – Die irische Frage (bis 1922)

Alter, Peter: *Die irische Nationalbewegung zwischen Parlament und Revolution. Der konstitutionelle Nationalismus in Irland 1880–1918.* München u. a. 1971.

Elvert, Jürgen: *Geschichte Irlands.* München ²1996.

Hoppen, Karl Theodore: *Ireland since 1800. Conflict and conformity.* London u. a. 1989.

Jackson, Alvin: *The Ulster Party. Irish Unionists in the House of Commons 1884–1911.* Oxford 1989.

Nationalism and popular protest in Ireland, herausgegeben von C. H. E. Philpin. Cambridge u. a. 1987.

»Durch Eisen und Blut« – Die deutsche Einigung

Cecil, Lamar: *Wilhelm II.,* 2 Bde. Chapel Hill, N. C., 1989–96.

Craig, Gordon A.: *Deutsche Geschichte 1866–1945. Vom Norddeutschen Bund bis zum Ende des Dritten Reiches.* Aus dem Englischen. München 67.–72. Tsd. 1993.

Engelberg, Ernst: *Bismarck,* 2 Bde. Taschenbuchausgabe München 1991–93.

Europa und die Reichsgründung. Preußen-Deutschland in der Sicht der großen europäischen Mächte 1860–1880, herausgegeben von Eberhard Kolb. München 1980.

Gall, Lothar: *Bismarck. Der weiße Revolutionär.* Taschenbuchausgabe Berlin 1997.

Görtemaker, Manfred: *Deutschland im 19. Jahrhundert. Entwicklungslinien.* Lizenzausgabe Bonn ⁵1996.

Goldberg, Hans-Peter: *Bismarck und seine Gegner. Die politische Rhetorik im kaiserlichen Reichstag.* Düsseldorf 1998.

Haffner, Sebastian: *Von Bismarck zu Hitler. Ein Rückblick.* Taschenbuchausgabe München ¹²1996.

Haffner, Sebastian, u. a.: *Preußen ohne Legende.* Taschenbuchausgabe Berlin 1998.

Hildebrand, Klaus: *Das vergangene Reich. Deutsche Außenpolitik von Bismarck bis Hitler 1871–1945.* Stuttgart ²1996.

Mommsen, Wolfgang J.: *Das Ringen um den nationalen Staat,* 2 Tle. Berlin 1993–95.

Nipperdey, Thomas: *Deutsche Geschichte 1800–1866.* München 46.–51. Tsd. 1994.

Preußen, Friedrich Wilhelm Prinz von: *Bismarcks Reichsgründung und das Ausland.* Göttingen u. a. 1972.

Reichsgründung 1870/71, herausgegeben von Theodor Schieder und Ernst Deuerlein. Stuttgart 1970.

Schulze, Hagen: *Der Weg zum Nationalstaat. Die deutsche Nationalbewegung vom 18. Jahrhundert bis zur Reichsgründung.* München ⁵1997.

Stern, Fritz: *Gold und Eisen. Bismarck und sein Bankier Bleichröder.* Aus dem Englischen. Taschenbuchausgabe Reinbek 1988.

Waller, Bruce: *Bismarck.* Oxford u. a. ²1997.

Wehler, Hans-Ulrich: *Bismarck und der Imperialismus.* Neuausgabe Frankfurt am Main ²1985.

Wehler, Hans-Ulrich: *Das deutsche Kaiserreich. 1871–1918.* Göttingen ⁷1994.

Westphal, Wilfried: *Geschichte der deutschen Kolonien.* Sonderausgabe Bindlach 1991.

Krise unter dem Doppeladler – Nationale Fragen in der Donaumonarchie

Charmatz, Richard: *Geschichte der auswärtigen Politik Österreichs im 19. Jahrhundert,* Bd. 2: *1848–1895.* Leipzig ²1918.

Charmatz, Richard: *Österreichs innere Geschichte von 1848 bis 1895,* 2 Bde. Leipzig ³1918.

Die Habsburgermonarchie 1848–1918, herausgegeben von Adam Wandruszka und Peter Urbanitsch, Bd. 3: *Die Völker des Reiches.* Wien 1980.

Kann, Robert A.: *Geschichte des Habsburgerreiches 1526 bis 1918.* Aus dem Amerikanischen. Neuausgabe Wien u. a. ³1993.

Österreichische Geschichte, herausgegeben von Herwig Wolfram, Bd. 8: Rumpler, Helmut: *1804–1918. Eine Chance für Mitteleuropa. Bürgerliche Emanzipation und Staatsverfall in der Habsburgermonarchie.* Wien 1997.

Uhlirz, Karl: *Handbuch der Geschichte Österreichs und seiner Nachbarländer Böhmen und Ungarn,* Bd. 2, Tl. 2: *1848–1914,* bearbeitet von Mathilde Uhlirz. Graz u. a. 1941.

Zöllner, Erich: *Geschichte Österreichs.* Wien u. a. ⁸1990.

Teure Heimat – Italien zwischen Cavour und Garibaldi

Gruner, Wolf D.: *Italien zwischen Revolution und Nationalstaatsgründung 1789–1861,* in: *Italien in Geschichte und Gegenwart,* herausgegeben von Wolf D. Gruner und Günter Trautmann. Hamburg 1991.

Hausmann, Friederike: *Garibaldi. Die Geschichte eines Abenteurers, der Italien zur Einheit verhalf.* Berlin 6.–10. Tsd. 1986.

Klemensberger, Peter: *Die Westmächte und Sardinien während des Krimkrieges. Der Beitritt des Königreiches Sardinien zur britisch-französischen Allianz im Rahmen der europäischen Politik.* Zürich 1972.

Lill, Rudolf: *Geschichte Italiens in der Neuzeit.* Darmstadt ⁴1988.

Procacci, Giuliano: *Geschichte Italiens und der Italiener.* Aus dem Italienischen. Neudruck München 1989.

Valsecchi, Franco: *Cavour. Ein europäischer Staatsmann.* Wiesbaden 1957.

»Pulverfass Balkan« – Nationalitätenkonflikte in Südosteuropa

Adanır, Fikret: *Die makedonische Frage. Ihre Entstehung und Entwicklung bis 1908.* Wiesbaden 1979.

Boeckh, Katrin: *Von den Balkankriegen zum Ersten Weltkrieg. Kleinstaatenpolitik und ethnische Selbstbestimmung auf dem Balkan.* München 1996.

Dakin, Douglas: *The Greek struggle in Macedonia. 1897–1913.* Thessaloniki 1966. Nachdruck Thessaloniki 1993.

Djordjevic, Dimitrije / Fischer-Galati, Stephen: *The Balkan revolutionary tradition.* New York 1981.

Friedenssicherung in Südosteuropa. Föderationsprojekte und Allianzen seit dem Beginn der nationalen Eigenstaatlichkeit, herausgegeben von Mathias Bernath und Karl Nehring. Neuried 1985.

Jong, Jutta de: *Der nationale Kern des makedonischen Problems. Ansätze und Grundlagen einer makedonischen Nationalbewegung (1890–1913). Ein Beitrag zur komparativen Nationalismusforschung.* Frankfurt am Main u. a. 1982.

Macedonia. 4000 years of Greek history and civilization, herausgegeben von Micháel B. Sakellariou. Aus dem Griechischen. Athen 1983.

Nationalrevolutionäre Bewegungen in Südosteuropa im 19. Jahrhundert, herausgegeben von Christo Choliolčev u. a. Wien 1992.

Öl ins Feuer? Schulbücher, ethnische Stereotypen und Gewalt in Südosteuropa, herausgegeben von Wolfgang Höpken. Hannover 1996.

The other Balkan wars. A 1913 Carnegie Endowment inquiry in retrospect, herausgegeben von der International Commission to Inquire into the Causes and Conduct of the Balkan Wars. Beiträge von George F. Kennan. Neuausgabe Washington, D. C., 1993.

Peyfuss, Max Demeter: *Die Aromunische Frage. Ihre Entwicklung von den Ursprüngen bis zum Frieden von Bukarest (1913) und die Haltung Österreich-Ungarns.* Wien u. a. 1974.

Seton-Watson, Robert William: *The rise of nationality in the Balkans.* New York 1918. Nachdruck New York 1966.

Weigand, Gustav: *Ethnographie von Makedonien. Geschichtlich-nationaler, sprachlich-statistischer Teil.* Leipzig 1924.

Rebellen der Wüste – Die arabische Frage und das Osmanische Reich

Geschichte der arabischen Welt, herausgegeben von Ulrich Haarmann. München ³1994.

Hourani, Albert Habib: *Die Geschichte der arabischen Völker.* Aus dem Englischen. Sonderausgabe Frankfurt am Main 1997.

Prätor, Sabine: *Der arabische Faktor in der jungtürkischen Politik. Eine Studie zum osmanischen Parlament der II. Konstitution (1908–1918).* Berlin 1993.

Schölch, Alexander: *Palästina im Umbruch.* Stuttgart 1986.

Strohmeier, Martin: *al-Kullīya aṣ-Ṣalāḥīya in Jerusalem. Arabismus, Osmanismus und Panislamismus im Ersten Weltkrieg.* Stuttgart 1991.

Ein Staat für die Juden? – Die Ursprünge des Zionismus

Bein, Alex: *Theodor Herzl. Biographie.* Taschenbuchausgabe 1983.

Eloni, Yehuda: *Zionismus in Deutschland. Von den Anfängen bis 1914.* Gerlingen 1987.

Erel, Shlomo: *Neue Wurzeln. 50 Jahre Immigration deutschsprachiger Juden in Israel.* Gerlingen 1983.

Vital, David: *The origins of zionism.* Neudruck Oxford 1980.

Nation

Alter, Peter: *Nationalismus.* Frankfurt am Main ⁴1993.

Anderson, Benedict: *Die Erfindung der Nation. Zur Karriere eines folgenreichen Konzepts.* Aus dem Englischen. Neuausgabe Berlin 1998.

Dann, Otto: *Nation und Nationalismus in Deutschland 1770–1990.* München ³1996.

Grenzfälle. Über neuen und alten Nationalismus, herausgegeben von Michael Jeismann und Henning Ritter. Leipzig 1993.

Hardtwig, Wolfgang: *Nationalismus und Bürgerkultur in Deutschland 1500–1914. Ausgewählte Aufsätze.* Göttingen 1994.

Hobsbawm, Eric J.: *Nationen und Nationalismus. Mythos und Realität seit 1780.* Aus dem Englischen. Neuausgabe München ²1998.

Korte, Karl-Rudolf: *Nation und Nationalstaat. Bausteine einer europäischen Identität.* Melle 1993.

Langewiesche, Dieter: *Nationalismus im 19. und 20. Jahrhundert. Zwischen Partizipation und Aggression. Vortrag vor dem Gesprächskreis Geschichte der Friedrich-Ebert-Stiftung in Bonn am 24. Januar 1994.* Bonn 1994.

Lemberg, Eugen: *Nationalismus,* 2 Bde. Reinbek 1.–20 Tsd. 1964–68.

Mayer, Tilman: *Prinzip Nation. Dimensionen der nationalen Frage, dargestellt am Beispiel Deutschlands.* Opladen ²1987.

Nationalismus. Dokumente zur Geschichte und Gegenwart eines Phänomens, herausgegeben von Peter Alter. München u. a. 1994.

Schieder, Theodor: *Nationalismus und Nationalstaat. Studien zum nationalen Problem im modernen Europa,* herausgegeben von Otto Dann und Hans-Ulrich Wehler. Göttingen ²1992.

Schulze, Hagen: *Staat und Nation in der europäischen Geschichte.* München ²1995.

Aufstieg der USA zur Weltmacht 1854 bis 1917

Flexner, Eleanor / Fitzpatrick, Ellen: *Century of struggle. The woman's rights movement in the United States.* Neuausgabe Cambridge, Mass., 1996.

Foner, Eric: *Reconstruction. America's unfinished revolution, 1863–1877.* Neuausgabe New York 1989.

Gould, Lewis L.: *The presidency of Theodore Roosevelt.* Lawrence, Kan., 1991.

Link, Arthur S.: *Wilson,* 5 Bde. Princeton, N. J., 1964–68, teilweise Nachdruck.

McPherson, James M.: *Für die Freiheit sterben. Die Geschichte des amerikanischen Bürgerkrieges.* Aus dem Englischen. München u. a. ⁷1997.

Wiebe, Robert H.: *The search for order. 1877–1920.* Neudruck New York 1995.

»Aufgeschoben ist nicht aufgehoben« – Die Expansion Russlands nach dem Krimkrieg

Geyer, Dietrich: *Der russische Imperialismus. Studien über den Zusammenhang von innerer und auswärtiger Politik 1860–1914.* Göttingen 1977.
Hayit, Baymirza: *Turkestan zwischen Rußland und China. Eine ethnographische, kulturelle und politische Darstellung zur Geschichte der nationalen Staaten und des nationalen Kampfes Turkestans im Zeitalter der russischen und chinesischen Expansion vom 18. bis ins 20. Jahrhundert.* Amsterdam 1971.
Hötzsch, Otto: *Rußland in Asien. Geschichte einer Expansion.* Stuttgart 1966.
Kappeler, Andreas: *Rußland als Vielvölkerreich. Entstehung, Geschichte, Zerfall.* München ²1993.
Sarkisyanz, Emanuel: *Geschichte der orientalischen Völker Rußlands bis 1917. Eine Ergänzung zur ostslawischen Geschichte Rußlands.* München 1961.

Juwel der Krone – Indien unter britischer Herrschaft

Gopal, Sarvepalli: *British policy in India 1858–1905.* Cambridge 1965.
Mehrotra, Sri Ram: *The emergence of the Indian National Congress.* Delhi u. a. 1971.
Rothermund, Dietmar: *Government, landlord, and peasant in India. Agrarian relations under British rule 1865–1935.* Wiesbaden 1978.
Simon, Werner: *Die britische Militärpolitik in Indien und ihre Auswirkungen auf den britisch-indischen Finanzhaushalt 1878–1910.* Wiesbaden 1974.

Von den »ungleichen Verträgen« bis zum Boxeraufstand – China von 1842 bis 1910

Bartke, Wolfgang: *Die großen Chinesen der Gegenwart. Ein Lexikon 100 bedeutender Persönlichkeiten Chinas im 20. Jahrhundert.* Frankfurt am Main 1985.
Ch'en, Jerome: *China and the West. Society and culture 1815–1937.* London 1979.
Fairbank, John K.: *Geschichte des modernen China. 1800–1985.* Aus dem Englischen. München ²1991.
Japan-Handbuch, herausgegeben von Horst Hammitzsch. Stuttgart ³1990.
Osterhammel, Jürgen: *China und die Weltgesellschaft. Vom 18. Jahrhundert bis in unsere Zeit.* München 1989.
Spence, Jonathan D.: *Chinas Weg in die Moderne.* Aus dem Englischen. München u. a. 1995.
Spence, Jonathan D.: *Das Tor des Himmlischen Friedens. Die Chinesen und ihre Revolution 1895–1980.* Aus dem Englischen. Taschenbuchausgabe München 1992.

»Erleuchtete Regierung« – Die Meijireformen in Japan 1868 bis 1890

Antoni, Klaus: *Der himmlische Herrscher und sein Staat. Essays zur Stellung des Tenno im modernen Japan.* München 1991.

Hartmann, Rudolf: *Geschichte des modernen Japan. Von Meiji bis Heisei.* Berlin 1995.
Japans Weg in die Moderne. Ein Sonderweg nach deutschem Vorbild?, herausgegeben von Bernd Martin. Frankfurt am Main u. a. 1987.
Martin, Bernd: *Japan and Germany in the modern world.* Providence, R. I., 1995.
Pohl, Manfred: *Japan.* München ³1996.
Schenck, Paul-Christian: *Der deutsche Anteil an der Gestaltung des modernen japanischen Rechts- und Verfassungswesens. Deutsche Rechtsberater im Japan der Meiji-Zeit.* Stuttgart 1997.
Wagner, Wieland: *Japans Außenpolitik in der frühen Meiji-Zeit (1868–1894). Die ideologische und politische Grundlegung des japanischen Führungsanspruchs in Ostasien.* Stuttgart 1990.

Siege unter dem Sonnenbanner – Japans Kriege mit China und Russland

Beasley, William George: *Japanese imperialism 1894–1945.* Oxford 1987.
Kindermann, Gottfried-Karl: *Der Ferne Osten in der Weltpolitik des industriellen Zeitalters.* München 1970.
Lone, Stewart: *Japan's first modern war. Army and society in the conflict with China, 1894–95.* New York 1994.
Westwood, John N.: *Russia against Japan. 1904–05. A new look at the Russo-Japanese war.* Basingstoke 1986. Nachdruck London 1990.
Wippich, Rolf-Harald: *Japan und die deutsche Fernostpolitik 1894–1898. Vom Ausbruch des Chinesisch-Japanischen Krieges bis zur Besetzung der Kiautschou-Bucht.* Stuttgart 1987.

Die soziale Frage

Charle, Christophe: *Vordenker der Moderne. Die Intellektuellen im 19. Jahrhundert.* Aus dem Französischen. Frankfurt am Main 1997.
Familie und soziale Plazierung. Studien zum Verhältnis von Familie, sozialer Mobilität und Heiratsverhalten an westfälischen Beispielen im späten 18. und 19. Jahrhundert, Beiträge von Jürgen Kocka u. a. Opladen 1980.
Fischer, Wolfram: *Armut in der Geschichte. Erscheinungsformen und Lösungsversuche der »Sozialen Frage« in Europa seit dem Mittelalter.* Göttingen 1982.
Geschichte der Arbeiter und der Arbeiterbewegung in Deutschland seit dem Ende des 18. Jahrhunderts, herausgegeben von Gerhard A. Ritter, Bd. 1 und 2. Bonn 1990.
Kaelble, Hartmut: *Industrialisierung und soziale Ungleichheit. Europa im 19. Jahrhundert. Eine Bilanz.* Göttingen 1983.
Kaelble, Hartmut: *Soziale Mobilität und Chancengleichheit im 19. und 20. Jahrhundert. Deutschland im internationalen Vergleich.* Göttingen 1983.
Marshall, Thomas H.: *Bürgerrechte und soziale Klassen. Zur Soziologie des Wohlfahrtsstaates,* herausgegeben von Elmar Rieger. Aus dem Englischen. Frankfurt am Main u. a. 1992.
Montanari, Massimo: *Der Hunger und der Überfluß. Kulturgeschichte der Ernährung in Europa.* Aus dem Italienischen. München ²1995.

Reidegeld, Eckart: *Staatliche Sozialpolitik in Deutschland. Historische Entwicklung und theoretische Analyse von den Ursprüngen bis 1918.* Opladen 1996.

Ritter, Gerhard A.: *Arbeiter, Arbeiterbewegung und soziale Ideen in Deutschland. Beiträge zur Geschichte des 19. und 20. Jahrhunderts.* München 1996.

Ritter, Gerhard A.: *Der Sozialstaat. Entstehung und Entwicklung im internationalen Vergleich.* München ²1991.

Schüren, Reinhard: *Soziale Mobilität. Muster, Veränderungen und Bedingungen im 19. und 20. Jahrhundert.* St. Katharinen 1989.

Weder Kommunismus noch Kapitalismus. Bürgerliche Sozialreform in Deutschland vom Vormärz bis zur Ära Adenauer, herausgegeben von Rüdiger vom Bruch. München 1985.

Die großen Mächte und der Imperialismus

Albertini, Rudolf von: *Europäische Kolonialherrschaft. 1880–1940.* Stuttgart ⁴1997.

Aldrich, Robert: *Greater France. A history of French overseas expansion.* Basingstoke 1996.

Baumgart, Winfried: *Der Imperialismus. Idee und Wirklichkeit der englischen und französischen Kolonialexpansion 1880–1914.* Wiesbaden 1975.

Bereit zum Krieg. Kriegsmentalität im wilhelminischen Deutschland 1890–1914. Beiträge zur historischen Friedensforschung, herausgegeben von Jost Dülffer und Karl Holl. Göttingen 1986.

Bismarck, Europe, and Africa. The Berlin Africa Conference 1884–1885 and the onset of partition, herausgegeben von Stig Förster u. a. Oxford u. a. 1988.

Fischer-Weltgeschichte, Bd. 28: Mommsen, Wolfgang J.: *Das Zeitalter des Imperialismus.* Frankfurt am Main 118.–119. Tsd. 1995.

Fröhlich, Michael: *Imperialismus. Deutsche Kolonial- und Weltpolitik 1880–1914.* München 1994.

Geyer, Dietrich: *Der russische Imperialismus. Studien über den Zusammenhang von innerer und auswärtiger Politik 1860–1914.* Göttingen 1977.

Gollwitzer, Heinz: *Geschichte des weltpolitischen Denkens,* Bd. 2: *Zeitalter des Imperialismus und der Weltkriege.* Göttingen 1982.

Gründer, Horst: *Geschichte der deutschen Kolonien.* Paderborn u. a. ³1995.

Gründer, Horst: *Welteroberung und Christentum. Ein Handbuch zur Geschichte der Neuzeit.* Gütersloh 1992.

Guillen, Pierre: *L'expansion 1881–1898.* Paris 1985.

Handbuch der Verträge 1871–1964. Verträge und andere Dokumente aus der Geschichte der internationalen Beziehungen, herausgegeben von Helmuth Stoecker u. a. Berlin-Ost 1968.

Imperialismus, herausgegeben von Hans-Ulrich Wehler. Königstein im Taunus ³1976. Korrigierter Nachdruck Königstein im Taunus 1979.

Der moderne Imperialismus, herausgegeben von Wolfgang J. Mommsen. Stuttgart u. a. 1971.

Mommsen, Wolfgang J.: *Imperialismustheorien. Ein Überblick über die neueren Imperialismusinterpretationen.* Göttingen ³1987.

Nipperdey, Thomas: *Deutsche Geschichte 1866–1918,* Bd. 2: *Machtstaat vor der Demokratie.* Sonderausgabe München 35.–50. Tsd. 1998.

Pakenham, Thomas: *Der kauernde Löwe. Die Kolonialisierung Afrikas 1876–1912.* Aus dem Englischen. Düsseldorf u. a. ²1994.

Reinhard, Wolfgang: *Geschichte der europäischen Expansion,* Bd. 4: *Dritte Welt Afrika.* Stuttgart u. a. 1990.

Robinson, Ronald, u. a.: *Africa and the Victorians. The official mind of Imperialism.* London u. a. ²1983.

Schmidt, Gustav: *Der europäische Imperialismus.* Studienausgabe München 1989.

Schöllgen, Gregor: *Das Zeitalter des Imperialismus.* München ³1994.

Stürmer, Michael: *Das ruhelose Reich. Deutschland 1866–1918.* Taschenbuchausgabe Berlin u. a. 1998.

Pazifismus und Friedensbewegung

Brock, Peter: *Freedom from violence. Sectarian nonresistance from the Middle Ages to the Great War.* Toronto u. a. 1991.

Brock, Peter: *Freedom from war. Nonsectarian pacifism 1814–1914.* Toronto u. a. 1991.

Brock, Peter: *Pacifism in Europe to 1914.* Princeton, N. J., 1972.

Brock, Peter: *Pacifism in the United States. From the colonial era to the First World War.* Princeton, N. J., 1968. Nachdruck Princeton, N. J., 1970.

Brock, Peter: *Twentieth century pacifism.* New York 1970.

Carsten, Francis L.: *War against war. British and German radical movements in the First World War.* London 1982.

Ceadel, Martin: *The origins of war prevention. The British peace movement and international relations, 1730–1854.* Oxford 1996.

Ceadel, Martin: *Pacifism in Britain. 1914–1945. The defining of a faith.* Oxford 1980.

Chickering, Roger: *Imperial Germany and a world without war. The peace movement and German society, 1892–1914.* Princeton, N. J., 1975.

Cooper, Sandi E.: *Patriotic pacifism. Waging war on war in Europe 1815–1914.* New York 1991.

Die Friedensbewegung. Organisierter Pazifismus in Deutschland, Österreich und in der Schweiz, herausgegeben von Helmut Donat und Karl Holl. Düsseldorf 1983.

Grossi, Verdiana: *Le pacifisme européen. 1889–1914.* Brüssel 1994.

Holl, Karl: *Pazifismus in Deutschland.* Frankfurt am Main 1988.

Ingram, Norman: *The politics of dissent. Pacifism in France 1919–1939.* Oxford 1991.

Pazifismus in der Weimarer Republik. Beiträge zur historischen Friedensforschung, herausgegeben von Karl Holl und Wolfram Wette. Paderborn 1981.

Riesenberger, Dieter: *Geschichte der Friedensbewegung in Deutschland. Von den Anfängen bis 1933.* Göttingen 1985.

Robbins, Keith: *The abolition of war. The Peace Movement in Britain 1914–1919.* Cardiff 1976.

Timmermann, Heinrich: *Friedenssicherungsbewegungen in den Vereinigten Staaten von Amerika und in Großbritannien während des Ersten Weltkrieges.* Frankfurt am Main 1978.

Der Erste Weltkrieg 1914 bis 1918

Berghahn, Volker R.: *Sarajewo, 28. Juni 1914. Der Untergang des alten Europa.* München 1997.

Decisions for War, 1914, herausgegeben von Keith Wilson. London u. a. 1995.

Epkenhans, Michael: *Neuere Forschungen zur Geschichte des Ersten Weltkrieges,* in: *Archiv für Sozialgeschichte,* Bd. 38. Bonn 1998. S. 458–487

Der Erste Weltkrieg. Wirkung, Wahrnehmung, Analyse, herausgegeben von Wolfgang Michalka. München u. a. 1994.

Feldman, Gerald D.: *Armee, Industrie und Arbeiterschaft in Deutschland 1914 bis 1918.* Aus dem Englischen. Berlin u. a. 1985.

Ferro, Marc: *Der große Krieg. 1914–1918.* Aus dem Französischen. Frankfurt am Main 1988.

Flucht in den Krieg? Die Außenpolitik des kaiserlichen Deutschland, herausgegeben von Gregor Schöllgen. Darmstadt 1991.

The French home front, 1914–1918, herausgegeben von Patrick Fridenson. Aus dem Französischen. Oxford 1992.

Geiss, Imanuel: *Das Deutsche Reich und der Erste Weltkrieg.* Taschenbuchausgabe München 1985.

Kielmannsegg, Peter Graf: *Deutschland und der Erste Weltkrieg.* Stuttgart ²1980.

Kriegserfahrungen. Studien zur Sozial- und Mentalitätsgeschichte des Ersten Weltkriegs, herausgegeben von Gerhard Hirschfeld u. a. Essen 1997.

Rauchensteiner, Manfried: *Der Tod des Doppeladlers. Österreich-Ungarn und der Erste Weltkrieg.* Graz u. a. ²1994.

Eine Welt von Feinden. Der Große Krieg 1914–1918, herausgegeben von Wolfgang Kruse. Beiträge von Christoph Cornelißen u. a. Frankfurt am Main 1997.

Winter, Jay / Baggett, Blaine: *The Great War and the shaping of the 20th century.* London u. a. 1996.

Wollstein, Günter: *Theobald von Bethmann Hollweg. Letzter Erbe Bismarcks, erstes Opfer der Dolchstoßlegende.* Göttingen u. a. 1995.

Gegenspieler – Zwei Modelle zur Gestaltung der Welt

The American people. Creating a nation and a society, herausgegeben von Gary B. Nash u. a., Tl. 2. New York ⁴1997.

America's history, Beiträge von James A. Henretta u. a., 2 Bde. New York ³1997.

Avrich, Paul: *Sacco and Vanzetti. The anarchist background.* Neudruck Princeton, N. J., 1996.

Calder, Bruce J.: *The impact of intervention. The Dominican Republic during the U. S. occupation of 1916–1924.* Austin, Tex., 1984.

Case, Josephine Young / Case, Everett Needham: *Owen D. Young and American enterprise. A biography.* Boston, Mass., 1982.

Cashman, Sean Dennis: *America in the twenties and thirties. The Olympian age of Franklin Delano Roosevelt.* New York u. a. 1989.

Dallek, Robert: *Franklin D. Roosevelt and American foreign policy 1932–1945.* Neudruck New York u. a. 1995.

Deutsche Reichsgeschichte in Dokumenten. Urkunden und Aktenstücke zur inneren und äußeren Politik des Deutschen Reiches, herausgegeben von Johannes Hohlfeld, Bd. 2: *1906–1926.* Neudruck Nendeln 1972.

The enduring vision. A history of the American people, herausgegeben von Paul S. Boyer u. a. Lexington, Mass., ³1996.

Evans, Sara M.: *Born for liberty. A history of women in America.* Taschenbuchausgabe New York u. a. 1991.

Gardner, Lloyd C.: *Safe for democracy. The Anglo-American response to revolution, 1913–1923.* New York u. a. 1984.

Gosnell, Harold F.: *Champion campaigner. Franklin D. Roosevelt.* New York u. a. 1952.

The Great republic. A history of the American people, Beiträge von Bernard Bailyn u. a., 2 Bde. Lexington, Mass., ⁴1992.

Handbuch der europäischen Wirtschafts- und Sozialgeschichte, herausgegeben von Hermann Kellenbenz u. a., Bd. 6: *Europäische Wirtschafts- und Sozialgeschichte vom Ersten Weltkrieg bis zur Gegenwart,* herausgegeben von Wolfram Fischer. Stuttgart 1987.

Heideking, Jürgen: *Geschichte der USA.* Tübingen u. a. 1996.

Heideking, Jürgen / Nünning, Vera: *Einführung in die amerikanische Geschichte.* München 1998.

Hier hielt die Welt den Atem an, herausgegeben von Louis L. Snyder und Richard B. Morris. Deutsche Ausgabe bearbeitet von Hans Dieter Müller. Aus dem Amerikanischen. Stuttgart ²1960.

Hofstadter, Richard: *The age of reform. From Bryan to F. D. R.* Neudruck New York 1985.

Hughes, Langston: *Selected poems.* Neudruck New York 1990.

Johnson, John J.: *Latin America in caricature.* Austin, Tex., 1980.

Junker, Detlef: *Der unteilbare Weltmarkt. Das ökonomische Interesse in der Außenpolitik der USA 1933–1941.* Stuttgart 1975.

Kindleberger, Charles P.: *Die Weltwirtschaftskrise 1929–1939.* Aus dem Amerikanischen. München ³1984.

Kritzman, Leo N.: *Die heroische Periode der großen russischen Revolution.* Aus dem Russischen. Wien u. a. 1929. Nachdruck Frankfurt am Main 1971.

Kurtz, Michael L.: *The challenging of America. 1920–1945.* Arlington Heights, Ill., 1986.

Leuchtenburg, William E.: *Franklin D. Roosevelt and the new deal. 1932–1940.* Neudruck New York u. a. 1995.

Leuchtenburg, William E.: *The perils of prosperity. 1914–32.* Neudruck Chicago, Ill., u. a. 1980.

Link, Werner: *Die amerikanische Stabilisierungspolitik in Deutschland 1921–32.* Düsseldorf 1970.

Lucas, John A. / Smith, Ronald A.: *Saga of American sport.* Philadelphia, Pa., 1978.

Marchand, Roland: *Advertising the American dream. Making way for modernity, 1920–1940.* Neudruck Berkeley, Calif., u. a. 1986.

The Marcus Garvey and Universal Negro Improvement Association papers, herausgegeben von Robert A. Hill, auf zahlreiche Bde. berechnet. Berkeley, Calif., u. a. 1983 ff.

May, Lary: *Screening out the past. The birth of mass culture and the motion picture industry.* Neudruck Chicago, Ill., u. a. 1984.

Montgomery, David: *The fall of the house of labor. The workplace, the state, and American labor activism, 1865–1925.* Neudruck Cambridge 1993.

Moynahan, Brian: *Das Jahrhundert Rußlands. 1894–1994.* Aus dem Englischen. München 1994.

The national experience. A history of the United States, Beiträge von John M. Blum u. a. Fort Worth, Tex., u. a. ⁸1993.

Pusey, Merlo J.: *Charles Evans Hughes,* Bd. 2. New York 1951.

The rise and fall of the New Deal order. 1930–1980, herausgegeben von Steve Fraser u. a. Princeton, N. J., 1989.

Roosevelt, Eleanor: *Eleanor Roosevelt's My day. Her acclaimed columns,* herausgegeben von Rochelle Chadakoff und David Emblidge, Bd. 1. New York 1989.

Roosevelt, Franklin D.: *The public papers and addresses. With a special introduction and explanatory notes by President Roosevelt,* herausgegeben von Samuel I. Rosenman, Bd. 2: *The year of crisis, 1933.* New York 1938.

Rosenberg, Emily S.: *Spreading the American dream. American economic and cultural expansion, 1890–1945.* Neudruck New York 1993.

Russische Avantgarde, herausgegeben von Bodo Zelinsky, Tl. 2: *1917–1934. Kunst und Literatur nach der Revolution.* Bonn 1991.

Rußland unter Hammer und Sichel. Die Sowjetunion 1917–1967, bearbeitet von Gert Richter. Gütersloh 1967.

Solschenizyn, Alexander: *Der Archipel GULAG,* übersetzt von Anna Peturnig und Ernst Walter. Lizenzausgabe Reinbek 40.–44. Tsd. 1994.

Die Sowjetunion. Von der Oktoberrevolution bis zu Stalins Tod, herausgegeben von Helmut Altrichter und Heiko Haumann, 2 Bde. München 1986–87.

Völkerrecht. Dokumentensammlung, herausgegeben von Friedrich Berber, 2 Bde. Berlin 1967.

Watkins, Tom H.: *The Great Depression. America in the 1930s.* Boston, Mass., u. a. 1993.

Weber, Hermann: *Die Kommunistische Internationale. Eine Dokumentation.* Hannover 1966.

Yergin, Daniel: *Der Preis. Die Jagd nach Öl, Geld und Macht.* Aus dem Amerikanischen. Taschenbuchausgabe Frankfurt am Main 1993.

Höhepunkt des Kolonialismus – Die Aufteilung des Osmanischen Reiches

Berque, Jacques: *Die Araber.* Aus dem Französischen. Köln 1960.

Bräker, Hans: *Es wird kein Friede sein. Der islamische Orient im Zangengriff von West und Ost.* München u. a. 1992.

Büttner, Friedemann / Klostermeier, Inge: *Ägypten.* München 1991.

Hussain, Taha: *Au-delà du Nil,* herausgegeben von Jacques Berque. Aus dem Arabischen. Neuausgabe Paris 1990.

Hussain, Taha: *Kindheitstage.* Aus dem Arabischen. Lizenzausgabe Berlin 1985.

Der Islam in der Gegenwart, herausgegeben von Werner Ende und Udo Steinbach. München ⁴1996.

Nagel, Tilman: *Staat und Glaubensgemeinschaft im Islam. Geschichte der politischen Ordnungsvorstellungen der Muslime,* 2 Bde. Zürich u. a. 1981.

Picaudou, Nadine: *La décennie qui ébranla le Moyen-Orient. 1914–1923.* Brüssel 1992.

Politisches Lexikon Nahost, Nordafrika, herausgegeben von Udo Steinbach u. a. München ³1994.

Reform und Revolution in der islamischen Welt. Von der osmanischen Imperialdoktrin zum arabischen Sozialismus, herausgegeben von Friedemann Büttner. München 1971.

Said, Edward W.: *Orientalismus.* Aus dem Englischen. Frankfurt am Main u. a. 1981.

Schulze, Reinhard: *Geschichte der islamischen Welt im 20. Jahrhundert.* München 1994.

Nächstes Jahr in Jerusalem – Palästina und der Zionismus

Laqueur, Walter: *Der Weg zum Staat Israel. Geschichte des Zionismus.* Aus dem Englischen. Wien 1975.

Na'aman, Shlomo: *Marxismus und Zionismus.* Gerlingen 1997.

Orland, Nachum: *Israels Revisionisten. Die geistigen Väter Menachem Begins.* München 1978.

Zionismus. Texte zu seiner Entwicklung, herausgegeben von Julius H. Schoeps. Lizenzausgabe Wiesbaden ²1983.

Festhalten an der Wahrheit – Gandhis Einsatz im indischen Freiheitskampf

Leue, Horst-Joachim: *Britische Indien-Politik, 1926–1932. Motive, Methoden und Mißerfolg imperialer Politik am Vorabend der Dekolonisation.* Wiesbaden 1981.

Rothermund, Dietmar: *Mahatma Gandhi. Eine politische Biographie.* München ²1997.

Rothermund, Dietmar: *Die politische Willensbildung in Indien. 1900–1960.* Wiesbaden 1965.

Simon, Werner: *Die britische Militärpolitik in Indien und ihre Auswirkungen auf den britisch-indischen Finanzhaushalt 1878–1910.* Wiesbaden 1974.

Voigt, Johannes H.: *Indien im Zweiten Weltkrieg.* Stuttgart 1978.

Dem Ende entgegen – Die großen Kolonialreiche

Ageron, Charles-Robert: *La décolonisation française.* Paris ²1994.

Albertini, Rudolf von: *Europäische Kolonialherrschaft. 1880–1940.* Stuttgart ⁴1997.

Ansprenger, Franz: *Auflösung der Kolonialreiche.* München ⁴1981.

Cain, Peter J. / Hopkins, Antony G.: *British imperialism,* Bd. 2: *Crisis and deconstruction 1914–1990.* Neudruck London u. a. 1994.

Darwin, John: *Britain and decolonisation. The retreat from empire in the post-war world.* Basingstoke u. a. 1988.

Histoire de la France coloniale, Beiträge von Jean Meyer u. a., 2 Bde. Paris 1990–91.

Hobsbawm, Eric J.: *Das Zeitalter der Extreme. Weltgeschichte des 20. Jahrhunderts.* Aus dem Englischen. Taschenbuchausgabe München 1998.

Marseille, Jacques: *Empire colonial et capitalisme français. Histoire d'un divorce.* Neuausgabe Paris 1989.

Michel, Marc: *Décolonisations et émergence du tiers monde.* Paris 1993.

Osterhammel, Jürgen: *Kolonialismus. Geschichte – Formen – Folgen.* München 1995.

Die Peripherie in der Weltwirtschaftskrise. Afrika, Asien und Lateinamerika 1929–1939, herausgegeben von Dietmar Rothermund. Paderborn 1983.

Reinhard, Wolfgang: *Geschichte der europäischen Expansion,* Bd. 3 und 4. Stuttgart u. a. 1988–90.

Rothermund, Dietmar: *Die Welt in der Wirtschaftskrise, 1929–1939.* Münster u. a. 1993.

Sozialismus im 20. Jahrhundert

Bernstein, Eduard: *Die Voraussetzungen des Sozialismus und die Aufgaben der Sozialdemokratie,* herausgegeben von Manfred Tetzel. Berlin 1991.

Geschichte des Sozialismus, herausgegeben von Jacques Droz. Unter Mitarbeit von François Bédarida u. a., 17 Bde. Aus dem Französischen. Frankfurt am Main u. a. 1974–84.

Grebing, Helga: *Die deutsche Arbeiterbewegung zwischen Revolution, Reform und Etatismus.* Mannheim u. a. 1993.

Harrington, Michael: *Sozialismus.* Aus dem Amerikanischen. Stuttgart u. a. 1975.

Hobsbawm, Eric J.: *Das Zeitalter der Extreme. Weltgeschichte des 20. Jahrhunderts.* Aus dem Englischen. Taschenbuchausgabe München 1998.

Jaurès, Jean: *Die Ursprünge des Sozialismus in Deutschland. Luther, Kant, Fichte und Hegel,* übersetzt von Erika Höhnisch und Klaus Sonnendecker. Frankfurt am Main u. a. 1974.

Klassiker des Sozialismus, herausgegeben von Walter Euchner, 2 Bde. München 1991.

Lenin, Vladimir I.: *Was tun? Brennende Fragen unserer Bewegung.* Aus dem Russischen. Berlin-Ost ²¹1988.

Lexikon des Sozialismus, herausgegeben von Thomas Meyer u. a. Köln 1986.

Luxemburg, Rosa: *Politische Schriften,* herausgegeben von Ossip K. Flechtheim. Frankfurt am Main 1987.

Der Marxismus. Seine Geschichte in Dokumenten. Philosophie, Ideologie, Ökonomie, Soziologie, Politik, herausgegeben von Iring Fetscher. München u. a. ⁵1989.

Pipers Handbuch der politischen Ideen, herausgegeben von Iring Fetscher und Herfried Münkler, Bd. 4 und 5. München u. a. 1986–87.

Prinzipienerklärung der Sozialistischen Internationale, in: *Programmatische Dokumente der deutschen Sozialdemokratie,* herausgegeben von Dieter Dowe u. a. Berlin u. a. ³1990. S. 287 ff.

Der Sozialismus in England. Geschildert von englischen Sozialisten, herausgegeben von Sidney Webb. Aus dem Englischen. Göttingen 1898.

Eine neue Weltordnung? – Der Status quo und seine Träger

Loth, Wilfried: *Geschichte Frankreichs im 20. Jahrhundert.* Taschenbuchausgabe Frankfurt am Main 6.–7. Tsd. 1995.

Niedhart, Gottfried: *Geschichte Englands im 19. und 20. Jahrhundert.* München ²1996.

Nationen, die zu spät kamen – Die auf Revision drängenden Staaten

Blinkhorn, Martin: *Mussolini und das faschistische Italien.* Aus dem Englischen. Mainz 1994.

De Grand, Alexander J.: *Fascist Italy and Nazi Germany. The »fascist« style of rule.* London u. a. 1995.

Herbst, Ludolf: *Das nationalsozialistische Deutschland 1933–1945. Die Entfesselung der Gewalt: Rassismus und Krieg.* Frankfurt am Main 1996.

Hildebrand, Klaus: *Das Dritte Reich.* München ⁵1995.

Kolb, Eberhard: *Die Weimarer Republik.* München ⁴1998.

Lill, Rudolf: *Geschichte Italiens in der Neuzeit.* Darmstadt ⁴1988. Nachdruck Darmstadt 1994.

Mantelli, Bruno: *Kurze Geschichte des italienischen Faschismus.* Aus dem Italienischen. Berlin 1998.

Nolte, Ernst: *Der Faschismus in seiner Epoche. Action française, italienischer Faschismus, Nationalsozialismus.* Taschenbuchausgabe München u. a. ⁴1995.

Winkler, Heinrich August: *Weimar 1918-1933. Die Geschichte der ersten deutschen Demokratie.* München 15.–20. Tsd. 1998.

Zwischen Demokratie und Diktatur – Staatliche Neuanfänge

Bartl, Peter: *Grundzüge der jugoslawischen Geschichte.* Darmstadt 1985.

Bogyay, Thomas von: *Grundzüge der Geschichte Ungarns.* Darmstadt ⁴1990.

Broszat, Martin: *Zweihundert Jahre deutsche Polenpolitik.* Neuausgabe Frankfurt am Main ⁴1986.

The Cambridge history of Poland, herausgegeben von William F. Reddaway u. a., 2 Bde. Cambridge 1950–51.

Finland. People, nation, state, herausgegeben von Max Engman und David Kirby. Aus dem Schwedischen. London u. a. 1989.

Fuhrmann, Rainer W.: *Polen. Handbuch Geschichte, Politik, Wirtschaft.* Neuausgabe Hannover 1990.

Die Geschichte Ungarns. Von den Anfängen bis zur Gegenwart, herausgegeben von Péter Hanák. Beiträge von Kálmán Benda. Aus dem Ungarischen. Budapest ²1991.

Handbuch der Geschichte der böhmischen Länder, herausgegeben von Karl Bosl, 4 Bde. Stuttgart 1967–74.

Hellmann, Manfred: *Daten der polnischen Geschichte.* München 1985.

A history of Hungary, herausgegeben von Peter F. Sugar u. a. Neudruck Bloomington, Ind., u. a. 1994.

History of Poland, herausgegeben von Zuzanna Stefaniak. Beiträge von Aleksander Gieysztor u. a. Aus dem Polnischen. Warschau ²1979.

Hoensch, Jörg K.: *Geschichte Böhmens. Von der slavischen Landnahme bis zur Gegenwart.* München ³1997.

Hoensch, Jörg K.: *Geschichte der Tschechoslowakei.* Stuttgart u. a. ³1992.

Hoensch, Jörg K.: *Geschichte Polens.* Stuttgart ³1998.

Hoensch, Jörg K.: *Geschichte Ungarns 1867–1983.* Stuttgart u. a. 1984.

Jutikkala, Eino: *Geschichte Finnlands.* Aus dem Finnischen. Stuttgart ²1976.

Kirby, David G.: *Finland in the twentieth century.* London ²1984.

Laeuen, Harald: *Polnische Tragödie.* Stuttgart ³1958.

Macartney, Carlile A.: *Hungary and her successors. The treaty of Trianon and its consequences 1919–1937.* Oxford 1937. Nachdruck London u. a. 1968.

Macartney, Carlile A.: *October fifteenth. A history of modern Hungary, 1929–1945,* 2 Bde. Edinburgh ²1961.

Polvinen, Tuomo: *Between East and West. Finland in international politics, 1944–1947.* Aus dem Finnischen. Minneapolis, Minn., 1986.

Puntila, Lauri A.: *Politische Geschichte Finnlands, 1809–1977.* Aus dem Finnischen. Helsinki 1980.

Rhode, Gotthold: *Geschichte Polens. Ein Überblick.* Darmstadt ³1980.

Roos, Hans: *Geschichte der polnischen Nation. 1918–1985. Von der Staatsgründung im 1. Weltkrieg bis zur Gegenwart,* fortgeführt von Manfred Alexander. Stuttgart u. a. ⁴1986.

Seibt, Ferdinand: *Deutschland und die Tschechen. Geschichte einer Nachbarschaft in der Mitte Europas.* München u. a. ³1997.

Sundhaussen, Holm: *Experiment Jugoslawien. Von der Staatsgründung bis zum Staatszerfall.* Mannheim u. a. 1993.

Sundhaussen, Holm: *Geschichte Jugoslawiens. 1918–1980.* Stuttgart u. a. 1982.

Suppan, Arnold: *Jugoslawien und Österreich 1918–1938. Bilaterale Außenpolitik im europäischen Umfeld.* Wien u. a. 1996.

Ueberschär, Gerd R.: *Hitler und Finnland 1939–1941. Die deutsch-finnischen Beziehungen während des Hitler-Stalin-Paktes.* Wiesbaden 1978.

Zetterberg, Seppo: *Finnland ab 1917.* Aus dem Finnischen. Keuruu 1991.

Aggression und Appeasement – Internationale Beziehungen in den 1930er-Jahren

Bernecker, Walther L.: *Krieg in Spanien 1936–1939.* Lizenzausgabe Darmstadt 1997.

Dunn, Dennis J.: *Caught between Roosevelt & Stalin. America's ambassadors to Moscow.* Lexington, Ky., 1998.

The Japanese wartime empire. 1931–1945, herausgegeben von Peter Duus u. a. Princeton, N. J., 1996.

Junker, Detlef: *Von der Weltmacht zur Supermacht. Amerikanische Außenpolitik im 20. Jahrhundert.* Mannheim u. a. 1995.

Kogelfranz, Siegfried/Plate, Eckart: *Sterben für die Freiheit. Die Tragödie des Spanischen Bürgerkrieges.* München 1989.

Maser, Werner: *Der Wortbruch. Hitler, Stalin und der Zweite Weltkrieg.* Taschenbuchausgabe München 1997.

McDonough, Frank: *Neville Chamberlain, appeasement and the British road to war.* Manchester 1998.

Möller, Horst: *Europa zwischen den Weltkriegen.* München 1998.

Müller, Carmen: *Weimar im Blick der USA. Amerikanische Auslandskorrespondenten und öffentliche Meinung zwischen Perzeption und Realität.* Münster 1997.

Niedhart, Gottfried: *Internationale Beziehungen 1917–1947.* Paderborn u. a. 1989.

Peter, Matthias: *John Maynard Keynes und die britische Deutschlandpolitik. Machtanspruch und ökonomische Realität im Zeitalter der Weltkriege 1919–1946.* München 1997.

Roberts, Geoffrey: *The Soviet Union and the origins of the Second World War. Russo-German relations and the road to war, 1933–1941.* New York 1995.

Young, Louise: *Japan's total empire. Manchuria and the culture of wartime imperialism.* Berkeley, Calif., 1998.

Ohne Kalif, ohne Schleier – Die Türkei unter Kemal Atatürk

Adanır, Fikret: *Geschichte der Republik Türkei.* Mannheim u. a. 1995.

Ahmad, Feroz: *The making of modern Turkey.* Neudruck London u. a. 1996.

Der gebrochene Blick nach Westen. Positionen und Perspektiven türkischer Kultur, herausgegeben von Zafer Şenocak. Berlin 1994.

Hourani, Albert Habib: *Die Geschichte der arabischen Völker.* Aus dem Englischen. Sonderausgabe Frankfurt am Main 1997.

Kreiser, Klaus: *Kleines Türkei-Lexikon. Wissenswertes über Land und Leute.* München 1992.

The transformation of Turkish culture. The Atatürk legacy, herausgegeben von Günsel Renda und C. Max Kortepeter. Princeton, N. J., 1986.

Zürcher, Erik J.: *Turkey. A modern history.* London u. a. ²1997.

Caudillos, Populisten, Oligarchen – Lateinamerika zwischen Reform und Diktatur

Grenzenlose Märkte? Die deutsch-lateinamerikanischen Wirtschaftsbeziehungen vom Zeitalter des Imperialismus bis zur Weltwirtschaftskrise, herausgegeben von Boris Barth und Jochen Meissner. Münster u. a. 1995.

»Integration und Transformation«. Ethnische Gemeinschaften, Staat und Weltwirtschaft in Lateinamerika seit ca. 1850, herausgegeben von Stefan Karlen und Andreas Wimmer. Stuttgart 1996.

Tobler, Hans Werner: *Die mexikanische Revolution. Gesellschaftlicher Wandel und politischer Umbruch, 1876–1940.* Frankfurt am Main 1984.

Bürgerkrieg und Revolution – China vom Massenprotest zur japanischen Invasion

Bartke, Wolfgang: *Die großen Chinesen der Gegenwart. Ein Lexikon 100 bedeutender Persönlichkeiten Chinas im 20. Jahrhundert.* Frankfurt am Main 1985.

Ch'en, Jerome: *China and the West. Society and culture 1815–1937.* London 1979.

Chevrier, Yves: *La Chine moderne.* Neuausgabe Paris 1992.

Fairbank, John K.: *Geschichte des modernen China. 1800–1985.* Aus dem Englischen. München ²1991.

Osterhammel, Jürgen: *China und die Weltgesellschaft. Vom 18. Jahrhundert bis in unsere Zeit.* München 1989.

Osterhammel, Jürgen: *Shanghai, 30. Mai 1925. Die chinesische Revolution.* München 1997.

The rise to power of the Chinese Communist Party. Documents and analysis, herausgegeben von Tony Saich. Armonk, N. Y., 1996.

Spence, Jonathan D.: *Chinas Weg in die Moderne.* Aus dem Amerikanischen. München u. a. 1995.

Spence, Jonathan D.: *Das Tor des Himmlischen Friedens. Die Chinesen und ihre Revolution 1895–1980.* Aus dem Englischen. Taschenbuchausgabe München 1992.

Antisemitismus

Bein, Alex: *Die Judenfrage. Biographie eines Weltproblems,* 2 Tle. Stuttgart 1980.

Bergmann, Werner: *Antisemitismus in öffentlichen Konflikten. Kollektives Lernen in der politischen Kultur der Bundesrepublik 1949–1989.* Frankfurt am Main u. a. 1997.

Claussen, Detlev: *Grenzen der Aufklärung. Die gesellschaftliche Genese des modernen Antisemitismus.* Neuausgabe Frankfurt am Main 1994.

Erb, Rainer / Bergmann, Werner: *Die Nachtseite der Judenemanzipation. Der Widerstand gegen die Integration der Juden in Deutschland 1780–1860.* Berlin 1989.

Greive, Hermann: *Geschichte des modernen Antisemitismus in Deutschland.* Neuausgabe Darmstadt 1995.

Jahrbuch für Antisemitismusforschung, herausgegeben für das Zentrum für Antisemitismusforschung der Technischen Universität Berlin. Frankfurt am Main u. a. 1992 ff.

Katz, Jacob: *Die Hep-Hep-Verfolgungen des Jahres 1819.* Aus dem Hebräischen. Berlin 1994.

Katz, Jacob: *Vom Vorurteil bis zur Vernichtung. Der Antisemitismus 1700–1933.* Aus dem Englischen. Lizenzausgabe Berlin 1990.

Lichtblau, Albert: *Antisemitismus und soziale Spannung in Berlin und Wien 1867–1914.* Berlin 1994.

Pulzer, Peter G. J.: *Die Entstehung des politischen Antisemitismus in Deutschland und Österreich 1867 bis 1914.* Aus dem Englischen. Gütersloh 1966.

Rürup, Reinhard: *Emanzipation und Antisemitismus. Studien zur »Judenfrage« der bürgerlichen Gesellschaft.* Taschenbuchausgabe Frankfurt am Main 1987.

Sottopietra, Doris: *Variationen eines Vorurteils. Eine Entwicklungsgeschichte des Antisemitismus in Österreich.* Wien 1997.

Volkov, Shulamit: *Die Juden in Deutschland 1780–1918.* Aus dem Englischen. München 1994.

Vorurteil und Völkermord. Entwicklungslinien des Antisemitismus, herausgegeben von Wolfgang Benz und Werner Bergmann. Freiburg im Breisgau u. a. 1997.

Der Zweite Weltkrieg

Bartov, Omer: *Hitlers Wehrmacht. Soldaten, Fanatismus und die Brutalisierung des Krieges.* Aus dem Englischen. Reinbek 1995.

Gilbert, Martin: *Der Zweite Weltkrieg. Eine chronologische Gesamtdarstellung.* Aus dem Englischen. München u. a. 1991.

Gruchmann, Lothar: *Totaler Krieg. Vom Blitzkrieg zur bedingungslosen Kapitulation.* München 1991.

Haffner, Sebastian: *Winston Churchill.* Reinbek 56.–57. Tsd. 1995.

Hillgruber, Andreas: *Der Zweite Weltkrieg 1939–1945. Kriegsziele und Strategie der großen Mächte.* Stuttgart u. a. ⁶1996.

Jacobsen, Hans-Adolf: *Der Weg zur Teilung der Welt. Politik und Strategie 1939–1945.* Koblenz u. a. ²1979.

Der nationalsozialistische Krieg, herausgegeben von Norbert Frei und Hermann Kling. Frankfurt am Main u. a. 1990.

Stalingrad und die Verantwortung des Soldaten, herausgegeben von Joachim Wieder und Heinrich Graf von Einsiedel. München ⁴1993.

Weinberg, Gerhard L.: *Eine Welt in Waffen. Die globale Geschichte des Zweiten Weltkriegs.* Aus dem Amerikanischen. Stuttgart 1995.

Wendt, Bernd Jürgen: *Deutschland 1933–1945. Das »Dritte Reich«. Handbuch zur Geschichte.* Hannover 1995.

Der Zweite Weltkrieg. Analysen, Grundzüge, Forschungsbilanz, herausgegeben von Wolfgang Michalka. Lizenzausgabe Weyarn 1997.

Zwischen Kollaboration und Widerstand – Europa unter deutscher Besatzung

Aly, Götz: *»Endlösung«. Völkerverschiebung und der Mord an den europäischen Juden.* Durchgesehene Taschenbuchausgabe Frankfurt am Main 1998.

Brandes, Detlef: *Die Tschechen unter deutschem Protektorat,* herausgegeben vom Vorstand des Collegium Carolinum, Forschungsstelle für die böhmischen Länder, 2 Bde. München u. a. 1969–75.

Durand, Yves: *Le nouvel ordre européen nazi. La collaboration dans l'Europe allemande, 1938–1945.* Brüssel 1990.

Eichholtz, Dietrich: *Geschichte der deutschen Kriegswirtschaft 1939–1945,* 3 Bde. Berlin ¹⁻³1984–96.

Foot, Michael R. D.: *Resistance. An analysis of European resistance to Nazism, 1940–1945.* Neudruck London 1977.

Gutman, Yisrael: *The Jews of Warsaw, 1939–1943. Ghetto, underground, revolt.* Bloomington, Ind., 1982.

Herbert, Ulrich: *Fremdarbeiter. Politik und Praxis des »Ausländer-Einsatzes« in der Kriegswirtschaft des Dritten Reiches.* Berlin u. a. ²1986.

Hirschfeld, Gerhard: *Fremdherrschaft und Kollaboration. Die Niederlande unter deutscher Besatzung 1940–1945.* Stuttgart 1984.

Kollaboration in Frankreich. Politik, Wirtschaft und Kultur während der nationalsozialistischen Besatzung 1940–1944, herausgegeben von Gerhard Hirschfeld u. a. Aus dem Englischen. Frankfurt am Main 1991.

Madajczyk, Czeslaw: *Die Besatzungssysteme der Achsenmächte,* in: *Studia historiae oeconomia,* Bd. 14. Posen 1980. S. 105–121.

Politische Säuberung in Europa. Die Abrechnung mit Faschismus und Kollaboration nach dem Zweiten Weltkrieg, herausgegeben von Klaus-Dietmar Henke und Hans Woller. München 1991.

Resistance in Europe, 1939–1945. Based on the proceedings of a symposium held at the University of Salford, March 1973, herausgegeben von Stephen Hawes und Ralph White. London 1975.

Rich, Norman: *Hitler's war aims,* 2 Bde. New York 1973–74.

Tec, Nechama: *Bewaffneter Widerstand. Jüdische Partisanen im Zweiten Weltkrieg.* Aus dem Amerikanischen. Gerlingen 1996.

Umbreit, Hans: *Auf dem Weg zur Kontinentalherrschaft,* in: *Das Deutsche Reich und der Zweite Weltkrieg,* herausgegeben vom Militärgeschichtlichen Forschungsamt, Bd. 5, Tl. 1. Stuttgart 1988. S. 1–345.

Von Bomben bedroht – Leben im Krieg

The civilian in war. The home front in Europe, Japan and the USA in World War II, herausgegeben von Jeremy Noakes. Exeter 1992.

Eitner, Hans-Jürgen: *Hitlers Deutsche. Das Ende eines Tabus.* Gernsbach ²1991.

Groehler, Olaf: *Bombenkrieg gegen Deutschland.* Berlin-Ost 1990.

Herbert, Ulrich: *Fremdarbeiter. Politik und Praxis des »Ausländer-Einsatzes« in der Kriegswirtschaft des Dritten Reiches.* Berlin u. a. ²1986.

Holmsten, Georg: *Kriegsalltag. 1939–1945 in Deutschland.* Sonderausgabe Bindlach 1989.

Klemperer, Victor: *Ich will Zeugnis ablegen bis zum letzten,* herausgegeben von Walter Nowojski, Bd. 2: *Tagebücher 1942–1945.* Berlin ⁹1997.

Der nationalsozialistische Krieg, herausgegeben von Norbert Frei und Hermann Kling. Frankfurt am Main u. a. 1990.

Nicht nur Hitlers Krieg. Der Zweite Weltkrieg und die Deutschen, herausgegeben von Christoph Kleßmann. Düsseldorf 1989.

Paul, Wolfgang: *Der Heimatkrieg. 1939–1945. Tatsachenbericht.* Taschenbuchausgabe Frankfurt am Main u. a. 1992.

Proklamationen der Freiheit. Dokumente von der Magna Charta bis zum Ungarischen Volksaufstand, herausgegeben von Janko Musulin. Frankfurt am Main 76.–87. Tsd. 1965.

Steinert, Marlis G.: *Hitlers Krieg und die Deutschen. Stimmung und Haltung der deutschen Bevölkerung im Zweiten Weltkrieg.* Düsseldorf u. a. 1970.

Widerstand in Deutschland 1933–1945. Ein historisches Lesebuch, herausgegeben von Peter Steinbach und Johannes Tuchel. München ²1997.

Holocaust – Die rassistische Vernichtungspolitik Deutschlands

Benz, Wolfgang: *Der Holocaust.* München ²1996.

Browning, Christopher R.: *Ganz normale Männer. Das Reserve-Polizeibataillon 101 und die »Endlösung« in Polen.* Aus dem Amerikanischen. Taschenbuchausgabe Reinbek 1996.

Burrin, Philippe: *Hitler und die Juden. Die Entscheidung für den Völkermord.* Aus dem Französischen. Frankfurt am Main 1993.

Dimension des Völkermords. Die Zahl der jüdischen Opfer des Nationalsozialismus, herausgegeben von Wolfgang Benz. Taschenbuchausgabe München 1996.

Enzyklopädie des Holocaust. Die Verfolgung und Ermordung der europäischen Juden, herausgegeben von Eberhard Jäckel u. a. Übersetzt von Margrit Bergner, 4 Bde. Neuausgabe München u. a. 1995.

Erinnern als Vermächtnis, Videokassette 1: Glazar, Richard: *Flucht aus Treblinka.* Berlin 1995.

Erinnern als Vermächtnis, Videokassette 3: Mannheimer, Max: *Überleben in Auschwitz.* Berlin 1995.

Glazar, Richard: *Die Falle mit dem grünen Zaun. Überleben in Treblinka.* Frankfurt am Main 9.–10. Tsd. 1994.

Hilberg, Raul: *Die Vernichtung der europäischen Juden,* 3 Bde. Aus dem Amerikanischen. Taschenbuchausgabe Frankfurt am Main 25.–28. Tsd. 1994.

Krausnick, Helmut / Wilhelm, Hans-Heinrich: *Die Truppe des Weltanschauungskrieges. Die Einsatzgruppen der Sicherheitspolizei und des SD. 1938–1942.* Stuttgart 1981.

Pätzold, Kurt / Schwarz, Erika: *Tagesordnung: Judenmord. Die Wannsee-Konferenz am 20. Januar 1942. Eine Dokumentation zur Organisation der »Endlösung«.* Berlin ³1992.

Safrian, Hans: *Eichmann und seine Gehilfen.* Taschenbuchausgabe Frankfurt am Main 1995.

»Schöne Zeiten«. Judenmord aus der Sicht der Täter und Gaffer, herausgegeben von Ernst Klee u. a. Frankfurt am Main ⁶1988.

Topographie des Terrors. Gestapo, SS und Reichssicherheitshauptamt auf dem ›Prinz-Albrecht-Gelände‹. Eine Dokumentation, herausgegeben von Reinhard Rürup. Berlin ¹¹1997.

»Großostasiatische Wohlstandssphäre« – Japan, der Krieg in Asien und im Pazifik

Formierung und Fall der Achse Berlin–Tōkyō, herausgegeben von Gerhard Krebs und Bernd Martin. München 1994.

From Pearl Harbor to Hiroshima. The Second World War in Asia and the Pacific, 1941–45, herausgegeben von Saki Dockrill. London u. a. 1994.

Herde, Peter: *Pearl Harbor, 7. Dezember 1941. Der Ausbruch des Krieges zwischen Japan und den Vereinigten Staaten und die Ausweitung des europäischen Krieges zum Zweiten Weltkrieg.* Darmstadt 1980. Nachdruck Darmstadt 1985.

Iriye, Akira: *The origins of the Second World War in Asia and the Pacific.* Neudruck London u. a. 1991.

The Japanese wartime empire, 1931–1945, herausgegeben von Peter Duus u. a. Princeton, N. J., 1996.

Martin, Bernd: *Deutschland und Japan im Zweiten Weltkrieg. Vom Angriff auf Pearl Harbor bis zur deutschen Kapitulation.* Göttingen u. a. 1969.

Martin, Bernd: *Japan und der Krieg in Ostasien. Kommentierender Bericht über das Schrifttum,* in: Trauzettel, Rolf / Martin, Bernd: *Literaturbericht zur Geschichte Chinas und zur japanischen Zeitgeschichte.* München 1980.

Namenregister

Historische Personen, mythologische Figuren, Götter

Das Namenregister ermöglicht den gezielten Zugriff auf den Inhalt des Bandes mithilfe der alphabetischen Anordnung aller in diesem Band erwähnten Namen. Bei Namensgleichheit werden zuerst regierende und nicht regierende fürstliche Personen aufgeführt, alphabetisch geordnet nach dem ihnen jeweils zugewiesenen Territorium; es folgen Päpste und sonstige Personen. Innerhalb eines Territoriums ist die Reihenfolge chronologisch.

Gerade gesetzte Seitenzahlen nach einem Namen bedeuten: Dieser Name ist im erzählenden Haupttext auf der breiten Mittelspalte enthalten. *Kursiv gesetzte* Seitenzahlen nach einem Namen bedeuten: Dieser Name ist in den Bildunterschriften, Karten, Grafiken, Quellentexten oder kurzen Erläuterungstexten enthalten.